福澤諭吉事典

An Encyclopedia of Yukichi Fukuzawa

慶應義塾

刊行の辞

福沢諭吉生誕一七五年にあたる本年に「慶応義塾一五〇年史資料集 別巻2」として、『福沢諭吉事典』を公刊できますことは、私ども慶応義塾関係者一同の慶びとするところであります。

すでに、慶応義塾創立一五〇年にあたる平成二〇（二〇〇八）年に「慶応義塾一五〇年史資料集 別巻1」として『慶応義塾史事典』を刊行いたしましたが、本事典はそれに続き、事典形式で福沢諭吉の生涯とその思想と行動について記述したものです。一般の事典と同様に、関心のある項目を引くことによって福沢諭吉について調べることもできますが、それだけではなく、通読していただくことによって、福沢諭吉という人間の全体像をみることができるように編集されています。

福沢諭吉は、天保五年一二月一二日（一八三五年一月一〇日）に生まれ、明治三四（一九〇一）年二月三日に没していますが、明治維新を挟んで、まさに「一身にして二生を経る」人生でした。そのような激動の時代に生きた福沢でしたが、彼は決して時代の波に飲み込まれることなく、一貫して「学問」の重要性を説きました。ここでいう「学問」とは、「実学」すなわち「サイヤンス」でした。

福沢は『福翁自伝』で、西洋にあって東洋にない「数理と独立」を慶応義塾の教育方針としたと語っていますが、この方針は今日の大きな変化の時代にあっては、ますます重要になってきています。新しい時代状況を自らの頭でしっかり理解し、そしてそれに基づいて問題を解決していく、すなわち、独立心を持って、学問の手続きにしたがって問題を解決していくことを福沢は説き、そして自ら実践したわけです。

本事典を読んでいただくことによって、現代に通じる多くの知見を見出されることでしょう。また、本事典には福沢諭吉に関連する多くの写真と図版も収録され、さまざまなエピソードも紹介されており、福沢の人となりも知ることができます。

この事典を通じて多くの方々に福沢諭吉をさらによく知っていただき、現代の問題を考えることに活用していただければ幸いです。

平成二二年一一月三日

慶応義塾長　清家　篤

編集にあたって

本事典は啓蒙思想家として、あるいは教育者、ジャーナリストとして多方面にわたって近代日本を先導した福沢諭吉という人物の全貌を理解する手掛かりを、事典形式により提供することを意図している。

福沢諭吉については、すでに『福沢諭吉全集』（全二一巻・別巻一）、『福沢諭吉書簡集』（全九巻）があり、福沢の著書、論説、書簡、その他関係諸資料が集大成されている。また主要な著作を選びテーマ別に編集した選集に『福沢諭吉選集』（全一四巻）、『福沢諭吉著作集』（全一二巻）などがあり、さらに『学問のすゝめ』や『文明論之概略』、『福翁自伝』などの主要著作が各種の文庫本に収録されている。とりわけ『福翁自伝』は福沢自身の語るところによって、福沢の生涯と人となりの一端を多くの人びとに知らしめることに役立っていることは間違いない。福沢を知るための基礎的文献はほぼ揃っているといえるであろう。さらには、石河幹明『福沢諭吉伝』（全四巻）をはじめとする福沢の伝記、評伝、あるいは福沢に関する個別テーマによる研究書、研究論文など、これまでに積み重ねられてきた文献の数はきわめて多く、いまもなお新たな論説が発表され続け、新聞・雑誌には頻繁に福沢の言辞が引用されている。

本事典の編集に当たり、今日までに蓄積されたこのような福沢に関する基礎資料と研究成果の到達点をふまえて、次のように構成した。「I 生涯」では、福沢の足跡を六期に区分して、四三八の小項目により福沢の生涯を跡づけた。「II 人びと」では、二三九人の関連人物を個別に取り上げて多様な福沢人脈を示し、「Ⅲ 著作」では福沢の没年までに公刊された五六点の著作の内容をそれぞれに概観している。これらの約七五〇に及ぶ小項目の記述は、可能な限り簡潔、平易であることに留意し、参考図版を組み込んで、福沢について、調べる事典であると同時に、読む、そして楽しむことのできる事典であることを目指した。「Ⅳ 漢詩」では福沢の漢詩作品のうち四四首を取り上げ、「Ⅴ ことば」では福沢の著書、論説などから福沢の思想を理解する核となる語句を選び、それぞれに解説した。さらに、「Ⅵ 表象」に福沢の肖像写真、墨跡や遺品などをカラー図版で収録し、「Ⅶ 書簡宛名一覧」ではこれまでに確認されている福沢書簡全二、六〇一通を宛先別にまとめ、「Ⅷ『時事新報』社説・漫言一覧」で福沢在世中の『時事新報』の社説と漫言の論題のすべてを表示した。また、「Ⅸ 年譜」、「Ⅹ 基本文献」を付し、研究と学習に資するものとした。

一般読者、学生、研究者など福沢諭吉に関心を持つすべての人びとが、こうした豊富な資料の山に分け入って、それぞれの新しい福沢像を見出し、その中に現代の課題への指針を読み解くための手掛かりを得ていただくことを期待したい。

平成二二年一一月三日

福沢諭吉事典編集委員会

福沢諭吉事典編集委員会

［編集委員］

大塚　彰　慶應義塾志木高等学校教諭

小川原正道　慶應義塾大学法学部准教授

小室　正紀　慶應義塾大学経済学部教授

髙木　不二　大妻女子大学短期大学部教授

寺崎　修　慶應義塾大学名誉教授・武蔵野大学学長

都倉　武之　慶應義塾福沢研究センター専任講師

西澤　直子　慶應義塾福沢研究センター教授

日朝　秀宜　日本女子大学附属高等学校教諭

松崎　欣一　慶應義塾福沢研究センター顧問・慶應義塾名誉教諭

米山　光儀　慶應義塾福沢研究センター所長・慶應義塾大学教職課程センター教授

◎——執筆者・編集協力者・写真提供者・写真撮影者一覧

執筆者

天野嘉子
安西敏三
飯田泰三
井奥成彦
池田幸弘
石井寿美世
井上潤
岩谷十郎
牛島利明
大澤輝嘉
大塚彰
大庭裕介
小川原正道
加賀慶彦
柏原宏紀
加藤三明
川崎勝
金文京
小泉貴史
甲原潤之介
後藤新
小室正紀
近藤建一
齋藤英里
坂井達朗
坂井博美
佐藤能丸
白井堯子
進藤咲子
神野潔
末木孝典
杉山伸也
髙木不二
高田晴仁
田口英明
長南伸治
柄越祥子
寺崎修
徳永暁
都倉武之
戸沢行夫
中村陵
西川俊作
西澤直子
日朝秀宜
平野隆
藤澤匡樹
星野高徳
堀和孝
松崎欣一
三島憲之
山内慶太
山根秋乃
横山寛
吉岡拓
米山光儀

編集協力者

赤堀美和子
印東史子
上田道子
奥野義一
郭ハナ
川野広貴
小林倫子
酒井明夫
鈴木久美子
田中泰子
堀口美波
増田未沙樹
松崎佳美
望月麻実子

写真提供者

岩崎清江
大分県立先哲史料館
大阪大学
岡本正志
神奈川県立図書館
神奈川県立歴史博物館
株式会社イリス
黒瀬戦一
神津牧場
国立公文書館
渋沢史料館
手塚プロダクション
東京大学史料編纂所・谷昭佳
東宝株式会社
中澤周一
中澤正幸
中津市立小幡記念図書館
成田市立図書館
日本学士院
福澤和子
福澤武
三菱史料館
明治安田生命保険相互会社
盛田アセットマネジメント株式会社
横浜開港資料館
早稲田大学大学史資料センター
早稲田大学図書館

写真撮影者

石戸晋

◎凡例

福沢諭吉事典編集委員会

一 編纂にあたって

1 本事典は、福沢諭吉生誕一七五年を記念し、慶應義塾創立一五〇年記念事業の記念誌である『慶應義塾一五〇年史資料集』の別巻として刊行するものである。

2 本事典は、慶應義塾が委嘱した一〇名の編集委員で構成する福沢諭吉事典編集委員会が編纂した。

3 本事典は、福沢諭吉の生涯にわたる事績七三三の項目によって構成した。加えて福沢の代表的な「漢詩」と福沢の象徴的な「ことば」を選びだし、それぞれに分かりやすい解説をほどこした。各項目の執筆は、編集委員および編集委員会の委嘱した五六名の執筆者が分担執筆した。なお、事典としての統一性を保つため、編集委員会が原稿の加除修正・調整・表記統一を行った。

4 本事典は、日本近・現代史、思想史の研究者に限らず、広く学生・一般読者を対象として、できる限り簡潔、平易な文章表現と表記を心がけた。

二 本事典の構成について

1 本事典は、事項項目（Ⅰ 生涯）、人物項目（Ⅱ 人びと）、著作項目（Ⅲ 著作［付「著作単行書一覧」・「幕末外交文書訳稿一覧」］）および「Ⅳ 漢詩」「Ⅴ ことば」「Ⅵ 表象」「Ⅶ 書簡宛名一覧」「Ⅷ 『時事新報』社説・漫言一覧」「Ⅸ 年譜」「Ⅹ 基本文献」で構成される。

2　項目の掲載順序は、事項項目については福沢の生涯を辿るように構成し、人物項目は五〇音順、著作項目は発行年順とした。

3　事項項目、著作項目の各記述のあとに、本事典中の関連項目を▼で示した。

4　項目の末尾には、主要な参考文献を**参考**で示した。

5　各項目の執筆者名は文章末尾の［　］内に記載した。なお、複数の編集委員によって共同執筆された事項は、連名もしくは［編集委員会］とした。

6　各項目の内容理解を補うために、関連写真を適宜併載した。

7　巻末に事項索引・人名索引を収録した。

三　見出しについて

1　本文各項目の見出しは、「本見出し（ゴシック）」、「かな見出し（小字／明朝）」の順に掲示した。「本見出し」は常用漢字、現代かなづかい表記を原則とし、「かな見出し」は現代かなづかいによる、ひらがな表記とした。

2　人物項目の欧米人名は「本見出し」をカタカナ表記で、ファミリーネーム、ファーストネーム、ミドルネームの順に記載し、「かな見出し」は原語綴りを示した。また、朝鮮人名は「本見出し」を漢字表記とし、「かな見出し」はカタカナ書き（現地音読み）とした。

四　本文の記述について

1　『福沢諭吉事典』であることをふまえ、福沢諭吉とのかかわりを中心に記述した。

2　敬語・敬称はいっさい省略した。

3　文中の「現○○」「現在の○○」は、原則として平成二二年四月一日現在を示す。
4　人物項目は、原則として、生没年、肩書、出身地、履歴、没年月日の順で記し、必要に応じて墓所を記載した。
5　人物項目は福沢書簡の残存状況などを参考に、福沢と同時代の人物でかつかかわりの深い人物を選択し、『福沢諭吉事典』であることをふまえ、福沢との関係に言及するよう心がけた。
6　福沢没後の活躍が顕著な門下生については、『慶応義塾史事典』も合わせて参照されたい。

五　表記について

1　かなづかいは、現代かなづかいとした。
2　引用文は原則として現代かなづかいを用いた。句読点、濁点などについては読みやすさを考慮して適宜整理し、必要に応じて振りがなを施した。なお、福沢諭吉著作からの引用は岩波書店版『福沢諭吉全集』、同『福沢諭吉書簡集』を底本とし、慶應義塾大学出版会版『福沢諭吉著作集』の方式を参考として整理した。
〈例〉其→その　此→この　乎→か　歟→か　可し→べし
おどり字（ゝ、ゞ、ヽ、ヾ、〳〵）はすべてかな表記に改めた。
〈例〉まゝ→まま　いよ〳〵→いよいよ
ただし、書籍や文章の表題は、この限りではない。
〈例〉『学問のすゝめ』
また、原文のカタカナ表記は、書名や表題名ならびに法令・規則など特定の原資料を除き、原則としてひらがな表記に改めた。
3　頻出する用字・用語（送りがな、漢字表記の採否など）については、編集委員会で表記の統一を行った。
4　漢字は、固有名詞・人名も含めて、原則として常用漢字・新字体を採用した。
〈例〉福澤諭吉→福沢諭吉　慶應義塾→慶応義塾　北畠道龍→北畠道竜

ただし、各項目の執筆者名には正字体も使用した。

5 数字の表記

①数字は漢数字を使用した。

②文意・文脈により、十・百・千・万などの単位語を補った。

③土地・建造物の面積や彫像・絵画の寸法などについては「㎝」「㎡」などを用いたが、参照資料の表示に従って「坪」とした場合がある。

6 年号・年次の表記

①元号表記を基本とし、各項目初出、あるいは文脈の必要に応じて（ ）内に西暦年を示した。外国での事柄、および外国人の生没年などは西暦年とした。

②文中に同一元号が連続する場合は、原則として元号を省略した。

③改元が行われた年は、原則として改元の前後で元号を使い分けている。

〈例〉安政七年は三月一八日に改元されているので、三月一七日までの出来事には安政を用い、改元以降は万延を用いている。

④改暦以前の元号・西暦換算は、できる限り正確を期し、不明な場合は高校教科書で採用されている機械的換算を用いた。

〈例〉福沢諭吉の生年天保五年は、一年の大半が一八三四年に対応するが、福沢が生まれた一二月一二日は一八三五年の一月一〇日に相当する。この場合は、（ ）内に一八三五と表記している。

⑤書籍の刊行年は、（ ）内に西暦年で示した。

7 地名の表記

①地名は当時の表記のあとに、適宜、現在の地名を付した。なお、「日比谷御門内古河藩上屋敷」（現千代田区内幸町）」「伊予国（現愛媛県）松山藩」「江戸本所亀沢町」のごとく、執筆者の文章に従った場合がある。

8　使用記号

①『　』　書籍名、雑誌名、新聞名、叢書名など。
②「　」　引用文、引用句。資料名など。
③（　）　語句の説明、年号、引用文の出典など。
④　〜　数の幅を示す。
⑤　—　区間を示す。

六　差別的表現について

1　福沢諭吉の著作には差別的と考えられる語句や表現が用いられている場合があるが、歴史的性格に鑑みて、そのままとした。

七　参考文献について

1　頻出する参考文献は左記の省略名で表示し、著者名、編著者名、巻数、発行所名、発行年などは省略した。

『全集』……慶応義塾編『福沢諭吉全集』（全二一巻別巻一）岩波書店、一九五八〜六四年、七一年。

『著作集』……『福沢諭吉著作集』（全一二巻）慶応義塾大学出版会、二〇〇二〜〇三年。

『選集』……『福沢諭吉選集』（全一四巻）岩波書店、一九八〇〜八一年。

『選集』（旧）……『福沢諭吉選集』（全八巻）岩波書店、一九五一〜五二年。

『書簡集』……慶応義塾編『福沢諭吉書簡集』（全九巻）岩波書店、二〇〇一〜〇三年。

『自伝』……福沢諭吉（富田正文校注）『福翁自伝』慶応義塾大学出版会、二〇〇三年。

『入社帳』……慶応義塾福沢研究センター編『慶応義塾入社帳』（全五巻）慶応義塾、一九八六年。

『評論』……『三田評論』

『手帖』……『福沢手帖』

『年鑑』……『福沢諭吉年鑑』

『研究』……『近代日本研究』

『百年史』……慶応義塾編『慶応義塾百年史』（上巻・中巻〔前〕・中巻〔後〕・下巻・別巻〔大学編〕・付録）慶応義塾、一九五八〜六九年。

『慶応義塾出身名流列伝』……三田商業研究会編『慶応義塾出身名流列伝』実業之世界社、一九〇九年。

『伝』……石河幹明『福沢諭吉伝』（全四巻）岩波書店、一九三二年。

『考証』……富田正文『考証福沢諭吉』（上下）岩波書店、一九九二年。

『「福翁自伝」の研究』……佐志伝・河北展生編著『「福翁自伝」の研究』（本文編・註釈編）慶応義塾大学出版会、二〇〇六年。

『書誌』……富田正文『福沢諭吉書誌』大塚巧芸社、一九六四年。

『義塾史事典』……『慶応義塾史事典』慶応義塾、二〇〇八年。

『未来をひらく　福沢諭吉展』……『未来をひらく　福沢諭吉展』（図録）慶応義塾、二〇〇九年。

『福沢諭吉と神奈川』……『特別展　福沢諭吉と神奈川　すべては横浜にはじまる』（図録）慶応義塾・神奈川県立歴史博物館、二〇〇九年。

『ふだん着の福沢諭吉』……西川俊作・西沢直子編『ふだん着の福沢諭吉』慶応義塾大学出版会、一九九八年。

目次

項目目次（「I 生涯」～「IV 漢詩」）

I 生涯

③ 理財と実業

6 晩年

III 著作

IV 漢詩(起句を表示)

福沢諭吉事典

I

生涯

1

生い立ち

福沢が青年時代に住んだ家（大分県中津市）

福沢諭吉の誕生前後は、天保の大飢饉により社会は荒廃し、各地で一揆や打ちこわしが続発していた。折から幕府は天保の改革に着手したものの、失敗に終わる。一方、日本に対して開国を要求する欧米諸国の動きも活発化し、来航する異国船が増加していた。福沢が長崎へ遊学する直前の嘉永六(一八五三)年には、米国からペリーが浦賀へ、ロシアからプチャーチンが長崎へ来航した。このように福沢の幼少期は、日本がまさに内憂外患の様相を呈して揺れ動いていた時期に該当する。

諭吉の誕生に先立つ福沢家の出自と系譜については不明な点が多い。先祖は信州の福沢という土地の出とされるが、具体的な該当地は特定できない。その信州福沢出身の先祖が小笠原氏(一七～一八世紀の中津藩主)に従って、豊前(現大分県)の中津藩へ出仕したものと推測される。

天保五(一八三五)年、その福沢家に男子が誕生して、諭吉と命名された。父百助と母順との間にはすでに男子一人と女子三人がいて、諭吉は末子であった。父が中津藩の大坂蔵屋敷に勤番していたため、諭吉はその長屋で生まれた。『福翁自伝』によれば、諭吉が生まれると、産婆が「この子は乳さえ沢山呑《の》ませれば必ず見事に育つ」というのを聞いた父は、「この子が段々成長して十《とお》か十一になれば寺に遣《やっ》て坊主にする」と母に語ったという。後年になってその父の言葉を母から聞かされた福沢は、封建的な身分制度に束縛された父の悲哀を汲み取って、「門閥制度は親の敵《かたき》」と憤っている。

天保七(一八三六)年に父が病没すると、諭吉は母、兄、姉らと共に中津へ帰る。

諭吉にとって大坂は、生誕地でありながら物心がつく前に離れたので記憶にはないものの、母から伝えられる亡父と同様に幼少期の精神形成に少なからぬ影響を与え、愛惜の情を抱く土地であったが、その一方で大坂の町人世界を批判して客観視する姿勢も示している。

中津の家で福沢母子は一緒に暮らしたが、諭吉は叔父中村術平の養子となったため、中村姓を名乗った。諭吉の父は漢学者でもあったため、福沢家では伊藤仁斎、東涯に影響を受けた倫理教育が貫かれていた。また、女手一つで五人の子を育て上げた母は武家としての自尊心を保ちながらも厳しくなく、身分を越えて世間のさまざまな人びととつき合った。両親共に揃って金銭に関してきわめて潔癖であったことが「福沢氏古銭配分之記」などから読み取れる。そのような「父の遺風と母の感化力」によって「至極正しい家風」が形成され、その中で母子睦まじく兄弟げんかもしないで育ったという。ところが中津では言葉、髪型、着物などがそれまでの大坂とは異なり、さらに亡父の遺風である倫理教育もあいまって、親戚をはじめ世間とのつき合いは自然に減っていくことになる。そして、いつしか諭吉は中津の人びとにどことなく違和感を抱き、距離を置くようになっていった。

中津で幼少期を過ごした諭吉は、服部五郎兵衛、野本白巌、白石常人の塾に学び、特に白石の塾で熱心に学んだ漢学が本格的な学問形成の第一歩となった。また近所の内職をする武士から技術を習い、手先はかなり器用で、批判的精神や科学的探究心に富む少年でもあった。例えば、金銭や商売を軽蔑する当時の武士の風潮に反発したり、神仏に対する素朴な疑問も時に大胆な行動に結びついたりした。この点において、兄弟げんかをしなかったとはいうものの、父親譲りの漢学者である兄との間には、両者の性格の違いを際立たせるような場面が見受けられる。

多感な時期を過した中津に対する諭吉の思いは、かなり複雑である。諭吉の幼少期に関しては、『自伝』以外によるべき史料がないため、その内容は吟味されなければならない。中津に対する屈折した思いは、父を失って母子だけで細々と不慣れな土地で生きていかなければならない逆境の中で、封建制度に対する亡父の無念さが自身にも投影され、それらが複雑に絡み合った結果として醸し出されてきたものであろう。その屈折した思いが、中津に対する否定的な言及となって端的に表現されたのではないだろうか。その一方で、諭吉はのちに中津市学校を設立してこれを維持するために惜しみなく資金や人材を提供し、また旧藩主奥平家のために尽力し、さらには中津における諸産業のための世話をしたことも見逃せない。中津に対する諭吉の郷土愛は、「中津留別之書」の中で「人誰か故郷を思わざらん、誰か旧人の幸福を祈《いの》らざる者あらん」と吐露されている。

このようにして諭吉は、大坂や中津に対して故郷でありながら故郷でないという複雑な思いを心のうちに抱きつつ成長していったが、概して明朗闊達で「喜怒色に顕わさず」といった少年であった。そして、持ち前の冷静な観察眼と批判的な精神がさまざまな体験を経て、のちに大きな力を発揮していくことになる。

［日朝秀宜］

福沢氏の出自と系譜

出自　しゅつじ

福沢氏の出自は明らかでない。福沢諭吉は豊前《ぶぜん》国中津藩士の子であるが、福沢氏が中津で武士として禄を得るようになったのは、早くても小笠原氏が中津に入封した寛永九（一六三二）年以降のことと推察される。

◉福沢氏記念之碑拓本

出自について記された史料としては「福沢家系図」と、それをもとにした「福沢氏記念之碑」がある。「福沢家系図」には「福沢氏其祖住信州福沢」とあり、「福沢氏記念之碑」は「福沢氏の先祖は信州福沢の人なり」としている。両者共に、元禄・宝永の頃（一七世紀末〜一八世紀初頭）の兵助という人物から具体的な系譜の記載が始められているが、「福沢氏記念之碑」では、これより以前のことは詳《つまび》らかでないと記されていて、出自については信州という手掛かり以外にはよく分かっていない。

「信州福沢」に該当する旧地名としては、諏訪郡長地《おさち》村福沢、諏訪郡上諏訪村福沢、諏訪郡豊平村福沢、下伊那郡生田村福沢、東筑摩郡塩尻町福沢、上伊那郡伊那村福沢、上伊那郡東箕輪村福沢、更級郡村上村網掛福沢、小県《ちいさがた》郡前山村福沢、上水内《かみみのち》郡富濃《とみの》村福沢、上高井郡仁礼《にれ》村福沢の一一か所が考えられるが、どこが福沢氏の先祖の地なのか確定することはできない。

［日朝秀宣］

▼福沢家系図　▼福沢氏記念之碑

参考『伝』一—一編。『考証』上。『長野県町村誌』第三巻、南信篇、一九三六年。

系譜　けいふ

史料により判明している福沢家の歴代当主は次のとおりである。

初代は兵助、名積善。中津下正路浦に居住。先祖は小笠原家に仕えていたという。宝永六（一七〇九）年五月二三日没、桜町明蓮寺に埋葬、法名は釈了夏信士。

兵左衛門、名篤義。兵助の子。享保八（一七二三）年三月一六日没、桜町明蓮寺に埋葬、法名は釈宗敬信士。この兵左衛門には娘が一人いて、この娘の婿養子として飯田家から朴右衛門を迎えた。

朴右衛門、名直行。飯田伝法の子。延享三（一七四六）年一二月七日没、金谷の墓地に埋葬、法名は釈了空信士。兵左衛門の娘は安永二（一七七三）年一一月三日没、金谷の墓地に埋葬、法名は釈妙貞信女。この朴右衛門と妻との間には四男二女が生まれたが、二女は早世した。長男の小右衛門は飯田家を継ぎ、二男の友米《ともべい》が福沢家を継いだ。三男の哲真は出家して豊前善光寺へ、四男の在助は岡家を継いだ。友米はこの岡家から妻を迎えた。

友米、名政信。奥平家（奥平昌鹿《まさか》）に足軽として仕える。福沢諭吉は、「福沢氏記念之碑」に「福沢氏の先祖は必ず寒族の一小民なるべし」と記している。友米は足軽からのちに小役人格一一石となる。天明四（一七八四）年九月一二日没、金谷の墓地に埋葬、法名は釈浄仙信士。妻は岡喜三右衛門の娘で、文化六（一八〇九）年八月一〇日没、桜町明蓮寺に埋葬、法名は釈妙専信女。この友米と妻との間に楽《らく》という娘が生まれ、中村家から兵左衛門を婿養子として迎えた。

兵左衛門、名政房。中村須右衛門の子。寛政一二（一八〇〇）年に一三石となる。文政四（一八二一）年九月二一日没、竜王の浜に埋葬、法名は釈乗蓮信士。妻楽は嘉永五（一八五二）年六月一八日没、竜王の浜に埋葬、法名は釈妙蓮信女。この兵左衛門の長男百助《ひゃくすけ》が福沢諭吉の父である。

百助の没後は長男の三之助が、三之助の没後は弟の諭吉が福沢家を継いだ。

兵左衛門以降の福沢家は飯田家と密接な関係にあるが、両家の系図には多くの差異があり、不明な点も多い。〔日朝秀宜〕

▼福沢家系図　▼福沢氏記念之碑　▼父　百助　▼兄　三之助　▼飯田三治　▼飯田平作

参考『伝』一—一編。庄洋二「中津藩小笠原家「分限帳」に見える福沢氏・飯田氏について」『手帖』（七七号）一九九三年。

福沢家系図　ふくざわけけいず

福沢兵助から三之助に至る福沢家歴代当主と妻子らの命日、法名、墓所を書き連ねたものと、兵助から始まる系図によって構成される。原本は福沢家に伝えられた。巻子仕立てで、題箋は諭吉の筆で「福沢家系図　明治三十年　九月新装」とされている。冒頭に「福沢氏先祖自卒年至天保四年癸巳」とあり、諭吉の父百助が整理し、その後は兄三之助を経て諭吉、さらに諭吉の子孫によって書き継がれたものと推察される。〔日朝秀宜〕

▼出自　▼系譜

参考「福沢家系図」『全集』二一。『伝』一—一編。『考証』上。

福沢氏記念之碑　ふくざわしきねんのひ

明治六（一八七三）年、東京における福沢家最初の墓所である三田の竜源寺に、福沢諭吉によって建てられた碑。先祖の地を信州福沢とし、福沢兵助から三之助までの略譜を記載する。高さ七〇cm、幅五八cm、厚さ二七cm。

その後、墓所が二九年に上大崎の本願寺墓地（現在の常光寺）へ、さらに昭和五二（一九七七）年に元麻布の善福寺へ移されたとき、この碑も共に移されて、現在は善福寺にある。〔日朝秀宜〕

▼出自　▼系譜　▼常光寺　▼善福寺

参考『全集』一九。『伝』一—一編。『考証』上。

明蓮寺《みょうれんじ》

中津における福沢家の菩提寺。浄土真宗本願寺派の寺院で、中津市桜町にある。「福沢家系図」によると、福沢家の人びとは亡くなると明蓮寺、金谷、竜王の浜のいずれかの墓地に埋葬され、明蓮寺には初代の兵助やその子兵左衛門らが埋葬された。

これら三か所の墓は明治八(一八七五)年に福沢諭吉によって、さらに大正一四(一九二五)年に諭吉の長男一太郎によって順次東京へ移された。

◉飯田・福沢両氏先祖代々の墓(中津・明蓮寺)

以後、福沢家の墓は中津には皆無となったはずだが、明蓮寺境内の墓地には福沢家と飯田家の共同墓が現存する。石質は安山岩で、高さ五〇cm、幅三〇cm、厚さ二三cm。正面には「先祖代々墓」、正面に向かって右側面に「飯田氏」、左側面に「福沢氏」とあり、飯田氏のほうが少し太字で、これらのほかに文字はない。福沢家の墓を東京へ移す際、福沢家だけではこの墓を勝手に動かせずに、そのまま残されたものと推察される。

この共同墓とは別に飯田家の墓は明蓮寺境内の墓地にあり、あまり類例のないこの共同墓からは、お互いに養子縁組によって結びついた両家の親密な関係がうかがえる。

〔日朝秀宜〕

▼系譜　▼善福寺

参考 島通夫「釈妙蓮の墓碑発見の報告」『手帖』(二四号)一九八〇年。『考証』上。

中津藩《なかつはん》

豊前国中津(現大分県中津市)に藩庁を置いた藩。中津は大分県の北端に位置し、山国川を隔てて福岡県に接する。周防灘に面し、関門海峡を通って瀬戸内海と玄界灘を結ぶ航路に近接する海上交通の要衝に位置したが、地先の海は遠浅で山国川河口の港には、帆船時代でも大型の船は接岸できなかった。山国川流域に広がる中津平野では主に農業が栄えた。

豊前国下毛《しもげ》郡に属し、中世には宇都宮、大内、大友、毛利氏の支配を受けた。

天正一五(一五八七)年、豊臣秀吉により黒田孝高《よしたか》が豊前六郡一二万五千石を与えられ入封し、拠点を山国川の河口部に置き、中津城を築いた。慶長五(一六〇〇)年の関ヶ原の戦いののち、孝高の子長政が筑前へ転封されると、徳川家康により細川忠興《ただおき》が豊前一国と豊後二郡の三〇万石を与えられ、中津へ入封した。

寛永九(一六三二)年、細川氏が肥後へ転封されると小笠原長次《ながつぐ》が豊前三郡八万石を与えられ中津へ入封した。小笠原氏の始祖は甲斐源氏の加賀美長清で、出自は甲斐国中巨摩《なかこま》郡小笠原村であるが、源頼朝、武田信玄、上杉謙信、織田信長、徳川家康らに従い、信州飯田・松本の領主であった時期もある。その頃に小笠原氏と福沢氏との間に何らかの接点があり、小笠原氏の中津入封に従って、福沢氏も信州から中津へ移ったと推定される。元禄一一（一六九八）年、藩主小笠原長胤《ながたね》の苛政と乱行により領地が没収され、弟の長円《ながのぶ》に豊前三郡四万石が与えられ、残りは幕府領になった。享保元（一七一六）年、長円の長男である長邕《ながさと》が亡くなると世嗣断絶のため改易となった。

同二年、丹後宮津から奥平昌成《まさしげ》が中津に一〇万石で入封、幕末まで定着した。藩領は、豊前三郡、筑前一郡、備後三郡である。歴代藩主は昌成、昌敦《まさあつ》、昌鹿《まさか》、昌男《まさお》、昌高《まさたか》、昌暢《まさのぶ》、昌猷《まさみち》、昌服《まさもと》、昌邁《まさゆき》で、福沢諭吉は昌服と昌邁の二代に出仕した。

明治四（一八七一）年、廃藩置県により中津県となり、同年小倉県に、九年福岡県に、同年大分県に編入された。

〔坂井達朗・日朝秀宜〕

参考 黒屋直房『中津藩史』碧雲荘、一九四〇年。

奥平家 おくだいらけ

家伝によると、奥平家の先祖は中世播磨国の豪族赤松則景にさかのぼる。その後、東国へ移った奥平家は一五、六世紀には在地の小領主として、対立抗争を続ける今川、徳川、武田氏の勢力に挟まれて帰属の選択に苦しんだが、貞能のときに最終的に徳川氏に帰服した。家康も武田氏に対抗するために奥平家を特別に重視し、天正三（一五七五）年の長篠合戦の軍功により貞能の子信昌と家康の娘亀姫との婚儀が許され、譜代大名の地位を確固たるものにした。

信昌は天正一八年に上野小幡三万石、慶長六（一六〇一）年に美濃加納一〇万石に封じられ、以後は下野宇都宮、下総古河、出羽山形、丹後宮津などで一〇万石前後を領有した。

享保二（一七一七）年、信昌の五代後の昌成のときに豊前中津一〇万石に封じられ、幕末まで定着した。中津移封後の歴代当主は昌成、昌敦、昌鹿、昌男、昌高、昌暢、昌猷、昌服、昌邁である。

中津藩奥平家は学問好きの藩主を多く出した。なかでも昌鹿は国学を賀茂真淵に学び和歌に優れていたが蘭学に対する理解も深く、藩医の前野良沢を保護してその蘭学研究を助成し、前野は『解体新書』の完成に指導的役割を果たした。

また昌高は、蘭学や実学に熱心であった薩摩藩主島津重豪《しげひで》の二男が養子として奥平家に入ったもので、生来資質賢明で中津藩の士風の刷新を図り大いに治績をあげ、寛政八（一七九六）年には藩校進脩館を創設した。「蘭癖」と呼ばれた大名の一人である。

昌高の業績として特筆すべきものは、「中津藩オランダ辞書」と呼ばれる二種類の対訳辞書を刊行したことである。その一つは文化七(一八一〇)年刊行の『蘭語訳撰』で、これは天文、地理、動物、植物などの部門に分類された日本語の語句七、〇〇〇以上のオランダ訳語をイロハ順に示し、江戸時代の日蘭対訳辞書としてもっとも充実したものであった。もう一つは文政五(一八二二)年刊行の『バスタード辞書』で、アルファベット順の蘭日対訳辞書である。

昌服が藩主のとき、嘉永六(一八五三)年に御固番《おかためばん》事件が起きている。従来は足軽の役目であった城門警備を下士にやらせることになると、抗議の動きを起こした下士の白石常人らが追放処分となった。同年にロシア軍艦が長崎に来航すると九州諸藩に海防の命令が下され、中津藩も長崎における異国船警備の任務を分担し、安政三(一八五六)年には中津に砲台を構築して数門の大砲を備えた。また中津藩は元治元(一八六四)年の長州征討の際には幕命を受けて出兵したが、慶応四(一八六八)年に始まる戊辰戦争には東征軍に参加した。

昌邁は、伊予宇和島藩主伊達宗城《だてむねなり》の四男として生まれ奥平家の養子となった。戊辰戦争の際には徳川慶喜に対する寛大な処置を求めて、朝廷へ嘆願書を提出して哀訴した。明治二(一八六九)年、版籍奉還により中津藩知事となり、四年に廃藩置県が実施された。　[坂井達朗・日朝秀宜]

▼一三石二人扶持　▼縁辺事件　▼御固番事件　▼中津藩の蘭学　▼中津藩と洋式砲術　▼奥平昌服　▼奥平昌邁

参考 山崎有信『豊前人物志』一九三九年。黒屋直房『中津藩史』碧雲荘、一九四〇年。

誕生

誕生地《たんじょうち》

福沢諭吉は大坂堂島玉江橋北詰(現大阪市福島区福島)の中津藩蔵屋敷勤番長屋で誕生した。

大阪の中心部を貫流する旧淀川は、中之島によって二つに分流され、北側の流れは堂島川、南側の流れは土佐堀川と呼ばれる。水運に恵まれたこの一帯は、江戸時代には全国諸藩の蔵屋敷が置かれていた。中津藩も堂島川に架かる玉江橋の北詰に蔵屋敷を持ち、父百助が勤番であったときに諭吉はその一隅で生まれた。

大名の蔵屋敷では年貢米や特産物の収納・保管・販売に関して、藩士である蔵役人の下に町人の蔵元、掛屋、用達らが実務を取り扱っていたが、江戸時代が下るにつれて、それらの任務のほかに蔵物を担保とする借金(大名貸し)も増加していった。諭吉の父百助は蔵役人として文政五(一八二二)年から天保七(一八三六)年まで大坂に在勤し、そのような仕事に携わっていた。

維新後この蔵屋敷の建物と跡地は、さまざまな学校や病院などの施設に使用されたが、ここが諭吉生誕の地であることは歴代の管理者によって語り伝えられていた。ことに敷地内にあった井戸は、諭吉の産湯の水を汲んだ井戸として大切に保管されていた。大正一一（一九二二）年に大阪医科大学附属山口厚生館が建てられたとき、この井戸を埋めなければならなくなり、それを惜しんだ医員の篤志により井戸の位置を示す「福沢井蹟」と刻まれた大理石の標示板が建物の地下の廊下にはめ込まれた。昭和三八（一九六三）年にこの建物が大阪大学附属病院の拡張工事によって取り壊された際、この標示板も失われてしまった。あらためて六二年に「福沢井蹟　天保五年（一八三五年）福沢諭吉誕生」という標示板が大阪大学附属病院西病棟一階廊下の壁に取り付けられたが、その後の病院の移転に伴い現存しない。現在中津藩蔵屋敷跡には、平成二〇（二〇〇八）年竣工の朝日放送本社ビルが建つ。

〔日朝秀宜〕

▼大坂と諭吉

参考『伝』一—一編。『考証』上。梅渓昇「「福沢井蹟」の現在の位置について」『年鑑』（一四）一九八七年。

誕生日《たんじょうび》

福沢諭吉は天保五年一二月一二日に誕生した。この日を西暦に換算すると、一八三五年一月一〇日になる。

明治四四（一九一一）年より福沢家では諭吉の誕生日を西暦によることとし、一月一〇日に家族が集まる会を催した。

一方、福沢の命日である二月三日には、慶応義塾出身者により全国各地で、福沢をしのび母校を懐かしむ会合が催されていたが、まず明治四四年に大阪の同窓生が福沢家にならって、開催日を一月一〇日に変更した。その翌年には慶応義塾も一月一〇日を「福沢先生記念日」と定め、誕生記念会を催すことにした。昭和四二（一九六七）年からは、元旦に行われていた新年名刺交換会を一月一〇日の誕生記念会と合わせて行うこととし、福沢に関する講演や福沢研究・関連諸資料の展示なども行われ、現在に至っている。

〔日朝秀宜〕

参考『自伝』幼少の時。『考証』上。

命名《めいめい》

福沢諭吉の名は、中国の古典籍に由来する。父百助が長年望んでいた『上諭条例』という本を入手できたその日に男子が出生したことを喜び、その書名から一字をとって名づけられた。『上諭条例』は清朝の世宗の雍正一三（一七三五）年から高宗の乾隆一五（一七五〇）年までの詔勅、勅令、政令などを編年体に記録したもので、全六四冊から成る。昭和二九（一九五四）年一〇月に中津の旧藩士の家から百助の蔵書印が押された『上諭条例』が発見され、現在は慶応義塾が所蔵している。ただし、現存するのは一冊を欠いて六三冊である。

福沢はほぼ一生を通じて「諭吉」という通称で通している。実名「範《はん》」、字《あざな》「子囲《しい》」の使用例として確認されているのは、「ペル築城書」（一八五九）の「福沢範子囲」、『増訂華英通語』（一八六〇）の「福沢範子囲誌」、福沢が翻訳に着手し岡本周吉へ完成を委ねた『万国政表』

（一八六〇）の「福沢子囲閲」など、初期の著訳書に限られている。〔日朝秀宜〕

▼父 百助 ▼署名

参考『伝』一―一編。『考証』上。

◉父百助が入手した『上諭条例』

誕生地記念碑《たんじょうちきねんひ》

福沢諭吉が誕生した地を記念して、中津藩蔵屋敷の長屋跡地（現大阪市福島区福島）に建てられた碑。

福沢没後まもなく、慶応義塾関係者の中から誕生地記念碑建設の計画が立てられた。誕生地である大阪の中津藩蔵屋敷の地には、大阪府立大阪中学校を経て大阪府立堂島高等女学校が設立されたが、該当する長屋跡地が敷地内のどのあたりなのか当時すでに分からなくなっていた。そこで諭吉の姉の服部鐘《かね》の記憶に基づく証言により該当地点が推定され、堂島高等女学校当局と大阪の慶応義塾出身者との間で協議した結果、記念碑建設の約束が結ばれた。建設予定地には諭吉の四女の志立滝《しだちたき》によって記念の松が植えられたが、同校の火災により焼失した。明治三六（一九〇三）年二月三日の諭吉三周忌に、大阪の慶応義塾出身者によって記念碑建設の趣意書が発表され、有志者の醵金が集められたものの実現には至らなかった。

その後は大阪医科大学（のち大阪大学医学部）の所有地となり、昭和四（一九二九）年、彫刻家朝倉文夫のデザインによる鋳銅円筒形の記念碑が完成し、一一月二六日に諭吉の長男一太郎によって除幕された。塔身約六〇cm、高さ約三m。記念碑の正面には犬養毅筆の題字「福沢先生誕生地」、裏面には鎌田栄吉撰文の碑誌が刻まれた。しかしこの記念碑は、第

◉昭和四年に完成した旧誕生地記念碑。右より門野幾之進、福沢一太郎、林毅陸、石河幹明。

◉昭和二九年に再建された誕生地記念碑

二次世界大戦中に金属回収のため献納され現存しない。

昭和二九年一一月四日、残された台座の位置に再建された記念碑の除幕式が挙行された。御影石製のハト形の碑で、題字は小泉信三の筆により「福沢諭吉誕生地」と記された。高さ一m六六cm、全幅一m三三cm。また、高橋誠一郎撰（西川寧書）の碑文を記念碑のかたわらの石板に刻んで設置した。その後、病院の改築工事のため東へ移されたが、福沢諭吉生誕地顕彰会と大阪市により元の位置に戻され、新たに石川忠雄（慶応義塾長）の筆による記念碑「学問ノス、メ」も加えて、六〇年一月一三日に除幕式が挙行された。高さ八〇cm、全幅一m二〇cm。

現在は病院の移転に伴い、朝日放送が同地を取得、碑は以前と同位置に立っている。

〔日朝秀宜〕

参考 『伝』一―一編。梅渓昇「戦後における福沢先生誕生地記念碑の再建経緯について」『年鑑』(一四)一九八七年。『考証』上。

大坂と諭吉 おおさかとゆきち

福沢諭吉が大坂で過ごした期間は、誕生より父百助の死までの一年半、適塾に入門し、チフス療養のために帰省するまでの一年強、さらに快癒により大坂に戻るも、ほどなく兄の死により帰省、相続などの始末を終えて適塾に戻り塾長も務めた二年弱、合計するとおよそ四年半である。

福沢にとって大坂は、生誕地でありながら物心がつく前に離れ、その後二〇年近く踏むことのなかった土地であり、母の口を通してのみ知る父の姿同様に、幼少期の精神形成への影響は小さくないと考えられる。福沢家が中津において、言葉や服装、髪型などがすべて大坂風であると奇異の目でみられて馴染めなかったという体験もいっそう大坂を意識させたであろう。福沢にとって大坂は、ある側面においては中津よりも故郷のように愛惜の情を抱く土地であった。実際福沢は長崎より大坂に出たときの心情を『福翁自伝』（長崎遊学）において「どうも旅とは思われぬ、真実故郷に帰《かえっ》た通りで誠に宜《い》い心地《こころもち》」と記し、到着すると胸一杯になって思わず涙をこぼしたという。

適塾時代は、福沢がそれまでの下士としての身分的束縛から抜け出し、同年代の青年たちと自由に青春を謳歌することができた期間であった。また、「天下の台所」と呼ばれた商業の中心地において、金銭を中心とする合理的な社会構造も、その後の福沢の実証的合理的思考に影響を与えたと指摘される。兄の死により帰省し、藩士としての勤務に服したわずかの期間も大坂での生活が心を離れなかったことを振り返った福沢は、「身は中津に居て心は天外に在り、身外皆敵の如く闔藩《こうはん》(全藩内)共に語るべき者なし。この間僅《わずか》に二箇月余なりしかども、畢生の不愉快はこの日月にして今尚《な》お忘るる能《あた》わず」(「築城書百爾之記」)と記している。

福沢は東京定住後も、機会があれば大阪を訪ね、記憶にない幼少時に世話になった近隣の住民や乳母などとの再会を楽しみ、その恩義に報いようと努め、緒方家へも礼を尽くし続けた。

しかし福沢は『自伝』において、ひとかどの漢学者でありながら、大坂の町人の機嫌をとって借金の要請や返済延期を依頼する屈辱的な役務にあった父百助の無念を思う言葉も綴っており、当時の大坂が「丸で町人の世界」で、砲術や西洋の原書などに関心を抱く人はなく、最先端の学問とは無縁でありそれが適塾生をかえって奮起させた、と書いたり、大坂の町人は「極めて臆病」であったとも記し、大坂を客観視する姿勢も示している。

大坂も中津も、故郷でありまた故郷でないという複雑な境遇が、このような大阪観を生み出し、またあらゆる事物に対する福沢の視点にも影響を与えていると考えられる。

[都倉武之]

参考 ▼誕生地　▼父 百助　▼洪庵と諭吉

小泉信三「福沢諭吉と大阪」『小泉信三全集』第一八巻、文芸春秋、一九六七年。西沢直子「福沢諭吉の乳母」『手帖』(一三六号)二〇〇八年。

福沢家と中津藩

父 百助　ちち ひゃくすけ

福沢兵左衛門の長男、福沢諭吉の父。寛政四(一七九二)年に生まれ、実名は咸、号は半斎・子善、書斎の号は杲育堂《こういくどう》・霑芳《てんぽう》閣《かく》。

百助は幼少の頃から優れた学才を示し、中津藩の野本雪巌に学び、「学文執心の趣」によって藩校から兵左衛門へ褒賞が授けられた。備後福山の菅茶山《かんさざん》に従学する志があったが家計の事情により実現せずに断念し、のちに豊後《ぶんご》日出《ひじ》藩の帆足万里に学んだ。

中津藩士としては、文政二(一八一九)

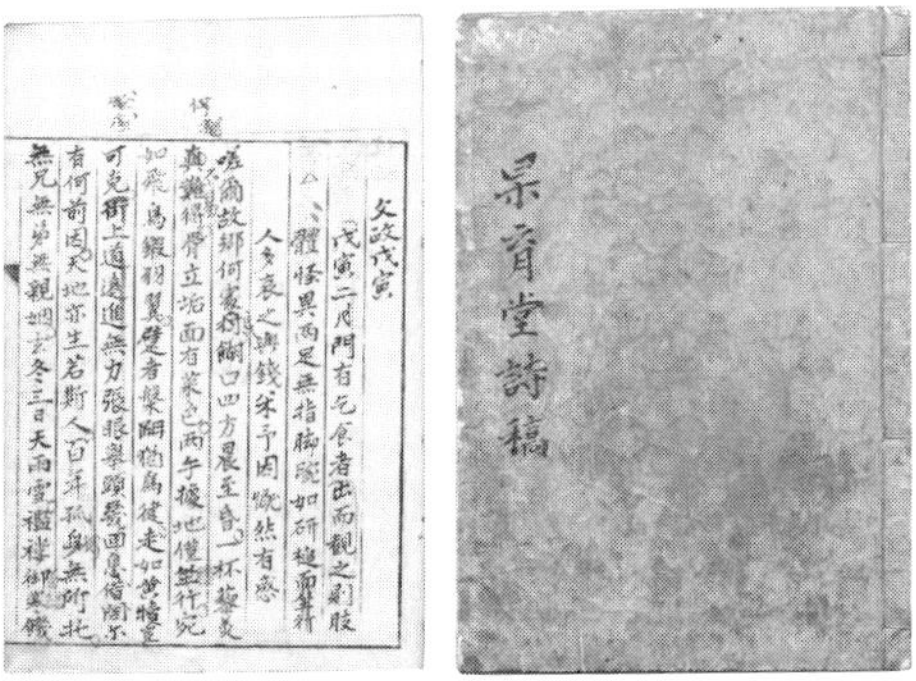

◉父百助の漢詩集「杲育堂詩稿」

年に二人扶持を与えられて御用所御取次を命じられたのち、藩の会計を司る元締方関係の下役を歴任した。同四年に家督を相続し、翌五年四月に順と結婚した。同年九月に回米方として大坂在勤を命じられ、蔵屋敷詰の役人として米や物産を蔵屋敷に収納し売り捌いて換金する職務のほか、主に米や物産を担保に豪商から借財する交渉にも当たった。金銭的な誘惑の多い職務にかかわらず、百助の勤務態度は有能謹厳で藩からの評価は高く、福沢家の身分は下級武士の最下級の小役人格であったが、文政一三（天保元）年に供小姓へ、天保五（一八三四）年にはさらに御厩方（のちに中小姓と改称）へ昇進して下級武士の最上級となった。

その一方で漢学者でもあった百助は、伊藤東涯を信奉して野田笛浦を親友とし、一三石二人扶持という微禄ながら多くの書籍を購入して、その蔵書は一、五〇〇冊に及んだ。当時の漢学者には、銭を見るのも汚らわしいという風潮があり、百助も自分の役職が金銭関係であったため屈辱感や不満を抱き、学者としての自負心からしばしば藩庁に御役御免を嘆願したが、百助の願いは実現せず重任が続いた。このように金銭や金勘定を卑下していた百助は、子どもたちが手習いの師匠から九九を教わると、幼少の子どもに勘定のことを教えるとはもってのほかとしてやめさせたという。

百助より友人に宛てた書簡からは中津に帰る日を心待ちにしていたことがうかがえるが、天保七年六月に急死し、中津竜王の浜に葬られた。法名は浄専院釈乗導居士で、福沢家で初めての院・居士である。諭吉によって記された明治九（一八七六）年の「福沢諭吉子女之伝」によると死因は脚気衝心、一四年に諭吉が明治生命保険会社に提出した保険申込証書には脳卒中とある。突然の死だったために部下の不正の責任をとって自殺したとの説も流れたが、単なる流言にすぎない。親交のあった水口《みなくち》藩の中村栗園《りつえん》は、百助の死の際にただちに駆けつけ、また一家が中津に帰るときには生後一八か月の諭吉を抱いて安治川《あじ》口の船まで見送った。栗園が百助の祭文に代えた詩に「哭福沢氏詩以代祭文」がある。

安政三（一八五六）年、諭吉が大坂へ出るに当たり福沢家の借財約四〇両を整理する際、諭吉の漢学の師で臼杵《うすき》藩儒官となっていた白石常人に相談したところ、白石の世話により百助の蔵書を臼杵藩が一括して一五両で買い取ってくれた。現在でも臼杵図書館には、それらの一部である九四冊の書籍が架蔵されている。また、その際に『易経集註』一三冊だけは百助が特に珍重していたので処分せず、のちに福沢家から慶応義塾へ寄贈された。

幼少時に死別した諭吉自身に父百助の記憶はまったくないが、のちに母より聞いた話をもとに父の資質について、「福沢氏古銭配分之記」をまとめた。福沢の特に身分にこだわらなかった姿勢は、母のみならず、父によっても福沢家に根づいていたことがうかがえる。　［日朝秀宜］

▼福沢氏古銭配分之記　▼百助遺蔵書　▼易経集

註 ▼白石常人 ▼中村栗園

参考『伝』一―一編。『考証』上。梅渓昇「福沢諭吉の父・百助について」『適塾』(№一七)一九八四年。

福沢氏古銭配分之記《ふくざわしこせんはいぶんのき》

福沢諭吉が母順から伝え聞いた父百助の逸話について、父をしのび子どもたちに教えを伝える書付で、百助の人柄が読み取れる。明治一一(一八七八)年二月五日付。

大坂在勤中、古銭の収集を趣味としていた百助はあるとき、九六文の銭緡《ぜにさし》(一枚一文の銭九六枚に縄を通して結《ゆわ》えたもので、当時の大坂ではそれを「九六の百文」と呼び、緡のまま枚数を数えず一〇〇文として通用させる慣習であった)から珍種の銭を何枚か選び出して別にしておき外出したところ、そうとは知らぬ家人が、その銭緡を行商の魚屋に代金として支払ってしまった。帰宅後にそのことを聞いた百助は、その魚屋の年齢・容貌・衣服・荷物・天秤棒の様子について家人から詳細に聞き取り、藩邸の米人足を雇って捜索させ、二、三日で本人を見つけ出した。その魚屋を自宅に呼んで不足の銭を支払い、さらに若干の銭を与えて不注意の罪を詫びたという。

この百助の遺品の古銭八七枚を福沢がみずからの子(当時は二男四女の六人)へ分配するに当たり、この中にはそのとき百助が抜き取っておいた珍品の古銭も含まれているであろうことを示唆し、「修身処世の記念品」「終身の宝鑑」とするように諭した。

福沢は、百助の正直さや誠実な面だけでなく、藩の会計俗吏として、また学者・詩文家としての幅広い資質を強調したうえで、百助の孫に当たる者へ祖父に恥じない生き方をするように求めている。

この書付は明治二九年三月一一日の『時事新報』に掲載された。子へ分けられた古銭の一部は現存する。 〔日朝秀宜〕

▼父 百助

参考『全集』一五。『伝』一―一編。『考証』上。

母 順《ははじゅん》

中津藩士橋本浜右衛門の長女で、文政五(一八二二)年四月に数え一九歳で福沢百助と結婚し、二男三女を儲けた。天保七(一八三六)年に百助が急病で亡くなると一家で中津へ帰郷して、女手一つで五人の子どもを育てた。諭吉は晩年になって、父の遺風と母の感化力によって至極正しい家風が形成され、その中で母子睦まじく兄弟げんかもしないで育ったと振り返っている。

夫の百助と同様金銭には潔癖であった。福沢一家が中津帰郷後、長年空き家になっていた家屋の修理費のため頼母子《たのもし》講《こう》が組織されたとき、回船問屋の大坂屋五郎兵衛が掛け捨てにした一口金二朱の掛金を返済しようと心がけたがなかなか果たせず、一〇年後にようやく融通がついて返金し、相手を驚かせたこともあった。そこには金銭に潔癖なだけではなく、武家としての自尊心もうかがえる。諭吉から見た母はけっして厳しい人ではなかったが、世間とは一風変わった面があった。身分を越えて世間のさまざまな人びとと付き合い、言葉づかいも至極丁寧であった。天気のよい日には女乞食を庭に呼び込み、土間の草の上に座らせて襷《たすき》がけで虱《しらみ》狩りを始め、諭吉に虱を石で潰させ、その乞食には褒美として飯を遣った。

　福沢家の宗旨は浄土真宗であったが、世間一般の信仰心はなく、「寺に参詣して阿弥陀様を拝むこと許《ばか》りは可笑《おか》しくてキマリが悪くて出来ぬ」などといい、その一方で袋に入れた米を持参して毎月の墓参は欠かさなかった。諭吉が数えで六、七歳の頃には、諭吉を伴って耶馬渓の羅漢寺へ参拝したこともある。懇意な僧侶も多く、諭吉が漢学塾で知り合いになった書生坊主が遊びに来れば喜んでご馳走した。いつも米を備えておき、托鉢坊主や乞食が門に立って施しを乞うと、どんなに多忙でもすぐに一握りの米を与えるのを喜びとした。さらに、仏事供養のときだけでなく日常でも親戚の子どもを大勢呼び集めて、煎豆や団子を用意して茶話会を開き、一同で楽しく過ごすのを好んだ。

　兄三之助の死後、諭吉が大坂に再遊学する許可を求めたときも「兄が死んだけれども、死んだものは仕方がない。お前も亦《また》余所《よそ》に出て死ぬかも知れぬが、死生《しにいき》の事は一切言うことなし。何処《どこ》へでも出て行きなさい」と、快諾を与えた。

　後年、諭吉は中津の母に上京して同居することを勧めたがなかなか同意せず、明治三(一八七〇)年に諭吉が迎えに帰郷してようやく上京することになった。七年三月、一家で箱根に旅行へ出かけたところ旅先で体調が悪くなり急遽帰京後、五月八日に死去し、三田竜源寺に葬られた。その後、本願寺墓地(のち常光寺)を経て善福寺へ改葬された。　[日朝秀宜]

▼福沢家復籍

参考『自伝』幼少の時。『伝』一―二編。『考証』上。

兄 三之助　あに さんのすけ

福沢百助の長男。文政九(一八二六)年一二月一日に生まれる。名は政弘。百助の死去によって、天保七(一八三六)年に家督を相続した。その当時一一歳だったため、勤方は免除され格式は供小姓とされた。同八年に父百助の在勤中の御用出精によって、奥平家の御紋付の裃《かみしも》と金三〇〇疋を賜った。同九年に初めて召出されて御用所取次を命じられ、天保一五(一八四四)年一〇月に郡方勘定人仮役、同年一二月に元締方勘定仮役に任じた。その後は大坂在勤となったが、安政三(一八五六)年にリューマチにかかり、同年五月に中津へ帰郷後、九月三日に死去して竜王の浜に葬られた。法名は凌雲院釈秋水信士。

　妻には藤本寿庵の二女年《とし》を迎え、娘一《いち》を儲けた。年が川島藤兵衛と再婚したのち、一は諭吉の母順《じゅん》に養育され、明治三(一八七〇)年には順と上京して諭吉の家族と同居し、順の死後は中津に帰郷して、諭吉の姉の服部鐘《かね》に養育された。その後、同藩の田尻竹之助（のち竹次郎）に嫁して五女を儲け二六年に死去した。

三之助は書、画、篆刻、詩など多芸で、帆足万里流の数学も深めたが、基本的には百助の流れを汲む漢学者であった。『福翁自伝』には、将来に関する兄弟の会話で、日本一の大金持を目指すと答えた諭吉を三之助は苦い顔で叱り、自分は死ぬまで孝悌忠信と述べたり、奥平の名が書かれた紙を諭吉が知らずに踏んだところ、三之助はひどく叱りつけて臣子の道を説いたりしたことが記されている。その一方で砲術にも関心を寄せ、諭吉にオランダ語による原書の学習を勧め、これが諭吉の蘭学修業のきっかけとなった。さらに、諭吉の長崎遊学が奥平壱岐（あるいは壱岐の父与兵衛）によって妨害されると諭吉は江戸を目指したが、その途中に大坂で三之助の説得により適塾へ入門することになった。

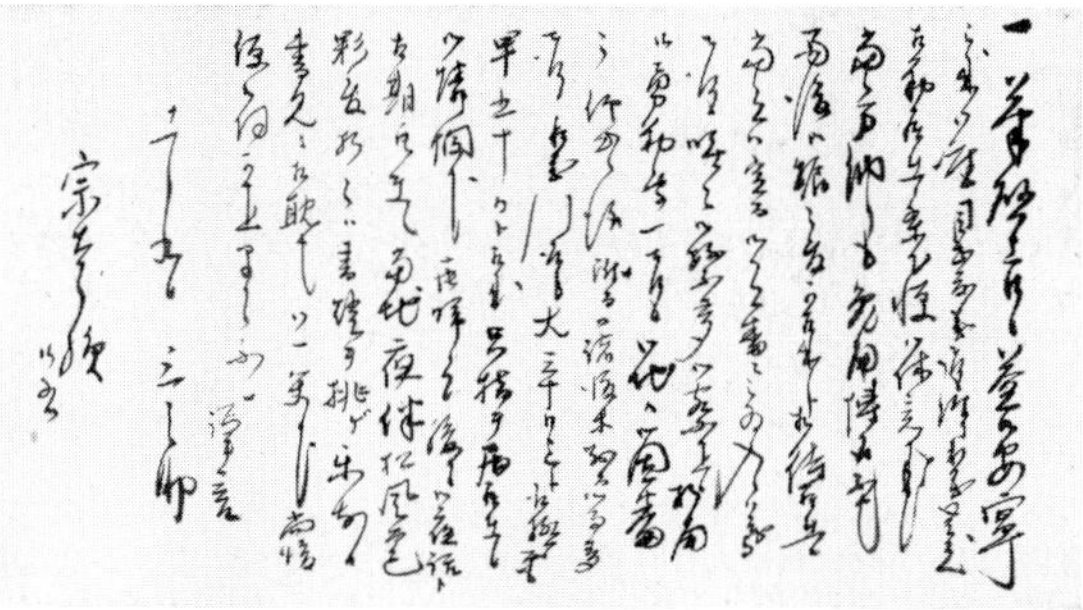

◉兄三之助の筆跡

安政五年、その適塾で塾長を勤めていた諭吉は、中津藩から江戸出府のうえ、藩邸内に蘭学塾を開くよう命じられる。このとき、中津藩江戸定府の岡見彦三に諭吉を推挙したのが八条平太夫である。八条は藩校進脩館の塾長を勤め、野本雪巌・白巌父子を介して福沢百助・三之助父子との交流を深めていた。このような関係の中で、諭吉の存在が三之助から八条を通じて岡見へと伝えられていて、諭吉の江戸出府と開塾につながった可能性が指摘されている。

『自伝』における三之助は、諭吉と信条的に対立する場面が描かれているが、諭吉の人生の岐路においてきわめて重要な役割を果たし、諭吉の後押しをしてくれた存在であった。 ［日朝秀宜］

▼中津から長崎へ　▼長崎から大坂へ

参考 『伝』一―一編。『考証』上。野田秋生「中津藩海防論の中の福沢兄弟」『大分県地方史』（一九四号）、二〇〇五年。

姉 あね

福沢諭吉には生涯一度もけんかをしたことがない、と公言する三人の姉がいた。一番上の姉礼《れい》は文政一一年一二月一一日（一八二九年一月一六日）生まれ。中津藩士の小田部武（武右衛門）と結婚し、生涯中津に住んだ。福沢は、明治二二（一八八九）年の母の東京移住話に、ひとりの姉が頑なに反対していると手紙に書いているが、おそらく礼と思われ、家族の中ではもっとも保守的であったようである。三〇年六月一九日没。福沢は礼の夫の武を信頼していて、中津における法事や金銭のやり取りなどを任せている。

二番目の姉婉《えん》は文政一三年一〇月二二日生まれ。やはり中津藩士中上川《なかかみがわ》才蔵に嫁ぐが早くに夫が没し、明治五年東京へ移住、その後は三井銀行などで活躍した長男彦次郎と暮らし、彦次郎が山陽鉄道会社勤務中は神戸に住んだ。二八年頃から病気がちになり三〇年一月二二日没。日本聖公会の信徒。

三番目の姉鐘《かね》は天保三(一八三二)年一一月二日の生まれ。諭吉と一番仲がよく明治五年に一度上京するが、母の死後兄の遺児一《いち》を養女に迎え、また夫服部復城も病を得て中津に戻った。姉たちの結婚相手である小田部家、中上川家は下士の身分で福沢家とほぼ同格だが、鐘の夫の出身服部家は二〇〇石取の上士である。一九年に夫が没し、二六年には養女一および訳あって離れていた実子徳田しほが亡くなり、一の二女豊《とよ》を養女に迎えた。二〇年代前半にロシア正教に入信し洗礼名を「ドロヒヤ」という。宣教師ニコライ(Nikolai Kasatkin)の日記にも信心深い女性として登場する。大正二(一九一三)年一月一五日没。

福沢は、姉たちが東京に出てきた頃には、活計の道を得るため何か手に職をつけさせようと考えていたが、子育ても終えた五十代になると、人生には衣食住に足るだけでなく楽しみがなくてはいけないと観劇や旅行を勧め、自分もひまであれば同道することができるのにと羨ましがっている。姉たちが楽しんだ様子を聞くことを喜び、三〇年に二人の姉が続けて亡くなった折には、鐘にやりきれぬ寂しさを吐露している。

〔西澤直子〕

▼姉たちの死

参考『全集』二一(系図・年譜)。西沢直子「小田部礼・中上川婉・服部鐘―福沢諭吉の三人の姉」『評論』(一〇七〇号)二〇〇四年。『書簡集』一。

親族 しんぞく

福沢諭吉の母順《じゅん》は中津藩士橋本浜右衛門の長女で、浜右衛門は御用書取次、元締方勘定人、徒士《かち》、元締方小頭席などを勤めた。

中津城下における福沢家と橋本家の位置はごく近隣で、両家は血縁、地縁ともに濃い関係で結ばれていた。

浜右衛門の子は長女順と二女志従《しより》のみで、男子はいなかった。文政六(一八二三)年に浜右衛門が亡くなった後は、諭吉の父方の祖母楽《らく》が橋本家で志従を養育した。楽は嘉永五(一八五二)年に没したが、諭吉の中津時代に健在であったにもかかわらず、『福翁自伝』では楽をはじめとして中津における親族や近隣の人びとに関してほとんど触れられていないことが指摘されている。

志従はのちに中津藩儒の手島物斎《ぶっさい》の弟中次郎《ちゅうじろう》(塩巌)を婿に迎え、諭吉は叔父の塩巌と親交を続けた。物斎・塩巌兄弟は共に中津藩校進脩館の教授を勤め、ま

◉福沢諭吉の母順

た誠求堂を開塾して多数の門人を輩出した。 [日朝秀宜]

▼中津時代の住居

参考 会田倉吉『福沢諭吉』吉川弘文館、人物叢書、一九七四年。『「福翁自伝」の研究』註釈編。『考証』上。

中村諭吉 なかむら ゆきち

福沢諭吉は幼少期に父百助の弟中村術平の養子となった。兄三之助の死後、中村家から離籍して福沢家に復籍した。

百助と術平の父兵左衛門（諭吉の祖父）は、中村須右衛門（諭吉の曾祖父）の子として中村家に生まれ、のちに福沢家へ養子として入り楽《らく》（諭吉の祖母）との間に百助や術平らを儲けた。長男の百助は福沢家を継ぎ、弟の術平は祖父中村須右衛門の養子となって中村家を継いだ。諭吉はこの中村家の養子となり中村姓を名乗ったものの、引き続き福沢家で母や兄姉と共に暮らした。

『福翁自伝』（幼少の時）によると諭吉が一六、七歳の頃、兄三之助との会話の中で、養子は大嫌いといい、親でもない人に親として仕えることを嫌がっている。のちに入門した大坂の適塾の姓名録には、「安政二年三月九日入門豊前中津中村術平倅　中村諭吉」と記されている。父百助の死後に福沢家を継いだ兄三之助が安政三（一八五六）年に病死すると、諭吉が適塾から中津に帰るまでに、すでに親類で相談のうえ諭吉の中村家からの離籍と福沢家の家督相続の手続きがすまされていた。 [日朝秀宜]

▼系譜 ▼適塾 ▼福沢家復籍

参考 松崎欣一「史料に見える中村諭吉と福沢諭吉の家禄」『手帖』（二一号）一九七九年。

少年期の逸話 しょうねんきのいつわ

少年期の福沢諭吉の逸話について、『福翁自伝』に次のように述べられている。まず手先が器用でマメであった。井戸へ落した物を引き上げる、曲げた釘で箪笥の錠を開ける、障子を張る、下駄の鼻緒をたてる、剝がれた雪駄《せった》を縫う、畳針で畳表をつけ替える、竹を割って桶の箍《たが》を入れる、破れ戸や雨漏りする屋根を繕うなど、いろいろと工夫を凝らすことが得意で、本人も面白がって取り組んだ。最初は家事に留まったが、近所の武士から技術を習得して、下駄の製作や刀剣・金物の細工など本格的な手内職へと進んでいった。諭吉はこのときに学び得た技術や知識を「生涯の一大所得」と振り返っている。諭吉が手掛けるものは、いずれも実用本位であった。

同様に衣服や住居にもいっさい無頓着で、流行には無縁の無風流を貫き通した。世間の因習にも無頓着で、例えば武士が買い物に行くときには頬被りをする風習に対して、諭吉は堂々と顔も頭も丸出しで出掛けて行った。来客が長時間飲食するのを嫌い、家が狭いこともあって来客時は押入の中で寝て、客が帰った後で押入から出てきて寝直したという。

「カラリとした」精神の持ち主で、中津藩主の奥平の名が記された紙を知らずに踏んで兄三之助から叱責されると、その場では謝ったものの、後で神棚からお札を取ってこっそりと踏みつけたうえ、手水場《ちょうず》や便所でも試してみて罰が当たらないことを確かめた。さらにはお稲荷様の社の中を開いてご神体を調べたり取り換えたり、占いやまじないなどいっさい信じなかった。

少年期は家計の都合から学問よりも家事の手伝いが優先されたため、学問による既成観念にとらわれず、また迷信や風習に左右されず、撥剌とした天性の資質を思う存分発揮することができた。

のちに漢書を読むようになると、「喜怒色に顕わさず」という一句を金言として、この教えを守り通した。藩への不平をもらす兄や従兄弟に対しては、「不平があれば出て仕舞《しまう》が宜《よ》い。出なければ不平を云《い》わぬが宜《よい》」と毎度のようにいったという。

小さい頃からよくしゃべり、人並よりも口数が多かったが、顔を赤くして話し相手を打ち負かすようないわゆる書生流儀の議論はけっしてしなかった。それでいて負けん気は強く、江川太郎左衛門が寒中でも袷《あわせ》一枚で過ごすという話を聞くと、母の心配もかまわずに毎晩搔巻《かいまき》一枚着で敷布団なしで寝て、ひと冬を通すこともあった。

［日朝秀宜］

▼福翁自伝

参考『考証』上。

一三石二人扶持 じゅうさんごくににんぶち

福沢家の家格および石高は、供小姓で籾一三石二人扶持である。『中津藩史』によれば、中津藩の家格は大身、大身並、寄合、供番、家中、小姓(上士)、中小姓、供小姓、小役人(下士)、組外、組、帯刀(卒)に分かれ、福沢家は下士で、諭吉の父百助の代には中小姓に当たる厩《うまや》方まで昇格したが、病没後跡を継いだ兄三之助はまだ若く、供小姓に降格となり、諭吉もそれを受け継いだ。『福翁自伝』は福沢家の身分を、足軽よりは数等よいが「士族中の下級」と表現している。しかし、例えば三之助の名前のある「中津藩分限帳」では、三之助は家格の高い方から三分の一までの間に登場し、藩士全体の割合でみれば下層ではない。それでも「下級」と意識しているのは、上士と下士の間に大きな差異があり、少数の上士と多数の下士で構成されているからである。藩士は大身一一家を頭に組に分けられ、組頭は異動などを掌握することになっていた。

　禄高も大身の筆頭では二、六〇〇石を取り、上士は少なくとも一五〇石から三〇〇石程度で、一三石とは雲泥の差である。石高は正米で示される者もあったが分限帳をみる限り籾で記載されている者が多く、福沢家の場合も一三石は籾高である。そのため、実際に受け取る米の量はさらに少なかった。安政七（一八六〇）年三月と万延元（一八六〇）年一二月の「御切米《きりまい》割合帳」によれば、籾一三石は米一八俵六斗になり、すなわち七石八斗でしかなく、さらに藩財政の危機から、天保一〇（一八三九）年以降「御借上」と称して、支給前に藩が一割から多いときには二割五分も差し引いてしまうので、手取分は五石強程度のことも多かった。

　「御切米割合帳」からは切米の支給は年二回ととれるが、半高は月割で毎月支給され、残り半高が年末に支給された時期もあり、小田部家に残っていた文書を見る限り、藩から直接か組などでの管理か定かではないが、少なくとも扶持米は毎月支給されたようである。福沢も明治二（一八六九）年一一月五日付の藤本元岱に宛てた書簡で、東京で元岱の息子たちの面倒をみる代わりに、中津の母に毎月二人扶持を回してくれていることを感謝している。

［西澤直子］

▼中津藩　▼奥平家　▼旧藩情

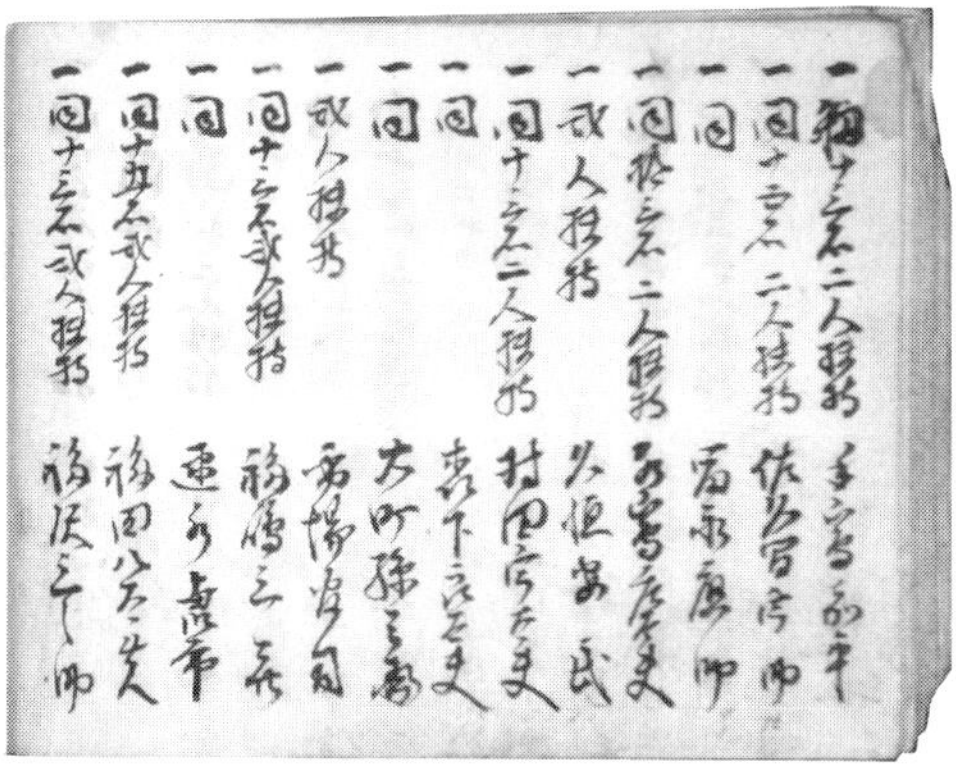

◉左端に「十三石弐人扶持」として兄三之助の名前が見える中津藩分限帳（黒瀬戦一氏蔵）

参考 松崎欣一「史料に見る中村諭吉の名と福沢諭吉の家禄」『手帖』（二一号）一九七九年。西沢直子「天保義社に関わる新収福沢書翰」『研究』（一三巻）一九九六年。

縁辺事件 えんぺんじけん

中津藩上士間の婚姻制限をめぐる騒動。天保三（一八三二）年に端を発し、五年および九年に隠居のうえ蟄居、隠居、閉門などの処分者が出た。縁辺とは結婚、縁組のこと。天保三年頃から上士下士間に留まらず、同じ上士間であっても、家格差のある婚姻をめぐって対立が起こった。大身は家老になる家柄であり、供番は藩主の参勤交代に随従できる二〇〇石以上の家で、それまでは両者間で自由に婚姻がなされてきたが、大身側が今後は大身の娘が供番に嫁すことはあっても、供番の娘が大身に嫁すことはできないといい出し、供番が無礼であると反発して争いとなった。五年、九年の処分をみると、大身の処分は比較的軽く、供番には少なくとも隠居五名を含む一一名の処分者が出て、慶応義塾で塾長や社頭を務めた小幡篤次郎の父もこのとき隠居させられている。藩の方針は、身分制を固定化させる方向にあったと考えられる。

福沢諭吉は明治一〇(一八七七)年に執筆した「旧藩情」で、中津藩の上士と下士の間では「骨肉の縁を異にす」とし、どのような事情があっても上士下士間で縁組をしたことはないと書いた。しかし自身は、文久元(一八六一)年に一三石二人扶持の下士でありながら二五〇石取りの上士の娘と結婚しており、同書の中でも前近代的な身分関係を残存させないためには、「上下士族相互に婚姻するの風を勧《すすむ》ること」が有効である、としている。

［西澤直子］

▼旧藩情

参考 河北展生「中津藩縁辺事件に関する二三の資料」『史学』(五二巻一号)一九八二年。

御固番事件 おかためばんじけん

嘉永六(一八五三)年、中津藩において、それまで足軽の仕事であった城門の開閉を下士の仕事にし、さらに上士がこの者に対して「御門番」と呼んでいたのを「開閉番」と呼ぶように変更したことに対して、下士のあいだでこれは上士と下士の間の格差を広げるものだとする抗議の声が上がり、その結果、福沢諭吉の漢学の師であった白石常人(照山)が抗議の主謀者の一人として永久御暇になるなど関係者が処罰された事件。

福沢は明治一〇(一八七七)年に記した「旧藩情」で、中津藩における上士と下士との格差の問題を取り上げており、また、下士の生まれである福沢は『福翁自伝』の中で、長崎に蘭学修業に出発する際の気持ちについて「唯《ただ》田舎の中津の窮屈なのが忌《いや》で忌で堪《たま》らぬから、文学でも武芸でも何でも外に出ることが出来さえすれば難有《ありがた》いと云うので出掛けたことだから、故郷を去るに少しも未練はない」(長崎遊学)と書いているが、この「窮屈」こそ門閥制度に由来するものと考えていた。

［大塚彰］

▼旧藩情　▼奥平家　▼白石常人

門閥制度は親の敵 もんばつせいどはおやのかたき

福沢諭吉が『福翁自伝』において述べた言葉。

諭吉が生まれたとき、この子は乳さえたくさん与えればかならず立派に育つという産婆の話を聞いた父の百助は大いに喜んで、この子が成長したら寺にやって坊主にしようといったという。百助の話に合点がいかなかった諭吉の母順は、成長した諭吉にこの話を伝えた。諭吉は、封建的な門閥制度に束縛されて、優れた漢学者でありながら下級役人に甘んじなければならなかった父の苦衷と、生まれたばかりの息子の将来を思って、門閥制度の枠外にあり、身分とは無関係に立身できる仏門に入れようとした父の愛情の深さをひそかに察したのである。中津藩の門閥制度に対する諭吉の憤りについては、幼少時に子ども同士の付き合いにも上士と下士の別がついて回り、言葉遣いもお互いに区別をしなければならず不満があったこと、家老に差し出した兄三之助の手紙が宛名の書式の違いで突き返されたのをみて立腹したことなどが語られている。

しかし、単に親の敵として門閥制度を憎んだだけではない。明治一〇(一八七七)年に脱稿した「旧藩情」の中で、諭吉はかつての中津藩の門閥制度を分析し、社会の安定化のために身分差別を改める必要性を説き、私立学校の設立による身分にこだわらない教育の実施や、身分を越えた婚姻を積極的に奨励した。

また、諭吉は門閥制度を批判する一方で、士族の精神を重視した。一〇年に刊行された『分権論』では士族の果たすべき役割が力説され、期待されている。

[日朝秀宜]

▼父 百助 ▼旧藩情 ▼分権論

参考『自伝』幼少の時。

旧藩情《きゅうはんじょう》

明治一〇(一八七七)年五月に福沢諭吉が、旧幕府時代の中津藩の上士下士間の格差について記した文書。上士間、下士間では抜擢があっても、その大別を越えて出世することはないことや、細かな権利にも差があること、上士と下士の間に婚姻関係が生ずることはないこと、収入に格差があるため学ぶことのできる時間や内容にも差があること、言葉遣いにまで差があることなどが記され、今後士族の品行を維持しながらも、再び身分差別のある社会に戻ることのないよう社会関係を改めていくにはどうすべきかについて、士農工商の四民が同権である「新世界」をつくり出すことができる学校教育と、「一種の好情帯」を生む婚姻関係を上下間においてもますます進めることを説いている。

脱稿後すぐには活字にならず、六月初旬写本で鈴木閒雲や島津復生ら旧中津藩の有力者に送られた。福沢の没後、三四年六月一日から九日まで『時事新報』に連載された。

[西澤直子]

▼中津藩 ▼三石二人扶持

参考『著作集』九。

学問形成

中津藩の漢学《なかつはんのかんがく》

中津藩でも漢学の中心は幕府が正学と定めた朱子学であったが、享保二(一七一七)年に奥平家が丹後宮津から入封する際、京都から古義学派の学者を同行し、以後古義学を主流に、一九世紀になると亀井南冥(一七四三〜一八一四)・昭陽(一七七三〜一八三六)父子による亀井学の影響を強く受けることになった。古義学は論語・孟子の研究を中心に、朱子学の観念論を批判し、日常の中での道徳の実践を重んじる学問で、亀井学は徂徠学を基調としながらも、従来の儒学の枠組にとらわれず広い可能性を持つ学問であった。その結果、中津藩では藩校を中心に漢学が展開する中で、蘭学や東洋医学にとらわれない医学も発展した。

藤田敬所(一六九八~一七七六)は、奥平家と共に中津に移住した古義学派の儒者土居震発(一六八六~一七三五)に師事し、のち京都で伊藤東涯に学んだ。中津に戻ったのち、三浦梅園(一七二三~八九)や倉成竜渚(一七四八~一八一二)らを育てた。倉成は藤田のもとで学んだのち京都の古義堂に留学し、寛政八(一七九六)年に藩主奥平昌高の命を受け、野本雪巌(一七六一~一八三四)と共に藩校進脩館の設立に尽力した。野本も倉成に学んだのち、京都に留学している。

野本の息子白巌(通称武三、号は真城山人。一七九七~一八五六)は、三浦梅園の門人に学び亀井父子の薫陶を受けた帆足万里(一七七八~一八五二)に師事。福沢諭吉が学んだ学者は、服部五郎兵衛、兄と同様野本白巌、野本の門人で江戸の古賀侗庵や昌平坂学問所でも学んだ白石常人(照山)であった。白石は遺稿などを通して亀井父子に私淑し強い影響を受けていることが指摘されている。

明治初年頃までに慶応義塾に入学した中津藩出身者には藩校進脩館で学んだ者も多く、生涯福沢の補佐を務めた小幡篤次郎はすでに同校で教鞭をとっていたが、福沢の求めに応じ江戸へ出て洋学を学び始めた。また中津にも渡辺重春(一八三一~九〇)・重石丸《いかりまる》(一八三七~一九一五)らによる国学の学統があり、明治維新後進脩館の系譜を継いだ、漢学の学校、片端進脩学館は、国学の系譜を継いだ西御門皇学校や、洋学校として旧藩主と慶応義塾の協力で設立した中津市学校と対立した。しかし、やがて新しい学問の流れが生じていった。

[西澤直子]

▼奥平家　▼中津市学校　▼白石常人

参考 山崎有信『豊前人物志』一九三九年。黒屋直房『中津藩史』碧雲荘、一九四〇年、(復刻版)国書刊行会、一九九一年。

中津での学問　なかつでのがくもん

福沢諭吉は服部五郎兵衛、野本白巌、白石常人の三人の師からそれぞれ漢学を教わった。最初は数え五歳のとき、中津で服部五郎兵衛に四書の素読《そどく》を教わった。服部は専門の漢学者ではなく、中津藩の供番という家格で、禄高二〇〇石の上士であり、奏者番や元締役を勤め、鹿児島で西洋砲術を修業してきた人物である。のちに諭吉の姉の鐘《かね》が五郎兵衛の弟の復城に嫁したので、諭吉と五郎兵衛とは義兄弟の間柄となり親交を続けた。

次いで兄同様、野本白巌に学んだ。諭吉の父百助は白巌の父雪巌に学び、百助も白巌も共に豊後日出《ぶんごひじ》藩の帆足万里の門下生であった。白巌は藩主奥平昌猷《まさみち》の侍講も勤め、門下生と共に中津藩の財政改革を進めていたところ、天保一二(一八四一)年に反対派からの攻撃を受けて隠居を命じられてしまう。これにより諭吉の漢学修業は、数え八歳で休止する。

『福翁自伝』によると、父の死後は母

が一人で五人の子どもの世話をしなければならず、なかなか子どもの教育までは手が回らなかった様子で、世話や奨励してくれる人がいなかったため、手習いもしなければ本も読まないという日常であった。特に読書については、『自伝』の中で甚だ嫌いであったと述べている。

それでも一四、五歳になると、近所の者が皆、本を読んでいるのに自分だけが読まないでいる恥ずかしさから、白石常人の家塾晩香堂で漢学修業を再開した。白石は白巌の門下生で、江戸にも遊学して亀井南冥・昭陽父子の亀井学を信奉していた。諭吉はこの晩香堂に四、五年ほど通い、論語や孟子などの経書に関する経義の研鑽に勉めた。特に詩経と書経をよく読み、それから蒙求、世説新語、春秋左氏伝(左伝)、戦国策、老子、荘子の講義を聞き、史記、前後漢書、晋書、五代史、元明史略を独学した。それらの中でも特に左伝が得意で全部通読し、一度も読み返して面白いところは暗記した。諭吉の学力は、最初は意味を考えずにまず読む訓練をする素読の面でどうしても他人に遅れてしまうことが多かったが、内容について問答する会読の面では群を抜いていたという。

嘉永六(一八五三)年、御固番《おかためばん》事件が起きる。中津藩で従来は足軽の役目であった城門警備を下士にやらせることになり、白石らが抗議したところ、追放処分となった。これにより諭吉の漢学修業は再度中断した。その後の諭吉は漢学を離れ、長崎へ遊学して蘭学の道を歩むことになるが、この長崎遊学の後押しをしてくれたのも、野本白巌を中心とする野本の家塾にかかわる人びとであった。

このようにして諭吉は服部、野本、白石の三人の師からそれぞれ漢学を教わったが、学問的には野本を通じて学んだ帆足万里の自然科学的な内容と、白石を通じて学んだ亀井学の内容がその後の諭吉の思想形成に大きな影響を及ぼしたものと考えられる。特に亀井学の特徴である呪術や迷信の否定、非合理性の排除、拡大解釈による応用の重要性の認識、国家の独立と国家間の対等性の重視、君臣関係の相対化、言論や学問の自由の尊重、権謀術数の肯定、法家思想への高い評価、孔子以外の儒家に批判的という諸点と、諭吉の思想的特徴の類似性が指摘されている。

〔坂井達朗・日朝秀宜〕

▼御固番事件　▼中津から長崎へ　▼白石常人

参考 小久保明浩「中津における福沢諭吉の修学とその世界」『年鑑』(九)一九八二年。同「『鷲栖園遺稿』と福沢諭吉の書翰」『年鑑』(二六)一九九九年。坂本慎一「福沢諭吉と亀井学の思想」『研究』(二〇巻)二〇〇三年。

中津藩の蘭学　なかつはんのらんがく

中津藩は蘭学の盛んな藩の一つであった。藩医前野良沢は、三代藩主奥平昌鹿《まさか》の援助を受けてオランダ語を学び、安永三(一七七四)年、杉田玄白らと共に日本最初の西洋医学書の翻訳である『解体新書』(『ターヘル・アナトミア』)を刊行、本格的な蘭学発展の基礎を築いた。五代藩主奥平昌高(一七八五～一八五五)は蘭学に傾倒し、藩士神谷源内に命じて和蘭辞書『蘭語訳撰』(文化七〈一八一〇〉)を、また、藩士大江春塘に命じて蘭和辞書『バスタード辞書』(文政五〈一八二二〉)を編集・刊行させた。文政二年には、藩医村上玄水が中津で人体解剖を実施、嘉永二(一八四九)年には、藩医辛島正庵らが長崎から痘苗を得、中津で種痘を実施している。同三年、藩士一四名が佐久間象山に入門。そのうちの一人岡見彦三は、安政五(一八五八)年に中津藩が江戸に蘭学塾を開くに当たって福沢諭吉を大坂から呼び寄せることを提案した人物である。

嘉永六年のペリー来航によって中津藩でも海防の重要性の認識が深まる中で、福沢は兄三之助から西洋の砲術の知識を得るために蘭学を学ぶことを勧められ、翌七年長崎へ蘭学修業に出発した。福沢は『福翁自伝』(長崎遊学)の中で、長崎遊学に際し「その時分には中津の藩地に横文字を読む者がないのみならず、横文字を見たものもなかった。都会の地には洋学と云うものは百年も前からありながら、中津は田舎の事であるから、原書は扨置《さてお》き、横文字を見たことがなかった」と述べており、遊学以前に中津藩の蘭学に接する機会を持つことはなかったようである。

〔大塚彰〕

▼奥平家　▼中津藩と洋式砲術

参考 小久保明浩「中津における福沢諭吉の修学とその世界」『年鑑』(九)一九八二年。野田秋生「中津藩海防論の中の福沢兄弟」『大分県地方史』(一九四号)二〇〇五年。横松宗『福沢諭吉　中津からの出発』朝日新聞社、一九九一年。

中津藩と洋式砲術

なかつはんとようしきほうじゅつ

中津藩が明確に西洋砲術の採用に踏み切ったのは、嘉永三(一八五〇)年のことで、松代藩士佐久間象山が江戸深川の藩邸に砲術の塾を開くと、当時元締役で甲州流兵学者であった島津良介を窓口として多くの藩士を入門させている。同年には岡見彦三、島津文三郎ら一四名、翌四年には中津藩下屋敷に象山みずから出張し、新たに三〇名が入門した。翌四年には、象山が中津藩のために製作したカノン砲の試射が下総において行われたが、このときには岡見が参加している。嘉永二年から安政元(一八五四)年までの六年間に全国から象山塾に入門した者は四六一名であるが、そのうち一一〇名が中津藩士であり、他藩を圧していた。

福沢諭吉が兄三之助の勧めで安政元年に砲術修行として長崎に送り出される背景には、こうした洋式砲術の摂取を積極的に進めようとする中津藩の動きがあったのである。象山門下の中でも島津文三郎は嘉永六年、「西洋三兵砲術真伝免許状」を与えられて門人の取立てを許され、安政三年には岡見彦三と共に、幕府講武所で蘭式調練の指導をするよう幕府から委嘱されている。ちなみに島津文三郎は、のちに福沢の結婚に際して媒酌人となる人物である。

〔髙木不二〕

▼中津から長崎へ　▼岡見彦三

参考 野田秋生「中津藩海防論の中の福沢兄弟」『大分県地方史』(一九四号)二〇〇五年。

2

蘭学修業

福沢が安政２年に入門した緒方洪庵の適塾（大阪市中央区）

ここでは、福沢諭吉が長崎に行き蘭学修業を始めた嘉永七(一八五四)年から、大坂を離れて江戸に行く安政五(一八五八)年までの期間を取り上げる。

嘉永六年六月、アメリカ東インド艦隊司令長官ペリーが軍艦四隻を率いて浦賀沖に来航し、日本の開国を求める国書を幕府に提出した。翌七年一月にペリーは軍艦七隻を率いて再び来航、幕府は三月三日に日米和親条約を結んだ。二〇〇年以上続いた鎖国体制はここに崩壊したのである。このような状況のもと、中津の封建的で窮屈な藩風に不満を感じていた福沢は、海防の重要性を認識した兄三之助にオランダ砲術を学ぶことを勧められ、同年二月に長崎に行き、蘭学修業を開始した。一九歳のときである。

長崎で福沢は最初、中津藩の家老の息子奥平壱岐《いき》が滞在していた桶屋町の光永寺に居候することとなるが、その後奥平の世話で大井手町の砲術家山本物次郎の食客となった。そこで福沢は家のさまざまな仕事を引き受けることで山本に気に入られ、自分の養子になれとまでいわれる一方、蘭方医やオランダ通詞の家に通って原書を学び、蘭学の力を伸ばしていく。ところが福沢の蘭学の上達を妬んだ奥平は、福沢の母が病気だと偽り福沢を中津に帰そうとたくらんだ。従兄の藤本元岱によってこの事実を伝えられた福沢は腹を立てたが、家老とけんかをしても負けるに決まっている、それよりも自分の身の始末が大事だと思い直して、奥平のところへ行き、中津へ帰る挨拶をした。

しかし福沢は中津に帰る気は少しもなく、岡部同直という蘭学書生に、江戸で開業医をしている彼の父親の家に食客として置いてくれるように頼んで、安政二年二月に江戸へ向けて出発した。長崎から諫早、佐賀、小倉を経由して下関に来た福沢は、そこで船に乗り、出発後一五日目に播州明石に到着。そこから一五里の道を朝から晩まで歩いてその日のうちに大坂に着いた。大坂の中津藩蔵屋敷で兄三之助に会った福沢は、江戸ではなく大坂で蘭学を学ぶことを勧められる。こうして福沢は同年三月、適塾に入門し緒方洪庵と出会うのである。適塾には多くの塾生がいたが、緒方は特に福沢の才能を高く評価し、実の子どものように親身に面倒をみた。福沢が同三年春に腸チフスにかかったときには、毎日容体を診て摂生法を指示しながら、薬の処方に関しては、親身になりすぎて冷静に判断できず迷ってしまうからと、友人の医師に処方を託している。

安政三年九月に兄三之助が病没すると、叔父中村術平の養子であった福沢は福沢家に復籍し家督を相続した。本来は中津で藩士としての勤めを果たすべきところであったが、福沢は母に大坂での修業を続けたいと訴え、母も思い切りよくそれを認めた。藩の許可も得ることができた。その帰郷中、福沢は奥平壱岐から『ペル築城書』を借り、無断で二〇日余りの間にすべて写してしまう。その原書の写本を手に緒方のところへ戻ると、緒方は学費のない福沢にこの築城書を翻訳させるという名目で特別に食客生の資格を与えた。福沢は適塾で実際に『ペル築城書』の翻訳を行い、その際、緒方から平易で読みやすい訳文を心がけることを教えられた。福沢がのちに平易な文体で多くの読者を啓発する著作を刊行する原点には緒方の翻訳法についての教えがあったのである。

適塾生は皆、実に熱心に勉学に励んだ。蘭学の修業は原書を写本し、それを会読の場で読解することが中心であった。予習の際、塾生同士で教えたり教えられたりすることは禁じられており、頼れるものは辞書しかない。蘭和辞書はヅーフ・ハルマという辞書が一部あるだけなので、月に六回行われる会読の前日は、辞書が置いてある「ヅーフ部屋」に塾生が集まって徹夜で辞書を引いて勉強したという。福沢はその中で頭角を現し、安政四年には塾長(塾頭)になっている。

福沢は江戸と大坂を比較して、江戸では蘭学ができるとすぐに幕府や大名に雇われて仕事につけるが、大坂は町人の世界で蘭学を学んでも実際の仕事に結びつかない、したがって適塾の塾生は立身などの目的なしに苦学したのであり、そのために真の勉強ができた、と述べている。

安政五年一〇月、福沢は中津藩の命令により大坂を離れて江戸へ行き、蘭学塾(のちの慶応義塾)を開いた。適塾に在籍していた三年余りの間に緒方から学問と教育を志す者の生き方や心構えについて学んだ福沢は、文久三(一八六三)年に緒方が病没した後も生涯その学恩を忘れず、八重夫人や緒方家の人びととの交際も続いた。また適塾では、山口良蔵、高橋順益、石井謙道、長与専斎など、多くの友人を得ることもできた。

福沢にとって適塾の青年時代は、学問の修得においても、師弟・交友関係の発展においても、その後の人生に大きな影響を与える充実した時期であった。

[大塚彰]

長崎遊学

長崎の蘭学《ながさきのらんがく》

寛永一一(一六三四)年に造成・移転が開始され、一三年に完成した長崎の出島にはオランダ人が駐在しており、江戸期を通じて阿蘭《オランダ》通詞を中心に蘭学が発展した。その通詞の中には、『解体新書』の序文を書いた吉雄耕牛(一七二四~一八〇〇)、『天地二球用法』で日本に初めて地動説を紹介した本木良永(一七三五~九四)、『暦象新書』でケプラーやニュートンの学説を紹介し、『鎖国論』において「鎖国」という訳語を初めて用いた志筑《しづき》忠雄(一七六〇~一八〇六)らがいる。文化文政期には、志筑門下の馬場貞由(一七八七~一八二二)が長崎から江戸へ出て、江戸蘭学の発展に貢献した。オランダ商館では、ヘンドリック・ヅーフ(Hendrik Doeff 一七七七~一八三五)やフィリップ・フランツ・フォン・シーボルト(Philipp Franz von Siebold 一七九六~一八六六)が日本に長く滞在し、蘭学の発展に多大な影響を与えた。

ヅーフは寛政一一(一七九九)年にオランダ商館の書記として来日。享和三(一八〇三)年、二七歳の若さでオランダ商館長に就任した。文化九(一八一二)年、阿蘭通詞の協力を得てフランソワ・ハルマの蘭仏辞典を底本とした蘭和辞典「ヅーフ・ハルマ」(「長崎ハルマ」)の編纂を開始。ヅーフは同一四年に帰国するが、阿蘭通詞によって編纂は続けられ、天保四(一八三三)年に完成した。適塾の塾生が会読の予習のために利用した辞書はこの「ヅーフ・ハルマ」の写本である。

シーボルトはドイツ人の医師・医学者で、文政六(一八二三)年にオランダ商館付医官として来日した。彼は医師としての通常の任務のほかに、日本の総合的・科学的研究という任務を与えられ、日本研究を進めた。また、長崎郊外に鳴滝塾を設けて高野長英ら多くの門人を育て、蘭学、特に蘭方医学の発展に大きな影響を与えた。同一一年に帰国の際、積荷の中に国外持ち出し禁制の物品があるのが発見され、翌一二年に国外追放となって日本を離れた(シーボルト事件)。

[大塚彰]

▼長崎での勉学　▼ヅーフ・ハルマ

参考 沼田次郎『洋学』吉川弘文館、一九八九年。ヴォルフガング・ミヒェル、鳥井裕美子、川島真人編『九州の蘭学—越境と交流』思文閣出版、二〇〇九年。

中津から長崎へ《なかつからながさきへ》

福沢諭吉が中津から長崎に出たのは嘉永七(一八五四)年二月のことである。蘭学の勉強を始めたときは、ただむずかしいといわれる学問をやってみよう、中津が窮屈なので出られるならば何でもよいという考えであった、と『福翁自伝』に記している。

ペリー来航は前年嘉永六(一八五三)年

のことであり、全国諸藩において西洋砲術が必要であるとの気運が急速に高まっていた。加えて、同年一二月には中津藩で上士と下士の身分格差を如実に露呈した御固番《おかためばん》事件が発生し、自分の恩師である白石常人が藩から追放された諭吉にとって、門閥制度に対する憎悪はいっそう強固なものとなっていた。

そのような折、兄三之助から、オランダの砲術を取り調べるために原書を勉強するつもりはないかと諭吉に蘭学修業の勧めがあって留学が決まる。この経緯はかならずしも明確でないが、留学費用を自弁できたとは考えられないことから、嘉永六年一二月頃より長崎留学に出ていた中津藩家老の息子奥平壱岐(当時は十学)が、学費を負担する代わりにその身辺の世話をする従僕の派遣を要請し諭吉が選ばれたのではないか、との見解が有力である。さらにその背後には漢学者野本白巌を中心に西洋の軍事技術採用を唱える野本派と称する藩内の学者たちの存在があり、三之助もその派閥と親しかったことで、諭吉が彼らの期待を受けて抜擢されたとする見解がある。父百助が、将来諭吉を坊主にしようといったといわれることと同様、立身出世の道が皆無である下士の身分にあって、何らかの立身の道を弟に求めさせようとした兄三之助の配慮も想像される。

兄三之助に同道して長崎に至った経路について、諭吉はいっさい書き残していない。蘭癖と呼ばれた中津藩第五代藩主奥平昌高がしばしば家臣を長崎に遣わしたこともあって、当時中津—長崎間は、交通が盛んであった。唐津湾岸の怡土《いと》郡(現在の糸島郡)に中津藩の飛び地があったため、そこを経由する道順が中津では一般的であったとする見解のほか、中津より日田に出て筑後川を下り、有明海を渡って諫早より長崎に至った、との説もある。〔都倉武之〕

▼中津藩と洋式砲術　▼奥平壱岐

参考 野田秋生「中津藩海防論の中の福沢兄弟」『年鑑』(三四)二〇〇七年。『「福翁自伝」の研究』註釈編。

光永寺　こうえいじ

嘉永七(一八五四)年二月、長崎に遊学した福沢諭吉が最初に寄宿した場所。この寺は慶長一九(一六一四)年に慶西によって興された真宗大谷派の寺院で、長崎市桶屋町に現存する。「下寺《したでら》の三ヶ寺も持《もっ》て居る、先《ま》ず長崎では名のある大寺《おおでら》」(『福翁自伝』長崎遊学)であった。福沢が長崎に来たとき、光永寺と姻戚関係にある中津藩家老の子息奥平壱岐が和蘭《オランダ》流砲術を学ぶために長崎遊学中で、光永寺に寄寓していた。そこで福沢は奥平を頼って居候のようなかたちで住み込んだのである。奥平の部屋は一二畳敷の客間で、福沢の部屋はそれに接した鞘の間という四畳ほどの部屋であったという。その後、福沢は大井手町の山本物次郎の家に食客として転居する。転居の理由と時期は不明であるが、奥平がこの年の六、七月に長崎を離れて二か月続けて国許の月番を勤めているので、福沢が一人では光永寺に居づらくなったのが理由だとすると、時期は奥平が長崎を立った五、六月頃と推定される。

明治一二(一八七九)年には光永寺で長崎県における最初の県議会も開かれた。建物は原爆で損傷したが、福沢が起居したと伝わるあたりは当時のままといわれる。門前には昭和一二(一九三七)年五月に長崎三田会(慶応義塾出身者の同窓会)によって建てられた「福沢先生留学址」(小泉信三筆)の記念碑がある。 [大塚彰]

▼長崎での勉学 ▼奥平壱岐

参考『伝』一―三編。『「福翁自伝」の研究』註釈編。

◉光永寺門前(昭和初期)

山本物次郎家の食客《やまもとものじろうけのしょっかく》

嘉永七(一八五四)年二月、長崎で蘭学修業を始めた福沢諭吉は、同年五、六月頃、奥平壱岐の世話で、最初に居候をしていた光永寺を出て大井手町(現在は出《で》来大工《きだいく》町)の砲術家山本物次郎の家の食客となった。福沢は眼を悪くして書を読めない物次郎に代わって、山本家が所蔵する砲術書を砲術修業者に貸したり写させたりして謝料をとる仕事をした。また中津の少年時代から手先が器用で物の工夫をすることが得意であった福沢は、物次郎の一人息子に漢書を教えたり、家の手紙を代筆したり、井戸の水を汲んだり、朝夕の掃除をしたり、物次郎夫人の飼っている犬や猫の世話をしたりと、家事いっさいを引き受けて甲斐がいしく働いたので、物次郎に大変気に入られ山本家の養子になるよう勧められた。福沢がすでに叔父中村術平の養子になっていることを伝えると、物次郎はそれならなおさら自分の家の養子になれ、自分が世話をしてやるとたびたび福沢に話している。

勉学に関しては、福沢は山本家での仕事の合間に蘭方医や和蘭《オランダ》通詞のもとに通って蘭学を学び、夜になると女中部屋で女中らが行燈《あんどん》の光で雑巾刺しなどをしているかたわらで書を読み、彼らの就寝後に初めて行燈を専有して勉強したという。福沢は光永寺にいるときも毎夜一〇時頃になると小さい皿を持って納所に油をもらいに行き、他人が寝てから勉強していたといわれており、苦学していたことが分かる。

福沢は幼少時より飲酒を好み、それは母親から頭の毛を剃られるのが痛くて嫌がったとき、我慢すれば酒を飲ませるといわれ、飲みたい一心で痛みを我慢したほどであった。しかし長崎での一年間は学問修業中の身であるという理由で必死の思いで禁酒した。文久元（一八六一）年一二月、幕府の遣欧使節に翻訳方として加わりヨーロッパに行く際、長崎に寄港した福沢は山本家を訪ねて先年中の礼を述べ、そのとき初めて下戸とは偽りで実は酒豪であると打ち明け、大いに酒を飲んで山本物次郎夫妻を驚かせている。
［大塚彰］

▼少年期の逸話　▼飲酒　▼山本物次郎

参考『伝』一―三編。

福沢先生使用之井《ふくざわせんせいしようのい》

長崎留学中の福沢諭吉が使用したと伝わる井戸。長崎市出来大工町の市有地に現存し、一m四方、深さおよそ六m。この井戸は、福沢が食客として身を寄せていた山本物次郎宅のすぐ近所にある共同井戸であった。『福翁自伝』には、山本家の子息に漢学指導をした後、表の井戸で水を汲み大きな荷桶を担いで一歩踏み出したとき、ちょうど「上方辺の大地震」が起こって足を滑らせ、井戸に落ちそうになったことが記されており、この井戸がその話の舞台とされる。

◉昭和初期の井戸。現在は覆いに囲われている。

福沢が山本家の食客であった時期、日本には地震が頻発していた。「上方辺の大地震」としては、嘉永七（一八五四）年一一月五日午後四時頃に発生した安政南海地震（マグニチュード八・四）が知られ、これが自伝の逸話の日と考えられる。この地震は紀伊水道・四国南方沖の海域を震源とし、大きな津波被害も出たほか、長らく余震も続いた。また南海地震のわずか三一時間前には東海地方にも同規模の大地震が発生しており、両地震の発生によって、元号が嘉永より安政に改められている。

井戸の脇には、昭和一二（一九三七）年に長崎三田会が建立した「福沢先生使用之井／安政五年」（慶応義塾長小泉信三筆）と刻む標石が建てられた。近年、木製の屋根つき囲いが設けられるなど、周辺が整備されている。

なお、平成一〇（一九九八）年に井戸よりほど近い諏訪神社の参道石段の半ば、祓戸神社の脇に、長崎三田会によって福沢の銅像も建立されている。
［都倉武之］

参考 加藤三明「長崎―福沢先生遊学の地」『評論』（一一〇二号）二〇〇七年。

長崎での勉学 ながさきでのべんがく

　嘉永七(一八五四)年、福沢諭吉は長崎で蘭学修業を開始した。最初に薩摩藩の医学生松崎鼎甫からオランダ語のアルファベットを学び、その後、蘭学医や和蘭《オランダ》通詞の家に通って原書を学んだ。『福翁自伝』では楢林という和蘭通詞、同じく楢林という蘭学医、さらに石川桜所という蘭学医らの門人から蘭書を学んだとされている。桜所は陸奥《むつ》出身で、のちに徳川慶喜の侍医、維新後は軍医監となった。『福翁百余話』所収の「築城書百爾《ペル》之記」で福沢は二人の楢林という人物について、和蘭通詞の名は楢林栄七、蘭学医の名は楢林健吉と書いている。しかしこの二人については、その当時の年齢などから、福沢に蘭学を教えることはできないはずであり、詳細は不明である。

　長崎遊学時代の福沢は特定の師の門人となって規則正しく蘭学を学ぶことはできなかったが、居候としての仕事のかたわら、一意専心原書を学ぶことによって、次第にその内容が分かるようになっていった。

　のちに福沢と松崎は共に適塾の塾生となるが、そのときは福沢が上の級になり、逆に松崎を教える立場になっている。

〔大塚彰〕

▼適塾での勉学

参考 渡辺庫輔『崎陽論攷』親和銀行済美会、一九六四年。『「福翁自伝」の研究』註釈編。

適塾入門

長崎から大坂へ ながさきからおおさかへ

　長崎で蘭学を学び始めた福沢諭吉は、一年間の修業ののち大坂に行き、安政二(一八五五)年三月適塾に入塾した。

　その経緯について、『福翁自伝』(長崎遊学)によれば、長崎における福沢の蘭学上達を妬んだ奥平壱岐《いき》が、実父与兵衛を通じて、福沢の母が病気であると偽り、福沢にすぐに中津に帰るようにとの手紙を送った。奥平の奸計を知った福沢は大いに立腹したが、家老とけんかしても負けるに決まっている、それよりも自分の身の始末が大事だと考え、奥平に帰国の挨拶をした。しかし福沢は中津に帰る気はなく、同二年二月、長崎から江戸へ向けて出発した。途中大坂に着いた福沢は、中津藩蔵屋敷で会った兄三之助から江戸ではなく大坂で蘭学を学ぶことを勧められ、三月九日緒方洪庵の適塾に入門する。長崎より大坂に至る道中の様子は『福翁自伝』に詳しく記されている。

　奥平と福沢のその後の関係をみると、同三年に福沢が中津に帰国した際、奥平が高価な「ペル築城書」を貸し与えていること、同五年に福沢が江戸出府する際、江戸家老であった奥平が異議を唱えなかったことなど、奥平は福沢に好意的な態度を示している。そこで、中津に帰るようにという偽手紙の一件は、奥平本人が知らぬ間に、福沢の長崎滞在が息子壱岐の勉学の妨げになると誤解した与兵衛によって書かれたのではないかと推測する研究もある。〔大塚彰〕

▼奥平壱岐

参考 河北展生「福沢諭吉の蘭学修行と奥平十学(壱岐)」『研究』(九巻)一九九二年。

大坂の蘭学　おおさかのらんがく

江戸時代の大坂は日本の経済の中心地であり、町人の合理的な考え方が蘭学を受容する素地になったと指摘される。

大坂の蘭学の基礎を築いたのは、天文暦学の研究を行った麻田剛立《ごうりゅう》(一七三四〜九九)である。幕府は寛政七(一七九五)年に改暦の議があり、麻田を登用しようとした。麻田はこれを辞退し、門弟の高橋至時《よしとき》と間重富《はざましげとみ》を推挙している。

京坂に江戸の蘭医学を導入した先駆者として小石元俊(一七四三〜一八〇八)がいる。小石は江戸で大槻玄沢、前野良沢、杉田玄白らに学び、京都と大坂で蘭医学を講じた。

大坂の蘭学を本格的に発展させたのは橋本宗吉(一七六三〜一八三六)である。橋本は大坂で傘屋の紋描き職人をしていたが、小石元俊と間重富にその才能を認められ、彼らの援助で江戸へ行き、大槻玄沢門下で蘭学を修めた。その進歩は著しく、入門後四か月で和蘭《オランダ》語四万を暗記したといわれている。帰坂後、医業を開き、糸漢堂という私塾を設けて弟子の教育に当たった。また、エレキテル(電気)に関する著作を著し、各種の実験を行った。

当時の大坂では、橋本のほかにも、小石門下の斎藤方策や海上随鷗《うながみずいおう》(稲村三伯)門下の中天游《なかてんゆう》(一七八三〜一八三五)らの蘭学者が活躍した。天游には『視学一歩』や『天学一歩』『算学一歩』といった理学方面の著作がある。福沢諭吉の師緒方洪庵は天游の蘭学塾「思々斎塾」の門下生である。〔大塚彰〕

▼緒方洪庵

参考 沼田次郎『洋学』吉川弘文館、一九八九年。梅渓昇『緒方洪庵と適塾』大阪大学出版会、一九九六年。

適塾　てきじゅく

蘭学医緒方洪庵が天保九(一八三八)年に大坂瓦町で開いた蘭学塾。正式には適々斎塾といい、適々斎は洪庵の号。入門者が多くなった弘化二(一八四五)年には過書町に移転し、塾を拡張。適塾の入門者を記録した「姓名録」に記載されている門人は六三六名(緒方江戸出府後の入門者を含む)。幕末・維新期に重要な役割を果たした人物を多く輩出した。緒方は現役の医師として診療も行い、コレラや天然痘の予防に努めたことでも知られるが、塾生として学んだ長与専斎がのちに「元来適塾は医家の塾とはいえ、その実蘭書解読の研究所にて、諸生には医師に限らず、兵学家もあり、砲術家もあり…およそ当時蘭学を志す程の人はみなこの塾に入りてその仕度をなす」(『松香私志』と書いているように、オランダ語の読解力の修得が適塾の教育の中心となっていた。

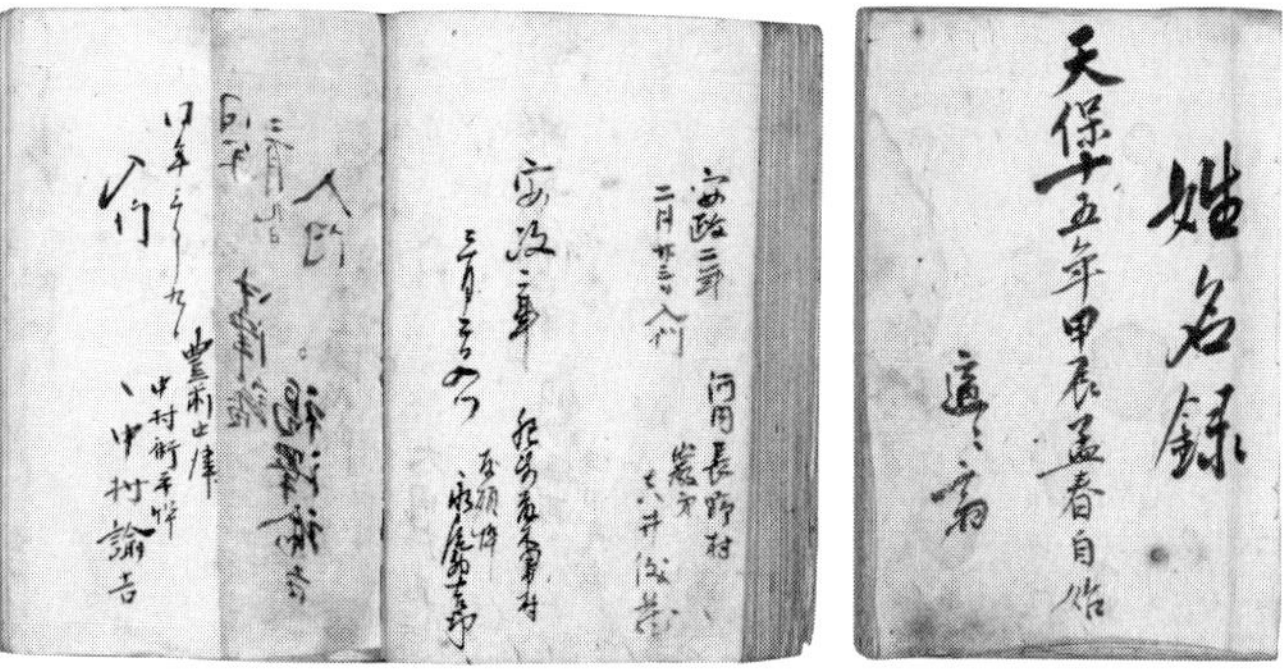

◉「姓名録」に見える中村諭吉の自筆署名。福沢家に復籍後、自身で福沢諭吉と書きあらためている。

洪庵の名は当時蘭学者として広く聞こえ、塾には常時少なくとも五、六〇人の塾生がいた。福岡藩主黒田長溥《ながひろ》は参勤交代で大坂を通る際、常に洪庵を邸に招いてその説を聞き、また佐賀藩主鍋島閑叟、土佐藩主山内容堂、越前藩主松平春嶽などは、藩内の青年を選抜して適塾に留学させていたと伝わる。

福沢諭吉は安政二(一八五五)年三月に適塾に入門。「姓名録」には安政二年三月九日付で「豊前中津中村述平伜《せがれ》 中村諭吉」の署名があり、その後福沢家への復籍に伴い「福沢諭吉」と貼り紙されている。福沢は江戸出府を命ぜられる五年秋まで、途中二度の帰郷を除くとおよそ三年、適塾に在学していた。

文久二(一八六二)年、洪庵が奥医師として江戸に出ると適塾生の指導は養子の拙斎が跡を継ぎ、緒方没後も明治初年まで引き続き教育に当たった。

過書町の適塾の建物は昭和一六(一九四一)年に国の史跡に指定され、一七年に緒方家から大阪帝国大学に寄贈された。さらに三九年に重要文化財に指定され、現在一般に公開されている。二七年には、大阪大学が主体となって、緒方洪庵をはじめ門下生の業績を顕彰することを主たる目的として適塾記念会が創立され、以後、機関紙『適塾』を刊行するなど、さまざまな活動が行われている。

［大塚彰］

参考 長与専斎「松香私志」『松本順自伝・長与専斎自伝』平凡社、東洋文庫、一九八〇年。長尾正憲『福沢屋諭吉の研究』思文閣出版、一九八八年。梅渓昇『緒方洪庵と適塾』大阪大学出版会、一九九六年。

適塾での勉学 てきじゅくでのべんがく

福沢諭吉は適塾で初めて規則正しく蘭学を学んでいった。適塾の修業方法は、まず初学者はオランダ語の文法書二冊、ガランマチカ(*Grammatica, of Nederduitsche Spraakkunst*『和蘭文典前編』)とセインタキス(*Syntaxis, of*

Woordvoeging der Nederduitsche Taal『和蘭文典後編成句論』)の素読と先輩の講義を聴き、この二冊が理解できるようになると原書の会読に進む、というものであった。

会読は、会頭一人に生徒が一〇～一五人から成る学力別の等級が七、八級ぐらいに分かれ、生徒は会読の出来不出来によって成績評価された。そして三か月間続けて会読で成績上位だった者が昇級するというシステムであった。最上等になると、読む原書がなくなり、まったく実用でない難解な序文や緒言を読んだり緒方の講義を聞いたという。

適塾にある原書は物理書と医書とを合わせて一〇点足らずであり、各書一部ずつしかないので塾生はまず貴重な原書を各自で写本し、その写本を用いて会読の前に予習をした。予習の際は他人に聞いたり教えたりしてはならないことになっており、原書を読解するためには辞書に頼るほかはない。しかし辞書は「ヅーフ・ハルマ」という蘭和辞書と『ウェーランド』というオランダ語原書の辞書が各一組しかなかった。初学者はウェーランドを見ても分からないので、頼れるのはヅーフのみということになる。会読の行われる日は一六(一と六のつく日)とか三八などと決まっていて、月に六回行われる会読の前日は「ヅーフ・ハルマ」の置いてある「ヅーフ部屋」に塾生が集まって徹夜で辞書を引いて勉強した。

福沢は内塾生になると、夕食後に一寝して夜一〇時頃起きて夜明けまで書を読み、朝食の仕度をする音が聞こえるとそれを合図にまた寝て、朝食のでき上がった頃に起きると湯屋に行って朝湯に入り、塾に戻って朝食をとってまた夕方まで書を読む、というような勉強漬けの生活をした。福沢は適塾の勉学について『福翁自伝』(緒方の塾風)で「学問勉強と云うことになっては、当時世の中に緒方塾生の右に出る者はなかろうと思われる」「私一人が別段に勉強生でも何でもない。同窓生は大抵皆そんなもので、凡《およ》そ勉強と云うことに就《つい》ては実にこの上に為《し》ようはないと云う程に勉強して居ました」と述べている。福沢は蘭学の力を着実に向上させ、安政四(一八五七)年に塾長(塾頭)になっている。

［大塚彰］

ヅーフ・ハルマ　づーふ・はるま

適塾生が用いていた蘭日辞書。収録語数はおよそ五万。大名や蘭学者らと幅広く交際したことで知られる長崎出島のオランダ商館長ヘンドリック・ヅーフ(Hendrik Doeff, Jr.)が、日本人との意思疎通に不便を感じて編纂を思い立ち、日本人通詞と協力して文化九(一八一二)年より編纂を開始、ヅーフの帰国後の天保四(一八三三)年に完成し、浄書三部が作成された。フランソワ・ハルマ(François Halma)がオランダで出版した蘭仏辞書をもとにつくられたためこの名があり、稲村三伯らが同書をもとに江戸で編纂した「江戸ハルマ」に対して、「長崎ハルマ」とも呼ばれた。

その後写本によって広く用いられ、現存するものは八～一〇冊程度の分冊となっているものが多い。適塾にも一組しかなく、三畳ほどの部屋を「ヅーフ部屋」と称し、辞書はその部屋から持ち出し禁止とされていた。医学書や物理書などを読み解く際には欠かせない存在で、特に会読の前日は辞書を奪い合って黙々と勉強し、夜もこの部屋のロウソクの明かりが消えることはなかった。長与専斎の『松香私志』には「前後左右引張り合い、容易に手に取ることも叶わざる程なり」とあり、塾生間では辞書を座右に備えて勉強できたらどんなに愉快だろうか、と語り合っていたという。同書の写本は当時非常に重宝されたため、その筆写は蘭学書生間で共通の貴重な収入源であった。江戸で貧窮の中に蘭学を学んだ勝海舟も、同書を一年かけて二組写本し、一組を三〇両で売って学資とした逸話が残されている。

適塾にあった「ヅーフ・ハルマ」は、文久二(一八六二)年の緒方洪庵江戸出府の際の混乱で失われたとされ、今日伝わらない。福沢家には一〇分冊のものが伝来していたが、由来は不明である(現在は大分県立先哲史料館蔵)。

嘉永二(一八四九)年、佐久間象山が刊行を願い出たが許可が下りず、安政二(一八五五)～五年にかけて、七代桂川甫周らが入念な改訂のうえ、『和蘭《オランダ》字《じ》彙《い》』として出版した。

［都倉武之］

▼中津藩の蘭学　▼長崎の蘭学　▼桂川甫周

参考『和蘭字彙』全五巻、早稲田大学出版部、一九七四年。

適塾の生活 てきじゅくのせいかつ

福沢諭吉は適塾入門より兄三之助が没するまでは堂島の中津藩蔵屋敷からの通学生、家督を継ぎ再入門してからは内塾生(寄宿生)であったと考えられる。

『福翁自伝』によれば、適塾の生活は衣食住いずれも実に質素であった。身なりにはまったく無頓着で、暑い夏は塾内では褌《ふんどし》も襦袢《じゅばん》も何もない真っ裸。食事と会読のときだけ何か一枚引っ掛けるといった状態であった。食事も粗末で、板敷きの間で上草履を履いたままの立食。飯は鉢から各自で茶碗に盛り、おかずは一六(一と六のつく日)が葱《ねぎ》と薩摩芋の難波《なんば》

●適塾の二階大広間

煮《に》、五十が豆腐汁、三八が蜆汁《しじみじる》というように決まっていた。適塾には五、六〇人の内塾生が居住しており、そのため「塾中畳一枚を一席とし、その内に机・夜具その他の諸道具を置き、ここに起臥することにて、すこぶる窮屈なり」(『松香私志』)というような状態であった。また衛生面にも無頓着で、道具が足りないからと毎朝顔を洗う手水盥《ちょうずだらい》で野菜を洗ったり素麺《そうめん》を冷やしたりしていた。そのような生活の中で塾生の楽しみの一つは酒を飲むことで、会読が終わった晩やその翌日には市中に出て大いに酒を飲んだり暴れたりするなどしてストレスを発散していた。

　自然科学に強い関心を持っていた適塾生は、豚や熊を解剖したり、アンモニアや硫酸を製造するなどの化学実験を行っている。福岡藩主黒田長溥《ながひろ》が八〇両で購入した『ワンダーベルトの物理書』の原書を緒方洪庵が借りてきたときには、その中の「エレキトル」(電気)の部分に興味を持った塾生が皆で昼夜の別なく交代で写本し、同書を返すまでの二夜三日の間に「エレキトル」の部分を図まで含めてすべて写してしまっている。

　蘭書の写本は塾生の生活を助ける貴重な収入源にもなっていた。当時の写本代の相場が半紙一枚で数文であるのに対し、「ヅーフ」の横文字の写本は一枚一六文と非常に高価で、ヅーフの写本の注文があれば、それを一日一〇枚ずつ写せば塾生一人の月生活費を賄えるほどであった。

　適塾の生活は、文字どおり勉学中心の生活であったが、塾生は共に酒を飲んだり、仲間同士でけんかの真似をしたり、ときには花見に行ったりするなど塾生生活を楽しみ、互いの友情を深めていった。福沢諭吉は大坂から江戸に移った後も、多くの同窓生と交際を続けている。

〔大塚彰〕

参考 長与専斎「松香私志」『松本順自伝・長与専斎自伝』平凡社、東洋文庫、一九八〇年、所収。

適塾の塾長　てきじゅくのじゅくちょう

　安政四(一八五七)年、福沢諭吉は適塾を離れた松下元芳の後を受けて適塾の塾長(塾頭)になった。塾長となった人物は一五人が知られている。福沢は『福翁自伝』(大阪修業)で「塾長になったからと云《いっ》て、元来の塾風で塾長に何も権力のあるではなし、唯《ただ》塾中一番六《むず》かしい原書を会読するときその会頭を勤める位のことで、同窓生の交際《つきあい》に少しも軽重はない」と述べ、塾長には特別の権限がなかったとしているが、実際には医業や翻訳などで多忙であった緒方洪庵を助けて、塾生を指導する役割を担っていたと考えられる。福沢も塾長として「唯私の本来仮初《かりそめ》にも弱い者いじめをせず、仮初にも人の物を貪らず、人の金を借用せず、唯の百文も借りたることはないその上に、品行は清浄潔白にして俯仰天地に愧《はじ》ずと云う、自から外の者と違う処があるから、一緒になってワイワイ云て居ながら、マア一口に云えば、同窓生一人も残らず自分の通りになれ、又自分の通りにして遣ろうと云うような血気の威張り」という気持ちを持って他の塾生と接していた。

適塾入門生は師緒方洪庵に束脩《そくしゅう》（入学金）を納めると同時に塾長へも金二朱を進呈するという規則があったので、塾長は一か月に入門生が三人いれば一分二朱、五人いれば二分二朱の収入があった。福沢はこの収入の大抵を酒代に充て、多くの塾生を飲みに誘ったという。

安政五年に福沢が江戸に出た後は長与専斎が次の塾長になっている。なお福沢は『自伝』で適塾塾長という名称を使っているが、実際は「塾頭」という名称が使われていたようである。　［大塚彰］

参考 長尾正憲『福沢屋諭吉の研究』思文閣出版、一九八八年。『「福翁自伝」の研究』註釈編。

適塾の同窓生　てきじゅくのどうそうせい

適塾の「姓名録」には天保一五（一八四四）年以降重複を除くと六三六名（二五名は洪庵江戸出府後）が名を残している。入門者には、医学を志す者が多かったが、科学的視野を基礎として、その後さまざまな方面で活躍する人物を輩出した。

福沢諭吉は、同時期に適塾で学んだ人物についてしばしば語っている。日本の公衆衛生確立に尽力し、生涯にわたって福沢と親密に連携し続けた長与専斎、医学者の石井謙道（信義）や島村鼎甫をはじめ、松下元芳、高橋順益、松岡勇記、山口良蔵などが特に親しく、また長く交際が続いた同窓生と伝わる。他にも『福翁自伝』や書簡中で福沢が同窓生として挙げている名に、石渡寛輔、鈴木儀六、手塚良庵（良仙）、田中発太郎（信吾）、鶴田仙庵、中邨《なかむら》恭安、沼田芸平《うんぺい》、平山良斎、三刀《みとう》元寛、山田謙輔、岡本周吉（古川正雄）、原田磊蔵《らいぞう》がいる。福沢の江戸出府に同行した岡本は、そのまま福沢の蘭学塾の初代塾長となった。また、『自伝』中の「遊女の偽手紙」の逸話の主役である手塚は、漫画家手塚治虫の曾祖父で、治虫は『自伝』の記述に創作を交えて長編漫画『陽だまりの樹』に曾祖父在学中の頃の適塾生の生活を描写している。

福沢入門以前に適塾に学んだ先輩には、陸軍創設に尽力した村田蔵六（大村益次郎）、日本の統計学の祖と称される杉亨二、蘭学者の箕《み》作《つくり》秋坪《しゅうへい》、安政の大獄で処刑された橋本左内、日本赤十字社の創立者佐野常民、戊辰戦争で函館五稜郭まで戦い、維新後は官吏として活躍した大鳥圭介などがいる。また、福沢の江戸出府後入門の後輩には、明治一五（一八八二）年に朝鮮で発生した壬午事変当時の朝鮮公使花房義質《よしもと》や、医学者の池田謙斎などがいる。

適塾出身者同士の交遊は、福沢の江戸生活の足掛かりとして大きな役割を果たしたと考えられ、実際福沢は出府直後に島村を訪ね、英語学習を始める際には村田を誘ったと『自伝』に記している。また親しい同窓生とは、相互の病中の世話や縁談、葬儀や遺族の世話まで引き受けていた。維新後も福沢は、適塾懐旧会の結成を呼び掛けるなど、先輩後輩を問わず同窓生の活発な交流をうながし、例えば大鳥は交詢社の有力社員で、福沢没後に交詢社常議員長を継いだ。福沢の各方面への幅広い交遊の基礎には、適塾出身者との交遊や絆を見逃すことができない。〔都倉武之〕

▼緒方氏懐旧会之記

参考『伝』一―六編。芝哲夫「福沢諭吉と適塾」『年鑑』(三二)二〇〇五年。明治六年七月二四日付平山良斎宛福沢書簡。

家督相続

福沢家復籍　ふくざわけふくせき

福沢家の当主である兄三之助は嘉永七(一八五四)年、亡父と同じく回米方《かいまいがた》大坂在番となったが、同三年五、六月頃中津へ帰り、九月三日病没した。三之助には娘一《いち》がいたが、まだ幼いため婿を迎えて家督相続をするわけにはいかず、叔父である中村術平の養子になっていた諭吉が福沢家に復籍して家督を相続することとなった。

　家督を相続したからには藩士として、中津で供小姓という下士の身分に応じた勤務に服さねばならない。親戚や友人は皆、諭吉の家督相続をめでたいことだと祝ってくれたが、諭吉自身は当時の気持ちについて、遊学して勉学を続けたいという希望を抑えることができず、身は中津にあっても心は遠くにあるという状態だが、それについて藩の中で共に語り合える者もなく、そのときの不愉快はいまでも忘れることはできない、と後年述べている。

　諭吉は母順《じゅん》と直談し、大坂で修業を続けたい気持ちを訴えた。諭吉が中津を離れると三之助の娘一と二人だけで暮らすことになる母は、気丈にも「兄が死んだけれども、死んだものは仕方がない。お前も亦余所《またよそ》に出て死ぬかも知れぬが、死《しに》生《いき》の事は一切言うことなし。何処へでも出て行きなさい」(『福翁自伝』大阪修業)と答え、大坂再遊を認めた。〔大塚彰〕

▼中村諭吉

百助遺蔵書　ひゃくすけいぞうしょ

福沢諭吉の父百助は学問を好み、一、五〇〇冊ほどの蔵書が残されていた。家督相続した福沢は中津を離れて大坂再遊に出発する前に、亡兄の勤番中や病気の際にできた借金四〇両を返済するために、売却できる家財はすべて売却した。蔵書については、中津にはこれを買う人がいなかったが、福沢の少年時代の恩師である漢学者で、御固番《おかためばん》事件のために中津藩から放逐された白石常人(照山)がこのとき豊後の臼杵藩にいたので、福沢はその世話で、臼杵藩に蔵書をまとめて一五両で買ってもらった。その後、百助旧蔵書のほとんどは散逸してしまったが、臼杵藩の旧藩主稲葉家の旧蔵書として現在、臼杵市立臼杵図書館には百助の蔵書印のある書籍が九四冊所蔵されている。また、多少は中津でも売却した書籍があったのか、諭吉の命名の由来となった『上諭条例』は旧中津藩士宅より発見されている。

売却のとき福沢は、伊藤東涯筆と伝わる丹念な書き入れのある『易経集註』一三冊だけは、父がことのほか大切にしていた本として売ることができなかった。その他、頼山陽、池大雅、荻生徂徠らの書や刀剣などもあったがすべて売却し、道具屋に一八文といわれた唐焼の丼二つだけ売らずに残ったという。〔大塚彰〕

▼命名 ▼父 百助 ▼白石常人

参考 佐藤一郎「臼杵図書館蔵「福沢先生遺籍」解題初稿」『史学』(四九巻二・三号)一九七九年。阿部隆一「福沢百助の学風(上)」『全集』二一付録、岩波書店、一九五九年。

易経集註 えききょうしっちゅう

家督を相続し、借金精算のため父福沢百助の一、五〇〇冊に及ぶ遺蔵書を処分した福沢諭吉が、唯一手許に残した書。『福翁自伝』によれば、これは伊藤東涯に私淑していた百助が大坂で入手した東涯自筆書入本とされるもので、蔵書目録に「この東涯先生書入の易経十三冊は天下稀有の書なり、子孫謹んで福沢の家に蔵むべし」と百助が書き遺していた。

しかし東涯の自筆と百助や諭吉が信じた書き入れは、今日では伊藤家の縁者が東涯の子東所の講義を受けながら忠実に筆写したものと推定されている。東涯書き入れ本の実物は伊藤家に伝えられ、現在は天理大学附属天理図書館の古義堂文庫に所蔵されている。百助本は長く福沢家に伝えられ、今日では慶応義塾が所蔵している。

『易経集註』とは、易経に対する宋代の解説書である程頤《ていい》(伊川)の『周易程子伝』と朱熹《しゅき》の『周易本義』の注記を一つに合わせた書で、学問的には厳密さを欠くとされながらも、簡便なため広く用いられた。百助本は、松永昌易が宋元明代の朱子学者の注疏を諸書から採録し、さらに訓点を加えたものであり、寛文四(一六六四)年刊、野田庄右衛門開板の一三冊である。

なお東涯は東洋法制史の研究でも知られ、諭吉という名前の由来である清朝の法令集『上諭条例』の入手を百助が多年所望したことにも、東涯からの強い影響を見出すことができる。〔都倉武之〕

▼命名 ▼父 百助 ▼中津藩の漢学

参考 阿部隆一「福沢百助の学風」上・下、『全集』二一・三付録、岩波書店、一九五九年。

砲術修業願書 ほうじゅつしゅぎょうねがいしょ

福沢諭吉は家督相続後、安政三(一八五六)年一一月頃の大坂再遊の際、藩士として藩に願書を出さねばならず、その理由を蘭学修業と書こうとしたところ、

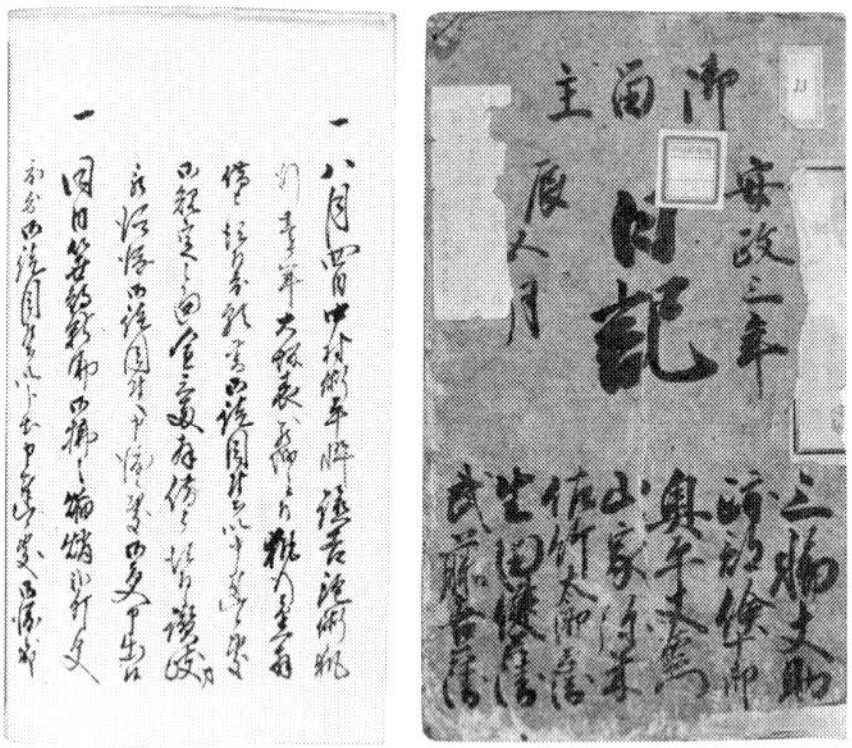

◉「安政三年御留守日記」中の砲術修業に関する記述

懇意な人から蘭学修業というのは先例のないことだから砲術修業と書けといわれ、不都合な話だと思い、藩政の形式主義を憎みながらも医者である緒方洪庵のもとで砲術を学ぶという願書を出したという。

中津藩の藩庁記録「御留守日記」（中津市立小幡記念図書館蔵）の中に、同年八月の大坂再遊の際に「中村術平倅《せがれ》諭吉」が「砲術執行（修業）」のためという理由を記した願書を出している記録があり、『福翁自伝』（大阪修業）の砲術修業願書のエピソードは、家督相続以前の八月に大坂再遊したときの出来事を福沢が記憶違いで一一月頃の相続後の出来事として記述した可能性がある。　［大塚彰］

▼中津藩と洋式砲術

参考 松崎欣一「史料に見る中村諭吉の名と福沢諭吉の家禄」『手帖』（二一号）一九七九年。

洪庵と諭吉

ペル築城書　ぺるちくじょうしょ

福沢諭吉による最初の翻訳書。オランダの築城学の教科書 C.M.H.Pel, *Handleiding tot de Kennis der Versterkings-*

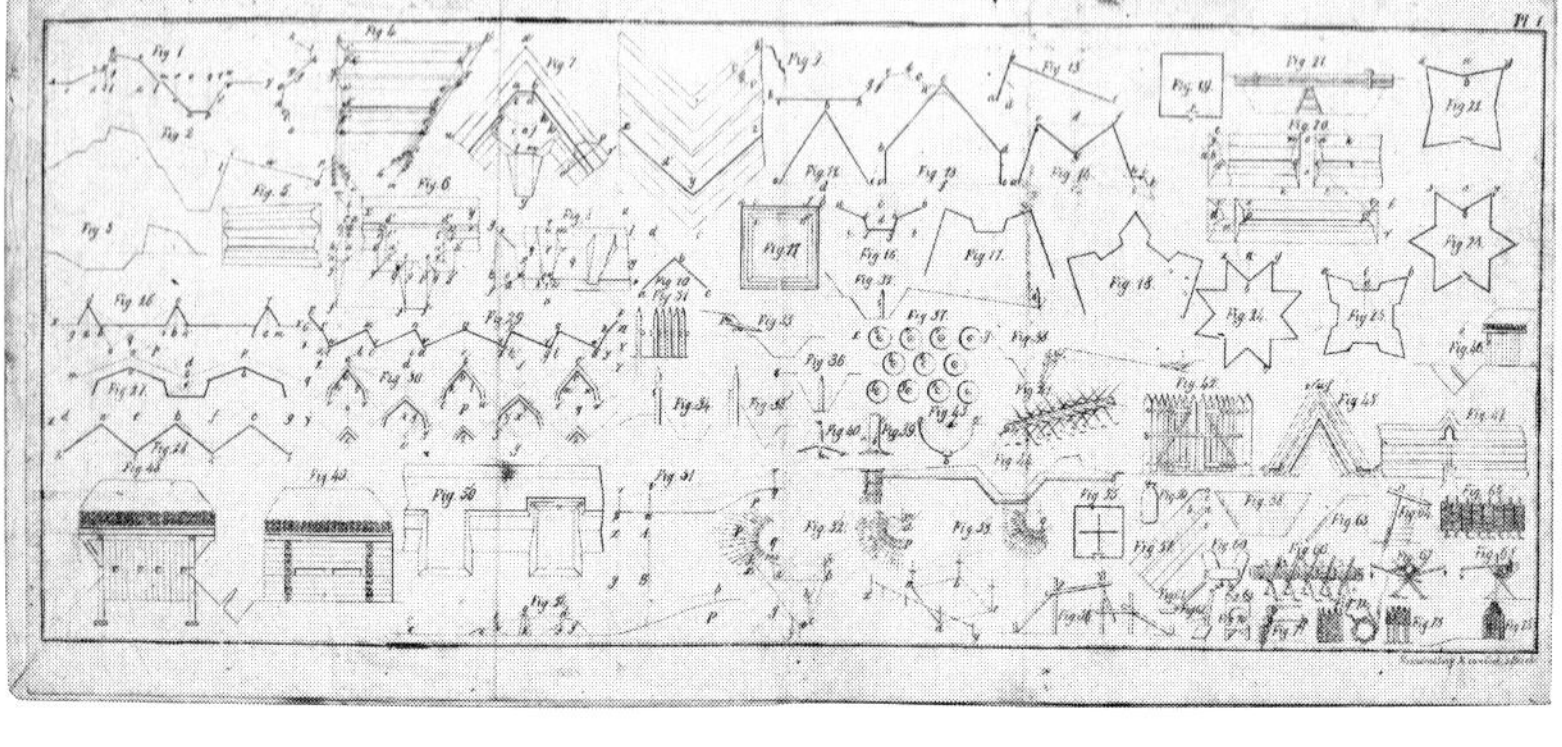

◉福沢が書き写した「ペル築城書」の付図

kunst's Hertogenbosch, Gebroeders Muller, tweede druk, 1852. の翻訳である。安政三（一八五六）年九月、兄三之助の死去により中津に帰っていた福沢は、奥平壱岐《いき》からこの書の原書を借りてひそかにすべて写してしまい、その写本を適塾に戻る際に持参した。緒方は福沢に学費がないことを知り、写本を翻訳させるためという名目で特別に食客生となることを許した。

福沢は『福翁自伝』（大阪修業）の中で、本当は翻訳をしなくてもよかったのだが、在塾中に実際にこの書を翻訳したと述べているが、翻訳が完了したのは福沢が江戸に来た後の同六年二月であることが判明している。

福沢の師緒方洪庵は、そもそも翻訳は原書を読めない人のためにあるのだから、翻訳に難字難文を用いるべきではないと常に口にしていた。

『福沢全集緒言』によれば、福沢が「ペル築城書」を翻訳する際も、築城書は兵書であり、学者ではなく武家が読むための翻訳なのだから、難解な文字は用いてはならないと緒方から注意されたという。現存する訳文は確かに大変難解で後年の平易な福沢の文体とは著しく相違している。

この訳文は友人二、三に示したのみで刊行はされず、慶応二（一八六六）年に福沢の塾に入門した津藩士米村鉄太郎に原書の写本と共に与えられた。のちに一部のみ返却が実現したため、原書写本の付図二面（本文は欠）と翻訳本文六冊（付図は欠）が現存する。

同書の翻訳には広瀬元恭『築城新法』、大鳥圭介『築城典刑』などがあり、これらは箱館五稜郭築城の際参考にされたと伝わる。

〔大塚彰〕

▼文章

参考 『全集』七。佐志伝「福沢最古の訳稿「経始概畧」等について」『研究』（六巻）一九九〇年。

築城書百爾之記 ちくじょうしょぺるのき

適塾時代に「ペル築城書」を翻訳した福沢諭吉の思い出の記。明治一四（一八八一）年一一月一八日付。のちに福沢は『福翁百余話』の「貧書生の苦界（一六）」の中で、経済的に裕福であるより貧困であるほうが学問をするためには有利であるという説を批判して、「数年前余が家の紀念の為に私《ひそか》に記したる築城書百爾《ペル》之記あり。都《すべ》て余が私に関することなれども、之《これ》を一読して自から貧生の苦痛は知るに足るべし」と述べ、それに続いて「築城書百爾之記」を掲載している。

「築城書百爾之記」の中で福沢は、奥平壱岐《いき》から長崎で二三両という高い価格で購入したという「ペル築城書」を見せてもらったこと、自分はそのような大金を出して原書を買うことはできないので、やむを得ず奥平から借りた「ペル築城書」を無断で二〇日あまりの間にすべて写してしまったこと、適塾に戻ってからは学業のかたわら、その写本の翻訳を行い脱稿したが出版せず、二、三の友人にその翻訳を見せただけであったこと、その後福沢の塾に入塾してきた米村鉄太郎に「ペル築城書」の原書・訳書を贈ってしまったこと、明治一四年になり、米村から福沢家の記念のために訳書を返却してもらったことなどを記している。そして最後に「嗚呼《ああ》旧ヲ懐エバ一夢ノ如シ。曩《さき》ニ中津留主居町ノ茅屋ニテコノ原書ヲ写シ、翌年大阪緒方ノ塾ニテ飜訳シタルハ諭吉ノ齢《よわい》二十二、三歳ノ時ニシテ、今ヲ去ルコト二十五、六年ナリ。人生老スルニ従《したがっ》テ懐旧ノ情切ナルヲ覚ユ」と結んでいる。日付は福沢が米村に返却を乞うた自筆の原書・訳書が手元に戻った直後であり、福沢にとって若き日の「ペル築城書」の写本と翻訳の経験は後年まで大切な思い出となっていたことが分かる。

［大塚彰］

参考『全集』六。

洪庵と諭吉　こうあんとゆきち

福沢諭吉は安政二(一八五五)年三月適塾に入門し緒方洪庵と出会うが、緒方は多くの門下生の中でも特に福沢の才能を評価し、目を掛けていた。例えば同三年二月、福沢が腸チフスにかかった際、緒方は福沢の病気を心配するあまり薬の処方に迷ってしまうというので、処方を友人の医者内藤数馬に託し、みずからは毎日容体を診て病中の摂生法を指図した。福沢は洪庵の親切を実子に対するのと同様のものと感じ、洪庵を実父のように思うと記している。

兄三之助が急逝したため中津へ行って家督を相続した福沢が大坂に戻ってきたときには、福沢に学資がないことを知った緒方が、他の塾生に福沢だけを贔屓《ひいき》したといわれないよう、福沢の持参した「ペル築城書」を翻訳させるためという名目で福沢を特別に食客生としている。

この背景として、洪庵と福沢の境遇に似た点が多いことが指摘されている。例えば洪庵の父瀬左衛門は足守藩の大坂蔵屋敷詰となって、それに伴い洪庵は青年期に大坂に出ており、蘭学を本格的に学ぼうと江戸に出たときも貧しさから旧友の食客となり、按摩《あんま》をしながら生活したこともあった。福沢の父百助も蔵屋敷詰であったこと、蘭学を本格的に学び始めた年齢やその頃の苦学の様子、例えば福沢も按摩の稽古をしていることなどの共通性が、師弟間の情誼を深めたと想像される。また洪庵を支え、塾生の母代わりであった妻八重の存在も塾生時代の福沢に大きな感化を与えた。

●緒方洪庵肖像

文久二(一八六二)年より奥医師兼西洋医学所頭取として洪庵が江戸へ出ると福沢はしばしば訪ねたようだが、翌年六月洪庵が急病だという報に駆けつけたときは、臨終に間に合わなかった。

福沢は、大坂の地で何ら名刺にとらわれず、独立した立場で教育者・医学者としての道を歩むことを自分の使命であると考えていた洪庵の独立心を讃え、その姿勢に学び続けるとともに、生涯その師恩に報いることを心がけた。 [大塚彰]

▼ペル築城書

参考 「緒方維準(ママ)氏の別宴」『全集』一九。『伝』一―五編。梅渓昇『洪庵・適塾の研究』思文閣出版、一九九三年。

緒方家と諭吉 おがたけとゆきち

福沢諭吉は緒方洪庵没後も、妻八重やその子息たちと親しく交際し、洪庵の遺志を伝えていこうとする動きに対して積極的に協力した。

福沢は特に、適塾生の母代わりの存在であった八重を慕い続け、「阿母《おっか》さんのように」接し、八重も「子のようにして愛して呉《く》れる」という関係であったと『福翁自伝』に記している。明治三(一八七〇)年の中津帰郷や翌年の神戸方面への旅行の際をはじめ、機会があれば大阪へ挨拶に出向き、また著作や金銭をいつも届けていた。八重が明治一九年二月に没した翌月には大阪を墓参のために訪れ、みずから尻端折《しりっぱしょり》に襷《たすき》掛《が》けとなって洪庵夫妻の墓石を磨いた。その際同行者が代わろうとすると、これは自分の仕事であると、かたくなに断ったという。

◉洪庵の妻八重

二〇年洪庵の嗣子惟準《これよし》が陸軍軍医監としての職を辞し、大阪に帰る送別会において福沢は、大阪で独立の業につき、人を教え、病人を医することは、「故先生の志を継ぐものなれば、死者既に逝くもその遺志遺業は断絶せず、薪尽きて火の絶えざるが如し」と激励する演説を行っている。

福沢は、緒方洪庵を顕彰するための贈位や銅像・記念碑などの建立には強く反対したが、歴史資料を集めて「洪庵文庫」を設立する遺族の計画に賛同し後援した。この構想は、福沢没後に緒方惟準らの呼び掛けにより本格始動し、蘭学書や医学書を収集する文庫として実現をみた(のちに東京帝国大学へ寄贈)。また最晩年の福沢は、緒方家の提案もあって洪庵の伝記編纂を思い立ったが、大病をわずらったため準備が中断、三四年に入ると、春を待って大阪に出向き準備を再開すると公言していたが、二月に没したため果たさずに終わった。このため、伝記編纂は洪庵曾孫で医学者の緒方富雄による『緒方洪庵伝』（一九四二）を待たねばならなかった。

なお、福沢の長男一太郎の長男八十吉は、大正一三（一九二四）年に洪庵五男収二郎の五女淑子と結婚しており、福沢家と緒方家は親族関係となっている。

〔都倉武之〕

▼洋学の先人へ贈位　▼明治一九年 東海道・京阪の旅

参考 梅渓昇「洪庵夫人八重の生涯」『洪庵・適塾の研究』思文閣出版、一九九三年。中山沃「死直前の福沢諭吉の緒方洪庵先生に関する談話」『年鑑』（三五）二〇〇八年。

緒方氏懐旧会之記　おがたしかいきゅうかいのき

明治九（一八七六）年一一月一〇日に東京駿河台の緒方洪庵嗣子惟準《これよし》宅で行われた適塾出身者の同窓会の席上、福沢諭吉が記した一文。同年一一月一三日付の『家庭叢談』に掲載された。

かつて適塾に集まって「ギャアギャア」と書を読んだ青書生を、水たまりに群れる「オタマ杓子《じゃくし》」に譬え、今日ではその青書生たちが官吏、軍人、医師、町人、教師、会社の支配人などさまざまな地位にあり、皆一様に「蝦蟇《がま》」になってしまうオタマ杓子とは異なると述べつつ、この集会はかつてオタマ杓子同士として切磋琢磨した仲間の集まりであるから、先生や役人など今日の立場ではなく、対等な「オタマ杓子の集会」として集おうではないか、と呼びかけている。福沢は末尾に「旧適塾の食客生　福沢諭吉記」と署名している。

この懐旧会は、前年六月一〇日の緒方洪庵一三回忌に、緒方惟準が適塾門下生を駿河台の自邸に招いた際、福沢の提案によって定期開催が決まったものである。出席していた坪井信良の手記によれば、このとき福沢は「内情の快楽」は物質的快楽に勝るものであり、「師弟朋友同心相投ずる」ことこそがこれである、今後は共に主、共に客という対等な関係として、同窓でお金を出し合い、毎年六月一〇日の洪庵祥月命日と一一月一〇日（一一月は歳末で忙しいため）に、緒方家に集おうと呼び掛け、来場者は一致して賛意を示したという。その演説趣旨は翌年の「懐旧会之記」と共通しており、社会的地位などにとらわれず、広く対等な交際を求める発想は交詢社の設立や慶応義塾の懐旧会や同窓会、福沢家の集会なども共通する。

この会はその後かならずしも期日どおりに開催されなかったようだが、長く続いた。

〔都倉武之〕

▼適塾の同窓生

参考 〔故緒方洪庵先生懐旧集の文〕『全集』一九。『伝』一―五編。日朝秀宜「適塾の「ヲタマ杓子」再び集う」『手帖』（一二七号）二〇〇五年。

3

英学への転換

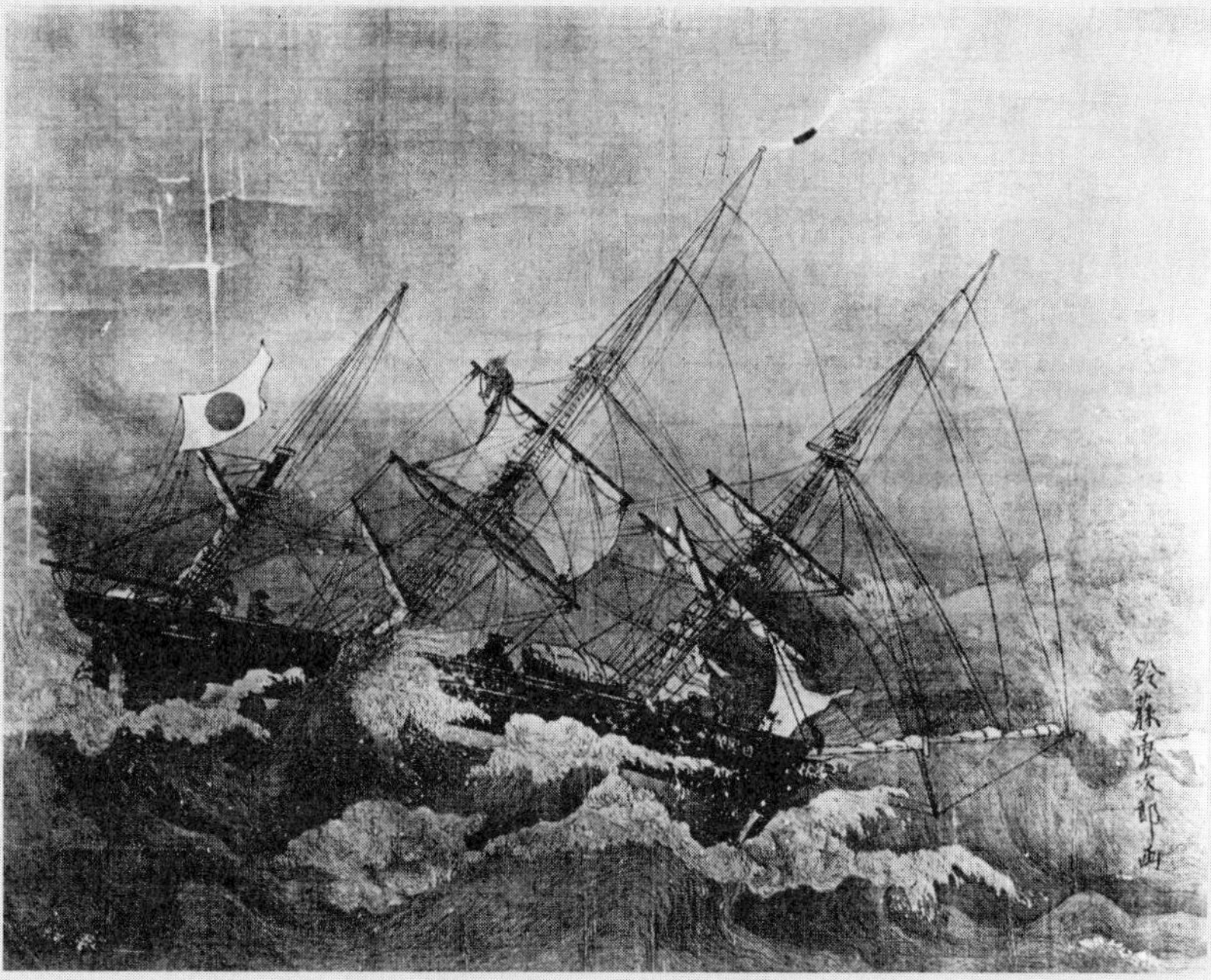

福沢が万延元年に渡米した際の咸臨丸の図（木村家所蔵、横浜開港資料館保管）

福沢諭吉は安政五(一八五八)年、中津藩江戸藩邸から招かれ、一〇月中旬江戸に入った。

すでに大老井伊直弼によって日米修好通商条約が結ばれ、反対する政治勢力に対しては過酷な政治弾圧(安政の大獄)が始まっていた。中津藩は直接これに巻き込まれることはなかったが、この頃にはすでに西洋砲術採用の必要性を痛感し、江戸において、蘭学者佐久間象山のもとに多くの藩士を送り込む一方で、他藩から教師を招いて蘭学教授を行わせるなど、活発な動きをみせていた。しかし他藩頼みでは不都合が多く、中津藩士で佐久間象山門下の岡見彦三が、大坂の緒方塾に学んでいた福沢の存在を知り、藩へ推挙するかたちで福沢を呼び寄せたのである。

福沢には築地鉄砲洲の藩邸内の長屋が与えられ、大坂から同行した岡本周吉(古川節蔵)を塾長としてささやかな蘭学塾が開かれた。これが慶応義塾の発祥である。

安政六年、福沢は開港直後の横浜を見物に訪れた。しかし、これまで必死に学んできたオランダ語がまるで通じない。わずかにキニッフル(Kniffler)というオランダ語ができるドイツ商人に出会い、筆談を交えて会話し、蘭英会話書を二冊購入して帰ってきた。福沢は蘭学がすでに時代遅れとなっていることを実感しひどく落胆したが、翌日には、横浜で用いられていた言葉は英語に違いないと判断し、これからは万事英語と一念発起して英学への道を進むことにしたのである。

福沢が英学の師として最初に接触を試みたのは、幕府に仕える長崎通詞で当時としては英語の第一人者ともいうべき森山栄之助(多吉郎)であった。しかしあまりに公務が多忙で、十分な教授を期待することはできなかった。そこから福沢は英語の字引と同学の士を求めつつ、独学の道に入ったのである。

ほどなくして福沢は、幕府が日米修好通商条約の批准書交換のため派遣する遣外使節団の派遣を知った。奔走の結果、軍艦奉行木村喜毅《よしたけ》の従者として、使節団の別船咸臨丸の乗組員として一行に加わることを得た。安政七(一八六〇、三月万延に改元)年一月から五月に及ぶこの旅で、福沢は初めて海を渡り、アメリカ合衆国とハワイ王国を訪れた。『福翁自伝』には、往路の難航海、日米の国柄の違いに接した驚きや失敗談、アメリカの少女との写真撮影についてなど、興味深い体験が数多く語られている。

帰国後の福沢は、最初の著訳書『増訂華英通語』を出版している。また一一月からは幕府外国方に出仕し外交文書の翻訳に従事することになった。この前後、福沢は芝新銭座に転居し、文久元(一八六一)年冬には中津藩士土岐太郎八の二女錦《きん》と結婚している。

その福沢に再び海外に赴く機会が訪れた。文久二年攘夷論に押された幕府は、江戸・大坂の開市と兵庫・新潟の開港を延期する交渉を行うため遣欧使節団を派遣することになり、その随員に選ばれたのである。使節団は文久元年一二月からおよそ一年をかけて西欧諸国を歴訪したが、その間福沢は精力的に各国の国情や制度を学び、購える限りの書物を購入して帰国した。

帰国後は、参勤交代緩和令でスペースのできた築地鉄砲洲の中津藩邸に塾を戻し、攘夷論の吹き荒れる世情の中で洋学塾経営に積極的に乗り出している。公務においては元治元(一八六四)年、福沢は幕府に正式に召し抱えられ外国方翻訳局に出仕することになったが、その一方で慶応二(一八六六)年『西洋事情』初編を出版し、欧米諸国の歴史、政治、経済、文化を分かりやすく紹介した。この本は時宜を得て好評を博し、福沢の名も広く世に知られることとなった。

三度目の海外体験は、慶応三年一月から六月に及ぶ軍艦受取りのための幕府使節団の一員としての再渡米である。国内の攘夷論や反幕勢力を抑えるために強行した長州征討に失敗した幕府は、この時期失墜した権威を取り戻すべく、海軍の強化を急いだのである。滞米中、福沢は洋学教育の充実を意識して、大量の洋書を買い付けている。帰国後福沢は、旅行中に不都合のかどありとして一時謹慎を命じられたが、その間にも著述活動は続けていた。

大政奉還後謹慎は解かれたが、王政復古そして戊辰戦争へと続く明治という新しい時代を迎える政治過程の中で、福沢は新政府からの召命を断り、惜しげもなく刀を捨て、平民としての道を歩み始める。それは西洋近代文明に親しく接し、みずからの取り組むべき課題を発見した、福沢諭吉の新たな旅立ちであった。

［髙木不二］

江戸出府・開塾

江戸の蘭学　えどのらんがく

江戸に出た福沢諭吉は、適塾の縁を辿って交友を広げたが、安政五(一八五八)年当時の江戸で知られた蘭学の拠点は、洋方三大家といわれる伊東玄朴、坪井信良、戸塚静海をはじめとして、大槻俊斎、杉田玄端、箕作《みつくり》阮甫などの私塾があったが、それらとは別に幕府の蛮書調所があり、また幕府奥医師を務める桂川家の存在があった。

福沢は特にこの蘭学の総本山ともいうべき桂川家(当主は桂川甫周国興)には足繁く通い、そこによく顔を見せる柳川春三《しゅんさん》、神田孝平《たかひら》、箕作秋坪《しゅうへい》らと知り合うとともに、蘭書を借り出すなどして勉強に利用した。桂川家の娘で、のちに今泉家に嫁いだみねの回想録『名ごりの夢』には、諭吉の身なりがはなはだ質素で、白い襦袢《じゅばん》に木綿の着物を着て羽織を重ね、ふところは本でいっぱいにふくらんでいたとか、あるとき父甫周と熱心に語り合っている諭吉の足袋に穴があいているのを見つけ、松葉を一〇本ばかり束にして突っついて困らせた、というようなエピソードが、親しみをこめて述懐されている。なお甫周の夫人は幕臣木村喜《よし》毅《たけ》の姉であったことから、のちに福沢は桂川の紹介状を持って木村家を訪ね、咸臨丸に乗り込むことができたのである。

［髙木不二］

▼桂川甫周　▼神田孝平　▼箕作秋坪

参考『考証』上。今泉みね『名ごりの夢―蘭医桂川家に生れて』平凡社、東洋文庫、一九六三年。

江戸出府　えどしゅっぷ

福沢諭吉が適塾の塾長になった翌年の安政五(一八五八)年秋、中津藩江戸藩邸から福沢のもとへ、出府命令が届いた。中津藩はすでに西洋砲術採用の必要性を痛感し、蘭学者として高名な松代藩士佐

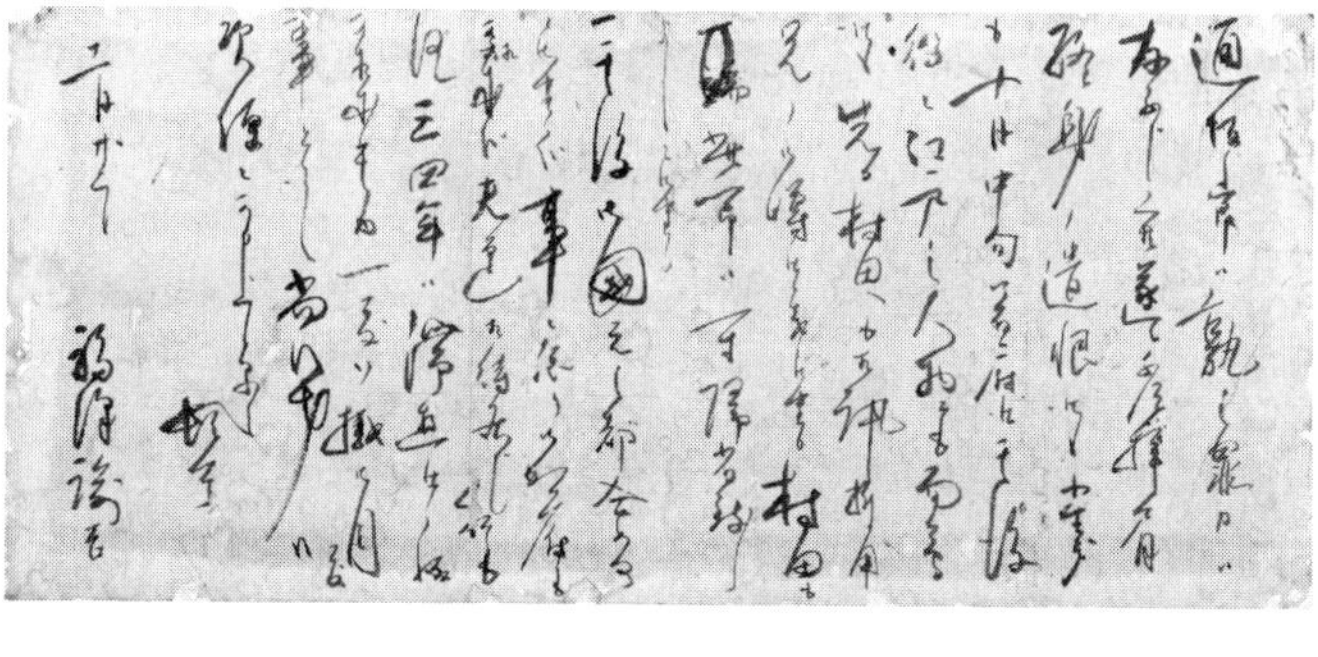

◉江戸出府直後の安政五年一一月二二日付書簡

久間象山のもとに多くの藩士を送り込む一方で、他藩から杉亨二や松木弘安を招いて蘭学教授を行わせていた。

しかし他藩頼みでは不都合が多く、中津藩士で象山門下の岡見彦三が、大坂で「砲術修業」の名目で適塾に学んでいた福沢の存在を知り、藩に推挙するかたちで福沢を呼び寄せた。

福沢は一度中津に帰り、母に暇乞いをし、そのうえで江戸に向かった。藩から家来一人分の旅費も出ていたので、家来としての同行を望んだ適塾の岡本周吉(古川節蔵)と、もう一人江戸行きの同行を申し出た原田磊蔵《らいぞう》と三人で東海道を下った。安政五年一一月二二日付で福沢が大坂の知人に宛てたと推定される手紙によると「十月中旬」着府と記されており、福沢の江戸到着の時期が分かる。またその手紙には三、四年は滞遊することになるであろうとあり、福沢が当時江戸に永住することになろうとは予想もしていなかったことも分かる。

なお福沢が蘭学塾を開くについて、藩の禄高一三石二人扶持は中津にいる母が受け取っていて、ほかに江戸詰めの役手当として六人扶持が支給された。同六年一一月五日付の岡本七太郎(周吉の兄)宛の手紙によれば、福沢と塾内に同居自炊していた岡本周吉にも、わずかながら手当てが支給されていたようである。

［髙木不二］

▼中津藩の蘭学　▼中津藩と洋式砲術　▼岡見彦三　▼岡本節蔵

参考『考証』上。

開塾　かいじゅく

福沢諭吉は安政五(一八五八)年一〇月藩命によって江戸に出て、築地鉄砲洲にあった中津藩中屋敷の長屋の一軒を貸し与えられて、蘭学塾を開いた。この中屋敷は天和元(一六八一)年に徳川家から下賜されたもので、川手東西七〇間半、表門通り南北八一間半、総坪数四一六二坪余りであった。塾の様子は、初期の門人で掛川出身の足立寛の懐旧談によれば、一軒の空き家を借りたもので、下は六畳一室、二階には一五畳ばかりの間があったという。二階には岡本周吉、山口良蔵などの適塾出身者が出入りしており、一階の六畳間には畳が三畳敷いてあって、二畳は福沢が座り、隅の一畳に足立がいたという。

この場所は現在の東京都中央区明石町にある聖路加国際病院敷地内に当たり、慶応義塾発祥の地記念碑が建てられた。これは昭和三三(一九五八)年に慶応義塾が創立一〇〇年に当たって建てたものであるが、翌年にはこれに隣接して、蘭学発祥の地記念碑「蘭学の泉はここに」が建てられた。中津藩の藩医であった前野良沢が、明和八(一七七一)年杉田玄白と『解体新書』の講読を始めたのも、実にこの中屋敷においてであった。

福沢は当初三、四年ほどの腰掛けのつもりでの開塾であったから、このとき開かれた塾には名前もなかったが、藩中では「蘭学所」、世間では「福沢塾」と呼んでいたらしい。この「福沢塾」が正式

に慶応義塾と名づけられたのは、芝新銭座に移転した慶応四(一八六八)年四月のことである。 [髙木不二]

参考 ▼慶応義塾発祥の地記念碑
『百年史』下巻。会田倉吉『福沢諭吉』吉川弘文館、一九七四年。『考証』上。

慶応義塾発祥の地記念碑《けいおうぎじゅくはっしょうのちきねんひ》

昭和三三(一九五八)年に、慶応義塾創立一〇〇年を記念して、福沢諭吉が蘭学を教え始めた中津藩中屋敷跡に当たる聖路加国際病院敷地内に建立された。設計は谷口吉郎。台座は黒御影石で正面および側面に建碑の由来が記され、スウェーデン産花崗岩でできた書籍のかたちをしたオブジェの表面には『学問のすゝめ』初編初版本の活字と同じ字型で「天は人の上に人を造らず人の下に人を造らず」の文字が刻まれた。慶応義塾の開校記念日である四月二三日に除幕式が行われ、式後すぐに中央区に寄贈された。五七年に区の道路整備に伴い、従来の位置から聖路加国際病院前(南西側)の現在の場所に移転された。

中津藩中屋敷は、藩医であった前野良沢が『解体新書』を翻訳した地でもあり、その記念碑(「蘭学の泉はここに」)も隣接している。この二基は、合わせて日本近代文化事始の地記念碑と称されている。 [西澤直子]

参考 『百年史』下巻。『義塾史事典』。

◉蘭学発祥の地記念碑(右奥)と隣接する発祥の地記念碑

英学発心

開港期の横浜《かいこうきのよこはま》

アメリカ総領事ハリス(Townsend Harris)との交渉の中で、大老井伊直弼の指示のもとに安政五(一八五八)年六月一九日(一八五八年七月二九日)、日米修好通商条約の調印がなされた。続いて、九月の初めまでにオランダ・ロシア・イギリス・フランス四か国との間に通商条約が結ばれ、この五か国との条約によって同六年六月二日を期して神奈川が開港されることになった。しかし外国奉行は、外国人を宿場の神奈川のほうに近づけないため、東海道筋の神奈川を避け、隣接の寒村横浜村に開港場を設けようとした。外国側は強硬に反対したが、日本側は計画を押し進め、三月上旬には開港場建設工事は着工され、三か月を経た開港

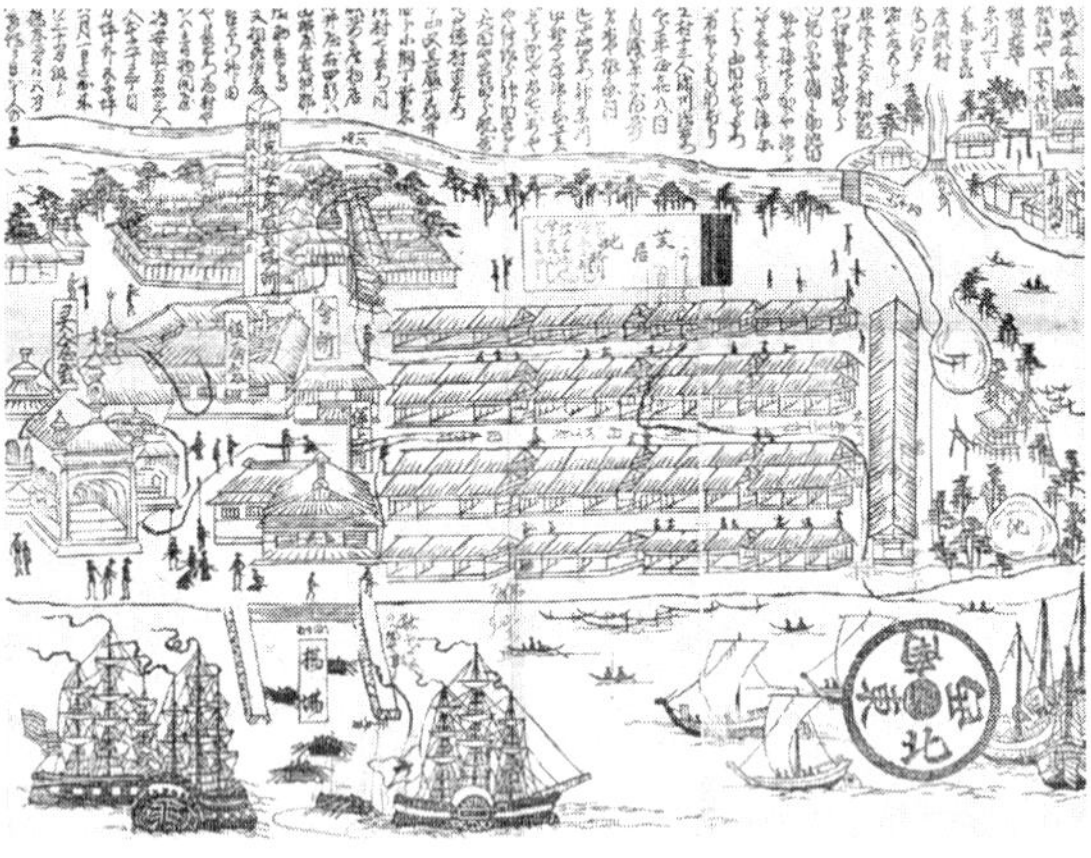

●「御貿易場」(部分)。福沢が訪れる直前の横浜を描いている。

直後に、工事は大部分完了したとみられる。同年三月には出願商人に海岸通りの土地を割り渡したが、家はなかなか建たなかったようである。

町づくりについては、まず横浜村の中央に運上所を建設し、開港場横浜の中心とした。その運上所から北の海上へ向けて東西二か所の波止場を築造した。運上所より西が日本人の居住地域で、東が外国人の居住地域に予定されていた。ちなみに神奈川奉行所は戸部村に建設された。しかし六月二日(一八五九年七月一日)の開港を迎えた当時の横浜は、まだ町として未完成であった。運上役所や神奈川奉行支配向きの役宅は完成し、三井の越後屋も幕命を受けて急ぎ営業を開始したが「何方も当時は普請最中にて諸職人ばかり多く」、荒野のなかにつくられた町という趣きであった。

当時通詞として運上所に勤務していた福地源一郎(桜痴)は「当時横浜には本町通り・弁天通りの二筋に各商店を張り、漆器・陶器・銅器・小間物・反物などの店に思い思いに陳列したるは、今より顧みればあたかも勧工場(物品陳列所)の景色なりき」と述べている。アメリカ・イギリス・オランダの領事館は神奈川地域に置かれ、横浜はまだ港が未整備のため外国商人も少なく、取引きも低調であった。福沢諭吉が訪ねたのは、こうした状況下の横浜であった。

[高木不二]

参考 『横浜市史』第二巻、一九五九年。石井孝『港都横浜の誕生』有隣堂、一九八〇年。

横浜見物《よこはまけんぶつ》

安政五(一八五八)年欧米五か国との間に通商条約が結ばれると、翌年に横浜が開港され、福沢諭吉はさっそく見物に出掛けた。開港場はまだ掘立て小屋がまばらに建ち、外国人がそこに店を出している状況であった。福沢は得意のオランダ語を試してみたが、まったく通じない。会話はまだしも、店の看板も読めなければ、ビンの貼紙すら読めない。やっとドイツ人でキニッフルというオランダ語が話せる商人の店を見つけて、筆談で会話し、薄い蘭英会話書を二冊買って江戸に帰ってきた。一昼夜歩き通しての日帰り見物であったが、福沢はオランダ語が通じないことでひどく落胆してしまった。

しかしこれからは英語の時代であると痛感し、翌日からは「万事英語」と決心して、五里霧中で英学への道を突き進むのである。

　この横浜行きの時期は特定できないが、横浜開港が安政六年六月五日、さらにキニッフルが横浜に店を開くのが早くて六月一七日であるとすれば、福沢がこの後アメリカ行きを志して横浜で咸臨丸に乗り込むのが翌安政七（一八六〇）年一月一三日であるので、この約半年間のことであることは確認できる。

参考『自伝』大阪を去て江戸に行く。 〔髙木不二〕

キニッフル《きにっふる》

ルイス・クニフラー（Louis Kniffler 一八二七～八八）。ドイツのデュッセルドルフ出身。一八五〇年ハンブルクのボレンハーゲン商会に入社、五三年バタビアのパンデル・シュティーハウス商会に移ったが、日本の開港を聞き、個人商社を開くべく五九年長崎の出島に入港、オランダの商社としてクニフラー商会を設立した。横浜開港当日の同年七月一日に入港したオランダ船シラー（シキルレル）号に乗船して入港し、オランダの保護のもとに、早くも同月一六日（安政六年六月一七日）には横浜で開業している（二七日説もある）。横浜での外国商人の開業第一号とされるが、開店当時の場所は不明である。福沢諭吉に蘭英会話書を売った「キニッフル」はこの人物である。ドイツ人の中でも目立つほど大柄な男であったという。

◉ルイス・クニフラー

　翌年長崎に戻り、六一年プロイセンとの間に通商条約が結ばれると、六二年六月クニフラーは在長崎副領事に任命されるが、六五年秋には帰国している。

　一方クニフラー商会のほうはその後、六二年一月にクニフラーの部下であったギルデマイスターが横浜店を開設しており、『神奈川県史料』によれば、このときの地番は五四番、七八七・五坪となっている。事業内容としては、幕末期に長崎本店を中心にかなりの量の武器や艦船を輸入し、生糸や茶を輸出している。その後同商会はイリス商会、さらに株式会社イリスとなり今日に至っている。デュッセルドルフの日本センターには日独貿易の先駆者としてクニフラーの記念碑が建てられているという。 〔髙木不二〕

参考 橘川武郎『イリス150年―黎明期の記憶』株式会社イリス、二〇〇九年。斉藤多喜男「横浜開港時の貿易事情―外国商社の進出と生糸貿易の始まり」（『横浜開港資料館紀要』一七号）一九九九年。

江戸の英学　えどのえいがく

福沢諭吉の英学はほとんど独学であったが、江戸には当時、英学の三つの大きな系譜が存在していた。一つは長崎通詞の系譜、二つは漂流民の系譜、三つは蕃書調所の系譜である。

長崎通詞の系譜は、英学としては一番古い歴史を持つ。文化五（一八〇八）年に、イギリス軍艦フェートン号がオランダ船を追って突如長崎に不法入港し、乱暴を働くという事件が起こった。これはヨーロッパ大陸におけるナポレオン戦争の余波ともいうべきものであったが、このときオランダ通詞は英語を解せず、意志の疎通を欠いたこともあって、幕府はオランダ通詞に英語を含めた西洋言語の兼修を命じた。これ以後オランダ通詞は、オランダ商館員らから英語を学ぶことになった。さらに嘉永元（一八四八）年にアメリカのオレゴン出身のラナルド・マクドナルド（Ranald MacDonald, 1824-94）が蝦夷地潜入をとがめられ、長崎に送られて七か月間取調べを受けたことがあったが、この間通詞たちは彼から英語の発音や構文を学ぶ機会があった。彼の通訳を勤め、また彼から直接学んだのが、森山栄之助（多吉郎）であった。福沢が英学の師として最初に接触を試みたのが、当時としては英語の第一人者ともいうべきこの森山であった。

漂流民の系譜は、中浜（ジョン）万次郎（一八二七〜九八）に代表される。土佐の漁民であった万次郎は嵐に遭って漂流し、たまたまアメリカ船に助けられてマサチューセッツ州で教育を受ける機会に恵まれ、嘉永四（一八五一）年に琉球経由で帰国した。約一〇年間現地で学んだ彼の実践的な英語力は当時としては貴重で、同六年ペリー来航を契機として幕臣に登用されている。福沢自身は書き残していないが、福沢が英語の発音に悩み、中浜万次郎に英語の会話を学んだことは間違いないようである。

蕃書調所は、幕府が設立した洋学の研究教育機関で、安政三（一八五六）年九段坂下に開校した。洋書の翻訳や洋学教育などを行ったが、その性格上蔵書も豊富で、蘭学・英学における一大拠点となっていた。福沢が同学の士を求めて接触した神田孝平《たかひら》、村田蔵六、原田敬策は、いずれもこの蕃書調所に職を得ている。福沢は江戸という恵まれた空間の中で、はからずも英学の三つの系譜に連なる人物に接触していたのである。　［髙木不二］

▼中浜万次郎　▼森山栄之助

参考 会田倉吉『福沢諭吉』吉川弘文館、人物叢書、一九七四年。川澄哲夫編著『中浜万次郎集成』小学館、一九九〇年。

蕃書調所　ばんしょしらべしょ

安政六（一八五九）年に福沢諭吉が蘭英字典を借りる目的で入門した蕃書調所は、同二年七月老中の阿部正弘が海防掛の川路聖謨《としあきら》や筒井政憲らの意見をとり上げて設置した幕府附属の研究・教育機関である。海防に必要な洋書の翻訳と人材育成を所期の目的とし、当初は洋学所と称されたが、翌三年に蕃書調所となった。

『福翁自伝』によれば、入門には藩の留守居が奥書した願書を提出し、許可されると通学生の部屋での字書の閲覧が許されたという。しかし持ち出しは禁止ということで、福沢は自宅の鉄砲洲から蕃書調所のあった九段まで、とても毎日通うことはできないとして、一日で通学を断念することになった。

六年当時、蕃書調所は大老井伊直弼による政策転換のもとで冷遇され、廃校寸前に追い込まれていたが、その後、時代の要請によって活気を取り戻し、文久二(一八六二)年五月一橋門外に校舎を移したのをきっかけに洋書調所と改称し、さらに同三年には開成所、維新後は開成学校となり、いくつかの変遷を経て東京大学となった。

[編集委員会]

▼江戸の英学

参考 倉沢剛『幕末教育史の研究 一』吉川弘文館、一九八三年。

ホルトロップの辞書 ほるとろっぷのじしょ

福沢諭吉が英学の独学に当たり、唯一頼りとした辞書。ジョン・ホルトロップ(John Holtrop)による英蘭対訳発音つきの辞書 *English and Dutch Dictionary* で、蘭英・英蘭の二冊本。森山栄之助、大通詞・西吉兵衛らによって嘉永元(一八四八)年から安政元(一八五四)年にかけて編集された『エゲレス語辞書和解』はこれを底本とする抄訳であったが、未完に終わっている。

福沢は幕府の蕃書調所に入門の手続をとり、英学習得のためにこの辞書を借り出そうとしたが叶わず、結局中津藩から五両の補助金を得て手に入れることができた。入手後は「字引と首引で、毎日毎夜」独学に励むことが可能となった。

なお現在、福沢旧蔵本ではないが慶応義塾図書館には一八二三、二四年に刊行された二冊本のホルトロップ辞書が所蔵されている。

[髙木不二]

参考『自伝』大阪を去て江戸に行く。

江戸の交友 えどのこうゆう

福沢諭吉が江戸に来てまず接触したのは緒方洪庵門下の蘭学者たちで、真っ先に訪ねたのは村田蔵六(大村益次郎)である。彼は長州の医家の出であるが、このときは伊予宇和島藩士の資格で、麹町新道一番町に鳩居堂という蘭学の私塾を開いていた。そのかたわら、幕府の蕃書調所教授方手伝と講武所教授とを兼務していた。村田は文政七(一八二四)年に周防《すおう》国吉敷《よしき》郡鋳銭司《すぜんじ》村大村に生まれ、天保一三(一八四二)年防府宮司の梅田幽斎に医学と蘭学を学び、翌年豊後日田の広瀬淡窓の門に入り漢学を修め、弘化三(一八四六)年大坂に出て適塾に学び、塾長にまで進んだ経歴を持つ。福沢より先輩で面識はなく、同門のよしみから挨拶を兼ねての訪問であったろう。それから福沢は、同門の先輩である島村鼎甫を本白金四丁目に訪ねた。

島村は備前の出身で、適塾では全科八級を一年で卒業した秀才として知られ、その後江戸に出て伊藤玄朴の象先堂塾に学んだ。この頃は阿波藩に迎えられて医員として仕え、かたわら開業もしていた。福沢はたびたび訪ねて翻訳の相談にもあずかったらしく、島村の代表的訳書『生理発蒙』には福沢が訳した難解な箇所が含まれているという。

また福沢は蘭学の総本山ともいうべき幕府奥医師の桂川家（当主は桂川甫周国興）にも出入りし、そこによく顔を見せる柳川春三《しゅんさん》、神田孝平《たかひら》、箕作秋坪《しゅうへい》、成島柳北、宇都宮三郎らと交流を持った。福沢はここから蘭書を借り出すなどして勉強に利用したようだが、さらにこの桂川家の縁故を辿って木村喜毅《よしたけ》に頼み込み、その従者として咸臨丸に乗り込むことに成功している。

福沢は英語を学ぶに際して江戸にいた友人を誘ったが、神田や村田（大村）には断られ、ただ原田敬策だけがこれを受け入れ、二人で学んだという。〔髙木不二〕

参考『考証』上。江越弘人『幕末の外交官』弦書房、二〇〇八年。

初めてアメリカに渡る

万延元年遣米使節
まんえんがんねんけんべいしせつ

福沢諭吉が加わり初めて海外を見る機会を得た使節団。安政五（一八五八）年にアメリカとの間に結ばれた日米修好通商条約により、幕府は条約の批准書交換のために遣米使節を派遣することになった。使節団は、正使新見《しんみ》豊前守正興（外国奉行兼神奈川奉行）、副使村垣淡路守範正（外国奉行兼箱館奉行）、目付小栗豊後守忠順をはじめ、諸藩からの随従者を含む七七名から構成された。

使節一行は迎船ポーハタン号に乗り安政七年一月二二日（一八六〇年二月一三日）に出帆し、太平洋を経てサンフランシスコに至り、そこからパナマ地峡を越えて海路アメリカ東海岸に入り、万延元年四月三日（一八六〇年五月二三日）ワシントンにおいて大統領ブキャナンに謁見して、将軍徳川家茂《いえもち》の親書を手渡し（五月一八日）、批准書を交換した。

帰路は、ニューヨークを経て、ナイアガラ号に乗り大西洋・インド洋経由で、

◉前列右から二人目より監察小栗忠順、正使新見正興、副使村垣範正

九月二八日(一八六〇年一一月一〇日)に江戸に帰港した。アメリカ滞在は約三か月、全行程九か月余りに及ぶ大旅行であった。

なおこの使節は荷物が多く、ポーハタン号だけでは積みきれず、使節の不慮の事故に備える必要もあって、別船として咸臨丸が派遣されている。その行程は、安政七年一月一九日(一八六〇年二月一〇日)に浦賀を出港し、二月二六日サンフランシスコ着。帰路はハワイ経由で万延元年五月七日(一八六〇年六月二五日)に品川に帰港している。福沢は軍艦奉行の木村摂津守喜毅《よしたけ》の従者としてこれに乗り込んでいる。

[髙木不二]

▼ポーハタン号 ▼咸臨丸 ▼木村喜毅

参考 尾佐竹猛『幕末遣外使節物語 夷狄の国へ』講談社学術文庫、一九八九年。宮永孝『万延元年のアメリカ報告』新潮選書、一九九〇年。

ポーハタン号 ぽーはたんごう

万延元年遣米使節団の正使の乗船。アメリカ合衆国海軍東インド艦隊に所属する最新鋭の外車汽送フリゲート艦で、排水量二、四一五トン。一八五〇年バージニア州ノーフォークで建造された。

ペリー来航時に僚船として神奈川に来航し、安政五(一八五八)年の日米修好通商条約はこの甲板上で締結された。遣米使節の迎船としてアメリカ側から派遣され、タットノール提督以下三一二人の乗組員と、新見正興ら使節一行七七名が乗船し、安政七年一月一八日(一八六〇年二月九日)品川沖を出発し、横浜で四泊したのち一月二二日サンフランシスコに向け出発した。途中、暴風雨のため費消した石炭補給のためハワイに寄航し、三月九日(三月二九日)サンフランシスコに到着した。福沢諭吉が乗船したのはポーハタン号の別船として派遣された咸臨丸である。

[髙木不二]

参考『福沢諭吉と神奈川』。

咸臨丸 かんりんまる

江戸幕府がオランダから購入した三本マストの木造軍艦。トン数は六二五トン、船長一六三フィート、幅二四フィート、一〇〇馬力、蒸気螺旋仕掛けのスクーナ・コルベット艦である。価は一〇万ドルとされるが、この購入価格については諸説あり、福沢諭吉は『福翁自伝』(始めて亜米利加に渡る)において金二万五千両としている。オランダのホップ=スミット造船所で一八五七年に建造され、原名はヤパン号。安政四(一八五七)年八月長崎に回航され、艦長カッテンダイケ以下三七名を教官とする幕府の第二次海軍伝習の練習艦となり、万延元年遣米使節の別船に選ばれて太平洋を横断した。遣米使節のアメリカ渡航は当初予定されていた観光丸から変更されたもので、軍艦奉行木村摂津守喜毅、艦長勝海舟以下、福沢を含む九〇余名が乗り組み、アメリカの測量船フェニモア=クーパー号のブルック船長ら乗組員一一名が便乗して、一月一九日浦賀を出航し、連日の荒天を乗り切って、二月二六日サンフランシスコに入港した。

　帰路は万延元年閏三月一九日サンフランシスコを出航し、ハワイを経由して五月七日に帰国している。このとき福沢は木村の従者として乗船した。

　その後咸臨丸は、文久元（一八六一）年一二月小笠原島開拓のため中浜万次郎らの幕吏を乗せて同島に派遣されたことがあったが、慶応二（一八六六）年に至り機関を取り外して帆船となった。やがて戊辰戦争の渦に巻きこまれ、慶応四（一八六八）年榎本武揚の率いる旧幕府艦隊の一艦として回天丸に曳かれ品川沖を脱走したが、房総沖で台風に遭い伊豆の下田に漂着。清水港で故障箇所を修理中に官軍の軍艦に捕獲され、品川に曳航された。二年に民部省から大蔵省、さらに北海道開拓使に移管され、四年民間の回漕会社に払い下げられた。最後は、四年九月仙台藩片倉家の北海道移住者を乗せて小樽に向かう途中、現在の北海道上磯郡木古《きこ》内《ない》町和泉沢のサラキ岬で破船沈没した。後年福沢は、静岡県興津付近に旅行の際、同艦ボートの破片を手に入れ、記念物としてこれを木村喜毅に贈っている。

〔髙木不二〕

参考 文倉平次郎『幕末軍艦咸臨丸』名著刊行会、一九六九年。片桐一男「幕末の異国船に対する検問書類とヤパン号（咸臨丸）」『海事史研究』（一三号）一九六九年。『伝』一―八編。『「福翁自伝」の研究』。

アメリカ・ハワイ訪問　あめりか・はわいほうもん

　咸臨丸は安政七（一八六〇）年一月一九日に浦賀を出航したが、この船にはアメリカの測量船の船長ブルック大尉が同乗していた。彼は太平洋の海底測量のため横浜寄港中に船が座礁し、幕府の保護を受けていたが、このとき咸臨丸での帰国を希望し、その士官と水夫数名と共に乗船したのである。『福翁自伝』には航海中アメリカ人の助けはまったく借りなかったと述べられているが、事実はこれと違い、咸臨丸が航海中、時化《しけ》に遭ったとき、艦長勝海舟以下十分な措置をとれず、ブルックらがこれを助けて同年二月二六日ようやくサンフランシスコに辿り着くことができたのであった。

●福沢らが宿泊したサンフランシスコのインターナショナルホテル

　サンフランシスコでの福沢諭吉の体験

は初めて文明に接したときの驚きに満ちている。そうした中で福沢らしいこととして、社会・政治・経済制度のことについて多くの指摘がなされている点が挙げられよう。郊外の医者の家に招待されたとき夫人が客の相手をし、夫がまわりでいろいろ世話をしている様子に「日本とアベコベ」でどうもおかしかったという印象を持ち、ゴミ捨て場や浜辺に鉄くずが多く捨てられていることに驚き、さらには初代大統領ワシントンの子孫はどうしているかと聞いてみたところ、「いまどうしているか知らない」という冷淡な答えが返ってきたことを不思議と感じたことなどが『自伝』に述べられている。逆に日本人に珍しいだろうと思って見せられた電信やメッキ法など科学技術は、いっこうに驚くところがなかった、とも記している。

結局咸臨丸一行は、遅れて到着した正使一行がワシントンに向かったことを確認し、そのまま帰国することになったが、帰国に際し福沢は、通弁を務めていた中浜万次郎と共にウェブスターの辞書を一冊ずつ買ってきた。これが同書輸入の最初であると福沢は自負している。

同年閏三月一九日サンフランシスコを出帆した咸臨丸は、ハワイに寄港し、三、四日逗留した。軍艦奉行の木村は同年四月六日にハワイ王国国王カメハメハ四世に面会し、ハワイ国紋章を贈られている。このとき福沢も参列したが、国王は「羅紗の服」を着て王妃と共に現れ、宝物として「鳥の羽でこしらえた敷物」を見せたという。

〔髙木不二〕

参考 『考証』上。山口一夫『福沢諭吉の亜米利加体験』福沢諭吉協会、一九八六年。

少女との記念写真《しょうじょとのきねんしゃしん》

咸臨丸は万延元（一八六〇）年閏三月一九日サンフランシスコをあとにして、四月四日の朝ハワイに到着し、七日には日本に向けて出航した。福沢諭吉はその船中で一枚の写真を取り出し、周囲の者に自慢げに見せた。そこには福沢が腕組みをして椅子に座り、その脇に椅子にもたれるように立つ若いアメリカ人女性の姿が写されており、船中の若い士官たちは大いに驚いた。実はこの写真を撮った場所は、サンフランシスコのモンゴメリー街一一三番地にあったシュー（William Shew）写真館で、一緒に写った女性はそ

●福沢諭吉と写真館の少女

この一人娘シオドーラ・アリス（Teodora Alice）、愛称ドーラ、当時数え年一二歳の少女であった。

その経緯について福沢は『福翁自伝』の中で、写真館に一人で出掛けたところ「娘が居たから、お前さん一緒に取ろうではないかと云うと、亜米利加《アメリカ》の娘だから何とも思いはしない、取りましょうと云うて一緒に取《と》ったのである」と語っている。同行者に真似をする者が出ないように出航後に初めて見せて、周囲を口惜しがらせたのは、福沢の計略であった。

なおこの写真は、ガラス板に像を焼き付け、裏に黒ニスを塗って白黒反転させるアンブロタイプ（コロジオンタイプ）と呼ばれるもので、少女の頬と唇、福沢の唇にはかすかな彩色が施されている。慶応義塾蔵。〔髙木不二〕

参考『自伝』始めて亜米利加に渡る。『考証』上。中崎昌雄「咸臨丸の福沢諭吉と写真屋の娘―ダゲレオタイプとアンブロタイプ」『適塾』（No.一八）一九八五年。『福沢諭吉と神奈川』。

ウェブスターの辞書　うぇぶすたーのじしょ

福沢諭吉が第一回の渡米の際、通詞の中浜（ジョン）万次郎と共に買い込んだ辞書。一般にウェブスター辞書というとノア・ウェブスター（Noah Webster）の編纂した大辞典を指す。しかし、大辞典以外にも、簡約辞書や中型・小型辞書など多くの辞書があり、ウェブスター本人ではなく、息子や娘婿らが編纂したものもある。

近年の研究では、福沢が買った辞書は、一八五九年出版の *A Pronouncing and Defining Dictionary of the English Language* ではないかとされる。これはウェブスターの娘婿のグッドリッチ（S. G. Goodrich）が単独で編纂した学生用辞書で、出版社はフィラデルフィアのリッピンコット（Lippincott）社である。グッドリッチはこの頃類義語の研究に力を入れており、本辞書はこの点を前面に出した中型辞書であるという。語彙数は四万二、三〇〇で、発音と綴りにも注意を払い、挿絵はないが巻末に多くの付録を加えた、きわめて充実した辞書である。

中浜のもたらしたものは現存するが、福沢のものは現存しない。これは洋式製本術研究のために福沢が日本橋の製本所に辞書を持ち込み、解体して勉強させたため、との説もある。〔髙木不二〕

参考 早川勇『ウェブスター辞書と明治の知識人』春風社、二〇〇七年。

咸臨丸水夫の墓　かんりんまるすいふのはか

咸臨丸のサンフランシスコ停泊中、一人の水夫が病死した。軍艦奉行木村摂津守喜毅《よしたけ》の従者であった福沢諭吉は親日家の貿易商チャールズ・ウォルコット・ブルークスと協議して、遺骸をサンフランシスコ郊外のローレルヒルに埋葬するとともに、みずから設計図を書き、日本流の石碑を注文し墓所に建てさせた。

水夫の名は源之助、瀬戸内海塩飽《しわく》諸島の出身で万延元（一八六〇）年三月二日入院先の海軍病院でなくなった。碑面の文字は艦長勝海舟の書で、「日本海軍咸臨丸の水夫／讃岐国塩飽広島青木浦／源之助墓／二十五歳」と彫られている。裏面には英文が刻まれ、これは咸臨丸に乗船して帰国したブルック大尉の書いたものといわれる。

その八日後の三月一〇日には富蔵が、咸臨丸出航後の四月一日には峰吉が亡くなった。慶応三(一八六七)年二度目に渡米したとき、福沢はブルークスと共にローレルヒルの三人の水夫の墓に詣でた。

その後墓地は荒れ果て、墓も埋もれてしまったが、サンフランシスコ在住の文倉平次郎らによって明治三〇(一八九七)年に富蔵と峰吉の墓が、翌三一年には源之助の墓が発見され、修理、復元された。それからまもなくしてサンフランシスコでは、市街地の発展に伴い墓地を郡部に移す計画が立てられ、それを受けて在留邦人の間で郊外に日本人墓地を設ける相談がまとまり、ここに三基の墓も移されることになった。サンフランシスコの南一二マイル、サンマテオ郡コルマの共同墓地がそれである。墓は現在、日本人共同墓地を管理する加州日本人慈恵会の手で守られている。

〔髙木不二〕

参考『伝』一—八編。山口一夫『福沢諭吉の亜米利加体験』福沢諭吉協会、一九八六年。

外国方出仕　がいこくがたしゅっし

万延元(一八六〇)年アメリカから帰国後、福沢諭吉は幕府の外国方に雇われて、翻訳御用を命ぜられることになった。木村喜毅《よしたけ》の推薦によるものであるという。当時諸外国から提出される外交文書には、かならずオランダ語の訳文が添えられることになっていた。幕府はこれを日本語に訳させるために蘭学者を雇い、その任に当たらせたのである。そのために福沢の蘭学の知識は幕府にとって有用であったが、福沢にとってもこの仕事は英語研究の絶好のチャンスであった。英文と蘭文を対照できる訳文作成作業が研究に役立つことはもとより、外国方にはいろいろな英文の原書が備えつけられていて、借り出しも自由であったのである。

福沢が幕府に雇われた時期は確定できないが、福沢の最初の訳文は、イギリス公使オールコック提出の外国人居留置処規則変更に関する申し入れ書であり、これが一八六一年一月一日(万延元年一一月二一日)のものであることから、福沢の幕府出仕がこれ以前であることは確かである。さらに、これまでの研究において、一一月九日の外国方の江戸城西の丸から本丸への移転などを勘案し、福沢が外国奉行支配翻訳御用御雇に就任し、二〇人扶持手当金一五両をあてがわれたのは、万延元年一一月中旬と推定されている。また陪臣の身分での翻訳御用御雇出仕は福沢が初例であろうという指摘もなされている。この就職により福沢は中津藩洋学教師と幕府外国方との二つの職を持つことになった。

〔編集委員会〕

▼Ⅲ 著作(幕末外交文書訳稿一覧)

参考 長尾政憲「福沢の幕府出仕について」『手帖』(五〇・五一号)一九八六年。

結婚と転居　けっこんとてんきょ

第一回訪米後、福沢諭吉は幕府に出仕し、結婚した。福沢が「外国奉行支配翻訳御用御雇」に就任し二〇人扶持御手当金一五両をあてがわれたのは、万延元（一八六〇）年一一月中旬のことで、この頃から翌年冬までに福沢は築地鉄砲洲の中津藩中屋敷の長屋を引き払って、芝新銭座に転居した。その時期と場所の詳細は不明であるが、新居は木村喜毅《よしたけ》の屋敷のすぐ近くにあり、木村とのつながりの中で選ばれた可能性は考えられる。この借家は二階建てで、一階・二階合わせて二〇畳ほどの手狭な家であったという。福沢はここに新妻を迎えた。

結婚は文久元（一八六一）年冬のことで、妻の錦《きん》は中津藩士土岐太郎八の二女であった。土岐家は、中津藩の最高家格の大身衆の一つ奥平主税家（七〇〇石）の子太郎八が寛政元（一七八九）年別家、創設した由緒ある家で、禄高二五〇石、役料五〇石という上士階級に属していた。錦の父は三代太郎八で、やはり用人役を勤め、福沢によれば「俗気を脱して品行高き人物」であったという。

錦の母は淀藩の井上氏の娘であるとされる。いずれにしろ一三石二人扶持の福沢家とは身分違いで、本来なら結婚できない間柄であるが、父太郎八は福沢の人物を信じ、娘との結婚を遺言して直前に他界したという。一方で、福沢を幕臣とみなして周囲を納得させたのではないかという見方もあり、遺言とあいまって実現に漕ぎつけたというのが実情であろう。

結婚は中津から出てきて藩邸の御用達をしていた豊前屋周蔵という米屋夫婦がもっぱら周旋し、中津藩士で幕府講武所に出仕していた砲術家島津文三郎が媒酌を務め、きわめて簡素にとり行われたという。

〔髙木不二〕

▼芝新銭座時代の住居　▼妻 福沢錦　▼中沢周蔵　▼福沢錦

参考『考証』上。『「福翁自伝」の研究』註釈編。加藤三明「慶応義塾史跡めぐり　新銭座慶応義塾」『評論』（一一一一号）二〇〇八年。

ヨーロッパ各国を巡る

文久遣欧使節　ぶんきゅうけんおうしせつ

福沢諭吉が参加し二度目の海外体験となった使節団。文久二（一八六二）年、幕府は正使竹内下野守保徳、副使松平石見守康直、目付京極能登守高朗《たかあきら》らを中心とする使節団三六名をヨーロッパに派遣した。

この使節の目的は、国内で燃え盛る攘夷論を抑えるために、条約で約束した兵庫・新潟の開港と江戸・大坂の開市の延期を、条約を締結したヨーロッパ各国に要請することにあった。駐日イギリス公使オールコック（Sir Rutherford Alcock）は、幕府側を啓蒙するねらいもあって、この使節派遣を後押しした。幕府はさらに懸案のロシアとの樺太境界問題を解決することや、各国の政治・軍事・教育などの制度を探索するという課題も付け加え、使節団を送り出したのである。

　このとき福沢はオランダ通詞品川藤十郎の代理として急遽派遣されることになった。当初使節が乗るオージン号は、寄港先の長崎で品川藤十郎を乗せる予定であったが、長崎には立ち寄らないことになったからである（実際は途中で多くの石炭を消費したため立ち寄っている）。

◉前列左より正使竹内下野守、副使松平石見守、目付京極能登守。後列左より柴田貞太郎、森山多吉郎。

　福沢は前回の渡米のときとは違い、今回は通詞として、正規のメンバーで参加した。

　一行は、文久元年一二月二三日（一八六二年一月二二日）品川を出航し、香港・シンガポールを経てインド洋に入り、その後紅海・地中海を通ってフランスのマルセイユに上陸した。パリに着いたのは同二年三月九日（一八六二年四月七日）、その後イギリス・オランダ・ドイツ・ロシアを回り、再び往路を辿って品川に帰港したのは同年一二月一〇日（一八六三年一月二九日）のことであった。〔髙木不二〕

参考 宮永孝『幕末遣欧使節団』講談社、二〇〇六年。芳賀徹『大君の使節―幕末日本人の西洋体験』中公新書、一九六八年。山口一夫『福沢諭吉の西航巡歴』福沢諭吉協会、一九八〇年。

ヨーロッパ歴訪《よーろっぱれきほう》

　文久元（一八六一）年一二月二三日、外国奉行竹内保徳を正使とする幕府使節団は、イギリス軍艦オージン号に乗り込んでヨーロッパに向けて品川沖を出発した。その主要な任務は安政五（一八五八）年に結ばれた五か国条約に含まれていた大坂と兵庫を、一八六三年一月に開市・開港するという期限の延期を交渉することであったが、合わせてロシアとの間に国境画定交渉を行うということも求められていた。このメンバーに通詞として福

◉オランダで撮影された福沢諭吉。平成二〇年に発見された四葉のうちの一つ。

沢諭吉は加えられ、薩摩藩士の松木弘安や津山藩士の箕作秋坪《みつくりしゅうへい》などの蘭学者も雇翻訳方兼医師として同行した。

その行程は、インド洋、紅海、地中海を経て二月にフランスに入り、四月にはイギリス、五月にはオランダ、六月にプロシャ、そして七月にはロシアのペテルブルクに入っている。帰路は八月にペテルブルクを出立し、パリ経由で海路でポルトガルに入り、再び地中海を経由して、往路を逆に辿って文久二年一二月一〇日品川に帰着した。実に一年を越える大旅行であった。

この間、福沢は洋学仲間の松木や箕作らと精力的に各国各所の視察を行ったが、その際幕府側から警戒されて、目付方の下役がかならず付けられた。『福翁自伝』の中で、これが何ともうっとうしく不自由で、まるで「日本の鎖国をそのまま担《かつ》いで来て」いるようだと述懐している。

福沢は日記（「西航記」）と手帳（「西航手帳」）を残しているが、それらの史料からうかがえる各国における視察状況を見てみると、フランスでは煙草と塩の専売制度に関心を持ち、買入価格の何倍で国民に売るか、外国煙草の輸入税の割合はいくらかなどについて調べ、初めて乗った汽車についてはマルセイユからパリまでの鉄道の距離や敷設費用とその出資者、貨物と乗客の運賃などを調べている。ロンドンでは、たまたま万国博覧会が開かれていたがこれを見物し、そのほか病院、天文台、海軍局、学校、盲唖院、ドック、砲兵工廠、博物館やセントポール寺院などを見学している。また『自伝』によれば、このとき福沢は「英書」ばかりを買い込み、これが日本の英書輸入の始まりで、国内で英書が自由に用いられるようになったのもこれからのことであると述べている。その後ペテルブルクでは使節の国境談判の場に同席し、病院では外科手術に立会い、患者の血を見て失神するという体験もした。またロシアにこのまま留まらないかという驚くべき提案を受けたこともあったという。

なお今回の使節団に課された使命である大坂・兵庫の開市・開港延期については、関税率の引下げを条件に、一応ロンドン覚書によって認められたが、ロシアとの国境交渉は不調に終わっている。

〔髙木不二〕

▼『西洋事情』の執筆　▼寺島宗則　▼箕作秋坪

参考　『伝』一―九編。『考証』上。芳賀徹『大君の使節』中公新書、一九六八年。山口一夫『福沢諭吉の西航巡歴』福沢諭吉協会、一九八〇年。

西航手帳　せいこうてちょう

福沢諭吉が文久遣欧使節団の一員としてヨーロッパ諸国巡歴中に残した、フィールドノートともいうべき記録。「西航手帳」の名は『福沢諭吉全集』の編纂者が付したもの。

パリで買い求めた細長い黒皮表紙の手帳に、博物館、病院、学校の見学など旅行中の見聞が、覚書として無罫の白紙八二枚の左右両方からこまごまと書き記されている。大部分は鉛筆書きで、一部に筆書き、ペン書きを含む。日本語のほかオランダ語がもっとも多く、英語がこれに次ぎ、フランス語、ドイツ語、ロシア語、ポルトガル語が散見する。福沢の筆跡でない横文字も含まれる。

◉日本語、オランダ語などでびっしりと見聞が記されている

記事の多くは断片的なメモであるが、例えば各種の学校視察の記録では、官立・私立などの設立の主体、生徒の年齢・人数、クラス分けなどが克明に書き留められるなど、それらがシステムとしてどのように組み立てられ存在しているかに注意が払われている。また、イギリス滞在のオランダ人医師シンモンベリヘンテより聞いたと推定される、英仏の政治を対比して文明の政治について説く講義筆記など興味深い記事が多い。これらの記事には、福沢が手帳とは別に残した旅行中の日記（「西航記」）、帰国後に執筆した『西洋事情』、あるいは使節団の徒目付《かちめつけ》福田作太郎が帰国後にまとめた報告書「福田作太郎筆記」と一致するところが多くみられる。福沢研究のみならず、幕末維新における西欧文化摂取の跡を探るうえでの貴重な史料である。

『全集』第一九巻に手帳の各頁の写真版とその翻刻を対照させるかたちで全記載事項が収録されている。原本は慶応義塾蔵。また手帳のレプリカが制作され、富田正文・長尾政憲による全文の解読と解説を付して『復刻・西航手帳』（福沢諭吉協会、一九八四年）として刊行されている。　［松崎欣一］

▼西航記　▼『西洋事情』執筆　▼『西洋事情』の流布
▼西洋事情

参考 『全集』一九。『書誌』。長尾政憲「解説　福沢諭吉『西航手帳』の蘭文記事（改訂版）」『年鑑』（八）一九八一年。松沢弘陽『近代日本の形成と西洋経験』岩波書店、一九九三年。

西航記　せいこうき

福沢諭吉が文久遣欧使節団の一員としてヨーロッパ諸国巡歴中に残した日記。慶応義塾所蔵。福沢自筆本は二冊から成っていたらしいが、現在は「西航記　霑《てん》芳閣《ぼうかく》主人」と題した、文久元（一八六二）年一二月二〇日に始まり同二年七月二九日まで記された前半の一冊のみが残されている。「霑芳閣」は父福沢百助の書斎号である。自筆本に加筆訂正してつくられた写本のほか数種の写本が伝存しており、これらによって、自筆本が欠けた後半も読むことができ、文久元年一二月二〇日に西航の命を受け、同二二日にイギリス軍艦オージン号に乗船して出発、以後、同二年一二月一一日の帰国まで、ほぼ一年に及ぶ旅行の足跡を追うことができる。〔松崎欣一〕

▼西航手帳 ▼『西洋事情』の執筆 ▼『西洋事情』の流布 ▼西洋事情

参考『全集』一九。『書誌』。

英清辞書 えいしんじしょ

福沢諭吉がロンドンで購入した英中・中英辞書。包み紙には「英清辞書二冊　千八百六十二年　竜動《ロンドン》にて買う　価五ポンド　火災余甚《はなは》だ高価なりき」と福沢の自筆で記されている。福沢が海外で購入した書籍として知られているものはチェンバーズの経済書を含めて何点かあるが福沢自身の手跡でその確証が得られるものは珍しい。慶応義塾蔵。

なお、包み紙に記された「火災」とは、一八六一年六月二二日に起きた一七世紀以来といわれるロンドントーレー街の大火を指す。日用品二〇〇万ポンド相当が焼失したといわれ、これによって諸物価が高騰した。福沢が訪れた一八六二年四月でも物価高は続いており、知人に宛てた書簡でも物価のあまりの高さに驚いたことを報じている。〔髙木不二〕

チェンバーズ経済書 ちぇんばーずけいざいしょ

福沢諭吉が欧州巡歴の際、『英清辞書』と共にイギリスで購入してきたもの。一八五二年に刊行されたチェンバーズ兄弟社出版の教育叢書（ポケット・サイズ）の一冊 *Chambers's Educational Course; Political Economy, for use in schools and private instruction.* William and Robert Chambers, London and Edinburgh のことである。著者は匿名となっているが、アメリカの著名な福沢研究家であるアルバート・M・クレイグの調査によって、スコットランドの著作家バートン（John Hill Burton）であることが明らかになっている。これが福沢の『西洋事情』外編の種本となった。

福沢はこの本の内容がことごとく新奇で、心魂を奪われる思いがしたが、この目録を幕府の勘定方の要人に見せるため翻訳を試みたとき、「competition」という言葉に「競争」という訳語を当てたところ、「穏やかでない」との指摘を受け、やむなくその部分を抹消したという逸話が『福翁自伝』（王政維新）に記されている。〔髙木不二〕

▼西洋事情

参考『著作集』一、解説（マリオン・ソシエ）。高橋誠一郎「チェンバーズ経済書」『全集』一、付録、一九五八年。杉山忠平『明治啓蒙期の経済思想—福沢諭吉を中心に』法政大学出版局、一九八六年。アルバート・M・クレイグ「ジョン・ヒル・バートンと福沢諭吉」『年鑑』（一一）一九八四年。アルバート・M・クレイグ(足立康・梅津順一訳)『文明と啓蒙─初期福沢諭吉の思想』慶應義塾大学出版会、二〇〇九年。

島津祐太郎宛書簡《しまづすけたろうあてしょかん》

開市開港延期交渉のためヨーロッパ各国を訪問した文久遣欧使節団の一員として、福沢諭吉がロンドン滞在中に書いた書簡。文久二年四月一一日(一八六二年五月九日)付。これによると福沢は、フランス・イギリスなどヨーロッパ各国の国情を実際に体験することによって、日本もそして諸藩も富国強兵が急務であり、そのためには洋学教育に基づく人材の育成が不可欠であることを痛感した。中津藩としても、これまでの儒学中心の教育方針を大転換し、洋学を積極的に進めることの重要性を藩の重役であった島津祐太郎に進言している。そして福沢個人としては、まずは大量の洋書を購入することとし、国許に新設された医学所に辞書、窮理書、医書、砲術書などを備えるつもりであることを伝えている。

海外体験をふまえ、帰国後洋学教育に本格的に取り組もうという、福沢の強い決意がうかがわれる文面となっている。原本は慶應義塾蔵。

[髙木不二]

▼島津祐太郎

参考 『「福翁自伝」の研究』。慶應義塾編『福沢諭吉の手紙』岩波文庫、二〇〇四年。

アメリカおよび東洋民族誌学会会員証《あめりかおよびとうようみんぞくしがっかいかいいんしょう》

福沢諭吉が滞仏中に正会員となり、持ち帰った会員証。この学会は一八三九年に巴里民族学会として発足し、一時中断があったのち、一八五九年に名称を改めて復活したものであった。慶應義塾蔵。

福沢がパリに滞在していたときに、レオン・ド・ロニ(Léon de Rosny)という、中国語を解し、日本語も読める一人の東洋研究者に出会った。

ロニは一八三七年フランスのノール県リハ市近郊のロースに生まれた。父リュシアンは考古学者であったが、彼は最初植物学の研究から入り、やがて東洋の言語に興味を持つようになる。まず中国語を学び、ついで独学で日本語をも研究し、会話はたどたどしかったが、読むことはかなりできるようになっていたらしい。そして一八六二年の日本使節訪問に際し

SOCIÉTÉ D'ETHNOGRAPHIE AMÉRICAINE & ORIENTALE
APPROUVÉE PAR DÉCISION DE S. E. LE MINISTRE DE L'INSTRUCTION PUBLIQUE.
Foukou Sawa

●名前は「Foukou Sawa」と表記されている

てフランス政府から応接役に任命されると、使節の滞仏期間はもちろん、使節を追うかたちでオランダ、ロシアにまで出向いて、英語を解する松木弘安・箕作《みつくり》秋坪《しゅうへい》、福沢ら洋学者と密接に接触した。ロニを評して、福沢は「欧羅巴《ヨーロッパ》の一奇士」と記している。ロニは「アメリカおよび東洋民族誌学会」に所属していたが、福沢はロニによってこの学会の正会員に推挙され、日本人が海外の学会の正会員となったもっとも早い事例となった。このとき福沢と同時に会員に推された中には、挿絵画家ベルタンや同じ使節の他の日本人がいたという。

[髙木不二]

▼ロニ

参考 松原秀一「レオン・ド・ロニ略伝」『研究』(三巻)一九八六年。『「福翁自伝」の研究』。『考証』上。

帰国後の世情 きこくごのせじょう

文久二(一八六二)年五月、東禅寺を警備していた松本藩士によるイギリス水兵殺害事件の報は九月にはヨーロッパに届き、福沢諭吉の随行する遣欧使節が最終訪問国ポルトガルに向かうべく再びフランスに足を踏み入れたところ、待遇は前回のときと雲泥の差で、「冷淡無愛想」極まりないものであったという。欧米各国は日本の対外姿勢に態度を硬化させたのである。

使節が帰国したのは一二月であったが、この頃までに国内の政治状況は攘夷論の覆うところとなっていた。この文久二年の一月には、老中安藤信正が水戸の尊攘派浪士に襲撃されて傷を負い、四月には罷免されていた。同じ四月には薩摩の島津久光が京都に入り朝廷を通じて幕府の政治改革を求めると、幕府にこれを跳ね返す力はなく、六月勅使大原重徳《しげとみ》を擁した久光の江戸下りを機に、井伊政権のもとで処罰を受けた徳川慶喜(一橋家)や松平春嶽(越前藩)を幕府の重職につける前例のない人事改造を受け入れ、さらには参勤交代制までも緩和するに至った。生麦事件は島津久光が意気揚々と江戸を離れた直後の八月に起きている。幕府の権威低下を見透かすように攘夷論は高揚し、六月長州藩は藩論を攘夷に転回し、さらに朝廷を動かし、一一月には三条実美《さねとみ》ら攘夷別勅使を江戸に送り込んで幕府に攘夷国是の受け入れと、将軍上洛を認めさせることに成功した。こうしたさなかに福沢らは帰国したのである。

その後の世情は攘夷論のリードするところとなり、翌三年三月の将軍上洛前後には天誅組と呼ばれる尊攘激派によるテロ行為が京都を中心に横行し、五月には攘夷実行と称して長州藩は下関を通行する米・蘭・仏などの外国艦を砲撃した。

こうした中で洋学者への目も厳しくなったことは想像にかたくない。周防出身の手塚律蔵は長州藩の顧問も勤めており、蕃書調所教授方であったが、藩邸からの帰り道に攘夷派浪士に襲われ、日比谷の濠に飛び込んで危うく難を逃れたという。同じく長州藩医の東条礼蔵も福沢と同じ翻訳御用を勤め、また蕃書調所などにも出役していたが、小石川の自宅に浪士が暴れ込み、裏口から逃げ出してようやく助かったという。帰国後の福沢もできるだけ身を慎んで、夜間の外出も控え、もっぱら著書翻訳に従事していたと『福翁自伝』の中で述懐している。そしてこの雌伏の時間が『西洋事情』を紡ぎだすことになったのである。［編集委員会］

▼『西洋事情』の執筆

参考 『自伝』攘夷論。『考証』上。宮永孝『文久二年のヨーロッパ報告』新潮選書、一九八九年。

英学塾経営の本格化《えいがくじゅくけいえいのほんかくか》

文久三(一八六三)年の秋、福沢諭吉は再び築地鉄砲洲の中津藩中屋敷に移転した。はじめ福沢が塾を開いたときは、二階建ての長屋の一戸分を貸与されただけであったが、今回は五軒続きの長屋一棟全部を借りることができた。これは前年閏八月の幕府による文久改革の結果、参勤交代制が改革されて三年一勤とされ、さらに大名妻子の帰国が許されたため、藩邸居住者が激減し、長屋に空きができたからであった。

福沢は、五軒続き長屋一棟のうち二軒分を自分の住居と塾生用の食堂とし、あとは全部塾生のための部屋に充てた。すでにロンドン滞在中、福沢は中津藩の重鎮であった島津祐太郎に宛てて、人材の養成を急務とすべしという趣旨の手紙を書き送っていたが、この転居を機に、福沢は本格的な英学塾経営への動きをみせ始める。

後年福沢は、慶応義塾の「すべての記録は文久三年正月に始まる」(『慶応義塾紀事』)といっているが、その嚆矢はこのときから記載が始まる「入門帳(入社帳)」である。また翌年には、学塾経営の協力者育成のためみずから中津に出向き、小幡篤次郎、甚三郎兄弟や浜野定四郎ら六人の有望な子弟を連れ帰っていることも注目される。［髙木不二］

▼島津祐太郎宛書簡　▼中津の青年六名の入塾
▼鉄砲洲時代の住居

入社帳《にゅうしゃちょう》(姓名録《せいめいろく》)

福沢諭吉の塾に入学した者の氏名、年齢、出身地、父兄・保証人氏名などを記録するために始められた帳簿。慶応義塾に関するもっとも古い資料で文久三(一八六三)年春入門の小林小太郎を筆頭者に、福沢が没した明治三四(一九〇一)年の一一月までの入学者、延べ二万名の記録がある。文久二年の西欧巡遊で日本の近代化と人材育成の必要性を痛感した福沢が、元治元(一八六四)年六月に中津から六名の青年を入塾させた際設置し、欧州より帰国後の入門者までさかのぼって記載されたと推定され、継続的に学塾を経営していくことを決意したことがうかがえる。名称や書式は、福沢自身が入門時に記帳した適塾の「姓名録」にならったものであろう。

名称は一定しなかったが、維新後「入社帳」に統一。大阪・徳島慶応義塾、医学所、法律学校、幼稚舎の入社帳もあり、慶応義塾福沢研究センターの編集で復刻

版全五巻が公刊されている。 〔近藤建二〕

▼適塾

参考『義塾史事典』。佐志伝解題・解説『慶応義塾社中之約束』慶応義塾福沢研究センター資料2、一九八六年。梅渓昇ほか編『緒方洪庵と適塾』改訂版、適塾記念会、一九九三年。『百年史』上巻。

中津の青年六名の入塾《なかつのせいねんろくめいのにゅうじゅく》

元治元(一八六四)年六月に中津から江戸の福沢諭吉の塾へ、小幡篤次郎をはじめとする青年六名が入学した。文久二(一八六二)年幕府の遣欧使節団に随行してヨーロッパの文明に触れ、洋学による人材育成の重要性を痛感した福沢が、本格的な学塾経営を目指し、中津で集めた学生兼協力者たちであった。

六年ぶりに中津に帰省した際、藩儒野本三太郎らに塾の協力者について相談したところ、まず、秀才として知られ、藩校進脩館で教鞭をとっていた小幡篤次郎

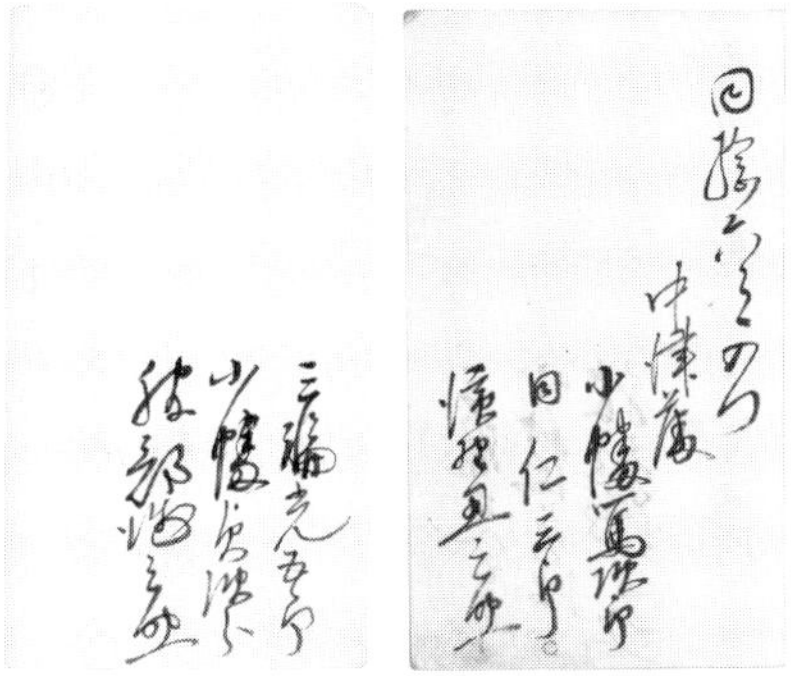

●「姓名録」への六名の記名

が候補に挙がった。当初、小幡は父をすでに亡くしていたので、残される母のことを考えその誘いから逃げ回っていたが、福沢は小幡の母親に対し、篤次郎は二男だからどこか養子先を探さなければいけないが、江戸に出れば口はいくらでもあると誘った。のちに福沢は、篤次郎と仁三郎(のち甚三郎)の小幡兄弟は養子の口を餌にかどわかしてきた、と笑いながら語ったという。

篤次郎はよく期待にこたえ、生涯、福沢のさまざまな事業を支えた。弟甚三郎はアメリカに留学するが、不幸にして明治六(一八七三)年客死する。ほかの四名は、儒学者で福沢の師である服部五郎兵衛の子浅之助、のちに慶応義塾をはじめ各地の中学や師範学校などで教鞭をとった小幡(永島、野本)貞次郎、明治一二年から二〇年まで慶応義塾長を務め、折からの財政難に対処し義塾を再建した浜野定四郎、慶応義塾出版社の事務などをとり、日本麦酒醸造会社(現サッポロビール株式会社)の支配人も務めた三輪光五郎であった。 〔西澤直子〕

▼小幡甚三郎 ▼小幡篤次郎 ▼浜野定四郎

参考『伝』一―一一編。「小幡先生の逸話」(全一〇回)『時事新報』明治三八年五月一四日付〜一九日付。

外国奉行支配調役翻訳御用《がいこくぶぎょうしはいしらべやくほんやくごよう》

元治元(一八六四)年福沢諭吉が幕臣

に列したときの職名。この年福沢諭吉は正式に幕臣となった。『維新史料綱要』の一〇月六日の項に、開成所教授見習箕《み》作《つくり》麟祥に翻訳御用頭取を、中津藩士福沢諭吉と津山藩士箕作秋坪《しゅうへい》に翻訳御用を命じ、外国奉行に属せしめたという記事がみえ、辞令が出された日付を確認することができる。ここで福沢は晴れて幕臣となったわけであるが、翌慶応元（一八六五）年四月二八日付の山口良蔵に宛てた書簡の中で、前年一〇月に外国奉行支配調役次席翻訳御用を拝命し、高一〇〇俵と役手当てとして五〇俵の足高を支給され、別にお手当金一五両を下さることになり、はからずも「旗下」（旗本）になったとして、新たな境遇を素直に喜んでいるようにみえる。

しかし後年に至って福沢は、この身分に昇ったことによってけっして名誉を得たわけではなく、当時希少な洋学者として単に利用されたにすぎなかったと回顧している。

また同じ書簡の中で、「貧窮」で困っており、相変わらず奥平の屋敷に住居していることも伝えている。この貧窮の原因は、福沢が直前の六月に中津から連れてきた青年たちに藩から留学費用が出ておらず、彼らを塾生として養う必要があったことによるものであろう。

なお福沢はこれで中津と完全に縁が切れたわけではなく、この後も中津藩奥平家から多少の扶持（六人扶持）をもらっていた。

［編集委員会］

▼山口良蔵

参考『伝』一―一〇編。東京大学史料編纂所編『維新史料綱要』巻五、東京大学出版会、一九六六年。『全集』一〇。長尾正憲『福沢屋諭吉の研究』思文閣出版、一九八八年。

中津藩文久騒動《なかつはんぶんきゅうそうどう》

文久三（一八六三）年中津藩では文久騒動と呼ばれる、江戸家老奥平壱岐《いき》の失脚事件があった。壱岐は長崎で蘭学を修め、修業過程で福沢諭吉と確執があったとされているが、同元年三月以来中津藩江戸家老を勤めていた。在職中壱岐は、中津藩主の奥平昌服《まさもと》の養子として、宇和島前藩主で四賢侯の一人として知られる伊達《だて》宗城《むねなり》の四男儀三郎を迎えるうえで、中心的な役割を演じたという。これに対し、同三年国許の中津藩士水島六兵衛以下一五名が壱岐の専権を批判し、国家老の奥平図書《ずしょ》に建白書を提出し、断罪を迫った。藩士らの動きは勢いを増し、当時目付で福沢の儒学の師であった服部五郎兵衛は同三年四月在京中の藩主に彼らの建白書を呈し、藩主もこれを容れることとなった。この結果、壱岐は職を停められ、二〇〇石を削られ、慶応元（一八六五）年には残りの禄も辞している。

福沢諭吉は明治一〇年に執筆した「旧藩情」の中で、この事件の発端は下士層の不満にあり、それを抑えるために下士の捕縛ではなく上士の壱岐のほうを失脚させたことは、二五〇年間不変であった権力の均衡が崩れた始まりであったと指摘している。

［髙木不二］

▼奥平壱岐　▼奥平昌服　▼奥平昌邁

参考 黒屋直房『中津藩史』碧雲荘、一九四〇年。中金武彦「奥平壱岐覚書」『手帖』(七八・八〇号)一九九三年。

長州再征に関する建白書
ちょうしゅうさいせいにかんするけんぱくしょ

慶応二(一八六六)年長州再征に際し、福沢諭吉が幕府の要路に提出すべく記した建白書。内容は、再征を全面的に支持し、それを成功に導くために二か条の方策を示したものである。

第一条では、幕府の外交権を無視して、長州が独自に外国と接触し大名同盟論などを主張している現状に対し、外国で発行されている新聞あるいは横浜で発行されていた英字新聞に寄稿して、こうした長州などの主張を論破すべく、主権者としての幕府を対外的にしっかりと喧伝すべきである、と述べている。第二条では、外国の軍事力を借りて、長州を圧倒すべきであるとし、その際に必要な費用は長州制圧後幕府がこの領地を直轄し、その収入を担保に国債を発行して調達すべきである、という。

そして最終的には福沢は、長州再征を好機として反幕的な大名や朝廷を圧伏し、「封建の御制度」を一変するほどに将軍の威光を天下に示すべきことを主張している。

慶応義塾が所蔵する建白書の写本には年月日などは記されていないが、『木村摂津守喜毅《よしたけ》日記』の慶応二年七月二九日の項に、「朝福沢来る、建白書一を示す」とあり、これが長州再征の建白書であったと思われる。長州征討の戦況ははかばかしくなく、この直前の七月二〇日には将軍家茂《いえもち》が出陣先の大坂において死去している。危機感が高まる中で、幕府要路に手づるがない福沢は、思いあまって建白書を木村喜毅に託したのであろう。木村の日記によれば、九月六日に老中小笠原長行《ながみち》の京都の宿所を訪れ、福沢の「見込書」を上呈していることが分かるが、これがこの建白書と思われる。

なおこの文書は文末が欠けているが、尾佐竹猛所蔵の別の写本の末尾には、前年八月から書き記した『西洋事情』を添付する旨が記されてあったという。尾佐竹本は戦災で失われて現存しないが、幕府の外国方関係筋でつくられた写本と思われ、添付された『西洋事情』は刊本ではなく、「写本西洋事情」であったとみるべきであろう。　〔編集委員会〕

▼『西洋事情』の執筆　▼木村喜毅

参考『全集』二〇。『「福翁自伝」の研究』。

大君のモナルキ
たいくんのもなるき

将軍による一元的統治を指す福沢諭吉の造語。慶応二(一八六六)年一一月七日付の福沢英之助宛書簡において、当時長州藩や薩摩藩が唱えていた大名同盟論に対抗して、福沢は「大君のモナルキ」でなければ文明開化は進まないという主張を披瀝していた。

大名同盟という語は、福沢が翻訳して

諸藩留守居に買い上げてもらっていた横浜英字新聞の、慶応二年七月二日号（陽暦八月一一日号）の翻訳に際して福沢が採用したもので、「列藩会議論」などに連なる長州・薩摩など雄藩による割拠を前提とした藩国家連合のことである。福沢が同年七、八月頃に幕府要路に提出しようとして書き上げた長州再征に関する建白書にも、近来新聞紙上に、幕府との条約を廃し、ドイツ連邦にならい、諸侯が同盟して新たに諸外国と条約を結びなおそうとする「大名同盟」などという説を唱える輩《やから》がおり、イギリス公使のパークスなども内実はこの説に心酔しているとして、対抗策を講じる必要性を訴えている。

福沢は、大名同盟論は結局「大名同士ノカジリヤイ」に帰結するもので、それを唱えるものは文明開化を妨げる罪人であると断じ、どう考えても「大君のモナルキ」でなければならないとする。福沢が同年刊行した『西洋事情』初編において、立君政治には「立君独裁」と「立君定律」の二様の政体があるとされ、後者は「コンスチチューショナル・モナルキ」（立憲君主制）の訳であることが示されているが、「大君のモナルキ」がいずれの政体を想定していたのかは確定できない。

参考『全集』二一。『自伝』王政維新。

［編集委員会］

再びアメリカへ

幕府軍艦受取委員　ばくふぐんかんうけとりいいん

福沢諭吉は慶応三（一八六七）年、幕府の軍艦受取委員一行に翻訳方として加わり、三度目の外遊を果たした。一行の目的は、幕府が軍艦富士山《ふじやま》艦購入のために支払った代金の残金をアメリカ政府に認めさせ、さらに一隻の軍艦を受け取ってくることであった。委員長は勘定吟味役小野友五郎、副委員長は開成所頭取並松本寿太夫で、総勢一〇名であった。

一月二三日（一八六七年二月二七日）に米国郵船コロラド号で横浜を出航、太平洋を渡り、サンフランシスコ滞在を経て、汽車でパナマ地峡を越え、再び海路北上しニューヨークに到着したのが三月一九日（四月二二日）であった。軍艦の検分、購入交渉などのほか、ワシントン訪問、大統領謁見も経験し、五月一〇日（六月一一日）ニューヨークを発ち、往路を逆に辿り、慶応三年六月二六日に横浜に帰着した。このとき購入した船はストーン・ウォール号（東《あずま》艦）で、同艦は一行のうち米国に留まっていた海軍士官二名が乗って、同四年四月に横浜に到着した。

参考 藤井哲博『咸臨丸航海長小野友五郎の生涯―幕末明治のテクノクラート』中公新書、一九八五年。山口一夫『福沢諭吉の亜米利加体験』福沢諭吉協会、一九八六年。

［髙木不二］

アメリカ再訪《あめりかさいほう》

ワシントンに入る前のニューヨークで、使節一行は為替手形のトラブルに巻き込まれた。今回の渡米に際して、福沢諭吉は公金も私金も全部為替手形にして持っていこうとして、横浜のウォルシュ・ホール商会に為替を組むことを依頼した。この商会はニューヨーク出身のウォルシュ兄弟が一八六二年四月に横浜に設立したアメリカ系の総合商社であるが、当時「アメリカ一番」の名で知られていた。福沢が何千両かの大金を払い込むと宛名がバンク・オブ・イングランドと書かれた同じ手形を三枚くれた。福沢はなぜイギリスの銀行名になっているか問いただすと、アメリカのどの銀行でも換金できるという返事であった。その仕組みを理解するまでに二時間ほどかかったという。また三枚あるのは、船旅の安全を期するため持ち主を三人に分けるためだと聞き、一枚目を委員長小野友五郎、二枚目を副委員長松本寿太夫、三枚目を次の便船でアメリカに送ってもらうことにした。ニューヨークについて銀行で換金しようとすると、手形は三枚揃わなければ駄目だという。三枚目はまだ届いていないので途方に暮れていると、もと横浜でアメリカ領事をしていたヒュッセンという人物が現れ、懇意の銀行を紹介してくれて、ようやく現金を手にすることができたという。

やっと換金ができたので、それまでの立替払いの代金や、汽船に支払うべき運賃を含め五〇〇ドルを、サンフランシスコで一行が雇い入れたチャーレスという小使いに持たせて、荷物を引き取らせにやったところ、今度はチャーレスがそのまま逐電してしまった。委員長の小野に頼み込んでのアメリカ再訪であったが、通弁とはいえ事実上世話役を務める福沢にとって、今回は金銭トラブルに悩まされる旅となった。このときの苦い体験をもとに書かれたのが『西洋旅案内』である。

〔高木不二〕

▼謹慎処分　▼西洋旅案内

参考『福沢全集緒言』。『考証』上。

慶応三年日記《けいおうさんねんにっき》

慶応三（一八六七）年、福沢諭吉再渡米時の日記。縦八cm、横一五・八cmの小型の日記帳で、表紙裏面にホワイトハウスの見取り図と、慶応二年一一月一二日に渡米の幕命を受けたことなどが墨書され、以下いずれも墨書で、正月一七日の江戸出発から六月二六日の横浜帰着に至る日記が簡潔にしたためられている。それによれば、コロラド号で二月一六日サンフランシスコに着き、約一〇日間同地に滞在、二六日朝ゴールデンエージ号に乗り換え同港出航、三月四日メキシコのアカプルコに寄航、パナマ経由でニューヨークに向かい、三月一九日夕刻着。そこで為替金受け取りなどのため、大いに多忙を極めたが、二四日同地を発して夕刻ワシントンに入り、ここで長期滞在して艦船購入の交渉を果たした。

帰路は、五月三日ワシントンを出発し、四日朝再びニューヨークに立ち寄り一週間滞在し、一〇日午後ライジングスター号に乗り込んで、海路パナマを経て六月三日サンフランシスコに入り、一泊後四日正午再びコロラド号で出帆、横浜に向かっている。

参考『全集』一九。『百年史』上巻。

〔髙木不二〕

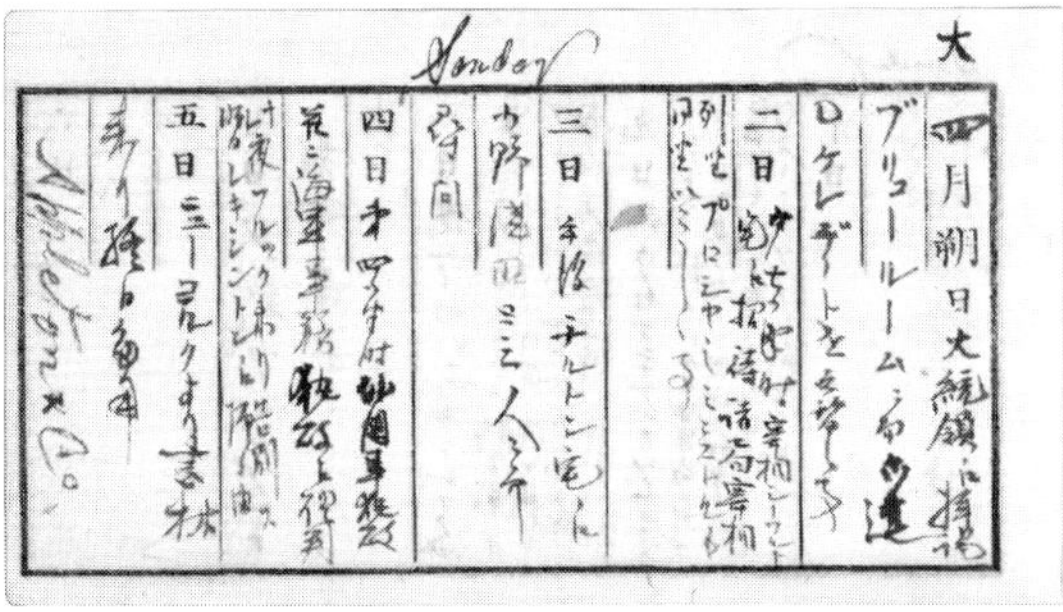

◉「四月朔日」の条にジョンソン大統領と謁見した記載がある

英書の輸入 えいしょのゆにゅう

慶応三(一八六七)年一月、通詞として再び渡米した福沢諭吉は、多額の資金を用意し、大量の英書を購入して同年六月に帰国した。このときの様子について『福翁自伝』(王政維新)は、「旅行中の費用は都《すべ》て官費であるから、政府から請取《うけとっ》た金は皆手元に残る故《ゆえ》、その金を以《もっ》て今度こそは有らん限りの原書を買《かっ》てきました」と述べている。福沢は自己資金(一、〇〇〇〜一、五〇〇両)だけではなく、仙台藩や和歌山藩からも資金を預かって、総額五、〇〇〇両ほどを持っていっており、実際に購入した図書費の総額は三〜四、〇〇〇両であったと推定されている。購入に際しては、ニューヨークの出版社兼書籍小売商として有名なアップルトン書店の番頭が、わざわざワシントンまで出張してきて、福沢と相談して書物の選定に当たった。

これらはいずれも、古今だれもいまだかつて目撃せざるところの「珍書」であった、と福沢は後年になって自慢している。なおこのとき福沢は学校用教科書類を選んで、同一版本を数十部ずつ揃えて買い込むようにしたが、これによって生徒がそれぞれ一冊ずつテキストを手にして講義が聴けるようになり、日本の洋学塾の教授法が一変することになった。

〔髙木不二〕

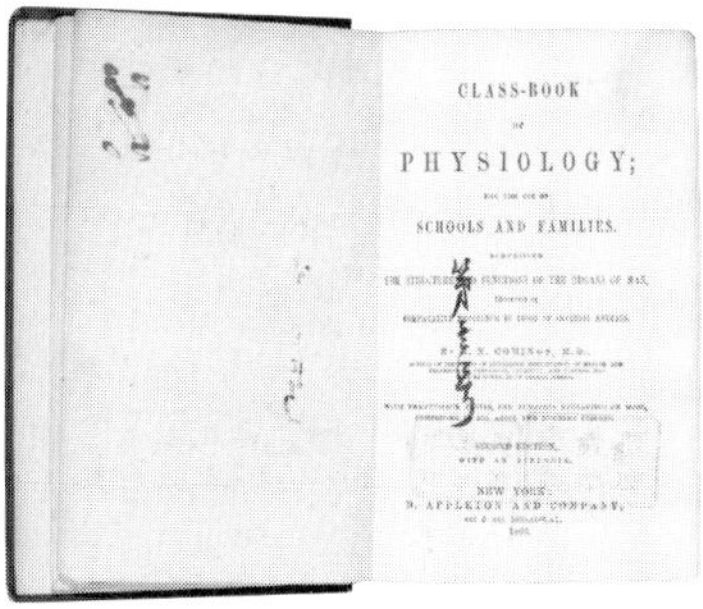

◉アメリカで購入した教科書。「第壱号」と通番が記されている。

▼数理と独立

参考 『考証』上。『「福翁自伝」の研究』。『書簡集』一、こと「第二回渡米と書籍購入」。西川俊作「慶応三年にアメリカから福沢諭吉の購入してきた図書をめぐって」『年鑑』(一三)一九八六年。

藩学養賢堂蔵洋書目録 はんがくようけんどうぞうようしょもくろく

福沢諭吉はアメリカ再訪時、仙台藩から銃器購入を依頼され、多額の金を預かった。しかしこの金で福沢は洋書を購入し、それらは仙台藩学養賢堂に納められた。購入金額は一、五〇〇両余で、帰国後残金を返済している。なおこの洋書購入については、福沢と懇意であった仙台藩留守居役大童信太夫《おおわらしんだゆう》との間で、仙台側が銃器購入の名目で金銭を準備し、福沢が洋書を購入してくる了解があらかじめあったという話が、藩主伊達家に伝えられている。

このときの目録が『藩学養賢堂蔵洋書目録』(早稲田大学図書館蔵)として残されている。総計四二部・七七九冊、内訳は英書四一部・七七七冊、蘭書一部・二冊で、そのうちマンデビルの『リーダー』(英語・英文法書)二〇〇冊余、『ウェブスター大字書』四二冊、『クワッケンボス窮理書』七六冊、地図帳三三帖などが挙がっている。同じ本を複数冊購入しているところに特徴がみられる。〔髙木不二〕

▼大童信太夫

参考 『伝』一―一三編。『書簡集』一、こと「第二回渡米と書籍購入」。金子宏二「藩学養賢堂蔵洋書目録について―慶応三年福沢諭吉将来本」『年鑑』(八)一九八一年。

謹慎処分 きんしんしょぶん

福沢諭吉は渡米中に不行跡があったとして、帰国直後の慶応三(一八六七)年七月に謹慎を命じられた。小野友五郎、松本寿太夫が幕府に提出したと思われる弾劾書の草稿によれば、処分の理由は、①外国人の使用人に大金を持ち逃げされたこと、②身分不相応の大量の買い物をして、その輸送費を公金から支出したこと、③幕府のための洋書購入に手数料を請求したこと、などが挙げられている。特に手数料については、「商人同様の所業」といった激しい言葉で非難されており、小野らと福沢との間には、感情的な対立があったことをうかがわせる文面となっている。

これについて福沢自身は『福翁自伝』(再度米国行)の中で、「小野は頑固な人」ではあるが「私の不従順」も十分あったと反省の弁を述べている。またこの事件を捉えて、福沢が公金を横領したとする見解もあったが、その後の研究でこれは否定されている。

福沢が持ち帰った荷物は、地球儀や乳母車など大小合わせて二〇箱あったが、この荷物も差し押さえられている。なお元浦賀奉行所与力で当時軍艦役並であった中島三郎助の助力により、謹慎が解かれたのは同年一〇月、荷物が福沢のもとに戻されたのは年が明けてからであったという。またこの謹慎期間を好機と捉え、『西洋旅案内』を執筆していたというのも、この時期の福沢らしいエピソードである。〔髙木不二〕

▼アメリカ再訪 ▼西洋旅案内

参考『全集』二〇。『伝』一―一三編。『考証』上。

新政府召命辞退　しんせいふしょうめいじたい

維新後、新政府から召された江戸の洋学者には、福沢諭吉はじめ神田孝平《たかひら》、柳川春三《しゅんさん》らがいた。神田はこれに応じ明治元(一八六八)年九月に議事体裁取調所取調掛に就任し、柳川は江戸に出て御用を務めるという条件でこれを受け、同じく九月に新政府の開成所職員に任命されている。福沢は同年六月一〇日に新政府への出頭命令を受けているが、病気と称してこれを辞退した。その後政府が江戸に移ってからも再三の召命があったが、福沢はこれも断っている。あるとき神田自身が勧誘にきたが、福沢は「自分の好むところを実行する」といって応じなかった。

その後、松本良順、細川潤次郎あるいは黒田清隆の代理として鮫島武之助らがやはり出仕を打診したがこれも断った。すると役人の間で、福沢が旧幕府に義理立てして応召しないのはけしからん、違勅に当たるという説が流布し、弾正台に呼び出して糾弾しようということになったが、偶然その命令書を見た森有礼がこれを破棄したことがあったという。

福沢は後年『福翁自伝』(老余の半生)において、生涯仕官しなかった理由として四つを挙げている。第一に役人たちが空威張りする、第二に役人たちの風儀をみるに気品に欠ける、第三に役人たちの出処進退に節操がない、第四に政府にすがらず、独立の手本を実践したい。役人への不信感と一身独立への気概がうかがえる。〔髙木不二〕

参考〔明治政府の出仕命令を辞する願書〕『全集』二〇。『「福翁自伝」の研究』。『伝』一―一四編。

士籍返還　しせきへんかん

慶応四(一八六八)年六月、徳川家が駿府移封に際し、旧幕臣に、王臣(新政府)・随従(徳川氏)・平民のいずれかの道を選択するよう下問したとき、外国方廃止に伴い開成所奉行支配調役次席翻訳御用の地位にあった福沢諭吉は、迷わず退身願を提出し、平民の道を選び、双刀を廃して丸腰になった。

六月七日付で当時和歌山にいた学友山口良蔵に送った書面には、これからは「読書渡世の一小民」となると述べられている。明治政府が断髪・帯刀勝手次第という布告を出すのが明治四(一八七一)年八月のことであるから、それに先立つこと三年余ということになる。

ついで明治二年の版籍奉還に際して

は、中津藩から与えられていた六人扶持も返還して、主君奥平家との臣従関係も断った。中津では福沢に対する非難の声も聞こえ、同年母を東京に迎えようとした際には、「福沢の名跡御取立」を画策する動きがあった。これに対し福沢は、八月二四日付の服部五郎兵衛宛の手紙の中で「大間違とやいわん、大笑とやいわん」、「君公一万石の禄を半にして五千石を給せらるるとも、理を棄て禄を取ること能《あた》わず」と自説を開陳し、節を曲げなかった。〔高木不二〕

▼中津留別之書

参考『伝』一—一四編。三重野勝人（西川俊作監修）『福沢諭吉』大分県先哲叢書、大分県教育委員会、一九九九年。

戊辰戦争関係者救済運動

ぼしんせんそうかんけいしゃきゅうさいうんどう

福沢諭吉は、戊辰戦争で「賊軍」となって処分を受けた人物の救済に取り組んだ。

安政五（一八五八）年、福沢が大坂から江戸に行って塾を開くに当たり適塾の同窓に同行者を募ったところ、古川節蔵（岡本節蔵）と原田磊蔵が手を上げたため、三人で出府することとなった。戊辰戦争の際、古川は、恭順する旧幕府の方針に抵抗する榎本武揚に先駆けて江戸を脱走しようとしたため、古川を弟のように思っていた福沢は「戦争すれば必ず負けるに違いない」と止めたが、聞き入れられなかった。

敗れた古川は、福沢が二度目の米国渡航の際に同行した小笠原賢蔵と共に広島藩の糺問所に監禁された。これを「可哀想だ」と思った福沢は、知人の同藩医師の仲介で面会し、食糧や衣服などを届けた。榎本も東京軍務局の糺問所に収容されていた。福沢はほとんど面識はなかったが、榎本の家族が本人から何の便りもなく心配し、旧幕臣からも冷遇されているなどと聞いて憤慨し、榎本の母が出府してきた際には、哀願書を代筆している。ここでは、息子が病と聞いて心配し、「養生中は此老婆を身代りとして御糺問所へ御召捕置」いてほしいなどと母親の心情を代弁した。福沢はさらに黒田清隆に榎本の助命を嘆願し、明治三（一八七〇）年に放免されるに至った。『福翁自伝』で福沢は、放免は自分の周旋ばかりでなく、

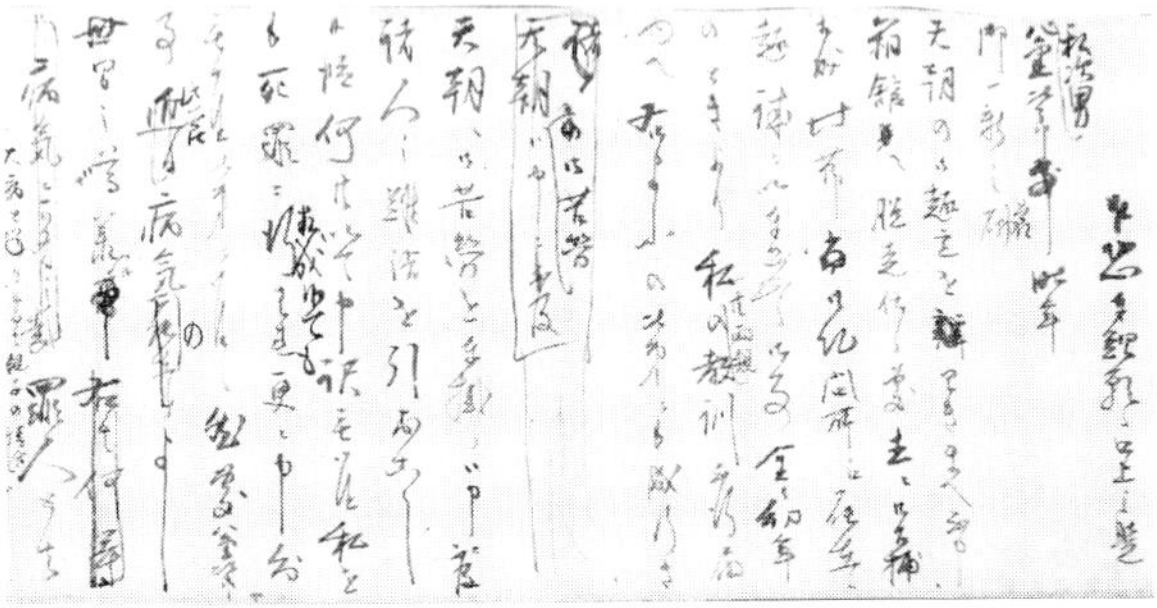

◉榎本の母のために代筆した哀願書案文

西郷隆盛などの働き掛けの結果であろうと述べている。

仙台藩留守居役の大童《おおわら》信太夫とは、幕末に翻訳の依頼を受けたことなどから懇意にしており、「気品の高い名士」と評して敬意を払っていたが、同藩が奥羽越列藩同盟に加わって新政府に抵抗したため、維新後、大童はその謀主の一人として疑いをかけられて家名没収の処分を受け、東京に逃れてきた。仙台藩が大童を政府に突き出すと聞いた福沢は、「弱武者の意気地のない癖に酷い事をする奴だ」と怒り、その救済のため仙台藩主に面会して助命を嘆願し、同藩大参事や薩摩藩などに働き掛けて、自訴すれば八〇日の禁錮ですむという言質を引き出し、これを実現した。ほかにも福沢は、同藩の熱海貞爾が箱館での降伏後、東京潜伏中にかくまったこともあり、大童や熱海と行動を共にしていた松倉良助(恂)の保護・救済にも努めた。赦免以降、大童と福沢は長く交際を続け、二二年に家名再興が許された際には五月二九日付『時事新報』で長文の評価を付してこれを公にした。〔小川原正道〕

参考 ▼榎本武揚 ▼大童信太夫 ▼岡本節蔵

『書簡集』一。『自伝』大阪を去て江戸に行く・王政維新・雑記。『伝』一―七・一三・一七編。

暗殺の心配 あんさつのしんぱい

江戸時代末期は刺客が暗躍した時代であり、洋学者である福沢諭吉は攘夷派からいつ命をねらわれてもおかしくなく、実際福沢の知友には襲撃、暗殺された者が少なくなかった。その状況は明治初年も変わらず、『福翁自伝』には「暗殺の心配」という章が設けられ、その頃の風潮が詳しく記されている。暗殺を恐れたのは文久二、三(一八六二、六三)年から明治六、七(一八七三、四)年頃までで、長らく夜は出歩かないようにしていたこと、三年に母と上京したときには道中危険の知らせが来て、楽しみにしていた大阪見物をあきらめたこと、三田に家を新築した際、押入からの逃げ道をつくったことなどを語り残している。

暗殺を企てたと伝わっている者には、福沢のまたいとこで国学を学んだ増田宋太郎がいる。増田は明治三年に福沢が中津に帰郷する際、大阪にいた同志朝吹英二に暗殺を指示、朝吹は夜遅く駕籠に乗った福沢をねらったが、好機に寄席のハネ太鼓に妨げられて失敗、さらに福沢の中津到着後、今度は増田みずから同志と共に襲撃を計画したが、好機の度に失敗して実行に及ぶことができなかったという。

福沢は『学問のすゝめ』六編において、暗殺は政府の権を犯す私裁の最たるものであり、法治国家では許されないものとして厳しく批判している。〔都倉武之〕

参考 ▼帰国後の世情 ▼朝吹英二 ▼増田宋太郎

『自伝』暗殺の心配。『伝』一—一六編。

築地外国人居留地《つきじがいこくじんきょりゅうち》

安政五(一八五八)年に、日米修好通商条約をはじめとしてイギリス、フランス、ロシア、オランダと修好条約を締結した。安政の五か国条約と総称される。

この条約によって、江戸と大坂の開市、および箱館(現函館市)、神奈川(現横浜市神奈川区)、長崎、兵庫(現神戸市兵庫区)、新潟の五港が開港され外国人の居住と貿易を認めることになった。

だが、政情不安から築地鉄砲洲に外国人居留地が設置されたのは、江戸が東京と改まり、横浜に外国人居留地ができてから約一〇年後の明治元(一八六八)年一一月一九日(一八六九年一月一日)であった。今日の中央区明石町一帯である。

しかし、横浜居留地の外国商社は横浜を動かず、主にキリスト教宣教師の教会堂やミッションスクールが入り、青山学院、立教学院、明治学院、女子聖学院の発祥地となった。病院なども建てられ、文教地区として発展した。また、アメリカ、フランス、朝鮮国、スペイン、ブラジル、スウェーデンなどの外国公使館が多く設置された。

こうして、居留地は東京の洋風文化輸入の拠点となり、日本最初のホテル「築地ホテル館」などの外国人向け施設も建設された。

しかし、居留地内は一種の治外法権で、外国人による不法行為も相次ぎ、不平等条約改正が叫ばれ、明治三二年の治外法権撤廃で廃止された。

福沢諭吉が築地鉄砲洲の中津藩奥平家の中屋敷にあった塾を慶応四年(一八六八)年芝新銭座の有馬屋敷に移転することになるのは、幕府が築地一帯を外国人居留地にするため、上げ地を命じたからであった。

[大澤輝嘉]

▼新銭座移転

著訳活動の始まり

万国政表《ばんこくせいひょう》

オランダ語の原著、P.A. de Jong, *Statistische Tafel van alle Landen der Aarde, bevatt. de namen der landen vlakte-inhoud in geogr. mijlen, regerringsvom, oppen-hofd van den staat, enz.* の翻訳書。日本における西洋の統計書のもっとも古い翻訳。

一八五四年刊行の原著の表題は、直訳すれば「国名、地積、政体、首長、その他を含む、地球上の全土に関する統計表」の意。その他の事項は国庫支出、国債残高、紙幣・銀行券発行高、常備兵、海軍、商船、輸出入、主要交易品目、貨幣換算率、度量衡、首都および主要都市などである。P.A. de Jongは訳書の凡例に著者「プ、ア、デ、ヨング」とあるが、実際は印刷者もしくは出版者の名である。世界各国の国勢を示す諸事項を原著では、縦一〇〇cm横六〇cmほどの一枚紙に一覧表示している。翻訳は初め福沢諭吉が手掛けたが、訳業半ばで木村摂津守に随行して渡米することとなり、岡本節蔵(周吉、のちの古川正雄)に完成を託し、福沢帰国後の万延元(一八六〇)年冬に福沢閲、岡本訳として出版された。Statistische スタチスチク(ス)の訳語はのちに「統計(学)」として定着する。ここでは各国の国勢についての統計一覧の意をこめて「政表」という訳語となっている。福沢は校閲者としてのみ名を記すが、「霑芳閣蔵梓《てんぽうかくぞうし》」として福沢の父百助の書斎号によって版権を示しており、『増訂華英通語』にやや先立つ福沢の事実上の処女出版である。序文を寄せた大槻磐渓は、外国と和親を結ぶようになったのだから外国事情を知るべきで、本書を見れば開国の至当なることを知るであろうと述べている。

[松崎欣一]

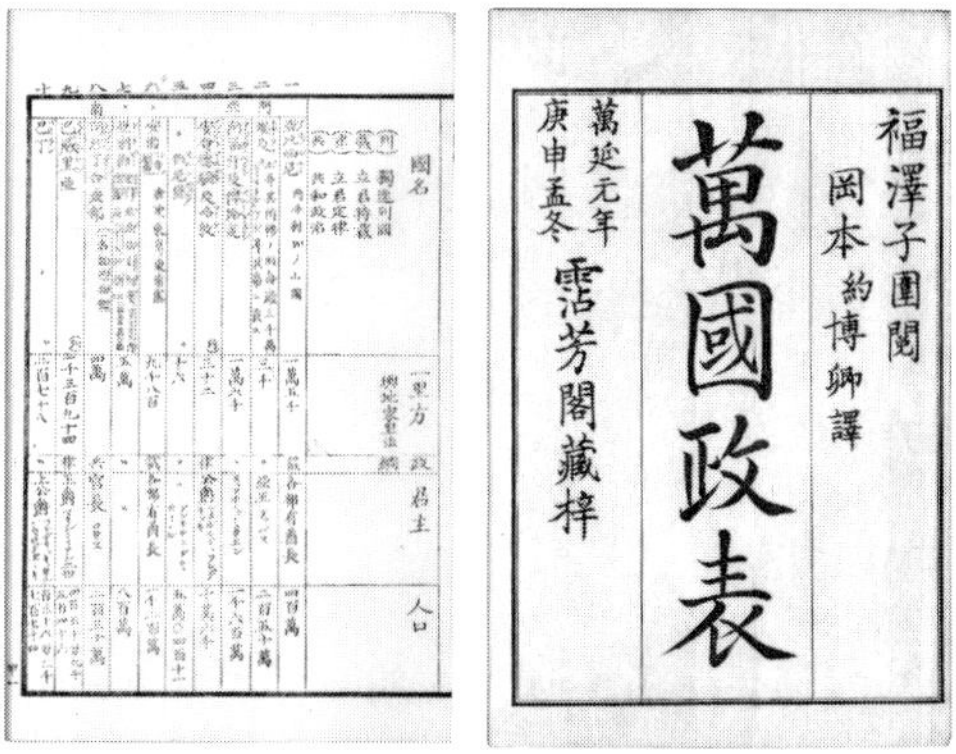

◉見返しと本文

▼岡本節蔵　▼杉亨二

参考 富田正文「万国政表と華英通語の出版」『手帖』(二八号)一九八一年。西川俊作「『万国政表』—原表と翻訳」『手帖』(六九号)一九九一年。

『増訂華英通語』の刊行
『ぞうていかえいつうご』のかんこう

清国人の子卿《しけい》が著した英中対訳の単語・会話集『華英通語』に英語の発音と中国語の訳語の日本語読みとを片仮名でつけた出版物である。原書は福沢が万延元(一八六〇)年初めて渡米した際に、サンフランシスコの中国商人から購入したものという。凡例には、自分は英語を学んでまだ日が浅いが、子卿は英語に明るく、その発音と語義は「雅正にして着実」であるので、開港によって外国船が港に輻輳する時代の国家の急務にこたえるべく、この書を訳すと記されている。

表記の仕方は、例えばVenusに関して、原典には中国語の発音を表す漢字と、語義を表す「金星」という文字が記されているが、福沢は発音の表示箇所に片仮名でヴェヌスと書き加え、語義の箇所にキンセイと片仮名を振っている。発音の表記については苦労したようで、「ウ」「ワ」に濁点をつけたものは「ブバとウワとの間の音」であり、小さい文字は「急口低音、口中にて之《これ》を読む」とし、ヌについては「急音」にて上の字と合わせてこれを読むべしと記している。後年福沢はみずから、この書は翻訳というべきほどのものではないが、ただ原書のVの字を正音に近づけるべく「ヴヴ」としたのは新案であったと語っている。

なお『増訂華英通語』の出版に際しては、蕃書調所の検閲を受けており、その記録には申請者として島安太郎の名が記されている。島は木村喜毅家の用人であり、この書物の版元が木村家であったことが確認できる。〔髙木不二〕

▼増訂華英通語

参考『福沢全集緒言』。『書誌』。『考証』上。

唐人往来 とうじんおうらい

開国と外国貿易の利を説いた福沢諭吉の著述。『福沢全集緒言』で述べるところによれば、諸物価が高騰し人びとが困窮するようになったのは、何事につけても「唐人《とうじん》」のせいだといい立てて外国人を忌み嫌う「江戸中の爺婆《じじいばばあ》」を説得しようとして失敗した友人神田孝平《たかひら》に代わり、それらの人びとを開国論者に口説き落とそうとの趣向でまとめたという。世界の現状と日本の位置についてきわめて平易に説明し、外国との自由貿易を盛んにすることの意義を説いて、幕末日本の物価高と社会不安の世情の原因をすべて鎖国体制を解いたことに結びつける排外思想を強く批判している。

出版はされなかったが、広く読まれたらしく数種の写本が伝存する。執筆時期について『全集緒言』で福沢は文久年間（一八六一～六三）と記憶するとしているが、巻末に「乙丑閏五月稿成」とある写本があり、実際は慶応元（一八六五）年閏五月の成稿と判明する。福沢の文章をことさら漢文口調のむずかしい文体に改め、表題を「方夷交説《とうじんおうらい》」とした異本もある。「唐人往来」が初めて翻刻されたのは明治三〇（一八九七）年一二月刊の『全集緒言』においてである。〔松崎欣一〕

▼福沢全集緒言

参考『書誌』。『著作集』一二、解説。

英字週刊新聞の翻訳 えいじしゅうかんしんぶんのほんやく

元治元（一八六四）年以降、福沢諭吉は横浜で入手した英字新聞を取り寄せて翻訳し、これをいくつかの藩の留守居に売って、塾生の増加で逼迫した塾経営の費用に充てていた。販売先は佐賀藩、仙台藩、熊本藩などであったが、諸藩も列強の動きに関して最新の情報を求めていた当時の状況が、福沢のこうした行動を後押ししていたことはいうまでもない。福沢門下生の三輪光五郎の談話によれば、福沢が翻訳した原稿は、一〇行二〇字詰めで一五、六枚あり、それがひと月に何回か一〇部ほど、三輪ら中津から来た塾生によって筆写されたという。近年の研究によれば、横浜新聞の会訳社同人・洋書調所の柳川春三《しゅんさん》ほかの訳と福沢訳を比較すると、柳川らが船舶の出入り、外国公使の動静や布告、外国雑報を主に選んで翻訳しているのに対し、福沢は論説記事を多く取り上げ、英仏蘭米四か国艦隊の大坂湾集結、条約勅許の積極的評価、大名同盟論を妄説とする論、パークスの鹿児島・宇和島訪問を姦悪不信の行為とみる説など、佐幕開国論の紹介が柱となっていることが指摘されている。

　横浜の英字週刊新聞*JAPAN HERALD*を福沢が翻訳した原稿のうち、一八六五年一〇月から一八六六年九月分が、「新聞紙」「新聞訳」という表題で、四冊の和綴本として慶応義塾に所蔵されている。しかしここに入っていない福沢の翻訳原稿が、明治大学博物館内藤家文書の中に収められている。また外務省外交史料館所蔵外務省引継書類のうちにも福沢訳の一部が含まれており、幕閣要路に回覧されていた事実も確認される。

［編集委員会］

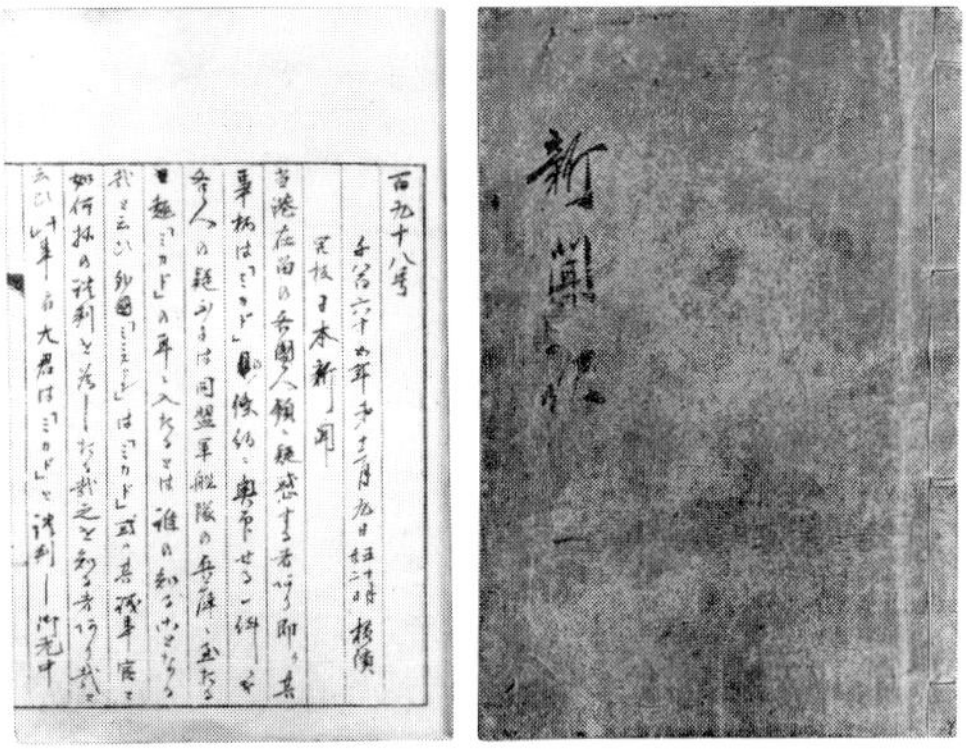
◉英字新聞訳稿

参考『書簡集』一。長尾政憲「福沢の横浜英字新聞翻訳の意義」『手帖』（五七号）一九八八年。『伝』一―一一編。『全集』二〇。

海岸防禦論　かいがんぼうぎょろん

　福沢諭吉によるJohn Gross Barnard, *Notes on Sea-coast defence : consisting of Sea-coast Fortification, The fifteen-inch gun, and Casemate Embrasures.* New York, Van Nostrand, 1861の部分訳。原書の三つの論文のうちから、The Fifteen-inch Gunを「十五尹（インチ）砲」として訳出した。一五インチという大口径の大砲の鋳造法と性能、およびこれを海岸沿いの台場に設置することの有効性を論じている。原著者はアメリカの技術将校としてメキシコとの戦争で要塞構築に活躍したという。福沢自筆の稿本は伝わらないが三種の写本がある。そのうち二種には慶応二（一八六六）年の写本であることが記されている。また、仙台藩の砲術家多田平次および同藩江戸留守居役大童《おおわら》信太夫に宛てた福沢書簡から、福沢が仙台藩の依頼により慶応元年に翻訳したことが判明する。同年七月一四日付の多田宛書簡には、横浜で仙台藩が入手した「海岸防禦書」のうち「大砲之部」のみ翻訳して提出したのでご覧いただきたいとあり、一二月六日付の大童宛書簡には、先日提出した「拙訳十五尹砲草稿」を一寸拝借して一見のうえすぐに返却したいとある。

　なお、慶応元年の発信かと推定される大童宛の別書簡で福沢は、先日拝借した「野戦砲術書」を少しずつ拝見しているがこれまでに見たことのない善本で、「砲戦全書」もしくは「砲軍活法」と題して翻訳したいので近日中に相談したいと述べている。また、福沢はほかにも『兵士懐中便覧』を翻訳して仙台藩より刊行している。刊行年月は不明であるが、同書の「凡例」末尾に、「慶応四年戊辰七月」とある。〔松崎欣一〕

▼大童信太夫 ▼兵士懐中便覧

参考 『全集』七、「後記」。東田全義「福沢諭吉訳『海岸防禦論』の原書」『手帖』（一〇六号）二〇〇〇年。

窮理全書訳稿《きゅうりぜんしょやくこう》

福沢諭吉による G. P. Quackenbos, *A Natural Philosophy, embracing the most recent dicoveries in the branches of physics and exhibiting the application of scientific principles in everyday life.* New York の翻訳。福沢の使用したテキストが何年版のものかは不明である。翻訳年代は不明であるが、明治初期の仕事であると思われる。原書は福沢が二度目の渡米の際に持ち帰った学校教科書類に含まれており、慶応四（一八六八）年の慶応義塾の日課表の中にも、阿部泰蔵、馬場辰猪、松田晋斎の担当する素読のテキストとして名がある。また、同年九月から一二月の間に刊行された『訓蒙窮理図解』にも、七種の参照文献のうちの一つとして、「米版「クワッケンボス」窮理書　千八百六十六年」と記されている。

福沢は当初本書の刊行を意図していたらしく、福沢自筆の原稿と、これを版下書家が版木の体裁に清書したものとの二種類の原稿がある。前者は原書の第二編末尾まで、後者は第四編の冒頭までの翻訳が記されている。後者にはさらに適宜の個所に挿絵が貼り込まれ、また原稿の第一枚目に福沢晩年の筆跡で、「クワッケンボス、諭吉試みに少々訳したるものなり」との鉛筆による書き入れがある。翻訳がなぜ中絶し刊行に至らなかったのか明らかではない。〔松崎欣一〕

▼訓蒙窮理図解

参考 『全集』七、後記。

外国諸書翻訳草稿《がいこくしょしょほんやくそうこう》

二〇行の罫紙五〇枚を綴り込んだ半紙判の帳面に種々の外国書からの翻訳を書き留めたもの。執筆年代は不明であるが文久元（一八六一）年四月の執筆と推定できる翻訳が含まれており、福沢諭吉の万延元（一八六〇）年の渡米以後のある期間に書き留められたと考えられる。原本は無表題だが、「外国諸書翻訳草稿」と仮に題して『福沢諭吉全集』第七巻に収録されている。各種の艦船乗組員の職掌別の給与、待遇の集成、大砲の砲弾の形状や性能、あるいは改良についての文献の翻訳などが記されている。また、『リッピンコット地理書』（一八六〇年アメリカ開板）の「魯西亜」「シベリヤ」「満州」「カムサッカ」「サガレン」の部、『コルネル氏地理書』（一八六〇年アメリカ開板）の「クーリル島」「サガレン」の部、『コルンウェル氏地理書』（一八六二年イギリス開板）の「ニッポン」の部、『カラムール氏地理書』（一八五五年オランダ開板）

の「サガレン」の部など、各種の地理書からの抄訳が集められている。これらは特に『西洋事情』二編巻之二「魯西亜」の「史記」の参照文献となったと思われる。〔松崎欣一〕

▼西洋事情

参考『全集』七、後記。

経済全書 巻之一《けいざいぜんしょ まきのいち》

Francis Wayland, *The Elements of Political Economy* の緒論（「経済学の字義と其区別を論ず」）および第一編（「元手を論ず」）の冒頭部分の翻訳稿。原稿冒頭の欄外に「辰五月十八日朝九時執筆」とある。彰義隊と新政府軍の上野の戦争のあった当日も福沢諭吉が本書の講述を続けていたという慶応四（明治元・一八六八）年五月一五日の三日後の執筆ということになる。版下原稿のための指定と思われる数か所の書き入れがあり、出版を前提とした原稿の執筆であったと想定されるが、未完のまま残された。全訳の公刊は、小幡篤次郎が明治四年から一〇年までかかり『英氏経済論』全九巻として完成させている。

原書はウェーランドの大学での講義をまとめたもので、アメリカで教科書のかたちで著された最初の経済学書。生産、交換、分配、消費の四部門に分けて経済の現象と理論を説明している。一八三七年初版、一八四〇年に改訂版が出され、以後数十年にわたり版を重ねた。後年、福沢は本書について、初めのうちは読解が困難であったが再三再四読み返して理解するに至り、その毎章毎句に目を見開かされ、「心魂を驚破して食を忘るるに至った」と述懐している（「三田演説第百回の記」『福沢文集』巻之二）。全訳は成らなかったが『西洋事情』外編巻之三に、本書の第一部生産論のうちの勤労論の一節を翻訳して載せ、同じく第四部消費論中の最後の一章を、『西洋事情』二編巻之一のうちに「収税論」として収録している。さらに、『学問のすゝめ』『文明論之概略』『民間経済録』など、福沢の他の著作にも本書の影響が多くみられる。〔松崎欣一〕

▼ウェーランド経済書講述記念日 ▼英氏経済論

参考『全集』一九、後記。伊藤正雄「福沢の筆に投影したウェーランドの『経済論』」『福沢諭吉論考』吉川弘文館、一九六九年。

『西洋事情』の執筆《『せいようじじょう』のしっぴつ》

『西洋事情』は、福沢諭吉の文久遣欧使節団員としてのさまざまな見聞が重要な基礎となって生み出されたが、福沢のヨーロッパ巡歴からの帰国は文久二（一八六二）年一二月であったから、慶応二（一八六六）年初冬の『西洋事情』初編の刊行までに満四年の時日が経過している。それは、幕府の外国方に雇われ、さらには外国奉行支配翻訳御用としての外交文書翻訳の公務につくかたわら、滞欧中の見聞の記録である「西航手帳」「西航記」にまとめられた成果を、「英亜開版の歴史地理誌数本」あるいは「経済論等の諸書」などの英文諸文献の翻訳を通して獲得した知識によって十二分に消化し、体系化するに要した時間であった。また、この間の攘夷排外の嵐の沈静化を見据えるための時間でもあったと考えられる。初編巻之一の「小引《しょういん》(はしがき)」によれば、本編の「翻訳」は慶応二年三月に起筆し、六月脱稿したとあり、刊本のための執筆自体は比較的短時間に終えている。ただ、刊行以前にすでに写本がある程度流布しており、初編の骨格は前年にはできていたと考えられる。

初編刊行後まもなく福沢は二度目の渡米をし、半年後の慶応三年六月に帰国して再び『西洋事情』の執筆に着手しているが、当初の構想を変更し国別の記述を進めることを中断して、四年半ばに外編を刊行し、続いて明治三(一八七〇)年一二月に二編を刊行している。初編刊行時に目録に掲げた内容は網羅されていないが、初編の刊行から四年を要して『西洋事情』全一〇冊を完結したことになる。それは、ジョン・ヒル・バートンによる「政治経済学読本」、ブラックストーン『英法講義』、ウェーランド『経済書』などを読み込みつつ、西洋文明社会を支える基本的な理念をいかにして読者に伝えるかの思索と工夫を重ねた期間であった。初編巻之一の「小引」に、ある人から本書について、よい書物ではあるけれども、なおしかるべき漢学者に依頼して文体を正すことができれば「永世の宝鑑」となるはずであると忠告を受けたが、洋書の翻訳に必要なのはいたずらに文飾に留意することではなく、達意を主とすべきで、つとめて俗語を用いたのもそのためであると福沢が述べているのも、平明達意の文体と訳語を創出するための試行が積み重ねられていたことを示している。

〔松崎欣一〕

▼西航手帳　▼西航記　▼西洋事情

参考『全集』一・一九、後記。『書誌』。

『西洋事情』の流布　『せいようじじょう』のるふ

福沢諭吉は『西洋事情』について、これは「無鳥里《とりなきさと》の蝙蝠《かわほり》、無学社会の指南」ともいうべき書物であって、当時、朝野の西洋文明を論じて開国の必要を説く者で本書を座右に置かない者はなく、自身の著訳書の中でももっとも広く世に行われ、もっともよく人の目に触れた書であるといい、初編のごときは福沢の手元から発売した部数は一五万部を下らず、これに上方《かみがた》あたりに広まった偽版を合わせれば二〇万ないし二五万部は間違いないと述べている(『福沢全集緒言』)。きわめて広く流布したことが分かる。初編の刊行は慶応二(一八六六)年初冬であるが、それ以前に写本のかたちでも読まれていたことは、同年二月の岡田摂蔵『航西小記』序文に見る記事などに明らかである。『福沢諭吉全集』第一九巻収録の「写本西洋事情」は、刊本初編巻之一とほぼ同様の内容であるが叙述はやや簡略で、刊本の成立に至るまでの過程を示すものかと推定されている。
刊本は初版の被《かぶ》せ彫りによって何回か版木を改めたらしく、口絵の描線などに微妙な相違の見られる版があるが、版下から書き換えた改版は次のとおりである。

①「初編」再版(明治三年)、同三版(同六年)

②「外編」再版(明治五年)、同三版(同六年)

③「二編」再版(明治六年)

明治六(一八七三)年には全一〇巻がひと揃いに新版となったことになる。このときに「西洋事情初編一再刻」というように、初めて「初編」の文字が表示されている。

用紙、判型など体裁に疑義があり、偽版の可能性のある版本が知られ、また真版の被せ彫りなどによる偽版もあったかと思われるが、真版との見分けはつきがたい。

さらに内容の異なる次の三種類の偽版が知られており、しかもそのそれぞれに異版がある。

①『増補和解西洋事情』四冊

②『西洋事情次篇』二冊

③『西洋各国事情』六冊

①は、「福沢諭吉原輯、黒田行次郎校正」「慶応四年戊辰夏官許」と称し、上、中、下の三冊は真版の初編三冊に相当し、付録は福沢の著書の欠を補うとして黒田が増補したものである。本文は真版とほぼ同じであるが、文字を変更したり、むずかしい熟語に振り仮名を書き加えるなどの手を加えている。口絵も真版とは異なる。黒田は膳所《ぜぜ》藩士、適塾での福沢の先輩に当たる人物である。②は、福沢の『西洋旅案内』の本文をそのまま翻刻し、題名だけを「西洋事情次篇」としたもの。表紙見返しに、「福沢諭吉著 西洋事情次篇 慶応四年戊辰仲春 附録万国商法」とある。本文の翻刻は真版の被せ彫りであると思われる。③は、弘化二(一八四五)年刊「西洋人撰述訳本」雲峯閣蔵梓と称する「万国輿地図説」の古版木を利用し、「福沢先生著西洋各国事情」として刊行したもので、福沢著作とはまったく関係のない出版である。

［松崎欣一］

▼『西洋事情』の執筆 ▼版権・著作権確立運動 ▼西洋事情

参考『全集』一・一九、後記。『書誌』。

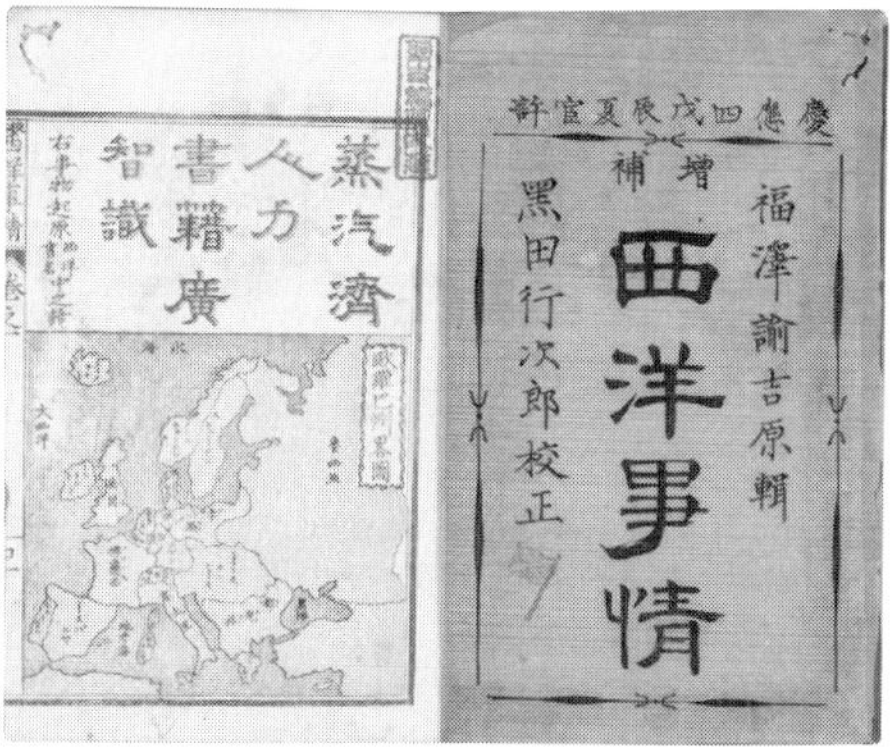

●偽版『増補和解西洋事情』

中津留別之書　なかつりゅうべつのしょ

母の東京移住に際し中津まで迎えに出向いた福沢諭吉が、留守居町の旧宅で書いた中津の人びとへの別れの書。明治三（一八七〇）年一一月二七日付。三、五〇〇字弱の論説ではあるが、『学問のすゝめ』や『文明論之概略』に先駆けて、福沢がその後の生涯を通じて主張した事柄が記されている。

まず、人間が万物の霊であるのは徳を修め知識見聞を広め人と交際し、一身の独立を図り一家の活計を立てるがゆえであると述べ、自由独立は重要であるが他人の妨げをなさないことが前提であること、そして一身が独立してこそ、一家独立し一国独立し天下も独立することを述べる。続いて親子や君臣関係より先に「人倫の大本は夫婦なり」と説き、男女は開闢以来同数で軽重の差はなく、一夫一婦であるべきこと、家庭内で父親が母親を軽んずれば子どもも母を軽んずること、親への孝行と同時に子どもへの愛情のあり方も問題にされるべきであることを論じている。そして政治の仕組みと、いまもっとも必要なのは洋学を学ぶことであると説く。

明治維新後、故郷の人びとは、幕臣にもなり『西洋事情』が評判になった福沢が中津に戻れば、かならず出世すると考えていた。福沢は、すでに禄は何の意味も持たないこと、身分に寄生する考えを改めなければ、たちまちに無産の流民となってしまうことを伝えたいと考え、新しい時代の生き方を説いたのがこの留別の書である。終段の「人誰か故郷を思わざらん、誰か旧人の幸福を祈《いの》らざる者あらん」の言葉に福沢の中津への思いが込められている。出版はされず、写本で読まれた。　〔西澤直子〕

▼士籍返還

参考 復刻「中津留別之書」解題（西沢直子）『中津留別之書』福沢旧邸保存会、二〇〇九年。明治二年六月一九日付築紀平宛および同年八月二四日付服部五郎兵衛宛福沢書簡。

4

文明の始造

福沢が明治８年に建てた三田演説館

維新変革期におけるさまざまな体験と思索を経て、福沢諭吉はみずからの課題を発見し、その実現に向けた活動を精力的に展開していった。その課題とは、福沢がのちに、「吾々洋学者流の目的は、唯《ただ》西洋の事実を明《あきらか》にして、日本国民の変通を促がし、一日も早く文明開化の門に入らしめんとするの一事のみ」(『福沢全集緒言』)と述べているように、西洋文明を範とする日本の近代化の道筋を探ることであったが、より具体的には、まず翻訳、著述を通じてその目標としての西洋文明の実像を提示し、あるいは日本の現実に根ざした新たな文明の構築を模索すること、そして、近代化を担うべき人材育成の場としての慶応義塾の経営を中心とした教育活動を展開することであった。さらに新たな知識をより広く普及するための出版事業の展開や、演説、演説会の奨励、あるいはまた、自立した個々人と国家の独立を支える基盤としての実業の育成にかかわる提言と実践など、多方面にわたるものであった。これらのさまざまな実践は西洋文明に対峙して、その葛藤の中から新たな日本の文明を「始造」(『文明論之概略』緒言)しようという営為にほかならなかった。ここでは、維新前後から明治一〇(一八七七)年前後までの一〇年余の福沢のこのような諸活動を取り上げる。

第一回の渡米から帰国してわずか三か月後の万延元(一八六〇)年八月に『増訂華英通語』を出版し、以後、明治七年までの間に福沢が執筆公刊した著作は二〇点を越えている。このうち、もっとも多くの読者を得たのは『西洋事情』『世界国尽』『学問のすゝめ』であったが、なかでも『学問のすゝめ』はいわゆる「学者職分論」「楠公権助論」などの議論を沸騰させた。これら諸著作は、福沢によれば、「専《もっぱ》ら西洋新事物の輸入と共に我国旧弊習の排斥を目的にして」、いわば「文明一節《ひとふし》ずつの切売《きりうり》」（『福沢全集緒言』）にほかならないもの、すなわち、西洋文明社会の個別具体的な諸側面を一つ一つ示そうとするものであったが、明治八年八月に出版された『文明論之概略』は、発売の新聞広告に、この書の大意は、西洋の諸説を取捨してわがアジア側の事実に照らし、そのことにより文明の何物たるかを知らしめるものであって、近来、世間に著訳の書は多いけれども、「理論の著述に至《いたり》てはこの書を以て新にして最も全備したるもの」（八月三一日付『郵便報知新聞』）であるとあるように、福沢前半生の知的営為を集大成した理論の書であったといってよい。この年、福沢は満四一歳であった。

福沢の著作には偽版も数多く刊行された。そこで福沢は著作権、版権の確立に腐心することになるが、明治二年一一月には福沢屋諭吉の名で書物問屋組合に加入して出版事業に進出し、これはのちに慶応義塾出版局を経て慶応義塾出版社へと発展していくことになる。

鉄砲洲の中津藩江戸中屋敷に始まった福沢塾は、その一〇年後、慶応四（一八六八）年四月に新銭座へ移転をした。あたかも戊辰戦争のさなかであり、新政府軍が江戸入城を果たした頃であった。このときに出された「慶応義塾之記」はこの学塾を慶応義塾と命名し、共に「洋学」を志す同志の自発的結社として新たに出発したことを高らかに宣言している。「数理と独立」（『福翁自伝』）を基本理念として、つまり合理精神と自立精神の涵養を旨とした教育を進め、明治四年には三田の旧島原藩中屋敷の地を取得して再び移転した。これを契機として「社中之約束」が制定され、近代教育機関としての制度・規則が一段と整備されている。三田演説会の創設、『民間雑誌』の創刊、外国人教師の雇用などもなされ、塾生数も次第に増加していった。この間、中津市学校の開設や運営を支援し、また大阪、京都、徳島にいわば慶応義塾の分校を開設し地方展開を図ったが、特に関西の諸校はいずれも短期間のうちに閉鎖して成功しなかった。しかし、その後は各地の学校に義塾出身者が英学教師として広範に進出し、結果として福沢の構想が全国に波及していくことになった。

福沢は、早くから周囲の人びとに実業に就くことを勧め、またみずからも商工の起業に積極的にかかわっている。明治五年、慶応義塾構内に出版局を設立したのは自著の出版販売の便宜からだけではなく、教員や塾生の商業実務を体験する場を用意し、さらには塾生の学資援助にも役立たせるためであった。また同年に衣服仕立局を開設したのも当時構内に居住していた女性たちの職業教育の意図を持っていた。早矢仕有的《はやしゆうてき》が書物、医薬品などを輸入販売する丸屋商社や丸家銀行、また生糸の直輸出に当たる貿易商会を創設した際には、資金の出資をはじめ積極的な支援をしている。森村市左衛門・豊兄弟の森村組、甲斐織衛の甲斐商店が日米貿易に乗り出したのも福沢の勧奨によるものであった。

［松崎欣一］

慶応義塾の創立

数理と独立 すうりとどくりつ

慶応義塾の教育の方針として『福翁自伝』(王政維新)で福沢諭吉が述べたことば。

福沢は、人間万事有形の経営はすべて数理から割り出して行きたいと考え、教育の主義として自然の原則に重きを置き、さらに道徳については、人を万物中の至尊至霊の存在と認め、自尊自重、一身を高尚至極にし、独立を全うすることに重きを置く。西洋の国と東洋の国とでは、富国強兵、最大多数最大幸福の視点からみれば明らかに西洋の国が勝っており、それは国民教育の違いによっていると考え、文明主義の西洋にあって儒教主義の東洋にないのは、「有形において数理学と、無形において独立心」と喝破する。そして、日本を「西洋流の文明富強国」とするために、福沢は慶応義塾の教育の方針として「数理と独立」を掲げ、義塾に「西洋文明の案内者」「西洋流の一手販売、特別エゼント」の役割を担わせた。

福沢は、「少年の時から六《むず》かしい経史をやかましい先生に授けられて本当に勉強しました」と回想しているように、少年時代には儒教の教育を受けるが、福沢が学んだ儒学は亀井南冥や帆足万里などの影響を受けたもので、自然科学的傾向があった。それを基礎にして福沢は緒方洪庵の適塾に入ってから本格的に数理を学んでいる。緒方は著名な蘭方医であったが、適塾ではかならずしも蘭方医の養成をしていたわけではなく、自然科学を中心とする蘭学が学ばれていた。その意味では、福沢はそこで本当に数理の大切さを学んだといってよい。

安政五(一八五八)年に江戸に出てきた福沢が開いた塾の当初のカリキュラムの詳細は分かっていないが、基本的には適塾と同じような数理を重視するカリキュラムであったと推測される。その後、蘭学から洋学へと転進する中で、洋学を「天然に胚胎し、物理を格致し、人道を訓誨し、身世を営求するの業」(「慶応義塾之記」)とし、洋学塾である慶応義塾では、「数理」を学ぶことで、みずからの力で世の中を把握する力を身につけ、おのずと「独立」も教えることになった。芝新銭座移転後の慶応義塾のカリキュラムには「窮理」の時間が毎日あり、「数理」が重要視されていたことが分かる。また、「独立」に関しても、ウェーランドの経済書や修身書などが教科書として用いられている。「資本もない不完全な私塾に専門科を設けるなどは迚《とて》も及ばぬ」と『自伝』でもいっているように、自然科学を専門に教えることはしていないが、「出来る限りは数理を本《もと》にして教育の方針を定め、一方には独立論の主義を唱え」ることはなされていた。こうした主義主張は、カリキュラムの中だけでなく、「朝夕一寸した話の端にもその必要を語り」、演説や著作の中でも説き、福沢自身も日々実践してみせることによって塾生に定着させようとした。

それは、三田移転後しばらくしても変わらず、明治一五(一八八二)年三月二三日の『時事新報』社説にある「物理学の要用」では、「我《わが》慶応義塾に於《おい》て初学を導くに専《もっぱ》ら物理学を以《もっ》てして、恰《あたか》も諸課の予備と為す」と、すべての学問の基礎として物理学に象徴される数理を挙げている。 [米山光儀]

▼中津での学問 ▼慶応義塾之記

参考 佐志伝解題・解説『慶応義塾社中之約束』慶応義塾福沢研究センター資料2、一九八六年。

新銭座移転 しんせんざいてん

築地鉄砲洲の中津藩中屋敷にあった福沢諭吉の塾は慶応四(一八六八)年四月、芝新銭座の新塾舎に移転した。

福沢の塾は安政五(一八五八)年の開塾以来たびたび移転している。当初の築地鉄砲洲、次いで芝新銭座、再び鉄砲洲、再び新銭座という複雑さから、便宜上順番に前期鉄砲洲時代、前期新銭座時代、後期鉄砲洲時代、後期新銭座時代と呼ばれる。

このときの移転、すなわち後期新銭座時代の始まりは、築地鉄砲洲一帯が安政五か国条約による外国人居留地の予定地となっていたため、立退きを迫られた結果であった。塾の移転先を探していた福沢は慶応三年一二月、芝新銭座(現港区浜松町)の越前丸岡藩有馬家の屋敷四〇〇坪を三五五両で入手し、ここに取り壊した藩邸の古材木などをもらってきて、建坪一五〇坪の塾舎を建てて同四年に引き移った。「古家の建直しであるから粗末な建築」であったが、教室、寄宿舎、食堂、医務室もあり、また狭くはあったが運動場もある、体裁の整った塾舎が誕生した。 [坂井達朗]

▼築地外国人居留地

「福沢近藤両翁学塾跡」記念碑 「ふくざわこんどうりょうおうがくじゅくあと」きねんひ

福沢諭吉の慶応義塾と近藤真琴の攻玉社が芝新銭座に学舎を構えていたことを記念する碑(東京都港区浜松町一丁目)。福沢は慶応四(一八六八)年四月、芝新銭座の有馬家の屋敷地を購入して建てた塾舎に移転した。移転後まもなく、当時の元号にちなんで塾を慶応義塾と命名、また上野で彰義隊の戦いが起こった当日も休まず授業を続けたという逸話も、この塾舎の時代のことである。

その後、慶応義塾は明治四(一八七一)年三田に移転し、土地、建物を三〇〇両で譲り受けた近藤真琴が、築地の兵部省海軍操練所内にあった攻玉社(現在の攻玉社学園)を移転させた。攻玉社の出身者には総理大臣となった鈴木貫太郎など海軍将校も多く、他にも歌人吉井勇ら多くの人材を輩出した。大正七(一九一八)年四月に東京府史蹟の指定を受け、攻玉社校門前にその表示があったが震災で消滅、攻玉社も震災後の一四年、旧品川区大崎町(現在の西五反田)へ移転した。戦後は東京都指定文化財旧跡に指定されている。

現在の碑は昭和三九(一九六四)年六月二七日に建てられた。近年の調査によれば現在の碑の位置は、慶応義塾の塾舎があった敷地からはやや南方にずれている。

[大澤輝嘉]

参考 加藤三明「慶応義塾史跡めぐり23新銭座慶応義塾」『評論』(一一二一号)二〇〇八年。

◉東京・浜松町にある記念碑

慶応義塾の命名 けいおうぎじゅくのめいめい

慶応四(一八六八)年四月に芝新銭座の有馬家の屋敷地に新しく生まれた学舎は、それまでの福沢の「家塾」としての洋学塾の面目を一新したもので「彼《か》の共立学校(イギリスのパブリック・スクール)の制に倣《なら》」って組織・運営される、言葉の真の意味での私立学校であった。

福沢の塾はそれまでは定まった名称もなく、単に「福沢塾」などと呼ばれていた。面目を一新したのを機に、新しく名前をつけようということになり、人の名前にも物の名称にも関係のない、そのときの元号をとって慶応義塾とされた。ここで使われた「義塾」という呼称は、共同結社の意味を現したものと理解されている。この名称はそれ以前の使用例もなくはないが、以後全国の各地の私立学校で好んで用いられるようになった。

福沢は結社をつくり学校を創立して志を同じくする者が集まり、西洋の学問を研究するのは、その範囲を自分たちの仲間だけに限っているのではない。世間一般に公開して士族もそれ以外の人びとも志のある人は皆この学校にきて勉強してもらいたいと思うからであると、その組織の目的を「慶応義塾之記」に説明している。当時の日本にいまだ「共同結社」を表す適当な語彙が存在しなかったので、それを「会社」と表現し、そのメンバーを「社中」と呼び、社中に加わることを「入社」といった。

この年の九月、元号は明治と改められたが、義塾は以後も慶応の名称を改めなかった。維新前後の時期、新政府からの招聘に一貫して応じなかった福沢の態度を「前朝の遺臣」(『福翁自伝』老余の半生)のそれであると警戒し、校名を変更しないのはその態度の表れであると非難する者もあった。福沢がそれをまったく相手にしなかったのは、「これを創立の年号に取《と》て仮に慶応義塾」(「慶応義塾之記」)と名づけたまでで、他意はまったくなかったことを示すものであるといえよう。

[坂井達朗]

慶応義塾之記《けいおうぎじゅくのき》

慶応四（一八六八）年四月に築地鉄砲洲から芝新銭座に移転した際それまで正式な名称を持たなかった塾を時の年号にちなんで仮に慶応義塾と命名し、それが福沢諭吉の私塾ではなく、同志が自発的に結社をつくって経営する近代学校として発足したことを宣言した文書。この文書は松山棟庵によれば、小幡篤次郎の文案、福沢の加筆によって成ったという。

最初に、洋学の講究を目的として、同志が集まって結社をつくり「義塾」を始めたことの公共性を説き、士民を問わず志のある者の来塾を希望することを述べている。そのうえで、一八世紀中頃から医学を中心に蘭学が起こり、一九世紀中頃からは医学に留まらず、「百般の学科」について洋学が大いに発達したと日本の洋学の歴史が述べられ、慶応義塾がその伝統を継ぐものであるとの自覚のもと、洋学という一大事業を行うために西洋の「共立学校」の制度にならって慶応義塾をつくったこと、今後、同志の「協同勉励」によってそれがますます盛んになることへの期待が述べられている。

この「慶応義塾之記」には、塾中の規則、入社規則、時間割と科目担当者が記された日課表、塾の平面図がおさめられ、江戸の争乱が収まり、洋学の命脈を保ったことを寿《ことほ》ぐ文書である「中元祝酒之記」を合わせて「芝新銭座慶応義塾之記」として慶応四年七月に印刷され、配布されている。日課は、当時としては珍しい七曜制がとられ、規則には「若シ不便ノ事アラバ互ニ商議シテ是ヲ改ムベシ」と改正の手続きも明示され、そこで学ぶ塾生も「同志」として考えられていた。なお、「芝新銭座慶応義塾之記」は明治二（一八六九）年八月に、変更された日課などを改め、再度印刷・配布されており、三田移転前の慶応義塾運営の基本的な文書として取り扱われた。［米山光儀］

▼中元祝酒之記

参考 中山一義「『芝新銭座慶応義塾之記』に関する若干の考察（一）」『史学』（四〇巻一号）一九六七年。

授業料制度の始まり《じゅぎょうりょうせいどのはじまり》

旧幕時代の私塾では、入塾の際に束脩《そくしゅう》として若干の金員をおさめ、その後は盆暮の年二回各生徒の身持ちに合わせ金子なり品物なりを贈るというのが習わしであった。しかし、この慣習は多くの場合教師に塾以外にも収入の糧があることが前提となっており、明治維新後は「武家奉公」をやめ塾の経営と文筆活動により生計を立てようとしていた福沢諭吉にとって、とうてい許容できるものではない。そこで福沢は、慶応四（一八六八）年に塾を築地鉄砲洲（現中央区明石町）から芝新銭座（現港区浜松町）へ移転し新たに「慶応義塾」と命名した際、入社金一両、寄宿舎入寮者の塾僕（諸雑務に当たる職員）への礼金二朱のほか、「外宿之社中」（通学生）に対し毎月金二朱を塾へおさめるよう定めた（「入社姓名録第一」「定」）。

この規定が翌明治二年八月になると塾僕への礼金の項目以外は大幅に改正され、入社金三両、「受教の費」毎月金二分、盆暮の礼金として金千疋をそれぞれおさめることが新たに定められた（「入社姓名録第二」「定」）。授業料を定額とし、学校の収入を安定化させたことは、日本における初めての取り組みとされている。

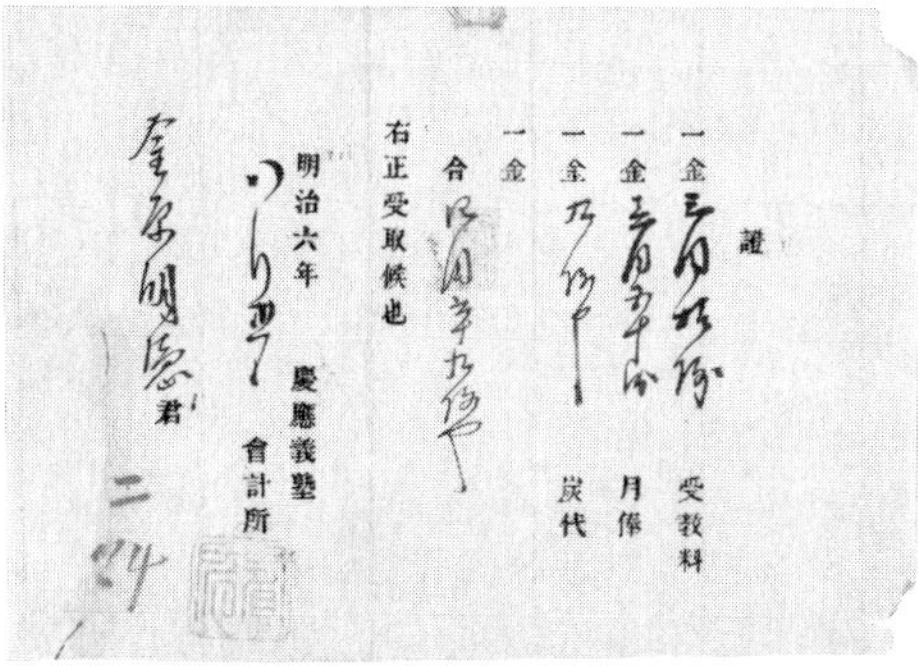
證
一金 受教料
一金 月俸
一金 炭代
一金
合
右正受取候也
明治六年 慶應義塾 會計所
君

◉現存最古の慶応義塾発行の領収書（明治六年）

ところで、この授業料の金額の決め方はかなり大雑把なものであったようである。『福翁自伝』の記載によれば、大人一人が一か月生活するうえで必要な金額を金四両と想定し、これに教師の数を掛け、さらにそれを生徒数で割った数を授業料と定めたのだという。 ［吉岡拓］

▼慶応義塾之記

参考 『「福翁自伝」の研究』註釈編。慶応義塾編『慶応義塾豆百科』一九九六年。『新訂福翁自伝』岩波文庫、一九九一年。『入社帳』I。

ウェーランド経済書講述記念日《うぇーらんどけいざいしょこうじゅつきねんび》

上野で彰義隊と新政府軍との戦闘があった中でも、芝新銭座の慶応義塾では福沢諭吉がウェーランド経済書の講義を続けていたという故事にちなみ制定された慶応義塾の記念日。戦闘のあった日の慶応四年五月一五日は一八六八年七月四日（土曜日）に当たるが、昭和三一（一九五六）年に五月一五日を「福沢先生ウェーランド経済書講述記念日」として、記念講演会を開催し、建学の理念を継承することが定められた。第一回は塾長奥井復太郎と塾史編纂所主事昆野和七が登壇している。

アメリカ人経済学者、フランシス・ウェーランド（Francis Wayland）はキリスト教系の学者でブラウン大学学長も務めた。明治期の日本ではウェーランドの経済学が盛んに読まれ、経済学導入のひとこまとしてきわめて重要な役割を果たした。慶応義塾はウェーランド経済学の導入の拠点でもあった。福沢は当初、毎週火、木、土曜日の朝一〇時よりウェーランドの経済書 *The Elements of Political Economy* を講読していたが、のちには後進の小幡篤次郎にこれを譲り、彼自身はウェーランドの修身論 *The Elements of Moral Science* を講読した。 ［池田幸弘］

▼経済全書 巻之一 ▼福沢諭吉肖像画（安田靫彦「福沢諭吉ウェーランド経済書講述図」）

参考 高橋誠一郎『随筆慶応義塾』慶応通信、一

九八二年再版。「福沢先生ウェーランド講述記念日」『評論』（五七〇号）、一九五六年。西川俊作『その日の福沢先生』（福沢記念選書62）慶応義塾大学、二〇〇〇年。

中元祝酒之記　ちゅうげんいわいざけのき

慶応四（一八六八）年七月一五日に、その年の中元を無事に迎えられたことを祝った文章。日本では、七月一五日にお互いの半年の無事を祝い、盂蘭盆会《うらぼんえ》で先祖の霊の供養をする習慣があったが、特に慶応四年は明治維新の混乱で、江戸でも戦闘があった。しかしそのような状況でも、慶応義塾は休むことなく学問を続け、わが国の文運が地に落ちなかったことを、中元の日に小宴を開いて祝ったことが書かれている。「慶応義塾同社誌」とあるが、福沢諭吉執筆の文書である。

この文章の初めで、福沢はみずからの著書『西洋事情』外編、巻之一の「人生の通義及びその職分」にある「人若《も》しその天与の才力を活用するに当《あた》て心身の自由を得ざれば、才力共に用を為《な》さず。…人々自からその身体を自由にするは天道の法則なり」という文章を引用し、天賦の才能を活用するためには、自由に好むところのことをすることが「天道の法則」であるという。そのうえで福沢は、慶応義塾の外では、明治維新の混乱の中で学問のことを顧みる余裕もなく、維新の戦乱に参加するなど、これまでとは異なることを行う人たちが多くいたのに対して、慶応義塾では普段どおりに学問が行われ、それを行うのに忙しく、世の中がどうなっているのかも知らない有様であったという。このように、塾内外の景況は対照的であったが、福沢はよく考えると、どちらも自由に自分の好むところを行ったのであり、その意味では同じであると述べる。しかし最後には、維新の混乱期における慶応義塾の姿勢は今後も変わることなく堅持されるべきで、世の中の動きに阿《おもね》らず、力に屈することなく、自分を誇示せず、他人を卑しまず、まじめに勉強して天与の才力を育てていければ、それはわれわれの喜びであるばかりでなく、学問を滅ぼすまいとする天の意志でもあるとする。

この文章には、明治維新の混乱期にも学問を続けた慶応義塾のあり方に対する福沢の自負がよく表れている。また『論語』にならって「天のこの文を滅ぼさざる」といっているところからも分かるように、単に戦乱の中、無事に中元を迎えられた喜びを書いたものではなく、慶応義塾こそが次の文明の担い手であることを宣言したものである。　［米山光儀］

▼慶応義塾之記

参考 中山一義「『芝新銭座慶応義塾之記』に関する若干の考察（三）」『史学』（四一巻三号）一九六八年。

外塾　そとじゅく

後期新銭座時代の慶応義塾が塾敷地外に設置した校舎のこと。「外校」「出張之講堂」などと称された。

慶応四（一八六八）年四月に「慶応義

塾」と命名された当時の義塾には、三〇名前後の塾生しか在籍していなかった。ところが戊辰戦争戦局が東北・北海道地方へ広がった同年後半より入塾・復塾者が急増し、明治二(一八六九)年三月には一〇〇名を越す塾生が在籍するようになった。同月二〇日頃よりは既存塾舎への収容は限界に達し、新たな入塾を断る事態となり、敷地外への校舎設置が急務となった。

同年八月、汐留の中津藩上屋敷(現港区汐留)内の長屋一棟を同藩士鈴木力兵衛(間雲)などの尽力により借用する。同所は当初講書教授のみの利用とする予定であったが、のちに四、五〇名の塾生が寄宿するようになったという。こうして校舎問題は解決したかにみえたが、年末に上屋敷近辺で起こった火災が原因で同本邸が類焼すると、中津藩は義塾へ長屋の返却を命じる。福沢諭吉は長屋が類焼を免れたのは塾生による消火活動の結果であるとして抵抗したが、最終的には一階を返却、再び校舎不足に陥り、新たな校舎を探すこととなった。

新校舎の候補には当初日比谷御門内古河藩上屋敷(現千代田区内幸町)が上がったが、資金不足により断念。福沢は一時的処置として三年四月二四日より奥平家にゆかりのある麻布竜源寺を借り受け、汐留の塾生を含めた五〇余名を移動させた。また、これと前後して芝増上寺内の広度院を塾生の宿舎として借用している。

福沢は竜源寺借用当初より山下御門内(現千代田区内幸町)に移った中津藩上屋敷の一部借用を求めて藩側と談判を重ねたものの、これは失敗に終わる。そこで新銭座の本塾左隣にあった旗本江川太郎左衛門邸を三年秋中に借り受けて竜源寺・広度院の塾生を移したが、すでにその頃には福沢は三田島原藩中屋敷の借用計画を進めており、江川邸借用も臨時的な処置であったと考えられる。〔吉岡拓〕

参考『書簡集』一。『百年史』上巻。「慶応義塾新議」。

三田移転《みたいてん》

明治三(一八七〇)年、福沢諭吉は発疹チフスにかかったがいまだ血気盛んな三七歳のときで急速な恢復を示した。それでも病後二、三年間はときどき発熱することがあった。また嗅覚が敏感になり、海に近い新銭座の土地はなにか臭うようになったので、引っ越したいと考えた。飯倉に格好の売家があったので、それに決めようとすると、塾の教職員の中から福沢が学校内に居住するのをやめて他所に引っ越すというのであれば同時に学校も引っ越そうという意見が出た(『福翁自伝』王政維新)。

当時は版籍奉還の直後で、大名の江戸屋敷が空き屋敷となって東京中にいくつもあった。塾の関係者が勝手次第によさそうな地所を探した結果、三田の島原藩の中屋敷が高台にあり乾燥した土地で海の眺めもよく、塾には適当であると衆論一決した。そこで福沢は東京府知事や知人の佐野常民その他の人にも助力を求

●旧島原藩邸の黒門を利用した慶応義塾表門（明治二四年頃）

め、また岩倉具視をも訪ねて、島原藩の屋敷を拝借することを依頼した。

その頃東京府は「巡羅」という名称で諸藩の兵士に府内の警備に当たらせていたが、まるで戦場のようで不体裁であるから、西洋流の警察制度を新設したいと考えており、福沢にその仕組みの取調べを依頼してきた。そこで福沢は西洋の警察官制度を調べて教えるからそれと引き替えに屋敷地を福沢に貸すように計らってくれと持ちかけた（『自伝』同前）。島原藩の屋敷を政府に上地させて、それを福沢に借りさせる手続きが滞りなく行われ、在来の建物を利用し、さらに寄宿舎などを増設して、明治四年の春に義塾を新銭座から移した。

その後官地の「拝借地」ではいつ立ち退きを命じられるかもしれないと不安を感じた福沢は、拝借地を払い下げて土地の私有権を公認してそれぞれの所有者に自分の土地を保全させるのがもっともよい方法である、と左院の議員で懇意な人に働き掛けた。やがて政府は市中にある幕府から拝借していた土地は、それを借りている本人かあるいは何かの縁故のある人に払い下げる（『自伝』同前）ことになった。福沢は機敏に対応して、払い下げを受けることに成功し、地券を交付されて私有権を確立する。そのため後日旧島原藩主松平家から出された払い下げの願にも、また福沢への譲渡の申し入れに対しても、取り合うことなしにすますことが可能になった。

［坂井達朗］

参考『考証』上。野村兼太郎「三田購入と島原藩」『全集』八付録。

慶応義塾社中之約束《けいおうぎじゅくしゃちゅうのやくそく》

明治四（一八七一）年から三〇年頃まで出版された慶応義塾の規則集。慶応義塾が芝新銭座から三田に移転した直後の明治四年四月の稿本がもっとも古いものであり、二九年一〇月以降三〇年四月以前に刊行されたと推測できる活字本まで、一九種類の「慶応義塾社中之約束」（以下「社中之約束」）の存在が確認されている。学制改革により一貫教育が実施される明治三一年以降は「社中之約束」は発刊されなくなった。福沢諭吉が「社中之約束」の作成にどの程度かかわったかは不明であるが、少なくともすべての種類の「社中之約束」が福沢存命中に出されていることから、福沢はそのすべてに目を通したと推測できる。

慶応義塾には、「社中之約束」よりも前に「芝新銭座慶応義塾之記」という規則集があった。その規則集ができるまでは成文化されたものはなく、鉄砲洲時代の塾生の生活はかならずしも規律あるものではなかったが、福沢は自分が適塾でそれに近い生活を送ってきたこともあり、当初は塾生の生活に干渉しなかった。しかし、「芝新銭座慶応義塾之記」では「規則」について、「会社人々務テ義塾ノ学問ヲ盛ニセンヲ欲シソノ風儀ヲ整粛ニセンタメ」とあり、慶応義塾は勉学だけでなく、「風儀」にも積極的に取り組むようになっていた。この姿勢は、「社中之約束」に受け継がれる。

初期の「社中之約束」には、慶応義塾は「福沢氏ノ私有ニアラズ社中公同ノ有」とあり、慶応義塾が「私」の存在ではなく、「公」のそれであることが述べられている。慶応義塾では教える者も教えられる者も同じく「社中」であり、その「社中」の人びとが対等な立場で取り決めた約束として「社中之約束」は存在した。

福沢は鉄砲洲時代にアメリカそしてヨーロッパに外遊しているが、そこで接した西洋の人びとの生活規律が、後期新銭座時代以降の慶応義塾での生活規律に影響を与えたと思われる。洋学を学ぶ者は、生活のあり方もまたそれまでの漢学書生風の不規律なものとは異なる気品あるものにならなければならないと考えたのであろう。それが「社中之約束」では「入社ノ規則」「塾中ノ規則」「応対掃除ノ規則」「食堂ノ規則」「塾僕使用ノ規則」、「教授ノ規則」などの詳細な規則となって現れたと考えられる。

「社中之約束」ができた頃は、福沢は毎日塾中を見回り、掃除の点検などもみずから行っており、「社中之約束」に従って生徒と接していた。一方で教師や年長者に対してお辞儀をするというような虚礼は廃した。「さればとて本塾の生徒に限って粗暴な者が多いでもなし、一方から見ていくぶんかその気品の高尚にして男らしいのは、虚礼虚飾を脱したその功徳であろうと思われる」と『福翁自伝』（王政維新）で福沢は評価している。 ［米山光儀］

▼慶応義塾之記 ▼学科課程表（明治一八年九月改訂）

参考 佐志伝解題・解説『慶応義塾社中之約束』慶応義塾福沢研究センター資料2、一九八六年。米山光儀解題『慶応義塾社中之約束』（影印判）慶応義塾福沢研究センター資料9、二〇〇四年。

学業勤惰表《がくぎょうきんだひょう》

慶応義塾在籍中の塾生の出欠状況・学業成績の一覧表。「学業勤怠表」ともいう。義塾の三田移転直後の明治四（一八七一）年四月〜三一年四月の間に刊行・配布された九一冊が現存。人名は等級別に成績順で並んでいる。三田移転以前の鉄砲洲、新銭座時代にも、会読の成績による等級別名簿は作成されていたと伝わるが、現存しない。

四年四月の「慶応義塾社中之約束」中

の「教授ノ規則」では「教授方ハ毎日生徒出席ヲ表ニ記シ置キ月末ニ至テコレヲ塾監局ニ出シ塾監局ニテ諸等ノ出席表ヲ集メ出席欠席ノ数ニ従イ毎月生徒ノ勤怠表ヲ出版スベシ」「勤怠表ハ一冊ズツ生徒ヘ配分シ一冊ヨリ多ク入用ナル者ハ至当ノ価ヲ取ルベシ」と規定しており、勤惰表の配布開始も、同年三月の芝新銭座から三田への塾舎移転を契機とした教育課程刷新の一環といえる。

四年四月の「慶応義塾学業勤怠表」（木版刷）では、第五等以下の者の「会読ノ点」「素読出席」の成績が印刷されており、末尾には第一等から第四等までの出身藩（地）、氏名および「惣計二百七十八人」の文字が朱書で書き入れられているものがあり、第一等には「中津　福沢諭吉」「同　小幡篤次郎」の名があり、以下、第四等末尾の「西条　丹文次郎」までの一六名が第五等以下の者を教えていたとみられる。当時の「半学半教」の様子を伝える好資料といえよう。当初は毎月発行されていた勤惰表であったが、六年以降、学期ごとに配布されるようになり、教育課程が大幅に改定された三一年五月からは各学科の「成績表」という名称に変更。以後、三五年四月の「慶応義塾大学部第一第二学年　普通部　各学年成績表」までの諸本が確認されているが、成績表の配布が廃止された時期や経緯は未詳である。

〔近藤建一〕

▼慶応義塾社中之約束

参考『百年史』上巻・下巻（総目録）。慶応義塾編『慶応義塾豆百科』一九九六年。慶応義塾編『慶応義塾五十年史』一九〇七年。「勤惰表」慶応義塾福沢研究センター編『マイクロフィルム版 福沢関係文書 収録文書目録（第三分冊）慶応義塾関係資料（二）』雄松堂フィルム出版、一九九一年。佐志伝解題・解説『慶応義塾社中之約束』慶応義塾福沢研究センター資料2、一九八六年。

外国人教師の雇用　がいこくじんきょうしのこよう

明治五（一八七二）年、福沢諭吉は慶応義塾に最初の外国人教師二人を雇い入れた。以来一〇年前後の一時期を除いて、義塾には常に外国人教師が在任し、福沢在世中にはのべ五〇余名が雇い入れられた。

最初の外国人教師カロザス（Christopher Carrothers）とグードマン（J. W. Goodman）の雇用は元掛川藩主の太田資《すけ》美《よし》の寄附によるものだった。

太田資美は安政元（一八五四）年二月、遠州掛川藩主太田資功《すけかつ》の嫡男として生まれ、文久二（一八六二）年わずか九歳で家督を相続した。明治二（一八六九）年太田家は上総柴山に転封、四年に松尾藩と改称し、資美は七月の廃藩まで知藩事を勤めた。洋学を重んじ、松尾藩に藩校を設置し、慶応義塾から荘田平五郎ら四名を教師として招いている。廃藩後の一二月、一八歳で義塾に入学、ほどなく五年三月に東京府に外国人教師雇用の申請を行った。不肖の身に過分の家禄を受けるのに報いなければならないと思い、申し出たとその動機を記している。

こうした経緯を経て雇用されたカロザ

スは長老派の宣教師で、築地に学校を開いていた。義塾では英語・文学を教え、七月に助教師となったグードマンと共に六年七月まで在籍した。学制改革に重要な役割を果たしたことが知られている。

この後、六年には英国国教会の宣教師ショー（Alexander Croft Shaw）や女性宣教師ホア（Alice Eleanor Hoar）が、一八年には以後一〇年にわたり義塾で教えたアーサー・ロイド（Arthur Lloyd）などが雇い入れられた。

初期の慶応義塾の外国人教師はいずれもがキリスト教の宣教師だった。福沢は彼らの生活を援助し、義塾での自由な布教活動も認めていた。八年から一七年まで、日本の独立を危うくするという危機感から福沢はキリスト教排撃論を展開したが、その間も彼らとの交際は親密だった。ホアは福沢家の二階に住み、少女たちを集めてキリスト教宣教の塾を開き、ショーは行き来のために橋を架けた隣の家屋に住み、交流は生涯の二七年間に及んでいる。ロイドのためには大きな洋館（のちのヴィッカース・ホール）が建てられ、一階は礼拝堂になっていた。多くの外国人教師が慶応義塾とその周辺を宣教の場として活動した結果、慶応義塾は一時ミッションスクールのような観を呈したという。

福沢と雇用された外国人教師、宣教師との交流はハーバード大学やオックスフォード大学の資料によって明らかにされ、それは明治初期の日本のキリスト教宣教師史やキリスト教教育史にも新しい光を投げ掛けるものとなっている。

〔山根秋乃〕

▼ヴィッカース・ホール　▼三人の招聘外国人教師
▼大学部発足

参考『義塾史事典』。白井堯子『福沢諭吉と宣教師たち』未来社、一九九九年。小川原正道「慶応義塾初の外国人教師採用について」『手帖』（一一三号）二〇〇二年。

医学所設立　いがくしょせつりつ

明治六（一八七三）年、松山棟庵に校長を託して三田の慶応義塾構内に設立した医学校。福沢諭吉は緒方洪庵の適塾で蘭学を学んだこともあり、早くから西洋医学に関心を抱いていた。また、福沢の塾にはすでに医師であって入塾する者もいた。松山もその一人で、蘭方医の子として安政元（一八五四）年より京都の新宮凉民のもとで蘭方医学を学んだ後、慶応二（一八六六）年入塾した。そして、英医書翻訳の嚆矢とされている『窒《チ》扶《フ》斯《ス》新論』（原書は福沢が米国から持ち帰ったフリントの内科書）などを出版していた。

明治六年、元紀州藩の騎兵士官で福沢に乗馬を教えながら英書を学んでいた塾生前田政四郎は、医師になるために義塾を去ってドイツ語を学びたいと福沢に願い出た。福沢は、それはドイツ語に限ったことではないから、塾でも医学の修業をできるようにしようと、ただちに松山棟庵と相談し賛意を得た。福沢は「それでは私は金を出して塾舎をつくるから、あなたは時間を出して教えてくれ。茲《ここ》に松山という教師があり、前田という生徒があり、それに塾舎ができれば、医学校は直ぐに開ける」といって喜び、さっそくに三田の慶応義塾構内北側の空地に校舎を建てた。松山は丸善に命じて英米の医学書を取り寄せ、学則も制定して同年一〇月医学所の開設に至った。

当時、西洋医学を学ぶには大学東校のほかに官公立の学校が数校あるばかりで、しかも大学東校が採用したドイツ医学が日本の医学教育の主流になっていた。医学所設立の趣旨の「英米諸家の医書に憑準《ひょうじゅん》して日に新医学の大綱を世の少年医生に教授せば聊《いささ》か我《わが》文化の進捗に補するところあらん」は、私立として最初の、しかも英米医学による医学校設立への気概を示すものといえよう。

なお、医学所は一時は隆盛をみせたが財政的な困難もあり、一三年に閉鎖した。その間の卒業生は三〇〇余名である。

〔山内慶太〕

▼適塾での勉学　▼松山棟庵

参考『伝』二―二一編。

幼稚舎開設　ようちしゃかいせつ

明治七(一八七四)年に福沢諭吉の意向を受けた和田義郎が年少者の教育のために開いた塾を起源とする。

初期の慶応義塾の入学者には年齢一〇歳未満の者も含まれていた。寄宿舎も年少者のための配慮として童子局(童子寮)が置かれていたが、これとは別に明治四、五年頃から和田夫妻が三田の慶応義塾構内の自宅に年少者を預かって教育することが行われていたようである。七年一月から入学者の記録が始まり、同年中に二八名の入学者が記録されている。当初は和田塾、続いて幼年局とも呼ばれたが、一三年頃から幼稚舎の名称が使われるようになった。

福沢諭吉は和田を厚く信頼しており、二五年一月に没した和田の墓誌に、温良剛毅にして争いを好まず、純然たる日本武家風の礼儀を身につけた人物で、在舎の学生はその訓えをよく守り、これを慕うこと父母のごとくであり、義塾休業の折に家に帰ることを喜ばない者もあったと福沢は記している。

〔加藤三明〕

▼幼童演説会　▼和田義郎

参考『稿本慶応義塾幼稚舎史』慶応義塾幼稚舎、一九六五年。吉田小五郎『幼稚舎の歴史』慶応義塾幼稚舎、一九八四年。中川真弥「公文書に見る幼稚舎の記録」『幼稚舎シンフォニー』(通巻五号)慶応義塾幼稚舎、一九九五年。

中津市学校　なかつしがっこう

明治四(一八七一)年末に福沢諭吉の郷里中津に設立された洋学校。かねてからの福沢の提言を受け、資金は旧藩主奥平家の家禄の五分の一(一、〇六〇石)と、旧士族間の互助組織である天保義社からの拠出金二万円が充てられた。学則・カリキュラムは原則として慶応義塾に準じ、また校長の小幡篤次郎をはじめ、主な教職員は松山棟庵、中上川彦次郎、須田辰次郎など、いずれも慶応義塾から派遣された。慶応義塾の一分校とも位置づけられる。開校時に記された「中津市学校之記」は最後の藩主奥平昌邁《まさゆき》の名で書かれてはいるが、現存する原稿の加筆状況から実際の文案は福沢によるものと考えられる。

◉現存する中津市学校旧正門（現中津市立南部小学校生田門）

明治一〇年頃までは順調に発展し、多くの生徒を集め、「関西第一の英学校」とまで称されるようになった。福沢も市学校の成功があったからこそ、一〇年に執筆した「旧藩情」で華族による学校設立の効用を説いたといえる。しかしその後、西南戦争による経済状況の悪化や他校の成長などにより学生数が減少し、一二年には福沢をはじめ小幡篤次郎、奥平昌邁、雨山達也ら在京の中津出身者と菅沼新、中野松三郎、猪飼麻次郎、山口広江、奥平毎次郎、島津万次郎ら中津にいる人びと計二〇名で「事務委員集会」を組織し、資金の有効運用のための改革を図った。演説会の開催や士族授産のための養蚕製糸事業の奨励などを行ったが、結局一六年一月二四日の会合で廃校が決定し、資金の残金は奨学制度などに転換された。

〔西澤直子〕

▼旧藩情　▼天保義社　▼華族資産論

参考 木村政伸「中津市学校にみる明治初期洋学校の地域社会における歴史的役割」『日本教育史研究』（九号）一九九〇年。西沢直子「中津市学校に関する考察」『研究』（一六巻）一九九九年。広池千九郎編述『中津歴史』下、防長史料出版社、一九七六年（一八九一年出版の復刻）。

関西の諸分校《かんさいのしょぶんこう》

明治六（一八七三）年から九年にかけて大阪・京都・徳島に設けられた慶応義塾の分校。

大阪慶応義塾の設置は、義塾の教員であった荘田平五郎が大阪に「人民の自由」の衰えを感じ、人材を派遣して教育事業を行えば大阪と義塾双方の利益になると考えて、福沢諭吉らに提言した。開業は六年一一月で、「大阪慶応義塾開業報告」と題された印刷物によると、英書・訳書・洋算・和算の四類が設けられた。場所は当初、安堂寺橋通三丁目の丸屋善蔵控家で、のち七年六月に北浜町二丁目の小寺篤兵衛の家に移転した。この分校はあまり学生を集めることができず、七年二月二三日付荘田宛福沢書簡では早くも存廃が検討されている。結局八年六月に閉鎖された。「入社帳」によれば入学者総数は八六名であった。不振の理由としては大阪以外の学生にとって費用や手間の面で東京と大差がなかったこと、教員が頻繁に変わってしまったこと、さらには慶応義塾で扱うような学問は、商人には不要とする考えが依然として残っていたことなどが挙げられる。

大阪慶応義塾は、附属の教育機関を求めていた小室信夫ら徳島の政治結社自助社の申し出を受け、八年七月同県名東郡富田浦にあった旧藩主蜂須賀家の「東御殿」に移転した。これが徳島慶応義塾である。分校設立願によれば英書・訳書・洋算の三類が設けられ、「入社帳」を見ると入学者総数は四九名に達したが、教師・生徒とも大阪からの移転組が多く、徳島慶応義塾としての記載は九名にすぎない。ただし徳島で学んだとされている人物でも記載のない者もあり、数の確定はむずかしい。移転時の分校長は矢野文雄で、九年三月に城泉太郎が赴任した。徳島慶応義塾も短命で、自助社幹部が九年九月に国事犯として収監されてしまったため、一一月に廃校となった。

一方、七年二月には、京都にも分校が設立された。福沢は五年に京都の学校を見学して、民間による教育事業の振興に感動し「京都学校之記」を著した。また当時京都府政を担当していた槇村正直とは懇意の間柄であったこともあり、分校が設立されることになった。開業時に作成された「京都慶応義塾之記」によれば、英書・洋算・訳書の三類が設けられ、場所は下立売《しもたちうり》通新町西入旧京都守護職邸内の京都中学校教場の一角を間借りした。しかし京都も大阪同様、費用や手間、教員の問題があり、加えて京都中学校との確執もあったようで、十分に学生を集めることができず、開業した矢先の荘田宛書簡で、七月頃には存廃を検討することにしている。結局約一年で廃校に至り、入学者の記録類は残っていない。

現在はいずれの地にも記念碑が建てられている。大阪は平成二一(二〇〇九)年一月北浜に、京都は昭和七(一九三二)年、京都中学校の跡地である京都府庁の敷地内に、徳島は平成一三年に万代町三丁目に建てられたが、二一年徳島県庁内に移転した。

〔西澤直子〕

▼中津市学校

参考 西沢直子「慶応義塾の分校—大阪・京都・徳島」『評論』(一〇九八号)二〇〇七年。「城泉太郎が語る初期慶応義塾と福沢諭吉、藤野善蔵」『手帖』(九三号)一九九七年。書簡集一。

英学の総本山　えいがくのそうほんざん

幕末から明治初年にかけて、いち早く英学校としての教育体制を整えた慶応義塾には、全国各地から英学教師の派遣を求める依頼が殺到した。福沢諭吉はできる限り要請にこたえ、その結果、義塾出身の英学教師は全国の学塾に行き渡り、慶応義塾はあたかも「英学の総本山」の様相を呈するに至った。

幕末の諸情勢の中、三度の欧米での実地体験や関連諸書の翻訳の成果として、福沢はこれまでの私塾や家塾とは異なる組織的な学塾の経営という課題に取り組み実践した。さらに新しい洋学校の教育が自立した人間を育て、それが日本の独立に結びつくという考えから、あえて時勢とは一線を画し、洋学教育の普及発展に尽くすことをみずからの主要な課題とし、各地の洋学校の開設に助言と支援を展開した。

維新政府が政治の混乱の収束に手間取り教育に手の届かない状況にあって、義塾に学んだ人びとを創設されつつあった官公私各種の学校へ英学教師として、あるいは創設のための人材として積極的に派遣した結果、慶応義塾の洋学教育は全国に普及し浸透することとなった。

洋学を取り入れようとする学校、例えば幕末の開成所に始まりのちの東京大学となる開成学校、東京外国語学校、大阪の舎密《せいみ》局、のちの東京商科大学となる商法講習所、さらに各地に相次いで設立された師範学校など官公私立の学校へと多くの人物が赴任している。明治九（一八七六）年には東京師範学校内に中学師範学科が設立され、小幡篤次郎や藤野善蔵、後藤牧太らがその創立にかかわった。大学部発足の二三年以前における義塾出身教員の各地への赴任状況は、これまで分かっているだけでも学校数が総計二六四校、教員数は延べ六〇〇名に及んでいる。

明治一四年の政変の折、政府部内から義塾出身者がほぼ退き、その影響が地方の学校にまで波及したといわれているが、一四年以前に就任した教員数は、官公立では四〇二名のうち二九一名、私立では一九八名のうち一二四名であった。府県別にみた赴任先は山梨、奈良両県を除いて全国に及んでいる。

「英学の総本山」といわれる教育界への広範な人材進出は、福沢が『福翁自伝』（王政維新）の中で慶応義塾が「西洋文明の案内者にして…西洋流の一手販売、特別エゼント」とでもいうような役を務めたと述べたことの結果であった。慶応義塾に学んだ人物を教員として紹介するのにこまごまと配慮をした福沢書簡が何通も伝えられている。〔山根秋乃〕

参考『百年史』上巻。松崎欣一「維新変革期における福沢諭吉の教育構想」（寺崎修編『福沢諭吉の思想と近代化構想』慶応義塾大学出版会）二〇〇八年。米山光儀「慶応義塾と師範教育」『年鑑』（三三）二〇〇六年。

著訳活動

英書手沢本《えいしょしゅたくほん》

福沢諭吉が手元に置き書き込みをしたり不審紙を貼付した英書。現在、その多くに「福沢氏所蔵書籍之印」が押捺された書籍が慶応義塾に六五点残されている。ただその中には長男一太郎の洋書も

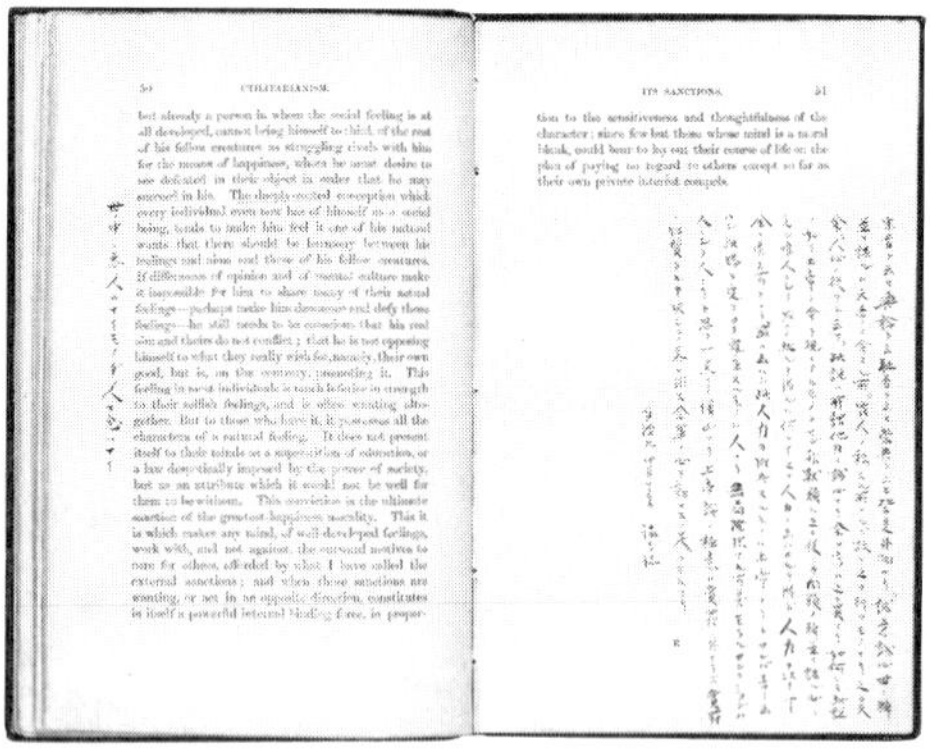

●入念な書き込みが残るミル『功利論』

混在しており、そのすべてが福沢手沢本ということではない。また福沢は読了した書物を他人に貸与したり慶応義塾図書館に寄贈したりしたらしく、散逸した文献も多い。

しかし福沢の手になる書き込みや不審紙貼付などのノート（心覚え）が施された文献が存在していることは、福沢の読書に伴う思考と執筆過程を知るうえできわめて貴重である。『文明論之概略』を著すに当たって参照した匿名英訳ギゾー『ヨーロッパ文明史』ヘンリー脚注本とバックル『英国文明史』二巻が現存していることは、同様に重要なJ・S・ミル『代議政体論』の散逸にもかかわらず、幸いである。

また明治九（一八七六）年四月四日に読み始め一四日に読了し二〇日に再読了したJ・S・ミル『功利論』へのノートは福沢の正義観や人間観を考えるうえで重要である。トクヴィル『アメリカのデモクラシー』リーヴ英訳本、さらにスペンサー『社会学研究』や『第一原理』第二版は書き込みをしながら、なお別に「覚書」にも記している。加えてJ・ミル『英領インド史』第一巻やボーエン『アメリカ政治経済学』への興味深い書き込みもある。

むろん福沢によるノートが明確なものもあれば、下線や傍線のみが確認できるもの、さらにノートはないが読了形跡の有無の判断が明確なものもあり、手沢本と著作との考証が必要である。また手沢本や蔵書から福沢の思想傾向を探ることも可能であって、例えば明治期日本でよく読まれ、中江兆民が漢訳した英訳のルソー『社会契約論』は含まれていないが、モンテスキュー『法の精神』英訳本は古書で購入したものがある。 ［安西敏三］

▼英書の輸入 ▼覚書

参考 安西敏三『福沢諭吉と西欧思想—自然法・功利主義・進化論』名古屋大学出版会、一九九五年。同『福沢諭吉と自由主義—個人・自治・国体』慶応義塾大学出版会、二〇〇七年。『福沢一太郎蔵書目録』福沢研究センター資料7、一九九八年。

版権・著作権確立運動

はんけん・ちょさくけんかくりつうんどう

江戸期の出版事業は、検閲と営業の保護のために本屋仲間に加入した本屋のみに許されていた。印刷に用いる版木の所有を「蔵版」と称し、書物を出版することができるのはその蔵版者のみとされ、偽板すなわち勝手に他の者が同じ版を起こす「重版」や、多少の変更を加えた「類版」は本屋仲間の申し合わせにより禁止された。出版の権利関係は「版木」という即物的な存在を中心としており、目に見えない著作物に対する権利という考えには至らなかったため、自然、蔵版する本屋が書物売り捌きの利益を占め、著者はせいぜい宛行扶持《あてがいぶち》を与えられるのみであった。これに対して福沢諭吉はみずから蔵版者となって自著を印刷し、本屋には売り捌きの手数料のみを支払うという著訳社会の大変革を実行したことはよく知られている。

しかしその妨げをなして福沢を大いに悩ませたのが偽版の横行であった。特に上方では適塾の先輩に当たる黒田行次郎の『増補和解西洋事情』（黒田本）が慶応四（一八六八）年七月に堂々と京都府の官許を受け、また醍醐家「蔵版」の『条約十一国記』偽版も出回るなど無秩序を極めた。

すでに福沢は慶応三年に脱稿した『西洋事情』外編、巻之三には、『新アメリカ百科事典』を参考にして、「蔵版の免許　コピライト　この法は著述家をして独《ひと》り其《その》書を版本に製して専売の利を得せしむるものなり」と説いて著作権を紹介している。同年に刊行された『西洋旅案内』など福沢の著書の一部には「Copyright of 福沢氏」なる印を押捺しているが、偽板防止には効果がなく、慶応元年、福沢は「官の御法」と「曲《ま》ぐべからざるの正理」に基づき、政府（開成所）に対し黒田本など偽板の版木没収と、偽板業者から「過料」を徴収してそれを福沢に払い渡すことを願い出た。この最初の訴えを皮切りに福沢の執拗な偽版摘発と政府への告発が続けられた。黒田本の一件が決着した明治五（一八七二）年五月までの前期と、さらに明治六年から八年頃までの後期に分けられるが、特に注目されるのは、右の後期に属する明治六年東京府宛ての取締りの願書に、「「コピライト」とは従来出版官許と訳したれどもこの訳字よろしからず。「コピ」とは写すの義なり。「ライト」とは権の義なり。即ち著述者が書を著わし之を写し之を版にして当人独り之を自由に取扱い、他人をして偽するを得せしめざる権なり。この権を得たる者を「コピライト」を得たる人と云う。故に「コピライト」の原語は出版の特権、或《あるい》は略して版権杯《など》と訳して可ならん」としたためている点である。

この福沢の著作権の紹介が、ある著作物の作成に労苦を払った者への報酬を確保するという意味で、経済的利益の保障を強調しているようにみえるのは、おそらく英米法の影響によるものであろう。ただ、福沢が長い闘争のプロセスで根拠としたのは外国法の知識によって既存のきわめて不十分な（広い意味での）著作権法を補強していく方法論であった。法の整備は常に後追いであり、明治八年の出版条例で初めて「版権」の語が法文に登場することとなり、これを境に版木の権利や本屋仲間は無用のものとなっていった。

幕末維新期以来、福沢は、そもそも「私

権」の土壌のないわが国で、政府をひきずるようにしてその最尖端である著作権への扉を開き、その確立に向けて経済的には割に合わない闘いを倦《う》まず撓《たゆ》まず続けたのである(『東京日日新聞』明治八年一月六日付、朝吹英二「偽版の始末」)。

なお、福沢の「著訳」の多くは外国書に由来するものであるが、わが国で外国人の著作権が保護の対象とされたのは、日本がベルヌ条約に加入し、それが発効した明治三二年七月一五日のことである。　〔高田晴仁〕

▼『西洋事情』の流布　▼福沢著訳書の流布　▼福沢屋諭吉

参考 大家重夫『著作権を確立した人々』成文堂、二〇〇四年。文化庁監修『著作権法百年史』著作権情報センター、二〇〇〇年。アルバート・M・クレイグ『文明と啓蒙―初期福沢諭吉の思想』慶応義塾大学出版会、二〇〇九年。『伝』二―一九編。『考証』上。『全集』一・一九・別。岩谷十郎「福沢諭吉と「紛争」」『評論』(一〇三一号)二〇〇一年。

著訳活動の展開　ちょやくかつどうのてんかい

慶応二(一八六六)年の『西洋事情』初編以降、明治初年まで西洋の事物を日本へ紹介する福沢諭吉の著訳書の刊行が相次いだ。『西洋旅案内』『条約十一国記』『西洋衣食住』(慶応三年)、『西洋事情』外編と『掌中万国一覧』『英国議事院談』『清英交際始末』(明治二年)である。これらはいずれも、福沢自身の西洋体験による知識や洋書の翻訳によって刊行されたものである。また専門的な兵書として、『雷銃操法』(慶応三～明治三年ヵ)、『兵士懐中便覧』(慶応四年)、『洋兵明鑑』(明治二年)も刊行された。これらは福沢自身の関心や、諸藩からの依頼によって翻訳、刊行された。さらに、『訓蒙窮理図解』(慶応四年)や『頭書大全世界国尽』(明治二年)のような啓蒙書も刊行された。

明治二(一八六九)年一一月からは「福沢屋諭吉」として出版事業の自営化に乗り出し、『西洋事情』二編(同三年)、『啓蒙手習之文』(同四年)、『学問のすゝめ』初編と『童蒙教草』(同五年)が刊行された。この時期も西洋の事物の案内書や子ども用の啓蒙書が多く刊行されたが、『学問のすゝめ』のように福沢が自説を展開する内容の著書も刊行され始めた。

出版物の増加に伴って従来の個人商店的経営から大規模で本格的な組織への発展を図り、さらに出版事業を慶応義塾の教育事業と有機的に関連づけるため、五年八月に慶応義塾出版局が創設された。この出版局からは、『かたわ娘』(同五年)、『改暦弁』『帳合之法』初編と『日本地図草紙』『文字之教』『学問のすゝめ』二・三編(同六年)が刊行された。

五年の学制発布によって義務教育が開始されると、福沢による啓蒙書の類は、全国の小学校における教科書として広く採用されることになった。福沢はその著作や書簡の中で、少人数を対象とした限定的な高等教育よりも国民の多数を対象とした全国的な初等教育の重要性を繰り返し力説し、みずからの啓蒙書がその一助となることを自負している。また太陽暦や西洋式簿記など、未知の新知識に関する書籍も人びとの需要と合致して売り上げを伸ばしていった。

七年一月には、慶応義塾出版局を改組して合資会社の慶応義塾出版社とし、『学問のすゝめ』四〜一三編、『帳合之法』二編が刊行された。

福沢は七年二月二三日付の荘田平五郎宛書簡で、「私は最早翻訳に念は無之《これなく》、当年は百事を止め読書勉強致《いたし》候《そうろう》積《つも》りに御座候」と述べ、従来の著訳活動から『文明論之概略』の執筆に比重を移す決意がうかがえる。実際、『文明論之概略』が八年に刊行されると、以降は西洋の案内書や啓蒙書の刊行は激減し、福沢みずからの思想を展開する書物の刊行が中心となる。〔日朝秀宜〕

▼福沢屋諭吉　▼慶応義塾出版局　▼慶応義塾出版社

参考『考証』上。長尾正憲『福沢屋諭吉の研究』思文閣出版、一九八八年。

福沢著訳書の流布《ふくざわちょやくしょのるふ》

福沢諭吉は自身の著訳書について、日本が「旧物破壊、新物輸入の大活劇」を演じた幕末維新期の筋書となり台帳ともなって、全国民をして自由改進の舞台に「新様《しんよう》の舞《まい》」を舞わしめたと、その意義を『福沢全集緒言』に述べているが、時代の要請にこたえたその著訳書は、明治五（一八七二）年の学制発布時の「小学規則」にも多くが学校読本として取り上げられ、広く読者を得て普及した。福沢は、『緒言』でその具体例を上げて説明している。

『西洋事情』は福沢の著訳中でもっとも広く流布し、よく人の目に触れたもので、「初編」のごときは福沢の手元から発売した部数も一五万部を下らず、関西方面に流行した偽版を加えれば二〇万ないし二五万部は間違いないであろう、といい、『学問のすゝめ』は毎編およそ二〇万部としても、全一七編合わせれば三四〇万部は国中に流布したであろうと述べている。

『文明論之概略』については、時勢に遅れた老儒学者に訴えこれを味方に取り込もうと意図し文字も大きくして刊行したが、広く流布して何万部の大数に達したと述べ、さらに、果たして故老学者の熟読通覧を得たかは分からないが、意外

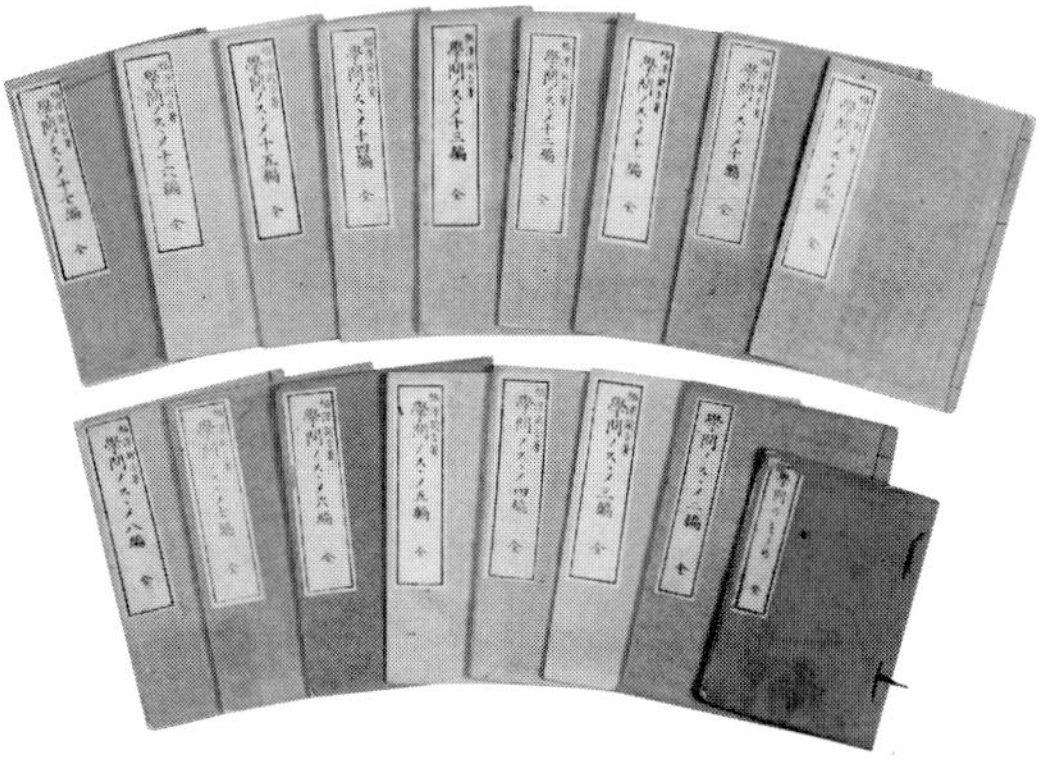

◉『学問のすゝめ』初編から一七編

の好評も得て、西郷隆盛などもこの書を読むべし、と少年子弟に語ったようだといっている。

『雷銃操法』については、時勢に適って発売の数、幾万を知らずといい、熊本藩の要請で翻訳し何百部か刊行した『洋兵明鑑』では六〇〇円の収入を得て、二階建て塾舎一棟を建設することができたと述べている。

また、『民間経済録』については、発売すこぶる盛んであって五万部、あるいは八万部も世上に流布したといっている。しかし明治一四、五年頃の儒教主義の復活により、福沢の著訳書は学校の読本として有害無益と認定され、この書もその一つとなったが、二五年には堀越角次郎が私費を投じて二、五〇〇部を再版し、知己朋友に贈りあるいは郷里近傍の学校に寄附するというようなこともあって、福沢は文部省で読本検定に力を入れた役人もこれらの事情を知って失望したであろうと述べている。〔松崎欣一〕

▼福沢全集緒言

参考 長尾正憲『福沢屋諭吉の研究』思文閣出版、一九八八年。

学者職分論《がくしゃしょくぶんろん》

明治七(一八七四)年一月出版の『学問のすゝめ』四編「学者の職分を論ず」に説かれた議論。

五編冒頭で福沢諭吉自身が振り返るように、国民一般の啓蒙を旨として書かれた三編までの論調とは異なり、当時の洋学者を読者と見立てて書かれた。日本の独立を保つために政府がいかに努力して学問、商売、法律を盛んにしても、国民の大多数が文字を知らず無知無学であってはその実効性が上がらない。ただ洋学者のみが国民を導くことができる。だがその洋学者は、官あるを知って私あるを知らない。また政府の上に立つの術を知って、政府の下に居るの道を知らないので、従来の漢学者流の悪習を免れないものとなっている。そこで、福沢はみずから世人に先立って、政府の中に入らず民間に独立して事をなし、国民の力と政府の力と互に相平均し、そのことにより全国の独立を維持する方向を示すのだ、とするものであった。

このような福沢の見解に対し、福沢もその一員であった当時一流の洋学者たちの集まった明六社の『明六雑誌』第二号(明治七年三月刊)は、加藤弘之、森有礼、津田真道、西周の四名による反論を掲載した。

加藤は、知識人は民間で活躍すべきであるとの福沢の主張に対し、その行き過ぎが国権の縮減を招くとして反対し、現状では政府の官吏による主導が必要であるとした。森は政府と人民の一体性を強調し、福沢のように両者を対立させることに異論を立てる。また津田は人民が政府に刺激を与えることに反対するが、在官・私立の別なく人民の自主自由の気風を伸張させることは大事であると説く。西は福沢の所論が極端で性急であることを批判するが、その能力や適性に応じて在官か私立を選べばよい、と述べた。いずれの論者も、福沢の所論に正面から反対する論旨ではないにしても、洋学者の活躍の場がことごとく民間の中にあるべきだとした福沢の私立の精神の意を汲むものではなかった。〔岩谷十郎〕

▼明六社 ▼学問のすゝめ

参考『考証』上。山室新一・中野目徹校注『明六雑誌(上)』岩波文庫、一九九九年。

赤穂不義士論 あこうふぎしろん

明治七(一八七四)年二月出版の『学問のすゝめ』六編は、「国法の貴きを論ず」と題され、福沢の近代的法治国家観が語られる。

国民は、自分の名代として政府を立て一国中の悪人を取り押えて善人を保護することと、固く政府の約束を守りその法に従って保護を受けることの二人前の役目を務めるものとされる。この背景にはウェーランド流の民約論的思想があることは明らかだが、福沢はこれを日本の赤穂浪士の事例に当てはめて論じ、仇討《あだう》ちは国法の禁を犯して人を殺す私裁にほかならず、断じて許されないと非難した。

だがこの論旨は、赤穂義士の所行を武士道精神の発露であるとして讃える旧来からの評価を真っ向から否定したので、各方面からの激しい反感を買うこととなった。服部応賀の『活論学問雀』(一八七五年)や犬塚襲水の『紀駁学問勧罰、一名学問勧打返』(同年)などは守旧的な立場からの批判、また植木枝盛の『赤穂四十七士論』(一八七九年)は民権論的立場からの赤穂義士弁護論であったとされる。

『学問のすゝめ』七編「国民の職分を論ず」の記述がきっかけとなった、いわゆる「楠公権助《なんこうごんすけ》論」をめぐる批判的世論とあいまって、福沢は種々の脅迫にさらされ、また身辺への危難すらを感じるようになった。

なお、福沢の「赤穂不義士論」は、「死シテ以テソノ君ノ不義ノ意ヲ成ス」との荻生徂徠の赤穂事件批判(いわゆる「赤穂四十六士論」)に影響を受けたとの見解もある。〔岩谷十郎〕

▼楠公権助論 ▼慶応義塾五九楼仙万「学問のすゝめの評」

参考『全集』三、後記(富田正文)。『考証』上。伊藤正雄校注『学問のすゝめ』講談社、二〇〇六年、解説。伊藤正雄「赤穂不義士論と楠公権助論の由来について」『福沢諭吉論考』吉川弘文館、一九六九年。

楠公権助論 なんこうごんすけろん

明治七(一八七四)年三月出版の『学問のすゝめ』七編「国民の職分を論ず」の中で福沢諭吉は、古来忠臣義士と称賛されてきた者について、多くは「両主政権を争う師《いくさ》に関係する者」か、または主人の敵討《かたきうち》などによって花々しく一命をなげうった者のみであるといい、彼らの死はその形は美に似ているがその実は世に益することはないと厳しく批判した。その死は権助が主人の使いに行き、一両の金を落して途方に暮れ、旦那へ申訳ないとして思案を定め、並木の枝にふんどしを掛けて首をくくるの例に等しいと、文明の世にあっていかに無益であるのかを論じた。世間ではこうした忠臣義士の死が愚直な忠僕、権助の首くくりの逸話に比して論じられるのを読み、また、「両主政権を争うの師に関係する者」とは南朝の忠臣である楠木正成《まさしげ》を揶揄《やゆ》したものと解釈した。世の守旧派は福沢の所論を、楠公の湊川の討死に対する言語道断の冒瀆である、とその不当を新聞雑誌に書きたてた。これがいわゆる「楠公権助論」である。

福沢は七編で、政府の暴政に対する国民の取り得る策について論じた際、その最良の策とは、「正理」を守って身を棄てること、すなわち西洋における「マルチルドム」(martyrdom)であり、その趣旨は、天の道理を信じて疑わず、いかなる暴政の下に居ていかなる苛酷の法に苦しめられても、その苦痛を忍んでわが志《こころざし》を挫《くじ》くことなく、一寸の兵器を携えず片手の力を用いず、ただ「正理」を唱えて政府に迫ることにあるとする。福沢はここにこそ文明を進める一命のなげうち方があるというのであるが、その舌峰の鋭さが守旧派を痛く刺激し、彼らは同編で直接には言及されていないにもかかわらず福沢の楠公への攻撃と受け取った。

福沢への批判はやがて直接に福沢のもとに届く脅迫文書となり、さらには身辺へ危難すらも迫るようになったという。福沢自身は自分の道楽ゆえの始末であるから、命を取られても自業自得であると述べたというが、事態は切迫しており、「慶応義塾五九楼仙万」のペンネームのもとに長文の弁明書「学問のすゝめの評」をしたためざるを得なくなった。その中で福沢は、「古《いにしえ》はこれをもって義となし、今はこれをもって狂となすは何ぞや」と問い、「時勢の沿革なり、文明の前後なり」とそれに答える。物事の判断にはそれが行われる時代と場所とを考慮のうちに含めなければならない。忠臣義士の尊いゆえんはその志にあるが、今日においてその働きの外形だけをまねて一死をなげうつことで足りるとするのは誤りであるとした。この弁駁文が新聞に掲載されたことにより、「物論漸《ようや》く鎮まりて爾来《じらい》世間に攻撃の声」(『福沢全集緒言』)も影をひそめるに至った。

なお、福沢の権助の首くくりの譬えは、『論語』(憲問編)の管仲の故事に由来するものであるとの見解がある。［岩谷十郎］

▼学問のすゝめ

参考 『考証』上。伊藤正雄校注『学問のすゝめ』講談社、二〇〇六年。伊藤正雄「赤穂不義士論と楠公権助論の由来について」『福沢諭吉論考』吉川弘文館、一九六九年。

慶応義塾五九楼仙万「学問のすゝめの評」
けいおうぎじゅくごくろうせんばん「がくもんのすすめのひょう」

『学問のすゝめ』の六編「国法の貴きを論ず」と七編「国民の職分を論ず」とは対をなす論説で、そこではウェーランドの民約論を背景にした福沢諭吉の国法観が展開される。その議論の過程で福沢は、封建道徳の鑑とされた敵討ちを「私裁」として厳しく論難し（いわゆる「赤穂不義士論」）、また、忠臣義士として古来から讃えられている者の多くが「文明に益」すること少なく、主人の金一両を失ってその申し訳のなさからみずから首をくくった下男権助と大差がないとの福沢の論旨について、世論はこれを南朝最大の忠臣楠木正成を非難したものであると受け取った（いわゆる「楠公権助《なんこうごんすけ》論」）。そのため福沢は激しい批判の対象となり、また脅迫状も送りつけられ、身の危険さえ感じられるようになったという。

◉弁明記事を揶揄する錦絵（明治七年）

　上記のような、みずからの所論への世論の批判に対する弁明（反批判）として、福沢が慶応義塾五九楼仙万のペンネームのもとに草したのが、「学問のすゝめの評」（『福沢全集緒言』）である。これは、明治七（一八七四）年一一月五日付の『郵便報知新聞』第五〇〇号付録として発表され、その後七日付の『朝野新聞』、九日付の『東京横浜毎日新聞』に投書として掲載された。字数にして五千字弱、その七割五分が「楠公権助論」をめぐる駁論に充てられている。

　この弁明書の中で福沢は、楠公のことは『学問のすゝめ』の中で直接言及されてはいないし、ましてや権助と同一であるとも述べられていないと切り返す。「古に在《あっ》ては忠死」したと讃えられる忠臣義士が、「今に在ては徒死」したとされるのは、そこに「時勢の沿革」と「文明の前後」を知るからである。すべて時代と場所によって事物の有様と評価視点が変わるとの、福沢の相対的・複眼的思考がそこにはある。したがって、一四世紀の南北朝争乱期の楠公の「誠意」は「千万年も同一」だとする者が、その「働き」もまた文明開化の明治年間にあって同一であるべきと主張することは、「未だ公の人物を尽さずして却《かえっ》て之《これ》を蔑視する者」であると福沢は手厳しく応酬している。

［岩谷十郎］

▼学問のすゝめ

参考『著作集』三、解説（西川俊作）。佐藤きむ訳『学問のすすめ』角川書店、二〇〇六年、解説（坂井達朗）。

明六社　めいろくしゃ

　明治六（一八七三）年七月、米国から帰国した森有礼の発議によって結成されたわが国最初の学術団体。

　森は「一は学問の高進を謀り、一は道徳の模範」を立てようと「ソサエチー（society）」の設立を提案し、そのひとつが「学術文社中」としての明六社であった。翌年二月、明六社は制規を制定して近代的な知識人集団として正式に発足している。社則は森の草案をもとに、西村茂樹や西周《あまね》の意見を汲んで拘束性の緩い、自由な発論を尊重した。

社の目標は第一条〈主旨〉に「我国ノ教育ヲ進メンガ為ニ有志ノ徒会同シテ其《その》手段ヲ商議スルニ在リ　又同志集会シテ異見ヲ交換シ知ヲ広メ識ヲ明《あきらか》ニスルニ在リ」とある。当初、社長には福沢諭吉をとの意見もあったが、福沢が固辞し、初代社長に森有礼が就任している。森と西村の二人が「老学士」「都市の名家」として呼びかけたのは中村正直（敬宇）、福沢諭吉、津田真道、加藤弘之、西周、箕《み》作《つくり》秋坪《しゅうへい》、杉亨二、福羽美静、杉浦弘蔵（畠山義成）、箕作麟祥の一〇名である。これに森と西村を加えた人びとが「立社ノ本員」とされ、役員として世良太一、清水卯三郎の参加を得て本格的な活動を開始した。

明六社の活動は月二回、築地二橋精養軒を会場とした定例会と、そこでの発論を記録、出版した機関誌ともいうべき『明六雑誌』全四三冊の刊行に集約される。定例会での発論や議論は、都市に留まることなく、郵便制度の実施と前島密が社長を務める報知社の支援を得て、広く地方へも伝播した。『郵便報知新聞』は明六社の活動をしばしば記事にし、『明六雑誌』の広告を掲載し、前金による割引制度を設けて定期購読者の確保と地方配送を請負った。その議論は都市＝中央から地方へ伝播され、高知の民権家植木枝盛など地方の知識人層を発掘した。投書欄の議論は、紙上討論ともいうべきディベートの場を提供することになり、さらに不特定多数の読者層の参加を得ることになった。スピーチを「演説」と訳し、ディベートを「討論」と訳した福沢は、例会において率先してみずから演説の範を示し、社内の議論は活性化した。

しかし、明治八年九月一日の例会に提出された福沢の「明六雑誌の出版を止るの議案」の演説が、明六社活動の事実上の終焉宣言となった。社員の多くが時の政府に仕える明六社の人びとにとって、同年の讒謗律と新聞紙条例の発令は社員の自由な発論を直撃し、「一社一身」での発論は不可能とした。「ソサエチー」としての明六社は、伝統的な儒教的思考からの解放とともに、個人の集合を前提にした、いわば新しい型の知識人集団結成への道標を示したといえる。［戸沢行夫］

▼加藤弘之　▼杉亨二　▼中村正直　▼西周　▼箕作秋坪　▼森有礼

参考『明治文化全集』第五巻、雑誌編、日本評論社、一九六七年。『明治文学全集3　明治啓蒙思想集』筑摩書房、一九六七年。戸沢行夫『明六社の人びと』築地書館、一九九一年。

『文明論之概略』の執筆

「ぶんめいろんのがいりゃく」のしっぴつ

福沢諭吉の代表作『文明論之概略』（以下『概略』）は、明治七（一八七四）年二月頃までにおよその枠組みが考えられ、同年三月頃に執筆開始、翌八年四月頃に脱稿、同年八月二〇日に発売された。

執筆時期について、福沢は八年四月二

四日付で旧中津藩重役であった島津復生に、脱稿直後の『概略』の写本を送り、同書は前年の七年三月頃より書き始めたと述べている。また、執筆開始前後の七年二月二三日に高弟の荘田平五郎へ送った手紙では、この年にはすべてのことをやめて「読書勉強」するつもりだと記しているが、これも執筆に取り掛かる意向を示すものと考えられている。なお、「明治七年二月八日初立案○二月廿五日再案」の日付がある「文明論プラン」と題する草稿には、『概略』の内容に相当する覚書が記されており、この頃、およそのプランがまとまっていたことが分かる。

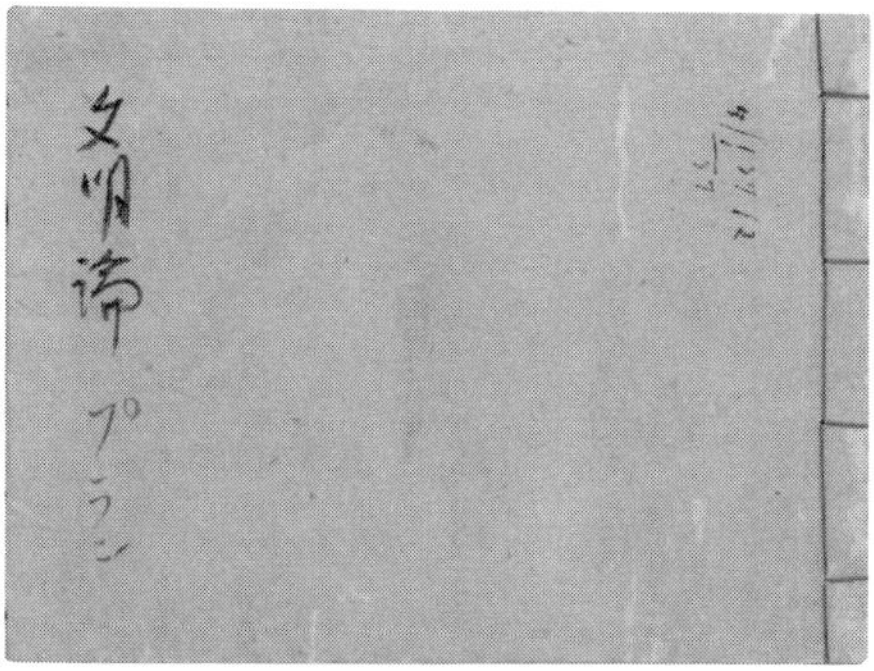

◉「文明論プラン」表紙

　しかし、当初から『概略』の完全な構想ができていたわけではない。右の島津宛書簡では、途中で執筆を中断し「原書」を読み、また筆をとりまた本を読み、という執筆過程であったと述べている。福沢が使用した洋書への書き込みからも、ギゾー、バックル、ミルなどの「原書」を読みながら、構想を深めつつ執筆していたことが想像される。また、残存している草稿からは、新たな章を書いてはすでに書いた章を書き改めることもしばしばで、多い章は四回、平均しても三回ほどは書き直していたことが分かる。なお本書の「緒言」の日付は、全章の草稿が一応揃った頃の八年三月二五日であるが、それ以降も五つの章が書き改められている。さらに「緒言」によれば、慶応義塾の同志に意見を求め、それが役立ったことも少なくなかったという。特に、小幡篤次郎には草稿を読んでもらい、その指摘により改善された点が多い、と感謝の意を示している。以上のような過程は、まさに「読書勉強」を重ね、知友の意見を聞きながら、全力を傾けた執筆であったことを物語っている。

　本書は、前述の荘田宛書簡や三〇年に書かれた『福沢全集緒言』によれば、それまでの「翻訳」による西洋文明の「一節ずつの切売」をやめて、西洋文明の一般理論をアジアとの比較の観点から示すことを意図したものであった。『概略』執筆最中の七年一〇月に高弟馬場辰猪へ送った手紙では、福沢は、当時を維新以来の「マインドの騒動」がなお収まらない状況と捉え、この機会に「旧習の惑溺を一掃して新しきエレメントを誘導し」、「民心の改革」をしたいと述べている。同時に「マインドの騒動」は続いているものの、「世態漸《ようや》く定まりて人の思案も漸く熟する時」(『福沢全集緒言』)となったとも認識しており、一般理論を示し「新しきエレメントを誘導」できる好機とも考えていたようだ。執筆時期の選択には、時論家福沢の鋭い時代感覚もみるべきであろう。

なお本書は、ほかのすべてをやめて取り組もうとした執筆であったが、現実には、この間の七年二月から八年四月には、『学問のすゝめ』六編から一四編を刊行し、七年二月に創刊した『民間雑誌』に七編の挨拶文や論説を書き、明六社の『明六雑誌』にも二編のスピーチ原稿と論説一編を寄稿した。また、七年五月には母が逝去し、六月には三田演説会を発会させている。『概略』は、このような身辺多事の中で、それにもかかわらず思考を集中して執筆された著作であった。　［小室正紀］

▼『文明論之概略』講義の広告　▼文明論之概略

参考『書簡集』一。中井信彦・戸沢行夫「『文明論之概略』の自筆草稿について」『年鑑』(二)一九七五年。『文明論之概略』岩波書店、一九九五年、解説(松沢弘陽)。進藤咲子『『文明論之概略』草稿の考察』福沢諭吉協会、二〇〇〇年。『著作集』四、解説(戸沢行夫)。

『文明論之概略』講義の広告
『ぶんめいろんのがいりゃく』こうぎのこうこく

明治一一(一八七八)年一〇月一日付の福沢諭吉による自著の講義(講義所講義)の広告。毎月一〇日の午後三時半より、慶応義塾内万来舎で福沢が自著の内容について講義すること、初回は一〇月一〇日、教材は『文明論之概略』とすることが記されている。興味深いのは聴講者を慶応義塾の学生に限定していないことで、聴講料は義塾の学生は無料、その他は月一円としている。冒頭に、「人の著書を読めば固《もと》より不審なきを得ず、著者も亦《また》書中に意を尽《つく》さざるもの甚《はなは》だ多し」とあるのを見ると、『文明論之概略』が最初の教材に選ばれたのは、それ以前に刊行された啓蒙的な著作類に比べて読者からの質問が多かったからなのかもしれない。ただ、現在の市民講座の先駆けとも目されるこの意欲的な試みも長続きせず、一三年頃には自然消滅したようである。　［堀和孝］

参考『全集』一九。『百年史』上巻。『考証』下。『義塾史事典』。

覚書
おぼえがき

福沢諭吉が読書や執筆をする際にしたためたもの。『文明論之概略』執筆後の福沢の読書ノートであるが、部分的には自著の再考再確認の意味合いの覚書もある。昭和二六(一九五一)年『世界』二、三月号において初めて紹介された。半紙判二〇行青罫紙五〇枚を綴った茶色表紙の帳面に無造作に書かれている。「明治八年秋九月　福沢諭吉」の自署が表紙にあり、本文三五枚目表半丁に、「十四年十月廿四日より」と「読地方凡例録」の下に記されている。また別紙折込文が明治一五(一八八二)年の『時事新報』の漫言の原型であることから、明治八年から一五年にかけて記されたものであることが分かる。

何といっても興味深いのは福沢の読書・思索の跡を直に伝えていることである。特に八年五月一三日から翌三月一四日に読んだスペンサー『社会学研究』への覚書が、途中ミル『功利論』の読書を挟んで記され、さらに九年五月一〇日から翌年六月二七日にかけて読んだスペンサー『第一原理』第二版への覚書、同年六月二四日から七月二五日かけて読んだトクヴィル『アメリカのデモクラシー』第一巻への覚書が記されていることは注目に値する。これら三文献の覚書は「覚書」全体の大部分を占めており、またそれらの手沢本への書き込みと覚書は照応するところも多く、福沢が並々ならぬ態度で三文献に取り組んでいることが分かる。書き込みがもっとも多いミル『功利論』は、余白への覚書で事足りたと思われ、改めて転写していない。

「覚書」はどこまでも覚書であるので、公刊された著作との考証をふまえなければならないが、福沢理解をよりいっそう深めてくれるものである。とりわけ明治一〇年という西南戦争の時期と重なっている覚書が大部分であるので、福沢が時代に対してスペンサーやトクヴィルからいかなる知的糧を得ているかを考察するうえできわめて重要である。例えば福沢は西南戦争の近因のみならず遠因をも考察するため、久保之正『論語道国章解』という一九世紀初頭文化年間に執筆された薩摩藩論を読み、薩摩が「藩政の大綱は専制なれども、藩士相互の細目は自由自治の風あり、恰《あたか》も自由の精神を以て専制の君に奉じたるものなり。薩兵の強きは特にこの自治自動仲間申合せの致す所なり」と記す。そしてトクヴィルのカトリックが平等に寄与しているとの説に傍線を引き着眼して、「カトリキ宗の同権を論じたり。その旨暗に本論に符号する所あり。トウクビルは先《ま》ず余が心を得たるものなり。専制の下に同権の人民あるべし。間違なき議論なり」と付け加え頭書している。そうして著わしたのが「薩摩の友人某に与《あたう》るの書」であり、「明治十年　丁丑公論」であった。「覚書」は福沢の思考経路を辿るうえできわめて興味深いものを読む者に提供してくれる。慶応義塾蔵。

［安西敏三］

▼英書手沢本　▼読書

参考『全集』七、後記。安西敏三『福沢諭吉と西欧思想—自然法・功利主義・進化論』名古屋大学出版会、一九九五年。同『福沢諭吉と自由主義—個人・自治・国体』慶応義塾大学出版会、二〇〇七年。丸山真男『福沢諭吉の哲学　他六編』岩波文庫、二〇〇一年。

民間雑誌　みんかんざっし

明治七(一八七四)年二月に福沢諭吉によって創刊され、一時中断後一一年五月まで慶応義塾出版社から発行された刊行物。

当初は雑誌の形態で月三、四回の発行をうたっていたが、七年二月に第一編、

◉日刊新聞時代の『民間雑誌』（最終号）

六月に二・三編、七月に四編、翌年一月に五〜七編と不定期な刊行になり、八年六月に第一二編を出していったん終刊した。福沢は発行の目的を地方との情報交換と考えており、創刊号の緒言では、地方からは見聞したこと不審なこと人民のために願うことを寄せてもらい、地方へは洋書を調べて知り得た情報を分かりやすく伝えるよう努力すると述べている。

この内容や体裁は九年九月に創刊された『家庭叢談』に受け継がれ、同誌は一〇年四月二八日発行の第六七号から新聞の形態となって再び『民間雑誌』と改称された。八年六月までの『民間雑誌』と区別して、以後は「再刊『民間雑誌』」と呼ばれることが多い。再刊『民間雑誌』は最初週刊であったが福沢は日刊を目指し、一一年三月一日に福沢の甥でのちに三井銀行の近代化などで活躍する中上川彦次郎がイギリス留学から戻ると編集長に迎え、日刊になった。

しかし、五月一五日付の第一八五号に掲載した社説「内務卿の凶聞」で、大久保利通の暗殺事件に対して、政府はこのような犯罪にあわてぬことが重要で、ねらわれる人はほかにもあり、特に大久保だけが気の毒というわけではないと書いたことが警視局の干渉を受け、発行名義人の加藤政之助が呼ばれて、今後このような論説は書かないという請け書の提出を求められた。福沢は、そのような書類を出すくらいならば廃刊届を出すといい、五月一九日付の第一八九号をもって終刊とした。

『民間雑誌』時代の福沢論説は原則として記名で「農に告《つぐ》るの文」「旧発明の器械」「国権可分の説」など六編を、再刊『民間雑誌』になってからは記名のないものもあるが、「私の利営む可きの説」「肉食妻帯論」「婦人肥満之説」「薩摩の友人某に与《あたう》るの書」「通貨論」などを記名で執筆している。

［西澤直子］

▼家庭叢談

参考 『伝』二―二五編。西沢直子「「民間雑誌」編集長中上川彦次郎の書翰について」『研究』（一二巻）一九九五年。

家庭叢談　かていそうだん

明治九（一八七六）年九月から慶応義塾出版社より発行された雑誌。七年二月に発刊され八年六月まで続いた『民間雑誌』の後継誌。

福沢は家庭という文字を雑誌名につけた理由について、「家内」のことのみを記すという意味ではなく、たくさんの雑誌新聞が刊行されていても、雑報欄などの文面が「きたなく」親子では読めないものも多い。そこでこの雑誌は、大事小事を問わず、「家の内」で読み、朝夕親子で話の種になるようなものを記載するからであると緒言に記している。月一〇回の発行で、九年九月一三日付第一号から翌年三月三〇日付第六六号まで続き、四月五日に号外を出して、第六七号から新聞形態の『民間雑誌』となった。

『家庭叢談』は無記名の原稿も多いが「世帯の事」「教育の事」「姓名の事」や「富民教育の文」「学問を勧む」など、のちに『福沢文集』に収録された論説や「福沢諭吉随筆」と明記された論説も掲載されている。

〔西澤直子〕

▼民間雑誌

参考『伝』二―二五編。西沢直子「「民間雑誌」編集長中上川彦次郎の書翰について」『研究』(一二巻)一九九五年。

◉『家庭叢談』表紙

演説の創始

三田演説会　みたえんぜつかい

演説と討論の方法の開拓と実践のために、福沢諭吉、小幡篤次郎、小泉信吉《のぶきち》ほか合わせて一四名の人びとにより明治七(一八七四)年六月二七日、慶応義塾内に発足した組織。福沢は演説と討論の意義について、『学問のすゝめ』一二編前段の「演説の法を勧《すす》むるの説」や『会議弁』などに述べるほか、さまざまな機会に論じ、人びとがみずから思うところを的確に話す能力を備えることの重要性を指摘している。

三田演説会は当初、厳格な会員制度をとっていたが、一〇年代の初めにそれは自然消滅したらしく、やがて塾生も演壇に立つようになっている。定期的に例会を開催し、八年五月一日の演説館開館以後はその一部が一般にも公開された。九年四月の第八〇回までは、主としてディスカッション、ディベートなどの討論会が行われ、演説や討論の仕方、あるいは演説会の形態などについての議論と試行が繰り返され、また時事問題その他の多くのテーマが論じられた。その後、討論会は行われなくなり、毎回、数人の登壇者がそれぞれの演題でスピーチをする形式となった。一〇年四月二八日には第一〇〇回の演説会が開かれ、それを記念して福沢は、洋学の歴史と三田演説会発足の経緯を回顧する演説(「三田演説第百回の記」)を行っている。一〇年代前半期は自由民権運動の勃興期とも重なり、特に一三年四月の集会条例公布以前においては政談演説が盛んであって、義塾内外の多くの聴衆を集めた。一一年以後、年頭の三田演説会席上で、「試文々題」に応慕した塾生の優れた作文を表彰する「試文褒賞」を行うことが恒例となっている。演説と並んで、洋学塾として洋書の講読や翻訳に留まらない幅広い教育の実践が意図されたものである。

一〇年代末から二〇年代に入ると断続的に数か月の休会期間が生ずるようになり、二三年一〇月には新たな規則を定めて立て直しが図られ、福沢の没する三四年二月までに、ほぼ四〇〇回の会を重ねた。福沢は初期の討論会以来終始熱心に参加し、その登壇記録は二三〇回を越えている。

三田演説会は、演説、討論の意義を慶応義塾の枠を越えて広く一般に伝え、その公開によって欧米先進国の諸思想を広く紹介する場となり、さらに現実の日本の政治や社会を批判する場ともなった。また、演説会に参加して演説、討論の体験を重ねた多くの人びとが全国に広がり、さまざまなレベルにおいて日本の近代化にかかわった。関係資料として「三田演説日記」などの記録が慶応義塾に所蔵され、『三田演説会資料』に翻刻集成されている。なお、三田演説会は慶応義塾における特別な意味を持つ講演会として現在も年二回開催されている。

〔松崎欣一〕

参考 松崎欣一『三田演説会と慶応義塾系演説会』慶応義塾大学出版会、一九九八年。『三田演説会資料（改訂版）』慶応義塾福沢研究センター資料4、二〇〇三年。『全集』四。

演説の法を勧るの説
えんぜつのほうをすすむるのせつ

明治七（一八七四）年一二月に刊行された『学問のすゝめ』一二編前段の論説。演説をし、談話、討論すること、つまり人に話をすること、人と話し合うことは、単にコミュニケーションの手段に留まらず学問の方法としてもきわめて重要であることを論じている。

冒頭に、「演説とは英語にて「スピイチ」と云い、大勢の人を会して説を述べ、席上にて我《わが》思う所を人に伝《つたう》るの法なり」とある。続いて、西洋諸国では議会、学者の集会、商人の会社、市民の寄合いなど人の集まる機会があれば、かならずその会合の趣旨を述べ、あるいは個々人の思いを積極的に披露するという習慣があるが、わが国にはそのような機会は寺院の説法ぐらいしかない。近年、議会の必要が説かれているが、これでは議事討論の習慣のないところに議会が開かれることになり用をなさないであろうと述べている。ついで、「学問の要は活用に在る」のであって、読書のみに留まらず、知識を交換し、よりその質を高める方法の一つとして、演説あるいは談話、演説会の必要が説かれている。すなわち、「ヲブセルウェーション」（事物を「視察」すること）、あるいは「リーゾニング」（事物の道理を「推究」して自説を生みだすこと）、そして読書により集められた知見を、人との談話により「交易」し、また著書としてまとめ、人に向かって演説することにより「散ずる」こと、そこにようやく学者の得た知見（知識）が学者個々人のものに留まらずに社会全体の共有のものとなって活用されるようになり、初めて真の学問が成立する。そして、そのことによりわが国民の見識を高め、「高尚の域」に至ると述べ、さらに一二編後段の「人の品行は高尚ならざるべからざるの論」に続けられている。

［松崎欣一］

参考 松崎欣一『三田演説会と慶応義塾系演説会』慶応義塾大学出版会、一九八九年。

演説館　えんぜつかん

演説、討論の実践のための会堂として、慶応義塾構内に福沢諭吉の私財「二千何百円」を投じて建設された施設。三田演説会その他の会合の会場として使用された。明治八（一八七五）年五月一日に開館式が行われた。当時ニューヨーク駐在の副領事であった富田鉄之助から福沢のもとに送られてきた諸種の会堂の図を参考に設計された和洋折衷の建造物である。

床面積五八坪余（一九二・一六㎡）、木造二階建て、瓦葺き寄せ棟造り屋根、板瓦貼りなまこ壁の外壁で、ガラスをはめた洋風の上げ下げ窓があり、玄関にはポーチが付属している。玄関を入ると正面に演壇があり、その背後はゆるやかな曲面の壁となっている。中央の聴衆席は二階まで吹き抜けとなり、二階の左右と後方はギャラリーとなっている。

◉演説館内部（明治末頃）

開館式には聴衆四〇〇余名を前に、福沢、小幡篤次郎、藤田茂吉、和田義郎、松山棟庵ほか合わせて一五名の祝賀演説が行われている。福沢は、今日ここにわが日本で古来設けられることのなかった「集会席」が設けられ、行われることのなかった「演説弁論」が行われるという、旧来の習慣にないことが始まるが、「文明の発達」は習慣を破ることに始まる、と演説している。

後年、福沢は「慶応義塾の演説館はその規模こそ小なれ、日本開闢以来最第一着の建築、国民の記憶に存すべきものにして、幸に無事に保存することを得ば、後五百年、一種の古跡として見物する人もあるべし」（『福沢全集緒言』）とも述べているが、大正四（一九一五）年に東京府史跡、昭和三五（一九六〇）年に東京都重宝、四二年に国指定の重要文化財に指定された。現在もなお三田演説会、名誉学位授与式など特別行事の会場として使用されている。

［松崎欣一］

参考 松崎欣一『三田演説会と慶応義塾系演説会』慶応義塾大学出版会、一九九八年。『三田演説会資料（改訂版）』慶応義塾福沢研究センター資料4、二〇〇三年。

万来舎 ばんらいしゃ

慶応義塾の教職員や学生に限らず、だれであっても自由に出入りし、談話や議論、囲碁将棋などを楽しむために設けられた場所。最初の建物は明治九（一八七六）年一一月に、前年に開館した三田演説館と廊下で結ばれて建てられた。名前は福沢諭吉と親交のあった東京大学法学部教授井上良一の発案で、「千客万来」に由来し、『家庭叢談』二七号に掲載された小幡篤次郎の「万来舎の記」には、「舎を万来と名《なづ》けたるは衆客の来遊に備うればなり」とある。

この建物は二〇年頃に取り壊された。しかしその後大正六（一九一七）年に、福沢が明治二〇年頃に外国人教師のために建てた和洋折衷の建物に教職員クラブ兼学生集会所が設けられると、同建物が万来舎と呼ばれるようになった。これは昭和二〇（一九四五）年三月、空襲に備え取り壊された。戦後その地に建てられた第二研究室やその中にあるイサム・ノグチ設計による一室（ノグチ・ルーム）も万来舎あるいは新万来舎と呼ばれた時期があった。現在では三田キャンパス南館屋上に移築された旧第二研究室の一部が、万来舎の名を継承している。 ［西澤直子］

▼ヴィッカース・ホール　▼交詢社発会準備

協議社・猶興社・精干社 きょうぎしゃ・ゆうこうしゃ・せいかんしゃ

明治一〇（一八七七）年前後の慶応義塾内に塾生を中心として結成された演説グループ。教場、演説館などで熱心に演説会、討論会活動を行い、その成果を新聞、雑誌へ投稿するなどしていた。

協議社は福沢諭吉の勧めで九年末までには発足している。福沢は「当世有用の文章、演説、筆算、簿記等、何事をも兼ね得る人」を育てるため、「塾中又党を結んで大《おおい》に勉強しては如何」との趣旨の回状を主立った塾生に示した。メンバーに尾崎行雄、加藤政之助、桐原（河野）捨三、波多野承五郎らの名があり、『家庭叢談』『民間雑誌』『郵便報知新聞』などに投稿をしている。

猶興社は犬養毅、林（伊藤）欽亮《きんすけ》、村井保固、永井好信、高島小金治らにより一二年春に発足した。犬養が『交詢雑誌』二五号（明治一三年一〇月五日刊）に寄せた「条約改正論」は、英字週刊新聞『東京タイムス』の条約改正論文の募集に応じた猶興社の活動の成果のひとつである。

精干社は一二年一二月に発足。同月一四日に福沢に献呈した社員集合写真（慶応義塾蔵）には渡辺修、枝元長辰、高橋正信、梅木忠朴、森田勝之助ら一九名の名が記されている。 ［松崎欣一］

参考 松崎欣一『語り手としての福沢諭吉』慶応義塾大学出版会、二〇〇五年。『森田勝之助日誌』慶応義塾福沢研究センター資料1、一九八五年。『伝』二―三〇編。

議事演習会（会議講習会）
ぎじえんしゅうかい（かいぎこうしゅうかい）

議事、討論の実習のために慶応義塾内で行われた模擬議会(擬国会)の試み。明治一三(一八八〇)年二月二二日付の鎌田栄吉に宛てた福沢諭吉書簡に、「会議講習会」(議事演習会)の結成をうながす文言がある。同じく福沢による「慶応義塾会議講習会規則」草案の前文には、「今後我日本に於て、事大小の差なく、又官私の別なく、一切万事会議公論を以て成る、固《もと》より疑を容れず」とあり、議事演習の必要が説かれている。

一三年三月六日に第一回が開かれ、現存する「議事演習会記録　二」には、一三年七月から翌年三月までに四回分の演習会の記録がある。憲法案の逐条審議、演習会の社則改正などの議題について、議員番号を持った参会者と政府委員ないし提案者との間の質疑応答が具体的に記されている。鎌田によれば、福沢も議長を務め、塾生森常樹から議長の発言が多すぎるのは問題であると指摘されたことがあったという。すでに、明治七年二月二三日付の荘田平五郎宛書簡で福沢は慶応義塾内で行われている演説、討論の実践は、いずれ近くできるであろう「民撰議院」などで、「義塾の社中に限り明弁流るるが如しとて、落《オチ》を取らんとするの下拵《したごしらえ》なり」と述べていた。三田演説会の初期に盛んに行われていた討論会が、国会開設請願運動の高まりなどの機運もあいまって、より実際的なかたちで復活したものであろう。

会がその後、いつ頃まで存続したのかは不明である。三二年二月に、塾長を会長とし、学生や卒業生による「時事問題等を攻究し且つ議事法を練修する」ことを目的とする議事倶楽部が結成され、三五年三月までに合わせて三回の擬国会を開催した記録が残されている。［松崎欣一］

参考 松崎欣一『三田演説会と慶応義塾系演説会』慶応義塾大学出版会、一九九八年。『三田演説会資料(改訂版)』慶応義塾福沢研究センター資料4、二〇〇三年。『百年史』中巻。『鎌田栄吉全集』第一巻、一九三四年。『全集』一九。

明治会堂
めいじかいどう

演説、討論の場を慶応義塾外にも設ける必要を感じていた福沢諭吉が、東京京橋区木挽町(現中央区銀座三丁目)の由利公正の所有地を買い取り、そこに新たに建設した演説会堂。

明治一三(一八八〇)年七月、小幡篤次郎、馬場辰猪、矢野文雄、早矢仕《はやし》有的《ゆうてき》、中村道太、藤田茂吉、箕浦勝人ら十数人にはかって立案し、九月に着工、翌年一月に落成した。福沢の父百助の妹国《くに》の孫にあたる藤本寿吉が設計した。藤本は明治二年に義塾入学、のち工部大学校に転じた。第十五国立銀行や義塾の煉瓦講堂の設計にも当たっている。一四年一月一九日付の松岡文吉宛福沢書簡によれば、広さ二〇〇坪、建設費用二万円余、収容人員千余人、「現今の処にては東京第一広きルームなり」とある。交詢社の一周

◉明治会堂での演説会を描いた錦絵(明治一四年)

年会や、明治政談演説会、経世社、豈好《がいこう》同盟、東洋議政会など主として慶応義塾系の諸団体の演説会が頻繁に行われ、また立憲改進党の結党式などが行われた。

しかし、一四年一二月九日付犬養毅宛書簡に記された福沢の言によれば、実際に行われた演説では、ただ「暴説」を吐き、あまりに「漠然たる愚論」を演じて人に無学視されるようなことが目立つようになったこと、また一五年一二月二六日付大隈重信宛書簡にあるように、維持費が予想外にかさみ負債の利子が増大して際限ない状態になったことなどから、会堂の処分が検討され、一五年末には農商務省に買い上げられ、一六年七月には大日本農会、水産会、山林会の会議室として引き渡され、一七年四月には厚生館と改称して物産陳列所のような施設に転じた。　[松崎欣一]

▼演説館

参考 鈴木安三「明治会堂考」『手帖』(八九号)一九九六年。松崎欣一『三田演説会と慶応義塾系演説会』慶応義塾大学出版会、一九九八年。

幼童演説会　ようどうえんぜつかい

慶応義塾の塾生のうち一二〜一五歳くらいの童子科生が演壇に立った演説会。第一回が明治一四(一八八一)年四月二日に演説館において開かれた。同年三月三一日付『郵便報知新聞』広告欄に、覚前《かくぜん》政蔵、福沢捨次郎など一〇名の演説者の名と演題が開催日と共に告知され、合わせて演説会開催の趣旨が次のように記されている。

慶応義塾では多年、読書のかたわら演説討論の修練にも努めてきたが、今回特に幼少の生徒に、聴衆の面前でその技倆を披露する機会を与えることにした。生徒の父母はむろんのこと、世間の教育に志ある人はぜひとも来聴され、子どもたちの演説に励ましの拍手を送ってほしい、という。

第二回(七月二日)、第三回(一〇月一五日)の告知記事も残され、これらの演説者のうち数人は三田演説会にも名を連ねている。その後、継続して行われたか

については確認できない。　〔松崎欣一〕

参考 松崎欣一『語り手としての福沢諭吉』慶応義塾大学出版会、二〇〇五年。

福沢の演説　ふくざわのえんぜつ

福沢諭吉が演説をする機会は、三田演説会、慶応義塾内での式典や塾生向けの集会、慶応義塾の同窓会や卒業生のかかわる各種の集会、交詢社の総会や随意談会、明六社や東京学士会院の会合などさまざまにあった。その演説は『時事新報』の社説や『交詢雑誌』の論説などとして直後に公表されることが多かったので、残されたテキストから内容を具体的に知ることができる。演説草稿が残されているもの、当時実用化が始まったばかりの速記法による記録が残されているものもある。それらから、福沢の演説は多くの場合に事前の準備として草稿が用意されること、実際に行われた演説は日常語を駆使した口語文体で一見、自由奔放に話題が展開しているかにみえるが、あらかじめ用意された草稿の論旨とその展開をかなり忠実に追っていることが分かる。

演説を直接に見聞した人びとの回想も残されている。石河幹明は福沢の演説について、演壇に立つとまず笑顔で会場を見渡し、懐から草稿を出してテーブルの上に広げ、両腕を組んでゆっくりと話し始める。身振り手振りなどはせず、芝居の台詞めいたつくり言葉も使わない。談話的に諄々と話を進めるなか、聴衆を大いに笑わせるユーモアを交えるかと思えば、また寸鉄はらわたをえぐるような警句も出る。ときには彼奴《きやつ》とか、ばかやろうなどといった乱暴な言葉も出て、聞く者を飽きさせない面白いものであったと述べている。

高橋義雄は、福沢の演説は座談的で始終腕を組んでいる癖があり、聴衆に向かってあたかも質問するがごとく疑問を投げ掛け、首を横に傾けてしばらく間を置いてそこでこれを説明するという風であったが、まことに平易な言葉を使ってだれにでもよく分かると語っている。また、ときには明治一五（一八八二）年三月一一日の第一八五回三田演説会における「僧侶論」のように、僧侶の不品行を批判して大鉄槌を下しほとんど叱咤するような勢いで演説し、また、あるいは高野長英ら蘭学先進者たちの事績をしのんで、ほとんど落涙せんばかりに声を曇らして感情を露わにした演説をすることもあったと述べている（「福沢先生に就て」）。

松永安左エ門は、福沢の演説は譬えを引くことが当意即妙で、実に上手であった。ごく卑俗な例を引いて高遠なる心持を現すことを工夫していた。これは福沢の「天才」であったろうと思うと述べている（「福沢先生の思出」）。福沢の演説は壇上から一方的に訴えるようなものではなく、巧みなレトリックと聞き手の関心を引きつける力のある言葉を駆使して聴衆の懐に入り込み、かつきわめて分かりやすいものであった。　〔松崎欣一〕

参考 松崎欣一『語り手としての福沢諭吉』慶応義塾大学出版会、二〇〇五年。高橋義雄

「福沢先生に就て」『評論』（四〇四号）一九三一年。松永安左エ門「福沢先生の思出」『評論』（四七五号）一九三七年。『伝』四―四七編。

実業の奨励

福沢屋諭吉　ふくざわやゆきち

明治二（一八六九）年、福沢諭吉が書林組合に加入した際に登録した屋号。

福沢は偽版対策のためと、従来の書林が出版元としてかなりの利益をあげていたことに対する著作者としての不満から、出版事業の自営化に乗り出した。江戸時代の慣行として、著作者は草稿を執筆するのみで、その後はすべてを書林に一任していた。具体的には版下書き・版木彫り・版摺り、製本、売捌きの全工程と、職人の雇用、製本用紙の買入れ、値段の設定までを含めて、書林が取り仕切っていて、著作者は書林のいいなりになっていた。このような状況の中で、福沢は数寄屋町の紙問屋鹿（加）島屋から土佐半紙を千両の即金で買いつけて、芝新銭座にあった慶応義塾に引き取り土蔵に積み込んだ。次に書林から版摺り職人を貸してもらい、何十人も集めて仕事をさせ、その職人から業界の内部事情を聞き出し、版木師や製本仕立師も次々と引き抜いて、最終的には全工程を福沢の直轄下に組み込むことに成功する。その一方で既得権益を侵害された書林から苦情が出てくることを見越して、書林の問屋仲間に加入することにした。そのときの屋号が、福沢屋諭吉である。

同年一一月、以前から福沢の出版を引き受けていた尚古堂主人の岡田屋嘉七を保証人・身元引受人として、福沢から書林の問屋仲間に証文が差し出され、一二月の『書物屋仮組連名帳』には、新加入の福沢屋諭吉の名が記されている。現場では旧中津藩士の八田小雲と松口栄蔵が監督に当たり、八田は版下や下絵も作成し、松口はもっぱら事務を担当した。福沢は『福翁自伝』（一身一家経済の由来）の中でこの福沢屋諭吉のことを、「私が商売に不案内とは申しながら、生涯の中で大きな投機のようなことを試みて、首尾能《よ》く出来た事があります。…是《こ》れは著訳社会の大変革でしたが、唯この事ばかりが私の商売を試みた一例です」と振り返っている。福沢のもとで全行程が行われたため、慶応義塾には福沢や門下生らの著作版木が大量に伝存している。

その後、出版物の激増に伴い従来の個人商店から大規模で本格的な組織への発展を図り、出版事業を慶応義塾の教育事業と有機的に関連づけるため、五年八月に慶応義塾出版局へ発展的解消を遂げた。しかし、書林組合の名簿には福沢屋諭吉で登録され続け、最終的には八年九月三日の太政官布告一三五号により出版条例が改正されて、書林組合の年行司の権限が消失したことにより、書林組合が有名無実化し、登録名・屋号としての福沢屋諭吉も消滅した。

福沢屋諭吉はあくまでも書林組合の登録名で、実際の書物では『帳合之法』において、日記帳や商家の合併について説明する際に例として使用されたことはあるが、出版元の名称として刊本に明記された例は確認されていない。 [日朝秀宜]

▼著訳活動の展開　▼慶応義塾出版局

参考 丸山信「福沢屋諭吉」『年鑑』(五)一九七八年。伊東弥之助「福沢屋諭吉に関する小考」『手帖』(一九号)一九七九年。長尾正憲『福沢屋諭吉の研究』思文閣出版、一九八八年。

慶應義塾出版局《けいおうぎじゅくしゅっぱんきょく》

明治五(一八七二)年八月、慶応義塾内に創設された出版事業のための組織。出版物の増加に対応して福沢屋諭吉を発展させ、さらに慶応義塾の教育事業とも有機的に関連づけた。

主任は朝吹英二、局員は八田小雲・松口栄蔵・桜井恒次郎・萩友五郎・飯田平作・恩田清次・岡本貞烋《さだよし》・山口半七・穂積寅九郎・湯川頼次郎・中島精一ら、職工は二〇〇人余りを雇い入れた。福沢自身による『かたわ娘』、『改暦弁』、『帳合之法』初編、『日本地図草紙』、『文字之教』、『学問のすゝめ』二、三編を中心に、慶応義塾関係者の著書も出版し、さらには塾外の一般出版物にも手を広げていった。

六年七月二〇日付中上川彦次郎宛書簡によると、福沢は門下生の海老名晋や吉村寅太郎らに対して、所得高のわずかな官員や教員よりも商売人になるべきであり、将来の実業界進出に備えてまず出版局へ入るように勧めており、出版局を実業教育の実習の場として位置づけている。

七年一月に合資会社の慶応義塾出版社へ改組された。 [日朝秀宜]

▼著訳活動の展開　▼福沢屋諭吉　▼慶応義塾出版社

参考『百年史』上巻。長尾正憲『福沢屋諭吉の研究』思文閣出版、一九八八年。

慶應義塾出版社《けいおうぎじゅくしゅっぱんしゃ》

明治七(一八七四)年一月に慶応義塾出版局を改組してつくられた合資会社。交付された株券には中央に金額の「五拾円」、右に「筆端能く一生を経緯す」、左に「努力以て天下を富実す」と記され、周縁部分には筆と算盤と秤が描かれている。

しかし福沢諭吉自身は、「出版社」になった後もしばしば「出版局」と記して

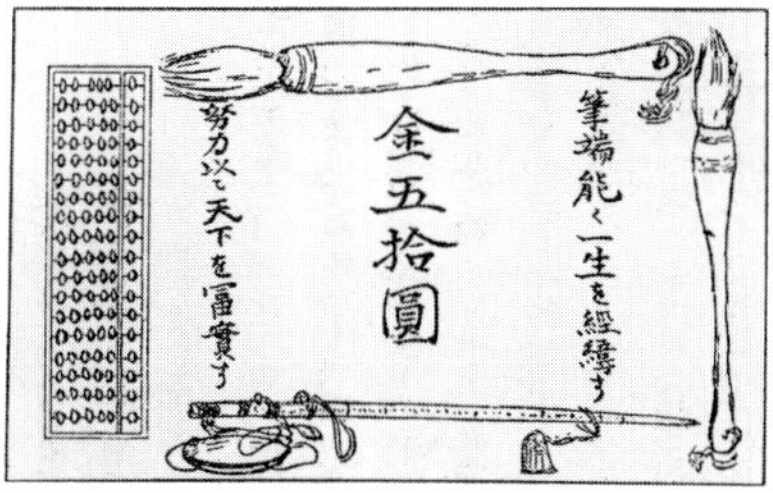

●慶応義塾出版社株券

いる。

経営の内容としては、出版物の売上高から出版諸雑費を差し引いて、その残額の九割五分を著者に渡し、五分を出版社が手数料として受け取っていた。七年頃には、印刷用紙は毎月千俵ほどの土佐半紙を仕入れて、純益は年間約七万円になった。慶応義塾関係者の著訳書をはじめ、『家庭叢談』『民間雑誌』などの雑誌、さらには警視局や東京大学医学部など塾外の刊行物も引き受けた。

福沢は慶応義塾出身者に実業を奨励していたので、出版社から資金を借りて事業に着手した者もいた。例えば、恩田清次は三田通りに松屋呉服店、萩友五郎は三田通りに鶴屋質店、朝吹英二は出版社の大阪出張所、中島精一は出版社に留まりながら書店と活版屋を兼業した。

一五年から日刊新聞『時事新報』を発行すると、一般書籍の出版事業や実業支援の金融業は中島精一に譲渡され、一七年に社名を時事新報社へ改称した。

〔日朝秀宜〕

▼福沢屋諭吉　▼慶応義塾出版局　▼時事新報

参考『百年史』上巻。長尾正憲『福沢屋諭吉の研究』思文閣出版、一九八八年。

衣服仕立局　いふくしたてきょく

福沢諭吉の出資により始められた洋服と和服の製造所で、明治五（一八七二）年に三田の慶応義塾出版局内に開業した。出資や設立の準備は同年八月から始められたが、開業は九月頃と思われる。米国製の裁縫器械を二台輸入し、主任には旧中津藩士の高橋岩路《いわじ》が就任した。

開業に先立ち同年八月付で、福沢による開業の引札「日本西洋衣服仕立せんたく」が作成された。

その商品広告文ではまず、便利な洋服が日本で普及しないのは上等で高価なことに原因があるとして、中等以下の実用品を中心に取り扱う趣意が述べられている。次に具体的な業務内容として、洋服の仕立てを中心に和服の仕立てや洗い張りも取り扱い、洗濯も引き受ける旨が説明されている。さらに、女性が男性に依存して適当な職業につかず、特に柔弱でわがままな都会の女性の悪弊を改めるために、せめて慶応義塾の社中だけでも女性に対する授産を通じて自立させることも開業の目的とされている。またこの引札の末尾には、慶応義塾構内における衣服仕立局の位置を示した図がつけられている。

洋服の生地には安価で厚地な帆木綿が使用され、朝吹英二により渋で染色されたとも、福沢の母順《じゅん》により紅梅の根で染色されたともいわれる。その一方で、福沢は京都府参事の槙村正直へサガラ木綿の仕入れを依頼し、槙村がこの注文に応じて協力したこともあった。

同年一〇月、衣服仕立局は早矢仕有的《はやしゆうてき》の丸屋商社へ譲渡され、同時に高橋も丸屋商社へ入社した。一一月より日本橋通三丁目の丸屋唐物店内で丸屋仕立店として仮営業を始め、翌六年六月からは銀座二丁目に移転した。丸屋商社への譲渡後も、福沢の出資は続けられて利益の配分を受けていた。一三年に丸屋仕立店が丸善裁縫店になった後、高橋岩路の息子の忠太郎によって高橋洋服店が開業した。

［日朝秀宣］

▼高橋岩路 ▼早矢仕有的

参考「慶応義塾衣服仕立局開業引札」『全集』一九。『百年史』上巻。西沢直子「慶応義塾における女子教育」『研究』(二四巻)二〇〇七年。

丸屋商社 まるやしょうしゃ

明治元(一八六八)年一一月、早矢仕有《はやしゆう》的《てき》により横浜新浜町に開業した書店。丸屋という名前は早矢仕が福沢諭吉らと相談して、世界(地球)を相手に商売をするという意味を込めて「球屋《まるや》」と命名、のち「丸屋」としたといわれる。翌年一月に「丸屋商社之記」が発表され、書物や医薬品などを取り扱う丸屋商社が正式に発足した。「丸屋商社之記」では、貿易と実業の必要性が述べられ、「元金社中」と「働社中」によって構成される新しい組織形態が示されている。

「丸屋商社之記」の執筆者については、『福沢諭吉全集』では福沢としているが、『丸善百年史』では沢井秀造の執筆か、

●横浜の丸善書廊(明治一九年)

早矢仕または沢井によって起案されたものに福沢が手を入れた可能性があるが確定できないとしている。

福沢にとって丸屋商社は実業の思想を具現化する存在であり、積極的に協力して濃密な関係が展開された。福沢は丸屋商社へ正規の投資のほかに多額の非常用営業資金を提供したり、丸屋商社が奉公人のための社内保険・積立預金会社として細流会社を組織した際には、積立金を保証する請合社中に名を連ねたりした。

明治一二年、丸家銀行が創立され、福沢をはじめ慶応義塾関係者や旧中津藩関係者が株主として出資した。一三年、丸屋商社を改組・改称して丸善商社となった。一七年、松方デフレや頭取の個人的融資の焦げつきなどによって丸家銀行は経営不振に陥り、このことが丸善商社の経営的危機に連鎖した。早矢仕は丸善商社社長を退任し丸家銀行の頭取に就任して再建に努めたが、二一年に破産した。

一七年の山口広江宛、早矢仕有的宛書簡には福沢自身の損害額や債権整理に関

する福沢の提案が述べられている。　〔日朝秀宜〕

▼早矢仕有的

参考『丸善百年史』丸善株式会社、一九八〇年。杉山忠平「丸善創業前後」『年鑑』(一七)一九九〇年。坂井達朗「丸屋商社と福沢諭吉・早矢仕有的・中村道太」『学燈』(九六—一)一九九九年。

天保義社　てんぽうぎしゃ

明治四(一八七一)年に政府の認可を受け、五年より活動を開始した中津藩士族の互助組織。天保期に中津藩が「御借上」と称して、藩士の禄の一部を給付せずに積み立てたものを原資とする。明治以降、その資金は学校教育や授産に使われ、二二年に中津銀行となった。

天保年間は幕府をはじめ諸藩でも苦しい藩財政を立て直すべく改革が行われたが、中津藩でも元は茶坊主であった黒沢庄右衛門を抜擢し改革に着手した。その中で、天保一〇(一八三九)年には凶作の際の減収対策として、藩士から禄高に応じてその一部を借り上げ、一一年になると家中半知令を出し、禄高の二五%を藩庫に納めさせた。こうした「御借上」はその後も続き、残存する安政七・万延元(一八六〇)年の記録では、福沢諭吉も禄の一割以上を削減されている。これは手取高の少ない下士にとっては過酷な措置であり、生活が立ち行かなくなるため、一方で借上げの一部で長年賦の貸付けも開始された。これが天保義社の始まりといわれる。

明治維新以後は「撫育会所」と呼ばれる組織に管理され、窮民救恤《きゅうじゅつ》や開墾事業などに貸し出された。廃藩に際して議論の末、本来は藩士の禄であったという見解から政府には渡さず、大蔵省に「天保義社」の名称で存続を申請し、許可を得た。

明治五年五月に「義社規則」「貸附金並預り金規則」「歩入規則」を定め、「鰥《かん》寡《か》孤独」(身寄りのない者)救済を目的に、互助活動と銀行類似業務を開始した。災害時や死亡時の無利息貸与や給付制度を整え、預金、小口の抵当貸付け、出資を行った。洋学校である中津市学校設立の際には基金を拠出し、士族授産を目的とした製糸会社末広会社へは資本金を出資した。ほかに旧中津藩士たちが設立した鶴屋商社や松屋会社などにも、少なくとも間接的には関与していたと思われる。

しかし資本金や会社という組織のあり方に対する士族間の認識の差異から、次第に運用に支障を来たすようになり、一六年には旧藩士を二分するような大きな紛擾を引き起こした。このときは最後の中津藩主奥平昌邁《まさゆき》の仲裁で収まったが、対立に巻き込まれた福沢は、一〇年の「旧藩情」執筆の頃には変化を遂げたと思っていた士族社会の前近代的な現実に向き合うことになった。その後いくつかの改革が試みられたが、結局二二年に、末広会社などとの関係を清算し奥平家の資金も引き揚げられたうえで、中津銀行に組織替えした。　〔西澤直子〕

▼三石二人扶持　▼中津市学校

参考 三木作次郎編纂・三木政治郎校閲『旧中津藩士族死亡弔慰資金要覧』一九二六年。西沢直子「天保義社に関わる新収福沢書翰」『研究』(一三巻)一九九六年。

森村組《もりむらぐみ》

福沢諭吉の薫陶を受けた森村市太郎・豊兄弟が興した貿易会社。もともと江戸の袋物商であった市太郎は、武具・馬具・雑貨商として諸藩の江戸屋敷に出入りしていたが、奥平家とも取引があり、その縁で福沢との親交が始まった。市太郎は福沢によって西洋や世界の諸事情を知り、国家の独立のために貿易による富国が必要であり、商人が国の中心にならなければならないという考え方を確立するに至った。幕末には横浜で外国商品を仕入れて江戸で販売するなどして次第に元手を蓄え、維新後は習い覚えた騎兵用洋式馬具の製造によって新政府の御用商人となり成功した。しかし、政府がこの製品を直営生産する方針に転じ、また役人の対応に嫌気がさしていたこともあり、無償で事業から手を引き、以後は、福沢の影響もあり、政府に依存しない独立自営の経営を目指した。

その後、明治四(一八七一)年頃には、年来の目標であった海外への直輸入業に進出することを考え、その準備のため異母弟の豊を慶応義塾に入学させ、外国貿易に必要な英語や簿記を学ばせた。豊が七年に卒業した後、九年に兄弟で森村組を設立し、陶器を中心とする日本製雑貨のアメリカ向け直輸入業に乗り出した。

森村組設立後ただちに豊は渡米し、一一年には森村組のニューヨーク店として森村ブラザーズを開設し、市太郎が日本で買い集めて送った商品を豊がニューヨークで小売りした。ブラザーズの経営には苦境のときもあったが、一八年頃には軌道に乗り、アメリカ全土向けの卸売業に転じた。

三二年、アメリカでの事業を支えていた豊は四五歳で病死し、森村組は大きな痛手を受けたが、その後も事業を発展させた。特に関連事業への進出には注目すべきものがあり、三〇年に森村銀行、三七年に日本陶器(のちのノリタケ)、大正六(一九一七)年に東洋陶器(現在のTOTO)、八年に日本碍子産業などを設立している。

[日朝秀宜]

▼森村ブラザーズ ▼森村市太郎・森村豊

参考『伝』二―三一編。小室正紀「書簡に見る福沢人物誌9 森村市太郎・森村豊・村井保固」『評論』(一〇七五号)二〇〇五年。大森一宏「後発後進国における企業家の役割」『福沢研究センター通信』(五号)二〇〇六年。

三河屋《みかわや》

幕末に横浜で牛肉料理店を開いていた三河屋久兵衛が、蘭学者たちの勧めによって明治初年の東京に出店した西洋料理店。最初は神田佐久間町で開業し、永富町、多町、三河町を経て美土代町に移転した。この店では明六社の会合がよく開かれ、明治一二(一八七九)年九月二日には交詢社結成の会合も開かれた。

一五年と推定される一月二九日付荘田平五郎宛書簡では、福沢諭吉は三河屋のことを「日本にて西洋料理の開山」と位置づけている。また一〇年四月二日付の早矢仕有的宛書簡により、福沢が三河屋の引札を起草したことがうかがえる。その書簡に別紙として同封されたはずの引札草稿は、早矢仕を通じて三河屋へ渡されたものと思われ現存しない。そのため文面が不明のままとなっていたが、一〇年四月一四日付の『東京日日新聞』の本紙に付された三河屋の引札が存在することが指摘されている。

その引札には「西洋料理広告」と題がつけられて、冒頭で西洋料理はけっしてぜいたくなものではないことが述べられ、三河屋久兵衛を西洋料理の開祖と位置づけて、三河屋の西洋料理を「心腹の満足」として絶賛している。そしてその文章の後に、「右の一章は或る御得意様より御送致被下《くだされ》候に付き御吹聴仕《つかまつり》候」とあり、以下に料理の値段が列記されている。

もしもこの「或る御得意様」が福沢だとしたら、引札の冒頭の文章は福沢によるものとなり、早矢仕宛書簡に同封されたものの現存しない別紙草稿の内容について、間接的にではあるが知ることができる。書簡と引札の日付、福沢と三河屋の関係などを考慮すると、「或る御得意様」は福沢で、この引札の冒頭部分は福沢によって起草された可能性がかなり高いといえる。

また、一〇年四月二八日付の再刊『民間雑誌』改題初号(六七号)に、この引札と同文で体裁の異なる広告が掲載されたことも指摘されている。　〔日朝秀宜〕

参考 前坊洋「西洋料理店三河屋の引札」『手帖』(四八号)一九八六年。原徳三「三河屋久兵衛と申ハ」『手帖』(一〇二号)一九九九年。前坊洋「鹿鳴館前後の西洋料理」『研究』(五巻)一九八九年。

5

建置経営

福沢諭吉肖像（明治８年）

明治一〇(一八七七)年前後から二六年頃までの福沢諭吉の諸活動を取り上げ、「建置経営」と題したのは、『福沢諭吉全集』の編纂者により「掃除破壊建置経営」と仮に題された、『時事新報』創刊の頃の執筆と推定される福沢の未完の草稿に次のように記されていることによる。すなわち、この一五年の間を顧みると自身の思想においてその方向を二段に分けてみることができる、その初段は「掃除破壊の主義」であり、第二段は「建置経営の主義」であるというのである。

維新の変革によって面目を一新した日本社会の大勢の風潮に従って、福沢もまたみずからを一新したという。その一新とは、すでに洋書を学び、三度の遣外使節団に加わり欧米社会を実体験したことを通して理解することのできた、「民権」と「自由独立」の理念をますます天下に明らかにして賛同者をつくり出し、「封建門閥」の旧弊を脱して、新たに「民権の公議輿論」を巻き起こそうということであった。具体的には、一方で「儒流を犯し門閥を攻撃し、劇《はげ》しく独立の議論を主張して掃除破壊を事とし」、他方で「建置経営の主義」に立ったという。

維新のはじめに、天下の形勢をみれば人民の無気力なることは甚だしかった。農民、商人はもとより、やや上流の士族、学者といわれる者の心事も卑屈にして見るに堪えなかった。それは結局のところ、門閥の枠組みに安住した時代の儒教流の教育がもたらしたものであった。そこで、独立不羈、人に求めず人に依頼せずを旨として、門閥坐食の輩を攻撃することに努め、掃除破壊の言論を展開したのである。それは、「明治八、九年の頃に至るまで一様にして曾《かつ》て怠ること」がなかったという。ちなみに明治八年は『文明論之概略』が刊行され、また九年は『学問のすゝめ』全一七編が完結した年であった。

建置経営の主義については、この未完の論説では具体的な説明に至っていないが、封建門閥の旧弊を克服しつつ日本の近代社会を建設するためのさまざまな提言や活動であったと理解できる。明治一五年五月一五日に開かれた三田演説会でも、その内容は不明であるが福沢による「建置経営の説」という演説のあったことが記録されている。また、これより二か月ほど前、創刊まもない三月六日付の『時事新報』に掲載された「一種変則の讒言《ざんげん》」と題する社説でも、明治一四年の政変で早期国会開設を主張し政府を追放された大隈重信の背後に、謀主として の福沢の存在があるとの流説があったことを取り上げながら、われわれはもとより時事を談じて政治を語らないというのではない、その主義は純然たる建置経営の主義に基づき、あえて世の誰れ彼れに関係するところもなく、ただわが主義に反する者はこれを敵とし、主義に同じき者はこれを友とするのみだと主張している。建置経営の主義は『時事新報』論説の基調となるいわゆる「官民調和」を基軸とした論説の主張にも重なっている。「建置経営」は、特に『時事新報』創刊以降において、日本の政治、経済、社会のさまざまな課題に正面から取り組んで倦《う》むことなく発言を続けた福沢の姿勢を端的に示す言葉ということができるであろう。

ここでは、「①慶応義塾」、「②民権と国権」、「③理財と実業」の三部に分けて福沢の足跡を辿ることにしたい。この間の慶応義塾は、一時は廃塾が話題となるほどの危機的な状況に陥ったこともあったが、卒業生を中心とした財政的支援、学校組織の整備などが進められ、明治二三年一月には大学部を開設した。塾生数も一〇年代初頭には三〇〇人を割り込んでいたが、二〇年代には一、〇〇〇人を越えるようになり、二三年には一、五〇〇余人を数えるに至っている。

一三年一月、当初あった慶応義塾の同窓会的組織の構想に留まらず、朝野雅俗の別なく一、七〇〇人を越えるメンバーを集めた大きな全国的組織として、「知識交換世務諮詢」を目的とする交詢社が設立された。翌月から『交詢雑誌』の刊行が始まっている。さらに一五年三月には、「近時の文明を記して、この文明に進む所以の方略事項を論じ、日新の風潮に後《おく》れずしてこれを世上に報道せんとする」の意をその名に込めた『時事新報』が創刊された。福沢の活動の舞台は慶応義塾という学塾の範囲をはるかに越えて大きく拡がり、日本の政治、経済、社会の現実に真摯に対峙した多様な発言がなされていくことになる。

［松崎欣一］

①

慶応義塾

福沢を囲む慶応義塾の卒業生(明治19年)

明治一〇年代初頭の慶応義塾は、西南戦争の影響により塾生数が激減し、また戦後の物価高騰などによって経営がきわめて困難となり、一時その存続が危ぶまれる事態となった。福沢諭吉は大隈重信をはじめとする政府要人などへの維持資金借り入れの運動を熱心に展開したが成果は得られなかった。しかし、教員の給与を大幅に減じ、また卒業生その他へ広く資金を募集することとし、さらに理事委員を選任して慶応義塾仮憲法を定めることなどによって経営組織を改善し、その難局を克服した。その後、塾生数も漸増していった。

しかし、明治一三(一八八〇)年の教育令改正や一四年の政変以後、儒教主義的な徳育重視の方向が打ち出され、政府による教育統制の強化、官公立学校の整備が進められる一方では私学圧迫の政策が進み、義塾をめぐる社会的な環境は厳しかった。

そうした中で、明治一〇年代後半には教授法の全面的な見直しと学科課程の体系化が進められ、一八年九月に新しい学科課程表に基づく教育が始まり、大学部創設への展望が開かれた。二二年一月、新たな寄附金制度として慶応義塾資本金の募集を開始し、財政の強化が図られた。さらに八月には、義塾の運営方法をより明確にするために慶応義塾仮憲法に代わる慶応義塾規約が制定されている。二三年一月にはハーバード大学から、文学、法律、理財の三学科の各主任教師を招聘して大学部の開設を実現し、義塾は高等教育部門を擁する学塾に成長した。開塾以来三二年、この年福沢は満五六歳となっている。

［松崎欣一］

経営の困難と克服

維持資金借り入れ運動の失敗《いじしきんかりいれうんどうのしっぱい》

明治一〇（一八七七）年前後より、慶応義塾の経営は危機に直面していた。四年の入学者数は三七七（在学者数三一九）を数えたが、その後は漸減して、九年には入学者一八九（在学者三四〇）、一〇年には同じく一〇五（同二八二）に落ち込んでいる。

義塾の入学者の過半は士族階層であったが、廃藩置県、秩禄処分などによりその経済的基盤が不安定になったこと、学費を貸与する公費制度が私学には適用されなくなったこと、さらに西南戦争の影響で入学者が減少し退学者が急増したこと、などが背景にあった。また、学生を取り巻く経済状況の悪化に対応して授業料を六年の年額三〇円から、九年には二七円に、一二年には二一円に引き下げたが、それでも納付できない学生も多かったため義塾の収入は大きく減少した。西南戦争後の物価高騰の影響も加わり深刻な財政難に陥った。義塾の財政は九年頃から赤字に転落したと推定されるが、一〇年、一一年に至ってさらに拡大し、福沢諭吉個人による赤字補塡も限界に達していた。

福沢は事態の打開を図るため、一一年四月からほぼ一年間にわたり旧大名家や政府に対して義塾維持資金の借り入れ運動に奔走した。その経緯は現存する三〇通近い福沢書簡により辿ることができる。初めは徳川宗家からの借り入れを意図し、徳川家の家産管理をしていた大久保一翁、勝海舟に意向を打診したが断られ、一一月に入って政府からの融資を期待することに転じた。翌年四月にかけて大隈重信（大蔵卿）をはじめとして、伊藤博文（内務卿）、井上馨（工部卿）、西郷従道（文部卿）、川村純義（海軍卿）、黒田清隆（開拓使長官）、寺島宗則（外務卿）などに熱心に働き掛けている。福沢は向こう一〇年間、二五万円を無利息で借用することを出願したが、大隈側から名目を製茶輸出資金とするように指示もあった。結局、再度の出願では無利息で二五万円の借用か、もしくは低利で四〇万円を借用したいとしている。四〇万円という高額の借用願いは単に財政危機を切り抜ける当座の手当ではなく、義塾経営の支出規模を倍加する資本金の積み立てをもくろむ計画であったようである。

維持資金の借り入れについて大隈は好意的であったが、伊藤と井上が強く反対した。井上宛の書簡で福沢は、「岩崎弥太郎は船士を作り、福沢諭吉は学士を作る。海之船士と陸之学士と、固《もと》より軽重あるべからず」（一二年二月一〇日付）と述べて、三菱商船学校へ支援できて義塾への援助ができない理由はない、と強調したが福沢の要請は容れられなかった。一二年三月には島津家にも二〇万円の借用、または校舎・校地買上げ案を打診したが成功せず、六月には政府への願書の提出先であった東京府知事楠本正隆に対して、この間の経緯を振り返り、「無住の寺と知らずにおとずれたるは此方《こなた》の不調法《ぶちょうほう》、御一笑可被下候《くださるべくそうろう》」と述べて願書の取り下げ方を依頼して運動に終止符を打った。この後、福沢は一二年中だけでも一、〇三七円の私財を投じ、また一二年末からの一年間、教職員の給与を三分の一に切り詰めるなどの対応に追われる。〔松崎欣一〕

▼廃塾宣言　▼慶応義塾維持法案　▼慶応義塾仮憲法

参考 西川俊作「西南戦後インフレ期における慶応義塾と福沢諭吉」『三田商学研究』(二四巻四号)一九八一年(『年鑑』八、一九八一年、再録)、同「明治十年後における慶応義塾の財政難―その数量的分析」『研究』(一六巻)一九九九年。

廃塾宣言　はいじゅくせんげん

入塾生の減少で財政難に陥った慶応義塾の永久維持はもはや不可能と判断した福沢諭吉が、明治一三(一八八〇)年九月、突然義塾関係者に伝えた方針。授業料収入の大幅な減少や西南戦争後の物価高騰によって、存亡の危機に直面していた慶応義塾の財政の再建を図るため、福沢は一一年から一二年にかけて義塾維持資金の借り入れを各方面に要請するが、いずれも協力を拒否され、資金調達計画は失敗に終わる。このため福沢は多額の私財を投じ、また教員たちも一二年末よりみずから進んで給与を三分の一に削減するなど、必死の努力を重ねたが、経営改善につながることはなかった。

一三年九月、万策尽きた福沢はついに廃塾の決意を固め、小幡篤次郎をはじめ義塾の人たちにその意を伝えた。いわゆる廃塾宣言である。その中身は、慶応義塾の永久維持はもはや不可能なこと、土地・建物・書籍等を売却すれば少なくとも五、六万円にはなること、借入金がないのでこの金をこれまで義塾のために尽力してきた教員などに配分し、もとの無に帰すつもりであること、などを伝えるもので、まさに慶応義塾の解体宣言であった。

しかし、あくまで義塾の存続を願う者たちはこれを受け入れず、小幡篤次郎宅で数日評議を続け、自分たちの手によって寄附金を集め、義塾の存続を図る計画をまとめた。これには福沢も同意せざるを得ず、しばらく成り行きを見守る方針をとったため、ただちに廃塾となる最悪の事態だけは回避された。そして翌一〇月小幡らによって慶応義塾維持法案が作成され、一一月、大規模な募金活動が開始されることになる。〔寺崎修〕

▼維持資金借り入れ運動の失敗　▼慶応義塾仮憲法

参考 『考証』下。西川俊作「明治十年後における慶応義塾の財政難―その数量的分析」『研究』(一六巻)一九九九年。

慶応義塾維持法案　けいおうぎじゅくいじほうあん

明治一三(一八八〇)年、財政難に陥っていた慶応義塾の経営を立て直すために創設された寄附制度。

九年以降、秩禄処分によって士族の窮乏化が進み、また公費生の制度が官学のみに限定されたうえ、さらに西南戦争の影響などで、入学者は減少し退学者が増加する。

しかし他方で、学生を取り巻く経済状況の悪化を考慮すれば授業料は引き下げざるを得ず、それでも納付できない学生も多かったために、義塾の授業料収入は大きく減少し、西南戦争後の物価高騰の影響も追い打ちをかけ、義塾は深刻な財政難に陥った。

福沢諭吉は、この窮状を打開するため政府や有力者から資金を借用しようとするが、失敗に終わった。福沢は私費を投じて経費を補い、教員は自主的に給与を削減することによって、財政難に対処した。

それでもなお経営の安定は見込めず、一三年九月に福沢は廃塾を決意して関係者にはかったが、小幡篤次郎をはじめとする人たちの議論を経て最終的には義塾を存続させることに決し、福沢もこれに同意した。そして、財政立て直し策として一〇月に定められたのが慶応義塾維持法案である。

福沢は関係者の意を汲んで同法案の草稿を作成している。同法案では義塾を「永久に維持」するための唯一の方法として「同志社中各其家産の厚薄に従い、応分の」寄附金の拠出を行うことが呼び掛けられ、一四年にはその寄附者を慶応義塾維持社中とし、この社中を基本として運営組織を定めた「慶応義塾仮憲法」が制定された。同法案による寄附金総額は二万三、四一五円に達し、塾生の増加もあって義塾は財政危機を乗り越えていくことになる。

[牛島利明]

▼慶応義塾仮憲法 ▼慶応義塾規約

参考 『百年史』上巻。『義塾史辞典』。

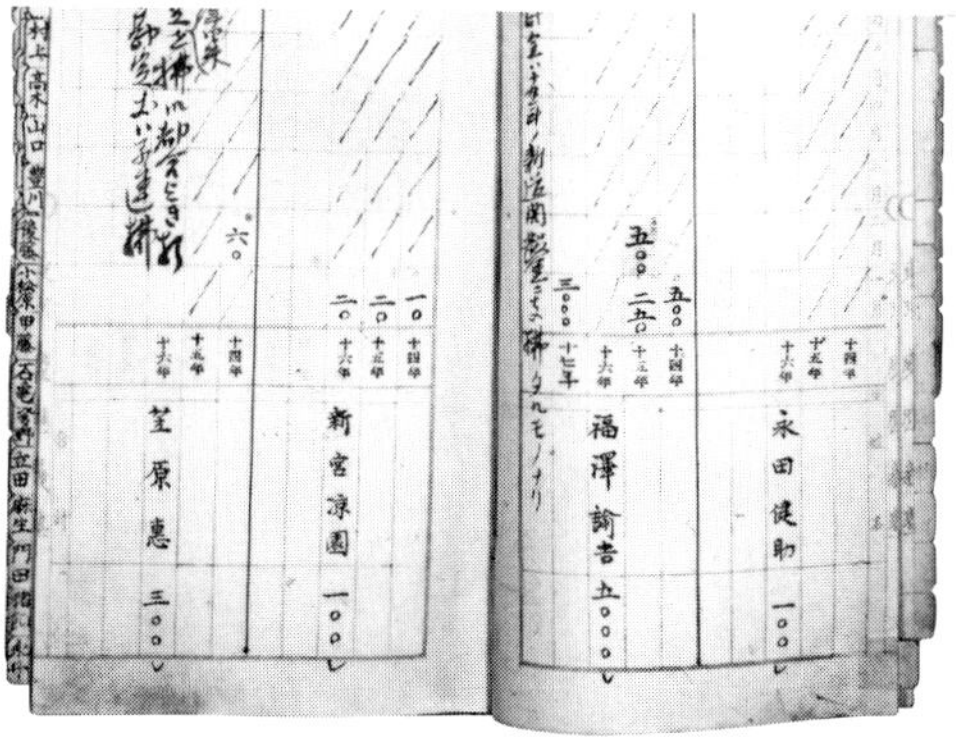

◉維持資金払込台帳。門下生や賛同した関係者と並んで福沢の名も見える。

慶応義塾仮憲法《けいおうぎじゅくかりけんぽう》

明治一四(一八八一)年に慶応義塾の運営組織について定めた規則。慶応義塾は、この前年に慶応義塾維持法案によって資金を公募し、その資金によって維持・運営されることになったため、義塾の経営主体と責任を明確にする必要が生じた。そこで、一四年一月二三日に維持法案に基づき醵金をした維持社中のうち、東京近辺に在住の人びとが演説館に集会し、九項目から成る慶応義塾仮憲法を可決した。

これにより、慶応義塾の「学事会計一切の事務処理」は維持社中の選挙によって選ばれる二一名の理事委員に嘱託されることになった。理事委員の任期は一年、重任を可とし、年に一度、維持社中の総会が開かれ、そこで理事委員より前年度の学事会計報告がなされ、その際に理事委員の選挙がなされることになっていた。また、理事委員の互選によって理事委員の長となる社頭が選ばれた。この規定により福沢諭吉は社頭となった。一方、塾長は理事委員の協議により教員中より選ばれることになり、浜野定四郎が就任している。教員、役員の人事は、社頭と塾長の協議によってなされることになっていた。

慶応義塾仮憲法により、慶応義塾の運営は福沢の手を離れ、理事委員に移った。福沢は、明治四年の「慶応義塾社中之約束」で慶応義塾を「福沢氏の私有にあらず社中公同の有」としているが、この仮憲法によってそれが大きく前進したといってよい。〔米山光儀〕

▼慶応義塾之記　▼慶応義塾社中之約束　▼慶応義塾規約

道聴途説　どうちょうとせつ

慶応義塾の諸事務を扱う部署である塾監局に備えられた雑記帳の表題。この雑記帳には教員、塾生のほか塾監局に出入りするだれもが自由に記入してよいとされた。冒頭に福沢諭吉の筆で序文があり、銘々が塾の内外で見聞したことを、署名の有無を問わず自由に記入して相互に情報を交換する場とすること、もとより熟考のうえでの筆記ではなく無用な記事も多くなるだろうが、世の中の人事は往々にして無用中に有用を生むことがあるのであり、他日大いに用をなすことがあろう、として記帳の趣旨が説かれている。

「道聴途説」は『論語』陽貨篇に「道聴而塗説、徳之棄也」（道に聴きて、塗《みち》に説くは、徳これを棄つる也）とあるによる。福沢は、人に聞いたことを心に留めて自分のものとせず、知ったかぶりすることを戒めるという原義を読み替えて、いわば紙上を交際の場の一つとして、自他の見聞を積極的に広め合うことを意図した。

明治一二（一八七九）年三月二〇日起筆、かならずしも毎日ではないが六月までは頻繁に書き込みがあり、その後は間遠になって一四年二月二二日に至る。表紙に「第一号」とあるが、以後は途絶えたものと思われる。

福沢をはじめとする教員や塾生個々の動静、講義担当者や試業予定の通知、演説会の開催、作文課題の告知など、雑多な記事が書き込まれており、当時の慶応義塾にかかわる人びとの日常生活の実際を垣間見ることができる。

福沢自身も、文明論の講義を万来舎で行うこと、五女光の誕生したこと、勉強家であった塾生の一人が病死してその葬儀のため午後は休業とすることなど、しばしば筆をとっている。また、一二年後半に記事のない空白期間が二か月余に及んだことに対しては、記す事柄がなくて記す人がいないのではなく、記す意志のある人がいないのだといい、そこに義塾内の不活発を見るとして、一編の漢詩を詠じて苦言を呈している。それは、この頃の慶応義塾はまるで門を閉ざして世間の変化していることに気づかずにいる小さな桃源郷のようだ、という指摘であった。

〔松崎欣一〕

▼文詢社発会準備

参考『百年史』付録。『全集』一九。

私学圧迫政策と慶応義塾《しがくあっぱくせいさくとけいおうぎじゅく》

明治一〇年代初頭の経営危機を克服した慶応義塾は学生数も漸増し、一五（一八八二）年には入学者数三九六、在学者数五七八に達したが、この間、一三年一二月の教育令改正や一四年の政変以後、徳育重視の教育方針が打ち出され、政府による教育の統制が強化された。私学圧迫の政策が進み、また漢学を奨励し、ドイツ学の重視、臣民教育の徹底など文教政策の保守化が進行し、義塾を取り巻く社会的背景はかならずしも望ましいものではなかった。一四年七月制定の中学校教則大綱により中学校のカリキュラムの画一化が図られ、また、一七年一月制定の中学校通則は、官公立中学校、師範学校の校長もしくは教頭に師範学校卒業の資格を求めており、義塾出身者が地方の教育機関から敬遠され、中学校や師範学校の教員になりにくくなった。

また、六年に制定された徴兵令はしばしば改正を重ねたが、学生への兵役の免除もしくは猶予特例の適用について私学を排除することは終始変わらなかった。その中で義塾は一〇年一月に「官立に準ずる」として徴兵免除の特典を得ていたが、一二年一〇月の改正の際にそれを失っている。一六年の改正では官公立学校の徴兵免除特例も廃止され、徴兵を一定期間、一定の条件で猶予する制度に変わった。しかし、この制度が私立学校に適用されることはなかった。この頃福沢諭吉は徴兵令の適用に官私の差別をなくすことについて発言を強めている。当時アメリカ留学中の子息に宛てた一七年一月の書簡で、徴兵令改正により本塾などもこのままではとても存続の見込みが立たないといい、また同じく二月の書簡では、徴兵令適用について「官立校」と同様の扱いを得ようと出願中であるけれども果たしてどうなるか、「文部之小吏」がこの機に乗じて「私塾」を倒そうとの考え

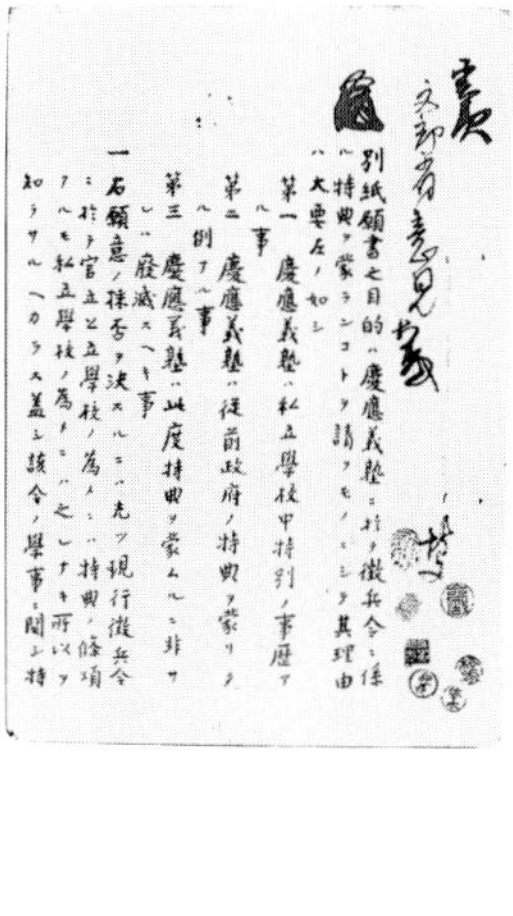
文部省意見
別紙願書之目的ハ慶應義塾ニ於テ徴兵令ニ係ル特典ヲ蒙ランコトヲ請フモノニシテ其理由ハ大要左ノ如シ
第一　慶應義塾ハ私立學校中特別ノ事歴アル事
第二　慶應義塾ハ従前政府ノ特典ヲ蒙リタル例アル事
第三　慶應義塾ハ此度特典ヲ蒙ムルニ非サレハ廢滅スヘキ事
一　右願意ノ採否ヲ決スルニハ先ツ現行徴兵令ニ於テ官立公立學校ノ為メニハ特典ノ條項アルモ私立學校ノ為メニハ之レナキ所以ヲ知ラサルヘカラス蓋シ該令ノ學事ニ關シ特

◉「慶応義塾生徒徴兵免役に関する願書」に対する「文部省意見」（明治一七年）

もあるのではないか懸念している、と述べている。

この間の『時事新報』は社説「改正徴兵令」（一月四日、七日）、「徴兵令に関し公私学校の区別」（同月一八日、一九日）、「私立学校廃す可《べか》らず」（二月七、八日）などを発表して、財政的には恵まれない私学が優秀な人材を生み出し得るのは、教える者も学ぶ者も共に愉快を覚えるという私学固有の性質中にあるのであり、徴兵猶予に官民の格差を存続させ、結果として私立学校を廃絶に追い込むことがあってはならない、と強く主張している。

さらに福沢は、一七年一月一一日には「慶応義塾生徒徴兵免役に関する願書」を東京府知事に提出し、また内務卿山県有朋や文部卿大木喬任に面談し、山県へはさらに長文の書簡を送るなど、義塾への徴兵令適用についての特例を求める働きかけを積極的に行ったが成果は得られなかった。福沢の働き掛けについて文部省内では、官立学校は国家に必要な学生を養成しているのに対し、私学は国家に弊害のないことを認めて設置を許しているにすぎないとし、また慶応義塾では中学校でも専門学校でもない一種雑駁な教育が行われているにすぎず、国家に必須の学校には比べようもない、とあからさまな差別的評価をしていた。同年七月三〇日付の『時事新報』には、この間の経緯を振り返り、国民皆兵の原則論に立ち官民格差をなくすことを求める「兵役遁《のが》れしむ可らず」と題する社説が掲載されたが、義塾が官立学校と同等の徴兵猶予の権利を回復したのは、はるか後年の明治二九年九月のことである。 ［松崎欣一］

▼英学の総本山 ▼「文学塾」への特化 ▼学科課程表（明治一八年九月改訂） ▼全国徴兵論

参考 中野目徹「徴兵・華族・私学―官庁文書にみる福沢諭吉、慶応義塾」『研究』（五巻）一九八八年。寺崎修「徴兵令と慶応義塾」（笠原英彦・玉井清編『日本政治の構造と展開―慶応義塾大学法学部政治学科開設百年記念論文集』慶応義塾大学出版会）一九九八年。

私塾謝り証文之事
しじゅくあやまりしょうもんのこと

福沢諭吉が明治一〇年代の官私諸学校の中における慶応義塾の立場を「漫言」というかたちで鮮明に表明した文章。明治一五（一八八二）年一二月二五日付『時事新報』漫言欄に、「板勘兵衛《いたかんべえ》」の筆名で福沢が執筆した文章。当時慶応義塾には、学問の専門化が行き届かず雑駁な教育に終始して、店先にたくさんの品物を並べ立てているにすぎない「八百屋学校」であるとの政府筋からの批判があった。義塾に留まらず、そのような「日本国中の私学」を潰さなければ「天下太平」にならないということで、「頻りに歯ぎしりをして腹を立つる御方様」、すなわち一三年一二月に自由教育令を廃して以来、儒教主義的教育を復活させ、また私学圧迫策を進める政府筋に対して、謝罪証文の形式をとり、実質的には反論するという趣向の戯文となっている。

福沢は、そもそも義塾は近頃流行の政党などではなく、純然たる学塾であり、開塾以来二五年、多様な教育を施す「八百屋学校」であったからこそ、「開進自由、火の玉の如きもの」あるいは「守旧苛烈、鉄砲玉の如きもの」など多様な人材を輩出してきたと述べ、さらに義塾を寺院に譬え、「和尚も長老も納所《なっしょ》も小僧も、取次も夜回りも拍子木打ちも鐘敲《かねたた》きも、一切衆生、悉皆《しっかい》横文読む学者」にて務めているところ、すなわち上は和尚、長老から、庶務を取り仕切る納所、また小僧その他雑用を分担する者に至るまで、すべてが英語を学び、学問に励んでいるというところにその真骨頂があるといっている。そして、「金沢山無尽蔵院《きんたくさんむじんぞういん》」ともいうべき財政的に恵まれた官立学校が、「和尚は和尚の法衣を着て突立《つった》ち、長老は長老の御役目を勤めて念仏を申し、洋学の御差図《おさしず》はあれど、「エビシ」の読方は小僧へ御下命、横文の書は逆《さかさ》に御覧成されてその意味の解釈は末々へ被仰渡《おおせわたされ》、長老は耳と口との働《はたらき》、小僧末々は脳と筆との働と、斯《か》く分業して専門専一なるが如きは、迚《とて》も私塾の企て及ぶ所」ではないと断言している。和尚、長老から小僧までてんでに仕事をしていて真に学問に従っている者はいないのではないか、これを専門化が進んでいるということなのか、と揶揄しているのである。

〔松崎欣一〕

▼私学圧迫政策と慶応義塾

参考 松崎欣一「福沢書簡に見る明治十年代後半の慶応義塾」『評論』(一〇四三号)二〇〇二年(福沢記念選書66)。

「文学塾」への特化 「ぶんがくじゅく」へのとっか

文学塾とはアメリカ留学中の子息一太郎に宛てた明治一八(一八八五)年三月三〇日付の福沢書簡に見える言葉。「文学」は「理学」(自然科学)に対する人文、社会科学の意である。福沢諭吉は書簡の中で、明治一〇年代後半に生じた慶応義塾の維持の困難に対し、その打開策が模索されていることを伝え、「フヒジカルサイヤンス」(自然科学)は費用がかさみとても「私立塾」の及ぶところではないので、義塾の方向を「文学塾」と定めて学科・課程を改め、教授法を改善する検討をしていると述べている。

このことは前年の二月頃から、後藤牧太、浜野定四郎、門野幾之進、益田英次といった重立った教員にはかって進められていた。その経緯の一端が、一七年三月七日付の在米の子息一太郎・捨次郎両人に宛てた書簡で次のように述べられている。近頃、日本では漢学あるいは皇学などといい立てるおかしな風潮がある。これは一事の流行であって深く憂えるほどのことではない。一方では「サイヤンス」(科学)もなかなか進歩している。しかし慶応義塾では資金も少なく、これに十分対処できていない。このままでは時勢に後れをとる恐れがあり、近日、後藤牧太などと相談し、何とか教授法を改善したい、というのである。

一八年七月三一日付『時事新報』社説として発表された「慶応義塾暑中休業に付き演説」の中でも、塾生に対して文学と理学について説明し、理学は有形の物についてその原理を究める学であり、産業を盛んにし財産を増やすうえで重要な学であるけれども、文学もまた言語文章の稽古、歴史、経済、法律、商売に関する諸芸術、人心学、社会学、哲学など、「人間社会雅俗の庶務」を網羅するものであって、「一家の政」を修め、または「公共の事」を図るうえで片時も離れることのできないものである。また文学を学ぶには書籍の経費は必要であるが、学費は少なくして学び得た知見の用はきわめて広い。「慶応義塾が学問の方向を文学に定めたる由縁」はここにあると述べている。この理念は一八年九月改訂の「社中之約束」に生かされ、新たな学科課程表が編成されている。〔松崎欣一〕

▼私学圧迫政策と慶応義塾　▼学科課程表(明治一八年九月改訂)

参考 松崎欣一「福沢書簡に見る明治十年代後半の慶応義塾」『評論』(一〇四三号)二〇〇二年(福沢記念選書66)。『書簡集』四。

学科課程表《がっかかていひょう》（明治一八年九月改訂《めいじじゅうはちねんくがつかいてい》）

明治一八(一八八五)年九月改訂の「社中之約束」に示された慶応義塾の学科課程はおよそ五か年で修了する「正科」と、一八歳以上の晩学者を対象としておよそ四か年で修了する「別科」に分けられる。正科は「予科」の番外から始まり「本科」の一等に至る全九段階のクラスに「英書訳読」「英語」「数学」「漢書・和文作文」がそれぞれに配されている。改訂前の一七年一月版「社中之約束」に示された学科課程では細部の異動はかなりあるものの、数学、理化学書を含む「英書」が全体に散りばめられ、それらを順次訳読して上級に進むという義塾創立以来の基本的な仕組みは変わっていないと見てよい。一方、新たな課程は、「口授《くじゅ》」あるいは「講義」と「輪講」による「英書訳読」を独立させ、語学としての「英語」を明確に分離し、そのうえに「漢書」や「和文作文」を加え、義塾の学科課程を体系的に整えたところに大きな特色がある。福沢諭吉のいう「文学塾」の実現とみることができる。また、この改訂は義塾に対する「八百屋学校」との批判にもある意味でこたえ、一九年三月の帝国大学令、四月の師範学校令、小学校令、中学校令の相次ぐ公布にみるような官公立学校の整備が進む方向をも見据えながら、さらに二三年の大学部誕生への展望を開くことにもなった。

この学科改訂はまた、慶応義塾卒業生たちの進路を配慮して、在学中に確かな実践的能力を身につけさせようとした現実的な対応でもあった。この間の事情についての福沢の認識は、在米の子息一太郎、捨次郎に宛てた一八年八月二九日付の書簡に、義塾も九月から英語学をさらに奨励することとなり、入塾生はずいぶん増加の様子であるといい、また洋学を学んだ者が帰郷しても職を得ることが容易でなく、薩長閥の者でなければ高位の役人にもなれないと述べていること、またこれからは「字を読む学者」などでは世に用いられず、「実業専一」「メーキモニ」（金儲け）の計略がなければならないと述べていることに明らかに示されている。さらに同年一〇月一日付の捨次郎宛の書簡でも、今後の後進生は何かその身についた「芸能」をもって「独立の生計」を求めるほかはないといい、また翌日付の一太郎宛書簡に、これまでの後進生は官途を目指すばかりであったが、もはや政府に地位を求める余地はなく、実業の世界に転ずるほかはないとして、同様の見解が述べられている。　［松崎欣一］

▼私塾謝り証文之事　▼「文学塾」への特化

参考 松崎欣一「福沢書簡に見る明治十年代後半の慶応義塾」『評論』（一〇四三号）二〇〇二年（福沢記念選書66）。『書簡集』四。

煉瓦講堂　れんがこうどう

慶応義塾構内に、明治一九（一八八六）年夏に着工し翌年八月に竣工した、二階建て煉瓦造りの新施設。建坪一三〇坪余、各九～一五坪の教場一一のほか、大広間（三〇坪）、書籍館（一二坪）、事務所、応接間二室を合わせた計一六室があり、塾生四～五〇〇人を収容できた。二三年の大学部創設後はその教場として使用された。福沢諭吉の従兄藤本元岱の二男であり、義塾に学んだのち工部大学校に進み、一三年同校建築科を卒業した藤本寿吉の設計。早矢仕有的の丸屋商社の共同経営者であり、また横浜正金銀行頭取などに任じた中村道太からの一万円の寄附をもとに建設された。旧島原藩中屋敷をほぼそのまま教場とした施設の老朽化と、塾生数が千人を越えるようになった状況に対処したものであった。

◉煉瓦講堂

一九年七月一〇日の維持社中の集会で福沢は、学科課程の改訂により義塾の学問が「読書推究の技倆に於て日本国中第一流」の名を他に譲らない結果となったこと、また新たな講堂の建設により「教場の精神も更に一新して大《おおい》に為すこともあらん」と述べ、義塾がさらに高度な専門教育を目標とする方向にあることを示唆する演説をしている。　［松崎欣一］

▼中村道太　▼藤本寿吉

参考『百年史』中巻前。「明治十九年七月十日慶応義塾維持社中の集会にて演説」『全集』一一。

ヴィッカース・ホール　びっかーす・ほーる

福沢諭吉が明治二〇(一八八七)年頃、慶応義塾構内西側に建設した二棟の外国人教師用住宅のうちの一棟。木造二階建ての西洋館で、外国人教師のロイド(A. Lloyd)、ファーロット(M. Fallot)、ドロッパース(G. Droppers)、ヴィッカース(E. Vickers)が居住した。ヴィッカースが居住したのは三四年から四三年で、帰国後ヴィッカース・ホールと呼ばれるようになった。一階の広間は教職員のクラブとして利用され、二階は文学科の教室となった。大正六(一九一七)年以降は体育会の本部となり、昭和二〇(一九四五)年四月に取り壊された。

もう一棟は和洋折衷の様式で、シモンズ(D. Simmons)、福沢一太郎、マッコーレイ(C. MacCauley)が住み、マッコーレイの居住時代に慶応義塾の所有となり、その後、潮田伝五郎、鎌田栄吉が住んだ。大正六年に改築されて教職員クラブとして利用され、万来舎と呼ばれた。

◉ヴィッカース・ホール

昭和二〇(一九四五)年三月、建物疎開のため取り壊されている。　［西澤直子］

▼万来舎

参考『義塾史事典』

塾生同盟休校事件　じゅくせいどうめいきゅうこうじけん

明治二一(一八八八)年一月から二月にかけて発生した慶応義塾塾生による授業ボイコット事件。試験制度の改定をめぐる塾当局と塾生との間の対立に端を発した。それまで試験の及第は教師の判断や合議によって決せられていたが、二一年に大蔵省主税官だった小泉信吉《のぶきち》が総長(塾長)に就任すると、教場長門野幾之進の提案により、採点と及第の方法を厳しくすることとした。塾生側は、かかる方法は官立学校のもので義塾には相容れず、厳しすぎるとして抵抗し、磯村豊太郎などが中心となって塾生が十数日間にわたって授業をボイコットした。小泉の説得にも応じなかったため、反対塾生の退学処分に踏み切ったところ、同志の塾生が次々と退塾届けを提出する事態に及んだ。

福沢諭吉と小幡篤次郎は、反対塾生の慰撫に努めたようである。反対塾生に退学処分が下された二月一七日とその翌日には、福沢は該当塾生を自宅に呼んで説得し、住居を失った者を別邸に収容した。退学届を出した塾生の慰撫にも努めたが、塾生側はなかなか聞き入れなかったという。その後、別科生が仲裁に当たるべく仲裁委員を選出して退塾生と総長との間を周旋し、両者は次第に態度を軟化、福沢は二月二七日に甥の中上川彦次郎に宛てた書簡において、「塾のゴタクサには困り申候」と述べ、少々手間取ったけれどもほとんど収まった、これは小泉にとっての不幸だ、と記している。実際、三月に入って福沢が首謀者の塾生の説得に当たったところ、総長の処分に服すこととなり、これによって退塾生は三月五日に学籍に復帰、翌日から授業を再開することとなった。福沢は七日午後に教職員と塾生とを演説館に集めて演説し、園遊会を催して和解を図り、この月二三日付の日原昌造宛の手紙は、塾生の騒ぎは解決した、と伝えている。この事件は福沢と小泉の不和の一因となり、その後の他の要因もあいまって二年後の小泉辞任を招いた。

▼小泉信吉塾長辞任 ▼小泉信吉

参考 『百年史』中巻前。『義塾史事典』。

［小川原正道］

大学部の創設

小泉信吉総長就任《こいずみのぶきちそうちょうしゅうにん》

明治一七(一八八四)年より英語教育の充実を中心とした慶応義塾の教育改革に乗り出した福沢諭吉は、一九年七月頃より経営の拡大を図って大学部設立の構想を公にし始める。その際、福沢の念頭にあったのは、義塾を「福沢塾」とみなす世評をいかに改めさせ、財政的にも福沢の援助に依存する状況から脱却し経営を安定させるか、という点であった。当時大蔵省の役人で、義塾卒業生の官界入りにアドバイザー的役割を果たしていた小泉信吉が総長候補に浮上するのは、財務に長けた小泉を総長(塾長)に就任させることで、義塾経営の安定を図ろうというのがその最大の理由であったと考えられる。

福沢の中で小泉の総長就任についての構想がいつ頃から浮上したのかは定かでない。ただ、二〇年一月末、塾の教員を自宅に招き「教場之事」を話し合った際、福沢はその席に小泉を同席させており、この頃から何らかのかたちで義塾の経営にかかわらせることを考えていたものと思われる。同年九月までに小泉の総長就任の構想をまとめた福沢は、ただちに関係者へ相談、中上川彦次郎らへ内々の打診と説得を依頼する。小泉の承諾の意向を中上川より伝え聞いた福沢は、一〇月七日、直接小泉へ面談し、正式な受諾を得た。

福沢と小泉の間には義塾の資金確保の方法について重大な見解の相違があり、かならずしも全幅の信頼を置いての就任要請ではなかった。それでも福沢はこれを機に義塾の土地名義人を変更し、社頭を辞任することで福沢の個人塾というイメージからの脱却を進めようと考えていたが、小泉が総長を早期で辞任したこともあって、いずれも実現には至らなかった。〔吉岡拓〕

▼慶応義塾資本金募集　▼小泉信吉

参考『百年史』中巻前。『書簡集』五。

慶応義塾資本金募集《けいおうぎじゅくしほんきんぼしゅう》

慶応義塾維持資金の後を受け、明治二二(一八八九)年から三〇年にかけて募集された寄附金制度。

大学部設置に伴い、義塾財政の強化を図るため、二二年一月福沢諭吉、小幡篤次郎、小泉信吉の三人の名前で「慶応義塾資本金募集の趣旨」および払込方法が発表された。福沢も一万円を寄附したほか、みずから富豪有志に寄附の勧誘をし、大口の寄附金を集めるために奔走した。当初、交詢社内に仮事務所が置かれたが、

◉旧島原藩邸を利用した大学部校舎

二二年八月に慶応義塾の最高議決機関として評議員会が設置されると、事務所は義塾内に移った。

二三年に大学部ができると、宮内省から社頭である福沢に賜金があった。この賜金の影響もあってか、寄附金は初年と次年で合計七万九、〇〇〇円余に達する十分な成果を得た。

しかしながら、入学を許可された者が予定の定員数より少なかったために授業料収入を十分に得ることができず、また外国人教師に掛かる費用は予定より大幅に増えてしまった。当初は寄附金を預金して年々の利子をもって不足額を補充していく方針が、実際には大学資金を取り崩さなければならないほどであり、二九年には評議員会で大学部廃止論が出るまでになった。

それでも福沢は、大学部の廃止は開設以来の資金寄附者の厚志に背くとして賛成せず、新たに寄附を募って大学部の維持を図ることを主張した。これに伴い新たに「慶応義塾基本金」の募集が行われることになったため、資本金の募集は打ち切られた。この時点までの資本金寄附申込額は一三万八、九三〇円余、払込額は一〇万円以上であった。〔柄越祥子〕

▼大学部発足　▼大学部存廃問題　▼下賜金

参考『百年史』中巻前。『義塾史事典』。

慶応義塾規約《けいおうぎじゅくきやく》

慶応義塾の学事改革の一環として、明治二二(一八八九)年八月に制定された全一七条から成る規約。義塾ではすでに一四年一月に学事・会計のいっさいを理事委員の手で処理することを定めた慶応義塾仮憲法を制定していたが、新たに大学部を設置することとなり、そのための資金募集を行ったことから、より詳細な規約を定めて義塾の運営方法を明確化する必要が生じた。

新規約の特徴として、①仮憲法では判然としなかった社頭(第一条)と塾長(第一一条~第一五条)の職掌を明確にしたこと、②仮憲法で定めた理事委員に代わり、「塾中学事会計及庶務の重要事件を議決する者」として新たに慶応義塾評議員を定め、かつ評議員による議決機関として評議員会を設置したこと(第五条~第一〇条)、③仮憲法で定めた維持社中に代わり、「慶応義塾卒業生と、社頭の特選せる者」を慶応義塾塾員と定め、かつ評議員の選挙権・被選挙権を塾員に与えたこと(第三条~第五条)、④規約改正に関する条文を新たに設けたこと(第一七条)、などを挙げることができる。この規約により、塾員の代表者である評議員が慶応義塾の運営方針を決定するという、現在まで続く義塾の体制が完成することとなった。規約制定後、塾員になることの承諾を求めるため、規約文を同封した福沢諭吉名義の書簡が卒業生に送付された。同年一〇月五日、承諾した卒業生七〇〇余名により第一回評議員選挙が行われ、二〇名の評議員が選出された。

[吉岡拓]

▼慶応義塾仮憲法

参考 『百年史』中巻前。『書簡集』六。

三人の招聘外国人教師《さんにんのしょうへいがいこくじんきょうし》

明治二三(一八九〇)年の大学部設置に当たり、文学・理財・法律の各学科の主任として迎えられた、リスカム(W. S. Liscomb ブラウン大学)、ドロッパース(G. Droppers ハーバード大学)、ウィグモア(J. H. Wigmore ハーバード大学)の三外国人教師のこと。

大学部を設置するに当たり福沢諭吉の念頭にあったのは、英語習得を主目的としたこれまでの教育水準を改めて教育内容の高度化を図り、合わせて学生の将来的な留学のことなども考え教育システムをアメリカ式、特にハーバード大学のシステムに準拠したものへと変更することであった。

折しも、福沢と懇意にしていたユニテリアン協会宣教師ナップ(A. M. Knapp)がアメリカへ一時帰国の予定であったことから、福沢は二二年一月までにナップに大学部主任教師三名の招聘に関する全権を委任した。ナップは招聘する三名の教師にユニテリアン協会の活動にも協力してもらうことを提案し、福沢も同意したという。

同五月に帰国したナップは、当時のハーバード大学総長エリオット(C. W.

Eliot）へ福沢から託された親書を渡し、彼に派遣教授の選定を依頼する。福沢は親書の中で、将来的には義塾を「The Japanese branch of Harvard University」（ハーバード大学の日本分校）にしたいとまで述べていた。

エリオットにより選ばれた三教授は、ナップに帯同され、同年一〇月二二日に来日する。リスカムは二六年六月まで英文学ほか、ドロッパースは三一年一二月まで経済学原理・社会学ほか、ウィグモアは二六年まで英法律学・国際公法・私法ほかを担当する。また、ナップの構想どおり来日中は講演や寄稿というかたちでユニテリアン協会の活動を支えたという。

〔吉岡拓〕

▼ウィグモア　▼ナップ

参考 白井堯子『福沢諭吉と宣教師たち』未来社、一九九九年。『百年史』中巻前。『書簡集』六。

大学部発足　だいがくぶほっそく

大学部は、従来の英語に重点を置いた総合的な教養教育からの脱皮を図る目的で、高度に専門化された学問を授ける教育機関として明治二三（一八九〇）年に発足した。

一七年三月以降、学科目や外国人教員の雇い入れなど、英語教育に重点を置いた改革を進めた福沢諭吉だが、一九年の帝国大学令の頃から大学部の設置を意識し始めた。留学中の長男一太郎に宛てた一一月一一日付書簡の中で「英語はますます盛《さかん》に相成、唯この上は資本金さえあれば、大学校に致度《いたしたし》と教員は申居《もうしおり》候」と記し、猪飼麻次郎にも同趣旨の手紙を送っている。翌年、大蔵省主税官を務めていた小泉信吉《のぶきち》を、大学部設置の準備のために総長に就任させた。福沢は、好景気の影響もあって資金の調達については楽観的に捉えており、二二年には、福沢、小幡篤次郎、小泉の三人による慶應義塾資本金募集の趣意書が発表され、大学部発足のための資金集めが始められた。

◉大学部理財科第一回卒業生（前列中央はドロッパース）

大学部の学科課程は大学課程編成委員によって原案が作成され、評議員会に提出された。編成委員は門野幾之進、鎌田栄吉、高橋義雄、中村貞吉、福沢一太郎、真中直道であったが、実際には門野が一人で箱根の温泉宿で、主にアメリカの学校の課程を調べて原案を作成した。二三年には、福沢と個人的親交のあったユニテリアン協会宣教師ナップ（A. M. Knapp）の仲介で三人の外国人教師がアメリカから招聘された。彼らは大学部の主任教師として、リスカム（W. S. Liscomb）は文学科に、ドロッパース（G. Droppers）は理財科に、ウィグモア（J. H. Wigmore）は法律科に、それぞれ就任した。

入学試験は二三年一月一一日から行われ、その合格者と、義塾の正科卒業生の中からの希望者を募り、計五九名（文学科二〇名、理財科三〇名、法律科九名）の学生が大学部で学ぶこととなった。

［柄越祥子］

▼小泉信吉総長就任

参考『百年史』中巻前。『書簡集』五。

学問に凝る勿れ《がくもんにこるなかれ》

明治二三（一八九〇）年一月二七日に挙行された大学部開設時の始業式で福沢諭吉が行った演説中の言葉。福沢は、創立以来三〇余年、かつて一日も業を休まず、維新兵乱の際にも動揺することなく、乱後の新日本に「文明学」の方針を示して、次第に今日の文運の隆盛を致したことは「本塾の名誉」であるといい、さらにますますこの教育の進歩を図り、世の後進生をしてその向かうところに「文明の利益幸福」ありと知らしめることは、「吾々同学同志の義務」であるとして、大学部設置の意味を述べている。さらに三人の外国人主任教師をはじめとする陣容を紹介し、自身の学問観と入学者への期待を次のように語っている。

自分は学問することを畢生の快楽と考えるが、それはただ「人生の一芸」にすぎず、学問することのみに留まれば、将棋指しが将棋を指す技芸に巧みであるのと同じである。学問により得たことを人事の実際に適用することができなければならない。政治、経済、社会、人間活動のあらゆる側面で学問の素養が不可欠であるけれども、学問を「唯一無二の人事」としてそれに凝り固まってしまってはならず、大学における学問も一芸にすぎないと認識して、卒業後は修得した学問を実地に活用すること、学問は深く「内に蔵《おさ》めて、外は活発に世務に当り、天下無数の俗物と雑居して俗事を行」う中で、自然に「俗」を正しい方向に導き、学問の区域を拡大していくことを求めている。

演説の大意は、『時事新報』一月三〇日付の社説欄に掲載された。

［坂井博美］

▼学問

参考『百年史』中巻前。『書簡集』五。『全集』一二。

②

民権と国権

福沢（福面）、大隈（大熊手）が政府（上の間）から排斥された明治14年の政変の諷刺画（『驥尾団子』掲載）

福沢諭吉は、明治一一（一八七八）年に刊行した『通俗民権論』と『通俗国権論』において、「民権」の拡張によって「国権」を確保し、これによって独立の維持を期待するという図式を提示した。民権と国権はいずれも重視すべきものであり、それゆえに両書は同時刊行された。

その意味で、福沢は民権論者をもって自負しており、当時の自由民権運動については、政権にばかり関心を持ち、私権や地方の権利そのものの拡張に無関心だと批判の目を向け、外国交際上求められる人民の心構えや、軍事力が求められる国際社会の厳しい現実についても熱心に説いた。さらに一二年以降、その理想的な議会政治体制として英国モデルの議院内閣制と二大政党制の導入、国会の早期開設を唱え、みずから国会開設の建白書も起草する。福沢は官と民とが対立せず、互いに調和することで安定的な政治が実現できると考えており、二大政党による政権交代は、ラディカルな政治変動を予防するための処方箋にほかならなかった。その官民調和論は、明治一四年の政変によって議院内閣制の導入が挫折して以降も、繰り返し説かれていく。一方で、現に実現した大日本帝国憲法や帝国議会については、冷めた視線を送り続けた。

福沢は、理想的な政治形態の採用を提唱していただけではない。「民」の自立化、活性化はその信念であった。明治一〇年の西南戦争に際しては、西郷隆盛の反乱を専制政治に対する「抵抗の精神」という観点から肯定し、戊辰戦争における江戸城の無血開城を「瘠我慢」の精神を損なったものとして批判した。福沢はあくまで西郷を文明の理解者と位置づけており、文明化の推進は生涯の課題であった。日本のみならず、朝鮮の近代化にも深く関与し、近代化を志向する開化派を物心共に支援し、そのクーデターである甲申事変が失敗すると、逃げ延びた金玉均、朴泳孝などを自宅にかくまった。慶応義塾は朝鮮から多くの留学生も受け入れている。

明治二四年に大津事件が発生した際、福沢は、こうした攘夷の復活は文明を排した儒教的教育を施してきた明治政府の失策によるものだと指弾している。教育勅語についても復古的教育の復活として歓迎していなかったようで、慶応義塾独自の道徳教育指針として門下生に「修身要領」を作成させた。福沢は民間への法律思想の普及が自主・自律的な社会形成に必須だと説き、慶応義塾の法律教育の基底が形成される。

福沢自身が深く携わった「民」の活性化の事例として、知識人を結集して組織された東京学士会院、「知識を交換し世務を諮詢する」ために設けられた交詢社、独立不羈を掲げて創刊された『時事新報』なども挙げられよう。長沼事件、春日井事件など、土木事業や地租改正で不利益をこうむった住民の救済などにも当たった。

もっとも、近世以前の伝統的社会基盤を無視しないのも福沢であった。福沢は皇室について、その現実政治からの独立と権威の維持を唱え、その根拠として皇統の存続という歴史的連続性を挙げた。こうした歴史的名望に基づく伝統的支配階級の活用は華族についてもみられ、福沢は華族に名望と財産を活かした教育や殖産興業への投資を求めた。

歴史と伝統、自立した個をふまえながら、民権と国権を確保し、文明化と独立を希求する福沢の姿を、われわれはここに見てとることができる。

外交面でも積極的に発言し、井上馨外相による条約改正交渉に際しては性急な西洋法の導入や外国人判事任用による国家主権の侵害を懸念し、大隈重信外相による改正交渉に際しても西洋法の導入を急いで国益を失うことを警戒したが、条約改正に伴う外国人の内地雑居については一貫してこれを肯定した。急進的な変革を望まない福沢は、法典についても、国の民情や風俗に応じて発達すべきものであり、文明化に伴って編纂を進めるべきだと考えていた。法典編纂は治外法権撤廃という条約改正上の課題から避けて通れない問題だったが、福沢はあくまで外交交渉と法典編纂を分離し、法典は漸進的に編纂すべきだと説いている。

晩年に直面した日清戦争では、これを「文野の戦争」と捉え、清が東アジアの近代化・安定を阻害しているとして、日本の勝利に向けて力を傾けることになる。そのために、みずから「報国会」を組織して国民に呼びかけ、軍資金の醵集運動に取り組んだ。政府主導による「献金」や国債応募ではなく、あくまで国民が主体的な意志をもって参加することこそがそのねらいであり、「民」の自立した行動への信念はここでも貫かれていた。しかし、過度な戦争熱には日本国民の未熟さも見てとり、福沢はあらためて「民」の自立化のために教育による人材育成の必要を痛感し、その実践に努めていくことになる。

［小川原正道］

諸事件への関与と発言

長沼事件《ながぬまじけん》

千葉県印旛郡長沼村（現成田市長沼）にあった利根川流域南部の沼地帯「長沼」における漁業・採藻・渡船営業権をめぐる地域間紛争。長沼は長沼村の入会地で、古来、村民の生活はここでの漁労採藻に依存していた。しかし周辺各村は沼を入会地にしたいと考え、明治五（一八七二）年、県に長沼の排水路浚渫工事を長沼村一村に命じるよう手段を問わずに運動した。貧しい一村では工事は不可能なことから、共同で工事を担うことを余儀なくさせ、入会権を得るためであった。

この結果県は、延べ一万五、〇〇〇人の人手を要する大工事を長沼村一村に命じ、村民がその工事の不当性を主張して嘆願を繰り返すと、抵抗する村民代表を捕縛し、長沼の事実上の上地を命じて、漁業権の周辺諸村への付与に踏み切った。長沼村は県庁に嘆願を繰り返したものの受け入れられず、福沢諭吉に助力を求めることとなる。福沢を頼ったのは、県との折衝に当たっていた小川武平が『学問のすゝめ』を読み、かくも公平な意見を持っている先生ならば頼ればどうにかなると考えたことに端を発している。小川は医師の栗田胤明の紹介で七年一二月に福沢と面会し、その窮状を訴えた。同情した福沢は門下生の牛場卓蔵に願書を起草させるが、そこでは、長沼村民にとって沼の価値は父母のようなものであり、これを失うのは父母と別れるようなものだ、と切々と訴えている。

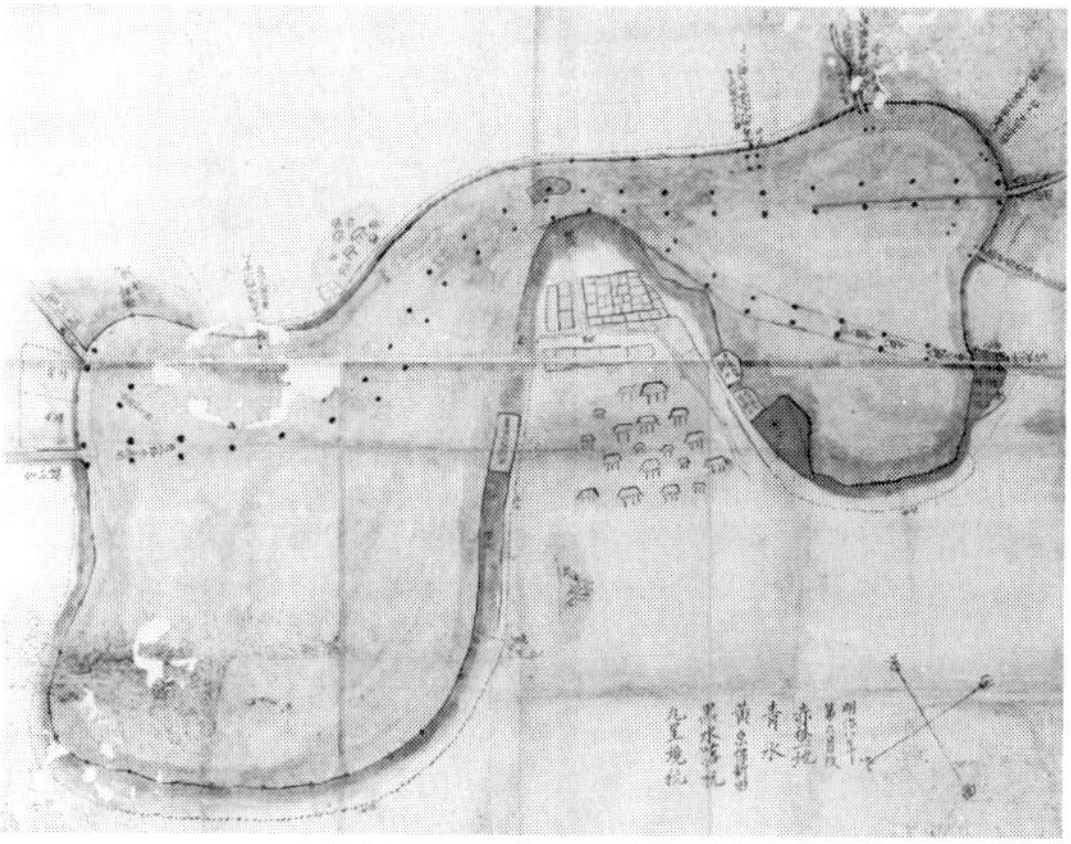

◉長沼の全体図（明治六年）

福沢はこの願書が県令のもとに届いているかを確認する手紙を同月二五日、県令の柴原和に送り、自分は長沼村民から頼まれて「代筆」したが、村との関係はなく、「全く路傍の人」であると慎重な態度をとった。これについては、責任回避や愚民観といった福沢の姿勢を読み取る見解と、県側に主張を聞き入れさせるためのテクニックであるといった見解があるが、その後も福沢は、小川に県側と交渉に当たる姿勢や自覚について意見しつつ、県側の説得を続けた。

結局、長沼村は長沼の五年間の有償貸与と渡船営業権の独占を確保して一応解決をみるが、五年ごとに更新を続けねばならなかった。長沼村民は福沢の協力に感謝して謝礼を献じようとしたが、福沢は所有権回復のための資金として貯蓄するよう提案して受け取らず、さらに今回の事件は村民の無学のためであるとして小学校建設のために五〇〇円を寄附、これを元手に長沼小学校が建てられた。以後、福沢は晩年に至るまで長沼に関心を抱き続け、明治三三年内務省から無償で払下げを受けて完全な解決をみるまで、深く関与し続けた。

　村民は二五年にわたる福沢の尽力に感謝し野菜の味噌漬を進呈、この進呈はその後、福沢家に対して平成二二（二〇一〇）年まで続けられ、定期的な墓参などはなお継続されている。長沼は第二次世界大戦後に干拓され、現在は田園地帯となっている。〔小川原正道〕

▼小川武平

参考『伝』二―二四編。「長沼事件に関する願書案文」『全集』一九。河地清『福沢諭吉の農民観』日本経済評論社、一九九九年。高柳正平「福沢諭吉と長沼事件」『成田市史研究』（一号）一九七二年。

西南戦争　せいなんせんそう

　明治一〇（一八七七）年二月に勃発した、最大かつ最後の士族反乱。同年九月に戦争が終結した直後、福沢諭吉は西郷隆盛が示した「抵抗の精神」を称えた「明治十年丁丑公論」を記した。当時は政府による言論取締に抵触することが明らかであったため公にされず、公表されたのは三四年のことである。すでに『学問のすゝめ』において武力による反乱を否定していた福沢は、抵抗の手段として武力を用いたことには異を唱えつつ、政府の専制に対する抵抗として西郷の反乱を弁護し、その人格や思想を賞賛した。福沢は、前年に記していた『分権論』での論理を踏襲して、西郷は地方自治や言論、学問、産業をもって抵抗すべきであったと指摘しつつ、政府が士族を地方議会の担い手とせず、力をもって弾圧してきたことを批判し、反乱の原因は政府にあると指弾した。

　戦時下においても、福沢はまず政府による征討令発令の延期を求める建白書を記し、それが画餅に帰した後も、言論をもって政府に抗する機会を提供すべく、一時休戦して陪審制による臨時裁判所を開設して薩軍側に意見を開陳させ、反乱の原因を検証・究明する公開裁判を開くべきだという建白書を起草し、中津士族の連署をもって政府に提出している。なお、福沢は親類である増田宋太郎が中津で決起したことについては西郷に対する評価とは異なり、懸念を表明し、その原因は門閥の残夢にあるとして、「旧藩情」を記し、学問の興隆と身分格差を越えた婚姻を通して残夢を解消すべきであると説いた。

　西南戦争終結後、慶応義塾に学んでいた市来七之助が福沢に対し、鹿児島士族の今後の目標について問うたところ、福沢はこれにこたえるかたちで、「薩摩の友人某に与《あたう》るの書」を記し、鹿児島士族の自由・自治・自立の伝統を生かして民会を設立し、これを発達させて学問と工業、知力を発展させ、全国の模範となることを求めた。この民会重視の姿勢は、その後に記された『通俗民権論』でも踏襲されている。

なお、西南戦争後のインフレにより士族の入塾者が減少し、退学者も増加、義塾は経営の危機に直面することとなる。

〔小川原正道〕

▼市来七之助 ▼西郷隆盛 ▼明治十年丁丑公論・瘠我慢の説

参考 小川原正道「西南戦争と福沢諭吉」『年鑑』(三五)二〇〇八年。同「西南戦争期における福沢諭吉の思想」『日欧比較文化研究』(七号)二〇〇七年。

春日井事件 かすがいじけん

地租改正における地価査定をめぐって愛知県春日井郡に起こった農民闘争。春日井郡における地価査定では東部と西部とで不公平が生じ、県側の対応も強圧的であったため、東部側住民が県側の査定を受け入れず、県庁に調査を要求した。愛知県第三大区長だった林金兵衛は県側の姿勢を批判して辞職するが、明治八(一八七五)年に春日井郡議長に選出されると、東部が不利になっている査定を改めるよう県庁の係官と折衝した。これが受け入れられなかったため、林は一一年に職を辞して上京、地租改正事務局に直接嘆願し、福沢諭吉に協力を依頼することとなった。福沢との出会いは、滞在した旅館三河屋の主人石井与右衛門や、福沢の遠縁にあたる石川策を通じて実現したものであったといわれている。

これを受けて福沢は、地租改正事務局への嘆願書提出をうながす一方、六月二一日みずから事務局総裁の大隈重信に書簡を送り、「若《も》しも出来るものならば御勘考被下度《くだされたく》」と内々に依頼している。嘆願運動はなかなか実を結ばず、事態の停滞を懸念した農民側が巡幸中の天皇に直訴する動きをみせると、林はこれを抑えるため、大隈から県に指令するよう求めるべく、福沢の紹介で大隈と面会している。福沢が林に宛てた同年一〇月一五日付の書簡では、官との「喧嘩」は避け、ひたすら県側に好意を持たれるよう注意をうながしていた。これを受けて、林は身を挺して直訴に及ぼうとする五、〇〇〇名の農民を説得し、押さえ込むこととなる。

事件に対する福沢の関与については、農民に対する責任感を欠き、保身的配慮がめだつ、あるいは官民調和と愚民観が色濃く出ているといった批判がある。実際、右の大隈宛の書簡では、みずからはあくまで出願人にはならず、官民の軋轢を鎮静させて「全国内の無事を祈る」などと記されているが、福沢自身は持論である官民調和を目指すべく、その軋轢を緩和するよう第三者的立場から両者に働き掛けていったと考えられる。

事件自体は一二年二月、旧尾張藩主徳川慶勝《よしかつ》が救済金三万五、〇〇〇円を支出し、県側も一四年から地租を改正することで妥協が成立し、落着した。福沢は反対運動後の疲弊した村落を再建するため、「尾張国春日井郡和爾村を始め合して四十二ヶ村倹約示談の箇条」と題する小冊子を起草し、倹約の方法や意義について論している。〔小川原正道〕

▼林金兵衛

参考 河地清『福沢諭吉の農民観』日本経済評論社、一九九九年。『春日井市史』本文編、春日井市、一九六三年。

横浜瓦斯局事件　よこはまがすきょくじけん

明治一一(一八七八)年一月から一二年八月にかけて争われた、ガス事業の町会所への譲渡に伴う高島嘉右衛門への一時金贈与をめぐる訴訟事件。自由民権運動が高まる中、民権運動の全国的波及を誘発する先駆的事件で、福沢諭吉も大分県令香川真一に宛て、この事件の後、同様の「苦情」が各地で「沸騰」するだろうと伝えるなど、「近来の大事件」として訴訟の行方に注目した。

事件の発端は一〇年七月三一日付の『横浜毎日新聞』が、ガス局事務長を務める第一大区長今西相一が区会に相談せず高島へ多額の一時金贈与を決めたと暴露したことによる。高島は明治五年九月、全国に先駆けて横浜でガス灯事業を起こすがうまくいかず、八年七月多額の負債と共に事業を町会所へ譲渡。その際、起業者功労金として毎年利益の五%供与が約束された。今西は三六年分の利益一万三、五〇〇円を一度に支払い、高島との関係を切ろうとしたのである。

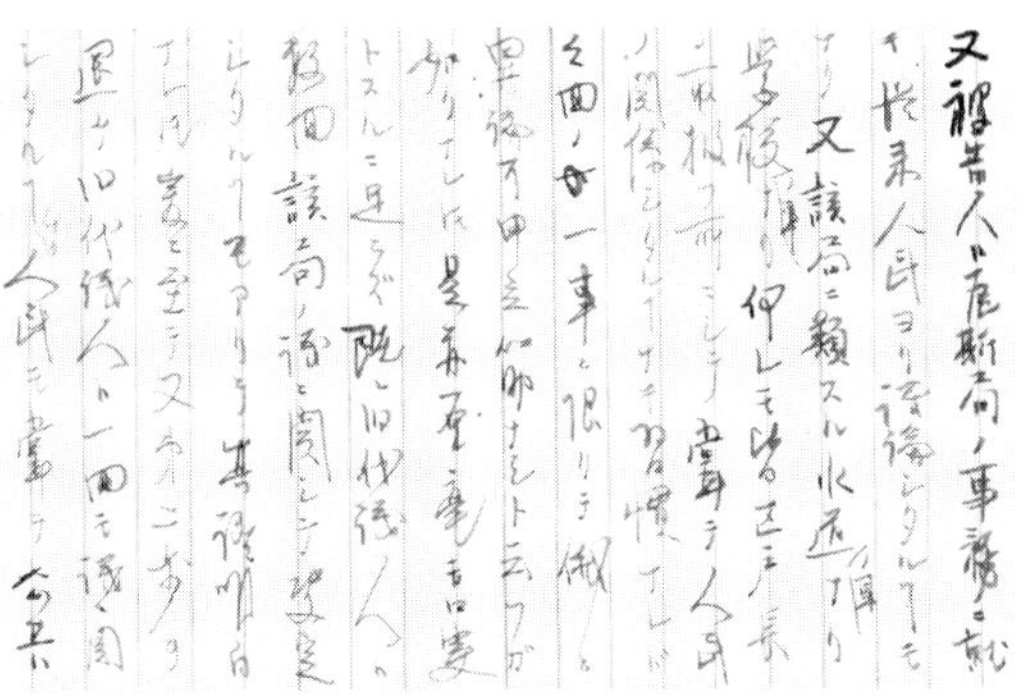
◉瓦斯局訴訟に関する福沢の案文

翌年一月、代議人や商人を中心とする原告七四名(総代は早矢仕《はやし》有的《ゆうてき》・戸塚千太郎・桜井恒次郎・木村利右衛門)が、今西ら七名を相手どり「人民共有物を区戸長にて専断したる訴」を横浜裁判所に提出する。事件は官の専断に対する民の反発として広く注目を集めた。しかし判決では、原告は被告にガス局運営を全面的に委託したと判断され申し立てを棄却。判決を受け福沢は、判決書を簡易な文章で解説した「横浜裁決之和解」を執筆し、三月一六日付『民間雑誌』(一三六号)に載せた。なお早矢仕らは一一年五月、東京上等裁判所へ控訴。事件は控訴審の判決直前、高島が額面一万三、五〇〇円の公債証書を原告に返還、ガス局および付属諸器物などいっさいを市民へ引き渡すことを条件に和解し終結した。訴訟に関する福沢の草稿が残されているが、福沢

がこの裁判にどの程度関与していたかは明らかになっていない。〔後藤新〕

参考『横浜市史』第三巻下、横浜市、一九六三年。庵逧巌「福沢手稿と横浜瓦斯事件」『評論』(九〇二号)一九八九年。

ドイツ皇孫禁猟地遊猟事件《どいつこうそんきんりょうちゆうりょうじけん》

明治一三(一八八〇)年二月七日、来日中のドイツ皇孫アルベルト・ウィルヘルム・ハインリヒ(Albert Wilhelm Heinrich)一行が禁漁区だった大阪吹田の釈迦ヶ池付近で遊猟したため、付近の住民との間でトラブルとなり、地元民が負傷した事件。ドイツ皇孫であることを知らなかった現地警察官が地元民の通報で駆けつけ、皇孫の取調べを行ったことから、ドイツ側は不敬に当たると激しい抗議を行い、外交問題に発展した。政府は狼狽し、ひたすらドイツ側に陳謝するとともに、現地の日本人関係者に対してはその非を強引に認めさせ、一四日には、巡査八名の職務差免、罰俸五名の大量処分、さらに現地吹田ならびに大阪府庁で皇孫出席のもと、謝罪式をとり行った。

日本の禁漁区で発砲したという法規違反、村民に暴行を加えた罪、警察官に対し名前も告げず公務執行を妨害した罪など、ドイツ側の非が明らかだったにもかかわらず、日本政府が屈辱的態度に終始したことについて、福沢諭吉は外相井上馨に書簡(二月二二日付)を送り、今回の件は「言語道断」、「我《わが》国権を損ずる、旧幕府以来未だ之《これ》より甚しきものなし」と外務省の弱腰を論難した。また、福沢書簡が発信された六日後の二月二八日に開催された三田演説会でも、犬養毅が登壇し、国辱の最たるものと外務省を激しく痛論したことが伝えられている。〔寺崎修〕

参考 内山正熊「吹田事件(一八八〇)の史的回顧」『法学研究』(五一巻五号)一九七八年。藤田弘道「ドイツ皇孫『釈迦ヶ池』遊猟事件」『吹田の歴史』(七号)一九八〇年。『考証』下。『書簡集』二。

三河国明大寺村天主教徒自葬事件《みかわのくにみょうだいじむらてんしゅきょうとじそうじけん》

愛知県額田郡明大寺村(現岡崎市明大寺本町)で発生した仏教徒とキリスト教徒の紛争。明治一三(一八八〇)年一一月、明大寺村の真宗大谷派(東本願寺)寺院の境内墓地(当時は共同墓地)に天主教(ロシア正教)教徒がキリスト教葬を行い十字架の墓標を建てたことに対して、明治五年太政官第一九二号布告(自葬の禁止)に抵触するとして刑事事件に発展、また地元の真宗門徒も墓所の撤去や仏葬を要求して民事訴訟を起こした。

刑事裁判においては、第一審で懲役三〇日・贖罪金二円二五銭の実刑判決となったが、大審院では自首が認められ免罪となった(一四年一月一三日)。一方、民事裁判では第一審、第二審、大審院いずれにおいても原告の真宗住民の主張が認められず、キリスト教徒である被告の勝訴に終わった(一五年一一月四日)。

この裁判の過程で天主教徒、真宗門徒が激しく対立し、東京の新聞でも大きく取り上げられた。

福沢家の宗旨は浄土真宗本願寺派（西本願寺）であるが、福沢諭吉は東本願寺とも関係が深く、門下生である石亀（寺田）福寿を通じて同派幹部とも親交を結んでおり、この事件も、同派の渥美契縁を通じて援助を依頼されたと考えられる。当時キリスト教布教に批判的で、仏教擁護を主張していた福沢は、親しい政府高官に協力を依頼したり、民事訴訟の案文を草したり、門下生を関西方面に派遣してキリスト教排撃の演説会を行わせるなどして、側面的に東本願寺側を支援した。その意図は、物心共に西洋文明を無条件に受容することで、日本人の独立心が損なわれ、ひいては日本の独立が失われる危険性があるとの観点に立つもので、キリスト教・仏教の宗旨そのものの正邪を議論するものではなかった。その立場は、三田演説会での演説や『時事小言』第六編「国民の気力を養う事」で詳しく述べられている。当時自由民権運動の中で広く宗教論争が流行したが、そのきっかけはこの事件の影響を受けた福沢の発言や門下生による運動に一端があったと考えられる。

しかし、福沢は真宗僧侶の品行が乱れていることに失望してまもなく支援から手を引き、また一七年六月には『時事新報』に「宗教も亦《また》西洋風に従わざるを得ず」と題する社説を掲げ、日本の独立を維持するためには、むしろ動物の「保護色」のようにキリスト教を受容する必要があるとの立場に転じて、議論を呼ぶこととなった。〔都倉武之〕

▼宗教論 ▼寺田福寿 ▼時事小言

参考 都倉武之「愛知県におけるキリスト教排撃運動と福沢諭吉」『東海近代史研究』（二五・二六号）二〇〇四・〇五年。「埋葬引払控訴補遺」『全集』二〇。中村道太宛福沢諭吉書簡（明治一四年一〇月六日付）。

売薬訴訟事件　ばいやくそしょうじけん

売薬業者に批判的な福沢諭吉の論説に端を発した、時事新報社と東京府下売薬営業者との間の訴訟事件。明治政府は明治一五（一八八二）年一〇月太政官第五一号布告をもって売薬印紙税規則を制定した。売薬営業者にとってまったく寝耳に水の課税だったが、かねてより怪しげな売薬業者に批判的で、『家庭叢談』にも批判論文を掲載していた福沢は、『時事

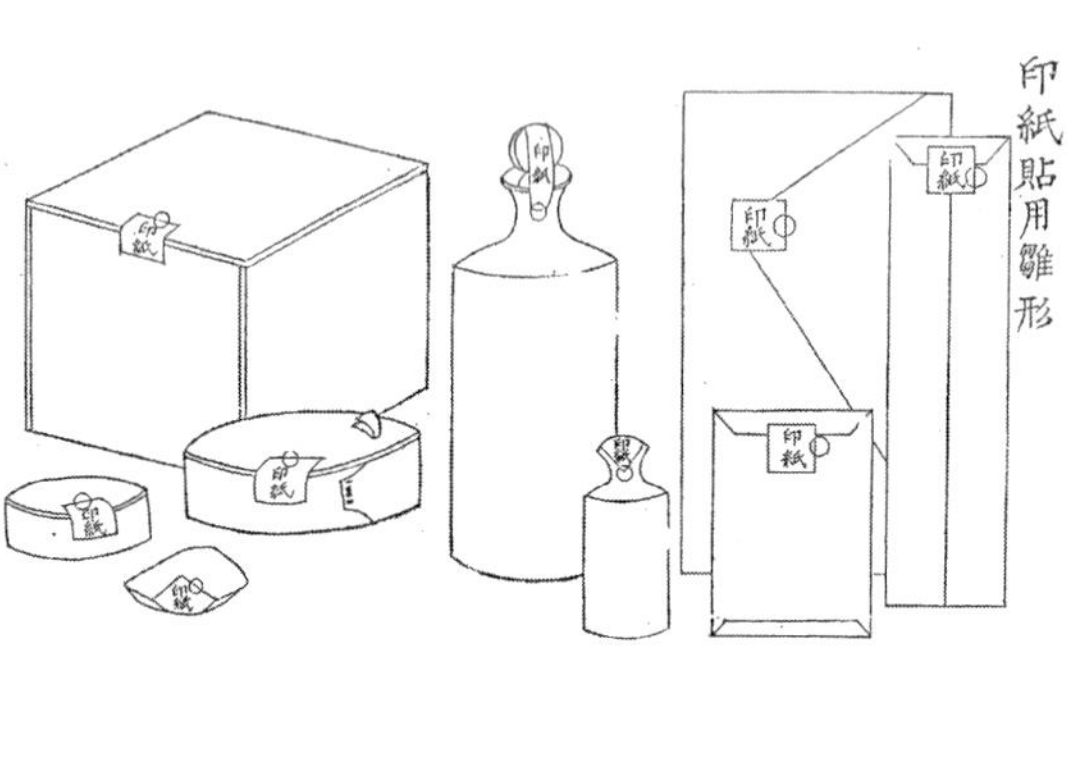

◉『時事新報』紙上の売薬印紙の貼り方雛形

新報』紙上に「太政官第五十一号布告」と題する社説を掲げ、「売薬印紙税規則」の制定を歓迎した。

これに対し、『朝野新聞』一一月二日付は、「売薬印紙税を論ず」と題する社説を掲げ、名指しで『時事新報』を批判、両者の論戦は日を追うごとに激しさを増し、世間の注目を集めることになった。特に『時事新報』の社説は売薬営業者の顰蹙を買うことになり、府下の売薬営業人四五名は時事新報社を相手取り、売薬の営業を毀損するものであるとして治安裁判所に勧解(調停)を申し立てる事態となった。しかし時事新報社側は、単に事実を述べたまでで営業を妨害する意思はなかったと主張したため勧解は不調となり、あくまで営業毀損の回復を求める売薬業者側はあらためて訴訟を提起、争いの場は法廷に移った。しかし第一審の東京始審裁判所および第二審の東京控訴裁判所の裁判では時事新報社側の主張はいっさい認められず、被告の行為は「言論ノ区域ヲ超エタル文章ヲ公衆ニ播布」し、「原告ノ営業ヲ毀損」したものと認定され敗訴した。この判決を不服とする時事新報社側は一六年一〇月四日、売薬営業者四五名を相手取り大審院へ上告、徹底抗戦した。その結果、大審院は一八年一二月二五日、時事新報社側に「五日間取消ノ広告ヲ為スベシ」といい渡した原判決を「違法ノ裁判」として破棄し、売薬営業者による『時事新報』第二〇二号の論説取消請求は「採用シ難シ」と逆転判決をいい渡した。売薬営業者の訴えは時事新報社を相手どるもので、福沢諭吉を直接相手とするものではなかったが、この事件の主人公が福沢であったことはいうまでもない。福沢は大審院で逆転勝利をおさめた翌日の『時事新報』紙上に、「売薬営業毀損之訴落着」と題する論説を掲げ、この訴訟事件の結果を「真理原則の勝利」あるいは「学理の勝利」と総括した。　[寺崎修]

▼時事新報の経営

参考 『伝』三―三四編。寺崎修「福沢諭吉と裁判―明治十五年・売薬営業毀損事件」(安西敏三・岩谷十郎・森征一編著『福沢諭吉の法思想』慶応義塾大学出版会)二〇〇二年。

相馬事件《そうまじけん》

中村藩(現福島県相馬市)の旧藩主相馬誠胤《ともたね》の精神異常、監禁をめぐる事件。

明治四(一八七一)年一一月三日、当時二〇歳だった誠胤が慶応義塾に入社した。芝区松本町の自宅から通学していたが、九年に精神異常を来たし、周囲を刀で斬りつけるなど、狂躁乱暴の行動をみせるようになったため、相馬家では誠胤を一室に監禁し、のち入院させた。一六年、誠胤の旧臣錦織剛清《にしごりたけきよ》が監禁は不当なものであり、家令志賀直道の家督相続・財産横領目当ての陰謀であると訴えて、みずから病院に忍び込んで誠胤を奪い去る事件が起こった。錦織は事件の顛末を記した手記を新聞に掲載し、政府要人にも理解を求めたが、結局、家宅侵入罪で重禁固一年の有罪判決を受けた。

以後、錦織と相馬家との間で訴訟合戦が繰り広げられ、二五年二月に誠胤が三九歳で死亡した後も、錦織は、誠胤は毒殺されたとして葬儀執行の中止と解剖を申請し、世論に呼び掛け続けた。この事件では、錦織との密会を報じられた判事山口淳が官吏収賄・詐欺罪で逮捕され、また相馬家の代理人となった星亨が東京弁護士会や自由党内から批判を受け、さらに内務省衛生局長の後藤新平が錦織の借金保証人となったために錦織と共に誣告罪で拘引されるなど、政治的にも大きな波紋を生んだ。

錦織は誠胤が塾生であった関係から、福沢諭吉にも協力を求めている。後藤は、錦織を支援したのは裁判医学への理解を促進し、人権を保護するためであり、福沢もこの考えに同調して、錦織を三田に呼んで事情を聞いたと述べている。後藤の真意を理解していたのは福沢、長与専斎、北里柴三郎らであったという。実際、福沢は明治一七年五月二九日に馬場辰猪に宛てた書簡において、松山棟庵の意見でも正義は錦織側にあり、警視庁医務局長の長谷川泰はきわめて誠実に働くと記し、この様子ならば事情を探るのも困難でないだろうと記している。錦織側の見解に同調し、馬場を通じて警視庁側の意向を探ろうとしたのだろうが、馬場は断ったようである。

結局、誠胤の遺骸を調査した結果、毒殺の証拠は見つからず、二八年、錦織と山口の上告が棄却され、刑が確定、錦織は重禁固四年、山口は重禁固五年、後藤は無罪となった。 〔小川原正道〕

参考『伝』四―四八編。有山輝雄「虚報としての相馬事件」『日本歴史』(六〇〇号)一九九八年。西川薫「相馬事件と精神病者監護法制定の関係」『新潟大学大学院現代社会文化研究科研究紀要』(二二六号)二〇〇〇年。

ノルマントン号事件 のるまんとんごうじけん

明治一九(一八八六)年一〇月、英国貨物船ノルマントン号が和歌山沖で難破した際、西洋人乗務員が大部分救助されたのに対して、日本人乗客二五名、インド人水夫一二名は救助されず溺死した事件。当時は不平等条約下で領事裁判権が認められており、この事件は神戸駐在英国領事館海事裁判所が審理したが、英国人船長ドレークについて、航行進路の判断や乗客避難について何ら過失を認めなかった。これに対し日本政府は、船長が日本人乗客を故意に殺害したものとして、殺人罪をもって神戸の英国領事館に告発し、予審で船長以下の被告は有罪と認定されたため、あらためて横浜駐在英国領事館裁判所で本審がとり行われることとなった。この裁判で船長は有罪と認定されたものの、殺人罪は適用されず、職務怠慢による三か月の禁固刑を受けるに留まった。

一一月五日、神戸の海事審判での判決

がいい渡されると、全国各地で英国を非難する新聞記事や演説、追悼法事などがとり行われた。同月一五日の『時事新報』社説は、欧州人は無事で東洋人が非業の死を遂げたのは「不審千万」だと指摘し、「同胞生者の義務」として政府や人民が適切な対処をとるよう求め、まず船長以下の帰国を阻止すること、沈没した船内を捜索することなどを要請した。『時事新報』は他四紙と共に義捐金の募集を呼びかけ、最高額を集めた。福沢諭吉はこの前日付の寺田福寿(真浄寺住職)宛書簡において、浅草本願寺でノルマントン号事件犠牲者の追悼法会を開けば多数の参詣人があるはずであり、福沢家もこれに参加したいと提案した。福沢自身がこの法会の案内状を認め、一一月二〇日に開催、慶応義塾生を含めて約四、〇〇〇名を集め、塾生は追弔の旗を掲げて参加、二九八名の塾生から義捐金三三円余りが醵金されたという。福沢家も五円を醵出している。

当時、井上馨外相による条約改正交渉が行われていたため、政府としては反英感情の高揚は避けたいところであり、山県有朋内相は各府県警部長に対し、常軌を逸した危険粗暴な新聞記事がみられ、これが外国との交際上の障害を生むのは不都合であるとして、演説その他の取り締まりを強化するよう指示した。福沢も政府と同様、この事件によって排外的な思想が高揚することを恐れたようであり、『時事新報』は英国の責を追及しながらも、これをもって日英両国の交際を妨げることがないよう求め、悲憤のあまり社会秩序を乱さないよう呼び掛けている。もっとも、当時塾生だった坂本易徳によれば、塾生がノルマントン号事件裁判の芝居をする準備をしていたところ、小幡篤次郎から福沢や小幡の娘の踊りを出してはどうかと提案され、当日はこの娘たちが参加して興を添え、三遊亭円朝が大いに盛り上げたという。［小川原正道］

▼井上条約改正案 ▼寺田福寿

参考『伝』四―四六・四八編。『考証』下。手塚豊「福沢先生とノルマントン号事件」『手帖』(三一号)一九八一年。我妻栄編『日本政治裁判史録』明治・後、第一法規出版、一九六九年。都倉武之「草創期メディア・イベントとしての義捐金募集」『日欧比較文化研究』(五号)二〇〇六年。

大津事件《おおつじけん》

明治二四(一八九一)年五月一一日、来日中だったロシア皇太子ニコライ(のちのロシア皇帝ニコライ二世)が、大津において警備に当たっていた巡査津田三蔵に斬りつけられ、負傷した事件。湖南事件とも呼ばれる。

ロシア側は日本政府に対し津田の死刑を要求し、政府は通常の謀殺未遂罪ではなく刑法第一一六条の皇室に対する罪を適用して死刑にすることを求め、大審院長の児島惟謙にもこれを受け入れるよう伝えられた。政府と大審院との間で激しいやりとりが交わされた結果、大審院は五月二七日に津田を謀殺未遂罪で無期徒刑とする判決を下した。

事件発生を聞いた福沢諭吉は、五月一五日の福沢捨次郎宛書簡において、事件を幕末の尊王攘夷論や森有礼暗殺、大隈重信襲撃などの攘夷家の仕業と重ね合わせ、同月二二日付の清岡邦之助宛書簡でも、事件を森や大隈襲撃の系譜に位置づけたうえで、これを明治一四、五年頃から政府が文明主義を排斥した儒教主義教育を行ってきた結果だと指摘している。同日付の渡辺修宛書簡でも、近年の攘夷論の復活は儒教主義教育の結果であり、笑止千万だと突き放した。

『時事新報』社説は、負傷した皇太子を思う皇帝・皇后の心中を察して、皇室がロシア皇帝・皇后を慰問すべきだと論じ(五月一四日)、対応策も通常の政策決定過程をとるのではなく、明治初年から大臣参議を務めた長老を集めて評議を開き、衆議に基づいて方針を定めるよう求めた(五月一五日)。判決については、一般の感情としては極刑を下すべきだが、「文明の政には自から法律の存する」もので、感情よりも法理を優先すべきであり、判決は正当の処分だと弁護し、「我法律の独立を賀する者なり」と評している(五月二九日)。

〔小川原正道〕

▼儒教主義批判

参考『書簡集』七。

自由民権運動への提言

『通俗民権論』と『通俗国権論』

「つうぞくみんけんろん」と「つうぞくこっけんろん」

「民権」と「国権」を共に重視する立場からそれぞれの重要性を説いた著作で、明治一一(一八七八)年九月、慶応義塾出版社から同時刊行された。七年一月、板垣退助らが左院に民撰議院設立の建白書を提出したことを契機に自由民権運動が始まるが、福沢諭吉は九年から一一年まで、土佐立志社の附属教育機関立志学舎へ義塾出身の門下生を英学教師として交代で派遣するなど、この運動に一定の期待を寄せていた。しかし、みずから真の民権論者を自負していた福沢は、その後の自由民権運動が、国会開設要求のみに終始し、私権や地方の権利など民権そのものの拡張に不熱心だったこと、さらに国際情勢についてもまったく疎く、無頓着であることに大きな不満を抱いていた。

福沢が『通俗民権論』で、もっぱら民権拡張のために人民がなすべき心がけを説き、同時刊行した『通俗国権論』で、人民が外国交際の厳しい現実を知っておくべきことを説いたのは、世上に流布していた民権論に対する批判の意味を込めたものであった。例えば福沢は、『通俗民権論』の中で、「地方の民会を後にして中央の国会を先にせんとするは、事の順序を誤る者と云うべし」と述べ、自由民権運動家たちが唱える民権論は、「事の順序を誤る者」と批判したり、『通俗国権論』で「我外国交際は官民共に未だ十分なる地位に至らざるもの」と指摘、人民も「独立国の大義を忘れず」「国権を重んずるの人」にならなければならないと主張していることからも明らかなように、民権運動家たちの民権論とは一線を画していた。もちろん福沢も国会開設の必要性は理解していたが、早期開設には慎重だった。

参考『自伝』老余の半生。

［寺崎修］

『国会論』と『民情一新』

『こっかいろん』と『みんじょういっしん』

イギリス流の議院内閣制の導入と二大政党による政権交代の必要性を最初に提唱した啓蒙書と学術書。『国会論』は、『民情一新』の公刊に先立って、福沢諭吉みずから草稿を書き、門下生の藤田茂吉と箕浦勝人の両名の名前で、明治一二(一八七九)年七月二七日から八月一四日まで一一回にわたり『郵便報知新聞』に連載、のち一書にまとめられた。国会開設の時機が到来したことを力説し、当時まだ根強かった時機尚早論の論拠をことごとく批判、草稿段階の『民情一新』を引用しながらイギリスモデルの議院内閣制の導入を提唱した。のちに福沢は『福翁自伝』の中で、『国会論』の反響は予想外に大きく、国会開設運動に「火を付け」る役割を果たしたと回想している。

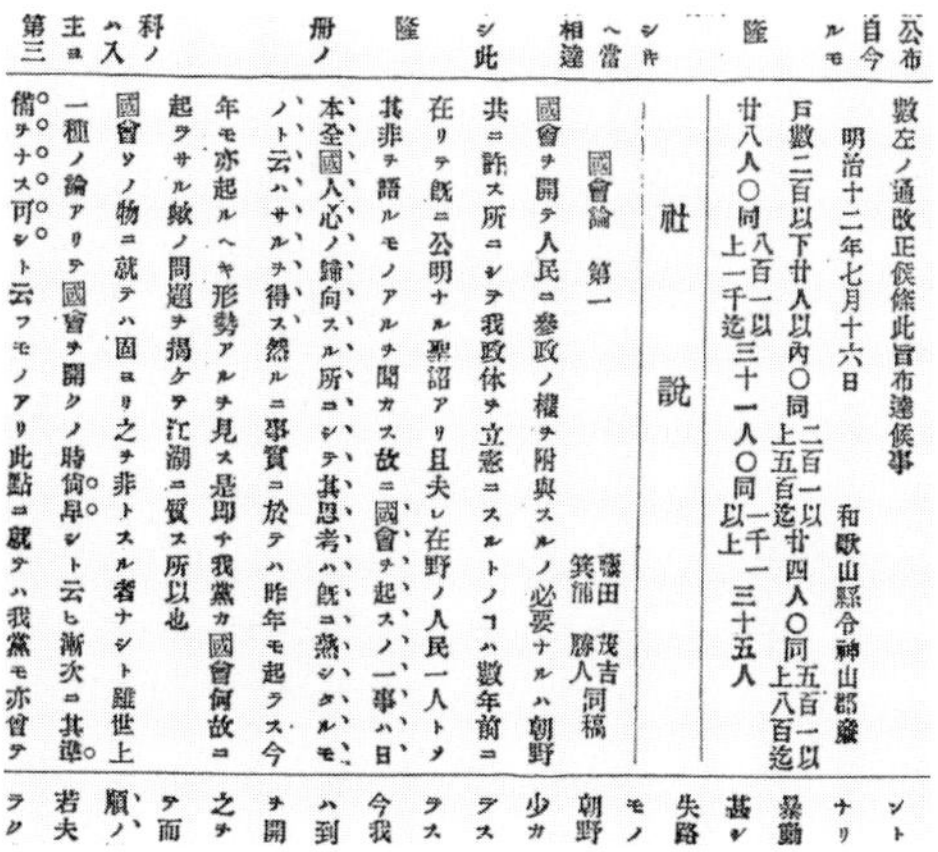
数左ノ通改正候條此旨布達候事
明治十二年七月十六日　和歌山縣令神山郡廉
戸數二百以下廿人以内○同二百一以上五百迄廿四人○同五百一以上八百迄廿八人○同八百一以上一千迄三十一人○同一千一以上三十五人

社説

國會論　第一　藤田茂吉　箕浦勝人　同稿

國會ヲ開テ人民ニ參政ノ權ヲ附與スルノ必要ナルハ朝野共ニ許ス所ニシテ我政体ヲ立憲ニスルトノ叓ハ數年前ニ在リテ既ニ公明ナル聖詔アリ且夫レ在野ノ人民一人トメ其非ヲ語ルモノアルヲ聞カス故ニ國會ヲ起スノ一事ハ日本全國人心ノ歸向スル所ニシテ其思考ハ既ニ熟シタルモノト云ハサルヲ得ス然ルニ事實ニ於テハ昨年モ起ラス今年モ亦起ルヘキ形勢アルヲ見ス是即チ我黨カ國會何故ニ起ラサル歟ノ問題ヲ掲ケテ江湖ニ質ス所以也
國會ソノ物ニ就テハ固ヨリ之ヲ非トスル者ナシト雖世上一種ノ論アリテ國會ヲ開クノ時尚早シト云ヒ漸次ニ其準備ヲナス可シト云フモノアリ此點ニ就テハ我黨モ亦曾テ

●『郵便報知新聞』に掲載された「国会論」

一方、『民情一新』は『国会論』よりも早く脱稿していたが、『郵便報知新聞』に連載していた「国会論」の反響を見届けたうえで、一二年九月、『国会論』と時を合わせて同時刊行された。『国会論』が啓蒙的なものであったのに対し、『民情一新』は、質量とも重厚な著作で、福沢の代表作の一つといってよいだろう。一八世紀の産業革命が産業の変革に留まらず社会を一変させ、「民情」は「一新」したこと、それゆえ「官民軋轢」で混乱した一九世紀段階のヨーロッパの政治状況は、早晩日本にも波及することを指摘し、わが国が「官民軋轢」を回避するためにはイギリス流の議院内閣制を導入し、二大政党間で政権交代を行うよりほかに道がないことを示した。すなわち「政府の改革諸大臣の新陳交代は全く国会の論勢に任して…一進一退その持続する時限五年以上なる者は甚《はなは》だ稀にして、平均三、四年に過ぎず。不平も三、四年なり、得意も三、四年なり、…国安を維持するの術は唯《ただ》時に随《したがっ》て政権を受授するの一法あるのみ」というのが、『民情一新』の主張であった。

わが国における二大政党制論の源流について吉野作造を挙げる見解もあるが、『国会論』と『民情一新』を書いた福沢こそ、二大政党制に基づく政権交代論者の元祖である。〔寺崎修〕

▼『時事小言』と軍備論　▼民情一新　▼国会論

参考 坂野潤治『近代日本の国家構想』岩波書店、一九九六年。『自伝』老余の半生。

相州九郡「国会開設ノ儀ニ付建言」
そうしゅうきゅうぐん「こっかいかいせつのぎにつきけんげん」

明治一三(一八八〇)年に門下生松本福昌を通じ相模国九郡総代から依頼され、福沢諭吉みずから起草した国会開設の建白書。この建言は、福沢が起草者であったことから各地新聞にも転載され、その影響は並外れて大きかった。理路整然と国会開設の必要性を説く格調の高い文章は以後の建白書の模範とされ、明治政府にも大きな衝撃を与えた。

福沢は「去年はコレラ、今年は交代して国会年ならん」と述べ、明治一三年が「国会年」になると想定していたから、相州の建言では、国会開設こそ天皇の聖意に報いることであり、人民の願望でもあることを強調したうえで、現在の日本は「政府の日本」であって「人民の日本」になっていないと主張する。日本の艱難《かんなん》もただ政府の艱難にすぎず、人民の艱難とは意識されていない状況を鋭く指摘、政府と人民が艱難(国難)を共有し、共同して課題に対処していくためには、人民に参加の権を付与し、国会を開設する一策がどうしても必要と力説した。福沢はかねてから、文明の担い手、近代日本建設の推進力として、「ミッヅルカラッス」(ミドル・クラス)、すなわち中等に位置する人びとに期待を寄せていたので、この地方の豪農・豪商など名望家たちの指導によって推進された相州の国会開設請願運動は、まさしく福沢の意向に合致するものだったといえるだろう。この建言には二万三千余名の署名が集まったという。〔寺崎修〕

▼松本福昌

参考 金原左門「福沢諭吉と相州自由民権家」『年鑑』(二二)一九九五年。

『時事小言』と軍備論
『じじしょうげん』とぐんびろん

イギリス流の国会開設がすでに既定路線になっていると認識していた福沢諭吉が、国会開設実現以後の諸課題について明治一三(一八八〇)年末以降随時書き留めていた原稿をもとに、一四年七月二九日に脱稿、同年九月慶応義塾出版社から刊行した著作。

もともと『国会論』後編として書き進められたが、途中で『時事小言』と標題が改められた。構成は「内安外競之事」「政権之事(正・続)」「国権之事」「財政之事」「国民の気力を養う事」の六編から成り立つ。福沢は「外の艱難を知《しり》て内の安寧を維持」する一方、「内に安寧にして外に競争」すること、すなわち「内安外競」こそ「我輩の主義」と述べたうえで、当面の内政・外交上の課題を論じ、アジア進出の拡大を図る西洋諸国から日本の独立を守るためには、軍備を充実させる必要があること、しかもその軍備は近隣諸国を保護するためにも遠大でなければならないと主張した。

従来の主張に比べ国権論の色彩を強めていることから、福沢の政治思想はこの『時事小言』を境に質的に変わったとみなす見解もあるが、軍事力の重視はこのときに始まったわけではない。むしろ福沢のこのときの東アジア政策論には朝鮮国内の改革派の支援という側面が圧倒的に強く、対外政治論の本質自体がこの時点で大きく変わったと考えるのは行き過ぎである。

しかし、本書執筆の大前提であるイギリス流の国会開設がすでに既定路線になっているとの福沢の政治状況観察は、あまりにも楽観的に過ぎた。イギリス流の議院内閣制の導入は、確かに一時期、大隈重信、伊藤博文、井上馨の三参議の間で合意をみていたが、すでに一四年夏の段階でその可能性は、ほとんど消滅していたからである。〔寺崎修〕

▼『国会論』と『民情一新』　▼明治一四年の政変
▼時事小言

参考『選集』七、解説（坂野潤治）。『考証』下。

官民調和論　かんみんちょうわろん

「官」と「民」とが対立せず、互いに調和することで安定的な政治が実現できるとした福沢諭吉の持論。福沢は明治三〇（一八九七）年に刊行された『福沢全集緒言』において、明治九年以降に刊行された『分権論』以下の著作について、「官民調和の必要を根本にして間接直接に綴りたるもの」と端的にまとめているが、実際、福沢は折に触れて官民調和の理念を訴え続けた。

『福沢全集緒言』で福沢は、文明開化は政府が専有すべきではなく、国民が進歩することで実現するものであり、言論弾圧などによって官民が分離するようになれば、「国家の不利これより大なるはなし」と考え、著作を通して官民調和の実現を目指してきたと回顧している。福沢はすでに『文明論之概略』において、文明は競争によって進歩すると繰り返し主張していた。この競争を流血に至らないような適正なかたちで実現しようというのが、「調和」の目指すところであったが、官民はそもそも利害を異にするものであるという論者からは、調和という目標そのものが批判の対象となった。

一二年に執筆した『民情一新』において福沢は、保守的政府と革新的世論とを対置させ、蒸気、電信、印刷、郵便の発達による情報交通革命によって民情（世論）が一新し、欧州において保守的政府に対する革新的世論による批判が拡大し、官民の衝突が現実のものとなっているとして、社会主義勢力などの急進主義者が皇帝に対して挑戦し、秩序が崩壊している事例を列挙した。福沢はこうした諸事件の勃発を受けて、官民の衝突を避けるためには英国流の議院内閣制・二大政党制の導入による政権交代が必要だと主張する。この直後に執筆された『国会論』でも、文明開化は官民の競争によって進歩し、権力をめぐって政府と人民が競争することは国の利益となると述べている。競争をルール化し、二大政党制による官民の交代によって調和を実現し、流血や騒擾を避けることが、福沢のねらいとするところであった。それは国内を一体化させて文明化を促進し、団結して対外問題に当たることができる体制を整えるものであった。

福沢の理想とした英国流の議会政治は、明治一四年の政変によって挫折するが、それ以降も福沢は国会には官民の調和が不可欠であると説き続けた。例えば、一五年の『時事大勢論』では、前年に渙発された国会開設の詔の後も残っている民情の不平を警戒し、このままでは官民の対立が激化し、国会開設が頓挫するか、開設しても混乱すると危惧した。二三年に帝国議会が発足すると、その直後に記した「国会の前途」において、国会が順調に運営されるには、政府と人民が相互に協力して針路をひとつにし、自制する姿勢が必要だと指摘している。第二議会において予算案をめぐって政府と民党が決裂して衆議院が解散され、いわば官民調和の理念が打ち破られると、福沢は「国会難局の由来」を発表して、官民衝突の激化による武断政治の出現を警戒し、政府に対しては民党に敵対しないよう求め、民党は思慮深く言行を慎むよう官民調和の実践を求めた。

二五年、自由党はそれまでの地租軽減・民力休養を軸とする消極主義を放棄して、鉄道敷設などによって民力養成を目指す積極主義を採用し、政府との提携を求めていくことになる。政府もまた衆議院の多数党との提携を模索することで、妥協が成立した。「官民調和体制」と呼ばれるもので、その意味では、福沢の主張は一定の成果をみたと見ることもできる。

〔小川原正道〕

▼民情一新　▼時事大勢論　▼国会の前途・国会難局の由来・治安小言・地租論　▼福沢全集緒言

参考 鳥海靖「福沢諭吉の立憲政治論」『年鑑』(一八)一九九一年。坂野潤治「『官民調和』と『保革伯仲』―福沢諭吉の二大政党論をめぐって」『研究』(二〇巻)二〇〇三年。

交詢社の創設と展開

交詢社発会準備　こうじゅんしゃはっかいじゅんび

日本最古の社交クラブ交詢社が誕生する背景には、福沢諭吉の人間《じんかん》交際についての持論や、社交に対するいくつかの試みがあった。『学問のすゝめ』で福沢は、人間は広く他者と交わり、その幸福を増進させていく存在であるため、人間交際が必要であると説き、そのために日本語を習得して弁舌を活発にし、容貌を整えて近づきやすくし、さらに、地位や職業を越えた友との交流が必要だと述べている。

　こうした立場から、明治九(一八七六)年、福沢は演説館に隣接して万来舎を設立し、談話、食事、娯楽などの場として提供した。慶応義塾長と交詢社理事長を長く務めた鎌田栄吉は、これを交詢社の原型だと述べている。また、一二年には塾監局の一室に「道聴途説」と題する冊子が置かれ、教職員や塾生の落書き帳、あるいは寄せ書き帳として用いられた。

　この間、西南戦争において薩軍が敗北し、福沢は西郷隆盛に同情しながらも、戦後政治社会の方向性として民会、そして国会の設立という目標を提示していった。愛国社が再興されて民権運動が高揚し、福沢も文筆や門下生を通じて運動の展開を支えたが、民権論者が「政権」にばかり関心を持ち、「民権」そのものの拡張に無関心であると批判し、まずは人民の気力を充実させることが重要であるとして、その手段の一つとして「智徳見聞」の拡大、そのための修学や討論の促進が必要だと主張した。

　かくして一二年八月四日、福沢は小幡篤次郎、阿部泰蔵、森下岩楠らを自宅に招き、慶応義塾の同窓会を組織することとなった。それは、一学塾のみによる結社ではなく、門戸を開放して日本の知識階級に知識交換の場を提供しようとするものであった。九月二日、神田の三河屋に小幡、阿部、小泉信吉《のぶきち》などが集まって社則立案委員を決め、委員はその起草に当たり、九月三〇日に決定された。委員は、日本には参考とすべき結社が存在しないため、外国の書物を取り寄せて参考にしたという。一〇月二日から副規則の検討に入り、同年末にはその編纂を完了した。一〇月からは社則が印刷に掛けられ、これを頒布する入社勧誘が行われ、発会式が行われるのは一三年一月のことになる。

　なお、結社の名前は当初、日東社とされ、後日、交詢社に変更されたことが明らかにされている。この名称は「知識交換」の「交」、「世務諮詢」の「詢」を採ったものである。

〔小川原正道〕

▼万来舎　▼道聴途説　▼交際

参考『交詢社百年史』交詢社、一九八四年。

交詢社設立之大意《こうじゅんしゃせつりつのたいい》

　交詢社の設立に当たり、その趣旨を説明したもの。福沢諭吉が執筆したとの推定もある。冒頭で、交詢社の目的は「知識を交換し世務を諮詢する」ことにあり、学校教育や読書では吸収できる知識や時間に限りがあるため、「知る所を人に告げて、知らざる所を人に聞くは最も大切」であると説いている。そのため、さまざまな職業や地位の人びとが交際する必要があり、「朝野雅俗」「貴賤貧富」を問わず社員を募集すると述べた。

　ここにいう「世務」とは、商業取引、金銭貸借、売買、雇用、起業など、人間社会の交際によって生じる相互関係を指しており、これを円滑に運用していくには他人に相談する必要があり、「諮詢」

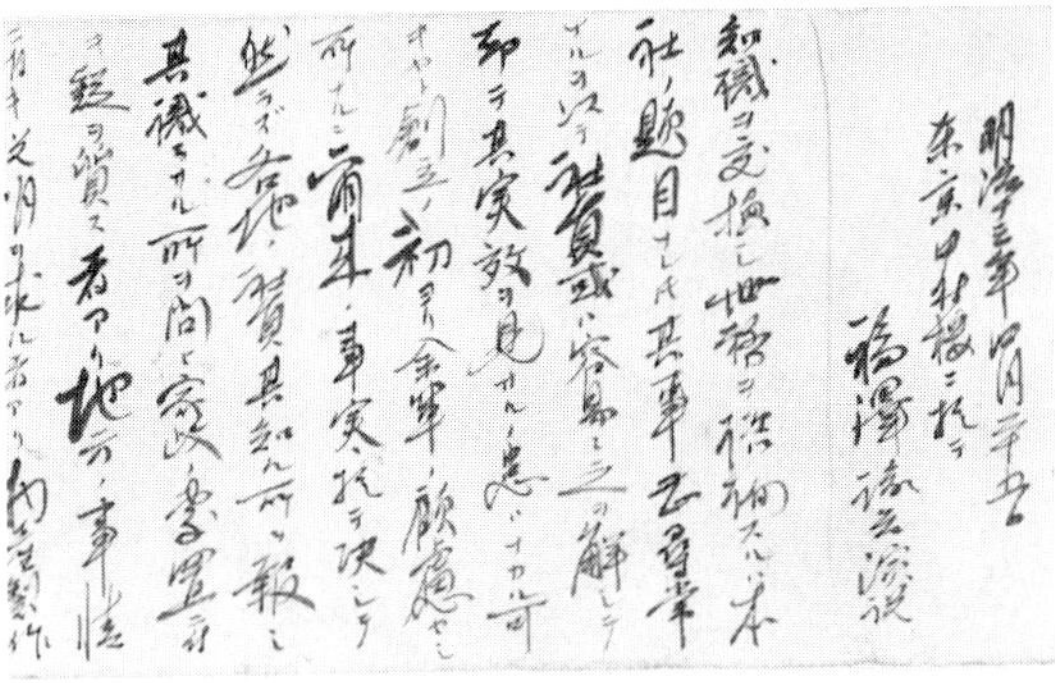

◉冒頭に「知識を交換し…」の文字がある福沢の交詢社第一回大会における演説原稿

とはこの相談を意味しているという。人間にとってもっとも寂しいことは孤立であり、諮詢によって知見を得られれば、これほど嬉しいことはなく、また旅行中に腹痛を発して医薬を求め、難破、漂流して救出を求めるとき、友がこれに応じてくれるよう、結社成立後は社員の名簿を頒布したいと述べている。諮詢を支える社会基盤も整ってきており、郵便、電信、蒸気船の発達によって情報の伝達が円滑となり、これを活用して地方の社員からの文通に応じて本部の所見を伝え、また社員相互の情報交換を促進したいとも記されている。

　維新以来、旧時代の社会構造が一変して人びとの独立が成長したようにみえるが、人間にとってもっとも大事な「社会結合の一事」はまだその体をなしておらず、このままでは「結合の縁」が消滅し、独立が孤立へと展開してしまいかねない。開国から二〇年、人心はいまだ不安定であり、これを結んでいかなければ救いようのない事態になる、と危機感を表明して、この大意は結ばれている。日付は明治一二年九月三〇日、交詢社創立事務委員名で発せられ、この後に「社則」「副規則」が収録されている。

［小川原正道］

参考『交詢社百年史』交詢社、一九八四年。

交詢社発会式　こうじゅんしゃはっかいしき

　明治一三（一八八〇）年一月二五日、東京府芝区青松寺において交詢社発会式が開催された。式の参加者は五九六名で、当日の会頭（議長）は長岡護美《もりよし》、副会頭（副議長）は鍋島直大《なおひろ》が務めた。これは両者に長期にわたる海外経験があったこと、そして華族としての政治的・社会的地位が考慮されたためだといわれている。

　発会式ではまず定員二四名の常議員の選挙が行われた。常議員は、交詢社社則第三条に定められた「役員」であり、大会・小会において議決した事項の実施や、議決を要しない案件の決定などを担うこととなっていた。最多得票は福沢諭吉で九六四票、次点が小幡篤次郎で九一九票となっており、福沢が前年に声を掛けて参集した阿部泰蔵、森下岩楠、矢野文雄、早矢仕有的《はやしゆうてき》はいずれも当選した。

　選挙後、会頭の長岡、常議員の西周《あまね》のほか、福沢が「交詢社発会之演説」を試みている。ここで福沢は、交詢社の設立は「社会の時勢」に乗じたものだと述べ、江戸時代は藩が「知識交換世務諮詢の中心」であったが、廃藩置県で藩が消えたいま、人民はこの「中心」を失った状態にあるとして、交詢社こそが「全国人民の為に知識集散の一中心」となるであろう、と説いた。国家にとっての政府、汽車にとっての駅、電信郵便にとっての中央局、財貨資本における銀行のように、知識においても中心が必要であり、交詢社がこれに当たるべきだ、というわけである。地方の社員が上京して旅宿を求め、買い物をするに当たって都下の社員に相談するのも諮詢であり、東京の社員が視察のため地方を訪れ、その実態を現地の社員に問いかけるのも諮詢であった。かかる交詢社を福沢は、「人知交通の一大機関」だと表現している。

午後一時一三分に発会式は閉会し、参加者は食事をとって二時半過ぎに散会した。

［小川原正道］

参考『交詢社百年史』交詢社、一九八四年。

巡回演説会と随意談会《じゅんかいえんぜつかいとずいいだんかい》

明治一三(一八八〇)年から一五年にかけて、交詢社は全国各地に地方巡回委員を派遣し、演説会や討論会を開いて、啓蒙と入会勧誘に努めた。これが、巡回演説会である。慶応義塾では福沢諭吉の影響もあって、演説討論について研究する協議社(尾崎行雄ら)、猶興社(犬養毅ら)、国会討論の準備のため会議講習会が組織されており、義塾を出て自由民権運動に足を踏み入れ、政談社、東海社、政談演説討論会などを基盤に、演説や出版活動を展開する者が少なくなかった。こうした場で経験を積んだ若手が地方に派遣された。

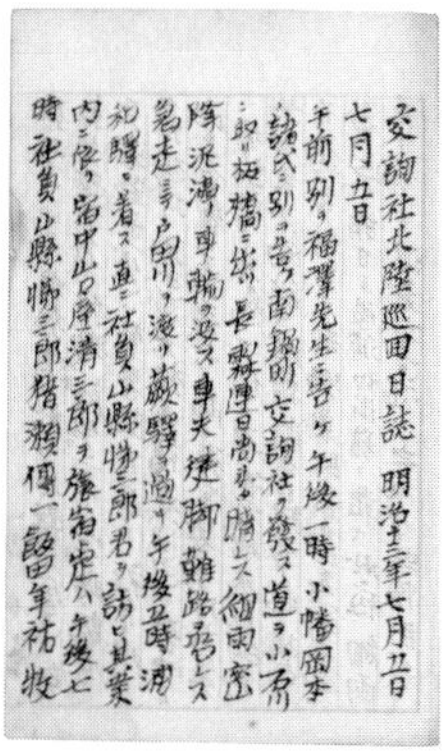

◉巡回委員による北関東・東北地方巡回の日誌(明治一三年)

巡回講演会のうち主なものとしては、阿部泰蔵の中山道・近畿東海地方巡回(一三年五～六月)、波多野承五郎・猪飼麻次郎の北関東・北陸地方巡回(一三年七～八月)、波多野らの京摂東海道巡回(一四年六～七月)、阿部泰蔵・鎌田栄吉の千葉県倍根社大会出席(一四年六月)、高木喜一郎・矢田績《いさお》の北海道奥羽巡回(一四年八～一〇月)などがある。巡回の模様は『交詢雑誌』に掲載されているが、例えば波多野・猪飼は新潟県内の六日町、長岡、弥彦、直江津で演説会を開き、「交通論」「道徳論」「交詢社の趣意」などを説いていた。このように、演説内容は交詢社の宣伝のほか、政治評論に及ぶことが多く、とりわけ、明治一四年の政変につながる憲法制定や北海道官有物払下げ問題が起こり、政府への風当たりが強くなっていた時期には、聴衆の熱狂的な歓迎を受けた。このため、警察官による中止や解散も経験している。

巡回委員は、常議員などの年長者が定期的に地方社員と面談する機会を設けてほしいとの希望を出し、これを受けて一三年一〇月、交詢社常議員会(役員会)では毎月三、一八の両日午後に随意談会が開かれることとなった。一〇月一八日にさっそく第一回が開かれ、以後、三時から七時、ときには一〇時頃まで懇談するのが恒例となる。一六年頃から交詢社の経営が傾き始めると、この随意談会に福沢諭吉を出席させ、演説するよう小幡篤次郎が依頼している。

　以後、随意談会の内容は時事問題を中心に取り上げるようになり、日清戦争の際には従軍記者からその目撃談を聞き、庄内大地震の際にも現地を視察した内務省の技師がスピーチをしている。福沢没後の明治三〇年代後半になるとあまり活発ではなくなり、四一年から定期的に開催された火曜晩餐会、金曜午餐会へと変化していった。現在でも金曜午後には常例午餐会が開催されている。［小川原正道］

▼協議社・猶興社・精干社

参考『交詢社百年史』交詢社、一九八四年。小川原正道「自由民権家としての加藤勝弥」『法学研究』(八二巻二号)二〇〇九年。

福沢の交詢社大会演説《ふくざわのこうじゅんしゃたいかいえんぜつ》

交詢社は、社則第五条において、毎年四月に東京で大会を開くことと規定しており、福沢諭吉はほぼ毎回出席し、交詢社の設立の意図や目的について演説している。

　発会の際の演説において福沢は、交詢社の設立目的を「知識を交換し世務を諮詢すと云うに過ぎず」と表現し、社員からの諮詢について討議・報知し、社員同士が互いに相知る、「知識集散の一中心」「人知交通の一大機関」となると自負した。こうした趣旨は、その後の大会演説で繰り返し強調されている。

　明治一三(一八八〇)年四月の第一回大会では、社員から家政、物産、商売、学芸、詩歌など続々と質問が寄せられて設立の目的は達せられていると語り、さらに、知識交換世務諮詢のためには直接的な親睦会も必要であるとして、大会後には親睦の宴を開くと述べている。明治一四年の政変によって多くの交詢社員が政府を追われ、交詢社を政党視する見方が広がると、翌年四月の第三回大会演説では、「本社は初より政談の社に非ず」「政党は政党なり、交詢社は交詢社なり、相互に関係する者に非ず」と疑惑を否定し、交詢社では相互に知識を交換し世務を諮詢して学識や芸術、経世の法を磨いており、これは志士の本分であって、政党視して忌避恐怖するのは「天下一奇談」だと反論した。翌年四月の第四回大会の演説でも、交詢社は「衆智を集めてこれを利用するの器械」であり、質問や来訪、談話会などを通じて「社員諸君もこれに由《よっ》て利益を得られたること多からんと信ず」と強調している。

　不景気に世間があえいでいた一八年四月の第六回大会では、現実世界の景気不景気に関係なく、知識交換世務諮詢は文明進歩の続く限り必要であると述べ、現実世界には盛衰の変化があるが、これに対応すべき知識世務に不景気などないと語った。交詢社の結社を振り返った二四年四月の第一二回大会でも、交詢社は人種・身分の別なく知識交換と世務諮詢を図るところであり、政党などの熱心で濃厚な組織に比すれば淡泊で無味無臭だが、それこそ長く人に嫌われることのないゆえんであり、この性質をもって複雑な社会を中庸に導くのが交詢社の役割だと語った。福沢晩年の三〇年四月の第一八回大会でも、知識交換の役割を重んじて社員が社を維持してきたことを喜び、貨幣制度や物価を例に挙げて、社会が複雑化するからこそ、知識交換世務諮詢がますます重要になっていると演説している。

〔小川原正道〕

▼交詢社発会式

参考『全集』一九。『交詢社百年史』交詢社、一九八四年。

交詢雑誌 こうじゅんざっし

明治一三(一八八〇)年二月五日に創刊された交詢社の機関誌。発会当時の交詢社の社員一、七六九名のうち、東京の社員は六三九名にすぎず、東京と地方の社員をつなぎ、「知識交換世務諮詢」を実現するには、機関誌の発行が不可欠であった。

当初、本誌は四六判の二四頁で構成され、毎月五、一五、二五日の旬刊で、社員間にのみ頒布する非売品だった。その目的とするところは創刊号の「緒言」で述べられており、物資の運輸には船や車が不可欠であるように、「知識交換世務諮詢」という「無形物の貿易運輸」を担うのが本誌であり、そのために社員の意見や各地の景況を伝達し、一般の新聞雑誌のように編集者の主張を表明する媒体ではなく、あくまで社員の「貨物」の「運輸」をもって任じると説明している。そのため、分野を問わず社員が積極的に「貨物」を寄せてくれるよう呼び掛けた。

誌面の構成としては、大会・常議員会の記録など交詢社の活動内容のほか、社員寄稿の論文、そして問答欄が設けられていた。とりわけ多くの頁を割いているのは「知識交換世務諮詢」を担う問答欄で、社員から寄せられた質問に対し、編集部が回答するというもので、部内で回答に窮する場合は専門家に依頼して回答した。社員から寄せられる質問件数は創刊の一三年で月平均一五〇件、その六年後には倍加している。一三年に限って質疑の内容を見てみても、遺産処分、木綿、溶鉱炉、焼酎、米価、肺病、貨幣、教育令、三種神器、田畝《でんぽ》小作など、多岐にわたっていた。

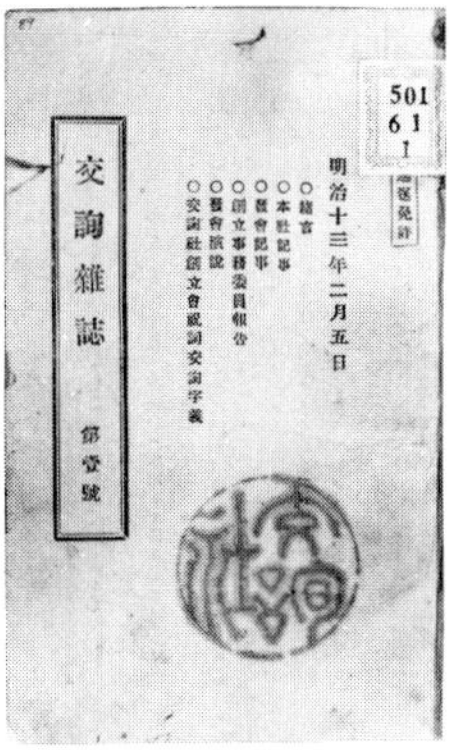

◉『交詢雑誌』第一号表紙

第二五号(明治一五年一〇月五日)から定価一五銭の四六倍判・二段組となり、巻頭論文が掲載され始め、同号には犬養毅らの猶興社による「条約改正論」が掲載された。福沢諭吉をはじめ、小幡篤次郎、阿部泰蔵、森下岩楠、波多野承五郎など、慶応義塾関係者が執筆陣の多くを占めている。明治一四年の政変の際に問題となる「私擬憲法案」が掲載されたのは、一四年四月二五日の第四五号である。

しかし、日本国内の近代化や対外的地位の向上、とりわけ新聞の発達に伴って、当初果たしていた社会教育的役割への期待は低下し、問答欄もその規模を縮小、社としても社交クラブ的色彩を強めていった。

こうした中で三四年二月に福沢が死去すると、同年四月二五日の第五七一号をもって『交詢雑誌』は休刊することとなる。大正一四(一九二五)年一月に社員向けの告知をねらいとした『交詢社月次告知』が刊行され、三月には『交詢社月報』、四月には『交詢月報』と改称され、交詢社の機関誌としての役割を果たすが、これも太平洋戦争下の昭和一八(一九四三)年一一月・一二月合併号をもって休刊となり、二五年七月に『交詢雑誌』復刊第一号が発行されている。復刊の辞で理事長の高橋誠一郎は、戦時の混乱からようやく立ち直り、新時代の要求にこたえるべく復刊したとして、これをもって交詢社本来の目的である知識交換世務諮詢という「無形財の運輸機関」たらしめたい、と述べている。現在は月刊誌として刊行されている。

〔小川原正道〕

▼日本紳士録

参考『交詢社百年史』交詢社、一九八四年。『交詢社の一二五年』交詢社、二〇〇七年。

日本紳士録 にほんしんしろく

明治二二(一八八九)年に交詢社が創刊した知名人の人名録。交詢社は「知識交換世務諮詢」の中心として機能することを期待され発足したが、交換や諮詢の基礎となる業界横断型の人名録はまだ発行されていなかったことから、紳士録の発行を企画し、二二年六月、まず「東京横浜の部」として『日本紳士録』を刊行した。その緒言は、家ごとに交友録や知人録などを作成して交際に用いているが、知友が増すごとに書き加えていくのは面倒であるため、まず京浜地域の紳士録をまとめてその「煩労」に代えたいと述べている。なお、「紳士」は男性のみを指しているわけではなく、「最近の調査に係る所得納税者を基礎」に考えられており、女性も多数含まれていた。

初版は定価一円五〇銭の四六判で、構成としては、日本人は「いろは」順、外国人は「アルファベット」順に約二万五、〇〇〇名の氏名、職業、住所を記し、このほか八〇余の職種ごとの氏名、屋号、商標、住所が記載されている。第二版は二五年一月に刊行され、京浜地区に加え、大阪、京都、神戸の所得納税者が加えられた。二九年一一月刊の第三版によって基本的な形がまとまり、従来の所得納税者のほか、地租一五円以上の納税者も掲載され、氏名、職業、所得納税額、地租、住所、電話番号が記された。以後、掲載範囲を拡大させながら版を重ね、昭和一九(一九四四)年五月の第四七版をもって、戦争のため休刊となった。

復刊されたのは二九年一〇月(第四八版)で、以後も版を重ねたが、平成一九(二〇〇七)年四月の第八〇版をもって休刊することとなった。紳士録への掲載を利用した詐欺被害の頻発と、個人情報保護法の施行で掲載辞退が増えたためである。

[小川原正道]

▼交詢雑誌

参考『交詢社百年史』交詢社、一九八四年。『朝日新聞』(大阪版)二〇〇七年四月三〇日付。

交詢社の社屋と社員《こうじゅんしゃのしゃおくとしゃいん》

交詢社の創立準備段階では、京橋区南鍋町にあった簿記講習所が創立仮事務所に当てられていたが、発会式前月の明治一二(一八七九)年一二月、宇都宮三郎(工部権大技長)から京橋区南鍋町の煉瓦造家屋二棟と附属家屋を寄贈したいとの申し出があり、同所を交詢社本局とすることとなった。ここにはさっそく改築工事が加えられ、さらに翌年になって、付近の煉瓦家屋一棟も宇都宮から寄附されている。

この社屋は明治三四年から三五年にかけて改築され、さらに三九年にも増築改修と敷地の拡大が決められて、翌年には工事が完了した。三階建ての改築社屋には、事務室、玉突場、酒場、舞台付集会所、応接間、食堂、会議室、喫煙室などが設けられ、さらに翌年から大正四(一九一五)年にかけて、読書室や理髪所、演劇場なども加えられた。

◉交詢社社屋(大正期)

大正一二年の関東大震災によって社屋は全館焼失したため、帝国ホテルの一室に臨時集会所が設けられ、翌年には同ホテル内の敷地に仮会館を設置、活動を再開した。社屋の再建もさっそく進められ、かつての敷地と隣接する時事新報社跡地を買い入れて建築することとなり、昭和三(一九二八)年に工事開始、翌年に「交詢ビルヂング」が開館した。この社屋は戦災を免れたものの、次第に老朽化が進んで耐震性にも問題があったため、平成一二(二〇〇〇)年に取り壊しと立て替えを決定、三井本館に社屋を一時移転し、一六年に現在の「交詢ビルディング」が竣工した。

交詢社発会当時の社員数は一、七六七名で、職業別では官吏三七一名、学者三六五名、商人二八一名、農家一二三名が上位を占めている。以後、福沢諭吉存命中の社員数の推移をみておくと、『交詢社員姓名録』に記載されたイロハ別の人数では、明治一四年が一、六二六名、一五年が一、九二四名、一六年が一、八〇八名と順調に推移しているが、一七年が一、五四九名、一八年が一、五〇九名と減少傾向がみられ始め、二四年には一、〇〇〇名を割って九八八名、日清戦争開戦の二七年には六六八名と福沢在世中最低数を記録している。以後やや持ち直し、二八年には七〇一名、福沢没年の三四年には七五二名となっている。社員構成も、明治二〇年代から三〇代に入ると、当初の官吏・学者中心から、商人、会社員が多数を占めるようになった。ちなみに、「交詢ビルディング」が完成した平成一六(二〇〇四)年段階では社員数二、二一五名となっている。〔小川原正道〕

▼時事新報社屋　▼宇都宮三郎

参考『交詢社百年史』交詢社、一九八四年。『交詢社現代史』交詢社、二〇〇七年。

明治一四年の政変

政府広報紙発行問題《せいふこうほうしはっこうもんだい》

明治一三(一八八〇)年四月二二日に裁可された「法令公布ノ日誌創設ノ儀」に基づき、新たに発行されることになった政府広報紙をめぐって生じた問題。

『太政官日誌』の後を受けて発行される予定の政府広報紙は、法令公布の役割だけでなく、政治上、学術上の論説記事も掲載し啓蒙的な役割を果たすことが期待されたが、編集者をだれにするかは容易に決まらなかった。一三年末に至り、ようやくその候補者として福沢諭吉が浮かび、外務卿井上馨は部下の中上川彦次郎を通じて福沢に打診、一二月末(二四、五日頃)に大隈重信邸で、大隈・井上馨・伊藤博文の三参議と福沢による四者会談が開かれ、席上、三参議から福沢に編集者への就任が強く要請された。しかし福沢は、政府の意図について計りかねるところがあり、当日は回答を保留して帰宅した。

翌一四年一月、福沢は依頼を断るつもりで井上邸に出掛けた。しかし井上は意外にも国会の開設を明言、しかも自分を含めて三参議は国会の動向次第で政権交代をする覚悟を固めているとの発言もあったため、福沢は自分の考えと同じであると喜び、即座に依頼を了承、政府広報紙『公布日誌』の発行準備を進めることになった。三月八日には大隈が上申した『公布日誌』に関する命令書案ならびに布告案が裁可され、創刊の準備は順調に進んでいるかにみえたが、この月、大隈が左大臣有《あり》栖《す》川宮《がわのみや》熾仁《たるひと》親王に提出した「建議書」が、一年内の国会開設とイギリス流の議院内閣制の採用を提言する急進的なものであったことから、政府部内で大隈批判の声が挙がった。北海道開拓使官有物払下げ事件が勃発したこともあって、政局は一気に大隈罷免の方向に動きだした。

　まもなく、明治一四年の政変で大隈が失脚すると政府広報紙発行計画も立ち消えとなり、福沢は井上や伊藤に対し、自分との約束を破り発行計画が立ち消えとなった理由について再三詰問をしている。福沢は広報紙発行のため、すでに記者雇入れの準備や印刷機購入の手配を進めており、その対応に苦慮するが最終的には『時事新報』の創刊に生かされた。　［寺崎修］

▼明治辛巳紀事　▼時事新報

参考「法令公布日誌関係文書」『全集』二一。

交詢社「私擬憲法案」

こうじゅんしゃ「しぎけんぽうあん」

　交詢社で作成された憲法案。大隈重信意見書「大隈参議国会開設奏議」を書いた太政官大書記官矢野文雄をはじめ、小幡篤次郎、中上川彦次郎、馬場辰猪らが交詢社に集まり、憲法の研究を重ね、その成果として「私擬憲法案」がまとめられ、『交詢雑誌』第四五号（明治一四年四月二五日）誌上に発表された。

　これとほぼ同文のものが『郵便報知新聞』にも同年五月二〇日から六月四日にかけて「私考憲法草案」として連載され、広く社会に流布した。「私擬憲法案」と条文の順序、字句に若干の違いがあるが、内容的にまったく違いがないことから、共に交詢社案と呼ばれる。

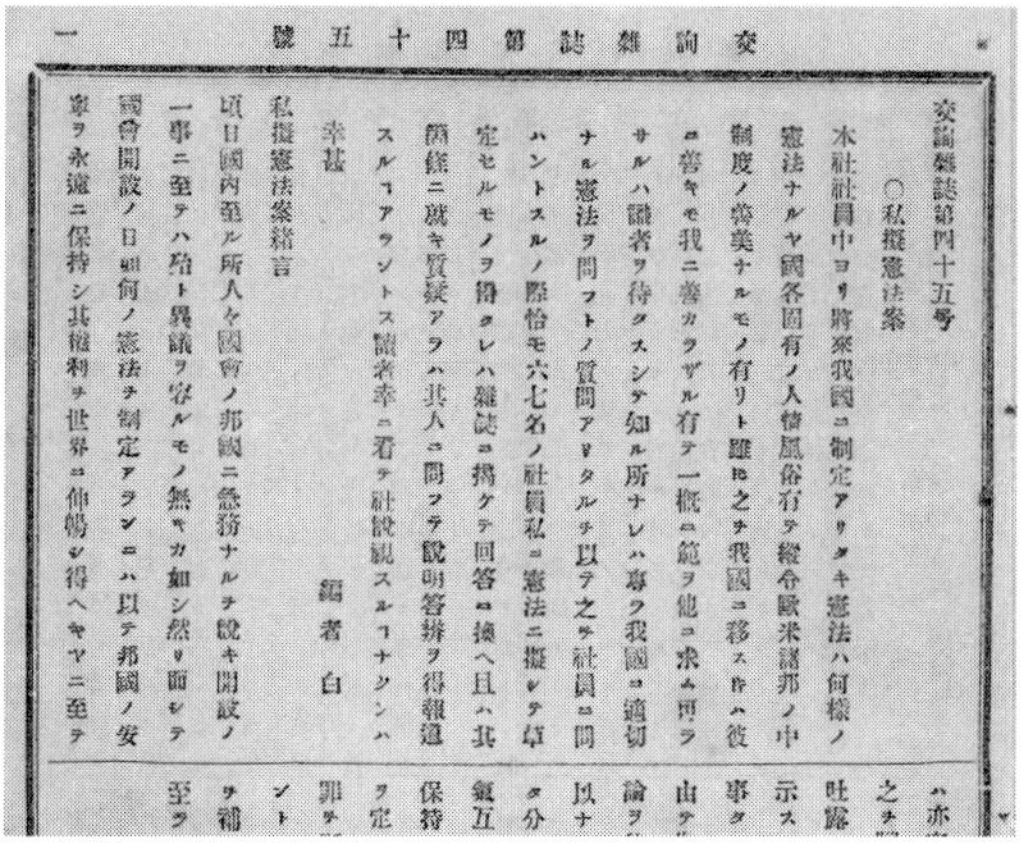

交詢雜誌第四十五號　一

交詢雜誌第四十五號

○私擬憲法案

本社社員中ヨリ將來我國ニ制定アリタキ憲法ハ何様ノ憲法ナルヤ國各固有ノ人情風俗有テ縱令歐米諸邦ノ中制度ノ善美ナルモノ有リト雖ドモ之ヲ我國ニ移スノ彼ニ善キモ我ニ善カラザル有テ一概ニ範ヲ他ニ求ム可ラサルハ識者ヲ待タズシテ知ル所ナレハ專ラ我國ニ適切ナル憲法ヲ問フトノ質問アリタルヲ以テ之ヲ社員ニ問ハントスルノ際恰モ六七名ノ社員私ニ憲法ニ擬シテ草定セルモノヲ得タレハ雜誌ニ掲ケテ回答ニ換ヘ且ハ其箇條ニ就キ質疑アラハ其人ニ問フテ説明答辯ヲ得報道スルコトアラントス讀者幸ニ看テ社説視スルコトナクンハ幸甚　編者白

私擬憲法案緒言

頃日國内至ル所人々國會ノ邦國ニ急務ナルヲ說キ開設ノ一事ニ至テハ殆ト異議ヲ容ルモノ無キカ如シ然リ而シテ國會開設ノ日如何ノ憲法ヲ制定アランニハ以テ邦國ノ安寧ヲ永遠ニ保持シ其權利ヲ世界ニ伸暢シ得ヘキヤニ至テ

◉『交詢雑誌』第四五号に掲載された「私擬憲法案」

　この憲法案は大隈意見書と同様、イギリス流の議院内閣制の採用を念頭においたもので、第一二条で「首相」は「衆庶ノ望」によって天皇が選任すること、「其他ノ宰相」は「首相」の推薦によって任命することが定められ、第一三条では「内閣宰相」は「議員」に「限ル」ことが定められている。また、「内閣ノ意見立法両院ノ衆議ト相合セサルトキ」は、内閣は総辞職するか、もしくは「国会院」（下院）を「解散スルモノトス」（第一七条）との規定もあり、当時の私擬憲法案のなかでは画期的なものだった。

　なお、交詢社における憲法の研究は福沢諭吉の同意を得て始められたとの説もあるが、真相は分からない。　［寺崎修］

▼『国会論』と『民情一新』　▼交詢雑誌　▼大日本帝国憲法　▼民情一新　▼国会論

参考 稲田正次『明治憲法成立史』上巻、有斐閣、一九六〇年。家永三郎・松永昌三・江村栄一編『明治前期の憲法構想』福村出版、一九六七年。

北海道官有物払下げ事件《ほっかいどうかんゆうぶつはらいさげじけん》

明治一四(一八八一)年、薩摩出身の開拓使長官黒田清隆が、開拓使が所有する鉱山、工場、漁場、牧場、農園、船舶など官有物を民間に払い下げようとしたところ、世論の激しい反発が起こり中止となった事件。開拓使は明治二年に設置されて以後、一三年に至るまで、約一、四一〇万円を投じて北海道開拓のための諸施設の整備に当たっていたが、所期の目的を達したとの理由で一四年限りで廃使の予定になっていた。このため開拓使の官吏たちは、廃使後も事業の継続を図る目的で、薩摩藩の政商五代友厚らが経営する関西貿易商会との提携を前提に、官有物の廉価な払下げを出願した。黒田長官はこの払下げを強力に推進し勅許を得たが、払下げの相手が薩摩系の官吏と政商であり、官有物の価格を約三八万七、〇〇〇円と安く見積もり、三〇年の年賦、無利息という破格の好条件であったことから、世論の激しい反発を招き、折からの国会開設運動を昂揚させることになった。

自由民権派はこの事件を藩閥政府批判の格好の材料と捉え、全国各地の新聞や演説会を通じて連日激しい批判を展開、その中には福沢門下生も少なくなかった。またそれまで政府に好意的であった『東京日日新聞』すらも「寡人政治」と批判、政府は窮地に立たされた。

しかし政府部内では、早期国会開設を説く大隈重信が福沢諭吉や岩崎弥太郎と手を握って払下げ反対の世論を煽り、薩長勢力の排除をねらっているという大隈陰謀説がまことしやかに流布され、黒田批判よりも大隈批判の声が次第に高まり、最終的には参議間で払下げの中止と大隈追放、さらには世論緩和のための国会開設の方向が固まった。天皇の東北・北海道巡幸の随行のため東京を離れていた大隈はこうした状況に対抗する術もなく、帰京後の一〇月一一日免官となった。

〔寺崎修〕

▼明治一四年の政変

参考 大久保利謙「明治十四年の政変」『大久保利謙歴史著作集』2、吉川弘文館、一九八六年。

明治一四年の政変《めいじじゅうよねんのせいへん》

明治一四(一八八一)年一〇月、筆頭参議として大きな勢力を築きつつあった大隈重信が、天皇の東北・北海道巡幸随行のため東京を留守にした間に、突如参議を罷免された事件。

一一年に明治政府の実力者大久保利通が暗殺された後、政権の運営は大隈重信(肥前)、井上馨(長州)、伊藤博文(長州)ら開明派参議が中心となって進められ、一三年末から一四年初頭にかけて福沢諭吉はこの三参議から『公布日誌』(今日の『官報』)編集の責任者に就任するよう要請された。福沢は当初、三参議の意図を許りかね、依頼を断るつもりでいたが、三参議とも国会を開設し議院内閣制を導入する決意である旨を井上参議から聞かされ、一転して依頼を引き受けた。イギリス流の議院内閣制の導入がもはや在野の一学者の提言ではなく政府の政治日程にのぼりつつあることを知った福沢は、

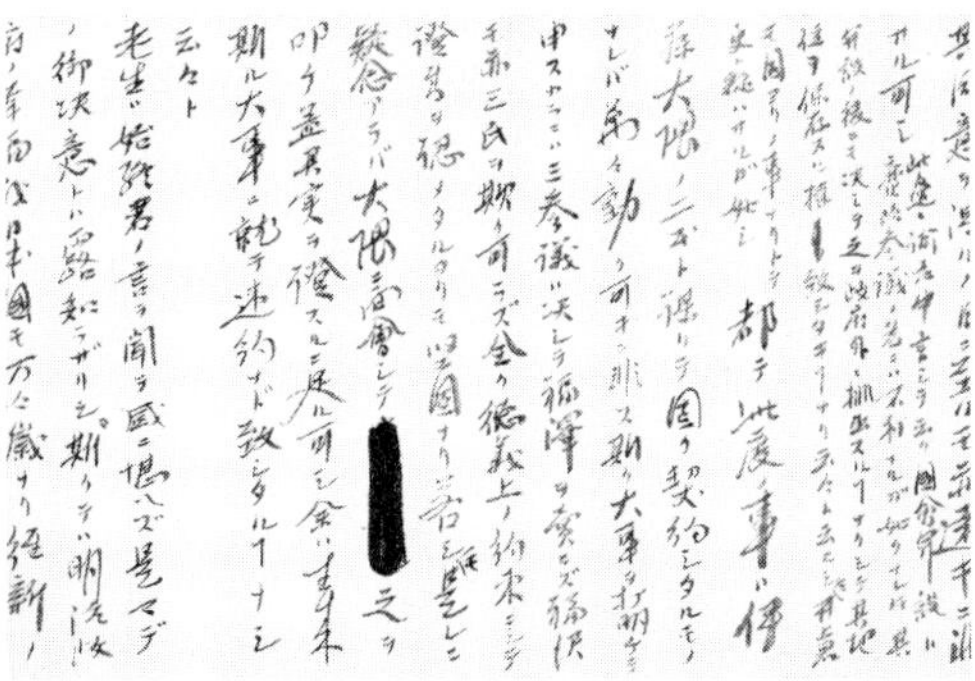

◉政変の経緯を詰問する伊藤博文・井上馨宛福沢書簡控(明治一四年一〇月一四日)

大きな期待を抱き、全面協力を申し出たのである。

　議院内閣制採用へ向けての大隈重信、伊藤博文、井上馨の三参議の協調関係があやしくなるのは、一四年三月、各参議に提出を求められていた憲法意見書を大隈が提出してからである。大隈意見書(矢野文雄起草)は、議院内閣制を導入し、一五年中に選挙、一六年に国会の開設を提言する急進的な内容であった。また四月には大隈案に類似した交詢社私擬憲法案が発表され(『交詢雑誌』四五号)、大隈の背後には福沢がいるのではないかと疑われた。

　さらに七月には北海道開拓使官有物払下げ事件が起こり、政府は世論の厳しい批判にさらされ窮地に追い込まれたが、政府内では破格の払下げをしようとしたことの責任よりも、情報漏洩の犯人捜しに熱を上げ、漏洩の疑惑はもっぱら大隈に向けられた。大隈は福沢、岩崎(三菱)と組んで民権運動を取り込み、薩長勢力の排除を目論んでいるという大隈陰謀説が流布され、大隈の政府部内での評判は大きく下落した。

　この大隈陰謀説は開拓使長官黒田清隆を守り大隈を追放するためには効果的な手段で、井上馨、伊藤博文ら政府部内の開明派を反大隈陣営に導くには特に効果があったといわれている。大隈が天皇の東北・北海道巡幸の随行から帰るのを待って、政府は一〇月一一日、大隈の参議罷免と開拓使官有物払下げの中止を決定、翌一二日には勅諭で明治二三年の国会開設と憲法制定の方針が明らかにされた。

　この政変の結果、大隈傘下の矢野文雄、中上川彦次郎、尾崎行雄、犬養毅ら福沢門下の若手官僚たちもいっせいに政府から追われ、福沢が提唱していたイギリス流の議院内閣制導入の構想は完全に消滅し、わが国が進むべき方向は、プロシャ流欽定憲法採用路線に確定した。

［寺崎修］

▼政府広報紙発行問題　▼明治辛巳紀事

参考 大久保利謙『大久保利謙歴史著作集2

明治国家の形成』吉川弘文館、一九八六年。稲田正次『明治憲法成立史』上、有斐閣、一九六〇年。「明治辛巳紀事」『全集』二〇。

明治辛巳紀事　めいじしんしきじ

明治一四年の政変に関する福沢諭吉の手記。表題中の「辛巳」は明治一四年の干支《えと》である。福沢は政変で大隈重信が罷免となった翌々日、伊藤博文と井上馨に長文の書簡を送り、『公布日誌』発行の約束が何の説明もないまま反故となった理由を問いただすが、まともな返答はなかった。このため福沢は政変の真相を子孫に書き残しておく必要があると考え、「明治辛巳紀事」を執筆、これを筐底に秘蔵することにした。ちなみに作成の日付は「明治十四年十月廿日」となっている。

この秘録には、一三年末、福沢が大隈、伊藤、井上の三参議から『公布日誌』編集者就任の依頼を受けてから政変に至るまでの経緯が記され、合わせてこの間の伊藤、井上両参議の変心の理由について、福沢の観察が載せられている。

すなわち福沢の議院内閣制論を当初支持していた伊藤、井上の両参議は、政府部内で薩摩の黒田清隆ら守旧派を説得するどころか、彼らの強い反撃でかえってみずからの立場を危うくしてしまい、その結果すべての責任を大隈一人に押し付け、みずからは一転して守旧派に接近したこと、さらに大隈追い落としのため、政府部内の機密情報は大隈が福沢を通じて漏らしたとか、大隈、福沢、後藤象二郎、板垣退助、岩崎弥太郎の間では薩長出身参議の排除・追放の企てがある、といった根拠のない風説が次々に流され、ついに大隈罷免に至ったことなどが赤裸々に述べられている。福沢の生前には公にされなかった。

［寺崎修］

▼明治一四年の政変

参考 『全集』二〇。『考証』下。

『時事新報』の創刊と経営

時事新報　じじしんぽう

福沢諭吉が明治一五（一八八二）年三月一日に創刊し経営した日刊新聞。明治一四年の政変で立ち消えとなった政府広報紙『公布日誌』発行計画のために準備した資材や人材を転用して創刊されたものであったが、創刊号の社説「本紙発兌之趣旨」で、あらゆる党派や利害から離れた「独立不羈」の立場から発言することを宣言し、以後官民調和を基調とし、平易な文体で記された特徴ある社説は、福沢後半生の言論の舞台となった。

政党機関紙などとは一線を画し、独立不羈の言論を維持するため、購読料に加え広告料収入を重視する新聞の経営スタイルを確立した。初代社長の中上川彦次郎が実質的に経営を担当、ついで伊藤欽《きん》亮《すけ》がこれを継ぎ、福沢は事実上の社主兼主筆として統括した。福沢没後は福沢捨次郎が長く社長を務め、主筆は石河幹明、次いで板倉卓造が担当した。

社説以外でも、家庭で安心して読める娯楽性、幅広く正確公正な報道、多彩で充実した広告などに定評を得て、明治末から大正期の日本を代表するクォリティーペーパーとして「日本一の時事新報」と自他共に認める新聞へと成長した。しかし経営合理化の遅れ、『大阪時事新報』(明治三八年創刊)の経営失敗、関東大震災被災、人事抗争、他紙による不買運動、労働争議などが重なって競争力を失っていった。経営建て直しのため、福沢門下の小山完吾、名取和作、武藤山治などが次々と社長として再建に尽力、また門野幾之進も会長として努力したが好転せず、昭和一一(一九三六)年一二月解散に至り、題号は慶応義塾出身者が多い東京日日新聞社(現毎日新聞東京本社)に預けられた。

戦後、板倉卓造と産業経済新聞社長前田久吉が中心となり、株式会社時事新報社を再設立、昭和二一年元旦より旧紙の号数を引き継いで再刊したが、三〇年一一月『産経新聞』との合同に至り終刊。なお、株式会社時事新報社は消滅したわけではなく、現在も産経新聞社内に存続している。

〔都倉武之〕

▼官民調和論 ▼政府広報紙発行問題 ▼本紙発兌之趣旨 ▼石河幹明 ▼福沢捨次郎

参考 伊藤正徳『新聞五十年史』鱒書房、一九四三年。内川芳美『福沢諭吉後の時事新報』(福沢記念選書31)慶応義塾大学、一九八二年。

時事新報

◉『時事新報』創刊号

本紙発兌之趣旨 ほんしはつだのしゅし

『時事新報』の編集・執筆方針が公にされた趣意書。明治一五(一八八二)年三月一日に発行された創刊号の社説として掲載された。この一文では、慶応義塾が創立以来尊重する無形の気風を「独立不羈」と称し、義塾が輩出した多くの卒業生が諸方面で、時にまったく相反する活動をする中で、義塾のよしとするその精神が明瞭ではなくなり、誤解されるに至ったことを指摘、本来の「独立不羈」の精神に立ったとき、日々の諸問題をどのように見つめていくべきかを広く示すために本紙を創刊するとしている。そしてこの精神を堅持していくのは、一身一家の独立の先に「国権の皇張」の一点を求めるがゆえであるとし、あらゆる利害を離れ、政治のみならず、学事、工業商売、道徳経済、その他社会のあらゆる分野について信じるところを忌憚なく主張すると宣言する。同年一月二四日付の荘田平五郎宛福沢書簡に、この一文とほぼ同内容の創刊の趣旨が述べられており、無署名ではあるが本趣意書は福沢諭吉の執筆と推定される。

政論中心のいわゆる大《おお》新聞が特定の政党や政治的立場に色分けされ、かたや庶民は小《こ》新聞と呼ばれる政論の少ない雑報中心の新聞を読んでいた当時の社会にあって、この方針は特定の立場に立たず、また社会のあらゆる分野、あらゆる人びとを対象にしようとした点で、異色であった。文中には「無偏無党」の語があるが、のちに同紙の立場は「不偏不党」として知られるようになる。また、明治一四年の政変から日も浅く、大隈重信による立憲改進党結成直前でもあり、福沢自身には政治的野心がいっさいないことがことさらに強調されている点も特筆される。

この一文は、福沢没後も社の綱領のように時事新報社内で尊重された。そのため昭和一一（一九三六）年一二月の『時事新報』廃刊号の社説では、この一貫した精神をまげて存続の道を選ぶのではなく、あえて廃刊を選択したと論じられている。また戦後の復刊『時事新報』においても、しばしば言及された。〔都倉武之〕

▼官民調和論

参考『全集』八。『伝』三―三四編。

社説の執筆　しゃせつのしっぴつ

明治一五（一八八二）年の『時事新報』創刊以降、福沢諭吉の言論活動は、基本的に同紙上に社説のかたちで発表された。その社説は、世論が極端説に流れることを嫌い、穏健で広い視野から世論が形成されることをうながす意図があり、例えば「先生（福沢）の心は、如何《いか》なる時に於ても多く熱せず。…事物の両端を見て、その精神を一面に集中する能《あた》わず」（山路愛山『書斎独語』）との評がある一方で、「時勢を矯《た》めんと欲するに急な福沢は、一方に曲っている弓をしばしば反対の方に曲げることを避けなかった」（小泉信三『福沢諭吉』）とも評され、時に激烈な言辞をもって、求めて議論を巻き起こそうと意図することもあった。このように、時事問題を論ずる福沢の表面上の言辞の多様な顔の混在が、福沢の真意を今日読み解くことを困難にしており、社説についてさまざまな議論が起こる要因となっている。

◉福沢の添削が見られる社説原稿

社説のほとんどは無署名であり、いずれが福沢の執筆であるかは判断しがたい。しかし、『時事新報』では、「社」の主義、すなわち福沢が主唱する独立不羈の立場を共有する「社中」の主義の一貫性が重視され、いずれの社説も福沢が添削することを通例とした。元記者たちの回想によれば、社説には大きく分けて、①福沢が独自に全文を執筆したもの、②福沢が論旨を口述して社説記者にまとめさせ、それを福沢が添削したもの、③記者が独自に起草し、福沢の校閲を経て発表されたもの、の三種類があったと考えられ、当初は①が大方を占めたと考えられる。②を担当した者には、中上川彦次郎、高橋義雄、渡辺治、石河幹明、菊池武徳、北川礼弼《れいすけ》、堀江帰一などが知られるが、その他にも多数の社説記者が在籍していた。③については社説記者ではない記者が起草したもの、国内外の福沢の知友などから寄せられる原稿もあった。福沢は旅行などに出掛ける際も事前に社説を用意したり、旅先まで原稿を届けさせて添削したりもしたという。

なお、社説の表記を詳細に検討し、執筆者を推定しようとする試みも近年行われている。

福沢は創刊当初より社説を担当できる記者の育成に意を払い、中上川、高橋、渡辺らに期待していたが、相次いで退社してしまい、なかなか人材が定着しなかったところ、石河幹明が徐々に頭角を現して②を担当することが多くなり、福沢が明治三一年九月に倒れて執筆が不能になると、その代わりとして主筆格となって、社説執筆を継承することとなった。

なお社説のうち、何日にもわたる長編連載は、単行本として出版されることがあり、表紙には「福沢諭吉立案／○○筆記」とあって、一見、②の体裁となっている。これは、新聞紙条例または出版条例において譴責されたとき、執筆者として福沢に累が及ぶことを回避する策と考えられ、福沢生前に刊行された『福沢全集』に個人名に直して収録され（そのことを出版社に指示する福沢書簡が現存）、全文福沢執筆の原稿が残っているものもあることから、いずれも福沢の全文執筆と考えられる。

〔都倉武之〕

▼本紙発兌之趣旨　▼時事新報の発行停止

参考『伝』三―三四編。

時事新報の発行停止《じじしんぽうのはっこうていし》

『時事新報』は、新聞紙条例（明治八〔一八七五〕年発布）の定める治安妨害に当たるとして、しばしば内務省の発行停止処分を受けた。福沢諭吉生前では次の五回が知られている。

①官民調和を主張する「藩閥寡人政府論」を社説として連載中、明治一五年六月八日付の一三回目で発行停止。理由は明示されないため、発行再開翌日の一四日から連載を再開し一七回で完結した。福沢は知友宛の書簡に「春風や座頭も花の噂して」と一句を草し、議論の全体を見極めずに拙速になされる処分に憤慨した。巷間には八三号目での停止にかけて「爺（時事）さんは八十三で腰を折り」とか下の句を「八十三で賀の祝い」などとする川柳が詠まれたと伝わり、創刊早々の『時事新報』の評価が二分されていた様子が伝わる。

②明治一六年一〇月三一日付社説「西洋人の日本を疎外するは内外両因あり」に

より発行停止。一一月七日再開。政府の儒教主義復活を条約改正問題に絡めて批判したもの。福沢は息子たちへの手紙に「朝野共に不学者多く困入候《こまりいり》」「あきれ果《はて》たる事」と記している。

③明治一八年八月一三日付社説「朝鮮人民のために其国の滅亡を賀す」により発行停止（一四日紙面発行後に停止）。二二日再開。巨文島事件などで朝鮮をめぐる英露の攻防が表面化する中での社説。この影響で未掲載に終わった社説原稿二本が知られている。

④明治二〇年六月二四日付社説「条約改正は時宜に由り中止するも遺憾なし」で発行停止。七月一日再開。井上馨外相が進める条約改正方針に反対を表明したもの。福沢はこの社説が外交上利するところさえあると思っていたが、内務外務各省高官に問い合わせたところ、政府内の改正中止論を先取りし、改正論者の怒りを買った結果の発行停止と判明した。

⑤明治二八年四月二五日付紙面記事が、機密事項であった三国干渉に触れたため発行停止。二九日に再開。

発行再開直後の社説では、『時事新報』が毎回国の利害を考えて独立不羈の言論を心がけていることを強調し、停止処分に理がないと反論している。これ以外に明治一八年一月一七日と一九日の甲申事変に関する社説が事前検閲で掲載不許可となり、社説なしで発行されたことがある。

［都倉武之］

参考「時事新報発行解停」（『時事新報』明治一五年六月一三日付）。「時事新報解停の命を得たり」（『時事新報』明治一八年八月二二日付）。「時事新報第五千号」（『時事新報』明治三〇年九月一日付）。

時事新報の経営　じじしんぽうのけいえい

時事新報社は福沢諭吉の個人資産であり、福沢は経営の全般にわたって統括していた。

経営の基盤は、明治一五（一八八二）年の創刊時から五年間社長であった福沢の甥中上川彦次郎がつくり上げたものである。創刊当時の日本の新聞界は、配送と店頭売りによる購読料収入が中心でほとんど収益はなく、その結果資金を提供する政府や政党の機関紙化することが通例となっていた。『時事新報』は広告収入を重視し、一六年一〇月の社説「商人に告《つ》ぐるの文」などにみえるように、新聞への広告掲載を積極的に呼び掛けて事業として新聞を成り立たせることを目指した。これは、「本紙発兌之趣旨」でうたわれた独立不羈の言論が、経済的な独立によって初めて担保されるとの考えからであった。一方で創刊から半年余りのちの売薬訴訟事件では、もっとも大口の広告主であった売薬業者を社説で批判し、いっさいの広告を一時引き揚げられてしまうなど、広告収入による経営安定化には困難が多かった。

中上川は人目を引く企画によって購読者を増やすことにも才覚を発揮し、紙面にピンクの用紙を用いたり、割引券を配布したりと話題づくりに工夫が凝らされた。廃刊まで用いられた「日本一の時事新報」というキャッチコピーも中上川の発案であるとされる。二〇年に中上川が山陽鉄道社長となり退社すると、経営は伊藤欽亮《きんすけ》の担当となり、さらに二九年には福沢の二男捨次郎が継いだが、その方針は引き継がれ、今泉秀太郎（一瓢）、北沢楽天による政治風刺に限定しない娯楽としての漫画の掲載、欧米人の感性を紹介するための日英対訳のジョーク欄（のちに『開口笑話』と題して刊行）、女性読者獲得を意図したと思われる料理欄「何にしようネ」連載、読者による俳優の人気投票や、災害救援募金活動など、話題性のある紙面づくりや文化的・社会的事業によって購読者の獲得を目指す手法は、『時事新報』の特徴の一つとなった。

福沢自身は『福翁自伝』において、同社の金銭出納の細目は見たこともなく、すべて任せていると記しているが、全体の収支を把握していたのみならず、編集局記者の月給や賞与は福沢自身が査定し、臨時支出なども差配していたことを示す自筆の帳簿が現存する（ただし会計の細目を示す記録は現存しない）。また給与は福沢の手により直接配布される習わしであったという。福沢生前の会計は、渡辺治、本山彦一、坂田実、山本昌一、戸張志智之助などが担当した。福沢没後、時事新報社は明治三七年に合名会社化、さらに大正九（一九二〇）年には株式会社化された。

［都倉武之］

▼売薬訴訟事件　▼本紙発兌之趣旨　▼伊藤欽亮　▼中上川彦次郎　▼福沢捨次郎

参考　「時事新報金銭関係諸記録」『全集』二一。日本経営史研究所編『中上川彦次郎伝記資料』東洋経済新報社、一九六九年。西川俊作「時事新報社主　福沢諭吉」『年鑑』(三三)二〇〇六年。

時事新報社屋《じじしんぽうしゃおく》

『時事新報』は、明治一五（一八八二）年三月、東京芝区三田二丁目の慶応義塾構内の慶応義塾出版社（一七年四月に時事新報社と改称）で創刊された。建物は、慶応義塾の三田移転時に福沢邸として建てられ、その後衣服仕立局となり、さらに出版社となったものを新聞社として改造した畳敷きの日本家屋で、印刷所なども同居していた。発行部数の増加や、東京の中心部から遠い不便さから、一六年一〇月、日本橋区通三丁目（現中央区日本橋二丁目）の勧工場《かんこうば》跡の洋風建築に移転する。さらに一九年一二月には、京橋

◉時事新報社屋のスケッチ（南鍋町に移転した頃）

区南鍋町二丁目(現中央区銀座六丁目)の交詢社隣地に新築した社屋へ移転した。新社屋は煉瓦造二階建て洋館で、交詢社と時事新報社双方から出入りできる食堂も建築された。この社屋は増築を重ねた末、関東大震災で焼失し、その後丸ノ内二丁目の新築社屋へ移転、昭和一一(一九三六)年の廃刊に至った。〔都倉武之〕

参考『交詢社百年史』交詢社、一九八三年。

時事新報社員 じじしんぽうしゃいん

時事新報社の社員録は残っておらず、組織も不明である。創刊当初の社長兼編集長は中上川彦次郎で、明治二〇年に退社すると後任は置かず、伊藤欽亮《きんすけ》が編集、坂田実が会計を担当、坂田の退社に伴い伊藤が兼務(事実上の社長)、さらに二九年には福沢捨次郎が社長に就任し、会計は戸張志智之助、山本昌一が担当した。この間福沢諭吉は、表向きの役職にはいっさい就かなかったが、事実上社主兼主筆であり、編集方針や経営を統括しつつ、記者の人事にも関与していた。明治二八年には経営合理化のため委員会制を実施し、福沢は社内で「総裁」と呼ばれたという。

福沢にとっての『時事新報』は、言論機関であるとともに、慶応義塾出身者を実業界に送り出すための社会実習の場でもあり、多くの社員はこの意図で採用された。福沢が『時事新報』を担う社員として長期的視野で育てようとしたのはごく少人数で、中上川、高橋義雄、渡辺治、石河幹明、菊池武徳、堀江帰一など、主に社説を担当していた記者たちであるが、彼らは福沢の意に反してなかなか定着しなかった。日原《ひのはら》昌造のように、終始社外にいながら盛んに社説を担当した者がいたり、海外在住の慶応義塾出身者などの寄稿も多く、福沢独自の情報網が紙面に活かされていた。〔都倉武之〕

参考『伝』三—三四編。西川俊作「時事新報社主福沢諭吉」、『三田商学研究』(四八巻五号)二〇〇五年。(『年鑑』(三二)二〇〇六年、再録)。同「時事新報の社員たち」『年鑑』(三五)二〇〇八年。

ジャパン・タイムス創刊への協力 じゃぱんたいむすそうかんへのきょうりょく

福沢諭吉は、英語によって日本から積極的に情報発信することへの着目から、日本人による初の本格的英字新聞 *The Japan Times*(邦文表記ジャパン・タイムス〔現ジャパンタイムズ〕)の創刊を強く後押しした。創刊の首唱者は、伊藤博文秘書官であった頭本《ずもと》元貞と、日本郵船下関支店の支配人であった山田季治である。両者は共に鳥取藩出身、頭本は教員時代の山田の教え子であった。

創刊に至る直接の経緯は十分明らかとなっていないが、内地雑居を二年後に控えた明治二九(一八九六)年、二人はかねて相談し合っていた英字新聞の発行を実行に移そうと誓い、頭本は執筆、山田は金策の準備を開始する。山田は福沢諭吉の妻錦《きん》といとこ同士で、福沢宅の玄関番をしていたこともあったことから、まず福沢に協力を依頼した。即座に賛同した福沢は、みずから財界に働き掛けて協力者を求めた。同年七月の岩崎弥之助宛福沢書簡では「時機は今正に熟して、或《あるい》は已《すで》に後《おく》れたり」と、英字新聞の役割の重要性を説いて協力を取りつけており、以後三井、三菱、日本銀行、横浜正金銀行、日本郵船などから出資金を得たという。また福沢は、印刷機など設備面も援助した。一方、頭本は伊藤博文の賛同を得て、八月の伊藤内閣総辞職後には伊藤の出資で洋行し、執筆の準備を重ねた。

こうして同紙は三〇年三月二二日、山田を社長、頭本を主筆として創刊した。福沢は、外交や貿易などの観点から、日本のことを論じる英字新聞をサンフランシスコで創刊する希望を明治一七年に日《ひの》原《はら》昌造宛書簡に記しており、頭本によれば明治一〇年代の初めに、大隈重信や松方正義に国内での英字新聞発刊を働き掛けたことがあるとも述べていたという。創刊後も福沢はさまざまな援助を継続、『時事新報』が独占契約し、国内他紙に配信していたロイター通信との特約をジャパン・タイムスに担当させて便宜を図り、さらに『福沢全集緒言』『福沢全集』『福翁自伝』など、時事新報社からの出版物の印刷を同社に依頼している。〔都倉武之〕

▼山田季治

参考 『ジャパン・タイムス小史』ジャパン・タイムス社、一九四一年。長谷川進一編『The Japan Times ものがたり』ジャパンタイムズ、一九九六年。長谷川進一「福沢諭吉とジャパンタイムズ」『手帖』(三二号)一九八二年。

国内政治・社会の課題

天皇・皇室論　てんのう・こうしつろん

福沢諭吉が天皇・皇室について論じた著作としてまず注目されるのは、『文明論之概略』である。同書で福沢は、儒教的な君臣関係について批判し、君主制も選択肢にすぎないと指摘しつつも、対外的な独立を維持するためにはまず文明化が必要であり、政治体制について論じる余裕はないとして、大政奉還によって政権を回復した天皇を尊崇するのは当然である、と述べた。もっとも、天皇への崇敬を伝統として強制することには批判的で、あくまで政権の安定と文明化の進展のために、求心力を保持すべきだとしている。英国流の議院内閣制の導入を唱えた『民情一新』においても、英国社会で王室尊崇の気風が定着していることに着目し、これを文明国の普遍的テーマであると主張している。

そのうえで、日本政治においてもっとも重要なのは帝室であるにもかかわらず、世間ではこれを論じる者が少ないとして、福沢が『帝室論』を発表したのは、明治一五(一八八二)年のことであった。その冒頭において福沢は、「帝室は政治社外のものなり」と記し、政治にかかわる者は「帝室の尊厳とその神聖」を濫用してはならないと述べた。政党の結成が相次いでいた当時、福沢は福地源一郎らが「立憲帝政党」を立ち上げたことを問題視していた。これでは立憲帝政党と対抗する政党は、帝室に対する抵抗勢力となってしまい、「帝」が現実政治に巻き込まれかねない。

そこで福沢は、現実政治と帝室との分離を提案する。当時、二大政党制の導入を主張していた福沢は、政権交代のたびに与党の帝室に対する態度が変わり、帝室が政権交代に巻き込まれることを懸念し、帝室は現実政治に関与せず、しかし社会秩序の維持のため、「政治の上」に地位を保つべきだと考え、その不偏不党性と尊厳神聖の意義を訴えた。福沢は、国会が開設されても立法を担うにすぎず、精神的統合のためには「君臣情誼の空気」、すなわち帝室への崇敬心が不可欠であるとして、社会秩序維持の核としての帝室に期待を込めるとともに、帝室が率先して「徳義の風俗」「国民の徳風を維持」すること、そして芸術や学術の奨励に当たるよう求めた。

さらに明治二一年、福沢は『尊王論』を発表した。ここで福沢は、日本の帝室が尊崇される所以として、その家系の歴史が日本国中でもっとも古い点を挙げ、「一時の政治」と対比される「最古最旧、皇統連綿」としてきた皇室は、現実政治から分離すべきだと述べている。政権交代による権力の不連続性と、歴史的名望と政治的中立性を備えた帝室の連続性とは、表裏の関係にあった。福沢は、維新以来二〇年を経て帝室を尊崇しない世代が生まれ、批判的にさえなる可能性があるとして、あくまで「帝室の尊厳神聖を我国の至宝としてこれに触ること」がないよう求めている。

福沢の天皇・皇室論は、それまで蓄積されてきた歴史的名望を背景として、皇室が社会秩序に安定をもたらすこと、そのためにも、変化の著しい現実政治には関与せず中立性を保ち、学芸・文化などに取り組むべきだとしていた点が、特徴的である。国会開設という未来は政権交代という現実を予感させ、政党対立という現状は権力闘争の激化を予感させ、維新後二〇年という過去は、尊王精神の衰退という現実を予感させた。その処方箋こそ、皇室の有する歴史的名望・権威への期待と、その現実政治・権力闘争との分離だったのである。こうした天皇と政治との分離は、天皇の大権を憲法の中核に据えようとしていた井上毅をして、「君臨すれども統治せず」という英国流の議院内閣制を表明したものと受け止められ、その警戒心を喚起することとなる。

［小川原正道］

▼帝室論　▼尊王論

参考『全集』四～六。吉岡拓「福沢諭吉と天皇制―明治十五年、『帝室論』執筆への軌跡」『研究』（二〇巻）二〇〇三年。小川原正道「福沢諭吉の華族論」（寺崎修編『福沢諭吉の思想と近代化構想』慶応義塾大学出版会）二〇〇八年。『日本近代思想大系2　天皇と華族』岩波書店、一九八八年、「解説」（遠山茂樹）。太田雅夫「福沢諭吉の天皇観」『社会科学』（一巻一号）一九六五年。

栄典論　えいてんろん

福沢諭吉は勲章、爵位、位階といった栄典を嫌い、これを避けた。明治一二（一八七九）年に勲章授与の話があった際には、六月二〇日東京府知事の楠本正隆に対し「迷惑」だとして辞退する書簡を送り、政府からの褒賞話は明治初年にもあったが「その節も散々に御断り候義、即ち今回も同様の心事に付《つき》、決して御受けは不致候《いたさず》」と述べている。福沢が敬愛した杉田玄白らに日本医学会が贈位を申請した二三年には『時事新報』が、位階を碩学に与えるのは彼らを「区々たる官吏部内の位階に伴食せしめんと」することになると批判した（四月四日付社説）。日清戦争の際に一万円を醵金したときも勲章を授与される噂があったが、福沢はこれに対して、辞退するつもりだと語っている（『時事新報』三〇年八月二二日付）。福沢はこうした立場を堅持して栄典を受けず、その死に当たっては新聞各紙が「官爵」を辞して「平民」をつらぬいた姿勢を賞賛した。

授爵や贈位の機会はたびたびあった。三一年に脳溢血を発した際には、ときの大隈重信内閣が福沢に爵位を授けようと企図したが、その内意を伝え聞いた家族が慶応義塾出身者中の長老と協議したうえで辞退し、福沢はのちにこれを聞いて喜んだという。

死後にも二度、贈位の機会が訪れている。一度目は大正元（一九一二）年一〇月で、大正天皇の川越行幸に際して贈位候補者となった。東京府知事が内務省に提出した推薦文は、福沢が学問振興に寄与したことを特筆しているが、最終的には内閣書記官室での検討の結果、贈位は見送られた。二度目は四年一一月で、大正天皇即位大典に際して大蔵省が作成した贈位候補者リストに福沢が盛り込まれ、内閣書記官室は「従四位」が妥当と判断、贈位は実現するかにみえた。しかし、当時『時事新報』の主筆だった石河幹明によると、贈位の動きを知った石河が「先生々前の素志より推して身後と雖《いえど》も位階などは受くべきものでないと信じ」、鎌田栄吉や犬養毅が大隈首相に確かめたところ、翌日に発表されることになったと聞いて「贈位は先生の素志に背く所以であることを力説」したため、見送られたという。

〔小川原正道〕

▼華族論

参考『伝』一―一四編。小川原正道「福沢諭吉への贈位について」『手帖』（一二五号）二〇〇五年。小川原正道「福沢諭吉の華族論」（寺崎修編『福沢諭吉の思想と近代化構想』慶応義塾大学出版会）二〇〇八年。

浅見雅男「華族にならなかった福沢諭吉」『歴史と旅』(二七巻六号)二〇〇〇年。

華族論 かぞくろん

明治二(一八六九)年の版籍奉還を受けて、公卿と諸侯は「華族」となった。福沢諭吉は明治初年から晩年まで折に触れて華族について論じているが、そこには、期待と失望の両面を見てとることができる。

例えば『文明論之概略』では、廃藩置県をはじめとする改革に対しもっとも抵抗したのは華族であり、彼らは智力に乏しいと批判しつつ、その智力の伸張を期待した。廃藩置県を受けて明治天皇は華族に対し、積極的に留学して開化・富強に貢献して欲しいと勅諭を発したが、福沢も同年、留学する旧中津藩主奥平昌邁《まさゆき》名で示された中津市学校設立趣意書を代筆し、旧藩の人びともみずからにならい、学問に励むよう求めていた。明治一〇年に記した「旧藩情」では華族が学校建設に取り組むよう期待しており、また、慶応義塾で外国人教師採用をするに当たり私財を投じた太田資美《すけよし》を賞賛し、学業優秀だった大河内輝剛《てるたけ》を学習院の教師に推薦している。義塾は明治一〇年頃まで積極的に華族を受け入れており、その数は六四名に達した。

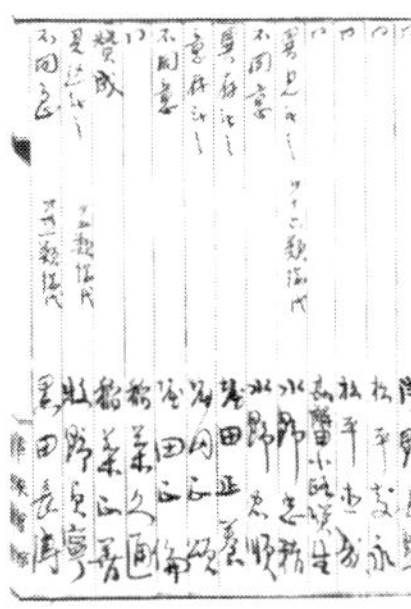
●「華族ヲ武辺ニ導ク之説」に対する華族の答申書。「不同意」「賛成」などと記されている。

華族への期待は不安の裏返しでもあり、教育事業への投資要請も、このままでは財産が蕩尽されてしまうという危機感に裏づけられていた。福沢は奥平家の家産管理に当たっていたが、実態は火の車であった。

一二年、福沢は右大臣岩倉具視に対し、「華族ヲ武辺ニ導ク之説」と題する建白書を提出し、華族を軍人として、財産も軍事に投資すべきであると主張した。それまで華族の学問に期待していた福沢はここで、華族の学問上の競争力について失望を表明し、彼らが元来保有している名望を生かして軍人になるべきだと説いている。その背後には、華族の遊蕩生活への不満や、義塾に在籍した華族の成績がきわめて不振なことがあったと考えられる。岩倉はこれを華族に示し、これに対して「福沢諭吉建言ニ付華族答議」「福沢諭吉建言華族ヲ武辺ニ導クノ答議」が提出され、一〇〇名以上の華族の答申が寄せられた。

華族に対する失望と期待はその後も継承され、福沢は華族の財産の蕩尽を懸念しつつ、その家柄・名望を積極的に生かすよう主張し続けた。二二年には華族会館で「華族の教育」と題して演説し、華族は栄誉を享受している以上、その智徳も出色でなければならないと語っている。華族の肯定的要素を伝統的名望に見てとる福沢は、こうした側面を持たない勲功華族に対してはきわめて批判的な立場に立ち、みずから爵位を受けることもなかった。〔小川原正道〕

▼栄典論

参考 小川原正道「福沢諭吉の華族批判」『法学研究』（八二巻一〇号）二〇〇九年。同「福沢諭吉の華族論」（寺崎修編『福沢諭吉の思想と近代化構想』慶応義塾大学出版会）二〇〇八年。『入社帳』Ⅰ・Ⅱ。

大名華族との交流《だいみょうかぞくとのこうりゅう》

福沢諭吉は栄典を嫌い、受爵を避け、華族に対する批判の舌鋒も鋭かったが、一方で、関係が深く、親交の篤かった旧藩主（大名華族）は少なくない。例えば、廃藩置県（明治四年）前後から学習院発足（一〇年）前後までの間に、六四名の華族が慶応義塾に入学しているが、そのうち五七名は旧藩主家の当主、またはその子弟であり、岡部長職《ながもと》（岸和田）、大河内輝《てる》剛《たけ》（高崎）など、福沢から高い評価を受けた大名華族の塾生もいる。

慶応義塾出身ではないが、福沢と親交が深かった華族として旧三田《さんだ》藩主九鬼隆義が挙げられる。福沢は明治二（一八六九）年頃から九鬼が企てた洋学校建設事業や、その貿易会社の志摩三商会をはじめとする実業への取り組みに強い関心を寄せ、両者の交際は長く続き、九鬼は有力な義塾の財政的支援者ともなった。幕末に政事総裁職を務めた旧福井藩主松平慶永《よしなが》（春嶽）とも交友関係にあり、一〇年二月に孫の信次郎（のちの康荘《やすかた》）が慶応義塾幼年局に入門して以降たびたび往来し、一二年一一月には直接面会して「一寸康荘様の御話も有之《これあり》候」と書簡に記した。福沢が臣下の礼をもって仕えたという第六代奥平家当主昌暢《まさのぶ》の正室・芳蓮院が逝去した際には慶永から福沢に弔書が届き、これに対して病気がちの慶永を案じる福沢の礼状が残っている。

また、『時事新報』は一九年五月と六月の社説において、旧藩主は旧領地に帰郷して殖産興業に励み、東京での奢侈に満ちた生活を慎むよう勧めているが、義塾出身の旧延岡藩主内藤政挙はこれを受けて帰郷し、実際に学校経営や銅山開発、林業経営、電力開発などに力を入れた。福沢自身、奥平伯爵家の家計を管理する立場にあり、その実情がきわめて厳しかったことから、経費節減のため奥平家を中津に帰郷させている。

義塾に学んだ旧中津藩主奥平昌邁《まさゆき》が明治四年に中津市学校を設立し、またアメリカに留学したのも、慶応義塾の協力と福沢の助言によったものといわれており、延岡でも福沢のアドバイスを受けて六年に延岡社学（のちの亮天社）が内藤家出資のもとで設立されている。旧藩主による学校設立は、「旧藩情」（明治一〇年）で旧藩主全体に訴えることになる福沢の宿願であった。〔小川原正道〕

▼奥平昌邁　▼九鬼隆義　▼芳蓮院　▼松平慶永

参考 小川原正道「福沢諭吉の華族批判」『法学研究』（八二巻一〇号）二〇〇九年。小川原正道「福沢諭吉の華族論」（寺崎修編『福沢諭吉の思想と近代化構想』慶応義塾大学出版会)二〇〇八年。『入社帳』I・II。

東京府会副議長選出と辞退《とうきょうふかいふくぎちょうせんしゅつとじたい》

明治一一(一八七八)年一二月、府県会規則に基づく東京府会議員選挙が行われ、福沢諭吉は二〇〇票の最多得票を得て芝区から選出された。かねて『分権論』などにおいて、地方議会の重要性を指摘していた福沢は、知事楠本正隆からの懇請もあって議員に就任した。

ただ、福沢は欠席や代理出席を前提として当選を受諾しており、実際に出席して積極的に議事に関与したいとは考えていなかった。一二年一月一六日、臨時府会において議長・副議長の選挙が行われ、議長には府議選で福沢に次ぐ票を得ていた福地源一郎が、そして副議長には福沢が選出されたが、福沢はその辞退を申し出たのである。本会議の冒頭、福沢は接客や慶応義塾の運営、東京学士会院会長の職務などで忙しく、副議長だけは引き受けられないと申し出た。福沢はあくまで形だけの議員を前提としており、一月二三日に成島柳北へ宛てた書簡では、「名目丈《だ》け議員」になったものの、「実際の事に用いられては如何《どう》してもこれを辞せざるを得ず」と述べ、五月八日の香川真一宛書簡でも、自分は「最初より出る気なし…名前丈けは貸すべし、出席は不《いた》致《さず》」という約束で議員となったと述べている。

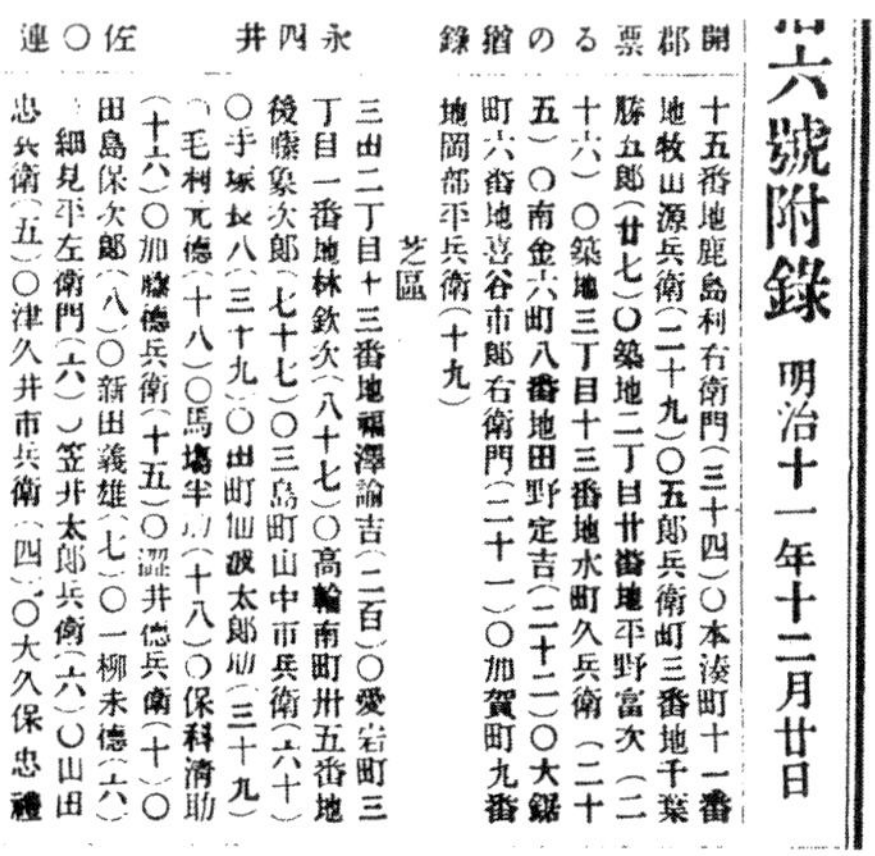
開郡票るの猶録　永四井　佐〇連

…六號附錄　明治十一年十二月廿日

十五番地鹿島利右衛門(三十四)〇本湊町十一番地牧山源兵衛(二十九)〇五郎兵衛町三番地千葉勝五郎(廿七)〇築地二丁目廿番地平野富次(二十六)〇築地三丁目十三番地水町久兵衛(二十五)〇南金六町八番地田野定吉(二十二)〇大鋸町六番地喜谷市郎右衛門(二十一)〇加賀町九番地岡部平兵衛(十九)

芝區

三田二丁目十三番地福澤諭吉(二百)〇愛宕町三丁目一番地林欽次(八十七)〇高輪南町卅五番地後藤象次郎(七十七)〇三島町山中市兵衛(六十)〇手塚律八(三十九)〇田町仙波太郎助(三十九)〇毛利元德(十八)〇馬場半助(十八)〇保科濟助(十八)〇加藤德兵衛(十五)〇澁井德兵衛(十)〇田島保次郎(八)〇新田義雄(七)〇一柳末德(六)〇細見平左衛門(六)〇笠井太郎兵衛(六)〇山田忠兵衛(五)〇津久井市兵衛(四)〇大久保忠禮

●府会議員選挙結果(『朝野新聞』)。福沢は二〇〇票を獲得。

楠本に提出した辞任理由書でも、せっかくできた議会に劈頭から故障を生じるのは不本意であるとして議員の職は受けたが、副議長になれば「名」だけでなく「責」も生じることになり、交際や義塾の経営、そして東京学士会院開設などで多忙な現状ではとても務められない、と述べている。実際、当時は西南戦争後のインフレで慶応義塾が存亡の危機に立たされており、その資金獲得に奔走していたことや、東京学士会院会長に選ばれるなど、多忙を極めていた。

福沢の辞任発言に対し、多忙ならば自分も多忙であり、それを理由に辞職されては府会の体裁を欠くという大倉喜八郎や、請願どおり辞職を許すべきだという安田善次郎など、賛否両論が交わされたが、結局、本人の辞意が固いとして容れられた。その後も福沢は議員として一年間ほど府会に在籍していたが、特に重要な発言はしていない。一三年一月二八日、福沢は東京府会議員の職を解かれ、以後も一八年、二〇年と繰り返し芝区から選出されたが、辞退し続けた。〔小川原正道〕

参考『伝』二―三〇編。『考証』下。石井敏達「第一回東京府会のころ」『年鑑』(二)一九七四年。

東京学士会院会長就任と退会《とうきょうがくしかいいんかいちょうしゅうにんとたいかい》

福沢諭吉は明治一二(一八七九)年に設立された東京学士会院(日本学士院の前身)の初代会長に選出されたが、翌年には退会した。前年一二月九日、文部卿西郷従道の呼び掛けに応じ、文部大輔田中不二麿宅に福沢諭吉、西周《あまね》、加藤弘之、神田孝平《たかひら》、津田真道《まみち》、中村正直、箕作《みつくり》秋坪《しゅうへい》が集まり、東京学士会院の設立について協議し、福沢もこれに同意した。教育の進路や技術学芸の向上のために学士会院は不可欠、というのが文部省側の要望であり、集められたのは皆、明六社員であった。翌年一月一五日、田中が主催して文部省修文館において第一回の会合が開かれ、田中がこの七名を会員として推薦し、会員間の選挙によって福沢が会長に選ばれた。

この間の一二月一八日、福沢は田中に宛てた書簡において、学士会院はできるだけメンバーを少なくし、一両年は茶話会程度で進めたいと述べ、他の会員にはなるべく役人は排除して、年齢と品行を第一として人選に当たりたいとし、杉田玄端、エドワード・モース、小幡篤次郎、杉亨二などの名前を挙げている。福沢は学士会院発足のため会員間の調整に奔走し、毎月一五日を例会日として積極的に出席し、講演なども試みた。

一二年三月二八日の第六回臨時会において福沢は、新入会員を前に演説し、学士会院は教育の過去、現在、未来を示すのが目的であるとして、会員には「学徳有素の士」が必要であり、そのために学識と品行の両面から評価すると語っている。会員は文部省から年金三〇〇円を受けていたが、一三年九月、福沢はこの年金を受けることは学士にふさわしくないとして、このうち二五〇円を会院の積金とし、利子を後進の学士に提供すべきだと提案した。これには会員から賛否両論が出たが、結局採用されなかった。

一三年一二月四日、福沢は西に対し、自分は老齢で家事も多端であり、会務を顧みる余裕がないとして、会員の辞任を申し出た。およそ一週間後、小幡からも辞表が提出され、慰留されたものの、二人の意志は固く、辞任に至った。加藤弘之は、年金問題で反対を受けたことが辞任の原因であると述べているが、田中が司法卿に転じ、河野敏鎌《とがま》が文部卿となって省内の空気が変わったことも、辞任の一因といわれている。〔小川原正道〕

▼田中不二麿

参考『考証』下。『伝』二―三〇編。「東京学士会院紀事抜萃」(『全集』二一)。日本学士院編『日本学士院百年史』日本学士院、一九六二年。

宗教論《しゅうきょうろん》

福沢諭吉は生涯を通して宗教には淡白で、特定の信仰を持つことはなかった。しかし、宗教に無関心だったわけではない。「ひゞのをしへ」や『学問のすゝめ』などにはキリスト教の影響がみられるし、『文明論之概略』をはじめ、歴史的・社会的観点から宗教の功罪を論じた著作は少なくない。ただし、その対象は仏教とキリスト教が中心で、日本古来の神道は宗教と認めていない。

福沢は仏教の中では、生家の宗派でもある浄土真宗を高く評価していた(「真宗の説教」『時事新報』明治二二(一八八九)年)が、西洋文明の積極的受容者としての福沢の思想を知るうえでは、キリスト教に対する見解が重要である。初期の福沢はキリスト教批判を展開していた。それは外国勢力による日本の侵略につながる危惧と、西洋人の横暴な振舞いに対する反感からであった。しかし後年、文明論的視点から「宗教も亦《また》西洋風に従わざるを得ず」(『時事新報』一七年)との立場に転換する。とはいえ、福沢は正統派のキリスト教には批判的であった。むしろ、キリスト教の中では、三位一体論を否定し、宗派性にとらわれることなく、進歩的で自由・寛容なユニテリアンに共感していた。ユニテリアンの持つ現世的性格を重視したのは、福沢が功利主義的立場から宗教を社会進歩の手段とみなしていたからである。このことは真宗への高い評価にも通じる。

福沢の宗教論は時代とともに変化していった。同時期の言動にさえ一見矛盾する面がみられた。西洋風の宗教を是認するようになったときでさえ、功利的観点からキリスト教と共に、仏教の意義も認めている。福沢は仏教僧侶の堕落を厳しく批判する一方で、人心感化の根本として親鸞主義に期待していた(「親鸞主義の復活」『時事新報』三三年)。

福沢は生涯のうちに成したいことの一つとして「仏法にても耶蘇教にてもいずれにてもよろしい、これを引き立てて多数の民心を和らげるようにすること」(『福翁自伝』老余の半生)を挙げている。宗教間の相違よりもその共通性に着目しつつ、国民の道徳の向上と平安を望んだ点こそ、晩年の福沢が達した境地であったといえよう。

〔齋藤英里〕

▼宗教についての付託

参考 『全集』九・一〇・一二・一六・二〇。『伝』四—四〇編。小泉仰『福沢諭吉の宗教観』慶応義塾大学出版会、二〇〇二年。土屋博政『ユニテリアンと福沢諭吉』慶応義塾大学出版会、二〇〇四年。

儒教主義批判《じゅきょうしゅぎひはん》

儒教を教育の中心に据えようとする考えに対する批判。明治一〇年代中頃の自由民権運動の高揚に対抗するため、政府は儒教を教育の中心に据えるが、福沢諭吉はそれを儒教主義と名づけた。明治一五(一八八二)年に出版された『徳育如何』の初めに「少年子弟の政治論に熱心なるを見て、軽躁不遜なりと称し、その罪を今の教育法に帰せんと欲するが如し。福沢先生その誣罔《ふもう》(偽り)を弁じ」とあるように、福沢は儒教主義的な教育への転換に反対であった。

明治一二年に学制を廃して、自由主義的・地方分権的な教育令を制定するに当たり、教育令が自由民権派の伸長につながるのではないかと危惧した天皇側近グループの働き掛けもあり、明治天皇によって「教学聖旨」が出され、開明主義的な教育から「仁義忠孝」を中心とした儒教主義的な教育への転換が求められた。しかし、内務卿であった伊藤博文は「教育議」を著し、教育令を断行した。ただし、教育令下でも「教学聖旨」の影響はみられ、それまで教科書として使用されていた『通俗民権論』などの福沢の著作の多くは、使用禁止書目に指定された。教育令は一三年には改正されるが、それを主導した改進党系の文部卿河野敏鎌《とがま》や文部権大書記官島田三郎は儒教主義的な考えで教育改革を行ったわけではなかった。しかし、彼らは明治一四年の政変により下野を余儀なくされ、それ以後は本格的に儒教主義的な教育政策がとられることになり、最終的には、その動きは二三年の「教育勅語」の渙発にまでつながっていく。

福沢も江戸時代に幼少期を過ごした知識人と同じく、蘭学の勉学を始めるまでは儒教にいそしんでおり、「私は随分漢書を読んで居る」、「漢学者の使う故事などは大抵知《しっ》ている」(『福翁自伝』王政維新)といっているように儒教的な教養もあった。しかし、『学問のすゝめ』では儒教を「日用の間に合わぬ」「実なき学問」と批判しており、明治一四年の政変以降の儒教主義的な方向について、『徳育如何』などで具体的に批判した。

『徳育如何』では、儒教の解釈が日本と中国で異なったり時代によって異なるのは「公議輿論」の違いとし、儒教がわが国では開国以来の「自主独立」の「公議輿論」に適さないことが主張される。福沢はそこで儒教そのものを否定しているわけではないが、儒教主義的な教育法によっては、儒教主義者が憂えている状況を変えることはできないとし、「自主独立」の「公議輿論」に従うことによって、かえって儒教が求める「君臣、父子、夫婦、長幼」の大義も実現できるとしている。

福沢は二五年一一月三〇日付の『時事新報』の社説「教育の方針変化の結果」でも、明治一四年来の政府の失策の大なるものとして教育の方針を誤ったことを指摘し、「教育を忠孝愛国の範囲内に跼《きょく》蹐《せき》」したことを批判する。そして「国に対して国民たるの本分を尽す」ことを「忠孝愛国の精神」とし、儒教の偏狭な「忠孝愛国」とは異なるものを提示する。福沢は「漢学の大主義を頭から見下して敵にして居る」(『自伝』)としながらも、当時の人びとに分かりやすくするために儒教の言葉を引用することもあり、それまでのその言葉の一般的な解釈と異なった時代に即した新しい解釈がされることが多いが、これらもその一例である。福沢は、「教育勅語」の儒教主義を直接に批

判してはいないが、古流の儒教主義的な「忠孝愛国」を批判することで実質的に批判したといえよう。〔米山光儀〕

▼教育勅語 ▼修身要領の内容 ▼徳育如何

参考 伊藤弥彦編『日本近代教育史再考』昭和堂、一九八六年。

保安条例《ほあんじょうれい》

明治二〇(一八八七)年一一月から一二月にかけて高揚した三大事件(地租軽減、言論・集会の自由、条約改正)建白運動の鎮圧のため、明治政府が同年一二月二五日に制定、即日施行した特別法で、福沢諭吉はたびたびその廃止を求めた。

秘密結社・秘密集会を禁じた第一条、屋外集会に対する警察官の禁止権を定めた第二条、秘密出版を禁じた第三条、内乱陰謀・治安妨害の恐れのある者の追放を定めた第四条など、全七条から成り立つ。なかでも第四条は、「内務大臣ノ認可」のもとに治安を乱す恐れのある者を「皇居又ハ行在所ヲ距ル三里以内ノ地」から追放できる権限を、警視総監もしくは地方長官に付与するもので、自由民権運動家など反政府派を大量追放することに大きな威力を発揮することになった。

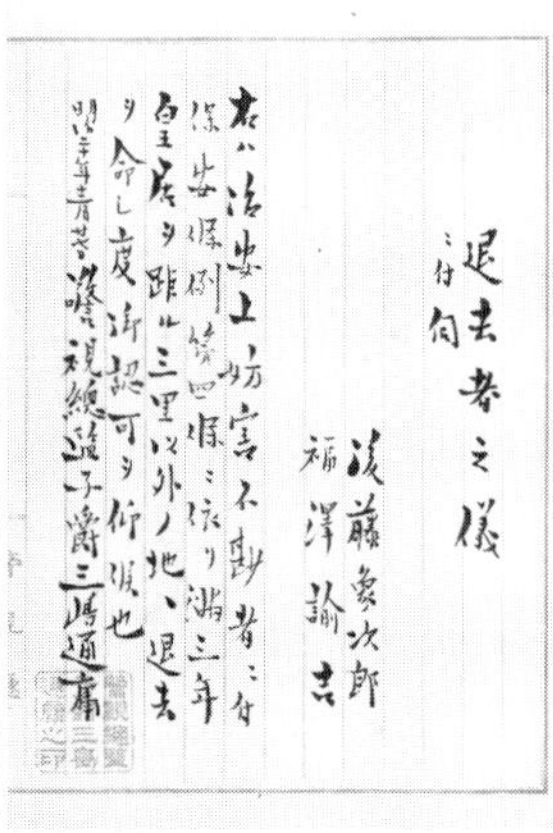

●福沢と後藤象二郎の東京退去命令の認可を求める警視総監の伺書

保安条例の施行に先立ち警視庁内で作成された退去者名簿の原案には、もっとも重いランクの「満三ケ年」の項に福沢の名前も記載されていた。しかし、首相伊藤博文の指示により原案は大幅に変更され、福沢の名前は最終の確定名簿(四五二名、のち一名を削除)からは削除され、危ういところで難を免れた。しかし慶応義塾に在学中の森茂枝、生田定之、三平達枝、桑原寛、岡本勇吉郎、吉田忠広、大石達馬の七名の塾生は、この条例による「満一ケ年」の退去命令を免れることができなかった。いずれも高知県の出身者で、彼らは退去命令とともに義塾を退塾したが、追放解除後の二三年一月、森、生田、大石の三名は再び上京し復学している。

福沢は『時事新報』紙上でたびたび保安条例の廃止を訴えたが、実際に同条例が廃止されたのは明治三一年であった。〔寺崎修〕

参考『自伝』老余の半生。遠山茂樹・佐藤誠朗校訂『自由党史』下、岩波文庫、一九五八年。寺崎修「保安条例と福沢諭吉」『年鑑』(二二)一九九五年。

大日本帝国憲法《だいにほんていこくけんぽう》

福沢諭吉が英国流の議院内閣制、二大政党制を理想としていたことは、よく知られている。

福沢ときわめて近しい関係にあった小幡篤次郎、中上川彦次郎、馬場辰猪、矢野文雄らによって起草された交詢社の私擬憲法案(明治一四(一八八一)年)では、政務いっさいの責任を有するとされた首相を、天皇が民意に基づいて議員から選任し、他の閣僚は首相の推薦によって任命するという英国流の政党内閣構想が打ち出されており、予算・法案を審議する議会は二院制とし、下院に議案の先議権などの優越権を認めていた。

一四年の政変によって福沢の理想が挫折し、憲法制定の方向性がプロシャ流に傾斜していくと、『時事新報』はこれを警戒する論説を掲げていく。一五年五月から一か月にわたって連載された「藩閥寡人政府論」は、憲法は自由寛容の趣旨に基づいて英国流にならうべきだが、政府は英国流をとらず、プロシャ憲法にならう意向のようであり、これは帝政武断主義であって、到底自由とは相容れないと批判した。

実際、福沢は憲法制定について冷めた視線を送り続けた。二二年一月二四日付の田中不二麿(駐仏公使)宛書簡では、「聞く所に拠れば、憲法は中々寛大なるものの由」としながらも、評価については留保し、「何卒書生代言流のおもちゃに不《あい》相成様《ならざるよう》致度《いたしたく》」と希望している。福沢は「国会の起源」を「ポッテート征伐」(薩摩対策)に見出し、憲法発布は「瓢簞から駒」だとして、「征伐人も困り可申《もうすべく》候」と予測している。かつて一四年、伊藤博文、井上馨、大隈重信の三参議が福沢に政府機関紙発行を要請し、福沢もこれを受諾したものの、政変によって大隈と福沢派が追放され、新聞発行は挫折、国会開設の勅諭が渙発されていた。福沢は、井上らが薩摩派の説得に当たったところ抵抗を受け、狼狽して大隈一人に責任を帰して軍門に下り、その「謝罪の土産」に福沢の陰謀説を作成したと理解していた(「明治辛巳紀事」)。「国会の起源」を「ポッテート征伐」に見出していたのはこのためであり、国会開設の起源の段階で裏切られたため、その過程から出てきた憲法や伊藤らに対する冷めた視線が形成されたものと考えられる。

二一年一一月六日付の森村豊ら宛書簡では、憲法や国会も成立する様子で、政治社会は忙しいようだが、「天下無数無銭のポリチシヤン、赤手奔走の事ならん、何卒諸彦はその辺に御構《おかまい》なく、貨殖専一の御事と存《ぞんじ》候」と記し、翌年三月一〇日付の日原昌造宛書簡でも、「憲法発布以来、朝野共に政談のみ…傍《かたわら》より見物も随分面白く存候」と述べ、突き放した態度をとっている。

二二年二月一一日に大日本帝国憲法が発布されると、その翌日から『時事新報』紙上には「日本国会縁起」が連載されたが、これは、憲法発布は国民無限の幸福、皇室の尊厳が人民を調和させた結果だと賞賛しつつ、憲法を是非する態度はやめる、として内容については論評していない。さらに、政府が憲法発布と国会開設を決意したのは、国民の要求や自由民権運動に屈したためではなく、政府部内の異論や武断派を鎮め、在野の旧友に地位を与えようとしたためであったとして、憲法や国会に対する冷めた見解を示していた。

〔小川原正道〕

▼交詢社「私擬憲法案」 ▼明治一四年の政変 ▼明治辛巳紀事

参考 『全集』二〇。「福沢諭吉関係新資料紹介」『研究』(二三巻)二〇〇六年。木村時夫「福沢諭吉の明治憲法観」『史観』(三九号)一九五三年。家永三郎他編『明治前期の憲法構想』〔増訂版第二版〕福村出版、一九八七年。

教育勅語　きょういくちょくご

明治二三(一八九〇)年一〇月三〇日、教育勅語が発布された。明治一〇年代に入り、儒教思想を基礎とした復古主義的な教育推進運動が展開され始めた。明治天皇の侍講だった元田永孚《もとだながざね》は一二年に「教学大旨」を著し、仁義忠孝を基礎として知識才芸を極めるのが「我祖訓国典の大旨」であると主張した。元田の主張は伊藤博文によって反論を受け、元田はさらに駁論を著しているが、そこでは、倫理は夫婦の倫理を基礎とする西洋修身学ではなく、漢学によるべきだと述べている。この駁論では、夫婦を倫理道徳の中心に据えていた福沢諭吉を暗に批判の対象としていたといわれている。

開明派官僚からの抵抗を受けつつ、元田は持論を主張し続け、一七年の「国教論」では、天祖への尊崇と儒教倫理こそが国教の基礎であると述べ、君臣の大義と父子の親交を広めるべく、孔子の道徳を教育の指針とすべきであると主張した。かくして、教育勅語は元田と井上毅との共同作業によって作成され、君臣の義、父母への孝行が、夫婦相和の上位に位置づけられることとなった。井上は明治一四年の政変の際に福沢思想を強く警戒し、その排除を主張しており、独立精神の養成を訴える福沢の思想を勅語をもってつぶすねらいを持っていたともいわれている。

こうした上からの天皇権威の徹底に対して、福沢はあくまで個々人の自主独立の重要性を訴えた。一五年の『徳育如何』では、まず経済的に一身が独立したうえで、他者の独立を勧め、一国の独立を図り、みずから君に仕え、父母、夫婦、兄弟、朋友を重んじるべきだと述べ、そこでは「天下も小なり、王公も賤し、身外無一物、唯我金玉の一身あるのみ」という平等的価値観が示された。同年に発表した『帝室論』では、帝室と政治との分離を説き、その不偏不党性と尊厳神聖によって社会秩序の維持を図るべきだと主張し、帝室の政治的利用を否定した。

教育勅語発布後、福沢は明確にこれに異を唱えてはいないが、二五年一一月の『時事新報』に掲載された「教育の方針変化の結果」は、「古学主義の復活」「古流の道徳を奨励」によって「天下の教育を忠孝愛国の範囲内に跼蹐《きょくせき》せしめんと試みた」ことを「失策」として追及し、二七年三月から同紙に連載された「維新以来政界の大勢」も、「老儒碩学の輩」を復活させて「和漢古書を教授講論」させている風潮を批判している。かくして福沢は、慶応義塾独自の道徳教育の指針の作成を思い立ち、その要請を受けて門下生が「修身要領」を作成する。三三年二月に発表されたそれは、独立自尊主義や男女の平等、夫婦倫理の尊重を唱えるものであり、その普及運動が広く展開されたが、勅語に齟齬するものであるという厳しい批判を受けた。〔小川原正道〕

▼儒教主義批判　▼修身要領の反響　▼徳育如何

参考『全集』五。小泉仰「福沢諭吉と教育勅語」『年鑑』(一八)一九九一年。渡辺俊一「教育勅語と福沢諭吉」『研究』(二一巻)二〇〇四年。

国会開設　こっかいかいせつ

国会開設に当たって、福沢諭吉がもっとも意を払ったのは官民調和であった。明治一五(一八八二)年刊の『時事大勢論』では、国会開設の勅諭渙発後も民衆には不平が残っており、このままでは官民の対立が激化して、国会開設が頓挫するか、開設しても混乱すると予測していた。福沢はかねて、官民調和の具体策として英国流の政党政治の導入を考えており、憲法発布直後に政府が超然内閣を標榜した際にも、『時事新報』は立憲制の運用は政党政治によるのが望ましく、「英国風の党派政治」に少しでも近づくよう期待していた。二三年の第一回帝国議会開会直後に『時事新報』に掲載された「国会の前途」(後述の「国会難局の由来」などと合わせ、のちに福沢の著作として出版)でも福沢は、国会が順調に運営されるには、政府と人民が相互に協力して針路を一つにし、自制する姿勢が必要だと指摘し、官民調和を強調している。

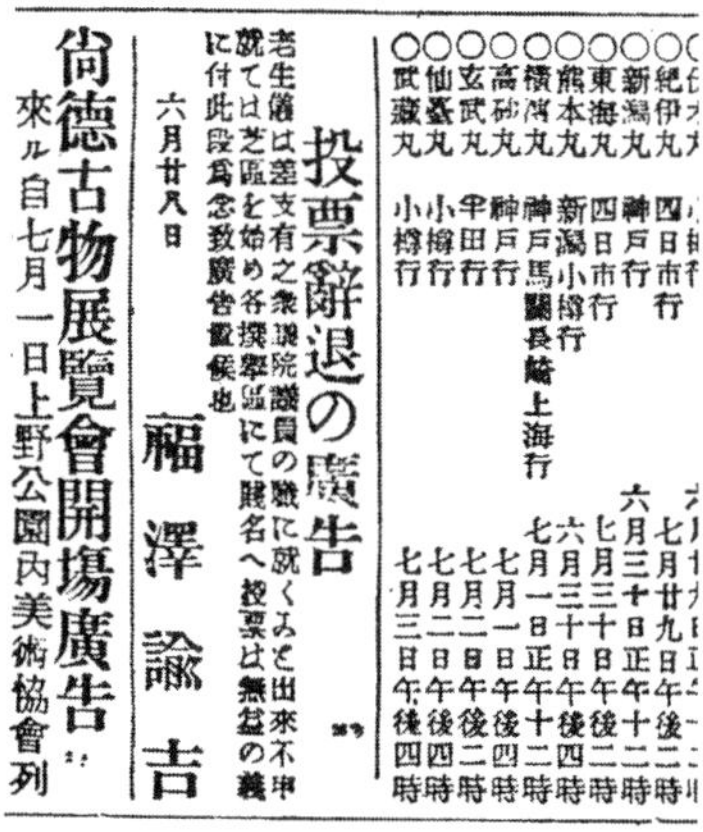

○紀伊丸	四日市行	七月廿九日午後二時
○新潟丸	神戸行	六月三十日正午十二時
○東海丸	四日市行	七月三十日午後二時
○熊本丸	新潟小樽行	六月三十日午後四時
○横濱丸	神戸馬關長崎上海行	七月一日正午十二時
○高砂丸	神戸行	七月一日午後四時
○玄武丸	半田行	七月二日午後二時
○仙臺丸	小樽行	七月二日午後四時
○武藏丸	小樽行	七月三日午後四時

投票辭退の廣告

老生儀は芝區有之衆議院議員の職に就くゑを出來不申就ては芝區を始め各撰擧區にて賤名へ投票は無益の儀に付此段爲念致廣告置候也

六月廿八日　福澤諭吉

尙徳古物展覧會開場廣告

來ル自七月一日上野公園内美術協會列

◉第一回衆議院総選挙投票辞退の広告

実際の議会運営は、官民調和とも政党政治とも遠いものであった。予算案をめぐって第一議会から民党と政府が対立し、第二議会では予算紛議から松方正義内閣が衆議院を解散するに至る。福沢にとっては、官民調和という持論が崩壊したかたちとなり、その原因を追及せざるを得なかった。解散後に執筆した「国会難局の由来」では、国会を混乱させている根本要因は、官民不調和のまま国会開設に至ったことにあると分析し、とりわけ政府が集会条例、極端な欧化政策、維新功臣への授爵といった官民調和に逆行する政策をとって民心を損なったと批判し、民党も感情的に政府を困らせようとしていると非難、両者に思慮深い対話による調和を求めた。

もっとも、こうした言説とは裏腹に、

実際の福沢はこの頃あまり政治に関心を持っていなかったようである。二三年八月三〇日付清岡邦之助宛の書簡で福沢は、『時事新報』は政治の話題で忙しいが、これは「実に小児の戯、馬鹿馬鹿しき事なれども」、仕方なく周囲に付き合って「毎度つまらぬ事を記し」ていると述べている。「本音」と新聞経営者の立場とは別であった。二一年八月二四日付田中不二麿宛書簡でも、国会開設を「田舎芝居」と表現し、この芝居で「来年より世間は賑々敷《にぎにぎしく》相成《あいなり》候事と被存《ぞんぜられ》候」と述べ、翌年一〇月一八日付の藤野近昌宛書簡でも、「ほんとうに国会を開く積りならん。如何なるものが開けるやら見物可致《いたすべき》と楽しみ居り候」と、見物人の態度を決め込んでいる。第一回衆議院議員選挙に際しても、二三年七月八日付の山口広江宛書簡で、「日本国中選挙の騒ぎ、実に小児の戯《たわむれ》か大人の発狂か、驚入《おどろきいり》候事共なり」と記し、自分はこんなことに心身を労するつもりはない、年をとったので暇を楽しみたいと書いた。当時の選挙は立候補制を採っていなかったため、福沢は『時事新報』に投票辞退の広告を出している。

ここには、老境を意識しつつ、政論や政界とは一線を画したいという心情が現れていると同時に、議会制度の基礎は産業資本家をはじめとする中産階級にあるにもかかわらず、日本はそれが欠落したまま議会が発足している、という認識が存していたといわれている。福沢の関心はむしろ経済にあり、当時の書簡には、物価、株式市場、鉄道・鉱山・不動産への投資などが盛んに触れられており、門下生にも実業界への進出を期待していた。

〔小川原正道〕

▼官民調和論　▼議員懇話会　▼国会の前途・国会難局の由来・治安小言・地租論

参考『全集』五・六。『著作集』七。池内啓「議会開設前後における福沢諭吉の政論」『福井大学教育学部紀要　第三部・社会科学』（一六号）一九六六年。

帝国議会と義塾出身議員《ていこくぎかいとぎじゅくしゅっしんぎいん》

明治二三（一八九〇）年一一月二三日、第一回帝国議会が開会した。これに先立つ同年七月一日、第一回衆議院議員選挙が実施された。定員は三〇〇名で、このうち慶応義塾出身者は二八名、出馬して落選した義塾出身者は一〇名であった。当選者のうち主な者には藤田茂吉、小林雄七郎、尾崎行雄、犬養毅、井上角五郎、箕浦勝人などがおり、第一議会での所属会派でもっとも多いのは立憲自由党系の弥生倶楽部で一〇名、続いて立憲改進党系の議員集会所が七名、不偏不党を掲げる大成会が七名、無所属が四名などとなっている。

一方、第一議会での貴族院議員の定員は二五一名で、うち義塾出身者は一一名である。主な者としては岡部長職《ながもと》、一《ひとつ》柳《やなぎ》末徳《すえのり》、九鬼隆一、三好退蔵、浜尾新らがおり、子爵議員が五名、勅選議員が四名、侯爵議員と多額納税者議員が各一名となっている。

第一議会開会に先立つ一一月一七日、義塾出身の貴衆両院議員が同窓会（議員懇話会）を催し、福沢諭吉を招待した。『時事新報』（一一月一九日付）によると、来会した二六名の議員を前に福沢は、両院議員中「義塾出身の人が三十幾名とは実に異常の数と云わざるを得ず」とし、彼らの当選を「その知識、能《よ》く政務の実用に適するが故」であると讃えた。さらに、学問上の同窓と政治上の立場が異なるのは当然としながらも、議事が混乱する際に「同窓の好情」によって波乱を鎮めるよう期待している。以後、福沢の生前には計六度の同窓会が開かれ、福沢の没後も続いた。戦後も存続し、現在は永田町三田会がある。〔小川原正道〕

▼議員懇話会

参考 寺崎修研究会編『慶応義塾出身衆議院議員列伝』第一巻、慶応義塾大学法学部政治学科寺崎修研究会、二〇〇五年。小川原正道研究会編『慶応義塾出身貴族院議員列伝』慶応義塾大学法学部政治学科小川原正道研究会、二〇〇八年。

瘠我慢の説《やせがまんのせつ》

明治維新における勝海舟と榎本武揚の出処進退について批判を加えた福沢諭吉の論考。明治二四（一八九一）年一一月二七日に脱稿して勝や榎本、木村芥舟、栗本鋤雲らに写本を送り、しばらく公にされなかったが、のちに栗本のもとから内容が漏れ、三四年一月に『時事新報』上で公開された。

「立国は私なり、公に非ざるなり」という一句から始まる本論は、国家の樹立や存亡などは人間の私情から生じたものであり、「忠君愛国の文字」も私情にすぎないとしつつ、国家間や国家内で対立が生じる世界の実情を鑑みると、これを「美徳」「公道」といわざるを得ない、とする。その観点から、自国の衰退に際して、もはや勝算がないという場合でも、力の限りを尽くしたうえで、講和するか死を決するかが「立国の公道にして、国民が国に報ずるの義務と称すべき」ということになり、これを称して「瘠我慢」と呼び、その模範を三河武士に見出した。

この「瘠我慢の一大主義を害した」とされるのが、戊辰戦争の際の勝海舟による江戸城の無血開城であった。三河武士の伝統に立てば、江戸城を枕に討ち死にすべきであるにもかかわらず、何ら抵抗せずして城を明け渡した勝の行動は、内乱を無駄な浪費と認め、味方に勝算がな

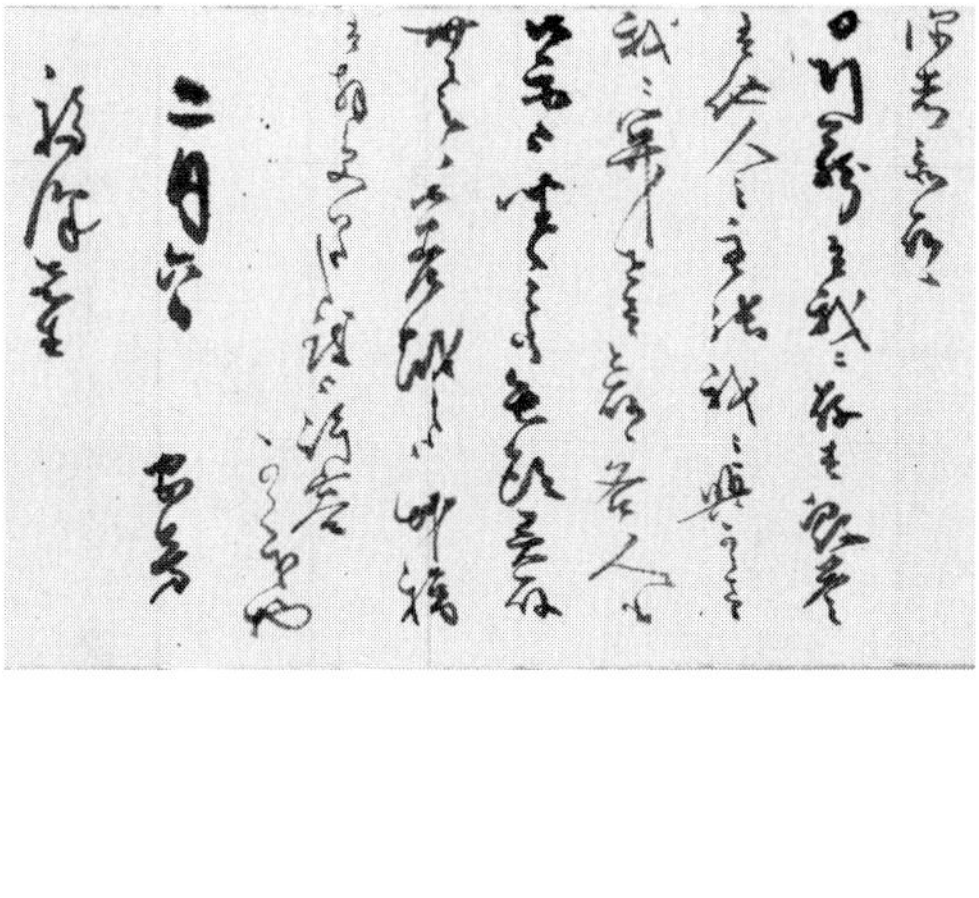

◉「行蔵は我に存す」と記した福沢宛勝海舟書簡（部分）

い場合は退くほかないという「数理」を信じたものであり、瘠せ我慢の一大主義を「曖昧模糊の間に瞞着したるもの」だと福沢は批判した。

福沢をさらに怒らせたのは、勝が維新後、かつての「敵国の士人と並立《ならびたち》て得々名利の地位に居るの一事」であった。これは三河武士の精神のみならず、「世界立国の常情」から恥じるべき行為ではないか。榎本武揚は、箱館戦争まで戦い抜いたという点で勝と同様には語れないが、降伏後に新政府に出仕して富貴を求め得たのは、共に戦った同志に対して慚愧に堪えない、という。

福沢と勝とはきわめて人間関係が悪く、その私的確執の反映という側面も否定できないが、福沢にとっては、「天下の大勢」や「勝てば官軍」という法則や事実によって、みずからの忠誠対象が転移してしまうことに我慢がならなかったものと思われる。危機的情勢下において忠君愛国の私情を立国の公道と捉え、「私」と「公」との連関を見出していた福沢にとって、「私」の転換は「公」の足下を揺るがす大問題であった。それは、一身独立して一国独立す、という福沢の信念とも通底する精神的態度であった。

この福沢の批判に対し勝は、「行蔵は我に存す、毀誉は他人の主張、我に与《あずか》らず我に関せず」と応じ、榎本は、多忙のためいずれ回答したいと述べるに留まった。本稿はこの両者の回答などと、西南戦争における西郷隆盛を弁護した「丁丑公論」とを合わせ、福沢没後の三四年五月に出版された。　〔小川原正道〕

▼「瘠我慢の説」「丁丑公論」公表　▼榎本武揚　▼勝海舟　▼明治十年丁丑公論・瘠我慢の説

参考『全集』六。『書誌』。小川原正道「福沢諭吉と勝海舟」『手帖』(一二一号)二〇〇四年。坂本多加雄「『文明』と『瘠我慢』のあいだ」(福沢諭吉『学問のすすめ ほか』中公クラシックス)二〇〇二年。丸山真男『丸山真男集』第八巻、岩波書店、一九九六年。藤田省三『精神史的考察』平凡社、一九八二年。小林秀雄「福沢諭吉」『文芸春秋』(四〇巻六号)一九六二年。

条約改正と法典編纂

井上条約改正案　いのうえじょうやくかいせいあん

明治一二(一八七九)年九月に外務卿となった井上馨は、一五年に英独仏など各国の代表を招いて二一回に及ぶ条約改正予議会を開催し、日本の裁判権に服従する外国人に内地を開放し、旅行、居住や営業の自由を認めることを宣言した。一七年には鹿鳴館外交を開始する一方、一八年一二月の内閣制施行を経て一九年五月から外相として二七回の条約改正会議を主宰した。同年六月の第六回会議における英独の裁判管轄条約案の提出を受けて、二〇年四月の第二六回会議で泰西主義に基づく法典の予約と外国人裁判官の任用とを条件として領事裁判権を撤廃し、内地を開放することを内容とする裁判管轄条約案を議定した。

しかし法典の英訳を外国政府に通知して泰西主義に適するか否かの承認を要する点、また外国人判事を任用して外国人が被告の事件などに関与させるエジプト式の「混同裁判所」の採用など、この条約案は政府内外からの激しい攻撃を受け、井上は四面楚歌に陥った。

福沢諭吉は、鹿鳴館のような「西洋交際法の流行」はともかく、ひたすら事の成功を急ぐあまり、わが国の民情風俗に適合しない法律を「製造」し、しかもその法律を執行するために外国人裁判官を任用する約束があると知って、国の主権を損ずるようなことは断じて認められないと、同年六月二四日、『時事新報』社説に「条約改正は時宜に由り中止するも遺憾なし」を掲げた。これにより『時事新報』は発行停止処分を受けたが、福沢は、窮地に陥っている外務省は、この社説を後盾にして改正中止への道筋をつけることができるので喜ぶのではないかとさえ考えていたためこの政府の処置に大変驚いた。結局七月、井上は世論に抗しきれず改正会議の無期延期を各国委員に通知し、九月には辞任した。　〔高田晴仁〕

▼時事新報の発行停止　▼大隈条約改正案　▼井上馨

参考『書簡集』五、こと6「条約改正(その一)」。岩谷十郎「福沢における条約改正論」『著作集』八。高田晴仁「福沢諭吉の法典論」『慶応の法律学 商事法』慶応義塾大学法学部、二〇〇八年。『伝』三─三四編。

ファンシーボール　ふぁんしーぼーる

明治二〇(一八八七)年四月二〇日に永田町の首相官邸で開催された仮装舞踏会のこと。当時、井上馨外相を中心に、条約改正を目指して鹿鳴館に代表される欧化政策が推進されており、その象徴ともいうべきイベントであった。

舞踏会当日には四〇〇名余が参加し、伊藤博文首相はベネチア貴族に扮し、井上外相は三河万才、山県有朋内相は奇兵隊隊長、榎本武揚逓相は葵の紋付麻上《かみ》下《しも》、高崎五六東京府知事は武蔵坊弁慶の格好で、夜会は翌朝午前四時まで続いた。舞踏会後、伊藤と戸田伯爵夫人極子とのスキャンダル報道が新聞を賑わせ、こうした乱れた風潮に対する厳しい批判が寄せられた。

舞踏会に先だって、伊藤首相は福沢諭吉にも招待状を送っている。これに対し福沢は、「フハンシボール御催しに付、陪席可致旨被仰下《いたすべきむねおおせくだされ》、難有奉存候《ありがたくぞんじたてまつり》」

◉仮装舞踏会の様子を描いた諷刺画

としながら、「同日は家事の都合に由り拝趨仕兼《つかまつりかね》候…この段御断《おことわり》申上候」と欠席を通知している。明治一四年の政変以来、福沢と伊藤は絶交状態にあり、再会するのは三一年のことで、当時はまだ関係が修復されていなかった。福沢が時の首相からの招待を「家事」を理由にそっけなく断ったのは、そのためであろう。のちの二六年一〇月一九日付の『時事新報』が、進歩のためあらゆる力を尽くしてなお足りないことを恐れるあまり、「彼国に流行する仮装舞踏会の如き児戯に類する事までも一時一種の方便として行いたることならん」と記しているように、舞踏会自体についても、福沢は冷やかな視線を送っていたようである。

実際、舞踏会から一か月余りを経た五月一九日付『時事新報』雑報欄が、英国の政治家チャールズ・ディルクが他人の妻と姦通し、それによって世論から厳しい批判を受けて「今は身を置くに他なきの有様」となり、かつては顕職を歴任して名声を博した人物が「政治社外の死物と為り今はその行衛《ゆくえ》さえ分明ならず」という状態に陥っているとして、「政治家の行路意外の奇難あるを見るべし」と論じた。折しも、伊藤にスキャンダルの噂が流れていたときであり、富田正文が当時時事新報記者だった石河幹明から聞いたところによると、「その記事が紙上に現れるや、伊藤の女婿末松謙澄が時事新報編輯局に乗り込んで来て、何も今わざわざあんな記事を載せなくてもいいじゃないかと抗議した。諭吉は、そのときはまだ出社していなかったが、あとでそのことを聞き、末松が伊藤のために一所懸命になる志は感心なことだねと笑いながら言った」という。伊藤や舞踏会に対する福沢の冷めた視線が読み取れよう。井上の条約改正交渉は、外国人判事の任用などをめぐって政府内外から厳しい反発を受けてまもなく頓挫し、鹿鳴館外交は終わりを告げる。

［小川原正道］

▼井上条約改正案　▼伊藤博文

参考 堅田剛『明治文化研究会と明治憲法』御茶の水書房、二〇〇八年。伊藤明己「おどる近代」『中央大学大学院論究』(三〇巻一号)一九九六年。『考証』下。

大隈条約改正案　おおくまじょうやくかいせいあん

明治二一(一八八八)年二月に外相に就任した大隈重信は、井上馨による条約改正交渉の基本路線を踏襲しつつ同年一一月から国別の交渉を開始し、翌二二年二月以降、米独露各国の改正条約調印を取り付け順調に交渉を進めた。『時事新報』は同年五月一八日、「日米の新条約将《まさ》に成らんとす」と題して、日本は条約改正を目的として法律をつくることはせず、外国人の法官を雇うこともないと書き、日米条約の批准が近いことに「喜悦」を表した。福沢諭吉も同日付の書簡で、米国留学中の福沢桃介に「兎に角に面白き時節」と書き送った。しかし真相はその逆で、大審院判事に外国人を任用するというものであった。秘密外交の内容が国民に露見すると、憲法違反の疑義が生じ、内地開放も囂々《ごうごう》たる非難を浴びた。

反対派の谷干城《たてき》の日記には、同年七月七日に福沢を訪れたところ、井上案に比べて大隈案も「五十歩と六十歩との差」と酷評し、法典編纂を約束することは不当であり、西洋式の法典は解しがたいという谷に「最同意」を示したうえ、『時事新報』で条約を批判すると発行停止の危険があるが、法律論として取り上げればその心配はないであろうと語ったと記されている。同年の『時事新報』の論調は、大隈案は不完全であるが、それは「開国以来の行掛かり」による致し方ないものであり（八月三〇日「法典発布の利害」）、むしろ条約改正に伴う法典編纂の拙速さが、日本人の利益を損ずる懸念から反対する、というものであった（一二月五日「条約改正始末」）。ところが一〇月一八日、大隈の暗殺未遂事件が起き、閣議において条約改正交渉延期が決定され、大隈は辞表を提出した。

〔高田晴仁〕

▼井上条約改正案 ▼大隈重信

参考 『書簡集』六、こと8「条約改正（その二）」『谷干城遺稿』下、靖献社、一九一二年（一九七六年に続史籍協会叢書として東京大学出版会より復刻）。高田晴仁「法典延期派・福澤諭吉」『法学研究』（八二巻一号）二〇〇九年。

内地雑居論　ないちざっきょろん

外国人に対し居留地を定めず自由に国内に居住し活動すること、すなわち内地開放＝内地雑居を認めるか否かの議論。福沢諭吉の立場は、一貫してこれを是とするものであった。

福沢は明治一六（一八八三）年の「開国論」で「内外の人必ずしも異類に非《あら》ず」とし、また翌一七年の「内地雑居の喜憂」でも、外国商人が目下居留地に留まっているのもひとえに内地の交通の便が悪いからであり、その便がひらけ、かつ条約改正が成れば、彼らは当然に内地へと流出し、いよいよ西洋人と交際競争する覚悟を迫られる、と述べる。さらに、その雑居の区域は無制限とし「全国を打開く」という徹底したものであり、日本人同様、公債証書の売買、会社の株券の所持を認め、土地建物などの不動産所有も可とするものであった（「全国雑居」一九年）。また治外法権が撤廃されるのであれば、「風俗習慣を殊《こと》にする外人」を日本法の管轄下に置くことになり、そうであれば「一切の政法無味淡泊」にして、内外人の別なく一律の公平な扱いが求められる、とした（「外交の要は内外両様の信を重んずるに在り」一九年）。福沢の内地雑居のイメージは、独立した主権法治国家を背景に描き込まれ、内外人間の取引も対等な「個人」間の交渉として把握されてゆく。もっとも福沢の憂慮するところは、官尊民卑の弊風の中で独立の精神を形成し得なかった日本人実業家が、安易に外国人の大資本に頼み、旧幕府時代の「名目金貸借」を繰り返しかねないという点にあった（「内地雑居の用意」同年）。一身独立した実業家の精神が一国の独立につながるとの福沢の考えがそこにはあった。

明治二五年に組織された内地雑居講究

会や、同会が中核となって翌二六年に発足した大日本協会は、政府の外交方針を軟弱であると批判し、より強硬な政策を求め、いわゆる対外硬運動を展開する。これはやがて全国的な国民的大衆運動として拡大してゆくが、福沢はそこに幕末の攘夷主義の再来を認め、これを厳しく論難した（「非内地雑居論に就《つい》て」）。

また改正条約実施の前年、明治三一年、福沢は「内地雑居掛念《けねん》に堪えず」を草し、内地雑居に反対する排外思想を小児に譬えつつ、それ以降の論説「排外思想と儒教主義」などで、一四、五年あたりから復活した儒教主義の中にいわゆる精神的鎖国主義を見出し、これに辛辣な批判を加える論陣を張った。〔岩谷十郎〕

参考『著作集』八、解説（岩谷十郎「福沢における条約改正論」）。小川原正道「明治期における内地雑居問題とキリスト教対策」（寺崎修・玉井清編『戦前日本の政治と市民意識』慶応義塾大学出版会）二〇〇五年。

法典編纂論　ほうてんへんさんろん

福沢諭吉の法典編纂論は、穏健な漸進主義と経験主義を源とし、その文明論の中に構造化されていたから、外国人への内地開放に対する条約改正の手段として早急に法典の欧化を図ろうとする政府方針とは相容れないものだった。

福沢が諸法典について具体的構想を示した事績はないが、明治一〇年代後半から二〇年代初めに『時事新報』で展開された法典延期論の中に、反語的なかたちで望ましい編纂方法論が語られている。すなわち、旧日本の法律習慣を成す大きな要素は「仏法の慈善と儒者の仁義」である（「宗教も亦《また》西洋風に従わざるを得ず」）。これを西洋文明に導いて、ついにはその風俗習慣をも同一様にする方策が日本の独立のために必須であるが（「開鎖論」）、一方、一国の法律は国の民情風俗から発達成育すべきものであって、けっして「人為の製造物」ではない。法の良否は、日本の民情風俗に合うか否かによって決まるのであり（「条約改正は時宜に由り中止するも遺憾なし」）、国民にとって煩わしく不慣れな法は「経済の自殺」を招くとした（「法典発布の利害」）。日本社会はいまだ「痴愚混同して然かも小智多愚」であり、「最多数の為めに最大幸福」を求めるには法典の箇条は必要なものに限って簡単なものをつくり（「条約改正、法典編纂」）、文明の進歩に相伴って徐々に大法典に進むべきである。このように実際の民度を基準にする手続きとしては開設される国会への諮詢が最上である（「法典編纂の時機」）。

これに対して実際に政府が行ったのは、「外国の成法を匆々《そうそう》に取調《とりしらべ》て、匆々に取捨を施し、匆々の日月に大全の大法典」を発布することであった（「法典発布の利害」）。〔高田晴仁〕

▼明治民法　▼明治商法　▼法典論争

参考 高田晴仁「福沢諭吉の法典論」『慶応の法律学 商事法』慶応義塾大学法学部、二〇〇八年。高田晴仁「法典延期派・福沢諭吉」『法学研究』（八二巻一号）二〇〇九年。

旧時代の制度・慣習

きゅうじだいのせいど・かんしゅう

「門閥制度は親の敵《かたき》で御座る」と『福翁自伝』の中で徳川期封建制度への激しい憤りを表した福沢諭吉は、近代の国民国家創成の過程で、啓蒙家として封建遺制の払拭と克服を生涯のテーマとして取り組んだ。しかし、福沢の旧時代に対する視点に大きな変化が現われるのが、明治二三(一八九〇)年一二月一〇日から二三日にわたって『時事新報』社説として掲載された「国会の前途」においてである。福沢は、同年一一月二九日に開かれた第一回帝国議会を受けて、その誕生は徳川政府の治世下に胚胎したものだとし、日本封建の君主は、それが将軍であれ藩主であれ、「名は専制の君位」にありながらも専制の実は行い得ず、人民にはおのずから自治の余地が残されたのだ、とする。すなわち徳川幕府の時代では、幕府の「政権」の外に置かれた商売や学問、それに宗教が自治的な発展を遂げ、「権力の偏重」ならぬ「権力平均の主義」がいきわたっていたことを、元和元(一六一五)年に家康の発布した「禁中方御条目」や、「久能山(徳川成憲)百箇条」の各条、さらに明治前期の漢学者小宮山綏介の「江戸町奉行の事」といった論説などを直接引きながら立論する。

　生前福沢と親交の篤かったドクトル・シモンズ(D. Simmons)は、医師としての視点から、当時の市井の人びとの社会・家族生活を規律する慣習や慣例、さらに江戸時代の法制度や社会制度に関する資料を数多く収集し、福沢もその研究を支援した。また明治二三年の大学部法律科開設に伴いアメリカから招聘されたウィグモア(J. H. Wigmore)もまた日本の旧時代の制度慣習に関心を寄せ、福沢を介して前述のシモンズの残した資料群の整理を引き継ぐこととなった。このウィグモアのイニシアティブで、日本アジア協会(The Asiatic Society of Japan)の中に「民族誌委員会」(Committee of Ethnography)が置かれ、旧来の制度・慣習にかかわる古文書を収集し逐次英語訳するプロジェクトが翌二四年から発足し、その事務局は慶応義塾に置かれた。西洋近代化の陰で忘却されていく日本の旧制度や旧慣に学問的関心を寄せる異邦人との出会いから、福沢の中にも新たな旧時代を見る視点が育まれたのであろう。

　もっとも、徳川時代の制度・慣習に対する福沢の関心は、例えば明治八年の『文明論之概略』(巻之五)などにみる厳しい批判的評価に連なるとの理解が一般的であるが、二三年公布の民法典をめぐる法典論争期にあった当時、福沢は一貫して旧慣尊重の立場から、西洋法の影響を色濃く受けた民法典の性急な施行に異を唱えていた。彼が単純なる欧化主義者とは一線を画すゆえんである。　［岩谷十郎］

▼ウィグモア　▼シモンズ

参考 石川一三夫『日本的自治の探求』名古屋大学出版会、一九九五年。安西敏三・岩谷十郎・森征一編著『福沢諭吉の法思想』慶応義塾大学出版会、二〇〇二年。高田晴仁「福沢諭吉と法典論争―法典延期・修正・施行」『年鑑』(三六)二〇〇九年。

明治民法　めいじみんぽう

わが国初の近代的一般私法典。法典論争による旧民法典の延期・修正を経て、明治二九(一八九六)年四月二七日に財産法に関する前三編が、遅れて三一年六月二一日に親族・相続法に関する後二編がそれぞれ公布され、共に三一年七月一六日に施行された。

法典論争期の福沢諭吉は法典の施行延期を論ずる中で、例えば「民法の如《ごと》き大典は皆その国の宗旨慣習より来《きた》るもの」あるいは「民法の如き人民に至大至重の関係あるもの」というかたちで抽象的に民法典に言及していたにすぎず、財産法については「私権を固くするもの」すなわち私的財産権を保障するものという根本原理に言及するほかは、具体的な関心や評価を示したか否かは不明である。しかしその一方で、親族法とくに婚姻に関して民法の条文を引用した議論が知られている。三二年、男女同権論を説いていて、啓蒙に捧げたその生涯の最終章を飾った『女大学評論・新女大学』がそれである(ただし引用の条数は二か所とも誤り)。

福沢は男尊女卑の習慣に対し、夫婦対等の婚姻契約から生ずる「妻の権利」をもってその不当性と違法性を激しく衝く。その理論はまさに日本国憲法二四条の定める個人の尊厳と両性の平等そのものであるといってよい。

だが福沢はそのような一片の法理をよすがに彼が常に冷笑する代言者流をみずから演じたとみることはできない。初めて江戸に出た二五歳の頃から抱懐していた男女平等の道徳論を「新日本国の新人」に向かって力説する好機として、明治民法の公布施行の直後を選んだにすぎず、あくまで眼目は男女平等の道徳論にあった(「女大学評論」。「新女大学」。『福翁自伝』老余の半生)。福沢が「日本社会にて空前の一大変革は新民法の発布なり。就中《なかんずく》親族編の如《ごと》きは、古来日本に行われたる家族道徳の主義を根柢より破壊して更らに新主義を注入し、然《し》かも之を居家処世の実際に適用すべしと云う非常の大変化にして、所謂《いわゆる》世道人心の革命とも見るべきもの」(「福沢先生の女学論発表の次第」)として明治民法の平等性に賛嘆し、「恰《あたか》も強有力なる味方を得たるの思いして、愉快自から禁ずる能《あた》わざる」と声を弾ませていうのは、裏からいえば、その背景として、依然として福沢の道徳論が置かれた孤立無援というべき社会的現実があったことを暗示している。

〔高田晴仁〕

▼法典編纂論　▼法典論争　▼女大学評論・新女大学

参考 中村菊男「法典論争と福沢諭吉」『法学研究』(二三巻一二号)一九五〇年、(二四巻一号、二・三合併号、四号、六号)一九五一年。中村菊男『近代日本と福沢諭吉』泉文堂、一九五三年、第六章「明治民法と福沢の立場」。中川善之助「福沢諭吉と身分法」(今泉孝太郎・田中実編『小池隆一博士還暦記念論文集　比較法と私法の諸問題』慶応通信)一九五九年。『全集』六。

明治商法《めいじしょうほう》

明治三二(一八九九)年三月九日に公布、同年六月一六日に施行された近代商法典。その前身である二三年の旧商法典は、法典論争で施行延期となった後、二六年七月より会社・手形・破産に関する規定を抜き出すかたちで修正施行され、また三一年七月から約一年のみは全面的に施行された。この旧商法典を梅謙次郎、岡野敬次郎、田部芳を起草委員として全体にわたって修正したことから新商法典とも呼ばれる。

福沢諭吉は共同企業としての「商人会社」の紹介者であり、また丸屋をはじめとする数々の企業の設立や経営に直接、間接にかかわった立場から、右の明治商法典誕生の過程で生じた波瀾をその身に受けることになった。

福沢は法典論争では、政府が実業界の積極的な関与を許さず、政府の条約改正交渉の都合で「法典急発」したことをもって旧商法典を延期・排斥する論陣を張った。二〇年の取引所条例(ブールス条例)を、取引所の実情に合わない急激な改革であり、経済活動への政府の過干渉であると論じてその施行を事実上阻止したことと同列の主張であった。他方、阿部泰蔵らをメンバーとする渋沢栄一の東京商工会(二四年以後は東京商業会議所)は、翻訳調の法文と、商号など外国法を素材とした諸制度の理解に苦しみながらも研究を進め、二六年一部施行法の原案のとりまとめに至った。また、三井家が高橋義雄を介してロェスレル(Hermann Roesler)の助言を得て財産管理に関する「家憲」の制定に積極的に動くなど、福沢の目にも実業界の準備が整ってきたことを契機として、福沢の論調は二六年の『実業論』において修正施行論へと転回する。この転回については早矢仕有的《はやしゆうてき》と中村道太が創立した丸家銀行が一七年に破綻し、商法の不備から福沢も無限責任の「株主」として損害をこうむったことも影響していると考えられる。[高田晴仁]

▼法典論争 ▼実業論

参考 穂積陳重『続法窓夜話』岩波文庫、一九八〇年。馬場宏二『会社という言葉』大東文化大学経営研究所、二〇〇一年。依田精一『家族思想と家族法の歴史』吉川弘文館、二〇〇四年。高田晴仁「福沢諭吉と法典論争」『年鑑』(三六)二〇〇九年。『全集』六。

法典論争《ほうてんろんそう》(民・商法典《みん・しょうほうてん》)

帝国議会開設の前に公布された旧民法典および旧商法典の施行を当初のスケジュールどおりに断行するか、または延期するかについての論争。

旧民法典は、フランス人法律家G・ボワソナード(Gustave Emile Boissonade)の起草と指導により、フランス民法典の影響を受けつつ編纂され、明治二三(一八九〇)年の四月および一〇月に公布、同二六年から施行するものとされた。また旧商法典は、ドイツ人経済学者H・ロエスレル(Hermann Roesler)が広く各国

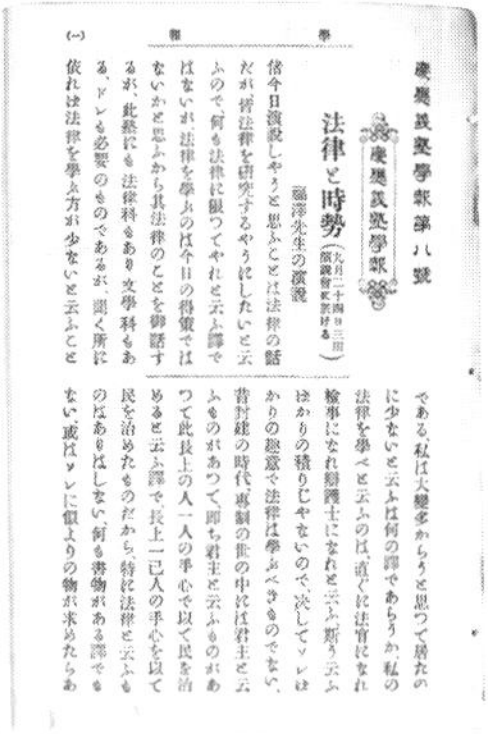
慶應義塾學報第八號

慶應義塾學報

學　報　(一)

法律と時勢（九月二十四日三田演説會に於ける）

福澤先生の演説

偖今日演説しやうと思ふことは法律の話だが、皆法律を研究するやうにしたいと云ふので、何も法律に限つてやれと云ふ譯ではないが、法律を學ぶのは今日の得策ではないかと思ふから其法律のことを御話するが、此塾にも法律科もあり文學科もある、ドレも必要のものであるが、聞く所に依れば法律を學ぶ方が少ないと云ふことである、私は大變多からうと思つて居たのに少ないと云ふは何の譯であらうか、私の法律を學べと云ふのは、直ぐに法官になれ検事になれ辯護士になれと云ふ、斯う云ふばかりの積りじやないので、決してソレばかりの趣意で法律は學ぶべきものでない、昔封建の時代、專制の世の中には君主と云ふものがあつて、即ち君主と云ふものがあつて此長上の人一人の手心で以て民を治めると云ふ譯で、長上一己人の手心を以て民を治めたものだから、特に法律と云ふものはありはしない、何も書物がある譯でもない、或はソレに似よりの物が求めたらあ

◉福沢最後の演説「法律と時勢」（『慶応義塾学報』）

商法典を素材として起草し、二三年四月に公布、翌二四年からの性急な施行を予定していた。二三年一一月末には明治憲法の施行と帝国議会の開設とが迫っていたが、政府は、法典編纂が治外法権撤廃の条件となっていたため、法典を議会の審議に付すことを回避する目的でその前の公布を急いだ。果たして旧商法の施行延期が第一帝国議会における「劈頭第一の大問題」となり、衆貴両院で激論の結果、旧商法典は二六年まで施行を延期（商法典論争）、さらに二五年の第三議会では旧民法典を中心に再び断行・延期の議論が起こり（民法典論争）、ここでも延期派が勝利したため、旧民法典と旧商法典とは合わせて二九年末まで施行が延期された（穂積陳重『法窓夜話』）。これを受けて伊藤博文と山県有朋らが断行・延期両派の宥和に動き、法典調査会（総裁は伊藤）が組織され、旧法典の修正作業によってやがて明治民法典、商法典として結実していくことになる。

　両法典は形のうえでは国民相互の権利義務（権理通義）の要になるはずのものであるが、法典論争期における福沢は、法典編纂作業を外交交渉と切り離し、日本固有の法典を漸進的に編纂すべきことを説いて『時事新報』社説を舞台に施行延期の論陣を張った。政府がお雇い外国人に依頼して外国法をモデル・素材とした翻訳調の法典編纂を急ぎ、その法典をもって条約改正の手段と位置づけ、議会の頭越しに法典を施行しようとした態度は、福沢には内治を外交の犠牲に供し、官民調和に反する著しい不手際と映ったのであった。

　立法に対する国民の監視権を示した明治七年頃と推定される原稿の下書きに「国に不当の法あれば、人民の職分として之を吟味し之を討論し、国安を害せずして之を改《あらたむ》るの方便あらばその方便を用いざるべからず。或《あるい》は有識者の首唱に依《よっ》て衆議輿論を動かし、以《もっ》て悪法をその未だ施行せざるの前に防ぐの術もあるべし」としたためている（「国法と人民の職分」）。まさにこれを果敢に実行したのが法典論争における福沢の姿であった。だが二七年に対等条約である日英通商航海条約が締結された後は、条約実施の条件であった明治民法、商法を速やかに施行すべしとの論調に完全に転回し、生涯最後の演説「法律と時勢」にはもはやかつての延期派の片鱗も留めていない。　［高田晴仁］

▼明治民法　▼明治商法

参考 高田晴仁「福沢諭吉の法典論」『慶応の法律学 商事法』慶応義塾大学出版会、二〇〇八年。同「法典延期派・福沢諭吉」『法学研究』（八二巻一号）二〇〇九年。同「福沢諭吉と法典論争」『年鑑』（三六）二〇〇九年。『全集』一九・二〇。

法律学校　ほうりつがっこう

福沢諭吉による「人生普通の実学」(『学問のすゝめ』初編)の中に法律学は列挙されないものの、明治三(一八七〇)年三月の「(慶応義塾)学校之説」には、「洋学の順序」の最終、第九として「法律書」が挙がっている。もっとも「慶応義塾社中之約束」上の「科業表」にいわゆる法律書が初出するのは、六年三月と推定される「社中之約束」においてであり、第四学年に「ウールシー　万国公法」とある。義塾ではこれ以降、いわゆるリベラルアーツの一貫としての法律書購読が行われており、一四年以降の「社中之約束」には「ベンサム　立法論」「テーリー　法律原論」などの書名も加わる。なお前後するが、六年頃、アメリカからの帰国者であり福沢の食客でもあった児玉淳一郎による法律学講義が塾内で行われていたといわれ、また八年四月二九日付の富田鉄之助宛福沢書簡には、「ロースクール」設立の試みがあったことがうかがえるが、双方とも詳細は分かっていない。

慶応義塾における体系的な法律学専門教育の嚆矢は、一二年一二月に開校された「法律科」である。これはアメリカ留学後、帰国して法律学教育に対する熱い宿志を抱いていた目賀田種太郎らに福沢が義塾の場を提供して設置されたものである。午後七時に開講することから「夜間法律科」とも呼称され、当時官立の法律学校以外で欧米の法律を学ぶことができ、かつ日本語による講義が行われたことが斬新な特徴であった。西洋法律学のより広い普及を目指した開校の趣旨は、啓蒙を旨とした福沢の法思想とも一致していた。もっともこの義塾初の法律学校は、翌一三年九月に目賀田らが専修学校(のちの専修大学)を設立したことに伴い閉鎖される。

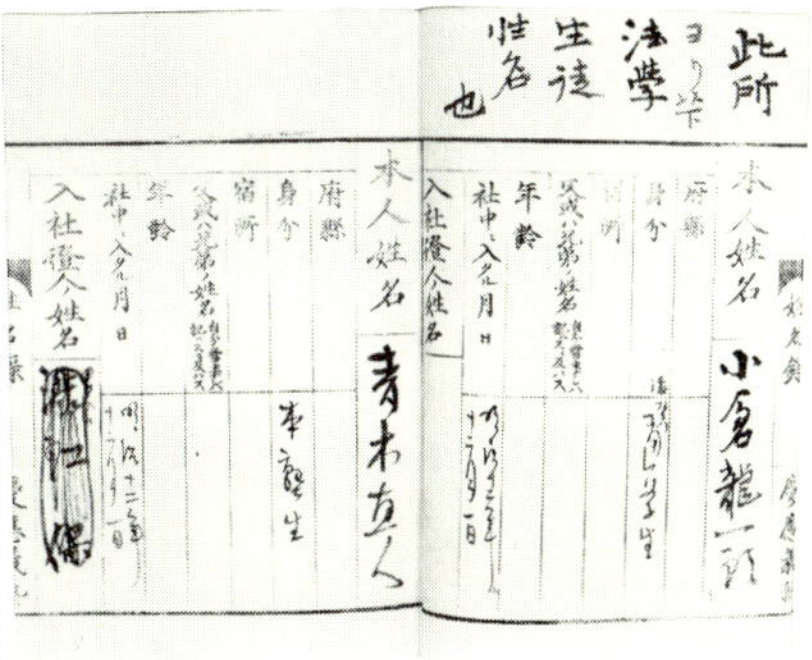

◉夜間法律科の入社帳

明治二三年一月に開設された慶応義塾大学部法律科(今日の法学部法律学科の直接的起源)は、ジョン・ヘンリー・ウィグモア(John Henry Wigmore)を初代主任教師として招き、彼のもとで本格的な法律専門教育を目指した。ウィグモアは、法律の実用性・実益性を当然の前提としつつも、それだけに留まらない法律の学問性を強調した。これは、福沢が教育の目的を「実業者を作る」ことに置き「学問に凝る勿《なか》れ」と主張する一方で、俗世界の些末なことにも学理を及ぼせとした福沢の「実学」の含意を、専門的教育の場面に置き換えたものであった。しかし、ウィグモアの帰国後は教科の種類や教授法において他の法律学校とほぼ同様の陣容が呈され、当初の特色ある法律科のあり方は影をひそめていった。

三一年九月二四日、福沢は生前最後となった演説を行う。「法律に就て」（「法律と時勢」）と題するその演説の冒頭で福沢は、塾の法律科に学ぶ者が少ないことを取り上げ、その理由を問いかける。そして司法官や弁護士業に就くことを呼びかけるのだが、福沢の主張の力点は一般人が法律に通じておくことの重要性に置かれ、家計、相続、離婚、消費貸借など卑近な例を用いてそのことを幾度も強調した。そして彼は、法律は官吏の学であるとの当時の常識に対抗し、民間における「法律の思想」の一般普及が「法律を楯にして官吏と争う」ことを可能にするのであって、自主自律的な市民社会の形成に法知識が必須であるとの思想を語りかける。こうした人びとの法に対する主体的で能動的なかかわりの高まりこそが、専門職業人としての法律家に対する需要を増大させ、彼らの存在意義を際立たせることを福沢は知っていたのである。

福沢の実学の精神と気脈を通じたウィグモアの後を継いで大学部法律科の主任教師となったのは、法律科第一回卒業生、神戸《かんべ》寅次郎《とらじろう》であった。彼は大学部法律科でウィグモアの薫陶を三年にわたって受けた唯一の法学者でもある。ドイツ留学から帰朝した翌年、明治三六年から教壇に立ったこの神戸と共に、福沢没後の慶応義塾における法律学が「三田法学」として刻まれていった。〔岩谷十郎〕

▼法律家

参考 神戸寅次郎「福沢先生の法律に就いての演説」『法学会誌』（一〇号）一九三四年。手塚豊・向井健「法学部法律科」『百年史』別巻。岩谷十郎「ウィグモアの法律学校」『法学研究』（六九巻一号）一九九六年。安西敏三・岩谷十郎・森征一編著『福沢諭吉の法思想』慶応義塾大学出版会、二〇〇二年。慶応義塾大学法学部編『語り継ぐ三田法学の伝統』慶応義塾大学出版会、二〇〇六年。『全集』一九。

法律家　ほうりつか

生前の福沢諭吉を取り巻く人びとの中には、法律家の姿もあった。旧山口藩士児玉淳一郎（一八四六～一九一六）は、明治初年にワシントン大学で法律学を修め六（一八七三）年四月に帰国後、司法省に出仕したがただちに辞し、福沢の食客となって慶応義塾での最初の法律学（英米法）講義を行った。この児玉から法律学を学んだ中定勝（旧名安藤欽哉。一八四〇～一九〇三）も同時期福沢のもとに身を寄せていたが、彼は緒方洪庵の塾では福沢の後輩に当たり、維新後は軍医に進んだがこれを辞めている。この児玉も中もいわゆる「三谷三九郎事件」では、七年司法省裁判所の法廷に代言人として立ち活躍した。両名共のちに大審院判事に任命され、児玉はのちに貴族院議員に勅選され、中は実業界に転じている。この頃福沢と親交の深かった法学者に井上良一（一八五二～一八七九）がいた。彼は幼少期にアメリカに渡り日本人として初の法学士を取得後、一〇年には東京大学法学部教授の地位にあったが、精神に変調を来たし自殺に至る。

また、一二年一二月の義塾夜間法律科の開設に当たって中心的役割を果たしたのは目賀田《めがた》種太郎(のち大蔵省主税局長、貴族院議員、枢密顧問官。一八五三〜一九二六)だが、彼はハーバード大学卒で帰国後代言人となっていた。このとき目賀田と共に法律事務所を経営していた相馬永胤(のち横浜正金銀行頭取、専修大学学長。一八五〇〜一九二四)や田尻稲次郎(のち会計検査院長、東京市長。一八五〇〜一九二三)、これに金子堅太郎(のち農商務大臣、司法大臣、勅選貴族院議員、枢密顧問官。一八五三〜一九四二)を加え、皆アメリカ留学の同士として、福沢の賛同のもとに夜間法律科の開設・運営に携わったが、一年弱で閉鎖される。専修学校(現専修大学)の設立のためであった。二三年の大学部法律科の開設に当たっては、ハーバード・ロースクールを卒業したアメリカ人青年弁護士、ジョン・ヘンリー・ウィグモア(John Henry Wigmore のちノースウェスタン大学ロースクール学長。一八六三〜一九四三)が招聘され、同科主任教師として明治二五年末まで教鞭をとった。

大学部法律科開設以前の義塾出身者で法曹界に活躍した人物として、横田国臣(一八五〇〜一九二三)と三好退蔵(一八四五〜一九〇八)がいた。それぞれ義塾の在籍期間は長くはないが、横田はのちに司法次官から検事総長に転じ、明治三九年から大正一〇(一九二一)年まで一五年の長きにわたり大審院長の職にあり(歴代大審院長最長在籍期間)、三好も司法次官から検事総長に進み、明治二六年から大審院長を二年半ほど勤め、退職後は貴族院議員、さらには弁護士としても活躍した。裁判官としては、この他、明治五年に義塾に入学し、その後三六年から大正元年まで東京控訴院長の職にあった長谷川喬(一八五二〜一九一二)がいた。

[岩谷十郎]

▼法律学校

参考 手塚豊・向井健「法学部法律学科」『百年史』別巻。手塚豊『福沢先生と法律』(福沢記念選書19)慶応義塾大学、一九七七年。村上一博「近代的代言人の登場—児玉淳一郎と中定勝」『法律論叢』(七〇巻二・三号)一九九七年。

朝鮮問題と日清戦争

朝鮮開化派への支援《ちょうせんかいかはへのしえん》

福沢諭吉は、朝鮮において近代化を志向する官僚らが形成した開化派(急進開化派)を、物心共に終生支援した。

両者の接触は開化派の僧侶李東仁《イドンジン》が、明治一三(一八八〇)年福沢門下の真宗僧侶石亀(寺田)福寿の仲介で福沢を尋ねたことを端緒とする。福沢は論説や書簡などでしばしば朝鮮の情勢を幕末の日本と重ね、みずからが近代化に向けて担った役割を、開化派の立場に投影しており、さまざまな助言を通して西洋文明理解など思想的な面に強い影響を与えた。

一四年の兪吉濬《ユギルチュン》と柳定秀《ユジョンス》の慶応義塾入学、翌年の金玉均《キムオッキュン》の来訪などでさらに関係は親密化。一五年一二月には、壬午事変の謝罪を兼ねて来日していた修信使の帰国に、福沢門下生の牛場卓蔵が朝鮮政府顧問として同行、同じく門下の高橋正信、井上角五郎らも随行し、西洋の新知識を広く朝鮮に普及させることを目的に、学校設立や新聞発行などを実現させることを目指した。福沢は日本において、平明な実用文体のあり方を模索したが、朝鮮においても官僚ら知識層だけが用いていた漢文と庶民の文字ハングルとを混淆した文体の必要を早くから主張し、みずからハングルの活字を特注して新聞発行に備えていたが、朝鮮政府の保守化により、これらの計画は暗礁に乗り上げた。しかし金允植《キムユンシク》ら穏健開化派の主導により、一八八四年、朝鮮初の本格的近代新聞とされる『漢城旬報』（全文漢文）が朝鮮政府の博文局から創刊され、一八八六年には、漢字ハングル混淆文を初めて実用化した『漢城周報』の発行が実現した。博文局には井上角五郎が出仕し、終始この計画を援助した。

これとは別に、金玉均は日本を含む諸外国より借款を得て、開化派の主導による大規模な内政改革を行うことを画策、福沢は当時自由党副総理で政治家としての手腕を高く評価していた後藤象二郎を協力者として紹介し、後藤はフランスからの借款実現を模索、金玉均は後藤を政府顧問に招く計画を進めたとされる。しかし開化派は朝鮮国内情勢の悪化に伴って一七年一二月に甲申事変を起こし壊滅、計画は立ち消えとなった。福沢は日本に亡命した金玉均ら開化派幹部九名を一時自宅にかくまい、その後も再起を図る彼らの拙速を戒めつつその生活を援助、二七年三月に金玉均が上海で暗殺されると、その死後の始末や遺族の世話もしている。

同年七月日清戦争が開戦すると、福沢は開化派の朝鮮政府復帰を援助し、それが実現すると、朴泳孝《パクヨンヒョ》や兪吉濬らと図り、二〇〇名近い朝鮮国費留学生を慶応義塾に一括して受け入れるなど、引き続き朝鮮開化派の活動と連携した。しかし親日派が政府から排除され、朝鮮における親露派が圧倒的勢力を誇るようになると、日本の支援による近代化の可能性に絶望し、日本に亡命してきた朝鮮政客たちにイギリス政府へ援助を求めさせようと画策したこともあった。とはいえ、その後も国内外の亡命朝鮮政客の生活や連携に便宜を図り続けた。福沢が生涯を通して開化派や亡命朝鮮政客を援助するために負担した金銭は少なくとも数万円に上るとみられ、そのほとんどは返済されなかった。それにもかかわらず彼らが奢侈な生活を求めることには次第にいらだちを強め、晩年の書簡や論説などにはしばしば朝鮮人の金銭感覚に対する批判が記されている。

福沢による支援は生涯絶え間なく継続されており、政治情勢に対応した『時事新報』紙上の起伏の激しい論調とは区別

されていた。［都倉武之］

▼甲申事変 ▼金玉均遺族支援 ▼金玉均 ▼徐光範 ▼朴泳孝 ▼兪吉濬

参考 稲葉継雄「井上角五郎と『漢城旬報』『漢城周報』」『文芸言語研究言語篇』一二、一九八七年。大町桂月『伯爵後藤象二郎』冨山房、一九一四年。「朝鮮人へ貸金の記憶書」『全集』二〇。

朝鮮留学生受け入れ（甲申事変以前） ちょうせんりゅうがくせいうけいれ（こうしんじへんいぜん）

福沢諭吉が慶応義塾に朝鮮留学生を受け入れた時期は、大きく分けて二度ある。その一度目は、明治一四（一八八一）年朝鮮政府が日本の軍事、教育、工業、財政などの視察のため派遣した紳士遊覧団の随員中、財政方面の見聞を担当した魚允中《オユンジュン》が、福沢を訪問して兪吉濬《ユギルチュン》、柳定秀《ユジョンス》の二名の教育を託したことに始まる。中村正直の同人社に入学した尹致昊《ユンチホ》を加えた三名は、同時期に清国に派遣された朝鮮留学生と共に、朝鮮初の海外留学生であり、近代日本にとっても初めての海外留学生受け入れであった。福沢は彼らを自宅に起居させて、熱心に指導した。一六年には朝鮮開化派の金玉均《キムオッキュン》の仲介により、のちに独立運動家となる徐載弼《ソジェピル》をはじめ六〇名前後の留学生が来日した。彼らは慶応義塾、陸軍戸山学校、横浜税関、逓信省などで学び、福沢門下生の飯田三治が生活の世話を担当、福沢も終始気に掛けていた様子が書簡から分かる。しかし、彼らが帰国して間もない一七年末に、朝鮮で発生した開化派によるクーデター甲申事変においてほとんどが殺害、処刑されてしまった。そのため、留学生の顔触れや活動は十分明らかになっていない。

慶応義塾の朝鮮留学生受け入れの二度目は日清戦争後のことである。［都倉武之］

▼朝鮮留学生受け入れ（日清戦争後） ▼兪吉濬

参考 明治一四年六月一七日付小泉信吉・日原昌造宛福沢書簡。『百年史』中巻前。鄭玉子「紳士遊覧団考」『韓』（二九号）一九七四年。

◉朝鮮政治家閔泳翊（前列中央）と兪吉濬（後列中央）を囲む、福沢一太郎（前列左）、井上角五郎（後列左）、福沢捨次郎（後列右）

壬午事変 じんごじへん

明治一五（一八八二）年七月二三日、朝鮮漢城（ソウル）で発生した守旧派（事大党）によるクーデター。明治九年の日朝修好条規によって開国した朝鮮は、国王高宗と政府の実権を握る閔妃《ミンビ》一族のもと、それまでの守旧的政策を改め開化派を重用、日本の近代化も参考にする姿勢へと転換した。その一環として進められた新式軍隊(別技軍)の整備に対し、劣悪な待遇で残された旧式軍隊が不満を募らせ、守旧派の大物である国王の父大院君を担いで挙兵、これに貧民らが呼応して政府を顚覆する事態となったのがこの事件である。当時、貿易拡大に伴う経済の混乱によって一般住民にも反日感情が高まっており、同年三月には元山津安辺にて、日本人が朝鮮人によって殺傷される事件が発生していた。

　壬午事変により開化派官僚が多数殺傷され、当初は閔妃も殺害されたと報じられた。また軍事顧問の堀本少尉や日本人居留民も犠牲となり、花房義質《よしもと》日本公使らは辛くも逃げ延びた。国政を掌握した大院君は、守旧的政策への転換を図ったが袁世凱率いる清国軍の介入で反乱は鎮圧、大院君が天津に幽閉されることで事件は終息した。日本政府は、終始強硬な態度で朝鮮との談判に臨み、関係者の処罰や謝罪と賠償、日本の駐兵権の確保、貿易の拡大などを認めさせる済物浦条約を締結した(八月三〇日)。

　日本の世論は、情報が伝わってこないことに強くいらだったが、『時事新報』はかねてより金玉均《キムオッキュン》、兪吉濬《ユギルチュン》ら福沢諭吉と親しい朝鮮政客を通じて得ていた朝鮮の政治状況の様子を分析して世の信望を集め、また官民調和の立場から、日本政府の主張を十分に説明し、終始出兵を辞さない強硬論を主張して、交渉の主導権を確保したい政府を後押しした。『時事新報』は、済物浦条約妥結の情報もいち早く入手して報じ(九月四日)、日本政府の迅速なる事件処理を賞賛して満足の意を表している。同紙は創刊から日が浅く、真意を計りかねた民権新聞からは官辺に通じていると疑われ、多くの批判も浴びた。今後内外に政治が混迷する可能性があることを憂えた福沢は、この時期に在野の有力者を糾合して政府に登用し、官民調和を実現することを政府高官に直接提案している。

　事変の謝罪を兼ねた朝鮮修信使は、開化派の朴泳孝《パクヨンヒョ》を正使に同年一〇月に来日、その帰国に際して、福沢門下生の牛場卓蔵が朝鮮政府顧問に招かれ、さらに高橋正信、井上角五郎、新聞職工らが随員となって、朝鮮での洋学校設立や近代新聞発行を援助して近代化をうながすこととなった。ところが朝鮮政府は、清国依存を強めたため、開化派は地位を奪われ、これらの計画は頓挫した。しかも朝鮮における清国の軍事的優位を認めざるを得ない日本政府は、消極政策に転じて開化派を冷遇するようになり、開化派は日本の民間有志の協力を募って勢力拡大を図る方針をとった。

　壬午事変は、福沢の朝鮮問題への関心を深化させ、『時事新報』における朝鮮独立論や、海軍拡張論がより積極的に展開されていく契機となった。［都倉武之］

▼官民調和論　▼朝鮮開化派への支援　▼兵論

参考 杵淵信雄『福沢諭吉と朝鮮―時事新報社説を中心に』彩流社、一九九七年。明治一五年八月六日付岩倉具視宛福沢諭吉書簡。

甲申事変　こうしんじへん

明治一七（一八八四）年一二月四日、朝鮮漢城（ソウル）において発生した守旧派（事大党）に対する開化派（急進開化派）のクーデター。壬午事変後、開化派は影響力が急速に衰え、日本政府も朝鮮における清国の軍事的優位を認めざるを得ない現実から、開化派支援に消極的態度をとるようになった。このため開化派は日本の民間有力者に援助を求め、特に福沢諭吉から紹介された後藤象二郎と共に、朝鮮内政改革の計画を練っていくが、一七年八月、清仏戦争勃発に伴い清国の朝鮮駐留兵力が減退したことを契機として、日本政府は朝鮮政府に対する影響力拡大の好機とみて開化派に急接近、一方、守旧派の圧倒的な勢力に危機感を募らせていた開化派も、日本政府の援助に急速に期待を膨らませた。その結果、開化派は一二月四日夜に行われた郵政局開局の宴を利用して、守旧派重臣を襲撃し王宮を占拠、国王を擁して新政府を樹立し、大規模な近代化政策を打ち出した。竹添進一郎日本公使は、国王の救援要請という名目を得て全面協力した。しかし三日後に清国軍が介入して政権は崩壊、開化派のほとんどは殺害され、この機に乗じた暴動により日本人居留者にも多数の犠牲者が出た。わずかに逃げ延びた開化派の金玉均《キムオッキュン》、朴泳孝《パクヨンヒョ》、徐光範《ソグァンボム》、徐載弼《ソジェピル》らは日本へ亡命し、一時は三田の福沢邸にかくまわれる身となった。このとき事件の経緯をつぶさに聞き取った福沢は「京城変乱始末」をまとめている（公表は福沢没後）。

●甲申事変直前のアジア情勢を諷刺する錦絵（福沢の甥今泉秀太郎筆、文は福沢）

この事件に対して日朝間では一八年一月、日本への謝罪と賠償、公使館再建費用の負担、公使館護衛のための駐兵権などを定めた漢城条約が締結された。『時事新報』は、壬午事変のときと同様、朝鮮の内情を詳細に解説して多くの読者を得た。また福沢は、亡命してきた開化派を通じ、竹添公使の事変への関与などの情報を得ていたが、政府の失策を追及することは外交上の利益をもたらさないという観点から、『時事新報』では開戦も辞さない強硬な態度で清国の非を追及する立場をとった。この時期に記された社説の一つが「脱亜論」である。結局、日清間では一八年四月、両国の朝鮮からの撤兵、以後軍事教官を派遣しないこと、出兵の際の事前通知などを定めた天津条約が締結された。『時事新報』は、この条約に強い不満を表明した。

なお、当時朝鮮にいた福沢門下生井上角五郎の回想に基づき、クーデター計画そのものに福沢が深くかかわり、武器の手配なども行ったとする見解がある。しかし親友の田中不二麿に宛てた書簡で福沢自身が事変関与を否定しているのをはじめ矛盾する点が多く、日韓併合が日本で肯定的に捉えられた時代に、福沢にも併合への貢献があったと主張するために、福沢と朝鮮の関係を実際よりも大きく喧伝する動きがあったことをふまえて、否定する見解も有力である。また、竹添公使が日本政府の井上馨・伊藤博文の指示に基づき開化派を決起させたとする説が事件当時より存在する。開化派自身も竹添の背後に日本政府の後ろ盾があるものと確信していたとみられ、開化派から情報を得ていた福沢も井上・伊藤の指示を信じていたとみられる。しかし現在では、竹添公使が本国政府の意向を十分に確認しないまま、政府の後ろ盾があるかのように振る舞ったという捉え方が通説となっている。

この事件で開化派が壊滅したことにより、朝鮮国内には近代化を推進する勢力が不在となり、日清戦争期に至るまでの福沢はもっぱら亡命中の開化派に対する援助と、『時事新報』における言論活動のみを朝鮮への接点とすることとなった。〔都倉武之〕

▼朝鮮開化派への支援　▼脱亜論　▼井上角五郎官吏侮辱事件　▼金玉均　▼朴泳孝

参考「京城変乱始末」『全集』二〇。田中不二麿宛福沢諭吉書簡(明治一八年四月二八日)『研究』(二三巻)二〇〇六年。李銀姫「開化期朝鮮における井上角五郎の活躍と朝鮮観」『お茶の水史学』(三二)一九九〇年。都倉武之「福沢諭吉の朝鮮問題」(寺崎修編『福沢諭吉の思想と近代化構想』慶応義塾大学出版会)二〇〇八年。

脱亜論　だつあろん

明治一八(一八八五)年三月一六日付『時事新報』社説。全文はおよそ三、〇〇〇字。朝鮮で発生した甲申事変後、いまだ政情が不安定で講和談判も未決着の時期に、古いアジア的な政教風俗に恋々として国際情勢に危機感を持たない朝鮮および清国に対する、日本の決別を主張している。

その骨子は、次のとおりである。東洋に押し寄せる西洋文明は努めて受容すべきである。開国以来の日本では、独立に対する危機感が高まる中で「古風老大の政府」よりも「国」を重視した志士たちによって明治維新が起こされ、旧套を脱し西洋文明を取り入れて、アジアに新機軸を打ち立てた。このことにより、地理的にアジアに位置しつつも、日本国民は西洋文明を重きとする精神に転じた。ところが日本の隣の清国と朝鮮の二国は、西洋文明受容の心を生ぜず、古風旧慣に恋々としている。日本の維新のごとき激変が訪れない限り、二国が古来のアジア流の政教風俗を打ち破って独立を維持する道につくことは不可能であり、遠からず西洋諸国の分割に帰してしまうことは目に見えている。いまの日本にとっては、西洋諸国から近隣の二国と同一視され、古風恋々たるアジアの一国と軽視されては独立を危うくする外交上の不利益をこうむるばかりである。そうであれば、日本は二国の近代化を待って共に歩む方針をやめ、西洋文明国と進退を共にし、同様に処するしかない、として次のように結ぶ。

「悪友を親しむ者は共に悪名を免かるべからず。我れは心において亜細亜東方の悪友を謝絶するものなり」。

この社説は、甲申事変以後の朝鮮問題を論じる連日の社説の一つにすぎず、当時特に話題にならなかっただけでなく、以後昭和八（一九三三）年に多くの社説と共に『続福沢全集』に収録されるまで人目に触れず、福沢研究論文や伝記などにもいっさい登場しなかった。しかし戦後福沢諭吉のアジア論を否定的に再評価する流れの中で、端的な表題であることもあいまってにわかに脚光を浴び、広く知られるようになった。したがって、「脱亜論」そのものの歴史的な意義と、戦後の近代史研究において重視された事実とが遊離していることに注意が必要である。

この社説が日本のアジア侵略の理論的裏づけになった、という見解が強く主張され続けている一方で、『時事新報』への掲載は甲申事変から三か月後、福沢が支援していた金玉均《キムオッキュン》ら朝鮮開化派が亡命、あるいは殺害・処刑によって一掃されて朝鮮政府を守旧派が独占し、西洋文明への拒絶が明瞭になった時期である。このことから、福沢が一貫して支援してきた朝鮮の文明化に対する「敗北宣言」である、との見解が学界で有力である。また、日清間で事変の談判が開始される直前であったこと、英露の争いが巨文島事件に発展する直前でもあることから、国際情勢への福沢の強い危機感をふまえて執筆意図を解釈することの重要性も指摘されている。そのほか、暗に日本の教育界における儒教主義偏重への批判を込めているとの指摘もある。

福沢はこの社説の本文で、一度「脱亜」という語を使ったほかは、生涯まったく用いておらず、『時事新報』においてもロンドン赴任中の門下生日原《ひのはら》昌造による寄稿「日本は東洋国たるべからず」（明治一七年一一月一一日付掲載）での使用が知られるのみである。この語は、当時日本で民権家などが主張した「興亜主義」との対比を意識したものと推測される。なお「脱亜入欧」という語彙は福沢の著作中一度も使用例が見られない。この社説の福沢自筆原稿は現存しない。

〔都倉武之〕

▼社説の執筆　▼儒教主義批判　▼朝鮮開化派への支援　▼甲申事変　▼日原昌造

参考 丸山真男「福沢諭吉の「脱亜論」とその周辺」『福沢諭吉年鑑』（二九）二〇〇二年。『選集』七、解説（坂野潤治）。『著作集』八、解説（西川俊作）。

井上角五郎官吏侮辱事件《いのうえかくごろうかんりぶじょくじけん》

明治二一（一八八八）年に福沢門下生の井上角五郎が朝鮮問題をめぐって拘引

され、福沢諭吉宅が家宅捜索を受け、福沢自身が法廷で尋問を受けたことで知られる裁判。従来、一七年に朝鮮で発生した甲申事変の責任を福沢に転嫁する目的で、開化派と福沢の連絡役であった井上角五郎を、井上馨（事変当時外務卿）・伊藤博文（事変当時宮内卿）がやり玉に挙げて責任追及した事件と理解され、政府には福沢自身さえも拘引しようとしていた節さえあり、福沢と甲申事変の密接な関係を示唆すると考えられていた。

　しかし新たな研究により、実際はまったく異なる事件であったことが明らかになっている。甲申事変直後の一八年、角五郎が朝鮮国王に呈した密書を日本外務省が二年後に入手し、それが外交上日本に著しく不利益になる内容であったことから、角五郎が密書提出の責任を問われた裁判である。家宅捜索は、拘引当時の角五郎が福沢邸に身を寄せていたことに起因するもので、福沢への嫌疑に由来するものではなかった。また密書には一見福沢が記したような体裁の文書が含まれていたことから福沢が予審法廷で尋問されたが、実際は角五郎が作成した文書であったことが判明した。密書は角五郎が井上馨との対立をきっかけとして草したもののようで、主に甲申事変は井上馨・伊藤博文による開化派への教唆によって引き起こされたとする内容である。それが事実であるか否かにかかわらず、このような主張が巷間に流布することは外交上不都合であったことから法廷は非公開とされた。角五郎は二一年八月、東京軽罪裁判所において重禁錮五か月・罰金三〇円を宣告され控訴するも、一〇月東京控訴院で原裁判どおりの判決となった。大審院への上告はすぐに取り下げて同月入獄、翌二二年二月、憲法発布の大赦により出獄した。この事件の誤伝が、福沢と甲申事変の関係、ひいては朝鮮問題に対する福沢のかかわりを評価するうえで、大きな影響を与えていることが指摘されている。

〔都倉武之〕

▼甲申事変　▼井上角五郎

参考 都倉武之「明治一八年・井上角五郎官吏侮辱事件（一）」『研究』（二四巻）二〇〇七年。『伝』三—三五編。近藤吉雄編『井上角五郎先生伝』国民工業学院、一九四三年。

金玉均暗殺事件　きんぎょくきんあんさつじけん

明治二七（一八九四）年三月二八日、朝鮮開化派の金玉均《キムオッキュン》が上海の旅館において、同行させていた書生洪鐘宇《ホンジョンウ》によって暗殺された事件。

　金玉均は、前駐日清国公使で李鴻章の子である李経芳と会談する目的で上海に渡っていた。清国は金の遺体と下手人である洪鐘宇を軍艦に乗せてただちに朝鮮政府に引き渡し、さらに朝鮮政府は遺体に陵辱を加えて市中にさらし、洪鐘宇には官職を与えて厚遇した。こういった経過が伝わるにつれ、日本国内には反清感情が高まり、五月の甲午農民戦争（東学党の乱）への出兵、そして日清開戦へと至る機運を後押しすることとなった。

　明治一七年一二月の甲申事変失敗により日本に亡命した金玉均は、朝鮮政府から逆賊とされ、日本に送り込まれた刺客に命をねらわれ続けていた。福沢諭吉は、亡命中の金玉均に生活費や活動費を援助し続けていた。暗殺直前の二七年一月にも、時事新報社員と箱根塔之沢に滞留中の福沢を金玉均が訪ね、数日にわたってアジア情勢について議論を交わしたといわれ、このとき上海行きについて福沢はしきりに止めたという。また、金玉均は東京を発つ際、あえて福沢に連絡をしなかったが、その後同じく開化派の朴泳孝《バクヨンヒョ》の暗殺未遂事件が発覚し、刺客が金玉均の暗殺計画を自白したため、福沢は電報で知らせようとしたが間に合わなかった、とも伝えられている。

『時事新報』は、この事件に対する清国や朝鮮の対処が国際慣習に照らし許されないものであることを糾弾し、日本政府が甲申事変以降、何ら朝鮮政策の方針を定めようとしないことを強く批判した。その一方で福沢は、金玉均を供養する者がいないことを悲しみ、親しい僧侶寺田福寿に「古筠院釈温香」と法名をつけてもらい、それを刻んだ位牌を福沢家の仏壇に供えて朝夕花を供え、四七日と一周忌の法要を自宅で営んでいる。ひそかに持ち帰られた金の遺髪は、寺田が住職を務める本郷の真浄寺に葬られた(のち青山霊園に分葬)。

〔都倉武之〕

▼金玉均遺族支援　▼金玉均　▼寺田福寿

参考『伝』三—三四・三五編。明治二七年四月一三日付真浄寺宛福沢書簡。「他を頼みにして自から安心す可らず」(『時事新報』明治二七年五月四日付)。

金玉均遺族支援《きんぎょくきんいぞくしえん》

福沢諭吉は、甲申事変後に処刑されたとされていた金玉均の妻子が朝鮮に生存していることを金玉均没後の日清戦争中に知り、その生活支援に尽力した。

日清戦争中の明治二七(一八九四)年冬、亡命していた日本より帰国を果たしてまもない開化派の朴泳孝のもとに金玉均の妻と娘が放浪と入獄の末、生き延びて現れたことを知らされた福沢は、翌春朝鮮の視察に向かう慶応義塾出身の代議士小金井権三郎に、供養のため自宅の仏壇に安置していた金玉均の位牌を託し、届けさせた。妻子は表面上名誉回復されたものの、生活は困窮を極めていることを知った福沢は同年七月、『時事新報』の朝鮮特派員で一時帰国中の高見亀に為替券一〇〇円を託して、妻子に届けさせた。二九年二月に高見が帰国して改めて遺族の様子を知らせると、見過ごすにしのびなく日本に招いて養うことを思い立ち、高見に金玉均の娘との結婚さえうながし、再び見舞金を託した。さらに同年八月には、妻子を日本で養う決意を固め、高見にその構想を託して差配を依頼した。妻子はこの申し出を喜んで受諾し、当時の朝鮮における女性の外国渡航の禁を破って日本に渡る綿密な計画が整えられたが、決行当日に親族の反対で妻子が翻意したため実現せずに終わった。高見宛の福沢書簡によれば、広尾の福沢別邸に一棟を設けて生活させるつもりであったという。

福沢は一連の行動を、ただ生前の金玉均との親交に基づくもので何ら他意はなく、他人の耳に入らぬようにしてほしいと高見に伝えていたため、この件は福沢没後に高見が公にするまで知られていなかった。福沢は同時期に、朝鮮政治家らへの十数年にわたる貸金の清算を朝鮮政府に求めたり、慶応義塾に迎えた一〇〇名以上の朝鮮国費留学生が授業料未払いとなったり、新たに日本に亡命してきた朝鮮政治家が、援助されながら散財を繰り返すなど、朝鮮をめぐって多くの金銭問題を抱えており、また金玉均に世話になった者が何ら母子の世話をしない不義理に憤るなど、一方では朝鮮への不信感を募らせていった。〔都倉武之〕

▼金玉均暗殺事件　▼朝鮮留学生　▼金玉均　▼高見亀

参考 明治二八年七月五日、二九年九月二七日付高見亀宛福沢諭吉書簡。高見鉄軒「福沢先生と金玉均遺族」(『時事新報』明治四三年一〇月九～一五日付)。『伝』三—三五編。

軍資醵集運動　ぐんしきょしゅううんどう

日清戦争開戦とともに福沢諭吉が中心となって呼び掛けた軍資金の募金運動。福沢は日本人一人一人の国民意識の自覚をうながす運動と位置づけ、みずから一万円を醵金したが、政府は軍事公債への応募を奨励してこの運動を冷遇し、十分な成果を収められずに終わった。

明治二七(一八九四)年七月の日清戦争開戦に際して福沢は、急遽必要になった莫大な軍資金を、国民の醵金によって賄うことを計画した。まず民間の富豪や実業家、華族らに呼び掛け「報国会」(東久世通禧《みちとし》命名)と称する有志の団体を結成して大口募金を募り、別に『時事新報』紙上でも「表誠義金」と称して一〇銭以上でだれでも参加できる募金運動を展開した。開戦直後の八月一日に開かれた報国会総会において演説した福沢は、政府の主導によってではなく国民が主体的に参加することが重要であること、政府が増税などで経済を混乱させないようこの運動で一挙に軍資金を賄うことを目標とすること、官尊民卑の発想を内在する「献金」という語ではなく「醵金」と呼ぶことなどに注意をうながしている。

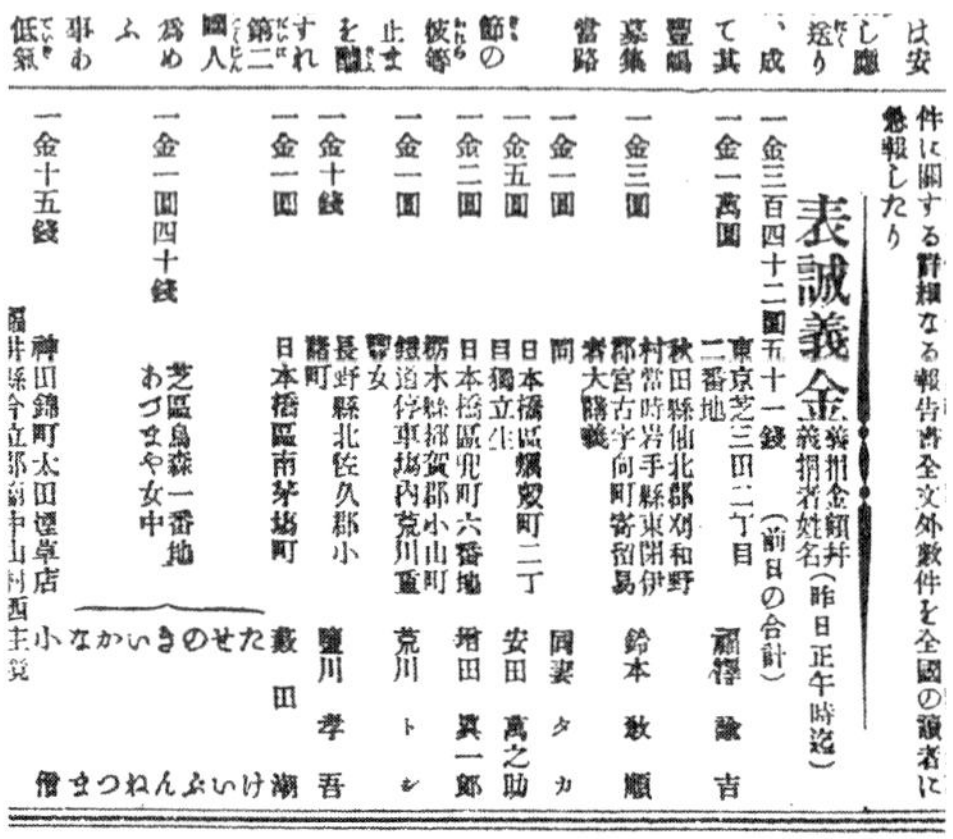
件に關する詳細なる報告書全文外數件を全國の讀者に急報したり

表誠義金　義捐金額并義捐者姓名（昨日正午時迄）

一金三百四十二圓五十一錢　（前日の合計）
一金一萬圓　東京芝三田二丁目二番地　福澤諭吉
一金三圓　秋田縣仙北郡刈和野村當時岩手縣東閉伊郡宮古字向町寄留島者大勝義　鈴木敬順
一金一圓　同　同妻タカ
一金五圓　日本橋區蠣殼町二丁目獨立生　安田高之助
一金二圓　日本橋區兜町六番地　増田眞一郎
一金一圓　栃木縣都賀郡小山町鐵道停車場内荒川重響女　荒川トル
一金十錢　長野縣北佐久郡小諸町　鹽川孝吾
一金一圓　日本橋區南茅場町　藪田潮
一金一圓四十錢　芝區烏森一番地あづまや女中　たけ　せい　のふ　きん　いね　かつ　なま
一金十五錢　神田錦町太田煙草店　小僧

◉福沢の一万円醵金を掲載する『時事新報』

当初、福沢門下生を含む財界人を中心に多くの賛同を得て準備が進められ、かたわら『時事新報』紙上では八月五日より「表誠義金」も開始された。ところが政府はこの動きを嫌い、利子付きで資金を還付する軍事公債募集の計画を進めたため、醵金の気運は停滞、そのテコ入れとして、福沢は八月一四日付で、みずから「表誠義金」に一万円を醵金した。しかしその翌日には軍事公債条例が公布され、報国会の賛同者も無償の醵金を躊躇するようになり、ついに同会は政府の要請によって九月に解散してしまった。以後の『時事新報』は、公債とは無関係の無償の醵金である「表誠義金」にいっそうの力を入れ、軍事公債についてはきわめて消極的に報道した。結局「表誠義金」の最終額はおよそ五万円、全国から陸海軍に直接寄せられた醵金全体でも三〇〇万円ほどであったのに対し、軍事公債には岩崎家からの三〇〇万円を筆頭に巨額の応募が殺到し、総額は一億二、〇〇〇万円近くに上った。

　日清戦争の軍資金に対する一万円の醵金は、華族の数例以外ではきわめて異例の高額であり、一般に福沢の日清戦争への熱狂を示す事実として語られるが、他方、その行動は政府や財界人とは一線を画すもので、とりわけ国民の主体性にかかわる重要な問題意識のもとに行われていた。

〔都倉武之〕

参考 都倉武之「日清戦争軍資醵集運動と福沢諭吉」（寺崎修・玉井清編『戦前日本の政治と市民意識』慶應義塾大学出版会）二〇〇五年。『伝』三—三八編。

朝鮮留学生受け入れ《ちょうせんりゅうがくせいうけいれ》（日清戦争後《にっしんせんそうご》）

　福沢諭吉が朝鮮留学生を慶応義塾に受け入れた最初は明治一四（一八八一）年から一七年にかけてであったが、その二度目は、日清戦争後に朝鮮で実施された甲午改革に伴い、二八年から二〇〇名近い官費留学生を受け入れた時期である。これは日清開戦当初から日本側が求めていた改革事業の一つで、旧開化派の一員で学部大臣に就任していた朴泳孝《パクヨンヒョ》が中心となって実現した。第一陣の一一四名は二八年五月に慶応義塾に入学し、七月には慶応義塾と朝鮮政府の間で留学生監督の委託契約が締結された。それによると、留学生はまず全員が慶応義塾の普通科で基本的な学業を修め、その後官公私立のさまざまな学校で専門教育を受け、さらに社会実習までを受けることとなっており、留学中の監督いっさいを慶応義塾が担当することになっていた。留学生たちは義塾の寄宿舎に入り、「大朝鮮人日本留学生親睦会」を結成、福沢はその「特別賛成員長」に就任、彼らに向けてしばしば演説を行い、自費で鎌倉まで海水浴に招待したり食物を差し入れたりと、親しく指導に当たり、金銭的な援助も与えた。

　しかし派遣早々より朝鮮では政変が続き、朴泳孝の失脚、親露派台頭に対して日本側が起こした乙未事変（閔妃《ミンビ》暗殺事件）、さらに親露派が国王をロシア公使館に遷座させて勢力を反転させた露館播遷などの発生で、政策が二転三転した。朝鮮政府から慶応義塾への学費納入は滞り、親露派の政権奪取により日本留学生

◉留学生が発行した親睦会会報。口絵に福沢と義和宮の写真が掲載されている。

冷遇に転じた朝鮮政府からは帰国命令が発せられ、義塾側は委託契約を盾に拒絶、留学生は同盟休校を起こし、当時朝鮮政策をめぐっては親露派だったアメリカに逃亡する留学生もあった。さらに留学生同士での派閥争い、親睦会や慶応義塾での資金窃盗事件なども発生した。福沢は朝鮮公使との交渉に当たる一方、学業に専念するよう留学生を説得するなど、対応に奔走している。二八年一二月、二九年三月、七月、一二月に慶応義塾普通科を計八〇名前後が卒業、他校でさらなる専門教育を受けたり、鉄道局や電信局などでの実習を経て帰国した。慶応義塾との委託契約は朝鮮側の申し入れで二九年末に打ち切られたが、日本に留まった留学生は義捐金や外務省、各学校の援助や民間有志者の援助によって学業を継続した。慶応義塾は引き続き三二年末まで留学生全体の監督を担当した。留学生には、その後朝鮮官界で活躍した者が少なくない。

[都倉武之]

▼朝鮮留学生受け入れ(甲申事変以前) ▼義和宮の教育監督 ▼朴泳孝

参考 阿部洋「福沢諭吉と朝鮮留学生」『年鑑』(二)一九七五年。朴贊勝「一八九〇年代後半における官費留学生の渡日留学」(宮嶋博史・金容徳編『近代交流史と相互認識I』慶応義塾大学出版会)二〇〇一年。車培根『開化期日本留学生들의言論出版活動研究(I)』ソウル大学校出版部、二〇〇〇年。

義和宮の教育監督　ぎわきゅうのきょういくかんとく

福沢諭吉は明治二九(一八九六)年からおよそ一年半、日本に留学中の朝鮮国王高宗の五男李堈《イカン》の教育を監督した。李堈は一八九一年義和君(日本では義和宮とも呼ばれる)、のち義親王と称した。彼の兄李坧《イチョク》は病弱であり、当時義和宮は将来の王位継承者と目されていた(実際は李坧が純宗として即位し、一八九七年生まれの弟李垠《イウン》が王位継承者となる)。

義和宮が来日したのは、朝鮮において乙未事変(閔妃《ミンビ》暗殺事件)が発生し、親日派が親露派を制して第四次金弘集内閣を成立させた直後の二八年一一月のことであった。慶応義塾では同年五月より朝鮮留学生を大量に受け入れており、福沢が二九年一月、国王高宗の勅旨として、義和宮の教育や経費など日本滞在中のいっさいについて監督を託されたのもその流れを受けてのことと考えられる。ところが福沢が監督となった直後、朝鮮で再度の政変(露館播遷)が起こって親露派が政権を握り、朝鮮政府の送金が停止したうえ、義和宮自身は不品行と散財を繰り返した。福沢は仁尾惟茂《におこれしげ》(朝鮮度支部大臣顧問)と共に金銭的な負担を負っていたが、王室の徳望が損なわれないよう苦心した。さらに、命をねらわれる危険性が生じた義和宮を、一時北里柴三郎の経営する結核専門病院養生園やその庶務係高橋岩路宅などにかくまう手配もしている。

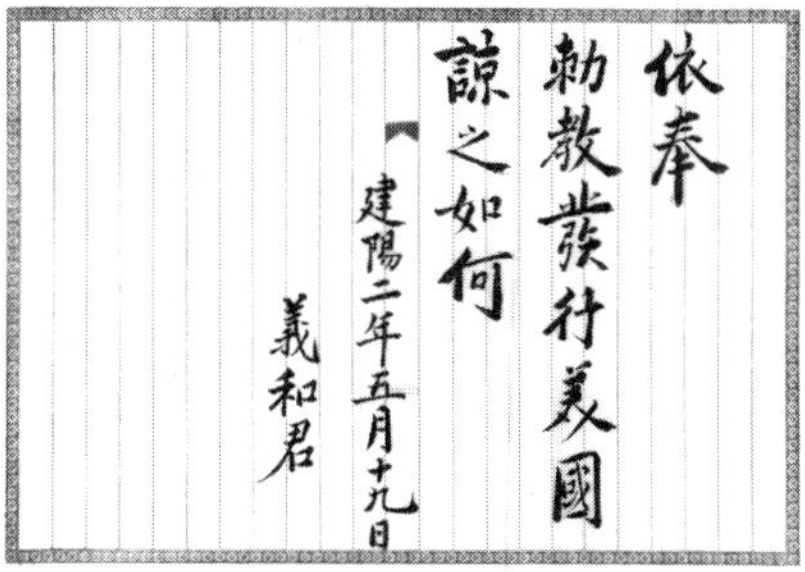
依奉
勅教遊行美國
諒之如何
建陽二年五月十九日
義和君

◉アメリカ転学を告げる福沢宛の書

　しかし翌年五月、義和宮は国王の勅を受けて突如米国留学へ出発してしまった。福沢は国王の依頼に基づき監督として奔走したあげく、何ら正式な連絡がないままに転学してしまったことに激怒し、事実上国王高宗に宛てた長文の抗議文を送っている。そこでは、「大朝鮮国に二王なくして、前後二勅詔の相衝突するものあり」「諭吉は勅旨の名に欺かれたるものなり。愚弄せられたるものなり」と厳しい言葉を並べたうえで、多端なる政務に行き違いが起こることもあるが、国王の名をもってする勅は「山よりも重くして時勢に従《したがい》て変ずべきに非ず」と説き、責任を明らかにするよう求めたが、返答はなかった。その後も福沢は病気で倒れるまで、朝鮮からの亡命者などの世話を継続した。〔都倉武之〕

▼朝鮮留学生受け入れ(日清戦争後) ▼仁尾惟茂 ▼兪吉濬

参考 都倉武之「朝鮮王族義和宮留学と福沢諭吉」『研究』(二一巻)二〇〇五年。明治三〇年五月二〇日付朝鮮国宮内府大臣宛福沢書簡。富田正文「日清戦争直後の朝鮮亡命政客」『手帖』(六六号)一九九〇年。

日清戦争観《にっしんせんそうかん》

福沢諭吉は日清戦争を積極的に評価し、その勝利に向けて専心した日本人の一人であった。

福沢は、日本が儒教主義から脱却することを生涯最大の課題にしたといっても過言ではなく、儒教を政治・道徳の支柱としている清国の存在が、東アジアの安定や近代化を阻害していると考えた。したがって福沢にとっての日清戦争は、朝鮮を清国の影響下から離脱させ、名実共に独立国となることをうながす端緒であるとともに、儒教主義の克服に努め文明の精神の受容に取り組む日本と、依然儒教主義に恋々とする清国との思想の戦いとしても把握されていた。開戦直後の『時事新報』では、文明の思想(実学)と野蛮の思想(儒教)を争う意味で「文野の戦争」という言葉が用いられている。同紙は、創刊以来掲げていた官民調和・内安外競の立場から、日本の官民が平時の感情を離れ一致して勝利を導くべき戦争と位置づけ、国会が党派の別を越えて政府を支えることを呼び掛け、戦場に赴かない国民もそれぞれの立場でなし得る協力を主体的になすべきことの重要性を説いた。その一つが、急遽必要になった軍費を民間有志による募金で賄おうとした軍資醵集運動であった。また、諸外国の日本に対する注目を意識して日本の立場を詳細に解説し、批判的な報道には釈明に努めた。

そのため福沢は戦勝をだれよりも喜び、『福翁自伝』の中で、日清戦争の勝利を「愉快とも難有《ありがた》いとも云いようがない」と振り返っている。しかしその後も朝鮮政府内は党派争いによって混乱が続き、朝鮮王室も改革に消極的態度を改めないことに失望を深めていく。また過度な戦勝熱に日本国民の未熟さをみてとり、三〇年の『時事新報』社説で「戦勝を後悔する」と極言したことさえあった。同年日原《ひのはら》昌造に宛てた書簡の中でも「国人が漫《みだり》に外戦に熱して始末に困ること」を不安視し、その未熟さが将来日本に大きな問題を起こさぬよう、教育による人材育成の分野でいっそう努力したいと表明している。このように、国民の成熟を期することの重要性へと回帰した福沢の具体的な模索として現れたのが、「修身要領」の編纂と普及運動、慶応義塾の学制改革であった。

〔都倉武之〕

▼儒教主義批判 ▼軍資醵集運動 ▼一貫教育制度の成立 ▼修身要領の編纂経緯 ▼政治

参考 『書簡集』七「解題」。「日清の戦争は文野の戦争なり」『時事新報』明治二七年七月二九日付。「戦勝の虚栄に誇る可らず」『時事新報』明治三〇年六月三〇日付。明治三〇年八月六日付日原昌造宛福沢書簡。

③

理財と実業

電信や交通の発達を表現した『西洋事情』の扉絵

福沢諭吉は経済や経済学のことをしばしば「理財」とも呼んでいたが、呼称は何であれ、福沢の思想において理財すなわち経済は重要な意味を持っていた。福沢の思想の根幹は個人の独立である。それを支えるものは、一つはみずから思慮判断できる能力、すなわち智力であり、もう一つは「自から心身を労して私立の活計を為す」こと、すなわち経済的自立であった(『学問のすゝめ』三編)。この経済的自立を可能にするには実業を蔑視せず、経済に関心を持ち、その動きを理解する能力を備えると同時に、「私立の活計」を妨げない経済社会の形成を主張していかなければならない。

このため早くから福沢は経済に目を向け、先駆けて欧米経済学を翻訳紹介していた。慶応四(一八六八)年刊行の『西洋事情』外編で福沢が西欧経済学書を翻訳紹介していることは、幕末期からすでに経済学への関心が高かったことを示すものだろう。また、小幡篤次郎が翻訳した『生産道案内』(明治三(一八七〇)年)や『英氏経済論』(四年)も欧米経済学導入期を飾る優れた業績であるが、小幡をはじめとする高弟たちの訳業も福沢と関心を共有しながら進められたと考えるのが自然である。

しかし、福沢自身に関しては、経済関係の翻訳出版は、明治六、七年刊の『帳合之法』が最後である。また、経済学書の執筆は一〇年に初編、一三年に二編が出た『民間経済録』以降はない。それと前後する、一一年の『通貨論』や一二年の『民情一新』は翻訳でも経済学書でもなく、前者は時事的経済政策論の性格が強く、後者は技術史的観点からの現代社会論である。また、それ以降の著作にも翻訳であれ書き下ろしであれ経済学書と呼ぶべきものはなく、すべて現実経済を対象とした時論的な経済論である。福沢の課題は、理論の紹介から実態をめぐる議論に移ったと考えてもよい。

その時論的経済論は、一五年三月の『時事新報』創刊以降は同紙の社説や漫言として発表されている。ここではまず、「経済学の紹介と経済論」として、それらをテーマごとに項目としてまとめ、発表の時代順を考慮して配列した。社説や漫言は福沢の執筆であることが確認できないものも多いが、福沢を実質上の主筆とした『時事新報』の経済論としておおむね一貫性を持っており、そこに福沢の経済観を読み取ることは妥当と考えられる。

その一貫性の一つは、特定の経済学理論にこだわっていない点である。福沢は儒者が四書五経を信奉し、その理解に努めるのみでみずから考えないことを厳しく批判した。この学問観からすれば、特定の経済学理論を信奉することも、同様に批判すべき「惑溺」であったのかもしれない。むしろ福沢や『時事新報』の記者は、現実の客観的観察から目的に合った経済論を組み立てることに努めていたようである。その点では福沢をしばしば批判した田口卯吉が、生涯ゆらぐことのない自由主義経済論の信奉者であったことと対照的であった。

第二の一貫性は、常に雇用の確保を経済論の要としていた点である。「天下一夫も仕事を得ざる者なからしむる」（「外債論」一八年）ことこそが、経済政策として考慮すべき課題であった。もちろん商工業化による「富国」は大目的であったが、それは雇用を維持しつつ経済構造を変えていくことで達成されるべきだと考えていた。

ところで、「私立の活計」は、経済論を論じているだけでは実現できない。経済論は、個々人の経済活動のための舞台を調える議論ではあるが、それとは別に個々人の側には、経済活動を担っていく能力や精神が必要である。「実業教育と経済論理」では、そのような能力を養うために福沢が関与した実業教育や、個々人が経済にかかわる際の精神の問題についての議論を取り上げた。

福沢は、「眼に経済書を見て一家の産を営むを知らず」(『学問のすゝめ』一二編)という状態であってはならないと考えていた。考えるだけではなく、福沢自身、「福沢屋諭吉」として出版社を起こすなど、早くから身をもって実業の実例を示してきた。その姿勢はその後も変わらず、企業の設立や経営に関与し続けている。また、福沢の思想に影響を受けた門下生も起業や経営の近代化に尽力していた。「実業への関与」ではこの時期の福沢の企業活動への関与を、「門下生たちの活躍」では彼らの企業活動を時代順に項目とした。

一〇年代初頭には産業といっても、まだ伝統的な在来産業がほとんどであった。ここでは、その時期から始め、一〇年代後半の松方デフレ、一〇年代末からの企業勃興、二三年の経済恐慌などを経て、産業革命前夜に至る時期を扱う。この激動する離陸期に、福沢とその周辺が理財・経済に関して何を論じ、いかに実業に取り組んだかを明らかにすることが、ここでの課題となっている。

［小室正紀］

経済学の紹介と経済論

生産道案内《せいさんみちあんない》

リチャード・ホエートリー(Richard Whately)著 *Easy Lessons on Money Matters* の邦訳書。訳者は福沢門下の小幡篤次郎。劈頭には「明治三年五月新刻　尚古堂発兌」とある。

本書に先立ち、沼津兵学校で教鞭をとっていた渡部一郎(温)はホェートリーの同書の主要部分を原文のまま翻刻した。『経済説略』(一八六九)がこれであり、小幡の『生産道案内』はこれによりながら、ホェートリーの前掲書を訳出したものである。

ホェートリーは反リカードウ派の経済学者、あるいは限界主義経済理論の先駆として知られていて、長い期間ではなかったが、オックスフォード大学ドラモンド講座においてウィリアム・ナッソー・シーニアの後任として経済学を教授した。絵入りの同書は経済問題を当時の経済学の見地から非常に平易に解説したもので、経済学の普及者としての著者の力量がうかがえる作品となっている。「費用がかかるからものに価値が生まれるのでなく、ものに価値があるから手間や費用をかける意味があるのだ」という経済学上の主張は重要であり、本書の邦訳により、限界主義経済理論の先駆が早い段階ですでにわが国に紹介されていたことが分かる。渡部、小幡共に自身が独創的な思想家であるとはいいがたいが、本訳業が示しているように、西欧政治経済思想の紹介者として一流の人物であり、翻訳史上においてもきわめて枢要な役割を果たした。具体的な訳語の選択についても Division of Labour を「骨折《ほねおり》を分かつこと」とするなど小幡独自の工夫が多くみられる。

なお、のちの版は慶応義塾出版社から発行されている。　［池田幸弘］

参考 松川七郎「アダム・スミスのわが国への導入への一齣—渡部温編『経済説略』(明治二年)のこと」『図書』一九七一年一一月号。早川勇『ウェブスター辞書と明治の知識人』春風社、二〇〇七年。堀経夫『明治経済思想史』明治文献、一九七五年。

英氏経済論《えいしけいざいろん》

フランシス・ウェーランド(Francis Wayland)著 *The Elements of Political Economy* の邦訳書。「英氏」はウェーランドを指す。原著は上野彰義隊の戦闘の日に、福沢諭吉が慶応義塾で講述していた書として有名。訳者は、福沢諭吉の高弟、小幡篤次郎。九巻から成り、最後の巻の末尾には「明治十年十月版権免許小幡篤次郎」とある。

このアメリカ人経済学者の筆になる経済学テキストは、明治初期の日本において同じ著者の *The Elements of Moral Science* と並んで多くの読者を獲得した。まずは、

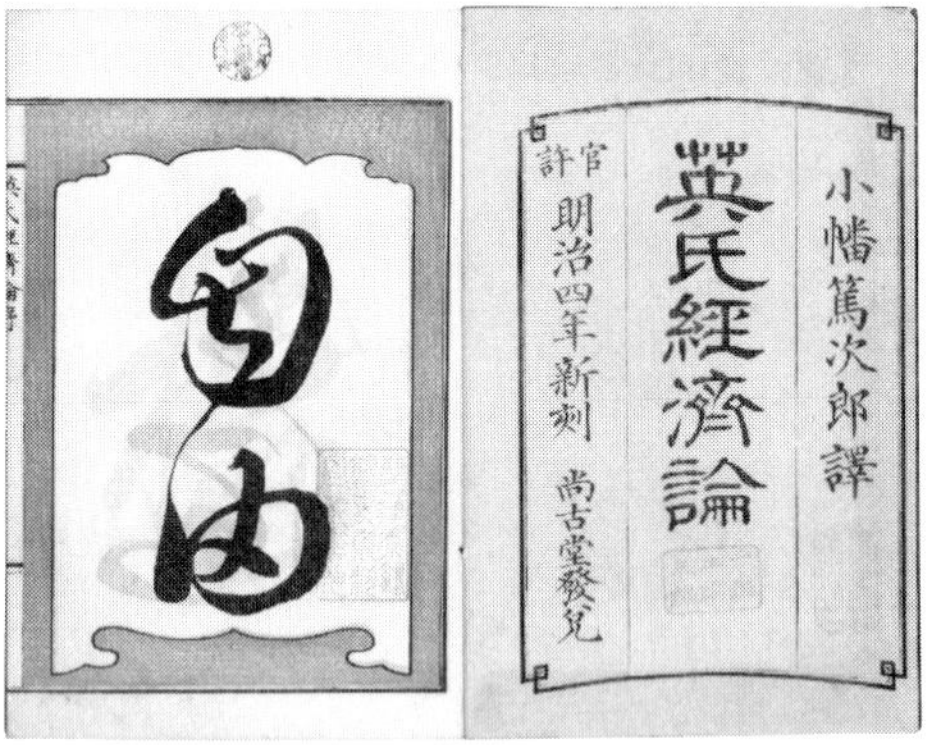

◉一頁目には「自由」の文字

福地源一郎によって本書の銀行編が『会社弁』（一八七〇）のタイトルのもと訳出されている。また、何礼之《がのりゆき》による『世渡の杖』（一八七二〜四年）も重要な先行訳である。福沢自身による訳もごく断片的なものだが、現存している（『全集』一九）。小幡はこれらの先行訳をふまえて全訳を完遂した。

小幡の邦訳は当時の読者を意識して非常に苦労したものとなっており、さまざまな配慮が感じられる。例えば、capital, industry, division of labor は「財本」「勤労」「分業」と訳されている。訳語の選択自体はとくに新奇なものではないが、小幡はこれらにそれぞれ「モトデ」「ホネオリ」「テワケ」とルビを振っている。当時かなり一般的に使われた手法だが、漢字を用いた訳語とは別にこのようなルビが振られていて、思想内容を読者に骨肉化せんとする訳者の努力が強く感じられる。なお、*The Elements of Moral Science* も慶応義塾出身の阿部泰蔵によって、『修身論』として訳出された。

〔池田幸弘〕

▼経済全書　巻之一　▼ウェーランド経済書講述記念日　▼鉄道論

参考 堀経夫『明治経済思想史』明治文献、一九七五年。早川勇『ウェブスター辞書と明治の知識人』春風社、二〇〇七年。

紙幣整理論　しへいせいりろん

福沢諭吉の『時事新報』（以下『新報』）は明治一五（一八八二）年から一八年末まで、不換紙幣の整理について大蔵卿松方正義の政策を批判しつつ、外債を利用した早急な兌換化を主張し続けた。

明治政府は維新以来多くの不換紙幣を発行してきたが、西南戦争の戦費や大蔵卿大隈重信の積極財政が、いっそう不換紙幣を増大させた。このことは銀貨に対する紙幣価値の下落を招き、一三年頃にはインフレが深刻になり始めていた。これに対して、一四年一〇月に大蔵卿に就任した松方正義は、増税と歳出削減により財源を用意しつつ、徐々に紙幣の流通量を減らし、そのうえで兌換化を行う政策をとったが、この政策は松方デフレと呼ばれる深刻な不況を引き起こすことになった。

福沢は、一一年の単行本『通貨論』では、紙幣をもっとも進んだ貨幣として、不換紙幣も擁護する立場に立っていた。

しかしその後、紙幣下落の激化に対応し、一五年三月に『新報』に掲載した「通貨論」では、不換紙幣の整理を「燃眉の急務」とする主張に変った。

このように、紙幣整理が必須という点では『新報』は松方と見解を共にしていたが、その方法は、以下の社説にみるように、まったく異なっていた。一六年三月の「外国貿易見るに忍びざるの惨状を呈す」や同年一一月の「日本生糸の下落」では、政府が紙幣回収を徐々に進めることにより銀貨が下落傾向で不断に変動する弊害を指摘。生糸の輸出代価として得る銀貨の価値が仕入時よりも下落するため、売り急ぎも生じ、さらに糸価が下落し、産地が惨憺たる不況となったと分析している。

このような状況に対して、『新報』が紙幣整理の具体策を初めて示したのは一六年六月の「紙幣引換を急ぐべし」である。その主張は、紙幣価値の変動が経営の収支予測を困難にしていることを指摘し、紙幣流通量は減らさず、五千万円の外国債を募集して一気に兌換化を行うべきだというものであった。この論説に対してはただちに政府系の『東京日日新聞』が、外債の危険性と早急な兌換化に伴う混乱を理由に批判したが、それに対して『新報』は同六月「外債を起して急に紙幣を兌換するの可否に付《つき》東京日々新聞の惑を解く」を掲載、日本経済の成長力をふまえ、外債の元利返済が容易であることを計算し、再反論している。

その後、一七年一月の「紙幣兌換遅疑するに及ばず」や一八年三月の「投機商たらざるを得ず」では、兌換の遅延に伴う不換紙幣の乱高下が経済倫理の崩壊にも繋がっていることを指摘。基準とすべき通貨自体が乱高下するために、人びとは「尋常正当な商売」への「勇進の気」をくじかれ、米や銀の相場での投機に走り、「商売社会無形の禍《わざわい》」となっていると論じた。

一方、政府は一八年六月に、翌年一月より紙幣を銀貨と「漸次交換」することをいよいよ布告する。しかし、政府が小額銀貨との交換から始めるという噂を耳にし、『新報』は、同年八月の「小銀貨にて紙幣を交換すること」でその政策に疑問を呈し、また、同年一〇月の「紙幣交換の為めには外債も憚《はばか》るにたらず」では、政府の布告にもかかわらず依然とし銀貨のほうが紙幣より高いという現実を捉え、市場は「漸次交換」とか「先ず小銀貨」という政府の及び腰を警戒していると判断。この状況を一転するためには、一挙の交換を明言する必要があり、そのためには外債も憚るべきではないという持論を繰り返した。

しかし、一九年一月には政府は規定方針どおりの兌換を始め、『新報』の主張が入れられることはなかった。『新報』の主張は、紙幣整理の方策においては松方と大きく異なり、外債の募集により、紙幣流通量を減らさず租税負担増を極力抑え、一気の兌換化で紙幣の不安定期間を最小限にし、有効需要を守りながら経済成長を図るものであった。［小室正紀］

▼外債論　▼松方財政観　▼通貨論

参考 藤原昭夫『福沢諭吉の日本経済論』日本経済評論社、一九九八年。千種義人『福沢諭吉の経済思想』同文舘、一九九四年。

鉄道論　てつどうろん

福沢諭吉は早くから鉄道に関心を寄せていた。文久二(一八六二)年に渡欧した際の日記「西航記」には、すでにスエズやマルセイユなどで鉄道に乗車した経験が記されている。さらに慶応二(一八六六)年に刊行した『西洋事情』初編では、その扉絵に汽車の絵も取り込み、本論でも、鉄道そのものの解説をしただけでなく、その鉄道が会社によって建設、運営されていたことを指摘していた。明治二(一八六九)年の『西洋事情』二編でも、ウェーランドの所説に依拠して、再び民営鉄道論を展開した。

一二年刊行の『民情一新』においては、鉄道などの交通の発達がその国の産業を変えるだけでなく、情報の普及をもたらし、社会変革をももたらすと指摘し、鉄道の持つ社会的な意義について説明していた。一三年の『民間経済録』二編でも鉄道について言及し、鉄道がもたらす効用について説明したうえで、その建設が急務であることを主張した。一方、同書では鉄道民営論について選択肢の一つとして示しつつも、当時のイギリスの議論を紹介することにより鉄道の公共性を重視した官設官営論も展開していた。

●『世界国尽』のイギリスの項にある汽車の挿絵

福沢は、文明化を先導する鉄道の積極的拡張を第一とし、鉄道民営論を基調にしながら、状況に応じて官設官営論も取り込んだ柔軟な鉄道論を有していたといえる。以降もこの論を基本的に継続していく。

『時事新報』(以下『新報』)も、「大《おおい》に鉄道を布設するの好時節」(一六年一二月一～四日付)などの社説を通じて一貫して鉄道拡張論を展開していた。民営論については、一四年に設立された日本鉄道会社をはじめとする私鉄の動向を視野に入れて主張を繰り広げ、その裏付けとなる富裕層による鉄道株の保有についても、「鉄道財産」(二三年一月一六日付)などの社説によって何度も勧めていた。福沢が書簡で言及している鉄道会社は、両毛鉄道、関西鉄道など多数に上り、二二年頃には鉄道の事業としての有望性に確信を持つに至っていた。一方で、不況下で鉄道会社の経営が苦境に立たされると、『新報』は鉄道網の維持と拡張のために一時的に国家による建設・運営や買収を容認することもあり、現実をふまえた柔軟な民営鉄道論であることも変らなかった。

　さらに『新報』は鉄道サービス面についても関心を寄せ、運賃低廉化や切符の多様化をはじめとして、列車速度や頻度の問題にも言及するなど、現代のサービスでも不可欠な諸点を早い段階から批判的に検討していた。

　福沢は紙上だけでなく実践としても鉄道にかかわっていた。例えば、山陽鉄道や北海道炭礦鉄道の株式を購入し、鉄道株の動向を注視していた。留学中の二男捨次郎には鉄道に関する勉強をさせて帰国後山陽鉄道技師につかせたほか、養子桃介も米国で鉄道を学ばせ、北海道炭礦鉄道に就職させている。中上川彦次郎や牛場卓蔵ら多くの門下を山陽鉄道などの鉄道会社に送り込んでもいた。［柏原宏紀］

▼山陽鉄道会社　▼牛場卓蔵　▼中上川彦次郎

参考 増井健一「福沢諭吉の鉄道政策論」『研究』（一〇巻）一九九四年。

養蚕・製糸業論《ようさん・せいしぎょうろん》

　『時事新報』は日本の経済発展の原動力として、終始、貿易の伸長を最重視し、なかでも輸出基幹産業として養蚕製糸業に重きを置いた。そのことは、松方デフレにより養蚕製糸が大きな打撃を受けていた時期でも変わることはなかった。

　例えば松方デフレ下の明治一六（一八八三）年九月に社説「士族の授産は養蚕製糸を第一とす」を掲載し、安価な輸入品と競合する米麦作を廃止し、桑作・養蚕へ転換することを奨励している。日本は桑作の適地であり、米作から桑作への転換や養蚕技術の習得は容易であること、生糸に対する世界市場、特に米国からの需要は甚大であることなどがその理由であった。

　一方で、同年三月の「外国貿易見るに忍びざるの惨状を呈す」では、日本の輸出品の最重要品目は蚕業関連製品であるが、その輸出が松方デフレにより停滞していることを問題にしている。松方デフレ以前から生糸価格の下落はあったが、そこに日本円の紙幣価値の変動という要素が重なったことが停滞原因と分析し、これにより横浜の輸出商・地方荷主・蚕糸業者・職工などが破産に陥りつつある惨状を記述している。なかでも『時事新報』がもっとも問題視したのは、紙幣価値の不安定な変動が商人らの堅実な収益予想の障害となっていたことである。その打開策としてこの社説は、変動を吸収するべく、「富豪者」の資金を生糸輸出業に導入し、日本に不利なときには買い支え、生糸価格を維持して貿易ができるようにするべき、という提案を行っている。同年一一月の「日本生糸の下落」では輸出停滞に対する危機感をさらに募らせ、「日本の有力者」が生糸相場に介入して買い支えをするのが唯一この危機を脱する方策であるとする。ここでは富豪など民間の富裕者だけでなく、横浜正金銀行や日本銀行も着手すべきとし、「日本政府の助力」も必要であるとさえ主張している。

輸出品としての養蚕製糸の重要視は二〇年代以降も変わらないものの、紡績業が輸出産業として躍進すると、『実業論』(二六年)を皮切りに、工業製品の輸出拡大による富国が唱道され始める。そして三一年二月の『時事新報』社説「商工立国の外に道なし」では、生糸輸出と共に絹織物・綿糸の輸出を活発化させるべきとの提唱がなされる。つまり、養蚕製糸はそれ自体が輸出品として重視されるだけでなく、国内絹織物業の原料として、「製造貿易」という構想を支える産業としての位置づけを付与されるようになっていく。　[石井寿美世]

▼紙幣整理論　▼綿紡績論

参考 小室正紀「松方デフレ期における福沢諭吉の経済思想」『年鑑』(三三)二〇〇六年。藤原昭夫『福沢諭吉の日本経済論』日本経済評論社、一九九八年。

商工農論　しょうこうのうろん

『時事新報』(以下『新報』)は明治一六(一八八三)年三月から四月にかけて、商業の発展が工業、農業を牽引し、日本の富強を進めるべきだという主張を展開した。

同年四月一四日に『新報』に掲載された「商工農論」によれば、当時は国民の脳裡に、農は工・商よりも価値が高いという旧幕時代以来の「士農工商」の考えが浸染し、「農は国の本《もと》なり」という農本論を固く信じる者が少なくなかった。それに対してこの社説では、外国貿易が大きな意味を持つ当時の商業は、旧幕時代とは同日には論じられないとして、以下のような点で商業の重要性を説いている。

第一には、収益性では工業は農業の二、三倍、商業は工業の四、五倍である点。第二には、商業が市場を開拓することで初めて農工業生産が発展するという商業の主導性。第三に、先進国のオランダやイギリスも商業の振興により近代工業が開けたという歴史的事実。これらの点から、この社説では「農工商論」ではなく、あえて「商工農論」と題し、「勇敢決死の商業家」を多く輩出するためには、賤商観を一掃して商売を重んずる気風を盛んにする必要がある、と主張している。

また、四月二四日に『新報』に掲載された「工業を論ず」でも、日本の工業が「分業の法に由《よ》ることなく」、いまだ「農家の余業」か「一人の手術」のレベルであるとの認識に立ち、その原因は外国貿易の慣習がなく市場が国内に限られていたためとして、商業が市場を開拓し産業を主導する必要に言及している。

なお、同様な議論は、すでに三月に『新報』に掲載された「日本亦《また》富国たるを得べし」でも主張されている。この社説では、先進国に比べて日本の富がいかに貧しいかを指摘したうえで、その違いをもたらしたものは、「天候地味」でも「人種の良否」でもなく、「貿易交通の多少」であると判断する。「貿易交通」は外からの刺激を増大させ人の働きを活発にし富裕を生み出すとして、商業の重要性を主張している。

　しかし、この商業主導説は、明治二〇年代後半には、紡績業などの軽工業における工業化の進展を観察し、商工業が並進して富強に向かうという構想に変化する。二六年の『実業論』においては、日本の紡績業の国際競争力を詳しく分析し、その後進性は認めながらも、低賃金などの有利な条件によって先進国と競争し得ると判断している。このような認識に基づき、『新報』の論調は、三〇年一〇月の「鉄工事業に着手す可し」では「富の本は工業にあり」とのべ、商業と並んで工業の主導性を主張し、また三一年二月の「商工立国の外に道なし」では「内に物を製し外に之を売る」というかたちで商業・工業が並進して富国を達成する道が唱えられている。〔小室正紀〕

▼貿易論　▼尚商立国論　▼実業論

参考 藤原昭夫『福沢諭吉の日本経済論』日本経済評論社 一九九八年。

国財論・国財余論《こくざいろん・こくざいよろん》

　明治一〇年代後半における福沢諭吉の国家財源とその用途に関する論説。

「国財論」は『時事新報』明治一六(一八八三)年六月二〇・二一・二二・二三・二五・二六日、七月二日の社説として発表され、また「国財余論」はその続編として七月三・四日に掲載された。連載される論説の場合、福沢は全文を書き上げたうえで掲載を始めるのが習慣であったから、本論の場合も最初は九本全体を「国財論」とする予定であったと思われるが、連載の最中に『東京日日新聞』の批判に答えるために急遽、別の論説を発表する(六月二七〜三〇日)必要が生じ中断。このため、後編は「国財余論」と題名を変えたものと想像される。

「国財論」執筆の動機となったのは、この時点で日本が抱えていた国内外をめぐる問題、ことに国内における政治的対立と東南アジアの情勢とであった。武備の拡張は創刊以来『時事新報』の一貫した主張であったが、この年三月、安南(現ベトナム)に対する影響力を強めていたフランスと、その国に宗主権を主張する清国との間に武力衝突が始まった。清仏の戦争自体は日本にとっては対岸の火事であるが、福沢は清国内部に戦争機運が高まり、それが日清関係に影響を及ぼすことを恐れた。そのため兵力の拡張を急ぐ必要があったが、国内には民権論と国権論の激しい対立があり、必要な「国財」の徴集は思うにまかせない。

　本論における福沢の主張の要点は、その費用は当面は酒税、特に銘柄の清酒に対する増税によるのがもっともよいが、急を要する場合には国内外で公債を発行してもよいというものであった。しかし酒税を重くすると酒の値段が上がり、消費量が減り酒造量が減少するから、結果として税収も下がるという反論が予想される。これに対しては、わが国において酒に対する課税が始まった明治八年以来の統計を示し、増税の影響による酒造量の低下は一時的なものに留まることを示している。また、同時に「民心を傷《そこな》うこと」がないように、下級品である濁酒や焼酎に対する課税を引き下げ、さらに当時は認められていた無税の自家用酒の醸造の許可の幅を拡大することを提案している。

後半の「国財余論」では、集めた国財は単に兵備の拡充に充てるばかりでなく、一般に民心の調和のために使うのが「智者の策」であると指摘。壮年輩の政談家が政治社会から閉め出されているために官民の不調和が生まれると考え、彼らにその才能に応じた活動の場を与えることを主張し、清朝の康熙帝による字典の編纂や、フランスのナポレオン一世による法典の編纂の例を挙げている。

［坂井達朗］

▼酒造論

参考『伝』三—三四編。

酒造論 しゅぞうろん

福沢の門弟や支持者の中には酒造業者も少なくなかったが、酒造業は、日本において伝統産業の代表的存在であるのみならず、ほぼ明治期を通して、生糸製糸業や綿糸紡績業などを抑えて第二次産業の中でもっとも生産額が多かった。伝統と西欧化の融合を志向する福沢諭吉としては、民富形成の意味においても、そこからの税収を通して政府の財政を強化する意味においても、期待するところが大きかった。

福沢の率いる『時事新報』も、明治一六(一八八三)年七月九日、一一日の社説「酒造家の情況」において、国財の増加は酒税に依存するのがもっともよいし、たやすいとしている。財政収入を地租に極端に依存することの限界をみて取ってのことであろう。しかし検査や不正摘発の不十分さから徴税が不公正になっていることについては批判し、酒造税規則の改正も主張している。また続く一二日・一三日の社説「造酒業を保護すべし」では、正当な製品を贋造などから守るため、商標条例にならった法律の制定を主張している。

一方福沢は、『時事小言』(明治一四年刊)の中で、当時製造法を改良して品質面で「天下第一流」に台頭してきた尾州(現愛知県)知多郡の酒造業を取り上げ、醸造法の改良は国益につながると評価しつつも、化学の原則に照らして行われたものでないことに物足りなさを感じ、およそ殖産は学問の基盤の上に行われるべきことを説いた。伝統と西欧化の融合という観点から、経験に依存する業界の体質を戒め、作業内容を西洋の科学的理論に基づいて説明できるようになることを求めたのである。その後、一六年春の工部大技長宇都宮三郎の知多への来訪を機に同地の酒造家が清酒研究所を設立し、化学的な研究重視の姿勢をみせると、『新報』はそれについては一八年一二月一五日の社説「尾州知多郡の酒造改良」で高く評価をしている。

［井奥成彦］

▼国財論・国財余論　▼時事小言

参考 金原左門『相模の美酒と福沢諭吉』日本経済評論社、二〇一〇年。

貿易論 ぼうえきろん

明治一七（一八八四）年一月、『時事新報』（以下『新報』）は「国を富強するは貿易を盛大にするに在り」（一六日）、「日本の貿易を助け長ずるの工風を為すべし」（一七日）、「新港成就して東京内外貿易の中心市場と為る」（二九日）という一連の社説を掲載し、貿易振興の必要性とそれに関係する東京築港の問題を論じた。

「国を富強するは貿易を盛大にするに在り」は、『新報』の「貿易立国」論の根幹をなす社説ともいえる。それによると、「西洋当代の文明開化」を生み出した「蒸気電気」の力によって、社会のあらゆる分野の「面目」が一新されたが、なかでも「運輸交通」の発達は著しく、世界の貿易はかつてないほど盛んになっている。イギリスが「世界第一の富国」たり得ているのは、「世界第一の貿易国」だからである。また、かつては「富国」と「強兵」とはかならずしも結びつくとは限らなかったが、「百般の機械を以て人の武勇を制」するようになった今日、「富国」と「強兵」は一致するようになった。かくて『新報』は、外国貿易を盛んにすることこそ「日本の立国に第一の急務」にほかならない、というのである。

「日本の貿易を助け長ずるの工風を為すべし」は、日本の貿易港が抱える問題を指摘している。幕末の開港以来、外国との貿易は、横浜や神戸のような「辺《へん》陬《しゅう》の地」で主に行われてきたが、これは「国内最上の繁華の地」である江戸と大坂から「西洋人の臭気」を遠ざけようとする鎖国時代の発想の名残である。すでに開通しているスエズ運河に加えて現在工事中のパナマ運河が完成すれば、日本は「東西貿易の中心市場」たるにふさわしい地位を占めることもできるのであるから、速やかに貿易港と中心市場とが分離している現状を改め、貿易額を拡大させる必要がある、と『新報』は説く。

「新港成就して東京内外貿易の中心市場と為る」は、首都東京に新たな貿易港が建設された後に生ずるであろう治外法権の問題について論じている。東京築港が成った後は、外国人商人を日本人商人と同一の地位に置いて自由に貿易させることが望ましい。現実問題としても、外国人商人が日本各地に敷設されつつある鉄道を利用せずに貿易を行うことは不可能である。したがって東京築港を期に、外国人を居留地に住まわせ治外法権を認めるという「陋習」も一掃すべきだ、とするのが『新報』の見解である。

『新報』社説から類推する限り、貿易を最重要視する点で、福沢の資本主義体制の構想は一貫していたが、その内容には時代の推移とともに変化がみられる。すなわち、明治一〇年代後半における構想は、茶や生糸を代表とする在来生産物の輸出増大により富国の糸口をつかむというものであったが、二〇年代後半になると、資本主義の急速な発展をふまえて、紡績業などの近代製造業の育成発展を基礎に輸出を増大させ富国に至る、というプロセスを力説するようになる。

［堀和孝］

▼内地雑居論　▼商工農論

参考 千種義人『福沢諭吉の経済思想』同文館、一九九四年。藤原昭夫『福沢諭吉の日本経済論』日本経済評論社、一九九八年。杉山忠平『明治啓蒙期の経済思想』法政大学出版局、一九八六年。玉置紀夫『起業家福沢諭吉の生涯』有斐閣、二〇〇二年。武藤秀太郎『近代日本の社会科学と東アジア』藤原書店、二〇〇九年。『全集』九。

アメリカ移民論　あめりかいみんろん

福沢諭吉は海外移民、特にアメリカへの移住を積極的に奨励し、みずからも移民事業に乗り出したことがある。『時事新報』においては明治一七（一八八四）年三月の「米国は志士の棲処なり」を最初として、「移住論の弁」（四月一二日）、「富を作るの地を択む可し」（四月一六日）、「奮て故郷を去れ」（五月三〇日）などの社説が掲載され、またその後もしばしば米国移民論が展開された。十分な学問を身につけながら、国内で活躍の場を見出せない若者が多くいる実情に、奮って海外へ目を転ずること、なかんずく米国を目指すべきことを説くもので、短期的にも長期的にも日本に経済上の利益をもたらすことを、実業奨励論の一環として説いた。またこの頃、西洋諸国によるアジアへの現実的脅威が高まっており、同時期の『時事新報』における外国人と日本人の雑婚論、「保護色」としてキリスト教を受容すべきといった議論などとともに、日本人が外国人と広く交わる機会を増やしていくことが、外交的にも直接、間接に多くの利益をもたらすとの観点が反映されているとみることができる。一方で、ハワイやアメリカでの移民排斥機運への着眼も早く、二四年五月の「移住日本人の評判」では、日本人移民に気品が高尚でない無頼の者が多く混じって評判を落としていることを指摘し、航路を充実させて移民を冒険的な渡航ではなくし、高尚なる人士の移民をうながすこと、日本人全体の風紀を改良していく必要などに言及している。

◉アメリカに定住した塚本松之助（左端）とその一家

また二〇年六月、福沢は中村道太との共同出資で、米国西海岸のサンフランシスコ郊外に土地を購入し農業を営む移民事業を企画、門下生の井上角五郎を現地責任者に、塚本松之助、田中鶴松ら十数名が渡米した。しかし井上が一時帰国中に、渡米以前の朝鮮政府宛密書事件で逮捕されてしまう事態が生じ、この事業は頓挫、塚本らは独自に定住の道を選んだ。福沢門下ではほかにも武藤山治、和田豊治らが前後して渡米するなど、『時事新報』の議論は日本人の移民や貿易の増進に多くの影響を与えた。〔都倉武之〕

▼尚商立国論 ▼甲斐商店 ▼井上角五郎

参考 『伝』三―三四編。「移住論の弁」『時事新報』明治一七年四月一二日付。「移住日本人の評判」『時事新報』明治二四年五月二七日付。

華族資産論 かぞくしさんろん

福沢諭吉は、華族資産が豪奢な生活や交際によって蕩尽してしまうことを恐れ、これを教育や殖産興業事業へ投資するよう求める社説を『時事新報』に掲載させている。

明治一〇(一八七七)年に記した「旧藩情」において、福沢は華族が旧領地に学校を建設するよう求めているが、すでに彼は旧中津藩主奥平昌邁《まさゆき》の出資を受けて設立された中津市学校の立ち上げに関与しており、旧知の旧三田《さんだ》藩主九鬼隆義にも教育への投資を勧めていた。こうした期待は、華族資産消失への危機感の裏返しでもあり、明治一〇年時点で福沢は、華族会館や第十五国立銀行(華族の金禄公債を原資に設立)を「奇計妙計」と称し、華族資産は二〇年以内に雲散霧消するとして、その前に学校に投資させたいと述べている。

華族令が発布された一七年には、七月二八日付『時事新報』社説「華族の資産如何すべきや」が、「衰運」の華族が増加している現状を憂い、その家計を支えている家令家扶が世代交代によって弱体化することで、「華族滅亡の日」が到来すると懸念する。そんな中、一九年に華族の世襲財産の設定・保護を目的とした華族世襲財産法が公布されると、同年五月四日付同紙社説「華族世襲財産法」は、華族の中には「其財産を蕩尽し、威望門地を辱むるものなしと云うべからず」と指摘したうえで、「法に依頼せざれば自からその財産を管理する能わずとは、聊《いささ》か面目なき者の如し」と表明した。さらに、同年五月二四日付と六月五日付の同紙社説は、民間において名望財産を有するものが地方の殖産興業に当たるべきであり、そのために大名華族が旧領地に帰郷して経費を抑え、地方殖産興業に従事することに期待している。二六年一〇月二六日付社説「華族の身代」でも、名望と資産を保有する華族が会社を組織して利益をあげ、株や公債証書、不動産の売買なども景気状況を注意して行えば華族の資産保護は「屈強」になると述べている。

こうした華族資産論の背景には、福沢自身が管理に当たっていた奥平伯爵家の家計が火の車であったこと、文明化・近代化の促進のためには名望と財産あるものが率先して投資をすべきであるという認識があった。福沢自身、奥平伯爵家には君臣の情をもって接しており、その立場からも、華族や爵位の廃止は踏み込みがたく、あくまでその名望や資産の有効活用を主張し続けたところに、その華族資産論の特色があった。また中産階級が未成熟であった当時の時代状況にあって、近代化を推進する資本は華族以外に求めがたく、その意味でも華族資産の有効活用は重要な意義を持つものだった。

［小川原正道］

▼華族論　▼大名華族との交流

参考 小川原正道「福沢諭吉の華族論」(寺崎修編『福沢諭吉の思想と近代化構想』慶応義塾大学出版会)二〇〇八年。小川原正道「福沢諭吉の華族批判」『法学研究』(八二巻一〇号)二〇〇九年。

貧富論　ひんぷろん

福沢諭吉の率いる『時事新報』は、社会における貧富格差は不可避という認識に立ったうえで、富国の原動力として富豪の維持・発展を主張した。

『時事新報』は明治一六(一八八三)年三月に社説「富豪の進捗を妨《さまたぐ》る勿《なか》れ」を掲載、さらに一七年一〇月末から六回にわたり、福沢執筆の社説「貧富論」を連載し、貧富の現状と問題、対策を論じた。その中で二つの点を問題視している。一つは、経済社会の発展の弊害として不可避である格差の存在それ自体よりも、日本は西洋列強に比べて富豪が少数であり、その資本規模も絶対的に小さい点である。日本は全般的に貧しく、欧米と拮抗する「独立国商業」の担い手が不在と指摘し、その担い手として富豪に期待を寄せる。彼らを投資家、需要拡大の主体、生産力向上と富国の原動力と捉えていたからである。そのうえで富豪の維持に向け、富豪に対する貧者の怨恨・抵抗を減らし、富豪の活動を円滑にする方法を講じる。具体的には富豪による貧者の救恤《きゅうじゅつ》、祭礼への出費などで、これらは外形を取り繕う「方便」とはいえ、一定の効果があるとした。

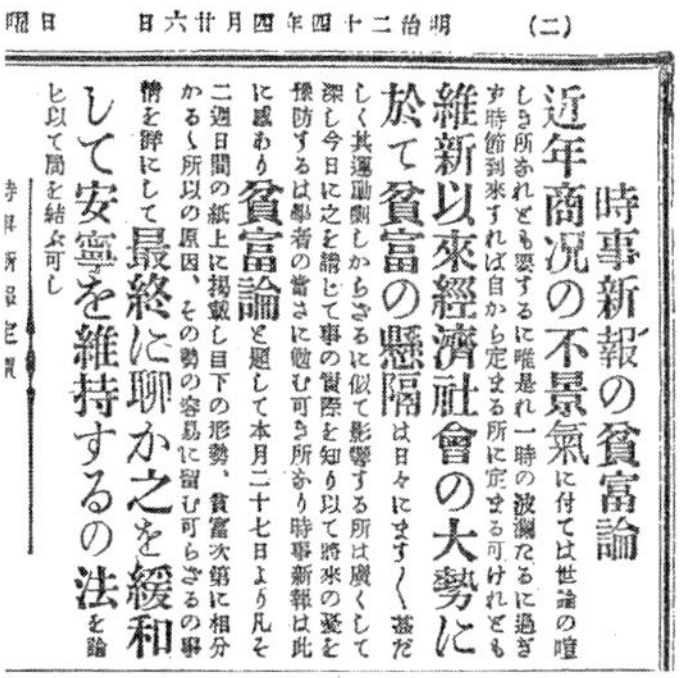
(二)　明治二十四年四月廿六日　日曜

時事新報の貧富論

近年商況の不景氣に付ては世論の喧しき所あれども要するに唯是れ一時の波瀾たるに過ぎず時節到来すれば自から定まる所に定まる可けれども維新以來經濟社會の大勢に於て貧富の懸隔は日々にますく甚だしく其運動劇しからざるに似て影響する所は廣くして深し今日に之を論じて事の實際を知り以て將來の變を豫防するは學者の當さに勉む可き所なり時事新報は此に感あり貧富論と題して本月二十七日より凡そ二週日間の紙上に掲載し目下の形勢、貧富次第に相分かるゝ所以の原因、その勢の容易に留む可らざるの事情を辯にして最終に聊か之を緩和して安寧を維持するの法を論じ以て局を結ぶ可し

◉「貧富論」連載広告

もう一つ問題視したのは、「人品」を有しながら富裕になれない者の存在である。福沢は、貧富とはみずからを貧富どちらとみるかによる自意識の問題でもあり、それを決定づけるのが智愚に由来する「人品」であると考えた。もちろん貧富の問題の発生は禍福の不公平によるところも大きいが、最大の要因は、「人品」を有する者の人数に見合った職業が用意されていないことにあると指摘した。その解決策として、富貴を得る手段としての政治に没頭することを諌め、学問の実用性に対する社会的理解の向上や民間事業の勃興とその地位の上昇を図り、歴史編纂など学者特有の職業を提供し、海外移住などを進め、「学者士君子」が「一身

一家の生計」を得られるようにすることが重要であると主張する。

一方で二〇年代に入ると、『時事新報』は二二年三月「貧富智愚の説」、七月「富豪維持の説」などを社説として掲載し、二四年には、一七年と同じく「貧富論」と題して再論する。これらの社説では、富豪自身が交際を通じて知見を拡充し、子弟に普通教育を施し、情をもって自家を円満に治めてのち、「戸外郷党」の人びとに産業と富を授ける必要性が述べられている。また、このようにして彼らが「人心を和する」よう工夫することが、結果として富豪の維持につながると指摘するのである。ここには「法理」などに基づく合理的な人間関係を重視すべき時勢とはいえ、日本は依然として「徳義情実」の世であるという認識があり、理と情は併用すべきという現実的な対応であった。企業勃興の時期を迎え、富豪の維持を通じた富国を構想するとすれば、貧富の格差の「緩解調和」なくして達成できないという現実を『時事新報』がより強く認識するようになったことがうかがえる。

［石井寿美世］

▼節倹論

参考 藤原昭夫『福沢諭吉の日本経済論』日本経済評論社、一九九八年。

日本郵船会社の成立《にほんゆうせんがいしゃのせいりつ》

島国である日本にとって海運業の発達が急務であると考えた福沢諭吉が大きな関心を払った問題の一つに、日本郵船の経営問題があった。この会社は激烈な競争を展開した郵便汽船三菱会社と共同運輸会社とが、明治一八（一八八五）年九月に合併して成立したものであり、当初の経営は順調ではなかった。

三菱社は土佐藩士岩崎弥太郎が、廃藩置県後に同志と協力して結成した海運会社から出発した。岩崎は長崎・大阪で外国人商人との交渉を通じて世界経済に眼を開き、近代産業としての商業の必要と、それに従事する経営者の社会的責務とを自覚していた。そうした岩崎を福沢は近代的な実業人の一つの典型と理解し、岩崎もまた新しいタイプの経営者を福沢の門下生の中に求めたことから、両者の接点が生じた。

明治一四年政変の際、政府は福沢と三菱との親密な関係に疑いの眼を向けた。参議大隈重信を政府転覆を計画したとして政府部外に追放した当局者は、陰謀の資金は三菱から、その思想は福沢から出ていると疑ったのである。

明治八年以来、政府は毎年二五万円の

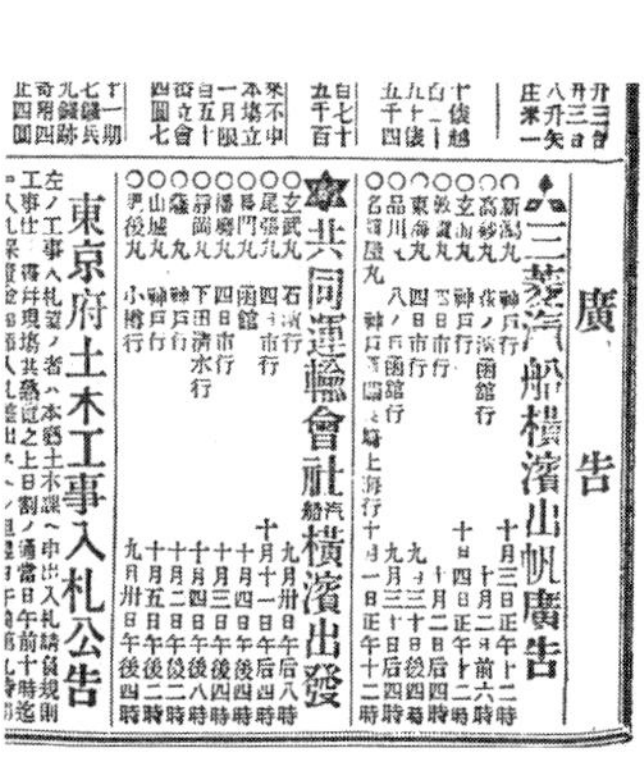

◉合併前日の三菱汽船・共同運輸両社の広告（『時事新報』）

保護金を与えて郵便逓送の業務を郵便汽船三菱会社に委託し、三菱は内国の海運業を事実上独占してきたのであったが、以後政府は三菱の独占を厭うようになり、一五年に二六〇万円の官金を低利で貸し出し、新たに共同運輸会社を設立させた。

その後約三年間、この二社は死力を尽くして競争したが容易に決着がつかず、一八年九月、共倒れになることを恐れた政府の指導により合併し、日本郵船会社が成立する。

その成立の事情から、政府はこの会社に庇護を与えると同時に、その経理や人事に深く干渉した。ことに二二万株の株式に対しては、創立後一五年間は八分の配当を、政府の補給金によって保障するとした。

福沢の率いる『時事新報』は、三菱・共同両社の競争がもっとも激しく行われていた一八年春には、「その勝敗如何《いかが》なるべきや、我輩の関せざる所なれど」と、中立の立場を表明している。しかし、合併三か月後の一九年一月、巨額の補助を行わなければ会社の存続がむずかしいと分かり、それに対して『時事新報』は、政府が共同運輸会社を設立せず、当時の三菱汽船会社に同額の補助金を与えて海運の拡張を命令していれば、三菱は西は地中海まで、東はアメリカ西海岸まで定期航路を延ばしていたに相違ないと述べ、共同運輸会社を設立させた政策を批判する。

また国会開設後、民党が政府の行う日本郵船への保障金の減額を要求したときは、この要求を行うのであれば、事の発端にまでさかのぼって政府の失策により保障金を支払わざるを得なくなった経緯を論究する必要があると主張。その論究を無視して保障金のことを材料に政府を攻撃するのみの民党に対して批判を加えている。

〔坂井達朗〕

▼三菱商会　▼日本郵船会社

参考『時事新報』社説「日本には船なかるべからず」(明治一六年四月二五日)・「二大会社の競争」(一八年四月一六日)・「日本の海運は如何なる可きや」(同年四月一七日)・「日本郵船会社の事情如何」(一九年一月四・五日)・「日本郵船会社命達書更正の建議」(二四年一月二二・二三日)。

中国貿易論　ちゅうごくぼうえきろん

明治一八(一八八五)年六月二二日と二三日の両日、『時事新報』(以下『新報』)は「支那の貿易望み無きに非ず」と題する社説を連載し、中国貿易の将来性について論じた。

『新報』はこの社説の中で、日本にとって欧米諸国との貿易が重要であることは認めつつも、中国との貿易には欧米諸国との貿易にはない利点があるとして、その振興を説いている。第一の利点は地理的に近く、貨物の輸送や商人の往来が容易なことである。取引先が遠ければ遠いほど、先方との行き違いも生じやすいが、中国との貿易は欧米諸国との貿易に比べてそのような危険性も少ない。第二の利点は中国市場の巨大さである。中国の一省の人口は約二〜三、〇〇〇万人と一つの国家並みであり、「前途綽々《しゃくしゃく》の余地」があるということができる。第三の利点は、中国への主な輸出品である水産加工品は流行に左右されることがなく、製造も容易なことである。中国の内陸部に暮らす人びとに「水産美味の嗜欲を起さしめ」れば、「その利益の多き、古今比類の稀れなる程度に至るやも知るべからず」というのである。

　しかし、『新報』が中国との貿易に期待したのは、ひとり商業上の利益に止まらなかった。六月二三日の社説の末尾で、「日支間商売利害の関係、今日の如くに粗淡冷空にては、政事兵事の関係も到底重きを為すこと能わず、唯両国間商売の関係次第に密接に赴き、利害の感弥々《いよいよ》鋭敏なるに至らば、世の経略談始て有用の時節ともならんか」と述べているように、『新報』は中国との貿易に、朝鮮問題をめぐり冷却化していた日中関係を好転させる契機となることも期待していたのである。

　なお『新報』はこれより二年前、一六年七月に社説「支那行を奨励すべし」を掲載し、中国には貿易や観光の可能性が秘められているにもかかわらず、中国へ渡航する日本人がきわめて少ないことを指摘し、有為の人士が中国に行き、隣国との関係を密にすることを渇望している。〔堀和孝〕

参考 千種義人『福沢諭吉の経済思想』同文舘、一九九四年。藤原昭夫『福沢諭吉の日本経済論』日本経済評論社、一九九八年。杉山忠平『明治啓蒙期の経済思想』法政大学出版局、一九八六年。玉置紀夫『起業家福沢諭吉の生涯』有斐閣、二〇〇二年。武藤秀太郎『近代日本の社会科学と東アジア』藤原書店、二〇〇九年。『全集』一〇。

外債論　がいさいろん

　明治一八(一八八五)年一二月三日より八日まで、六日を除き五回に分けて『時事新報』(以下『新報』)に発表された社説。外債により外国から資本を導入し、松方デフレ下の経済の惨状を打開して民業の振興を図るべきことを主張している。

　この社説は、当時の日本経済を「古来未曾有の衰頽に陥りたるもの」と、きわめて深刻な不況と考えていた。またその根本原因は、外債などの負債を不合理に忌み嫌い、増税と歳出削減により不換紙幣の整理を行おうとしている大蔵卿松方正義の財政政策であった。このデフレ政策のもとで商工業は行き詰まり、その信用は下落。ただでさえ乏しい国内の資金は安全な「公債証書」や「駅逓局預金」に集中し、民間の事業に対する金融は閉塞。そのため新たな事業は興らず、旧来の事業も縮廃し、多くの者が「無職業の塗炭」の苦しみに喘いでいた。この状況に対して『新報』は、早くから外債による不換紙幣の整理を主張し続けており、また一六年一二月には外債による鉄道の早急な建設も提案していた。この社説ではさらに一歩を進めて、民業振興のための外債利用を強く訴えており、その方策は、外債により得た資金で政府が公債証書を買い戻し、また、中山道鉄道を着工するなどして民間に資金を流すことであった。また、それでも民業が振るわないときには、外債で得た低金利資金をその利率のまま民間の経済活動に融資することも必要と提案していた。この資金を引き金として民間経済に新生力が生じると考えていたのである。

この社説で批判されているのは儒学の「聖人」風の経済政策感覚でもある。負債を憎み、ただ節倹に勉め、慈恵的な仁政を理想化し、禁欲倫理や道徳談により合理的な政策の選択を曇らせる姿勢であった。それに対して「外債論」は、「政府は極貧にして借金山の如くなるも、人民富実なれば少しも憂《うれう》るに足らず」として負債を肯定し、また、経済政策の唯一の目的は「天下一夫も仕事を得ざる者なからしむる」こと、すなわち完全雇用であることを繰り返し述べている。そして、そのためには外債も躊躇すべきではないというのが、その主張であった。

［小室正紀］

▼紙幣整理論　▼鉄道論

参考 藤原昭夫『福沢諭吉の日本経済論』日本経済評論社、一九九八年。

節倹論　せっけんろん

『時事新報』は明治一九（一八八六）年一月の社説「節倹論」で、国民に節倹を説くことは有害無益であると主張し、二〇年八月の社説「節倹論」では、国民の負担を軽減するために政治家、官吏の俸給を節減することが必要であると論じた。

一九年の「節倹論」によれば、松方デフレによる不景気の中で、低所得層には節倹する余裕はない。中所得層は日本の長年の気風から、衣服を節減せず、人間の生理上大切な食物を節減する傾向があるので、彼らに対しても節倹を奨励すべきではない。生活が奢侈である高所得の富豪に節倹貯蓄を奨励することはもっとも不適切である。彼らが奢侈を行えば行うほど工商社会の仕事が増え、商売も繁昌するからである。不景気のときには、富豪が奢侈を行うことによって需要を創出することが大切であり、富豪が節倹すれば「天下の富豪は爪に燈の節倹を以《もっ》て天下の職工商人を殺す者と云うべきなり」という事態になると主張している（「節倹論」明治一九年一月二一～二六日）。

一方、二〇年の「節倹論」では、政治家や官吏については節倹が必要であると説いている。政治家については、西洋諸国のように資産を持つ者が政治家になり、政治を利益のためではなく「好事」として担うことが理想であり、その観点から俸給を節減すべきであると主張する。政治家以外の官吏については、まず人員を減らし、仕事の内容に比較して報酬が多いので、市場原理による人材の需給に従って俸給を節減し、国民の負担を軽減すべきであるとした（「節倹論」二〇年八月一八～二二日）。

なお、同様の主張は、『時事新報』社説の「節倹と奢侈」（二〇年六月一八～

二一日)、「人民の豪奢は寧《むし》ろ之を勧む可し」(同年九月二六日)、「府県治は人民の快楽に干渉す可らず」(同年九月二七日)、「民間の文明をして却歩せしむる勿《なか》れ」(同年九月二八日)などでも展開されている。

国民に節倹を説くのは、何事に対しても控え目であることを良しとする「消極論の旧弊」であり、「漢儒流の極意」であると考えた『新報』は、これを「公共に対する説諭又議論として公に立言すべき事柄に非ざるなり」と批判した。その意味で「節倹論」は、単なる経済論ではなく、日本社会の旧弊に対する批判でもあった。〔大塚彰〕

▼貧富論 ▼経済小言

東京米商会所 とうきょうこめしょうかいじょ

明治政府は定期米取引を賭博同様の行為と見なし、明治二(一八六九)年江戸時代から続いていた各地の米会所を閉鎖させた。しかし、大量の需要と供給をつき合わせ価格を決定するためには、米市場が不可欠であることを覚り、四年大阪堂島の米会所の復興を許し、九年の「米商会所条例」に基づき各地に米市場が成立した。だが、一〇年代の後半の経済変動と米価の低迷、および二〇年代前半における米価の乱高下の結果、米の投機的取引に対する批判が起こった。政府は米の先物取引に高い税金を掛けることでそれを抑制しようとし、さらにフランスの取引所(bourse)に関する法令にならった「取引所条例」(「俗称ブールス条例」)を発布するが、米商会所側からの強い反対にあって施行できなかった。

こうした政府の政策に対して福沢諭吉の率いる『時事新報』(以下『新報』)は一九年七月に「相場所の一新を望む」を社説として掲載、取引所の弊害のみを摘発してその利点をみない、封建的為政者の残夢であると批判する。現在の「相場所」(取引所のこと)が決して完全であるわけではなく、事実賭博同様の弊風も行われていることは確かである。しかし「殖産商売」の社会にとって「相場所」が必要であることは、「政治社会」に「政府」が必要であるのと同様であるとし、「政府に向《むか》ってはその条例の簡単明白厳格ならんことを望み、会所に対してはその人品の高尚、その商売の公正、その事業の独立を促」す、というのが『新報』の基本的な考え方であった。また、ブールス条例の施行に対しても、二一年一〇月の社説「相場営業の延期」において、「新旧転換の際に徒《いたず》らに無益の騒動を惹起する」として反対し、さらに二一年二月の社説「東京米商会所」で福沢は、米の価格を全国平均化して農民の不幸を救済するためにも、また松方デフレの結果低迷する米価を引き上げて、政府の地租収入の源泉を確実にするためにも、定期米取引に対する高い課税を廃止して、衰微した東京米商会所を回復させるべきであると主張した。〔坂井達朗〕

▼米価論 ▼金融論

米価論 べいかろん

福沢諭吉の率いる『時事新報』(以下『新報』)は、人口の七割を占める農民の所得の多寡が日本経済の根本を左右するという観点から、基本的には高米価を歓迎していた。

特に、豊年による米価の下落が予想された明治一九(一八八六)年八月には、『新報』は、「米価騰貴せざれば国の経済立ち難し」「米の輸出は農家を利して商売の機を促がすに足る可し」「米の輸出は永久の策にあらず」という三社説を掲載して、米価下落の惨状とその対策を論じた。それらによれば所得の増減は富者の場合にはそれほど消費を左右しないが、人口の過半を占めていた貧しい農民の場合にはたちどころに消費に影響する。国内需要はこの農民の消費により創出されており、農民の貨幣所得に直結する米価が下落すれば、「一般商工の不景気」を醸成する。それゆえ、「商売の大本《おおもと》は田舎に在り、田舎の景気を頼むの外《ほか》に商売なし」と断じ、経済の鍵は高米価による農村の好景気であると考えた。

そのため、一九年の下落に対しては、米価維持を図って、「一時の救急」、非常時の「権道」として、政府の手で過剰米を赤字輸出することを提案している。しかし赤字輸出にはさまざまな問題があり、永久の策とはならないことも認識し、長期的には稲田を変じて国際競争力のある養蚕業のための桑畑に転換することを主張している。

この桑畑への転換は、『新報』の宿説であり、やはり米価が下落していた一七年一一月の「米の直段《ねだん》」でも主張されていた。また、一九年六月の「米麦作を断念す可し」では、アメリカ産の麦や南アジア産の米が、鉄道・海運の発達により流入したときには、日本の米麦作にはそれに対する競争力がないと論じ、米麦以外の桑などへの転作を勧めている。

一方、二三年春には天候不順から米価が高騰していた。政府は高騰の一因を米の投機売買や買い占めにあると考え、細民救済の主旨から、米商会所への重税賦課や投機売買の禁止などを検討していた。これに対して、同年四月の『新報』は、「漫《みだ》に米価の下落を祈る勿《なか》れ」「米商論」を社説として掲載し、この種の米価引下げ策に強く反対した。第一の反対理由は、地租金納のもとで農民にとっては高米価は好ましく、反対に低米価を誘導するような政策は苛税や飢饉よりも農民を苦しめると考えたからであった。第二には、強欲な「奸商」の投機を取り締まろうとすることは、「古風なる士族学者流」の考え、「腐儒の言」であり、市場では結局は「奸商も良商も共に自由ならずして」、均衡価格に落ち着くという自由主義経済論の立場である。第三には、規制により米商会所がつぶれた場合には、標準価格がなくなり、立場の弱い農民は米商人に買い叩かれる結果になるという点であった。なお、極端な高騰に対しては外国米輸入促進を提唱しているが、非関税障壁を緩める程度に止め、できるだけ政府による民業への干渉を抑えた方策で行うべきであると主張している。

『新報』の論調は、国内需要の観点から農民を日本経済の「立国の本《もと》」とし、その所得を第一に考える立場であった。そのため、低米価に対しては政府の市場介入を認めるが、高米価に対しては基本的に市場に任せるべきであると主張していた。

[小室正紀]

▼東京米商会所 ▼中村道太

参考 藤原昭夫『福沢諭吉の日本経済論』日本経済評論社、一九九八年。千種義人『福沢諭吉の経済思想』同文舘、一九九四年。

演劇改良論《えんげきかいりょうろん》

福沢諭吉は末松謙澄らが唱えていた「演劇改良論」に刺激されて、明治二〇(一八八七)年三月初めて芝居を見物し、その感慨を漢詩に詠んだ。これに続き『時事新報』は二〇年七月に漫言「演劇改良比翼舞台の説」を掲載したのを皮切りに、社説として同年一一月に「芝居論」、二一年六月に「演劇演芸の改良」、同年一〇月に「芝居改良の説」を発表し、演劇の改良について論じた。

なかでも「芝居改良の説」には『時事新報』の論点が集約されている。まず、前半では演劇改良に対する基本的な姿勢が示されている。芝居は常に人の生活文化と共にあり、それを急激極端に高尚にしても観客は集まらない、社会が進歩すれば芝居もおのずから向上し観客もそれを受け入れる、というのである。

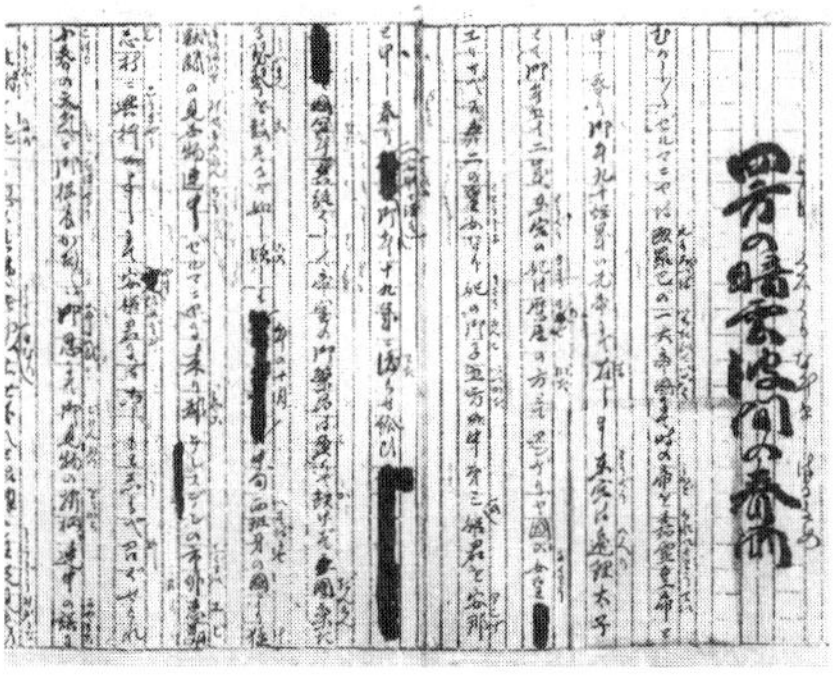
◉「四方の暗雲波間の春雨」自筆原稿

後半では芝居をめぐる経済面について論ずる。元来、芝居は役者の趣味道楽から発展した経緯があり、座主も役者も興行の当たり外れにまかせて金銭を使う気風があり、常に借金に追われる生活を免れていない。この気風・生活を脱し、芸を物として売り買いする商売の方法を芝居に取り入れ、正しい仕事としなければならないと主張する。

また芝居の料金についても、茶屋が間に立つ慣習は不明瞭、不便であるので、このような曖昧な手段を用いず、明白な見物料を取り、すべてを商売の方法にのっとり、ことを簡易明瞭にすることが必要だとする。さらに、役者に贔屓《ひいき》が祝儀を与える風習も、その給料が少なくて生活が成り立たないために起こった悪弊だと断じ、興行の会計基盤を固め、役者が芸を通して正当な報酬を受け、独立した地位を得られるようにすべきだと主張している。

これら『時事新報』記事の背景には、

当時名優と謳われた団十郎、菊五郎、左団次らと福沢との親しい交流があり、社説も二二年三月の「市川団十郎」、三〇年五月の「演劇改良」で団十郎その人を取り上げている。福沢は彼らの芸を高く評価し、その芸の価値にふさわしい地位と生活の保全を願い、役者自身の意識改革も求めたのである。また福沢は、二一年六月の漫言に落語「鋳掛《いかけ》久平地獄極楽廻《めぐ》り」を掲載、同年七月頃には「四方《よも》の暗雲《くろくも》波間の春雨」という台本を書き上げるなど、芝居への高い関心を示していた。

　なお、演劇改良の論争もしずまった二六年一一月、福沢は「最早その時期に到着した」として、洋風の新劇場を丸の内に建設することを三菱会社の荘田平五郎に提言し、計画を進めた。この計画は日清戦争の勃発によって立ち消えとなったが、その後四二年に荘田らが丸の内に帝国劇場を建設、没後一〇年を経て福沢の演劇改良の提言は新劇場の設立となって実現した。

［山根秋乃］

▼観劇

参考 鈴木隆敏「福沢諭吉と歌舞伎」『手帖』(一四六号)二〇一〇年。

経済小言《けいざいしょうげん》

　明治二〇(一八八七)年一二月五日から九日まで、七日を除く四回にわたり『時事新報』(以下『新報』)に連載された社説。官員は生産に直接関係のない種族であるが、そのための支出が当時の日本の経済力に比して過重であるとして、その削減の必要性を論じている。

　一般には日本経済は明治一九年頃より松方デフレから立ち直り、最初の企業勃興期を迎えたといわれている。しかし福沢の目には、当時の日本経済はとても「文明国の例を適用するに足らざるもの」(二一年七月二五日付高橋義雄宛書簡)と映っていた。この社説においても、開港後に成長した部門は養蚕・製茶ぐらいであり、国民の生活は依然として米麦を中心とする農業に依存しており、しかもその農業の状況はきわめて寥々たるものと考えられている。官員のための散財はこの農業相応の水準でなければならないのに、それを大きく上回っている、というのが批判の主旨であった。

　この社説の計算では農民の平均年間所得は、五反歩の小作人で四三円に欠け、一〇町歩の地主でも二〇〇〜二四〇円、五〇町歩の豪農でさえ一、〇〇〇〜一、二〇〇円である。ところが、官員の場合は大官でなくとも月給一〇〇円、その上には年俸幾千円という官員がいた。また、旧幕時代の領主・武士層に比すればこの当時の官員のための出費は少ないという弁護に対しても、「経済小言」は、旧幕時代の領主・武士層は二〇年当時の官員数の四倍近いが、一人当たりの出費では官員の方が倍から三倍であり、他の諸条件を考慮すると旧幕時代よりも費用が増大していると反論している。

　さらにこの社説で注目すべき点は、年貢・租税の地方への循環を考慮していることである。領主・武士層の所得は七、八割が各藩の国許で出費されており、それが城下の経済を潤し農民の仕事をつくり出していた。それに対して、中央集権となった明治の租税では地方の財を集めて中央に注ぐ組織となっており、そのため地方の人民は仕事がなく、民業の発達が妨げられている。「経済小言」は、この観点からも官員のために支出の削減を主張している。

［小室正紀］

▼節倹論

金融論 きんゆうろん

明治二三（一八九〇）年三月、『時事新報』（以下『新報』）は、「金融論」「救急の一策」「世の中を賑《にぎや》かにする事」などの社説を掲載させ、いわゆる明治二三年恐慌の原因を金融問題として分析して、その対策を提案した。

これらの社説によれば、恐慌の原因は、政府・日銀が低金利の勢いを人為的につくったことにあった。明治一〇年代後半には、松方デフレによる信用崩壊で資金は投資にまわらず安全な公債証書の購入に向かい、その価格を騰貴させ金利を低下させた。つまりこの低金利は不景気のための一時の「変相」であったのであり、本来は、資本が過小である日本は高金利国である。それにもかかわらず政府はこの低金利を日本の「常態」と誤認し、二〇年以降もその維持に努めた。維持を目指した理由は、一つは低金利による民業奨励の考えであった。またもう一つの理由は、この機に乗じて公債証書を整理し財政を改善するためであった。具体的には五分利付きの整理公債証書を発行して、その資金で既発行の七分利付き公債証書を回収するということである。そのために整理公債証書を日本銀行で抵当として通用させ、その価格を高く保ち低金利を維持させたのである。この人為的な低金利政策により新会社が「雨後の筍」のように起こり、低利資金の借入れによる株式投機も加わり「会社熱」がますます加熱した。しかし、本来資本が少ない日本では日銀も諸銀行も低利で無限に資金供給をすることはできず、二三年には金融が逼迫し株価は下落、新会社が玉石を問わず廃滅の危機に瀕している、と分析した。

この危機に対して『新報』が提案する対策の一つは、外債導入や鉄道などの株式の外国人への解放、国庫金の支出による公債証書の償還、確かな株券を抵当とした日銀兌換券の発行などにより、できうる限り市場への資金供給を増やし、当面は低金利を維持しつつ、徐々に本来の日本経済に見合った金利にまで引き上げてゆくというものであった。もう一つの対策は、「無益に民業を妨ぐる」取締りを緩めること、すなわち規制緩和である。例えば、富籤であれ米商会所などの相場所であれ、「唯《ただ》人心の赴く所に従《したがっ》てその自動を許し」、経済を刺激して退蔵されている資金を動かし「金融社会の生力を挽回」することであった。

当時は、この間の低金利が引き起した恐慌の経験から、高金利への急変を許して実力ある会社のみを残すべきだという主張もあった。しかし『新報』は、そのような政策については、「多数の不幸を典して少数の利と為すに過ぎず」とみなして反対を表明していた。『新報』の主張は、ゆるやかな変化により、まだ脆弱な新興企業の潜在的な可能性を潰さないようにするものであったといえる。

[小室正紀]

▼東京米商会所 ▼米価論 ▼松方財政観

参考 千種義人『福沢諭吉の経済思想』同文舘、一九九四年。

地租軽減反対論 ちそけいげんはんたいろん

国会開設とともに、地租軽減を公約として唱えてきた地方国会議員のあいだから、その実施を求める声が強くなってきた。これに対して『時事新報』は明治二三(一八九〇)年一二月に「地租軽減」、翌年一月に「地租軽減と繁文省略」を社説として掲載し、地租軽減に正面から反対した。

『時事新報』によれば地租軽減は、「民力休養」のためといいながら、もっとも貧しく「休養」が必要な小作人層にはまったく恩恵がない。小作料は各地における小作地の供給量と小作農の多寡に応じて市場原理で決まっており、地租を減じても地主を利するだけで、まったく小作料は安くならないからである。一方、「五反百姓」と呼ばれる小規模な自作農にとっては、地租の負担は決して軽くない。しかし、地租軽減は大地主の所有地拡大の動機を強め、そのため土地は次第に自作農の手を離れ少数富豪の占有となり、決して自作農を守ることにはならない。地租軽減は地主を恵むばかりで、かえって細民の数を増やし「民力休養」にはならないという。また、地租軽減のためには全国の地価調査が必要だが、それには莫大な経費がかかる。しかも地租改正以降約二〇年間、地価評価の過高な土地は安く過低な土地は高く売買されてきており、その経緯を無視して地租を変えることは、国民の経済を動揺させ大変な騒動を引き起こすことになる。さらにまた、当時の国内外の情勢の中で百年の計を考えれば、基礎の弱い日本は、軍備であれ海運力であれすべてに資財が必要であり、地租軽減ができるだけの財源があるならば、そこにこそ充てるべきだとも主張する。

それでは「民力休養」はいかに行うべきか。『時事新報』は、役所の「繁文省略」こそ今日の最大急務だと指摘する。登記、地目変更、出生死亡の届出から駄菓子屋の看板許可まで多くの書類が必要で、再三役所へ往復し、それでも埒《らち》が明かない。この役所のあり方こそ人民に莫大な損失を与えている。しかも、この「繁文」を除くことは政府の冗費を省くことにもなり、その財源を国家全体の進歩のために使うことができるのである。

この地租軽減反対論はその後も繰り返し紙上で展開された。特に二五年の「地租論」は九回にわたる詳細なもので、同年に他の社説と合わせて単行本として出版された。その内容もふまえると、福沢諭吉の地租軽減反対の論拠には、ヘンリー・ジョージ(Henry George)の単税論の影響もあるといえる。土地は空気などと同じく天然物で、本来は私有すべきものではなく国民が共有すべきものであるが、急激に共有化することはできないから、地租を重くして土地私有者の利得を少なくするべきだ、という説である。福沢のもう一つの観点は、地租軽減により商工業に負担が転嫁されることへの危惧である。商工業の発展によってこそ国富が増大し農村も豊かになる。それまでは地租を軽減すべきではないという考えも背後にあったというべきであろう。

［小室正紀］

▼国会の前途・国会難局の由来・治安小言・地租論

参考『福沢選集第四巻　福沢諭吉経済論集』慶応出版社、一九四三年、解題(高橋誠一郎)。高橋誠一郎『福沢諭吉　人と学説』長崎出版、一九七九年。

海運論 かいうんろん

『時事新報』は明治二四(一八九一)年三月一七日から二一日にかけて「航海業」と題する社説を掲載し、国内外の大勢や立国の手段という点から国を挙げて海運業に従事すべきと主張した。

記事はまず世界の大勢から海運業の必要性を説く。すなわち日本は海外への運動において後進国で、その関心も国内問題に偏っているが、世界は貿易によって国を豊かにすることが大勢となっている。その大勢に従い、日本も開国した以上は、海外に対する運動に邁進することが必要であり、その第一の担い手こそ海運業であるとされる。

続いて国内問題への対処にも海運業は貢献することが論じられる。人口問題を考えると、日本のように国土が狭く「一坪の泉水に幾百の金魚を放つと同様」な状況では人口増加に伴って失業者が増え、それは結果として社会不安をもたらす。それゆえに内地に余る人を外国に「除外」すなわち移住させることが不可欠である。その担い手もまた海運業であり、それによって「除害と興利と二様の大目的を達」することができるとされる。

一方で日本の特性については、石炭や海員の資質、学術の進歩など天然人事の利があることから稀有の海国であるとみなす。海国民としては外国通商を立国の根本とするのが当然と考えられ、海運業は自国の貿易はもちろん、外国間の取引にもかかわり手数料を得るべきと論じる。つまり「自国船の航路を世界中の海上に拡張し、外に得る所の利益を以《もっ》て内に立つるの資に供するの主義」に従って立国を果たすことが主張されるのである。また、人口問題と通商立国が結びつけられ、通商を盛んにするには日本人が外国の地に居住し、貿易に際して同国人の情をもってさまざまな世話をすることが大切であると指摘。その移住は信頼できる日本汽船の航路があることによって助長されると関連づけた。

しかし実際は外国航海には激しい競争

が存在し、その中で後進国日本の海運を発達させるには、それを「国家の事業となして、挙国、力を合わせ、一時の負担を忍んで永遠に海王たるの工風《くふう》を画す」ことが必要である。具体的には航海条例を設けて、航海距離に応じた助成を汽船会社に対して行うことを主張。その財源は政費節減によって得た余剰に求めるというのが、本社説の基本的な姿勢であった。

このような海運業奨励の主張は世界の中の日本という意識から出発している。その中で国家生存、通商立国のため海運業は不可欠であり、それゆえに国家事業として正当化され、何よりも優先すべき事業とされたのである。 〔横山寛〕

▼アメリカ移民論 ▼日本郵船会社の成立 ▼地租軽減反対論 ▼日本郵船会社

参考『全集』一三。

松方財政観 まつかたざいせいかん

明治二五（一八九二）年八月、第二次伊藤内閣の組閣に際し、福沢諭吉の率いる『時事新報』（以下『新報』）は松方正義蔵相の重任を危惧し、「大蔵大臣再任の説に就《つい》て」「新大蔵大臣に望む」の二社説を掲載した。この社説では一二年間に及ぶ松方財政について批判的な見解が述べられており、『新報』の松方財政観がうかがえる。

「大蔵大臣再任の説に就て」は、松方正義の大蔵大臣再任に反対の意思を示すとともに、後任の大臣に対しては財政方針を転ずる必要を述べている。松方がとった紙幣整理の方針は至当の処置としながらも、その急激な手法に対しては非常に厳しく批判している。すなわち流通紙幣の急激な収縮策により物価は急落、農家は米価下落のため困窮し、商工社会においては物価急落のため仕入れの「原価を償う」ことができず、商品流通は止まり製造所は倒産し、企業の信用が失墜した。このような商工社会の現状を受けて投資が公債証書に集中し、その騰貴すなわち金利の低下をもたらした。この社説は松方の財政策による国民の経済損失が、西南戦争の政府出費四、〇〇〇万円をはるかに越えて、八、〇〇〇万円にも一億六、〇〇〇万円にも達していると指摘している。さらに、明治二〇年代初頭の「企業熱の勃興」と二三年の恐慌も、日本の資本力不相応の低金利を招来した松方財政の「余毒」であり、場所によってはまだその傷が癒えてなく、再発の恐れすらあると認識している。

結果として第二次伊藤内閣における松方の大蔵大臣再任は見送られたものの、後任の大蔵大臣には松方の下で大蔵次官の職にあった渡辺国武が就任する。それに対して『新報』は「新大蔵大臣に望む」を社説として掲載した。この社説は、渡辺の就任は緊縮財政の継続を望む「老政客」、すなわち松方の意図に基づくものであろうと推測、二三年五月から六月にかけて『新報』に掲載された松方財政批判の社説「財政始末」を引用し自説を再論した。そこでも、松方大蔵卿就任時の急激な緊縮財政策と、その後、経済状況が回復しつつある時期に公債証書の金利上昇を抑制し、公債証書の騰貴を維持したこと（公債証書整理案）を松方財政の失政であるとしている。

　なお、「新大蔵大臣に望む」においても、二三年五月時点までの松方財政に対する批判が詳細かつ具体的に述べられているが、その論旨は右の二社説と変わらない。このように同じ趣旨を再三再論していることから、松方財政に対する『新報』の批判の強さもうかがえるのである。経済社会における適者生存を急激に強いることなく民間経済の活性化を志向する『新報』にとって、松方やその後任の渡辺は財政政策に関して期待を寄せる対象ではなく、批判の対象であったのである。

［大庭裕介］

▼紙幣整理論　▼金融論

参考『全集』一二・一三。

銀貨下落　ぎんかげらく

福沢諭吉が、明治二六（一八九三）年一月一九日から二二日まで四回にわたり『時事新報』に執筆した社説。当時の国際市場での銀貨急落を日本経済にとって歓迎すべきものと捉えるとともに、日本の富豪や経済人がそれにいかに対応するべきかを論じている。

　銀は明治六年頃からは国際市場でほぼ一貫して下落傾向であったが、特に二三年前後からは三〇％近く急落した。当時、先進国は金本位国が多かったが、銀本位国であった日本はさまざまな影響を受けざるを得なかった。マイナス面としては、為替相場の変動による商取引の渋滞、金本位国からの投資の阻害、機械や軍需品の輸入価格の騰貴、国内物価の上昇などの問題があった。このため、大蔵省などには金本位への移行を主張する者もおり、政府は二六年一〇月に貨幣制度調査会を設け、有識者にこの問題の検討を依頼することになる。福沢の盟友小幡篤次郎も委員として福沢と軌を一にする主張を展開する。「銀貨下落」はこのような状況の中で書かれた。

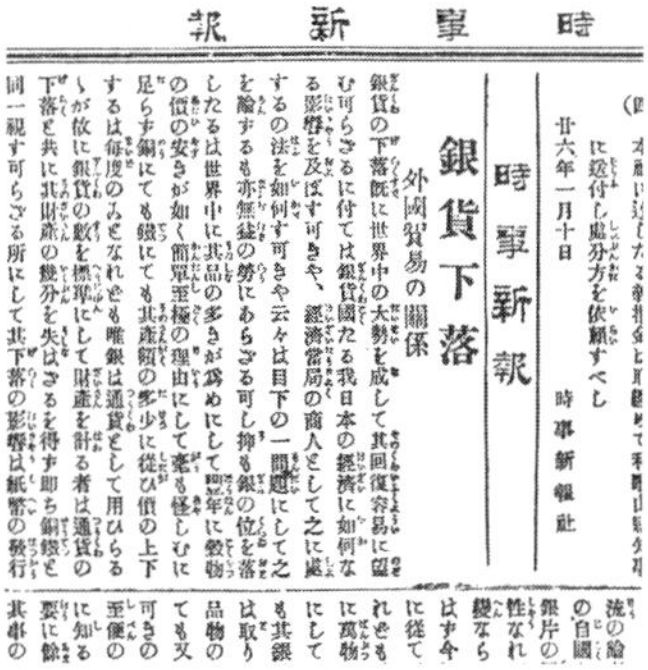

時事新報

廿六年一月十日　時事新報社

銀貨下落

外國貿易の關係

銀貨の下落既に世界中の大勢を成して其回復容易に望む可らざるに付ては銀貨國たる我日本の經濟に如何なる影響を及ぼす可きや、經濟當局の商人として之に處するの法を如何す可きや云々は目下の一問題にして之を論ずるも亦無益の勞にあらざる可し抑も銀の位を落したるは世界中に其品の多きが爲めにして近年に穀物の價の安きが如く簡單至極の理由にして毫も怪しむに足らず銅にても鐵にても其産額の多少に從ひ價の上下するは毎度のみなれども唯銀は通貨として用ひらるゝが故に銀貨の數を標準にして財産を計る者は通貨の下落と共に其財産の幾分を失はざるを得ず即ち銅鐵と同一視す可らざる所にして其下落の影響は紙幣の發行

◉「銀貨下落」連載第一回

　この社説で福沢は、銀貨下落は銀本位通貨である円の安値を意味し、輸入関税を課したのと同様な効果があると説明。すなわち、輸入は減り国内製造業の代替生産をうながし、輸出にはプラスで世界中に「日本品の販路を開くの好機会」をもたらし、工業発達の端緒を開く「天与の慶事」であると考えている。ただし福沢は、この状況下で物価や賃金も次第に

騰貴し、いずれ銀貨下落のメリットはなくなることは認識していたが、それまでは、この「天与の慶事」を利用すべきだと主張した。この主張の背景には、銀貨下落により国内産業が盛んになることは、貧しい人びとが仕事を得て「日本国人の労力技芸を内に利用し又外に売ること」であり、それが「一国繁栄の根本」であるという福沢の経済観があった。

一方、資産家に対しては、国内物価の上昇が続くため、預金・公債証書・債権などで蓄財している者は損失をこうむるが、不動産(特に都市部の不動産)、鉄道や諸工業の株券などを購入していれば増殖の可能性があることを指摘。また、経済人に対しては、借入れにより外国貿易や製造業を展開したり鉄道に投資する好機であり、このようなときに借入金の使途に苦しむのは「商家の懶怠」であると断じ、「商売に志す人は厚く自から信用を養うて」借入金を多くし、功を立てるべきだと勧告している。

なお『時事新報』は、二六年から二八年にかけて、しばしば銀本位制維持を主張する社説を掲載したが、世論の大勢もその方向で、「貨幣制度調査会」も銀本位制維持の報告書を提出して二八年七月に閉会している。しかし、その後、日清戦争の賠償金や戦後の経済成長をふまえ金本位制採用の気運が高まり、三〇年三月には金本位制法案「貨幣法」が制定された。この前後にも『時事新報』は、「幣制改革」(三〇年二月二一日)など、貨幣本位制度についての社説を掲載している。これらの社説の主旨は、銀本位制のマイナス面は認め金本位制に消極的に賛成しつつも、基本的には銀本位制の貿易上のメリットを可能な限り利用すべきだというものであった。 [小室正紀]

▼商工農論 ▼貿易論

参考 藤原昭夫『福沢諭吉の日本経済論』日本経済評論社、一九九八年。

綿紡績論 めんぼうせきろん

福沢諭吉は明治二六(一八九三)年刊の『実業論』において、「実業社会は独《ひと》り日本の旧乾坤《きゅうけんこん》に留《とど》まるものと云うべし」と断じ、その改革のために、新しい教育を受けた「士流学者」が産業界に積極的に進出する必要性と政府による介入の排除を強く訴えた。この『実業論』において、福沢は綿糸紡績業を当時の日本における「実業発達の一例」と評価し、さらなる事業拡張は供給過多を招いて失敗すると主張する「世間一種の論者」を、海外市場を視野に入れない「鎖国の根性を脱せざる者」と批判した。そして、原料輸入と綿糸をはじめとする日本製品の海外市場進出の妨げとなる輸出入税の全廃を主張した。ただし、ほぼ一年後の二七年四月の『時事新報』社説「紡績業の保護」は、紡績業の保護のため棉花の輸入税と綿糸の輸出税のみ廃止することを主張している。全廃は「時機」をみての将来のこととしても、紡績業の保護のためその関係の関税は早急に廃止することを、この社説は勧告しているのである。

しかし、福沢は綿糸紡績業の将来性に当初から高い評価を与えていたわけではなかった。『実業論』の五年前に『時事新報』社説として発表された「紡績所の糸を如何せん」（二一年）では、一つの町内で二軒の湯屋が競争して共倒れするという喩えを挙げて国内市場の需要制約を指摘し、紡績所の増加に対して批判的な立場をとっていた。

ところが、現実には国内綿糸市場は急速に拡大し、綿糸の輸入依存度も八二％（二〇～二一年）から一八％（二六～二七年）に低下した。『実業論』で展開された綿糸紡績業の競争力についての詳細な議論は、福沢の予想をはるかに越えた紡績業の発展とその要因をあらためて検証するものであった。そして、日本の綿糸紡績業は『実業論』の発表とほぼ同時期に中国・朝鮮への本格的な輸出を始め、やがて輸出産業へと発展していくことになる。

［牛島利明］

▼養蚕・製糸業論 ▼商工農論 ▼実業論

参考 牛島利明・阿部武司「綿業」（西川俊作・尾高煌之助・斎藤修編著『日本経済の二〇〇年』日本評論社）一九九六年。『全集』一一。『著作集』六。

電力産業論《でんりょくさんぎょうろん》

福沢諭吉と『時事新報』は、『実業論』（明治二六年）や社説「水力利用」（同年五月一三日）で水力電気開発の意義についての議論を展開している。

福沢は『民情一新』（一二年）において、西洋諸国の文明開化の原因は人間社会における交通（現在の「コミュニケーション」の意も含む）の便利にあると述べ、その便利を実現したものとして蒸気船車、電信、郵便、印刷の四項目を挙げている。このうち、電信、郵便、印刷はいずれも蒸気機関の動力を利用しているので、近時の文明の原動力は蒸気である、という見解を示していた。

しかし『実業論』においては、蒸気よりもさらに進んだ新しい動力として水力電気に注目。西洋諸国では水力発電と遠距離送電の実用化に向けた技術が発達しつつあり、米国では具体的に水力電気開発の計画が進んでいること、バッファロー市では二〇マイル離れたナイヤガラの滝から送電して機械を動かすことが容易であると聞き込んだ実業家コーネリアス・ヴァンダービルト（Cornelius Vanderbilt）が同市近傍の土地を購入しているという話があること、日本でも古河市兵衛が経営している足尾銅山や箱根の湯本温泉場で水力電気の利用が始まり、いずれも好結果を得ている様子であることなどを紹介している。福沢は、日本の河川は急流や滝が多いため船の運航には不便だが、水力電気にとっては逆に有利であり、遠距離送電技術によって日本各地に電気を供給することが可能になる、と論じている。そして、日本の殖産社会の発展のためには、西洋諸国に遅れることなく電力産業の開発を進めていくことがきわめて重要である、と主張している。『時事新報』も社説「水力利用」で、同じ内容を論じており、水力電気に大きな関心を持っていたことがわかる。〔大塚彰〕

▼民情一新　▼実業論

参考『伝』三—三四編。

実業教育と経済倫理

商法講習所　しょうほうこうしゅうじょ

明治八(一八七五)年に東京に開設された日本における最初の近代的商業教育機関。一橋大学の前身。元米国代理公使森有礼とニューヨーク副領事富田鉄之助は、米国での見聞をもとに日本に商業の専門教育機関を創立する計画を立て、七年に福沢諭吉にその設立基金募集の趣意書執筆を依頼した。福沢はこれに応え「商学校を建《たつ》るの主意」を起草した。この中で福沢は、外国商人に対抗するためにはぜひとも商学校を設立して外国の商法を研究しなければならない、と述べている。

森は八年、東京府に商法講習所開設の届書を提出し、尾張町(現東京都中央区銀座)の鯛味噌屋二階の仮教室で同所を発足させた。教員として米国ニューアークのビジネス・カレッジの校長W・C・ホイットニー(William Cogswell Whitney)を招聘し、東京会議所(当時の東京の自治機関)から設立運営資金の助成を受けた。森と東京会議所の間にとり交わされた約定書には「商法講習所は森氏私立学校にして福沢諭吉、箕作秋坪君其《その》相議者と為り此《この》所轄は右三名の協議に帰す」とあり、同所の設立に福沢が深く関与したことが分かる。授業は、ホイットニーによって簿記、商業算術、経済大意などが英語で行われ、これらに加えて銀行、問屋、郵便局などの商業実践科目が設置された。九年、木挽町(現中央区銀座)に校舎を新築して移転。一〇年に初めての卒業生として成瀬正忠(のちに隆蔵)と森島修太郎を出したが、二人は共に以前慶応義塾に在籍していた。

●木挽町時代の校舎

その後、東京商業学校、高等商業学校、東京高等商業学校、東京商科大学、東京

産業大学と変遷し、昭和二四(一九四九)年に一橋大学となった。

[平野隆]

▼富田鉄之助

参考 如水会学園史刊行委員会編『商業教育の曙(一橋大学百年通史稿本)』上巻、一九九〇年。三好信浩『日本商業教育成立史の研究』風間書房、一九八五年。福沢諭吉「商学校を建るの主意」『全集』二〇。

三菱商業学校 みつびししょうぎょうがっこう

三菱財閥の創始者岩崎弥太郎が、福沢諭吉の助言を得て明治一一(一八七八)年に設立した商業の専門教育機関。校舎所在地は神田錦町(現東京都千代田区)で、三菱の直轄事業として運営された。岩崎は、事業の急速な拡大への対応と、当時日本の貿易の主導権を握っていた外国人商人への対抗のために、近代的な商業・会計・法律などの知識を備えた人材を育成する必要性を痛感していた。初代校長として福沢門下の森下岩楠を迎え、設立趣意書は森下が起案した。入学資格は一五歳以上とされ(のちに一四歳に引き下げ)、修業年限は予備科三年、本科二年。さらに本科修了者を対象とした専門科一年が設けられ、銀行、船舶、保険、簿記法の実習が行われた。学科目は、予備科では英学、漢学、算術、日本作文など、本科では簿記、商法、英書による経済論などが置かれた。

校長の森下をはじめ主な教員は伊藤銓一郎、森島修太郎、美沢進、日原《ひのはら》昌造、門野幾之進など慶応義塾出身者が多数を占め、森下の後任校長も福沢門下の藤野善蔵、豊川良平であった。福沢は、一二年に、井上馨、伊藤博文、大隈重信へ宛てた書簡の中で同校を、あたかも義塾の分校ということができる、と述べている。

同校の生徒数は、初年度の一一年は一四八名、一三年には一七四名に達した。しかし、一四年の政変で三菱に対する政府の保護育成策が転換され、さらに同校の教員であった馬場辰猪、大石正巳らが自由党の結成に参加して、政治色の強い明治義塾(夜間学校)を商業学校の校舎を借用するかたちで開設すると、商業学校の生徒数は急激に減り、ついに一七年に廃校となった。開校以来の生徒総数は六九八名。

[平野隆]

▼明治一四年の政変 ▼森下岩楠

参考『三菱社誌』五、東京大学出版会、一九七九年(復刊)。宮川隆泰「三菱商業学校と明治義塾」『年鑑』(二八号)二〇〇一年。明治一二年二月一〇日付井上馨宛・伊藤博文宛・大隈重信宛各福沢書簡(『書簡集』二)。

神戸商業講習所 こうべしょうぎょうこうしゅうじょ

福沢諭吉の協力で、明治一一(一八七八)年に兵庫県が設立した商業の専門教育機関。東京に商法講習所が開所(八年)したことに刺激されて、兵庫県令森岡昌純が神戸にも同様の機関を創設することを企図し、福沢に協力を要請した。その結果、一〇年に福沢と森岡の間に「此度《このたび》兵庫県神戸に於て設くべき商業学校は、慶応義塾にて之《これ》を引受け其《その》責に任すべき

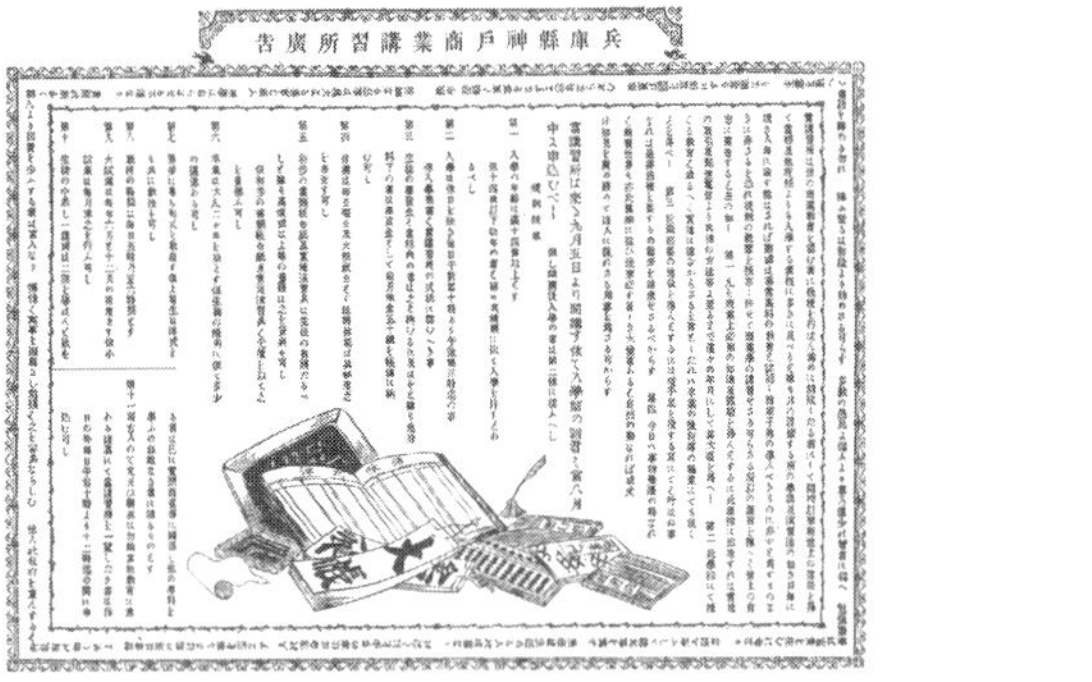

◉入学希望者募集の広告

約束をなしたり」と冒頭に記す八か条の約束書がとり交わされ、教員の人選は福沢が請け負い、学校経費は県が支出することになった。兵庫県立商業講習所は、一一年一月にこの種の機関としては東京に次ぐ全国二番目のものとして創立。上記約束書に基づき、福沢門下の甲斐織衛、飯田平作、藤井清之の三名が教員として派遣され、甲斐が初代所長に就任した。また、甲斐の後任所長の箕浦勝人《みのうら》（のちに岡山商法講習所長を兼務）も慶応義塾出身であった。

入学年齢は原則として満一四歳、修業年はおおむね二年、定員は五〇名とし、県下在籍者は授業料を免除、他県下の者のみ月五〇銭を納めることとされた。授業科目は、経済論、帳合法（簿記）などの学科と、疑似紙幣を使った銀行、船問屋、製造問屋、その他諸商売の模擬商業実践科目が設置されたが、後者は福沢が七年に起草した「商学校を建《たつ》るの主意」の付録「商法学校科目並要領」に書かれた内容と完全に一致している。

その後、一九年に神戸商業学校と改称。昭和三（一九二八）年に県立第一神戸商業学校となった。〔平野隆〕

▼商法講習所　▼甲斐織衛　▼箕浦勝人

参考『伝』二―二一編。『兵庫県教育史』兵庫県教育委員会、一九六三年。加藤詔士「神戸商業講習所と慶応人脈」『手帖』（一四二号）二〇〇九年。

大阪商業講習所
おおさかしょうぎょうこうしゅうじょ

明治一三（一八八〇）年に大阪に創設された商業の専門教育機関。慶応義塾出身のジャーナリスト加藤政之助が、一二年八月の『大坂新報』に「商法学校設けざる可《べか》らず」と題する論説を書き、これに共感した当地の青年実業家門田三郎兵衛をはじめ、五代友厚、広瀬宰平ら十数人の資金拠出によって翌年設立された。加藤の論説は、福沢諭吉が七年に書いた「商学校を建《たつ》るの主意」と論旨を同じくしており、福沢が加藤を通して大阪における商業教育機関設立の世論喚起を図ったという説もある。初代所長には、福沢門下の桐原（河野）捨三が就任し、「設立之主意及規則課目」を起草した。加藤の回想によれば、福沢が桐原を所長に推薦したとされる。さらに、同じく福沢門下の山本達雄が一四年に、吉良（矢野）亨が一七年にいずれも所長心得に就任するなど、福沢人脈が初期の同所の教育・運営において重要な役割を演じた。

当初の規則では、修業年限はおよそ一年六か月とされ、課目として簿記学、経済書などの回読講義、習字作文、算術、英語学、支那語学など、および実地商売取引の演習を設置し、さらに夜間の速成科も開設した。

一四年に経営が大阪府に移管され、以後、府立大阪商業学校、市立大阪商業学校、大阪市立高等商業学校、大阪商科大学と変遷し、昭和二四年に新制の大阪市立大学となった。〔平野隆〕

▼加藤政之助

参考 毛利敏彦「大阪商業講習所の誕生と福沢諭吉」『研究』(二巻)一九八五年。『大坂商科大学六十年史』一九四四年。三好信浩『日本商業教育成立史の研究』風間書房、一九八五年。

横浜商法学校 よこはましょうほうがっこう

明治一五(一八八二)年に横浜に設立された商業の専門教育機関。外国商人に対抗できる人材の養成を目的として、横浜貿易商組合総理であった小野光景が開設を主唱し、三井物産横浜支店長馬越恭平ら当地の有力商人七人が創立委員になった。なお、横浜商法学校という校名は慶応義塾出身で丸善創業者の早矢仕有的《はやしゆうてき》が命名したとされる。当初は本町一丁目(現横浜市中区)の町会所の二階に仮教室を設けて発足したが、すぐに北仲通(同)に校舎を新築し移転した。

福沢諭吉は、馬越から早矢仕、小幡篤次郎経由で校長の人選を依頼されたのに応じて、門下生で前三菱商業学校教員の美沢進を推挙した。美沢は、大正一二(一九二三)年に亡くなるまでの四二年間にわたって校長を務め、同校の発展に多大なる貢献を成した。

修業年限は予科二年、本科三年とし、夜学部も開設した。授業科目は、英語、経済、商業簿記、漢文などの学科と、税関、郵便・電信局、銀行株式取引所、小売店などの実地演習を置いた。さらに神戸および大阪の商業講習所と三校連携して商業実習を行ったという。美沢もみずから「セルフ・ヘルプ」という教科(由来はS・スマイルズ〔Samuel Smiles〕の著書名)を担当し、学生を感化した。在学生数は開校以来増え続け、二二年には一一七名になった。

二一年に横浜商業学校と改称、二二年には経営が横浜貿易商組合から本町外十三ヶ町区に移管され、さらに大正六(一九一七)年に横浜市立横浜商業(現在の市立横浜商業高校)となり、戦前から一貫して「Y校」の通称で親しまれている。〔平野隆〕

▼美沢進

参考 横浜市立横浜商業高等学校編『Y校七十周年記念誌』一九五二年。山本和久三編『美沢先生』Y校同窓会、一九三七年。『横浜市立大学60年史』一九九一年。

イーストマン・ビジネス・カレッジ いーすとまん・びじねす・かれっじ

アメリカ合衆国ニューヨーク州ポーキプシーに所在した商業学校。一八五九年一一月、ハービイ・G・イーストマン(Harvey Gridley Eastman)が町の図書館の一室でスタートさせたのが始まりで、「理論と実践」を組み合わせた簿記と習字を教えるのが目的であった。生徒は最初一名にすぎなかったが、短期間で実践的な商業教育を受けられることが評判を呼び、南北戦争が終結した一八六五年には一、七〇〇名に達している。入学資格や修業期間には特別な規定はなく、老若男女、さまざまな学生が自由に学ぶことができた。

生徒の出身地も多様であり、ニューヨーク近辺に限らず、カリフォルニア州、オレゴン州、メキシコ、コロンビア、プエルトリコ、カナダ、スペインなどからも学びに来る者がいた。

西洋技術の導入が急務であった明治期の日本からも入学する者は多く、そのなかには福沢の長男一太郎、養子の桃介のほか、森村豊、森村明六、森村開作、大倉和親などの慶応義塾出身者が含まれている。このうち、もっとも早く入学したのは九年に渡米した森村豊である。

福沢が書簡の中で初めてイーストマン・ビジネス・カレッジへの入学を勧めたのは一太郎留学中の一七年四月二三日のことであり(松村禄次郎宛)、二〇年一一月二九日付高橋義雄宛書簡を最後に同校への言及は見られなくなる。イーストマンは入学した生徒に対し、「酒は飲んではいけない。タバコを吸ってはいけない。罰当たりな言葉を口にしてはいけない。人を騙してはいけない。小説を読んではいけない」と語ったという。そのイーストマンが没してから五〇年あまりカレッジは存続したが、大恐慌の嵐が吹き荒れる一九三一年に閉校した。〔堀和孝〕

参考 桜木孝司「イーストマン・カレッジと日本の近代化」『高千穂論叢』三四巻四号、二〇〇〇年。明治一九年七月三一日付福沢一太郎宛書簡(『書簡集』五)の注。『全集』二〇。

拝金宗 はいきんしゅう

日本における銭(貨幣)を軽んずる習慣を批判、金銭の利得を推奨する福沢諭吉の言説を揶揄した言葉。時事新報社員高橋義雄は明治一九、二〇(一八八六、八七)年に『拝金宗』という著作を書き殖産を説いたが、これがこの言葉の広まるきっかけとなった。

『時事新報』は一八年四、五月に「西洋の文明開化は銭に在り」(四月二九日)、「日本は尚《なお》未だ銭の国に非ず」(五月一日)、「日本をして銭の国たらしむるに法あり」(五月二日)を社説として連載し、次のように論じた。日本では銭で物質的な快楽を得ることはできるが、栄誉を得ることはできない。しかし西洋では栄誉も得ることができる。その意味で西洋諸国はまさに銭の世の中であり、銭が西洋社会運動の根本を成している。これは文明開化にとっても立国のためにも非常に大切なことであり、各人が自分の利益のために銭を求めることが殖産の道を開き、国富を増進させるのである。これに対して日本では旧幕時代以来の気風から抜け出せず、銭なきを栄誉とする面があり、これは文明の発展にとって大いに問題である。それでは、銭に栄誉勢力を付与するにはどうすればよいか。その第一は、「先進の士人有志」が率先して立国の根本である殖産に従事して模範を示すことであり、第二は富豪家自身が封建時代以来の「素町人土百姓の卑屈」を脱してみずからその体面を高くすることである。

　これらは二三年の「尚商立国論」につながる主張であるが、さらにのちの三〇年に刊行された『福翁百話』においても福沢は、経済的な独立を達成しようとして努力する人を拝金者として批判するようなことがいまだに行われていると嘆じている。「拝金宗」は福沢の晩年にまで連なる主張であったといえる。　［大塚彰］

▼尚商立国論　▼高橋義雄

◉高橋義雄『拝金宗』第二編表紙

成学即身実業の説《せいがくそくしんじつぎょうのせつ》

　福沢諭吉は、明治一九(一八八六)年一月の演説「慶応義塾学生諸氏に告ぐ」ならびに同年二月の演説「成学即身実業の説　学生諸氏に告ぐ」において、慶応義塾学生に向かい学問を修めた後、ただちに社会で実業を担うように説いた。

　一月の演説では、「一国の富は一個人の富の集まりたるもの」という経済観を前提として、養蚕の目的が蚕卵紙をつくることではなく糸をつくることであるように、教育の目的は教師をつくることではなく実業者をつくることである、と主張。日本は維新以来、「文明富強」のため教育の充実に取り組んできたが、その結果として生まれた「学者」すなわち高等教育を受けた者は、とても「一家の富を起す」に足る能力を備えているとはいえない。これは、教育が高尚になるに従って、「学者」は俗世界を軽蔑するようになり、役人になるか教師となってしまうためであると分析する。また、このような状況に対して慶応義塾は、学問の真理原則を重んじる点では一歩も譲らないが、一方でその学問を神聖なものとして祭り上げず俗世界の便宜に利用することを旨としていることを述べ、教育の場を俗世間から逃避した「仙境」にはせず、すべての学生を「即身実業の人」とすると述べた。

　また二月の演説では、次世代の若者は若き日の福沢自身の経験を見習うべきではない、と説く。福沢は、自分の洋学は生計のためではなく、「出来難《がた》き事を好んで勤《つとむ》る」士族の気風から、むずかしい学問であるがゆえに洋学に志し、学問のための学問として、気位高くその辛苦勤学を楽しんだことを回顧。しかし、その学問で俗世界に用いられ、さらに「一本の筆の先き」にて財産をつくれたのは、幕末維新の時勢の変遷による「偶然の僥倖」であり、次世代の若者は自分のような無謀な挙動を再演すべきではない、と戒める。幕末維新とは異なり、文明開進の方向はすでに定まり、自分の学業をどこに活用するかは計画できる時代である。「生計に縁なき学問は封建士族の事」であり、いまは労働によって生活する時代で、学問は生計を求める方便である。このように述べ、福沢の経歴にはならわず「成学即身実業の人」となるように勧告した。

なお、『時事新報』はこの年の秋には、「学問の所得を活用するは何《いず》れの地位に於てす可《べ》きや」(九月二九日)、「今の学者は商売に適するものなり」(九月三〇日)、「素町人の地位取《と》って代わる可し」(一〇月一日)を連載し、学問の目的は「学者」個人の生計を可能にし、それにより自然に国を富ますことであると再論。成学ののち、学問と士族的な「気義」を備えた「学者士流」は職業を選ばずただちに実業界に飛び入り、文政天保の遺物のような「素町人」に代わって、「商売の地位を推し上げ」るべきだと説いた。

これらの主張は、実業界の形成が現実化しつつあった一九年の時点において、福沢や『時事新報』が、その担い手として「学者」に強く期待していたことを示すものといえる。 〔小室正紀〕

▼適塾での勉学 ▼適塾の生活

尚商立国論 しょうしょうりっこくろん

明治二三(一八九〇)年八月二七日から九月一日まで、五回にわたり『時事新報』(以下『新報』)に連載された社説。「尚商」とは、武事や軍事を尊ぶ「尚武」という従来からあった言葉を借用して考案された造語で、広義の商つまり実業を重んじるという意味。この論説で福沢諭吉は、日本に尚商の風潮を起こし優秀な人材を実業界に向かわせ、商工業を盛んにして国富を増進させ、それによって国の独立を確かなものにしなければならないと主張した。

当時の日本において尚商は容易なことではなかった。その原因として、封建時代にあった武士とそれ以外の平民との間の身分的上下関係が明治維新以降に変形して、「官尊民卑の陋習(悪習)」となって存在していたことが指摘される。すなわち、一方で政府の職につく者が日本社会の上流に位置づけられ、世の中の栄誉をすべて専有し、人民に対して尊大に振舞っていた。他方で実業に従事する民間人の多くは無気力で政府に対して卑屈な態度をとり続け、自分の立身出世に志すことはあっても、自分の属する人民社会の栄辱には関心がなかった。この官尊民卑は「日本国民の骨に徹した習俗」であり、にわかに変化することは望めなかった。

このような状況を打破するためには、

まず官職にある者が虚威を張るのをやめ、率先して一歩でも官民平等の方向に進むことが必要である、と福沢は提言する。それによって、実業社会の地位は上昇し、優秀な人材がそこに集まり、そうすればますます実業の重要性が増し、ついには商工業が立国の要素となる日が来るであろう、とする。そして官尊民卑の陋習を捨て尚商立国を目指すというこの説は、いまはまだ奇論と思われるかもしれないが、徳川時代に過激な論とされていた廃藩が維新後二〇余年たって誰も非難する者がいなくなったのと同じように、一〇年、二〇年後には奇論ではなくなる日が到来すると信じる、と結んでいる。このような日本の真の発展のために商工業者に社会的栄誉を与える途を開くべきだという提言は一九年一月の『新報』社説「日本工商の前途如何」などにもみられる。

なお、のちに福沢および慶応義塾の基本精神を象徴する言葉として知られるようになる「独立自尊」という熟語は、この「尚商立国論」の中で初めて使われたとされる。ただしそれは、政府に媚びへつらう旧来の商人たちの有様を指して、福沢が「独立自尊の境界を去ること遠しと云うべし」と慨嘆するという文脈においてであった。権力者に追従して身を立てようとする者が少なくないという風潮について、『新報』はこれ以前にも繰り返し批判しており、例えば一八年八月の社説「立身論」でも、風刺的に取り上げている。〔平野隆〕

▼経済小言

参考『全集』九・一〇・一二。『著作集』六。千種義人『福沢諭吉の経済思想』同文館、一九九四年。

明治二〇年代中葉の経済倫理《めいじにじゅうねんだいちゅうようのけいざいりんり》

明治二四（一八九一）年から二五年にかけて、福沢諭吉は数度にわたり慶応義塾生の前で経済倫理に関する演説を行った。当時、日本経済は二三年恐慌から立ち直り、新たな企業勃興が進んでいた。そのような時代状況をふまえ、実業社会で生きるための精神を若者に説いたのである。

福沢は、学問を修めた塾生を社会の「最上等」の部類の人間と位置づけ、それ相当の義務があるとする。経済的にも精神的にも独立した存在となり、大切なときに節を屈せず、さらに進んで人びとを啓蒙し、事業を起こし「自利利他の主義」に基づき、他人の独立を助け、社会の「貧富賢愚の不平均」を和らげなければならないというのである。

しかし、それには現実の実業社会の中で生きてゆくための心構えも欠かせない。士族風の経済観を抜け出せず、金銭を卑しみ大切とせず、それゆえに貸借にも消費にも金銭の用法が豪放無法な有様では国運を担うことはできない。福沢は、そのような金銭観を批判し、堅実緻密に用法を慎む必要を説く。また、実業社会で仕事を得てゆくには、「鄙劣《ひれつ》」ともいえる実業の実態に落胆せず、役不足に不平を持たず、修めた学問の根本は維持しつつも、「通俗世界」の人情にみずからを適せしめなければならないとする。具体的には、仕事の軽重にかかわらず陰日向なく細々注意して、「縁の下の力持」として「小心翼々」として立ち働くことを勧める。

この心構えを、福沢は「その心術を元禄武士にして、その働《はたらき》を小役人素町人にすべし」と表現しているが、それらは、門下生たちが高い精神性を維持しつつも現実的な能力を兼ね備え、体制化しつつある実業社会で生き残るための助言であった。

また、二五年一一月五日の演説では、特に地方の豪農豪商の子弟に向け、まず自身の一家の気風を徐々に文明化し、進んで一村一郷のために心身を労することを求める。郷党を教え導き、殖産を開き地方の利益を進め、さらに社会の徳風が衰える中で踏み止まり、人びとに標準を示し地方の徳風を厚くする。これを地方有力者の責任とするのである。

なお、このように実業世界で積極的に生きてゆくことを求めながらも、人間世界を「戯《たわむれ》と知りながらその戯を本気で勉め」るという、実業に惑溺しない醒めた情熱も説いており、そこには以後の晩年の思想につながる面も認められる。

〔星野高徳〕

参考 「明治二十四年七月十一日慶応義塾演説大意」『時事新報』明治二四年七月一五日付。「明治二十四年七月二十三日慶応義塾の卒業生に告ぐ」同二四年八月二日付。「明治二十四年十月十日慶応義塾演説筆記」同二四年一〇月二〇日付。「明治二十五年十月廿三日慶応義塾演説筆記」同二五年一〇月二八・二九日付。「明治二十五年十一月五日慶応義塾商業倶楽部の演説筆記」同二五年一一月一五・一六日付。「明治二十五年十一月十二日慶応義塾演説筆記」同二五年一一月二四日付。

実業への関与

融智社　ゆうちしゃ

明治七(一八七四)年に福沢諭吉の盟友中村道太、福沢門下の早矢仕《はやし》有的《ゆうてき》・桜井恒次郎・朝吹英二らが起こした一種の信託銀行。横浜境町に会社を置き横浜融智社とも呼ばれていた。発起は右の四名であったが、実質上の経営は次第に桜井一人が引き受けるようになった。経営は順調ではなかったようで、一二年一一月頃には境町の不動産を表向き丸家銀行へ売り渡し、実質上、事業を同行へ引き渡している。

福沢は七年一二月に年利一割で一〇、一二五円を預け、一年間は月割りで利子のみ受け取ったが、八年一一月からは、その利子のうち六分を受け取り、残りの四分は同社に積み置くことに改めた。結局、福沢はこの積立分を受け取ることはなかったが、一六年に、門下生が経営していた慶応義塾出版社の債務整理を助けるに当たり、この積立分の放棄を理由に桜井に二、〇〇〇円分の肩代わりを依頼している。

福沢の影響のもと、門下生第一世代が挑戦し福沢も援助した事業の一つだが、実業経験の未熟さから、わずか四年の経営で終わった。同社について福沢は一六年の覚書「融智社の略記」で、「是れ士族商売の拙のみ、深く咎る《とがむ》に足らず。唯《ただ》その終始正直は可嘉《よみすべし》」と記しており、公正な経営であった点は評価している。

〔小室正紀〕

▼慶応義塾出版社　▼桜井恒次郎

参考『全集』二〇。明治一六年一二月一五日付桜井恒治郎宛福沢書簡。

自力社会 じりきしゃかい

早矢仕《はやし》有的《ゆうてき》を社主、高力《こうりき》衛門と穂積寅九郎を社幹として、明治一〇（一八七七）年に設立された民間法律相談所。実際には高力が経営し、早矢仕・穂積は名義のみであったという。福沢諭吉は「自力社会設立の記」を執筆し、社員として名を連ねている。福沢はこの文書の中で、裁判は費用が掛かり、かつ決着後も双方に敵意が残ってしまうこと、また「公」に頼ることでますます政府の圧制を招く結果となるといった害が生じると論じ、民事のことはできるだけ官に訴えず、「私」の仲裁によって熟談すべきことを説いている。また、訴えるにしても、「人民の体面」において政府に対して「見苦しからざる程の処置」をしなければならないとする。

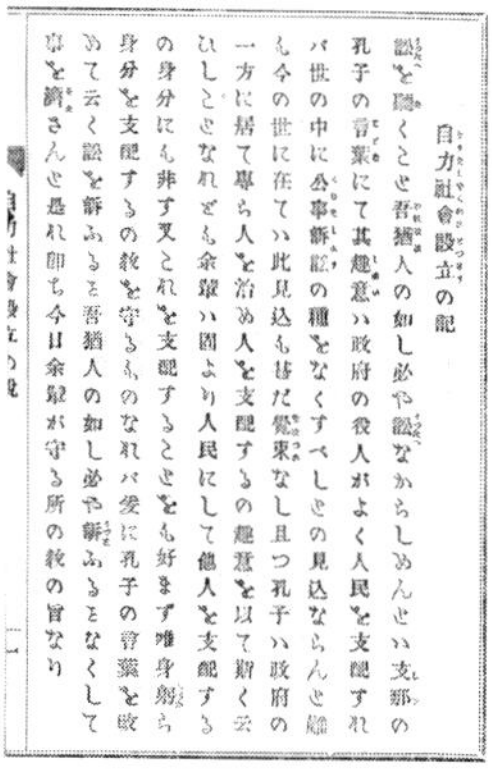
自力社會設立の記
訟を聽くこと吾猶人の如し必や訟なからしめんとハ支那の
孔子の言葉にて其趣意ハ政府の役人がよく人民を支配すれ
バ世の中に公事訴訟の種をなくすべしとの見込ならんと雖
も今の世に在てハ此見込も甚だ覺束なし且つ孔子ハ政府の
一方に居て專ら人を治め人を支配するの趣意を以て斯く云
ひしことなれども余輩ハ固より人民にして他人を支配する
の身分にも非ず又これを支配することをも好まず唯身躬ら
身分を支配するの教を守るものなれバ爰に孔子の言葉を改
めて云く訟を訴ふることを吾猶人の如し必や訴ふることなくして
事を濟さんと是れ即ち今日余輩が守る所の教の旨なり

◉「自力社会設立の記」

このような趣旨に基づき、福沢ほか七名の社員の協議によって「自力社会」は設立されたが、その名称は「社中自力を以て自ら治むるの義」から名づけられたという。同社では、社員は商用その他の約条の締結や商売取引の際に相談することができ、社幹は社員のために訴訟時の案文作成、商売その他の約定書の作成などを行うことがあるとした。社の会合は丸屋商社交銀私局の一室を借りて行われた。また、社は「東京並《ならび》に横浜の人の協議に成るもの」ではあるが「遠国の農商」の有志も入社を許可するとした。

なお福沢は、加入を希望する下総国埴生郡（現千葉県成田市）の小川武平を紹介した一〇年三月二二日付の早矢仕宛書簡の中で、小川のかかわる長沼事件に触れ、代言人を利用せずに処理したこの事件について、聞いたり書類を見たりすることによって、社幹たちも利益を得ることができるだろうと述べている。同会は一二

年、商法夜学舎が設立されたことに伴い閉鎖されたという。　〔坂井博美〕

▼長沼事件

参考『丸善百年史』資料編、丸善株式会社、一九八一年。『書簡集』二。『全集』四。

高島炭鉱　たかしまたんこう

福沢諭吉がその経営を三菱が行うのが国益に適うと考えて運動した鉱山。

同鉱山は、長崎港外に位置する高島（長崎市）を中心とし、良質の石炭を産出した。一九世紀の初め佐賀藩の経営となり、幕末には佐賀藩と外国人との共同経営によりわが国最初の洋式炭坑に発展した。明治六（一八七三）年、政府はこれを買い上げて官営としたが、翌年後藤象二郎が、ジャーディン・マセソン商会から借り入れた資金でその払下げを受けた。しかし後藤の経営は放漫で利益が上がらず、資金の返済ができなかったので、商会から訴訟を起こされていた。

福沢は政治家としての後藤を高く評価しており、彼が破産して政治生命を失うことを惜しみ、また外国船が石炭の代金として支払う洋銀を確保するためにも、その経営を鉱山経営の経験を持つ川田小一郎を擁する三菱の岩崎弥太郎の手に移すのがよいと考えていた。岩崎は後藤と同藩の出身で幕末の動乱期には同志として活躍、姻戚でもあった。福沢はすでに一一年一〇月、石川七財を通じて働き掛けていたが、すでに海運業で大を成していた岩崎は、新しい分野の事業に乗り出すことを承知しなかった。しかしその後一二年一〇月、福沢のもとで学び、三菱の社員になっていた荘田平五郎を通じて再び働き掛け、それがきっかけとなり交渉が進み、曲折の末岩崎は一四年四月これを入手する。以後三菱はその経営に努めた結果、連年巨額の利益を上げるようになり、特に一八年に海運業界から撤退した後には、三菱の経営の中軸となった。

福沢が後藤と岩崎との間に立ち、岩崎の弟弥之助、川田小一郎、石川七財、荘田平五郎などと協力し、また洋銀の騰貴に苦しむ大蔵卿の大隈重信をも動かして、渋る弥太郎を説得する様相は一二年秋から一四年春にかけてこれらの人たちに送った書簡によく現れている。　〔坂井達朗〕

▼三菱商会　▼岩崎弥太郎　▼後藤象二郎

丸家銀行　まるやぎんこう

福沢諭吉が門下生の事業に協力し、主要な出資者の一人として経営に参画した銀行。

丸屋商社は、鉄砲洲時代の福沢門下生早矢仕有的《はやしゆうてき》が、明治二（一八六九）年一月一日横浜の新浜町に開業した書店から出発したが、その後中村道太の協力を得て急速に発展し、六年にはすでに「諸店合して一年十万両よりも多」（明治六年一一月六日付松田道之宛福沢書簡）い規模に達しており、福沢も資金を融資する（明治六年六月一二日付早矢仕有的・中村道宛福沢書簡）など、その発展に協力を惜しまなかった。

一二年早矢仕は丸屋の営業の金融部門の拡充を図るべく、無限責任の株式会社「丸家銀行」を設立した。発足時点における主要な株主は、初代の頭取となった旧中津藩主奥平昌邁《まさゆき》をはじめとして、福沢およびその関係者で占められていたが、その一人に旧山形藩水野家家扶であった近藤孝行（福沢の門下生で丸家銀行二代目の頭取）がいた関係で、一三年の増資以降は「山形財閥の色彩」が強くなっていた。

この丸家銀行が一七年四月、突然支払いを停止し、福沢をはじめ関係者を驚かせた。原因は松方デフレ下における一般的な景気後退、ことに山形地方の殖産事業への貸付が回収不能になったことであった。その時点で福沢が所持していた株式は「五千五百円」分で（明治一七年五月一八日付山口広江宛福沢書簡）であった。福沢の心配は、金銭的損害もさることながら、銀行が無限責任であったため、株の名義人であった三男の三八が破産する恐れがあったことである。

近藤が辞任したあと頭取に就任した早矢仕は福沢や中村、また日銀の副総裁であった富田鉄之助などの協力を得て整理に努めたが、作業は順調には進捗せず、ついに二一年五月二六日、丸家銀行は破産宣告を受ける。しかし一部の債権者から起こされていた、株主の財産をも提供せよという訴えは却下されたので、福沢が恐れていた満三歳八か月の三男が破産するという事態は免れた。 ［坂井達朗］

▼丸屋商社

参考『丸善百年史』丸善株式会社、一九八〇年。

横浜正金銀行 よこはましょうきんぎんこう

明治一二（一八七九）年一二月に国立銀行条例に基づいて横浜に設立された銀行で、外国為替など対外貿易金融を主要業務とした。設立当初の資本金は三〇〇万円（大蔵省一〇〇万円、民間二〇〇万円出資）。一〇年の西南戦争を機に政府紙幣の増発によりインフレが生じ、また輸入超過により正貨（銀貨）が流出して、紙幣と正貨との格差（銀紙格差）が拡大した。福沢諭吉は『通貨論』で銀紙格差の原因を「紙（紙幣）の過多」とみなしたのに対して、参議兼大蔵卿大隈重信はその

●横浜正金銀行本店（明治二〇年頃）

原因を銀貨の供給不足と考え、洋銀取引所の設立(一一年二月)などの政策を講じたが、福沢も大隈も、外国商社・外国銀行に掌握されていた「商権回復」のために正貨の安定的供給を担う貿易金融機関の設立が必要である、という認識では一致していた。

横浜正金銀行の設立は福沢と大隈の連携の所産で、福沢書簡には「バンク(の)一条」「銀行一条」と記されている。福沢は、一二年八月に銀貨変動の安定化のための「一種之常平局」のような金融機関の具体的提案書を大隈に送付し、小泉信吉《のぶきち》や中上川彦次郎を通じて銀行設立が具体化してくると、大隈に実務担当者として中村道太を紹介し、政府の出資を要請するとともに、丸善の早矢仕有的《はやしゆうてき》らと相談し、民間からの出資金の調達に尽力した。大隈はおそらく福沢の提案書をもとに「貿易銀行条例」案を作成し、一二年一一月に中村道太など二三名を発起人として「金銀貨幣ノ供給運転ヲ便ニスル」目的で正金銀行創立願が提出され、一三年二月に営業を開始した。頭取には中村道太、副頭取には小泉信吉が就任し、株主や行員には慶応義塾関係者が多く参加した。民間の主要株主は、堀越角次郎をはじめ早矢仕有的、岩崎弥太郎など福沢の知人が上位を占め、福沢自身も二〇〇株(一万二、〇〇〇円)を引き受けた。しかし、正金銀行は松方デフレの影響で損失額が増加し、一五年七月に中村は引責辞職に追い込まれた。

正金銀行の主要業務は、設立直後の松方財政期に正貨蓄積の必要から対外貿易金融に転換し、二〇年七月の横浜正金銀行条例により特殊銀行の性格を有するようになった。明治二二年九月の『時事新報』社説「横浜正金銀行に所望あり」は、こうした正金銀行の海外支店の情実人事や業務の「御役所風」化が民間の貿易商に不便をもたらし、日本の貿易の発展を妨げていることへの懸念を表明したものである。

正金銀行は、五回にわたる増資を経て大正八(一九一九)年に資本金は一億円となり、ニューヨーク、ロンドンなど海外の主要都市に支店を置き、戦前期日本の対外貿易金融の中心としての機能を果たした。昭和二二(一九四七)年六月に閉鎖機関に指定され、主要業務は東京銀行に継承された(現在の三菱東京ＵＦＪ銀行)。〔杉山伸也〕

▼中村道太　▼通貨論

参考 横浜正金銀行編『横浜正金銀行史』全五巻、一九二〇年(復刻版西田書店、一九七六年)。中村尚美『大隈財政の研究』校倉書房、一九六八年。土方晉『横浜正金銀行』教育社、一九八〇年。東京銀行編『横浜正金銀行全史』全六巻、一九八〇～八四年。玉置紀夫『起業家福沢諭吉の生涯―学で富み富て学ぶ』有斐閣、二〇〇二年。『書簡集』二。

貿易商会　ぼうえきしょうかい

明治一三(一八八〇)年七月に設立された貿易会社。社長は丸善の創業者である早矢仕有的《はやしゆうてき》。元締役兼支配人に三菱から移籍した朝吹英二が就き、他に西脇悌二郎、杉本正徳、笠原恵などが元締役を務めた。「貿易商会開業の演説」の草稿は、福沢諭吉が朝吹に書き与えたものといわれる。そこでは、「政治を以て論ずればこそ日本は依然たる日本にして、嘗《かつ》て寸尺の地を失わざれども、貿易の点より之を見れば我国境を侵さるるの甚しきものと云うべし」と述べられ、日本の商権回復を目的として、同商会を設立したことが宣言されている。主な取り扱い商品は生糸であった。

開業初年の業績は好調で、福沢は旧三田藩主九鬼隆義に貿易商会への投資を勧めている（一三年七月一四日付白洲退蔵宛書簡）。また、のちに甲斐商店を興す甲斐織衛もニューヨークの地でこの会社のために働いていたようである（一三年九月三日付村井保固宛書簡）。しかし、一四年以降、松方デフレのあおりを受けて伸び悩み、一九年には活動を事実上停止、二六年に新設された横浜生糸会社に吸収された。先行する三井物産が御用商売を手広く扱ったのに対し、貿易商会が一四年以降、御用商売に従事しなくなったのも挫折の一因とされる。

なお、早矢仕は一三年一一月笠原と共に貿易商会と同様の性格を持つ内外介商店を設立しており、その翌年には同店内に丸善為換店が開かれた。しかしこれらも不況の影響を免れず、大きくは成長しなかった。〔堀和孝〕

▼早矢仕有的

参考『全集』一九。丸善株式会社編『丸善百年史』上、一九八〇年。木山実「貿易商会の設立とその挫折」『経営史学』三一巻四号、一九九七年。『書簡集』三、四、こと「丸善・丸家銀行・貿易商会」。

賛業会社　さんぎょうがいしゃ

貿易商会支配人の杉本正徳が起こした会社。正確な設立年代や業種は詳らかではない。福沢諭吉は明治一四（一八八一）年六月、捨次郎名義で同社に一万円出資した。慶応義塾に学んだ門下生ではない杉本が福沢の知遇を得たのは、同じ旧豊橋藩出身者である中村道太の仲介によってであると考えられるが、出資後まもなく業績不振に陥ったため、福沢は一五年九月、明治会堂および交詢社の負債と賛業会社の株券との引替を書簡で杉本に申し入れた（一五年九月二五日付）。しかし杉本は速やかに対応できる状況ではなく、一六年三月に至ってもまだ出資金の約束どおりの返却を求めた書簡が残っている（一六年三月一日付）。その後の賛業会社の足取りは不明であるが、杉本は二〇年以降も、福沢の投資した小真木鉱山、三有鉱業会社の社長を務めるなど、両者の協力関係は持続した。〔堀和孝〕

参考「証書類を納めた封筒の表書」『全集』二一。『書簡集』三。木山実「貿易商会の設立とその挫折」『経営史学』三一巻四号、一九九七年。

小真木鉱山・細倉鉱山　こまきこうざん・ほそくらこうざん

福沢諭吉が門下生の事業に協力して投資した鉱山。

鉄砲洲時代の門下生の中からは、中村道太や早矢仕有的《はやしゆうてき》のように、身につけた文明の知識だけを元手として、独力で実業界に大きな力を持った起業家が生まれている。彼らは時として投機をも辞さない進取の気性の持ち主であり、鉱山開発は中村や早矢仕の経営の重要な柱の一本であり、彼らを支援していた福沢は自然、鉱山業に投資することになった。

明治一六(一八八三)年、秋田県鹿角《かづの》郡毛馬内《けまない》(現鹿角市十和田)の小真木鉱山の再開発を企図した中村が、そのための必要な資本を外国人から借り入れようとしたとき、福沢は日本人が外国人を相手に取引するのは至難であると考えて六万余円を融資し、再開発は成功し大きな収益を生み出した。中村は福沢に対する謝礼として鉱山の株を贈ろうとしたが、福沢は「他人の千辛万苦したる鉱山の利益を坐して貪るの意」はないと固辞した。しかしそのとき「以来所有金銭の事は大小となく中村道太に委託し有金の預け所と定め」たので、中村の言に従い株券を受け取り、配当金は丸家銀行の破綻で福沢が蒙った損失を補填することに用い、償却が終われば、その後の用途は「相談の上」決めることとした(「福沢氏口元帳写〔明治一九年三月〕」および「諸口差引大帳」)。

この鉱山は二一年七月頃、社長の杉本正徳により三菱に売却され、そのとき福沢は「御蔭を以て老生方之勘定も奇麗に出来可申存候《もうすべくぞんじそうろう》」(明治二一年七月一日付中上川彦次郎宛福沢書簡)と書いており、この売却益により丸家銀行で受けた損失の償却が完了したのであろう。

細倉鉱山は宮城県栗原郡鶯沢(現栗原市)の鉱山で、古くは銀が、その後は主として鉛や亜鉛の鉱石が採掘された。二三年、小真木鉱山を処分した杉本や門下生の肥田昭作らによって細倉鉱山会社が設立され、福沢はこれにも投資し、また杉本および肥田へ融資も行っている(「諸口差引大帳」)。また「老生も今度は出来候丈《だ》けを周旋致候《いたしそうろう》積《つもり》に付而《ついて》は」(明治二三年四月八日付肥田昭作宛福沢書簡)として、出資者の紹介もしている。この鉱山はのちに三菱に売却され、日本有数の鉱山に発展した。

〔坂井達朗〕

参考『全集』二一。

慶応義塾督買法　けいおうぎじゅくとくばいほう

明治一九(一八八六)年一〇月に福沢諭吉が立案した慶応義塾内における商売の取締法。当時三田の敷地内は居住する者だけでも五〇〇名を越え、福沢の試算によれば、一人当たりの衣食費用を年七〇円として、年間消費総額四万二、〇〇〇円に達する大きな市場であった。そのため利にさとい出入の商人たちは、地方出身者が都会の物価に慣れていないことを利用し、また義塾側が特定の商人に限れば人情を生じ悪徳な商売はしないと考えたのを逆手にとり、出入を特権として不当な高値で販売することがあった。

福沢はこれを避けるため、慶応義塾督買法八か条を定め、「邸内督買」（当初慶応義塾督買）と称する役職を設け、敷地内における物価の調査を行い、購入方法について助言を与え、また購入の代行などを行うことにした。

「慶応義塾督買法」と、学内に発表するために加筆したと思われる「邸内督買法」の二種類の自筆文書が残されており、更に半年の試行後見直すことも記されているが、運用の実態は明らかではない。

〔西澤直子〕

参考『全集』一九。『義塾史事典』。

門下生たちの活躍

三田藩関係者と志摩三商会《さんだはんかんけいしゃとしまさんしょうかい》

摂津三田《さんだ》藩最後の藩主九鬼隆義は福沢諭吉の思想に共鳴するところが多く、旧士族が実業に進出すべきである、という点でも藩士ともども福沢の主張を実践した。

隆義と福沢の接点は、三田藩の蘭学者で蕃書調所《ばんしょしらべしょ》教授として福沢の上司格であった川本幸民の紹介によるものといわれている。隆義は明治二（一八六九）年に三田藩知事として洋学校の創設を目指し、これに福沢は協力することを約束している。この学校建設は結局実現しなかったが、福沢は岩倉具視などにも働き掛け最後まで実現に努めた。

隆義は廃藩後、主要な旧藩士と共に神戸に移り、六年三月、栄町三丁目に丸善にならった貿易商社志摩三商会を開設した。同商会は、九鬼家の故地である志摩と三田藩の三を合わせて社名とし、隆義を総裁格に戴き、後述の白洲《しらす》退蔵、小寺泰次郎、前田兵蔵らの旧藩士が幹部として経営を担った。取扱い商品は、看板に「医学 西洋キカイ所」とあるように、医薬品・医療機器をはじめとして食料などの輸入品であったが、貿易業自体では丸善ほどの成功は収めなかった。むしろ、神戸での時宜を得た土地投機で莫大な利益をあげ、その後の経営と九鬼家の資産を安定させた。しかし、白洲の退社や幹部の世代交替により事業の維持がむずかしくなり、二五年に九鬼家が引き取るかたちで解散した。

なおこの間、隆義はさまざまな事業に乗り出しているが、その多くは成功しなかったようであり、福沢は隆義の純真ではあるが未熟な事業熱から九鬼家の資産を守ることにも腐心している。その動機について福沢は二二年の白洲宛の書簡において、自分が、隆義につき「その性質の美にして君子の風あること、旧大名中曾《かつ》て見ざる所なるに恋々して」いるためと吐露している。

旧三田藩関係者で、隆義と福沢との間を仲介する役割をもっとも果たしたのは白洲退蔵だが、白洲は三田藩儒臣の家に生まれ、隆義のもとで登用されて藩政改革に取り組み、廃藩後は隆義の家扶的役割を担った。福沢との交流も密接で、隆義の事業や慶応義塾への寄附の打診、白洲自身のことなどについて多くの白洲宛福沢書簡が残されている。一五年に横浜正金銀行取締役に就任したのも福沢の推薦によるものであった。なお福沢は小寺泰次郎とも交流があり、二二年の慶応義塾大学部開設に際しては寄附を依頼している。

また、前田兵蔵の嗣子泰一は慶応義塾で学び、神戸女学院の前身である神戸ホームの開設に尽力した。このほか三田藩関係者で慶応義塾で学んだ者としては、隆義の実弟で旧小野藩主の一柳末徳《ひとつやなぎすえのり》、隆義の長男隆輝、白洲退蔵の長男文平、北海道開拓のために旧三田藩士が中心となって結成した赤心社の副社長沢茂吉《しげきち》などがいる。

〔小川原正道・小室正紀〕

▼九鬼隆義 ▼沢茂吉 ▼白洲退蔵

参考 小室正紀「九鬼隆義・白洲退蔵・沢茂吉」『評論』（一〇八八号）二〇〇六年。岸田達男「福沢諭吉と摂州三田」『手帖』（七七号）一九九三年。同「福沢書簡にみる摂州三田藩主従」『手帖』（八一号）一九九四年。『書簡集』四。『三田市史』下巻、三田市、一九六五年。

三菱商会 みつびししょうかい

三菱商会は明治六（一八七三）年に東京―大阪間と神戸―高知、博多間を定期航路として発足させた海運会社。翌年には東京へ本社を移転、同時期に三菱は政府から日本国郵便蒸気船の経営を任されたこともあって、国内の海運事業に本格的に着手していた。福沢諭吉は三菱の総帥である岩崎弥太郎から人材を求められ、門下生の荘田平五郎を紹介し、八年に三菱商会に入社させている。荘田は岩崎のもとで三菱会社社則を新たに制定、社内を運用課、会計課、初期課、監督課の四課に改編するなどの改革を行っていった。

◉三菱の幹部たち（明治一〇年）。前列左から二人目に岩崎弥太郎、後列右端に荘田平五郎。三菱史料館蔵。

八年、三菱商会は郵便汽船三菱会社へと改編される。この時期、福沢は山田季治（のちに『ジャパン・タイムス』を創刊）、吉武精一郎(のちに日本郵船支配人)など多くの門下生を三菱に入社させている。また三菱の管事であった荘田は岩崎に助言し、東京海上火災保険会社(一二年開業)、三菱為替店(一三年開業)、三菱会社長崎造船所(一七年創業)、東京倉庫(二〇年開業、のち三菱倉庫に名称変更)などの事業展開を行っている。日本郵船会社の発足によって海運業を手放すことになった後の一九年には三菱社を新たに設立、荘田は東京丸の内のオフィス街化を目指し、二三年に政府から丸の内一帯の払下げを受け、二五年より丸の内一号館、二号館、丸ビルなどの建築に順次着手、都市計画にも力を注いだ。

二六年の合資会社改組後は、幼稚舎、三菱商業学校出身である岩崎久弥が社長となり、北海道炭田、筑豊炭鉱、唐津炭田などの開発や長崎造船所の拡張と神戸造船所、彦島造船所の新設などに着手し、重工業を主体に経営を拡大した。また事業別に責任経営制を導入、各事業部の活性化をうながし、後年のグループの分系会社設立の道も開いた。福沢は三菱商会時代から一貫して多くの門下生を三菱に入社させており、例えば、二九年刊行の『慶応義塾塾員学生姓名録』でも、三菱合資会社のみで、弥太郎の従弟で三菱銀行部支配人である豊川良平(八年卒)を含めて九名が記載されている。その他三菱系各事業に就いている門下生はさらに多く、彼らは荘田を中心として三菱の各事業の発展に大きく貢献した。

[中村陵]

▼日本郵船会社の成立 ▼荘田平五郎

参考 『三菱銀行史』一九五四年。三菱商事株式会社編『三菱商事社史』上巻、一九八六年。『書簡集』二・三。

森村ブラザーズ もりむらぶらざーず

明治一一(一八七八)年にニューヨークに開設されたアメリカにおける森村組の拠点。森村組は、幕末以来の江戸商人森村市太郎が、福沢諭吉の思想の影響もあり、一四歳年下の弟豊と共に九年に設立した輸出商社。設立と同時に福沢や小幡篤次郎の熱心な勧めにより、兄弟は家財まで売り払い渡米資金を調達し、豊がニューヨークへ渡った。はじめは渡米経験の豊かな佐藤百太郎らと日之出商会を設立し日本の工芸品や雑貨を販売していたが、次第に佐藤と経営方針を異にするようになった豊は、一一年に佐藤と袂《たもと》を分かちニューヨークに同様な商品を扱う森

◉ニューヨークの店舗(明治一五年頃)

村ブラザーズを開設した。

開設後は、日本で兄の市太郎が天秤棒や風呂敷を担いで仕入れた品物を、弟の豊がニューヨークの大通りに露天を出し、寒い日にも焦げパンをかじりながら、夜は露天の蔭で毛布にくるまって寝るような生活をして商った。厳しい商売ではあったが人手も必要であり、市太郎は福沢に義塾の卒業生で同社で働く者の推薦を依頼。村井保固が推薦されて渡米し、のちに豊の無二の協力者として同社を支えることになる。その間、一三年前後には、日本政府の貿易振興策で内務省から多額の補助金を受けた起立商工会社などとの競合で苦境に陥るも、森村は福沢に叱咤激励され窮地を切り抜け、一八年にはアメリカ全土に向けた卸売業にまで事業を発展させた。

森村ブラザーズは、福沢にとってみずからの思想の実践例として好感すべきものであったばかりでなく、アメリカの情報源でもあり、村井からの来信の内容を『時事新報』で紹介することもあった。

また、市太郎の息子の明六と開作や縁戚の大倉和親が義塾で学んだ後に同店で仕事の経験を積み、義塾卒業生の岩橋謹次郎も二〇年に入社し在米勤務に就くなど、義塾との関係も深い。さらに福沢にとっては、留学中の息子たちへの為替送金や、知人の渡米時や朝鮮開化派の亡命の際に便宜を依頼するなど、アメリカにおけるエージェントの機能も期待できる企業であった。〔小室正紀〕

▼森村組　▼村井保固　▼森村市太郎・森村豊　▼森村明六・森村開作

参考 小室正紀「書簡に見る福沢人物誌9　森村市太郎・森村豊・村井保固」『評論』（一〇七五号）二〇〇五年。森村市左衛門述／菊池暁汀編『積富の実験』大学館、一九一一年。森村市左衛門『独立自営』実業之日本社、一九一二年。大西理平『村井保固』財団法人村井保固愛郷会 一九四三年。

第七十八国立銀行《だいななじゅうはちこくりつぎんこう》

明治一一（一八七八）年一一月に大分県中津市で、旧中津藩士を中心として設立された銀行。「国立銀行」とは、国立銀行条例に基づき紙幣発券業務を行える私立銀行の呼称。資本金は金禄公債証書を中心として八〇、〇〇〇円。発起人は福沢諭吉の縁戚で維新後の中津藩政を主導した山口広江や福沢門下生の中野松三郎ら一八名。中野は、一一年から慶応義塾長を務めた浜野定四郎の甥で旧中津藩士。中津市学校教員を経て、第七十八国立銀行開業後は同行の取締役兼支配人を勤めた。

福沢書簡によれば、福沢は開業のほぼ一年前から、この件につき旧中津藩の中枢人物であった島津復生と情報を交換し、また中野から状況を聞き、適宜助言や援助を行っている。開業に向けて、実現はしなかったものの門下生の桜井恒次郎を幹部行員として推薦し、簿記（帳合の法）を習得する必要性を説き、懇意な者が経営に参画している福島の第六国立銀行や豊橋の第八国立銀行に相談することを勧めている。また、旧藩主奥平家に交渉して一万円の出資を取りつけ、上京した大分県令にも二度にわたり面会して開業の便宜を依頼し、さらに福沢自身も五〇〇〇円を出資した。

　同行は順調な滑り出しであったようで、一三年八月の中野宛書簡では福沢はすべてが順調であることを喜んでおり、また松方デフレ中の一六年や一九年にも配当が支払われていたことが書簡などから分かる。しかし、一八年には同行が一万円を借り入れるのを福沢が諸方に斡旋したこともあり、資金に常に困らなかったわけでもなかったようである。

　その後、役員間の意見の不一致などを憂慮した頭取山口が同行の処分を計画、二〇年一〇月に安田善次郎に譲渡した。なお、安田は同行を二一年に東京府下の八王子銀行へ再譲渡、三一年には八王子第七十八銀行と改称された。譲渡後の二三年三月に福沢は、当時の金融の逼迫状況をみて山口に、銀行を処分したことについて「先見違《たが》わず」と評価の言葉を書き送っている。　〔小室正紀〕

▼山口広江

参考『安田保善社とその関係事業史』一九七四年。

明治生命保険会社　めいじせいめいほけんがいしゃ

福沢諭吉は早くからイギリスの保険制度に関心を示しており、慶応三（一八六七）年に発行された『西洋旅案内』では保険制度のことを「災難請合」として、生命保険、火災保険、海上保険をそれぞれ「生涯請合」「火災請合」「海上請合」と訳して紹介している。明治期に入ってからは自身の指導により丸屋商社で死亡請負制度を発足させ、また明治一三（一八八〇）年八月に出版した『民間経済録』二編の中で「保険の事」を設けて保険の効用を説いており、保険制度の導入に積極的に関与していた。その紹介・推奨の影響を受け、福沢門下生らが中心となって一四年七月に、日本最初の生命保険会社である明治生命保険会社は開業されることになる。

　一二年一二月頃に福沢のもとに集まった小幡篤次郎、小泉信吉《のぶきち》、荘田平五郎らの間で生命保険会社の設立が話題となり、翌一三年六月、荘田と小幡が「東京生命保険会社創起見込書」を起草、翌一四年に生命保険会社創設が慶応義塾内でまと

●福沢の「保険申込証書」

まり、福沢はその事業の中心人物として門下生の阿部泰蔵に白羽の矢を立てた。阿部は同じく門下生である物集女《もずめ》清一を誘って、二月に交詢社内において明治生命保険会社の創立事務を開始。京橋区木挽町二丁目一四番地に本店を設置、頭取に阿部、支配人に物集女がそれぞれ就任して、七月に開業した。取締役には頭取である阿部をはじめ、荘田、小幡、朝吹英二らが、監査役には早矢仕有的《はやしゆうてき》、肥田昭作がそれぞれ就任し、保険加入時の健康診断をする診察医は慶応義塾医学所出身の印東玄得が務めることになった。

創業期には多くの加入者を募るために、阿部らは九州、四国、中国、北陸、東北などの多くの地域に出張している。一方で福沢は門下生に加入を勧め、地方にいる旧知の友人らを阿部に紹介するなど積極的に援助を行い、自身も加入を申し込んでいる。そのため、開業一か月の間に加入した二九一名のうち、その大半は福沢の知人や門下生たちであった。また、明治生命保険の経営にも、慶応義塾関係者が多数かかわっていた。例えば、二九年刊行の『慶応義塾塾員学生姓名録』に記載されている福沢門下の同社社員は、阿部や支配人の物集女をはじめとして一二名であった。なお福沢死後の三七年四月には、門下生の門野幾之進、北川礼弼《れいすけ》が中心となって千代田生命保険相互会社も設立されており、福沢の門下生が日本の生命保険制度創設に与えた影響は大きかった。

〔中村陵〕

参考 昆野義平「阿部泰蔵（上）」『評論』（六二七号）一九六四年。杉山和雄・志村嘉一『明治生命百年史』明治生命保険相互会社、一九八一年。『書簡集』三。『全集』二一。

晩成社　ばんせいしゃ

北海道開拓を目的とする結社。明治一五（一八八二）年一月、南伊豆の旧家出身で慶応義塾に学んだ依田勉三を発起人に、資本金五万円、出資者三八名の株式会社として静岡県大沢村に創立。社長は勉三の従兄依田園（のち善六）、現地責任者の副社長に勉三が就任し、幹事の鈴木銃太郎、渡辺勝がそれを支えた。一六年五月、一三戸二七名を率いて北海道十勝内陸の河西郡オベリベリ（下帯広村、現帯広市）に入植。一万町歩（約一万ha）の土地を一五年かけて開墾する計画で、社員である入植者は社から土地を借り、収穫の二割を社に納め、余力で社の牧畜業を助けて給料を受け、それを蓄えて耕地を買い取るという方針であった。しかし、トノサマバッタの襲来やウサギ、ネズミの害をはじめ、厳しい自然環境に阻まれ、農業を中心とする事業はほとんど根付かず、開墾地は一〇年をかけて三〇町歩に留まった。社員の生活は苦しく、逃亡も相次ぎ、事業の満期は二五年、次いで五〇年に変更された。この間に勉三は当縁《とうぶい》郡当縁村（現広尾郡大樹《たいき》町）に牧場を開いて牧畜に着手、副社長は勉三の弟の善五が継いで、社は晩成合資会社と改められたが、その後も諸事業は高品質の生産物ができても販路が整わず停滞、大正期には休止状態となった。その中で唯一軌道に乗ったのは、中川郡別奴《べっちゃろ》村途別《とべつ》(現幕別町)の水田開発であった。昭和七(一九三二)年、五〇年の満期を迎え解散。

晩成社および依田勉三については、その困難な足跡が満蒙開拓の国策に利用されたこともあり、歴史的評価は今日も十分定まっていないが、十勝における諸産業の源流を成したことは確かである。社に関する関係資料の多くは帯広百年記念館に所蔵されている。 [都倉武之]

▼沢茂吉

参考 『帯広市史』帯広市、二〇〇三年。萩原実編『北海道晩成社十勝開発史』一九三七年。

甲斐商店 かいしょうてん

福沢諭吉の門下生甲斐織衛《かいおりえ》が、明治一八(一八八五)年にサンフランシスコで興した貿易商社。主に日本の美術品や雑貨を扱い、明治末年には「北米に於ける甲斐商店の名は日本雑貨を代表するが如き趣《おもむき》あり」(『慶応義塾出身名流列伝』)と評されるほどであった。

設立に当たっては、福沢や小幡篤次郎、中上川彦次郎らも相談を受け、福沢は貸金として三、〇〇〇円を融資(二〇年一〇月二八日付福沢捨次郎宛、二一年七月一日付中上川宛福沢書簡)。中上川や朝吹英二も援助を行い、また中津市学校の資金からも数千円が出資され(『中上川彦次郎伝』)、資本金「二万金斗《ばかり》」(同前捨次郎宛書簡)で出発した。順調な滑り出しであったようで、一八年には、福沢の妻の甥今泉秀太郎やのちに財界人として活躍する和田豊治、武藤山治など、慶応義塾の卒業生が渡米し同商会に入社、見習いから始めて貿易業に従事している。このうち今泉は、二〇年頃までには同商会に二、〇〇〇円を出資し株主にもなった(同前)。また福沢は一九年には、塾生でのちに信州で製糸結社依田社を設立する下村亀三郎に、渡米して甲斐の世話になることを提案し(一九年一月二〇日付下村忠兵衛宛書簡)、二〇年には米国留学中の養子福沢桃介に甲斐商店への入社を勧めている(二〇年一一月二九日付福沢一太郎宛、同日付捨次郎宛、一二月七日付桃介宛書簡)。この両人は結局入社しなかったが、このような推薦は当時甲斐商店が順調であったことを示している。二三年頃には事業がむずかしかった時

●サンフランシスコ甲斐商店陳列場の和田豊治

期もあり（七月八日付山口広江宛書簡）、また三九年のサンフランシスコ大地震では店舗が全焼する被害にもあった。しかし、それらを乗り越えて事業は発展し、セントルイス、サンディエゴなどにも店舗を開設しているものの、営業の詳細や明治以降の推移については不明である。

［小室正紀］

▼甲斐織衛

参考 白柳秀湖『中上川彦次郎伝』岩波書店、一九四〇年。喜田貞吉『和田豊治伝』一九二六年。

日本郵船会社　にほんゆうせんがいしゃ

明治一八（一八八五）年九月、郵便汽船三菱会社と共同運輸会社が合併して発足した海運会社。三菱の海運事業独占に反感を持ち始めていた渋沢栄一や三井物産の益田孝ら反三菱勢力が結集し、大久保、大隈に代わり政府を主導していた井上馨、品川弥二郎らも三菱に対抗できる会社が必要と考え、一六年に共同運輸会社が設立された。このため、両社による採算を度外視した激しい競争が繰り広げられることになり、両社の経営は深刻な状況になってゆく。そこで政府側も三菱への抑圧をやめ、合併を行うように画策し、日本郵船会社が設立された。初代社長が共同運輸の森岡昌純であったためか当初は共同系が強かったが、次第に三菱系の社員によって経営陣が占められるようになる。二七年三月には慶応義塾出身で一一年以来三菱の社員であった吉川泰二郎が二代目社長に就任した。吉川は就任早々、負債の償還や社債の募集、航路の改廃などの改革に着手し、財務体質の改善、財政の立て直しを行っていったが、翌年一一月に死去する。

一方で福沢諭吉は、取締役であった荘田平五郎や楠本武俊などへ自身の門下生である山名次郎、清岡邦之助らを紹介し、塾生の日本郵船入社への斡旋を積極的に行っている。二九年刊行の『慶応義塾塾員学生姓名録』に記載されている同社社員は、山名、清岡を含めて三六名に上る。また福沢は娘婿の清岡には家族や仕事、赴任先などについての手紙をたびたび送り、広島丸乗組員であった小南英策には、三〇年八月のイギリス行きに際して『福翁百話』を届けるなど、入社後の門下生たちに対して気を配っていた。

福沢の死後にも門下生たちは専務取締役や支配人などを勤め、国内航路のみならず、ロンドン、ムンバイ、サンフランシスコ、シドニー、上海など各地域への航路網の発展に大いに貢献している。

［中村陵］

▼日本郵船会社の成立　▼三菱商会　▼吉川泰二郎

参考 日本経営史研究所編『日本郵船株式会社百年史』日本郵船、一九八八年。『書簡集』六～八。

神津牧場　こうづぼくじょう

長野県北佐久郡四賀《しが》村（現佐久市）出身の神津邦太郎（明治一四（一八八一）年入学）が二〇年に創設した、日本最初の洋式牧場。神津家は同村の豪農であり、この一族には「赤壁家」「黒壁家」と呼ばれる二つの家系があり、両家系とも多くの子弟を慶応義塾に学ばせている。その一族からは多くの実業家や文化人が輩出している。例えば長野県北西部の上信越高原国立公園の中心的観光地である志賀高原の開発者神津藤平(赤壁家)、神津猛(同前)や、神津港人(洋画家)である。

邦太郎の父吉助(黒壁家一九代目)は、七年三月から弟の国助(国助の入社帳記録では吉助を「父」としている)を義塾に学ばせた。国助とその従兄弟の茂木《もてぎ》吉治(国助と同時に入学し同時に卒業)とは、在学中成績が抜群であったため、福沢諭吉は吉助に手紙を出して二人の勉学を続けるさせるように勧めたことから福沢と神津家との親密な交際が始まった。その後、邦太郎が在学中に神津家の二つの家系の間に本家争いが起こり、係争が大審院で決着をつけるまでに発展した際に、福沢はその間に入って調停しようと努力したが、成功しなかった。

邦太郎は米作中心の日本農業に酪農を導入することを志向し、叔父国助と協力して牧場を経営した。この牧場の名を全国的に高めたのは、当時日本では珍しかったジャージー種の乳牛から搾った牛乳で製造した「神津バター」であった。晩年の福沢は、最初は贈与されてこれを口にし、「内外諸品之内、唯神津バタの一種のみ口に適し、他は一切役に立たず」というほどに愛好するようになり、東京では入手できないことがあるので、自家用として一月に二缶ずつ郵送で購入し、また「日本品之美を誇」るために「外国人等へ」の贈答品としても注文している。

邦太郎の経営は理想を追求するあまり赤字が累積し、大正期に牧場は他人に譲渡せざるを得なくなったが、神津の名は牧場とバターとに残っている。

参考 『書簡集』二、ひと「神津家の人々」。〔坂井達朗〕

山陽鉄道会社 さんようてつどうがいしゃ

明治二一(一八八八)年に創設され、神戸—下関(馬関)間の鉄道路線の敷設・運営を行った会社。当初は神戸—姫路間に限った鉄道建設を目指したが、政府の意向で神戸—下関間の路線の一部として建設することとして認可された。藤田伝三郎、荘田平五郎、原六郎らが発起人となり、中上川彦次郎が初代社長に、当初から建設計画を主導していた村野山人が副社長に就任した。

福沢諭吉は同社設立時より関心を示し、時事新報社で活躍していた甥の中上川を初代社長として送り出したほか、設立直前から投資としての山陽鉄道株取得にも意欲を示していた。また、アメリカで鉄道を学んでいた二男捨次郎は技師として同社に就職した。

二一年一一月に兵庫—明石間が開通、翌年九月までに姫路—神戸間が完成するなど、当初順調に滑り出したが、姫路以西の線路建設については資金募集がうまくいかず、政府の特別補助金下付によって、二三年三月に岡山まで、二七年六月になって広島まで開業できた。広島以西

●山陽鉄道が導入した日本初の寝台車（明治三三年頃）

についても路線位置をめぐって軍部と対立するなど困難が伴ったが、ようやく三四年五月に下関まで全通させることができた。

福沢は、民営鉄道としての同社の展開も気に掛けており、二六年の路線位置をめぐる軍部との対立の際には、『時事新報』に同社を支持する社説を掲載させた。また、その前年の関西旅行時に福沢が実際に同鉄道を利用していたことも書簡からうかがえる。加えて、同社は福沢門下とのかかわりも深く、設立にかかわった荘田や初代社長中上川だけでなく、その後総支配人・社長・会長となって同社の中核を占めた牛場卓蔵をはじめとして、多くの義塾出身者が社員として活躍した。例えば二九年刊行の『慶応義塾塾員学生姓名録』には、二〇名の同社社員が記載されている。

内海汽船と競合関係にあった同社は、サービス面にも力を入れ、運賃の低廉化や列車の高速運転を実施したが、これらも福沢の主張に添うものであった。しかし、三九年の鉄道国有法により同社所有路線は政府に買い上げられ、国有化された。現在はJR西日本山陽本線となっている。

［柏原宏紀］

参考 『書簡集』五～八。増井健一「山陽鉄道と福沢諭吉」『年鑑』(二一)一九九四年。「山陽鉄道会社創立史」(野田正穂・原田勝正・青木栄一編『明治期鉄道史資料〈第二集〉地方鉄道史』第三巻社史(3)—Ⅱ、日本経済評論社)一九八〇年。

北海道炭礦鉄道会社《ほっかいどうたんこうてつどうがいしゃ》

明治二二(一八八九)年、官営の幌内・幾春別《いくしゅんべつ》両炭鉱とそれに関連する鉄道(小樽手宮—幌内間)の払下げで設立された炭鉱・運輸会社。発起人は徳川義礼、堀基、渋沢栄一ら一二名であり、政府の補助(鉄道部資本金への利子補給)を受けていた関係で、元北海道庁第二部長の堀が官選で初代社長に就任し、福沢門下の藤野近昌が役員としてこれを支えた。

福沢諭吉は同社設立計画に少なからぬ関心を示し、その設立をめぐって発起人の堀と意見交換していたほか、設立後は同社の株式を保有し、その経営状況を気に掛けていたことが書簡からうかがえる。また、アメリカで鉄道実務を学んで帰国した娘婿桃介は、同年一二月に入社して、妻の房(福沢二女)と共に札幌に赴任し、二四年には東京支社売炭主任として活躍していた。桃介は肺結核により二八年に退社するも、三四年に再び入社し、福沢家と同社とのつながりはしばらく続いていた。さらに、桃介に続いて福沢門下の田端重晟も入社し、同じく門下の井上角五郎は役員に就任するなど、門下生と同社のつながりも少なくなかった。二九年刊行の『慶応義塾塾員学生姓名録』には、八名の同社社員が記載されている。

設立後の同社は、炭鉱の開坑や買収を進め、それに合わせて鉄道路線を延伸開業してゆき、さらに汽船の買収によって運輸事業を拡大していった。また、移民の交通手段としての役割も果たし開拓政策の一端も担った。三九年、鉄道国有法により、所有していた鉄道を政府に買い上げられ、北海道炭礦汽船会社と改称した。買収された路線は戦後に部分的に廃止されてゆき、残った路線が現在JR北海道函館本線の一部となっている。一方、会社は戦後も継続し、石炭産業の衰退に伴って、会社更生法の適用を受けつつ、平成二二(二〇一〇)年現在は貿易会社として存続している。

〔柏原宏紀〕

▼田端重晟　▼藤野近昌　▼福沢桃介

参考『書簡集』五、六、七。『日本国有鉄道百年史』第一～四巻、日本国有鉄道、一九六九～七二年。七十年史編纂委員会編『北海道炭礦汽船株式会社七十年史』北海道炭礦汽船株式会社、一九五八年。

依田社　よだしゃ

明治二三(一八九〇)年、信州丸子出身の下村亀三郎(一八六七～一九一三)が同村に設立した器械製糸結社。下村は同村農民の長男に生まれ、一八年親の反対を押し切り、地元恩師の支援を得て家出同然で慶応義塾へ入学。在塾は一年弱であったが、福沢諭吉に親しく接する機会を得、帰郷の際には福沢と今後の身の振り方を話し合い、国内で事業を興すことを念頭に置いた書簡が父親に送られている。

帰郷後の二三年、丸子の好立地と座繰製糸の品質の限界を見抜き、当地の零細製糸業者を糾合して依田社を興す。結社方式にすることで、共同購入した繭を各工場で製糸後、本社で共同再繰・販売し、均質の生糸の大量出荷を可能とした。同年の下村著「設立ノ趣意」には、産業への学理の応用、公利の基礎としての私利の重視、生糸貿易による国富の形成など、福沢の感化が色濃くみられる。

依田社は当初、不況のあおりで苦境が続くが、明治末期には全国有数の出荷量を誇った。その要因の一つに糸質改善がある。依田社は主に米国輸出向けの靴下用生糸を生産していたが、三七年に下村が米国の絹織物業界を視察し、信州糸の悪評を痛感。四三年に模範工女養成所や生糸検査部などの設置を通していっそうの品質改良に努め、明治末には横浜市場で依田社格と呼ばれるほど高品質の優良糸生産の企業として評価を確立した。依田社では、工女が義務教育未修の場合その教育経費いっさいを負担。また、依田社病院を創設して傘下工場への衛生指導と従業員定期健診を行い、社員旅行や運動会を開催するなど福利厚生も重視した。生糸検査部では農商務省の生糸検査に準じた検査を行い、売込商・外国商館を通さずに米国への直輸出を可能とした。

依田社の成長に伴い、電話開設、瓦斯会社や丸子農商学校（現丸子修学館高等学校）の設立、信越線大屋駅開業、丸子鉄道敷設などが実現し、依田社は丸子地域経済の発展を牽引する存在となる。〔石井寿美世〕

▼養蚕・製糸業論

参考 石井寿美世「一八八〇年代における実業思想と地方企業家―長野県上小佐久地域と下村亀三郎」『日本経済思想史研究』（三号）二〇〇三年。明治一九年一月二〇日付下村忠兵衛宛福沢書簡。

三井銀行 みついぎんこう

明治九（一八七六）年に開業した三井銀行は、一五年の日本銀行創設によって生じた官金取扱額の縮小と、不良貸出問題などの影響を受け、銀行の経営は一〇年代より危険性をはらんでいた。そのような三井の難局を打開するため、三井最高顧問である井上馨から、福沢諭吉の門下生であり山陽鉄道会社の社長であった中上川彦次郎に三井銀行への入行が要請された。福沢も中上川に三井への入行を強く勧め、二四年八月中上川は三井銀行に迎えられる。中上川は入行と同時に理事に就任、一二月には三井仮評議会を設置し、銀行、物産、鉱山、呉服店の四事業を合名会社に改編して三井家の組織改革を行う。それ以降、中上川は副長、常務理事、専務理事と昇任し、三井家内部の改革のみならず、三井銀行の中核となって不良貸付の整理、官金取扱の辞退、工業化の育成など諸改革を断行し、三井銀行の経営危機からの脱却を推し進めた。だが、これらの改革、特に工業化路線については急激かつ強引に行われたこともあり、それに対する反感も強く、井上や益田孝、渋沢栄一などは批判的姿勢をとるようになり、中上川に対する抵抗が三井内部で次第に高まっていった。さらに三三年四月から三井銀行と中上川を攻撃する新聞記事が掲載され始め、外部からも中上川に対する反感が強まっていた。そのため、中上川はその晩年には三井内外で孤立してゆくことになる。

◉明治七年に建てられた三井銀行本店

一方で、中上川は人材の雇用にも積極的であり、関係の深い大分県や慶応義塾、および時事新報社などの出身者を多く採用、育成し、三井銀行やその工業部所属の工場、後年に三井系列に組み込まれる企業、鐘淵紡績、王子製紙、北海道炭礦鉄道などに配属した。二九年刊行の『慶応義塾塾員学生姓名録』によれば、その時点で三井銀行の六七名をはじめとして、三井工業部ならびにその系列会社に二六名、北海道炭礦鉄道ならびに三井鉱山に九名、三井呉服店に一一名、三井物産に四名が勤務していた。その中からは武藤山治、日比翁助、藤原銀次郎、池田成彬《しげあき》、小林一三、高橋義雄など、後年実業界・財界で活躍する人物も多数輩出されている。

中上川はその晩年は孤立したものの、三井銀行の経営危機に際しては積極的な改革を行ったのみならず、みずからが育てた人材を通じて、大正・昭和期の実業界に影響を与えていたことがうかがえる。 [中村陵]

▼中上川彦次郎

参考 白柳秀湖著『中上川彦次郎伝』岩波書店、一九四〇年。日本経営史研究所編『三井銀行　一〇〇年のあゆみ』三井銀行、一九七六年。『書簡集』七。

三井呉服店 みついごふくてん

江戸時代に創業した呉服店。三井財閥の元祖で、日本初の百貨店である三越の前身。同呉服店から百貨店への転換に際して、福沢諭吉門下の高橋義雄と日比翁助が中心的な役割をはたした。

寛文一三(一六七三)年、伊勢松坂(現三重県松阪市)出身の商人三井高利によって江戸本町(現東京都中央区)に呉服店「越後屋」として開店する。「店前現銀掛値無し」や切り売りなどの革新的商法によって繁盛し、江戸と大坂で両替店も兼営、徳川幕府の御用商人となる。

明治維新後、経営危機に陥り、明治二八(一八九五)年に当時三井銀行大阪支店長だった高橋義雄が呉服店理事に就任し、経営の大改革に着手する。高橋は、店の経理に複式簿記を導入し、呉服の座売りを陳列販売に改め、婦人晴着の流行を創出するなど、次々と新機軸を打ち出した。また新しい教育を受けた人材、特に慶応義塾出身者を積極的に雇用した。福沢諭吉は、その晩年に高橋の招きに応じて同店を訪れ、改革の進捗を高く評価した。三一年、日比翁助が副支配人として入店。三井鉱山理事兼任となった高橋に替わり、呉服店改革を主導する。三七年一二月、合名会社三井呉服店を株式会社三越呉服店に改組し、顧客・取引先への会社設立挨拶状の中で百貨店化の方針を打ち出す。翌年初めには、全国の新聞、雑誌などに同文のものを掲載し、「デパートメント・ストーア宣言」を行った。以後、同店は日本の小売業を先導する存在となった。 [平野隆]

▼高橋義雄　▼日比翁助

参考『株式会社三越一〇〇年の記録』三越、二〇〇五年。高橋義雄『箒のあと(上)』秋豊園、一九三三年。星野小次郎『三越創始者日比翁助』創文社、一九五一年。

6

晩年

福沢が亡くなる前年に妻錦と撮影した夫婦写真

明治二〇(一八八七)年には福沢諭吉は五二歳であり、活動もまだきわめて活発ではあったが、当時の平均寿命を考えれば、そろそろ老境といってもよい年齢である。その年齢を考慮してか、明治二〇年代に入ると、福沢は事業の次世代への継承も考え始めている。

福沢の事業の大きな柱であった慶応義塾に関しては、明治二〇年に当時まだ三九歳であった小泉信吉《のぶきち》を総長として迎え、後継体制を発足させた。この人事に当たっては、福沢や幹部の小幡篤次郎の立場は、いわば「隠居之地位」になると説明している(明治二〇年一〇月一日付中上川彦次郎宛書簡)。また、福沢自身に関しては、次第に年をとり「少しは老余の閑を偸《ぬす》んで身を養わんとするの欲」もあることを引退の理由として挙げている(「慶応義塾の小改革 学生諸氏に告ぐ」明治二〇年)。

しかし、義塾の後継は、必ずしも順調に進んだわけではない。小泉への後継は事実上失敗し、二三年には一度は「隠居」した小幡が塾長となり、さらに三〇年から約八か月間は、大学部の存廃をめぐる問題から福沢自身が塾長を務めている。結局、義塾の運営は、最晩年に至るまで完全には福沢の手を離れることはなかった。

もう一つの事業の柱であった『時事新報』についても後継は簡単ではなかった。明治二〇年代初頭には、高橋義雄、渡辺治、伊藤欽亮《きんすけ》、石河幹明などの若手記者はいたが、彼らはまだ同紙を担うほどの力量は持っていなかった。中津の縁者へ宛てた明治二三年の手紙でも、「新聞紙の記者に人物を得ずして、何分にも小生の手を引く訳に不参《まいらず》」（七月八日付山口広江宛）とこぼしており、「老生をして閑を偸《ぬすま》しむるよう」（明治二一年一〇月二九日石河幹明宛）にしてもらいたいと求めながらも、思い通りにはいかなかったようである。もちろん、その後、明治二〇年代後半には次第に後継が進んだことが想像されるところではある。しかし、『時事新報』の経営と編集がどの程度福沢の手を離れていったのかは、現段階では史料上の制約もあり明らかではなく、今後の研究を待たねばならない面が多い。

右の二件以上に、さらに大きな後継問題は、日本社会が福沢の文明論を継承するのかということであった。実際、明治二〇年代の新たな思想潮流の中で、福沢はかつてほどオピニオン・リーダーとしての影響力を発揮できなくなっていた。二〇年には、二四歳の徳富蘇峰が『新日本之青年』において福沢の世代を「天保の老人」と呼び、その歴史的役割が終わったことを宣した。もはや欧米的な知性に片寄った福沢流の文明論ではなく、平民的基盤の上に近代化を目指す時代だというのである。また、二三年には、三三歳の陸羯南《くがかつなん》が『近時政論考』で新たな国粋的視点から福沢を「浅近なる実利論派」と批判する。他方、明治二〇年代後半になると社会主義的論調も生まれ始める。例えば、のちに三一年結成の社会主義研究会の会員などとして活躍する幸徳秋水は、二六年には『自由新聞』に入社してジャーナリストとしての活動を開始している。このような思潮の中で、明治二〇年代後半以降、福沢流の文明論は左右双方から時代遅れとみられるようになっていった。

この時代潮流との距離感は福沢自身も認識していた。例えば二八年には、一読者への手紙の中で「書を著しても世間に之を見る者は多く、真に之を読む人は少《すくな》し」(六月一日付岡部喜作宛)と述べ、自分の思想が本当には理解されていないことを憂慮している。そのような憂慮を抱きながら、二九年には年来の文明論を老生した視点で説いた「福翁百話」を『時事新報』に連載し始めた。それに感想を寄せた高弟への返信でも、この論説を発表しても真に読む者は少なく「必ず世間之気に叶わざること多からん」と、悲観的な予想を吐露している(三月三一日付日原昌造宛)。これらの手紙からは、終生にわたり説き続けてきた文明の精神が日本社会に定着していないばかりでなく、むしろ距離が生まれ始めているという、福沢のある種の無力感が感じられる。

しかし、そのような無力感をどこかに持ちながらも、最後まで文明を説くことを放棄しなかったのが福沢の晩年でもあった。「学問の独立・学者の支援」の各項目にみるように、権力に従属しない学問についての意固地なまでの主張や、苦難の道を歩んだ蘭学の先人たちを顕彰しようという強い意欲。また「さまざまな集会」にみるような、文明社会の交際形態としての新たな集会の主張と実践。『福翁百話』『福沢全集緒言』『福沢先生浮世談』『福翁自伝』『女大学評論・新女大学』『福翁百余話』など、老いてなお活発な著作活動。そして「修身要領」編纂への関与。いずれもが、最後まで日本の文明化を諦めない活動であった。また、それらの晩年の活動を通して残された課題を遺言のごとくに示し、その継承を次世代に付託していったともいえるのである。

〔小室正紀〕

慶応義塾の継承

小泉信吉塾長辞任《こいずみのぶきちじゅくちょうじにん》

小泉信吉は福沢諭吉の強い要請を受け、明治二〇(一八八七)年一〇月に慶応義塾総長(二二年一〇月より塾長)に就任する。しかし、就任直後から諸問題に直面し、さまざまな経緯を経て、二三年三月に塾長辞任に至った。

まず二一年二~三月にかけて、塾生の同盟休校事件が起こる。義塾改革の一環として試験の合否評価方法を変更したところ、塾生がこれに反発したのである。福沢と小幡篤次郎が学生を説得することで事態は収束したものの、その後改革を推進した門野幾之進の去就をめぐり福沢は小泉と意見を異にし、また、甥の中上川彦次郎へ漏らしたところによれば、小泉の事務能力に不安を感じるようになった。

福沢は小泉の総長就任を機に義塾経営の一線から退く意向を表明していたものの、その後も折に触れ提言はしており、影響力を持ち続けていた。そうした中、二二年初めに外国人教師の雇い入れ問題が起こる。福沢は、雇入の仲介を依頼した宣教師ナップ(A. M. Knapp)と小泉の間で決定した報酬が、事前にナップと福沢との間で定めた額より六〇〇円高額の七、二〇〇円であったことから、交渉の経過について小泉に書簡で説明を求める。小泉からすれば、それは義塾運営への福沢の介入にほかならなかった。

一連の事態ののち、小泉は同年五月末より病気を理由として和歌山に帰郷した。福沢は中上川を和歌山へ派遣し、また書簡を出して塾務への復帰を懇請。みずからも京阪旅行の折に小泉に面会したものの、復帰は実現しなかった。一〇月いったん帰京した小泉は第一回慶応義塾評議員会においてあらためて塾長に選出されるものの、その後も塾務には復帰せず、塾長は小幡が代行して務め、翌二三年三月の第六回評議員会において正式に辞任するに至った。〔吉岡拓〕

▼塾生同盟休校事件 ▼小泉信吉総長就任 ▼三人の招聘外国人教師 ▼小泉信吉

参考 『百年史』中巻前。『書簡集』六。

大学部存廃問題《だいがくぶそんぱいもんだい》

明治二九(一八九六)年に起きた、不振が続く慶応義塾大学部の存廃にかかわる議論。二三年に開設された大学部は予想よりも学生が集まらず、経営困難に陥っていた。当初は、大学部に掛かる経費の不足は、大学部設立時から募集してきた大学資金の利子で補う計画であったが、それではとても足らず、大学資金を取り崩さなくてはならないほどであった。そのため、二九年六月一五日の評議員会で大学部存廃の相談会を開催することが議題とされ、義塾内でさまざまな議論が起きた。

塾長小幡篤次郎は大学資金の再度募集

◉明治二八年の大学部文学科卒業写真。学生はわずか六名で、他は福沢と教員。

によって大学部を維持する方針を立て、一〇月一五日の評議員会に議案を提出した。その案に対して、評議員中上川彦次郎は大学部の廃止と高等科（従来の普通部正科の本科）の拡張を主張し、評議員会ではこれが多数意見となり、社頭福沢諭吉に進言することとなった。ところが、小幡からこの結果を聞いた福沢は大学部は維持すべきとの意見を述べ、一一月一六日の評議員会において福沢の意見としてこの方針が打ち出されると、大学部の維持拡張の方針が決定した。これに先立ち、一〇月の評議員会直後の二六日、福沢は小幡、中上川、荘田平五郎、阿部泰蔵、教頭門野幾之進、塾監益田英次の六名を自宅に招き、慶応義塾のことについて相談をしており、このことが一一月の決定に影響を及ぼしたと思われる。

　福沢は大学部を存続させる理由として、従来の寄附者の本意に背くことになるとしている。大学部開設以来の資金寄附者の厚志に報いるためには、新たに資金・寄附を募り、学事を改善し、大学部の維持を図るべきであるというのである。しかしそれだけでなく、日清戦争後のこの時期、戦勝に浮かれている日本の今後を考え、その中での義塾のあり方を模索したとき、高度な専門学術を考究する大学部の必要性を福沢は強く感じ、大学部の存続の主張となったと考えられる。ちょうど大学部存廃問題の渦中の一一月一日、福沢は慶応義塾故老生懐旧会で「恰《あたか》も遺言の如く」に、「慶応義塾の目的」として知られている文章を残しているが、福沢が期待する充実した慶応義塾の具体的な姿は、大学部の存続とそれを中心とした一貫教育の体制であった。なお、明治三〇（一八九七）年から新たに慶応義塾基本金の募集がなされ、三四年の福沢長逝までに三六万円が集まった。

〔米山光儀〕

▼一貫教育制度の成立

参考『百年史』中巻前。『書簡集』八。

慶応義塾の目的《けいおうぎじゅくのもくてき》

明治二九(一八九六)年一一月一日に芝公園内の紅葉館で開かれた慶応義塾故老生懐旧会で福沢諭吉が行った演説の最後に近い一節をほぼそのまま抜き書きした文書。福沢の自筆揮毫があり、それは無題であったが、簡明に義塾の目的を表したものであったので、「慶応義塾の目的」として広く知られることになる。

福沢は、「慶応義塾の目的」を「慶応義塾は単に一所の学塾として自から甘んずるを得ず」という刺激的な言葉から始める。慶応義塾の目的は、「我日本国中に於ける気品の泉源、智徳の模範」となることを目指し、「居家、処世、立国の本旨を明《あきらか》」にし、それを口にするだけでなく「躬行実践」して、「以て全社会の先導者たらんことを欲するものなり」と結んでいる。

福沢は演説の一節を揮毫し、それを残さなければならないというほどの危機感を慶応義塾に対して抱いていたと同時に、大きな期待も抱いていた。その演説がなされた当時、慶応義塾は大学部存廃問題で揺れており、日清戦争勝利後の日本の現状、そして将来的にはコミュニズムの台頭などに危機感を抱いていた福沢は、大学部の存続によって義塾を充実させ、その危機を乗り越えていこうとしたのである。 ［米山光儀］

▼慶応義塾故老生懐旧会

参考 『全集』一五・二一一。

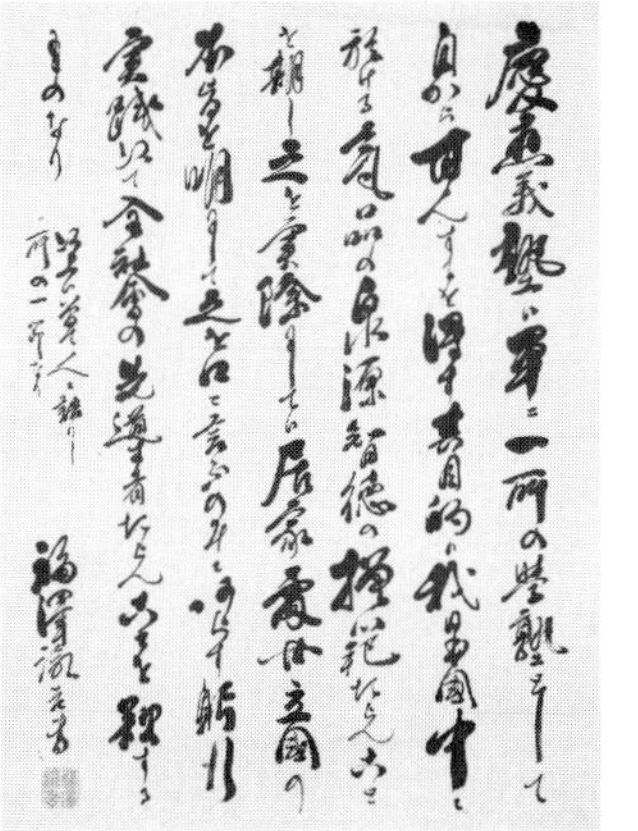

◉福沢自筆の「慶応義塾の目的」

馬場辰猪君追弔詞《ばばたついくんついちょうじ》

明治二九(一八九六)年一一月二日、東京谷中の天王寺において行われた馬場辰猪の八周年祭に際し、福沢諭吉が起草した追悼文。

イギリス留学から帰国後、自由民権運動家として活躍しつつも、志半ばでアメリカに客死した馬場について、福沢は、「吾々が特に君に重きを置《おき》て忘るること能《あた》わざる所のものは、その気風品格の高尚なるに在り」と評し、「後進生の亀鑑」と讃えている。「此《これ》少年唯《ただ》顔色の美なるのみに非ず、その天賦の気品如何《いか》にも高潔にして、心身洗うが如く一点の曇りを留めず」という書き出しの一文を見ると、福沢が馬場の「気品」を天性のものと捉えていたことが分かるが、馬場に対する福沢の哀惜の情は、末尾に「福沢諭吉払涙記」と書き記していることからもうかがえる。

この前日、福沢は紅葉館で開催した懐旧会において、慶応義塾の「目的」は日本国中の「気品の泉源、智徳の模範」たらんとすることにあると述べていた。福沢によれば、「気品」とは英語の「カラクトル(character)」の意味であり、孟子のいう「浩然の気」に等しいが、開塾以来、義塾が「固有の気品」を維持してきたことは確かであり、そのような「気品」を伝えてきた一人として馬場の名を挙げている。

福沢は二日の式典に参列したが、この追弔詞は犬養毅により代読された。八周年祭を報じた『時事新報』記事(一一月四日付)によると、当日の参拝客は一四〇余名、その中には、小幡篤次郎、中上川彦次郎、矢野文雄といった義塾関係者のみならず、金子堅太郎、田口卯吉、中江兆民なども含まれており、馬場の人柄が多方面から愛されていたことを物語っている。 ［堀和孝］

▼慶応義塾の目的　▼馬場辰猪

参考『全集』一五・一九・二一。萩原延寿『馬場辰猪』中央公論社、一九六七年。明治二一年一一月六日付草郷清四郎宛福沢書簡。『馬場辰猪全集』第四巻、岩波書店、一九八八年。

小幡篤次郎塾長辞任
おばたとくじろうじゅくちょうじにん

明治二三(一八九〇)年三月より慶応義塾長に就任していた小幡篤次郎は三〇年八月一三日に評議員会に辞表を提出する。この背景には大学部存廃について福沢諭吉との意見の相違があったことや、塾内における小幡に対する批判があった。

当時、大学部への入学者の減少、中退者の増加によって慶応義塾は経営不振に陥っていた。二九年一〇月の第四期第一〇回評議員会で大学部の立て直しを図るため、大学部の維持資金の募集を行う議案が図られたが、評議員の一人中上川彦次郎はむしろ大学部を廃止し高等科を拡張することを主張する。この意見に小幡も同調し、小幡は中上川の意見を評議員会の意見として福沢に報告する。しかし福沢の意見は小幡らとは異なり、維持のための資金を募集し、あくまでも大学部を存続させ、従来の寄附者の厚志に報いるべきだと主張した。

一一月の第一二回評議員会で福沢の意見が報告されると、一転して大学部の維持・拡張が決定され、そのための資金募集を行う計画が進められることになる。だが小幡は大学部の維持・拡張のための資金を募集することに難色を示しており、大学部の拡張には消極的であった。そのような小幡の姿勢に対して林毅陸《きろく》、伊沢道暉、気賀勘重、菅学応、川合貞一など大学部の改革を主張する教員らは批判的であった。このような経緯から、三〇年八月一三日に小幡は評議員会に辞表を提出、一六日の評議員会で辞任が認められた。

三一年四月、評議員会は慶応義塾規約の一部改正を行い、新たに設けられた副社頭の職に小幡が任じられることになる。 ［中村陵］

▼大学部存続問題

参考 『百年史』中巻前。『伝』三―三七編。西沢直子「小幡篤次郎考Ⅱ」『研究』(一八巻)二〇〇一年。

一貫教育制度の成立《いっかんきょういくせいどのせいりつ》

明治三一(一八九八)年五月から慶応義塾で実施された小学・中学・大学の一貫教育制度への転換を図る改革。大学部の存続と充実にかかわる改革で、普通部から大学部に学制の中心を移し、大学部卒業をもって義塾の卒業とすることを定めた。それに伴って、それまでの幼稚舎・普通部・大学部の三部の独立した形態から、幼稚舎(小学課程六年)・普通学科(中学課程五年)・大学科(大学課程五年)の一六年のコースを制定し、学科課程面、会計面において連続性のある一貫教育のかたちをとった。大学科ではそれまで大学部にあった学科を学部と改め、文学部・理財学部・法律学部とし、さらに政治学部を加え、最初の二年を各学部共通の課程、その後の三年を各学部専門の課程にした。

二九年、福沢諭吉の意向で大学部の存続が決まり、翌年に小幡篤次郎は塾長を辞任、社頭福沢が塾務をとることとなった。これを機に林毅陸《きろく》、気賀勘重など改革派の教員たちが運動を始め、教頭門野幾之進は大学部中心の学制改革案を提出、評議員会で決定された。この決議を受けて福沢は演説館に学生、教職員を集め、学制改革の要旨を公表し、協力を呼び掛けた。この頃の福沢の塾務総括の結果、林など大学部出身の新しい世代が発言力を持ち、小幡など草創期の世代からの人事が刷新された。

学制面については、卒業・入学の時期を統一するなどし、普通学科には外国人教師を増やして英語教育を奨励した。また、若い教員たちの声を反映するかたちで各科の責任者として教務主任が置かれ、普通学科主任には林が、大学科法律学部主任に神戸《かんべ》寅次郎、文学部主任に川合貞一、理財学部主任に気賀勘重がそれぞれ就任した。

さらに、これまで独立した会計制度を持っていた慶応義塾、大学部、普通部の三部勘定は慶応義塾勘定に統一され、新学年度の制定によって、この年より会計年度も五月から翌年の四月と定められた。

なお三二年七月、普通学科、大学科を再び普通部、大学部と改称した。［柄越祥子］

▼大学部存廃問題

参考 『百年史』中巻前。『慶応義塾学報』(一号)一八九八年。『塾監局小史』上、慶応義塾職員会、一九六〇年。

鎌田栄吉塾長就任披露園遊会《かまたえいきちじゅくちょうしゅうにんひろうえんゆうかい》

四二歳の若さで慶応義塾長となった鎌田栄吉の就任披露と、ハーバード大学総長エリオット(C. W. Eliot)の推薦でこの年より大学部文学科主任教師として義塾に赴任したトマス・サージェント・ペリー(Thomas Sergent Perry マシュー・C・ペ

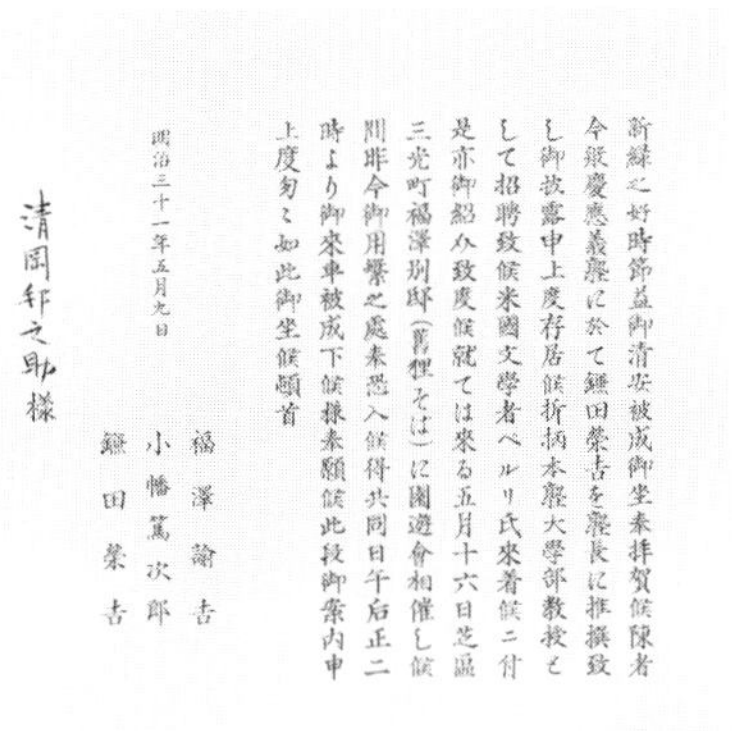

新緑之好時節益御清安被成御坐奉拝賀候陳者今般慶應義塾に於て鎌田榮吉を塾長に推撰致し御披露申上度存居候折柄本塾大學部教授として招聘致候米國文學者ペルリ氏來着候ニ付是亦御紹介致度候就ては來る五月十六日芝區三光町福澤別邸（舊狸そば）に園遊會相催し候間昨今御用繁之處恐入候得共同日午后正二時より御來車被成下候様奉願候此段御案内申上度匆々如此御坐候頓首

明治三十一年五月九日

福澤諭吉
小幡篤次郎
鎌田榮吉

清岡邦之助様

◉園遊会の招待状

リーの従孫）の歓迎会を兼ねて、明治三一（一八九八）年五月一六日に芝区三光町福沢別邸（旧狸蕎麦）の庭園で行われた園遊会。

慶応義塾大学部の不振は、その存廃の問題を含めた学制改革をめぐる教員同士の対立を引き起こし、三〇年八月、塾長小幡篤次郎の辞任、義塾運営から身を引いていた社頭福沢の塾長兼任といった事態を招く。三一年四月四日の第五期第四回評議員会で鎌田が塾長に選出されたことは、学制改革にようやく目途が立ったことの証明であるとともに、義塾運営の担い手が福沢・小幡から次の世代へ移行することを示すものであった。

園遊会の招待者へは、福沢・小幡・鎌田の三者名義で五月九日付の招待状が発送される。一六日当日、主催者である福沢、小幡、鎌田は別邸第二門で来賓を出迎え、庭園を案内。庭園内には蕎麦、天麩羅、汁粉などを振舞う茶屋が用意されたという。福沢は黒船来航直後に描かれたマシュー・C・ペリーの肖像を来賓に披露するなどして会を盛り上げた。

当日は義塾出身の政治家・実業家などを中心に二五〇余名の参加があった。なお、時の総理大臣伊藤博文は閣議を途中で抜け出して会に参加し、明治一四年の政変以来初めて福沢と対面し、談笑。政変以来の両者の断絶はようやく解消するに至った。

［吉岡拓］

▼一貫教育制度の成立　▼鎌田栄吉

参考『時事新報』明治三一年五月一八日付。『書簡集』九。『伝』三―三三編。

下賜金　かしきん

福沢諭吉の学問と教育上の功績に対する皇室からの賜金。生前、没後合わせて計三回下賜されている。

最初の下賜金は明治二三（一八九〇）年七月一六日、「多年人材を教育し奎運《けいうん》を幇助」したことへの功労として一、〇〇〇円が下賜された。対象は福沢個人となっているが、実質的には大学部設置準備のため二二年一月より募集が開始された慶応義塾資本金への寄附である。募集開始当初より宮内省御料局長官肥田浜五郎への働き掛けが計画され、その後中上川彦次郎、伊藤欽亮《きんすけ》らが各方面へ奔走、内閣総理大臣山県有朋や肥田退任後に宮中顧問官兼御料局長となった品川弥二郎らの協力を得て実現した。福沢は下賜から二日後の七月一八日付で山県、品川の両者へ礼状を送っている。

二回目の下賜金は皇太子嘉仁親王（のちの大正天皇）成婚直前の三三年五月九日、「夙《つと》に泰西の学を講じ、校舎を開きて才俊を育し、新著を頒ちて世益に資する三十余年」への功労として五〇、〇〇〇円が下賜された。脳出血の病後であった福沢は小幡篤次郎と長男一太郎を代理として宮内省に出頭させこれを受け取ったのち、同月二六日付『時事新報』に「今回の恩賜に付き福沢先生の所感」と題する口述社説(石河幹明聞き取り)を掲載、すべて慶応義塾基本金へ寄附することを表明した。二六日には義塾講堂にて祝賀会を開催、約四〇〇名の出席があった。

最後の下賜金は福沢没後の三四年二月六日、福沢への祭祀料として一、〇〇〇円が下賜された。福沢の三女俊《しゅん》の夫である清岡邦之助が宮内省に出頭してこれを受け取り、霊前へ供したという。

なお、下賜金以外では、福沢が最初の脳出血で倒れた直後の三一年一〇月に天皇より御陵葡萄酒二箱(二日付)、皇后より菓子一折(二日付)、皇太子より菓子一折(五日付)がそれぞれ下賜され、二度目の脳出血の際にも天皇・皇后(三四年一月三一日付)、皇太子・皇太子妃(二月二日付)よりそれぞれ菓子一折が贈られている。

参考『百年史』中巻前。『書簡集』六。　〔吉岡拓〕

世紀送迎会　せいきそうげいかい

慶応義塾の関係者が世紀末最後の日に三田につどい、新世紀の到来を祝う会。

大学部学生の主催により、塾生五〇〇余名のほか、福沢諭吉をはじめ多数の関係者が来場。明治三三(一九〇〇)年一二月三一日午後八時から開催された。会費六五銭。福沢も会の開催に当たり金銭を寄附した。当日はまず慶応義塾大広間において門野幾之進らの演説、林毅陸の祝文「逝けよ十九世紀」の朗読などが行われたのち、四壁にパレット倶楽部学生の描いた風刺画が掲げられた新講堂に移動して懇親会を実施。同所で有志学生による新世紀歓迎のパフォーマンスが行われた。

懇親会終了後、「独立自尊」などの文字が描かれた灯明台のほか、「官尊民卑」「守銭奴」「破廉恥僧侶」「賤業婦」などを題材にした風刺画が置かれた運動場へ移動。零時ちょうどに学生三〇名が風刺画に対し一斉射撃、それを合図に「二十センチュリー」の花火文字が夜空に浮かぶ中で新年を迎えた。最後に参加者一同で天皇、福沢、慶応義塾に対しそれぞれ

●旧弊の図を射撃するパフォーマンス(『時事新報』)

万歳三唱し、午前零時二〇分頃散会した。この会は「世紀」の概念が日本で十分定着していなかったため、新奇な企画として話題になった。

なお、翌日元旦の新年会で、福沢は「独立自尊迎新世紀」の揮毫を行った。福沢家に遺されていた反古紙の中には、「入廿世紀」「入新世紀」「入新廿世紀」の三種の下書きがあり、文案の選定に苦心したことがうかがえる。この揮毫に関しては、大晦日の世紀送迎会開始前に行われた、文字の立案は鎌田栄吉が行った、などの諸説があるが、いずれも後年の回顧を元にしており、同時代史料からは事実として確認できない。

なお、平成一二(二〇〇〇)年一二月三一日には第二回世紀送迎会が第一回と同じ三田キャンパス内で開催されている。

〔吉岡拓〕

参考 『慶応義塾学報』(三五号)一九〇一年。『時事新報』明治三四年一月四日付。『考証』下。慶応義塾編『慶応義塾豆百科』一九九六年。

学問の独立・学者の支援

博士会議　はかせかいぎ

政治と学問の関係を論じて政府による「大博士」の選定に反対した、明治二一(一八八八)年五月一七日付『時事新報』社説。同年五月七日、前年に制定された学位令によって、文部省より伊藤圭介(理学)、加藤弘之(文学)、箕作麟祥(法学)、高木兼寛(医学)などの人びとに博士の学位が授与された。さらに六月中旬に招集される新博士の会議において、学問上特に功績ありと認められた人を内閣に推薦して「大博士」の学位を授与するとされ、伊藤圭介と福沢諭吉が大博士に推されるだろうとの世評があった。

この社説は、国に政治なければ社会の秩序が維持できず、国に学問なければ人生の方向を指南する者がないことになるといい、「立国の元素」として政治と学問は共にもっとも重要なものであって、これに従事する人にいずれが重いということはないと述べ、政府による大博士の選定に強く反対している。閣議を経て選定されるという大博士は「日本国政府の大博士」であって、「日本国学問の大博士」ではない。政府の都合次第で選ばれる「政治社会の装飾品」になりかねないことになる。もしそのようなことになったならば、天下の学者はその選に当たることなく断じて退いて私《ひそか》に学問社会の栄誉のために自重することを祈る、とも述べて、新博士たちの自重をうながしている。また、学者は俗塵外の人であり、身分栄誉のことなどあれこれいうのは俗塵にまみれるといわれるかもしれないが、今日の日本をみれば官尊民卑の気風が社会に充満し、国中俗塵に染まらぬところはない。博士たる者は学問の独立のために俗塵に圧倒されるようなことは許されない、とも述べている。

六月一一日、文部省において新博士の

会議が招集され、博士五〇人のうち三五、六人が出席したという。審議内容は公表されず、大博士の選任は沙汰やみとなったようである。

参考『全集』二一。『伝』一―一四編。

［松崎欣一］

『蘭学事始』の再刊 らんがくことはじめのさいかん

明治二三（一八九〇）年四月一日開催の第一回日本医学会総会を記念して福沢諭吉が序文を寄せた杉田玄白『蘭学事始』が再刊された。明治二年の初版の刊行についても福沢の尽力によるところが大きかったが、再刊の序文で福沢はその経緯を次のように回想している。

「旧幕府の末年」に神田孝平《たかひら》がたまたま本郷通り聖堂裏の露店で本書の写本を発見した。福沢の周辺では先を争って写本をし互いに読み合い、なかでも初めて「ターフルアナトミア」（解体新書）に相対して杉田玄白が「艪舵なき船の大海に乗出せしが如く茫洋として寄るべきなく唯あきれにあきれて居たる迄なり云々」と述べる一段に至っては先人の苦心、剛勇を察して感涙にむせんだという。そして、福沢は玄白の曾孫に当たる杉田廉卿を訪ね、いまだ天下騒然とした時勢であるが、ひとたび出版をしておけば保存の道はこれより安全のものはないとして、「学者社会の宝書」ともいうべき本書の出版を勧め、資金援助をも申し出た。こうして上下二巻の版本が初めて世に出ることになった。福沢は再刊の意義について、ただ先人の功労を日本国中に発揚するだけでなく、「東洋の一国たる大日本の百数十年前、学者社会には既に西洋文明の胚胎するものあり、今日の進歩偶然に非ずとの事実を、世界万国の人に示すに足る」ものであると述べ、「後学福沢諭吉謹誌」と署名して序文を結んでいる。

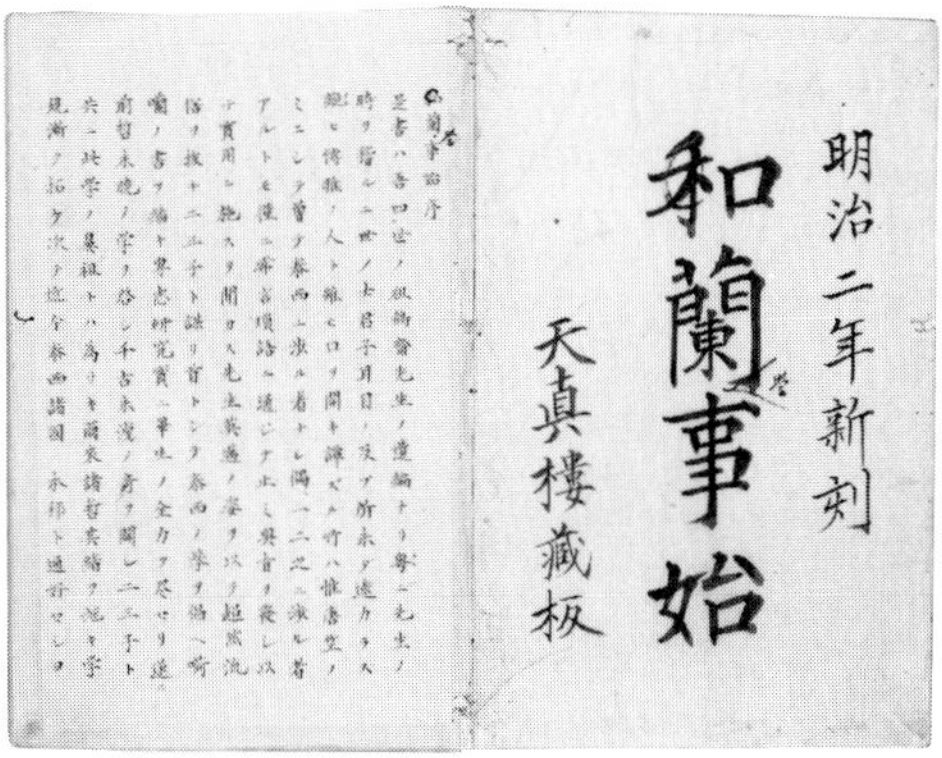

●初版の版下原稿。「和蘭」を福沢の自筆で「蘭学」と訂正している。

序文を依頼した長与専斎の督促があったらしく、長与に宛てた二通のいずれも二三年四月一日付の福沢書簡がある。執筆に慎重を期して神田孝平宅を訪ね写本入手時の事情を確認して手間取ったことを伝え、他方は「独り自から感に堪えず、涙を揮い執筆」したこと、また「実にこの書は多年人を悩殺するもの」と感じたことなどを述べて序文の原稿に添えている。なお、福沢へは医学会総会のために前野良沢の遺筆や肖像の所在についての問い合わせもあったようで、旧中津藩奥平家の家職滝沢直作に宛てて所在の有無

を調査してくれるよう依頼した福沢書簡（三月二九日付）が残されている。〔松崎欣一〕

▼洋学の先人へ贈位　▼蘭化堂設立計画

参考 富田正文「和蘭事始と蘭学事始」『史学』（二四―二・三）一九五〇年一〇月。杉本つとむ『知の冒険者たち―『蘭学事始』を読む』八坂書房、一九四九年。

洋学の先人へ贈位　ようがくのせんじんへぞうい

洋学の先人への贈位を請願しようとの動きを厳しく批判した明治二三（一八九〇）年四月四日付の『時事新報』社説。同年四月一日、京橋区木挽町の厚生館（旧明治会堂）において第一回日本医学会総会が開催され、前野良沢、杉田玄白、大槻玄沢、桂川甫周らの蘭学開拓の先人の事績を顕彰する式典と資料の展示が行われた。内務省衛生局長長与専斎は祝辞の中で、『解体新書』翻訳の経緯を述べて前野良沢の功績を高く評価し、「日本医学の祖師」であるばかりでなく今日の文明開化を果たした「文明の師」でもあり、内務大臣に宛てて贈位の恩典を請願すべきことを提案した。満場の拍手により賛同を得て、長与は日本医学会員の総代として願書を提出することとなった。

これに対し『時事新報』は、学者たる者の栄誉は「学事社会に一種独立の栄誉」としておのずからそれぞれに定まるものであると述べる。一方、位階は単に官吏社会内の比較をもってその身を上下比較する俗世界の栄誉にすぎず、かりに前野良沢を「正何位」などとすることはその功を評価することにはならず、かえってその人を辱めることになる。先人の功績の顕彰はむしろその人の列伝を編纂し、また、例えば『解体新書』の翻訳事業が始められた旧中津藩中屋敷内の前野良沢宅の地を明らかにする記念碑を建てるといったことなどによるべきで、必要とあれば政府がこれに「一私人の資格」で助成し、医学会はこれを謹んで受ければよいという。

さらに、贈位の請願は思い止まるべきであるが、すでに医学会において議決されたとあれば一歩を譲り窮余の策として、既存の位階などではなく、「一種特別の新例」として「大師、国師」あるいは「大博士」「勅命博士」といったまったく新しい称号を贈り、「国の学者は学者として尋常の例外に」これを待遇すべきことを提案している。

医学会の請願との関係は確認できないが、二六年一二月、前野良沢へ正四位が贈られている。杉田玄白へは四〇年一一月、桂川甫周および大槻玄沢へは四四年六月にいずれも正四位が贈られている（『贈位諸賢伝』）。〔松崎欣一〕

▼『蘭学事始』の再刊　▼蘭化堂設立計画

工学会臨時大会　こうがっかいりんじたいかい

明治二三（一八九〇）年五月三日、工学会（現在の日本工学会の前身）の創立一

○周年を記念して学習院において開催された大会。『時事新報』は発会式や祝宴の模様、あるいは講演会の開催や東京府下の諸工場を縦覧し実地研究をする予定などのあることをかなり詳しく伝えている。

　福沢諭吉は工学会頭山尾庸三の訪問を受けて臨時大会発会式への出席を要請された。福沢は大会の意義は認めるものの、式典への出席は断った。五月六日付『時事新報』には雑報記事として、「工学会と福沢先生」と題する一文が掲載されその経緯を説明している。福沢は案内状を受け取っていたが「平生の懇親なき」集会としてそのままにしておいたところ、会頭の訪問を受けて臨時大会の趣旨を聞き納得し、若いときから常に「物理学」を重んじてきた自分としては、「無形の空論を避けて有形の実益を興すの道」を開き、わが文明の基礎をますます堅固なものとしたいと考えると述べて出席を了承した。しかしその後、列席者の席次として皇族、大臣が上座であることを聞き、純然たる学問上の私会に皇族は特別としても大臣、平民の区別はないはずで、日本の学者社会全体の面目にもかかわることであり、「大臣等の下流に就く」ことはできないとして出席は見合わせたという。

　この記事と同日に、「工学会臨時大会」と題する社説が掲載され、今回の大会について、すでに西洋で行われているようなかたちにならって、単なる祝賀式典に終わらせずに工場見学の機会を設け、また一般にも公開する講演会を実施するなど、今後の学会のあるべき姿を示すものであるとする論評をしている。この社説は『福沢諭吉全集』には収録されていないが、福沢の何らかの指示あるいは関与があって執筆、発表されたものと考えられる。「工学会と福沢先生」を読んだ陸《くが》羯南《かつなん》は、福沢の発言はやや奇矯ではあるが、一種卓越した見識であって、今日の世にへつらう頑迷固陋の儒学者への戒めであり、また政府に反省を迫るものであると述べている。〔松崎欣一〕

▼『言海』出版記念会　▼善那氏種痘発明一〇〇年記念会

参考 陸羯南「学界貴族主義への警鐘」『日本』明治二三年五月九日付。（伊藤正雄編『明治人の観た福沢諭吉』慶応義塾大学出版会、二〇〇七年。『陸羯南全集』2、みすず書房、一九六九年）。

『言海』出版記念会　『げんかい』しゅっぱんきねんかい

明治二四（一八九一）年六月二三日に開かれた、大槻文彦（一八四七〜一九二八）編『言海』の出版記念祝賀会。文彦は仙台藩校学頭の儒者大槻磐渓の三男で、蘭学者大槻玄沢（磐水）の孫。『言海』初版は四分冊で二二年五月から二四年一〇月にかけて刊行された。日本初の近代国語辞典。この祝賀会への出席と祝文の掲載について福沢諭吉がきわめて厳しい態度を示したことで知られる。

　祝賀会は富田鉄之助など仙台出身者一〇数名を発起人に企画された。富田から

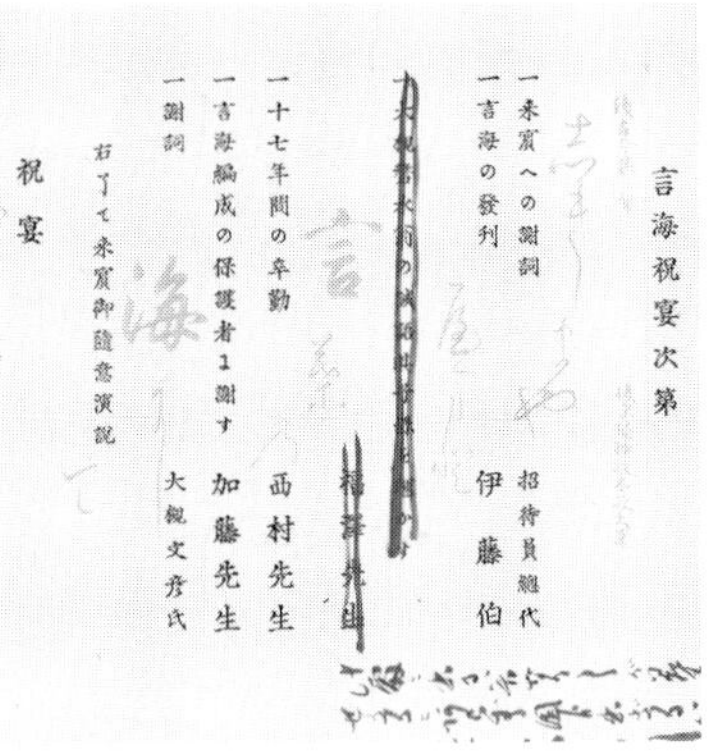
言海祝宴次第
一来賓への謝詞　招待員総代　伊藤伯
一言海の發刊
一十七年間の辛勤　西村先生
一言海編成の保護者ニ謝す　加藤先生
一謝詞　大槻文彦氏
右了て来賓御随意演説
祝宴

●福沢が自分の名前などを抹消した祝宴次第（部分）

会への出席と祝文執筆を要請された福沢は、執筆は快諾したが、祝賀会は欠席と伝え、祝文が活字化される際の掲載形式をあらかじめ説明するよう富田に念を押している。自分の文が貴顕の後に掲載されることで、学者が貴顕の従者のような様相を呈することは避けたいからであり、福沢「一身の栄辱」のためではなく「斯文斯道の独立」のためであるという。

その後届けられた式次第には、祝辞予定者として伊藤博文の次に福沢の名が記されており、福沢はこれに強い不快感を示し、みずからの名と祝文表題を削除した式次第の再印刷を富田に求めた。そして、祝文を紙上に載せる際の取り扱いの注意も喚起している。

福沢はこの理由について、学問や教育と政治とはまったく別のものにもかかわらず、辞書出版のような学問教育領域の事柄に関して、学者が学問に縁のない政治家と名を連ね、同列に、ましてや格下に扱われることなど考えられないと述べている。政治社会の貴顕を一段上と見る風潮に抗《あらが》う福沢の態度には、学問や教育の領域や学者が政治世界とは別の独立した存在であることに対する徹底した姿勢をみることができる。

その後、富田は式次第を刷り直し、祝文「大槻磐水先生の誡語その子孫を輝かす」はのちに『言海』の巻末に掲げられた。文彦は自伝に、福沢は『言海』の仮名配列がいろは順ではなく五〇音順であることに「寄席の下足札が五〇音でいけるか」と顔をしかめたと記しているが、祝文では、『言海』は仮名という確固たる配列基準を設けた日本初の「真成の辞書」であるとの賛辞を贈っている。また、完成まで二〇年弱を要したその辛苦は、「事業は必遂を期する精神で臨むべき」とする文彦の祖父盤水の誡語に適うものと評価し、「洋学の後進生諭吉」として旧懐に堪えない、と結んでいる。

［石井寿美世］

参考 犬飼守薫『近代国語辞典編纂史の基礎的研究』風間書房、一九九九年。大槻文彦「大槻博士自伝」藤村作編輯『国語と国文学』（五巻七号）一九二八年。『書簡集』七。『伝』四―四八編。『全集』一九。『未来をひらく　福沢諭吉展』。

伝染病研究所・土筆ヶ岡養生園《でんせんびょうけんきゅうじょ・つくしがおかようじょうえん》

明治二五（一八九二）年ドイツから帰国した北里柴三郎の不遇を嘆いた長与専斎から相談を受けた福沢諭吉は、いずれ子どもたちのためにと用意していた芝公園の借地に、森村市左衛門の協力を得て、同年一二月に伝染病研究所を設立した。

翌二六年には、国の補助も得て愛宕下の土地に移転拡張しようとしたところ、地元から反対運動が起こった。福沢はその鎮静化に力を尽くしたが、その様子は北里宛の書簡や、旧知の東京府知事富田鉄之助宛の書簡などからも知ることができる。さらに『時事新報』紙上では四月二日、「伝染病研究所と近辺の住民」などの記事を掲載するとともに、「伝染病研究所に就《つい》て」(七月五~七日)と「伝染病研究所の始末」(八月一一・一二日)の論説を掲載した。特に後者は北里の長文の辞表を収めたもので、実は福沢の手によるこの辞表が人びとの心を打ち、ようやく鎮静化、北里は所長のまま無事に愛宕下に移転することができた。以来同研究所からは、所長北里のもと、志賀潔、秦佐八郎らによりいくつもの国際的な研究がなされた。

福沢はちょうど同じ時期、他方で結核のサナトリウムである養生園の建設にも尽力した。結核の治療剤として当初期待されたツベルクリンがコッホのもとで開発されたこともあって、その高弟北里の名声を慕って患者が集まった。そこで長与、福沢らが相談して、今日北里研究所附属病院がある白金の福沢所有の地所に土筆ヶ岡養生園を設立することになった。

この際の福沢の尽力も細やかで、福沢家出入りの大工棟梁金杉大五郎には敷地の測量図面を早急に届けるよう依頼し、長与に対しては病棟の図面の用意を願い、また、かつて福沢邸の書生をしながら慶応義塾で学んだ飯田三治に対しては、隣接する地所の購入条件を示し交渉を依頼していたことが、書簡のみからも分かる。

さらに、学者が自分で何もかもすることは不可能だから事務会計のことは適任者にと、北海道炭礦鉄道会社に勤務していた慶応義塾出身の田端重晟《しげあき》を東京に呼び戻し事務主任に据えた。ちなみに、北里研究所に保管されている田端日記を整理した正田庄次郎は、「オーナーとしての北里が、診療部門の最高責任者としてだけでなく、経営上の責任者として形式上その役割を果していた事は当然であるが、実質的には福沢は「顧問」の役から一歩ふみだして、現在の医療法人組織でいえば、理事長にあたる機能を果している。その分だけ、北里は診療と研究所の職務に比重をおくことができた」と指摘している。

なお、この養生園は、北里の名声と田端の堅実な経営により収益を着実に蓄積することができた。のちに大正三(一九一四)年、一方的に伝染病研究所が内務省から文部省に移管され東京帝国大学の附属機関となった際、総辞職した北里と所員たちは独立して北里研究所を創設したが、それも養生園の蓄えの賜であった。

〔山内慶太〕

▼養生園ミルク事件 ▼長与専斎・北里柴三郎 ▼田端重晟
▼長与専斎

参考 山内慶太「長与専斎・北里柴三郎―福沢諭吉と「医友」」『評論』(一〇八七号)二〇〇六年。正田庄次郎「田端重晟日記からみ

た福沢と北里」『年鑑』(八)一九八一年。
『書簡集』七。

蘭化堂設立計画 らんかどうせつりつけいかく

『解体新書』の翻訳に携わった前野良沢(蘭化)、杉田玄白(鷧斎《いさい》)をはじめとする蘭学開拓の先人たちを顕彰するための施設として、築地鉄砲洲旧中津藩中屋敷の地を公園とし、その一画に「蘭化堂」を設立しようという計画。

明治二七(一八九四)年に福沢諭吉が筆をとった計画の覚書(「蘭化堂設立の目論見書」)が残されている。

明和八(一七七一)年三月五日、中津藩邸内の藩医前野良沢のもとに翻訳のことが始まったのは「大日本国文明開化の元始」であるばかりか、「世界の文明史」に大書すべきことであった。その事績を伝えるための「建碑」も一法であるが、むしろ「ターフル・アナトミカ《ママ》」に始まる先人の手になった著訳書類など日本国中に存在する「西洋文明の東漸に関して履歴口碑あるもの」を収集、保存、展示公開する拠点を設立し、合わせて集会所を設け毎年三月五日には一般に公開して記念祭を挙行するとしている。また、外国人居留地となっている旧藩邸の地をどのようにして入手するか、その所有権、また施設の維持運営などについて東京市あるいは京橋区に委ねるかといった検討課題のあることが示されている。

この覚書は前文を欠き、他の関係資料も伝わらない。覚書がどのような経緯でまとめられたのか、どの程度具体化の動きがあったのかなどについては明らかではない。〔松崎欣一〕

▼中津藩の蘭学 ▼慶応義塾発祥の地記念碑 ▼『蘭学事始』の再刊 ▼洋学の先人へ贈位

参考 『全集』二〇。

善那氏種痘発明一〇〇年記念会 ぜんなーししゅとうはつめいひゃくねんきねんかい

明治二九(一八九六)年五月一四日、上野公園旧博覧会跡第五号館において行われた牛痘種痘法一〇〇年を祝う記念式典。イギリスのエドワード・ジェンナー(Edward Jenner)が発明した種痘法を初めて試行したのが一〇〇年前のこの日であった。式典には四、五千人の来会者があったという。

福沢諭吉も長与専斎の依頼で演説することをいったんは承諾したが、プログラムに多くの大臣、役人の演説予定のあることを見て出席しなかった。

福沢はすでに五月九日には三田演説会で種痘法一〇〇年にちなむ演説を行っているが、式典の日を外すかのように一一日には沼津、箱根方面に出立し、一五日に帰京して紅葉館で行われた交詢社員山本達雄、園田孝吉の渡英歓送会に出席している。三田演説会での演説は、一四日の『時事新報』に社説「種痘発明」として発表された。

福沢は、嘉永二(一八四九)年、長崎において牛痘種痘法がオランダ人医師モーニッケと佐賀藩医師楢林宗建によって行われたことを契機に急速に国内に普及し、「一片の針端」によって「生涯の安心」が得られるようになったといい、善那先生の大功徳を記念して報恩の誠意を表するはもとより当然の次第と述べている。そして、その普及の早さは、例えば中津藩では福沢の従兄に当たる医師藤本元岱が自身の娘に接種したことを端緒として普及したことにみるように、社会の上流に属する士族、学者(医師)が種痘法という新しい医術の意義を理解し、率先してその子女に試みたことが一般の人心を感化したことに理由があると強調している。さらに種痘法に留まらず開国以来のわが国がイギリスを師として学んだことは、諸種器械の製造、用法からなお進んで政治、経済、法律などの仕組みや考え方に至るまで枚挙にいとまなく、イギリスはわが新文明の「師範国」といっても過言ではない。したがってわれわれ日本人はその全体の文明を学び得たものとしてその「師徳」に感謝するものであるという。

ひるがえって他のアジア諸国では西洋文明の事物に対して、下流の小民などが単に商売などの利益のために目を向けることはあるものの、上流の人びとはまったく関心を持たず全体として旧態依然とした状態に留まっている。われわれが今ここにあることの根本を尋ねれば、洋学の先人たちが苦心して西洋の書を読み、文明の基礎を築いてくれたことの賜であり、われわれはさらに高きを求めなければならないと述べている。　［松崎欣一］

▼『蘭学事始』の再刊　▼工学会臨時大会　▼『言海』出版記念会

養生園ミルク事件《ようじょうえんみるくじけん》

明治二九(一八九六)年、養生園のミルクが不潔なことにつき、福沢諭吉が同園院長の北里柴三郎らを厳しく叱責した出来事。養生園は福沢と森村市左衛門の援助により北里柴三郎を院長として二六年に開園した結核専門病院。

福沢家は同園から毎朝ビン詰めの牛乳を取り寄せていた。同年一〇月一五日配達のビンの一つに汚物が付着し、きわめて不潔であったため、福沢の怒りが爆発した。福沢は即刻、養生園事務責任者の田端重晟《しげあき》に手紙を書き、北里や顧問の長与専斎ら幹部の怠慢を責めた。その主旨は、患者が生命を託す病院でこのようなことが起こるのは、使用人の不始末ですまされることではない。また単にミルク

◉養生園外観

だけの問題ではなく、細心の注意で管理すべき薬同様のミルクが、このような状態であるということは、病院全体の弛んだ体制を象徴している。「大業に志す者」は、生涯にわたり千辛万苦を重ね、すべてに細心の注意を払ってようやく目的の半ばを達するものである。このような不始末を起こしたことに対して、「僅《わずか》に養生園の盛なるを見て、皆々安心得意の情を催し、浮世の流風に浴して、本来の大目的を忘れたるか、さりとは頼甲斐《たよりがい》なき次第ならずや」と、北里ら幹部を強い言葉で叱責している。当時の福沢家の書生の目撃談や田端の日記によれば、福沢は謝罪に訪れた北里を三時間にわたって「猛烈な口調」で叱りつけたという。

当時福沢は、日本がわずかばかりの経済的成功の中で、好況に浮かれ、「人心狂するが如」（六月一四日付村井保固宛書簡）き世情となっていることに違和感を感じていた。福沢の叱責は、直接には北里の私生活上の問題や養生園の近況に対するものであったが、同時に当時の「浮世の流風」に対する批判と二重写しになり、怒りが爆発したものとも考えられている。なお、北里はのちに先述の田端宛福沢書簡を部屋に掲げて人生の戒めとしていた。〔小室正紀〕

▼伝染病研究所・土筆ヶ岡養生園 ▼集会論 ▼北里柴三郎 ▼田端重晟

参考『伝』四―三九編。

社会活動

磐梯山噴火義捐金募集《ばんだいさんふんかぎえんきんぼしゅう》

明治二一（一八八八）年七月一五日、磐梯山・小磐梯の山頂部分が水蒸気爆発によって破裂した。二〇回ほど爆発が続いて小磐梯は粉砕、岩屑流が発生して、四六三戸が被害に遭い、四七七名が死亡した。

福沢諭吉は七月一八日付の福沢桃介宛書簡で「ばんだい山の噴火、実に恐ろしき事なり」と述べ、時事新報社から現地に社員津田興二を派遣した。他紙からも続々と記者が派遣され、惨状は東京にも伝えられるようになるが、津田からの話を聞いた福沢は、報道されている以上に「実際は、まだ恐ろしきよし」であると述べている（七月二五日付高橋義雄宛書簡）。

この間の七月二一日、東京の一五紙がいっせいに義捐金取次広告を掲載し、『時事新報』も加わっている。福沢自身、「福沢家族」として五一円六〇銭を醵金している。『時事新報』はその集金額において他紙を圧倒しており、福沢も「時事新報は何故か、中々勢力ありて世の信用も厚し」と述べ、他紙の集金額では半額に及ぶものもないと自賛している（八月二七日付福沢桃介宛書簡）。実際、『時事新報』は全国の新聞で集金総額第一位となっており、第二位の『ジャパン・メール』に倍以上の差をつけた。〔小川原正道〕

参考 都倉武之「福沢書簡注解余瀝3 「時事新報は何故か中々勢力ありて」」『手帖』(一一五号)二〇〇二年。同「草創期メディア・イベントとしての義捐金募集―時事新報を中心に(一)」『日欧比較文化研究』(五号)二〇〇六年。

オスマン帝国軍艦沈没事件義捐金募集《おすまんていこくぐんかんちんぼつじけんぎえんきんぼしゅう》

明治二三(一八九〇)年九月一六日、オスマン帝国軍艦エルトゥールル号が紀伊半島沖を航行中、台風の激浪に遭遇して座礁・沈没し、大使以下五八七名が死亡する事件が発生した。同艦は、二〇年に明治天皇からの勅命を受けた小松宮彰仁親王がイスタンブールを訪問したことへの答礼使節として派遣されたもので、明治天皇に謁見して皇帝の親書や勲章を奉呈したあと、帰国する途上にあった。

地元住民は献身的な救助活動に当たり、当時のオスマン帝国政府と国民の感動を呼び起こして、同国およびその後のトルコと日本の友好関係の礎となったといわれている。被災者に対しては全国からも義捐金が寄せられたが、福沢諭吉も九月二五日付の清岡邦之助宛の手紙において、同艦沈没を「誠に無残の事」としたうえで、日本国民は非常に関心を寄せて義捐金などが続々と集まっていると記している。『時事新報』もすでに九月二〇日付の紙面で「土耳古《トルコ》軍艦沈没の悲惨」と題して、義捐金の募集を呼び掛けていた。一〇月一四日付の清岡宛書簡によると、義捐金は一気に四千数百円集まり、生存者六九人を母国に送還するに当たり、時事新報社からも野田正太郎を派遣したという。このとき野田は、同社が集めた義捐金四、二四八円余りをフランス為替証書にして携え、オスマン帝国海軍省を訪れて遺族救済委員会に手渡した。この日、海軍省には多くの人が集まって歓呼をもって迎えられたという。野田は二六年までコンスタンチノープルに滞在し、皇帝の要請で陸軍大学校で日本語の教師を勤め、駐在記者として日本に記事を送った。

なお、事件の翌年、生存者を送り届けた軍艦比叡と金剛の帰還を歓迎する会が企画され、福沢にも義捐金の呼び掛けがあったが、このときは息子一太郎と交詢社の面々に相談して「出す金あらば出してやるべし」と述べ、あまり積極的な姿勢は示していない(二四年五月六日付福沢桃介宛書簡)。

〔小川原正道〕

参考 『研究』(二六巻)二〇〇九年。堀川徹「エルトゥールル号遭難救助活動に対するオスマン帝国の感謝状」『研究論叢(京都外国語大学)』(七〇号)二〇〇七年。

濃尾震災義捐金募集《のうびしんさいぎえんきんぼしゅう》

明治二四(一八九一)年一〇月二八日、マグニチュード八の内陸直下型地震が岐阜県・愛知県一帯を襲った。全壊焼失家屋一四万六、〇〇〇戸、死者七、二七三人を数えたこの濃尾震災に際して、『時事新報』は義捐金を募る広告を出し、社説

(逓信省認可)　明治二十四年十月卅一日

大地震に付義捐金募集廣告

安政の江戸大地震は早や三十七年の一昔と為り當時の有様は今尚ほ故老の語る所にして一夜忽然耳に水の大震動、地震に遭ふて地裂たるを悟らず七轉八倒の間に燈燭諸市に謀り親が子を見殺にして泣くあれば妻が夫を求めて叫ふあり走て土藏の鬼瓦に頭を碎かるゝ者あり梁に足を敷かれて焼死ぬる者あり市中近郷幾萬戸の焼失、幾萬人の死傷、大都變して古戰場と為る共物語はいよ〱聞ていよ〱恐ろしけれども唯むかしの事として聞流かせしに何ぞ料らん今回は岐阜大垣名古屋を始めとして何十里内一面の地方に正しく江戸の大地震を再演して修羅の慘狀を呈し昨今到來の電報通信に接していよ〱其事情を詳にすればいよ〱驚愕に堪へず然かも其日は本月二十八日にして舊暦の九月二十六日に當り安政二年の變は十月二日のみとあれば前後七日の相違にして二度の天災とは三十七年久しき雖も目前に見るが如し左れば當府下を始めとして遠近の地方にて荷も慈善の志あらん人々は舊を懐ひ今を憐み多少の金を捐てゝ被害地方の死亡者負傷者貧困者を救ひ給はらんこと切望に堪へず但し其義捐金は當時事新報社に當て現金にても為替にても到着次第之れを取纏めて其筋に使用法を託し又その義捐者の姓名と金高とは時々本紙上に記して請取書に代ふ可し

一義捐の金高は一口十錢以上の事

但し郵便切手代用は謝絶、尚ほ為替振出先きの郵便局は東京芝口郵便局に限る

一義捐金請取の期限は來る十一月十五日までの事

東京市京橋區南鍋町二丁目十二番地

明治二十四年十月二十九日　時事新報社

◉『時事新報』の義捐金募集広告

でも連日震災を取り上げて、「徳義心」養成のためとして義捐を訴え、政府が積極的に財政的支援に当たるよう求めた。

一一月一一日、岐阜県へ七五万円を支出する勅令が公布されたが、被災者の政府に対する不満は鬱積しており、二四日には県庁に震災救済の請願に来た岐阜市民の一部が暴徒化し、警官隊が鎮圧する事態が発生した。

これを受け、岐阜県の有志金森吉次郎らが上京して堤防の修繕や免税などを請願し、福沢諭吉にも協力を要請した。福沢はすでに反物を集めて娘たちに衣類を用意させるなど、個人的な被災者支援に取り組んでおり、金森の要請にも喜んで応じ、「此方にても出来る丈《だけ》の尽力は致《いたし》候《そうろう》積《つも》り」だと書き送っている(一二月二二日付金森宛書簡)。個人的にも義捐金を拠出したほか、募金に回る托鉢僧のもてなしなどにも取り組んだ。のちに金森は、初めて福沢邸を訪れて震災について話をした際、福沢は涙をぬぐいながら耳を傾け、紙面を活用して罹災者のために協力すると答えたと回想している。

〔小川原正道〕

参考『伝』四—四八編。都倉武之「草創期メディア・イベントとしての義捐金募集—時事新報を中心に(二)」『日欧比較文化研究』(六号)二〇〇六年。

三陸大津波義捐金募集《さんりくおおつなみぎえんきんぼしゅう》

明治二九(一八九六)年六月一五日に三陸地方を大津波が襲い、流出破壊家屋一万三九〇戸、死者二万二、〇〇〇人という被害が生じ、とりわけ釜石町では人口六、五二八人のうち四、〇四一人が死亡するという事態に陥った。

慶応義塾出身の木村一是が義兄の白石広造と共に上京して福沢諭吉を訪ね、その惨状を報告したところ、福沢はすぐに現地に古着や梅干などを送っているが、古着は「娘共が家中さがし、手当り次第にかきあつめたるもの」であり、梅干しも戦争に備えてつくっておいたものであった(七月三日付白石宛書簡)。このときも、それまでの噴火や震災の際と同様、『時事新報』は義捐金を募っているが、編集部にいた北川礼弼《れいすけ》によると、震災の一報が入ると同時に福沢から義捐金一〇〇円が届けられ、現地の惨状が伝わるとさらに一〇〇円が追加で送られてきたという。

〔小川原正道〕

参考『伝』四―四八編。

耶馬渓競秀峰景観保全《やばけいきょうしゅうほうけいかんほぜん》

耶馬渓競秀峰は約一kmにわたり美しい峰が連なる、大分県中津市本耶馬渓にある景勝地で、その景観保全に福沢諭吉が尽力した。競秀峰の名は宝暦一三(一七六三)年に訪れた江戸浅草寺の金竜和尚が命名したといわれる。当時は交通の難所で、人びとのために一人でトンネルを掘った真如庵禅海の話は、菊池寛の小説『恩讐の彼方に』で知られる。耶馬渓の名はそれよりのち、文政元(一八一八)年に訪れた頼山陽による。

明治二七(一八九四)年三月に、墓参のため長男一太郎および二男捨次郎と共に中津に帰省した福沢は、一日耶馬渓に遊び、この峰が売りに出されていることを知った。心ない者が購入して樹木を伐採すれば景観が損われてしまうことを憂えた福沢は、曾木円治に仲介を依頼して、同年四月三〇日から三〇年五月三一日までの七回にわたり、目立たぬように少しずつ売りに出されている土地を買い、その名儀はかつて山林の事業に関係した福沢の義兄小田部武にした。その後の所有者は武の子菊市を経て、三三年にはそれを売買のかたちで福沢捨次郎名義とし、

◉現在の耶馬渓

昭和二(一九二七)年には福沢時太郎に相続されたが、遠隔地で管理が行き届かないため、風致保存を条件に譲渡された。土地の広さは一〇反一畝五歩(約一万㎡)であった。
[西澤直子]

▼明治二七年 中津の旅

参考『書簡集』七、こと「耶馬渓競秀峰」。『伝』二―二〇編。『本耶馬渓町史』本耶馬渓町史刊行会、一九八七年。島通夫「耶馬渓競秀峰」『手帖』(一一)一九七六年。

さまざまな集会

慶應義塾同窓会《けいおうぎじゅくどうそうかい》

慶應義塾出身者相互の親睦を図るために実施された懇親会。

『文明論之概略』の中で人間交際の大切さを説いた福沢は、慶應義塾出身者が年齢や職業、社会的地位を問わず集まる

機会を持つことにも積極的であった。現在確認できる慶応義塾最初の同窓会は、明治一三(一八八〇)年五月に小幡篤次郎や当時の塾監渡部久馬八らが世話人となり開催された。同月一二日、開塾以来の新旧社員三、〇〇〇余名へ同窓会への参加を呼び掛ける広告が『郵便報知新聞』に掲載される。二九日、湯島の昌平館で開催された同窓会には三〇〇余名の慶応義塾出身者のほか、福沢の招きを受けた一〇数名の来賓が参加。福沢、小幡の祝辞演説が行われたのち、立食で歓談した。

以後、詳細は不明だが、地方在住の慶応義塾出身者が定期的に同窓会を開催するようになったという。残存する福沢の書簡や『時事新報』『慶応義塾学報』の記事をみる限り、地方での同窓会は春秋いずれかの時期や福沢誕生日、福沢の各地域訪問の際などに開催されていた。

一方、京浜地域では、同時期に卒業・在籍した義塾出身者たちの親睦会は散発的に行われていたものの、大規模なものは一三年以来行われておらず、新旧出身者が一同に会する機会もなくなっていた。

その後二八年五月五日、芝の紅葉館において同窓会が実に一五年ぶりに開催される。一二三名の参加があった同会では福沢の演説のほか、サンフランシスコで撮影した福沢の写真をはじめとした慶応義塾の古記旧物が陳列された。

以後、京浜地域でも同窓会は二九年六月(参加者一三四名)、三〇年五月(一六四名)、三一年一二月(三八八名。福沢快気祝賀会を兼ねる)、三三年四月(二五六名)と不定期ながらもほぼ毎年開催されるようになったほか、旧友会や園遊会と称する懇親会も頻繁に行われるようになった。〔吉岡拓〕

参考 前坊洋『明治西洋料理起源』岩波書店、二〇〇〇年。石井寿美世「「文明」の発展と学塾・人材」『手帖』(一四〇号)二〇〇九年。『郵便報知新聞』明治一三年五月一二日、三一日付。『時事新報』明治二八年五月一日、七日、八日付。

議員懇話会 ぎいんこんわかい

慶応義塾出身の国会議員を中心として開かれた同窓会。明治二三(一八九〇)年一一月に初めて開かれた帝国議会において義塾出身者は衆議院に尾崎行雄や犬養毅ら、貴族院に塾長小幡篤次郎らの三〇余名が名を連ねた。議会召集直前の一一月一七日、築地寿美屋にこのうち二六名が参加して同窓会が催され、福沢諭吉も招待された。会合に臨んだ福沢はその場で演説して議員たちの招待に謝したのち、たとえ同窓であってもおのおの政治上の意見を異にするのは当然であるが、同窓という縁を用いて議会運営を円滑にすることも国や慶応義塾に対する「忠」である(「和して和すべき部分だけは政治上の情熱を離れて同窓の旧情に訴え、以て帝国議会の波瀾を静にするは、啻《ただ》に国に忠なるのみならず、諸君の故郷たる慶応義塾をして間接に忠の名を得せしむるものと云うべし」〔同窓の旧情〕)と義塾出身の政治家が持つべき精神を説いた。

福沢がこの同窓会を楽しんだことは翌日息子の捨次郎に宛てた手紙の中で、久々に会う者も多く面白きことであった、と感想を述べていることにも確認できる。以後福沢の生前には二四年一一月、二五年一二月、二七年六月、二八年一月、三〇年三月に同趣旨の会合が催され、このうち二四年と二七年の両度は福沢自身が議員を自邸に招待するかたちをとった。そのときの招待状でも政談外の会同も面白いであろうと記しているように、あくまでも政治から離れた懇親会であった。福沢の死後には議会会期中に芝の紅葉館において開かれることが慣例化している。

　福沢は二五年の懇親会でも演説し、同窓の親友同士が政敵となってもその友誼まで傷つけるものではないと語った。かつて英国で政敵同士が議場外で談笑していることに驚いた経験を持ち、英国流の議会制度を志向した福沢にとって、政治的にさまざまな立場をとる義塾出身議員が議場外で旧交を温めるのは誇らしいことであったのだろう。 ［横山寛］

◉紅葉館で開催された議員懇話会（明治二五年）

▼帝国議会と義塾出身議員

参考『全集』一二。『書簡集』六・七。服部禮次郎『慶応ものがたり』慶応義塾大学出版会、二〇〇一年。

帝国ホテルでの会合 ていこくほてるでのかいごう

福沢諭吉は会合の場として築地の寿美屋や江東の中村楼などの料亭や明治会堂、交詢社食堂などを用いていたが、明治二三（一八九〇）年一一月に帝国ホテルが開業すると、同ホテルも饗応の場に用いるようになった。

　福沢が最初に帝国ホテルを利用したのは二五年四月二四日、交詢社第一三回大会においてであった。以後、交詢社関係の会合では帝国ホテルを用いることが多くなり、死去するまでに計八回に及んでいる。一九年五月一日に自宅で立食形式の婦人会を開いて以来、立食の利点に注目していた福沢にとって、世務諮詢の絶好の機会である大会の場として大人数での立食パーティーが可能な同ホテルは便利な施設であったのだろう。

　交詢社関係以外での帝国ホテルの利用としては、「不図《ふと》したる思付《おもいつき》」から五九〇円余りの金銭を自弁し、二九年一月一八日に開催した大新年会がある。この会を政治、宗教、学問、実業などの堅苦しい話題を避け「書生の雑談会」としたかった福沢は、冒頭の挨拶の中で当時まだなじみの薄かった立食パーティーを「リッショク」ではなく「タチグイ」と読むことを提唱し、来場者が構えることなく参加できるよう配慮した。続いて海軍中将伊東祐亨が来場者を代表して挨拶をし、彼の呼び掛けで福沢への万歳三唱が行われる。宴会は午後九時過ぎまで行われ、三四八名もの来場者があったという。なお、新年会の案内状は一月一二日付で送付されたが、誤って福沢が嫌う九鬼隆一にも送付してしまうという出来事があり、福沢は関係者を叱責している。九鬼からは参加の返答があったが、当日は来場しなかった。このほか、同年九月に行われた五女光の結婚披露宴でも帝国ホテルが利用された。〔吉岡拓〕

▼集会 ▼宴会場

参考 前坊洋『明治西洋料理起源』岩波書店、二〇〇〇年。『時事新報』明治二九年一月二一日付。『書簡集』八。

銅像開披式 どうぞうかいひしき

彫刻家大熊氏広が制作した福沢諭吉等身大座像の開披式。明治二四（一八九一）年頃より計画された福沢の銅像建設案は、小幡篤次郎が有志総代となって二五年より寄附金の募集が開始され、二六年一〇月までに銅像が完成、同月二二日に慶応義塾の煉瓦講堂二階会議室に安置される。これに前後して、義塾の同窓会を兼ねた銅像開披式を同月二九日に実施することを決定、京浜地方発行の各新聞へ広告を出し参加者を募った。

当日はまず一部体育会の秋季大会や第三期評議員選挙が行われ、続いて煉瓦講堂二階会議室で開披式が実施された。音楽合奏が流れる中、まず小幡篤次郎が「先生の如きは後世にその遺像を止て長に人の崇敬を受くべき人なり」と謳った祝文を朗読したのち、制作者大熊氏広が演説。終了後、小幡の手で除幕が行われた。

続いて、福沢が銅像完成の礼を兼ねた演説を行う。その中で福沢は、外聞に頓着しない性格である自分の銅像が制作されたことへの違和感を表明しつつ、「慶応義塾の紀念碑」であると考えればまことに喜ばしいものであると述べ、さらに今後の義塾経営について参加者の尽力を求めた。

●大熊氏広作の座像

演説終了後、式参加者により福沢と慶応義塾への万歳が唱和されたのち、芝浦の見晴亭へ移動して同窓会を開催、開披式に寄せられた祝文がその場で披露された。

なお、銅像開披式に触れたこれまでの文献はいずれもその実施を一〇月二二日としているが、これは誤りである。

[吉岡拓]

▼福沢諭吉銅像

参考『時事新報』明治二六年一〇月二一・三一日、一一月一日付。『郵便報知新聞』明治二六年一〇月二一日付。「福沢先生銅像建設費領収書」(福沢諭吉子女支払のもの)(マイクロフィルム版「福沢関係文書」)。

還暦の祝宴《かんれきのしゅくえん》

福沢諭吉の還暦を記念する祝賀会は、明治二八(一八九五)年一二月一二日、芝の紅葉館で開かれた。本来であればこの前年に開催されるはずであったが、日清戦争のために一年延期されたのである。

この日午前一一時、会に先立って、慶応義塾大学部、普通部、幼稚舎、朝鮮留学生、商業学校、朝鮮語学校の有志が、福沢とその家族を招いて慶応義塾講堂の中庭で「祝寿会」を開いた。各部総代一名ずつ祝文を朗読した後、福沢が演説を行っている。その中で福沢は、明治以後の「文明開化」の成果は、封建門閥の時代に二〇代を過ごしたみずからの想像を大きく越えるものであったと述べ、今後の開化事業の「巧拙は後進諸君の伎倆如何に存するものなり」と若い世代に期待をかけている。

その後、福沢一家は午後一時に祝賀会の会場である紅葉館に馬車で到着、二時に開会した。初めに梅若実、観世銕之丞、山本東次郎、観世清廉による能・狂言が演じられ、続いて発起人総代である小幡篤次郎が「福沢先生第六十一回誕辰の文」を朗読、福沢の健康を祝う気持ちは、門下生らの「私情」ではなく「本邦文明の為め」を思う「公情」である、と述べた。さらに各地から祝電を寄せた諸氏の氏名が読み上げられた後、福沢が挨拶を行った。午前中に学生に対して行った演説よりは簡潔なもので、生涯一書生を貫いてきた自分と、今後も「無味淡白」な交際を続けて欲しいと願う内容となっている。挨拶の後、観世清廉、梅若実らの仕舞があり、来会者は割り当てられた座敷に移動して奏楽を鑑賞した。福沢は各室を挨拶に回り、午後九時に散会。来会者は四五〇名で、紅白の餅や福沢自署で内側に「共楽健康」と印刷された盃などが配られた。

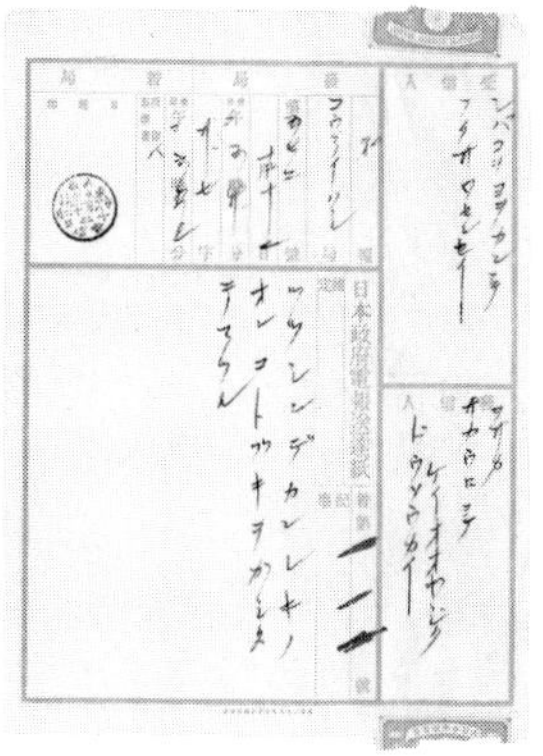

◉各地より寄せられた祝電の一枚

なお、関係者有志の募金により、還暦の記念品を贈ることが企画され、彫刻家大熊氏広による灯台の置物(イギリスのエジストン灯台の三〇分の一の模型で時計になっている)が制作され、三〇年四月に完成し福沢に贈られた。

[堀和孝]

参考『全集』一五。『時事新報』明治二八年一二月一四日付。竹越与三郎「福沢先生」『萍聚絮散記』開拓社、一九〇二年。

集会論　しゅうかいろん

明治二九(一八九六)年八月に『時事新報』は、「紳士の宴会」(一六日)、「宴会の醜態」(一八日)、「集会と飲食」(一九日)、「集会の趣向」(二一日)、「社会の交際」(二三日)、「社会の交際に官尊民卑の陋習」(二六日)と題する社説を連載し、当時の宴会のあり方を厳しく批判するとともに、新たな集会・交際の姿を提示した。

この頃、「紳士紳商」と称する人びとが会社の発起や事業計画の用談を名目に宴席を設け、毎夜のごとく半妓半娼の芸妓を侍らせて酒食し、放歌乱舞、泥酔昏倒の醜態を演じていた。これらの社説は、こうした宴会は、株主に飲食代を負担させる背任行為であり、また眠食を乱した不健康な行為でもあると批判している。しかし集会そのものは実業や学問のために必要不可欠として、その意義は認めていた。問題は、「会するが為に飲食する」べきところ、その本末が逆転し、用談を口実に飲食をほしいままにし醜態を演じていることであった。社説は、それを「未開不文の陋習《ろうしゅう》」と断じ、それに代わってクラブと、西洋で行われている「At Home」な集会を「文明の交際法」として提案している。クラブは、醜態に結びつく料理屋を利用せずに、かつ随時に集まれるように集会場を建設することが必要だが、気軽に交際し集会するためには便利な一法とする。また、「At Home」な集会とは、ごく簡単なお茶や酒食を用意して男女にかかわらず客を招待し、主人や参会者が相互に歓談を楽しむものである。このような提案は、文明社会のために集会・交際の必要性を高く認めるからこそ、それが永続するには、主客ともに負担が少ない簡便な形態であるべきだと考えられたからであった。

なお、福沢諭吉自身は、このような「文明の交際法」の実践者でもあった。一三年に福沢らの主唱により発会した交詢社は、そのようなクラブの日本における嚆矢であった。また、二九年一月には、帝国ホテルでの「立食談笑」のパーティーに知人を招待し(一一日付菅治兵衛宛・笠原恵宛書簡)、同年九月や翌年三月には粗茶粗菓のみを用意して男女の客がつどう「茶話会」を自宅にて催している(九月七日付荘田夫妻宛・飯田夫妻宛、三〇年三月七日付笠原宛書簡)。特に、九月の「茶話会」については漢詩をつくり、塵にまみれた東京にあって「一堂の談笑秋とともに清し」と吟じている(九月二八日付神津邦太郎宛・一〇月二一日付佐藤弥六宛書簡)。

『時事新報』の集会論は、福沢が日清戦争後の好景気の中での経済人の行動を、「恰《あたか》も狂するが如し」(二九年一月二一日付村井保固宛書簡)と見て、そのモラルに疑問を感じているときに掲載されたものであった。当時蔓延しつつあった日本的宴会の醜風は、その一つの象徴として批判の対象となったと考えられる。

［小室正紀］

▼交詢社設立之大意　▼集会　▼ホームパーティー

参考『書簡集』八。

著作活動

『福翁百話』『福翁百余話』の執筆
「ふくおうひゃくわ」「ふくおうひゃくよわ」のしっぴつ

『福翁百話』は明治二九（一八九六）年三月から七月まで『時事新報』に掲載され、その七月に刊行、『福翁百余話』は三〇年九月から三三年二月に同紙に掲載され、三四年四月に刊行された。

生前にすでに自分の全集を刊行していた福沢諭吉であったが、それはそれまでの執筆活動を振り返って、以後の活動の方向を見極めるための手掛かりにする、という意味があった。その背景には自分の説き続けてきた文明の精神がかならずしも世間に浸透していないという自省があり、また『福翁自伝』の末尾に挙げた「私の生涯の中に出来《でか》して見たいと思う所」の「三ヶ条」の一つの「全国男女の気品を次第々々に高尚に導いて真実文明の名に愧《はず》かしくないようにする事」という願望があったと考えられる。そうしてそれは、結局明治初年における彼の主張に立ち戻ることを意味していた。

この二つの思いが重なったところに、『福翁百話』と『福翁百余話』の執筆の趣旨が生まれる。両書は福沢が来客と交わした会話を回想して記録したものであるが、その主要な内容は、日本では開国以来の四〇年間に有形の文明は大きく進歩したが、無形の文明、すなわち智徳の進歩はいまだ十分でないという主張であった。福沢が求めたのは国民一人一人が身につけた智徳をもって一身一家の独立を得、それを基礎にして一国の独立を達成することであった。これは福沢最晩年の心情が、三年の「中津留別之書」の「一身独立して一家独立し、一家独立して一国独立し、一国独立して天下も独立すべし」の原点に立ち帰っていることを明らかにしている。

［坂井達朗］

▼『福翁自伝』最終章　▼福翁百話　▼福翁百余話

参考『書簡集』九、こと「晩年の著作」。

『福沢全集』の編纂・刊行
「ふくざわぜんしゅう」のへんさん・かんこう

福沢諭吉の著作を集成することについての構想は、明治二七（一八九四）年、箱根滞在中の福沢が自身の著訳書を再刊して、その利益をこの頃進められていた慶応義塾維持資金の一助としたいと着想したことに始まるようである（二月一日付小泉信吉宛書簡）。また二八年、福沢周辺にも全集の計画があったがいずれも進展しなかった（六月一日付岡部喜作宛書簡）。全集編纂作業が実際に動き出したのは三〇年八月頃からである。福沢著作の収集、目録作成などには、二七年一二月に慶応義塾大学部文学科を卒業した奥

◉『福沢全集』全五巻

田竹松が当たった。三〇年八月二六日から九月一一日にかけて、この間の経緯を伝える五通の奥田宛福沢書簡が残されているが、福沢は奥田の仕事ぶりに満足できず叱責を繰り返している。

『増訂華英通語』（万延元〔一八六〇〕年刊）から『実業論』（明治二六年刊）までの、単行本として出版された四六編の著作を収めた『福沢全集』は、三一年一月に第一巻が時事新報社より刊行され、同年五月の第五巻をもって完結した。同年元日の『時事新報』は紙面一頁の三分の一ほどを使い、「開国四十年来の時勢民情歴然として眼前に在り。之《これ》を大にしては先生が半生の伝記と云うべく、之を小にしては新日本文明の活歴史と云うべし」云々という全集の刊行広告を大きく掲載している。

第一巻冒頭の「福沢全集緒言」は収録著作の解題として福沢自身が執筆し、全集刊行に先立ち、三〇年一二月に単行本としても刊行された。そこで福沢は、自身の著作を後世に伝えることは「近世文明の淵源由来」を知るうえに有益であるばかりか、「歴史上の必要」といっても過言ではないと述べ、特に収録著作のうち明治一〇年前後までの著作に重点を置いて、執筆の意図、背景などを解説している。『福翁自伝』の終章で福沢は、生涯で一番骨を折ったのは「著書翻訳の事業」で語るべきことも多いが、その次第は本年出版の『福沢全集』の緒言にあるのでこれを略す、と述べているように、全集の編纂刊行は晩年の福沢が自伝の口述、刊行と併行して行った、自身の著作活動の意味を総括する作業であった。

全集の刊行費用は広告料などを除き全額を福沢が負担し、各巻二、〇〇〇部、全五巻計一〇、〇〇〇部を製本して、三二年一一月までの売捌き総部数は五、九四九部、売り上げ金額が九千余円であった（「福沢著書売捌勘定書」）。全集の印刷は創業まもないジャパン・タイムス社が担当した。同社工場長の中西美恵蔵へ、収録著作の著者名の扱いについて、刊行時の事情で連名共著としたものも福沢の個人名とするよう指示した書簡が残されている（三〇年一〇月五日付）。また、一一月九日には旅先の広島から、時事新報社社長としての二男捨次郎に、予約募集広告、定価についての意見を述べる書簡を出している。

〔松崎欣一〕

▼『福翁自伝』の口述・刊行　▼奥田竹松　▼福沢全集緒言　▼福翁自伝　▼X 基本文献

参考 『全集』別。『著作集』一二、解説（松崎欣一）。『「福翁自伝」の研究』。

『福沢全集』（明治版）以後の全集および選集の編纂

『ふくざわぜんしゅう』（めいじばん）いごのぜんしゅうおよびせんしゅうのへんさん

福沢諭吉の全集は『福沢全集』全五巻（明治版）以後、これまでに二回編纂刊行されている。「大正・昭和版」および「昭和版」である。

「大正・昭和版」は、大正一四（一九二五）年一二月から翌年九月にかけて国民図書株式会社より刊行された『福沢全集』全一〇巻と、昭和八（一九三三）年五月から翌年七月にかけて岩波書店より刊行された『続福沢全集』全七巻である。前者は『時事新報』一万五千号の発行を記念して時事新報社が編纂した。単行本として刊行された福沢著作のうち、『実業論』までを収録した明治版全集を継承して、『実業論』以後を含めたほぼすべての単行本を第一巻～七巻に収録し、テーマ別に分類した時事新報社説二二三編と漫言を第八巻～一〇巻に収録している。後者は慶応義塾の編纂で、『福沢諭吉伝』を執筆した石河幹明が富田正文を助手としてその任に当たった。第一巻～五巻正編（時事新報の社説その他の時事論説）、第六巻（福沢書簡集）、第七巻（諸文集）という構成で、正続一七巻を合わせてここに福沢の著書、論説のほぼすべてが集成されることになった。

「昭和版」は、慶応義塾創立一〇〇年記念として刊行された『福沢諭吉全集』全二一巻である。昭和二六年五月に社団法人福沢諭吉著作編纂会が組織され、小泉信三監修のもとに富田正文が土橋俊一の協力を得て編纂に当たった。編纂には二五年一月に福沢家より慶応義塾に寄託（平成元〔一九八九〕年一月寄贈）された未発表の膨大な関係資料が活用されている。完成した原稿と編纂会の所有する編集著作権のいっさいが義塾に寄附され、三三年一一月に第一巻が岩波書店より出版され、三九年二月に完結した。四四年から四六年にかけて初版の誤植などを訂正して再刊され、補遺資料を収めた別巻が合わせて刊行されている。本全集は、福沢の著訳書や論説のほぼすべてを収め、また二、一〇〇余通の福沢書簡、草稿、覚書、知友名簿、詩作、その他断簡零墨までを網羅し、さらに第二一巻には、系図、金銭関係記録などの諸資料や、詳細な福沢著作索引、人名索引、綿密な福沢年譜などを収録して福沢資料の集大成がなされている。富田は、本全集の編纂、校訂、註解に尽した功績により三九年度日本学士院賞を受賞した。なお、昭和版全集刊行後に見出された書簡四〇〇余通を含む全二、五六四通の福沢書簡を収録した『福沢諭吉書簡集』全九巻が新たに編纂され、福沢没後一〇〇年を記念する義塾の事業として、平成一三年一月から一五年一月にかけて岩波書店より刊行された。

また、膨大な福沢著作から主要なものを選定し、「選集」を編纂することはこれまでに四回行われている。その初めは慶応義塾による昭和一六年の『福沢選集』全一二巻の企画で、まず『福沢諭吉経済論集—福沢選集第四』(高橋誠一郎解題)が同年六月に刊行された。しかし、第二回配本の『教育論集』(小林澄兄解題)が初校の検閲で大幅な削除を求められたことから刊行が取りやめとなり、第一回配本のみで中絶した。その後、『福沢諭吉全集』刊行の準備を兼ねた『福沢諭吉選集』全八巻が計画され、岩波書店より昭和二六年五月に刊行が始まり翌年一一月に完結した。さらに、全集と同じく富田、土橋の編集により『福沢諭吉選集』全一四巻が、五五年一一月から翌年一二月にかけて岩波書店より刊行されている。また、福沢諭吉没後一〇〇年を記念して、『福沢諭吉著作集』全一二巻が、平成一四年一月から翌年一一月にかけて慶応義塾大学出版会より刊行されている。

なお、慶応義塾福沢研究センターの編集により、福沢の経歴や著作活動をはじめとする生涯にわたる業績についての諸記録を「福沢諭吉関係資料」および「慶応義塾関係資料」に大別して収集したマイクロフィルム版「福沢関係文書」が刊行されている(雄松堂出版、昭和六三年~平成一〇年刊)。

〔松崎欣一〕

参考 ▼『福沢全集』の編纂・刊行 ▼X 基本文献

『全集』一、「序」「監修者のことば」。土橋俊一「福沢諭吉の著訳書遍歴—全集と選集の刊行を中心に」(みすずリプリント1『福沢先生哀悼録』付録)一九八七年。土橋俊一『三田の遠近』文化総合出版、一九九一年。竹田行之「(覚書)岩波茂雄、小泉信三、富田正文、小林勇—福沢著作の編纂・出版を中心に」『年鑑』(三三)二〇〇六年。

『福沢先生浮世談』の刊行《『ふくざわせんせいうきよだん』のかんこう》

明治三一(一八九八)年一月五日から一一日まで六回にわたり『時事新報』に掲載され、二月に単行本となって刊行された。福沢諭吉は初めて江戸に出てきた二五歳の頃から女性論に関心を持ち、機会をみては女性論や男女交際論を発表していた。いよいよ民法が二九年施行の総則・物件・債権編に続き、三一年七月には親族・相続編も施行されることになり、外国人の内地雑居も始まることから、福沢はこの機にさらに人びとに男女間の対等な関係や交際のあり方について、意識を喚起することを考えた。

単行本の序文によれば、福沢が関西地方からの来訪者と半日ほど語り合った内容が、男性の不行状や女性の地位の低さなど世間の男女交際法にかかわることで、同席していた速記者の矢野由次郎が書き留めたものを発表した、とある。来訪者の詳細は不明であるが、くだけた語り言葉であり、身近な例や譬えを多用して福沢が人びとの意識改革を目指して刊行したことが分かる。

〔西澤直子〕

参考 ▼福沢先生浮世談

「福沢先生の女学論発表の次第」『時事新報』明治三二年四月一四日付。『著作集』一〇。

『女大学評論・新女大学』の執筆・刊行
『おんなだいがくひょうろん・しんおんなだいがく』のしっぴつ・かんこう

福沢諭吉本人の弁によれば、江戸に出てきた二五歳の頃から、女性の修身書である「女大学」に関心を持ち、寸評を書き溜めていたという。明治三(一八七〇)年二月一五日付で旧三田《さんだ》藩主九鬼隆義に宛てた手紙には、世間には「女大学」という書があって、女性を罪人のようにみなし強く責めるが、女性に対しあまりに気の毒である、自分は「男大学」というものを著して男性を責めようと思うと書かれている。以後同年一一月の「中津留別之書」で一夫一婦制の重要性や男女の同等を説き、その後も『学問のすゝめ』八編や『日本婦人論後編』などを通じて「女大学」を批判した。

一〇年代半ばになると、特に教育面で再び儒教主義化傾向が強まり、民法の制定施行をめぐって、夫唱婦随に象徴されるような男女関係を提唱する人びとから、その内容に対し批判が起こった。不平等条約改正のためにも近代的な民法を編纂する必要があったが、民法典論争を通じて、守旧派にかなり譲歩せざるを得ない内容となった。それでも、それまで公然と認められた七去(「子なきは去れ」など)のようないわれなき離婚事由が認められなくなるなど、進歩的な側面があった。福沢はこの期を逃さずに、女性たちを「女大学」のような目にみえない規範から解放し、民法を利用させるべく、三一年の八月から九月にかけて、「女大学」に対する徹底的な批判を行い、またそれによりみずからの女性論の集大成を試みた。

(二) 明治三十二年三月二十日 日曜日 時事新報

福澤先生著
女大學評論
新女大學
右二書は福澤先生が昨年八月より親しく筆を執りて論述し九月重患に罹らるゝ數日前に脱稿したるものにして女大學評論は從來女子社會の金科玉條と認められたる貝原翁の女大學を痛快に論破し新女大學は先生が多年胸中に蘊蓄したる[illegible]に關する意見を開示し表裏相合して新日本文明社會の女子が世に處し身に行ふべき大道を指示したるものなり時事新報は先生に請ふて來る四月一日より順次紙上に掲載す可し

◉「女大学評論」「新女大学」掲載開始の広告

しかし完成後すぐに福沢が脳溢血を発症し、発表は翌年となった。四月一日から七月二三日まで、「女大学評論」一八回、「新女大学」一六回が断続的に『時事新報』に掲載され、福沢の論説の合間には、他者の女性論や関連記事、また投書欄には読後の感想が掲載された。その様相は、「女大学」からの解放と、明治民法の浸透を目指した時事新報社の一大キャンペーンであった。福沢は世間に「新女大学主義」が「最も早く広く」広まることを願って、「男子亦《また》この書を読むべし」と書き、門下生や地方名望家など多くの人に贈った。 [西澤直子]

▼家族についての付託

参考「福沢先生の女学論発表の次第」『時事新報』明治三二年四月一四日付。『著作集』一〇、解説(西沢直子)。『書簡集』五、ことば「福沢の女性観」。西沢直子「福沢諭吉の『女大学』批判」(『女大学資料集成』別巻、大空社)二〇〇六年。

『福翁自伝』の口述・刊行
『ふくおうじでん』のこうじゅつ・かんこう

『福翁自伝』の序文(石河幹明執筆)によれば、福沢諭吉の周辺でかねてから、西洋の学者に例のあるのにならい福沢に自伝の執筆を望む声があったが、多忙な福沢にはその機会が得られなかった。たまたま、明治三〇(一八九七)年の秋にある外国人の求めに応じて福沢が維新前後の体験談を述べた際に、思い立って「幼時より老後に至る経歴の概略」を速記者矢野由次郎に語って筆記させ、みずから校正の手を入れて「福翁自伝」と題して『時事新報』に掲載した。連載終了後になお遺漏を補い、また、当時親しく見聞した幕政の事実によって「我国開国の次第より幕末外交の始末」を記述し一編として自伝の後に付したいということで、すでに腹案も成っていた。しかし三一年九月二六日に福沢が脳溢血で倒れたためそれは実現しなかったという。

自伝の新聞連載は三一年七月一日より翌年二月一六日まで全六七回にわたって行われた。連載の予告記事によれば、口述速記に手を入れて出版しようとしたが、「書中の記事随《したがっ》て成れば又随て記憶に洩れたるものを思出して殆《ほとん》ど際限なき次第」であったので、単行書出版は他日を期し、ひとまずこれを『時事新報』紙上に発表することとして、取りあえず原稿のまとまったものを随時掲載すると述べている。

口述に際して福沢は、世間にありふれた年表を手にするほかは手控のようなものは持たず、速記の便を考慮してゆっくりと話し、一席はおよそ四時間ほどで、矢野がそれをその都度、速記原稿として浄書するのを待ち、校正加筆をしたうえで次に進み、それを月に四回行ったという。口述に手控を持たなかったといわれるが、現在一二点の福沢自筆の簡単な覚書類(「『福翁自伝』に関するメモ」慶応義塾蔵)が残されている。それらは事実関係についての関係者への確認、速記原稿整理などのために書き留められたもので、口述から刊行までに相応の準備と注意が払われていたことがうかがえる。

速記原稿に福沢が綿密に手を入れた草稿は、時事新報社原稿用紙を巻紙のように貼り継いでつくられている。全一七巻あり、それぞれに福沢の筆で「自伝第一」「自伝第二」と順に表書きされた封筒に収められていた。現在は保存のためにそれぞれ巻子仕立てとなっている(慶応義塾蔵)。「自伝第十七」は最終章「老余の半生」であるが、その本文最末尾に、「三十一年五月十一日終」と記されている。口述開始から一年に満たない期間で完成をみたことになるが、三一年九月二八日に行われた長与専斎の還暦の賀宴に寄せた福沢の祝文(「奉祝長与専斎先生還暦」)に、昨今、「福翁自伝」の速記原稿の校正中云々という文言がある。その後も新聞掲載時など、脳溢血で倒れるまでは必要に応じて筆を入れることが行われていたと思われる。連載終了後、三二年六月

に時事新報社より刊行された。［松崎欣一］

▼矢野由次郎 ▼福翁自伝

参考『伝』一―一〇編。『全集』一六・一九。『著作集』一二、解説(松崎欣一)。手塚豊「福沢先生およびその門下と速記」(『手塚豊著作集』一〇「明治史研究雑纂」慶応通信一九九四年。『「福翁自伝」の研究』。

「瘠我慢の説」「丁丑公論」公表

「やせがまんのせつ」「ていちゅうこうろん」こうひょう

「瘠我慢の説」は、明治維新における勝海舟と榎本武揚の出処進退について取り上げ、勝が戊辰戦争の際に抵抗せずに江戸城を明け渡したことを、三河武士の伝統たる瘠我慢の精神に悖《もと》る行為であったと批判し、また、勝や榎本がかつての敵であった新政府に仕え、高官の座についたことを攻撃したものである。

福沢諭吉がこれを脱稿したのは明治二四(一八九一)年で、写本を作成して勝、榎本、木村芥舟、栗本鋤雲らに示し、公表はしなかったが、二七年頃、栗本らのもとから内容が漏れ、『奥羽日日新聞』に掲載された。同紙社長の友部伸吉が、かねて親しい間柄にあった栗本のもとを訪問した際、この写本を見せられ、ひそかに全文を写し取って、著者名、勝、榎本の名を欠字にして発表したという。以後、他紙誌にも転載されて秘密が漏れたことが福沢諭吉の知るところとなり、周囲の勧めもあって、もはや公表してもよいと判断、『時事新報』の三四年一月一日と三日に掲載された。

「明治十年丁丑公論」は、明治一〇年の西南戦争の直後、福沢が西郷隆盛の人格・思想や、その示した「抵抗の精神」を弁護し、反乱の原因は政府にありと追及した論考である。執筆後、久しく筐底に秘して公にされることなく、福沢自身もその存在を忘却していたようだが、晩年の三三年に時事新報社の石河幹明が福沢邸を訪れた際、この稿本を見出し、翌年一月に前述の事情から「瘠我慢の説」が『時事新報』上に掲げられると、石河は「丁丑公論」も公にしたいと福沢に申し出、「先生始めて思い出され、最早や世に出すも差支《さしつかえ》なかるべしとて、その請を許されぬ」という(『明治十年丁丑公論・瘠我慢の説』石河幹明序文)。この結果、三四年二月一日から八日まで八回にわたって『時事新報』上に連載された。一月二五日に福沢は脳溢血を再発し、連載中の二月三日に死去している。

この二編は、『時事新報』連載後の三

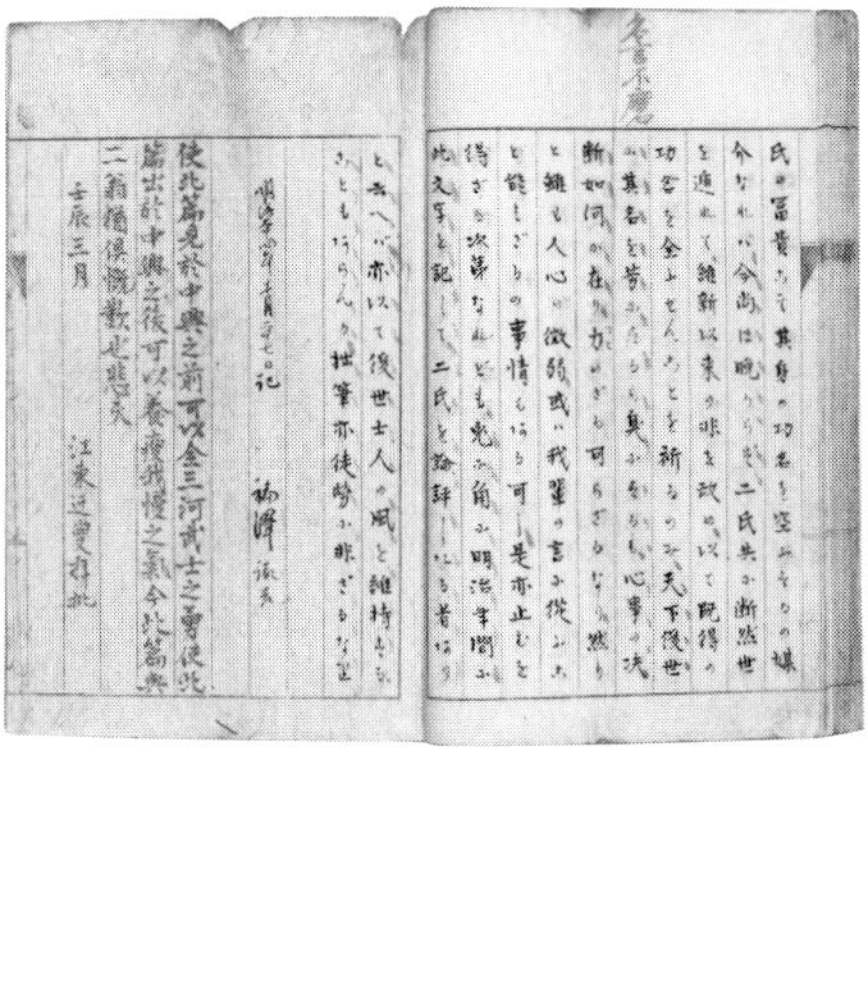

◉栗本鋤雲の書き入れがある「瘠我慢の説」

四年五月、合本として時事新報社から刊行された。付録として、「瘠我慢の説」に対する勝、榎本の答書、また「瘠我慢の説」を批判した徳富蘇峰に対する福沢の反論「瘠我慢の説に対する評論に就て」（石河幹明筆）、さらに木村芥舟による「福沢先生を憶う」と題する一文も収録されている。〔小川原正道〕

▼西南戦争 ▼瘠我慢の説 ▼榎本武揚 ▼勝海舟 ▼明治十年丁丑公論・瘠我慢の説

参考『全集』六。『書誌』。

病気と回復

姉たちの死　あねたちのし

福沢諭吉は五人兄弟の末子であり、上に兄三之助と、礼《れい》、婉《えん》、鐘《かね》という三人の姉がいた。明治二八（一八九五）年頃から二姉婉が腸や胃の病気をわずらい、二九年夏には湯治で群馬県の伊香保温泉に一か月ほど滞在した。諭吉は帰京した婉を見舞い、様子を長姉礼に報告し、「必ず御回復の御事」と伝えた（九月二七日付書簡）。翌三〇年一月には礼も病気をわずらい、諭吉は双方の心配をしていたが、一月二二日、婉は療養の甲斐なく亡くなった。六六歳であった。婉は晩年はキリスト教に入信し、慈善活動に尽くしたという。同年六月、今度は礼の容体が悪化したため、諭吉は心配し婿養子の小田部菊市に何度も病状を尋ねた。結局、礼は一九日に六八歳で永眠した。

諭吉は礼の死去を当日すぐに末姉鐘に伝え、その書簡で胸中を次のように語っている。「生来ただの一度も兄弟けんか致候事もなく」育った兄弟もすでに私たち二人になってしまった、これは「誠に淋しき事なれども、天命なれば致方《いたしかた》なし」。鐘の夫服部復城の死後、諭吉は不自由させぬよう生活費を毎年送金していた。この点についても、「父上様、母上様に代りて勤め候事」なので遠慮せず、一生不自由のないよう計らうことを約束している。諭吉は三一年に脳溢血を発症するが、大病から回復して初めて書いた自筆書簡（三二年八月三日付）は鐘にみずからの順調な経過を報告したものであり、さらに、生前最後の自筆書簡（三三年一〇月一四日付）も発作から回復し、「以前の通りに相成」と鐘を安心させるものであった。鐘は諭吉よりも長生きし、大正二（一九一三）年一一月一日、八一歳で永眠した。鐘はロシア正教に入信し、敬虔な信者としての生涯を全うした。〔末木孝典〕

▼姉

参考『伝』四―四六編。『書簡集』一「福沢家系図」。会田倉吉「服部鐘・竹下権次郎」『手帖』（六号）一九七五年。

発病と療養　はつびょうとりょうよう

明治三一（一八九八）年九月二六日午

後一時頃、赤痢で入院した二男捨次郎の病状記録を執筆中の福沢諭吉は、突然左側頭部に痛みを感じ横になったが、三時頃から頭痛が激しくなり不快を訴え始め、手洗いに行ったあと気分が悪くなり倒れた。酷暑の八月から集中的に「女大学評論」「新女大学」を執筆し、多いときには一日に三編書き進め、ときに徹夜で取り組むほどであった。そのためか、途中で頭痛を何度か訴えていた。脱稿は発症の六、七日前であった。家人に呼ばれた主治医の松山棟庵、続けて北里柴三郎が推薦した脳神経専門の山根文策養生院副院長が到着し、六時頃診察したところ、意識はなく手足の先が冷え、右半身も麻痺している状態であったため脳溢血症と診断した。以後、両医師を中心に東京帝国大学医学部の三浦謹之助やベルツ(Erwin von Bälz)、日本赤十字社病院長の橋本綱常らが来診し、水蛭療法などさまざまな治療法を用い、家族も献身的に看病した。一〇月五日には容体が悪化し危篤状態に陥り、ベルツが「His career is over（彼の仕事は終わった）」とつぶやくほどであったといわれるが、医師団の懸命の努力によって一一日から奇跡的に回復に向かい、一一月五日には助けを借りて室内を歩行できるほどになった。病状については、医師たちによる詳細な記録が残されている。

ただし、言語と記憶力の回復には時間が掛かり、東西南北のうち西が書けなかったという。書筆能力の回復に努力を重ね、再び字が書けるようになるまでにはなお半年を要した。言語能力も徐々に回復し、ほぼ病前と同様に会話ができるようになった。病後の福沢は酒や煙草を避け、食事も肉類を好まず蕎麦中心に変えたが、松山から栄養をつけるために牛乳を毎日二合飲むことを勧められた。そして、療養に努めた福沢が全快を知人に示し、大勢の見舞いに謝意を表すことができたのは、三二年一一月一一日に広尾の別邸で開いた園遊会においてであった。

［末木孝典］

▼病気

参考 『伝』四―四四編。『考証』下。『書簡集』九、こと「脳溢血の発症と療養」。土屋雅春『医者のみた福沢諭吉』中公新書、一九九六年。「福沢諭吉の長逝」『義塾史事典』。

明治三十二年後之福翁《めいじさんじゅうにねんごのふくおう》

福沢諭吉が最晩年に用いた落款印の印文。「明治卅弐季後之福翁」と刻まれている。文字の選定と印刻は慶応義塾の寄宿舎舎監を務め、福沢の身近にいた葦原雅亮による。

明治三一（一八九八）年九月福沢は脳溢血を発症して倒れ、再起不能と思われたが奇跡的に恢復した。翌年三月頃には揮毫もできるようになり、病前の書と区別する新たな落款印をつくることを思いたった。葦原は、その頃塾生に流行していた篆刻趣味のグループに加わっており、早速「卅弐季後之福翁」と彫り上げたが、福沢に、私は今年六六歳だが三二年後とは何のことだと質され、それは明治三二年後の意味だと答えると、いまの人間はそれが明治三二年と分かるだろうが、後世の者にそんな区別ができるかと大いに叱られた。それでは「明治」の二字を加えればよいかと尋ねるとそれでよいといわれたので、いったん彫った印面を削って新たに彫り直したという。

病後、すなわち三一年九月の大病から恢復した後の揮毫に押され、ことに三三年に筆をとった「独立自尊」の四字を含む書のほとんどに押印されている。

［山根秋乃］

▼印章

参考 富田正文「福沢病後の揮毫」『手帖』（一六号）一九七八年。『伝』四―四四編。

修身要領の編纂経緯
しゅうしんようりょうのへんさんけいい

日清戦争後の思想界の混迷、条約改正による内地雑居という新しい事態に対して福沢諭吉は、「現時の社会に適する」修身処世の綱領を作成することを提唱し、明治三二（一八九九）年一一月から門下生数名がその編纂に当たった。

編纂は、土屋元作が福沢に示した「独立主義の綱領」の草稿について、一二月五日に小幡篤次郎、石河幹明、福沢一太郎、土屋が会合を開いたことに始まる。土屋の草稿は、前文と五項目（一身の独立、夫婦の独立、親子の独立、博愛、愛国）から成っていた。一二月一一日にはその第二稿ができ、その後、福沢一太郎によって一七条の「独立自重主義の綱領」が作成された。そこには単に「独立」ではなく、しばしば「独立自重」が使われたが、一か所だけではあるものの、「独立自尊」という言葉も使われている。その後、当初のメンバーに鎌田栄吉や門野幾之進も加わって、一太郎案をめぐって議論が重ねられたが、福沢の希望もあり、山口県の長府にいる日原《ひのはら》昌造に上京をうながし、一二月末からは日原を加えて検討が続けられ、「独立自尊」が綱領の精神を表す言葉として選ばれた。日原が二六項目から成る草稿を作成し、鎌田栄吉や一太郎が手を加えたものをめぐって何度か協議された。完成稿は「修身綱領」と名づけられたが、福沢の意見で「修身要領」となり、石河が案文の修正を行い、初稿では二四項目であったが、第二稿では三〇項目となった。そして、最後は小幡によって字句の訂正、項目の削除・復活、追加が行われ、全三〇項目となった。それに対して福沢は、若干の字句の変更や最初の一項目を前文とし、二九項目のものにすることを提案し、三三年二月一一日に完成した。

その後も「修身要領」は、若干の字句の変更のほかに、「慶応義塾社中某々誌」と題する序の削除、前文の「帝室」の前に「万世一系の」の加筆、項目を表す一、二を第一条、第二条と変更する、などの手が加えられた。したがって「修身要領」は異同のあるものが数種類存在するが、三三年六月に福沢によって揮毫されたものが決定稿とされている。

［米山光儀］

▼『福翁自伝』最終章 ▼石河幹明 ▼小幡篤次

郎 ▼門野幾之進 ▼鎌田栄吉 ▼土屋元作 ▼日原昌造 ▼福沢一太郎

参考 土橋俊一「『修身要領』の編纂過程について」『史学』(二七巻二・三号)一九五九年。富田正文編「修身要領関係資料」『史学』(二七巻二・三号)、一九五九年。高橋誠一郎『随筆慶応義塾』慶応通信、一九六〇年。

修身要領の内容 しゅうしんようりょうのないよう

「修身要領」は、前文と、「独立自尊」を基本とした新しい「修身処世の法」二九条から成っている。二九条の条文は章などで分類されているわけではないが、個人道徳、男女・家族関係、社会道徳、国民道徳に関する条文、そして独立自尊主義の弘布に関する条文に分類することができる。

まず前文では、「徳教は人文の進歩と共に変化するの約束」と考える進歩主義的な道徳観が示され、「今日の社会」においては「古来道徳の教」では不十分で、その社会に適する新たな「修身処世の法」が必要であることが述べられる。

第一条では、「吾党の男女は独立自尊の主義を以て修身処世の要領」とするという独立自尊主義が宣言される。そのうえで、第二条から第七条まで個人道徳が取り上げられ、独立自尊の人とはどのような人であるかが示される。それは、「心身の独立を全うし自らその身を尊重」し、「自労自活の人」であり、「身体を大切にし健康を保」ち、「天寿を全《まっと》う」し、「敢為活発堅忍不屈の精神」を持ち、「一身の進退方向」は「自ら思慮判断する知力を具」えている人とされる。

第八条、第九条では男女関係が語られ、男尊女卑を「野蛮の陋習《ろうしゅう》」とし、文明の男女は同等同位であり、一夫一婦制が「人倫の始」とされる。第一〇条、第一一条では、親子関係が取り上げられ、親子の情愛を「一家幸福の基」とし、「子女も亦《また》独立自尊の人」と認め、幼時に父母が家庭教育を行うことによって、「成長の後独立自尊の男女として世に立つの素養を成す」ことが説かれる。さらに第一二条では、「成人後にも自から学問を努め知識を開発し徳性を修養するの心掛を怠るべからず」と生涯学習の重要性にまで言及する。第一三条は、社会は一家の集まりとし、「健全なる社会の基は一人一家の独立自尊に在り」と、個人、家族から社会道徳へと視野を広げていく。

●軸に仕立てて配付された「修身要領」(部分)

第一四条から第二一条までは、社会道徳が取り上げられる。自分の権利を護るとともに、他人の権利を尊重すること、「仇を報ずるは野蛮の陋習」とし、「公明の手段」によって「恥辱を雪《すす》ぎ名誉を全うする」こと、従事する業務に忠実であること、「人に交《まじわ》るには信を以てすべし」と人間《じんかん》交際においては信や礼儀作法が必要であること、自己愛を他人にまで及ぼし、博愛の行為をすること、博愛の対象を動物にまで広げ、虐待などを禁止すること、文芸は「社会の平和を助け人生の幸福を増す」ので、それを嗜《たしな》むことが説かれている。

第二二条から二六条までは国民としての道徳が取り上げられる。「軍事に服し国費を負担する」ことは国民の義務であること、「国の立法に参与し国費の用途を監督する」ことは国民の権利であり、かつ義務であること、「国の独立自尊を維持する」ためには「敵国と戦う」義務があること、国法を遵奉すること、他国人を蔑視してはならないこと、が述べられている。

第二七条から第二九条では、独立自尊主義の道徳の普及に言及する。第二七条で、現在の「社会の文明福利」を増進して、子孫後世に伝える義務があること、第二八条で、「智強の数を増し愚弱の数を減ずる」には教育が必要であることが述べられ、最後の第二九条で、「吾党の男女」は「修身要領」を「服膺《ふくよう》」するだけでなく、「広く之を社会一般に及ぼし、天下万衆と共に相率いて最大幸福の域に進む」ことを期待している。

なお、「修身要領」には、「独立自尊」という言葉は、二九条中一七条にわたって一八回使われている。　〔米山光儀〕

▼儒教主義批判　▼教育勅語

参考 慶応義塾編『修身要領講演』一九〇〇年。

修身要領の反響　しゅうしんようりょうのはんきょう

「修身要領」の反響はまず新聞に現れた。明治三二(一八九九)年二月二四日に三田演説会で発表された翌日には『時事新報』が全文を掲載し、その日から三日間にわたって、社説でその解説がなされている。『国民新聞』も発表翌日には全文を掲載している。他にも二月二七日には『中外商業新報』が社説で、同日に『二六新報』が論評欄で取り上げるなど、発表後すぐに反響があった。さらに三月になると、『東京日日新聞』『万朝報』『東京朝日新聞』などが社説などで取り上げ、「修身要領」に対する賛成の声だけではなく、批判もみられるようになる。批判としては、「修身要領」の「徳教は人文の進歩と共に変化する」という可変的な道徳観に反対するものや、教育勅語についての言及もなく忠孝の道徳がないとする儒教主義的なものがみられるが、『万朝報』は「平等調和」の軽視や公徳の不十分さを指摘している。

三月以降は雑誌でも「修身要領」が取り上げられるようになる。『中央公論』や『太陽』などの総合雑誌だけではなく、『教育学術界』『哲学雑誌』などの学術雑誌でも「修身要領」は論じられる。そこでは、綱島梁川、藤井健治郎、井上哲次郎などのその時代を代表する倫理学者、哲学者が「修身要領」を検討した論文を書いている。それらの論文でも、「徳教は人文の進歩と共に変化する」という「修身要領」の道徳観をめぐってさまざまな議論がなされている。綱島はそれを事実として認めながらも、「万衆の範たるべき徳教」としては疑問があるとするが、藤井や井上は道徳の変化をまったく認めないわけではないが、変化しないものこそが重要であるとして、道徳の普遍を主張する。特に教育勅語の解説書『勅語衍義』を書いている井上は、「修身要領」の内容が教育勅語に反するものであり、「勅語を蔑如」するものと批判した。

　このような批判に対して、林毅陸《きろく》らの慶応義塾関係者は、『慶応義塾学報』などで「修身要領」擁護の論陣を張り、反論している。「修身要領」は、それが発表された三二年二月から三三年の夏頃まで、論壇において論争を惹き起こしたのである。しかし、福沢諭吉は大病後ということもあり、直接その論争に加わることはなかった。

　『時事新報』や『慶応義塾学報』を除いて、「修身要領」は「福沢翁の修身要領」などとして論じられており、「修身要領」は福沢の著作として受けとられていた。高山樗牛は雑誌『太陽』(六巻七号)において、「修身要領」に賛成できない点があるとしながらも、それが「福沢諭吉氏の性行を代表」しているとし、福沢という人物と一体のものとして捉えている。「修身要領」は福沢の著作として広がっていき、その反響も福沢の思想に対する賛否であったといってよい。 ［米山光儀］

▼儒教主義批判 ▼教育勅語

参考 「福沢翁の修身要領に対する論争」『太陽』(六巻九号)一九〇〇年。『百年史』中巻前。

修身要領の普及活動《しゅうしんようりょうのふきゅうかつどう》

「修身要領」は当初「慶応義塾社中に示すべき道徳上の主意書」として編纂され、明治三三(一九〇〇)年二月一七日に慶応義塾で内披露会が行われた。しかし、同月二四日には、一般に公開されている三田演説会例会で発表式が行われ、その翌日には『時事新報』に全文が掲載されていることからも分かるように、慶応義塾の中だけでなく、広く社会に向けて発信された。特に「修身要領」の全文を掲載した『時事新報』は、社説でその趣旨を説くなど、注釈的な論説をしばしば掲載した。

　「修身要領」作成の提唱者であった福沢諭吉はその普及に積極的で、三二年に出版された『女大学評論・新女大学』によって得られた印税で「修身要領」普及のための講演会を全国各地で行うことを提案し、三三年四月から三、四名の講師を地方に派遣し、「修身要領」に関する講演会が催された。『慶応義塾五十年史』

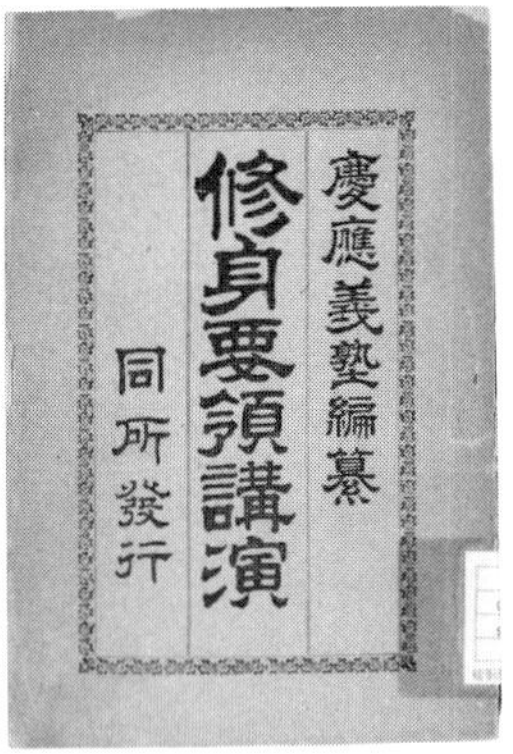

◉『修身要領講演』(明治三三年)

によれば、三六年七月までに八四回の講演会が行われ、それ以外にも、『慶応義塾学報』などをみると、内実は「修身要領」普及講演会といえる集会も確認できることから、全体では一〇〇を越える回数の講演会が行われたと考えられる。福沢が講演に赴くことはなかったが、鎌田栄吉、北川礼弼《れいすけ》、福沢一太郎、門野幾之進らが派遣されている。また三三年一〇月には講話したものを集めて、『修身要領講演』という小冊子を出版している。

福沢は三三年の末になって、募集をしていた慶応義塾基本金の充実が望めないと考え、慶応義塾を廃し、その土地を売ってその代金を「修身要領」普及の運動に使用したいとの意向を、副社頭小幡篤次郎や塾長鎌田栄吉に漏らしている。この意向は周囲の反対もあり実現しなかったが、晩年の福沢は、慶応義塾の将来に対しかならずしも楽観的ではなく、『福翁自伝』の最後にある「生涯の中に出来《でか》してみたいと思うところ」の一つである「全国男女の気品を次第次第に高尚に導いて真実文明の名に恥ずかしくないようにすること」を実現すべく、「修身要領」の普及を強く願っていたことが分かる。

なお、慶応義塾の中では、幼稚舎生が「独立自尊」を誤解しないように、三三年七月に福沢みずからが「今日の子供たる身の独立自尊法は、唯父母の教訓に従つて進退すべきのみ」と揮毫して与えている。幼稚舎では習字の教材として「修身要領」を用いたり、幼稚舎生用に条文の少ない「修身要領」を作成し、その精神の普及を目指し、また普通部・商工学校・大学では、「修身要領」の英訳であるFukuzawa's Moral Code を教材として用い、その普及に努めた。

慶応義塾外でも、福沢の死後も「修身要領」普及の活動は続けられた。四一年から始まる慶応義塾地方巡回講演でも、しばしば「修身要領」は取り上げられている。

［米山光儀］

▼『福翁自伝』最終章

参考 高橋誠一郎『随筆慶応義塾』慶応通信、一九六〇年。慶応義塾編『慶応義塾五十年史』一九〇七年。

次世代への付託

慶応義塾故老生懐旧会《けいおうぎじゅくころうせいかいきゅうかい》

明治二九(一八九六)年一一月一日芝の紅葉館において開催された、築地鉄砲洲および芝新銭座時代という慶応義塾の草創期に学んだ人びとが集まった同窓会。

そこで行われた福沢諭吉の演説は、「演説大意」と題して同月三日付『時事新報』の社説欄に掲載されているが、やがて創立四〇年になろうとする慶応義塾の歴史を振り返り、その中に培われてきた義塾の伝統を説き、次の世代にこれを継承しなければならないと強く訴えている。福沢は義塾史のうちに自負するところとして、次の三点を挙げている。

第一は、幕末維新の混乱期に学問の営為を一日たりとも休むことのなかった唯一の洋学塾であったことである。ヨーロッパ本土ではナポレオンに屈したオランダが、長崎の出島においてのみ国旗を掲げたことになぞらえ、四面暗黒の世の中にひとり文明の炬火を点じ続けた慶応義塾はあたかもオランダの国旗を翻した出島であった、といっている。

第二は、その洋学について、西洋の医術、化学、窮理、砲術など実用的な技術に優れた側面にのみ目を向けるのではなく、それらを生み出した精神をも含む西洋文明の全体を総合的かつ体系的に学ぶ方向をとったことである。

第三は、鉄砲洲以来今日に至るまで、慶応義塾が固有の「気品」を維持して凡俗卑屈のそしりを免れてきたことを誇る、としている。気品とは英語の「カラクトル」(character)であり、また孟子の「浩然の気」の意であるという。それは、洋学を志し精進する者が相集まって、知性を磨き徳性を高め合う雰囲気の中に、俗事にとらわれない広く大きな気分が横溢する学塾の気風となって生み出され継承されてきた、というのである。

さらに演説はこの伝統の継承に不安のあることを述べている。福沢自身はもとより、この日集まった人びとも皆年老いている。あとに続く人びとがわれわれ長老の遺志を継いでくれるとは思うけれども、果たしてここで慶応義塾全体の気品を維持していけるものか、それを思うと「無限の苦痛」があるという。そして、慶応義塾は単に一つの学塾としてあることに甘んじてはいられない。その目的は、わが日本国中における気品の泉源、智徳の模範たることを目指し、これを実際にしては個々人が日常の立ち居振る舞いから、世に処し、国家の建設の大事に至るまで、その行動のよりどころとして努力をしつつ、全社会の先導者たらんとするところにあるといい、あたかもこれを「遺言」のごとくにして出席者一同に託す、として演説を結んでいる。

福沢のいう「無限の苦痛」の背景には、懐旧会直前の九月に開かれた慶応義塾評議員会で大学部廃止の方向が申し合わされていることにみるような、義塾の実情への福沢の危機感があった。西洋文明のかたちと精神を兼ね備えることの中に、日本の近代化を達成するという課題がいまだ果たされていないことを認識せざるを得なかった晩年の福沢にとって、慶応義塾を学塾としていっそう充実させることは必須のことであった。大学部の存廃をめぐる問題は、福沢の強い意向により懐旧会後の一一月一五日に開催された評議員会で再検討され、あらためてその存続が決定し、さらに翌年九月には慶応義塾の主力を大学部に集中してその卒業生の養成をもって目的とすること、大学部と普通部、幼稚舎を連絡した一貫教育体制を組み立てることなどの学制変更が図られている。故老生懐旧会は慶応義塾史の重要な転機となった。　〔松崎欣一〕

▼慶応義塾の目的　▼馬場辰猪君追弔詞

参考『全集』一五巻〔気品の泉源智徳の模範〕。松崎欣一『語り手としての福沢諭吉』慶応義塾大学出版会、二〇〇五年。

『福翁自伝』最終章
『ふくおうじでん』さいしゅうしょう

『福翁自伝』の最終章は「老余の半生」と題されている。全一五章から成る『自伝』は、序章「幼少の時」に始まり第一〇章「王政維新」までほぼ時の経過を追って生涯が語られ、続く二章「暗殺の心配」「雑記」も明治初年までの話題であって、これを含めれば全体の八割近くが明治四、五年頃までの叙述である。さらに「一身一家経済の由来」「品行家風」の二章をはさんで最終章となる。

福沢諭吉はその生涯を、維新期を境にちょうど二分の一ずつを過ごしたことになるが、『自伝』の叙述はその前半生にきわめて大きな比重を置くものとなっている。最終章では「仕官を嫌う由縁」を述べ、生涯を貫く福沢の生き方が初めに示される。そして明治一四年の政変の経緯、時事新報の経営、慶応義塾のことなどについて簡潔に触れ、また自身の健康のことに及び、一身の独立ばかりか一国の独立を果たした日本の姿をも見ることのできた生涯を夢のごとしと振り返っている。さらに「人間の欲に際限なし」と小見出しを付した最終段落では、不平をいえばまだまだいくらもある、外国交際または内国の憲法政治などについてそれこれという議論は政治家のことと差しおいて、なお生涯のうちに成し遂げてみたいと思うこととして、

①全国男女の気品を次第次第に高尚に導いて、真実文明の名に恥ずかしくないようにすること

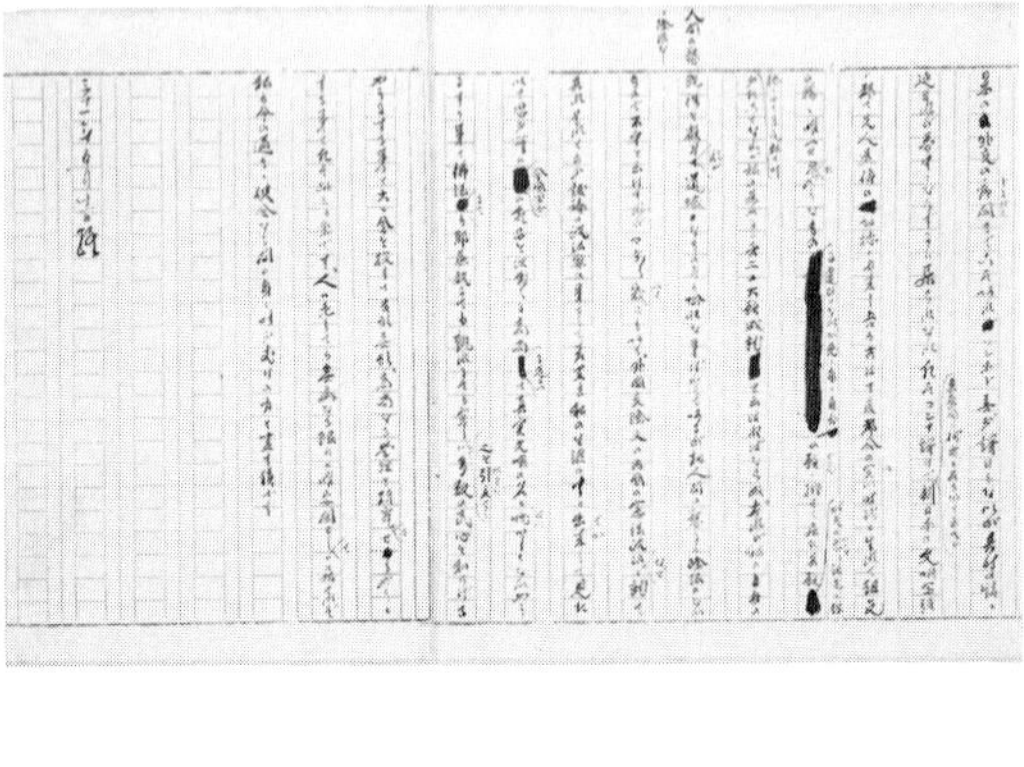
●『福翁自伝』原稿の末尾。この部分は口述筆記ではなく福沢の自筆。

②仏法でも耶蘇教でもいずれでもよい、これを引き立てて多数の民心を和らげるようにすること

③大いに金を投じて有形無形の高尚な学理を研究させるようにすること

という三か条の願いを記して、「人は老しても無病なる限り唯《ただ》安閑としては居

られず、私も今の通りに健全なる間は身に叶う丈《だ》けの力を尽くす積《つもり》です」と結んでいる。

前半生に過半の紙数を費やした『自伝』の構成は、『時事新報』創刊時以前の自身の著作にのみ解説の筆をとった『福沢全集緒言』の筆法にもほぼ重なっている。また、三か条のいわば老余の願いを述べて結ばれた『自伝』の趣旨は、明治二九年一一月一日の慶応義塾が日本国中の気品の泉源、智徳の模範であり続けたいと、あたかも遺言のごとくにして語られた福沢の思いにも通じる、次世代に託されたメッセージであった。自伝という作品は往々にして自身の輝かしい時代を語ることに終始しがちであるといわれ、また『自伝』最終章に、これまでを振り返れば遺憾なきのみか愉快な事ばかりである、と自身が述べていることなどから、福沢は満足してその生涯を終えたといわれることがあるが、むしろ、『自伝』はみずから著作解題を付した全集を編纂することに併行して生涯を語る中で、福沢の一貫した主張であった文明の主義が現実には日本の社会に定着していないことを認識して、生涯の活動を展開した原点に立ち返り、その過程をあらためて辿る必要を認めたところに生まれたものと考えられる。

［松崎欣一］

▼慶応義塾故老生懐旧会　▼福翁自伝

家族についての付託　かぞくについてのふたく

近代化によって家族像が変容する中で、福沢諭吉が描いた家族像は、「一家団欒」に象徴される明るく楽しい、個人個人の支えとなる集団であった。慶応四（一八六八）年に出版された『西洋事情』外編の中で、人間の交際は家族において始まり、世間においてもっとも人情が厚く睦まじい交わりが家族であると紹介して以来、福沢は常に家族の存在を肯定的に捉えた。

晩年に至っても『福翁百話』の中で、結婚はそれまで苦労の種が一つであったものを二つにするものではあるが、楽しみは倍にしても余りがあり「差引して勘定の正しきもの」と主張し、また家族とは「親友の集合」体であり「人生活動の区域を大にする」、すなわち人生を豊かにするものであると述べている。そして家族を持つことで、苦楽が「家」の苦楽となって「人」の苦楽ではなくなり、苦も楽も分かち合い、たとえ貧困であっても「肉体以外の安心」が得られるという。

福沢はそのような家族関係をつくるために、まず男女が平等でなければいけないと考え、明治三（一八七〇）年の「中津留別之書」をはじめとして、一八年の『日本婦人論後編』、一九年の『男女交際論』などいくつもの著作を通じて、儒教的価値観に基づく男性優位を改め、愛や敬、恕といった感情で結びつく対等な関係に変えようと努めた。また親への孝ばかりを説く従来の親子関係から、親も子に手本を示す存在にならなければならず、子を溺愛せず「家風の美」をつくることが大切であると主張した。家庭はよき家風により私徳を涵養し公徳を向上する場であった。
福沢にとって近代社会とは個人が主体的に交際することによって形成されていくもので、例えば「家」が国家の構成単位として先に存在し、そこに個人が帰属していくものではなかった。しかしながら、特に福沢の晩年、日本の近代国家形成のために望まれた家族像は、福沢の家族像とは異なり家父長のもと個人が抹消されるような姿であった。三一年福沢が精魂をこめて執筆した『女大学評論・新女大学』は、まとまった論説としては最後の執筆となり、福沢が望んだ家族像の確立は次代へ託されることになった。
〔西澤直子〕
参考『著作集』一〇・一一。西沢直子「家族とは何か」『未来をひらく 福沢諭吉展』。

交際についての付託　こうさいについてのふたく

福沢諭吉が「人間《じんかん》交際」という言葉を用いたのは、慶応四(一八六八)年刊行の『西洋事情』外編においてであった。チェンバーズ社の『経済学』をもとにしたこの本の中で、福沢は「Social Economy」を「人間交際」と訳し、人は生まれながらにして自由であり、「人間交際の大本」とは、「自由不羈」の人間が集まって力と心を尽くして働き、それぞれその功績に応じて報いを得、社会秩序や制度を守ることであるという。こうした交際が行きわたった社会こそ、福沢の理想とした文明社会であった。

晩年の福沢の目からみて、現実の日本社会はこうした理想からは遠かった。明治三一(一八九八)年三月に刊行された『福沢先生浮世談』において、いまの社会は「人間私徳の破廉恥獣行全盛の社会」だとして、その「大本の多妻法を止めにするの工風が肝要であろう」と提言している。さらに、「私は今の世の中の交際社会の男子に向《むかっ》て忠告したい事がある」として、酒を飲まねば用談がすまないような集会が多いこと、功成り名遂げて財産を築き、豪勢な生活をしたとしても肥満するばかりで、これがよいことか悪いことか、「多少学問もして是れ位の生理は分る筈ではないか」と喝破した。

あくまで、心身の自立した個人によって構成される社会こそが福沢の理想であり、この前年に語った『福翁百余話』においても、人生の独立とは、衣食住を自力で弁じる個人が「社会の交際」においてみずから思うところをいい、行い、節を屈することのないことだと説明し、これを全うして初めて「人生の本意に叶う」と説明している。逆にいえば、衣食住の独立を欠けばみずからの主張や行動も制約され、その活計のために膝を屈して「交際社会」に醜態をさらすことになる。そのためにも、まずは自立した個人となることが交際の第一歩であった。さらに福沢は、実業家が財産増殖のために「周旋奔走」する姿をみて、「例の交際社会に不養生を犯す」ことだと批判する。確かな衣食住の基盤に立ってみずからの意見をいい、みずからの意志で働き、その報いを得ながらルールを守った生活をする——。人間交際への福沢の願いは、現実社会への失望を伴いながら次世代へ託されていった。

〔小川原正道〕

参考『全集』一・六。西川俊作「人間交際」『評論』(一〇三四号)二〇〇〇年。

実業についての付託 じつぎょうについてのふたく

日清戦争後、日本経済はいわゆる「戦後経営」により工業化に向かい本格的に離陸する。その頃福沢諭吉は、実業について、それ以前とは異なった見方もするようになっていた。以前には、例えば明治二三(一八九〇)年の手紙で「学問も智識も政論も徳論も衣食足りての後の事なり、万般の議論は都《すべ》て止めにして殖産の一方に尽力可然《しかるべく》」(七月八日付山口広江宛書簡)と述べていたように、ひたすらに経済活動への専心を求めていた。しかし、この年来の課題が達成されつつあった二〇年代末になると、ややニュアンスが異なってくる。もちろんその時期においても、例えば日本の実業家を「米国などの大商人に較《くら》べたらば、個の貧寒のみ」(二九年一月二日付森村明六宛書簡)と見ており、実業の奨励は依然として必要とは考えていた。しかし、同時に当時の好況を「商界は恰《あたか》も狂するが如し」(同一月一一日付村井保固宛書簡)と批判的な醒めた目でも見るようになる。

三〇年に刊行された『福翁百話』の中にも、当時の福沢の実業についての考えが点在している。一方では、同書でもさらなる経済への邁進は求めている。例えば、貨殖家・殖産家が止まることのない蓄財に熱中することは、個人の行動としては不合理で冷評すべきものだが、「立国富強」のためには必要であり、その点からは今日でも日本人は金銭を軽んじていて遺憾だとする(六五話・七六話)。あるいは、未来の技術革新の可能性を考えれば、新たな起業を期することは空しくないと、さらなる前進も期待している(八四話)。とはいうものの、福沢の目には新たな資本主義社会も、智徳と貧富が比例しない不公平な社会で(五〇話)、商売上でも「都《すべ》て獣勇の支配する所」(五一話)、「優勝劣敗の世の中」(六八話)と映っていた。その欠陥を十分に認識しながらも、「この盲目世界に処するの勇気」(五一話)という現実への前向きの姿勢を求めている。

しかし他方では、貨殖への執心を富への惑溺とも捉え、実業家や資産家に金銭以外の「精神上無形の楽《たのしみ》」を持たせることを模索し(六八話)、また、成功した実業家に気品が伴わないことを問題とし、彼らが「智識、徳義、才力、品行」などを「不羈独立の気概」をもって担い、金銭以外の名誉を悟ることを期待する(九二話)。さらに、例えば巨万の財を形成し経済界をリードしながらも、「経済も政治も都て是れ浮世の戯」と考える醒めた精神の必要さえ説いている(九五話)。

以上のように『福翁百話』には、形をみせ始めた資本主義社会と実業人に対する福沢の二律背反の思いがみられる。それは、新たな社会を無限の貨殖と獣勇が支配する「盲目世界」と予測し、かつそこで生きてゆく必要性を認識しながらも、ある種の精神性により、その社会に溺れない実業人を求めるものであった。二九年に福沢は、若い門下生に対して「何卒私徳を厳重にして、商業に活発ならんことを祈るのみ」（六月一四日付村井宛書簡）と伝言しているが、そこには活発な実業と倫理の両立を求める福沢の次世代への付託があった。〔小室正紀〕

▼養生園ミルク事件 ▼集会論 ▼沢茂吉

参考 小室正紀・松崎欣一『晩年の福沢諭吉』慶応義塾経済学会、二〇〇五年。『書簡集』八。

政治についての付託 せいじについてのふたく

福沢諭吉は『福翁自伝』の末尾において、これから「出来《でか》してみたいこと」を挙げているが、そこには政治課題が挙げられず、「外国交際又は内国の憲法政治などに就《つい》て其《そ》れ是《こ》れと云《い》う議論は政治家の事」として除外している。

明治三〇（一八九七）年九月、『時事新報』が創刊五、〇〇〇号を迎えたとき掲げられた社説「時事新報第五千号」には、発兌からの趣旨は同一で「十五年一日の如《ごと》く」不変であり、それは他紙と違ってためにするところがいっさいなく、個人を敵視せず「全体の利害」に基づいて発言しているからである、と誇っている。換言すれば、福沢にとって『時事新報』を媒体として現実政治と向き合ったこの一五年は、彼のいう「掃除破壊」と「建置経営」の区分において、「建置経営」の領分であり、その発言は、同一の立場から日々の現実と向き合う、際限のない方便・権道にすぎなかったのである。また、その変わらない姿勢である「独立不羈」「内安外競」「官民調和」といった主張が、一五年にわたって決して理解されていないことへの苛立ちの表明と捉えることもできる。

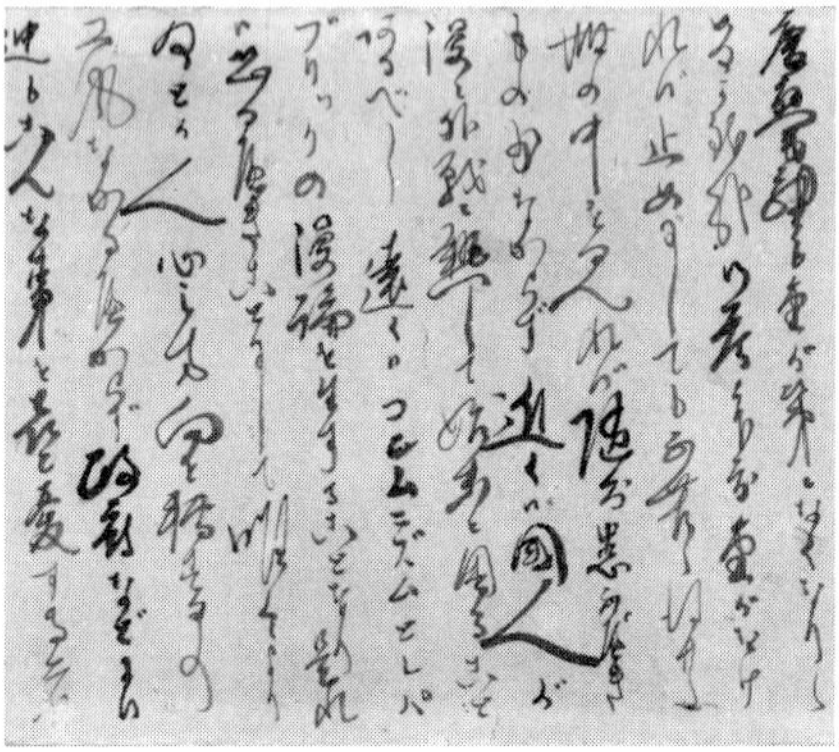

◉「コンムニズムとレパブリック」と見える日原宛書簡

福沢は、晩年の具体的な政治課題に対して決して楽観せず、むしろ多くの不安を抱いていた。同年八月の日原昌造宛書簡に「老余の煩悩」として眼前の課題を挙げ、「近くは国人が漫《みだり》に外戦に熱して始末に困ることあるべし。遠くはコンムニズムとレパブリックの漫論を生ずることとなり」と、国民の精神が未成熟であることによって、今後日本で社会的動揺が起こることへの懸念を表明していることは、それをよく表している。同年一月以降の社説に、華族制度などの「虚栄」で「人民を侮辱する」ような政治風潮や、「無識無能」な富豪金満家の経営態度から生じる不平が、「政治上の大変」や「貧富平均論」の破裂に至ることへの覚悟をうながし、六月の社説では、日本人が日清戦争の勝利によって慢心を生じ、「外に対して威張らん」とするような挙動さえあることを、「虚栄に酔うとは何事ぞ」と叱責、「我輩は寧《むし》ろ戦勝を後悔する者なり」とさえ極言し、「国の根本を固くすること」を呼び掛けている。

　結局のところ、福沢が晩年に至った見地は、現実政治への発言とは別に、文明を進歩させる「根本」としての日本人の智徳の進歩への関心の回帰であったというべきであり、『福翁百話』において、基本的な市民的倫理の定着を主張していること、教育機関としての慶応義塾の整備、病後の「修身要領」普及の試みなどもその中に位置づけられる。『自伝』の末尾で政治課題を除外していることは、福沢のこの「根本」に対する不安が非常に深いものであったことを伝えている。

〔都倉武之〕

▼本紙発兌之趣旨　▼日清戦争観

参考「人心の不平」「不平破裂の時機」「政治上の不平を如何す可きや」『時事新報』明治三〇年三月六日～九日付。「戦勝の虚栄に誇る可らず」『時事新報』明治三〇年六月三〇日付。

宗教についての付託　しゅうきょうについてのふたく

福沢諭吉は、明治三二(一八九九)年に刊行された『福翁自伝』の末尾において、みずからの生涯でやりたいと思うことの一つとして、仏教でもキリスト教でもかまわないので、これを引き立てて民心を和らげたい、と述べている。それは晩年を迎えていた福沢にとって、後世に残したいメッセージの一つであった。

　晩年において、福沢が宗教に言及したことは少なくない。二九年から三〇年にかけて『時事新報』に連載された「福翁百話」では、人間には知識の格差や教育・交際上の優劣があるが、その中でみずからを成長させて善に達しようと努められるのは「社会上流の男女」のみであり、「其《それ》以下」の人びとは聖人の知識を想像し、その教えを聞いて従うのみであり、それこそが社会に宗教が必要な理由だと述べている。そして福沢のみるところ、士族や学者といっても平均してみれば「盲人」ばかりであり、彼らには宗教による感化がふさわしい、という。それは晩年の福沢の眼に映った人間の実像に対する、概嘆に裏打ちされた期待にほかならなかった。

　「其以下」の人びとが宗教における感化の対象であるなら、感化の主体は宗教それ自体でなければならない。そして福沢は、経済的な競争に勝ち抜いた富裕層こそが、その財をもって宗教を、教育を、福祉を支えていくべきだと考えていた。

自伝刊行を挟む三〇年から三三年にわたって断続的に『時事新報』に掲載された「福翁百余話」で福沢は、経済的に成功して富裕層となった人びとが、家屋や庭園を豪華にすることや、書画骨董の趣味に走ることなどはあくまで自由だとしながらも、それはしょせん個人の好奇心を満足させるものにすぎず、もし視野を広く社会に向けるならば、その財産をもって宗教を援助し、人びとの道徳心を維持させ、資金を投じて学校を奨励し、病院を設けて貧しい人を助けるなど、やるべきことはいくらでもある、と語っている。

　六〇年以上の生涯を生きてきた福沢自身には、みずから努力することを怠らない人生を送ってきたという自負があったであろう。そして彼はその才と努力によって、けっして貧しくはない社会的地位を築いていた。しかし、その眼前にある人間の多くは、みずからの努力よりも貴い教えを求める「盲人」であり、得た富を趣味や好奇心の満足に満たそうとする富裕人たちであった。

福沢自身は特定の信仰を持つことはなく、宗教にも比較的距離を置く立場をとり続けたが、ユニテリアンや浄土真宗には高い評価を与え、宗教間の相違よりも勧善懲悪の重視や人心の緩和といった共通性、社会的有用性に着目したといわれている。

　晩年の福沢が、自分は宗教を引き立てて民心を和らげたい、と語り残した背景にはこうした宗教への理解と現実社会の認識があったのである。　〔小川原正道〕

▼宗教論

参考『全集』六・七。『自伝』老余の半生。『伝』四―四〇編。小泉仰『福沢諭吉の宗教観』慶応義塾大学出版会、二〇〇二年。

学問についての付託《がくもんについてのふたく》

『福翁自伝』最終章において福沢諭吉は、いまだ成就していない願望の一つとして学問の保護奨励を挙げ、大いに金を投じて有形無形、高尚なる学理を研究させるようにしたいと述べている。このことについては、明治二六(一八九三)年一一月一一日の三田演説会での塾生に向けた福沢の演説に具体的に説かれており、晩年の福沢の学問観が示されている。演説内容は「人生の楽事」と題して同月一四日付『時事新報』社説欄に掲載されている。

　演説の前段で福沢は、壮年のときからいまに至るまで実現したいとは思うものの意のごとくならない「一大楽事」があるとして、まず自身の学問遍歴を振り返っている。自分は本来「儒学生」であった。二〇歳の頃に初めて洋学を知り、とりわけ「物理学」に関心を持ち、「何か一科の専門」に入って是非とも成果を上げたいとの希望を持った。ただ、家に資力もなく生計を図ることに追われ、開国以来の世情の変化も黙視できずいろいろな著述に多くの時を費やしてその望みを果たせなかった、という。しかし、「宇宙無辺の大」より「物質微塵の細」に至るまで、物理を探求して造化の秘密を解き明かしていくことは「人間無上の快楽」であって、これこそ「学者の本領」であるという信念は変わらなかった、と述べている。『福翁百話』（十七）「造化と争う」にも、「与造化争境《ぞうかとさかいをあらそう》」、「束縛化翁是開明《かおうをそくばくすこれかいめい》」といい、「化翁」（造化の神）と競い合うことにより文明開化に進むことが物理学の要諦であるとして同趣旨の発言がある。

　演説の後段では、近年、単に西洋を学ぶという時代はすでに過ぎて、わが国の学者の責務は西洋に先んずることにあるけれども、なお問題は学者が衣食の計に煩わされ学問に専心できないことであるといい、あらためて夢に描く人生の楽事として、一〇名ほどの学者を選んで「一種の研究所」をつくり、学問の課題も方法もいっさい本人に任せ、すぐに成果を上げることも求めずに思うがまま研究できる環境を用意し、俗にいえば、「学者を飼放し又飼殺しにする」という構想を示している。必要な経費は生計費、研究費を含めて毎年五万円もあれば可能であろうという。

　そして、この構想を自分の生涯に実現することはむずかしいけれども、今日ここにつどう若い諸君が将来財をなし、衣食足り、別に「心身の快楽」を求めることができるようになったときには、今日この日に慶応義塾において福沢の話を聞いたことを思い起こして何かよい企てを考えてほしい。それを自分の生きているうちに聞ければ嬉しいが、たとえ死後であっても草場の蔭から「知友の美挙」に感泣することであろうと結んでいる。

［松崎欣一］

参考『伝』四―三九編。丸山真男『福沢諭吉の哲学　他六編』岩波文庫、二〇〇一年。

終焉

長逝《ちょうせい》

明治三一（一八九八）年に最初の発作で倒れて以来、脳溢血症の療養を続けていた福沢諭吉は、三三年八月八日午後一時過ぎに一時人事不省に陥った。しかし一時間ほどで回復し、その後大晦日には世紀送迎会にも出席したが、三四年一月二五日、ふたたび発作に倒れた。

　二五日午後一時、福沢が生涯の恩人として交際を続けた木村芥舟が福沢宅を訪れた際には、快活に昔話に興じ言語も明瞭であったという。その後三田の自宅と広尾の別邸を徒歩で往復し、夕食後も舎監葦原雅亮、学生小山完吾を相手に「瘠我慢の説」について談じた。午後八時、手洗いから出たところで左足に麻痺を感じ歩くことができず、助けを借りて横になった。初めは長座して足が痺れたのだろうとみずからはっきりと語ることができたが、次第に麻痺が左手に及び言語も不明瞭になり、知覚も鈍り始めた様子がみられたため、急遽家人が主治医松山棟庵を呼んだ。松山は右脳の新たな脳出血と診断し、以前の発作時と同様、松山棟庵と山根文策が主治医となり、芥川信由

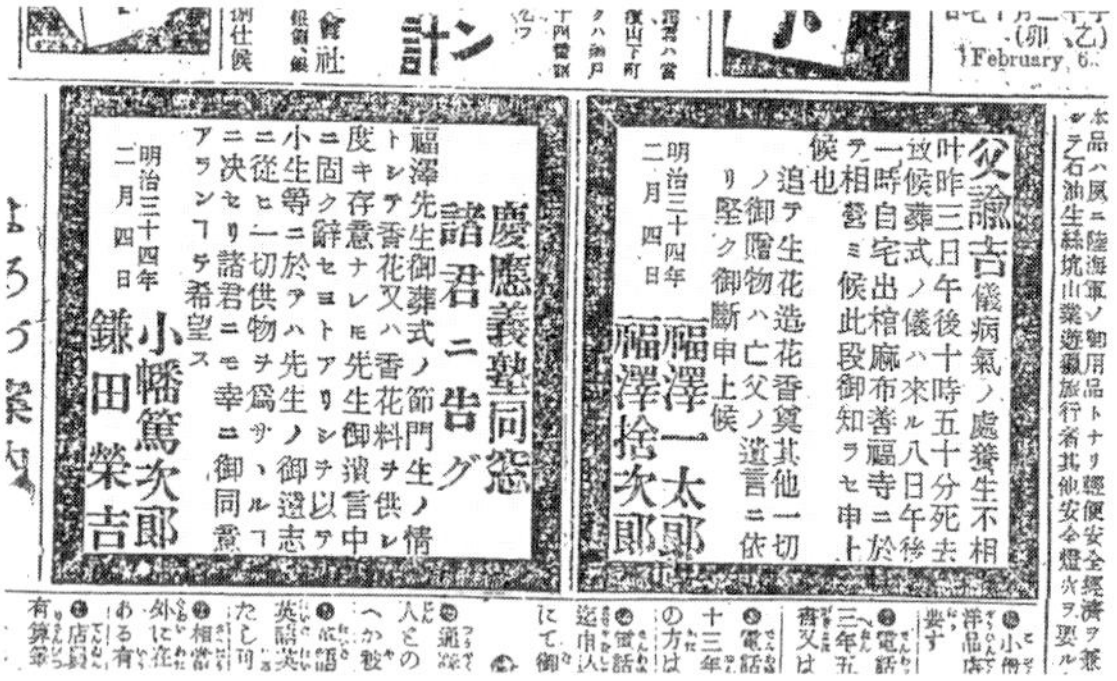

父諭吉儀病氣ノ處養生不相叶昨三日午後十時五十分死去致候葬式ノ儀ハ來ル八日午後一時自宅出棺麻布善福寺ニ於テ相營ミ候此段御知ラセ申上候也
追テ生花造花香奠其他一切ノ御贈物ハ亡父ノ遺言ニ依リ堅ク御斷申上候
明治三十四年二月四日
福澤一太郎
福澤捨次郎

慶應義塾同窓諸君ニ告グ
福澤先生御葬式ノ節門生ノ情トシテ香花又ハ香花料ヲ供ヘ度キ存意ナレモ先生御遺言中ニ固ク辭セラレタル旨アリシヲ以テ小生等ニ於テハ先生ノ御遺志ニ從ヒ一切供物ヲ爲サヾル事ニ決セリ諸君ニモ幸ニ御同意アランヿヲ希望ス
明治三十四年二月四日
小幡篤次郎
鎌田榮吉

◉福沢諭吉死去の広告(『時事新報』)

が付添い、東京帝国大学の三浦謹之助らも協力して治療に当たった。福沢は時折「食べたい」などの明確な言葉も発したが、病状は悪化の一途を辿り、二月に入ると予断を許さず、二日には滋養品の経口摂取が不可能になり、ついに二月三日午後一〇時五〇分、自宅で息を引き取った。六六歳であった。

『福沢先生哀悼録』によれば、自宅には、倒れた翌日から亡くなる前日までの八日間に約一、三〇〇人の見舞客が訪れ、見舞状・電報は三〇〇〇通以上に及んだ。また一月三一日には天皇・皇后から、二月二日には皇太子・皇太子妃から見舞いの菓子が届けられた。

松山によれば、福沢は若い頃の大酒と、晩年の居合抜きや米搗《つ》きという過度な運動によって、明治二七、八年頃に動脈硬化の兆候がみられていた。福沢は日頃から養生法に気を配り、体力に自信があったためか、かえって容易に医師の忠告を受け入れなかったという。父百助も脳卒中で死去している。

福沢が死去した自宅跡(現慶応義塾大学三田キャンパス内)には、昭和四六(一九七一)年に大正一〇年三田会が三田移転一〇〇年を記念して建てた「福沢諭吉終焉之地」記念碑がある。 [末木孝典]

▼世紀送迎会 ▼発病と療養 ▼福沢先生哀悼録 ▼健康管理 ▼病気

参考 『伝』四—四五編。「福沢諭吉の長逝」『義塾史事典』。占部百太郎編『福沢先生哀悼録』(慶応義塾学報臨時増刊)慶応義塾学報発行所、一九〇一年。『考証』下。

葬儀 そうぎ

福沢諭吉の葬儀は、二月四日に遺族と初期の門下生との協議により、明治三四(一九〇一)年二月八日午後一時に三田の福沢宅を出棺し、福沢家の菩提寺である麻布山善福寺で行うことが決められた。福沢の遺志を尊重し、葬儀は質素を旨とし、香典・造花・生花などの寄贈はいっさい謝絶し、棺桶の前には銘旗・墓標・樒《しきみ》三対のみが添えられた。また、慶応義塾葬とすべきとの意見もあったが、一家の私事のために義塾の資金を費やすことは故人の志に反するとして福沢家の葬儀として行うことを決めた。

連日多くの弔問客が訪れ、葬儀までの

間に約一、六〇〇〇人に達し、弔書・弔電も一、七〇〇通を数えた。なお、六日宮中から祭粢《さいし》料一、〇〇〇円が遺族に下賜され、七日には衆議院が福沢に対する哀悼決議を行った。葬儀の広告は長男一太郎、二男捨次郎の名で『時事新報』の広告欄に掲出され、訃報を伝える書状は四、五〇〇余通が発送された。葬儀総務委員は、親族から中上川彦次郎と朝吹英二、義塾から鎌田栄吉と小幡篤次郎が出て担当した。

◉葬儀当日の善福寺門前

葬儀当日は前日からの雪もやみ、晴天であった。一二時四〇分三田の正門を出た葬列は、普通部の生徒約七〇〇人を先頭に幼稚舎、商業学校、大学の生徒・学生が続き、黒衣をまとった麻布超海導師以下僧侶五名が福沢の棺を先導し、棺の両側には小幡篤次郎ら初期の福沢門下生が並んだ。さらに喪主、遺族、慶応義塾卒業生と続き、総員一万五、〇〇〇人が粛然と麻布の善福寺へ歩を進めた。午後二時頃から葬儀が厳かに行われた。式後、棺は埋葬地である上大崎の本願寺墓地(現常光寺墓地)に運ばれ、埋葬を終えたのは午後五時であった。棺を見送る沿道の見物人は三田から善福寺、そして上大崎まで続いていたという。

埋葬後、墓標として当初は「福沢諭吉之墓」(岡本貞烋《さだよし》筆)と書かれた大きな木碑が掲げられたが、福沢の一周忌の際に「福沢諭吉／妻阿錦　之墓」と刻まれた墓石が建てられた。なお墓碑に刻まれた戒名「大観院独立自尊居士」は、福沢が三一年の発病後危篤に陥った際、小幡が二、三の者に諮って、福沢にもっともふさわしい独立自尊を用いた戒名を選んだものである。

〔末木孝典〕

▼常光寺　▼善福寺

参考 『伝』四—四五編。占部百太郎編『福沢先生哀悼録』(慶応義塾学報臨時増刊)慶応義塾学報発行所、一九〇一年。『考証』下。

常光寺　じょうこうじ

品川区上大崎にある浄土宗の寺。福沢諭吉が明治三四(一九〇一)年から昭和五二(一九七七)年の改葬まで埋葬されていた。元来は芝増上寺の末寺である正福寺(浄土宗)の境内にあった墓地だが、この寺が廃寺となり、隣接する本願寺(浄土真宗本願寺派)が管理していた。

生前、福沢は近辺を散歩中にこの土地

が閑静で眺望がよいと気に入り、あらかじめみずからの埋葬地と定め、明治二九（一八九六）年に三田の竜源寺にあった福沢家の墓をこの地へ移した。なお、菩提寺である善福寺は、福沢が望んだ土葬を禁止する区域内だったため他所を探していたという事情もあった。四二年、高輪にあった常光寺（浄土宗）が正福寺の跡を譲り受け移転してきたため、墓地の管理も本願寺から常光寺に引き継がれた。その後、大正一三（一九二四）年には妻錦《きん》が埋葬された。福沢家では多磨霊園に墓地を移転する計画が幾度か話し合われたが、第二次世界大戦後の混乱もあり、延期されていた。

昭和五一（一九七六）年に常光寺が、墓地は浄土宗の信者に限るという管理規定を制定したことをきっかけに、再び福沢家で墓地移転が検討され、「何か不都合が生じたら菩提寺に改葬するように」と福沢が息子たちに伝えていたという話から、善福寺への改葬が決められた。

五二年五月二二日に墓を発掘したところ、地下四ｍの棺から屍蠟化した福沢の遺体が発見され、新聞各紙でも話題となった。保存を求める声もあったが、福沢家と慶応義塾で協議し、当初の予定どおり火葬され、福沢夫妻の遺骨は善福寺に移されると同時に、福沢家の墓がある多磨霊園にも分骨された。翌年五月、常光寺の福沢埋葬地跡に「福沢諭吉先生永眠之地」と刻まれた記念碑が建立され除幕式が行われた。〔末木孝典〕

▼善福寺

参考『伝』四―四五編。富田正文「善福寺に移った福沢墓所」『評論』（七七二号）一九七七年。福沢時太郎「祖父諭吉の墓」『手帖』（一二号）一九七七年。中村仙一郎著／中村文夫編『聞き書き・福沢諭吉の思い出―長女・里が語った、父の一面』近代文芸社、二〇〇六年。

善福寺　ぜんぷくじ

港区元麻布にある浄土真宗本願寺派の寺。福沢家の菩提寺。天長元（八二四）年、空海によって真言宗の拠点として開山され、のちに親鸞によって浄土真宗に改宗された。江戸時代には広大な寺領を所有し、虎ノ門を山門とし、杉並の善福寺池に奥の院があったという。幕末には初代米国公使館が設置され、若き福沢諭吉も出入りしたといわれている。福沢が善福寺を菩提寺と定めた理由は不明だが、福沢家の宗旨である浄土真宗の寺で三田から近い場所にあったからではないかといわれている。

明治三四（一九〇一）年に死去した福沢の葬儀は善福寺で行われ、住職麻布超海が導師を務めた。以後の忌日命日の法要などはすべて善福寺住職によって営まれている。また、福沢と錦夫人の墓は菩提寺である善福寺ではなく、福沢が生前購入した上大崎の墓地（現常光寺墓地）にあったが、福沢家の意向により昭和五二（一九七七）年に発掘された。夫妻共に土葬であったため、いったん渋谷区幡ヶ谷の代々幡斎場で荼毘に付されたのち、善福寺に改葬された。墓碑もそのまま移された。これにより菩提寺と埋葬地が初めて一致することになった。以来、福沢の命日二月三日に多くの慶応義塾関係者が墓参する雪池忌《ゆきちき》は善福寺で行われている。 ［末木孝典］

▼福沢氏記念之碑 ▼長逝 ▼常光寺

参考『伝』四―四五編。富田正文「善福寺に移った福沢墓所」『評論』(七七二号)一九七七年。同「三つの寺」『評論』(七四七号)一九七五年。中村仙一郎著／中村文夫編『聞き書き・福沢諭吉の思い出―長女・里が語った、父の一面』近代文芸社、二〇〇六年。

福沢先生哀悼録 ふくざわせんせいあいとうろく

明治三四(一九〇一)年五月六日、『慶応義塾学報』(現『三田評論』)の第三九号臨時増刊として発行された書籍。

福沢諭吉の死去に際して、「先生の徳望如何《いか》に高く社会の耳目如何に公平なるか」(緒言)を伝えるため占部百太郎を編集人、岡本貞烋《さだよし》を発行兼印刷人として出版された。

内容は、福沢の発病から葬儀までの経過、全国四五か所で開かれた福沢追悼会の記事、各界二〇団体・八人の追悼文、国内外の新聞一一四紙に掲載された弔詞・評論、雑誌三四誌の弔詞・評論となっている。扉口絵には「福沢氏紀念之碑」の碑文、福沢の写真四枚、葬儀の様子を撮影した写真七枚が掲載されている。

本書が持つ特徴として、第一に『福沢諭吉全集』『福沢諭吉伝』にも収録されていない福沢の葬儀に関する詳細な記録があること、第二に各地の福沢追悼会と演説の内容を知ることができることが挙げられる。そして第三に新聞各紙の弔詞を網羅的に収載している。各紙記事を読み比べることで、福沢が当時の日本社会でどのような存在として扱われていたかを知ることができる、晩年の福沢に関する基本文献の一つである。 ［末木孝典］

参考 慶応義塾福沢研究センター編『福沢関係文書 収録文書目録』雄松堂出版、改訂再版、一九九八年。『伝』四―四五編。リプリント版『福沢先生哀悼録』みすず書房、一九八八年。

◉『哀悼録』表紙

7

日常と家庭

福沢が長男一太郎、二男捨次郎とともに撮影した明治初年の写真

福沢諭吉は若干の道中記を除き、日記を残さなかったので、詳細な日常生活は分からない。しかしまめに手紙を書き、その数は現在分かっているだけでも二、六〇〇通を越え、そこから生活の断片や娯楽、嗜好などをうかがい知ることができる。また直接教えを受けた多くの門下生たちが、福沢との思い出を回想録に残している。

福沢の六六年余の生涯は、ちょうど明治元(一八六八)年で二つに分かれ、衣・食・住についてみれば、後半の三三年間は和から洋への転換の時代であった。しかし福沢は生活もその思想同様、単純に欧米様式を導入したわけではない。残された写真や遺品から推察すると、衣は明治維新後しばらくは洋装も多いが、二〇年前後からはほとんど和装になっていった。食事もコーヒーや紅茶、パンにバターなども好んだが、基本的には和食で、洋食は特別なときや、もてなしのための料理であった。幕末には「畳なしの家」に憧れたが、実際に生活してみると不便であり、洋風一辺倒で建てた家も日本風に改築して、和室で和机を使う生活が中心であった。それでも生活に便利なものは積極的に取り入れたとみえ、二六年四月二一日付の福沢の手紙から、二三年一二月に東京と横浜で開通した電話がすでに福沢家に引かれていることが分かる。

福沢の趣味は何であったのかと考えると、健康維持のために毎日欠かさなかった居合や米搗《こめつ》き、散歩は趣味の領域であるともいえるし、手紙も数の多さや宛先の幅広さからいえば、仕事の必要以外では書くことが趣味ともいえよう。一五年に『時事新報』を創刊し忙しくなる前はよく将棋も指した。福沢は子育てを終えた姉たちに、ただ衣食住が足りるだけでは「人間の生涯」ではなく、何か楽しみを持つべきであると説く。福沢自身は明治二〇年に初めて本格的な歌舞伎をみて以来、すっかり芝居好きになった。ほかに家族や友人たちと落語や講談、義太夫、それに相撲観戦なども楽しんでいる。

福沢が描いた家族像は「一家団欒」に象徴される、明るく楽しく、個々人の心の支えとなるような集団であった。福沢家では皆「さん」づけで呼ばれ、大抵のことは子どもたちの自由に任された。子煩悩な福沢は折に触れ、子どもたちのためにさまざまな記録を書き残している。教育や病気は心を砕いた事柄であったが、子どもたちの結婚もまた福沢にとって大きな関心事であった。男女の間柄は「好不好の情実」(『日本婦人論後編』)であると認識していたし、当人の気の進まないものを強いるのは身を売ることと同じとは思っていたが、親としての心配は抑えがたく、子どもたちの結婚相手は自分の眼鏡にかなった人物を選びたいと考えた。また娘たちの結婚相手は、まず婿養子にしたいと考えている。その理由は、相互に扶助しあう家族の枠を広げたいと考えたからなのか、下級とはいえ士族の家に生まれ、結局は「家」の観念にとらわれていたのか定かではないが、養子になった福沢桃介と他の娘婿との間にまったく差異はなかった。福沢にとって家族とは、真実この世で一番「人情の厚くして交《まじわり》の睦《むつまじ》き」(『西洋事情外編』)ものであった。

近代社会の成立要件を人と人との主体的な交際にみる福沢は、連日多くの来客に対応した。交際をしなければ社会は存在せず、社会が存在しないなら「人間」は存在しないと説き(『男女交際論』)、その中で男女は対等であり、芸妓を侍らせる男性だけの会合のあり方を批判した。女性たちに交際の道を開くための会や夫婦で参加できる茶話会、大規模の園遊会など、さまざまな集会を主催している。

福沢にとって、旅もまた人と触れ合う機会であった。明治三年の母との上京は命をねらわれる物騒な旅になったが、母や奥平一家らを迎えるための旅であっても、それ以降の家族旅行や地方の視察旅行、避暑や保養のための旅行であっても、時にあまりの宴会の多さに閉口することもあったが、旧友や門下生たちとの再会を喜んだ。また福沢家のために働いてくれる人びとや家族との団欒も大いに楽しんだ。

福沢の日常と家庭を知ることには、二つの意味があろう。まず、環境を知ることによって思考を育む一つの基盤を知ることができる。また育まれた思考は、例えば話す、書くといった日常の行為のあり方にその結果を見出すことができる。またもう一つは、ライフスタイルの変化や目指した家族像、福沢家の構成や運営の実情を知ることによって、日本における〝近代的〟日本人およびその家族の一例を知ることができ、近代日本の形成過程を考察する一材料となる。しかし、そのような意味以前に思想家、ジャーナリスト、教育者などさまざまな顔を持ちながら、わが子となると何かと動揺し、妻がいないと歯磨きでさえ不便になる福沢が身近に感じられる楽しさがある。

［西澤直子］

身体と気質

身体《しんたい》

福沢諭吉は壮健で、身長が一七三・五cm、体重が約六五kgある偉丈夫であった。当時の平均身長は成人男性で一五八・七cm程度といわれており、それよりはかなり高い。福沢の身長や体重を記録した資料は、次の四種類が残っている。

一番古い資料は、明治九(一八七六)年七月に福沢自身が記した「福沢諭吉子女之伝」で、「身の丈け五尺七寸余、目方十七貫目」(目方の上に「?八の誤乎《あやまりか》」と自身で注記)、約一七三cm、六四(六七・五)kgになる。次は、同年一〇月八日付の「福沢諭吉生レテ四十一歳九ヶ月目方掛ケ改メ」とある自筆の書付で、体重は一六貫四九六匁すなわち約六二kg。三番目が一四年七月に明治生命保険会社に診査医員印東玄得より提出された「保険申込人福沢諭吉殿身体診査ノ成績」で、メートル法で身長が一七三・五cm、体重が七〇・二五kg、「構造　頗ル強健」とある。最後が『福翁自伝』(老余の半生)で身長は五尺七寸三、四分とあり一七三・六〜九cm。体重は一八、九歳から六〇歳前後まで一七貫と一八貫の間で増減がなく、数え六五歳の今日でも「十七貫五百目より少なくはない」、すなわち六五・六kgほどと書かれている。

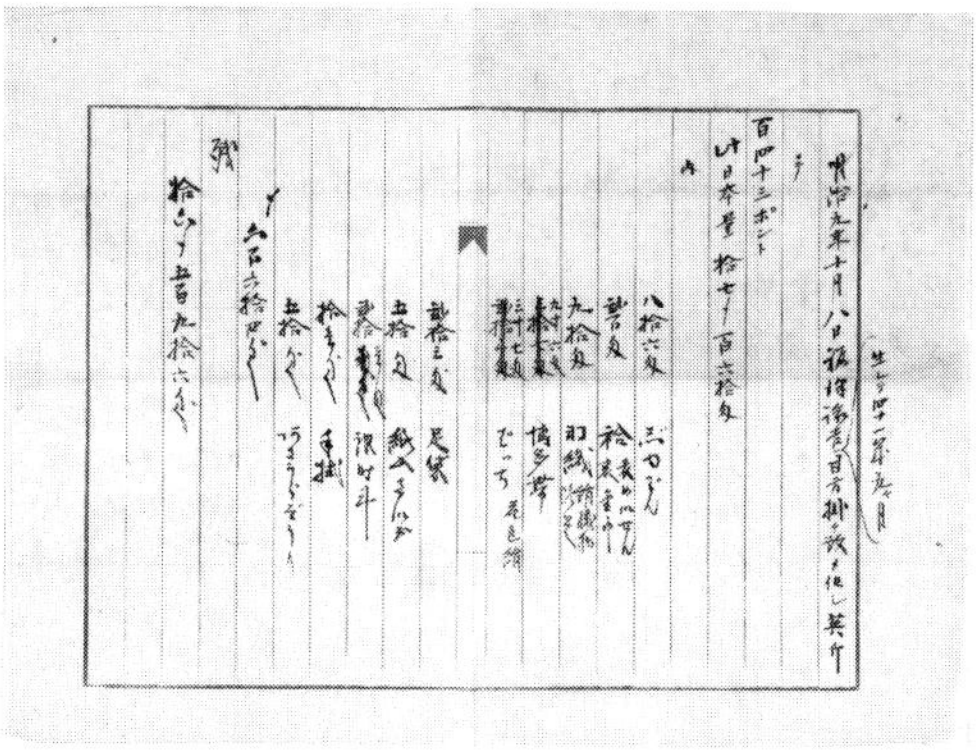

●福沢諭吉自筆体重記録(「残」の数字は福沢の計算の誤り)

明治生命保険会社に提出した書類の体重は少し重めだが、着衣など計測の仕方によるのかもしれない。［西澤直子］

▼健康管理　▼風貌・容姿

参考 佐志伝「身ぐるみはいで何貫目?──新資料紹介　福沢先生の体重記録」『手帖』(八〇号)一九九四年。

気性《きしょう》

福沢諭吉は普段は穏和でにこにこしており、大変おしゃべり好きであった。相手がだれであっても、自分の知らない何かを知っているので会話をする価値があると考えて、同じ態度で気軽に話し掛けることを好んだ。周囲にはよく「何でも構わず、上顎と下顎とぶっつけるがいい」と語り、来訪者や塾生と日常接することはもちろん、塾生の安下宿などをふらりと訪ねることもあり、早朝の散歩では貧民や乞食との会話も楽しんだ。

　若き日に「喜怒色に顕さず」という語に得心し、生涯人に腕力を用いたり、喧嘩をしたことがないことを『福翁自伝』で誇っているが、その一方表情は豊かで、さらに大の癇癪持ちであった。若い頃はことに口が悪く、弁も立ったことから、むやみに敵をつくって「無益の殺生」をしたと後年周囲に漏らし、言葉を慎むよう勧めたという。塾生の不品行などを見つけて「馬鹿野郎」と大声で怒鳴る姿は、慶応義塾の卒業生の回想にたびたび登場し、その態度は相手や男女を問わず同様であった。ただし一度叱っても根に持たず、相手が非を改めれば大いに喜び、自分が間違っていれば素直に詫びた。また大変涙もろく、蘭学の先人たちの苦労を語ったり、不遇な人の話を聞いたり、あるいは観劇に出掛けるとすぐに落涙した。

　不如意の塾生や卒業生、朝鮮人亡命者などの生活や活動を援助することは生涯にわたり、早朝の散歩では貧民に対する施しも欠かさない義侠的な顔もあったが、こういった行動については「道楽」などと称して口外しなかった。

　さらに別の顔として、死人の話を聞いても逃げ回るほど大変臆病なところがあり、分けても血を見るのが大の苦手であった。ヨーロッパで手術を見学中に卒倒したことがあり、子どもが怪我で出血しただけで大声で騒いだという。逆に勇敢な逸話も多く、近火の際、鳶口を手に屋根で火の粉を払って防火に当たったり、慶応義塾に逃げ込んだ殺人犯を、居合刀を腰に巡査と共に捜索したこともある。

　分け隔てなく交際する文明の理を体現しようと心がけ、他方義侠的で涙もろい江戸っ子ぶった情を持ち合わせ、意識的に民間世俗の生活を楽しんだ闊達な性格がうかがえる。

［都倉武之］

▼話し方

参考 佐瀬得三『当世活人画』春陽堂、一八九九年。『ふだん着の福沢諭吉』。『伝』四―四八編。

癖　くせ

　福沢諭吉の癖に、横目で人をにらむしぐさがあり、親しい者はだれでも知っていたという。特に人の会話に何かしら疑念を抱いたときなどに横目で見るため、初対面の人は不快に思うことがあり、また、心を見透かされるようで肝を冷やすこともあったという。門下生の回想に「人の肝胆を見破りそうな眼付をして、横目に人を見る」（佐瀬得三）、「変な目付きをして斜めに私の顔をながめながら」（尾崎行雄）、「つんとした風で横目を使っていられました」（北川礼弼）などと、このしぐさの記述が散見されるように際立つ特徴であった。尾崎はこのときの福沢の態度が気に入らず、しばらく福沢に会わないようにしたと記している。

　また、会話中に寝転んだり、しきりに鼻をほじったという回想もある。明治初年、元来律儀な郷里の先輩島津祐太郎が福沢邸を訪ねてきたとき、寝転がって読書をしている福沢を一喝し、福沢が恐縮したという逸話も残る。しかつめらしく客と応対する虚礼を嫌い、その意図的な打破を心がけたため、維新前後はことさらに無礼に振舞うことがあったようだが、年齢を重ねるとさすがに寝転んで接客することはなかったようである。

［都倉武之］

参考 佐瀬得三『当世活人画』春陽堂、一八九九年。尾崎行雄『咢堂自伝』大阪時事新報社、一九四七年。『伝』四—四八編。

健康管理 けんこうかんり

福沢諭吉は『通俗民権論』において、国の独立を維持するためには、個人の内面において智力と財力と私徳の力に並んで「身体の健康腕力」も等閑《なおざり》にしてはいけないと説く。一国の独立の基礎である個人の独立には、「身体健康精神活発」「先成獣身而後養人心」の言葉が示すように、健全な身体をつくり維持することが重要であった。

このような考えには、病理学書『病学通論』の著作がある緒方洪庵のもとで学び、科学的に健康を捉えたことの影響が推察される。また「帯患健康」（『文明論之概略』巻之一）の言葉が示すように、病を得た人間を否定するわけではなく、健康とはその人にとって最良の状態を維持することであった。

福沢は明治三（一八七〇）年の発疹チフスの大病後、二、三年も体調が戻らず、回復の方法は薬や過度な養生ではなく、米搗《つ》き薪割りなどの運動にあることを知った。福沢が自身の健康管理のために行ったことには次のようなものがある。

居合

本格的に実践し始めたのは、三田に転居してから後のことである。居合は少年時代に中津藩の師範中村庄兵衛から、義・慎・備・交・敬・遁・運・勇の「常八行」を重んじる立身新流を学んだ。明治二三（一八九〇）年の山口広江に宛てた書簡には米搗きと居合で運動していると書かれ、二六年一一月一七日付、二七年一〇月二五日付、二八年一二月三一日付の「数抜」（行った回数。各千本、千二百本、千本、とある）の記録も残っている。午前八時半過ぎから午後一時まで休みなく抜いていることもあり、主治医から激しすぎる運動は控えるように指摘されるほどで、最晩年には中止した。

米搗《こめつ》き

福沢は長崎・大坂留学中を除いて、幼年期から生涯にわたり玄米を精白するための米搗きを行った。とりわけ三田に転居してからは米搗き小屋を設け、木の臼と杵を用いて毎日福沢家で食する米を搗いていた。明治三〇年には五つ目の臼を新調したという漢詩を残しており、四つの臼を潰すほど運動したことになる。最後の臼と杵が現存する。

散歩

明治三一年の脳溢血発症を機に、居合と米搗きの運動をやめた福沢にとって、散歩は晩年の唯一の健康法であった。尻《しり》端折《つぱしょり》をして、股引をはき、鳥打ち帽をかぶった姿で、毎日早朝五時頃から三田を

●杖床（携帯用の折りたたみ椅子）

出発して、広尾、目黒、渋谷あたりを一時間から時には二時間ほど掛けて歩いた。大抵は散歩党と称する慶応義塾の学生たちと一緒で、出発時に玄関では銅鑼《どら》が鳴らされ、道すがら福沢に起こされる学生もあった。歩きながらの話題にはロシアの専制政治の話もあれば、毎朝出会う少女の嫁入り先の話もあった。福沢は袂《たもと》に入れた菓子を出会った子どもに与えるなど、老若男女を問わず人びととの触れ合いを楽しんだ。

三一年の脳溢血で倒れた日まで続けており、回復後は再開している。雨の日には、自宅裏手の馬場の跡に蓆《むしろ》を張って天井のある仮小屋をつくり、その中を往復して散歩の代わりにしたという。

乗馬

明治三年にかかった発疹チフスが完治した際に、医師に勧められて始めた健康法といわれる。福沢が馬に乗るようになった時期については、三年冬に草郷清四郎に教授されてからという説と、幕末の欧米視察の際には乗馬をこなしていたとする説がある。

福沢は慶応義塾構内の福沢邸裏手に馬場を設け訓練を行い、一二年の井上良一の葬儀の帰りに落馬して怪我をしたこともあったが、時事新報社へも乗馬で往復することも多かった。一七年頃からは馬の頭数も増えて、五〇歳頃までは続けていたものの、家族の心配や甥の今泉秀太郎が落馬により怪我をしたことでやめたという。

衛生

自身の体調のみならず、福沢は大勢の学生を預かる身として、衛生には常に心を配った。師である緒方洪庵がコレラ対策に取り組んだことや、親友で日本の公衆衛生改善に努めた長与専斎の影響が考えられる。遠足の際には出先での飲食は避け、弁当、菓子、果物、茶を詰めた大きな瓶二、三本を車に積み、果物もかならず皮をむいて食べるよう指導して、二人に一本ずつ程度ナイフも用意した。学生には生水を飲むことを禁じていたが、あるとき慶応義塾構内の井戸で飲んでいるのを見つけたことがあった。その学生に対しては井戸水を飲んだくらいで病気になっては仕方がないとやり過ごしたが、あとで監督者を呼びつけ、なぜ井戸を放置したかと厳しく叱ったという。

福沢の衛生に対する気遣いは、明治二八年広島に発生したコレラについて、当時その地に赴任していた三女俊《しゅん》と夫清岡邦之助に宛てた手紙からもうかがえる。俊にはいっさいの食べ物は自分でつくるように伝え、仕出し屋の弁当では香の物をただの水で洗っているかもしれないことまで考え、面倒でも弁当も自分でつくるように伝えている。

福沢が衛生に気を配るのは、病気蔓延の危険を考えてのことであった。三一年に起きた脳溢血から回復し病後初めて義塾に来たときに、井戸の流しの漆喰に小さな穴を見つけ、汚水が入る危険性を指摘して、水道があるにしても、万一井戸を使ってここから腸チフスや疫痢が発生し蔓延したら、東京中の流行になり、日本中の流行になるかもしれない、ふだん衛生論や健康論を論じていても、この穴を塞がないでいればその議論に価値があるのか、と述べたという。

日課

『慶応義塾学報』第六号（三一年八月）に、その頃の福沢の日課が記されている。四時半起床、塾生らを伴に近郊を散歩し、六時頃朝食。その後約一時間新聞を読み、それから昼食までは勉強時間で執筆や書見、あるいは来客に応接する。午後一時から二時頃まで昼寝をし、その後四時頃まで勉強、四時半からおよそ一時間米搗きか居合をする。米搗きは掛け声を掛けながらで、終了すると臼を掃除し新たに玄米五升を入れて翌日に備える。居合での渾身の気を剣先に集中させる姿は厳正で、近寄りがたい様相である。米搗きあるいは居合が終われば入浴し、夕食。夕食後は家族と談笑して過ごし九時就寝。春夏秋冬いつでも変わることなしとある。

〔大庭裕介・西澤直子〕

▼養生園ミルク事件 ▼身体

参考 『伝』四―四三・四八編。『全集』四・二〇。『書簡集』六・八。『著作集』一二。『ふだん着の福沢諭吉』。『自伝』。岩崎弘「居合「立身新流」と福沢諭吉」『手帖』（一二二号）二〇〇四年。

病気《びょうき》

福沢諭吉は丈夫な身体を持ち、『福翁自伝』によれば一五、六歳の頃に江川太郎左衛門が寒中でも袷《あわせ》一枚でいることを聞き、対抗して毎晩布団も敷かず掻巻《かいまき》一枚で畳に寝ることを一冬続けたが、平気であった。適塾での二年間は昼夜の別なく勉強し、疲れて眠くなると机の上に突っ伏すか、床の間を枕にして寝ていたので、病気をして初めて枕を持っていないことに気づいたという。

福沢にとって大病といえる経験は以下のようなものであろう。

チフス

生涯に二度チフスにかかり、いずれも生死の間をさまよった。一度目は安政三（一八五六）年二、三月頃に、適塾で腸チフスにかかった先輩を看病していて感染した。師である緒方洪庵が見舞いに来て、自分では情が入って正確な薬の処方ができないからと、友人の内藤数馬という医師に頼んでくれた。福沢はこの師の態度に感激している。

二度目は定まった名称のなかった塾を慶応義塾と命名し、本格的な近代学塾としての体裁も整って学生も増えてきていた明治三（一八七〇）年五月初旬に罹患し、発疹チフスであった。五月二〇日頃から六月七、八日まで人事不省に陥り、五月晦日頃は生死の境であったが、米国人医師シモンズ(D. B. Simmons)と英国人医師ウィルス(William Willis)が治療に当たり、伊東玄伯、石井謙道、島村鼎甫、隈川宗悦、早矢仕《はやし》有的《ゆうてき》ら旧知の日本人医師たちも尽力して回復した。

　罹患後しばらくは体調が悪く、しばしば発熱し、長与専斎からもらったキニーネ一オンスを飲み干してしまったエピソードが『福翁自伝』に書かれている。

インフルエンザ

　明治二四年一月、前々年から世界的に大流行していたインフルエンザに、ついに福沢家も襲われた。諭吉が前月二六日にかかり六日間の熱に苦しんだのを皮切りに、一太郎、錦、俊、滝、光、房、里、大四郎とかかり、一月二四日の時点で逃れているのは三男三八のみであった。雇人も同様で食事の支度ができず「一家の大乱」を生じ、房は発熱しながら、五日に長男駒吉を出産した。罹患者は東京市中百万人といわれ重症者も多く、福沢の身近でも九鬼隆義、松齢院(奥平家)などが亡くなり、一月一日から二八日までで出した香典は一〇余軒に及んだ。健康自慢の福沢も治癒に時間が掛かり、二月一〇日に至っても十分に回復しなかったことが姉宛の手紙から分かる。

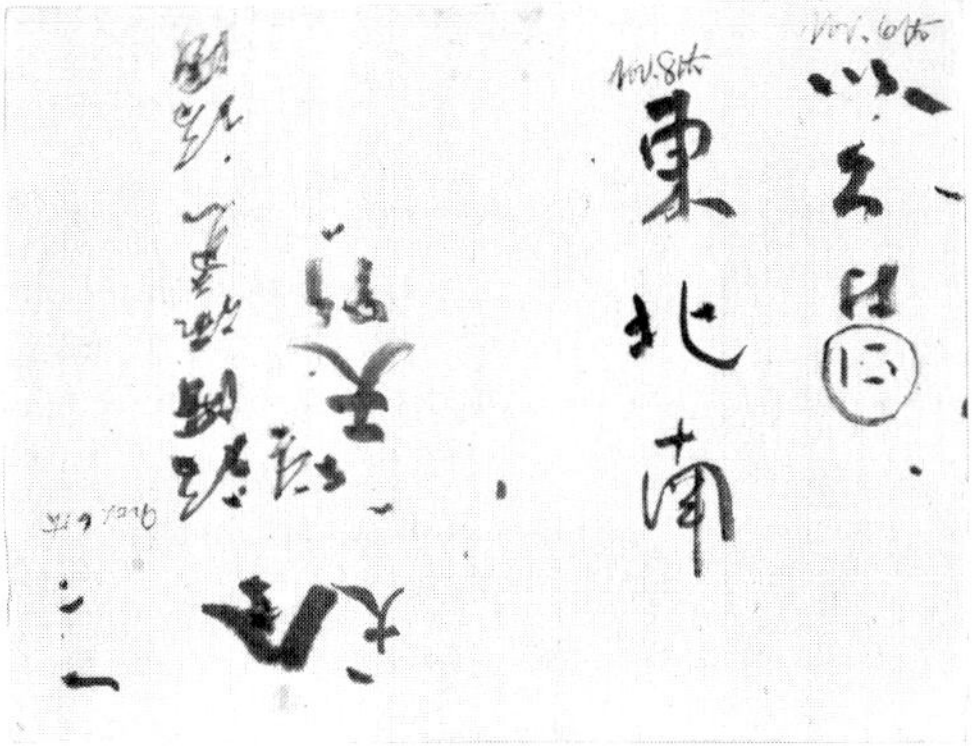
●脳溢血後の手習い反古

リウマチ

　明治一六(一八八三)年七月頃から兄三之助が悩まされたリウマチに、福沢も悩まされるようになる。一度快方に向っても再び悪化し、福沢は運動不足が原因だと考え、その後米搗きなどの運動を欠かさぬようにした。

脳溢血

　福沢は父の死について、明治九年の「福沢諭吉子女之伝」では、脚気をわずらう中で急死し詳細は不明と記しているが、一四年に明治生命保険会社に提出した書類では、四四歳で「卒中」によるとしている。福沢は遺伝に関心が強く、学生たちに遺伝的要素の強さを確かめようとアンケートをしたこともあり、遺伝的に自分を脳溢血が襲う可能性も考えていたのかもしれない。

　そのため普段から運動を心がけたが、かえって激しすぎる嫌いがあり、その点を注意した医師に対し、米搗《つ》きと居合抜きのどちらの運動量が多いか分かりもしないくせにと、相手にしなかった逸話が残っている。

　身体の麻痺を伴うような大きな脳溢血は、三一年九月二六日と三四年一月二五日の二回であるが、長女里は、亡くなったのは三回目の発症であって、その前に二回目があったといっている。里によれば、昼寝をしていた福沢からゴオッという度外れた鼾《いびき》が聞こえたので、慌てて飛んでいくと真っ赤な顔をして眠っていた。いつまでも目を覚まさないので大急ぎで医師を呼んだが、しばらくして目を覚まし普段どおりになったという。三三年八月八日のことと思われ、その後姉の服部鐘に宛てた手紙などによれば、二、三日で回復したようである。 [西澤直子]

▼発病と療養 ▼健康管理

参考 『伝』一―一五編・四―四四編。『書簡集』七・九。『考証』上下。中村仙一郎著/中村文夫編『聞き書き・福沢諭吉の思い出―長女・里が語った、父の一面』近代文芸社、二〇〇六年。

風貌・容姿 ふうぼうようし

福沢諭吉の風姿は多くの肖像写真と門下生の証言によって知ることができる。

高橋義雄は初対面のとき、福沢四七歳の印象を語っている。まず顔の輪郭がはっきりとしてすべての道具が大きく、広い額に眉も濃く太く、眼はキラキラと茶色の光を放っている。左の頬にやや大きな黒子があり、鼻はかたちよく高く、口は一文字に大きく、髯は濃いようだがいっさい削り落としている。ことにその表情に特色があり、相好を崩して喜色満面のときと談話中真面目になったときとの相違が大きく、ひどく変化の多い顔だったと語る。生前唯一の福沢の銅像をつくった彫刻家大熊氏広も、刻々に変わる表情からどれを真の表情とするか非常にむずかしかったと述べている。

明治二一(一八八八)年一月、ユニテリアン宣教師A・M・ナップ(Arthur May Knapp)が米国ユニテリアン協会の友人に宛てた書簡で福沢を、「大柄で強いながら質素な顔の人で、およそ聞いたことのない気持ちよい声をし、エマソンを思わせる簡潔純粋な表情を持っている」と書いている。 [山根秋乃]

▼身体 ▼VI 表象(写真)

参考 高橋義雄『箒のあと』秋豊園、一九三三年。『伝』四―四六編。清岡暎一訳編『慶応義塾大学部の誕生』慶応義塾、一九八三年。

和装 わそう

福沢諭吉は平生着流しで袴ははかず、帯は角帯で浴衣のとき以外、兵児帯《へこおび》は締めなかった。明治維新後も和装を好み、特に晩年はほとんど和服で通した。

元来着る物には無頓着で木綿の縞柄など質素な生地を好み、絹物は光る着物として嫌った。今泉みねは幕府の蘭方医桂川家に出入りする中では福沢がもっとも質素で、木綿の着物に羽織、白い襦袢だったと回想している。妻の留守中に簞笥から一番手近にあった着物を着て出掛けたら、帰宅後家人からそれは下着だと笑われたというエピソードもある。着こなしも実用本位で、長歩きをするときなどは、股引をはき、着物の裾を後ろの帯に挟んでまくり上げるいわゆる「尻端折《しりっぱしょり》」をした。最晩年の散歩姿の写真が残っているが、明治七(一八七四)年母順《じゅん》の葬送のときにも、黄八丈の着物に尻端折で寺までの道を棺に付き添ったという。

一方、毎年旧主家の奥平家や木村芥舟のもとに年始に行くときなどには黒紋付に羽織袴の正装をした。そんな折、鏡に見入り「これに大小(の刀)が差したいな」と独り言をいったという。生涯を通じて着流しを常としたその姿は素町人とも「一書生の風体」(木村芥舟)とも語られ、在野をつらぬいた福沢を象徴している。

刀

福沢は慶応二(一八六六)年の秋に、やがて刀の時代は終わると、家伝の刀剣はすべて芝神明前の刀屋田中重兵衛に売り払った。同年一一月七日付福沢英之助宛の手紙では、幕府の軍制改革で講武所が槍剣術師範役を廃止したことを知り、自分の先見の明をほめてほしいと書いている。刀を馬鹿メートルと呼び、明治七(一八七四)年に入学した酒井良明の押入から長刀を見つけたときには、学問の目的をなんと心得ているのかと強く叱責した。しかしその一方で、明治も二〇年代になると、世話になった医師に贈る名刀村正に刀を詠った漢詩を添えたり、村正の風があるからと広助という脇差を買って、眺めているうちに指を怪我して家族に取り上げられたりもしている。

〔山根秋乃〕

参考『伝』四—四六。今泉みね『名ごりの夢—蘭医桂川家に生れて』平凡社、東洋文庫、一九六三年。『ふだん着の福沢諭吉』。

洋装《ようそう》

福沢諭吉は普段は「純粋の日本の着物」(『福翁自伝』老余の半生)を着て必要な場合のみ洋装をした。明治三(一八七〇)年発疹チフスにかかり回復後に断髪し、さらに健康のため乗馬に取り組んだといわれる。これらをきっかけとして洋服を着始め、特別な行事の折や乗馬で外出するときなどにスーツやタキシード、乗馬

●チョッキ

服などの洋服を着た。一〇年代後半に盛んに洋服を着ている時期があり、それは慶応義塾の中で洋装が流行したときと軌を一にしている。

三度の欧米行の体験から西洋の文物の導入の必要を痛感した福沢は、慶応三(一八六七)年「片山淳之介」の名で『西洋衣食住』を出版し、日本に「西洋服」を紹介した。その後は洋服の便利さを喧伝し普及に努め、明治四年、まがい物の洋服が横行している現状に対する啓蒙の意味もこめて、本格的洋服仕立ての広告文

「西洋衣服類商柳屋店の広告」を書いた。五年に三田慶応義塾内に開いた衣服仕立局は、日用に適した安価な生地や仕立てで義塾の学生にも洋装を普及させる目的もあった。福沢の母順《じゅん》が帆布による洋服を提案し、中上川彦次郎などもそれを着たといわれる。

〔山根秋乃〕

▼衣服仕立局　▼西洋衣食住

参考『伝』四―四六編。『百年史』上巻。

福沢諭吉肖像写真　ふくざわゆきちしょうぞうしゃしん

福沢諭吉は写真を好み、単身で写っているものだけでも、数え方にもよるが四〇種類近く、集合写真となれば卒業写真もあるため数えきることができない。

福沢が初めてカメラに納まったのは万延元（一八六〇）年に咸臨丸で渡米した際、サンフランシスコにおいてであった。まだ日本国内では写真は魂を抜くといった迷信すらあった時代に、遣米使節の随行者たちが彼の地で多くの肖像写真を撮らせて国内に持ち帰ったことの意味は大きい。続く文久二（一八六二）年の欧州行きの際も多くの写真が撮られ、なかには人類学の研究に使われたものもあった。

福沢の写真では、サンフランシスコの写真館で少女と共に撮影した写真や、昭和五九（一九八四）年以降の一万円札の肖像を制作する際に特に参考にされた、福沢がもっとも気に入っていたとされる写真が有名である。

福沢家には、明治二一（一八八八）年一一月に二男捨次郎がアメリカ留学から持ち帰ったカメラがあったと思われるが、福沢のスナップは、散歩中に渋谷昌福寺で撮られた一枚しか分かっていない。肖像写真は、多く丸木利陽写真館や江木写真館などに出向いて撮ったようである。現在判明している最後の写真は、明治三三年五月に撮影されたものである。

〔柄越祥子〕

▼少女との記念写真　▼VI 表象(写真)

参考『書簡集』五。小沢健志『幕末・明治の写真』ちくま学芸文庫、一九九七年。『未来をひらく　福沢諭吉展』。『評論』（九六七号）一九九五年。

福沢諭吉肖像画　ふくざわゆきちしょうぞうが

福沢生前に描かれた本格的な肖像画として残るものは、川村清雄の描いた油絵のみである。しかし生前より本や新聞雑誌などには、かなりデフォルメされたさまざまな姿の福沢像が残されている。好意的なものばかりとは限らず、明治七、八（一八七四、五）年頃、『学問のすゝめ』の楠公権助論などで世間の批判を受けていたときには、芝日蔭町あたりの絵草子屋で福沢の似顔絵に「法螺《ほら》をふく沢うそをいう吉」と書かれたものが売りに出された。

福沢没後のものを含め、主な肖像画には以下のようなものがある。

安田靫彦　福沢諭吉ウェーランド経済書講述図

慶応四（一八六八）年五月一五日に上野

の山で行われていた彰義隊と新政府軍との戦闘をよそに、福沢諭吉が鉄砲洲から移転してまもない新銭座の慶応義塾において、ウェーランド経済書の講義を続けていたというエピソードを主題とした安田靫彦による作品。縦一一四・八cm、幅四二・八cm、絹本着色。砲煙を展望する塾生を後景に、室内では羽織を着け書見台を前にして端座し、同じく羽織、袴を着けて文机に向かう塾生に静かに講義をする福沢の姿が淡い色調で端正に描き出されている。

　世の中にいかなる騒動があっても、慶応義塾はいまだかつて洋学の命脈を絶やしたことはない、この塾のある限り日本は世界の文明国である、世間に頓着するな、と述べて塾生を励ましたと、福沢が『福翁自伝』（王政維新）に語るところに触発された安田がその印象を象徴的に表現した図像である。

　明治四三（一九一〇）年頃、健康を害して静養していた二十代半ばの安田が歴史画家としての新たな画風を模索する中で生まれた作品であるという。

　制作時の事情は詳らかでないが、何人かの所蔵家を経て昭和三三（一九五八）年に慶応義塾の創立一〇〇年記念として、卒業生水上嘉一郎により義塾に寄贈されている。

川村清雄　福沢諭吉像

　紋服姿で椅子に掛ける座像。高さ一〇七・一cm、幅八〇・一cm。明治三三（一九〇〇）年頃、福沢の三女俊《しゅん》の夫である清岡邦之助が福沢家に贈るために、写真家小川一真《かずまさ》の世話で川村清雄に依頼した。制作は京橋槙町の三井物産の一室で行われ、三一年に撮影された福沢の写真から構図をとり、その後直接福沢に会って描いた。左手のあたりがぼやけているのは、川村が途中で筆が進まなくなり、福沢もまもなく他界したために、未完のままに終わったとされる。ただ一方で下図とした写真が不明瞭のためという説もある。四五年の図書館完成を機に、清岡より慶応義塾に寄贈された。昭和二〇（一九四五）年の空襲では焼夷弾の煙火中を運び出され、現在も図書館旧館の記念室に飾られている。

和田英作　福沢諭吉演説像

　演説姿とされる全身像。額の高さ三六〇cm、幅一八〇cm、重さ二二〇kg、画面三〇〇×一二〇cm。大正九（一九二〇）年慶応義塾の卒業生成瀬正行が東京美術学校教授和田英作に依頼し、和田は洋画家のやはり慶応義塾の卒業生夏井潔が福沢の生前に描いたスケッチを基に制作した。和服姿の福沢が両腕を組んでいる姿で、演説をしている姿と伝えられる。成瀬の寄贈により、慶応義塾内の大講堂正面に掲げられたが、昭和二〇（一九四五）年五月二六日の空襲によって焼失した。現在二点の模写が存在する。一つは和田英作門下の松村菊麿によるもので、昭和一二年に制作され、三五年に戦災による焼失を知った神戸慶応倶楽部から慶応義塾に寄贈され、三田演説館内に掲げられた。

　もう一点は二二年、角南松生《すなみしょうせい》および近《こん》馬勘五《まかんご》によって『福沢全集』の和田作品の写真を基にして制作され、当初三田の第一校舎に掲げられ、四五年慶応義塾志木高等学校体育館に移された。

和田英作　福沢諭吉像

和服姿の半身像。高さ八〇cm、幅六〇cm。大正九(一九二〇)年、右の演説姿を制作する折に成瀬が自宅にも福沢の肖像を掲げたいというので、同じタッチで上半身をもう一枚描いた。明治二四(一八九一)年頃流布していた、福沢が生前気に入っていたといわれる写真を参考に描いたとされる。背景の花模様は和田の創作。一説には昭和二〇(一九四五)年焼失した大講堂に掲げられていた油絵の原画ともいわれる。昭和一二年、幼稚舎が天現寺に新築移転したのを祝って、成瀬から幼稚舎に寄贈された。

[柄越祥子・西澤直子・松崎欣一]

▼VI 表象(描かれた福沢諭吉)

参考 奥井復太郎「五月十五日の意義(創立百年記念講演会挨拶)」『評論』(五七八号)一九五八年。村田真宏「画家としての出発—明治期の成果」『特別展　安田靫彦—その人と芸術』愛知美術館、一九九三年。松崎欣一「福澤諭吉肖像画の制作事情について—角南滋氏に聞く」『慶応義塾志木高等学校研究紀要』(二九号)一九九九年。『評論』(二七五号)一九二〇年、(九六七号・九六八号)一九九五年。林えり子『福沢諭吉を描いた絵師—川村清雄伝』慶応義塾大学出版会、二〇〇〇年。慶応義塾幼稚舎編『慶応義塾幼稚舎史日録』一九六五年。『慶応義塾大学文学部開設百年記念　慶応義塾所蔵名品展』(図録)一九九〇年。『義塾史事典』。

福沢諭吉銅像《ふくざわゆきちどうぞう》

福沢諭吉の座像や胸像は、大熊氏広、柴田佳石、和田嘉平治、山名常人らによって制作され、慶応義塾の各キャンパスや交詢社、大分県中津市の福沢記念館などに設置されている。

大熊氏広　福沢諭吉座像

大熊氏広の手による羽織袴姿の等身大座像で、生前の福沢をモデルとする唯一の銅像。明治二六(一八九三)年に完成した。福沢自身は銅像の制作に乗り気ではなかったため、門下生が熱心に説得した。当時新進気鋭の彫刻家であった大熊は、毎週一定の日と時間を決めて福沢宅に通って制作に当たったが、福沢の表情の変化が激しく、ときには座っている短い時間にも変化があり、表情を捉えるのに苦労したという。完成後は慶応義塾煉瓦講堂(のち塾監局)の広間に置かれたが、人目に触れるのを福沢が好まなかったため、還暦記念に贈られた灯台の置物と交換して、銅像は福沢宅の土蔵に入れられたといわれる。ただし福沢は自分のことを灯台になぞらえた還暦記念の置物も嫌い、妻錦《きん》はそれも福沢家の広間に置き布をかぶせて、だれかが盗んでくれないかと嘆いていたともいわれる。のちに座像は福沢家から慶応義塾に寄贈され、義塾の倉庫にあったが、昭和四四(一九六九)年慶応義塾志木高等学校の新校舎完成を機に、同校の正面入口ホールに備えつけられた。

[柄越祥子]

▼銅像開披式

参考『評論』（六八五号）一九六九年。

食生活

ふだんの食事　ふだんのしょくじ

福沢諭吉の食生活は、生涯を通じてみれば和食が中心で、晩年になっても健啖家であった。『福翁自伝』によれば適塾時代にすでに牛肉や豚肉を食べていたというが、明治以前は金銭的余裕もなく、一汁一菜で安い魚を食する程度の食事が想像される。江戸に出てからも鉄砲洲に居住していた頃には、街角で蕎麦を食べ、支払いのときになって金が足りず、代わりに着物で支払ったという逸話が残っている。慶応末年になっても慶応義塾の食堂で用意されるのは、飯と具の入った汁のみで、腹が満たずに一計を案じたつわものはいち早く食堂に駆けつけ、網で汁の具をすくって食べてしまう有様であった。美濃屋という老人が干魚や野菜などを売りに来たという。教師と学生の区別がない時代であるから、福沢であっても同じような食事であったと思われる。むしろ福沢は積極的に学生と交わるため、共に食べ共に飲み、牛肉を手に入れると学生たちと食べようと塾に持ち込んでいる。

明治になると、三度の洋行経験や文明開化の風潮、明治三（一八七〇）年の大病後は滋養強壮のためにも、洋食が食卓に上がるようになった。『西洋事情』や『学問のすゝめ』が売れて、多少は金銭的余裕もできたといえる。ただふだんの福沢は、明治一四年生まれの三男三八や一六年生まれの四男大四郎の回想によると、洋食よりは和食を好み、魚と野菜が一皿ずつで、ご馳走のときに洋食が一皿つくという程度であった。

日常の食生活が分かる資料として、二八年三月三〇日に飯田三治に宛てた手紙がある。そこには同窓会に出席するため静岡を訪れる際に、用意してほしい食事が記されている。まず朝食は、味を少々濃くした三州味噌の汁一品のみ、魚や鰹節のだしは使わず、具はねぎか豆腐がよい。自宅では毎朝食前に牛乳に紅茶かコーヒーを加えて飲み、パンとバターを食べるが、旅先ではなくてもかまわない。昼は魚肉野菜を取り混ぜて二品あればよく、夜は肴類を少し多めに少々の極上の酒を、という品々である。

二九年の善光寺参りに同伴した小山完吾は、福沢がとにかくよく咀嚼し、時間を掛けてたくさん食べる様子に驚いた。しかし三一年に脳溢血で倒れてからは、魚や肉は食べず野菜のみの生活となり、三二年八月までは朝は蕎麦《そば》掻《が》きと味噌汁、昼は蕎麦切と芋か大根の煮つけを食べた。そのうちさらに食生活は変化し、麦二米一のごはんとなり、ついで粥を食べるようになった。

最期に食べたものは、のどが渇いたといってオレンジを食べたという中村里の回想がある。

［西澤直子］

参考『伝』四—四三編。『書簡集』八。前坊洋『明治西洋料理起源』岩波書店、二〇〇〇年。中村仙一郎著／中村文夫編『聞き書き・福沢諭吉の思い出—長女・里が語った、父の一面』近代文芸社、二〇〇六年。『ふだん着の福沢諭吉』。『百年史』上。

洋食　ようしょく

福沢諭吉の本格的な洋食体験は、万延元（一八六〇）年の咸臨丸による渡米時である。『福翁自伝』には氷入りシャンパンに驚いた話などが出てくるが、洋食に慣れるのはむずかしかったようで、船の修復のためメーア島に滞在していた間は、日本人たちで自炊をしていた。アメリカ人は親切で毎日魚を持ってきてくれ、長尾幸作の「亜行日記　鴻目魁耳」閏三月六日の記述には、福沢がサメの天ぷらをつくろうとして、あやうく火事になりかけたことが記されている。二度目のヨーロッパ行きの際も自炊しようと道具類を持ち込んだが、ホテルの台所で炊くわけにもいかず、結局接待係の下役の外国人にあげてしまったというので、このときは観念して洋食を食べ続けたのであろう。

その後福沢にとって洋食は、まず滋養強壮のための食物であった。明治三（一八七〇）年に発疹チフスをわずらい、発病から一五〇日が経過しても読書の気力がなく、厳冬でもないのに寒さに震える症状が続き、医者に勧められて毎日肉や牛乳を摂取し養生に努めることになった。

また洋食は基本的にもてなしのための料理でもあった。福沢は招待状の中で「田舎料理」でもてなすと表現するが、それは日本の家庭的な料理を意味するわけではなく、来客時や各種宴会には芝公園の三縁亭などから出前をとった。

日清戦争後に初めて福沢邸を訪れた山本権兵衛は、昼食に春慶塗の膳に載せられた日本食と西洋料理二皿を出され、これがふだんの食事であるのかと福沢に尋ねたところ、実は洋食は山本のために近所の西洋料理屋から取り寄せたものだといわれたと回想している。

明治一〇年代後半から福沢が主催した近代社会の基礎をつくる「交際」のためのパーティーでは、多くの場合和食と洋食の両方をテーブルに並べ、好きなものを銘々がとる方式であった。

牛乳

福沢は明治三年に発疹チフスをわずらった際、医者に勧められて滋養強壮のために牛乳を飲み始めた。同年、築地にあった牛馬会社からの依頼でその効用を説いた「肉食之説」を執筆している。自身が効果を感じたのであろう。その後も七年の母順《じゅん》、二二年の長女里《さと》、その翌年の長男一太郎など病人の滋養補給に牛乳を用いている。福沢自身も旅先でも朝にミルクを温めてもらったりしているので、継続して飲んでいたらしい。

二九年に北里柴三郎が監督する養生園から届けさせた牛乳の瓶に髪の毛が付着していたときは激怒して、詫びに訪れた北里をおよそ三時間も叱責した、と「田端重晟日記」に書かれている。その頃は毎朝牛乳にコーヒーか紅茶を入れて飲んでいた。

神津国助に宛てた二六年五月一四日付の手紙では、余った牛乳をそのまま何日も何か月も腐らせない新工夫として、「バクテリア学士」の北里柴三郎に伝授を受けた方法があると述べている。

三一年の脳溢血発症後は松山棟庵に栄養のためにと無理に勧められ、毎日嫌々ながらも当初四合、のち二合ばかりを飲んだ。嫌がりながらとは、コーヒーか紅茶に混ぜて飲むのは好きだったが牛乳だけは嫌であったか、病気によって嗜好が変化したのであろう。

神津バター

神津バターは、福沢の門下生であった神津邦太郎と国助(甥と叔父)が日本初の洋式牧場である神津牧場を明治二〇年に創設し、二二年から生産したバターである。福沢は製造開始からほどなくして賞味したと考えられ、二三、四年からは大変気に入って取り寄せるようになった。

◉神津バター製造風景(明治31年頃)

二四年七月二五日付で国助に宛て、注文したバターが届いたことに礼を述べている。その後も神津バターは日本第一流で舶来品を圧倒するとほめ、他のバターはいっさい食せず、料理屋から洋食を取り寄せる際もバターだけは断り、かならず神津バターを用いた。手紙には「バタを嘗《なめ》る習慣」(二八年一二月一五日付)とあるが、実際には焼きパンか、ふかし芋につけた。

パンとママレード

神津バターを気に入ると、朝食にパンとバターを食べるようになった。松岡勇記に宛てた手紙には、夏みかんの礼と共に、それを利用した「マルマレット」のつくり方が書かれ、パンなどにつけて食べると「誠に結構」だとある。

その頃には慶応義塾の学生たちもパンを食べるようになっていたが、固い耳の部分を捨てていたので、それを見つけた福沢は大変に怒り、宇都宮三郎に滋養分析をしてもらって、耳のほうがより滋養があることを学生たちに説明したという逸話(松永安左エ門・加賀美豊三郎談)が残っている。

カレー

福沢自身の食生活とは別に、福沢は西洋の食事スタイルを紹介した人物としても捉えられる。近年の考証では、日本に初めてカレーという語を紹介した人物であるとされる。万延元年出版の『増訂華英通語』で、Curryに「コルリ」の読みを付けて紹介したことに由来する。また慶応三(一八六七)年に出版した『西洋衣食住』では、洋食に用いられる食器などを紹介している。 〔西澤直子〕

参考 『伝』四―四八編。『書簡集』一・二・七。前坊洋『明治西洋料理起源』岩波書店、二〇〇〇年。

和食 わしょく

三度目の海外渡航となる慶応三(一八六七)年渡米時の日記に、横浜へ帰着したら食べたいメニューが書かれている。まず鱸《すずき》か黒鯛のうしお汁とあらい、鯛の煮つけ、海老防風(海老とセリの一種の浜防風)の酢の物、鰻の玉子蒸し、わさび花鰹節、ほうれん草のおひたし、枝豆、漬物類いろいろ、鰻、飯とある。これはこの頃の福沢のご馳走であろう。

明治になって、三(一八七〇)年に発疹チフスをわずらった際には牛乳で滋養を摂り、その結果牛肉、豚肉や牛乳の効能をうたった「肉食之説」を記したが、日常の食事は和食が中心であった。欧米風の立食形式でも、交詢社の定期大会や福沢邸でのパーティーなどでは日本料理も出し、日本食なので気楽にと書かれた案内状もある。二男捨次郎は結婚披露宴の食事を和洋どちらにするか、わざわざ電報で福沢に問い合わせているが、福沢は日本風でかまわないと答えている。福沢の三男三八や四男大四郎の回想でも基本的には和食で、洋食は特別な料理であった。 〔西澤直子〕

参考 『全集』一九。『伝』四―四三編。前坊洋『明治西洋料理起源』岩波書店、二〇〇〇年。

好き嫌い すききらい

福沢諭吉の好物を探してみると、まず慶応三(一八六七)年のアメリカ滞在中の日記に、帰国したら食べたいものとして書かれている鯛や鰻、それに福沢が書いた手紙に何度も登場する神津バター。からすみは村上定宛の礼状に好物と書かれている。礼状であっても酢を贈ってくれた人物には、酢は好物ではないと告げているので、からすみは真実好物であろう。他に柿が好物で清岡邦之助宛の手紙からは御所柿が、四男大四郎の回想からは樽柿が好きであったと知れる。皮をむくのも上手であった。

福沢は辛いものが好きで山椒味噌や辛い三州味噌、唐辛子や生姜なども好んだ。明治二八(一八九五)年三月三〇日に飯田三治宛に出した手紙では、朝の味噌汁は少々濃くするとあるが、四男大四郎の話では、濃ければ湯を入れて自分の好きな塩梅にできるから、味に小言をいわなくてすむ、という考えなのであるという。

また中津は河豚《ふぐ》を食べる土地柄で、大坂の適塾時代にもよく食べていたようだが、結婚後妻錦《きん》から、おいしいものは他にいくらでもあるのにことさら危険な河豚を食べることはない、どうしても食べたいなら私たち家族を殺してからにしてくださいと諫められ、食べるのをやめたという。

嫌いなものは納豆で、晩年散歩で出会う孝行者の納豆売りの少年から大量に買ったものの食べられなかった。鶏卵も若い頃は食べられたようだが、一五年一二月一一日付の『時事新報』漫言を読むと、八年の日光旅行中に毎日毎日食べすぎて、ふと臭気が鼻につき食べられなくなったようである。もっとも病気のときは卵黄粥を食しているので、どうしても無理というわけでもなかったのであろう。川魚も苦手で、長沼(現千葉県成田市)の人びとが長沼事件支援のお礼に贈ってくれたときにも、川魚は食べないので以後は漬物がよいと注文している。

福沢の手紙の中には、主に贈答品として多くの菓子が登場する。長男二男のアメリカ留学中には、福沢はよく羊羹を送っている。菓子の購入先としては塩瀬《しおぜ》、風月堂、青柳、蟹屋が登場し、いずれも老舗で、福沢の好みが知れる。

反面、福沢は新しもの好きでもあり、木村喜毅《よしたけ》家にワッフルをつくる道具があるのを知って借りだし、蕎麦粉で挑戦して水と粉の分量がうまくいかず、台所のあちこちに飛び散らせて惨状をきたしたエピソードも残っている。

〔西澤直子〕

参考『伝』四―四八編。『書簡集』八。『ふだん着の福沢諭吉』。占部百太郎編『福沢先生哀悼録』(慶応義塾学報臨時増刊)慶応義塾学報発行所、一九〇一年。

飲酒 いんしゅ

福沢諭吉は、母が月代《さかやき》を剃る際も酒さえあればおとなしくしていた、とみずから回顧しているように、幼少の頃より酒好きであった。長崎、大坂での修業時代、特に適塾時代には鯨飲による学問への支障を懸念し何度か禁酒を試みたものの、ことごとく失敗した。江戸で家塾を開いてからは経済的余裕もできたことから大酒に拍車がかかり、昼夜を問わず飲んだという。酔えば饒舌になるが、見た目が平常と変わることはなく、酒癖は至ってよかった。

慶応年間(一八六五～六七)に入ると健康への配慮から節酒し、維新後は「一日の量一合五勺」程度、多くても二、三合というまでに酒量を減らした。しかし自宅に酒樽を常備し、来客の際にはかならず振舞うなど、酒宴自体は生涯の楽しみであった。明治一七(一八八四)年に大日本節酒会への入会勧誘を受けた際は拒否している(十二月二四日付宮崎蘇庵宛書簡)。

酒の種類は日本酒を好み、利き酒が得意だった。甥の中上川彦次郎は福沢に桜

●福沢の子孫に伝わったワイングラス

正宗や菊正宗を贈り、旧三田《さんだ》藩の家老白洲退蔵は牡丹正宗を贈っている。中津出身の門下生桜井恒次郎が京都でつくっていた清酒も好んだ。

初めて飲んだ洋酒はおそらくシャンパンである。万延元（一八六〇）年に咸臨丸で渡米した際に出会った、徳利の口を開けるときに恐ろしい音がして何か（氷）浮いている飲み物は福沢にとって印象深かった。ビールは二三年一〇月の手紙に栓が抜けずに三人がかりで苦戦をしてついに尻もちをついたことが書かれている。恵比寿ビールの三輪光五郎に宛ててその風味が落ちたことに苦言を呈する手紙も現存する。最初にアメリカのビールを飲み始め、甲斐織衛からアメリカのビールを贈ってもらって飲んでいた福沢にとって、ドイツ風のビールである恵比寿ビールはまずく感じられたのではないかという説がある。〔吉岡拓〕

参考『自伝』大阪修業。明治二年八月二四日付服部五郎兵衛宛福沢書簡。『伝』四―四三・四五編。

喫煙《きつえん》

元来嫌煙家であった福沢諭吉が愛煙家へと転向するのは、適塾時代に禁酒を試みた折に、同窓の高橋順益より酒に代わる嗜好品として煙草を勧められたことに始まる。最初は臭く辛いと思っていたが、そのうちだんだんと風味がよくなり、習慣となった。結局酒もやめられず「両刀遣い」になった福沢は、その後節酒には成功したものの、喫煙の習慣については明治三一（一八九八）年に最初の脳溢血で倒れるまで改めようとはしなかった。

福沢が好んだのは日本式の刻《きざみ》煙草で、巻き煙草や葉巻は好まず、紙巻もごくまれに吸う程度であった。喫煙量は多くなかったとされているが、外出のときは煙草入れと煙管《キセル》を持ち歩き、自宅に来客があるときはみずから煙草盆を携えて応対するなど、常に煙草を身の回りから放すことはなかった。なお、福沢が愛用した煙草盆や煙草入れ、煙管は複数現存している。〔吉岡拓〕

▼飲酒　▼VI 表象（遺品）

参考『自伝』緒方の塾風。『ふだん着の福沢諭吉』。『伝』四―四三編。

住居

中津時代の住居《なかつじだいのじゅうきょ》

福沢諭吉は大坂の中津藩蔵屋敷（現大阪市福島区）で生まれ、天保七（一八三六）年六月一歳半のとき父が亡くなり、母、兄、姉三人と中津の実家に戻った。実家は一五年もの間留守にしていたため、その間三度も山国川の氾濫による洪水の被害を受け荒れ放題で、近所では子どもたちを近寄らせないよう「血槍屋敷」とあだ名までされていたという。六人で住んだその家は現存しないが、明治一〇（一八七七）年九月二四日に福沢がみずからの記憶をもとに書き留めた見取り図が残されている。間口二間半(約四・五m)奥行き一五間(約二七m)で、八畳が一室、三畳余が二室、三畳が一室、天井裏が二階部分になって物置になっている。ここに一五年ほど住み、やがて隣接する母の実家の橋本家を購入して移った。見取図に添えられた福沢の覚書によれば、諭吉が兄一人姉三人と共に暮らして母の保護を受けたのは福沢の実家のほうだとある。

旧橋本家は、建坪三一坪(約一〇二m²)で、九畳が一室、六畳が二室、四畳半が一室に土間、玄関、納戸などがあり、外には二階建ての土蔵があった。この家は中津市留守居町に現存し、昭和四三(一九六八)年に発足した財団法人福沢旧邸保存会が管理して、最初の福沢家の跡地と合わせて、「福沢旧居」として国の史跡に指定されている。六二年から平成二(一九九〇)年にかけて行われた解体修理の際に、建築時になされた墨書銘が発見され、享和三(一八〇三)年の建築であることが判明した。 [西澤直子]

▼誕生地

参考『伝』一―二編。『考証』上。

鉄砲洲時代の住居《てっぽうずじだいのじゅうきょ》

安政五(一八五八)年江戸へ出た折に、まず藩から与えられたのは、築地鉄砲洲にあった中津藩中屋敷(現東京都中央区明石町)の二階建の棟割長屋の一軒で、六年に入学した足立寛の回想によると、一階は三畳分に畳が敷かれた六畳一室で、二畳分が福沢諭吉の居場所であり、二階は一五畳ほどの部屋で適塾にいた者などが七、八人出入りしていた。今日では、これを前期鉄砲洲時代と呼んでいる。

万延元(一八六〇)年冬以降に一度新銭座に転居したが、幕府の遣欧使節団に随行し帰国したのちの文久三(一八六三)年七月以降一〇月までの間に、再び鉄砲洲の中津藩中屋敷に戻ってきた。これを後期鉄砲洲時代と呼ぶ。今回は五軒続き一棟の長屋で、藩主が釣りを楽しむ御釣殿の背面にあり、奥の二軒分が福沢の居宅で残りが塾舎になった。慶応二(一八六六)年一一月に入学した小川駒橋の記憶による図面では、福沢の居宅と塾舎の間に半分が食堂になっている一軒があり、一軒は一五坪(五〇m²)ほどの大きさであった。のちに福沢は二階建ての居間兼書斎を増築している。

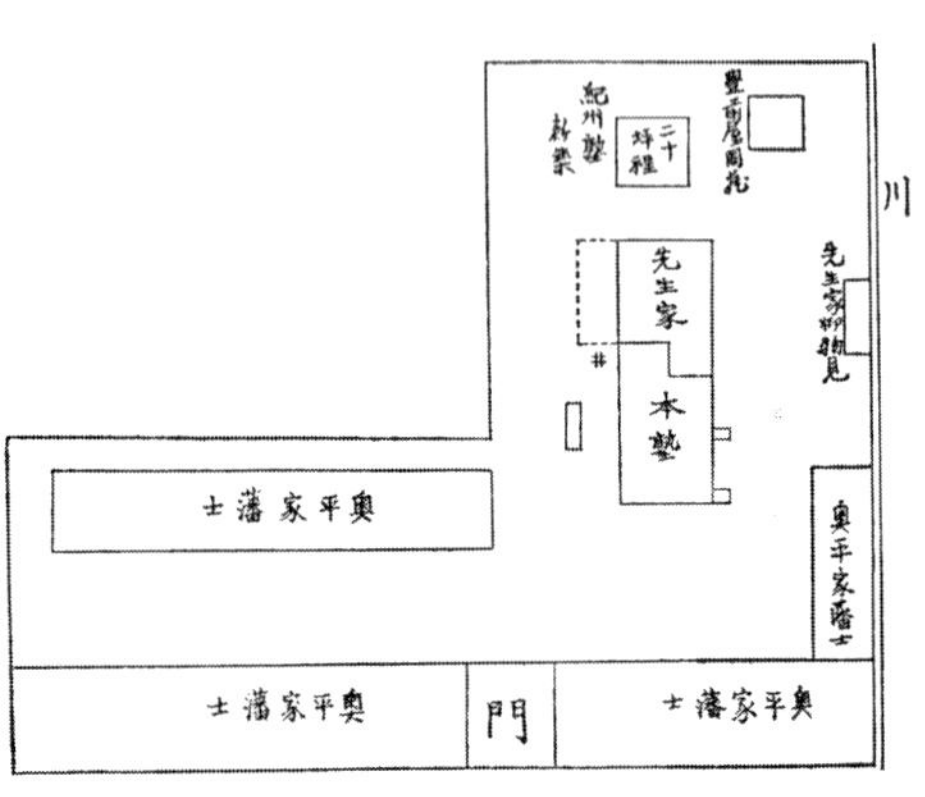

●鉄砲洲中屋敷平面図

近くに住む幕末の蘭学者桂川甫周の娘みねは、福沢の背におぶさって福沢邸を訪れたときの様子を、大きな大名屋敷の長屋の一部で、共同らしい井戸があり、二間きりで玄関がなく、台所から入るとピカピカのお釜があったと述べている。他に覚えているのは床の間がある六畳ほどの座敷と三畳程度の台所で、座敷の突き当たりが縁側で便所があり、また台所のほうで丸顔の色の白い妻錦が子どもを背負って洗濯をしていた姿という。

〔西澤直子〕

参考 『伝』一―一二編・四―四六編。『百年史』上巻。今泉みね『名ごりの夢―蘭医桂川家に生れて』平凡社、東洋文庫、一九六三年。

芝新銭座時代の住居
しばしんせんざじだいのじゅうきょ

福沢諭吉は二度、芝新銭座（現東京都港区浜松町）に塾と居宅を構えている。最初は、米国から帰国後の万延元（一八六〇）年の冬から文久元（一八六一）年の冬までの間に引越し、三年の七月か、長くても一〇月頃まで住んだ。木村摂津守喜毅《よしたけ》の世話で同人の屋敷近くといわれるが、正確な所在地や間取りなどは不明で、大きさは一階二階合わせて二〇畳ほどであったという。転居の理由は、幕府に出仕することになったため中津藩中屋敷の長屋住まいでは不都合であったから、あるいは文久元年冬の結婚のためなどといわれている。

結婚の翌年、ほぼ一年間は幕府の遣欧使節団に随行し、日本を留守にした。戻ってきた三年に再び築地鉄砲洲の中津藩中屋敷内に移り、一〇月一二日には中屋敷内で長男一太郎が誕生している。しかし築地鉄砲洲一帯が外国人居留地になることが決まり、慶応三（一八六七）年一一月には諸外国と契約したので、中津藩も中屋敷を引き払わねばならなくなった。

『福翁自伝』によれば、福沢も移転先を物色し、芝新銭座に越前丸岡藩有馬家が所有する四〇〇坪（約一、三二〇㎡）の屋敷が売り物に出ていることを知って、三五五両でさっそく購入した。

有馬屋敷には古い長屋一棟と土蔵しかなかったので、福沢の住居用に鉄砲洲で福沢が建て増した二階建ての書斎と借用していた御釣殿、さらに一〇〇人収容の塾舎用に奥平家の古長屋をもらい受けて一五〇坪ばかりの普請をした。二月中旬には福沢の住居の準備ができたので、五、六人の塾生と共に引っ越し、福沢の監督のもと四月には塾舎も落成し移転した。往来に面して長屋門があって、正面が福

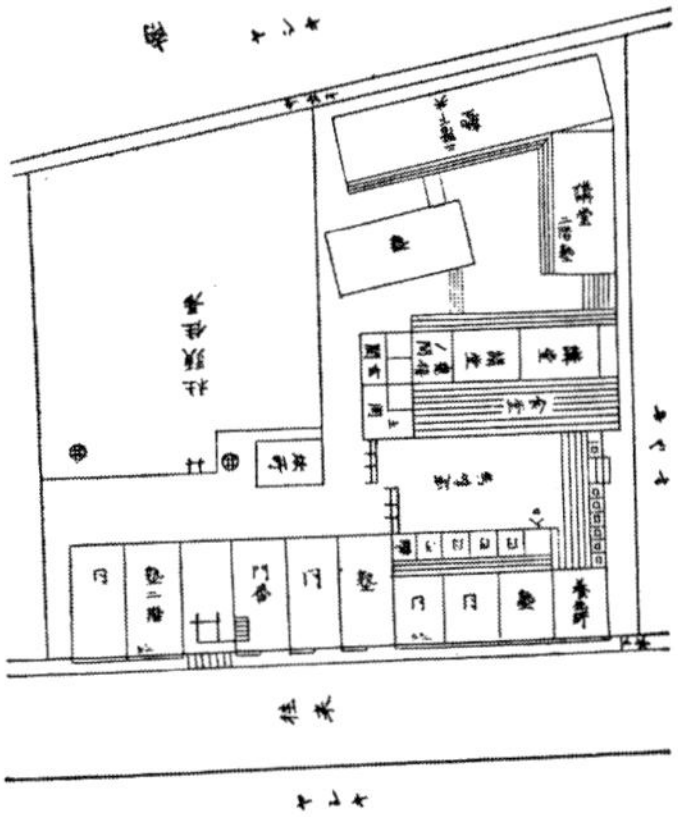

●明治2年新銭座平面図

沢の居宅、右に折れると新築の講堂があり、そこには玄関に続いて六畳ばかりの、在塾生の名前の木札が掛かっている応接間があった。

その後増築、改築、他所での借り上げなどを行って塾舎が増えた。「芝新銭座慶応義塾之記」の慶応四年版と明治二年版を比較すれば、二年一、二月頃までには、右手奥まったところに二階建ての塾と、一階を講堂、二階を塾とした建物が同時期に完成したことが分かる。後者は、豊前屋中沢周蔵が三田聖坂に貸長屋を建てようと買ってきた古長屋を譲り受けたものであるという。しかし入学希望者が多く、二年四月四日付山口良蔵宛の手紙には収容能力がなく断らなければいけない状況が書かれている。八月以降学生が増え続け、汐留の中津藩上屋敷、芝の広度院、麻布の竜源寺などに外塾(「外校」「出張之講堂」)を設けた。福沢の居間と伝承される部屋が残されているところもあるが、福沢が外塾で過ごすことがあったかははっきりしない。〔西澤直子〕

▼新銭座移転　▼外塾

参考『伝』一―一五編。『考証』上。『百年史』上巻。『「福翁自伝」の研究』註釈編。

三田時代の住居《みたじだいのじゅうきょ》

明治四(一八七一)年の三田転居当初の住居は、旧島原藩の重臣の邸宅をそのまま利用したが、六年七月頃には敷地内の北東角、のちに慶応義塾創立五〇年紀念図書館が建てられるあたりに居宅を建てた。古屋敷を利用せず新築したのは、このときが初めてといわれる。この家は一間分だけ三階があり、そこは品川湾が一望でき、福沢諭吉は書斎として利用した。階下には一二畳程度の広間の客室があり、のちに演説の稽古をした。また万一の場合の逃げ道として押入れに揚げ板を設けた話が『福翁自伝』に登場する。

「総勘定」(家計簿)によれば、八年に本宅を普請している。東南角の二階建ての西洋館である。福沢は慶応二(一八六六)年に福沢英之助に宛てた手紙の中で、自分が家を建てるときには「畳なしの家」をつくりたいが今は金がない、と書いていた。その夢を実現し、この西洋館には畳敷きの部屋はなく、二階の客室その他には椅子とテーブルを置き、寝室にも西洋風のベッドを備えた。小野清の回想で

◉三田の福沢邸(明治末年頃)

は玄関には半鐘と撞木《しゅもく》が吊るしてあり、「この鐘を叩けば取次が出る」と貼紙がしてあった。玄関の横に絨毯を敷きストーブが置かれた六畳ほどの一室があって、福沢はたいていこの部屋で執筆し、応接をした。玄関の突き当たりにある煉瓦敷の土間の台所には大きな釜が三つほどあって、その隣が板敷の食堂であった。

◉福沢邸玄関の鐘と撞木

食堂では長テーブルに同じような腰掛が並んでおり、福沢をはじめ一同がそこで食事をした。テーブルの上には一合くらいの徳利に燗をした酒が入っていて、好きな人は勝手に飲むようになっていたという。

しかし念願の「畳なしの家」も、慣れ親しんでいた生活様式にとって快適ではなく、また和室のほうが多人数の来客に対応しやすいこともあって、明治一二年頃には玄関脇の応接間と書生部屋を除き、純日本風に改築した。福沢は席に上下をつけることを嫌い、それまでに建てた家には床の間をつくらなかったといわれるが、このときの改築では人びとが集まる客間の体裁として床の間をつくったといわれる。

福沢には普請道楽があり、しばしば増改築を行った。二四年五月下旬から九月にかけて行った改築は大規模で、三田構内の福沢邸を建て直すとともに、食堂や座敷などを芝公園内の所有地や広尾の別邸に移築し、材木を有効に再利用した。このときも、外国人接客のための部屋を除き、日本家屋としている。

自身が住む家のほかにも、七、八年頃には英国人宣教師のための西洋館や、世話になった岡見彦三の妻らくのための家（慶応義塾内綱町側）、二〇年頃には外国人教師のために木造二階建ての西洋館と和洋折衷の家を建てている。また子どもたちの婚礼時には家の心配をし、二三年一一月には清岡邦之助に宛てた手紙の中で、将来だれが住んでもよいので芝公園内の所有地に家を三軒建てるつもり、と述べている。

福沢家の家具として伝わるものは、福沢が執筆に使用したとされる小机、折りたたみ式の小机、本棚、箪笥である。箪笥のうち三女俊《しゅん》の嫁いだ清岡家に伝えられた一棹には、各引き出し中央部分に大きな割り紅葉の紋がある。四女滝の志立《しだち》家にも同様の箪笥があり、嫁入り道具であったと考えられる。いずれも和風の家具であり、現存する洋風の家具は唯一、清岡家に福沢遺品として伝わった丸テーブルで、天板裏に「KINOSHITA CO. 室内装飾業木下商会　東京芝区琴平町」の銘板がある。

〔西澤直子〕

▼三田移転

参考『伝』四―四八編。『書簡集』五・六。『考証』上。

広尾福沢別邸　ひろおふくざわべってい

福沢諭吉が明治一一、一二（一八七八、九）年頃購入した、麻布古川端（現東京都港区白金五丁目西部）にあった別邸。以前その地にあった蕎麦屋の名前から通称「狸蕎麦」ともいわれた。広大な日本庭園を有し、東西に延びた薩摩芋のようなかたちをした土地の中央に広い日本家屋の屋敷があり、その中ほどの座敷には舞台があった。

別邸では福沢家の子どもたちが遊んだり、福沢が散歩の折に朝食を食べたり休憩するほかに、大人数の集会、園遊会、慶応義塾の同窓会などが開催された。昭和一一（一九三六）年に幼稚舎に寄附され、福沢記念館として保存され教室としても使用されたが、四一年三月に首都高速道路建設に伴い取り壊された。

〔西澤直子〕

▼鎌田栄吉塾長就任披露園遊会　▼園遊会

参考『伝』四―四六編。『書簡集』六。福沢時太郎「天現寺別邸」『評論』（七四七号）一九七五年。

趣味

漢詩　かんし

漢詩は一三六首が知られている。詩体は絶句が主で、中に二、三の律詩古体もある。文久二（一八六二）年渡欧の折に手帳へ書き留めた二作が古いが、そのほかは明治一一（一八七八）年、福沢諭吉四四歳のとき以降のものである。

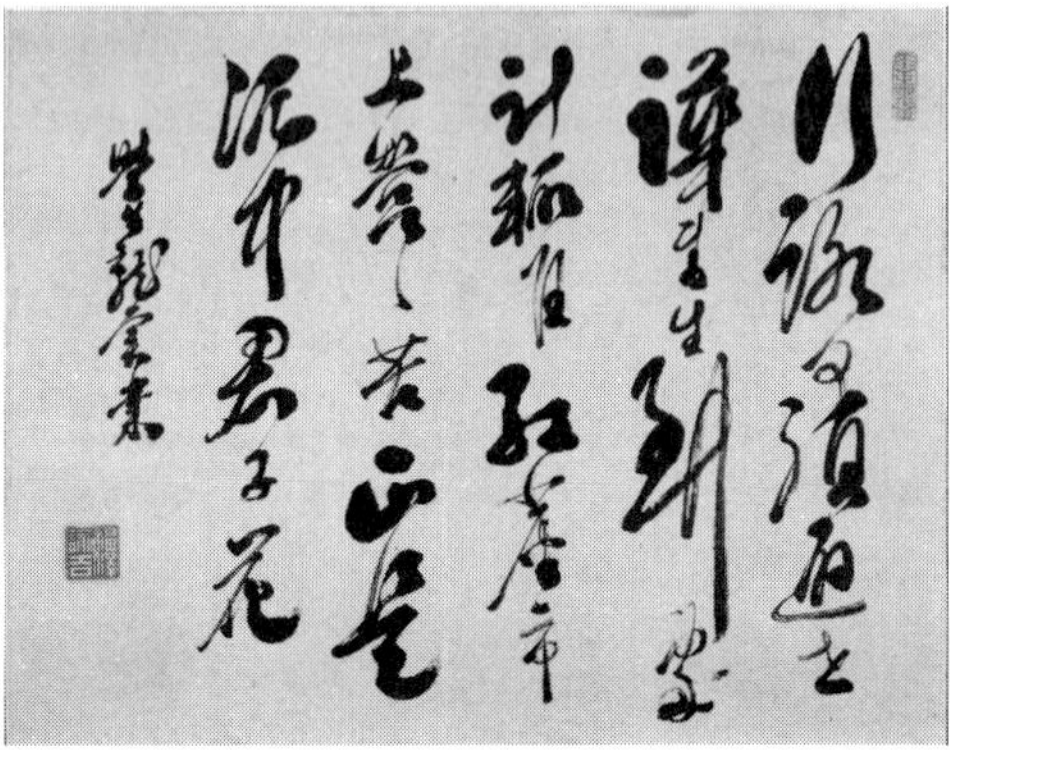

◉学生就実業（五言絶句）

青年時、蘭学を志して以来「全く漢学を廃し」（「詩集」序）たのを一転して、四四歳にして「詩集」編纂を試みたのは、当時の漢詩ブームや、伊藤博文など漢詩好きの政府要人との交遊、また門下生からの揮毫の求めに応じる機会が増えたことなど、境遇の変化によると考えられる。

以後六四歳の最晩年まで詩はつくり続けられた。

しかし福沢は漢詩を公に発表することはなかった。「戯れに」などの言葉を添えて身内やごく親しい人に贈った。詩はユーモアとウィットに富み、おのずから狂詩の趣を持つものも多い。〔山根秋乃〕

▼Ⅳ 漢詩

参考 金文京「〔福沢諭吉の漢詩1〕序説—福沢諭吉の漢詩について」『手帖』(一三七号)二〇〇八年。富田正文『福沢諭吉の漢詩三十五講』福沢諭吉協会、一九九四年。

和歌 わか

『福沢諭吉全集』に収載された和歌は三首。いずれも風刺と機智によった狂歌に近い。明治一二(一八七九)年、東京府知事楠本正隆に宛てた書簡に記した一首「あるじなき寺に囀《さえず》る鳥の音を仏の法の経とあやまり」は、慶応義塾が資金不足による経営難に直面して政府に資金貸し付けを願い出、不成功に終わったときのもの。政府閣僚の口先の当てにならないことを諷している。

福沢諭吉は一七年一月一一・一二日の『時事新報』に「数学を以て和歌を製造す可し」という論説を掲載した。和歌は仮名四七文字を三一文字に組み合わせてできるのだから、プログラミングすれば数学的に機械でつくり出すことができるという、工学士安永義章の説を一般向けに分かりやすく説いたもの。古代以来日本文学の中心を占め、「神に通ずるもの」、「神変不測」、「その数に限り」なしと考えられてきた和歌が有限のものであることを証明し、「数理の外の不可思議」といわれる伝統和歌の世界が科学の力で解明できるという論理で、これまでの和歌に対する常識や思い入れを打ち破る新しい視点を与えようとしたもの。正月の歌ガルタの時期に合わせて衆目を引きつけようというねらいであり、周囲にも盛んに吹聴した。

また文久二(一八六二)年渡欧の折、パリで懇意になったレオン・ド・ロニ(Léon de Rosny)が編集した『日本文集』には、福沢の筆跡で和歌が署名と共に掲載されている。この歌は遊里評判記「吉原細見」などに載せられている俗謡で、作者は不詳。一緒に組めばかならず勝てるといわれるほど歌ガルタを取るのがうまかった福沢が、和歌の見本を百人一首でなく俗謡にしていることは興味深い。

ほかに、使用人に餞別として与えたといわれる都々逸《どどいつ》体のものが三首ある。〔山根秋乃〕

参考 今泉みね『名ごりの夢—蘭医桂川家に生れて』平凡社、東洋文庫、一九六三年。

俳句 はいく

現在までに知られている俳句は五句。妻錦《きん》が門下生飯田三治に俳句を習っていたことから興味を持ったらしい。錦の句に付け句をし、発句は簡単にできるといいながら、作法がさっぱり分からないから「到底ものになるまじ」とも述べている。

明治一五年六月『時事新報』が藩閥政治を批判したとして発行停止の処分を受けたときに詠んだ句がある。「春風や座頭も花の噂して」。のちに大阪毎日新聞の社長となる本山彦一に宛てた書簡の中に漢詩とともに記したもの。社説を最終回まで読まないで批判するのは、春風を肌で感じて、桜が咲いたかと噂しているようなもの、と政府を皮肉っている。

ほかの四句は、三女俊《しゅん》のもとに自筆の句稿のかたちで残っていたもの。「耶蘇祭七面鳥が青くなり」「文明のおさな心に耶蘇祭」など西洋から新来の耶蘇祭（クリスマス）を詠んだもので、クリスマスを季語とした俳句として非常に早いものの一つということができるだろう。

〔山根秋乃〕

参考『全集』二〇。『書簡集』八。

観劇 かんげき

福沢諭吉は五〇歳を越えるまで芝居らしい芝居を観たことがなかったが、明治二〇（一八八七）年頃の演劇改良運動の中、ふと思い立って二〇年三月に新富座に出向いたところ、その芝居にいたく感激し、「誰道名優伎絶倫　先生遊戯事尤新　春風五十独醒客　却作梨園一酔人」の漢詩をつくった。その後はすっかり芝居好きになり、二三年七月八日付山口広江宛の手紙では市川団十郎、尾上菊五郎、市川左団次との交流を述べ、「何芸にても日本一と申《もうす》者は微妙に入るもの多し」と述べている。

芝居見物は福沢にとって、社交の一つでもあった。『男女交際論』などにみられるように、社会形成における人間交際《じんかんこうさい》の重要性を認識していた福沢は、公私の場面を問わず人的交流の場を広げることを考え、新富座や明治座、歌舞伎座などの芝居見物に姉や縁者、知人を誘っている。また演劇改良の一つの試みとして二一年に「四方《よも》の暗雲《くろくも》波間の春雨」という歌舞伎台本も執筆した。これはセルビア女王の離婚を題材としたもので、二二年三月二〇日付『中外商業新報』や同年七月一四日付『東京日日新聞』に紹介されたが、上演はされなかった。

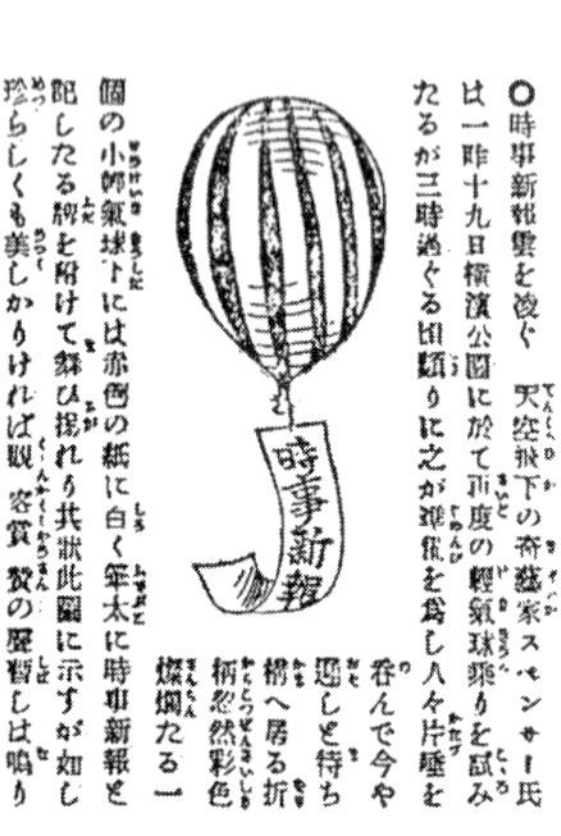

●芝居とタイアップした『時事新報』の宣伝記事

丸の内に新しい劇場（のちの帝国劇場）をつくる構想を持った福沢だが、よく通った東京の芝居小屋や劇場は次のとおりである。

新富座

江戸三座の一つで猿若町にあった森田座（のち守田座）が移転した小屋（現東京

都中央区新富町）。関東大震災で焼失。五〇歳を越えた福沢が芝居に夢中になるきっかけとなった演目は、市川左団次らによる正直清兵衛の狂言であった。

歌舞伎座

明治二二年一一月に福地源一郎が開いた劇場（現東京都中央区銀座四丁目）。福沢が親戚や知人夫妻と賑やかに観劇する様子は、さまざまな手紙からうかがわれる。二四年の公演「風船乗評判高閣」（横浜や新宿で気球に乗った外国人を題材にしたもの）では、タイアップして劇中気球に乗るシーンで『時事新報』のちらし（割引券）を撒いてもらった。福沢の門下生の中には社長や専務を務めた人物もいる。

明治座

江戸末期から久松町（現東京都中央区浜町）にあった芝居小屋で、明治二六年に明治座となった。福沢が明治座の芝居に誘う書簡も残されている。［西澤直子］

参考『伝』四―四六編。『書簡集』六〜九。

落語と講談　らくごとこうだん

福沢諭吉は落語好きであり、慶応義塾内の万来舎や福沢邸などに落語家を招き、落語会を催した。明治二〇（一八八七）年二月一一日には、名人と称賛された初代三遊亭円朝も万来舎で演じている。

著作には、『学問のすゝめ』八編の「二十四孝」など落語を連想させる挿話もみられ、歌舞伎同様、落語の新作にも挑戦している。「鋳掛《いかけ》久平地獄極楽廻《めぐ》り」と題する一編で、地獄にも文明開化が到来する話であり、二一年六月一七日に漫言として『時事新報』に掲載された。演説館で三遊亭円遊が演じたという。

福沢は人情話に涙もろいところがあり、講談も好んだ。一五年六月には京都で講談師尾崎晴海が、東京では日本橋瀬戸物町伊勢本と下谷広小路本牧亭で同じく松林伯円が、「帝室論」を演じた。伯円の講談の『時事新報』の広告には、『帝室論』を「俗解」した「通俗新講談」とうたっている。

福沢が北里柴三郎を支援して設立した結核の専門病院養生園の娯楽会で、講談師真竜斎貞水を気に入り、さっそく養生園の田端重晟《しげあき》に紹介を頼んで、以後福沢邸でも貞水一派の会を開いている。［西澤直子］

相撲　すもう

福沢諭吉は相撲の観戦が好きであった。明治一七（一八八四）年頃は相撲の人気が高まった時期で、中津出身の谷の川という力士を応援していた。谷の川はよく福沢家を訪れ、福沢は谷の川の場合は聡明ゆえにむしろ強くなれない、といっていたようである。慶応義塾大学部法律科主任教師として来日したジョン・ヘンリー・ウィグモア（John Henry Wigmore）の妻の手紙によると、二三年一月七日にウィグモアは福沢と相撲見物に行った。福沢と一緒に桟敷《さじき》にいると、力士たちは福沢に挨拶に来て、福沢は力士をほめたり祝儀を出したりして、ウィグモアは妻に「ローマの貴族」になったようだったと告げている。福沢は相撲の興行について、演劇の近代化を考えたように従来の制度に批判的で、早く茶屋をなくすべきであると主張していたという。『時事新報』も早くから相撲報道に力を入れ、化粧回しも贈っている。〔西澤直子〕

参考 福沢先生研究会編『父諭吉を語る』慶応通信、一九五八年。『ふだん着の福沢諭吉』

将棋・囲碁　しょうぎ・いご

福沢諭吉は将棋が好きでよく指した。明治一一、二(一八七八、九)年頃には当時の名人小野五平が週に二度ほど福沢家を訪れ、夕食をはさんで九時か一〇時頃まで対局し、福沢は一手一手解説してもらい研究に余念がなかった。ふだん福沢の相手をしていたのは松山棟庵、阿部泰蔵、草郷清四郎、高力《こうりき》衛門、藤本寿吉、雨山達也、小幡篤次郎、中村道太、伊東茂右衛門たちで、福沢は彼らより「角一枚だけ」強かったという。指したあとは駒を一枚一枚拭くほど丁寧に取り扱っていて、福沢家に伝わった遺品の中にも、将棋盤と三組の駒がある。また失くしたため即席につくった直筆の角将も残っている。一四年九月一三日には暴風雨のため授業を休み、棋碁の会を開いたこともある。

一五年に『時事新報』を創刊すると忙しくなり、あまり指す時間がなくなっていたが、それでも門下生岩橋謹次郎の一九年頃のものと考えられる「北遊日記」に、二人で対局したときの棋譜が書かれており、結果は九一手で岩橋の勝ちとなっている。また福沢の長女里《さと》は父のそばで将棋を覚え、孫の中村仙一郎の話では、仙一郎が初心者の頃には「ギュウギュウ」に負かされた。

囲碁は好まず、『福翁自伝』にも適塾時代に仲間たちが囲碁を始めて誘われると、君たちを相手にするのは時間の無駄だと躱《かわ》して、一年ばかりは強い振りをしてごまかしていたが、何かの拍子に化けの皮がはがれてしまった話が載っている。なお福沢家に伝わる遺品にはチェスもあるが、福沢が使用したものかははっきりしない。〔西澤直子〕

参考『伝』四—四六編。倉持幸一「福沢諭吉の将棋々譜」『手帖』(七二号)一九九二年。

執筆と揮毫

文章　ぶんしょう

福沢諭吉は著述の意味について、何事であれそのことについて「知見博き者」がその知るところを書に著し、「知見狭き者」へ告げることであり、したがってそれは著者自身のためではなく、まったく読者のためにする行為であること、そこで著述の要諦は読者の心事を推量し、その知見の深浅を測り、さらにその痴愚

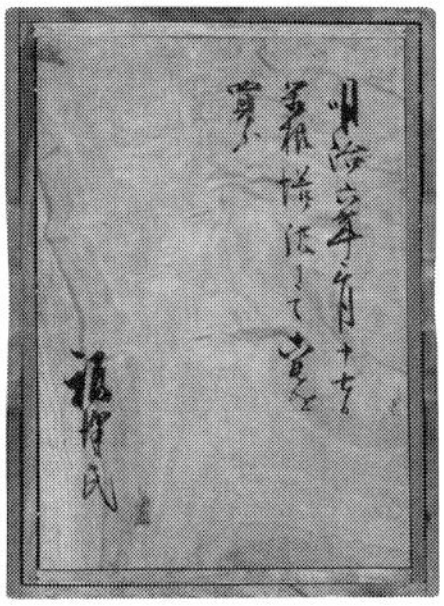

◉硯と箱裏の自筆書き入れ

の有様を察して、まさにその読者の便利となるよう努めることにあるとしていた(「著述の説」)。福沢にとってそれは、西洋文明社会の骨格とそれを支える文明の思想を多くの人びとに理解させるための啓蒙思想家としての著述であったことを意味する。

実際の著述に当たって、福沢は恩師である緒方洪庵の翻訳の仕方にならい、また蓮如が教義を平易に説いて信徒に与えた書簡体の文章に学んで、いたずらに難解な漢文体ではなく、つとめて俗文に徹し、俗文に不足するところは遠慮なく漢語をも使用して、平易にしてかつ読みやすい文体を創出した。文章を草しても漢学者の校閲を求めることなどはせず、また周囲の文字を十分に知らぬ婦女子に読み聞かせて、分からないと訴えるところに漢語のむずかしい語のあることを発見してこれを正す工夫をしたという。福沢は、「雅俗めちゃめちゃ」に混合した文体であったと自認した自身の文章について、それが概して平易にして読みやすいものであることはすでに世評の許すところであり、みずからもこれを信じて疑わない、と述べている(『福沢全集緒言』)。

福沢の著述は平明達意の文章を基調とするだけでなく、例えば子どもや女性を主な対象とした『世界国尽』は暗誦に適した七五調の文体で、本文は漢字平仮名交じり文、総振り仮名つきであり、学者とりわけ古老の儒学者を対象としたという『文明論之概略』は漢字片仮名交じり文で、ごく稀に振り仮名を付すなど、あらかじめその著作の読者層を想定して、それぞれに適する文体や文字表記の使い分けが考慮されている。

福沢と同時代人である中江兆民は、福沢の文章について、天下にこれより飾らないものはなく、これより自在なものはないといい、「文章として観るに足らざる処《ところ》、正に一種の文章也」(『一年有半』)と述べている。さらに福沢の文章の見るべきところは文章そのものではなく、その議論でありまたその見識なのであって、これこそが真の文章というべきで、

他人がこれをまねようとしてもかならず失敗してしまう「逸品」だと評している(「余の信ずる逸品」)。 〔松崎欣一〕

▼V ことば

参考 池田弥三郎「日本語の近代化と福沢諭吉」『年鑑』(一)一九七四年。進藤咲子「福沢諭吉研究ノート―表記と読者層―〈資料〉」『東京女子大学論集』(二八巻一号)一九七七年。伊藤正雄編『明治人の観た福沢諭吉』慶応義塾大学出版会、二〇〇九年。『全集』一九。

執筆　しっぴつ

福沢諭吉は数多くの著書、論説を残したが、それらが実際にどのようにして執筆されたかについて、高橋義雄が明治一四(一八八一)年六月に福沢邸を訪ねた際、福沢の語ったところが伝えられている。ちょうど『時事小言』を脱稿したばかりのことで、福沢はこれを狸蕎麦《たぬきそば》の別邸に引きこもり、なるべく人に会わぬようにして執筆したという。書き物をするには夜がよいが、昼でも室内を閉めきって蝋燭の灯で書けば気が散らぬので一番よい。精神をこめて十分に書き物をするには、心広く体ゆたかにということが肝腎で、着物がゴソゴソと身体に触るとそれが幾分か気になって静思熟考を妨げる。そんなときには、絹裏のようなすべすべとして身体を動かしても音のしないような着物を着て筆をとった、というのである。

石河幹明も福沢の執筆の姿勢について、書斎の一隅に一脚の机を置き、机上には一個の硯と一挺の墨と数本の筆、そして水差しと文鎮を置き、机の前に端座して紙を広げ静かに筆をとるのが常であって、机辺静かなること蟻の這う音も聞こえるくらいといってもいいほどであったが、時として書斎のかたわらの廊下を幼い孫たちが駆け回っていても無頓着で一心不乱、余念なく執筆を続けた、また硯は硯箱に入れたものではなく、福沢のいうには、箱はもちろん縁の高い硯は筆に墨する際に筆の触ることがあってとかく気障りだからとして、蓋があるだけの薄手で小型のものを使った、と伝えている。

福沢の著書、論説の原稿は、書簡や揮毫などとはまったく違って、ほぼ例外なく小字体で一字ずつ几帳面に字画を確認するかのように丁寧に書き綴られている。また、誤記を訂正する場合、その部分全体を墨黒々と完全に塗りつぶして新たな語句を書き添え、また挿入するなど、印刷の過程で誤植などがないよう注意深く推敲がなされている。これは高橋や石河の伝えるように、改まって文章を草する場合の福沢が、精神を集中して机に向かったという執筆の姿勢が現れた結果とみることができる。

福沢にはいわゆる文房四宝(筆、紙、硯、墨)の名品を手元に置いて珍重するというようなこだわりはなかったようである。旧斗南《となみ》藩士広沢安任《やすとう》から奥州名産とされる末の松山産出の化石硯を贈られ、容易ならざる「貴品」を頂戴し、昨日より知己朋友にしきりに披露している、と述べる明治一二年一月二三日付の礼状があり、また、一一年八月に没した従兄の藤本元岱の遺品として中国の銅雀台《どうじゃくだい》の古瓦硯を贈られ、「物伝人逝物愈珍（物伝わりて人逝き物いよいよ珍らし）」云々と詠む一編の漢詩を残しているが、以後それらを愛用した様子はみえない。

　なお、福沢は明治七年六月刊行の『民間雑誌』第二編に「旧発明の器械」と題する一文を寄せている。「近来は器械の話が多くござりまして」と書き出し、「日新日新」といってとかく西洋流でないと埒《らち》のあかない昨今では忘れられている「ふるい器械」があるといい、また、安価で用い方もまことにたやすく、これがあれば人の喜怒哀楽を自在に取り扱いどんなことでもできると述べ、「その名は何んと申すか、御存じはございませんか。御存じなくば申しましょう。筆と紙でございます」と結ぶ全文六〇〇字ほどの短い文章である。さまざまな著訳書を矢つぎ早に刊行し、また『学問のすゝめ』を相次いで世に問い、さらに『文明論之概略』の執筆を進めている頃の一文である。

〔松崎欣一〕

▼Ⅵ 表象（遺品）

参考 『伝』四—四六・四七編。『全集』一九。金文京「〔福沢諭吉の漢詩9〕硯と富士山」『手帖』（一四五号）二〇一〇年。

揮毫　きごう

　福沢諭吉が揮毫を求められる機会は多かった。明治二九（一八九六）年三月一四日の自宅で開いた茶話会の席で「揮毫戯作」と題して、「揮毫約束催促忙　主人善忘客不忘　今宵渋々執禿筆　向紙無奈尚面堂」と詠み、揮毫依頼の煩わしさを訴えている。一二年一〇月一〇日付の長沢理三郎宛書簡では、洋学に志して以来、文書風流のことからはまったく離れたまことに殺風景なるこの自分に手跡を所望するとは閉口の至りで、何かほかのことの相談ならいざしらず、書だけはご免をこうむりたいと述べ、二九年三月二七日付の柳田藤吉宛書簡では、約束の揮毫ができたので差し上げるけれども、自分は揮毫が不得手であるのみならず極々きらいなことであって、福沢に書を望むのは福島正則へ茶の湯を命ずるに異ならず、流儀違い商売違いの甚だしきものである、とも述べている。

　ただし、揮毫がかならずしも嫌いであったわけではなく、かつての塾生や卒業生など縁故の者へはむげに断ることもなく筆をとることはしばしばであって、今日に伝わる遺墨は数多い。この場合に自作の漢詩や語句を記して、他人のそれを揮毫することはなかった。

　よく書かれた語句には、「大幸似無幸」「無我他彼此」「愈究（而）愈遠」「与造化争境」「束縛化翁是開明」「自由在不自由之中」「公平之論出不平之人」「公徳由私徳生」「物外有物無心即無物」「先成獣身後養人心」「伯夷其心而柳下恵其行」「巧言令色亦是礼　温良恭倹奈人侮」「馬鹿不平多」「至死勿老」「油断大敵彼我忙々」「思想の深遠なるは哲学者の如く、心術の高尚正直なるは元禄武士の如くにして、之に加うるに小俗吏の才能を以てし、之に加うるに土百姓の身体を以てして、始めて実業社会の大人たるべし」などがある。

最初の脳溢血に倒れたのち、再起して再び筆をとり、「明治卅弐季後之福翁」の印章を使うようになってから揮毫した語句には、「本来無一物といいながら無物の辺には自ら勢力の大なるをみるべし」「戯去戯来自有真」「独立自尊是修身」「独立自尊迎新世紀」などがある。

〔松崎欣一〕

▼V ことば

参考 『伝』四—四七編。慶応義塾図書館編『伝記完成記念　福沢先生遺墨集』審美書院、一九三二年。富田正文『福沢諭吉の遺風』時事新報社、一九五四年。富田正文『福沢諭吉の漢詩三十五講』福沢諭吉協会、一九九四年。

書簡（手紙）　しょかん（てがみ）

福沢諭吉がその生涯に書き残した書簡は『福沢諭吉書簡集』に集成されている。全二、五六四通を収録し、発信年を基本として一連番号が付されている。その後、新たに発見・公開された書簡は、平成二二（二〇一〇）年九月現在で三七通あるが、これらは『近代日本研究』（慶応義塾福沢研究センター）に同書簡集を継承した書簡番号を付して逐次発表されている。

発信年月日の明らかな書簡のうちで、もっとも古いものは安政四（一八五七）年一二月二二日付の増田幸助宛、自筆書簡で最後のものは明治三三（一九〇〇）年一〇月一四日付の服部鐘宛および同日付の福沢園《その》宛書簡である。福沢書簡はその名宛人も約六〇〇人に及び、家族、親族、慶応義塾関係者、友人知己、また各界の著名人など福沢の生涯を通じた人脈の大きな広がりを示しており、内容もこまごまとした身辺雑事から当時の社会、政治状況への発言など多様であり、福沢の人間像を明らかにすることに留まらず、広く近代日本を理解するための多くの手掛かりを含む史料となっている。

多忙な福沢は片手に巻紙を持って筆を走らせるいわゆる持ち書きという書き方で、ときには来客と対座して話しながら書くことも珍しくなかったという。福沢邸を訪ねた尾上菊五郎との芸談中にも書簡をしたためる手を休めなかったばかりでなく、さらに訪れた客とも話しを交わすので菊五郎を驚かせた、というエピソードが伝えられている。

〔松崎欣一〕

▼Ⅶ 書簡宛名一覧

参考 『福沢諭吉書簡総目録』慶応義塾福沢研究センター資料10、二〇〇五年。

手跡（書風）　しゅせき（しょふう）

福沢諭吉は自身の手習いのことについて『福翁自伝』に回顧して、幼少のときから教育の世話をしてくれる者がなかったのでろくに手習いもせずに成長したといい、またのちに、洋学の門に入り儒学者の流儀をすべて目の敵にして、彼らが書をよくするといえばあえて手習いをしなかったのは「生涯の失策」であったと述べている。さらに、私の家の遺伝をいえば父も兄も文人で、ことに兄は書画をよくし篆刻もできる多芸な人であったのに、その弟は「この通りな無芸無能」とも述べているが、明治一一(一八七八)年の「奉弔仙千代君」と題する福沢の揮毫の書風は父百助、また兄三之助のそれに通じるともいわれる。また一一、一二年頃、熱心に書を学び出した中上川彦次郎に勧められ、福沢も余暇に手習いを始めたといい、王羲之父子を学び豪放な書風で知られる北宋の文人米元章の法帖を手本とした、ということも伝えられている。

福沢は著書、論説の原稿、書簡、書幅など数多くの手跡を残している。原稿類は一字一字きちんと字画を確認するかのようにして書かれた細字によるものが多く、年代による変化はあまりみられない。書簡や書幅では一二、一三年頃を境として、それまでの原稿類の書法と同様に細字で書かれた切れのある鋭い線が印象に残る筆使いから、肉太のゆったりとした書風に変化している。数文字ずつひと続きに書く連綿書体が多くなり、墨継ぎをした初めの文字や、特定の語句が極端に大きく書かれるような筆使いも現れる。しかし、最晩年の三〇年頃からはそれまでのやや奔放ともいえる筆使いが穏やかなものになってくる。手習いを始めたこと、年を重ねるにつれて揮毫を求められることも増え、交際範囲が広がり多くの書簡や書幅を書く必要が生じるといったことの中におのずと生じた変化であると考えられる。

［松崎欣一］

▼VI 表象(墨跡)

参考『伝』四―四七編。慶応義塾図書館編『伝記完成記念　福沢先生遺墨集』審美書院、一九三二年、解説(富田正文)。富田正文編『福沢諭吉の遺風』時事新報社、一九五四年、解説。松崎欣一「福沢書簡翻刻余話―墨継ぎと筆使いと」『書簡集』九、月報。

印章　いんしょう

福沢諭吉が使用した印は、揮毫の際に押す落款印や関防印のほかに蔵書印や実印・認印などの印影が知られている。

落款印

落款は落成の款識、すなわち書や画を書き終えたことを示す印。福沢は、「福沢諭吉」の陰刻(文字部分を窪ませて彫ったもの)と「雪池」の陽刻(文字部分を高く、他の部分を低く彫ったもの)がそれぞれ大小二種ずつ、「福沢諭吉」の陽刻、「三十一谷人」の陰刻の六種の落款を用いた。これらは印そのものも現存している。

そのうち大型の対の「雪池」「福沢諭吉」はほとんど使用例がみられない。小型の「雪池」はある時期に意に添わないことがあったものか、印面が削られて使用できなくなっているが少なくとも明治三〇(一八九七)年まで使用例がある。もっとも使用頻度が高いものは「福沢諭吉」の陽刻と「三十一谷人」の陰刻の組み合わせである。「三十一谷人」は「世俗」の二文字を分解したもので、『福沢全集緒言』によれば、母方の遠戚高谷竜洲に福沢の仮名混じり文を残念がられ、漢文を学ぶことを勧められたときに、自分は世俗に通用する文章を書きたいと思い、この印をつくったという。

他に脳溢血発症から回復後の書に押された「明治卅弐季後之福翁」の遊印がある。

関防印

関防印は書画の右肩に押し、書き始めを示すもの。福沢の揮毫用には、陽刻の「大幸無幸」「自由在不自由之中」と陰刻の「無我他彼此」の三種がある。いずれも福沢の造語。使い分け方は明確ではないが、「大幸無幸」は小さい書幅に使用されていることが多い。「無我他彼此」は「がたぴしなし」と読み、あらゆるものが円満に存在している様子を仏教語「我他彼此」を用いて表している。ガタピシの音とも掛けられており、この関防印がもっとも多く使用されたと思われる。

実印

実印は「咸印」の二字の陽刻を使用。咸は父百助の諱《いみな》で、父の印をそのまま使用した。丸善仕立店に送った明治二二年五月二八日付の東京府芝区長の印鑑証明や三井銀行の定期預金の印鑑証明に使われている。印は現存しない。

蔵書印

福沢諭吉が個人蔵書に押した印章として主に「福沢氏印」「福沢氏所蔵書籍之印」の二種の方印が確認されている。「福沢氏印」は慶応義塾命名後、義塾の本に押された「慶応義塾之印」と区別するため福沢の私本に押されたもののようである。「福沢氏所蔵書籍之印」は非常に大型のもので、明治期の福沢の重要な英書に多くみられる。これ以外に「福沢氏図書記」という方印が知られるが、これは慶応義塾と名前が定まる以前の塾の図書に押されたものと考えられ、現存する例は少ない。また認印の丸印「福沢」が蔵書印のように本の扉に押されている例がある。蔵書の全容が明らかでないため、その使い分けは詳かにできない。丸印の「福沢」以外の蔵書印は、今日伝わらない。

〔都倉武之・星野高徳〕

参考 富田正文「雞肋（その七）福沢の印章について」『全集』二一付録。『手帖』（一〜一〇号）一九七三〜七六年。『慶応義塾図書館史』慶応義塾大学三田情報センター、一九七二年。『福沢諭吉と神奈川』。

署名　しょめい

福沢諭吉の諱《いみな》（実名）は範《はん》、字《あざな》（実名のほかにつける名前）は子囲《しい》、通称が諭吉である。生涯ほぼ諭吉で通したが、万延元（一八六〇）年出版の『増訂華英通語』や『万国政表』には、当時の慣習に従って「福沢範子囲誌」「福沢子囲閲」とある。また手紙など文章に署名するときには、若い頃はほとんどが「福沢諭吉」のフルネームで、たまに「福沢」が混じる程度であったが、明治一〇年代半ば頃から「諭吉」の署名が多くなる。

ローマ字の署名は、ロニ（Léon de Rosny）に宛てた手紙や、遣欧使節団の一員としてヨーロッパを訪れた際の各施設の来訪者名簿へのサインなどが残っている。「Foucousawa Youkitchy」「Foucousawa Ukiti」「Ukitchy」「Fucusawa Ukitchee」など綴りは一定していないが、いずれも「ふくざわ」ではなく「ふくさわ」、「ゆきち」の「ゆ」はYよりもUで表されることが多く、「ち」は「ちぃ」の音で表現されることが多い。明治以降は署名や名刺で「Fukusawa」を用いており、二〇年代以降のものは「Fukuzawa」となっている。

また花押も、東京学士会院設立にかかわる文部省からの諮問書（一一年一二月九日付）に残っている。

ペンネームには、慶応義塾五九楼仙万や箕田老父（箕田は小幡篤次郎も使用）などがあげられる。前者は、『学問のすゝめ』の世評に対して、七年一一月の『郵便報知新聞』や『朝野新聞』に記事を寄せるときに用いられた。いずれも一時的に用いられたもので、執筆する内容に合わせて工夫している。 ［西澤直子］

▼ロ二

参考『伝』二—三〇編、四—四七編。『書簡集』一。山内慶太「福沢諭吉の見たロンドンの医療」『年鑑』（二九）二〇〇二年。

読書《どくしょ》

福沢諭吉は、幼少の頃『論語』や『大学』に多少触れる程度でほとんど読書をしなかったが、一四、五歳より漢学塾に通い始め、二〇歳頃までに漢書をひと通り読んだ。通読した漢書は、長く学んだ儒学者白石常人の学風に影響を受けるところが大きく、その後は歴史書を独学で勉強したという。とりわけ『春秋左氏伝』が好きで、通読するだけでなく一一回読み返し、面白いところは暗記していたと『福翁自伝』に記している。また福沢家には学者として藩内で一目置かれていた父百助が蒐集した書籍が残り、それらに自然と触れることもあったと推測される。その蔵書は旧師白石常人の仲介で臼杵藩の所蔵となり、その一部が現存する。

長崎では、砲術家山本物次郎の書生として砲術書を扱い、また蘭学の初歩に触れた。次いで大坂の適塾において本格的に蘭学修行に明け暮れる。この間、私蔵本はほとんどなかったと思われ、唯一福沢が『自伝』に挙げているのは、大坂に出る際売った蘭日辞書『訳鍵』である。勉強に用いた本の種類は砲術書、築城書などの兵書、医学書、物理書、化学書などの自然科学に関する本が中心であった。希少な原書を写本し、辞書を頼りに丹念に読み解くという勉強法であった。

江戸での蘭学、次いで英学修行でもあまり変化はなかったが、それを打開するため、二度目の渡米の際、大量の教科書を購入し慶応義塾で使用した。維新後は関係の深い丸善や海外留学中の門下生、外国人の知人などを通じて最新の洋書を入手していたようだ。

福沢はいわゆる蔵書家ではなく、福沢家に伝わった旧蔵洋書は六〇冊ほどにすぎない。その中には蘭書や、欧米訪問の際求めたと思われる書のほか、ミル、ギゾー、バックル、スペンサー、トクビルの著書のように、福沢の著作にしばしば引かれ、思想上の強い影響が指摘される本が多く現存している。それらを通じた思索の跡は「覚書」と題した帳面に書き留められたものが残り、また多くはないものの、感銘を受けた箇所に所感を直接書き入れることもあった。ミルの *Utilitarianism* への丹念な書き込み例は有名。傍線や不審紙の跡が残る本もある。和漢書は福沢家にもほとんど残されておらず、著作執筆の際もっぱら用いたという『増字百倍早引節用集』(天明六年)という辞書など数冊が伝来するだけである。

その他の読書は、慶応義塾の書館や、日本全国から欧米の新聞雑誌も取り寄せていた時事新報社の蔵書(関東大震災で焼失)を利用していたものと思われ、伝来していない蔵書はそれらの蔵書に加えたり、人に与えてしまったものと思われる。

明治初期の福沢は、少ない書籍から要点を的確に見出して咀嚼し、みずからの議論に再構築することに長けていたといえ、その時代の蔵書が多く伝来しているものと考えられる。一方、後半生の福沢はさまざまな分野の文献に随時必要に応じて幅広く目を通していたものと推定され、その姿勢は「建置経営」という語で呼び習わされる、福沢後半生の姿勢と軌を一にするものと理解できる。

福沢は慶応四年(一八六八)年六月の書簡で、以後は「読書渡世の一小民」となるつもりと記したことがあり、明治一三(一八八〇)年に明治生命の保険に加入した際、職業欄に「読書」と記入したことが知られている。〔都倉武之〕

▼英書手沢本 ▼覚書

参考 「福沢宗家寄贈洋書目録」『研究』(八巻)一九九一年。

話し方 はなしかた

福沢諭吉の声は高くはなく、声量に富み、音吐朗々とした落ち着いた話し方で、叱咤する声などは非常に大きく、よく通ったという。

その話し言葉は、大坂、中津、江戸の雅俗の言葉が混淆したものであった。諭吉の両親は元来中津の言葉を話していたはずであるが、長く大坂に赴任していたため大坂弁を用いるようになっていたと推測され、大坂生まれの子どもたちはいっそうその色が濃かったものと思われる。

諭吉は一歳半で中津に戻ったとはいえ、言葉や風俗が大坂風であることを理由に中津の人びととなじめなくなっていた福沢家に身を置き、おのずと大坂弁を受け継ぎつつ、中津言葉をも習得していったと想像される。この経験は言葉の違いを客観視し、微細な相違に対する繊細な感覚を身につけさせたと考えられる。

さらに青年期のおよそ四年半を再び大坂で過ごしたことで、大坂弁は福沢がもっとも気兼ねなく用いる言葉となっていた。

一方、安政五(一八五八)年に江戸に出て以降の福沢は、その死まで東京に定住した。一時は幕臣となり、また妻錦《きん》は江戸定府の家の出であることから、武家らしい標準的な江戸風の言葉になじんでいったと推測される。また維新後は、欧米の思想や文化を紹介するに当たり、多くの新語を案出して演説などを通して普及させるなど、いわゆる東京語の形成と発展に積極的に寄与した側面もあった。しかし普段は、職人が使うようなべらんめえ口調を好み、こちとら、おめえ、馬鹿野郎、べらぼう、途方もねえ、仕様がねえじゃねえか、ざまあ見ろ、ふてえ野郎だ、こてえられねえ、といった言葉を盛んに混ぜていた。

簡単直截な威勢のよさを好み、また官尊民卑に抵抗し、民間私立の姿勢を示す一貫として、俗な言葉を多用した側面もあったと考えられる。

談話筆記(福沢による加筆を含む)による『福沢先生浮世談』『福翁自伝』は、文章として読まれることをある程度前提としたものではあるが、福沢の語り口の片鱗をうかがうことができる。肉声の音声資料は残されていない。〔都倉武之〕

▼大坂と諭吉 ▼癖

参考 佐瀬得三『当世活人画』春陽堂、一九〇〇年。

英語力《えいごりょく》

福沢諭吉はまず嘉永七(一八五四)年に長崎でオランダ語の学習を始め、翌年には大坂の適塾に移り塾頭を務めるほどに上達し、五年になると藩命により江戸に出て中津藩中屋敷でオランダ語を教授するまでになった。しかし六年に訪れた開港まもない横浜で、もはやオランダ語は役に立たず、英語を学ばなければ世界には通用しないことを知る。江戸時代から国交があったオランダの言葉とは異なり、英語は教授できる人がほとんどなく学塾もない状況で、学ぶ方法は確立されていなかった。福沢は二、三の仲間に声を掛けたのち、結局独学で習得することになった。

福沢は著作を執筆する際に多くの英文文献を参照しており、読解力には問題がなかったと思われる。作文については、レオン・ド・ロニ(Léon de Rosny)などに宛てた数少ない英文書簡をみる限りでは、単語の綴り間違いや前置詞の誤用、文法上意味が通らない点もみられる。息子たちが成長し、特に明治二一(一八八八)年にアメリカ留学から帰国すると、翻訳や英作文は息子たちに代読や代筆を依頼した。

会話力については、八年に東京商法講習所の教員として来日したウィリアム・コグスウェル・ホイットニー(William Cogswell Whitney)の娘クララ(Clara)によると、福沢は「英語と日本語をやたらに混ぜて奇妙な話し方」をするので、何をいっているのか分かりにくかったという。

相手が多少日本語を解すると知ってであろうが、例えば「ミスター桐山イズほんとにカインドマンけれども、ヒイイズ大層ビジイ、この節、イエス」といった具合であった。日本人との会話でも英語と日本語を混ぜることがよくあり、慶応義塾の学生であった須田辰次郎と島津万次郎が銭湯帰りに焼き芋を買ってきたところで福沢と出会い、「バスですか」と声を掛けられた。島津はその後しばらく「バス」とは焼き芋のことだと思っていたという笑い話がある。

　卒業生の鹿島秀磨も、福沢は打ち解けた場での談話にはよく英語を交えたといい、鹿島がチフスにかかったときには見舞いに来て「ユ・ドント・エキサイト」といったと回想している。〔西澤直子〕

▼横浜見物　▼江戸の英学

参考『伝』四—四八編。クララ・ホイットニー（一又民子訳）『クララの明治日記』（下）、講談社、一九七六年。

家庭

家族構成　かぞくこうせい

福沢諭吉が結婚したのは文久元（一八六一）年の冬のことである。詳しい月日はいまのところ明らかでなく、福沢がみずから祖先や子女らの履歴や性格について記した「福沢諭吉子女之伝」に、妻錦《きん》は「年十七歳にして文久元年の冬福沢に嫁したり」とあるのみである。錦との間に四男五女を儲けた。

　長男一太郎は文久三年生まれ、次いで二男捨次郎が慶応元（一八六五）年、長女里《さと》（最初三《さん》）四年、二女房《ふさ》明治三（一八七〇）年、三女俊《しゅん》六年、四女滝《たき》九年、五女光《みつ》一二年、三男三八《さんぱち》一四年、末っ子の四男大四郎が一六年に生まれた。「福沢諭吉子女之伝」には、他に明治五年に女児、一〇年に男女の双子を死産したことが記されている。

　諭吉生前に生まれた孫は男児七名女児八名の一五名で、初孫愛作は末子大四郎の翌年一七年の生まれである。〔西澤直子〕

参考『全集』二一（系図・年譜）・別（「福沢諭吉子女之伝」）。

妻 福沢錦　つま ふくざわきん

福沢諭吉の妻錦は、弘化二（一八四五）年禄高二五〇石役料五〇石の中津藩上士土岐《とき》家に生まれ、一三石二人扶持の下士であった諭吉とは身分違いの結婚であった。身分だけでなく、父の太郎八は江戸定府であったので、錦は汐留の中津藩上屋敷内で生まれ、江戸風の中で育った。福沢との成育環境の違いから、結婚後かなり苦労したと想像される。

　さらに福沢は、男女は平等であるという考えに基づき、例えば毎回かならず妻が玄関で夫を見送り迎える必要はないといって勝手気儘にするので、妻の役目と心得ていた錦は困り、最初のうちは追いかけっこをしていたが、やがてあきらめたという。福沢は明治一〇（一八七七）年に執筆した「旧藩情」の中で、封建的身分差別の土壌をなくすには学校教育のほかに、異なる階層間で結婚するのがよいと主張している。

上士の娘としての礼節を身につけた錦にとっては、福沢の考えには納得できない部分もあったであろうが、福沢のほうは「おきんさん」と呼んで深く信頼し、こんなに心配なく仕事ができるのも、また財産がいくらかでもたまったのもすべて錦のおかげであると、娘婿の清岡邦之助に語った。

◉明治七年頃の錦（二九歳）

また離れて暮らすことが少なく、子どもに比べて妻に宛てた手紙はわずかだが、一九年に福沢が関西へ旅行した際に書き送った文面は、旅先の様子を詳細に伝えるとともに、着物の始末や歯みがきの準備などを錦に頼れないことを嘆いていて、福沢の普段の様子がうかがえる。

錦は俳句をたしなみ、福沢の門下生たちとの句会も楽しんだ。孫の回想によると、子どもたちへの影響力は強く、諭吉も頭が上がらなかったという。孫や幼稚舎生との交流を楽しみにしていて、没後錦の遺産で組織された錦《にしき》会からは、長年幼稚舎生に『福翁自伝』が贈られている。大正一三（一九二四）年六月二日没。墓所は麻布山善福寺。

［西澤直子］

▼福沢錦

参考「福沢諭吉子女之伝」『全集』別。『伝』四—四五編。『ふだん着の福沢諭吉』。

子どもの養育　こどものよういく

福沢諭吉が子煩悩であったことは、長男二男へ幼い頃に書き与えた小話集「ひゞのをしへ」や二人の海外留学中に出した三百数十通といわれる手紙、福沢家に出入りしていた塾生たちの回想録などからうかがえる。夫婦間も親子間も、子ども同士であっても「さん」づけで呼び合い、気取らず隠し事をせず、一家団

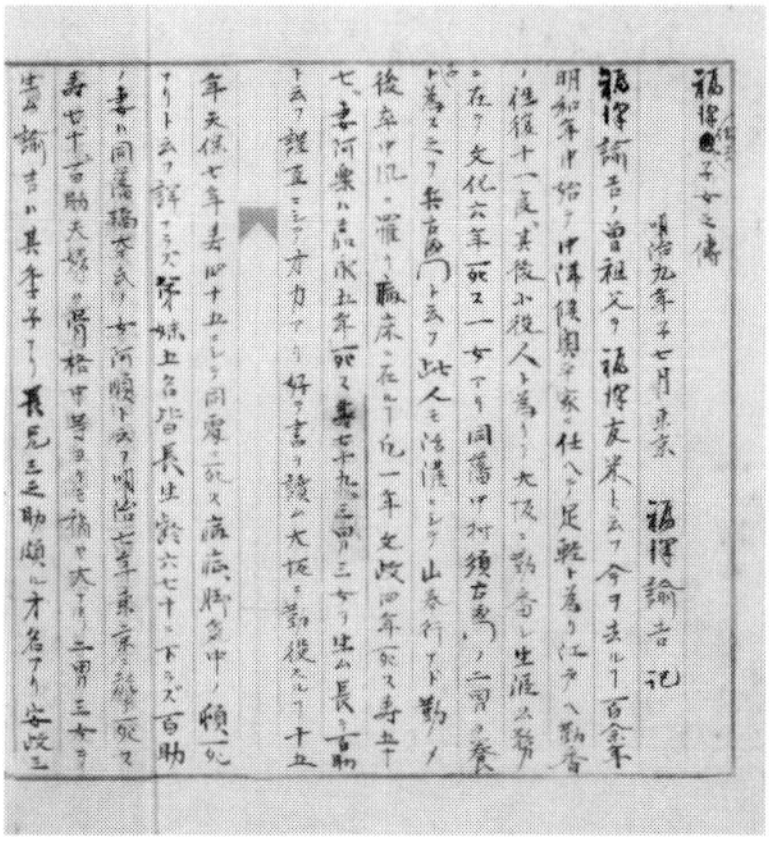

◉福沢諭吉子女之伝

欒を大切にした。粗服はさせても栄養は十分に与えて体力づくりに心を用い、躾は「温和と活発」を旨として大抵のところまでは子どもの自由に任せた。元治元（一八六四）年の出府以来福沢の側にいた小幡篤次郎は、福沢が特別なのは父であり師でありながらかつ「朋友」となって、子どもと共に遊びながらその発達をうながしたことだと述べている。

福沢は家族団欒の中での子育てを心がけた。その様子は、例えば明治二一（一八八八）年に娘三人（二女房、三女俊、四女滝）と蒲田の梅林を経て神奈川へ出掛け、その愉快だった遠足をみずからまとめ「実に家族団欒の一快楽事なるべし」と結んだ一月三一日付『時事新報』の雑報記事などにうかがえる。著作や書簡で繰り返し語られるように家族団欒を大切にした福沢は、家族で物見遊山に出掛けることも多かった。

福沢が記した子どもたちの記録には、次のようなものがある。

福沢諭吉子女之伝

明治九（一八七六）年に、みずからの出自や妻の出自、子どもたち（同年三月に生まれた四女滝までの二男四女）の生い立ちの様子などを、子どもたちが将来知りたがるであろうとしたためたもの。翌年および翌々年に若干の付記がある。福沢の結婚時期（文久元〔一八六一〕年冬）が分かる唯一の資料である。

三八避難之針

明治一六年七月一六日、子どもたちが芝赤羽橋のえんま堂へ出かけ、帰宅後三男三八を乳母の背から下ろそうとした者が、着物に針がついていることに気づく。丈直しの際忘れたものと思われるが、人ごみのなか脇腹などに刺さり大事に至らなかったことに感謝し、また誤ちを二度と繰り返さないためにこの書を記し針と共に保存した。

福沢大四郎養育に関する取極書

明治一六年八月三一日、四男大四郎を福沢英之助のもとで養育するに当たりしたためたもの。

英之助は旧名和田慎二郎といい中津藩士。慶応二（一八六六）年に幕府が幕臣の子弟を選び英国留学させた際に、幕臣になっていた福沢は弟という名義で参加させ、以後も福沢英之助を名乗った。子がなかったので、福沢の九番目の子が誕生する前に、男児であれば英之助夫婦が育て、ゆくゆくは相続人にすることを望み、福沢も養子は成長後の当人の意志だが、養育の望みには応ずるべく、大四郎誕生後乳母をつけて一時預けた。

しかし結局愛児を手離すことはできず、時折行き来をするに留まり、一六、七歳の頃、大四郎の意志で破談になった。

乳母の心得の事

明治二二年八月、長女里が第二子出産の際に、福沢がしたためて贈ったもの。乳母に対する九か条の注文で、子どもに陰日向なく接することや、衛生上のこと（乳母の身もきれいにする、口で噛んで子どもに与えることはしないなど）、危険をさけること、時間を決めて授乳することなどを求めている。

福沢八十吉命名記

明治二六年五月、長男一太郎に男子が産まれた際に、候補の名前を書き上げたもの。兵左衛門や百助など自分の祖父や父の名もある。福沢は名前は単に人を識別するためのものと考えていて、名前負けするような立派な名前は子どもにとって気の毒であるといい、みずからも男児には、一太郎、捨次郎、三八（男で三番目、全部で八番目）、大四郎とつけた。皆あまり名づけ親を頼みたくなかったという。八十吉と源八に印がついており、福沢自筆の命名書も残っている。

［西澤直子］

参考「福沢諭吉子女之伝」『全集』別。『伝』四—四六編。「三八避難之針」〔福沢大四郎養育に関する取極書〕「乳母の心得の事」『全集』二〇。〔福沢八十吉命名記〕『全集』二一。『ふだん着の福沢諭吉』。

子どもの教育《こどものきょういく》

福沢諭吉はみずからの教育法をまず獣身を成してのちに人身を養う主義と述べ、三歳から五歳まではいろはの字も教えず、その後も暴れたいだけ暴れさせ、八、九歳から一〇歳で初めて教育の門に入れると『福翁自伝』に書いている。まだ子育て中であった明治九（一八七六）年に書かれた「福沢諭吉子女之伝」によれば、長男一太郎と二男捨次郎へは同時に教育を始め、最初は父母が数詞やいろは、暦や九九などを教え、八歳半と六歳半になった五年春から、築地居留地の外国人に英語教授を受けさせたが、その後英学も和漢学も基本的には家庭や慶応義塾の中で教育を行っていた。

一二年になると、福沢は長男二男を唯一の「大学」であった東京大学で学ばせようと大学予備門に入れた。大学予備門は一四歳以上が入学する全寮制の学校で、卒業すれば東京大学へ進学することができた。しかし二人とも入寮すると胃が悪くなり、自宅療養で治っても、戻ると再び胃が悪くなる繰り返しで、結局一四年にあきらめて慶応義塾本科に入り、長男は一五年七月、二男は一四年一二月に本科を卒業した。その後アメリカに留学し、二男はマサチューセッツ工科大学を卒業している。

三男三八は二九年に慶応義塾に入学し、三二年に卒業して、翌年春イギリスのグラスゴー大学に入学、在学中に父を失うが、卒業後は続けてドイツのライプチヒ大学に留学した。四男大四郎は三七年に慶応義塾大学部政治科を卒業し渡米、ハーバード大学に留学した。

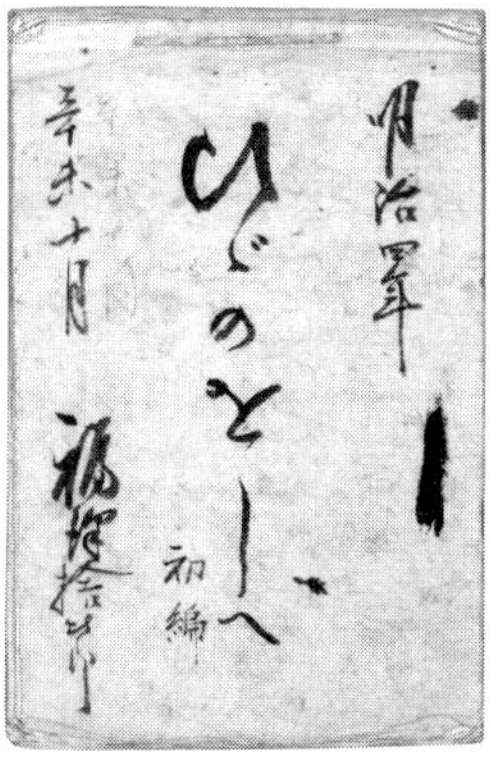

◉ひゞのをしへ（初編）

息子たちは慶応義塾で教育を受けたが、娘たちは幼稚舎の「勤惰表」（成績表）に一部名前があるものの、ほとんど学校には通わなかった。長女里は七年頃から兄たちと共に外国人から英語を学ぶようになり、スペルなどは簡単に覚えていったという。ちょうどその頃旧三田《さんだ》藩主九鬼隆義の妹あいが福沢家に寄宿しており、子どもたちはあいから読み書きや琴を習った。その後三女俊《しゅん》までが、一二年から一四年の間幼稚舎に入学した。ただ女児のカリキュラムは男児とは別だったようである。その後かあるいは同様の時期に、『日新真事誌』などを発行したイギリス人新聞記者ジョン・ブラック(John R. Black)の夫人や娘エリザベス(Elizabeth)から、英語や編物、料理などを習った。

二〇年には二女三女と四女滝を全寮制の横浜の共立女学校(現横浜共立学園)へ入れたが、礼拝があるにもかかわらず週末の帰宅などを申し入れ、結局一、二か月でやめさせてしまった。母錦が淋しがったからといわれる。その後福沢は慶応義塾内に女子教育施設をつくることを考え始め、二二、三年頃になると、慶応義塾でも教鞭をとったマリー・フォン・ファーロット(Marie von Fallot)を雇い、娘五人や教職員の子女に英語やピアノを教えさせた。

福沢は娘や息子たちに、琴、三味線、踊り、長唄、尺八などさまざまな習い事をさせ、稽古日は大変賑やかだったという。『福翁自伝』には自分は鳴物が好きで、娘や孫に習わせ、老余の楽しみにしている、とある。ピアノは明治八年に購入した。

また福沢家の「諸口差引大帳」を見ると、三女以下五人の子どものために「子女教育保険」を掛けている。ただし、男児が一八歳満期であるのに対して女子は一四歳で差異があった。

福沢は子どもの教育用に次のようなものを執筆している。

ひゞのをしへ

明治四年に八歳の長男一太郎と六歳の二男捨次郎のため、日々守るべき事柄や暦など身近な知識を書き与えたもの。加賀半紙で帳面をつくり、毎朝食後に二人を書斎に呼んで子どもたちが楽しみに待つ中、一話ずつしたためた。一太郎用、捨次郎用それぞれに初編と二編があり、初編の表紙は「十月」、二編の表紙には「十一月」とある。冒頭は「おさだめ」として「うそをつくべからず」以下、強情を張ってはいけない、兄弟喧嘩をしてはいけない、人の噂をしてはいけない、ひとのものをうらやんではいけないといった徳目が並んでいる。二編の中では「ざうぶつしゃ」（造物者）である「ごつど」が登場している。

翻訳之文

明治八年、宣教師アレグザンダー・ショー(Alexander Croft Shaw)のもとで英語を習っていた長男二男のために、福沢が考えた英作文の問題。七月七日に始まり、毎日ではないが一日七、八〇字程度の短文が三七題ある。「ひゞのをしへ」同様、ものの善悪や身の周りの知識が題材になっている。

参考『考証』下。『書簡集』四。西沢直子「慶応義塾における女子教育」『研究』(二四巻)二〇〇七年。『父諭吉を語る』福沢先生研究会、一九五八年。「ひゞのをしへ」『翻訳之文』『全集』二〇。

〔西澤直子〕

子どもの留学 こどものりゅうがく

福沢諭吉は自身が体験した三度の海外渡航で、一見がいかに百聞に勝るかを痛感し、そのため子どもたちにはぜひ海外留学をさせたいと考えていた。明治初期に横浜の高島嘉右衛門から、高島の学校を引き受けることと引き換えに留学資金提供を持ち出されると、普段は学者や役人が政府に依願して子どもを留学させるのは見苦しいと考えていたにもかかわらず、つい心を動かされたと述べている。幸い『西洋事情』に続き『学問のすゝめ』も大いに売れて十分な資金を得、子どもたちより先に、甥の中上川彦次郎のイギリス留学費用も負担することができた。

福沢一太郎・捨次郎の留学

明治一六(一八八三)年六月、二人は共

◉一太郎・捨次郎に与えた留学心得(明治一六年)

にアメリカへ留学した。留学に当たり福沢は、日本で何が起ころうと、たとえ父母が病気と聞いても狼狽して帰国してはいけないことや、一太郎には実践を重視した農学を勧め、捨次郎には物理学のうち電気学あたりを勧めること、学問の上達は第二としてまずは健康を維持すること、一太郎は特に酒に弱いので飲酒は慎むように「懇願」することをしたためた心得書を与えた。

到着後、二人はまずオハイオ州オーバリンやポーキプシーで語学を学び、翌一七年秋に一太郎はニューヨーク州イサカにあるコーネル大学へ、捨次郎はボストンのマサチューセッツ工科大学(MIT)に入学した。一太郎は農学が合わず一年あまりでポーキプシーに戻り帰国を望んだようだが、それに対し福沢は同地の商法学校イーストマン・ビジネス・カレッジ(Eastman Business College)を卒業することや独立の生計を立てられる力をつけることを望み、結局一太郎は帰国まで文学研究をして過ごした。一方、捨次郎は一七年六月に外国人と争い、その「元気」をやんわり福沢にたしなめられるほどで、MITでは鉄道土木を学んで卒業し、帰国後山陽鉄道に勤務した。

二人の留学生活は、シモンズ（D. B. Simmons）やヨングハンス（T. H. Yung-hans）といった福沢旧知のアメリカ人や、アメリカの森村ブラザーズや甲斐商店に勤務する福沢門下生たちに支えられていたが、福沢はそれでも心配で、身近によい人材がいると二人の留学仲間になることを勧めている。福沢は二人の留学中に「三百何十通」（『福翁自伝』）、残存しているだけでも一一五通の手紙を書き、郷に入ったら郷に従え、ダンスも努めてやりなさいといった生活上のアドバイスも与えている。

二人は最後にヨーロッパを回って見聞を広め、二一年一一月に帰国した。福沢は大いに喜び、一一日には慶応義塾の学生千余名を招き立食のパーティーを、二五日には来会者五〇〇名の園遊会を開催した。

福沢桃介の留学

学業優秀かつスポーツ万能な慶応義塾の学生だった岩崎桃介は、福沢錦《きん》と長女里《さと》らの目にとまり、二女房《ふさ》の夫候補となった。明治二〇年一月福沢諭吉と養子縁組をし、帰国後結婚する約束で、二月にアメリカに留学した。シモンズのアドバイスを受けてまずポーキプシーへ行き、一太郎の世話でヨングハンスのもとに下宿して、八月イーストマン・ビジネス・カレッジを卒業後、ダンマー・アカデミー（Dummer Academy）で学んだ。一太郎、捨次郎は初対面から義弟を気に入ったようである。

二〇年六、七月の福沢の手紙によると、直輸出をねらって桃介を生糸商にしたいと思い、その後サンフランシスコに行って甲斐商店で実践を習ったほうがよいと考えていたが、桃介はダンマー・アカデミーで鉄道事業を学び、ペンシルベニア鉄道会社で見習いとして働いた。二一年一一月には各国の鉄道を比較し「米国鉄道の実用」と題する『時事新報』論説を執筆している。二二年三月付の手紙で福沢は、鉄道業のマネージメントができる稀少な人物として要請もあり、ぜひ帰国して鉄道会社に就職するよう勧め、桃介は一一月に日本に戻り翌月結婚、北海道炭礦鉄道会社に就職した。

清岡邦之助の留学

清岡邦之助は、二三年四月に福沢の三女俊《しゅん》と婚約し、六月イギリスに留学するため出発した。邦之助は清岡家の跡取りで養子縁組はできなかったが、しかし福沢は五月に姉に宛てた手紙で養子同様であるといっており、桃介と同様に留学ののち結婚の約束となったのであろう。福沢は頻繁に手紙を書き、邦之助にもしばしば手紙を催促し、さしたる用事がなくても朋友へ折々に手紙を書くことは「レスペクト」を得る一つの方法であるといっている。邦之助は二五年の帰国の予定を一年延ばし、二六年七月に帰国した。福沢の勧めで帰路シカゴ万博を見学している。福沢は手紙で石炭運送の仕事を勧めていたが、日本郵船会社に就職した。

娘たちの留学

福沢は、男女は同等だといいながら息子と娘を明らかに差別し、その証拠に娘たちには留学を許さなかったと指摘されることがあるが、明治一九年七月一日付で留学中の一太郎・捨次郎に宛てた手紙には、日本が文明化していく中で女子でも一度は外国へ行くようにしたいと述べ、三女俊と四女滝《たき》を二、三年間アメリカへ留学させるとしたら、おおよそどのくらい費用が掛かるか尋ねている。ただしこれは実現しなかった。孫たちが回想するように、家庭内の教育を握っていた妻錦の意向とも考えられる。〔西澤直子〕

参考『伝』四―四六編。『書簡集』四～六・九。『義塾史事典』。

子どもの結婚 こどものけっこん

福沢諭吉は、結婚は当人たちの意志が大切で、成長した子どもの進退にいつまでも親が口を挟むべきではないと考えてはいたが、わが子となると話は別で、友人や教え子に嫁婿探しを頼んだり、婿候補に養子縁組を持ち掛けたり、街を歩いていて年頃の少女を見掛けるとつい嫁にどうかと品定めする有様であった。子どもたちの結婚は「面倒にもあり、亦《また》面白くもあり」であった。福沢の在世中に結婚したのは、九人の子どものうちの七人、二男五女である。

長女里《さと》

明治一六(一八八三)年、子どもたちの中で最初に結婚した。夫は三河豊橋藩士山本直孝の三男で、同藩士中村清行の養子になっていた貞吉。三年六月に慶応義塾に入学し、のち工部大学校に学んだ化学者である。仲介は中村と同郷の阿部泰蔵で、福沢は愛娘の結婚に緊張したのか、土壇場で二度も健康を理由に両家の顔合わせを延期している。それでも首尾よく整い、一一月には里が貞吉のもとへ引っ越し、一二月八日には芝の紅葉館で結婚披露宴を開いている。貞吉は文部省、農商務省、逓信省などに勤めたが、不幸にして肺結核を発病し、転地療養を試みるが二八年に三七歳の若さで亡くなった。夫没後、里は愛作・壮吉の二児と共に福沢家に戻り、その後は福沢のもとで暮らした。福沢は熱心に再婚を勧め、里はそれが嫌であったと回想している。

二女房《ふさ》

房の相手は、川越の農家岩崎紀一の二男で、明治一五年一〇月に慶応義塾に入学した桃介である。『福沢桃介翁伝』によると、学業優秀でスポーツ万能の桃介に白羽の矢をたてたのは、母錦《きん》と姉里であった。アメリカ留学ののち房と結婚する約束で、一九年一二月一七日結納を交わし、翌年一月に養子縁組もすませ、二月にアメリカへ出発、二二年一一月帰国後に結婚した。桃介は鉄道、鉱山、製紙をはじめ多くの事業にかかわり、特に水力発電事業に力を注ぎ実業家として成功した。桃介が女優川上貞奴と暮らした時期もあったが、房は終生離婚せず、二人の男児の母となった。

養子縁組に際し、妻錦立会いのもと、

一九年一二月九日付で留学の期間や費用に関する詳細などを定めた覚書を取り交わしており、その最後の条目は、桃介夫婦は男尊女卑の旧弊を払い、貴婦人紳士の資格を維持し、相互に礼を尽くして一家の美とし、広く世間の模範となるようにと書かれている。

長男一太郎

一太郎は、アメリカ留学中に米国人女性との結婚を考えたようだが、福沢は日米の生活格差などを理由に、親が結婚を是非する道理はあると反対し、やめるよう説得した。そして日本国中で「最上の嫁」が欲しいと考え、福沢家の家庭医の一人、近藤良薫の世話で、横浜の商人箕田長二郎の長女かつ(一八歳)と帰国後の明治二二年四月に結婚させ、二五日に自宅で披露宴を開いた。席上の福沢の挨拶は二七日付の『時事新報』に掲載されている。

しかし新妻かつは、九月から一〇月にかけて家族揃って上方へ旅行した後、突然実家に帰ってしまい、旅行中の様子から事態を信じられない福沢は、なんとか元に戻ることを望んだが、結局そのまま翌年四月に離婚となった。離婚の原因は明らかではなく、福沢が夫婦間の会話の重要性を一太郎に諭している一幕もあるが、旅行から帰京後すぐに里がチフスにかかって生死をさまよっていることから、福沢家にいれば感染の恐怖があったことも一因かと想像される。

この離婚には母錦が激しく立腹し、二男捨次郎に宛てた手紙には、このように馬鹿にされ夜も眠れない、仲人の近藤夫婦も「大馬鹿」だとまで書いている。ただ離婚成立前から再婚が検討され、四月二三日には宇都宮三郎の妻の妹大沢糸《いと》(二〇歳)が一太郎の妻として福沢家に引っ越した。糸との間には一男二女がある。

三女俊《しゅん》

当初はのちに第百銀行の重役になる川崎金三郎と縁談があったが、結局は明治六年九月に慶応義塾に入学した土佐出身の清岡邦之助と、二三年四月に婚約した。福沢ははじめ桃介同様に養子縁組を望んだが、清岡は母一人子一人だったので、「養子同様」ではあるが縁組はしなかった。邦之助がイギリスへ二年間留学した後、二六年一一月に結婚した。清岡邦之助は日本郵船会社、鐘淵紡績会社などに勤務した。一女一男が生まれ、長男は福沢著作の英訳を進めた清岡暎一である。

二男捨次郎

福沢の手紙からは、俊の夫選びと同時期に、捨次郎の妻にも何人かの候補が挙がっていたことが分かる。福沢は慎重に選考し、二四年になって当時兵庫県知事でのちに日英同盟締結の際功労のあった外交官林董《ただす》の長女菊(一七歳)と婚約が整った。日本郵船会社の小川鉀吉を媒酌人に、二月一〇日神戸宇治川の常盤楼で結婚披露宴を行っている。二男二女が生まれた。

四女滝《たき》

清岡邦之助が仲介し、旧松江藩士志立《しだち》範蔵の二男で、二二年に東京帝国大学法科大学政治学科を卒業後、日本銀行に勤務していた志立鉄次郎と、二七年六月に

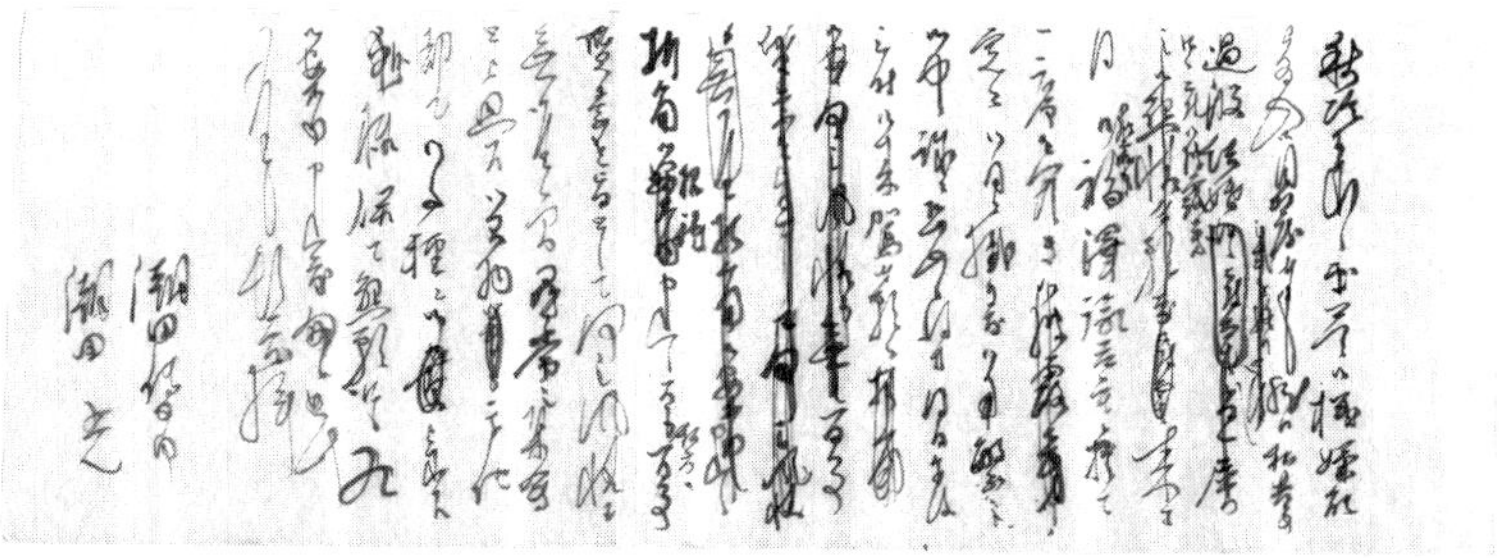

◉潮田伝五郎と光の結婚披露宴案内状案文

結婚した。

志立は養子縁組をしてもかまわなかったようだが、結局縁組はしていない。のちに日本興業銀行総裁も務めている。四女が生まれた。

五女光《みつ》

福沢存命中に結婚したのは光までで、二九年七月に芝浦三井製作所の技師潮《うしお》田《だ》伝五郎と結婚した。結婚は家と家のものではなく個人と個人のものであると考えた福沢らしい、差出人名が伝五郎と光になっている福沢自筆の結婚披露宴案内状案文が残っている。伝五郎の母は東京婦人矯風会の設立に尽力し、(足尾)鉱毒地救済婦人会の会長、日本基督教婦人矯風会二代目会頭も務めた潮田千勢子。二男一女が生まれ、二男江次は慶応義塾長を務めた。

〔西澤直子〕

参考 『書簡集』六、こと「子どもたちの結婚・離婚」。『書簡集』九。〔福沢諭吉子孫系図〕『全集』二一。

子どもの病気　こどものびょうき

子どもたちが特に虚弱体質であったとは思えないが、「子供は活発にして身体を大丈夫に致すべし」(「福沢諭吉子女之伝」)とまず健康な体を求めた福沢は、子どもたちが病むたびに非常に心配をしている。

長男一太郎と二男捨次郎が東京大学で学ぶべく大学予備門に入学後、胃痛や頭痛を起こすと、世話になった訓導の森春吉に退校を告げ、慶応義塾で学ばせた。

長女里《さと》が明治二二(一八八九)年一〇月関西旅行から帰京後、腸チフスにかかり生死をさまよった折には、世間では子が多くてめでたいというが、昨晩まで談笑していた子のひどい苦しみを見なくてはいけないなんて、子のない人が羨ましいくらいだという漢詩を詠み、全快すると、医師たちの尽力による快癒を喜び、人から何かよいことがあったのかと尋ねられたら「二二歳の子どもが生まれた」と答えようという漢詩を詠んでいる。

翌々年三月には、三女俊《しゅん》が浜田玄達による卵巣膿腫除去の大手術を受けることになり、福沢はまたひどく心配をした。「三女俊入院諸入費控」といった記録のほかに、『時事新報』三月七日付に雑報記事「大学病院の手術」を、同二五日付には、人びとの選択の一助とするため自分が体験した西洋と東洋の医療の違いを述べた社説「同情相憐」を記している。

また二男捨次郎が三一年九月に真症赤痢にかかると、北里柴三郎の伝染病研究所に入院させ、容態を記録すべく、二六日に「次男捨次郎赤痢病状記録」をしたためていたが、その当日に自身が脳溢血を発症することになった。〔西澤直子〕

参考『全集』一三・二〇・二一（年譜）。『福沢諭吉の漢詩三十五講』福沢諭吉協会、一九九四年。

子どもへの贈物　こどもへのおくりもの

子どもたちの家には、海外土産や人形など、父からの贈物として伝えられた品々が残っていた。

●俊に与えたおもちゃのタライ

幕末三度の洋行の際には、家族にさまざまな土産を買ってきた。初めての渡米渡欧の際はまだ子どもがなかったが、慶応三（一八六七）年の二度目の渡米ではニューヨークで長男二男のために乳母車を購入した。福沢が購入した四輪式は一八六六年四月に特許が取られたばかりの最新型であった。門下生の草郷清四郎は子どもたちを乗せて芝神明あたりを散策したと回想している。この乳母車にヒントを得て、慶応義塾出身の内田勘左衛門が人力車に幌をつけるなどの改良を加えたといわれている。

●俊に与えた人形

ほかにもオランダで購入したという茶碗やアメリカで購入したというチョッキおよび双眼鏡などが、のちに子どもたちに分配された。福沢にかわいがられた桂川甫周の娘みねは、海外土産として石鹸ときれいなリボンをもらったことを回想している。

また娘たちのもとには福沢諭吉の書付があるおもちゃや本箱の蓋などが残り、

父子交流の一端が知れる。例えば三女俊《しゅん》と四女滝《たき》のもとには、人形遊びに使用したと思われる同じ木製の盥《たらい》が残り、福沢自筆で明治一三（一八八〇）年九月五日に東京竜ノ口（現東京都千代田区丸ノ内）の勧工場（デパートに似た商業施設）で購入したことが書かれている。明治会堂の建設などで忙しい時期にもかかわらず、勧工場へ娘たちと出掛け、買い与えたかと想像される。

　結婚が決まった三女俊に対し、嫁入り道具の一つとして、福沢自筆で「庫中之書　脳裡之知見　唯須深蔵」と書き与えた本箱もあった。〔西澤直子〕

参考 清岡暎一「福沢先生の乳母車」『全集』再版一八巻付録。『未来をひらく　福沢諭吉展』。『福沢諭吉と神奈川』。

福沢家

家計　かけい

　福沢家の資産規模がどの程度のものであったか、正確に知ることはむずかしい。結婚後の文久二（一八六二）年、遣欧使節団に随行中の福沢諭吉はロンドンから、切米はすべて中津に回してくれるよう、留守中を託した古田権次郎に依頼している。古田は江戸在勤一三石三人扶持の中津藩士である。福沢の妻は切米を当てにしなくとも生活ができたのであろう。

　明治二（一八六九）年から三年にかけて、福沢は中津で義兄服部復城のもとに同居していた母に、東京での同居生活を提案しているので、その頃には生計に対する不安がなくなったと考えられる。しかし、明治初期の家計はまだ安泰とはいかず、著作が売れて次第に家計が安定したと思われる。

　五年以降「総勘定」や「諸口差引大帳」といった福沢家の帳簿類が残っており、別会計であったはずの慶応義塾の経費と思われるものも散見され、経営が困難なときには私財を投入していた。二〇年に所得税法が定められたとき、芝区所得税調査会では福沢家の財産を七〇万円と見積もり、それで課税しようという話があった。それを聞いた福沢は、一家揃って裸一貫で出ていくので、一切合財をそっくり七〇万円で買い取ってもらいたい、そうすれば大儲けになって一生安楽に暮せると大笑いしたという。

　二二年度の所得税納税額は、鈴木栄編纂『栄誉鑑』（一八九〇）によれば九六円一六銭五厘である。

家計簿

　経済活動の近代化には会計法の普及が不可欠と考えていた福沢は、自身の家の家計についても簿記法を取り入れて帳簿を作成した。明治五年の「総勘定」に始まり、三一年九月一〇日までの「金銭出入帳」まで福沢自筆の帳面が残っている。三女俊《しゅん》の回想によると毎月末には福沢は妻錦《きん》と差し向かいで、ソロバンを持ち出しその月の締めをしていたという。

銀行

もっとも古くから福沢家の金銭を預かっていたのは、堀越角次郎である。明治三年の発疹チフス罹病後、現金は堀越角次郎の家に預けることになって、小幡篤次郎、中上川彦次郎、須田辰次郎の三人で日本橋大伝馬町まで現金を運んだ。福沢家と取引がみられる銀行には早矢仕有《はやしゆう》的《てき》の丸家銀行（明治二一年破産）、横浜正金銀行、三井銀行、三菱為替店、三菱銀行、第七十八国立銀行（中津）などがある。

貸借金

福沢は私的な借金をしたことがないといい、もし福沢名義の借金証文があれば百万円で買うといっていた。学生にも借金を戒め、竹越与三郎によれば、借金を申し込んだ際に返済期限を述べると、返せる目途があるならばそれまで何とか遣り繰りをしたほうがいいと諭されたという。身につけるものや送別会などの付き合いも、身のたけにあったものにして倹約すべしという考えであった。借りるほうは一〇円、一五円でも、重なれば貸す福沢にとっては大金になって困ると述べている。しかし不要な用途を除き、まずは懇々と諭し貸金を拒否する態度をとったうえで、最後には貸与ではなく贈与することがほとんどであった。明治三（一八七〇）年に発疹チフスにかかったときには、塾生に貸した金の手控えをすべて焼却したという。犬養毅や尾崎行雄が家庭を顧みず政治活動に没頭していたときも、本人は覚悟のうえでも妻子は気の毒であると、金銭を届けさせた。

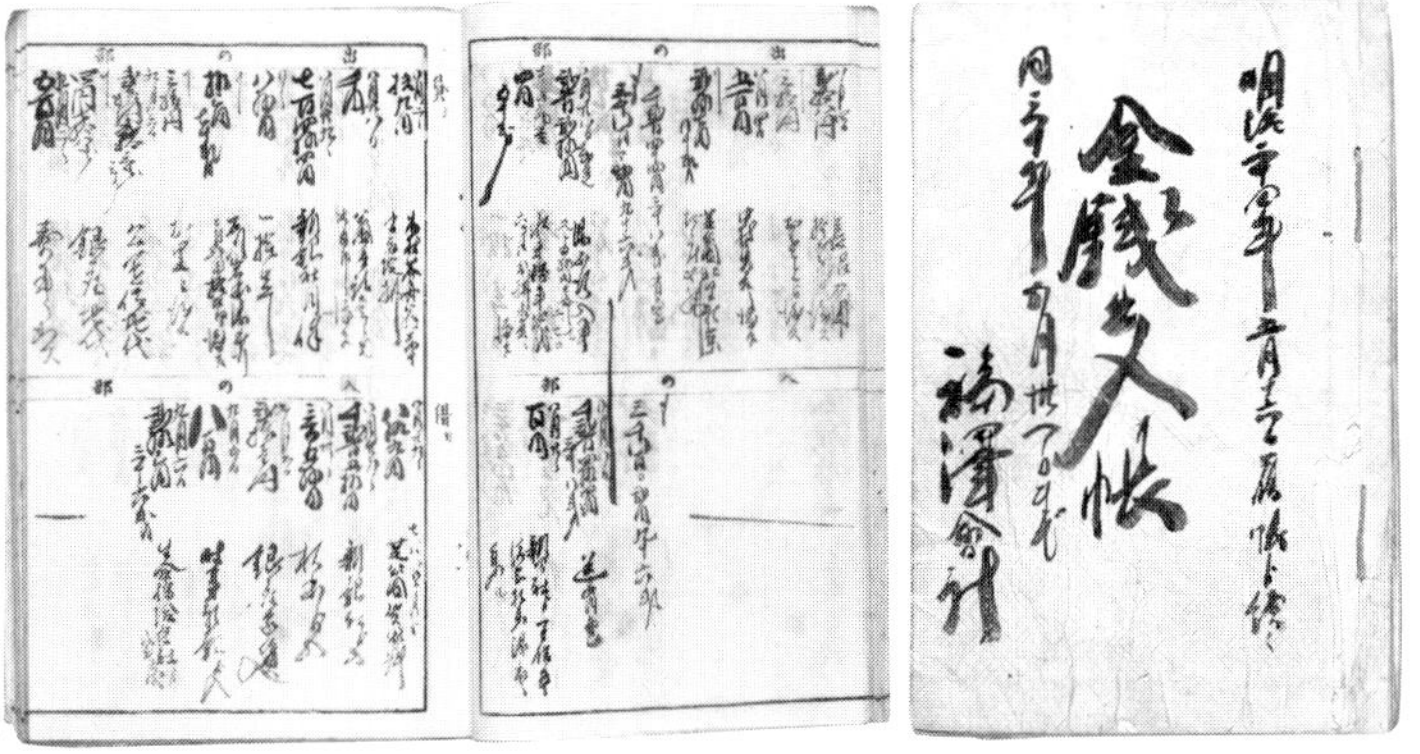
◉金銭出入帳（明治24～30年）

金銭感覚

福沢の父母が金銭に清廉であったことは、「福沢氏古銭配分之記」に記された父の逸話や、『福翁自伝』にある、母が貧しい中で頼母子講《たのもしこう》のわずか二朱の借金を一〇年後に返済した話から察することができる。福沢も同様で、福沢の本が売れるようになると製本が間に合わず、書店は争って前金で注文したが、福沢はこうした前金には預かった日数の利子を差し引いて清算し、商人を驚かせたという。

福沢は時に「拝金宗」と陰口され守銭奴のようにいわれたが、華美を嫌い、特に学生は質素倹約質実剛健であるべきであると考えていた。明治二三年一一月八日の演説では、物を購入する際に物価の感覚なく値切るのは愚かな行為で、政府の会計を理解するのと同様に、経済実地の修業のつもりで金銭を使うべきであると述べた。流行の衣服を新調する、上等な傘を買うといった贅沢をしてはいけない、とも述べている。二四年一月七日付で二男捨次郎に宛てた手紙にも、馬鹿なものを買って見栄を張るべきではなく、金銭を使わないことにはむしろ勇気がいるが、世間に惑わされず「我思うままに倹約すべし、又散財すべし」と書かれている。

ただ戒めるだけではなく、一九年一〇月には特に東京の相場を知らない地方出身の学生たちが、出入り商人によって不当に高い金額を払わされないよう「慶応義塾督買法」を定め、監視役を置くといった工夫もした。

［西澤直子］

▼福沢氏古銭配分之記 ▼丸家銀行 ▼慶応義塾督買法

参考 『全集』別。『伝』四―四一・四八編。『考証』上・下。須田辰次郎「余の在塾中に於ける珍談奇聞」『評論』(二二三号)一九一六年。

不動産 ふどうさん

福沢諭吉は慶応義塾が経営不振に陥ったことも一因として明治一二(一八七九)年より、地代収入と子どもたちの住宅地確保という二つの主な目的から、不動産を積極的に購入し始める。二九年までに取得した東京府内の土地は①芝区白金三光町およびその周辺地域(通称「狸蕎麦」)、②渋谷村広尾町、③芝公園地、④京橋区銀座・南鍋町の四住所の地所で、坪面積は合計で約三万四、〇〇〇坪に及んだ。さらに、四〇年までは慶応義塾の校地も名義上の所有者は福沢諭吉のままであり、その坪面積が約一万二、〇〇〇坪あった。府外では、二七年から三〇年までに中津の耶馬渓の土地一〇反一畝五歩(約一万㎡)を景観保護の目的から、義兄小田部武らの名義で買い入れている。

また六年から九年にかけての福沢家の帳簿には「神戸地面」の文字がみえ、明治初年には神戸に土地を所有していたようである。一〇年頃と思われる地図には中山手通三丁目あたりの所有者名に福沢の名を見出すことができ、近隣には福沢と関係が深かった旧三田《さんだ》藩士経営の志摩三商会の土地が多いことから、同商会を通じての購入と推察できる。福沢は中津藩奥平家が明治初年に神戸に土地を購入し、その後値上がりしてかなりの利益を生んだと書いているが、福沢自身も同時期に購入したのではないかと思われる。

これらの土地は一部が福沢の死後子どもたちに分割相続され、多くは慶応義塾や、福沢が支援した北里研究所の土地となり現在に至っている。

［吉岡拓］

▼三田時代の住居 ▼広尾福沢別邸

参考 『書簡集』六、こと「福沢諭吉の不動産投

資」。島通夫「耶馬渓競秀峰」『手帖』(一一号)一九七六年。

宗旨《しゅうし》

福沢家の菩提寺であった中津桜町の明蓮寺は、浄土真宗本願寺派である。福沢諭吉は信仰に懐疑的で、幼い頃には稲荷社のご神体を取り換えても皆が変わらず拝むことを面白がり、またお札を踏んで罰が当たるか試してみたエピソードが『福翁自伝』に書かれている。しかし、決して神仏をないがしろにするわけではなく、旅行で神社を訪れれば手順にまごつきながらも参拝し、近親の年忌法要なども父の五十回忌に至るまで、東京と中津両所できちんと行った。東京へ母順《じゅん》を迎える際も、その後の墓所および明蓮寺との関係に気を配っている。阿弥陀様を拝むことはおかしくてキマリが悪いといいながら、毎月墓参を欠かさなかった母と同様であった。

東京では明治五(一八七二)年に妻錦《きん》が死産をした際、その女児の墓を慶応義塾に近い三田古川端の竜源寺に建てた。同寺は臨済宗で宗旨が異なるが、中津藩士の墓が多く、また慶応義塾が外塾を置いた時期もあっての縁であろう。それまで福沢家の墓は中津の明蓮寺内と中津金谷の三昧および竜王の浜にあった。しかし、六年には竜源寺内に祖先の由来を記した「福沢氏記念之碑」を建て、七年の母の死去の際も同寺に墓を建てた。ここを長く福沢家の墓所とするつもりであったと思われる。

しかし結局東京での菩提寺も同じ浄土真宗の善福寺となった。一八年に死去した長女里《さと》の夫中村貞吉の葬儀は善福寺で行っている。墓地は火葬を嫌った福沢が、土葬が許されていた上大崎で眺望がよい、本願寺が管理していた墓地を購入し、中村も三四年に没した福沢自身もそこに埋葬された。その後、墓地を管理する寺院が浄土宗の常光寺に代わり、大正一三(一九二四)年の福沢の妻錦の埋葬を最後に、この墓地には新たな埋葬をしなくなり、福沢家としては多磨霊園を使用するようになった。さらに常光寺より宗旨違いの通達を受けて、福沢と錦は昭和五二(一九七七)年火葬して善福寺に改葬(多磨霊園にも分骨)された。

〔西澤直子〕

▼明蓮寺　▼常光寺　▼善福寺

参考『伝』四―四〇編。『書簡集』一、三、四、五、六、九。『考証』上。中村仙一郎著/中村文夫編『聞き書き・福沢諭吉の思い出―長女・里が語った、父の一面』近代文芸社、二〇〇六年。

家紋《かもん》

福沢諭吉が使用した福沢家の家紋は、丸に向かい鷹の羽(丸に抱き鷹の羽)、重ね紅葉(杏葉楓)、割り紅葉の三種類である。丸に向かい鷹の羽と割り紅葉は生涯にわたって併用された。福沢家では、丸に向かい鷹の羽が定紋で、福沢がこの紋は女性に向かないと割り紅葉を使用するようになったといわれている。ただそれぞれ主に使われた時期があるようで、万延元（一八六〇）年の渡米の際にサンフランシスコで撮影された写真の羽織には、丸に向かい鷹の羽の紋がついており、文久二（一八六二）年の渡欧時に撮影された写真の羽織には重ね紅葉の紋がついていることが多い。現在残っている着物類の多くや明治二〇年代後半以降の写真の羽織、三女俊《しゅん》および四女滝《たき》が結婚の際に（二六年（一八九三）および二七年）持参した箪笥などには割り紅葉が使われているので、二〇年代以降は主として割り紅葉が用いられるようになったのではないかと思われる。日本では家紋の使用が庶民にまで広がったため、家系を示すものとして一つにこだわることがなく、新たにデザインすることもあった。家紋には福沢も頓着しなかった。［西澤直子］

◉右より、丸に向かい鷹の羽、重ね紅葉、割り紅葉

参考『手帖』（一一・一二・一三号）一九七六・七七年。

福沢家を支えた人びと《ふくざわけをささえたひとびと》

福沢家に居住していた人びとについて人別帳のような記録は残されていない。みずからも長く同居し叱られ役だったという伊東茂右衛門の回想によれば、明治八、九（一八七五、六）年頃からは「下女乳母」が六、七人、書生が五人から一〇人、雑用係が一人、馬丁が二人程度、福沢の家族親族を合わせれば大抵平均二五、六人いたという。

故郷である中津出身者を特に継続的に雇っていたわけではないようだが、築地鉄砲洲の中屋敷時代から福沢の塾の近くに居宅を構え、諸事を取り計らった米穀商豊前屋中沢周蔵のように、同郷者に助けられることは多く、また故郷への思い入れもあって、結果的には職人でも中津出身者の出入りが多かったようである。

雇人・乳母

福沢家の日常は、錦《きん》の指揮のもと女中や「下男」、乳母たちによって支えられていた。炊事を担当する女中は、夏冬を問わず四時起床で仕事に掛かり、掃除担当の女中は四時半ないし五時起床で客間から仕事を始めた。福沢は彼女たちに家族同様の情愛を注ぎ、例えば縁側に敷物を敷かずに座っているのを見かけると、女性に冷えはよくないと健康に注意するよう叱り、長い間勤めた炊事担当者がやめるときには飯杓子に字を書いて与えたこともある。福沢家で働いていた者が、福沢の子どもの結婚に同行する場合もあった。

「下男」も何人か雇われている。明治一二年には、福沢の娘二人を乗せて人力車を引いていた「家之僕勝蔵」が心臓麻痺を起し亡くなったという悲劇もあった（「道聴途説」）。明治二四年一月にインフルエンザが大流行した際の福沢の手紙には「下女下男も同様、飯を炊く者にも不自由なる次第」とある。福沢家で働く者同士で結婚し、夫婦で働き続けた者もある。

乳母は子どもの養育を担う存在でもあるので、乳の栄養に加えて人柄も重要であり、その採用には気をつかった。俊までの五人の子には雇うことがなかったが、滝からは錦の疲労を気づかい雇うことを決めた。滝の乳母は、目黒村小山の農業海老沢音次郎の娘いね二五歳で、性質もよく健康であると「福沢諭吉子女之伝」に綴っている。明治一六年七月の四男大四郎誕生前後の福沢英之助への手紙からは、乳母選びの苦労がしのばれ、このときの「乳母雇入契約請状案文」も残っている。また長女里には、衛生面や教育面で乳母が守るべき事柄を「乳母の心得の事」として書き与えた。

高仲万蔵

本名は高仲熊蔵だが、福沢家では万蔵と呼ばれていた。福沢の厚い信頼を受け諸事を切り盛りしており、明治二四年五月六日付福沢桃介宛書簡によれば、普請の工程や人足の管理も一任されている。妻はなはもともと福沢家に勤めていたが、福沢の長女里が結婚するときに共に中村家へ行き、その長男愛作の子守りなどをしていた。二八年に里の夫貞吉が没すると、はなも一緒に福沢家に戻り、高仲熊蔵と結婚した。万蔵は四三年に没し、その後はなは広尾の福沢家の別邸に住み留守番のようなことをしながら、週何回か三田の家に通って、大正六（一九一七）年まで愛作の子仙一郎の遊び相手などを務めた。万蔵とはなの墓は、麻布山善福寺の福沢家の墓域の中に建てられている。

坂本源太郎

長沼（現千葉県成田市長沼）の出身で福沢家の玄関番だが書生とは異なり、簡単な大工仕事などもこなし、夜回りもしていた。まじめな性格で暴風雨の夜も怠らず、福沢にほめられたエピソードが残っている。福沢と長沼の間に関係が生じた七年以降に勤め始め、二三年には山陽鉄道会社に就職した福沢捨次郎の希望で、捨次郎の赴任地岡山へ夫婦で移っている。

書生

福沢家には、主に地方出身で慶応義塾に入学、あるいは入学の準備をしていた学生が書生として五人から一〇人ほど住み込み、雑用を手伝っていた。例えば連日福沢に面会を求めて訪れる多くの人びとの応対は、玄関脇に待機する書生の役目であった。明治二九年に書生をしていた中津出身の曽木《そぎ》晋《すすむ》は、来客があると茶器を客席に運んでその場でお茶を入れるのが仕事の一つであったと回想している。

福沢の接客態度はだれであっても変わらず平等で、たとえ陸軍大臣の桂太郎であっても待たされ、書生たちはその間そうした社会的地位の高い人物と交流する機会を得ることができた。書生の中には井上角五郎、金子弥平、依田繁太など福沢の子どもたちの世話を頼まれた人物も多い。

大工

福沢には普請道楽があり、よく新築や改築をしたので出入りの大工がおり、植木屋と共に家族旅行にも同行するような仲であった。腕のよさで福沢の信頼を得たのは北千住の棟梁金杉大五郎で、明治二四年五月から九月にかけて行われた慶応義塾構内の福沢邸改築以降、普請は金杉の仕事であった。福沢は期日に厳しくその点では閉口したようだが、おかげで期日を守るようになってよい評判に結びついたという。福沢は次第に金杉の仕事内容については干渉しなくなり、職人たちも福沢に詰問されたときには「親方のいいつけで」と逃れる術を覚えたと、大五郎の息子が回想している。

馬丁（別当・御者）

福沢は明治三年の発疹チフス罹患後から、健康維持のための運動も兼ねて、よく馬に乗るようになった。福沢家には二頭から四頭の馬がおり、その世話をして馬を操る馬丁と御者が常に二、三人雇われていた。一九年になると、子どもたちのためにも便利であると「上等品」の馬車を購入することに決め、横浜に住んでいた福沢英之助に価格交渉を依頼しながら、二月に四輪幌つきの中古品を横浜山手三十二番館から二〇五円で購入した。四女滝《たき》の回想によると、福沢家の馬車は最初一頭立てで、馬に事故のあったときを考え、二頭立てにしたという。

馬好きの福沢は、馬を過度に疲労させないよう心がけ、福沢の三男三八の回想によると、あるときなどは二子玉川まで行くはずが、馬の疲労を慮って途中三軒茶屋から引き返したことすらあったとい

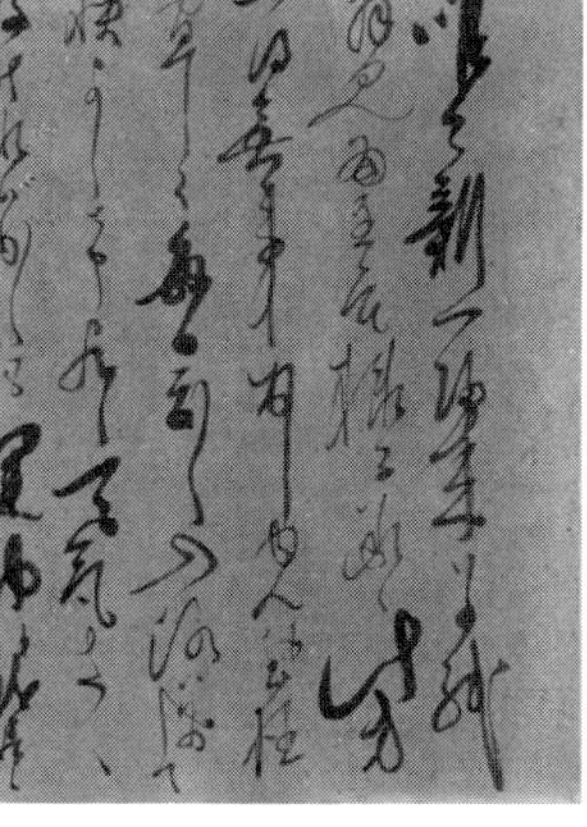

◉福沢桃介宛書簡（明治二四年五月六日付）。「大工」「万蔵」の文字が見え、改築の様子を伝えている。

う。また雨が降ると、車夫は雨で割増料金を取れるが、馬は雨の中をいくら走ってもご褒美をもらえるわけではないといって、馬車ではなく人力車を使った。

青柳金之助

馬を心から愛し、技術も福沢の眼鏡にかなった人物で、福沢の手紙にも何度か登場する。明治二〇年七月二九日付の手紙によれば、金之助は宇都宮近傍の出身で、一〇二歳になる祖母がいた。また福沢の三男三八によれば皆から親しまれ、みずから引退するまで長く御者を勤め、息子は時事新報社に勤めていた。非常な酒飲みでその点を悪くいう人もあったが、福沢はあれほど馬をかわいがり確かな腕があれば問題ではないといい、金之助も仕事上失敗することはなかったという。福沢家に「金」と呼ばれる御者仲間に一目置かれる素行不良の者がいたという回想もあるが、関係は定かではない。

家庭医

結婚後も福沢は発疹チフスや脳溢血など大病を経験し、妻や子どもたちもチフスや婦人科系疾患、赤痢、インフルエンザ、歯痛などさまざまな病にかかった。福沢家には掛かりつけの医師たちがいて福沢が診察を依頼する手紙などが残っている。

もっともつき合いが長く、信頼も厚かったのは松山棟庵で、慶応二（一八六六）年に慶応義塾に入学、かたわらアメリカ人医師ヘボンに学び、明治六年から八年まで存在した慶応義塾医学所の校長を務め、八年には三田に診療所を構えている。福沢は何かにつけ家族の病状を報告して指示を仰ぎ、往診を依頼している。

アメリカ人医師シモンズ（D. B. Simmons）は三年に発病した福沢の発疹チフスの治療に当たり、また息子たちの留学当初にはアメリカに帰国していたので、福沢はなにかと頼りにした。福沢が記した墓誌がある。

近藤良薫は明治元年から慶応義塾に入り、慶応義塾医学所で学んだ。開業地が横浜であったため、松山ほど頻繁にかかることはなかったが、長男一太郎の最初の結婚では仲人を務めている。

印東玄得は一四年の明治生命保険会社創立に当たり医長となり、福沢の診断書も書いている。一九年東京大学をやめて京橋区弓町に開業してからは、福沢は松山同様に病状を報告して指示を仰ぎ、また来診を依頼している。

山根文策は北里柴三郎が経営する養生園の医師で脳神経が専門であり、福沢が慶応義塾の学生の診療を依頼した手紙が複数残っている。三一年の脳溢血発症の際は、松山棟庵と山根文策が主治医となり、そこに東京帝国大学医科大学教授三浦謹之助やベルツ（E. von Bälz）が加わって、補助医として芥川信由が病床に待機した。三四年の際も松山、山根、三浦が治療に当たり、芥川が付き添っている。

歯科は小幡英之助が主治医であった。英之助は、元治元（一八六四）年の入学以来福沢のそばで常に福沢を助けていた小幡篤次郎のいとこで、明治五年から横浜でアメリカ人歯科医エリオット（St. G. Eliot）に師事し、歯科としては日本で初めて医術試験に合格した。八年に京橋区采女町で開業している。

今泉釖《とう》

福沢の妻錦の姉で、夫は中津藩士今泉郡司。慶応元(一八六五)年に夫を亡くし、幼い息子秀太郎を抱えていた釖に対し、福沢は近代的な産婆(産科医)を目指すことを勧め、釖はシーボルト・イネおよびアメリカ人医師シモンズについて勉強して、明治八年三田で開業した。宮中で宮家の出産にも立ち会っている。

福沢はこの母子を支援し、秀太郎が幼く家督を相続できなかったために、一二、三年頃から起こった財産分配の問題でも解決に尽力している。〔西澤直子〕

参考『ふだん着の福沢諭吉』。『考証』上。『伝』四―四六編。

動物《どうぶつ》

福沢諭吉は馬好きで、大変可愛がっていた。家族の足でありながら、雨が降ったり疲れがみえると馬を慮り、子どもたちには多少不満もあったようである。

子どもたちのためにロバを飼うこともあった。明治八、九(一八七五、六)年頃の構内図で、すでに馬小屋の一角に「ロバ」の字がみえる。明治二八年一月四日付の清岡邦之助宛の手紙では、日清戦争の戦地から戻ったロバを所望し、以前に飼ったロバがすこぶる強情で手を焼いたので従順なロバが欲しいと注文している。やって来たロバは四月に出産し産後の肥立ちが悪く死んでしまったが、福沢は清岡に宛てた手紙で母ロバに対し「海外万里の旅天を親戚知己もなく」気の毒であると悲しみ、しかし生まれた子は母の死に関係なく元気に駆けまわり「家名相続は出来申《もうし》候」と述べている。

福沢家ではたくさんのレグホン種の鶏も飼われていた。一二年入学の松永安左エ門の回想によれば、学生にとっては目の毒で、何人かでこっそり捕まえて鍋にして食べてしまったところ、二、三日後に福沢から名指しで夕飯を馳走するという連絡があった。出掛けてみたら鶏鍋で、月に一度くらいご馳走するからヨソの鶏になど目をつけないほうがよいといわれ、一同恐縮したという話がある。

また三一年には福沢家の飼い犬が雇人を噛んだ記事が『時事新報』にある。福沢家だけではなく、慶応義塾構内に住む外国人教師も犬を飼うことがあったようで、ある女性教師の犬は凶暴で子どもたちが怖がると、福沢が文句を述べている手紙も残っている。〔西澤直子〕

参考『伝』四―四八編。『ふだん着の福沢諭吉』。

交際

来客《らいきゃく》

慶応義塾の存在が世間に浸透し、『西洋事情』や『学問のすゝめ』が売れるようになると、福沢諭吉邸にはひっきりなしに客が訪れるようになる。小野清の回想によると、明治六、七(一八七三、四)年頃には、玄関には鐘と撞木《しゅもく》が吊るされていて、来客は鐘を叩いて取次を呼び、たいてい玄関の横の六畳ほどの部屋で応接をした。年とともにさらに来客が増えると、玄関脇には雇人や書生が詰めて取り次いだ。一三年頃になると、十分に対応ができないほどに増えていった。単に機嫌をうかがい近況を報告するだけの者もあったが、日光東照宮維持のための「保晃社」への誘いなど、事業の相談をする者や就職の斡旋を依頼する者、借金の申し入れをする者も多かった。

福沢の三女俊《しゅん》からその子清岡暎一が聞いた話では、福沢の知人たちが、遠くから珍しい人物が来ると福沢邸に連れてくるので、南洋群島の酋長の弟といった、家族はそれまで出会ったことがない外国人など、思い掛けない人に会うのを楽しみにしていた。福沢はあちらこちらの部屋で客を待たせつつ、「千客万来、千客万来」といいながら煙草盆を片手に早足で廊下を歩き、順番に会っていったという。

福沢が客に会う目的もさまざまであった。福沢は小幡篤次郎や浜野定四郎といった高弟たちを字引き代わりにして、分らないことがあると尋ねていたが、来訪者との座談も情報収集の手段になり、時事問題も含めさまざまな議論をしている。晩年に出版された『福翁百話』(明治三〇年)や『福沢先生浮世談』(三一年)は、来訪者との座談から生まれたものである。時にははざっくばらんに語ることもあり、美沢進が入学後初めて訪問した折には、福沢は座敷に寝そべって話をしたという。

福沢は相手がどれほど社会的地位の高い人物であっても接客態度は変わらず、来客が込み合っていれば相応に待たせた。また客がかたちだけの手土産を購入してくることを嫌った。あるとき門下生の赤坂亀次郎は、いつも福沢に会うときに持参する故郷特産の紙を忘れ、日本橋の問屋で故郷の鰹節を購入したところ、福沢からひどく叱られた。その後は懲りて土産を持参しなかったが、病後の福沢に自分でつくったとろろ芋を渡したときは大変喜ばれた、と回想している。

旧中津藩士との交流も続き、豊前出身と聞くと会いたがった。一三年に中津の子女二五名が富岡製糸所に修業に赴く折には、女子も手に職をつけ活計の道を図るべきだと考えたこともあり、慶応義塾内に宿泊させて、旧藩主正室への謁見などを取り計らっている。一六年末に修業を終えて帰る際にも宿泊させている。

「宿所姓名之覚」「覚書」と書かれた明治一〇年代の知人住所録には、来訪の記載もある。　〔西澤直子〕

▼福翁百話　▼福沢先生浮世談

参考『伝』四―四八編。『著作集』一〇・一一。『ふだん着の福沢諭吉』。『全集』一九。

集会　しゅうかい

福沢諭吉は、近代社会は独立した個人と個人が交際を通じて形成していくものであると考え、人と人が交際する場を大切にしていた。「豊前豊後道普請の説」や『学問のすゝめ』『男女交際論』で説くとともに、交際の場としてさまざまな集まりを主催している。忘年会や新年会、あるいは明治会堂の建設や交詢社の設立といった、明確な目的のための会合だけでなく、卒業生や知人を集めて親睦を深めるための季節の会合やさまざまなホームパーティーも企画した。「日本婦人論」を執筆した一八年頃からは女性たちに交際の場を与えるための会合も企画し、また二〇年代になると長男二男が留学から帰国した際の園遊会など、千人規模の大きな集会も開くようになった。

また招待する側だけでなく、招待を受ける機会も増えていった。大隈重信邸などには妻錦や娘たちも招かれて出掛けているが、錦たちは格式を重視するようなパーティーは嫌だったようで、「貴族婦人」の「貴」とは何を指すのかと福沢が主催者に尋ねた手紙も残っている。

一方、芸妓を侍らせ連夜に及んで飲食するような、それまでの日本の伝統的な宴会は徹底的に批判した。日本はこの点でも近代化を果たすべきで、西洋に範をとりクラブやホームパーティーを進めるべきだ、としている。

［西澤直子］

▼集会論

参考『書簡集』八。『著作集』一〇。『全集』二〇。

ホームパーティー　ほーむぱーてぃー

福沢家では新年や忘年など季節の宴、珍しい到来物があったときや外国人の歓迎、福沢邸内にあった舞台で娘たちの発表会、義太夫や落語を楽しむ会などさまざまなパーティーが開かれている。

それらの開催は、各種招待状や参加者の手紙、福沢の報告の手紙などから知ることができる。子どもたちからせがまれて、正月に故郷に帰らず残っていた学生を呼び出して百人一首大会を開く（明治二一年一月一五日付菊池・清岡ほか宛書簡）、親族の小宴（二三年ヵ一一月二九日

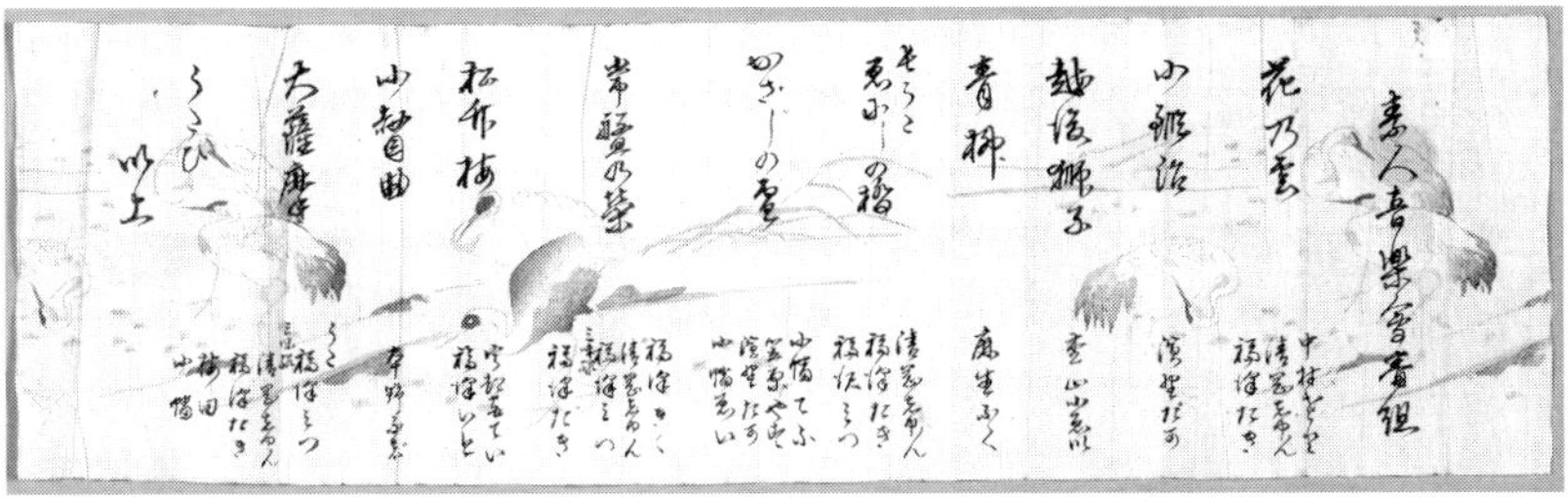

◉家庭音楽会番組表（明治二六年頃）

付宇都宮三郎夫妻宛）、いちごを楽しむ会（三〇年五月二九日付三宅豹三宛）など小規模な会もあれば、妻錦《きん》が主人となってこれまで交際の機会がなかった女性たちを七、八〇名ほど招待する会（一八年三月三〇日付福沢一太郎宛）や幼稚舎生を全員招待する会（年未詳一二月三〇日付和田義郎宛）などもあった。

　平服で、参加人数に増減があってもかまわない立食パーティーはよく行われた形式であった。例えば明治一九（一八八六）年五月一日に開かれた会は福沢の妻錦、長女中村里《さと》、二女福沢房《ふさ》の名前で、福沢の知人の夫人など五〇名ばかりを招待し、テーブルに簡単な和洋食を並べ、慶応義塾生をホストに交際を楽しんだ。その結果について福沢は、参加者は「歓を尽し」今後女性にも次第に「交際の道」が開けるだろう、と自信を持っている（五月二日付一太郎宛書簡）。一六年に竣工した鹿鳴館で繰り広げられたドレス着用の贅を尽くしたパーティーと比べれば、福沢が意図した近代化の一面を知ることができる。

　二一年一月一五日付『時事新報』は「福沢先生の晩餐会」と題して、ナップ（Arthur May Knapp）夫妻と息子、ミセス・チベット、ドクトル・シモンズ（D. B. Simmons）を招待して福沢家で行われたパーティーの様子を報じている。会は純日本風で日本料理に日本酒が振舞われ、主客なく楽しみ、福沢の娘のうち年長者は琴や三味線を奏で、年少者は日本舞踊を舞った。

　芸者が主役の宴会を想像していたナップは驚いたが、「世界無比の遊楽」であると称賛し、故国の知人に報告すると述べている。

　また慶応義塾が大学部を設置するに当たって招聘した法律科主任教師ジョン・ヘンリー・ウィグモア（John Henry Wigmore）の妻は、福沢家のパーティーの様子を、まるでアラビアンナイトのようであり、福沢の娘たちによる琴の演奏や美しい踊りをみて恍惚となり「お伽の国」に来たようであったと記している。

　福沢の妻錦もなかなかのプランナーで、例えば福引大会をするにもただ番付だけでは「殺風景」なので、常盤御前という籤を引いたら品物は笠に綿、太閤秀吉なら瓢箪に福草履というように謎かけを加えて大いに楽しませている（二一年一月六日付一太郎宛福沢書簡）。

　福沢家には、中津藩主奥平昌暢《まさのぶ》の正室芳蓮院が一橋家から持参したという内裏雛が残されていたが、雛祭に関する記録はない。

家庭音楽会

　福沢家ではパーティーの折に三味線や琴の師匠を呼ぶことがあり、また演奏自体を楽しむ会も開かれていた。三味線の杵屋六四郎（二代目）・杵屋弥十郎（六世）・杵屋六三郎（九世）、琴の山勢松韻（三世）・山登松齢（三世伊豆本）などが訪れている。明治二〇年以降の福沢邸内には、舞台のある部屋があった。芝居好きになった福沢がつくらせたという。

　福沢の娘たちは、琴や三味線、長唄、踊りなどを習っていた。三味線は杵屋弥十郎の弟子で、のちに名人といわれた吉住小三郎に習った。鶴の美しい絵が描かれた二六年頃と思われる音楽会の番組表が残されていて、それをみると福沢の娘たちや慶応義塾の教職員の娘たちが唄や演奏を披露している。この番組表には洋楽はないが、八年にはピアノを買い、二二、三年頃には、福沢の娘たちは慶応義塾で英語を教えていたファーロット(Marie von Fallot)から、ピアノも習っていた。

女義太夫の会

女義太夫を楽しむ会もあった。福沢家に残されていた女義太夫の会への招待状は、女性の文体でありながら明らかに福沢の筆蹟で、妻か娘の代筆をしているか、あるいは招待の対象が女性であることが分かる。他にも女性の文体で福沢の筆蹟の招待状案文があり、福沢がこのような楽しみを通じた交際も、近代社会形成の一端につながっているという意識を持っていたことがうかがえる。［西澤直子］

▼集会論　▼子どもの教育　▼茶話会

参考『伝』四—四六編。『ふだん着の福沢諭吉』。

園遊会《えんゆうかい》

明治二〇年代になると、慶応義塾や広尾の福沢別邸に大人数を集めて園遊会が開かれるようになる。もっとも早い例としては、二一(一八八八)年三月に福沢諭吉が三田演説館で演説を行ったあと、慶応義塾構内西側の稲荷山あたりの運動場で開いた会が確認できる。同年一一月に長男一太郎二男捨次郎がアメリカ留学から帰国した際には、一一日やはり運動場で学生を中心に一、三〇〇名ほど集めて酒肴を供する宴を開き、さらに二五日男女五〇〇名を招いて約四時間に及ぶ園遊会を催している。人と人との交際を重視する福沢の考えと、交遊関係の広がりが園遊会という形式に至ったといえる。

三一年五月一六日には、鎌田栄吉の慶応義塾長就任と、幕末にアメリカ東インド・シナ・日本海域艦隊司令長官として来日したペリー(Matthew Calbraith Perry)の従孫ペリー(Thomas Sergeant Perry)を慶応義塾大学部の文学科主任教師として招聘したことを披露する園遊会を、広尾の福沢別邸で開いている。参会者は三〇〇名ほどで、その中には明治一四年の政変で決別して以来、初めて顔を合わせる伊藤博文の姿もあった。［西澤直子］

▼慶応義塾同窓会　▼広尾福沢別邸　▼子どもの留学

参考『伝』四—四六編。『書簡集』九。

茶話会《さわかい》

明治二九(一八九六)年頃から福沢邸ではふだん着のまま茶と菓子で会話や遊びを楽しむ会が開かれた。福沢諭吉の意図は人と人との交際の推進にあり、案内状には茶話会では饗応の用意はわざとせず、「主人の本意」は来賓たちの談話の媒介になることだと書いている。福沢は、日本では芸妓が同席するような男性のみが楽しむ酒宴ばかりで、特に二〇年代後半から第二次企業勃興期になり、紳士紳商を称する人びとが連夜宴席を設け泥酔する醜態を繰り返す有様を批判し、近代社会の交際法として新しい集会のあり方を提唱した。

男性だけでなく女性の交際も推奨し、茶話会の招待状は夫婦宛のものも多い。差出人も福沢諭吉と錦《きん》の連名のものもある。印刷の案内状なので招待者の数も多く、また三〇年三月七日に出された案内には「例の茶話会」とあり、茶話会が人びとの間に定着していたことがうかがえる。

［西澤直子］

▼集会論　▼ホームパーティー

参考『書簡集』八・九。

宴会場　えんかいじょう

福沢諭吉が懇親会や同窓会など多人数の集会に際しよく利用した会場は、寿美屋、中村楼、紅葉館、帝国ホテルなどである。

寿美屋は築地一丁目にあり、高官なども利用した会席料理店で、三、四〇畳の部屋も多く絵画などの調度品も上等で店員も高尚であると評判がよかった。中村楼は本所両国橋畔にあり、演説会にも使用されている。紅葉館は明治一四（一八八一）年に開業した高級料亭で芝公園内にあり、広い座敷があった。慶応義塾出身の国会議員の集まりや同窓会などが開かれている。同じ芝公園内の三縁亭も茶話会や朝鮮の客人を招いた会合などに使われている。

帝国ホテルは二〇年に国賓の宿泊施設として計画され、二三年に竣工した。交詢社の大会や五女光《みつ》の結婚披露宴などが行われている。

［西澤直子］

▼帝国ホテルでの会合

参考『書簡集』三〜五・八。前坊洋『明治西洋料理起源』岩波書店、二〇〇〇年。池野藤兵衛『料亭東京芝・紅葉館―紅葉館を巡る人々』砂書房、一九九四年。

国内旅行

家族旅行　かぞくりょこう

家族団欒を重視した福沢諭吉は、多忙な中で時間をつくっては、しばしば箱根や鎌倉に家族を伴って保養に出掛けた。また関西方面を中心に、著名な寺社や名所旧跡をめぐる家族旅行にも出掛けている。

明治二（一八六九）年に簗《やな》紀平に宛てた手紙の中で福沢は、明治維新後のみずからの姿として「一家団欒」して過ごす家族を描き、その後もことあるごとに家族団欒の楽しさを語り、晩年に至っても『福翁百話』や『福翁自伝』において、家族団欒のすばらしさとそのためにすべき努力について述べている。新しい社会を形成する基礎として各人の「一身独立」を主張した福沢は、それを支える存在として家族を重んじ、楽しい一家団欒のプランを考えた。旅行はその一つの実践であった。二二年には総勢二〇名という大所帯で関西に旅行しているが、当初東京で留守番をする予定であった長男一太郎も、子どもが全員揃うのに一人欠けても面白くないとして同道させている。

妻や子どもとの最初の旅は、三年の熱海・箱根への保養かと思われる。その後、避暑や避寒、海水浴、湯治、名勝めぐりなどのほか、二四年二月には神戸で行われる二男捨次郎の結婚式出席のため旅をし、二八年三月には三女俊《しゅん》を夫清岡邦之助の赴任地広島まで、妻と二人で送り届けている。生涯最後の旅は、三三年七月の静岡行きである。三〇年一一月に京阪山陽地方を回り静岡に寄って帰京したあと、緒方拙斎に宛てた手紙では、その後もまた旅行することを楽しみにしていたが、翌年九月脳溢血を発症してしまった。いつから旅行を再開できたのかは不明だが、三三年七月上旬（高橋誠一郎によれば一九日）家族と共に沼津に赴き、そこから徒歩で静浦の保養館に向かい一週間ほど滞在した旅が、おそらく最後の旅行になった。

〔西澤直子〕

参考『慶応義塾学報』（三一号）一九〇〇年。高橋誠一郎『偉人伝全集　第九巻　福沢先生伝』改造社、一九三三年。

地方視察旅行 ちほうしさつりょこう

福沢諭吉の旅は、帰省や家族と羽を伸ばし参拝や遊覧あるいは湯治することを目的とした旅行のほかに、地方視察を目的とする旅行がある。

例えば明治五（一八七二）年四月には、前年に中津に設立された念願の洋学校を視察するため中津に向かう途中、五月一日から一〇日まで京都に滞在し府下の学校を見て回り「京都学校之記」をまとめている。一六年一一月には、浜野定四郎、岡本貞烋《さだよし》、高島小金治らを伴い日帰りで熊谷を訪れた。鉄道の必要を力説し日本鉄道会社創設にかかわった福沢に対して、第一期工事の本庄までが完成した機会に、同社よりチケットが送られて出掛けたものであった。福沢は熊谷直実の寺へ参り、熊谷での歓迎午餐会で演説した。演説内容は翌年二月一五日発行の『交詢雑誌』に発表されている。

本格的に地方視察を思い立ったのは一九年で、三月から四月にかけて約一か月間東海・京阪地方を回った。これがあまりに大事になり、着く先々で宴会に次ぐ宴会になってしまったため、五月には五日間と限って茨城地方への視察を行った。同行者は小幡篤次郎、浜野定四郎、岡本貞烋、渡辺治。汽車で上野を発ち、小山、笠間を経由して水戸へ向かい、水戸光圀の隠棲の地や弘道館などを見学し、開催された各地での懇親会で話をした。この旅の紀行文を渡辺が『時事新報』に書いている。

二七年一〇月には前橋行きが計画され、関東蚕糸業大会と慶応義塾同窓会に出席するはずであったが、風邪をひいて出席できなくなり、関東蚕糸業大会での祝辞は、当時富岡製糸所長であった慶応義塾卒業生の津田興二が代読した。

［西澤直子］

▼中津市学校　▼鉄道論　▼養蚕・製糸業論

参考『考証』下。『書簡集』四・五・七。

明治八年　日光の旅

めいじはちねん　にっこうのたび

明治八(一八七五)年四月一四日から二二日までの日程で行った家族旅行。一七日に釜屋善三郎方へ止宿し、一八日に中禅寺湖や華厳の滝を見物、一九日早朝に出立、鹿沼に東原熊次郎を訪問、二二日に帰宅した。福沢諭吉は知人の島津復生に、費用はあまりかからず楽しく愉快な旅であった、と書き送っている。なお、妻錦《きん》と子どもたちは二〇年八月にも日光を訪れている。

［坂井博美］

参考『書簡集』一・五。

明治一九年　東海道・京阪の旅

めいじじゅうくねん　とうかいどう・けいはんのたび

明治一九(一八八六)年三月一〇日から四月四日までの日程で行われ、鉄道の普及により各地の民情風俗が変化しないうちに視察することと、前月に没した緒方洪庵夫人八重の墓参が目的であった。同行者は酒井良明、大河内輝剛《てるたけ》、内田弥八、岡本貞烋《さだよし》、本山彦一。

塾生六〇〇余名が見送るなか品川駅を出発し、静岡、岡崎、津、奈良などを経て、三月二二日に大阪に到着。その翌日、緒方夫妻の墓参をし、その後和歌山、京都、大垣などをめぐり、四月四日品川駅に到着し帰宅した。福沢諭吉が訪れる先々では慶応義塾出身者らにより懇親会が催され、その回数は、すべてには出席しきれないほどであった。旅の様子は本山により、一九年三月一七日から四月三〇日まで『時事新報』紙上に「旅行日記」と題し連載されている。

［長南伸治］

参考『伝』三―三六編。『考証』下。『書簡集』五。

明治二二年　京阪・山陽の旅

めいじにじゅうにねん　けいはん・さんようのたび

明治二二(一八八九)年九月一六日から一〇月五日までの旅程で行われた家族旅行。家族一二人(福沢諭吉、妻錦《きん》、長男一太郎、一太郎妻かつ、長女中村里《さと》、孫中村愛作、二女房《ふさ》、三女俊《しゅん》、四女滝《たき》、五女光《みつ》、三男三八《さんぱち》、四男大四郎)のほか、福沢家で働く人や出入りの植木職人までも同行し、総勢はおよそ二〇人に及んだ。その頃多忙を極めていた福沢が、奈良の大仏など名所旧跡を眺めながらのんびりくつろぎ、ふだんできない家族サービスをし、特にひとり神戸で生活している二男捨次郎(山陽鉄道会社勤務)と団欒のひとときを楽しむことが目的であった。

当初はもっと早く東京を出発する予定であったが、雨天が続きなかなか出発できなかった。福沢は江戸の美人(妻と娘たち)が西に出掛けるので、東海の竜神がやきもちを焼いているという意味の漢詩までつくっている。横浜、神戸、明石、兵庫、大阪、奈良、京都、大津、名古屋、静岡と回り、舞子の松、生田神社、須磨寺に始まり、天満宮、住吉神社、法隆寺、春日神社、東大寺、興福寺、本能寺、銀閣寺、南禅寺、知恩院、清水寺、東西本願寺、三井寺、石山寺（近江八景）、金閣寺、熱田神宮、駿府城ほか主だった観光地を数多く訪れている。大阪では自身の生誕地である中津藩蔵屋敷の跡も訪ねた。

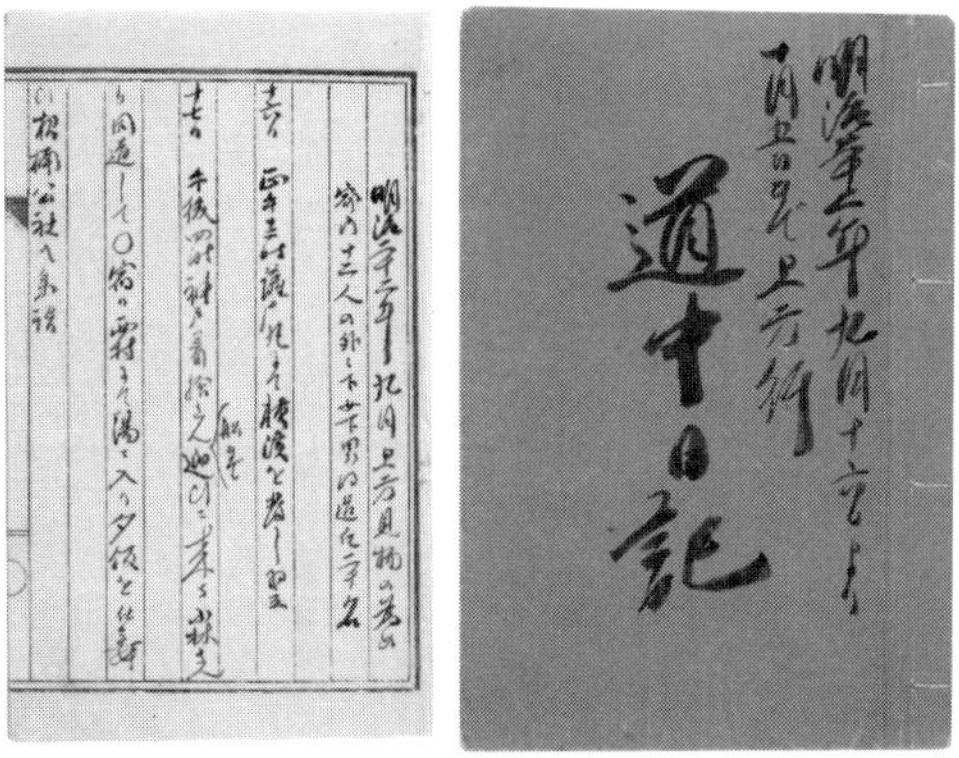

◉道中日記（表紙）と冒頭部分

出発前九月七日付で捨次郎に宛てた手紙には、周囲の人には知らせずひそかに出発する「ぬけ参り」をすることや、子どもたちの体調を考えながら旅程を練ること、当初一太郎は留守番の予定であったが、子ども全員が揃うのにひとり欠けても面白くないので同道させようと決めたことなどが書かれている。この旅行は、福沢による詳細な道中日記が残っており、和気あいあいと観光地をめぐる様子をうかがい知ることができる。まだ幼い子のことを考えて、後日の語り草のために記録したといわれる。

［西澤直子］

明治二四年 神戸・京都の旅《めいじにじゅうよねん こうべ・きょうとのたび》

明治二四（一八九一）年二月八日から一四日までの日程で行われた旅行。二男捨次郎と兵庫県知事林董《ただす》の長女菊との結婚式に参加するため福沢諭吉と妻錦の二人で出掛けた。

前年から東京ではインフルエンザが流行し、そのため福沢一家も皆体調を崩し、一時は結婚式への参加が危ぶまれるほどであったが、幸いに一〇日の式に間に合うよう体調は回復し、夫婦揃って神戸に向かった。途中、名古屋に一泊し、九日の夕刻神戸に到着。翌日、宇治川の旅館常盤楼で行われた結婚式に参加。一一日には二男夫婦と共に林家に招かれ歓待を受け、翌一二日、倉敷に新婚旅行に向かう二男夫婦を見送っている。その後、諭吉夫婦は京都の松屋吉兵衛方に一泊、翌一三日は浜松に一泊し、一四日の夕刻品川に到着、無事帰宅した。この旅は、夫婦共に病み上がりであっただけに、滞在先では遊覧することなく、疲れを癒すことに専念したようである。

［長南伸治］

明治二五年 京阪・山陽・名古屋の旅《めいじにじゅうごねん けいはん・さんよう・なごやのたび》

明治二五（一八九二）年四月二五日（一部史料では二六日）から五月一六日までの日程で行われた家族旅行。同行者は妻錦、二男捨次郎、三女俊、四女滝、五女光、三男三八、長女の夫中村貞吉。

この旅では、鉄道を使って名古屋から京都へ出て、吉野で花見をした後、宮島や金比羅へ参詣し、再び大阪、京都を経て帰京した。詳細な旅程は、同時期の福沢一太郎宛書簡や清岡邦之助宛書簡にみられる。天候に恵まれず京都での滞在を延期したほか、広島から宮島へなかなか渡ることができないなど、数次にわたって旅程の変更を余儀なくされた。福沢諭吉は悪天候を歎いていたものの、帰京後の清岡宛書簡では、この旅に満足した旨を書き送っている。〔大庭裕介〕

明治二七年 中津の旅
めいじにじゅうしちねん なかつのたび

明治二七(一八九四)年二月二七日から三月一五日までの旅程で行われた墓参のための帰省。安政五(一八五八)年出府以来四度目の帰郷になる。同行者は長男一太郎と二男捨次郎、下関から山口に隠棲していた日原《ひのはら》昌造も加わった。

帰京後、福沢諭吉は日原宛書簡(三月一八日付)の中で、下関での散歩と耶馬渓についての印象を述べている。とりわけ耶馬渓には大きな関心を抱き、耶馬渓の一部の土地が売りに出されていることを知り、買い手による樹木乱伐を懸念して、名勝保存のため他人名義で目立たぬように少しずつ土地を購入した。〔大庭裕介〕

▼耶馬渓競秀峰景観保全 ▼日原昌造

参考 『伝』二―二〇編。『書簡集』七。

明治二九年 近畿の旅
めいじにじゅうくねん きんきのたび

明治二九(一八九六)年四月の伊勢神宮参詣の家族旅行。四月二一日に東京を出発し、二三日に外宮、二四日には内宮と二見浦を見物した。妻の錦や子どもたち、大工の金杉大五郎や植木屋の親方などが同行した。このときは門下生伊藤宜七の家に宿泊し、帰路二七日名古屋の商工会議所で講演を行い、宴席にも招待されている。二六日までに帰京する予定であったが、出発後雨天が続き、予定どおり進むことができなかった。帰京は二九日まで延び、一六年間無欠席であった交詢社の大会をついに欠席することになった。〔徳永暁〕

明治二九年 信州の旅
めいじにじゅうくねん しんしゅうのたび

明治二九(一八九六)年一一月に妻の錦と長男一太郎、三男三八、長女中村里、それに加えて門下生の北川礼弼《れいすけ》、小山完吾らを伴い信州を訪れた旅。

一一月六日に列車で上野を発って長野へ向い、善光寺に参詣した。七日には師範学校で講演を行い、一二〇人の宴会に出席している。その後、越後高田から出てきていた野口孝治らに高田へ誘われ、錦と三八、里は八日に帰京させ、福沢諭吉たちは高田へと向かった。高田のほか小諸、野沢、上州新町をめぐり、上州新町では三井紡績所を訪問している。地方在住の門下生や知人との交流を深める旅になり、一一日に帰京した。一五日から一九日まで、北川の随行記が『時事新報』

に掲載された。

参考『伝』三―三六編。『書簡集』八。

［徳永暁］

明治三〇年《めいじさんじゅうねん》 京阪《けいはん》・山陽《さんよう》・名古屋の旅《なごやのたび》

明治三〇（一八九七）年一一月二日から一九日までの日程で京阪、山陽地方をめぐった家族旅行。東京を発し名古屋に一泊、三日から五日にかけて京都をめぐり、六日は大阪で同窓会に出席して演説、奈良を回り、大阪城にも赴く。九日より広島に向かい一泊。一〇日は山陽鉄道社長牛場卓蔵の案内で広島から徳山に至る新線路を視察して宮島に一泊、一一日には岡山、一二日大阪に帰り、翌一三日には箕面《みのお》で紅葉を楽しんだ。一四日には京都での同窓会に臨み演説をこなし、一六日には御所や各離宮を鑑賞した。一八日に京都を立ち、静岡に一泊、一九日帰京。可能な限り山陽鉄道を利用し、船上から眺めることが多かった中国地方をじっくり視察する旅になった。

［徳永暁］

参考『伝』三―三六編。『書簡集』八。

熱海・箱根での保養《あたみ・はこねでのほよう》

福沢諭吉は、湯治を目的に熱海や箱根もよく訪れた。初め熱海を好んだようだが、明治三（一八七〇）年秋に大病後の療養の際、熱海から箱根に足を延ばすと、その後頻繁に箱根を訪れるようになった。箱根には生涯で少なくとも、一七回は訪れている。定宿は湯本と塔之沢にあった福住旅館で、旅先でも日課の健康法を行い、温泉の効能より気分転換が目的であった。

［西澤直子］

▼福住正兄　▼山口仙之助

大磯・鎌倉での保養《おおいそ・かまくらでのほよう》

福沢諭吉はしばしば保養や海水浴を目的に鎌倉や大磯を訪れた。鎌倉には少なくとも五回は足を運んでいる。明治三（一八七〇）年は家族や友人と共に二週間ほど熱海で湯治後、箱根や江ノ島などを経て鎌倉へ向かい、一〇年頃にも再訪している。二〇年九月、二一年七、八月には子どもを同伴し長谷観音前にある三橋旅館に滞在した。三橋与八の経営する同旅館は文化年間（一八〇四～一八）にはすでに宿屋を営んでいたといわれ、明治期に規模を拡大し、各界の有力者が多く逗留した。東海道線の整備に伴い、鎌倉―東京間の所要時間は二時間半から三時間余りで、福沢は滞在中、東京での用事を果たすためこの区間を往復した。

大磯へは、二六年から二九年にかけて毎年訪れている。招仙閣に遊んだ二六年二月には、海水浴の効用を説き大磯を海水浴場に適した地として世に紹介した松本順を讃える文を綴り、宿の主人に与えた。同文は、「大磯海水浴場の恩人」と題して『医事新聞』に掲載された。

［坂井博美］

参考 浪川幹夫「所謂「三橋旅館」について」『鎌倉』（七八号）鎌倉文化研究会、一九九五年。『考証』下。『伝』三―三六編、四―四八編。『書簡集』五・六。『福沢諭吉と神奈川』。

福沢家家系図

福沢諭吉の兄姉・子孫

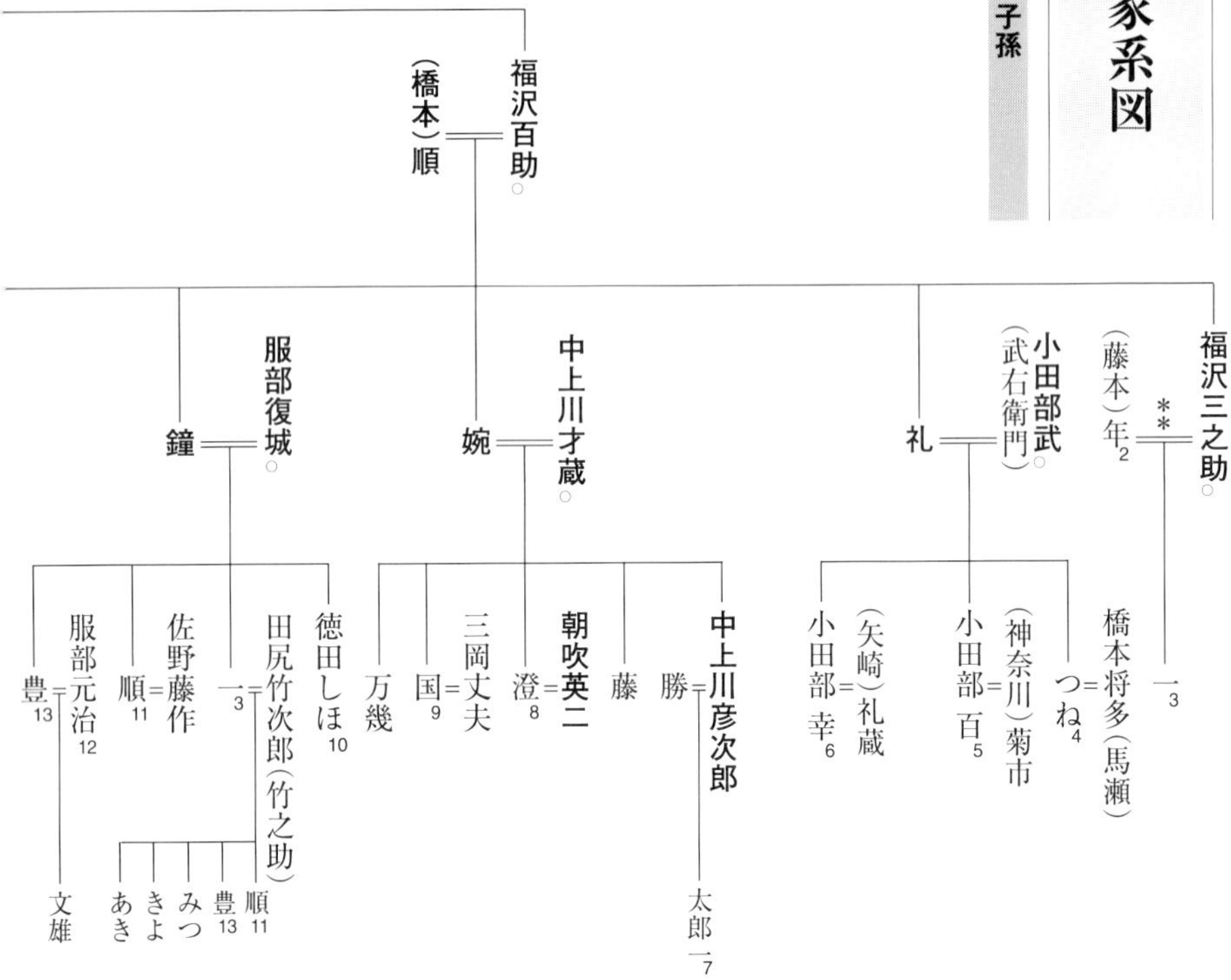

凡例▼

一、福沢諭吉を中心に、父の代から孫の代までを系図に表した。最初に諭吉の兄姉・子孫の系図を掲げ、次に父の弟妹、妻錦の姉弟の系図を収めた。系図中の孫は存命中の生誕とは限らず、また甥姪の子は全てを示しているわけではない。

二、各図の関係を分かりやすくするために、父母、兄夫妻、諭吉夫妻には、それぞれ＊、＊＊、＊＊＊を付した。

三、○を付した人物は、中津藩士である。

四、注の番号が同じ場合は同一人物である。

五、Ⅰ生涯もしくはⅡ人びとに、関連する項目のある人物はゴシックで表示した。

1 福沢友米の娘で、中村家より養子に入った兵左衛門と結婚した。長男百助の妻順（じゅん）の実家橋本家は、文政五（一八二二）年の二人の結婚の翌年、順の父浜右衛門が没し、わずか一〇歳の妹志従（しより）だけが残された。楽（らく）は橋本家に赴き、志従を養育したという。嘉永五（一八五二）年という没年から考えて、諭吉はこの祖母と多くの時間を過ごしたと思われるが、『福翁自伝』その他においてまったく語られていない。志従はのち儒学者橋本中次郎（塩巌）と結婚し、その息子馬瀬は楽の曾孫つねと結婚した。

2 三之助とはいとこ同士で結婚した。三之助が安政三（一八五六）年に没した後は、川島藤兵衛と再婚した。

3 嘉永七（一八五四）年生まれ。父没後母と離

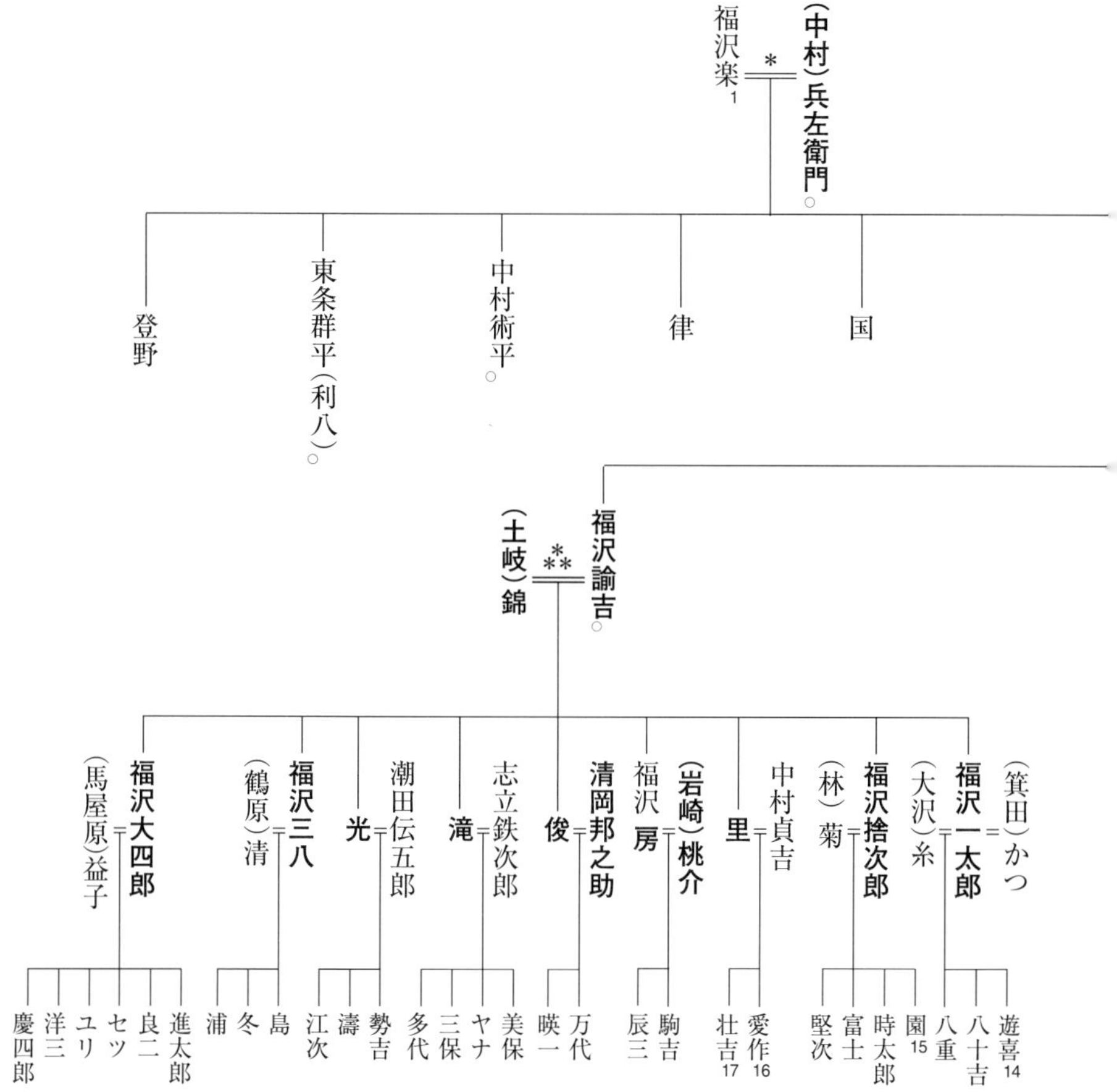

別し祖母順に育てられ、明治三(一八七〇)年順と共に上京、慶応義塾構内に住む。七年の順の没後は叔母の服部鐘(かね)に引き取られ、のち田尻竹次郎(竹之助)と結婚し、五女を儲けた。中津では、鐘の影響でロシア正教の教会に通っていた(『女学雑誌』二九五)。二六年没。一(いち)の没後は、その長女順(じゅん)が、順が結婚すると二女豊(とよ)が鐘の養女となった。

4 明治一八年四月八日付小田部武宛の手紙で「おつね」の死を悼み「私最第一の姪」といっているので、小田部の長女と推察される。祖母順の妹志従の子橋本馬瀬と結婚した。

5 文久二(一八六二)年生まれ。諭吉の手紙によれば明治一二年には菅沼新の息子堅次郎と縁があったようだが、一七年に中津出身の神奈川菊市を婿養子に迎えている。三八年没。

6 慶応元(一八六五)年生まれ。諭吉の手紙では明治一七年に松田益三との縁談がととのったようだが、二五年熊本出身の矢橋礼蔵を婿養子に迎えた。大正一四(一九二五)年没。

7 明治一三年生まれ、二〇年二月に慶応義塾入学。名付親は諭吉。彦次郎と勝には、他に五男四女がある。

8 安政七(一八六〇)年生まれ。明治八年諭吉の勧めで、同人の媒酌により朝吹英二と結婚。翌年には慶応義塾構内でアリス・エリナ・ホアから英語や編物などを学んでおり、ホアと一緒に写った写真も残っている。大正八(一九一九)年没。

9 明治一〇年代前半に福沢家の娘たちと共に幼稚舎で学んだといわれる。夫は由利公正の子。

10 鐘が初め徳田弥太夫と結婚して生まれた子

福沢百助の兄妹

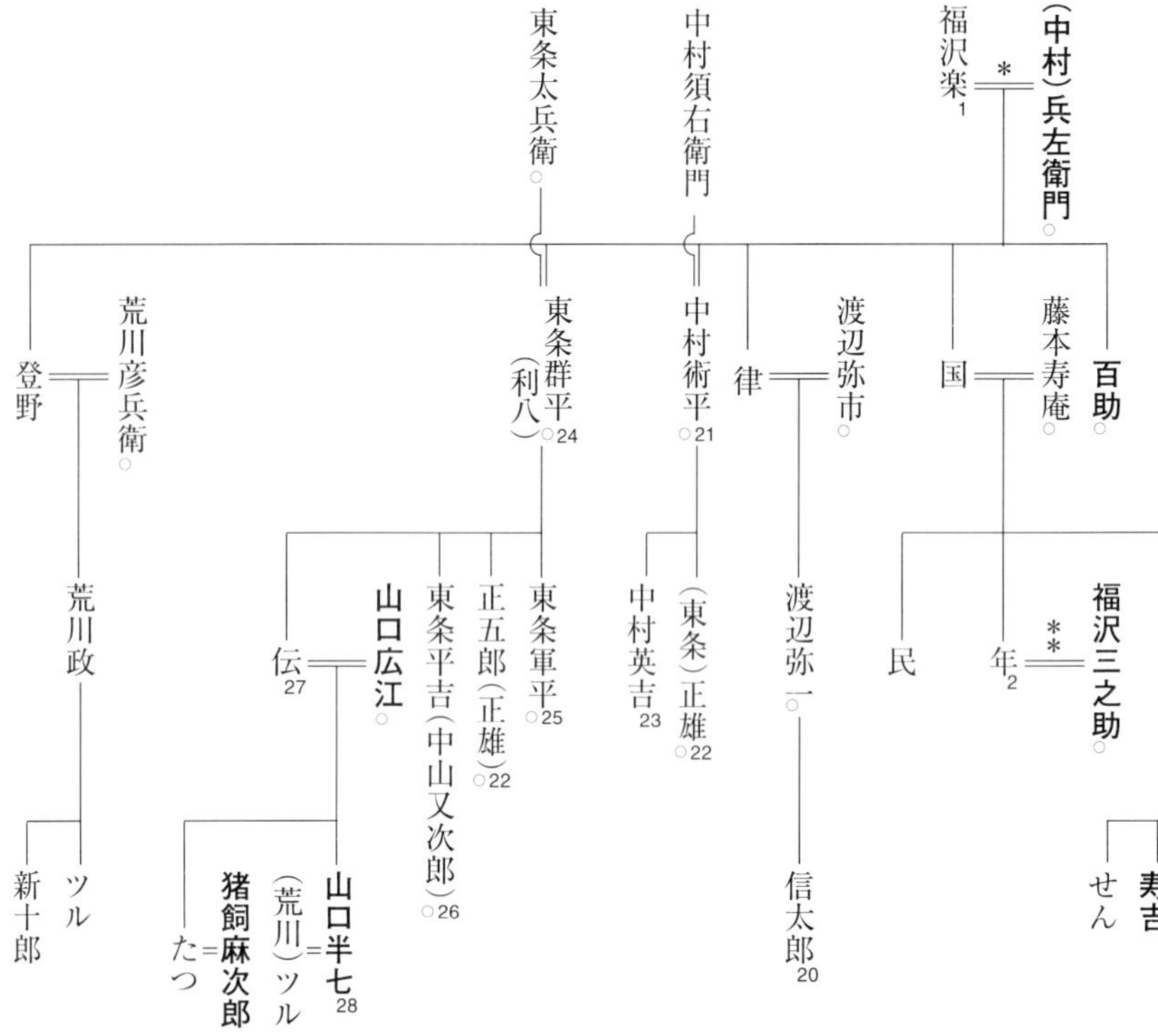

とも、服部復城との間の子で養女に出したともいわれるが定かでない。鐘が実母であることは明治一九（一八八六）年五月一四日付山口広江宛の諭吉の手紙から分かる。難産が原因で二六年没。

11 福沢三之助の長女一の長女で明治一〇年生まれ。母没後はその継母服部鐘に養育され、二七年に養女となるが、のち佐野藤作と結婚した。

12 旧杵築藩士竹本勝五男。明治八年生まれ。三〇年一一月鐘の養子となり、復城生前に築家との養子縁組が解消した服部家を継いだ。

13 明治一四年生まれ。姉順が佐野家に嫁いだので、三〇年服部鐘の養女になり竹本元治を婿に迎えて、元治が服部家を継いだ。翌年長男文雄が生まれ、諭吉は元治宛の四月二五日付の手紙で「善き御名に御座候」と書き送っている。昭和一三（一九三八）年没。

14 明治二四年生まれ。初めての女児の孫。大正七（一九一八）年没。

15 明治二五年生まれ。園が出した病気見舞状に対する諭吉の返信は三三年一〇月一四日付で、現在判明している諭吉自筆の手紙は、この日のもの二通が最後である。昭和五〇年没。

16 明治一七年一一月生まれ。二九年一月慶応義塾入学、三八年卒業。三井銀行に入る。三島製紙会社を経て日本パルプ工業会社社長、のち同会長。昭和二八年没。

17 明治二二年生まれ。三一年二月慶応義塾に入学。昭和八年没。

18 隠居後箭山。緒方洪庵に学び、文久元（一八六一）年の中津医学館開設に参画。明治一一年没。享年六三とされる。

19 明治二年一〇月に一七歳で慶応義塾に入

学。のち慶応義塾出版社に勤務した。
20　明治四(一八七一)年二月に一七歳で慶応義塾に入学。のちに諭吉の母らが上京したあと、中津の福沢旧邸(旧橋本家)に住む。
21　福沢諭吉を養子にとるが、安政三(一八五六)年諭吉が福沢家を継ぐことになり、その後甥の東条正五郎を養子にするが、のち実子が生まれた。明治二年に六六歳で没す。
22　はじめ正五郎。諭吉が去ったあと養子に入る。慶応義塾用度係を勤め、三田豊岡町に住んだ。
23　東条家から正五郎が養子に入ったのちに生まれた実子。明治三年一二月に一三歳で慶応義塾に入学。慶応義塾出版社や貿易商会に勤務。中津市学校の「事務委員」(役員)を務め、また慶応義塾、大阪市中学校、下関商法学校などで教鞭をとった。
24　「市校事務委員集会録事」によれば、明治一四年二月まで、中津市学校附属の女学校で教えた。諭吉は同年六月二三日付で正雄や平吉に宛て、病気を見舞う手紙を出している。
25　明治四年には福沢宅に寄宿しており、諭吉が父利八に宛て、軍平が今しばらく東京に留まるよう勧める手紙を書いている。その後慶応義塾塾監局で会計事務を担当。晩年は三田豊岡町に家を持った。
26　中山家へ養子に入り、中山又次郎と改名。中津で代言人となった。
27　諭吉とも親しい山口広江と結婚した。
28　妻は母伝のいとこ荒川政の娘に当たる。
29　慶応元(一八六五)年に没し、嫡男秀太郎は幼く家督を相続できず、奥平彦四郎が養子となって継いだ。
30　明治六年七月慶応義塾に入学、一七年卒業。同年九月に福沢が戯文を添えた錦絵「北京夢枕」を描き刊行している。一八年春に渡米し、漫画、石版書画、写真術などを学ぶ。二三年春に帰国、時事新報社に入り漫画家として活躍した。著書に『一瓢雑話』(一九〇一年)。三七年没。
31　早くに養子八郎に家督を譲っている。
32　賛洋の養子。日下田三応の四男で明治三年一一月入籍し、ただちに家督を相続した。三年一二月慶応義塾に入学。
33　明治一三年生まれ、最初塾監局で働きながら学んでいたが、諭吉の助言で三〇年九月、「梅太郎三男」として慶応義塾に入学。同年一二月まで「普通科四等ノ二」に在籍が確認できる。

土岐家兄姉・子孫

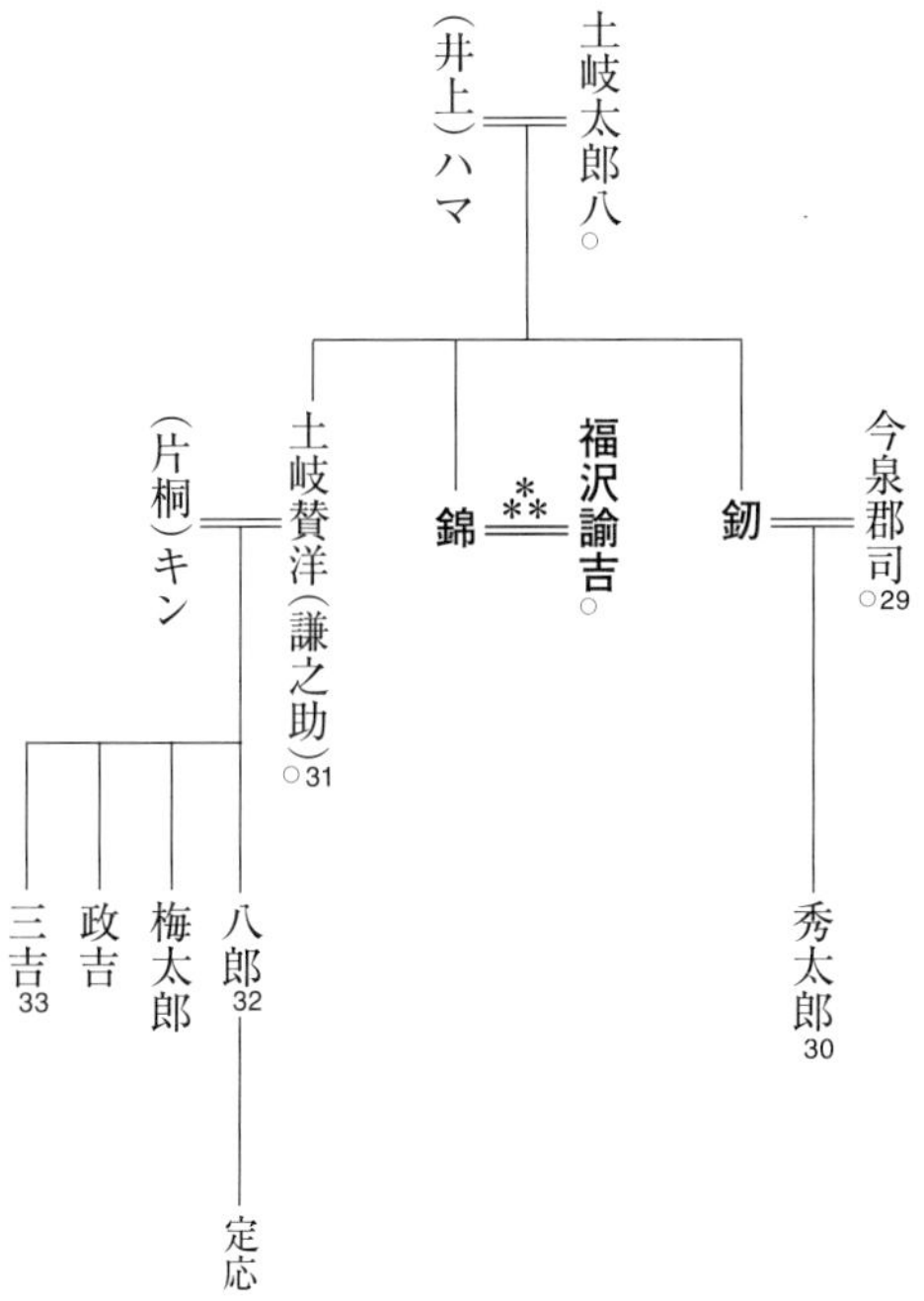

Ⅱ

人びと

あ行

浅岡満俊 あさおか みつとし

文久元（一八六一）～昭和一一（一九三六）年。海軍技官。伊予国（現愛媛県）松山藩士豊島満孝の二男として生まれ、のち浅岡氏の養子となる。藩校明教館、松山中学に学んだ。明治一二（一八七九）年三月慶応義塾に入学、一三年半ばまで在籍。塾生の演説グループ精干社に参加。わが国の通商航海、沿海防備のためには造船業が必要であることに思い至り、以後、ダーウィンやミルを読むつもりはないとして退学して横須賀造船所の職工となった。

その後、一五年一一月海軍省主船局判任御用掛として出仕。浅岡の志望を理解した福沢諭吉は、咸臨丸渡米の際の機関方であった肥田浜五郎へ浅岡を「造船学執心」の者として推挙したと福沢一太郎・捨次郎宛の一六年七月の書簡に記している。また、海軍卿川村純義への同年五月の書簡で「洋書も相応に読み、兼《かね》て器械学執心」であり、「至《いたっ》て順良なる性質にて、拙宅へは常に出入」している人物として紹介している。一六年六月には軍艦注文のため海軍機関中将宮原次郎に随行しイギリスに派遣され、一九年英国海軍兵学校で造船技術を学ぶ。二四年に帰国、横須賀造船所に勤務。三四年海軍艦政本部付、四〇年舞鶴海軍工廠、翌年佐世保海軍工廠に転じ、海軍造船大監となった。昭和一一年八月二六日没。〔松崎欣一〕

参考『慶応義塾出身名流伝』。『入社帳』Ⅱ。

朝吹英二 あさぶき えいじ

嘉永二（一八四九）～大正七（一九一八）年。実業家。朝吹泰造の二男として豊前国下毛《しもげ》郡下郷村宮園（現大分県中津市）に生まれる。生家は代々庄屋。幼名万吉。村上姑南につき漢学を修め、さらに日田の咸宜園《かんぎえん》に学び、明治二（一八六九）年大阪に出、翌年増田宋太郎と連絡しつつ福沢諭吉暗殺を企て失敗したといわれる。そののち転向し、福沢に従って上京、福沢邸の玄関番をしつつ三年一二月慶応義塾に入学。五年慶応義塾出版局の主任となった。八年中上川彦次郎の妹（福沢諭吉の姪）と結婚。九年丸善に入り、一〇年薬店の課長。一一年七月、荘田平五郎の紹介で三菱会社に入り、支配人として

岩崎弥太郎の下で辣腕を揮った。一三年貿易商会の創立とともに取締役となったが直輸出の目的を達せず、生糸暴落で貿易商会が破産したため、一時浪々の身となる。

　二五年一月中上川の推挙で鐘淵紡績会社専務取締役となり、不振だった社運を挽回した。二七年三井銀行の抵当流れとなった富岡製糸所・芝浦製作所を中心に三井工業部が設立されると、その専務理事に転じ、三五年三井管理部理事、三井家総事業の監督に任じられ、中上川を助けて三井財閥の基礎を固めた。この間、三井呉服店専務理事、王子製紙会社取締役会長など三井系諸会社の要職にあり、また東京商業会議所特別議員などに挙げられ、広く実業界に活躍した。他方、立憲改進党の結成などにも尽力し、晩年も交詢社系の政治運動の先頭に立ち、第一次憲政擁護運動を支援した。大正七年一月三〇日没。

〔飯田泰三〕

参考 大西理平編『朝吹英二君伝』朝吹英二氏伝記編纂会、一九二八年。

葦原雅亮《あしはら がりょう》

明治八（一八七五）〜昭和三六（一九六一）年。慶応義塾寄宿舎舎監、僧侶。熊本県天草郡の浄土真宗本願寺派円教寺に生まれ、明治二五（一八九二）年に慶応義塾入学、三一年に別科を卒業した。卒業後は義塾中年寮舎監、寄宿舎舎監などを勤め、作文などの講座を担当したほか、塾員名簿の作成や『福翁自伝』の浄書にも当たっている。

　この間、鎌倉や京都で修行を積んだが、福沢諭吉が旅費や生活費を工面してくれたという。福沢の晩年には塾に呼び戻されてそのかたわらにおり、三一年の脳溢血発症後の病状や回復の経緯を記した詳しいメモを書き残した。回復後、福沢はみずからの揮毫の落款に「明治卅弐季後之福翁」を用いたが、これを提案して彫ったのは葦原である。

　葦原は晩年の福沢について思い出話を語り残している。それによれば、還暦の祝いに羽織姿の銅像が制作された際、福沢はこれが気に入らず、家族は土蔵に放り込んで目に触れないようにしてしまったという。やはり還暦祝いでつくられた灯台型の置物も不満で、あれは何だと福沢が怒鳴った。脳溢血後の三二年頃には葦原が『時事新報』の社説を福沢の面前で音読し、気に入った社説があると執筆者を呼んでほめたという。福沢は三四年一月二五日に脳溢血を再発するが、その直前には葦原と学生の小山完吾とに「瘠我慢の説」に関することを元気に語っていた。

　のちに円教寺住職となり、時折上京しては福沢家などの歓待を受けた。帰郷後の消息は『草枕牛の涎』と題して出版され、葦原の提案によって昭和三〇（一九五五）年には郷里の町名が「五和町」と

名づけられた(平成一八〔二〇〇六〕年に天草市に合併)。昭和三六年二月一日没。〔小川原正道〕

参考 『書簡集』九。『伝』四—四三・四四編。『考証』下。『ふだん着の福沢諭吉』。富田正文「福沢病後の揮毫 付・葦原雅亮のこと」『手帖』(一六号)一九七八年。同「故葦原雅亮遺蔵資料について」『手帖』(一八号)一九七八年。『熊本日日新聞』一九九四年一〇月二二日付朝刊。

阿部泰蔵 あべ たいぞう

嘉永二(一八四九)～大正一三(一九二四)年。教育者、実業家。三河国下吉田村(現愛知県新城市下吉田)の医師豊田鉉剛の四男に生まれ、のち吉田藩医阿部三圭の養嗣子となる。斎藤拙堂、杉田玄端らにつき、青地信敬の塾では早矢仕有的《はやしゆうてき》や荘田平五郎と共に英学を学ぶ。慶応四(一八六八)年一月福沢諭吉の塾に入り、明治二(一八六九)年には慶応義塾長に任じた。三年一一月大学南校教授となる。四年七月文部省に出仕し、七年に同省よりウェーランド『修身論』*The Elements of Moral Science* を翻訳、刊行した。八年義塾に戻り、翌年再び文部省に出仕、文部大輔田中不二麿に随行して渡米。一〇年に帰国、一一年に退官した。一三年交詢社の設立時には社則起草委員を務め、常議員として運営に参画した。一四年に慶応義塾維持資金の醵金が行われた際には理事委員を務めた。その後、四四年四月より大正二(一九一三)年一〇月まで評議員会議長を務めるなど、母校の支援に尽力した。

明治一二年一二月頃、福沢のもとで生命保険創設のことが話題となり、やがて阿部を軸として準備が進められ、わが国初の生命保険会社として一四年に明治生命保険会社が設立され、頭取に就任した。二四年には明治火災保険会社を創設し、引き続き保険業の発展に寄与した。

一六年には福沢の長女里《さと》と中村貞吉の結婚の媒酌人を務めた。また義塾の重要事項を協議する会合にもしばしば招かれるなど阿部への福沢の信頼も厚かった。小説家の水上滝太郎(阿部章蔵)は四男。章蔵の妹、とみは小泉信三に嫁す。大正一三年一〇月二二日没。〔松崎欣一〕

参考 昆野義平「阿部泰蔵」『評論』(六二七・六二八号)一九六四年。明治生命保険相互会社編『本邦生命保険創業者阿部泰蔵伝』一九七一年。

飯田三治 いいだ さんじ

安政三(一八五六)～大正七(一九一八)年。時事新報社員、米穀取引所理事。福沢家の縁戚に当たる中津藩士飯田家に生まれ、笹部平四郎の養子となる。明治四(一八七一)年一二月に、実兄飯田平作に

遅れること一年で慶応義塾に入学。のち飯田姓に復す。

福沢家に住み込み、書生として玄関番や出版関係の仕事などを行い、八年の三田演説館建設の際には「普請奉行の下廻り」(「義塾懐旧談」)を務めた。一時期中津に戻り、福沢諭吉が設立に尽力した中津市学校で教鞭をとり、また法律研究所を設立したが、国会開設運動を機に上京したといわれ、上京後は再び福沢家に寄宿。一六年に朝鮮から留学生がやってきたときには、その世話掛を務めた。

一九年から二四年までは時事新報社に勤務し庶務を担当していたが、福沢は他の就職先を斡旋すべく中上川彦次郎らに依頼。その後、静岡および東京の米穀取引所理事、歌舞伎座株式会社取締役、目黒競馬会社常務理事を務める。

迁也や傘二の号で特に連歌を好み、俳句を嗜んだ福沢夫人錦《きん》の師でもあった。大正七年二月一五日没。〔西澤直子〕

参考 飯田三治「義塾懐旧談」『評論』(二四三号)一九一七年。『慶応義塾出身名流列伝』。

飯田平作 いいだ へいさく

嘉永二(一八四九)〜昭和一五(一九四〇)年。中津藩士。時事新報社員、養鶏業者。飯田家は福沢家の縁戚筋に当たる。大阪の開成学校でフランス語を学んでいた明治三(一八七〇)年に、中津から母を伴い帰京する途中の福沢諭吉に会い、洋学を学ぶなら英語のほうがよいと勧められて同行、一二月慶応義塾に入学した。学費が足りず一度帰郷し、明治五、六年頃には大分県立学校で教鞭をとったが、再び上京。慶応義塾出版社に入り七年刊行の『民間雑誌』、のち『家庭叢談』『(再刊)民間雑誌』の発行に携わった。慶応義塾内での活版印刷は、飯田が築地活版所から活字と機械を買って組み立てて、七年一月の『学問のすゝめ』四編と二月の『民間雑誌』から始まったという。

一一年には神戸商業講習所の創立にかかわって講師となり、一五年の『時事新報』創設時には、再び出版に携わり初代工務部長となった。明治生命保険会社や鐘淵紡績会社に勤務したこともある。一九年より三田豊岡町の住居で養鶏業を始めて成功を収め、下目黒でも養鶏、および植物の種苗を育てる「エビス農園」を経営した。養鶏に関する著書も多い。昭和一五年一二月一日没。〔西澤直子〕

参考『考証』上・下。『慶応義塾出身名流列伝』。『評論』(五二一号)一九四一年。

猪飼麻次郎 いがい あさじろう

安政三(一八五六)~明治三四(一九〇一)年。慶応義塾初期の塾長。中津藩上士猪飼家に生まれる。明治四(一八七一)年二月慶応義塾に入学。在学中、三田演説会の最初の会員一四名のうちの一人となる。七年中津市学校教員として中津に派遣される。一一年に塾長に就任。翌年から一年間、再び校長として中津市学校に赴任。一三年郵便汽船三菱会社に入社し、翌年同社上海支配人となる。

一九年辞職し、長崎商業学校長に就任。以後、上海の日清貿易研究所を経て、滋賀県立商業学校長に転じ、貨幣論や銀行論を教えた。二九年、中上川彦次郎の呼び掛けに応じて三井銀行に入行。足利支店や京都支店の支配人を務めた。

夫人の山口たつは、福沢諭吉の従妹山口伝《でん》(山口広江の夫人)の娘で、猪飼と福沢は姻戚関係に当たる。

西南戦争の際、賊名を負わされた西郷隆盛がしのびないとして福沢が行在所《あんざいしょ》に提出させた休戦開廷の建白書には、猪飼が連名のトップに署名しており、福沢との親密な関係がうかがえる。

書簡のやりとりも多数みられ、中津や長崎、滋賀など各地へ赴任した猪飼に、福沢は自作の漢詩を交えて自身の健康や義塾、『時事新報』の近況などを逐一伝えている。夫人の病気や子息の死去など、猪飼家の不幸を気遣う福沢の心情が分かる書簡もみられる。三四年六月一四日没。

〔甲原潤之介〕

参考 富田正文「中上川彦次郎と猪飼麻次郎」『手帖』(四三号)一九八四年。山口一夫「晩年の猪飼麻次郎」『手帖』(四四号)一九八五年。『書簡集』六。

石井謙道(信義) いしい けんどう(のぶよし)

天保一一(一八四〇)~明治一五(一八八二)年。美作《みまさか》国勝山藩(現岡山県真庭市)出身の蘭方医。勝山藩医石井宗謙の長男。江戸で箕作阮甫、松木弘安(寺島宗則)らに蘭学を学ぶ。その後長崎に出てオランダ軍医ポンペ(J. L. C. Pompe van Meerdervoort)のもとで修業。安政五(一八五八)年四月、緒方洪庵の適塾に入門。文久二(一八六二)年、緒方が江戸に出て西洋医学所頭取に就任し、石井は同じ適塾門下生である島村鼎甫と共に同医学所教授となる。明治維新後は名を信義と改め、大学東校の少博士、大阪医学校校長兼病院長などの職を歴任した。明治一五年一月一二日没。

石井の妻は適塾で同窓の高橋順益の妹愛子で、高橋没後、福沢諭吉が愛子の仮親となって二人の結婚の世話をしている。石井が先に東京から大阪に赴任し、妻子があとから大阪に向かった際、福沢は在阪の従兄藤本箭山(元岱)に、石井の妻子が大阪に着いたときの世話を頼んでいる(明治四年一月二日付藤本箭山宛書簡)。福沢は石井が病没した際には葬儀から遺族のことまでいっさい引き受けて世話をし、二一年一月に妻愛子が死去した際にも同様に世話をしている(一五年一月二四日付荘田平五郎宛書簡。二一年一月二三日付福沢捨次郎宛書簡)。二八年には石井の三男哲吉が商業学研究のため渡米するに当たって、福沢は森村組ニューヨーク支店宛に現地での世話を願う手紙を書いている(四月五日付森村組支店宛)。

〔大塚彰〕

参考 花崎利義「福沢先生こぼれ話」『手帖』(四八号)一九八六年。

石川半次郎　いしかわ はんじろう

安政五(一八五八)年~没年未詳。時事新報発行名義人。中津出身と推定されるが、慶応義塾や交詢社の名簿には記名がなく、経歴の詳細は不詳。

明治一五(一八八二)年の『時事新報』創刊当時、各新聞社は「牢行名義人」と通称された名目上の編集責任者を紙面奥付に記載し、何らかの譴責に際してはその責めを負うものとしていたが、時事新報社において長くそれを引き受けていたのが石川である。実際は校正係などをしていた人物と考えられる。

石川の名は、創刊当初の名義人大崎鈔人(一時石川が代行)の後を受けるかたちで一六年一〇月より紙面に記名され、二七年一二月まで発行および編集の名義上の責任者であり続けた。そのため『時事新報』の筆禍の際はたびたび出廷し、特に二〇年六月の発行停止に際しては新聞紙条例違反として有罪判決を受け、一時名義を解かれたが、その後無罪となったため、名義人に復した。

二一年五月刊行の福沢諭吉の著作『尊王論』は、「福沢諭吉立案」と並んで「石川半次郎筆記」とその名がみえる。後年『福沢全集』が編纂された際、福沢自身の手によって「福沢諭吉著」に改められているとおり、これも名義上のことにすぎず、実際には石川の手はまったく加わっていない。

〔都倉武之〕

参考『時事新報』明治二〇年一〇月一一日付。

石河幹明　いしかわ みきあき

安政六(一八五九)~昭和一八(一九四三)年。ジャーナリスト。水戸藩士石河幹孝の子、幼名忠四郎、碩果《せきか》生と号す。

明治一四（一八八一）年五月慶応義塾に入学、一八年四月本科卒業。入学の契機は政府から新聞発行の依頼を受けた福沢諭吉が文筆に優れた青年の推薦を茨城師範学校長松木直己に求めたことにあり、松木は石河のほか井坂直幹、高橋義雄、渡辺治の四名を推した。石河は同校に学び、卒業後同校の教員を勤めていた。政府系新聞の発行は実現しなかったが一五年三月の『時事新報』創刊により、四名は卒業とともに相次いで時事新報記者となった。

石河を除く三名は途中で他に転じたが、石河は終始『時事新報』と共にあり、後年福沢一太郎をして「その思想文章ともに父の衣鉢を伝うるものは独り石河氏あるのみにして、文に於《おい》て氏を見ること猶《な》お父のごとし」といわしめた。

福沢の石河に対する当初の評価は、二〇年八月四日の中上川彦次郎に宛てた書簡で、「石川はまだ文章が下手にて、過半は手入れを要す」とあるなど手厳しかったが、二四、五年頃から、社説は福沢がみずから執筆する重要なもの以外は主として石河に起稿を命じ、晩年に及んではほとんど石河の起稿となったという。修身処世の原理をまとめて塾生に示したい、という福沢の意を受けた門下生により執筆され三三年二月に発表された「修身要領」には起草者の一人として加わった。

福沢の没後は主筆として大正一一（一九二二）年まで二〇余年の長きにわたり『時事新報』を支えた。代表的な論説は明治四四年一月二四日付社説「事に原因あり」から二月四日付社説「当局者に望む」に至る大逆事件を論じた全一〇編、大正元年九月一五日の乃木希典の殉死を批判した社説「乃木大将の自殺」、同五年七月一一日の総理大隈重信の失政を批判した社説「其時期を得たり、首相引退の決心」などである。

昭和七（一九三二）年、七年半の歳月をかけて執筆した『福沢諭吉伝』（全四巻）を刊行。また、大正一五年『福沢全集』全一〇巻、昭和九年『続福沢全集』全七巻を完成させた。昭和一〇年『福沢諭吉』を刊行。一八年七月二五日没。〔松崎欣一〕

参考 板倉卓造「石河幹明氏のこと」『福沢諭吉とその周囲』慶応義塾、一九六四年。富田正文「石河幹明氏を語る（一）〜（三）」『手帖』（五九〜六一号）一九九一年。昆野和七「石河幹明論説目録について」『慶応義塾福沢研究センター近代日本研究資料4』、一九九二年。『明治文学全集91 明治新聞人文学集』筑摩書房、一九七九年、解題および年譜。

板垣退助　いたがき　たいすけ

天保八（一八三七）～大正八（一九一九）年。幕末明治期の政治家。土佐藩馬廻役乾《いぬい》正成《まさしげ》の長男として高知城下に生まれ、幕末期は山内容堂の御側用役などとして活躍、慶応三（一八六七）年には西郷隆盛と薩土盟約を締結して挙兵計画を進め、戊辰戦争では東山道先鋒総督府参謀として各地に転戦した。維新後、参議となって政府入りしたが、明治六（一八七三）年の政変で下野、民撰議院設立建白書を提出して自由民権運動を開始し、立志社を結成した。八年には参議に復帰するがまもなく辞任。以後は民権運動に邁進して自由党総理などを務め、二四年には立憲自由党総理に就任。第二次伊藤博文内閣で内務大臣として入閣し、三一年にも再び内相となり、いわゆる隈板内閣を組織した。

立志社には教育機関として立志学舎が併設され、慶応義塾から教師が派遣された。福沢諭吉は明治一一年、地方自治や教育、言論活動に力を入れていた板垣を高く評価し、上京してさらに活躍するよう求める手紙を送っている。ちょうど立志学舎に教師として赴任した門野幾之進にも、福沢は同様の伝言を託したという。前年に福沢は『分権論』を板垣に送付し、世情に流布するよう依頼したが、その際に板垣は愛国の心に感服したとして、「卓説高論当世の薬石」と絶賛し、これを謄写して頒布すると礼状を送っていた。福沢からすれば、みずから主張していた地方自治を板垣が実践したことは理想の具現化として映ったのであろう。だからこその板垣への高評価と、上京の勧めであった。

しかし、福沢が民権運動について、理論や政権批判に終始する急進論、「駄民権」だと批判の姿勢を強めるようになると、両者の関係は疎遠になり、一四年に福沢が記した「明治辛巳紀事」では、板垣は率直すぎて人に欺かれることが多く、大きなことは語り合えず付き合っていない、とまでいい切っている。

板垣は三三年に政界を引退すると社会改良運動に力を尽くし、大正八年七月一六日に死去した。

〔小川原正道〕

参考　『全集』二〇・二一。『伝』二―二七編。『書簡集』二。「福沢諭吉関係新資料紹介」『研究』（二一・二二巻）二〇〇五・〇七年。金文京「〔福沢諭吉の漢詩8〕友人に贈る詩」『手帖』（一四四号）二〇一〇年。

市来七之助（野村政明）　いちき　しちのすけ（のむら　まさあき）

嘉永七（一八五四）～明治三五（一九〇二）年。ジャーナリスト、政治家。鹿児島藩士市来一兵衛の五男として鹿児島城下に生まれる。明治七（一八七四）年に西郷隆盛が私学校を設立した際、市内の第

七私学校に入学するが、東京への遊学を希望して私学校党に抵抗、私学校とは独立して教育を行う共立学舎を設立した。のち上京し、攻玉社に学ぶ。一〇年に西南戦争が勃発すると、帰郷していた市来は薩軍に参加し、戦争末期の延岡戦で負傷して病院に収容された。

その後、市来は病院を脱走して東京に戻り、三田に住んでいた実兄松村淳蔵（海軍大佐）のもとを訪ね、近くの慶応義塾で学ぶことを決意したといわれている。「入社帳」にみられる入学年月日は明治一一年一月一〇日で、保証人は松村である。福沢諭吉との親交は深く、同年六月、西南戦争勃発の経緯について福沢は市来から詳細に聞き取り、さらに「薩摩の友人某に与《あたう》るの書」を記して、これを市来に与えた。この文章で福沢は、薩摩士族の性格や風俗、気風に自由な精神や自治の伝統があると指摘し、これを生かして民会を設立し、道路、橋梁、学校、宗教、衛生などについて自治を行うべきだと述べている。

一五年二月、市来は福沢の同意を得て『鹿児島新聞』を創刊し、県令と対峙して民権論を盛り上げ、同紙は九州改進党鹿児島部の機関紙的役割を果たしていくことになる。同紙の初代主筆は福沢の推挙によって、元吉秀三郎（中津市学校、慶応義塾出身）が務めた。

このの ち名を野村政明と改め、一九年からは内務行政に転じ、愛知県書記官、愛媛県書記官、内務参事官、鹿児島県書記官、鳥取県知事、拓殖務省南部局長、台湾事務局長、宮城県知事、石川県知事、岐阜県知事などを歴任した。明治三五年一〇月二日没。

［小川原正道］

参考 田中朋子「サー・エドワード・リードの来日と慶応義塾訪問」『手帖』（九九号）一九九八年。小川原正道『西南戦争』中公新書、二〇〇七年。小川原正道「自由民権運動と西南戦争」『法学研究』（七七巻四号）二〇〇四年。

伊藤欽亮《いとう きんすけ》

安政四（一八五七）～昭和三（一九二八）年。ジャーナリスト、実業家。萩藩士伊藤市右衛門の二男に生まれる。一時同藩林三介の養子となり、のち旧姓に復す。藩校明倫館に学び、上京し攻玉社を経て明治六（一八七三）年六月慶応義塾に入学、一二年四月に卒業した。その後、『鎮西日報』『静岡新聞』に入る。『静岡新聞』では「私擬憲法註解」（一四年五月六日

～六月五日）を執筆している。

一八年春、時事新報社入社。同社長中上川彦次郎の山陽鉄道への移籍後は総編集（編集長）となり、さらに坂田実が幼稚舎に転じたのちは会計面の責任も担った。当時の記者たちの証言によれば、福沢諭吉の信任もきわめて厚く、また福沢の編集部への小言《こごと》もすべて引き受けていたという。福沢自筆「時事新報計算簿」の二〇年五月の記事に、伊藤の「出獄入用」として二件の支出記録がある。事情は詳らかではないが新聞紙条例違反に問われたものと考えられる。

二九年末、日本銀行に転じて発行局長、文書局長などに任じた。三九年、陸羯南《くがかつなん》の『日本』を独力で買収し、大正三（一九一四）年同社屋の被災による廃刊まで経営に当たった。

大正元年第三次桂太郎内閣成立に際しては、小山完吾、本多精一、斯波貞吉、尾崎行雄、犬養毅らと協力して憲政擁護運動の先陣を務めた。その後、千代田生命保険、日本製粉、玉川電鉄などの取締役に任じ、交詢社理事に就任。また経済雑誌『ダイヤモンド』の監修に当たった。慶応義塾の運営にも尽力し、大学部開設のための募金委員、理事委員を務め、二四年評議員となり没年までその任に当った。昭和三年四月二八日没。［松崎欣一］

参考 石山賢吉編『伊藤欽亮論集』上・下、ダイヤモンド社、一九三〇年。平田万里遠「新聞人伊藤欽亮―時事新報時代を中心にして」『慶応義塾大学新聞研究所年報』（一二）一九七九年。西川俊作「時事新報の社員たち」『年鑑』（三五）二〇〇八年。『全集』二一。

伊藤博文 いとう ひろぶみ

天保一二（一八四一）～明治四二（一九〇九）年。幕末明治期の政治家。周防国《すおう》熊毛郡（現山口県光市）の貧農林十蔵の長男として生まれ、十蔵が伊藤家の養子となったため士分の末席に列した。吉田松陰の松下村塾に学び、尊王攘夷運動に参加するが、文久三（一八六三）年に英国に留学すると開国論に転じ、のち藩内の主流派として藩政に参加した。維新後は開明派官僚として台頭し、岩倉使節団にも随行、明治六（一八七三）年の政変後には参議となり、一一年に大久保利通が暗殺されると内務卿を継承、その後の政治指導体制の中心となった。

伊藤と福沢諭吉が初めて会ったのがいつなのかは判然としないが、明治六年頃ではないかとされている。この年、大久保から立憲政体の取調べに福沢を参加させてはどうかと勧められ、伊藤も賛同している。『福沢全集緒言』によれば、福沢は七、八年頃大久保、伊藤と会ったと述べている。

大久保が暗殺された際には福沢は伊藤

に手紙を送り、政府当局者の身辺警護を厳重にするよう忠告した。一一年には面会して、その後福沢が『民間経済録』を送り、伊藤から礼状が届いている。この頃西南戦争後のインフレで慶応義塾の経営が悪化しており、維持資金借用のために伊藤に何度も助力を依頼している。

その後、一三年から翌年にかけて、福沢は伊藤、井上馨、大隈重信から国会開設の意向を打ち明けられ、新聞発行を打診された。福沢は彼らの決心を歓迎してこれを快諾して準備を進めたが、翌年の政変によってこれが頓挫し大隈と福沢門下生が政府から追放されると、その翌日に福沢は伊藤と井上に長文の手紙を送って説明を求めたが、伊藤から返事はなかった。両者は絶交状態となり、二〇年に伊藤首相官邸で開催された仮装舞踏会に招待された際も、「家事」が忙しいといって断っている。二四年に大槻文彦の『言海』出版祝賀会が開かれた際にも、伊藤の祝辞の次に自分の挨拶(代読)が予定されていると知って福沢は激怒し、式次第を刷り直させている。二五年頃に井上と福沢の関係が修復されたのちも関係はしばらく回復されなかったが、三一年に福沢が開いた園遊会に伊藤が出席し、一七年ぶりに二人は愉快そうに語り合っていたという。その後まもなく福沢が倒れ、これが最後の面会となった。

この間、伊藤は内閣制度の創設や憲法制定の中心的役割を果たして、一八年に初代内閣総理大臣に就任、福沢晩年の三三年に立憲政友会を結成して総裁となり、三八年に韓国初代統監に就任するが、辞任後の四二年一〇月二六日、ハルピンで暗殺された。〔小川原正道〕

参考『全集』一・二一。『書簡集』二・三・五・七。『伝』三―三三編。『考証』下。木戸孝允関係文書研究会編『木戸孝允関係文書』第一巻、東京大学出版会、二〇〇五年。

伊東茂右衛門 いとう もえもん

嘉永三(一八五〇)～大正一二(一九二三)年頃。豊前国中津(現大分県中津市)に生まれる。明治一〇(一八七七)年頃東京に出て福沢家で執事のごとく働きながら、慶応義塾に学ぶ。一五年三月の創刊より一七年春まで時事新報社に在籍、特に広告主任として手腕を発揮し、中上川彦次郎と共に経営基盤をつくり上げた。その後全国の蚕業を調査して『中外蚕事要録』(一八八六)、『蚕業経済録』(一八八八)を著し、三重県養蚕試験場に招かれ、帰京後は一時鉄道事業に関与した。また他の著訳書に、浜野定四郎と共訳したシモンズ著『海産論』(一八八一)や『経済事情』(一八九六)がある。後半生は東

京郊外で農家を営みながら、竹山、竹園と号する趣味人として悠々自適の生活を送った。『避煩日記』（一八九七）、『閒行録』（一九〇四）など紀行文、詩集もあり、みずから南宋画も描いたという。「何事も独呑込をする一種の人物」と評される独特の人物で、上京直後には、東京では選り好みをするなという意味で、福沢に「巾着切り」（スリ）になれといわれたとの逸話や、福沢家内でだれかが不始末をしたらまず福沢に叱られる役目だった、など福沢の日常についてよく語り残している。大正一二年頃没。〔都倉武之〕

参考 伊東茂右衛門稿「福沢先生ノ裏面」（慶応義塾図書館蔵）。『慶応義塾出身名流列伝』。『伝』三―三三編。

伊東要蔵 いとう ようぞう

元治元（一八六四）～昭和九（一九三四）年。慶応義塾教員、地方企業家、衆議院議員。遠江国《とうとうみ》敷知郡都筑村（現静岡県浜松市三ヶ日町）山田喜右衛門の三男に生まれる。浜松瞬養学校を卒業後、同校教員渋江保のもとに寄寓し、明治一二（一八七九）年一一月、共に慶応義塾へ入学。一四年四月に卒業し三田英学校・慶応義塾教員兼寮長となり、渋江保共訳で『英国憲法論』上下巻を刊行。一六年からは大阪商業講習所教員・教頭に就任。この頃、引佐《いなさ》郡中川村（現浜松市細江町）の豪農伊東磯平治の養嗣子となる。

一七年に帰郷し、財務諸表の導入、私有財産の設定など、伊東家地主経営の近代化を図る。そのかたわら、私塾経世社、養蚕伝習所、引佐農業学校を設立して地域の教育事業に力を注ぎ、銀行、鉄道、ガス会社などの設立・経営にも尽力しており、上京時に得た知見を地方での経済活動に応用・実践することで、自家の発展だけでなく地域経済振興の中核としても活躍した。また村・郡・県会議員を歴任し、四二年から大正三（一九一四）年は衆議院議員も務めた。昭和九年五月九日没。

福沢諭吉との親交の深さは、義塾出身の地方企業家加藤六蔵が創設した宝飯《ほい》中学校の教員人選への協力、大阪赴任時の慶応義塾出版社からの資金援助、福沢浜松訪問時の伊東の歓待、義塾講堂新築時の三州瓦調達・義塾維持金申込み、衆議院議員立候補に際する福沢の助言などからうかがえる。〔石井寿美世〕

参考 細江町史編さん委員会『細江町史』通史編下、細江町、一九九二年。松崎欣一「福沢書簡に見るある地方名望家の軌跡―伊東要蔵と福沢諭吉」『研究』（一八巻）二〇〇一年。『慶応義塾出身名流列伝』。『書簡集』四・五・九。

犬養毅 いぬかい つよし

安政二(一八五五)~昭和七(一九三二)年。明治・大正期の政治家。号は木堂。備中国(現岡山県)庭瀬藩の庄屋犬養源左衛門の二男として生まれた。明治八(一八七五)年に上京し、三月慶応義塾に入学、一三年に退学した。成績は優秀で勉学に没入し、漢学や英学は得意だったが、数学や簿記には関心や時間がなく、このために卒業できなかったといわれている。犬養自身は、得意だった読書の成績で矢田績《いさお》に負けたことで、甚だしく自尊心を傷つけられたため、それきり義塾をやめてしまった、と述べている。なお、在学中には、『郵便報知新聞』記者として西南戦争に従軍するなど、ジャーナリストとしての手腕を発揮し始め、退学後には豊川良平と『東海経済新報』を創刊した。

一四年、統計院権少書記官として出仕するが、同年の政変によって下野した。その頃から福沢諭吉は現実政治との距離を置くようになり、明治会堂で行われていた慶応義塾系の演説会についても塾生の出席は許さず、また一四年一二月九日には論者が「暴説」や「愚論」を吐いて「無学視」されないよう注意する手紙を犬養に送っている。

犬養は、翌年に結成された立憲改進党に参加、二三年の第一回衆議院議員選挙では岡山三区から出馬して当選した。同じく義塾出身の尾崎行雄と共に「憲政の神様」と称され、大正二(一九一三)年には第一次護憲運動の指導者として桂太郎内閣の打倒に寄与し、一三年に清浦奎吾内閣が成立すると、第二次護憲運動を展開して護憲三派内閣を樹立させた。この間、明治三一年のいわゆる「隈板」内閣では文相に就任、その後も第二次山本権兵衛内閣で文相兼逓相、加藤高明内閣でも逓相を務めた。大正一四年みずからの革新倶楽部を立憲政友会に合流させて、昭和四(一九二九)年には政友会総裁に選出され、六年慶応義塾出身者として初の首相に就任した。この年、犬養は慶応義塾での講演で、福沢は非常に「自由な頭」を持っており、その眼中には「貴賤貧富という考《かんがえ》が一つもない」と述べ、こうした「福沢先生の気風を保存したい」と語っている。

翌七年五月九日には慶応義塾創立七五年記念式典に首相として参加し、社中の末席に列して「俯仰の感」に堪えない、と祝辞を述べた。このわずか六日後、犬養は五・一五事件で暗殺された。なお昭和四年、大阪に福沢の生誕地記念碑が建てられた際、「福沢先生誕生地」の碑文を記している。

〔小川原正道〕

参考 寺崎修「犬養毅と尾崎行雄」『評論』(一〇七二号)二〇〇四年。犬養先生伝記刊行会・鷲尾義直編『犬養木堂伝』上・中・下、原書房、一九六八年。

井上馨 いのうえ かおる

天保六(一八三五)～大正四(一九一五)年。幕末明治大正期の政治家。長州藩の上士井上五郎三郎光亨の二男として周《す》防《おう》国湯田村(現山口県山口市)に生まれ、高杉晋作などと尊王攘夷運動に参加したが、文久三(一八六三)年に英国に留学して開国論に転じ、以後倒幕運動に尽力した。維新後は主に外交や財政に携わり、明治三(一八七〇)年に大蔵大輔、一一年に参議、翌年には外務卿となって条約改正交渉に取り組んだ。

福沢諭吉と井上とは、明治八年頃から親しく語り合うような間柄にあり、福沢としても意見をいいやすい相手だったようである。一二年には慶応義塾維持資金問題で援助を要請したが、同年に、来日したドイツ皇孫アルベルト・ウィルヘルム・ハインリヒが禁猟地で銃猟を試みて警官に注意され、ドイツ側がこれに抗議、政府が地元村長に陳謝させるという事件が起きると、福沢は井上に手紙を送り、こうした態度は国権を損ずること甚だしいと糾弾した。

その後、一四年の政変によって裏切られる格好となった福沢は井上、伊藤博文と絶縁状態となり、政変後には井上から面会の申し入れがあったが、福沢はいつもの「デアロウ」と繰り返すあいまいな態度を改めない限り受けないと返答し、明確な説明を求め続けた。

以後、両者の交流は途絶えたものの、二五年八月には突然井上のほうから訪ねてきていろいろと打ち明けて話し、交友関係を回復した。

二か月後には福沢のほうからも井上邸に赴いており、仲介に当たった中上川彦次郎は井上に、福沢は訪問について何も差し支えないと語ったと書き送っている。翌年には、幕末に井上が暗殺されそうになった際、一命を取り留めてくれた適塾出身の医師所郁太郎の事績を調べて知らせ、井上から礼状が送られた。福沢は二九年に井上邸で開かれた花見にも出席している。

この間、一八年に内閣制度が発足すると外務大臣となり、以後も大臣職を歴任し、元老として長く政財界に影響を与えた。大正四年九月一日没。〔小川原正道〕

参考 『全集』二一。『書簡集』二・三・七・八。『伝』三一―三三編。『考証』下。

井上角五郎 いのうえ かくごろう

万延元(一八六〇)～昭和一三(一九三八)年。政治家、実業家。備後国深津郡野上村(現在の広島県福山市)に生まれる。号は琢園。福山誠之館、広島県師範学校を経て明治一二(一八七九)年に上京。福沢諭吉を訪ねて、同家子女の漢学家庭教師として住み込むことを許される

とともに慶応義塾に入学、一五年に卒業した。

在学中から福沢の紹介により後藤象二郎の秘書役を務める。同年一二月朝鮮政府顧問となった牛場卓蔵の随員として朝鮮に赴き、統理交渉通商事務衙門《がもん》(外衙門)に出仕、朝鮮開化派を支援する福沢の連絡役を務めたとされ、甲申事変による中断をはさみ一九年末まで近代化諸政策を補助した。特に福沢の提案と外衙門協弁金允植《キムユンシク》との協力による一六年の朝鮮初の近代新聞『漢城旬報』発刊、初めて漢文・ハングル混合文体を実用化した一九年の『漢城周報』創刊への参画は有名。

二〇年福沢が計画した北米移民事業を任され渡米入植。しかし以前朝鮮政府に呈した密書が日本で問題化し、二一年逮捕され官吏侮辱罪で入獄、移民事業は中止となった。二三年衆議院補欠選挙に当選、以後落選、選挙違反による辞職をはさみつつも大正一三(一九二四)年まで衆議院議員を務め、「井の角」「蟹甲《かいこう》将軍」などの異名を持つ血気盛んな名物男として知られた。自由党、政友会に属し、特に鉄道や朝鮮政策などで活躍した。

議員のかたわら、明治二六年以来北海道炭礦鉄道会社の理事、専務取締役として経営に参画、鉄道国有化を期に四〇年日本製鋼所を創立し会長に就任。そのほか北海道人造肥料、京都電気鉄道、日東製鋼、日本ペイント、矢作水力会社などの経営に当たった。晩年は国民工業学院を創立して工業道徳の普及に尽力。昭和一三年九月二三日没。墓所は東京高輪の正満寺。

[都倉武之]

参考 近藤吉雄編『井上角五郎先生伝』国民工業学院、一九四三年。井上園子『井上角五郎は諭吉の弟子にて候』文芸社、二〇〇五年。井上角五郎君功労表彰会編『井上角五郎君略伝』一九一九年。『伝』三—三五編。

井上毅 いのうえ こわし

天保一四(一八四三)~明治二八(一八九五)年。法制官僚、政治家。号は梧陰。熊本藩家老米田家の家臣の家に生まれる。主に明治政府の立法部門を担った官僚であり、大日本帝国憲法や皇室典範など、国家体制構築にかかわる重要な法律を数多く起草した。

福沢諭吉が支持した英国流の議院内閣制、官民の競争論を敵視し、ドイツに模範をとった政治体制を唱導した。福沢が基本的に人民の自由な政治的・経済的競争を社会発展の原動力と考えたのに対し、井上は、自由な競争を認めるといたずらに派閥による利権闘争を助長し、また競争から脱落する弱者を生むとして、慎重な姿勢をとったと考えられる。いわゆる「人心教導意見」に代表されるように、井上は福沢の強い社会的影響力に脅威を覚えていた。「斯文学会意見」では、井上は岩倉具視に宛てて、福沢を斯文学会に加えないようにと進言している。この中で井上は、福沢が『民情一新』にみられる官民競争論から官民調和論へと立場を変えたと痛烈に批判した。井上は福沢を終始ライバル視したが、福沢自身が井上について何らかの言及をなした痕跡はまったくない。

幼時より儒教的な素養に優れ、支配者の徳として「仁」を尊び、個人の自由よりは国家の秩序を立法の中心に据えた。明治二八年三月一五日没。

〔天野嘉子〕

参考 国学院大学図書館編『井上毅伝　史料篇第二』一九六六年。伊藤弥彦『維新と人心』東京大学出版会、一九九九年。

岩倉具視《いわくら ともみ》

文政八（一八二五）～明治一六（一八八三）年。幕末明治期の政治家。前権中納言堀川康親の二男として京都に生まれ、岩倉具康の養子となる。嘉永七（一八五四）年に孝明天皇の侍従となり朝廷内の攘夷派の一翼を担い、幕府に攘夷を約束させる見返りとして皇女和宮を降嫁させる公武合体運動も進めるが、佐幕派とみられて失脚。その後討幕の密勅を出させることに成功するなどして復権し、明治政府では議定、大納言、右大臣などを歴任して、草創期の政府を牽引した。

福沢諭吉が初めて岩倉と会ったのは明治三（一八七〇）年のことである。慶応義塾が新銭座から移転するに当たり、三田の島原藩中屋敷に目をつけた福沢は、その貸渡しを実現するため方々に助力を求め、岩倉邸にも初めて赴いて面会し、仲介を依頼したという。面会後の知人に宛てた手紙では、岩倉はウェルカムと歓迎してくれたと述べている。実はこの前年、福沢が熱病から回復した際、担当医から岩倉が心配しているので名誉だといわれ、岩倉など会ったこともないのに大臣だからといって何が名誉だと不愉快に感じていた。

面会して以降は親しくなったようで、岩倉は時勢について福沢から意見を聞き取ることがたびたびあったという。一二年に福沢は岩倉に宛てて「華族を武辺に導くの説」と題する建白書を提出した。華族が歴史的名望を生かして軍事に投資し、またみずから軍人となるべきだ、と提言するもので、当時華族会館長でもあった岩倉はこれを各華族に示して意見を寄せるよう求めたが、それは華族が軍務に就かないことを憂いていた岩倉が、華族に反省をうながす措置だといわれている。さらに福沢は鉄道敷設による運輸交通機能の強化のため華族に出資してほしいと岩倉に説き、岩倉もこれを受けて日本鉄道会社の設立に乗り出した。

明治一四年の政変で福沢門下生が政府から追放された際には、伊藤博文や井上馨とは絶交状態になったものの、岩倉はたびたび福沢を招き、ひそかに茶室のようなところで面会し、ひどく心配な様子で、今回の政変は実に容易ならない事件でむずかしいなどと心情を吐露したという。翌年にも福沢は岩倉と会って長時間話し込み、官民調和論や政党政治家についての持論を開陳し、同年に朝鮮で壬午事変が発生すると、岩倉に朝鮮開化派の支援や官民調和、民間有力者の採用などを訴える意見書を提出している。またこの年、福沢が『帝室論』を発表した際、政府内では天皇に政治権力を持たせないという主張に反発が出たが、岩倉は福沢に賛意を示したため、反対論は沈静化したという。しかしこの翌年七月二〇日、岩倉は死去した。 〔小川原正道〕

参考 『全集』六・二一。『書簡集』一・三。『自伝』王政維新・老余の半生。『伝』二―二七編、四―四八篇。『考証』上・下。小川原正道「福沢諭吉の華族批判」(『法学研究』八二巻一〇号)二〇〇九年。

岩崎紀一 いわさき きいち

天保一〇(一八三九)～明治二〇(一八八七)年。福沢諭吉の娘婿福沢桃介の父。埼玉県北足立郡原市町(現上尾市)で代々名主を務めた矢部家の二男として生まれ、のち同県横見郡荒子村(現比企郡吉見町)の岩崎家に入った。岩崎家は甲斐武田家の末裔といい、同国東八代郡岩崎村より移住し土着したと伝えられる。紀一の養子に入った家はその分家筋に当たり、荒物屋を兼ね営む農家であった。明治七(一八七四)年に川越町に移り、紀一が文字をよくしたことから提灯屋を始めたという。また紀一は本家筋の岩崎熊次郎ほかを発起人とする第八十五国立銀行設立の事務にかかわり、のち同行の書記役となった。

紀一と妻サダとの間には六人の子があり、そのうち男子は長男育太郎、二男桃介、三男紀博であった。二男桃介が明治一五年一〇月に慶応義塾に入り、その後福沢の二女房《ふさ》と結婚する約束で一九年一二月に養子縁組がととのった。福沢は紀一へ、桃介の留学出発、ポーキプシー到着、一太郎・捨次郎との再会などについて逐一書簡で知らせている。紀一は二〇年一一月一七日没した。福沢は嗣子育太郎に弔問の使者を遣し来春訪問の心づもりを述べる書簡を送っている。 〔松崎欣一〕

参考 大西理平編『福沢桃介翁伝』福沢桃介翁伝記編纂所、一九三九年。

岩崎弥太郎 いわさき やたろう

天保五(一八三五)~明治一八(一八八五)年。三菱財閥を創設した実業家。土佐国安芸郡井ノ口村(現高知県安芸市)の地下《じげ》浪人岩崎弥次郎の長男として生まれる。誕生日は福沢諭吉の一日前。名は敏(のち寛)、字は好古、号は東山。幼時より学問に秀で、江戸の安積艮斎《あさかごんさい》、吉田東洋の塾などに学ぶ。藩営商会開成館の長崎貿易で徐々に頭角を現し、艦船、武器弾薬の買い付けなどを担当、その功績から上士となった。明治二(一八六九)年開成館大阪出張所に転じ、土佐藩少参事。翌年藩営の汽船運輸事業を九十九《つくも》商会として分離、それが五年三川《みつかわ》商会として岩崎の私商社となり、さらに六年三菱商会、八年郵便汽船三菱会社となった。各地の士族反乱や台湾出兵、江華島事件などで政府から軍事輸送の独占的便宜を受け、巨万の富を手にしたが、政商として世論の反発を招いた。徐々に鉱山、造船、金融などの経営にも着手し、それらは弥太郎没後の財閥確立の基礎となる。実業教育にも関心を持ち三菱商業学校、三菱商船学校(東京商船大学の前身)などを創立。

本拠を東京に移した七年、弥太郎は人材不足を補うため、従弟で慶応義塾出身の豊川良平の紹介により同じく義塾出身の荘田平五郎を三菱に採用、関心を抱いた福沢は三菱をひそかに視察し、社風に好感を持ったという。義塾からは山本達雄や朝吹英二らの入社も続いた。その後福沢は、高く評価していた政治家後藤象二郎が高島炭鉱の放漫経営で窮地にあることを知り、炭鉱を三菱に買い取らせようと奔走。福沢は、後藤が破産すれば弥太郎を怨望せざるを得ず、その怨みは私怨ではなく「公怨」であると書簡で極言するなど執拗に説得し、ついに承諾させた。同炭鉱はその後、日本有数の炭田へと発展していく。

明治一四年の政変では、三菱が大隈と福沢の資金源と見なされたため、以後政府は三菱の経営を圧迫、一六年には共同運輸会社を創立して対抗させ、両社は熾烈な競争を繰り広げた。弥太郎はその合併による日本郵船発足を見ることなく、一八年二月七日没。

没後の三菱経営は弟の弥之助が継承。明治八年より三年間慶応義塾幼稚舎に学んだ長男久弥は、弥之助の後を継いで三菱財閥三代目総帥となった。福沢は『実業論』の中で弥太郎が早くより「士流学者」を登用したことに言及し、経営者としての姿勢を高く評価している。墓所は東京巣鴨の岩崎家墓所。 〔都倉武之〕

参考 『伝』二―二七編、四―四八編。岩崎弥太郎岩崎弥之助伝記編纂会編『岩崎弥太郎伝』上・下、一九六七年。宮川隆泰「『三菱社誌』の中の福沢書簡」『年鑑』(二六)一九九九年。原徳三「高島炭鉱をめぐる福沢諭吉の書簡」『書簡集』四、月報、二〇〇一年。

岩崎弥之助　いわさき やのすけ

嘉永四(一八五一)~明治四一(一九〇八)年。実業家。土佐藩の元地下《じげ》浪人岩崎弥次郎の二男として、安芸《あき》郡井の口村(現高知県安芸市)に生まれる。藩校致道館を経て重野安繹《しげのやすつぐ》の塾に学び、明治五(一八七二)年アメリカに留学するが、翌年父の死を機会に帰国し、以後兄弥太郎を助けて創業期の郵便汽船三菱会社の発展に尽くした。妻は、弥太郎と吉田東洋の塾で同門であった後藤象二郎の娘である。

当時の日本は恒常的に輸入超過の状況にあり、輸入代金の支払いに必要な洋銀(ドル銀)の不足とその騰貴に苦しんでいた。福沢諭吉とその門下生たちは、この問題の解決策の一つとして外国船が日本で購入する石炭の代金として支払う洋銀を政府が確保することを考えた。当時長崎の高島炭鉱は後藤象二郎が払下げを受けていたが、彼の放漫経営のために赤字が累積し、後藤は破産に瀕する状態にあった。

もともと高島炭鉱は三菱の経営に移すのがよいと考えていた福沢は、それが後藤の政治的生命を救う途でもあると考え、門下生で三菱に勤務していた荘田平五郎を通じて改めて岩崎弥太郎に働きかけ、岳父の苦境を心配する弥之助と協力し、また大隈重信の力も借りて渋る弥太郎を説得することに成功し、そこに三菱の経営の新分野が拓かれた。

明治一四年政変の後、政府は三菱を抑圧する方針に転じ、共同運輸会社を設立して三菱に対抗させ、両社は熾烈な商戦を展開したが、その最中の一八年二月兄弥太郎が死亡する。かわって社長に就任した弥之助は、日本の海運業界全体の瓦解を防ぐために、両社を合併させて新会社日本郵船を設立、三菱は海運業から完全に撤退し、以後経営を鉱業、造船、金融、不動産、倉庫などの分野に移して、のちの三菱財閥の発展の基礎を築いた。二六年商法の施行に際して会社を改組し、社長を兄の長男久弥に譲る。二三年国会開設とともに貴族院議員に勅選され、二九年日本銀行総裁に就任。在任中に金本位制度の実施、公債の海外募集などで顕著な実績を挙げた。

学問を愛好し美術品の収集にも力を注ぎ、静嘉堂文庫を創設した。明治四一年三月二五日没。

〔坂井達朗〕

参考 岩崎弥太郎弥之助伝記編纂会編『岩崎弥之助伝』上下、一九七一年。

岩橋謹次郎 いわはし きんじろう

文久元（一八六一）～明治四五（一九一二）年。実業家。紀州藩士岩橋轍助の長男として生まれ、明治六（一八七三）年二月に慶応義塾入学。「入社帳」によれば、保証人は和田義郎であった。一一年に卒業したのち、函館で父轍助が始めた開拓事業に参加する。この間、東京と北海道を行き来し、帰京の際には福沢諭吉邸に北海道土産を持参していた。一五年一〇月轍助が死去、翌年開拓事業が失敗して東京に戻ってからも、福沢邸での宴会や談話会に招かれるなど、福沢との交流は続いた。

二〇年に森村組に入り、村井保固に同行してニューヨーク支店に勤務。在米中は留学中の福沢の息子一太郎、捨次郎とも交流があったようで、二人が帰国した際には福沢より礼状を送られている。その後、岩橋はニューヨーク州ポーキプシーのイーストマン・ビジネス・カレッジで学んだ後、帰国。函館で再度開拓事業を始めるも失敗する。

東京に戻って下谷初音町でリボン製織場を経営して成功させ、三七年には白木屋呉服店に入社する。東京リボン製織株式会社専務取締役と白木屋呉服店理事を兼務し、桐生織物株式会社の重役も兼ねていた。四三年には白木屋呉服店支配人に就任する。四五年三月一二日、商業視察のため朝鮮満洲方面へ旅行中に朝鮮京城で客死。著書に『北海道開拓新論』（一八九二）がある。

〔柏原宏紀〕

参考『書簡集』二～六。交詢社編『日本紳士録』第一三・一五・一六版、交詢社、一九〇九・一一・一二年。『時事新報』明治四五年三月一三日付。

印東玄得 いんどう げんとく

嘉永三（一八五〇）～明治二八（一八九五）年。医師。江戸の商家に生まれ、紀州（和歌山）藩付《つけ》家老《がろう》水野家抱医師坪井玄益の養子となり、その後印東家の家督を相続した。慶応三（一八六七）年一二月福沢諭吉の塾に入る。翌年四月、江戸から紀州新宮に移る。明治三（一八七〇）年上京して坪井芳洲の門に入り、四年大学東校に入学。九年同校の課程を終え、ただちに東京大学医学部下医（助手）となり、その後助教授、第二医院副長。

一四年明治生命の創設にかかわり医長となり、医制を定め、みずから被保険者の健康診断に当たった。福沢諭吉や宇都宮三郎の保険加入時の診断書は彼が書いている。一九年大学を退いて京橋区弓町に開業、医療に従事するかたわら東京地方衛生委員、東京医術開業試験委員、中央衛生会委員などを務めた。著書に『薬物要論』(一八八二)、『処方学』(一八八四)など。二八年一一月二五日没。墓所は東京台東区の万年山祝言寺。［西川俊作］

参考 印東昌綱編『残るかをり』私家版、一九三六年。

ウィグモア、ジョン・ヘンリー
Wigmore, John Henry

一八六三～一九四三年。大学部開設のために慶応義塾が雇用した三人のアメリカ人教師の一人。大学部の主任教師の選任につき福沢諭吉は、かねてから懇意であったユニテリアン協会宣教師アーサー・メイ・ナップ(Arthur May Knapp)を介し、ハーバード大学総長エリオット(Charles William Eliot)にその人選・紹介を依頼していた。そこでハーバード・ロースクール卒業後ボストンで弁護士を開業していたウィグモアに白羽の矢が立てられたのだが、彼とナップ代理署名による福沢との間に雇用契約書が交わされたのは明治二二(一八八九)年九月一八日、すなわちウィグモアが新妻エンマを伴って日本に旅立つ前日のことであった。同年一〇月末に来日したウィグモアは、大学部法律科の設立準備に携わり、翌二三年一月から二五年一二月に至るまで法律科初代主任教師として、法律科に設置される英米法関連の法律科目のほか、ローマ法や国際法などを担当した。

その丸三年にわたる滞日期間中のウィグモアと福沢やその一家との温かな親交は、ウィグモアやエンマ、それに来日したエンマの母親の書簡などからうかがえる。福沢と一緒に出掛けた相撲見物や福沢家の晩餐会の様子、さらに福沢一家の人物描写や福沢自身の容貌に至るまで、外国人の目を通した福沢の「横顔」が活写される。また塾生との日常的な交流も描かれ、当時の義塾を知る貴重な記録証言となっている。ウィグモアの日記風に綴られた書簡には、政治や学問をテーマとした福沢との交流の有様も伝えられ、ウィグモアがドクター・シモンズ(Duaine B. Simmons)の業績を知らされ、のちに『徳川時代の法と裁判』(*Law and Justice in Tokugawa Japan*)を大成させる契機を得たのも、福沢が情報源であったことがうかがえる。

昭和一〇(一九三五)年、再来日を果たしたウィグモア夫妻を迎えた義塾の歓迎晩餐会席上のスピーチで、ウィグモアは慶応義塾創設の精神に触れ、その西洋的学識の普及と「政府の制肘から全く自由である学府」を目指した福沢の先見の明を讃えた。この前年、アメリカの私立大学の一つノースウエスタン大学のロースクール名誉学長となったウィグモアにとって、半世紀前の日本の私学で第一歩

を印したその後の長い教授経験の原点には、福沢の記憶が強く脈打っていたに違いない。〔岩谷十郎〕

参考 ジョン・ヘンリー・ウィグモア「独立の大学慶応義塾」『評論』(四五四号)一九三五年。清岡暎一「ウィグモア博士日本だより」「ウィグモア博士の日記と手紙」『評論』(五〇五・五〇六号)一九三九年(『ふだん着の福沢諭吉』に所収)。平良「日本におけるウィグモア」『評論』(八〇〇号)一九八〇年。岩谷十郎「ジョン・ヘンリー・ウィグモアの残した二つの契約書」『研究』(一三巻)一九九六年。同「ジョン・ヘンリー・ウィグモアにおける日本法研究の端緒」『研究』(二四巻)二〇〇八年。

潮田光《うしおだ みつ》

明治一二(一八七九)～四〇(一九〇七)年。福沢諭吉五女。慶応義塾の教師であったファーロット (Marie von Fallot) から英語やピアノの教授を受けた。阪急電鉄の創始者小林一三によれば、「優さ形

のおとなしい、しとやかなお嬢さん」で、学生たちの憧れの的であった。

明治二九(一八九六)年、芝浦製作所の技師潮田伝五郎と結婚。結婚は家同士ではなく個人同士のものと考えた福沢諭吉らしい、差出人が伝五郎と光になっている福沢自筆の結婚披露宴案内状(案文)も残っている。伝五郎の母は、廃娼運動などを行った日本基督教婦人矯風会の二代目会頭や(足尾)鉱毒地救済婦人会の会長を務めた潮田千勢子である。二男一女を儲けたが、明治四〇年五月四日に二八歳の若さで没した。二男江次は昭和二二(一九四七)年から三一年まで慶応義塾長を務めた。〔西澤直子〕

参考『書簡集』一・九。『ふだん着の福沢諭吉』。

牛場卓蔵《うしば たくぞう》

嘉永三(一八五〇)～大正一一(一九二二)年。ジャーナリスト、実業家。伊勢国安濃郡渋見村(現三重県津市)の井早家に生まれ、のち同国一志郡七栗村(現津市)の豪農牛場圭次郎の養子となる。明治四(一八七一)年上京し、五年六月慶応義塾に入学、七年四月卒業。在学中から尾崎行雄、犬養毅、井上角五郎らと並ぶ雄弁家として知られた。七年暮『郵便報知新聞』編集長栗本鋤雲より福沢諭吉に論説記事の協力要請があり、藤田茂吉、箕浦勝人と共に推されて同新聞に寄稿した。九年兵庫県庁学務課に入り、次いで同県庁勧業課長を務めた。一三年頃内務省に出仕、統計院少書記官の職にあった

とき、明治一四年の政変で大隈・福沢派として罷免された。

一五年『時事新報』の創刊に参画し記者となる。同年一二月末、壬午事変の後、福沢の推挙で朝鮮政府の諸政革新の顧問となり金玉均と共に朝鮮に赴く。福沢は一六年一月一一～一三日の『時事新報』社説に、「牛場卓造（ママ）君朝鮮に行く」を書き餞《はなむけ》としたが改革を果たせず、同年五月朝鮮人留学生二九名を伴って帰国した。その後大蔵省に出仕し収税官となったが二〇年退官し、大阪藤田組、日本土木会社を経て山陽鉄道会社に入社。二五年五月郷里志摩から推されて衆議院議員に当選、翌年の議会解散後は再び政治にはかかわらなかった。二七年山陽鉄道総支配人、三七年同取締役会長に就任。三九年一二月同社が国に買収されるまで、欧米の鉄道事業の制度を積極的に導入し利用者本位の鉄道の先鞭をつけ、また本州と四国、九州の連絡強化を図るなど山陽鉄道独自の発展を推進した。大正一一年三月五日没。

［松崎欣一］

参考『慶応義塾出身名流列伝』。俵元昭「義塾の先人たち2　牛場卓蔵」『塾』（一五五号）一九八九年。牛場信彦『外交の瞬間　私の履歴書』日本経済新聞社、一九八四年。『全集』八。

内田晋斎　うちだ しんさい

嘉永元（一八四八）～明治三二（一八九九）年。書家、文部省官吏。上総国長柄《ながら》郡真名《まんな》村（現千葉県茂原市真名）に生まれる。晋斎は号で、本名は嘉。明六社同人で福沢諭吉と懇意であった神田孝平《たかひら》は義兄。生家は医業（漢方）と寺子屋経営を行っていたという。書の師匠は常泉菘坪なる人物とされるが、詳細は不明。

慶応四（一八六八）年閏四月、二一歳で慶応義塾に入学。書の腕前は塾内でも評判であったようで、明治四（一八七一）年三月に福沢より『啓蒙手習之文』の版下作成を依頼される。翌五年に晋斎が編纂した『窮理捷径十二月帖』では福沢が序文を記し、同書を『啓蒙手習之文』の「補遺というもまた可なり」と称した。福沢の「明治十年以降の知友名簿」にも晋斎の名がみえ、福沢との交友は終生続いていたと考えられる。一一年、大槻文彦、那珂通世らと国文法研究のため文法会を組織、一五年四月まで活動する。この間、一三年一〇月より文部省三等属を務め、一八年三月まで在職。その後は著述業に従事するが、二九年より内閣記録課属として再び官界入りし、三一年まで在職した。明治三二年五月一二日没。

晋斎が生涯で編纂にかかわった出版物は総数で二〇冊以上にのぼり、内容も習字教科書、国語読本、作文教科書、地学書、英語辞書など多岐にわたっている。

［吉岡拓］

参考 安藤隆弘「福沢諭吉と内田晋斎」『手帖』(六八号)一九九一年。『書簡集』一。『全集』一九。「官員録」。

宇都宮三郎　うつのみや さぶろう

天保五(一八三四)~明治三五(一九〇二)年。化学者、発明家。父は尾張藩士神谷半右衛門義重。のち本姓の宇都宮に改称。尾張で砲術と化学を学び、その後、脱藩し出府。文久元(一八六一)年より蕃書調所に出仕し、医師であり蘭学者であった桂川甫周宅に出入りする。福沢諭吉と知り合うのもこの頃と思われる。

維新後、開成学校に出仕し、大学大助教、文部少教授、深川製作寮出張所長、工部大技長などを歴任。明治一七(一八八四)年病気のため退任する。セメント製造の成功がよく知られるが、木製電信柱の防腐法から醤油の醸造法改良に至るまで、宇都宮の好奇心は留まるところをしらなかった。

「純然たる実学者」であった宇都宮は福沢と「無二の良友」で、福沢宅には宇都宮の部屋があったという。明治三年、福沢が病後に断髪をした際、鋏をとったのは宇都宮であったと伝わる。福沢らと共に一四年明治生命の創立に参加、わが国の保険契約者第一号となる。また、一三年に交詢社が創立される際、京橋に新築したばかりの煉瓦建ての家を社屋として寄附するなど、福沢の事業を支援した。宇都宮は「非常に交詢社が好きで殆ど毎日出て来られて誰でもかまわず社員を相手に色々の方面の話を非常に面白く且《かつ》雄弁に話」したという。『交詢雑誌』に「築竈論」や「日本醸酒編」を投稿している。

三一年、三四年と病に伏した福沢の看病に努め、福沢が死去した際には、病身を押して親しく棺を送ったという。翌三五年七月二三日死去。遺体は生前につくらせた腐乱防止装置つきの棺におさめられた。

〔後藤新〕

参考 交詢社編『宇都宮氏経歴談(補)』汲古会、一九三二年。小林惟司「福沢諭吉と宇都宮三郎」『年鑑』(六)一九七九年。神谷健一・道家達将・服部禮次郎「宇都宮三郎を語る(その一・二)」『手帖』(九六・九七号)一九九八年。

江木高遠　えぎ たかとお

嘉永二(一八四九)~明治一三(一八八〇)年。英学者、官吏。福山(現広島県)の藩儒江木鰐水の四男として誕生。高戸家の養子となり、賞士(通称賞一郎)と称

す(のち江木家に復す)。藩校誠之館、次いで長崎でフルベッキに学ぶ。明治二(一八六九)年福山藩の貢進生として上京し、開成学校(のち大学南校)に学んだ。翌年、華頂宮博経親王の海外留学の随行者に選ばれ渡米。旧中津藩主奥平昌邁《まさゆき》の米国留学に随行した福沢諭吉の愛弟子小幡甚三郎と交遊を深め、この頃小幡を通じて福沢も江木を知ったとみられる。その後、小幡が病に伏すと江木は終始看病してその最期を看取り、奥平の世話の代役も務めた。

六年八月華頂宮の病気のため帰国するが、翌年福沢からもさまざまな援助を得て米国へ再留学。復学したコロンビア法律学校(Columbia School of Law)を次席で卒業し、九年秋に帰国した。滞米中の八年に留学生仲間と結成した日本法律会社は、専修大学の源流となった。

その後は雄弁家として知られ、一〇年から一三年まで、内外の著名な思想家や学者を講師とする、鎗屋町講談会、江木学校講談会、講談会社講談会と称する演説会を開催し、それらには福沢も参加した。また、一三年に創立された交詢社には、慶応義塾出身者以外でただ一人、前年九月の準備会より加わり、門下生同様に福沢の知遇を得ていた。一方で、東京英語学校、東京大学予備門などでの教員生活を経て、一一年一二月元老院御用掛として官界に入り、一三年三月外務一等書記官として、米国ワシントンの日本公使館赴任となったが、米国への持ち込み品をめぐって問題を生じ、六月六日ニューヨークでピストル自殺した。墓所は東京の谷中霊園。なお、弟の保男、松四郎は東京に江木写真館(福山館)を開き、しばしば福沢や慶応義塾の写真を撮影している。

〔都倉武之〕

参考『大日本古記録　江木鰐水日記』下巻、岩波書店、一九五六年。松崎欣一「鎗屋町講談会について」『三田演説会と慶応義塾系演説会』慶応義塾大学出版会、一九九八年。『交詢社百年史』交詢社、一九八三年。

榎本武揚 えのもと たけあき

天保七(一八三六)~明治四一(一九〇八)年。旧幕臣、明治期の政治家。幕臣榎本武規の二男として江戸に生まれ、安政三(一八五六)年に長崎海軍伝習所に入学、その後築地軍艦操練所教授となり、文久二(一八六二)年からオランダに留学した。帰国後は海軍副総裁となり、戊辰戦争では箱館に新政権の樹立を宣言して戦い続けたが降伏し、明治二(一八六九)年に投降した。

翌三年、福沢諭吉は榎本の助命嘆願運動に奔走している。当時、榎本は東京軍務局の糾問所に拘留されていたが、知人の江連《えづれ》堯則《たかのり》から、家族が本人の様子が分からず心配しており、周囲からも冷たく扱われていると聞いて憤慨した福沢は、榎本の近況を調べて江連に報知するようになり、榎本の母親が上京してくると、息子の病を気遣う哀願書を代筆した。さらに福沢は黒田清隆に対してアメリカの南北戦争の例を持ち出して、国事犯の罪を軽くするのが文明国の美風だと説き、榎本の助命を嘆願し、結局、榎本は赦免となった。福沢は『福翁自伝』において、自分の働きかけの結果だけで助かったわけではなく、西郷隆盛など薩摩側に助けようという意向があったために助命されたのではないかと述べている。福沢と榎本とが特に親しい関係にあったわけではなく、その幕末の行動と人物の将来を見込んでの行動だったようで、明治二年九月二日付の江連宛の手紙では、「天下の士人クヤシクモ初め脱走する位の胆力を具えたる者幾人ある哉。勝敗を以て人物を評する勿《なか》れ」と評している。

榎本は釈放後明治政府に出仕し、七年には駐ロシア特命全権公使となって樺太千島交換条約を締結、一五年には駐清特命全権公使、一八年には逓信大臣、以後、農商務、文部、外務大臣などを歴任した。福沢は榎本がこうして明治政府の高官として富貴を得たことには不満であった。二四年に記した「瘠我慢の説」において、江戸城無血開城を行った勝海舟を日本武士の気風を傷つけたとして糾弾し、箱館まで戦い続けた榎本は「瘠我慢」を示したとして評価しつつ、維新後に新政府に出仕したことは歴史上の例からも、日本武士の人情からも認められないとして、榎本のために戦死した兵士は地下で不平を鳴らすであろうと批判した。福沢はこれを榎本に送ったが、多忙のためいずれ意見を述べると回答があったものの、結局応答はなかった。

榎本はその後も枢密顧問官などを勤め、明治四一年一〇月二六日に没した。

〔小川原正道〕

参考『全集』六・七・二〇。『書簡集』一・七。『伝』一—一七編。

大久保利通　おおくぼ　としみち

天保元(一八三〇)~明治一一(一八七八)年。幕末明治期の政治家。薩摩藩士大久保利世の長男として生まれ、青年期には藩の家督相続争いに巻き込まれて困窮したが、島津久光の信頼を得ると公武の間を奔走し、幕末における薩摩藩の指導者の一人となり、薩長盟約や武力討幕路線を牽引した。維新後は参議となり廃藩置県、岩倉使節団、明治六(一八七三)年政変などを経て、一貫して政府において重きを成し、六年には内務省を創設して卿に就任、殖産興業政策などを進めた。

福沢諭吉と大久保は数度面会している。『福沢全集緒言』によると、明治七、八年頃、大久保、伊藤博文と会合した際、福沢は民間の議論も侮ってはならないなどと語ったという。さらに九年に鮫島尚信邸で内務卿の大久保と面会した際には、民権論者の首魁と目されて、人民が政府に権利を訴える以上義務も伴うなどといわれたため、福沢は自分が民権云々を論ずるのは政府の政権を批判するのではなく、国民の権利の一つである人権を守るのみだと強調した、と述べている。この日の日記に大久保は、福沢との談話は面白く、さすが有名なだけのことはあると記した。すでに六年には、政府内で立憲政体について調査するに当たり、担当となった伊藤が木戸孝允《たかよし》に宛てた手紙において、大久保からこの調査に福沢も参加させてはどうかと問われ、自分もこれに同意したと述べている。

一一年五月一四日、大久保は不平士族に襲われて東京紀尾井坂で暗殺された。永井好信(七年一一月慶応義塾入学)によると、塾生はこれを聞いて非常に喜んだが、福沢は臨時に三田演説会を開き、大久保は進歩的人物であり、明治新政府に貢献するところ少なくなかったのに、暗殺されたのは実に惜しむべきことだと語り、暗殺者に同情を寄せることを戒めたという。福沢は翌日付の『民間雑誌』に「内務卿の凶聞」と題する文章を発表し、権力者を襲う災いの原因は過重の権威と独裁政治にあり、国民の風俗習慣の変化に合わせつつ、独裁を「公共の政治」に転向していくことを求めた。それは大久保没後の体制に対する福沢なりの期待であった。〔小川原正道〕

参考『全集』一・一九。『伝』二―二七編、四―四八編。日本史籍協会編『大久保利通日記』下巻、一九二七年。木戸孝允関係文書研究会編『木戸孝允関係文書』第一巻、東京大学出版会、二〇〇五年。

大隈重信 おおくま しげのぶ

天保九(一八三八)〜大正一一(一九二二)年。幕末〜大正期の政治家、早稲田大学の創立者。佐賀藩(鍋島家)の砲術長の家に生まれる。明治新政府の参議、大蔵卿へと累進して、鉄道・電信建設、円貨・太陽暦採用、予算会計制度、工部省設置などの文明開化政策の推進に貢献した。この間の明治四(一八七一)年の暮れか五年の初め頃に福沢諭吉と知り合い、意気投合して終生緊密な関係を保ち続けた。一四年に当時の政府内ではきわめて進歩的な政党内閣制を基軸とした即時総選挙・議会開設を主張した憲法意見書を奉呈し、また北海道開拓使官有物払下げに反対した。このために、薩長藩閥勢力と宮廷勢力などに排斥されて一〇月に参議免官となり、政府から放逐され、このとき福沢から推挙されていた矢野文雄らの大隈派官僚多数も辞職・免官となった。

この明治一四年の政変への過程で薩長藩閥側から大隈・福沢提携の風評が流布された。下野ののち、立憲政治の実現と立憲国民の育成を目指して、一五年四月に三田派（東洋議政会派）の矢野文雄、旧幕臣派（嚶鳴社派）の島田三郎、鷗渡会派（のちの早稲田派）の小野梓らと立憲改進党を結成するとともに、彼らを経営陣に据えて一〇月に東京専門学校（早稲田大学の前身）を創立した。二一年に第一次伊藤博文内閣の外務大臣に迎えられ、黒田清隆内閣にも留任して条約改正交渉に取り組み、第二次松方正義内閣とも提携して外相となり（松隈内閣）、さらに三一年六月に板垣退助と憲政党を結成して最初の政党内閣第一次大隈内閣（隈板内閣）を組織した。大正三（一九一四）年四月にも第二次大隈内閣を組織した。大隈と福沢には思考方法や日本の近代化についての構想など、共通するものが多く、両人をよく知る矢野文雄は、「その性格はよく似て居る、恐らく福沢先生を政治家にすれば大隈重信であり、大隈さんを学者にすれば、福沢諭吉が出来たろうと思われる」（『補 大隈侯昔日譚』）とまで断言して両者の著しい類似性を語っている。大正一一年一月一〇日没。　［佐藤能丸］

参考 松枝保二編『大隈侯昔日譚』報知新聞社出版部、一九二二年。

大谷光瑩《おおたに こうえい》

嘉永五（一八五二）～大正一二（一九二三）年。浄土真宗大谷派第二二世法主。法号現如。浄土真宗東本願寺派第二一世法主厳如の四男として京都に生まれ、万延元（一八六〇）年に得度。明治三（一八七〇）年には北海道に渡って札幌別院を創設するなど、開拓・開教事業を推進した。五年には石川舜台、松本白華らと共に欧州を視察して教団近代化に向けた見聞を広め、のちに南条文雄らが欧州で梵文研究に当たるきっかけもつくった。

二二年に真宗大谷派（一四年に東本願寺派から改称）第二二世法主となる。

福沢諭吉は仏教関係者との交際も広く、著名な僧侶は大概知り合いであったという。家の宗旨は本願寺派（西本願寺）だが、大谷派（東本願寺）の僧侶にも寺田福寿や篠原順明など、親しく交際した僧侶は多い。光瑩の第五子で、のちに大谷大学学長などとなる大谷瑩誠が明治二〇年五月に慶応義塾に入学した際には福沢が保証人となっており、おそらく光瑩の依頼を受けてのものと思われることから、この頃には両者は知友関係にあったのであろう。瑩誠が帰省して光瑩に会った直後の翌年九月五日に光瑩は福沢に手紙を送り、瑩誠が入学以来いろいろと懇切な指導を受け、その態度が改まったのは感謝の至りだと礼を述べ、学業はまだ未熟として、修学が成功するよう指導を依頼している。光瑩は建築中の東本願寺祖師堂の石版図を手紙に同封し、東本願寺について福沢から「毎々懇情」を受け、『時事新報』でも扱ってくれていることに礼を述べている。この翌年一一月には光瑩が福沢のもとを訪れている。

　四一年に病気のため法主の座を第二子の光演(法号彰如)に譲り、壮厳光院と称して東京で余生を過ごした。大正一二年二月八日没。　［小川原正道］

参考『書簡集』七・九。『全集』二一。『伝』四―四〇編。

大谷光尊　おおたに こうそん

嘉永三(一八五〇)～明治三六(一九〇三)年。幕末・明治期の浄土真宗の僧侶、西本願寺宗主。法名は明如。大谷光瑞、九条武子は光尊の子。西本願寺二〇世宗主広如の五男に生まれたが、兄たちが夭折したため、明治四(一八七一)年、父のあとを継ぎ二一世宗主に就任した。廃仏毀釈が勢いを増す中で宗主となった光尊は、勤王の立場を鮮明にするとともに、いち早く教団の近代化を図る必要を感じ、島地黙雷、赤松連城ら若手僧侶を次々にヨーロッパに派遣、欧米の宗教事情を学ばせた。これら僧侶たちの献策は明治政府に対する建言に生かされ、政府の宗教政策にも影響を与えた。また教団改革にも積極的に取り組み、江戸時代からの旧弊を取り除く一方、宗制・寺法の制定、内外の布教所の拡充、さらには慈善事業に力を注ぐなど、近代的な教団への脱皮を目指した。一二年には北畠道竜と謀り本願寺事務所の東京移転を秘密裏に計画するなど、仏教界では先駆的なリーダーとしても知られている。

　福沢家は浄土真宗の盛んな大分県中津の本願寺派明蓮寺の門徒だったこともあり、諭吉は、光尊と交友関係を結ぶことを望んでいた。光尊宛福沢書簡二通によれば、福沢が自著『通俗国権論』二編を贈呈したり、家族のために光尊の写真を所望したこと、また中津の菩提寺明蓮寺とその末寺との間の紛争について相談をもち掛け、解決するよう依頼していたことなど、両者の間に一定の交流があったことが判明している。

　福沢死去の際、光尊は「大観」と揮毫した横額を遺族に贈っているが、光尊にとって福沢の死は特別のものがあったのであろう。福沢没後二年後の三六年一月一八日に亡くなった。　［寺崎修］

参考『明如上人』本派本願寺、一九二七年。『本願寺史』第三巻、浄土真宗本願寺派宗務所、一九六九年。常光浩然『明治の仏教者』上、春秋社、一九六八年。小川原正道『近代日本の戦争と宗教』講談社、二〇一〇年。『書簡集』四・九。

大槻磐渓 おおつき ばんけい

享和元（一八〇一）～明治一一（一八七八）年。儒者、砲術家。通称平次郎、また平次。仙台藩医、蘭学者大槻磐水（玄沢）の二男として江戸に生まれる。一六歳で昌平坂学問所に入り松崎慊堂に学ぶ。文政一一（一八二八）年蘭学修行のため長崎に行くも、シーボルト事件により一年余で江戸に戻る。天保三（一八三二）年仙台藩儒となる。翌年高島秋帆の門人大塚同庵に入門、のち江川英竜の塾に学ぶ。ペリー来航に際し、ロシアに接近する前提での開国論を幕府に建議。文久二（一八六二）年仙台に移り、藩校養賢堂学頭となり学制改革に当たる。奥羽列藩同盟成立の際、佐幕論を唱えて家老但木土佐《ただきとさ》を助けて画策したが、こと破れて下獄、のち許されて明治四（一八七一）年東京に出てもっぱら文章家として過ごした。

ヨーロッパ旅行後、生麦事件などで幕府翻訳方として忙殺されていた福沢諭吉は、磐渓からの再度の来簡に答えた文久三年四月一日付の書簡で、訪欧の土産として依頼されていた「短眼鏡」を忘れていたことを謝罪し、替わりに「竜動図」、ナポレオン一世の「写真」、イギリス人から譲り受けた万里の長城の「瓦片」、福沢自身も実見したピラミッドの「瓦片」を送ることを伝え、さらに滞欧中に交友を深めた清国の留学生唐学埙《とうがくけん》から磐渓宛の書簡を託された経緯を述べている。福沢は渡欧の際に磐渓より贈られた送別の詩をしたためた扇子を唐学埙に進呈し、さらに福沢が校閲した、古川正雄『万国政表』に寄せた磐渓の序文をも見せたという。また、『学問のすゝめ』への世間の批判が高まる中で、福沢は、磐渓が明治七年一〇月二八日付の『朝野新聞』に「読余賛評六号」と題する反駁文を発表したことに謝意を述べ、一一月五日の『郵便報知新聞』に掲載した福沢自身の「学問のすゝめの評」の一読を願う一一月六日付の書簡を送っている。

後年、福沢は磐渓を当代の「碩儒」であり、かつ「西洋の文明」にも関心が深く天下にその名を知らない者はない、と述べて高く評価している（「大槻磐水先生の誠語その子孫を輝かす」）。『言海』編纂者、国語学者の大槻文彦は磐渓三男である。明治一一年六月一三日没。

〔松崎欣一〕

参考 大槻如電／茂雄『磐渓先生事略』一九〇八年。『全集』一九。

大童信太夫（黒川剛） おおわら しんだゆう（くろかわ ごう）

天保三（一八三二）～明治三三（一九〇〇）年。仙台藩江戸藩邸の公儀使（江戸留守居役）。仙台に生まれる。洋学に理解ある開明派の人物で、富田鉄之助、高橋是清など藩内の若い人材を育てた。福沢

諭吉は大童に英字新聞の記事や砲術書の翻訳草稿を提供し、その報酬を塾生の教育に資した。また、慶応三(一八六七)年の渡米時には大童を通じて多額の資金を預かり仙台藩のために書籍を購入し、さらに互いに維新期の諸情報を交換するなど、両者は緊密な関係にあった。大童は戊辰戦争時に佐幕派を助け、藩内の内紛からその罪を追及され、黒川剛と改名して潜伏中に家跡没収の処分を受けた。福沢は潜伏中の大童を支援し、赦免についても大いに尽力した。

赦免ののちは大蔵、文部、内務の各省および警視庁に出仕した。また宮城県内の牡鹿、黒川、宮城などの郡長を歴任、伊達家の家職も務めた。県令松平正直が大童を牡鹿郡長に挙げようとして、福沢にその適否を尋ねたところ、「大童の天才」は郡長などでは不足で、県令もしくは参議にふさわしいと答えている。明治二二(一八八九)年四月に冤罪を特赦し家名再興の許可が出たが、翌月二九日付『時事新報』に、「明治維新の前後、東北の大藩に首《かしら》として佐幕論を唱え当時大《おおい》に藩中の士気を喚起し、世人をして天下反逆の謀首と呼ばしめたる者は仙台藩の大童信太夫氏なり」、「旧幕府の末年、攘夷の論議四方に囂《かまびす》しく腰間三尺の氷以《もっ》て外人の肝を冷やからしむる際、衆群を排して独り泰西を説き同藩中の有志に西洋思想の分子を吹込《ふきこみ》し者は大童信太夫氏なり」と、大童を高く評価する略伝が掲載されている。明治三三年一〇月二日没。

〔松崎欣一〕

参考 井田進也「『時事新報』は雑報欄が面白い―「大童信太夫氏」認定考」『手帖』(一〇五号)二〇〇〇年。坂井達朗「大童信太夫と福沢諭吉」『手帖』(一〇六号)二〇〇〇年。松崎欣一「大童宛福沢書簡とその周辺」同前。東田全義「福沢諭吉訳『海岸防禦論』の原書―大童信太夫からの翻訳依頼」同前。今泉寅四郎『仙台人物誌』一九〇九年。『書簡集』一。

緒方洪庵 おがた こうあん

文化七(一八一〇)~文久三(一八六三)年。江戸後期の蘭学者、医学者、教育者。備中国足守(現岡山市)に生まれる。文政九(一八二六)年大坂で中天游《なかてんゆう》の門人となる。天保二(一八三一)年江戸で坪井信道の塾に入り、宇田川玄真にも学ぶ。七年長崎に行き修業。九年大坂に戻り、瓦町に蘭学塾「適々斎塾(適塾)」を開く。弘化二(一八四五)年塾を過書町《かいしょ》に移転拡

張、村田蔵六、大鳥圭介、長与専斎など日本の近代化に貢献する多くの門下生を輩出した。嘉永二(一八四九)年大坂に種痘所(のちに除痘館と改称)を開設、種痘法の普及に努めた。またコレラ治療法の紹介に尽力したことでも知られる。

福沢諭吉は安政二(一八五五)年三月九日に適塾に入門し本格的な蘭学修業を開始。五年一〇月中旬中津藩の命令で江戸へ行き蘭学塾を開くまでの間、適塾で熱心に蘭学を学び、四年には塾長(塾頭)になっている。適塾在学中の福沢に対して緒方が特に目を掛けていたことについては、福沢が腸チフスにかかった際、緒方が親身になって看病したことや、福沢に学費がないことを知った緒方が「ペル築城書」を翻訳させるという名目で福沢を特別に食客生として迎えたことなどが『福翁自伝』に詳しく述べられている。『福沢全集緒言』で福沢は、自分の文章が平易である理由は、緒方から翻訳においてむずかしい訳語を使わず読みやすい文章にすることが大切だと教えられたためである、と述べており、緒方が教育者として福沢に大きな影響を与えたことが分かる。

文久二(一八六二)年幕府の要請で江戸に行き、奥医師兼医学所頭取に就任。同三年六月一〇日没。墓所は東京都文京区向丘の高林寺と大阪市北区同心の竜海寺。

福沢は緒方没後もその恩義を忘れず、八重夫人を恩人として慕い、緒方家との交際は続いた。明治三〇(一八九七)年に『福沢全集』を出版したときには、まず巻頭に「謹奉故緒方洪庵大先生」と献辞を書いて緒方家に贈呈している。

〔大塚彰〕

参考 『伝』一―五編。『考証』上。梅溪昇『緒方洪庵と適塾』大阪大学出版会、一九九六年。緒方富雄『緒方洪庵』岩波書店、一九七七年。

岡見彦三《おかみ ひこぞう》

文政二(一八一九)～文久二(一八六二)年。福沢諭吉に蘭学塾を開かせた人物。中津藩士岡見清淳の二男として生まれ、名は清熙。彦三は俗名で『福翁自伝』には「彦曹」と記される。岡見家は江戸定府の家臣で、裕福な開明派の家柄であった。嘉永三(一八五〇)年、藩士一〇数名と共に、鉄砲洲の中津藩中屋敷から近い木挽町の佐久間象山の塾に入門して洋式砲術を学ぶ。六年には江戸藩邸に蘭学教師を招聘する許可を得て、適塾出身の杉亭二、薩摩藩出身の蘭学者松木弘安(のちの寺島宗則)を招いて中屋敷内で藩の子弟の指導に当たらせた。

安政五(一八五八)年一〇月、薩摩へ

帰国した松木の後任として、中津藩士で適塾の塾長であった福沢を招聘し、これが慶応義塾の原点となった。岡見は妻のらくに「あの人は今に日本を背負って立つ人間になるに違いない」と語り、福沢は『自伝』で蘭学好きの岡見による開塾の様子を回想し、岡見が蘭語の辞書を翻訳して販売したエピソードも紹介している。

福沢が外遊中の文久二年七月七日に死去。墓所は当初、中津藩奥平家の菩提寺である品川清光院にあったが、平成一〇（一九九八）年多磨霊園に改葬された。彦三の死後福沢は、らくを三田の義塾構内に住まわせて援助し、明治一七（一八八四）年に彦三の甥清致が頌栄学校（現在の頌栄女子学院）を創立した際には開校式に出席して演説するなど、岡見家に礼を尽くすことを忘れなかったという。

〔神野潔〕

参考 長尾正憲「岡見彦三と福沢諭吉について」『手帖』（六八、六九号）一九九一年。『頌栄女子学院百年史』頌栄女子学院、一九八四年。

岡本貞烋《おかもと さだよし》（徳太郎《とくたろう》）

嘉永六（一八五三）～大正三（一九一四）年。交詢社応接掛、実業家。小田原藩士の家に生まれる。幼名徳太郎。号は蕾庵。明治三（一八七〇）年一一月小田原藩公費生として慶応義塾入学。『官員録』によれば、明治八年三月白川県権中属、九年一〇月熊本県権中属、一一年六月群馬県御用准判任を歴任した。一二年末には福沢諭吉から交詢社創設事務の担当を委嘱され、翌年一月の設立以後も応接掛として事務局の中心となる。一五年に創刊された『時事新報』では印刷長となった。一三年一一月には、新潟物産会社西脇悌二郎の代理としてウラジオストックに赴き、商談をまとめた。二六年シカゴ博覧会に事務局評議員として渡米。帰国後実業界に転じ、帝国海上火災、鐘淵紡績、台湾製糖、千代田生命保険、東洋印刷、豊国銀行、台南製糖などの取締役、監査役、相談役などを歴任した。三六年農商務省の委嘱により中国へ綿糸販路の視察に赴く。大正元（一九一二）年より交詢社理事を務めた。

明治二九年一一月一日の慶応義塾故老生懐旧会席上で、福沢は日本国中の気品の泉源智徳の模範たらんことを期すという義塾の目的を説いたが、岡本はこの演説草稿を福沢に乞うてもらい受け、四五年の慶応義塾図書館落成に際して義塾に寄贈した。回想録『恩師先輩訓話随録』（一九一四）がある。大正三年九月一四日没。

〔松崎欣一〕

参考 『慶応義塾出身名流列伝』。『評論』（二〇七号）一九一四年。『書簡集』二・三。

岡本節蔵（古川正雄）

おかもと せつぞう（ふるかわ まさお）

天保八（一八三七）〜明治一〇（一八七七）年。慶応義塾初期の塾長。安芸国山県郡小田村（現広島県安芸高田市）の庄屋岡本建雄の五男に生まれる。幼名亀五郎、通称周吉、また節蔵といった。のちに福沢諭吉の世話で旗本古川弥三郎志道《ゆきみち》の養子となり、維新後に正雄と改名。はじめ広島藩士山口実造の塾に漢学を学び、安政三（一八五六）年八月に大坂の適塾に入った。

福沢が中津藩の要請で蘭学指導者として江戸に出府する際、同行者を募ったときにこれに応じたという。江戸では、福沢に学ぶとともに塾生の指導にも当たり、元治元（一八六四）年頃まで塾長を務めた。福沢が咸臨丸で渡米したときには、翻訳途中の世界各国の地理統計一覧表『万国政表』の完成を委ねられ、万延元（一八六〇）年冬、「福沢子囲閲　岡本約博卿訳」として刊行した。

戊辰戦争の際には、福沢の説得を振り切って榎本艦隊に加わった。明治二（一八六九）年三月に政府軍に投降し、和田倉門内の糾問所に収監され、のち芸州藩邸に引き渡されたが、約一年間拘束された。そのときの古川の処遇について福沢はきめ細かい心配りをしている。

三年二月頃以降、『絵入智慧の環』や『ちゑのいとぐち』などの国語読本を刊行。三年から四年にかけて、海軍兵学寮に「翻訳掛、独見受業、船具運用書取調」で出仕。五年には工部省に移った。六年ウィーン万国博覧会に出品目録諸著書編集係として参加。留守中に『ちゑのいとぐち』の偽版が刊行され、福沢が古川に代わって告発している。七年明六社に加入、八年三月に自宅のある神田錦町に錦裔塾《きんえいじゅく》（現青山学院の前身の一つ）を設立し、英語教員として宣教師ジュリアス・ソーパー（Julius Soper）を招いた。同年五月英人医師ヘンリー・フォールズ（Henry Faulds）、津田仙、中村正直、岸田吟香らと訓盲院設立のために楽善会を組織。九年一月にはソーパーにより洗礼を受けている。一〇年五月二日没。墓所は東京の谷中霊園。　〔松崎欣一〕

参考 伊東弥之助「古川正雄の生涯」『評論』（六六三号）一九六七年。野村英一「古川正雄」『手帖』（四二号）一九八四年。服部禮次郎「福沢門下生の墓所を巡る（九）—福沢諭吉のもとで塾長をつとめた十四人」『手帖』（一三八号）二〇〇八年。『書簡集』一。

小川武平

おがわ ぶへい

天保二（一八三一）〜大正四（一九一五）年。農民運動家。下総国埴生郡長沼村（現千葉県成田市長沼）に生まれる。郡内の湖沼「長沼」の入会権《いりあいけん》をめぐって発生した長沼事件の当時の村用掛であり、権利

回復闘争の中心人物となった。

事件は明治五(一八七二)年、戦国時代から長沼村一村の入会地であったこの沼を周辺の一五か村が共同の入会地にしようと計画し、連名をもって沼の悪水路の浚渫工事を長沼村に命じるよう印旛県に出願したことから起こった。

闘争の過程で七年、小川が偶然『学問のすゝめ』を読んだのがきっかけで、門下生の栗田胤明の紹介で福沢諭吉を訪問して援助を求めたことから交際が始まった。この事件への福沢のかかわりは同書七編で説かれた「マルチルドム(martyrdom)」の論理(暴政を行う政府に対しては、国民は死をも恐れずあくまでも言論をもって抗議し続け、最終的に政策を変更させるのが最上の対応策である、とする論理)の実践を著者の福沢自身が指導した好個の事例となった。

小川は元来は村内の上層農民であったと想像されるが、二五年間にわたる闘争の過程で長男を亡くし、また家計不如意から田畑宅地を手放す不幸に見舞われた。福沢は小川に深く同情し、一時は引き取って福沢家で生活させたりしている。三三年、長沼村の権利が完全に回復したときには、福沢は村民一同がかならず守るべきことの一か条として、小川武平を生涯村方で養うべきことを提言している。小川はその晩年を事件の記録の整理に捧げた。大正四年八月一七日没。

[坂井達朗]

参考『伝』二—二四編。『考証』上。

奥田竹松《おくだ たけまつ》

明治七(一八七四)~昭和九(一九三四)年。外交官、教育者。岡山県紙屋町(現

岡山市表町)に生まれる。明治二五(一八九二)年一月慶応義塾大学部文学科入学。二七年一二月に卒業し、神戸の山陽鉄道に入社した。二九年末に同社を退職。三〇年六月に卒業論文を訂正増補した『仏蘭西革命史』を出版した。同時代欧米の革命研究と比べても遜色のない水準にある歴史書と評され、また革命の十年を強く批判し、ナポレオンを礼賛した三八〇頁に及ぶ本格的著述で、文学科で教鞭をとっていたアーサー・ロイド(Arthur Lloyd)が序文を寄せ、慶応義塾長小幡篤次郎が題字の揮毫をしている。四一年に博文館より改訂増補版を刊行、さらに四三年に版を重ねている。

三一年に高等文官試験に合格して外務

省に入り、仁川、天津、漢口、ウィーン、ハンブルクなどの在外公館に前後一八年間勤務した。ハンブルクでは総領事に任じた。退官後、郷里岡山の岡北中学校(旧岡山黌)校長となった。

　三〇年後半に『福沢全集』の編纂が進められ、翌年一月～五月に全五巻が刊行されたが、奥田はこの編纂のために福沢著書の収集、目録の作成に携わっている。福沢諭吉はその仕事ぶりに満足できなかったらしく、目録の不備などについてきつく叱責をした奥田宛の五通の書簡を残している。全集刊行に協力するよう福沢の依頼を受けて、奥田がそれほど杜撰《ずさん》な仕事をするような人物であったとは考えにくく、福沢のいらだちは全集の完成を急ぐ福沢と奥田の歩調が揃わなかったことの結果であるように思われる。昭和九年二月一一日没。　〔松崎欣一〕

参考 松崎欣一「書簡に見る福沢人物誌2 奥田竹松・鈴木梅四郎」『評論』(一〇六八号)二〇〇八年。高橋暁生「ある明治期エリートのフランス革命観—奥田竹松著『仏蘭西革命史』から」『評論』(一〇七一号)二〇〇四年。『書簡集』八。

奥平壱岐《おくだいら いき》 (中金正衡《なかがね まさひら》)

生年未詳～明治一七(一八八四)年。通称は十学のち壱岐、号は寄梅ほか。慶応三(一八六七)年より本姓である中金を名乗る。七〇〇石取大身の中津藩士奥平正留長男。藩主への初御目見《はつおめみえ》の年や福沢諭吉が自分より一〇歳ばかり上と書いていることから、文政九(一八二六)年から一二年頃の生まれ。年齢に疑問が残るが一三年に家督を相続している。
　嘉永七(一八五四)年に蘭学修行のため長崎へ赴き、母の実家光永寺に寄宿した。長崎に赴く前から、老中に挨拶し将軍家に奉拝する隔年御目見番と称する公務などを行うことはあったが、家老の拝命を受けたのは安政四(一八五七)年である。さらに文久元(一八六一)年に江戸家老となった。就任時は尊皇攘夷運動が激化し、一方で幕府と朝廷の公武合体工作も進んでいた。その中で三年、中津藩は中央政局とつながり賢侯として名高かった伊予宇和島藩主伊達《だて》宗城《むねなり》の四男儀三郎を、藩主昌服《まさもと》の養子として迎えた。ところが国許の中津で、昌服がまだ数え年でも三四歳と若く養子縁組は不自然で、壱岐が自分の野望のために幼い養子を迎え藩主に隠居を迫っていると考える者が出て、国家老らによる建白事件に発展した。その結果、壱岐は家老職を解かれ、禄二〇〇石の削減、慶応二(一八六六)年一〇月中津藩を隠居退身となった。妻はこれを恥辱として自刃したといわれる。福沢は「旧藩情」で「古来未曾有の大事件」と呼び、家老の処分は二五〇年間力の均衡が保たれていた上士下士の関係を覆すような出来事としている。

壱岐は当初薩摩藩に身を寄せる予定であったが、結局慶応三(一八六七)年一一月、家老をはじめ上士に奥平一族が多い松山藩へ移った。この間、壱岐は猟官のためか勝海舟のもとを盛んに訪れている。

明治維新後は、明治五(一八七二)年から八年まで左院に出仕した。また幕末から一〇年代半ばにかけて『西洋法律初学』(一八七四)、『内外法制沿革略』(一八七五)、『伝染病予防法心得演解』(一八八〇)、『衛生手引草』(一八八〇〜八一)、『通俗西洋政治談』(一八七三)などの法律、衛生、政治さまざまな分野の著作がある。一七年五月九日没。墓所は東京四谷の長善寺。

『福翁自伝』に描かれている奥平壱岐は、福沢の進歩に嫉妬して長崎で勉学が続けられないよう画策しながら、他方買ったばかりの高価なペルの『築城書』を貸してくれ、悪人ではないが知恵も度量もない「大家の我儘なお坊《ぼん》さん」である。しかし実際には幕末の困難な政局に江戸家老として政治的手腕を発揮しようとした人物であった。晩年の衛生に関する二つの著作は慶応義塾出版社から出版されている。〔西澤直子〕

参考 中金武彦「奥平壱岐覚書」『手帖』(七八号)一九九三年。同「奥平壱岐から中金正衡へ―奥平壱岐覚書・その二」『手帖』(八〇号)一九九四年。

奥平昌服 おくだいら まさもと

文政一三(一八三〇)〜明治三四(一九〇一)年。大膳大夫。譜代一〇万石中津藩主。隠居後逸堂。中津移封後六代目藩主奥平昌暢《まさのぶ》の嫡男で、叔父昌猷《まさみち》の養子となり、天保一三年家督相続、八代目藩主となる。藩財政は苦しく、また嘉永六(一八五三)年には城の門番をめぐり上士下士の激しい対立を引き起こした御固番《おかためばん》事件が起こるなど、藩内も不穏な情勢の中、この年ペリーが来航し幕府の諮問に対し中津藩は、開国論を上申している。安政年間(一八五四〜五九)になると竜王の浜に砲台を築き、三年には風俗取締りを強化するなど改革に着手、五年には奥平家中興の祖といわれる貞能、信昌、家昌を祭る三所明神を中津城内に建立した。文久三(一八六三)年将軍上洛に際し江戸帰府の警衛を仰せつけられ、この年宇和島藩主伊達《だて》宗城《むねなり》の四男儀三郎を養子とする。元治元(一八六四)年八月の長州征伐では二月にみずから出征、慶応二(一八六六)年六月の長州再征にも派兵した。しかし四年三月になると徳川家追討の命を受け派兵する。そののち閏四月に隠居願を出し、五月昌邁《まさゆき》が家督を相続した。

昌服と福沢諭吉の親しい関係は明治三(一八七〇)年一一月に母を迎えに帰郷した折、藩の重臣たちに今後の方針について相談を受けた話が『福翁自伝』に書かれているので、その頃からかと推測される。五年に政府の旧大名の東京移住令を受けて奥平昌服ほか一家が東京に引越す際には福沢が労をとり、上京に同行し、しばらくの間奥平一家は慶応義塾内に住んでいた。八年頃に江戸時代下屋敷だった高輪二本榎の屋敷に転居する。

福沢は終生旧藩主を丁重に扱い、年始にはかならず紋付き羽織袴で挨拶に出向いた。美味や珍味の到来物があると届けており、昌服に宛てた送付状が幾通も残っている。明治三四年二月二七日没。墓所は東京品川の清光院。 〔西澤直子〕

参考 山崎有信『豊前人物誌』一九三九年。黒屋直房『中津藩史』碧雲荘、一九四〇年。

奥平昌邁 おくだいら まさゆき

安政二(一八五五)~明治一七(一八八四)年。最後の中津藩主。通称九八郎、美作守《みまさかのかみ》。宇和島藩主伊達宗城《だてむねなり》四男として江戸に生まれる。幼名儀三郎。文久三(一八六三)年、九歳を一三歳と偽り中津藩主奥平昌服《まさもと》の養子となる。大政奉還後の慶応四(一八六八)年三月、父に代わり大阪城警衛の任につく一方で、徳川慶喜への寛容な処置を嘆願。五月家督を相続し、翌月初めて中津に赴く。版籍奉還に伴い中津藩知事となるが、四年正月藩政を大参事に任せ、東京での勉学を希望し上京、二月慶応義塾に入学、廃藩後の一二月末米国へ留学する。ニューヨーク州ブルックリンにあるポリテクニック・インスティテュート(Polytechnic Institute)で学び、学校長コックラン(David H. Cochran)の世話を受けるが、六年冬病を得て帰国。九年旧山形藩主水野忠弘妹静子と結婚し、一三年九月には東京府会議員となる。翌年六月東京府芝区長に就任、しかし府知事の芳川顕正と意見が合わず、一五年一一月辞任。一七年一一月二六日没。墓所は東京品川の清光院。

福沢諭吉は奥平昌邁に対し、慶応義塾への入学や構内での住居の世話、留学時には将来を嘱望されていた小幡甚三郎を同行させるなど尽力した。明治四年の中津市学校設立に際し奥平昌邁名で出された「中津市学校之記」は、現存する原稿の状況から福沢の手によるものと考えられる。しかし昌邁は常に福沢に従っていたわけではなく、福沢が書いた、「華族を武辺に導くの説」には反対の意を述べ、また第十五国立銀行の株所有をめぐっても自由を制限しようとする福沢とは反対の意見を述べている。昌邁は旧藩主として中津の発展に心を配り、中津市学校のほか中津—日田間道路開鑿にも出資し、一六年に起こった中津士族間の紛擾の調停も行っている。旧重臣たちに利用されたとも考えられるが、聡明であり、病気にならなければ、アメリカへ特命全権公使として赴任する話もあったといわれる。 〔西澤直子〕

参考 山崎有信『豊前人物誌』一九三九年。黒屋直房『中津藩史』碧雲荘、一九四〇年。『考証』下。

尾崎行雄 おざき ゆきお

安政五（一八五八）～昭和二九（一九五四）年。政治家。相模国津久井郡又野村（現神奈川県相模原市）に生まれる。号は学堂、愕堂を経て咢堂。明治七（一八七四）年五月慶応義塾に入学。童子局次いで中年寮に入ったが、義塾に反抗的態度をとるようになり、九年初め退学。次いで大学予備門を経て工学寮に学ぶが、これもまもなく退学。

一〇年「討薩論」を『曙新聞』に投書して文才を認められ、『民間雑誌』の編集、英書の翻訳に従事。一二年九月福沢諭吉の推薦で『新潟新聞』の主筆となる。この頃処女著作『尚武論』執筆に際し、福沢から「猿に見せる積りで書け」とアドバイスを受けた。一四年矢野文雄に招かれ統計院権少書記官となるが、明治一四年の政変で大隈重信に従って下野。

翌年『郵便報知新聞』の論説記者になり、立憲改進党の結成に参画。以後改進党の論客として活躍、一八年東京府会議員となり、『朝野新聞』に転じ健筆を揮った。明治会堂売却などにつき尾崎はことごとに福沢を批判したが、福沢は政事に奔走して借金を抱えた尾崎を心配し、貧乏するのはかまわないが家族は気の毒だと、年の暮に五〇円ほどを贈ったという。二〇年大同団結運動に参加し、一二月保安条例で東京から追放されたのを機に欧米に留学。二二年大隈遭難の報を聞き急遽帰国、翌年第一回衆議院議員選挙に三重県第五区から立候補して当選、以後、昭和二七（一九五二）年まで二五回連続当選、六三年の議員生活を送り「憲政の神様」と呼ばれた。二九年一〇月六日没。

［飯田泰三］

参考『尾崎咢堂全集』全一二巻、公論社、一九五五～五六年。

小幡英之助 おばた えいのすけ

嘉永三（一八五〇）～明治四二年（一九〇九）年。歯科医師。福沢諭吉門下の最初の歯科医として特異な存在であるだけでなく、西洋歯科医学に基づくわが国最初の歯科医師である。福沢の高弟でのちに塾長を務めた小幡篤次郎とは従兄弟同士。中津藩士の子として生まれ、明治二（一八六九）年五月九日、篤次郎が証人になって二〇歳で慶応義塾に入学している。英之助は横浜の居留地で開業していたアメリカ人歯科医師エリオット（St. George Eliott）のもとで最新の西洋流歯科医術を修め、洋方歯科治療の看板をかかげて東京市京橋区采女町で開業した。福沢門下の歯科医にはほかに、英学修行

を目指して入学し、その後アメリカに留学、歯科医術を修めて帰国した高山紀斎、その弟子として高山を補佐して東京歯科医学専門学校（現東京歯科大学）の創立にかかわった血脇《ちわき》守之助がいる。

　明治七年八月に新政府のもとに医師制度が設けられ、第一回の医術開業試験が実施された。当時の規定には「産科眼科整骨科及口中科等ヲ専ラ一科ヲ修ムル者ハ其局部ノ解剖生理病理及手術ヲ検シテ免状ヲ授ク」と定められ、歯科は昔ながらの「口中科」と称していた。

　翌八年、英之助は医術試験に合格、この免状は医籍第四号であるが、「歯科」としては第一号の免許となった。その後、京橋に開業、福沢家をはじめ縁者たちの歯科治療に当たった。現在の歯科医師会の前身となる歯科医学会の創立に尽力した。明治四二年四月二六日没。〔戸沢行夫〕

参考 小幡先生伝記編纂委員会編『小幡英之助先生』一九四〇年。

小幡甚三郎（仁三郎）　おばた じんざぶろう

弘化二（一八四六）～明治六（一八七三）年。初期の慶応義塾長。豊前国中津（現大分県中津市）の中津藩上士二〇〇石取りの家に生まれる。藩校で学んだようだが未詳。藩外で学ぶ機会を得たいと考えていたところ、元治元（一八六四）年学塾経営の協力者を求めて中津を訪れた福沢諭吉から兄篤次郎が誘いを受けたことを契機に、兄と共に福沢の塾に入った。二人の息子の出府を渋る母親に対し、福沢は二男、三男にとって死活問題である養子の口が江戸にはたくさんあると説得した。

　甚三郎は福沢の期待に応えて熱心に学び、二年足らずで英語を修得、慶応二（一八六六）年には幕府開成所英学教授手伝並を務めるまでになる。明治三（一八七〇）年頃から四年までの間塾長を務め、学事や会計事務、芝新銭座から三田への移転の際には普請から引越しの世話まで、片時も休まず義塾のために尽力した。

　熟語・文例集としては日本で最初の出版となる『英文熟語集』（一八六八）を兄と共に編纂し、また福沢を助けて『洋兵明鑑』（一八六九）の翻訳に携わるなど将来を嘱望され、四年一二月に旧中津藩主奥平昌邁《まさゆき》の留学に伴い渡米した。だがおそらくは強い責任感から神経を病み、六年一月二九日、二七歳の若さで客死した。墓所はニュージャージー州ニューブランスウィックのウィロウ・グローブ墓地。他に主な著訳書として『英国軍艦刑法』（一八六九）、『西洋学校軌範』（一八七〇）がある。

　福沢はその人となりを愛し、折に触れ塾生たちに語った。特に戊辰戦争の混乱時に外国からの庇護の申し出に対し、苦労をしながらも洋学を学ぶ目的は日本の独立にあり、それを忘れることは「義塾の命脈を絶つもの」と甚三郎が演説して聴く者を圧倒したエピソードは、『時事新報』（一五年三月二七日付）や『福沢全集緒言』でも紹介している。また早すぎる死への悲しみを「小幡仁三郎君記念碑誌稿」に記している。　［西澤直子］

参考 西沢直子「小幡甚三郎のアメリカ留学」『研究』（一四巻）一九九七年。セルマン・A・ワックスマン「小幡甚三郎の墓」『評論』（五五七号）一九五三年。『全集』二一。『書簡集』一。

小幡篤次郎　おばた とくじろう

天保一三（一八四二）～明治三八（一九〇五）年。教育者、慶応義塾長、慶応義塾社頭、貴族院議員。二〇〇石取りの中津藩上士の子として豊前国中津（現大分県中津市）に生まれる。漢学を学び藩校進脩館で教育に従事していたが、元治元（一八六四）年協力者を求めて中津を訪れた福沢諭吉に乞われ、弟仁三郎（のち甚三郎）ほか五名と共に出府し福沢の塾に入学した。慶応二（一八六六）年には、早くも当時は学生代表のような存在であった塾長を務め、四年まで在任。同時に二年から幕府開成所の英学教授手伝（二等教授）となり、四年には弟甚三郎と共著で最初の著作となる『英文熟語集』を著した。

幕末から明治初年にかけて入塾した永田健助らの回想では、小幡は福沢の講義に学生として出席する一方で後進の指導にも当たり、図書館制度導入などにも尽力、義塾が目指した「半学半教」の中心的役割を果していた。こうした小幡の貢献は衆人の認めるところで、明治二三年三月五日付『朝野新聞』には「慶応義塾あることを知るもの、必ず小幡篤次郎君あることを知り、福沢翁の名を知るもの、誰か君の名を記せざらん」と書かれている。

四年に執筆され五年に刊行された『学問のすゝめ』初編は、「同著」として小幡の名が記されている。同書はもともと旧中津藩士に向けて書かれたものであり、同藩上士の家柄であった小幡の名を借用したとするのが通説ではあるが、小幡の学識に対して福沢の信頼は厚く、『文明論之概略』緒言には小幡の閲読を乞い、添削を受けて理論の「品価」が大いに増したと述べている。

また中津市学校の校長や東京師範学校中学師範科の創立に際しての校務など、義塾外の教育機関でも重要な役割を担った。さらに交詢社の設立に尽力、東京学士会院会員、貨幣制度調査会委員なども務めた。福沢の死後社頭に就任したが、胃癌をわずらい明治三八年四月一六日没。墓所は東京広尾の祥雲寺。

小幡は中津に図書館をつくりたいと考えていた。没後遺言によって生家と蔵書の半数が寄贈され、四二年に中津図書館が開館した。現在は中津市立小幡記念図書館になっている。平成五(一九九三)年に近接地に移転し、生家は中津市歴史民俗資料館となった。

主な著訳書に『天変地異』(一八六八)、『生産道案内』(一八七〇)、『英氏経済論』(一八七一〜七七)、『弥児《ミル》氏宗教三論』(一八七七)など。〔西澤直子〕

参考『時事新報』明治三八年五月一四〜二九日付。『慶応義塾五十年史』慶応義塾、一九〇七年。「特集小幡篤次郎没後百年」『研究』(二一巻)二〇〇四年。『書簡集』一、ひと。

か行

甲斐織衛　かい おりえ

嘉永三(一八五〇)〜大正一一(一九二二)年。教育家、貿易商。中津藩士甲斐理兵衛の長男として江戸藩邸に生まれる。文久三(一八六三)年藩命により中津に戻り、二度の長州戦争に従軍。戊辰戦争時には砲兵隊指揮官として大坂に出征、新政府軍に参加して三島、甲府、日光、会津を転戦する。明治元(一八六八)年一一月、中津凱旋の途中で慶応義塾に入学。「勤惰表」では五年八月まで在籍が確認できる。その後、大分の洋学校(府内学校)長ならびに中津市学校長に任じられ、九年まで隔年に勤務する。一〇年冬、神戸商業講習所長となり、飯田平作、藤井清らと共に赴任。さらに一一〜一三年には、神戸師範学校、神戸英学校で教え、兵庫県勧業課御用掛を兼務した。その後実業界に転じて、一三年八月貿易商会に加わり、ニューヨーク支店長を務めた。

一八年甲斐商店を興して輸出入業を開始し、三九年サンフランシスコ大震災によるサンフランシスコ支店全焼という被害にもあったが事業には成功して、セントルイス、サンディエゴなどにも店舗を開設した。甲斐商店創業に際しては中上川彦次郎や朝吹英二らが出資し、福沢諭吉も助力したという。著訳書に『童蒙教のはじめ』(須田辰次郎と共訳、一八七四)、『加氏教授論』(一八七八)、『市街読本 商業入門』(三原国一郎と共著、一八七九)、『毎家必用 家内用帳合』(一八七九)など。大正一一年三月二一日没。

参考『慶応義塾出身名流列伝』。

〔西川俊作〕

香川真一 かがわ しんいち

天保六(一八三五)~大正九(一九二〇)年。政治家、実業家。岡山藩御徒目付《かちめつけ》岡長左衛門の二男として生まれる。のち同藩士香川七太夫家の養嗣子。

嘉永六(一八五三)年藩命により西洋砲術を学ぶ。文久二(一八六二)年郡奉行として和気《わけ》、邑久《おく》二郡を支配し統治の実績を上げた。その後、岡山藩議長に任じ、ついで権大参事、公儀人となり江戸藩邸詰となる。

明治四(一八七一)年岩倉使節団に岡山藩より視察員として随行、欧米各国を巡遊した。六年伊万里県参事、静岡県参事を歴任、さらに工部省勧工助に任じた。九年九月に大分県権令、一一年七月に同県令となる。大分在任中に県北大一揆や西南戦争に呼応した増田宋太郎の蜂起事件に遭遇した。同年三月民会仮規則を制定公布。香川からの書簡でこのことを知った福沢諭吉は、「他諸県のものとは全く性質を殊にし、真の民会と奉存《ぞんじたてまつり》候」と高く評価し、『民間雑誌』(一六六~一六八号、同年四月二一~二四日)に全文を紹介している。一二年四月愛媛県および別府港に発生したコレラは大分県の対応が遅れ全国に蔓延し、香川はこの責任を取り同年一〇月県令を辞職した。一三年二月八日、福沢は「士民一同御在職中の厚意は決して忘却不致《いたさず》」として大分県在職中の労をねぎらい、上京を勧める書簡を送っている。辞職後の香川は郷里の岡山県牛窓(現瀬戸内市)に居住し、第二十二国立銀行、岡山紡績会社、岡山精米所、岡山電灯会社、中国鉄道会社などの創立にかかわり取締役等を歴任するなど、主として岡山を中心とする実業界で活躍した。大正九年三月八日没。

〔松崎欣一〕

参考 谷口澄夫「香川真一遺稿『自伝稿』」上・下『瀬戸内海研究』(一一・一二号)一九五八・五九年。

笠原恵 かさはら めぐみ

安政四(一八五七)~大正八(一九一九)年。地主、実業家。越後国頸城《くびき》郡田村新田(のち中頸城郡犀浜村、現上越市)に生まれ、すぐに伯父克太郎《こくたろう》の養子となる。克太郎は大地主で新潟県第四大区長、第一三九国立銀行頭取、頸城自由党の幹部で、のちに衆議院議員も務めた。

明治七(一八七四)年一一月一七歳で慶応義塾に入学し一〇年春まで在学、郷里に帰って祖父が営んでいた漢学塾頸城社を洋学塾に改組して教授した。在学中から福沢諭吉と個人的な交流があり、帰郷後も福沢はその「起居」の様子を尋ね、また「地方学事の景況、その他異聞」があれば「報知」するように、連絡している(一一年一〇月三日付書簡)。

一二年上京し、福沢の紹介で丸屋商社に参画し、早矢仕有的《はやしゆうてき》と共同出資で丸善内外介商店を経営するかたわら、みずからも貿易業を自営した。養父克太郎も福沢と個人的な交流があり、恵と共に福沢邸での宴会に招かれたり(一六年四月二日付書簡)、一八年頸城郡内の郷津(現上越市内)に築港を計画した際には、福沢に相談し三菱社の荘田平五郎への紹介を得たりしている(三月一七日付荘田宛書簡)。三一年の養父の死後は郷里に帰り地主としての生活を送ったが、福沢との交流は終生緊密であった。大正八年没。

[坂井達朗]

鹿島秀麿　かしま ひでまろ

嘉永五(一八五二)~昭和七(一九三二)年。政治家、実業家。徳島藩侍医大村純道の二男として生まれる。文久三(一八六三)年徳島藩侍医鹿島家を継いで鹿島姓を名乗った。藩内では小目付、総政局検事などを務めたが、明治三(一八七〇)年、兄純安が藩内の内紛稲田騒動(庚午事変)の首謀者であったことから巻き込まれて免職となった。東京へ出て外国語学校などで学んだ後、七年二月慶応義塾に入学。鹿島の入学から四か月後に義塾内に三田演説会が発足し、鹿島は橋本久太郎と共にここで初めて演説を行った塾生となった。演説の前には下宿屋の物干し台で夢中になって練習したというエピソードが残っている。

義塾本科卒業は九年一二月。一二年、淡路島の洲本中学の校長となり、一三年には大阪・神戸・淡路を結ぶ淡路汽船会社、『神戸新報』を発行する淡路共立社をつくり、のちに神戸商業学校校長、神戸商工会議所頭、阪神電気鉄道取締役などを歴任し、神戸の水道整備や築港にも尽力して、地方自治と産業教育の発展に一身を捧げた。また民権家としても活動し、一五年には兵庫県立憲改進党を組織して幹事長となり、兵庫県会議員・議長を務め、二三年には第一回総選挙に神戸市から立候補して衆議院議員に選ばれた。この際、神戸市だけが当日開票であったことから、最初に当選した衆議院議員となった。大正四(一九一五)年に引退するまで政治活動を続けている。

卒業後も義塾との関係は続き、義塾出身両院議員招待会(議員懇話会)にも出席している。昭和七年三月二七日没。墓所は東京都杉並区の文珠院。

[神野潔]

参考 松崎欣一『三田演説会と慶応義塾系演説

会』慶応義塾大学出版会、一九九八年。『慶応義塾出身者名流列伝』。『神戸市文献史料(鹿島秀麿文書)』第二〇・二一巻、神戸市教育委員会、二〇〇一・二年。

柏木忠俊 かしわぎ ただとし

文政七(一八二四)~明治一一(一八七八)年。地方官僚。伊豆韮山《にらやま》(現静岡県伊豆の国市)に生まれる。韮山代官江川太郎左衛門(英竜)邸の書生となり、嘉永七(一八五四)年航海術習得のため長崎に派遣され、この地で福沢諭吉と出会ったものと考えられる。その後、韮山反射炉や品川台場の築造に当たり、明治元(一八六八)年会計官権判事となる。同年韮山県に出張を命ぜられ、翌年六月に韮山県判事、さらに大参事となる。三年秋、揔蔵を忠俊と改名。

四年一一月小田原県と韮山県が合併して足柄県になるに伴い、足柄県参事に任命された。五年七月同県権令と改称。足柄県は九年四月まで存続し、その間柏木が権令を務めた(足柄県は廃止後、神奈川県と静岡県に分属された)。

柏木の治績としては、日新館(小学校)・共同学校(中学校)の設立をはじめ、他県に先駆けて教育改革に乗り出し、洋学教師として慶応義塾で学んだ小田原出身の小野太十郎、堀省三などを登用したこと、福沢の『英国議事院談』などを手引きに、大区・小区制度を導入し、公選の大区会議・小区会議によって「公同資益」を図ろうとしたことなどが挙げられる。福沢は、開明的な民政官として頭角を現していた柏木に対する深い信頼感から、その足柄県参事就任を機として、小田原に「真の洋学校」(英学校)をつくることを提言するなど、柏木の死まで交流を続けた。明治一一年一一月二九日没。〔飯田泰三〕

参考 金原左門「経綸家柏木忠俊の足跡」『小田原の文化をよみなおす』夢工房、一九九八年。

片山淳之助(淳吉) かたやま じゅんのすけ(じゅんきち)

天保八(一八三七)~明治二〇(一八八七)年。洋学者。丹後国田辺藩(現在の京都府舞鶴市)の下級武士の家に生まれる。元治二(一八六五)年二月藩命により江戸に出て、坪井芳洲塾に蘭学を学び、次いで慶応元(一八六五)年七月には福沢諭吉の塾に入り英学に転じる。「入門帳」の記名は「淳之介」。翌年には幕府開成所に出仕。三年の福沢の著作『西洋衣食住』は「片山淳之助」名義で出版されて

おり、これは片山の名義を借りたものとされる。福沢が渡米から帰国後、謹慎中であったことと関連するものかと思われるが、その経緯は明らかでない。

四年、藩命により帰郷するも、学問への思いを断ち切れず、翌明治二(一八六九)年神戸の箕作麟祥塾に入門、まもなく箕作に従い東京へ出て慶応義塾に再入学した。同年の「慶応義塾社中之約束」には「文典雑書素読」の担当者として名が見える。しかし病気がちとなって義塾を去り、その後は箕作を頼って大学、文部省、兵部省、正院などに出仕。この頃、名を「淳吉」に改めた。『物理階梯』(一八七二)、『小学綴字篇』(一八七三)、『百科全書植物生理学』(一八七四)、『万国地誌要略』全八巻(一八七七~七九)、『小学物理講義』(一八八一)など理科や習字、地理などの教科書や指導書を多数執筆した。特に『物理階梯』は、明治初期に広く用いられた物理教科書として知られ、改訂を重ね類書も多く出た。二〇年六月二九日没。福沢の知友名簿に「片山淳之助」の名があり、死去も記録されていることから、生涯交友があったようである。

〔都倉武之〕

参考 岡本正志「『物理階梯』の編者片山淳吉の生涯」『科学史研究』(II—二四)一九八五年。同「洋学者片山淳吉に関する資料」(『大阪女子短期大学紀要』一四号)一九八九年。

勝《かつ》海舟《かいしゅう》

文政六(一八二三)~明治三二(一八九九)年。幕末・明治期の政治家。近代海軍の創設に尽力。江戸本所亀沢町に旗本小普請組四〇俵取り勝左衛門太郎(隠居後夢酔《むすい》)の長男として生まれる。下町育ちの江戸武士。通称麟太郎、軍艦奉行に昇進後安房守、名は義邦、維新後は通称安《やす》芳《よし》、号を海舟。幼時より貧に耐え学問に励み剣と禅を修業。剣の師島田虎之助から免許皆伝を許され、師の勧めで西洋兵法を修め、蘭学を永井青崖、都甲《つこう》市郎左衛門に学び、嘉永三(一八五〇)年赤坂田町に杉亨二を塾長として蘭学塾を開く。老中阿部正弘の人材登用の方針によって、岩瀬忠震《ただなり》、大久保忠寛(一翁)の推挙で安政二(一八五五)年翻訳調所(のちの蕃書調所)出役を命ぜられる。これが立身の端緒となり、長崎に赴き軍艦操練所教授方頭取に昇進、蘭人教師に海軍の事を学ぶ。万延元(一八六〇)年軍艦咸臨丸に船長格で乗艦し最初の太平洋横断に成功。幕府崩壊後は慶応四(一八六八)年、江戸無血開城に最高責任者(陸海を統べる役)として立ち会い、江戸市民を戦火から守る。一大名となった徳川氏に随い駿府に移住するが、明治五(一八七二)年上京後、東京赤坂に居を構え新政府の海軍大輔、また参議兼海軍卿を務める。隠

栖後は困窮する旧幕臣の面倒をみ、維新後三〇年を要した前将軍慶喜の宮中参内の実現に心を尽くし、また盟友西郷隆盛の名誉回復のために奔走した。日清戦争には反対した。三二年一月九日没。洗足池畔に葬られる。編著書に『吹塵録』(一八九〇)、『海軍歴史』(一八八九)、『陸軍歴史』(一八八九)、『氷川清話』(一八九八頃、談話筆記)など。

幕臣だった海舟と榎本武揚が新政府の高官となった生き方を非難した「瘠我慢の説」を脱稿した福沢諭吉は、その写本を両名に送り間違いの有無、立論の主旨についての意見を求めた。海舟は「行蔵は我に存す、毀誉は他人の主張、我に与《あずか》らず我に関せずと存《ぞんじ》候。各人え御 示《しめし》御座候とも毛頭異存無之《これなく》候」としたためて返したことでも知られる。 [進藤咲子]

参考 江藤淳・司馬遼太郎・川崎宏・松浦玲編『勝海舟全集』全二一巻別巻二、講談社、一九七二〜八二年。松浦玲『勝海舟』筑摩書房、二〇一〇年。石井孝『勝海舟』吉川弘文館、人物叢書、一九七四年。

桂川甫周 かつらがわ ほしゅう

文政九(一八二六)〜明治一四(一八八一)年。幕府のオランダ流の御典医桂川家の七代目甫周国興《くにおき》。福沢諭吉と交流のあった甫周は幼名を甫安、築地に屋敷があったことで月池と号した。桂川家は一七世紀後半の甫筑邦教《ほちくくにみち》を始祖に代々将軍家の御典医を務め、しかも鎖国時代にあってオランダ流の外科医の地位にあった。特に一八世紀後半の四代甫周国瑞《くにあきら》の時代には『解体新書』の杉田玄白や江戸参府したオランダ商館長、随伴した植物学者ツンベルク(C. P. Thunberg)、漂流民大黒屋光太夫らとの知的交流がみとめられ、その名はヨーロッパにも知れわたった。

そのため江戸の名家桂川家には蘭学を通じて西洋の学問や文物に関心を持つ人びとが集まった。緒方洪庵の適塾に学び、蘭学修行中の福沢は江戸に出ればかならずや桂川家を訪ね、桂川家を「日本国中蘭学医の総本山」と記している(『福翁自伝』)。甫周の娘今泉みねは『名ごりの夢』の中で、福沢の広い背中にオンブされたことや当時の桂川家の洋学者たちによる自由な知的交流を回想している。

福沢の万延元(一八六〇)年の咸臨丸でのアメリカ渡航も、甫周と縁戚関係にあった軍艦奉行の木村摂津守喜毅《よしたけ》を紹介されたことがきっかけとなった。

杉田玄白は『蘭学事始』に三代甫三を「交厚かりし御人」と評し、「これを桂川流と称しぬ」と記している。この国の西洋学の知的伝統を維持してきた桂川家の自由な雰囲気は福沢にとって蘭学だけでなく、多くの知的な刺激となった。なお、七代甫周には蘭和字典ヅーフハルマの翻刻『和蘭字彙』(一八五五、五八)がある。明治一四年九月二五日没。 [戸沢行夫]

参考 今泉源吉『蘭学の家 桂川の人々』全三巻、篠崎書林、一九六五～六九年。今泉みね『名ごりの夢—蘭医桂川家に生れて』平凡社、東洋文庫、一九六三年。戸沢行夫『江戸がのぞいた〈西洋〉』教育出版、一九九九年。

加藤幸三郎（六蔵）
かとう こうざぶろう（ろくぞう）

安政五（一八五八）～明治四二（一九〇九）年。実業家、政治家。三河国宝飯《ほい》郡前芝村（現愛知県豊橋市）の大地主の家に生まれる。幼名幸三郎、のち六蔵。吉田藩最初の洋学者である穂積清軒に学ぶ。明治八（一八七五）年九月慶応義塾入学、一二年四月本科卒業。母の死に接し外国留学を断念して帰郷、家業の醤油醸造、蚕種製造、廻船業、米穀販売などに従事し、農事改良、山林保護にも努めた。

一三年交詢社発足時に入社。また宝飯郡教育会長就任。交詢社入社は福沢諭吉の勧誘にこたえたものであろう（一二年一一月六日付加藤宛福沢書簡）。以後、加藤は三河地方における交詢社活動の要となる。一四年有志と宝飯中学校を創設、一六年宝飯銀行を設立するなど金融機関の立ち上げや地域の教育事業に尽力した。一五年、学術を研究し知識を交換する目的をもって共奨社を設立。三河の商工業振興を企図して、二六年豊橋商業会議所を起し会頭となる。また東三河鉄道、信三鉄道など鉄道事業の計画にも寄与した。一九年愛知県会議員。二一年、東三河五郡の名望家を糾合して東三倶楽部を組織し、部長となった。二三年の初当選以来、四一年に辞職するまで長く衆議院議員。はじめ独立倶楽部、その後同盟倶楽部、立憲革進党、憲政党を経て、憲政本党に属した。加藤が一五年から一七年にかけて執筆した「経世書」は家業を拡充し、教育、金融、鉄道など地方の諸事業の発展に努めた彼の行動理念をまとめたもの。明治四二年六月二一日没。

〔松崎欣一〕

参考 石井寿美世「一八八〇年代における地方名望家の展開—愛知県前芝村・加藤六蔵を例として」『日本経済思想界—「十九世紀」の企業者・政策者・知識人』日本経済評論社、二〇〇四年。『慶応義塾出身名流列伝』。

加藤弘之
かとう ひろゆき

天保七（一八三六）～大正五（一九一六）年。思想家、官僚。但馬国出石城下谷山町（現兵庫県豊岡市）に出石藩士の子とし

て生まれる。弘化二(一八四五)年藩校弘道館に入学、江戸に出て佐久間象山や大木仲益(坪井為春)に師事する。万延元(一八六〇)年蕃書調所教授手伝、元治元(一八六四)年開成所教授職並、慶応四(一八六八)年目付、ついで大目付、御勘定頭となる。明治二(一八六九)年会計権判事、学校権判事、大学大丞、四年文部大丞、外務大丞。八年元老院議官、一〇年開成学校綜理、東京大学法・理・文学部綜理(一四年には東京大学綜理)、二三年帝国大学総長、貴族院議員、二八年宮中顧問官、三八年帝国学士院長、三九年枢密顧問官などの要職を歴任する。

文久元(一八六一)年、『隣艸』で議会政治の導入を主張、その後は「初期三部作」と称される慶応四年の『立憲政体略』、明治三年の『真政大意』、七年の『国体新論』で天賦人権論や立憲政治の採用を説く。しかし一四年『真政大意』と『国体新論』をみずから絶版とし、一五年新たに『人権新説』を著し、社会進化論に基づいて天賦人権論を妄想として否定し、優勝劣敗・適者生存を主張した。同書は矢野文雄、外山正一、馬場辰猪、植木枝盛らの激しい批判を招いた。こうした加藤の思想は、二六年に公刊された『強者の権利の競争』に集大成されている。

大政奉還後、徳川慶喜が江戸へ戻ったのち、江戸城内で慶喜に謁見を願うという裃《かみしも》をつけた加藤に会った福沢諭吉は、もし戦争になるようなら自分は即刻逃げるつもりだから教えてくれといって、加藤にそんな気楽なことをいっている時勢ではないと怒られたというエピソードが『福翁自伝』(王政維新)に描かれている。明治維新後、明六社や明治一二年設立の東京学士会院で共に活動したが、加藤は民撰議員設立を時期尚早として批判し、これを是とする福沢と対立し、さらに福沢の学者職分論を批判し、女性の地位向上に関する議論も歓心を買おうとするものだと憤っていた。大正五年二月九日没。

〔三島憲之〕

参考 田畑忍『加藤弘之』吉川弘文館、人物叢書、一九五九年。

加藤政之助 かとう まさのすけ

嘉永七(一八五四)〜昭和一六(一九四一)年。政治家、実業家。武蔵国北足立郡滝馬室《たきまむろ》村(現埼玉県鴻巣市)の名主の家に生まれる。郷里で漢学を学んだ後、江戸へ出て英学を志したが、父親の病と維新の混乱の中で断念した。父の死後、戸長(区長)となり、明治八(一八七五)年に埼玉県庁へ出仕したが、英文資料を読むことができなかった経験から英学の重要性を再認識し、同一一月に「学成らざれば再び戸田橋は渡らぬ覚悟」で上京して慶応義塾に入学した。在学中の『東京日日新聞』『曙新聞』への投稿を福沢諭吉から評価され、波多野承五郎や尾崎行雄らと協議社という演説グループを結成し

て活躍した。福沢が三田演説会の幹事を勧めたというエピソードや、卒業後に薫誘社演説会への代理出席を依頼した福沢書簡の存在などから、加藤の演説家としての能力に対する福沢の信頼が厚かったことが推察される。また犬養毅は、みずからが所属していた塾内演説グループ猶興社と比較して、協議社のメンバーを「当時のハイカラ組」と振り返っている。

一二年に福沢の仲介で『大阪新報』主幹となり、平行して一三年埼玉県会議員補欠選挙にも当選、一五～二三年は同議長を務めた。一四年、『大阪新報』の雇用主である五代友厚が関与した開拓使官有物払下げ事件では、福沢の後援を得て大阪で演説会を開き、払下げ中止の世論形成に努めた。一方で一五年には、福沢の反対を押し切るかたちで立憲改進党の結成にも参加している。

二三年の第一回衆議院総選挙では落選したが二五年の第二回総選挙以降、大正一三(一九二四)年まで当選一二回を数え、改進党、憲政党などで活動した。昭和二(一九二七)年貴族院議員。函館馬車鉄道社長、東上鉄道取締役などを歴任し、大阪商業講習所(現在の大阪市立大学)の創設にかかわり、大東文化学院(現在の大東文化大学)の総長も務めた。一六年八月二日没。墓所は埼玉県鴻巣市の常勝寺。

〔神野潔〕

参考 加藤憲章著、渡辺茂雄編『加藤政之助回顧録』武蔵野、一九五五年。『慶応義塾出身名流列伝』。

門野幾之進《かどの いくのしん》

安政三(一八五六)～昭和一三(一九三八)年。慶応義塾副社頭、実業家、貴族院議員。鳥羽藩家老門野豊右衛門親賢の長男として、志摩国鳥羽(現三重県鳥羽市)に生まれる。明治二(一八六九)年四月、鳥羽藩貢進生として慶応義塾に入学。木村且又が証人であった。

四年に義塾教員となり、一二年に首席教員、一六年からは教頭となる。二二年には第一回評議員に選出され、大学課程編成委員に任じられ、翌年の大学部設置に向けて、学則作成などその基礎形成に大いに力を尽くした。三一年から翌年にかけて欧米の教育制度を視察した。また「修身要領」の編纂にも携わり、三三年二月の発表後には全国で講演をした。三四年には副社頭に就任するなど、慶応義塾の教育全体にも貢献し続けた。

そのような関係から福沢諭吉とのつながりも深く、福沢が義塾の問題や方針などをめぐり相談を求める書簡や、福沢邸へ要人来訪の際に同席を求める書簡も少なからず確認できる。二一年に門野が立案した試験制度改正が学生たちのストを招き、教員間で問題化した折は、福沢から二学期間の休職を勧められたが、福沢との関係が絶えることはなかった。

三五年の慶応義塾規約改正に際して、評議員と共に教頭も辞任したのち、保険業の世界に身を転じ、まず三七年に千代田生命保険相互会社を創立、社長に就任する。続いて、四一年に第一機関汽罐保険、四四年に日本徴兵保険、大正二(一九一三)年に千代田火災保険、さらに九年に千歳火災海上保険を創設して社長を兼務した。このような業績から、昭和五八(一九八三)年にアメリカのグリフィス保険教育財団により保険殿堂入りを認められることとなる。

実業家へ転身したのちも、明治四〇年に廃止になるまで慶応義塾副社頭を務め、また長期間同理事を務めるなど、福沢門下生中の長老として義塾を支えた。昭和三年には時事新報社会長に就任し、さらに七年には貴族院議員に勅選されている。一三年一一月八日没。墓所は東京の青山霊園。

［柏原宏紀］

参考 村田昇司『門野幾之進先生事蹟文集』門野幾之進先生懐旧録及論集刊行会、一九三九年。『門野幾之進先生追悼講演録』千代田生命保険相互会社、一九七〇年。昆野義平「「保険殿堂」入りをした阿部泰蔵と門野幾之進」『手帖』(四〇号)一九八四年。

金杉大五郎 かなすぎ だいごろう

生没年未詳。東京北千住に居住した福沢家出入りの大工棟梁。大五郎の息子信元によれば、福沢諭吉が大五郎を知ったのは、京橋大鋸町の中村道太邸を訪問した際、邸宅の出来に感心し、中村に手掛けた大工を紹介するよう求めたことによるという。中村の紹介で大五郎が初めて福沢邸を訪れた時期は、インフルエンザが大流行した明治二四(一八九一)年初頭頃であったと推定されている。大五郎を気に入った福沢は、二四年に三田の福沢邸の改築、煉瓦土蔵の耐震補強工事をまかせ、それ以降も、芝公園の北里柴三郎の伝染病研究所、広尾の養生園、芝公園内の北里邸と福沢捨次郎邸、福沢桃介邸といった建築をはじめとして、日常的な修繕までさまざまな普請を依頼している。

信元によれば、福沢は大五郎の仕事について細かい注文をせず、また金払いのよい客であったが、普請の完成期日にはきわめて厳しかったという。二五年の北里の伝染病研究所建設に際し、モルモット小屋の完成が遅れたことに対して福沢は厳しい催促の書簡を大五郎に送っている(二一月三〇日付)。また、二七年三月の中津墓参や二九年四月の伊勢参宮の際に大五郎は福沢に同道している。伊勢旅行に同伴させたのは、上方の建築法や造園を見学させたいという福沢の好意からであったといわれており、福沢がいかに大五郎を気に入っていたかをうかがい知ることができる。

［田口英明］

参考 『伝』四―四六編。『書簡集』八、ひと2。

鎌田栄吉《かまた えいきち》

安政四（一八五七）～昭和九（一九三四）年。慶応義塾史上、もっとも長く慶応義塾長を務め、総合教育機関としての基盤を築いた人物。現在の和歌山市に生まれる。父の鎌田鍬蔵は和歌山藩士平井助十郎の用人。

七歳の頃より寺子屋で学び、明治二（一八六九）年より藩校の学習館で漢学を学ぶ。五年からは藩校の後継学校である開知中学校で英学を学んだ。七年四月和歌山県より選抜されて慶応義塾に入学、八年に卒業した。鎌田が慶応義塾に入学した頃には福沢諭吉はすでに授業担当はなかったが、塾生は塾内で生活する中で薫陶を受けた。卒業後も鎌田は慶応義塾に留まり、九年四月に塾教員となり、英米の原書を講じた。

一一年三月和歌山自修学校長として赴任し、教授のかたわら、福沢が唱えていた「演説」を地方に広めた。九月任期満了で慶応義塾の教員に復帰。三田演説館や明治会堂で開かれる演説会に積極的に参加するだけでなく、一三年三月から行われる会議講習会（擬国会）の開会について福沢から相談を受けている。同年一一月には交詢社の創立委員となり、率先して社員の募集に当たった。一四年八月新設の鹿児島県鹿児島学校へ教頭として赴任するが、そこでも講演会で立憲政治の必要などを説き、交詢社の支社もつくっている。一六年に慶応義塾の教員に復帰、一七年に内務省御用掛、一九年に大分県師範学校長兼学務課長となる。二二年には慶応義塾教員に復職した。

二七年三月和歌山県第一選挙区から衆議院議員に当選、国政に参画するが、三一年四月慶応義塾長に就任、以後大正一一（一九二二）年に文部大臣となるまで、長期にわたりその任にあった。在任中に福沢や小幡篤次郎など慶応義塾の支柱ともいうべき人物を失うが、少額の一般寄附を基本とする慶応義塾維持会の創設、『慶応義塾学報』（のちの『三田評論』）の創刊、商工学校の設立、図書館・大講堂の建設、医学部の創設など、慶応義塾の発展に尽くした。

「修身要領」の作成に携わり、普及講演にも参加。明治末期から始まる地方巡回講演でもしばしば「修身要領」を取り上げ、福沢亡きあと、「独立自尊」の主義の弘布に努めた。塾外においては高等教育会議議員、貴族院議員、教育調査会委員、臨時教育会議議員、臨時産業調査委員、教育評議会長、文政審議会委員、枢密顧問官、帝国教育会長などを務めた。昭和九年二月六日没。墓所は、善福寺移転前の福沢の墓があった常光寺。

〔米山光儀〕

参考『慶応倶楽部』一九三四年三月号（鎌田先生追悼号）。鎌田栄吉先生伝記及全集刊行会編『鎌田栄吉全集』第一巻、一九三四年。

川村純義 かわむら すみよし

天保七（一八三六）～明治三七（一九〇四）年。海軍軍人。薩摩藩士川村予十郎の子。幕末から国事に奔走し、戊辰戦争、西南戦争に参加して戦功があり、明治七（一八七四）年海軍中将、一一年参議兼海軍卿。海軍の拡張と鎮守府制度の拡充に努めた、旧帝国海軍の実質上の生みの親であり、海軍内部の薩摩閥の領袖といわれる。のちに宮中顧問官、海軍大将。

福沢諭吉と川村との最初の出会いが、いつ、どのようにしてなされたか明確にできないが、西郷隆盛が福沢の文明思想を高く評価し、薩摩藩の若者を数多く福沢の塾に送っていたこともあり、川村も早い時期から福沢に親近感を持っていたであろうことは想像に難くない。一二年一月、海軍省が招いたイギリスの元海軍造船長官サー・エドワード・リード（Sir Edward Reed）の歓迎について、行き過ぎであるという世論の批判が起こったとき、福沢は、薩摩藩出身の門下生市来七之助（野村政明）を通じて川村の依頼を受け、一月二一日付の『郵便報知新聞』にその弁護の論陣を張った（一月二〇日付市来宛書簡）。また二月三日に、リードは川村の案内で子息を伴って義塾を訪問、全学をあげての歓待を受けている。これは福沢が義塾維持資金に関して政府の援助を求めて要人に働きかけていた時期であり、その際に海軍卿と陸軍卿の賛成は内々すでに得ている旨を述べていることと無関係ではないであろう（二月一〇日付井上馨宛書簡）。

福沢は一方で黒田清隆などの「麑島《かごしま》参議」（一四年一〇月一四日付井上・伊藤宛書簡）に対しては批判的であったが、西郷隆盛や寺島宗則はもとよりのこと、川村や西郷従道などにはかなり親近感を持っていたと推察される。明治三七年八月一二日没。　〔坂井達朗〕

参考 田中朋子「サー・エドワード・リードの来日と慶応義塾訪問」『手帖』（九九号）一九九八年。

神田孝平 かんだ たかひら

文政一三（一八三〇）～明治三一（一八九八）年。明治期の学者、官僚。美濃国不破郡岩手村（現岐阜県不破郡垂井町）に生まれる。孝平は通称。弘化三（一八四六）年京都に出て伊奈遠江守に仕官し、嘉永二（一八四九）年勘定奉行になった伊奈に従い江戸に出る。京都では牧善輔、江戸では塩谷宕陰《しおのやとういん》、安積艮斎《あさかごんさい》、松崎慊堂らに漢籍を学ぶ。六年頃から蘭学の修得を志

し杉田成卿、伊東玄朴、手塚律蔵らに師事、文久二(一八六二)年蕃書調所教授方出役となり、数学を担当、慶応四(一八六八)年開成所頭取となった。同年明治政府に出仕し、会計官権判事、大学大丞を経て外務省に勤務、のち枢密院権大史、兵庫県令。明治九(一八七六)年元老院議官、一〇年文部少輔、一七年高等法院陪席裁判官、二三年貴族院議員、などを歴任する。この間、明治二年に「田地売買許可ノ議」で土地売買の自由化を、翌年には「田租改革建議」で地租改正のあるべき基本的な理念を説いた。

　文久元年、『農商弁』を著して商業立国を主張し、慶応三(一八六七)年、ウィリアム・エリス(**William Ellis**)の ***Outlines of Social Economy*** のオランダ語訳書を重訳し、欧米経済学に関する日本で最初の体系的な翻訳書『経済小学』を刊行する。また西洋数学の導入にも貢献があり、明治一〇年に設立された、数学の専門学会である東京数学会社の初代会長ともなっている。

　神田と福沢諭吉は古くからの友人であり、明治維新後は東京学士会院で共に活動した。福沢が英学を志したときにもまず神田を誘っている。福沢は文部大輔田中不二麿に宛てた学士会院の会員候補数名を推挙した書簡の中で、役人はなるべく除き、年齢と品行を第一として選びたいとしつつ、神田を文部省の役人であるが欠かせない人物として、その筆頭に挙げている。福沢が出版や再版に尽力し序文を書いた『蘭学事始』は、神田が写本を入手したことが契機となったものであり、「唐人往来」は神田が雇っていた外国人嫌いの「老婆」を、福沢が神田に代わって何とか開国論に口説き落とそうと工夫をこらして書いたものであった。明治三一年七月五日没。

〔三島憲之〕

参考 本庄栄治郎編著『神田孝平—研究と史料』清文堂出版、一九七三年。老川慶喜「神田孝平」、藤井隆至『日本史小百科　近代　経済思想』東京堂出版、一九九八年。

北川礼弼《きたがわ　れいすけ》

万延二(一八六一)～昭和五(一九三〇)年。時事新報記者、実業家。現在の福井県敦賀市に生まれる。明治一二(一八七九)年二月慶応義塾に入り、一四年一二月卒業。塾生時代は、政治結社経世社の会員として演説会などで活躍し、政談演説の禁止を命じられたことがあるといわれる。卒業後、まず神奈川県伊勢原の私立英学校教師となったが、まもなく帰郷し一九年には海軍省翻訳掛。翌年には福沢諭吉が就職先を斡旋しようとした書簡がある。

　以後は新聞社を転々とし、二一、二二年名古屋の『金城新報』主筆、二三年『都新聞』客員として社説担当、二四～六年

『朝野新聞』の経営に参加。二七年時事新報社に入社して社説記者となり、石河幹明らと福沢の執筆を助けた。二九年には福沢の信越旅行に同行。三一年に福沢が倒れると、石河、土屋元作、日原《ひのはら》昌造、対馬機ら多くの記者と共に社説を書き継いだ。福沢没後まもなく時事新報社を退社、鎌田栄吉、福沢一太郎らと「修身要領」の普及のために全国を周遊する。三七年四月には、門野幾之進による千代田生命保険相互会社の創立に参加、同社専務取締役となり、以後同社の経営に力を尽くす。また玉川電気鉄道、共同火災海上運送保険の重役も兼ねた。昭和五年一二月八日没。

［都倉武之］

参考『評論』(四〇一号)一九三一年。『慶応義塾出身名流列伝』。『百年史』下巻・付録。

北里柴三郎　きたさと しばさぶろう

嘉永五(一八五三)~昭和六(一九三一)年。医師、細菌学者。肥後国阿蘇郡小国郷北里村(現熊本県阿蘇郡小国町北里)に生まれる。藩校時習館、熊本医学校を経て、明治八(一八七五)年上京して東京医学校(一〇年東京大学医学部と改称)に学び、一六年卒業。内務省衛生局に入り、一八年ドイツに留学。ベルリン大学のコッホ(Robert Koch)の教室で細菌学を学び、破傷風病原菌の純培養に成功し、免疫血清療法を発見した。

また結核治療法の最先端の研究であったツベルクリンの開発に参加し、二五年五月帰国。内務省衛生局に技師として勤務し、衛生局長の長与専斎を通じて福沢諭吉の知遇を得た。福沢らの援助で、一一月伝染病研究所を創設。次いで二六年九月結核患者の専門病院である土筆ヶ丘養生園を、麻布広尾の福沢の所有地に設立した。また二七年には香港でペスト菌を発見した。

二九年政府が血清薬院を設立すると、破傷風、ジフテリアなどの血清の粗製濫造を未然に防ぐため、北里は動物や施設を寄附し、熟練した部下の技術者を院長に推薦した。三二年伝染病研究所が官立となり、北里はその所長に任命された。このとき福沢は将来の独立に備えて資金を蓄積することを忠告し、会計事務のために有能な門下生田端重晟《しげあき》を紹介している。

大正三(一九一四)年第二次大隈重信内閣の行政整理の一環として伝染病研究所は文部省に移管され、東京帝国大学医学部の附属機関となることが公表されると、北里はこれに憤慨して所長を辞任し、養生園に隣接した白金三光町に土地を取得して私立の研究機関、北里研究所を創立する。それを可能にしたのが福沢の忠告に従って田端が蓄えていた資金であった。伝染病研究所の所員もその多くが袂《たもと》を連ねてこれに従った。
　五年大日本医師会の初代会長となり、六年慶応義塾大学部医学科創立の中心として活躍、初代医学科長（のち大学医学部長）に就任する。同年貴族院議員に勅選される。昭和三（一九二八）年医学部長を辞任。六年六月一三日没。墓所は東京の青山霊園。

〔坂井達朗〕

参考 宮島幹之助編『北里柴三郎伝』北里研究所、一九三二年。

木戸孝允《きど たかよし》

　天保四（一八三三）～明治一〇（一八七七）年。幕末・維新期の政治家。長州藩医和田昌景の長男として長門国萩（現山口県萩市）に生まれ、桂家の養子となり、のち藩主から木戸姓を賜った。吉田松陰、江川太郎左衛門などに学び、幕末の尊王攘夷運動で指導的役割を務め、薩摩藩との薩長盟約の締結を実現させ、討幕において大きな役割を果たした。維新後は参与、総裁局顧問などを経て明治三（一八七〇）年に参議、五年から岩倉使節団に参加し、帰国後は六年政変でいわゆる内治派として征韓論を退けたが、翌年に台湾出兵が強行されるとこれに反対して辞任。八年の大阪会議で政府に復帰し、地方官会議議長、内閣顧問などを務めたが、健康上の不安を抱え続けた。
　木戸と福沢諭吉が初めて会ったのは、木戸が岩倉使節団から帰国した直後の六年九月のことで、時勢について語り合った。以後も交際は続き、この頃福沢邸にいた草郷清四郎によると、木戸がふいに訪れて七時間以上話し込んだこともあるという。対話の内容は時事談から維新時の苦労話にまで及んだ。福沢も木戸を訪問したり、会合で同席するなど対談の機会がしばしばあり、木戸が政府内で孤立していた八年一一月には、井上馨に宛てた手紙の中で木戸は、福沢の自分に対する「心切の考え」はすでにたびたび承知しているところだ、と記しており、その数日後にも福沢は木戸のもとを訪れ、自分の心を察してくれて実に「心切」に感心する、と木戸は日記に記している。
　一〇年二月、西南戦争が勃発するとみずから反乱軍の制圧に加わりたいと名乗り出たが許されず、同年五月二六日、京都で死去した。

〔小川原正道〕

参考『伝』一―二七編。『考証』下。妻木忠太編『木戸孝允文書』第六巻、日本史籍協会、一九三〇年。妻木忠太編『木戸孝允日記』第三巻、日本史籍協会、一九三三年。

金玉均《キムオッキュン》

　一八五一～一八九四年。朝鮮開化派の指導者。号は古愚、古筠。日本亡命中は岩田周作（秋作）と名乗る。金炳台の長男

として朝鮮国忠清南道公州郡に生まれ、幼くして金炳基の養子となる。七二年科挙文科に及第。秀才として聞こえ、朴珪寿、劉鴻基(大致)、呉慶錫(赤梅)から儒教の実学思想、仏教、西洋思想などを幅広く学ぶ。官途に上るとともに、清国との宗属関係を断ち独立国として自立し、日本の明治維新をモデルとした近代化を目指す同志を結集して今日開化派と呼ばれる一党を成し、リーダーとして活動した。その一員であった僧李東仁が一八七九年に来日、東本願寺を通じて福沢諭吉に面会したことが、開化派と福沢の交流の端緒となった。

金玉均は一八八二年に初来日して以来、日本の文物を積極的に学びつつ、福沢の助言や金銭的援助を受け、政治活動の協力者として後藤象二郎を紹介された。また日本の政官界にも広く交遊を深め、内政改革のための資金獲得に奔走する。しかし朝鮮で守旧派が急激に勢いを増したため、一八八四年朴泳孝《パクヨンヒョ》、徐光《ソグァン》範《ボム》らの同志と共に甲申事変を起こして守旧派の排除を試みた。このクーデターは清国の介入により失敗し開化派は壊滅、幹部九名は日本やアメリカに亡命した。金玉均は明治政府により小笠原や北海道に配流されるなど日本で不遇の時を送り、その間朝鮮政府の放った刺客に追われ続け、ついに一八九四年三月二八日上海に誘い出されて暗殺された。日本世論は事件処理をめぐる清国と朝鮮の態度に釈然とせず、これが日清戦争の一因ともなった。日本にもたらされた遺髪が、福沢門下の寺田福寿が住職の真浄寺と、青山霊園に埋葬され、墓碑が立つ。また韓国忠清南道牙山市霊仁面牙山里にも墓がある。

福沢は金玉均の人物を愛し、亡命後も厚く支援、死後には自宅で法要を営み、妻子の援助も行った。また福沢宅には金玉均の書額が常時掲げられていた。

〔都倉武之〕

参考 琴秉洞『金玉均と日本』緑蔭書房、二〇〇一年。姜健栄『開化派リーダーたちの日本亡命』朱鳥社、二〇〇六年。古筠記念会編『金玉均伝』上巻、慶応出版社、一九四四年。

木村喜毅 きむら よしたけ

木村家所蔵(横浜開港資料館保管)

文政一三(一八三〇)~明治三四(一九〇一)年。幕末の軍政家。江戸浜御殿奉行喜彦の長子として生まれる。安政二(一八五五)年西丸目付となり、翌年本丸目付。四年長崎表取締御用として同地へ赴任、長崎海軍伝習所監督を命じられるが、六年海軍伝習の中止に伴い江戸へ戻る。同年九月軍艦奉行並となり、一一月咸臨丸総督としてアメリカへの派遣が決定、軍艦奉行へ昇進し摂津守となった。

帰国後は海陸備向、軍制取調を命じられ軍制改革に力を尽した。しかし海軍拡張案が容れられず、文久三（一八六三）年軍艦奉行を辞任、その後就任した開成所頭取も罷免されるなど不本意な時期を過ごした。慶応二（一八六六）年再び軍艦奉行並となると以後軍艦奉行、海軍所頭取を歴任し、勘定奉行勝手方として幕府瓦解を迎えた。維新後は明治政府に出仕せず、隠居して芥舟と称し悠々自適の生活を送った。

明治二四（一八九一）年、木村が幕末の編年史を著すに当たりその息子浩吉から序文を求められた福沢諭吉は、従来同様の依頼は断ってきたことであったが、旧恩ある木村の求めを快諾し、その著書『三十年史』（一八九二）に序文を寄せた。そこでは木村の功績を日本海軍の歴史に残るべきものとして讃えるとともに旧恩へ感謝の念を示し、末尾を「明治二十四年十月十六日、木村旧軍艦奉行の従僕福沢諭吉誌」と結んだ。

一方で木村は福沢の死に際して、三四年三月三日付の『時事新報』に「福沢先生を憶う」と題する一文を寄せ、咸臨丸の渡航など往事をしのび、その死を悼んだ。同年一二月九日死去、東京千駄ヶ谷の瑞円寺に葬られた（昭和八（一九三三）年青山霊園に移転）。〔横山寛〕

参考 慶応義塾図書館編『木村摂津守喜毅日記』塙書房、一九七九年。横浜開港資料館編『木村芥舟とその資料』横浜開港資料普及協会、一九八八年。佐志伝「書簡に見る福沢人物誌14　木村芥舟・長尾幸作」『評論』（一〇八〇号）二〇〇五年。

清岡邦之助　きよおか　くにのすけ

文久二（一八六二）～昭和一三（一九四八）年。実業家。土佐藩士で、武市瑞山の勤王党に加担して「野根山二十三士の蹶起」の首謀者として処刑された清岡道之助の子として生まれる。父の弟で司法省に出仕、のちに元老院議官、枢密顧問官などを歴任した清岡公張《もとはる》に養われて、明治六（一八七三）年九月、一二歳で慶応義塾幼稚舎に入学（幼稚舎の「入社帳」では七年）。「勤惰表」では、一八年第三期（予科二番）から二一年第一期（本科三等）まで在籍が確認できる。福沢諭吉から「至極の人物」と評価され、二三年三女俊《しゅん》と婚約し、「養子には無之候得共《これなくそうらえども》、その実は養子同様」になり（二三年五月九日付小田部礼宛書簡）、同年イギリスに留学。帰国後は日本郵船会社社員。のちに丸三商会に勤務し、小田原電気鉄道会社、鐘淵紡績会社の役員を勤めた。昭

和二三年六月二日没。慶応義塾幼稚舎長、同大学文学部教授を勤めた清岡暎一はその長男。

［坂井達朗］

清岡俊 きよおか しゅん

明治六（一八七三）～昭和二九（一九五四）年。福沢諭吉の三女。初めに読み書きを両親に習い、明治一四（一八八一）年一月から四月の間は、幼稚舎の「勤惰表」にも名前がある。二〇年に横浜の共立女学校（現横浜共立学園）に入学したがほどなく退学し、のちは慶応義塾の教員であったファーロット（Marie von Fallot）から英語とピアノを習うなど、慶応義塾構内で教育を受けた。一七歳のときに入院手術となる大病をし、福沢は大変心配して、そのときに感じたことを『時事新報』の雑報記事や社説に書いている。六年九月に慶応義塾に入学した清岡邦之助と二三年に婚約、邦之助が英国留学から帰るのを待って二六年に結婚、一男一女を得た。昭和二九（一九五四）年二月二七日没。長男暎一は慶応義塾大学教授を勤め、福沢の著作を英訳し、また母から福沢や福沢家の生活に関する多くの逸話を聞き取って紹介している。

［西澤直子］

参考『書簡集』一・九。清岡暎一「家庭の福沢先生―母の昔ばなし（一）～（七）」『評論』（五七一～五七四・五七六・五七八・五七九号一九五六～五八年。『ふだん着の福沢諭吉』。

金原明善 きんぱら めいぜん

天保三（一八三二）～大正一二（一九二三）年。実業家、社会事業家。遠江《とおとうみ》国長上郡安間村（現静岡県浜松市）に生まれる。生家は七〇町歩ほどの地主で、代々名主を務める家柄であった。明治八（一八七五）年、私財をなげうち治水協力社を設立、天竜川治水事業を進めた。その後河川改修費が地方税によって支弁されるようになると、同社を解散して、天竜川上流の育林事業に乗り出し、木材業を営んだ。また丸家銀行の経営が破綻するとその整理に参画した。

福沢諭吉と金原との交流がいつ生まれたのかは明確にし得ない。六年六月子息の明徳が慶応義塾に入学したときであったかもしれないが、明徳の義塾での勉学は長くは続かなかったから、丸家銀行の問題が起こってからであると考えるべきであろう。

この銀行には発足以来二つの人脈があ

り、その一つは福沢を中心とした人びとであり、他の一つは第二代の頭取であった近藤孝行をはじめとした旧山形藩水野家の家臣であった。水野家は老中を勤めた忠邦が天保改革に失敗した結果、山形に改易されたものであり、その旧領地は浜松であったから、その時代から水野家の家臣と金原との関係が生まれており、彼が銀行の整理に乗り出したのは旧知の人びとの苦境を助けるためであったと考えられる。また金原は社会福祉事業にも関心が深く、特に出獄人保護を熱心に行った。大正一二年一月一四日没。

〔坂井達朗〕

参考 金原治山治水財団編／土屋孝雄監修『金原明善』一九六八年。

九鬼隆義　くき たかよし

天保八（一八三七）～明治二四（一八九一）年。摂津三田《さんだ》藩最後の藩主、実業家。三田藩の姉妹藩である丹波綾部藩主九鬼隆都《たかひろ》の三男として生まれ、安政六（一八五九）年に三田藩主九鬼精隆《きよたか》の養子となって、家督を相続した。福沢諭吉とは個人的に親密な関係にあり、その藩士にも福沢と交遊が深い人物が多かった。九鬼と福沢の接点は、三田藩出身の蕃書調所教授川本幸民の紹介によるものといわれている。

九鬼は幕末においては佐幕の姿勢をとったが、鳥羽伏見の戦いの最中に家老の白洲退蔵の進言を受けて旧幕府への加勢をやめ三田に帰藩した。明治二（一八六九）年に版籍奉還して三田藩知事となった頃、洋学校の建設を企て、福沢はこれに協力することを約束している。当時、福沢は九鬼に対し、社会の問題はよき君主が少ないことではなく、よき政府のもとでその恩恵を受けるべき人民が乏しいことにあるとして、人民の教育こそ重要であると述べている。学校建設は結局実現しないが、福沢はこれを大変悔しがり、みずから岩倉具視に助力を依頼したほか、まずは九鬼自身が学問に取り組んでほしいと要望し、『世界国尽』や『西洋事情』『学問のすゝめ』などの自著を送付、九鬼も家臣に読ませるべく『世界国尽』を大量に購入した。九鬼の妹あいが福沢宅に滞在して福沢の子どもに手習いをさせたり、また九鬼自身も福沢宅に滞在するなど、両者の親密な関係は長く続いた。九鬼は慶応義塾の支援者でもあり、慶応義塾出版局に出資したほか、義塾の経営危機の際や大学部開設の際には福沢から寄附を依頼されている。

洋風の生活を取り入れることにも積極的だったようで、明治二年には藩内の男子の服装を洋装に改めさせ、断髪を許し、牛肉食や洋書の講読、洋式の軍事訓練を奨励したという。みずからも洋装し、パンや菓子を手づくりしたほか、キリスト教にも傾倒して洗礼を受けた。廃藩置県後は神戸に移り住み、不動産事業で巨利を得た。その後、福沢の勧めを受けて実業界に進出し、志摩三商会を設立、輸入貿易業を営んだほか、石炭や石油事業、北海道開拓、牧畜にも乗り出している。その事業は失敗することが多く、福沢もこれを心配して投機的な事業よりも安定的な事業に取り組むよう望んだが、九鬼の人格は愛してやまず、二二年一一月二五日付の白洲退蔵宛書簡で「唯その性質の美にして君子の風あること、旧大名中曾《かつ》て見ざる所なるに恋々して」と絶賛している。

明治一五年に宮内省准奏任御用掛に就き、一七年の華族令では子爵となって、二三年には貴族院議員に当選したが、翌年一月二四日に没した。〔小川原正道〕

参考 小室正紀「書簡に見る福沢人物誌22 九鬼隆義・白洲退蔵・沢茂吉」『評論』(一〇八八号)二〇〇六年。岸田達男「福沢諭吉と摂州三田」『手帖』(七七号)一九九三年。岸田達男「福沢書簡にみる摂州三田藩主従」『手帖』(八一号)一九九四年。坂井達朗「早矢仕有的と九鬼隆義」『学鐙』(九八巻一号)二〇〇一年。

九鬼隆一 くき りゅういち

嘉永五(一八五二)～昭和六(一九三一)年。明治～昭和前期の官僚政治家・美術行政家。摂津国三田《さんだ》藩士の子として三田(現兵庫県三田市)に生まれ、安政七(一八六〇)年、丹波国綾部(現京都府綾部市)藩士九鬼隆周の養子となる。

三田藩主九鬼隆義が福沢諭吉と交流があった縁で明治四(一八七一)年慶応義塾に入学。卒業後、文部省に出仕、明六社に参加するなど福沢とは親密であった。

一一年パリ万国博覧会に派遣され、各国の美術・教育事情を視察。一三年文部少輔に就任。しかしこの頃から福沢とは距離を置き、明治一四年の政変では福沢の身辺を探り、薩長方に伝える密偵役を果たしたとされる。福沢はこのことに対し生涯怒りを解かず、一七年に転じて駐米公使となる際、米国留学中の福沢の息子一太郎、捨次郎の世話をすると申し出たが、福沢は謝絶した。二一年に帰国後、宮内省に転じ、貴族院議員、枢密顧問官なども歴任する。帝国博物館初代総長として美術の保護育成にも尽力し、岡倉天心やフェノロサと共に日本美術の再評価に努めたことでも知られる。

これら美術界での動きに対し、古社寺保存法の制定時に福沢は『時事新報』紙上に「古物保存の要不要」と題した痛烈な批判を載せている。福沢は九鬼の来宅を拒むことはなかったが、その来宅は福沢に対する政府の警戒の高まりを示すバロメーターのようなものだと周囲に語ったという。また福沢名義で九鬼に新年会通知を出した岡本貞烋《さだよし》を叱責する書簡がある。『「いき」の構造』で著名な京都帝国大学の哲学者周造は息子。昭和六年八月一八日没。墓所は兵庫県三田市の心月院。

〔加賀慶彦〕

参考 高橋真司『九鬼隆一の研究―隆一・波津子・周造』未来社、二〇〇八年。明治二九年一月一五日付岡本貞烋宛福沢書簡。

草間時福 くさま ときよし

嘉永六(一八五三)~昭和七(一九三二)年。自由民権運動家、ジャーナリスト。京都の士族下田好文の四男として生まれ、草間列五郎の養子となった。安井息軒、中村敬宇に学び、明治七(一八七四)年四月慶応義塾入学。八年七月卒業とともに愛媛県松山英学所初代校長。松山英学所は、九年九月愛媛県変則北予学校、一一年六月愛媛県立松山中学校と改称されたが、引き続き一二年七月まで校長の任にあった。この間、自治社、松山公共社などの社員となって自由民権運動に没頭し、九年には『朝野新聞』(二月一九日付)への投書が新聞紙条例違反の罪に問われ、愛媛県裁判所において禁獄二か月・罰金一〇円の有罪判決をいい渡された。

一二年東京に戻り、三田演説会に参加、一三年には朝野新聞社に入社するかたわら嚶鳴《おうめい》社に属し、国会開設運動にも積極的に加わった。しかし福沢諭吉との関係は、この頃すっかり冷却したようで、福沢は村井保固宛書簡の中で「数月来絶《たえ》て面会も不致《いたさず》」「音信無之《これなく》候」(一〇月二日付)と書いている。鎌田栄吉の証言によれば、慶応義塾維持資金募集を公然と批判していたというから、あるいはこのことが原因だったのかもしれない。一四年一〇月自由党結成に際しては、林包明《かねあき》ら土佐派の人びとと対立したためこれに加わらず、嚶鳴社社長沼《ぬ》間《ま》守一《もりかず》が創始した『東京横浜毎日新聞』を拠点にジャーナリストとしての活動を続け、翌一五年二月には東京府会議員に当選した。しかし沼間ら嚶鳴社社員の多くが同年四月に結成された大隈重信の立憲改進党に入党したにもかかわらず、草間は同調せず、自由党の別働隊といわれた大阪の立憲政党に、同党総理の中島信行の勧誘で入党した。一七年官界へ転身し、工部省准奏任御用掛、逓信省灯台局次長、同省郵便為替貯金管理所長などを歴任、大正二(一九一三)年退官。昭和七年一月五日没。

〔寺崎修〕

参考 草間時福「大阪立憲政党のこと」『新旧時代』(二年四・五冊)一九二六年。寺崎修「福沢門下の自由民権運動家―草間時福小伝」『研究』(二四巻)二〇〇七年。

栗本鋤雲　くりもと じょうん

文政五（一八二二）～明治三〇（一八九七）年。幕臣、政治家、ジャーナリスト。幕府医官喜多村槐園の三男に生まれ、幕府奥詰医師栗本家の養子に入る。安積《あさか》艮《ごん》斎《さい》に学び昌平黌に入り、古賀侗庵と佐藤一斎に師事。安政五（一八五八）年蝦夷移住を命ぜられ、箱館で採薬、薬園、病院、疎水、養蚕などに功績を挙げ、仏人宣教師メルメ・ド・カション（Mermet de Cachon）と日仏語の交換教授をした。文久三（一八六三）年江戸に呼び戻され、目付、監察、軍艦奉行、外国奉行として横浜鎖港談判、慶応元（一八六五）年には横浜に仏国語学所を創設、兵庫先期開港取消談判、下関償金支払延期談判などの交渉に当たり、またフランス技術による横須賀造船所・製鉄所の建設、フランス陸軍の伝習を推進した。同三年六月渡仏、フランスからの対幕府借款の促進に当たる。このときパリでカションとレオン・ド・ロニ（Léon de Rosny）からフランス人傭兵による薩長討伐の議を受けたが拒絶。幕府瓦解のため明治元（一八六八）年帰朝、小石川大塚に帰農。旧幕遺臣をもって任じていたが、五年横浜毎日新聞社に入り、翌年『郵便報知新聞』主筆。福沢諭吉とも関係が深い同新聞社で、福沢門下の藤田茂吉、犬養毅、尾崎行雄らを育成しつつ、記者として成島柳北、福地源一郎（桜痴）らと名を馳せた。一二年東京学士会院会員、一八年郵便報知退社。

福沢諭吉の「明治十年以降の知友名簿」一一年八月から九月に名前がみえる。福沢が二五年「瘠我慢の説」の草稿を示すと栗本は「よくも書いてくれられた。ゆるゆる読みたいから暫時拝借したい」といい、評注を加えた。この草稿が流出して出版につながることとなった。三〇年三月六日没。『匏菴《ほうあん》遺稿』（一九〇〇）がある。

〔飯田泰三〕

参考 芳賀徹「幕臣栗本鋤雲の生涯」『日本近代化とその国際的環境』東京大学教養学部日本近代化研究会、一九六五年。

呉文聡　くれ あやとし

嘉永四（一八五一）～大正七（一九一八）年。統計学者。医師呉黄石の二男として江戸青山に生まれる。父黄石は広島藩の御雇医で、福沢諭吉とも親交があった（『福翁自伝』攘夷論）。また、母セキは洋学者箕作阮甫の娘。はじめ漢学を習い、のちに従兄の箕作麟祥について英語を学ぶ。元治二（一八六五）年、まだ慶応義塾

と称する以前の福沢の英学塾に入り、短期間在塾した。明治二(一八六九)年、藩命により新設の大学南校(現東京大学)の貢進生となるが、教科内容に満足できず中退。再び慶応義塾へ入るが、四年頃、福沢から退塾をいい渡される。理由は、呉の服装や素行が「塾の風儀に関係するから」ということであった(「子供たちの為め」)。工部省勤務を経て、八年に正院・政表課に入り、杉亨二の指導のもとで統計学の学習と実務に従事する。

以後、内務省、逓信省、農商務省などで統計業務に携わる一方、杉らと共に日本における近代統計学の確立と普及に努め、『統計詳説』(一八八七)など多数の著作を発表した。二六年、慶応義塾同窓親睦会に招待され、以前の退塾処分は解けたものと判断し列席、福沢との親交も復活させる。三一年、慶応義塾大学部の統計学講義担当を依頼され受諾。他に東京専門学校(現早稲田大学)、東京高等商業学校(現一橋大学)、学習院大学科、東京帝大などでも統計学を講義した。三三年、内閣統計局派遣員として欧米に出張し、先進諸国の国勢調査制度の実情を視察。その後、日本における国勢調査制度の創設のために奔走するが、その実現を目にできぬまま大正七年九月一九日に没する。

〔平野隆〕

参考 呉文聡(口述)「子供たちの為め」(呉建編『呉文聡』)一九二〇年。『呉文聡著作集』第三巻、伝記、日本経営史研究所、一九七三年。西川俊作「呉文聡のこと」(西川ほか『近代日本社会学の草創と慶応義塾』慶応義塾福沢研究センター)一九九一年。

小泉信吉《こいずみ　のぶきち》

嘉永二(一八四九)〜明治二七(一八九四)年。慶応義塾長。紀州藩士の家に生まれ、慶応二(一八六六)年入学。慶応義塾をはじめ大阪舎密学校、大学南校などで教壇に立つ。その後、明治七(一八七四)年から一一年まで、福沢諭吉の熱心な働き掛けにより紀州徳川家より資金を出し

てもらい、英国に留学。留学中のロンドンで井上馨に見込まれ、帰国後の一一年に大蔵省奏任御用掛となる。横浜正金銀行設立の計画に際しては大隈重信と福沢のパイプ役を務め、一三年の同行設立時には福沢の推薦により副頭取に就任したが、一五年には大蔵省に戻る。

二〇年、次世代の代表として期待され、福沢や小幡篤次郎の懇請により慶応義塾総長(のち塾長)に就任し、資金募集、学事改良、大学部創設準備などを進めた。しかし、二一年に起こった同盟休校事件の処理などをめぐり、福沢や小幡と意見を異にしたためか、二二年五月より病気を理由に和歌山に退隠。福沢は大阪で小泉に面会するなどして、再三にわたり復

帰をうながした。しかし小泉は同年一〇月に上京し第一回評議員会で塾長に選任されたものの、翌年三月に辞任した。その後、日本銀行役員を経て二四年夏には横浜正金銀行に戻り支配人になったが、二七年一二月八日、病没した。

四年に義塾を去り南校へ移ったことや、塾長在職時の諸問題などでは福沢と感覚の相違があり、福沢は、甥の中上川彦次郎宛の書簡で漏らしているところによれば、小泉のことを、事を処理することは「あまり巧《たくみ》ならず」(二二年一月三〇日)と見ており、また二四年に三井の大改革のための人材を求められたときにも、小泉では力不足と考えていた(六月二四日)。しかし一方で、一三年の政府系新聞発行、一四年の政変、一七年の慶応義塾存続問題、二七年の『福沢全集』発行などの重要問題については小泉に相談しており、厚く信頼してもおり、弔文では「よく本塾の精神を代表し一般の模範たるべき人物」と評した。塾長小泉信三はその長男。

[小室正紀]

参考 横浜正金銀行編『横浜正金銀行史』一九二〇年。小泉信三「師弟—福沢諭吉と私の父」『小泉信三全集』第一八巻、文芸春秋、一九六七年。

五代友厚 ごだい ともあつ

天保六(一八三五)〜明治一八(一八八五)年。実業家、いわゆる明治一四年の政変のきっかけをつくった一人。薩摩国鹿児島郡長田町(現鹿児島市)に生まれる。幼名は徳助、通称才助。父直左衛門秀尭は薩摩藩の儒官および町奉行であった。長崎の幕府海軍伝習所で航海術などを学ぶ。さらに上海、ヨーロッパへの渡航によって見聞を広め、藩の軍備増強、産業振興に寄与した。

明治維新後、参与職外国事務掛、外国官権判事、大阪府判事などを歴任し、大阪港の整備、大阪への造幣寮誘致などを行った。明治二(一八六九)年、官職を辞して実業家へ転身し、弘成館(鉱山経営)、朝陽館(藍製造販売)、大阪製銅、関西貿易商会、神戸桟橋、大阪商船、阪堺鉄道(現南海電鉄)など多くの事業の創設にかかわった。また、大阪商法会議所(現商工会議所)の初代会頭を勤めるなど、関西経済界の世話役として活躍した。一四年、北海道開拓使の官有物を五代の関西貿易商会に非常な廉価で払い下げる計画が発覚。五代と開拓使長官の黒田清隆が共に薩摩出身であったため問題化し、国会開設をめぐる意見対立とも結びついて、参議大隈重信や民間の諸新聞、民権派運動家らによる薩長藩閥政府批判が沸き起こった。伊藤博文らは大隈の罷免と引き換えに官有物払下げを中止して、世論の鎮静化を図った(明治一四年の政変)。この際、福沢諭吉が大隈や民権派勢力の背後にいるとの流言が広がり、その影響で中上川彦次郎をはじめとする慶応義塾出身者の多くが官界から追放された。一方、五代もこの事件で「政商」として世論の非難を浴びた。福沢と面識はあったらしく、福沢が門下生を紹介する書簡が残っている。一八年九月二五日没。〔平野隆〕

参考 日本経営史研究所編『五代友厚伝記資料』第一・四巻、東洋経済新報社、一九七一・七四年。大島清・加藤俊彦・大内力『明治初期の企業家』(人物・日本資本主義3)東京大学出版会、一九七六年。宮本又次『五代友厚伝』有斐閣、一九八一年。小寺正三『起業家　五代友厚』社会思想社、現代教養文庫、一九八八年。

後藤象二郎　ごとう しょうじろう

天保九(一八三八)~明治三〇(一八九七)年。政治家。高知藩馬廻格の家に生まれる。義叔父吉田東洋に学び、文久三(一八六三)年開成所に遊学した。慶応元(一八六五)年に藩政を握り、坂本竜馬と共に藩主山内容堂を説得、同三年将軍徳川慶喜に大政奉還を行わせた。明治政府では要職を歴任、明治六(一八七三)年の政変で参議を辞し、翌七年板垣退助らと愛国公党を結成、民撰議院設立建白書に名を連ねた。八年元老院副議長に就任したが、翌年辞職。六年に設立した商社蓬莱社に専任、七年に買収した高島炭鉱が経営難に陥り、三年に及ぶ福沢諭吉の斡旋で岩崎弥太郎に譲渡した。

明治一四年の政変後、自由党結成で常議員を務めたが、翌年板垣退助との洋行を画策し、その資金の出所をめぐって馬場辰猪らに糾弾されて自由党を混乱に陥れた。二〇年には大同団結運動を主唱し、丁亥倶楽部を創設、二一年『政論』を発行し全国遊説を行ったが、憲法発布直後に黒田清隆内閣の逓信大臣となり、大同団結運動を解体させた。二五年、第二次伊藤博文内閣で農商務大臣を務めたが、農商務省汚職問題が起こり、二七年辞職した。福沢とは、高島炭鉱譲渡問題、金玉均の援助をはじめ、秘書に慶応義塾生井上角五郎と時事新報社員三宅豹三を推薦してもらうなど、密接に交際を続けた。福沢は日頃、後藤の政治家としての度量を高く評価し「大のひいき」と公言しており、「後藤伯の入閣」を当然と論評し、また日清戦争の情報提供を受けるなどしていた。病床には見舞状を送り、『時事新報』に「後藤伯」の弔文を掲載した。三〇年八月四日没。墓所は東京の青山霊園。〔川崎勝〕

参考 大町桂月『伯爵後藤象二郎』冨山房、一九一四年。

後藤牧太 ごとう まきた

嘉永六（一八五三）～昭和五（一九三〇）年。物理学者、理科教育者。三河国宝飯《ほい》郡下地《しもじ》村（現豊橋市）に生まれる。蘭方医蜂須賀謙吉からオランダ語などを学ぶ。その後、蜂須賀と共に江戸に出、慶応四（一八六八）年、蜂須賀と共に慶応義塾に入学した。その後ほどなくして下谷医学校（大学東校）に移ったものの、その転学を惜しんだ義塾からの要請に応じ、医学の道を断念して義塾に戻った。そしてその後八年間、自身の研究と後進の教導に励んだ。明治一〇（一八七七）年、二五歳のとき東京師範学校中学師範学科（のちの東京高等師範学校）教員となり、のち校長心得なども勤めた。主として物理学を担当し、三年間の英国留学も経験した。

他方、後藤は「仮名文及び言文一致体の主唱者」で、一五年、三宅米吉らと共に「いろはくわい」を結成した。この団体は翌一六年に大槻文彦、高崎正風らが当時結成していた「かなのとも」などと合同し、「かなのくわい」となった。後藤は同会の中でも旧「いろはくわい」メンバーを母体とした「ゆきのぶ」の有力な会員であったと考えられ、同会の常議員や取調委員、編集委員、さらには幹事を務め、第一類会員に推されていることが、「ゆきのぶ」が発刊した雑誌『かなのまなび』の記事中に確認できる。後藤自身、同誌第六号に「かんたんなる　きかい　お　もちいて　ぶつりがく　お　おしえること」という論説を発表している。なお、福沢諭吉は後藤に宛てて全文仮名書きで記した書簡を送っている。

「かなのくわい」自体は、統合後も内部での意見対立が解消されなかったために、かならずしも所期の成果を挙げることはできなかったが、後藤はその後も帝国教育会内に設置された「言文一致会」においてこの問題に取り組んだ。昭和五年三月二五日没。

［藤澤匡樹］

参考 三宅米吉「後藤牧太先生小伝」（文学博士三宅米吉著述集刊行会編『文学博士三宅米吉著述集』下、目黒書店）一九二九年。山本正秀「帝国教育会内「言文一致会」の活動概略」『専修人文論集』（八号）一九七二年。『評論』（三九三号）一九三〇年。後藤牧太「義塾懐旧談」『評論』（二二九号）一九一六年。

小林雄七郎 こばやし ゆうしちろう

弘化二（一八四五）～明治二四（一八九一）年。工部省工学寮権助、衆議院議員。越後国（現新潟県）に長岡藩士小林又兵衛の七男として生まれる。山本有三『米百俵』で著名な小林虎三郎は実兄。上京時期は不明だが、当初は横浜で学び、のち自由党で活躍する星亨、中江兆民らと交流したという。明治三（一八七〇）年五月、

二六歳で慶応義塾に入学。ただちに頭角を現わし、福沢諭吉は当時備後福山藩より依頼されていた翻訳教科書編纂の一部を小林に担当させている。四年五月、福沢の推薦により一年間高知海南学校に教員として赴任。帰京後、大蔵省紙幣寮に出仕した。のち工部省に転任し、工学寮権助まで昇進する。

八年一二月に下野したのちは第六十九国立銀行設立や新潟—長岡間を航路とする新汽船安全丸建造に尽力するなど、郷里長岡の発展に寄与。著述活動にも従事し、複数の翻訳書や政治小説『自由鏡』（一八八八〜八九）、史論『薩長土肥』（一八八九）を発表する。二三年七月の第一回衆議院議員選挙に新潟県第五区より出馬し当選。星亨の誘いを受け自由党に入党したが、党の方針と合わずただちに離党した。二四年四月四日没。　［吉岡拓］

参考 小林雄七郎著／内山秀夫解題『復刻　薩長土肥』慶応義塾福沢研究センター近代日本研究資料8、二〇〇一年。

小山完吾　こやま　かんご

明治八（一八七五）〜昭和三〇（一九五五）年。実業家。長野県小諸町（現小諸市）の酒造家山屋に生まれる。明治二六（一八九三）年九月慶応義塾に入学。在学中は福沢諭吉の朝の散歩の伴をする散歩党の一員で、帰省中の小山に対し福沢が上京して一緒に散歩をしてくれるよううながす手紙も残っている。二九年には善光寺に参詣した福沢の上信越旅行に同行し、道中の様子や晩年の福沢について語り残した。

三四年大学部法律科卒業後、時事新報社に入り、同社通信員として渡英、ロンドン大学にて政治経済学を学ぶ。のち明治生命保険会社に移り常務取締役などを勤め、大正一五（一九二六）年に福沢捨次郎の後任として時事新報社社長となり、震災後の復興に尽力した。長野県選出の衆議院議員やパリ講和会議全権随員など政界でも活躍した。福沢は同人を「すこぶる怜悧にして慥《たしか》なり」と評している。配偶者は福沢一太郎の長女遊喜。昭和三〇年七月二三日没。　［西澤直子］

参考『ふだん着の福沢諭吉』。『小山完吾日記—五・一五事件から太平洋戦争まで』慶応通信、一九五五年。

近藤良薫　こんどう　りょうくん

弘化四（一八四七）〜明治三五（一九〇二）年。医師。沼津藩（慶応四年上総国菊

間に転封）水野家の家臣近藤安中の子として、水野家の領地であった三河国碧海郡鷲塚村（現愛知県碧南市）に生まれる。幕末、長崎精得館で学び、帰郷して洋々医館、密峰義塾を開いて後進の指導に当たった著名な蘭方医近藤坦平の弟に当たる。明治元（一八六八）年一一月、二一歳で慶応義塾に入学し、慶応義塾医学所に学ぶ。横浜で開業するとともに横浜病院（のちの十全病院）に勤務。福沢諭吉のホームドクターの一人で、福沢の媒酌で中津出身の女性と結婚した。また福沢の長男一太郎の結婚相手として自分の患者である横浜の商人蓑田長二郎の長女かつを紹介し、媒酌人を務めたが、この縁組は成功しなかった。横浜医師会長、神奈川県医師会長また横浜七十四銀行取締役も務めた。明治三五年五月九日没。

［坂井達朗］

参考『書簡集』二・三・六。

さ行

西郷隆盛　さいごう たかもり

文政一〇（一八二七）～明治一〇（一八七七）年。幕末維新期の政治家。薩摩藩士西郷吉兵衛の長男として生まれ、弘化元（一八四四）年に郡方書役助となり、その間に藩主島津斉彬《なりあきら》に見出されて、その後側近となり、将軍継嗣問題などにかかわった。斉彬の死去によって情勢が変化すると投身自殺を試みるが、未遂に終わる。以後、奄美大島に配流され、島津久光に呼び戻されて再び政局に携わったものの、久光に批判的で、独断の行動がめだったためその逆鱗に触れて徳之島、のちに沖永良部島に流され、復帰したのは元治元（一八六四）年のことであった。蛤《はまぐり》御門の変、長州征伐、薩長盟約など、薩摩藩を代表して事に当たり、戊辰戦争では東征大総督府参謀として江戸城無血開城を実現した。維新後はいったん鹿児島に引退したものの、明治四（一八七一）年に参議として政権に復帰、六年には朝鮮使節派遣をめぐる政変で下野した。その後は鹿児島で隠遁生活を送り、私学校を創設して師弟の教育に当たったが、一〇年に彼らが決起するとその盟主となり、九月二四日に敗戦、鹿児島で自刃した。

西郷が死去した直後、福沢諭吉は「丁丑公論」を記し、専制政治に対して不満が爆発するのは当然であり、言論を抑圧してきた政府を厳しく批判して、「西郷の死は憐むべし、之を死地に陥《おとしい》れたるものは政府なり」などと西郷を弁護した。

福沢は、専制政治を防ぐためには抵抗するほかなく、武力による抵抗はその手段こそ問題があるものの、その精神において是とすべきものである、とした。

西南戦争開戦時にも福沢は征討令猶予の建白を書き、それが無駄に終わったあとも、休戦して公開・陪審制による法廷を開くよう建白書を起草した。西郷の名誉回復がまだ成されていなかった一六年の段階でも西郷の銅像建設趣意書を書き、その至誠の精神はもっとも「欽慕」するところである、と讃えている。

西郷と福沢は面識こそなかったが、西郷も福沢を尊敬していたようであり、明治四年には警察制度の創設に当たって福沢の意見を聞いているし、五、六年頃には鹿児島の書生に慶応義塾に入学するよう勧め、七年には大山巌に宛てて、福沢の書をじっくり読んで目を覚ました、と書き送った。福沢自身、『福沢全集緒言』において、西郷は『文明論之概略』を通読し、少年子弟にこれを読むよう勧めた、と語っており、実際西郷は福沢の著書を愛読していた、と息子西郷菊次郎は証言している。

〔小川原正道〕

参考 『全集』一・六。『伝』二—二七編。『大西郷全集』第二巻、平凡社、一九二七年。小川原正道「福沢諭吉と勝海舟」『手帖』(一二一号)二〇〇四年。小川原正道『西南戦争』中公新書、二〇〇七年。

酒井良明 さかい よしあき

嘉永五(一八五二)~昭和五(一九三〇)年。慶応義塾教員。福井藩士の家に生まれる。

藩兵教育に従事したのち上京。箕作《みつくり》秋坪《しゅうへい》の門を経て、明治七(一八七四)年一一月慶応義塾に入学した。入学当初、部屋の押入れに長い刀を置いているのを福沢諭吉から叱責され、翌日、「学んで富み、富みて学びという途を知っているか。武士でも金を儲けることを知らなくては駄目だ」と諭されたという。九年に卒業した後は福沢宅に住み込み、一〇年に松平春嶽の孫信次郎(康荘)が義塾幼年局に就学すると、その教育係を委嘱される。一三年、三重県津中学校の創設に伴い教員として赴任。一五年末に退職帰京し、一六年より義塾および幼稚舎教員を勧めた。

福沢は書簡の中で、酒井のことを「人物は無中分《もうしぶんなし》、実着の士なり」(明治一二年九月二五日付草間時福宛)と評しているが、酒井に対する福沢の信頼の高さは、しばしば旅行に同行させていることからもうかがえる。その代表的な事例は、緒方洪庵夫妻の墓参も兼ねて出掛けた一九年三月から四月にかけての東海道巡歴である。福沢が酒井夫妻を芝居見物に誘った書簡(年未詳一〇月一〇日付酒井宛)も残されており、交際は夫婦ぐるみのものだったようである。福沢の葬儀の際には、美沢進らと共に、葬列に関するいっさいの準備をとり行った。三井家教育係、品川毛織会社取締役、三井呉服店監査役なども勤めた。昭和五年一一月一二日没。

〔堀和孝〕

参考 『伝』一・三・四。『書簡集』二・九。酒井良明「義塾懐旧談」『評論』(二四一号)一九一七年。『考証』下。「酒井良明」「寄宿舎」「酒井寄宿舎」『義塾史事典』。

坂田実 さかた みのる

安政四(一八五七)～昭和四(一九二九)年。時事新報社員、慶応義塾幼稚舎長、日本銀行出納局長。備中国川上郡日里村(現岡山県井原市)に生まれる。明治六(一八七三)年上京、箕作秋坪《みつくりしゅうへい》の三叉《さんさ》学舎に入り、九年三月に慶応義塾に入学。一〇年卒業と同時に義塾教員、一四年から岡山中学校兼師範学校教頭となった。一九年に神奈川県津久井郡長を半年ほど勤めたのち、二〇年、中上川彦次郎が退社したあとの時事新報社に入社、伊藤欽《きん》亮《すけ》に次ぐ地位を与えられて経営に参画した。福沢諭吉から会計事務、販売活動を高く評価されていた。二〇年には福沢の提言で設立された広告代理店三成社事務長を兼務。二六年に退社、慶応義塾幼稚舎長を三〇年まで勤めた。この間、福沢は四男大四郎と長女里《さと》の長男中村愛作を入学させ、また幼稚舎で行われてきた柔術稽古が衰退していることを指摘し、智育より体育の奨励をうながした。二二年の大学部資金募集のための東京横浜委員になった。三八年、小幡篤次郎追悼のため慶応義塾に寄附して利子を図書購入費とすべく企画された小幡図書基金の発起人に名を連ねている。

三二年、日本銀行総裁に就任した山本達雄の排斥運動が頓座したあとの混乱する同行に入り、名古屋支店長、出納局長などを勤めた。三九年に豊国銀行の創設に加わり専務取締役となったのをはじめ、第一火災海上保険会社社長、小田原瓦斯株式会社監査役、北海採炭社長、日本緬羊毛織創立発起人・相談役、日本海上倉庫社長などを勤めた。幕末から明治にかけての儒者・漢詩人で、明六社社員の阪谷朗廬の甥。昭和四年一二月二四日没。

〔川崎勝〕

参考 坂田実「義塾懐旧談」『評論』(二五七号)一九一八年。慶応義塾幼稚舎編『稿本慶応義塾幼稚舎史』一九六五年。

桜井恒次郎 さくらい つねじろう

生年未詳～明治二八(一八九五)年。銀行家、実業家。旧中津藩士の中で維新後最初に武士身分を捨て実業に従事した人物の一人。慶応二(一八六六)年三月慶応

義塾に入学。明治五(一八七二)年頃から慶応義塾出版局の事務を扱い、朝吹英二と並んで同局の「有力の人物」と評された。その後、横浜の丸屋社中に加わり、中津の第七十八国立銀行設立準備にもメンバーとして推挙されている。その後、丸屋から独立して横浜で茶商を営み、横浜正金銀行の設立時には副支配人として参画、以後長く同行に勤務した。

福沢諭吉は、『時事新報』の発刊後、慶応義塾出版社(七年、出版局を改組)が奥平家や中津市学校から預かっていた資金の返済が滞った際、その処理を桜井と朝吹とに依頼している。また一九年、福沢の長女里《さと》の夫中村貞吉の養父中村清行が死去したのち、桜井はその負債担保の処理にも協力している。二四年三月頃、正金銀行を退いたのちは京都市上京区に住み、酒造業を営んだ。桜井宛の二六年一月三〇日付福沢書簡は、「御手製」の「銘酒壱樽御恵投」に対する礼状である。明治二八年没。

〔飯田泰三〕

沢茂吉 さわ しげきち

嘉永六(一八五三)〜明治四二(一九〇九)年。北海道開拓の指導者。摂津三田《さんだ》藩士の長男として生まれる。青年期までの名は活哉。「入社帳」に記載はないが、明治四(一八七一)年から慶応義塾で二年間学び中退したという。帰省後は近代牧畜業を志し、林三圃や蘭学者堀田某のもとで牧牛、酪農を実習し、その後みずから経営に乗り出したが、家畜の流行病のために失敗。一〇年、神戸に県庁の意向で牧場が開設されるとの情報に接した福沢諭吉は、不遇にあった沢を「少年の時より私の知る所」の者として推薦している。その間、八年に摂津第三公会設立に際して受洗、一〇年から一二年には神戸女学院の前身、神戸ホームで漢文、数学、習字を教えた。

一五年、旧三田藩士を中心とするキリスト教開拓結社の赤心社に賛同し入社、開拓部長として八三名の移民を率いて北海道浦河地域荻伏へ入植、翌年には赤心社副社長に就任。開拓団を指導して厳しい自然や松方デフレ下の苦境に耐え、二〇年代に事業を軌道に乗せた。同時に開拓村々の総代や学務委員、実業組合役員などを歴任し、四一年には北海道会議員にも選ばれ、日高地域の開発の基礎を築いた。

このような沢の努力に対して福沢は二九年に、「人生の独立、口に言うは易《やす》くして、実際に難《かた》し。二十年の久しき御辛抱一日の如し。敬服の外無御座候《ほかござなく》」と賞賛の言葉を書き送っている。

沢は晩年の福沢にとって、私徳と経済活動を両立させた清々しい存在であった。四二年九月一五日、浦河にて没。

〔小室正紀〕

参考『荻伏百年史』荻伏開基百周年記念協賛会、一九八三年。本多貢『ピュリタン開拓　赤心社の百年』赤心社株式会社、一九七九年。土橋俊一「沢茂吉に送った福沢書簡」『手帖』(五七号)一九八八年。玉木徳七「キリスト者の開拓　沢茂吉」『手帖』(五八号)一九八八年。

山東直砥　さんとう なおと

天保一一(一八四〇)～明治三七(一九〇四)年。教育者。和歌山藩士栗栖儀平の長男として生まれ、母方の姓山東を継いだ。幼名の一郎で記された史料も多くみられる。高野山に入ったがのちに還俗し、播磨の河野鉄兜《てっとう》に学び、さらに尊王論を説く大坂の双松岡学舎に入って松本奎堂《けいどう》らの指導を受けた。文久三(一八六三)年、松本らが組織する天誅組が大和五条で挙兵した際には、同志を募るべく北越に赴いていたが成功せず、咸臨丸の測量方であった幕臣伴鉄太郎に入門した。またこの頃、松本良順の門人となった。

慶応二(一八六六)年ロシア留学を目指したが果たせず、函館でロシア語を学び、樺太開拓の重要性を説いた。同年四月には函館裁判所の内国事務局検判事、同年閏四月には同裁判所の函館府への改称によって権府判事に任命された。

明治二(一八六九)年、函館の貿易商柳田藤吉が早稲田に創設した北門社新塾の管理を任され、良順の弟林董《ただす》らを教員として招いた。ここで学んだ人物としては小村寿太郎やのちに慶応義塾に入学する那珂通世などがいる。四年神奈川県参事となり、辞職後の一〇年には同郷の陸奥宗光らが計画した政府転覆に関与したが、罪には問われなかった。また陸奥らと共に和歌山粉河寺《こかわでら》内に猛山学校を創設し、若者の教育に携わった。

福沢諭吉との結び付きの時期ははっきりしないが、明治二年一月に漢学者依田学海が和歌山藩士伊達宗興《だてむねおき》を訪ねた際、そこで福沢と山東に会ったと述べている。一方、福沢の「明治十年以降の知友名簿」には一〇年一二月に和歌山で山東と会い『民間経済録』を送る約束をしたことが記されている。また、一四年に高島炭鉱が後藤象二郎から三菱へ譲渡された際には、山東は福沢と岩崎弥太郎を仲介する役割を果たした。三七年二月一四日没。

〔神野潔〕

参考 早稲田大学大学史編集所『早稲田大学百年史』第一巻、早稲田大学出版部、一九七八年。由井正臣校注『後は昔の記他　林董回顧録』平凡社、東洋文庫、一九七〇年。『学海日録』第二巻、岩波書店、一九九一年。

志立滝　しだち たき

明治九（一八七六）～昭和四五（一九七〇）年。福沢諭吉の四女。福沢は妻錦《きん》の疲労を考えて滝からは乳母をつけ、滝は三、四歳頃までは乳母と寝て、父や母とはあまり関係がなかったと回想している。最初の読み書きは時期からみて、棚橋絢子から習ったかもしれない。明治二〇（一八八七）年には姉たちと一時期、横浜の共立女学校（現横浜共立学園）に入学するが、まもなく退学、慶応義塾の教員でもあったファーロット（Marie von Fallot）から英語やピアノを習うなど、慶応義塾構内で教育を受けた。小林一三によれば、滝は「小肥りで、血色のよい発刺たる洋装の女性」で、二〇年代後半から三〇年代の慶応義塾の学生にとって、妹の光《みつ》と共に憧れの的であった。二七年、帝国大学を卒業し日本銀行に勤務していた志立鉄次郎と結婚、四女を儲けた。鉄次郎はのちに住友銀行支配人、日本興業銀行総裁などを歴任。滝は『時事新報』にも寄稿、大正年間には新しい女性の生活や生き方について『新女界』などに執筆し、東京基督教女子青年会（YWCA）を創立、大正七（一九一八）年から昭和一七（一九四二）年まで会長を務めた。昭和四五年三月五日没。

参考『書簡集』一・九。『ふだん着の福沢諭吉』。　〔西澤直子〕

七里恒順　しちり ごうじゅん

天保六（一八三五）～明治三三（一九〇〇）年。浄土真宗本願寺派（西本願寺）の僧侶。号は松花子。越後国三島郡飯塚（現新潟県長岡市）の明鏡寺に生まれる。郷里の寺で修行ののち、安政元（一八五四）年九州に出て豊前、豊後の寺で学ぶ。元治元（一八六四）年五月、一修行僧ながら博識を認められていた恒順は周囲の求めに応じ、中津に帰省中の福沢諭吉を訪ねて問答をなし、その様子を「梅霖閑談」と題して書き残した。当時、福沢の説は仏法を非難するものとして郷里の僧侶の反感を買っており、恒順も福沢の説の論破を試みたが、対話の中で相互に見識を認め、恒順も福沢も以後好感を持ち、一通の文通も交わさない中に、慕い合う関係となった。

同年一一月、博多万行寺に入り、慶応元（一八六五）年には住職となる。同三年、同寺内に甘露窟（のちに竜華教校と改名）を開いて教学指導に当たり、明治維新前後に仏教が荒廃する中で、真宗宣布に尽力した。ほとんど自坊を離れなかったが、明治一三（一八八〇）年、京都の本山に派閥間の紛争が生じた際、大谷光尊（明如）の求めにより、本山で執行《しぎょう》の任に就いて収拾に当たった。これは紛争解決への助言を求められた福沢が、恒順を推挙したためといわれる。一五年には博多に戻り、以後は二度本山へ出向いた以外、博多の地を離れることがなかった。寺は修行僧であふれ、名説法を聞きに真宗門徒が全国からつどい、門前には旅館が建ち並んで、その姿は「今蓮如」と称されるほどであったという。

　恒順は二二年に嗣子順之を慶応義塾に学ばせ、福沢は七里のような立派な僧はいないと常に口にし、二七年の中津帰郷の際、恒順を訪ねようとしたが、すでに恒順が病身であったために果たせなかった。また三二年末には献辞を添えた『女大学評論・新女大学』を福岡在住の門下生に託したが、それが届けられたのは、恒順が息を引き取った三三年一月二九日であった。墓所は博多万行寺。［都倉武之］

参考『伝』四―四〇編。浜口恵璋編『七里和上言行録』興教書院、一九一二年。

渋江保　しぶえ たもつ

安政四（一八五七）～昭和五（一九三〇）年。教育者、ジャーナリスト、翻訳家。津軽藩医渋江抽斎の子として江戸に生まれた。

　明治四（一八七一）年大学南校入学、また尺振八《せきしんぱち》、箕作《みつくり》秋坪《しゅうへい》について英学修業。七年東京師範学校入学、翌年卒業。八年三月浜松学校監督、一〇年一一月浜松師範学校（のち瞬養学校、さらに浜松変則中学校と改称）主席教員を経て、一二年一一月慶応義塾に入学、翌一三年一二月卒業。一二年一二月から一四年一月まで専修学校に法律学を学ぶ。一三年発足まもない交詢社に入る。一四年九月、愛知県宝飯《ほい》郡国府《こう》町（現豊川市国府町）の宝飯中学校長として赴任し一六年二月まで在任。また、この頃当地域の民権結社、進取社の社長にも任じた。校長辞任後まもなく東京に戻り、慶応義塾および攻玉社の教員となり、また『東京横浜毎日新聞』に入った。一五年四月二〇日付の渋江宛福沢書簡によれば、宝飯中学の新任人事に福沢諭吉がかかわっている。

　一八年に静岡に移り、静岡英学校、文武館、高等英華学校に教え、『東海暁鐘新聞』主筆となった。この間『米国史』（一八七二）、『小学授業必携』（一八七五）、『英国憲法論』（一八八一）などの翻訳著書を世に問う。このうち一四年刊行の『英国憲法論』は山田（伊東）要蔵との共訳、小幡篤次郎が「英国ノ政ハ君民同治ノ最モ中庸ヲ得タルモノナレバ、二氏ノ意蓋《けだ》シ範ヲ此ニ取ルニ在ルカ」との序文を寄せている。二三年再び上京し、以後主として博文館より、『西洋妖怪奇談』（一八九一）、『歴史研究法』（一八九四）、『普墺戦史』（一八九五）、『波蘭衰亡戦史』（一八九五）、『仏国革命戦史』（一八九六）などきわめて多数の著訳書を刊行した。昭和五年四月七日没。〔松崎欣一〕

参考 渋江保「福沢先生と昔の慶応義塾」『独立評論』（九号）一九一三年。同「新聞今昔譚」『独立評論』（再興五三～五八号）一九一四年。大田兼雄「羽化渋江保の著作」『日本古書通信』（一三三号）一九六三年。松崎欣一「福沢書簡に見るある地方名望家の軌跡―伊東要蔵と福沢諭吉」『研究』（一八巻）二〇〇二年。『書簡集』三。

渋沢栄一　しぶさわ えいいち

天保一一（一八四〇）～昭和六（一九三一）年。明治から昭和初期の実業家。号は青淵。現在の埼玉県深谷市血洗島の農家に生まれる。パリ万博に出席する第一五代将軍徳川慶喜の実弟昭武《あきたけ》に随行して渡欧。帰国後、維新政府の一員として新たな社会・経済制度の調査・立案に当たったのち、実業界の指導者的存在として、日本の近代経済社会の基礎を築いた。近代的銀行の育成にかかわったほか、多方面にわたる株式会社の設立に助言し、経営指導に当たった。「道徳経済合一説」を説き、生涯約五〇〇にのぼる会社の設立・経営にかかわったという。

一方、日露戦争後、国際問題の解決には、政府はもとより、民間の積極的な対外交流の必要性が高まる中、渋沢はその中心的担い手として、特に日米関係の改善に尽力する。また、社会・公共事業にも多方面にわたり貢献し、関与した事業の数は約六〇〇にのぼるといわれる。例えば、宗教的あるいは個人的慈善活動から社会事業という位置づけに移り変わる時代にあって、多くの福祉・医療機関の運営や財政的支援に大きな役割を果たした。また、特に高等教育とは無縁なものとされていた商業教育と女子教育の重要性に着目し、商業実務や女子を対象とした多くの民間教育機関の設立から運営までにかかわるなど、日本の近代化に大きな足跡を残した。福沢諭吉との関係はかならずしも密接とはいいがたいが、お互いが実業、文化の発展に尽くした功績を認め合っていた。渋沢栄一の事績や思想、栄一の生きた時代に関する資料や情報の収集、保存、調査研究・展示などさまざまな事業を行っている渋沢史料館には、福沢からの書簡として、明治二六（一八九三）年の米国ボストンヘラルド新聞社主、同社記者を自邸に招き一席設けるに当たり、栄一を招待した一点が残されている。昭和六年一一月一一日没。〔井上潤〕

参考『渋沢栄一伝記資料』全六八巻(第一～五八巻、渋沢栄一伝記資料刊行会、一九五五～六五年／別巻一～一〇巻、渋沢青淵記念財団龍門社、一九六六～七一年。島田昌和『渋沢栄一の企業者活動の研究』日本経済評論社、二〇〇七年。于臣『渋沢栄一と〈義利〉思想』ぺりかん社、二〇〇八年。見城悌治『〈評伝 日本の経済思想〉渋沢栄一』日本経済評論社、二〇〇八年。

島津祐太郎（復生） しまづ すけたろう（またなり・またお）

文化六(一八〇九)～明治一一(一八七八)年。中津藩用人、寄合格、高二〇〇石。維新後は復生(「またなり」もしくは「またお」)と称す。若くして藩政に参画し、剛直朴実な人柄と才覚で藩政改革を担った。安政四(一八五七)年に抜擢されて、元締役、郡奉行、大工頭や水道奉行などを管轄する破損奉行の三役を兼任し、さらに目付役をも兼務、文久元(一八六一)年には用人職に進んだ。同三年に最後の藩主となる奥平昌邁《まさゆき》が宇和島藩伊達家から迎えられると、その補佐役を務めた。

福沢諭吉は『福翁自伝』(品行家風)の中で島津を「頗《すこぶ》る事の能《よ》く分る、云わば卓識の君子」と評し、石井謙道宛をはじめ福沢が書いた手紙からも、二人が大変親しい間柄で、福沢は島津を中津藩を担う人物であると考えていたことが分かる。維新後は奥平家や旧士族たちのまとめ役としても期待していた。明治時代に入ってからは、中津―日田間の道路開業費として秩禄公債証書の全額を寄附し、第七十八国立銀行の設立にも尽力した。明治一一年七月一四日没。

長男万次郎は安政三(一八五六)年生まれ。明治三(一八七〇)年八月慶応義塾に入学し、五年九月頃まで在籍。帰郷し中津市学校の世話人を勤め、経理面で尽力。鶴屋商社の経営にもかかわった。三一年一月五日没。

二男弟三郎は安政六年生まれ、翌年築浅右衛門の養子となり、文久三年家督相続。明治九年四月慶応義塾入学。昭和五(一九三〇)年二月一日没。

［西澤直子］

参考 山崎有信『豊前人物志』一九三九年。

下田歌子 しもだ うたこ

嘉永七(一八五四)～昭和一一(一九三六)年。女子教育者。美濃国恵那(現岐阜県恵那市)に岩村藩士平尾鍒《じゅう》蔵の長女として生まれる。祖父は革新的な儒学者として知られる東条琴台。幼時から詩歌を

学び、明治四(一八七一)年に上京、歌人八田知紀に師事し、同人の推挙により宮中に出仕、皇后に歌才を認められ「歌子」の名を受ける。宮中を辞し、旧丸亀藩士下田猛雄と結婚、自宅で桃夭女塾を開き、上流階級の女子教育に当たるが、夫と死別。一七年宮内省御用掛となり、華族女学校設立に尽力、一八年の開校に伴い教授となる。二六年から二八年には渡欧し皇女教育をはじめとする女子教育を視察、『泰西婦女風俗』(一八九九)などを著した。三二年、中流階級の女子に対する実業教育、良妻賢母教育を目指す実践女学校および女子工芸学校を設立、校長に就任した。ほかにも学習院女学部長、順心女学校校長、明徳女学校校長などを歴任する。大正九(一九二〇)年から昭和二(一九二七)年まで愛国婦人会会長。一一年一〇月八日没。墓所は東京都文京区護国寺と岐阜県恵那市乗政寺山墓地。

　下田は『時事新報』に女子教育論を寄せ、福沢諭吉が亡くなったときには「なよ竹の　かけと頼みし　老松の　大木かれぬと　聞くそかなしき」の歌を詠んで福沢家に届けている。また女性記者のさきがけの一人となった大沢豊子は、『時事新報』入社の際に悩み下田を訪れて相談したところ、福沢の新聞なら間違いはないといわれ決断した、と回想している。一方で下田は、女性はおおかた親や夫の意見に従えばよい(『母親の心得』)と主張し、福沢の考え方とは異なるものであった。

〔西澤直子〕

参考 故下田校長先生伝記編纂所編『下田歌子先生伝』一九四三年。下田歌子『母親の心得』博文館、家庭文庫六、一八九八年。大沢豊子「秘された女の心」『婦人公論』一九二六年一月号。

シモンズ、デュエイン　Simmons, Duane B.

　一八三四～一八八九年。福沢諭吉の病気を治療した医師で宣教師。米国ニューヨーク州に生まれる。安政六(一八五九)年、オランダ改革派の医療宣教師として、フルベッキ(G. H. F. Verveck)やブラウン(S. R. Brown)と共に来日した。翌年、自由な行動のため本部から譴責を受け宣教師を辞任し、横浜居留地で開業。一時帰国ののちヨーロッパに渡って医学を学び直し、明治二(一八六九)年に再来日した。福沢諭吉との交遊は三年五月頃福沢が発疹チフスに罹患したときシモンズの治療を受け完治して以来のことである。四年から一三年まで横浜の十全医院に勤務。この間、週に一回東京の隈川宗悦宅でも診療に当たった。一〇年のコレラ流行の際の大奮闘をはじめ、公衆衛生のためにも尽力。牛乳飲用の奨励などによる健康の増進や、解剖、消毒など日本医学の近代化に大きく貢献した。一五年帰国。その後、福沢の子息一太郎、捨次郎のア

メリカ留学に際しては親身になって世話をし、助言した。一九年暮に老母を伴い再び来日。福沢が慶応義塾構内に建てた洋館に居住し、日本の歴史、特に土地制度に関する研究と史料収集に没頭した。『時事新報』に当時の欧化主義一辺倒の風潮を批判し日本文明を擁護する論説を数点掲載している。二二年二月一九日没。青山霊園外人墓地に葬られ、墓碑銘は福沢が書いた。

シモンズが集めた江戸期の日本の法・社会制度に関する史料は没後、慶応義塾大学部法律科主任ウィグモア(J. H. Wigmore)が編纂、英訳をして出版した。シモンズは、福沢をはじめとして当時の日本人からは「セメンズ」と発音されることが多かったため、以前から用いられていた回虫駆除剤の「セメン円」がシモンズの発明とする説も生じた。［西川俊作］

参考 小沢三郎『日本プロテスタント史研究』東海大学出版会、一九六四年。荒井保男『ドクトル・シモンズ』有隣堂、二〇〇四年。『全集』一九。Wigmore, John Henry, “Notees on Land Tenure and Local Institutions in Old Japan”, Edited from Posthumous Papers of Dr. D. B. Simmons, by John Henry Wigmore, *Transactions of the Asiatic Society of Japan*, vol. 19, 1891.

釈宗演　しゃく そうえん

安政六(一八五九)~大正八(一九一九)年。明治・大正期の臨済宗僧侶。若狭国大飯《おおい》郡高浜(現福井県大飯郡高浜町)の一ノ瀬信典の二男として生まれる。一二歳のとき京都妙心寺の越渓《えっけい》のもとで出家、妙心寺のほか、建仁寺、大法寺(伊予)、曹源寺(備前)などで修行、のち鎌倉円覚寺の今北洪川《いまきたこうせん》に師事した。明治一七(一八八四)年、二六歳のとき円覚寺塔頭《たっちゅう》仏日庵住職となったが、仏教にも学術が不可欠との考えから翌一八年九月、慶応義塾に入学した。「勤惰表」によれば一八年三期に科外、一九年二期に別科六級、同年三期に別科五級に在籍したことが確認できる。二〇年、山岡鉄舟、鳥尾小弥太らの支援を受けてセイロンに二年半留学、インド、タイ、中国を歴訪した。のち円覚寺、建長寺の管長を歴任、臨済宗大学(花園大学)の学長も勤めた。二六年にシカゴで開かれた万国宗教会議に出席、世界に向かって初めて禅を紹介、その後も鈴木大拙と共に禅の海外への普及に務めた。

福沢諭吉との交流は、宗演が古木の硯を贈ったり還暦祝いを贈るなど、福沢の晩年まで続いた。漢詩二篇を添えた宗演宛の福沢書簡(礼状)が残っている。著書に『西南之仏教』(一八九三)、『金剛経講義』(一九〇〇)、さらに『釈宗演全集』全一〇巻(一九二九~三〇)がある。大正八年一一月一日没。［寺崎修］

参考『釈宗演伝』禅文化研究所、二〇〇〇年。「宗演禅師自叙伝」『釈宗演全集』一〇、平凡社、一九三〇年。常光浩然『明治の仏教者』上、春秋社、一九六八年。山口輝臣「釈宗演」（小川原正道編『近代日本の仏教者』慶応義塾大学出版会）二〇一〇年。『書簡集』八。

ショー、アレグザンダー・クロフト

Shaw, Alexander Croft

一八四六～一九〇二年。福沢諭吉と二七年間にわたり緊密な交流を重ねた英国国教会宣教師、在日英国公使館付き牧師。軽井沢の発展にも貢献した。英領カナダのトロントに生まれ、トロントのトリニティ・コレッジで神学を学ぶ。

明治六（一八七三）年九月、ロンドンにある国教会の宣教団体ＳＰＧ（The Society for the Propagation of the Gospel）派遣の最初の来日宣教師として横浜に到着。翌七年二月、三田の大松寺に止宿していたときに福沢と出会い、四月からは福沢の子ども三人（一太郎、捨次郎、里《さと》）の家庭教師として、福沢が自邸の隣に建ててくれた西洋館に約三年間住み、子どもたちに英学、算数、地理、歴史などを教え、八年には慶應義塾でもキリスト教を講じた。同年秋にはこの西洋館に英国女性メアリを妻として迎え、福沢家との交流は家族ぐるみのものに発展していくが、一〇年四月には芝に家を新築して転居。福沢の子どもたちは芝のショー家に通って勉強を教えてもらい、特に里は一時ショー家に預けられ、メアリからピアノも習った。

一二年、芝に聖アンデレ教会を創立したショーは、日本の文明化、特に条約改正に強い関心を寄せ、二三年一〇月には条約改正を願う陳情書を書き、東京にいる英国宣教師の署名を集めてそれを本国の外務大臣に送り、これについての演説も京橋の厚生館で行った。『時事新報』は、このショーの活動を四日間にわたり報道し、福沢はショーの行動を讃えて社説「在東京英国宣教師の決議」を書いている。

福沢はショーのことを「英人ショー」と記している。ショーは福沢が長きにわたり交流を持った最初の英国人であり、福沢は彼から、キリスト教だけでなく広く英国の政治、文化、習慣を知ることができたと推測される。ショーは福沢の逝去に際しては、「日本の革命を代表する人物」（『福沢先生哀悼録』）と讃えて懇篤な追悼の辞を寄せた。三五年三月一三日芝の自宅で没。

〔白井堯子〕

参考白井堯子『福沢諭吉と宣教師たち』未来社、一九九九年。

城泉太郎　じょう せんたろう

安政三（一八五六）～昭和一一（一九三六）年。英学者、共和主義思想家、慶応義塾教員。長岡藩の藩士河井資信の長男として現新潟県長岡市に生まれ、藩校崇徳館に学び、戊辰戦争では長岡藩の敗北を経験した。明治三（一八七〇）年六月慶応義塾に入学、五年には一六歳で義塾の教員となり、九年から矢野文雄に代わり徳島慶応義塾の二代目校長に就任する。一一年に義塾教員をやめたあと、高知立志社、和歌山自修学校、長岡英学校、高知共立学校などで英語を教え、板垣退助の依頼で演説をするなど自由民権運動にもかかわった。この間、福沢諭吉やその門下生との交流は続き、在京時には交詢社に出向いたり、福沢と会食したりしていた。二〇年に『通俗進化論』を刊行し、二四年には米国ヘンリー・ジョージ（Henry George）の『進歩と貧困』『社会問題』を翻訳してまとめた『済世危言』を刊行するなど執筆活動にも力を入れた。

城は明治一〇年頃から一貫して天皇制を否定し、共和政体論を主張していた。晩年の回顧によればこの思想は戊辰戦争での敗戦の経験に加え、義塾や福沢からの影響も大きかった。昭和二（一九二七）年に麹町の憲兵隊より取調べを受け、みずから原稿類を焼き捨てたために彼の後半生を詳らかにする史料に乏しいが、衆議院議員根本正の手伝いなどをして、晩年に至った。一一年一月八日没。墓所は東京三鷹市の禅林寺。

〔柏原宏紀〕

参考 家永三郎「城泉太郎の自伝」『歴史評論』（七六号）一九五六年。山下重一・小林宏編『城泉太郎著作集』長岡市、一九九八年。

荘田平五郎　しょうだ へいごろう

弘化四（一八四七）～大正一一（一九二二）年。慶応義塾初期の塾長、三菱財閥経営者。

豊後国臼杵（現大分県臼杵市）で臼杵藩儒者荘田雅太郎の長男に生まれる。慶応三（一八六七）年藩留学生として江戸根岸の青地信敬に英書を学び、四年鹿児島薩摩藩開成所へ転学、英書・算術を修業した。明治三（一八七〇）に再度上京、四年慶応義塾教員となり、五～六年頃には塾長を務めた。さらに六～七年には大阪慶応義塾、京都慶応義塾の設立に奔走するが七年半ば東京に戻り、八年三菱商会に翻訳係として入社した。九年本店会計局事務長を経て管事へ進み、一〇年には三菱会社社則、郵便汽船三菱会社簿記法をつくった。社長岩崎弥太郎の信任が厚く岩崎の姪藤岡田鶴と結婚、二七年三菱合資会社支配人となる。また東京丸の内のオフィス街建設を進め、三〇年三菱造船所支配人を兼ねてからは傭使人扶助法、職工救護法を制定、三菱職工学校を設けるなど、温情主義の労務管理にも努力した。この間、一二年創立の東京海上火災に対しては、筆頭株主で相談人であった岩崎の代理を務め、一四年明治生命の創立に当たっては取締役に就任、短期間ながら両社の社長、会長にもなった。

　福沢諭吉は明治会堂の設立や高島炭鉱の三菱への売渡し交渉をはじめ、門下生の就職斡旋など諸事万端につき荘田の意見を聞き、その協力を頼みにしていたから、荘田宛にはおびただしい数の書簡が送られている。荘田は福沢にとって、塾外における右腕であったといえるであろう。二六年政府の貨幣制度調査会委員、三一年には農工商高等会議議員を務め、実業人として経済、産業政策の審議立案にも寄与した。四三年に実業界を引退してからは慶応義塾評議員会議長にも選任された。大正一一年四月三〇日没。墓所は東京白金の瑞祥寺。臼杵市に荘田平五郎記念こども図書館がある。〔西川俊作〕

参考 宿利重一『荘田平五郎』対胸舎、一九三二年。

白石常人　しらいし つねと

文化一二（一八一五）年～明治一六（一八八三）年。中津藩士、儒学者、福沢諭吉の漢学の師。初めの名を牧太郎、通称は常人、号は照山または素山。中津藩士久保田武右衛門の長子として生まれ、同藩士白石団右衛門の養子となる。藩校進脩館で野本白巌に古学を学び、藩校の督学を勤める。天保九（一八三八）年六月に江戸へ遊学、幕府儒官の古賀侗庵に従って学ぶ。同一〇年昌平黌に入学。翌年、斎長詩文掛となる。江戸滞在中は、佐藤一斎、野田笛浦、松田菘廬、塩谷宕陰《しおのやとういん》らと交流し、亀井南冥・昭陽父子の経世的実学である亀井学を信奉した。

　同一四年帰藩して中津で家塾晩香堂を開く。この晩香堂に十代半ばの福沢が四、五年間ほど通学して漢書を学んだ。晩香堂での福沢は経書をもっぱらに、論語・孟子・詩経・書経・蒙求・世説新語・春秋左氏伝（左伝）・戦国策・老子・荘子の講義を受け、その後は独学で史記・前後漢書・晋書・五代史・元明史略を読んだ。福沢はそれらの中でも特に左伝が得意で、全部通読して一一度も読み返し、面白いところは暗記したという。

　嘉永六（一八五三）年、中津藩で御《お》固《かため》番《ばん》事件が発生する。これは、足軽の職務であった城門警備を下士に課すように変更したことによる上士と下士の対立騒動で、白石は下士を代表して異議を唱え反抗した。その結果、安政元(一八五四)年に白石は藩から追放されて、臼杵《うすき》に移り住むことになった。その後、月桂寺僧徹禅により臼杵藩主稲葉観通に推挙され、上士に列し藩校学古館教授として亀井学を教授する一方で、藩政改革にも参画した。同三年、福沢の兄三之助の死去に伴う家督相続の際、福沢は父百助の蔵書処分のために臼杵を訪ね、白石の仲介で臼杵藩が一五両で買い取ってくれることになった。文久三(一八六三)年、白石は藩主の死去により臼杵藩を辞去し、宇佐郡四日市村の郷校茂園学舎の教授に就任した。明治二(一八六九)年、中津藩校進脩館改革のため中津への帰藩が許可され、儒官教授方勤務を申し付けられる。四年、藩校廃止以後は晩香堂での教育に専念した。

福沢との親交はその後も続き、一一年に福沢が『通俗国権論』を出版すると、翌年に白石は「国権論跋」を著した。またあるとき福沢が白石に洋学の研究を勧めたところ、白石は福沢に一つの詩を贈ってその勧めを断った。その詩の内容は、これからますます儒学の修養を積まなければならないのに、新たに洋学に取り組んだら儒学も中途半端となり、両方とも役に立たなくなってしまうので、儒学に精進するほうが得策であるというものであった。福沢はその詩を読んで、破顔一笑したという。明治一六年一〇月三日没。中津竜王の浜に埋葬された。三七年、門人らの発起で中津公園に記念碑が竣工された。〔日朝秀宜〕

参考 赤松文二郎『照山白石先生遺稿』一九三〇年。大分県教育会『増補改訂 大分県偉人伝』大分県教育会、一九三五年。山崎有信『豊前人物志』一九三九年。

白洲退蔵 しらす たいぞう

文政一二(一八二九)~明治二四(一八九一)年。旧三田《さんだ》藩家老、実業家。昭和の占領期に活躍した実業家白洲次郎の祖父に当たる。摂津国有馬郡三田屋敷町(現兵庫県三田市)で三田藩校造士館教授白洲文五郎の長男として生まれ、一六歳で大坂の儒者篠崎小竹に入門、翌年には江戸の昌平黌に入学して古賀謹一郎に学び、蘭学者の川本幸民から西洋の事情についても学んだ。

嘉永六(一八五三)年のペリー来航を受け、三田藩が白洲に黒船の調査を命じたところ、白洲は黒船を見て彼我の造船技術・科学技術の格差に驚き、外国に学ぶべき点が多いと感じたという。この翌年、藩主の九鬼隆義に藩の役職の簡素化や財政再建を盛り込んだ藩政改革を建言して容れられ、側用人《そばようにん》や奉行として取り立てられて財政再建のため資金の調達に

奔走、朝廷にも接近していった。九鬼は幕末において佐幕論を主張していたが、家老の白洲はこれを説得して佐幕論を撤回させることに成功した。

　版籍奉還後は三田藩大参事として廃刀令を主張し、藩士に断髪や洋装を勧めるなど、洋化政策を主導、家禄制度や華族・士族の廃止なども主張している。廃藩置県後、福沢諭吉の勧めもあって実業界に乗り出した九鬼は、志摩三商会を設立して貿易業を開始し、白洲は同会の筆頭役員を務めた。

　福沢は白洲を大いに信頼しており、白洲を通じて九鬼の事業についての意見をたびたび伝えている。九鬼家の財産を管理するのも白洲以外にはないと述べ、その推薦によって明治一五（一八八二）年からは横浜正金銀行の取締役、さらに頭取に就任した。翌年には大蔵省准奏任御用掛、さらに岐阜県大書記官に転じている。大書記官退職後は、九鬼家の家政や身辺の世話に当たったが、九鬼が二四年一月に死去すると病の床に伏し、福沢自身も見舞いに訪れたが、九月一四日に死去した。

〔小川原正道〕

参考 岸田達男「福沢書簡にみる摂州三田藩主従」『手帖』（八一号）一九九四年。岸田達男「福沢諭吉と摂州三田」『手帖』（七七号）一九九三年。小室正紀「九鬼隆義・白洲退蔵・沢茂吉」『評論』（一〇八八号）二〇〇六年。

菅《すが》学応《がくおう》

慶応四（一八六八）～昭和七（一九三二）年。慶応義塾教員。伊予国宇摩郡豊岡村（現愛媛県四国中央市）に生まれる。号は緑蔭。一二歳のとき仏門に入る。一五歳で香川県三豊郡の寺院に転住すると以後高松、京都を経て明治二〇（一八八七）年まで紀州高野山に入り仏教を学ぶ。二二年一月慶応義塾に入学。二四年一二月別科卒業後大学部文学科に進み、二七年一二月卒業後は京都の仏教雑誌『六大新報』の主筆となる。その後、菅が慶応義塾あるいは時事新報社への就職を希望すると福沢諭吉は、その地位を与えられるかどうかは分からないとしたうえで、みずからの邸宅に住むことは差し支えないとして菅を寄寓させた。

　上京した菅は義塾大学部幹事を経て大学部および普通部の教員となり、四五年まで勤めた。この間みずからが編集人となった『慶応義塾学報』（現在の『三田評論』）のほか、『反省会雑誌』、その後継誌の『中央公論』などに寄稿し著述活動を行った。著書には『成功要録』（一八九九）、『立志の師表成功の模範カーネギー』（一九〇一）、『言行要録』（一九〇二）などがあり、また福沢の『修業立志編』や『慶応義塾五十年史』の編纂も菅の手によるものである。

大正一二(一九二三)年、慶応義塾内に福沢先生伝記編纂所が設置されるとしばらくは石河幹明を補佐したが一五年八月辞職し、余生を静かに過ごした。昭和七年九月一二日没。 〔横山寛〕

参考『慶応義塾出身名流列伝』。『書簡集』八。『評論』(四二二号)一九三二年。

杉《すぎ》亨二《こうじ》

文政一一(一八二八)~大正六(一九一七)年。官僚、統計学者、日本近代統計の祖。肥前国長崎(現長崎県長崎市本篭町)に生まれる。幼名純道。一八歳で大村藩の藩医村田徹斎の書生となり、嘉永二(一八四九)年適塾に入門するが病気のため同年帰国。翌年江戸に出て杉田成卿らに師事。この間、中津藩江戸藩邸で蘭学を教えていた。同六年には勝海舟と知り合ってその私塾長となり、老中阿部正弘にも仕えた。万延元(一八六〇)年に蕃書調所教授手伝となるが、外国方通弁の同僚に福沢諭吉がいた。元治元(一八六四)年開成所教授となる。慶応元(一八六五)年、亨二と改名。

この頃ヨーロッパの教育・人口統計に接して統計に興味を抱き、維新後は静岡藩に仕え、明治二(一八六九)年現沼津市原の人口調査を試みる。四年太政官に出仕し正院政表課大主記となり、日本初の総合統計書となる『辛未政表』『壬申政表』を編んだ。六年明六社に参加、八年に福沢が出した「明六雑誌の出版を止るの議案」の賛成者の一人が杉であった。九年には表記学社(のちスタチスチック社)を創設する。一〇年八月に福沢が早矢仕《はやし》有《ゆう》的《てき》・中村道太に宛てた書簡に同封された「スタチスチックの仲間」の名簿に、「統計局の人」として杉が挙げられている。またこの前月、福沢は杉に、当時通用している貨幣に関し問い合わせの書簡を出しているが、杉の回答と思われる計数が翌年刊行の『通貨論』にみえる。同年権大書記官。一二年、福沢が会長を務めた頃に東京学士会院の会員となっている。

この年、杉は政表課職員を率い山梨県で、日本における国勢調査の先駆となる、個別世帯票による「甲斐国現在人別調」を実施した。一四年太政官統計院大書記官。その後、統計行政にかかわる一方、一六年東京九段に共立統計学校を開校し、みずから教授長として統計専門家や学者の養成に力を注いだ。四三年には国勢調査準備委員会委員となって、呉文聡や内藤守三らと共に尽力するが、第一回国勢調査の実現を見ずして、大正六年一二月四日没した。墓所は東京都豊島区の染井墓地。訳書『国勢党派論』(一八七七)のほか『杉先生講演集』(一九〇二)、『杉亨二自叙伝』(一九一八)がある。 〔編集委員会〕

参考 加地成雄『杉亭二伝』葵書房、一九六〇年。高野岩三郎「故杉亭二氏と本邦統計学」『国家学会雑誌』(三二巻一号)一九一八年。

杉本正徳　すぎもと　まさのり

弘化三(一八四六)~明治三二(一八九九)年。実業家、旧豊橋藩軍事調役。三河国渥美郡吉田(現愛知県豊橋市)に生まれる。慶応義塾に学んだ門下生ではないが、福沢諭吉に協力し、福沢もその事業に投資した。二人の交流のきっかけは未詳だが、同藩出身の中村道太を通じて知り合ったものであろう。第六銀行副頭取として賛業会社、貿易商会の経営に参画し、明治会堂の建設にも協力、また明治生命保険会社、時事新報社などに出資した。明治二〇(一八八七)年以降、福沢の投資した小真木鉱山、三有鉱業会社の社長を勤めた。交詢社員。三二年没。

［坂井達朗］

参考『書簡集』三・四・六・七。

菅治兵衛　すげ　じへえ

天保四(一八三三)~大正七(一九一八)年。地主、醤油醸造業者。千葉県匝瑳《そうさ》郡椿村(現匝瑳市)に生まれる。弟友輔を明治八(一八七五)年九月慶応義塾に入学させたことから福沢諭吉との交流が始まったものと考えられる。交詢社創立以来の社員であり、福沢の信用も厚く、金銭の貸借の仲介もしばしば行われており(二六年五月二一日付、二九年五月一〇日付、同九月二九日付書簡)、千葉県下での福沢の地所売買の周旋も行っている(二四年八月一四日付、九月一日付、一〇月二二日付書簡)。一三年、交詢社員で箱根宮ノ下の富士屋ホテルの山口仙之助が千葉県下で地所を購入しようとした際、福沢の添書により地元の交詢社員として相談にあずかり、菅の調査の結果、地所はまったく実体のないものと判明し、山口は大損害を免れたことがあった。福沢はこれを「交詢社創立以来の一大事件」(一二月二一日付酒井良明宛書簡)として喜んでいる。大正七年没。

［坂井達朗］

参考『書簡集』七・八。

鈴木梅四郎　すずき　うめしろう

文久二(一八六二)~昭和一五(一九四〇)年。実業家、政治家。信濃国上水内《かみみのち》

郡安茂里村《あもり》（現長野市）の鈴木竜蔵の二男として生まれる。明治一四（一八八一）年三月慶応義塾に入学。在学中に小林と改姓、のちに鈴木姓に復す。呑天と号した。二〇年卒業、ただちに時事新報社に入社。同紙大阪出張所員として二一年一二月、一四回にわたって連載した「大阪名護町貧民社会の実況紀略」は、社会改良主義者としての鈴木のその後の活動のスタートとなった。

このの ち、『横浜貿易新聞』を経て三井に入り、三井銀行、王子製紙に勤務し、特に同社専務取締役として苫小牧工場を完成させる業績を挙げた。二五年第一一回総選挙に立候補して当選、以後当選五回、昭和六（一九三一）年まで衆議院議員を務め、立憲政友会に所属した。政治家としては社会改良運動に力を注ぎ、特に無産者の防貧を主眼とした社団法人実費診療所を設立、その理事長に就任。大正末期から昭和初年にかけての医療社会化運動の先駆者となった。晩年は腐敗堕落した政党政治を鋭く批判し、ある意味での国家社会主義への接近もみせた。その生涯は、時流や主流に迎合せず、庶民の立場に立って、みずからの理想の実現のために尽力したものであったと評されている。著書は福沢諭吉の書簡集として最初のものである『修養実訓福沢先生の手紙』（一九一八）をはじめ、『医業国営論』（一九二八）、『医療の社会化運動』（一九二九）、『嗚呼二月二十六日』（一九三七）など一五点以上に及ぶ。昭和一五年四月一五日没。

〔坂井達朗〕

参考 小松隆二「鈴木梅四郎」（生活研究同人会編『近代日本の生活研究—庶民生活を刻みとめた人々』光生館）一九八二年。鈴木梅四郎著／内山秀夫編『嗚呼二月二十六日』慶応義塾福沢研究センター近代日本研究資料1、一九八七年、解題（内山秀夫）。

鈴木閒雲（力兵衛） すずき かんうん（りきべえ）

天保三（一八三二）～明治四二（一九〇九）年。中津藩用人、小倉県権大参事、初代下毛《しもげ》郡長。維新前は力兵衛。中津藩で要職を務め、維新後も明治五（一八七二）年の藩札処分に際し、明治政府に対し公定率ではなく中津の実情に見合った率で交換する交渉に成功し、中津が五年小倉県に併合されるに当たって登用されたが、まもなく退職した。一〇年には山口広江らと連名で西南戦争休戦のための建白書を提出している。一一年六月には

大分県二等属を拝命し、郡役所が開設されると一一月初代下毛郡長となった。三〇年頃一度退職したが、古希を過ぎて再び務めたといわれている。

福沢諭吉は在野にあって文筆業と学校経営で生計を成していくことを決め、中津藩の扶持米を辞退するに当たり鈴木に周旋を依頼している。鈴木は中津士族たちの互助組織である天保義社の社長も務めており、福沢は士族たちに「徳望ある士」（一〇年六月二日付書簡）として、鈴木に士族のまとめ役として大いに期待を寄せていた。四二年六月二三日没。墓所は中津市の自性寺。〔西澤直子〕

参考 黒屋直房『中津藩史』碧雲荘、一九四〇年。山崎有信『豊前人物志』一九三九年。

須田辰次郎　すだ たつじろう

嘉永六（一八五三）～昭和三（一九二八）年。教育者、実業家。豊前国中津（現大分県中津市）で中津藩士須田五郎右衛門の子として生まれる。藩校進脩館に学び、塾頭を務めたのち、明治二（一八六九）年九月慶応義塾入学。五年初め中津市学校が設立されると小幡篤次郎、中上川彦次郎、松山棟庵と共に教員として派遣された。七年小田原英学塾の教員となるが、八年春には再び中津市学校の教員に復帰した（四月二四日付島津復生宛福沢書簡）。

八月に東京師範学校に中学師範学科（のちの高等師範学校）が設置されると、箕作秋坪《みつくりしゅうへい》が摂理、小幡篤次郎が教頭兼幹事で、小沢圭二郎校長のもとに、藤野善蔵、後藤牧太と共に英語担任となり、一四年三月まで在職。七年に発足した三田演説会には当初から社員として名がみえ、一一年一〇月八日から毎週二回ずつ開かれた慶応義塾講議会ではトクヴィル「英国政体」論を講じている（同月七日付『郵便報知新聞』広告）。一三年交詢社創立事務員に名を連ね、一四年の開拓使官有物払下げ事件を批判する演説会でも活躍、一五年三月創刊の『時事新報』では編集委員を務めるなど、福沢門下の代表的人物として知られた。一八年より再び教育界に身を投じ、福岡県、神奈川県、岩手県、佐賀県の各師範学校の校長となった。三一年には実業界に転じ、三四年合名会社弥富商会を起こし、三八年日本完全肥料株式会社取締役、四〇年全国肥料取次所監査役などを歴任した。訳書に『教授之正誤』（一八九一）、共訳書に『耶蘇教排撃論』（一八八二）がある。昭和三年六月二三日没。〔飯田泰三〕

参考『慶応義塾出身名流列伝』。『百年史』付録。

尺振八 せき しんぱち

天保一〇(一八三九)~明治一九(一八八六)年。英語学者。下総国高岡藩医鈴木柏寿の子に生まれ、のち尺家を継いだ。昌平坂学問所などで学んだが、情勢の変化から洋学の必要性を感じ、万延元(一八六〇)年より中浜万次郎から英語を、西吉十郎から英文法を学び、横浜の外国人から会話を学んだこともある。文久元(一八六一)年幕府に出仕し、外国方通弁官となり、三年の横浜鎖港談判のための遣仏使節団に随行、その後幕府の職を辞すが米国公使館に出入りし、慶応三(一八六七)年の軍艦受取交渉のための委員一行に加えられた。帰国後米国公使館で通訳を務め、神戸や横浜の領事館や公使館に出入りした。明治三(一八七〇)年東京本所相生町(現東京都墨田区)に共立学舎を開き英語や算術、地理、窮理学などを教え、田口卯吉、石川暎作らが学んでいる。五年から八年の間は大蔵省翻訳局長を勤め、その後は教育に力を注いだ。一三年にスペンサー(Herbert Spencer)の *Education: Intellectual, Moral, and Physical*(一八六一)を全文初めて邦訳し、『斯氏教育論』の題で文部省から出版した。一九年一一月二八日没。墓所は東京都港区の青山霊園。

福沢諭吉とは同時期の外国方出仕であり、慶応三年の渡米が一緒であった。『福翁自伝』には、幕府を叩き潰すという話が出たときに、尺が衣食を幕府に拠っていながらどうか、というのを、幕府にとって自分たちは穢れ役で「遠慮会釈も糸瓜《へちま》も」いらないと答えた話や、公使館に勤めた尺が明治政府の夷狄観にあきれて報告してくれた話が書かれている。戊辰戦争時には戦禍を避けるため、慶応義塾を米国公使館の庇護下とする仲介の労もとった。ただしこの一件は、自分たちが洋学を学ぶのは国の独立維持のためで、米国の庇護下に入れば命脈を絶つことになるという小幡甚三郎の主張が通り、実現はしなかった。また尺が創立した共立学舎の規則類は慶応義塾の諸規則をもとにしたと考えられ、福沢の助力が推測される。

[西澤直子]

参考 鈴木栄樹「尺振八と福沢諭吉」『手帖』(九〇号)一九九六年。尺次郎『英学の先達・尺振八―幕末・明治をさきがける』はまかぜ新聞社、一九九六年。『全集』一九。『書簡集』一。

草郷清四郎 そうごう せいしろう

弘化三(一八四六)~大正一三(一九二四)年。慶応義塾塾監、実業家。紀州(現和歌山県)藩士の家に生まれる。慶応二(一八六六)年開成学校を経て、一一月に慶応義塾に入学。一時藩騎兵指揮官となったが、明治四(一八七一)年一月「塾の

俗務取締」といわれた塾監を託された。義塾が三田に移転した頃、福沢諭吉に乗馬を勧めたという。六年塾内に創設された代言社に参加、広瀬為政『地球往来』偽版事件で福沢の代人として東京裁判所に出頭した。

七年大学東校総監事となり、一三年の創設時から交詢社員となった。一三年に創設された横浜正金銀行に小泉信吉《のぶきち》らと共に入行、実業界入りした。福沢の同行預金の引出し、金利の問い合せなどに関する書簡が残っている。二四年山陽鉄道に入社、二六年筑豊鉄道会社に招聘され社業を立て直して以後、小田原電気鉄道会社社長、明治生命保険会社監査役、九州鉄道会社取締役などを歴任した。

八年、福沢の媒酌で、福沢家に寄宿していた馬場辰猪の妹駒と結婚、以後、福沢と馬場との仲介役を務めた。一六年七月に義塾に企図された法律を教授する課程の教師に馬場を迎えるという福沢の打診を馬場に伝え、一九年には、アメリカ到着を知らせる馬場の福沢宛書簡を届けた。二一年一一月、馬場の訃報電報に接すると福沢は草郷に弔意を表し、駒の愁傷をいたわった。福沢とは、同郷・同入塾年の小泉信吉らと共に、生涯にわたって親しい関係が続いた。大正一三年八月九日没。墓所は東京広尾の祥雲寺。

〔川崎勝〕

参考 草郷清四郎「義塾懐旧談」『評論』(一三七号)一九一七年。

徐光範 ソグァンボム

一八五九～九七年。朝鮮の開化派官僚、政治家。本貫は大邱、号は緯山。吏曹参判徐相翊の子として生まれる。一八八〇年増広文科(朝鮮の科挙)に丙科で及第、開化思想の影響を受け、金玉均《キムオッキュン》、朴泳孝《パクヨンヒョ》ら若手官僚と共に日本をモデルに朝鮮の近代化を目指す開化派(独立党)を形成。八二年四月金玉均らと日本を視察、九月には壬午事変の処理を兼ねた修信使に加わり、数か月にわたって朴泳孝らと日本の国情を視察した。来日中に福沢諭吉と面会し、以後生涯にわたって親交を持ち続けた。

一八八三年閔泳翊《ミンヨンイク》に従ってアメリカ主要都市、次いでヨーロッパ各国を視察。八四年朝鮮政府における守旧派(事大党)の台頭に危機感を募らせ、開化派の金玉均、朴泳孝、洪英植《ホンヨンシク》らと共に武力クーデター(甲申事変)を企てるも失敗。日本に

亡命し、一時三田の福沢邸に匿《かくま》われた。八五年、共に亡命中の朴泳孝、徐載弼《ソジェピル》と米国に渡り、九二年にはアメリカ市民権を取得、連邦政府の翻訳官として働いた。九四年の日清戦争を契機とした朝鮮の内政改革運動(甲午改革)に伴い帰国のめどが立ち、まず日本に渡ったが帰国許可が出ず、福沢邸に寄留した。

福沢は旧開化派の朴泳孝、徐光範、徐載弼が朝鮮の内政改革を主導する立場に就けるよう『時事新報』紙上で後押しし、徐光範は同年末に帰国が実現、第二次金弘集《キムホンジプ》内閣の法部大臣に就任、司法制度や刑罰の近代化に尽力し、新たに設置した高等裁判所の所長を兼務。九五年一〇月乙未事変(閔妃暗殺事件)により成立した親日的な第四次金弘集内閣では法部大臣、次いで学部大臣となるも、廃后の詔勅への署名を非難され、乞うて駐米公使に転じ、一二月渡米。しかし九六年二月親露派によって親日勢力が排除された露館播遷により解任。その後は亡命状態でアメリカに留まり、日本からアメリカへ転学した朝鮮留学生(日本では慶応義塾に在学)の生活援助などをしたと伝わるが、結核の悪化により、翌九七年八月一三日ワシントンDCで死去。

福沢は終始、活動費を援助するなど、音信があったようである。福沢の旧蔵資料中には、九四年朝鮮帰国直後の徐光範が朝鮮政府や王室の内情を相談する英文書簡一通のほか、自筆の書が六点残されている。物静かで潔癖な性格であったと伝わる。

〔都倉武之〕

参考 金源模「徐光範研究」『東洋学(韓国檀国大学校東洋学研究所)』(一五)一九八五年。

た行

高木喜一郎 たかぎ きいちろう

嘉永四(一八五一)〜没年未詳。実業家。豊前国中津(現大分県中津市)に中津藩士高木小左衛門の子として生まれる。明治二(一八六九)年一一月慶応義塾入学。義塾を出た後は慶応義塾出版局勤務を経て秋田の太平学校で教鞭をとった。一三年帰京すると明治会堂の建設にかかわり、また交詢社員として各地を遊説した。福沢諭吉は一一年一〇月一一日付で太

平学校時代の高木に宛てた、門下生の近況を伝える書簡の中で、演説の流行している東京に高木がいたならばと噂している旨を記している。また一四、五年頃の四月一二日付山東直砥宛書簡では門下生を弁士として派遣するに当たり、高木を紹介して演説が得意であると伝えるなど、この同郷の弟子の演説を評価していたことがうかがえる。

一五年時事新報社に入社すると営業面で活躍し、のち神戸出張所に勤務した。この頃本山彦一と懇意な間柄となり、その縁がきっかけで二二年渡辺治と共に大阪毎日新聞社へ入社、渡辺が社長で高木は営業主任となった。二六年渡辺が急死したためその後を継ぎ社長に就任した。

高木の社長時代、『大阪毎日新聞』は新型のマリノニ式輪転機の導入により印刷能力を飛躍的に高め、これに、高木の甥である高木利太ら派遣された記者の活躍による日清戦争報道の好評があいまって、発行部数を大きく伸ばした。また三〇年には破格の待遇で前外務次官の原敬を編集総理に迎えるなど、社長として会社の発展に貢献した。三一年社長を原に譲り身を退いた。享年五五と伝えられているが、没年未詳。〔横山寛〕

参考 『大阪毎日新聞五十年史』大阪毎日新聞社、一九三二年。『毎日新聞百年史』毎日新聞社、一九七二年。『入社帳』I。

高島嘉右衛門 たかしま かえもん

天保三(一八三二)～大正三(一九一四)年。幕末・明治初期に主に横浜で活躍した実業家、易断家。江戸に生まれ、安政六(一八五九)年、横浜で禁止されていた外国人との小判の取引で投獄され、獄中で易断を学ぶ。出獄後、横浜で材木商、旅館業などで成功し、明治三(一八七〇)年には、鉄道敷設のため高島町の埋め立てを行う。また、横浜瓦斯《ガス》会社(のちの横浜瓦斯局)の設立に携わり、五年には横浜において日本で最初のガス灯を点した。四年には高島学校(通称)を開校し、小幡篤次郎など慶応義塾関係者を教師として招聘した。

福沢諭吉が高島に会ったのは、高島学校設立の頃と考えられる。高島は同校への福沢の招聘を考え、福沢に会って、将来、福沢の子どもが留学するための学資金を出すという申し出をしたという話が『福翁自伝』の「一身一家経済の由来」にある。福沢は気持ちが動いたが、その前に一度、招聘を断った経緯もあったようで、それには応じなかった。

その後の高島と福沢は、対立的な関係にあったといってよい。早矢仕有的《はやしゆうてき》らが瓦斯局をめぐって高島に歩合金を贈ったことの不当を訴えた明治一〇年の横浜瓦斯局事件に際しては、福沢は積極的に早矢仕を支持し、高島は瓦斯局に歩合金を返却している。また、福沢は、二九年四月一九日の『時事新報』に掲載した「横浜外人の奇話」で内閣総理大臣の伊藤博文が日清戦争時の交渉の際に高島の易断を頼っていたと、高島が外国人に話をしたというエピソードを奇話として紹介しており、易の非合理性を批判している。

福沢は、自分の著作の中で高島の名前を出したことがない。『自伝』では「横浜のある豪商」、『時事新報』では「高島某」としている。それは福沢が高島を認めていないことの表れであろう。高島は実業に際しても易に頼っていたともいわれ、資本家としても前近代的な投機商の要素が大きかった。福沢は高島と親しくつき合うことはなかった。大正三年一〇月一六日没。

〔米山光儀〕

参考 植村澄三郎編『呑象高島嘉右衛門翁伝』一九一四年。米山光儀「高島嘉右衛門の学校経営に関する一考察」『慶応義塾大学日吉紀要　社会科学』(七号)一九九六年。

高島小金治 たかしま こきんじ

文久元(一八六一)～大正一一(一九二二)年。実業家、大倉組副頭取。川越藩士高島有八の長男として上州前橋に生まれる。明治七(一八七四)年六月慶応義塾に入学、一二年七月卒業すると義塾の教員となる。その後、波多野承五郎らの政談社の新聞『中立正党政談』にかかわり、交詢社の演説活動に従事するなど、自由民権運動に没頭する。一三、四年頃の福沢諭吉の書簡には交詢社の弁士の一人としてしばしばその名が登場している。しかし民権運動への政府の弾圧が激しくなると、実業界への転身を望むようになった。そして一七年、かねてより洋行を熱望していた高島は念願叶って政治家・実業家の浜口梧陵の書記として洋行を果たす。二一年浜口のニューヨークでの客死によっていったん帰国するものの、再び渡米し実業を学んだ。

最初の渡米の際に船中で大倉喜八郎の知遇を得ていた高島は、帰朝後大倉の内外用達会社に入社して取締役となり、三〇年には大倉組副頭取に挙げられた。この間大倉の三女つると結婚している。大倉組では海外貿易の発展に努め、特に兵器弾薬、茶箱、木材、豆粕などの輸出事業の伸張に力を尽した。さらに日清豆粕製造株式会社・新高製糖株式会社の各社長、日本製靴株式会社・日本皮革株式会社の取締役を兼ねるなど、その活動は大倉組だけでなく広く実業界に及んでいた。また大倉商業学校、韓国善隣商業学校、慶応義塾評議員となり、教育事業にも力を注いだ。大正一一年三月二八日没。

〔横山寛〕

参考『上毛紳士録』上毛と京浜社、一九一三年。『財界物故傑物伝　下巻』人物で読む日本経済史別巻二、ゆまに書房、一九九八年。

『慶応義塾出身名流列伝』。

高橋岩路　たかはし　いわじ

生年未詳～明治四〇（一九〇七）年。中津藩士。明治五（一八七二）年八月に開業した慶応義塾衣服仕立局の責任者。同仕立局が丸屋に譲渡され、丸屋仕立店（丸屋裁縫店）となった際には移籍してこれを担当した。二六年に設立された北里柴三郎の結核専門病院養生園では庶務担当者となっている。その息忠太郎の代には銀座に高橋洋服店を開業した。丸屋への移籍後も福沢諭吉と密接な関係にあったことは、多くの福沢書簡に示されている。江木高遠や福沢二児の渡米、また俣野景明や工藤精一の任官に際して洋服調整の面倒をみるよう依頼し（七年五月、一〇年四月、一二年七月、村井保固宛一六年五月）、長女里《さと》の中村貞吉との縁談の際の福沢・中村両家の懇親の宴席準備（一六年二月）、里の新居の世話（一六年一〇月）や芝居見物の茶屋の手配（一七年三月）、福沢家使用人の周旋（同三月）、また福沢家での集会や宴席の準備（二五年五月、年未詳一〇月、同一二月）など、福沢の依頼する細々とした諸事を処理していた。明治四〇年一二月一日没。〔松崎欣一〕

参考『百年史』上巻。正田庄次郎「田端重晟日記からみた福沢と北里」『年鑑』（八）一九八一年。

高橋順益　たかはし　じゅんえき

天保三（一八三二）～慶応元（一八六五）年。丹後宮津藩（現京都府）の藩医。嘉永七（一八五四）年八月六日、福沢諭吉より約半年早く適塾に入門。のちに江戸へ出て開業。福沢の塾がある新銭座に近い芝源助町に住む。慶応元年、藩主本庄宗秀が長州征伐のため京都に向かう将軍に随行した際京都に先発するが、江戸帰着後感冒にかかり、同年八月一五日没。

福沢の親友の一人であり、適塾時代の交流については、一緒に遊女の偽手紙を書いて適塾生の一人に渡す悪戯をしたり、禁酒に挑戦した福沢に対して高橋が、ほかに楽しみがなくては禁酒を続けることは到底できないから「酒の代りに煙草を始めろ」と忠告したために、結局禁酒できなかった福沢が酒と煙草の両刀遣いになってしまった、というエピソードなど、『福翁自伝』に詳しい。

江戸に来てからも二人の友情は続き、木村芥舟「福沢先生を憶う」には、福沢と高橋は莫逆の友であり、いつも二人一緒に木村家に遊びに来て、互いに冗談をいい合って周りを笑わせていたと書かれている。また高橋は福沢夫人の実家である土岐家にも出入し、福沢の結婚の周旋をしたといわれている。

高橋病没の際に、福沢は石井謙道ら親友たちと高橋家の後事について相談している。また、福沢は高橋の妹愛子の仮親となり石井謙道に婚嫁させている。〔大塚彰〕

参考 木村芥舟「福沢先生を憶う」『時事新報』明治三四年三月三日付（『明治十年丁丑公論／瘠我慢の説』所収）。「杉浦愛蔵外伝」『幸田成友著作集』第五巻、中央公論社、一九七二年。

高橋達 たかはし たつ

嘉永六（一八五三）～大正一五（一九二六）年。実業家。筑前福岡藩の二〇石取下級武士の家に生まれる。明治一一（一八七八）年一一月に慶応義塾へ入学し、福沢家に寄寓する。一六年頃より郵便汽船三菱会社横浜支店に勤務しており、福沢一太郎、捨次郎の留学出発に際して世話になった一人として、二子宛福沢書簡に名が挙げられている。一七年二月には、一三年頃より世話していた旧福岡藩当主の世子黒田長成《ながしげ》の英国留学に随行する。

その後、二三、二四年には官業払下げにより設立されてまもない北海道炭礦鉄道会社役員として北海道に滞留し、福沢桃介夫妻は同地へ赴任した当初、高橋宅に寄寓した。また、同地滞留中に福沢諭吉へ塩数の子を贈ったことが書簡にみられる。

二五～二八年には日本郵船会社横浜支店役員、二九、三〇年には筑豊鉄道会社社員へと転じ、三一年以降は北九州の若松港築港会社支配人を勤めた。

福沢は一三年頃に丸善の創業者早矢仕《はやし》有的《ゆうてき》宛に、高橋を紹介する書簡を送っており、「随分コンモンセンスある者にて、商売にも適し」、「人品の格式」ありと評価し、「後日の見込ある人か」と推薦し、雇用することをうながしている。大正一五年一一月没。

参考『書簡集』七、ひと9。『伝』二・四。〔小泉貴史〕

高橋義雄 たかはし よしお

文久元（一八六一）～昭和一二（一九三七）年。時事新報社員、実業家、茶人。水戸藩士高橋常彦の四男として生まれる。幼少時に呉服商へ奉公に出された後、茨城中学に進む。ここで、当時茨城師範学校長であった松木直己の感化を受け、福沢諭吉の思想に触れる。松木は中津出身で福沢の心酔者であった。明治一四（一八八一）年、新聞の発行を計画してい

た福沢は、将来の記者の養成を企図し、旧知の松木に文章力のある学生の推薦を依頼、これに対して松木は高橋義雄、渡辺治、井坂直幹、石河幹明の四人を推した。こうして高橋らは同年中に慶応義塾に入学することになったが、卒業後に新聞事業につくことを条件として、学費を福沢が負担するという一種の奨学生であった。一五年に義塾正則科を卒業し、時事新報社に入社。福沢の指導のもと、論説を執筆する。福沢は高橋の記者としての能力を高く評価した。

　その後、実業家への転身を決意し、その準備のため二〇年に渡米留学。イーストマン・ビジネス・カレッジに入学する。卒業後はアメリカ、イギリスの商業事情を視察し、その成果を記事にして『時事新報』へ送った。二二年帰国。二四年、井上馨の慫慂により三井銀行に入行。同行大阪支店長を経て、二八年三井呉服店（のちの三越）の理事に就任。複式簿記や陳列販売方式を導入するなど、同店の百貨店化を先導した。その後、三井鉱山理事（三二年）、王子製紙専務（四二年）を歴任し、四四年末に実業界から引退。茶道家としても著名で、箒庵《そうあん》、准亭居士と号した。昭和一二年一二月一二日没。

〔平野隆〕

参考 高橋義雄『箒のあと』上・下、秋豊園、一九三三年。高橋箒庵『東都茶会記』五、淡交社、一九八九年、解説（熊倉功夫）、「高橋箒庵略年譜および著作年譜」。平野隆「書簡に見る福沢人物誌19　高橋義雄・日比翁助」『評論』（一〇八五号）二〇〇五年。

高見亀　たかみ　ひさし

明治四（一八七一）～大正五（一九一六）年。新聞人。旧岡山藩の寺社奉行高見実真の長男に生まれる。岡山中学校を卒業。坂田警軒に学んだのち、上京して慶応義塾に入る。明治二四（一八九一）年時事新報社に入社。二七年六月朝鮮東学党の乱で大鳥圭介公使が漢城に帰任する際、時事新報特派員として同行した。さらに、朝鮮内政の改革（甲午改革）進行の際に、新たに赴任した井上馨公使の推薦によって朝鮮政府の学部顧問に招聘され、学制創設の任に当たる。

　しかし、三国干渉、乙未事変（閔妃暗殺事件）、露館播遷事件などが続き、ロシア勢力が浸透し親日政権が打倒される中で、さしたる事績を挙げ得ないまま三一年帰国、時事新報記者に復帰した。朝鮮滞在中は、福沢諭吉が朝鮮政府へ貸したかたちになっていた一万五千余円の回収のため動いたり、金玉均《キムオッキュン》の遺族（妻と娘）を日本に呼ぶために交渉したりした（二九年八月二五日付、同九月二七日付高見宛書簡、および高見稿「福沢先生と金玉均遺族」）。時事新報社復帰後は、経済部主任を務めたのち編集に従事し、三

八年『大阪時事新報』発刊に際し主幹として大阪に赴き、一〇年間その経営に努め基礎を確立した。大正五年二月二七日没。 〔飯田泰三〕

参考 『慶応義塾出身名流列伝』。『時事新報』明治四三年一〇月九〜一五日付。

田口卯吉《たぐち　うきち》

安政二（一八五五）〜明治三八（一九〇五）年。経済思想家、歴史家、ジャーナリスト、政治家や実業家としても活躍。号は鼎軒。幕臣の出自で、江戸の生まれ。佐藤一斎は曾祖父に当たる。明治二（一八六九）年沼津小学校、徳川家の沼津兵学校に通学、五年大学予備門に入学するが、ほどなく退学し、共立学舎、大蔵省翻訳局上等生徒を経て、七年大蔵省紙幣寮に出仕、一一年同省を辞職。この間、一〇年の嚶鳴社設立に発起人として参加する。一二年『東京経済雑誌』を創刊。同じ頃、田口の私邸において経済について談論する集団が形成され、轂音《こうおん》会と呼ばれるようになり、これが経済談会、東京経済学講習会、経済学協会と発展する。一三年東京府会議員、一六年東京株式取引所肝煎《きもいり》、二〇年両毛鉄道社長。二四年『史海』を創刊。二七年帝国財政革新会を結成、衆議院議員に当選。三二年法学博士となる。

　バックルやギゾーの啓蒙主義的歴史学の影響を受け、明治一〇〜一五年に『日本開化小史』を刊行。一一年には『自由交易日本経済論』を刊行、一三年に犬養毅らが創刊した、保護主義を唱える『東海経済新報』との間で「自由保護貿易論争」を展開する。二六年には貨幣制度調査会の調査委員となり、金銀複本位制論の採用を主張した。

　田口は福沢諭吉に親炙する機会はついになかったといわれるが、しばしば通貨論、鉄道論、宗教論などに関して厳しい論鋒を福沢に向けた。自由主義経済論者の田口は、福沢が完全雇用や国富の増進のため自由主義経済論だけでなく、時に応じて政府による助成事業や直営事業など経済への介入を認めたことを強く批判した。また、『東京経済雑誌』に発表した追悼文「福沢翁逝けり」においても、福沢が「欧米文明の一手販売者」として「巨人たること」を認めつつも、その「学識文章」は、「世間の需要」に合わせた廉価なもので「精巧典雅」なものではなかった、と醒めた評価を下している。三八年四月一三日没。 〔三島憲之〕

参考 田口親『田口卯吉』吉川弘文館、人物叢書、二〇〇〇年（新装版）。杉原四郎・岡田和喜編『田口卯吉と東京経済雑誌』日本経済評論社、一九九五年。松野尾裕『田口卯吉と経済学協会』日本経済評論社、一九九六年。

竹越与三郎　たけこし よさぶろう

慶応元(一八六五)～昭和二五(一九五〇)年。言論人、政治家。号は三叉。武蔵国本庄(現埼玉県本庄市)に生まれ、新潟県柿崎(現上越市)で育つ。明治一四(一八八一)年九月慶応義塾に入学。福沢諭吉の官民調和論に反対する意見書を提出したところ、かえって時事新報社への入社を斡旋されたが短期間で退社、東京商業学校(現一橋大学)、前橋英学校(現共愛学園)などを経て、二三年徳富蘇峰の民友社に入る。個人主義的国家観に立脚して反藩閥の主張を行う一方、『新日本史』上・中(一八九一、九二)、『二千五百年史』(一八九六)などを発表し、「日本のマコーレー」と称された。二八年末に民友社を退社して時事新報社に復帰。二九年雑誌『世界之日本』を創刊。三三年欧州外遊に旅立つ直前に福沢を見舞い、写真と「公平論出不平人」と記した書を与えられる。福沢の追悼文とみるべき「福沢先生」(一九〇二)では、福沢と朝鮮との関係を評して「最初の政治的恋愛にして、また最後の政治的恋愛」と述べた。三五年新潟県郡部より衆議院議員に初当選(立憲政友会所属)。政治家としては大成しなかったが、大正四(一九一五)年三月の総選挙に落選したのちも長命を保ち、『日本経済史』全八巻(一九一九～二〇)を刊行したほか、宮内省臨時帝室編修官長、貴族院議員(勅選)、枢密顧問官などを歴任。第二次大戦後、公職追放処分を受け、昭和二五年一月一二日没。

〔堀和孝〕

参考 竹越与三郎「福沢先生」『萍聚絮散記』開拓社、一九〇二年。高坂盛彦『ある明治リベラリストの記録』中央公論新社、二〇〇二年。

田中不二麿　たなか ふじまろ

弘化二(一八四五)～明治四二(一九〇九)年。文部官僚、政治家。名古屋城下の尾張藩士の家に生まれる。藩校明倫堂助教並、藩政参与などを経て、明治二(一八六九)年新政府の大学御用掛に就任。四年文部大丞となり、岩倉遣欧米使節団に加わって欧米教育制度の状況を調査、その調査報告を『理事功程』として六年に文部省より刊行した。明六社の格外員。六年一一月文部少輔、七年九月文部大輔。とくに七年五月中旬から一一年五月下旬まで文部卿が欠員であったため、文部省の最高責任者として活動した。その際、田中は福沢諭吉に相談しつつ動くことが多く、巷間「文部省は竹橋にあり、文部

卿は三田にあり」とか「三田の文部省」といわれたのも、この頃のことであった。

一二年九月、田中の上奏案に伊藤博文が修正を加えた教育令全四七条が公布されたが、それがアメリカ式の教育の地域分権化を志向するものであったため、民権運動への対決策を強化しようとする地方官らの批判によって、翌一三年一二月改正される。それに先立つ同年三月、田中は司法卿に転出させられ、以後再び文部行政に復することはなかった。その後は参事院副議長、駐伊公使、駐仏公使、枢密顧問官、条約実施準備副委員長などを歴任した。明治四二年二月一日没。

［飯田泰三］

参考 鈴木栄樹「福沢諭吉と田中不二麿」『手帖』(八二号)一九九四年。西尾豊作『子爵田中不二麿伝―尾藩勤王史』川瀬書店、一九三四年。

田中米作 たなか よねさく

安政四(一八五七)～大正七(一九一八)年。地主。越後国頸城《くびき》郡上島村(旧新潟県高田市、現上越市)に父秀作の長男として生まれる。明治七(一八七四)年九月慶応義塾に入学、一一年四月卒業して郷里に帰った。そのとき福沢諭吉は父秀作に手紙を送り、「横文は先《ま》ず一通りさし支《つかえ》も無之《これなき》事なれども、横文のみにては迚《とて》も当世に処すること難《かた》し」として、さらに「日本普通文書」「記簿法」などを学び、「日本国中何《いず》れの社会へ持出し候ても、さし向《むき》要用の人物」となるために、「今暫く御勉強」させるように勧めた(一一年四月二二日付)。田中はその時点では福沢の勧めに応じなかったが、その後一四年頃には上京の希望を抱き、福沢に職業の紹介を求めたこともあった(五月一九日付田中宛福沢書簡)。『交詢社員姓名録』によれば、明治一六年までは高田郡稲田町に下宿し、職業は「英学者」になっているが、一六年には住所を上島村に移している。『慶応義塾姓名録』では明治二三年以降一貫して、住所は上島村、職業は農業となっている。父親は「不動産も沢山御所持」(一一年五月三一日付田中秀作宛書簡)していたから、おそらくは在村の地主として静穏な生活を送ったのであろう。福沢の晩年まで盆暮れの贈答など連絡を絶やさなかった模様で、両親も上京の折には訪問しており(一五年五月二九日付田中宛書簡)、本人も在京中茶話会に招かれている(三〇年三月一一日付田中宛書簡)。大正七年没。

［坂井達朗］

棚橋絢子　たなはし あやこ

天保一〇（一八三九）～昭和一四年（一九三九）年。女子教育者。大坂の酒屋牛尾田庄右衛門の長女として生まれ、幼時より石門心学を学び、安政四（一八五七）年に目が不自由な儒学者棚橋大作と結婚し、夫の目の代わりとなって多くの書物を読んだ。針仕事や近隣の子どもに手習いや素読《そどく》を教えて家計を支え、明治五（一八七二）年名古屋の十番小学校の教師となり、読書と裁縫を担当した。やがて学識や人柄を認められ、八年東京女子師範学校の教員に任命され上京した。

　赴任後半年ほどして、福沢諭吉から小笠原伯爵家の子女の教育を依頼され、退職して三田の慶応義塾構内にある福沢の控家に移り、指導に当たった。夫大作の学問にひかれて集まっていた人びとの中には、吉川泰二郎や早矢仕有的《はやしゆうてき》、小杉恒太郎らがあり、福沢による依頼はその縁であろう。小笠原家の教育が終わると、慶応義塾構内に居住したまま、一一年学習院女子部の教師に任ぜられ、一四年の学習院退職後、福沢をはじめ富田鉄之助や中上川彦次郎などの家庭を訪問し子女の教育に当たった。その後名古屋市立高等女学校長をはじめ、敬愛女学校校長、淑徳女学校倫理講師などを歴任し、三六年私立東京高等女学校創立とともに初代校長となる。大日本婦人会の設立にも尽力した。長男一郎は私立郁文館創立者。昭和一四年九月二一日没。墓所は東京都台東区谷中の全生庵。

　絢子が三田に住んでいた頃、慶応義塾では図書館設立が計画され、貸出規則や蔵書目録などが作成されていた。目録を作成していた鎌田栄吉によれば、「（いろは順で引けるようにするために）棚橋先生を呼んで仮名遣を聴くのです。箒というのは「はうき」ですか、「ほうき」ですかというと、いやあれは「ははき」が本当ですというような工合」であった。福沢とは親しかったが、女性論はかならずしも一致せず、昭和一三年の著作『評釈女大学』（婦女界社）の中では、福沢の「女大学評論」はあまりにも極端な議論であって、そのために日本の女性を誤らせてしまったと批判している。〔西澤直子〕

参考「初代校長棚橋絢子の生涯と教育」『東京女子学園九十年史』東京女子学園、一九九三年。『慶応義塾図書館史』慶応義塾大学三田情報センター、一九七二年。

田端重晟　たばた しげあき

元治元（一八六四）～昭和二〇（一九四五）年。養生園および北里研究所の経営事務統括者。武蔵国比企郡（現埼玉県比企郡）小川町に生まれ、明治一六（一八八三）年一〇月慶応義塾に入学。二一年七月別科卒。のちに婿養子として福沢諭吉

の二女と結婚した岩崎桃介と親しかったこともあり、学生時代から福沢家に出入りし、卒業の夏には福沢家の鎌倉の避暑先にも滞在している。また、ときには福沢の草稿の清書もしていた。

卒業後の二三年六月頃、約半年早く福沢桃介が就職していた北海道炭礦鉄道会社に入社したが、二六年に北里柴三郎が東京白金に結核専門病院養生園を設立するに当たり、福沢に請われて同園へ移り、その後、事務経営面いっさいを担った。養生園は福沢の生活と活動にとって、家族・知人の医療、家庭内での宴会の準備、朝鮮政客の隠匿など、さまざまなことに関係することになるが、そのため事務長の田端は福沢の秘書に近い役割も務めることになった。また田端の日記には、福沢が、病で倒れる前年の三〇年にわざわざ田端を訪れ、養生園の後事を託したことが記されている。

福沢の没後、伝染病研究所移管問題に端を発して、大正三(一九一四)年に北里が北里研究所を設立すると、田端はその事務長も兼務し、生涯にわたり北里が後顧の憂いなく医療と研究に従事することを可能にした。なお、田端が記した日記のうち明治二一年から昭和一七年のものが北里研究所に保存されており、福沢や北里の身辺を知る貴重な資料となっている。昭和二〇年二月一二日没。［小室正紀］

参考 正田庄次郎「田端重晟日記からみた福沢と北里」『年鑑』(八)一九八一年。同「田端重晟日記にみる北里先生と養生園」『北里大学教養部紀要』(一六号)一九八二年。

塚本定右衛門（定次）

つかもと さだえもん（さだじ）

文政九(一八二六)～明治三八(一九〇五)年。呉服商人。近江国神崎郡川並村(現滋賀県東近江市)に生まれる。日本橋の呉服問屋［小］《かねこ》塚本の二代目で、定右衛門は当主の世襲名、定次は隠居名。幼名は与吉。弟嘉七(隠居名政之)と共同で家業(はじめは京紅の地方への行商)に従事し、次第に京呉服を中心に生糸仲買いや呉絽《ごろ》(輸入品の目の粗い毛織物)の販売などを手掛け、明治五(一八七二)年には東京日本橋伊勢町(現本町一丁目)に出店した。定次は『西洋事情』を読んで大いに益を受けたことを、福沢諭吉からの書簡を貼り合わせた巻子本の前に記し、さらに福沢に近づきを得たのが明治一〇年で

あったとしている。福沢の「明治十年以降の知友名簿」には、「堀越知人」として彼ら兄弟が定右衛門、久米右衛門の名で記されている。福沢に引き合わせたのは初代堀越角次郎であろう。

明治二三年の慶応義塾大学部設立からその後の維持資金募集に際して、定次と政之は少なからぬ金額を拠出している。二八年一一月に福沢は定次の求めに応じて全三か条の「塚本家々法」を書き与え、また自作の五言絶句「積財如上山　散在如下山　熱界人多少　誰能上下山」の揮毫を贈っている。これは定次への謝辞といってもよいであろう。明治三八年二月一三日没。

［西川俊作］

参考 西川俊作・山根秋乃「塚本定次―転換期の近江商人」『研究』(一二巻)一九九五年。『全集』一九。

津田興二《つだ こうじ》

嘉永五(一八五二)～昭和一三(一九三八)年。ジャーナリスト、実業家。中津藩上士津田半蔵(范曹)の二男。津田純一は実兄。

明治四(一八七一)年に中津藩の貢進生として上京し、開成学校に入学。八年病気により退学し官立名古屋師範学校の教員となるが、翌年中津へ帰る。中津では藩校であった進脩館を改革して県立師範学校および中学校とし、両校の校長を務め教育に尽力する。同時に町政自治の必要性を感じ、同年中津町会を設立した。一〇年頃上京して慶応義塾で学んだようだが、入学の記録はない。一二年福岡師範学校長となるが、翌年辞職し上京、福沢家に寄宿し演説会にも積極的に参加した。一四年に愛知県岡崎で起こったロシア正教徒の共同墓地への埋葬をめぐる紛争の際には、同地方へ遊説にも出掛けている。一四年『新潟新聞』入社、主筆を勤めた。『静岡大務新聞』を経て一八年に時事新報社に入社。二〇年には大阪の『時事新報』に移り、翌年東京に戻るが、一〇月二二日付の福沢の書簡によれば、帰京は大いに「不平」だった。二五年に三井銀行に入り、以後三井物産や三井鉱山などの取締役となり、実業界で活躍する。帝国自動車学校長として自動車の普及にも務めた。

二七年一〇月二〇、二一日の関東蚕糸業大会を風邪のため欠席せざるを得なくなった福沢は、一九日付で津田に書簡を送り、当時富岡製糸所長であった津田が大会において代読した。その書簡には「一縷千丈是国脈」の言葉と「勝《かつ》てかぶとの紐を締め」さらなる努力をすべきことが述べられている。昭和一三年一月一日没。

［西澤直子］

参考『慶応義塾誌』一九二二年。『中上川彦次郎先生伝』中朝会、一九三九年。『遺徳顕彰故人年鑑』第一輯、大日本頌徳会、一九三九年。『日本古書通信』(復刻第三三一号)一九七一年。

津田純一 つだ じゅんいち

嘉永三(一八五〇)～大正一三(一九二四)年。教育者。父は中津藩上士津田半蔵(範曹)。津田興二は実弟。

安政四(一八五七)年正月から藩校進脩館で漢学を学び、慶応元(一八六五)年には塾長になるが、明治二(一八六九)年八月慶応義塾に入学。七年四月に米国へ留学し、翌年九月よりエール大学で学び、一〇年にミシガン大学法律部に移り、一一年学位を得て帰国。一一月に兵庫県師範学校長となり、翌年より神戸中学校長を兼務。この頃、兵庫県勧業課長に牛場卓蔵、神戸商業講習所校長に甲斐織衛がいて、福沢は牛場に三人で協力し合うよう書き送っている。その後一二年に東京大学予備門の英語教師となり、慶応義塾夜間法律科の創設にもかかわった。

一三年外務省に勤めるが、明治一四年の政変で辞任。一〇月一四日付で福沢が井上馨、伊藤博文に宛てた書簡の中に、津田が辞職を迫られた経緯が書かれている。『時事新報』創刊に携わったのち、石川県専門学校教授、三重県師範学校長になり、二二年からしばらくは教職を離れ、『大阪公論』『大阪朝日新聞』の記者を勤めていた。三一年大分県大分中学校長に就任、三九年辞任して朝鮮半島に渡り、韓国興農会社を創立、農業による殖産事業を行った。四四年大分県下毛《しもげ》郡立高等女学校が設立されると、乞われて初代校長に就任し、女子教育に尽力するとともに私立教育談話会を組織し、中津の小幡記念図書館の理事も務めた。大正七(一九一八)年高等女学校長を辞職。一三年一月二三日没。墓所は竜松寺(中津市船場町)。

福沢諭吉は津田を高く評価していて、旧中津藩主奥平昌邁《まさゆき》に伴って米国に留学していた小幡甚三郎が病死すると、代役として強く推薦したが、あいにく昌邁自身も病気にかかり帰国。しかし留学は実現した。費用は旧中津藩の資金とされるが、福沢の書簡をみると、ニューヨーク在留副領事富田鉄之助が津田に必要な金額を渡し、福沢が慶応義塾出版局もしくは丸屋商社に富田名義で預けるという方法がとられており、福沢が尽力していたことが分かる。〔西澤直子〕

参考『下毛郡誌』大分県下毛郡教育会、一九二七年。『ニュース専修』(九六号)一九七七年六月二〇日付。『専修大学百年史』上巻、専修大学出版局、一九八一年。

土屋元作　つちや もとさく

慶応二(一八六六)～昭和七(一九三二)年。ジャーナリスト。号は大夢。大分日《ひ》出《じ》藩士土屋元成の長男として生まれる。東京に出て高谷竜洲の済美黌、共立学舎、攻玉社、大阪英和学舎、英和一致学校、東京専門学校など多くの学校に学んだが、漢学教育の影響で福沢諭吉を嫌忌していたため、慶応義塾には学ばなかった。また円覚寺で禅、高島嘉右衛門に易を学んだこともある。明治二二(一八八九)年神戸で輸出業を営み始めて以後、内務省、徳島県、枢密院に出仕、『城南評論』記者、アメリカでの貿易商など官民内外の職を転々とした。徐々に福沢の思想に共鳴するようになり、三〇年一一月知人の紹介で時事新報社に入社、福沢に親しく社説執筆の指導などを受けた。

三二年一一月から翌年二月にかけての、慶応義塾の有志者たちの検討による「修身要領」編纂は、福沢の思想を成文でまとめておきたいと考えた土屋が「独立主義の綱領」と題する草稿を福沢に示したことがきっかけであった。土屋はその後、「修身要領」の普及演説会にも参加した。三四年一月招かれて『大阪毎日新聞』に移り、さらに『大阪朝日新聞』に転じた。大朝時代に世界周遊旅行を二回行ったほか、記者として欧州に五回、米国に三回、南洋に六回、その他アジア、オセアニアにも派遣されるなど国際通として知られた。大正一三(一九二四)年八月～昭和四(一九二九)年九月には『大阪時事新報』主筆。

名文で聞こえ、土屋の文章の散逸を恐れた友人らは文集『夢中語』(一九三一)を編纂、また口述筆記による自伝(中絶)『記憶を辿りて』(一九三二)を刊行した。多数の著書の中に『余が見たる福沢先生』(一九〇三)、『戯曲福沢先生』(一九二九)がある。昭和七年五月一八日没。

〔都倉武之〕

参考 野村英一「土屋大夢」『手帖』(三二号)一九八二年。

手塚源太郎　てづか げんたろう

生没年未詳。時事新報の印刷名義人。大分出身。慶応義塾や交詢社の名簿には名が見当たらず、詳しい経歴は未詳。時事新報社では、重要な執筆には関係しない雑事に当たった社員と思われるが、明治二〇(一八八七)年七月より二三年九月まで『時事新報』の奥付に印刷人として記名されている。これは新聞紙条例違反

などに問われた際、責めを負う名義上の立場で、当時は「牢行名義人」と俗称された。実際、手塚の前任の小原与之助は、発行・編集の名義上の責任者であった石川半次郎と共に禁固刑の判決を受けている(その後控訴し、無罪)。同様に、明治二一年三月刊行の福沢諭吉著作『日本男子論』は、「福沢諭吉立案/手塚源太郎筆記」の名義となっているが、実際は福沢の全文執筆で、手塚の手は加わっておらず、福沢はのちにみずから全集を編纂した際には名義を「福沢諭吉著」に変更している。〔都倉武之〕

寺島宗則(松木弘安)
てらしま むねのり (まつき こうあん)

天保三(一八三二)～明治二六(一八九三)年。政治家、外交官。薩摩藩出水《いずみ》郷士の二男に生まれる。藩の蘭医に学んだのち江戸に出て、川本幸民、伊東玄朴らについて蘭学を修めた。安政三(一八五六)年蕃書調所教授手伝となり、一時藩主島津斉彬《なりあきら》の侍医も務めたが、調所に復帰。その頃に伯父の養子となり、松木弘安と名乗った。杉亨二らと並んで鉄砲洲の中津藩邸で蘭学塾の教授を務めたこともある。安政五年末、福沢諭吉が江戸に呼ばれ、その関係で親しい交友が始まったのであろう。文久元(一八六一)年一二月、幕府遣欧使節団一行に福沢、箕作《みつくり》秋坪《しゅうへい》らと共に御傭翻訳方として随行した。『福翁自伝』(王政維新)によれば、三人はこのとき「諸大名を集めて独逸《ドイツ》連邦のようにしては如何《いかん》」とか「親玉の御師匠番になって、思う様に文明開国の説を吹込んで大変革をさして見たい」などと語り合ったという。三年七月、薩英戦争の際、五代才助(友厚)と共に英艦の捕虜になったが、横浜において英国との和議の交渉に当たった。

慶応元(一八六五)年、薩摩藩遣英使節の一員として藩留学生を率い出水泉蔵の変名で渡英、英外相に雄藩連合政権構想を説いた。四年、新政府の参与兼外国事務掛に任じられ、以後、外国事務局判事、制度事務局判事、神奈川県知事などを歴任、創業期の外国事務の第一線にあった。明治二(一八六九)年外務省設置とともに外務大輔。五年大弁務使として英国駐在。翌六年帰朝し、征韓論の政変後、参議兼外務卿となり、一二年に文部卿に転じるまで、英・独・仏語を能くし経済学にも通じた外交官として、明治初年の外交を主導した。しかし、福沢は外交官としての寺島について「実は本人の柄に於て商売違いであったと思います」(『自伝』)と評している。以後は、元老院議長、駐米特命全権公使、宮中顧問官、枢密院副議長、条約改正案調査委員などを歴任。二六年六月七日没。〔飯田泰三〕

参考 犬塚孝明『寺島宗則』吉川弘文館、人物叢書、一九八五年。

寺田（石亀）福寿 てらだ（いしがめ）ふくじゅ

嘉永六（一八五三）～明治二七（一八九四）年。浄土真宗大谷派の僧。越前国（現福井県）足羽郡舞屋の浄土真宗大谷派同恩寺で生まれ、東京芝増上寺の大教院で学んだのち、明治八（一八七五）年四月に大阪慶応義塾に入学。同六月、同塾の徳島移転に伴い、徳島慶応義塾で学ぶ。同塾廃校後は、東本願寺の僧侶のもとで仏教学を研究し、大谷派の学僧として海外留学の話が持ち上がったが中止となり上京。福沢諭吉の配慮で慶応義塾内に寓居する。一四年に福沢の勧めで本郷駒込の真浄寺に婿養子として入り、寺田と姓を改める。

一四年から二六年にかけて、仏教講話会、大谷派貴婦人法話会、真宗法話会、学生仏教有志懇親会、一五年真宗教導会の創設や開催に次々携わり、二一年からは仏教雑誌『法話』を発行するなど、精力的な仏教活動を展開した。また、一九年末の寺院家屋税賦課反対運動をはじめとして、宗教に関係する社会運動にも積極的であった。

福沢からの信頼も厚く、福沢家の法事でたびたび読経を依頼されているほか、書簡で宗教に関する質問や依頼をされることも少なくなかった。さらに、朝鮮開化派金玉均《キムオッキュン》の使者李東仁《イトンジン》を福沢邸に案内するなど、福沢と金玉均とを結びつける役割も担っている。その後も、福沢の助言によってノルマントン号事件追弔法会を営むなど、福沢との親交は終生続いた。

二七年一月心臓病にかかり、福沢の依頼による金玉均の法要を終えた直後の五月三〇日死去。著書に『阿弥陀通俗講義』（一八九四）などがある。〔柏原宏紀〕

参考『書簡集』三～七・九。『時事新報』明治二七年六月三日付。三浦節夫「福沢諭吉・井上円了・寺田福寿・小栗栖香頂」『年鑑』（二三）一九九六年。

徳富蘇峰 とくとみ そほう

文久三（一八六三）～昭和三二（一九五七）年。思想家、ジャーナリスト、歴史家。本名は猪一郎。肥後国上益城《かみましき》郡津森村（現熊本県上益城郡益城町）に生まれる。徳富家は熊本藩の郷士。父一敬は横井小楠の高弟で肥後実学党の中心人物、徳富蘆花は実弟。明治五（一八七二）年熊本洋学

校に入学。九年同志社英学校に入り、新島襄により洗礼を受けるが一三年同校を退学。帰郷後の一五年、大江義塾を開校。マンチェスター派の自由貿易主義とハーバート・スペンサー(Herbert Spencer)の社会進化論に影響され、一九年に『将来之日本』を田口卯吉の経済雑誌社から刊行し、大江義塾を閉鎖し上京。

二〇年民友社を設立し、『国民之友』を創刊。二三年『国民新聞』を創刊、平民主義を主唱して一躍、当時の言論界の雄となる。二七年『大日本膨張論』を刊行、日本人の海外進出を積極的に主張し日清戦争を熱烈に支持したが、三国干渉に衝撃を受けて帝国主義的な言説を先鋭化させた。三〇年、第二次松方正義内閣の内務省勅任参事官に就任、世論の批判を浴び、『国民之友』は部数が激減し翌年廃刊。その後も親政府的な言論姿勢は変わらず、特に桂太郎とは政治的に親密な関係を結んだため、日露戦争後の日比谷焼討ち事件や第一次護憲運動の暴徒化の際には国民新聞社が襲撃された。朝鮮総督の寺内正毅の要請で『京城日報』の監督を務め、大正期に入ると東アジアにおける米国の存在に警戒心と敵意を抱き、「亜細亜モンロー主義」を主張した。昭和四(一九二九)年国民新聞社を退社、一七年、日本文学報国会と大日本言論報国会の会長に就任、国民の戦意高揚に務め、翌年文化勲章を受章する。二〇年A級戦犯容疑者に指名され、自宅拘禁となる。歴史家としての代表作に『近世日本国民史』全一〇〇巻がある。

徳富は主宰した雑誌『国民之友』でしばしば福沢諭吉を論じた。明治二〇年代から三〇年代の徳富の福沢評は、「物質的知識上の文明」の輸入者として、また時勢に応じた議論をしながら処世の道を誤ることなく人を育てる教育者として高く評価する一方で、その政治認識には改革の思想なく、平穏であればよしとして官民調和を唱える「進歩の敵」であり「主義の敵」である、と厳しい。しかし「破毀」的な面ではヴォルテールに類し、「建設」的な面ではフランクリンに似ている福沢が敵に誤解され味方に了解され得ないと嘆く点に、福沢の真意を読み解いた側面がうかがえる。昭和三二年一一月二日没。

〔三島憲之〕

参考 米原謙『徳富蘇峰』中公新書、二〇〇三年。ビン・シン(杉原志啓訳)『評伝徳富蘇峰』岩波書店、一九九四年。伊藤正雄『明治人の観た福沢諭吉』慶応義塾大学出版会、二〇〇九年。

富田鉄之助 とみた てつのすけ

天保六(一八三五)～大正五(一九一六)年。外交官、実業家。仙台藩士富田実保の四男に生まれる。安政四(一八五七)年、藩命により砲術修行のため江戸に赴き、文久三(一八六三)年勝海舟のも

とに入門、慶応三（一八六七）年七月には、庄内藩士高木三郎と共に海舟の子息勝小麓に随行してアメリカに留学した。仙台藩江戸留守居役の大童信太夫《おおわらしんだゆう》の尽力もあり、藩から年一、〇〇〇両の学資金が支給された。幕府公認の留学第一号でもあった。滞米中に幕府の瓦解と東北の争乱を知り、明治元（一八六八）年一一月にいったん帰国。翌二年二月には再びニューヨークに戻った。三年一一月、のちに商法講習所に招くこととなるホイットニー（William Cogswell Whitney）が校長を務めるニュージャージー州ニューアークの商業学校 Bryant Stratton & Whitney Business College に入学した。四年二月ニューヨーク在留領事心得を命ぜられ、六年二月には副領事に任じた。

七年一〇月賜暇帰国し、杉田成卿の長女縫と結婚。このとき二人の取り交した結婚契約書には行礼人（立会人）として福沢諭吉、証人として初代駐米公使森有礼が署名している。在米中福沢の求めにこたえて三田演説館の建設のための参考資料として「建物の絵図入書籍」一冊を送っている（八年四月二九日付富田宛書簡）。九年一〇月ニューヨークより帰国、一二月には上海領事館在勤を命ぜられたが、赴任しないまま外務省少書記官に任じ、本省勤務となる。一一年一二月イギリス公使館在勤を命ぜられる。一四年五月に帰国し、同年一〇月大蔵省に移った。その後日本銀行創設に関与し、副総裁を経て二一年には総裁に就任。東京府知事、貴族院議員、富士紡績社長、横浜火災海上社長などを歴任。廉潔の士として知られた。大正五年二月二七日没。

〔松崎欣一〕

参考 仙台市教育会編『仙台先哲偉人録』一九三八年。吉野俊彦『忘れられた元日銀総裁 富田鉄之助伝』東洋経済新報社、一九七四年。

豊川良平　とよかわ りょうへい

嘉永五（一八五二）〜大正九（一九二〇）年。実業家。蘭方医小野篤治の長男として高知城下南奉公人町（現高知市上町）に生まれる。幼名春弥。両親の没後、岩崎家で養育され、従兄弟の岩崎弥太郎、弥之助と共に育つ。のちに豊臣、徳川、張良、陳平から各一字を採り豊川良平と改名。

明治八（一八七五）年に慶応義塾を卒業。浪人生活を経て、一一年三菱商業学校を設立し幹事に就任。同校の運営について福沢諭吉に相談したとされる。一四年に同校が廃校となると明治義塾を設立、塾長に就任。学校運営のかたわら『東海経済新報』の発行にも携わった。

その後実業界に転じ、二二年に第百十九国立銀行頭取、二八年に三菱合資会社本社副支配人となり、新たに設立された銀行部の主任に就任。のち同社支配人、銀行部長を勤めて三菱の金融部門の基礎固めを行った。また、三菱の財界活動の中心となり、四三年には同社管事に就任。大正二（一九一三）年の退職後は市政刷新運動に参画して東京市会議員を務め、五年には貴族院議員に勅選。慶応義塾においても明治三四年から評議員を務めるなど、その運営に尽力している。また、豊川は多くの人材を三菱に斡旋したことでも知られるが、義塾在学中に荘田平五郎を三菱に紹介したほか、朝吹英二の入社も彼の推挙によるとされる。大正九年六月一二日没。

［牛島利明］

参考 鵜崎熊吉『豊川良平』豊川良平伝編纂会、一九二二年。『三菱銀行史』三菱銀行、一九五四年。

な行

那珂通世　なか みちよ

嘉永四（一八五一）～明治四一（一九〇八）年。日本で東洋史の範疇を確立した東洋史学者。盛岡藩士藤村源蔵政徳の三男として盛岡に生まれる。幼名は荘太郎。八歳より藩校明義堂に学び、主任教授那珂五郎通高の養子となる。維新期に養父が朝敵になるなど動乱の中で英学の必要を感じ、明治四（一八七一）年に山東直砥《なおと》の塾に入り、翌年には山東の紹介で慶応義塾の変則科に入学、福沢家の書生となった。卒業後は大阪慶応義塾、萩の巴城学舎などで教鞭をとり、福沢諭吉の紹介で一〇年に千葉師範学校兼千葉女子師範学校教師長、さらに千葉中学総理となり、千葉県の中等教育の中心として活躍した。一二年には東京女子師範学校に移るが、移籍に際し福沢は、後任として新潟師範学校に赴任していた小杉恒太郎の斡旋を那珂に依頼し、その人事を実現させている。

一九年に東京女子師範学校を辞職したのちは、中国史を中心に実証的な東アジアの研究を展開、『支那通史』（一八八八～九〇）などを刊行した。その後、第一高等中学校兼高等師範学校教授、さらに帝国大学の講師も兼務し、モンゴル語を独学し『元朝秘史』の翻訳に取り組んだ。こうした那珂の研究はそれまでの漢学中心の「支那史」から、中国を中心とした広いアジア史を構想した「東洋史」を構築した。四一年三月二日没。墓所は東京の青山霊園。

［米山光儀］

参考 村上正二「小伝　那珂通世―草創期の東洋史学」『史学』（六〇巻二・三合併号）一九九一年。窪寺紘一『東洋学事始―那珂通世とその時代』平凡社、二〇〇九年。

永井好信　ながい　こうしん

文久元（一八六一）年～昭和二七（一九五二）年。実業家。士族永井退叟の長男として武蔵国下谷金杉村（現東京都台東区）に生まれる。仙台藩儒大槻家の親族として同家に寄寓し、漢学を学ぶ。また大槻文彦につき英語を学んだ。明治七（一八七四）年一一月慶応義塾に入学、一二年四月に卒業した。同年春、犬養毅、岩橋謹次郎、伊藤欽亮《きんすけ》、高島小金治、村井保固らによって結成された演説・討論グループの猶興社に加わり、条約改正論の討議や英字新聞への投稿などの活動に参加。条約改正論の草稿、日記断簡などが残されている。

「在塾のその間、随分乱暴童子の名あり、生質活発、文才は十分、何事にても出来る少年なり」（一三年一一月八日付書簡）との荘田平五郎に宛てた福沢諭吉の紹介によって、一三年末には郵便汽船三菱会社に入社した。入社を迷ったらしい永井に対して福沢は、「登高自卑（たかきにのぼるはひくきよりす）」ということがある、「甲斐がいしく勉強」してさえいればおのずと「頼母《たのも》しき人物」と評価されるときが来る、仕事の種類を問わず早く仕事について一歩でも先に進むべきであると助言している（同月一九日付書簡）。一八年九月には共同運輸会社と合併して成立した日本郵船会社員となり、同社の神戸、大阪、小樽、函館、長崎、釜山、仁川、天津などの各支店に勤務。明治三三年版『慶応義塾姓名録』によれば同社副支配人となっている。昭和二七年三月一日没。

〔松崎欣一〕

参考 松崎欣一『三田演説会と慶応義塾系演説会』慶応義塾大学出版会、一九九八年。『慶応義塾出身名流列伝』。

中井芳楠　なかい　よしぐす

嘉永六（一八五三）～明治三六（一九〇三）年。慶応義塾教員、銀行家。旧和歌山藩士。戊辰戦争に従軍。明治五（一八七二）年四月に慶応義塾に入学。八年卒業と同時に大阪慶応義塾に赴任し、九年に徳島慶応義塾に移り、和歌山自修学校の校長を経て、慶応義塾の教員となった。一一年に和歌山の第四十三国立銀行に入

社、一三年には同郷の草郷清四郎、小川駒橋らと共に、創設された横浜正金銀行に転じ、外国為替主任となった。二三年にロンドン支店長として渡英。日清戦争後、賠償金の受領と日本への送金を任され、またロンドン市場での日本の軍事公債などの売り出しに功績を挙げた。三二年には取締役に就任、三五年に帰国するが、この間、滞英中の南方熊楠の世話をしたという。

福沢諭吉は、二〇年に商用でサンフランシスコに行くイーストレーキ(F. W. Eastlake)を紹介し、翌年には米国留学からの帰路、ヨーロッパを旅行する一太郎、捨次郎の旅費の取計らいを依頼した。また福沢は三女俊《しゅん》と縁組をさせて留学に送り出した清岡邦之助の留学費用送金の受け渡しを依頼し、中井も清岡の勉学の様子を知らせるなど、書簡のやりとりは頻繁であった。三六年二月九日没。

〔川崎勝〕

参考 玉置紀夫「福沢諭吉書簡の発見」『評論』(九一六号)一九九〇年。

中沢周蔵 なかざわ しゅうぞう

生年未詳~明治二四(一八九一)年。福沢諭吉に乞われ中津から同行してきたとされている米商で、屋号は豊前屋。福沢の義姉今泉釖《とう》によると、福沢の結婚に際しては周蔵夫妻が「専《もっぱ》ら斡旋」した。簡素な式や新居の身の回りなどの世話をしてくれたのであろう。

文久元(一八六一)年の福沢結婚以前から鉄砲洲の中津藩中屋敷内に居住しており、もともと中津藩の御用を勤める商人であったかと思われる。

慶応二(一八六六)年に入学した学生の記憶によれば、中屋敷内でも福沢住居や塾がある一角に豊前屋周蔵の居宅があった。当初は米を扱っていたが、福沢の依頼に応じて建築資材なども扱うようになり、福沢が木村摂津守喜毅《よしたけ》の用人大橋栄次に宛て、豊前屋への商品購入資金の融通を依頼する手紙が残っている。

明治四(一八七一)年の慶応義塾三田移転後は、三田に店を構えた。六年以降の福沢家の収支を書き留めた「総勘定」によると、毎年「出之部」の初めのほうにまとまった金額で豊前屋に関する記載があり、福沢が資金を預けてやりくりを依頼していた様子が分かる。

長男の雄太郎は「入社帳」によると七年一二月に慶応義塾に入学、また長女のよねも一〇年頃から義塾で学び、授業料の領収書が残っている。一〇年代前半は福沢の娘を中心にごく少数の女生徒がいた時期で、義塾で最初に学んだ女生徒の一人といえる。

周蔵は教育に熱心で、南海小学校など公立学校に寄附も行った。また律儀で、前述の借用金の返済と称して、木村家に対し維新後一〇年頃まで毎月米二俵と金一〇円を送り、幕府瓦解で生活の苦しかった同家にとっては大変助けになったという話がある。二四年一〇月四日没。福沢の手紙には六二歳とある。よねは洋酒を商いし、三田通りで食料品店を営んだ。

[西澤直子]

参考『書簡集』一〜四・七・九。『伝』一―八編。『全集』二一。『百年史』上巻。『考証』上・下。西沢直子「慶応義塾における女子教育」『研究』(二四巻)二〇〇七年。

中島精一 なかじま せいいち

生没年および生誕地未詳。慶応義塾出版社の事務担当責任者、のちに出版社社主。明治一五(一八八二)年、『時事新報』が慶応義塾出版社から発行されると、一般の出版事業は事実上休業となり、中島はそれを引き受けて中近(金)堂書店を経営した。旧出版社の整理の際には、豊前屋宗太郎(豊宗)に対する出版社の債務を、「骨肉の訳を以て」(一六年一二月三〇日付桜井恒次郎宛福沢書簡)中島が引き受けていることから、中津藩江戸屋敷に出入りしていた商人豊前屋の縁故者であったと判断される。二八年以降、居を大阪に移した。

[坂井達朗]

中浜万次郎 なかはま まんじろう

文政一〇(一八二七)〜明治三一(一八九八)年。幕末・明治前期の通弁、英学者。土佐国中浜村(現高知県土佐清水市)の漁師の二男に生まれる。天保一二(一八四一)年、一五歳のとき近海の漁で暴風のため太平洋を漂流し鳥島に漂着した。アメリカの捕鯨船ジョン・ハウランド号に救助され、仲間四人はハワイで下船、万次郎のみアメリカ本土に渡る。船中では船名にちなみジョン・マン(John Mung)の愛称で呼ばれた。船長の養子となり、バーレット・アカデミーなどで英語、数学、測量、航海術などを学んだ。

数年間は捕鯨船員として、さらには帰国の資金を得るためカリフォルニアの金山で働き、嘉永四(一八五一)年、二五歳のとき帰国の途についた。ハワイで仲間と一緒になり、上海を経て琉球に上陸、薩摩に送られ同藩や長崎奉行所から長期の尋問を受け、二年後に土佐に帰った。ペリーの来航により万次郎の知識が必要とされ、同六年幕府に招かれ軍艦教授所教授に任じ、中浜の姓を授けられた。

安政七(一八六〇)年、遣米使節団の通弁主任として咸臨丸に乗船、艦長木村摂津守喜毅《よしたけ》の従者として福沢諭吉も同乗しており知り合う。アメリカに到着後、『福翁自伝』によると万次郎と福沢の二人が「ウエブストルの字引」を一冊ずつ購入したとある。

その後、万次郎は小笠原付近で捕鯨に従事、元治元(一八六四)年薩摩藩、慶応二（一八六六）年土佐藩で英学を教授、明治二（一八六九）年新政府の徴士として開成学校の中博士となった。三年普仏戦争視察団として欧州に派遣されるが帰国後、病を得て、以後は療養生活を送った。明治三一年一一月一三日没。［編集委員会］

参考 井伏鱒二『さざなみ軍記・ジョン万次郎漂流記』新潮文庫、一九八六年。中浜武彦『ファースト・ジャパニーズ ジョン万次郎』講談社、二〇〇七年。

中上川彦次郎 なかみがわ ひこじろう

嘉永七（一八五四）～明治三四（一九〇一）年。実業家。豊前国中津（現大分県中津市）で生まれ中津藩士中上川才蔵と福沢諭吉の二姉婉《えん》の長男（福沢の甥）。明治二（一八六九）年、砲術修業の名目で大阪へ留学し、山口良蔵に英学を習う。その後、小幡英之助と上京し、五月に慶応義塾へ入学。これは福沢の勧誘によるもので、教員も兼務したとされる。在籍は四年一一月まで確認できる。四年末から小幡篤次郎、松山棟庵と中津市学校で、六年頃から四屋純三郎と宇和島の英学校で教鞭をとった。七年末から一〇年末、紀州徳川家の援助を受けた小泉信吉《のぶきち》と共に、福沢の支援でイギリスへ留学。帰国直後には『民間雑誌』の編集長に就任し、また留学中に知遇を得た井上馨の斡旋で工部省、外務省に勤務したが、一四年辞職。その後、時事新報社で初代社長を務め経営を軌道に乗せた。この間、一三年「慶応義塾維持法案」発起人、一四年一月制定の慶応義塾仮憲法に基づく理事委員、評議員を歴任して義塾運営に貢献。同年四月の『交詢雑誌』掲載「私擬憲法案」も小幡篤次郎、矢野文雄、馬場辰猪らと共に起草した。

一八年頃から実業界へも進出を試み、甲斐織衛と商事会社設立を企図。しかし、情勢の不安から福沢が資金援助を辞退したこともあり計画は頓挫する。二〇年、荘田平五郎の周旋で山陽鉄道創設に参加し、翌年社長に就任して鉄道敷設を進めるが、経営方針をめぐって大株主と対立し二四年に辞職。福沢はもともとこの赴任を歓迎せず、その一因は中上川の転出に伴う時事新報社の損失にあった。中上川は社長、論説執筆者、後進の範として重きをなす人物と考えられていたためである。山陽鉄道辞職後は、井上馨の依頼で三井銀行の理事となり三井改革に尽力。時には福沢の打診を受け、義塾出身者を傘下企業に招聘し、多数の近代企業経営者も育成した。しかし三〇年代前半、三井内部などから経営面で批判を浴び孤立化。その渦中、三四年一〇月七日に死去。墓所は東京の青山霊園。

福沢は中上川とは親子のような関係と語っているが、血縁者としてだけでなく有為の人材としても終生信頼を寄せ能力

を買っていた。〔石井寿美世〕

参考 日本経営史研究所『中上川彦次郎伝記資料』東洋経済新報社、一九六九年。三井文庫編『三井事業史』本編第二巻、一九八〇年。

中村里 なかむら さと

慶応四（一八六八）～昭和二〇（一九四五）年。福沢諭吉長女。はじめ三《さん》といったが、本人が「おさんどん」といわれるのを嫌がり、改名したといわれる。「福沢諭吉子女之伝」によれば、遊戯のかたわらにいろはを習い始め、明治七（一八七四）年六歳の頃から兄と共に英国人について英語を習い、また同じ頃に福沢家に寄宿していた旧三田《さんだ》藩主九鬼隆義の妹あいに読み書きなどを習った。一二年九月から一三年一二月までは幼稚舎の「勤惰表」に名前がある。また二二、三年頃には慶応義塾の教員であったファーロット（Marie von Fallot）から英語やピアノを習っている。里は琴やピアノが上手で、また英語もスペリングなどは容易に覚えたという。

一六年に福沢の門下生で化学者の中村貞吉（三年六月慶応義塾入学）と結婚、愛作、壮吉の二人の息子が生まれたが、二八年貞吉が死亡し、以後福沢のもとで生活した。福沢にとって愛作は初孫であり、とても可愛がっていた。福沢は再三再婚を勧めたが、里は応じなかったという。高橋誠一郎によれば、兄弟姉妹の中で一番よく福沢の性質を受け継ぎ、「女福沢」と呼ばれていた。昭和二〇年一一月一三日没。〔西澤直子〕

参考『書簡集』一・九。『ふだん着の福沢諭吉』。

中村正直 なかむら まさなお

天保三（一八三二）～明治二四（一八九一）年。思想家、教育者。江戸麻布丹波谷（現港区六本木）に幕臣の子として生まれる。号は敬宇。嘉永元（一八四八）年昌平坂学問所に入学、安政二（一八五五）年同学問所教授方出役となる。甲府徽典館学頭を経て文久二（一八六二）年御儒者となる。慶応二（一八六六）年、幕府のイギリス留学生派遣の取締役として渡英するが、同四年幕府の瓦解により帰国。同年静岡学問所の一等教授となる。明治五（一八七二）年大蔵省翻訳御用となり上京。六年江戸川の邸内に同人社を設立。七年キリスト教に入信。八年東京女子師範学校摂理、一四年東京大学教授、一九年元

老院議官、二三年女子高等師範学校長、貴族院議員などを歴任する。

　英国から帰国の際にイギリス人の友人から贈られたサミュエル・スマイルズ(Samuel Smiles, 1812～1904)の *Self-Help* を半ば暗唱するまで愛読し、明治四年に『西国立志編』と題して翻訳刊行して、自助・自立の倫理的な精神文化を鼓吹、当時のベストセラーになる。一一～一三年には同じスマイルズの *Character* を『西洋品行論』、一九年には *Thrift* を『西洋節用論』として、またジョン・スチュアート・ミル(John Stuart Mill)の *On Liberty* を明治五年に『自由之理《ことわり》』として翻訳刊行した。

　慶応二年に幕府が幕臣の子弟を選抜して英国留学をさせた際、福沢諭吉は門下生の和田慎二郎を弟として福沢英之助の名で応募させた。ロンドン到着の中村に渡航中に健康を害した英之助が世話になったことを感謝する手紙が残っている。福沢とは明六社、東京学士会院の仲間であった。また二〇年に文部省が作成した倫理教科書について福沢は批判的で、論評を文部大臣森有礼と共に中村にも届け、是非を質問している。この論評は明治二三年三月一八日付の『時事新報』に「読倫理教科書」と題して掲載されている。二四年六月七日没。〔三島憲之〕

参考 高橋昌郎『中村敬宇』吉川弘文館、人物叢書、一九六六年。渡部昇一「中村正直とサミュエル・スマイルズ」、サミュエル・スマイルズ著／中村正直訳『西国立志編』講談社学術文庫、一九八一年。

中村道太　なかむら みちた

天保七(一八三六)～大正一〇(一九二一)年。実業家。三河国吉田(現愛知県豊橋市)で吉田藩勘定方中村哲兵衛の長男として生まれる。江戸詰を命じられて出府中、慶応二(一八六六)年、鉄砲洲の塾を訪ねたのが福沢諭吉との最初の出会いであった。維新後、新政府にその能力を認められて、豊橋藩大参事。その後上京して、自宅で洋物商を経営し、やがて福沢の紹介で早矢仕《はやし》有的《ゆうてき》と知り合い、丸屋商社の共同経営者となる。西洋式簿記術をいち早く理解し、丸屋の帳簿類を総覧管理した。明治九(一八七六)年豊橋に帰り、第八国立銀行を創設、翌年渥美郡長。一二年福沢にうながされて上京、洋銀騰貴の解決方法に関する意見で大蔵卿大隈重信の信任を得て、一三年二月横浜正金銀行を設立、初代頭取に就任する。その後松方デフレが進行するに及び、正金銀行の株価値下がりの責任を追及され辞任せざるを得なくなり、また一七年五月には丸家銀行の経営も破綻し苦境に立たされた。しかしこの年八月に買収した東北の古い銀山の再開発に成功して、二一年にはそれを三菱に転売して巨利を博し、一気に退勢を挽回した。中村の鮮やかな

手腕に感心した福沢は、一時は彼を「有金の預け所と定め」るほどに信用していた。

　二一年、中村は東京米商会所の株を買い占め、頭取に就任するが、二四年に米商会所の仲買人身元金及び売買証拠金費消問題が起こった際には、潔くいっさいの私財を投げ出して辞任し、以後は世間との交際を絶ってひっそりと暮し、社会の表面に出なかった。その失脚の原因は、改進党系の中村が自由党から求められた政治資金の提供を断ったことから、報復を受けたためといわれている。福沢に対しては批判的であった田口卯吉も、この事件に関してはきわめて中村に同情的であった。大正一〇(一九二一)年一月三日、東京青山の自宅で没、郷里の豊橋に葬られた。その前年、横浜正金銀行は「功労金」一万円を中村に贈っている。　〔坂井達朗〕

参考 〔中村道太関係勘定書〕および「福沢氏口元帳写」『全集』二一。「米商会所事件」『東京経済雑誌』(五七八号)一八九一年。小山喜久弥『福沢諭吉先生と豊橋』私家版、一九六一年。富田正文「福沢諭吉と中村道太」『評論』(九〇二号)一九八九年。坂井達朗「新発見の福沢研究関係資料」『評論』(一〇二三号)二〇〇〇年。

中村栗園　なかむら りつえん

文化三(一八〇六)〜明治一四(一八八一)年。近江水口《みなくち》藩校翼輪堂教授、同藩執政、明治維新後同藩大参事。旧姓は片山、名は和、通称和蔵、字は子蔵であり、栗園と号した。豊前国中津(現大分県中津市)の染物屋の子に生まれ、日出《ひじ》藩の帆足万里の塾で学び、福沢の父百助とは同門の後輩であった。その後大坂に至り、篠崎小竹らに朱子学を学ぶ。百助との親交は大坂でも続き、百助は大坂の長屋に栗園を同居させたように、身分違いでありながら両者は対等に交際していた。百助の推薦により中村介石の養子となり水口藩に仕え、嘉永二(一八四九)年より藩主加藤明軌《あきのり》のもと軍制などの藩政改革に参与する。また、広く一般の藩士およびその子弟を教育すべく藩校設立を建言し、安政二(一八五五)年に翼輪堂を発足させ、同校の教授となる。同校では約一五〇人の下士層が学び、栗園はそこを拠点に藩政の指導権を握り、下士層の暴走を抑えつつ勤皇派として同藩をまとめた。明治二(一八六九)年版籍奉還に伴い水口藩大参事に任命される。

　晩年の明治一一年一月、栗園は、水口から東京の福沢諭吉に書簡を送り、その中で技術を重視し儒教道徳を疎《おろそ》かにする政府の教育方針を批判するとともに、福沢の父百助が儒教道徳を重んじていたことを語ったうえで、福沢が義塾の教育方針において儒教道徳を重視しないならば、それは父の志に背くものであると述べ、福沢に大きな衝撃を与えた。一四年一二月二〇日没。著書は『孝経翼』『栗園詩文集』など。
〔田口英明〕

参考 小泉信三『福沢諭吉』岩波新書、一九六六年。『福沢文集』二編巻一。『水口町志』上巻、水口町、一九六〇年。同下巻、一九五九年。

長与専斎 ながよ せんさい

天保九(一八三八)~明治三五(一九〇二)年。医者、官僚、政治家。号は松《しょう》香《こう》。九州大村藩藩医の家に生まれる。福沢諭吉より一年前の安政元(一八五四)年、適塾に入門。同五年福沢が江戸に出た後、代わって塾長となる。万延元(一八六〇)年、長崎でポンペ(J. L. C. Pompe van Meerdervoort)に学び、大村藩の侍医を経て、慶応二(一八六六)年再び長崎でボードウィン(A. F. Bauduin)に学ぶ。明治元(一八六八)年、日本最初の西洋式病院である長崎精得館頭取に就任。四年中教授文部少丞。同年岩倉遣米欧使節団に加わり医学教育、医師制度の調査に従う。一〇年初代の内務省衛生局長に就任、以後一七年間この職に留まり、日本の衛生行政の基礎を築くとともに、大日本私立衛生会を起こし、全国に衛生施設を置き、衛生思想の普及に努めた。一九年元老院議官、二三年貴族院勅選議員、二五年宮中顧問官。同年、ドイツより帰国後不遇の北里柴三郎を福沢に紹介、支援のきっかけを与えた。三五年九月八日没。福沢は『福翁自伝』(老余の半生)で長与を「親友」と呼んでいる。
〔坂井達朗〕

参考『松香私志』全二巻、一九〇二年(小川鼎三・酒井シヅ校注『松本順自伝・長与専斎自伝』平凡社、東洋文庫、一九八〇年、所収)。

名児耶六都 なごや むつ

弘化三(一八四六)年~大正五(一九一六)年。官僚、教育家。越後国(現新潟県)長岡藩の家老牧野頼母の子に生まれる。慶応元(一八六五)年に林祭主、続いて萩原史の漢学塾で学ぶ。戊辰戦争では、長岡藩が反官軍として戦ったため名児耶もそれに参戦している。明治二(一八六九)年に名児耶氏の家督を継ぐ。

二年、上京して慶応義塾に入ろうとするが戊辰戦争直後のため警戒されて認められず、藤野善蔵の尽力で入学を認められた。三年一二月には学費が払えなくなったため、義塾の仕事をしながらの苦学となった。四年、義塾が三田に移るときには小幡甚三郎を助けて働き、移転後も寮中の諸事について塾生の面倒をみるなど、草郷清四郎らと共に塾監局の事務を執った。この年、横浜の高島学校にも赴任している。再び義塾に戻ってからは、六年大阪慶応義塾を立ち上げるに際して荘田平五郎と共に赴任した。事前調査に向うときには、福沢諭吉が書簡で二人を九鬼隆義と白洲退蔵に紹介している。

　九年東京師範学校中学師範科生徒監として生徒の管理や学校経営に当たった。一九年には中等師範科が名称を変更した東京高等師範学校から、帝国大学会計課長に任じられ、またこの年文部省に入り、官立学校の会計に携わった。二六年再び義塾に復帰、会計事務に携わった。大正五年八月八日没。〔柄越祥子〕

参考『慶応義塾出身名流列伝』。『書簡集』一。『百年史』上巻。

ナップ、アーサー・メイ Knapp, Arthur May

一八四一〜一九二一年。宣教師、慶応義塾教員。米国マサチューセッツ州チャールズタウンに生まれる。父はユニテリアンの牧師で、妥協を知らぬ不屈の奴隷解放論者であったという。アーサーは一五歳でハーバード大学第二学年に入学、一八六〇年に卒業。南北戦争では一兵卒として北軍に加わった。六七年同大学神学部を卒業したのち各地で会衆派教会の牧師を務めた。明治二〇(一八八七)年アメリカ・ユニテリアン協会から日本の宗教事情視察に派遣されることになり、留学中の福沢一太郎から約二か月にわたり日本の事情について説明を聴いた。また共に留学していた福沢捨次郎はボストンにおけるナップ壮行会で、アメリカ人宣教師の日本における高飛車な布教活動を批判する演説を行った(『時事新報』二〇年一二月一六日付)。

　同年一二月妻子と共に横浜港に到着、翌年三月慶応義塾教師という名目で東京市中に居を定め、四月には交詢社でユニテリアニズムについてスピーチをしている(『時事新報』二一年五月一三日付)。福沢諭吉はユニテリアンに対しては好意的であった。二二年ナップの帰国に際して福沢は、ハーバード大学長エリオット(Charles W. Eliot)宛の親書を託した。翌年開設を目指していた義塾大学部の主任教師三名を同大学卒業生の中から選任することをナップに委任し、また同大学に日本人留学生のための奨学基金を設ける計画について協力を要請したもの。その結果、同年秋ナップは、本格的布教のための宣教師マッコーレイ(C. MacCauley)のほかに、理財科ドロッパース(G. Droppers)、法律科ウィグモア(J. H. Wigmore)、文学科リスカム(W. S.

Liscomb)の三教師夫妻を伴って再度来日した(ただしリスカムはブラウン大学出身)。

二三年病を得て帰国したのち、翌年から六年間ほどフォールリバーのユニテリアン教区牧師を務めた。三三年に永住の希望を抱いて三たび来日し、横浜で発行されていた英字新聞*Japan Advertiser*の社主・主筆となり一〇年間その地位に留まった。のちに故国へ帰り、長らく病床に伏したあと一九二一(大正一〇)年一月二九日没。

ナップは一八九六年に袖珍版二巻本の著作*Feudal and Modern Japan*を著した。福沢への謝辞を記した献呈本がある。

〔西川俊作〕

参考 土屋博政「アーサー・メイ・ナップと日本ユニテリアン・ミッションの始まり」『慶応義塾大学日吉紀要　英語英米文学』(三五)一九九九年。清岡暎一編訳『慶応義塾大学部の誕生―ハーバード大学よりの新資料』慶応義塾、一九八三年。白井堯子『福沢諭吉と宣教師たち』未来社、一九九九年。

仁尾惟茂《におこれしげ》

嘉永二(一八四九)〜昭和七(一九三二)年。官僚、貴族院勅選議員。土佐国幡多《はた》郡伊屋村(現高知県四万十市)に生まれ、「雇われ庄屋」として各地を転勤する父に従って育つ。戊辰戦争に従軍、維新後新政府出仕、地方官を経て大蔵省主税官となる。明治二七(一八九四)年日本が朝鮮に同意を要求した内政改革要綱に基づいて、親日派の金弘集《キムホンジプ》・朴泳孝《パクヨンヒョ》の連立内閣が成立したときに任命された多数の日本人顧問官の一人。二八年日本政府の政策が変更したため帰国したと推定される。

福沢諭吉と仁尾との交流は、二九年二月に起こった露館播遷以後、亡命して来る朝鮮の政客を仁尾が保護していたところから生まれたと考えられる。このとき仁尾は大蔵省庶務掛長兼主税官。のちに専売局長。福沢は朝鮮の王子義和宮の留学中の監督を仁尾より依頼されていたが、その世話はかならずしもうまくいかなかった(三〇年五月二〇日付朝鮮国宮内府大臣宛案文)。また仁尾を通じて亡命政治家の保護にも力を貸している(二九年三月三〇日付仁尾宛書簡)。昭和七年四月一一日没。

〔坂井達朗〕

参考 佐志伝「日清戦争後の朝鮮政情・他」『手帖』(三二号)一九八二年。富田正文「日清戦争直後の朝鮮亡命政客―新資料・仁尾惟茂宛福沢書簡」『手帖』(六六号)一九九〇年。

西周《にしあまね》

文政一二(一八二九)〜明治三〇(一八九七)年。思想家、教育者、官僚。石見国(現島根県)津和野藩の藩医の子として生まれる。天保一一(一八四〇)年藩校養老館に入学、のち江戸に出て、安政元

(一八五四)年手塚律蔵に師事、同三年中浜万次郎から英語を習う。同四年蕃書調所教授手伝並となり、同六年教授手伝に昇進。文久二(一八六二)年オランダ留学を命ぜられ、津田真道《まみち》らと共に渡欧、翌年、ライデン大学のシモン・フィセリング(Simon Vissering)から法学や経済学を学ぶ。慶応二(一八六六)年開成所教授、明治元(一八六八)年徳川家の沼津兵学校頭取、三年兵部省翻訳局に出仕、自宅内に私塾育英舎を開く。四年兵部大丞、五年陸軍大丞、以後、陸軍内の要職を務め、一三年には軍人勅諭の草案を起草する。一二年東京学士会院会員、のちに会長となる。一四年東京師範学校長、独逸学協会学校長、一五年元老院議官、二三年貴族院議員などを歴任する。

明治七年公刊の著作(成立は慶応二〜三年頃とされる)『百一新論』で、フィロソフィの訳語として初めて「哲学」を用いた。同書は、西洋においてはすべての学問分野の中心的位置を占めているのがフィロソフィであるとの考えに立ち、百にも細分化された個別的学問を一つのフィロソフィで統一的に解釈する、という意図から著されたもので、なかでも人間を観察の対象とするアントロポロギー(人性学)を最重要視すべき、と主張している。明治三〇年一月三一日没。

福沢諭吉とは明六社や東京学士会院で共に活動した。福沢の学者職分論に対し、非学者職分論を『明六雑誌』に発表し、西の外国人に対する旅行自由化論には福沢が反対するなど意見の合わないところもあったが、お互いに門下生や知人の入学や就職について依頼し合い尽力し合うなどの交流があった。

〔三島憲之〕

参考 清水多吉『西周—兵馬の権はいずこにありや』ミネルヴァ書房、二〇一〇年。

は行

朴泳孝　パクヨンヒョ

一八六一〜一九三九年。朝鮮の政治家。号は春皐、瓠船、玄玄居士。日本亡命時は山崎永春を名乗る。朝鮮国京畿道水原で朴元陽の子として誕生。一八七三年国王哲宗の娘と結婚、錦陵尉に封ぜられる。朴珪寿、劉鴻基(大致)、呉慶錫(赤梅)から儒教の実学思想や西洋の知識を学び、金玉均《キムオッキュン》や徐光範《ソグァンボム》、洪英植《ホンヨンシク》らと開化派を形成する。

八二年の壬午事変後、修信使として日本に派遣され、各方面の視察を行い、福沢諭吉とも親交を結ぶ。その際、福沢門下生の牛場卓蔵らを政府顧問として招き、新知識普及のための新聞発行など近代化政策実施を計画したが、守旧派の台頭により帰国後まもなく左遷され頓挫する。

その後守旧派の勢いはやまず、八四年金玉均ら開化派の同志と政権奪取を目指す甲申事変を起こすが失敗した。日本に逃れ、さらに米国亡命を経て再び来日し、一時明治学院に在学。また朝鮮留学生の教育機関として東京に親隣義塾を開いた。この間、朝鮮政府から逆賊として刺客を放たれ続け、金玉均と共に命をねらわれた。

九四年日清戦争開戦に伴い帰国、名誉回復され内部大臣として入閣し近代化政策を推進、また慶応義塾への朝鮮留学生派遣などを主導した。しかしまもなく失脚して再び日本に亡命、さらに米国に渡った。亡命関係の手配や経費負担、徐載《ソジェ》弼《ピル》ら朝鮮の同志との連絡などは福沢が行っていた。その後兵庫県須磨などで亡命生活を送り、日露戦争後の一九〇七年に帰国、宮内大臣となるも再び内部対立から失脚し済州島へ配流された。一〇年韓国併合により侯爵となる。その後、朝鮮貴族会会長、中枢院（朝鮮総督府の諮問機関）副議長など、朝鮮政界の重職を歴任しつつ、実業界の発展にも尽力。『東亜日報』初代社長、貴族院議員も務めた。一九三九年九月二〇日死去。墓所は京畿道南陽州市和道邑。

〔都倉武之〕

参考『伝』三―三五編。明治二八年一一月四日付村井保固宛福沢書簡。姜健栄『開化派リーダーたちの日本亡命』朱鳥社、二〇〇六年。

波多野承五郎 はたの しょうごろう

安政五（一八五八）～昭和四（一九二九）年。実業家、政治家。遠州掛川（現静岡県掛川市）に生まれ、維新後藩地の転封により上総松尾（現千葉県山武《さんむ》市）に移る。明治五（一八七二）年三月慶応義塾に入学。福沢諭吉は波多野について、子どものときから英書ばかりの勉強で日本の手紙が読めなかったが、英学のあとで漢書を学んで立派な学者になったと評している（『福翁自伝』王政維新）。塾生の演説結社協議社に参加、七年一二月卒業し教員となる。『郵便報知新聞』記者を経て、『時事新報』の創刊とともに移籍。その後『静岡大務新聞』に移った。交詢社には創立時より参加し、一三年七月から一五年一二月にかけて実施された巡回演説会の委員として各地に出張、また常議員、理事を務めた。

一三年五月に発足した三田政談会（政

談社）の活動を経て、一四年四月国友会に参加。明治会堂で行われた明治政談演説会でも活動している。同年東京府会議員。一七年七月に外務省御用掛出仕、天津総領事、外務省書記官を歴任。二四年頃『都新聞』に入り、二四年一一月『朝野新聞』の社長兼主筆となったが、翌年六月には経営を北川礼弼《れいすけ》、主筆を川村淳に託した。

　その後、中上川彦次郎の招きで三井銀行に入り、本店調査係長、本店支配人を経て理事、監査役となる。千代田生命保険会社の創立発起人に連なり、また王子製紙、三井鉱山、三井合名、玉川電気鉄道などの重役を歴任。大正二（一九一三）年一〇月～一四年一〇月慶応義塾評議員会議長を務める。九年五月衆議院選挙に栃木県第四区より当選。

　多趣味で知られ、『交詢雑誌』への寄稿（「北陸巡回紀行」同誌二二・三三号等）のほか、随筆集『古渓随筆』（一九二六）、『梟の目』（一九二七）などがある。昭和四年九月一六日没。

［松崎欣一］

参考『交詢社百年史』交詢社、一九八三年。『慶応義塾出身名流列伝』。「波多野承五郎氏の訃」『評論』（三八六号）一九二九年。松崎欣一「塾生の演説会活動」『三田演説会と慶応義塾系演説会』慶応義塾大学出版会、一九九八年。

馬場辰猪　ばば たつい

嘉永三（一八五〇）～明治二一（一八八八）年。法学者、自由民権運動家。高知藩士。慶応二（一八六六）年五月慶応義塾に入学し、一時帰省後、明治二（一八六九）年一月再入学、教員を兼ねた。三年藩命でイギリスに留学、翌七年一二月に帰国。入れ違いに送られた馬場の帰国後の活躍を期待する福沢諭吉の書簡には、福沢の思想、心情、状況認識が余すところなく吐露されている。『文明論之概略』にも馬場からの情報が引用されている。八年、福沢から五〇〇円の援助を受けて再渡英、一一年に帰国。交詢社の創設委員、評議員となる。

　共存同衆、国友会を基盤に活動し、一四年自由党結党とともに常議員に就き、自由党機関紙『自由新聞』を創刊し主筆となったが、党首板垣退助の洋行に反対、同紙を追われた。個人演説を行い、明治義塾などで法律学の講義も続けた。一八年に大石正巳と共に爆裂薬購入の嫌疑を受けて半年余拘留、証拠不十分で釈放された。翌々日、福沢はその判決を評価した論説「法必ず信」を『時事新報』に寄せた。その直後に大石と渡米。アメリカで馬場が行った演説や投稿などの動静は日本公使館の九鬼隆一、陸奥宗光によって日本政府に報告されていた。結核が悪化し、二一年一一月一日、留学中の岩崎久弥の勧めで入院したフィラデルフィアのペンシルベニア大学病院で客死した。著書に『法律一班』(一八七九)、『天賦人権論』(一八八三)、『雄弁法』(一八八五)など。

福沢は二九年一一月二日の馬場追悼会で、「その気風品格の高尚」とほめ讃え、「百年の後尚《な》お他の亀鑑たり」と「追弔詞」で回顧した。墓所はフィラデルフィアと東京の谷中霊園にある。〔川崎勝〕

参考 西田長寿・萩原延寿・川崎勝・杉山伸也編『馬場辰猪全集』全四巻、岩波書店、一九八七～八八年。萩原延寿『馬場辰猪』中央公論社、一九六七年(『萩原延寿集』1、朝日新聞社、二〇〇七年、に収録)。

浜口儀兵衛(梧陵) はまぐち ぎへえ(ごりょう)

文政三(一八二〇)～明治一八(一八八五)年。醤油醸造業、政治家。紀伊国有田郡広村(現和歌山県広川町)に浜口七衛門の子として生まれる。天保二(一八三一)年、元禄期より醤油醸造を業とする浜口本家の養嗣子となる。嘉永三(一八五〇)年、佐久間象山、勝海舟の門に出入りし兵学を学ぶ。翌年広村崇義団を興し、村内の青年に外国船の渡来とわが国の危急を説き、稽古場を開き、その教育に従事した。これがのちに耐久社、さらに県立耐久中学となった。

浜口と福沢諭吉の交渉は、『浜口梧陵伝』によれば、福沢が慶応三(一八六七)年に米国から帰った頃、松山棟庵の紹介により出会い、一見十年の旧知のごとくなったことに始まるという。福沢自身は、長男一太郎の誕生した文久三(一八六三)年か、その翌年のことと回想している。明治三(一八七〇)年一月一一日の浜口の日記には、「世界国尽新著福沢より達」と記されている。

慶応四年正月和歌山藩の藩政改革に際し抜擢され、勘定奉行となる。明治二年藩校の学習館知事に転じ、同館の改革と松山棟庵の協力を得て洋学校の設立を計画し、翌年共立学舎を開校した。このとき福沢の招聘を図ったが、福沢は受けなかった。同年和歌山藩権大参事。四年八月駅逓頭となり、郵便制度創設に尽力した。一三年最初の和歌山県会議長となる。一五年県民の政治思想を養成し、国会開設に備えることを目的として木国同友会を組織し会長となった。一七年五月家業を後嗣に譲り、いっさいの公職を退き海外視察の途につく。福沢は在米の村井保固に宛て、二〇年来相知る立派なる「ゼントルメン」として浜口を紹介し、世話をするよう依頼している。一八年四月二一日、世界一周の計画を果たさずニューヨークにおいて病死。訃報を聞いた福沢は長男一太郎宛の書簡で、浜口は壮年のときより人のために大いに尽力しさまざまに功ある人物であり、実に悲嘆に堪えない、と述べている。

嘉永七(一八五四)年一一月の安政南海地震の際に稲むらに火を放って、広村の村びとの津波からの避難を助けたエピソードは、昭和一二(一九三七)年~二二年の国定小学校国語読本に取り上げられよく知られている。〔松崎欣一〕

参考 杉村広太郎編『浜口梧陵伝』一九二〇年。『書簡集』一・四。

浜野定四郎　はまの さだしろう

弘化二(一八四五)~明治四二(一九〇九)年。慶応義塾長。父は中津藩士浜野覚蔵。元治元(一八六四)年、小幡篤次郎ら五名と共に築地鉄砲洲の福沢諭吉の塾に入塾した。浜野は数学に秀でており、この後、義塾の会計業務に活躍する。また、読書のほかに趣味はないと評されるほどの読書家で、英書の訳読を得意としたが発音は苦手であった。福沢も浜野の博学を高く評価し、特に理科学に関してたびたび質問している。共訳書に『新砲操練』(一八七〇)など四冊あり、他に『交詢雑誌』への投稿一〇編がある。

明治四(一八七一)年、中津市学校の創立にかかわり、翌五年からは市学校校長を勤める。一一年、浜野は福沢に呼び戻され義塾の教員となり、翌一二年塾長となる。一三年小幡らと慶応義塾維持法案を作成して義塾の財政再建を図り、一四年慶応義塾仮憲法が制定されると改めて塾長に選出され、二〇年まで務めた。塾長退任後も、会計建築長や会計主任など多方面に活躍した。また、三田演説会や交詢社の設立にも参加している。四一年病気により退職し、翌四二年一一月一四日没。墓所は東京広尾の祥雲寺。病に伏し、自分の姓名を話すのさえおぼつかない中、「福沢先生」というときだけはしっかりと発音したという。〔後藤新〕

参考 須田辰次郎「故浜野定四郎氏」『慶応義塾学報』(一四九号)一九〇九年。慶応義塾大学法学部政治学科寺崎修研究会編『慶応義塾草創期の福沢門下生』第一巻、二〇〇〇年。

林金兵衛　はやし きんべえ

文政八(一八二五)~明治一四(一八八一)年。農民運動家、東春日井郡長。尾張国春日井郡上条《じょうじょう》村(現愛知県春日井市和爾良《かにら》地区)の豪農の二男に生まれる。字は重勝。幕末には草莽の志士として活躍、廃藩置県後は愛知県第三大区長を務

めた。地租改正に際して地価銓評議員に選出され、春日井郡議長に任命された。改租の過程で地価決定の基礎になる地位銓評が、同郡西部のデルタ地帯に比較して東部の丘陵地帯が不当に不利に扱われているのに抗議して、県の係官と折衝したが妥協に達せず、辞任して春日井郡四三か村の代表として明治一一（一八七八）年春上京。偶然のことから福沢諭吉の助力を得て、その指導のもとに地租改正事務局に地価の更訂を繰り返し出訴歎願し、福沢は林の活動を自分が持っている幅広い人脈を通じて懇切に援助した。しかし改正事業の完了を急ぐ改正事務局および県官の官僚主義と、郡内西部の農民の利己主義とに阻まれて成功せず、激昂する農民の代表として官民の間で苦境に立ったが、身を挺して農民の暴発を阻止した。事件は結局地価更訂には至らず、一二年、旧領主徳川氏の下賜金と県当局の地価改定の約束とをもって妥協せざるを得なかった。事件後、東春日井郡長に就任。一四年三月一日没。〔坂井達朗〕

参考 「林家日記（地租改正）」『春日井市史 資料編』一九六六年。河地清『福沢諭吉の農民観—春日井郡地租改正反対運動』日本経済評論社、一九九九年。

林正明 はやし まさあき

弘化四（一八四七）〜明治一八（一八八五）年。福沢諭吉の初期の門弟の一人、ジャーナリスト、政治評論家。熊本藩士の家に生まれる。文久三（一八六三）年初秋に入学。熊本からの留学生第一号である。福沢ははじめ大いに期待していたらしく、慶応二（一八六六）年、林の藩留学生としての期間延長を藩に懇請したという記録が熊本に残っている。明治二（一八六九）年藩命によりアメリカに留学し、イギリスを経て帰国後司法省、大蔵省などに勤めた。のち、共同社社長として『近事評論』のほか『扶桑新誌』を主宰、また『東洋自由新聞』の記者にもなり、急進的な民権派に傾斜した。そして『扶桑新誌』に「三田町阿福《おふく》の奇話」を三回連載（明治一一年二月三日、四月六日、五月二六日）して、「老衰して声音容貌の凋衰せる」「おふく」が頽勢挽回のために弟子たちを官界に送り込んだり、藩閥官僚の勢力と提携しようとしていると揶揄したのをはじめ、さかんに福沢を批判、というより嘲弄・罵倒を展開した。

一三年一月に交詢社が設立されると林も常議員二四名の一人に選出されたが、福沢はそれに憤激し、「不埒者《ふらちもの》には夫《そ》れ相応の罰を以て懲らしめずしては不叶《かなわず》」と述べている（一一月一六日付宛名未詳書簡）。林は一四年の自由党結党においては幹事に選ばれたが、一八年三月二一日に病死した。著書に『泰西新論』（一八七三）など、訳書に『万国政談』『英国憲法』『合衆国憲法』『政学提綱』（いずれも一八七三）、『議員必携』（一八七四）などがある。〔飯田泰三〕

参考 坂井達朗「肥後実学党と初期の慶応義塾（一）—林正明と岡田摂蔵を中心として」『研究』（一巻）一九八四年。伊藤正雄「明治十年代前期におけるジャーナリズムの福沢批判」（『福沢諭吉論考』吉川弘文館）一九六九年。

早矢仕有的　はやし　ゆうてき

天保八（一八三七）〜明治三四（一九〇一）年。実業家、丸善の創業者。美濃国武《む》儀《ぎ》郡笹賀村（現岐阜県山県市）に生まれる。医を業とした父山田柳長は有的の誕生前に死去、有的は母方の同村庄屋早矢仕才兵衛の養子となった。大垣、名古屋で医術を学び郷里で開業、のちに江戸に出て開業し名声を得る。坪井信道に蘭学、谷信敬に英学を学び、慶応三（一八六七）年、福沢諭吉を訪ねて入塾した。

有的は医業のかたわら、明治元（一八六八）年一一月、横浜の自宅を改造し書店「丸屋」を開業する。屋号は、世界を相手に商売をするという意気込みをこめ、地球の「球」の字に由来するという。丸屋は株式会社の組織を導入した点でも先駆的であった。一三年に丸善商社と改称。有的は日本の文明開化には貿易の振興による商業の独立が不可欠として、丸善の事業を拡大するとともに、若き実業家たちを多く支援した。福沢は有的を高く評価し惜しみなく援助したが、有的もまた交詢社や明治生命、横浜正金銀行の設立にかかわるなど、福沢の事業をよく助けた。福沢が女性への授産も目的に五年に開いた慶応義塾衣服仕立局も、その後、丸善に委譲された。二人は年齢も近く、師弟より同じ志を持つ友人の関係に近かったと思われる。一七年、松方デフレの影響などで丸家銀行（明治一二年創業）が不振に陥ると丸善商社の経営は悪化。有的は責任をとって丸善商社社長を退任し、丸家銀行頭取となり整理に専心、実業界の一線から身を引く。福沢の跡を追うようにして、その死の二週間後の三四年二月一八日に没した。〔後藤新〕

参考『丸善百年史』全三巻、丸善株式会社、一九八〇〜八一年。蛯原八郎「早矢仕有的伝」『明治文化研究』（第五号）学而書院、一九三五年。

原時行　はら　ときゆき

文政九（一八二六）〜明治三二（一八九九）年。維新前後における延岡藩の教育功労者。日向国延岡（現宮崎県延岡市）の延岡藩重臣の家に生まれる。通称小太郎。字は粛卿。父の死後数年間藩政を司ったが、明治五（一八七二）年藩校廃止に際し、

同志と共に苦心して資金を集め私学校延岡社学を建て、みずから教壇に立ってこれを率いた。同校は八年、変則中学亮天社と改称、明治初期における宮崎県北地方唯一の中学校として人材を育てた。三二年、県立延岡中学校設立とともに廃校。同校の英学教師陣には、一一年に四屋純三郎、一六年に池内源太郎、一九年に藤田一松、さらに大島雅太郎などの慶応義塾出身者が含まれている。また、四屋純三郎を介して福沢諭吉と原との連絡がなされていた様子がうかがわれる一二年八月の原宛福沢書簡もある。四屋は慶応三（一八六七）年八月慶応義塾に入学した四屋の実兄の海老名晋の紹介で、明治二年六月義塾に入学しているが、別に四年二月一八日付の延岡藩の慶応義塾入社承諾書も残っており、この兄弟を通じて、原は私学校設立の相談を福沢に持ち掛けたのであろう。

原は一一年宮内省出仕となり、その在京期間中、福沢との往来があったものと思われ、交詢社が設立されるとそれに宮崎から協力するなど、生涯にわたって交流があった。その後は鹿児島県属、臼杵郡長、宮崎県会議員、東臼杵郡長を歴任、晩年は旧藩主内藤家の顧問となり、また日平銅山総裁として業績を挙げた。明治三二年七月七日没。

［飯田泰三］

肥田昭作《ひだ しょうさく》

天保一三（一八四二）〜大正一〇（一九二一）年。教育者、実業家。咸臨丸の航海に「教授方」として乗り組んで機関を担当し、のちに幕府軍艦頭を務めた幕臣肥田浜五郎の養子。慶応四（一八六八）年四月、二七歳で慶応義塾に入学。それまでは江川太郎左衛門の塾に学んでいたと推測される。明治初年義塾の教員となり、大阪開成所、東京外国語学校、東京英語学校などでも教鞭をとり、また文部省の課長として出版物の検閲を担当もした。自分の著作の偽版が大阪で横行しているのを知った福沢諭吉は、その取り締まりについて大阪開成所の校長であった肥田に協力を依頼したり、また彼が文部省の出版免許の課長であったときには、それを頼りに大胆な政府批判を行ったりした。

その後実業界に転じ、三菱為替店に勤務し、また養父浜五郎がその創設に参画した第十五国立銀行をはじめとして、百十九銀行、壬午銀行などの頭取を歴任し、晩年は杉本正徳が社長をした三有鉱業にも関係した。初期の有力門下生の一人として、慶応義塾理事委員、評議員を務め、また明治会堂の建設や義塾維持資金の募集などの問題では福沢の相談相手であり福沢の三有鉱業への投資に関しては、社長の杉本正徳との仲介役であった。大正一〇年没。

［坂井達朗］

参考 坂井達朗「「出版免許の課長」は本当に「大丈夫なる請人」であったか」『評論』(九五七号)一九九四年。

日原昌造　ひのはら しょうぞう

嘉永六(一八五三)～明治三七(一九〇四)年。実業家。毛利家の家臣日原素平の子として、長門国豊浦郡長府(現山口県下関市)に生まれる。戊辰戦争時には越後地方の旧幕府領に置かれた新政府の行政機関の警護兵として出征し、その折、新潟英学校でブラウン(Samuel Robbins Brown)に学ぶ。

その後、大阪開成所に移り、小泉信吉《のぶきち》に師事してミルの経済書の講義を受けた。明治五(一八七二)年小泉の帰京に伴って上京し、福沢諭吉に認められ慶応義塾で教鞭をとる。

さらに愛知県、静岡県の師範学校や三菱商業学校に派遣教師として赴任する一方、『文部省百科全書』の翻訳に従事する。福沢の塾に学んだことはなかったが、「慶応義塾同社先輩の一人」とされた。

一三年横浜正金銀行に入り、翌年小泉信吉に随行して渡欧、ロンドン出張所の開設に従事し、支配人となる。ロンドン滞在中、主として「豊浦生」のペンネームで、『時事新報』に「倫敦通信」を投稿して、福沢から高い評価を受けた。その中には、福沢の「脱亜論」(『時事新報』一八年三月一六日)の萌芽とも考えられる、「日本は東洋国たるべからず」(一七年一一月一一、一三、一四日)も含まれている。その後三年間の本店勤務を経て、二〇年渡米。サンフランシスコおよびニューヨークに在任したが、二四年病気のため帰国して銀行を辞任。故郷での療養生活に入ってからも、新知識蒐集のための努力と『時事新報』社説への寄稿は続けられ、その数は明治三三年以後のもののみでも二〇〇編以上が確認されている。

福沢は日原に絶大な信頼を寄せており、「日原の議論は恰《あたか》も余の言わんと欲する所を言い悉《つ》くして遺憾なく、一としてわが意に適せざるものなしとしてこれを激賞」したと伝えられる。明治三二年末、「修身要領」の編纂に際しては、福沢の指名により上京が求められ、起草委員の一人として参画した。三七年一月二六日没。

［坂井達朗］

参考 昆野和七「日原昌造の新聞論説について」『年鑑』(一五・一六)一九八八・八九年。石河幹明「日原昌造君遺稿序」『伝』三―三四編。岡部泰子「小伝日原昌造」『手帖』(一一〇号)二〇〇一年。

日比翁助 ひび おうすけ

万延元(一八六〇)~昭和六(一九三一)年。実業家、三越創始者。筑後国(現福岡県)久留米藩士竹井安太夫吉堅の二男として生まれ、明治一二(一八七九)年日比家の養嗣子となる。郷里で小学校の教員をしていたが、福沢諭吉の学風を慕い一三年上京、慶応義塾に入学する。一七年卒業、麻布天文台および海軍水路部に勤務する。二二年福沢の推薦を受けて、二代目堀越角次郎が経営する日本橋モスリン商会へ移り、支配人となる。堀越の没後、二九年中上川彦次郎の招きにより三井銀行へ入り、和歌山支店支配人として同地に赴任。

三一年、三井呉服店の支配人に抜擢され、経営不振に陥っていた同店の改革に高橋義雄と共に着手した。三七年一二月、合名会社三井呉服店は株式会社三越呉服店に改組し、日比は専務取締役に就任。同時に今後は欧米流のデパートを目指すとする「デパートメント・ストーア宣言」を発表した。三九年には欧米へ外遊し、各都市の百貨店を視察・研究。その成果をもとに、三越を伝統的呉服店から日本で最初の近代的百貨店へ脱皮させた。さらに「学俗協同」をかかげ著名文化人による「流行研究会」を組織するなど、文化的・教育的機関としての百貨店を志向した。大正二(一九一三)年取締役会長に就任。しかし、この頃より神経症のため業務の執行が困難になり、七年取締役を辞任、晩年は療養で過ごした。昭和六年二月二二日没。墓所は東京広尾の祥雲寺。

〔平野隆〕

参考 星野小次郎『三越創始者日比翁助』創文社、一九五一年。平野隆「書簡に見る福沢人物誌19 高橋義雄・日比翁助」『評論』(一〇八五号)二〇〇五年。神野由紀『趣味の誕生—百貨店がつくったテイスト』勁草書房、一九九四年。

平野理平(川島屋) ひらの りへい(かわしまや)

生年未詳~明治三七(一九〇四)年。東京深川大和町の材木商。江戸で代々医業を営む平野重敦の三男。深川木場の材木問屋への奉公を機に、のちに独立して川島屋を屋号とした。妻は豊前国中津(現大分県中津市)の中津藩士喜多村甚蔵の娘で、幼名をつね子、のちに大垣藩旧藩主戸田伯爵家の大奥に勤めて遊井と称した。喜多村は中小姓格一八石三人扶持で、福沢諭吉の父百助と同格の藩士という縁により、理平夫妻は福沢家と懇意になったとされる。遊井は舞踊の名手で、団十郎や菊五郎と共に福沢家でも舞っており、子息誠一郎も幼い頃から福沢家に出入りし、明治一九(一八八六)年一〇月に慶応義塾へ入学、浜野定四郎宅へ寄宿した。

一三年頃から福沢は理平に多額の資金貸与をしており、二三年頃の融通残高は二万円にのぼる。また、自宅や慶応義塾の煉瓦講堂建築に関する相談、鉄道枕木納入などの業務斡旋も行い、材木商としての理平を買っていた様子がうかがえる。さらに、塾生の養子縁組や女中の雇用も理平を仲介に立てる場合があった。

　理平は材木商のほかに、親戚と協同して倉庫銀行を設立し、頭取に就任したが、二三年に破綻。これにより誠一郎は義塾を退学。理平はいっさいの私産をなげうって責任をとった。また、木場の便益を図るための新市街計画を立て、福沢に相談したとされるが、これも失敗に終わる。その後は紙箱製造業や、妻の舞踊師匠としての収入で糊口を凌いだという。明治三七年八月没。〔石井寿美世〕

参考『書簡集』五、ひと4。富田正文「材木商川島屋平野理平のこと」『手帖』(五二号)一九八七年。平野誠一郎『笑亭楽賀喜』巻の一・二、作成年代未詳。

ファーロット、マリー　Fallot, Marie (Mary) von

生年未詳～一九一一年。慶応義塾教員。英国生まれ。ドイツ人技師の夫と来日し、夫の没後、明治一九(一八八六)年より慶応義塾にて英語学を教える。二二、三年頃には慶応義塾内で女子を対象とする塾を開き、「大人之部」「子供之部」各五名の生徒に英語とピアノを教えた。生徒は福沢諭吉や小幡篤次郎など慶応義塾関係者の娘である。
　福沢が女学校設立の構想を持っていたことは、二一年頃に浜野定四郎と益田英次に宛てた手紙から分かるが、福沢はファーロットの塾を慶応義塾の一組織とは認識しておらず、その端緒として開かれたものかは不明である。ファーロットとの間には給料の高さや乱暴な飼い犬など問題が絶えなかったが、塾は少なくとも二三年までは存続した。二六年に大学部文学科主任教師となることが決まったアーサー・ロイド (Arthur Lloyd) と再婚し、慶応義塾のほうでは三〇年代も幼稚舎・普通部で英語を、文学科ではドイツ語を教えた。ロイドの日本文学の英訳に共訳者として協力している。一九一一年保養先のカナダで没す。〔西澤直子〕

参考 白井堯子『福沢諭吉と宣教師たち』未来社、一九九九年。西沢直子「福沢義塾における女子教育」『研究』(二四巻)二〇〇七年。

福沢一太郎《ふくざわ　いちたろう》

文久三(一八六三)～昭和一三(一九三八)年。福沢諭吉長男、慶応義塾長、慶応義塾社頭。築地鉄砲洲の中津藩中屋敷で生まれる。最初の教育はもっぱら家庭において父母より受け、明治五(一八七

二）年春から弟捨次郎と共に、アメリカ人に英語を習い始めた。幼い頃から繊細で勝負事を嫌い、「一と口に云えば涕《なみだ》弱き性質」（「福沢諭吉子女之伝」）で、人と交わることが苦手であった。心配した福沢は、一三年八月には心得書を書き与えている。一時期東京大学予備門に学ぶが健康を害し断念。一五年七月に慶応義塾の本科を卒業し、一六年六月弟捨次郎とアメリカへ留学した。このときも福沢は一太郎の性格を気遣い、積極性を心がけて米国人と交際するように助言している。オハイオ州オーバリンやニューヨーク州ポーキプシー、そして同州イサカのコーネル大学では農学を学んだが、本人の希望とは合わず、一九年春頃に退学した。二一年の帰国に際して福沢は、何らかの証書を取得することを勧めたが、結局成さぬまま、捨次郎と一緒にヨーロッパを回って見聞を広め、一一月四日帰国した。慶応義塾内で帰国報告の園遊会などが開かれている。

慶応義塾大学部設立後は文学科で英文学、歴史を講じるなど、しばらく慶応義塾で教鞭をとったが、やがて教壇には立たなくなった。また一時は時事新報社にも勤め、社説も執筆した。四〇年一二月に慶応義塾社頭に就任し、亡くなるまで三〇余年の長きにわたり在任した。大正一一（一九二二）年一二月から翌年一一月までの間は塾長も兼任した。明治二二年四月に最初の結婚をしたが一年ほどで離縁、二三年四月宇都宮三郎の義妹にあたる大沢糸と再婚し、一男二女に恵まれた。昭和一三年六月四日没。〔西澤直子〕

参考『全集』別。『書簡集』五。『ふだん着の福沢諭吉』。

福沢英之助　ふくざわ えいのすけ

生年未詳〜明治三三（一九〇〇）年。実業家。豊前国中津（現大分県中津市）出身。文久三（一八六三）年初夏、中津藩士の子弟として兄克太郎と共に慶応義塾入学。旧名和田慎二郎（慎次郎）。慶応二（一八六六）年、幕府が幕臣の子弟を選抜してイギリスに留学させた際に、当時幕臣になっていた福沢諭吉の弟という名義でこれに加わり、その後も旧名に復さなかった。幕府瓦解後に帰国、岡山と東京で教員をし、また著作活動に従事し、その後横浜で衣料品の製造や貿易品の仲買業に従事した。福沢は二女房《ふさ》、三女俊《しゅん》、四女滝《たき》を英之助の妻のおきよと同じ横浜の共立女学校に学ばせようと考え、その手続

を依頼したり、また、英之助夫妻には子どもがなかったので、福沢の四男大四郎をその相続人にする話もあったように、交際は親戚同様であった。明治三三（一九〇〇）年一月八日没。〔坂井達朗〕

参考「福沢大四郎養育に関する取極書」『全集』二〇。

福沢錦　ふくざわ　きん

弘化二（一八四五）～大正一三（一九二四）年。福沢諭吉妻。中津藩の江戸定府の上級武士土岐《とき》太郎八の二女として、汐留の中津藩上屋敷に生まれた。明治九（一八七六）年に福沢が記した「福沢諭吉子女之伝」によれば、母は淀藩士井上某の娘で「江戸住居の藩士普通の養育」を受け、文久元（一八六一）年冬満一六歳で諭吉と結婚した。結婚の月ははっきりしない。幕末になると特に異なる階級間での結婚を規制する傾向にある中津藩で、一三石二人扶持でありながら禄高二五〇石（役料五〇石）の土岐家の娘との結婚が成立したのは、土岐太郎八が福沢三之助・諭吉兄弟の才を見込み望んだからといわれている。福沢はこの義父のことを先の文書で「俗気を脱して品行高き人物なり」と書いている。

錦は、四男五女を儲けた。四女滝《たき》の話によれば、はじめ「かん」という名前であったが、どうも好きになれず親に頼んで「金《きん》」になった。しかし今度は漢字が気に入らず、結婚後福沢に考えてもらい、同じ音の「錦」になったという。福沢は錦を大変信頼していて、心配なく仕事ができるのは錦のおかげであると娘婿の清岡邦之助に語ったという。

俳句をたしなみ、福沢の門下生である飯田三治に教えを受けた。福沢も一緒に連句など試みたが、長続きはしなかったようである。福沢が脳溢血から回復した折それを祝い、「大灘を　越えて嬉しき　後の月」と詠んだ。福沢没後は、孫や幼稚舎生との交流を楽しみとし、没後錦の遺産で「錦会《にしきかい》」が組織され、幼稚舎生に『福翁自伝』が寄贈されていた。大正一三年六月二日没。墓所は東京の麻布山善福寺。〔西澤直子〕

参考『全集』別。『伝』四—四五編。『ふだん着の福沢諭吉』。

福沢三八　ふくざわ　さんぱち

明治一四（一八八一）～昭和三七（一九六二）年。福沢諭吉三男。名前は男児の三番目、女児を入れると八番目に当たることに由来。明治二九（一八九六）年一月慶応義塾に入学。三二年卒業後、翌年春に英国スコットランドのグラスゴー大学に留学し物理および化学を学び、同大卒業後はドイツのライプチヒ大学で数学を

研究した。福沢諭吉が亡くなったときはグラスゴーにいた。三九年帰国後は慶応義塾で長く数学の教鞭をとった。

　義塾に在学していた頃、福沢家の自室に「自尊」と書かれた額を掲げ、友人と「自尊党」と称するグループをつくっていた。そこから「独立自尊」の言葉が生まれたという説もある。昭和三七年七月三一日没。〔西澤直子〕

参考『書簡集』一・九。『ふだん着の福沢諭吉』。

福沢捨次郎　ふくざわ すてじろう

　慶応元（一八六五）～大正一五（一九二六）年。福沢諭吉二男、時事新報社長。築地鉄砲洲の中津藩中屋敷に生まれる。発育が早く、兄一太郎とは双子のようであった。学業の進度も同じで、明治五（一八七二）年春から同時にアメリカ人より英語を習い始め、共に一時期東京大学予備門に通ったが、体調を崩し、結局慶応義塾本科を兄より少し早く明治一四（一八八一）年一二月に卒業した。一六年六月兄と一緒にアメリカへ留学し、オハイオ州オーバリン、ニューヨーク州ポーキプシーで学んだのち、ボストンにあるマサチューセッツ工科大学（MIT）に入学した。父諭吉は電気学を勧めたが、本人は鉄道に興味を持ち、土木工学を専攻、同大を卒業し二一年一一月に帰国した。

　翌二二年六月中上川彦次郎が社長を勤めていた山陽鉄道会社に入り、二四年七月まで神戸や倉敷などで勤務した。その後時事新報社に入り、二九年一月から大正一五年六月まで社長。慶応義塾においては常任理事や評議員、初代体育会長（二五年より死去まで）などを務めた。二四年二月、のちに外交官として活躍した林董《ただす》（当時は兵庫県知事）の娘菊と結婚、二男二女を得た。大正一五年一一月三日没。〔西澤直子〕

参考「福沢諭吉子女之伝」『全集』別。『書簡集』五。『ふだん着の福沢諭吉』。

福沢大四郎　ふくざわ だいしろう

　明治一六（一八八三）～昭和三五（一九六〇）年。福沢諭吉四男。大四郎の誕生前から福沢は、旧中津藩士で早くから福沢諭吉のもとで学び、慶応二（一八六六）

年には福沢諭吉の弟という名目で改名し英国に留学した福沢英之助と、九人目の子がもし男子であれば養子に出す約束をしていた。しかし子煩悩な福沢にとって子どもを手離すことはしのびがたく、結局大四郎が成長して一六、七歳になった頃、大四郎の意志で破談となった。大四郎は、明治三七(一九〇四)年に慶応義塾大学部政治科を卒業したあと渡米、ハーバード大学に留学。日本瓦斯会社常務取締役、八重洲物産株式会社社長などを勤めた。昭和三五年九月一六日没。孫にカーレーサーの福沢幸雄がいる。［西澤直子］

参考『書簡集』一・九。『ふだん着の福沢諭吉』。

福沢百助　ふくざわ　ひゃくすけ

寛政四(一七九二)～天保七(一八三六)年。中津藩士。福沢諭吉の父。中村家から養子に入り山奉行などを務めた兵左衛門と、福沢楽《らく》の子として生まれる。実名は咸、号は半斎、子善、書斎の号は杲育《こういく》堂《どう》、霑芳閣《てんぽうかく》など。文政二(一八一九)年に二人扶持で御用所御取次を命じられたのを始まりに、藩の会計を担当する元締方の下役を務め、四年家督を相続、五年四月に同藩士橋本浜右衛門の長女順と結婚した。しかし、九月には回米方として大坂に単身赴任した。回米方の仕事の内実は大坂の有力商人への借財交渉であった。百助が同僚と連名で、天保四(一八三三)年に大坂の豪商加島屋久右衛門から、奥平九八郎(藩主)の名で一、七〇〇両を借りた証文も残っている。百助は早期の交代を望んだが、五年目には妻を呼び寄せ、結局一五年間勤務し、天保七年六月一八日大坂で亡くなった。小田部武右衛門に宛て、中津へ帰る日を楽しみに待っていると述べた手紙がある。死因はさまざまに憶測され、清廉な人柄と急な死から、部下をかばっての自殺説まであった。諭吉は「福沢諭吉子女之伝」の中では「脚気」、明治一四(一八八一)年に明治生命保険会社に提出した保険申込証書には「卒中」としている。

百助は一五年にわたる大坂在勤中に小役人から供小姓を経て、御厩方まで出世したが、本人は「読書一偏の学者」(『福翁自伝』)になりたく、回米方としての勤務は不本意であった。百助には遊学の希望があり、父は藩へ学資借用の願を出したが、前例がなく許可されなかった。百助は野本雪巌や豊後日出《ひじ》藩の帆足万里に学び、大坂では儒学者の頼山陽などよりも丹後田辺藩の野田笛浦と交流した。蔵書は一、五〇〇冊に及んだといわれ、現在は九四冊が市立臼杵図書館に所蔵されている。

諭吉は「福沢諭吉子女之伝」で父を「謹直にして才力あり。好《このん》で書を読む」と評し、『福沢全集緒言』では旧中津藩士の高谷竜洲から、百助は文章のうまさでは中津で右に出る者がなく名声が高かったと告げられたことを記している。またその清廉潔白な人柄を「福沢氏古銭配分之記」に認めている。明治一八年には中津の明蓮寺で父の五〇回忌の法要を行った。現在墓所は中津の竜王の浜から東京府中の多磨霊園に移されている。

［西澤直子］

参考『伝』一—一編。『考証』上・下。『全集』一五・別。

福沢房 ふくざわ ふさ

明治三(一八七〇)〜昭和二九(一九五四)年。福沢諭吉二女。読み書きなどは父母や旧三田《さんだ》藩主九鬼隆義の妹あいから習い、明治一二(一八七九)年九月から一四年七月までは幼稚舎に在籍した。二〇年の一時期、横浜の共立女学校に入学したがほどなく退学し、以後は、英語やピアノなどを慶応義塾教師ファーロット(Marie von Fallot)らから学んだ。一五年一〇月に慶応義塾に入学した岩崎桃介と一九年に婚約。桃介は福沢と養子縁組を結び米国留学に出発し、帰国後の二二年に結婚した。二男がある。この縁組は桃介の実力を認めた母や姉が勧めたという。桃介はのちに木曽川水系の電源開発など電力事業で成功した。房はまた日本画をたしなみ、雪香の号で多くの作品を残している。昭和二九年二月一八日没。墓所は東京の多磨霊園。

［西澤直子］

参考『書簡集』一・九。『ふだん着の福沢諭吉』。

福沢(岩崎)桃介 ふくざわ(いわさき) ももすけ

慶応四(一八六八)〜昭和一三(一九三八)年。実業家。武蔵国横見郡荒子村(現埼玉県比企郡吉見町)の岩崎紀一の二男に生まれる。川越中学を経て、明治一五(一八八二)年一〇月慶応義塾に入学。雄弁会や独立連盟会を組織し、寄宿舎の食事の不満を管理人へのうさばらしではらす、まかない征伐や、運動会で活躍するなど目立つ塾生であった。一九年一二月福沢諭吉との養子縁組がととのう。福沢は縁組に際し「大意」と題して、三か年の留学をさせること、帰国後二女房《ふさ》を配し別家させること、結婚後は男尊女卑の旧弊を払い、相互に礼を尽して一家の美をなすべきことなどをしたためている。二〇年二月渡米、ポーキプシーのイーストマン・ビジネス・カレッジ、ついでボストンのダンマー・アカデミーに学ぶ。福

沢は桃介に宛て、「鉄道マネージメント」の実際を学ぶことを勧めるなど、進路について助言する多くの書簡を送っている。ペンシルベニア鉄道会社に入り鉄道実務を学んだのもその助言に沿うものであった。

　二二年一一月帰国、房と結婚。翌一二月北海道炭礦鉄道会社に入社、二八年退社。三一年中上川彦次郎の招きで王子製紙会社取締役に就任。日露戦争前後の数年間に株式投資により巨富を築いた。四〇年日清紡績会社を起し専務取締役。四二年松永安左エ門と福博電気軌道会社を設立し社長に就任。四三年日本瓦斯会社を創立し社長、九州電気取締役。四四年四国水力電気社長に就任。四五年政友会より千葉県郡部選出の代議士として当選。大正三（一九一四）年名古屋電灯会社（のち関西電気会社）社長。八年大阪送電会社を設立し、翌年これに木曽電気興業、日本水力を合併させ、大同電力と改称して社長となり、木曽川水系の電源開発を外債による巨額の資金調達により積極的に進めた。

　明治三九年、慶応義塾創立五〇年記念図書館建築資金募集委員となったのをはじめとして、晩年まで母校の支援に努めた。昭和一三年二月一五日没。墓所は東京の多磨霊園。〔松崎欣一〕

参考 大西理平編『福沢桃介翁伝』福沢桃介翁伝記編纂所、一九三九年。『書簡集』五。「福沢桃介養子縁組に関する覚書」『全集』二〇。

福住正兄（九蔵）　ふくずみ　まさえ（きゅうぞう）

文政七（一八二四）～明治二五（一八九二）年。教育者、報徳運動推進者。相模国大住郡片岡村（現神奈川県平塚市）の代々の名主、大沢市左衛門家の五男として生まれる。幼名政吉。二宮尊徳のもとで五年間学び、のち『二宮翁夜話』（一八八四～八七）をまとめるなど、明治期の報徳運動の推進者の一人となった。嘉永三（一八五〇）年箱根湯本の万翠楼福住家の養子に入って九蔵を襲名し、報徳流の「分度」「推譲」の法により破綻に瀕した家業を再興、翌年二七歳で湯本村名主となった。小田原藩校集成館の幹部であった吉岡信之に師事して平田流国学を学んだ。彼にとっては「報徳の仕法」も、『富国捷径』六冊（一八七一～八五）にみられるように、民間と地域から「国富」を図るもので、「仲間を結ぶ」結社の方法による殖産興業の途であった。

　福住と福沢諭吉は、明治三（一八七〇）年九月邂逅の機会があったらしい。福沢が五月にかかった発疹チフスでかろうじて命を取り留めたのち、病後静養のため熱海から湯本、塔之沢などで湯治し、江の島、鎌倉、横浜とまわって帰京した際である。四年に家督を長子に譲り九蔵を襲名させてから、みずからは正兄という名を用いるようになったが、福沢は以後も九蔵の旧名で呼び続けた。六年三月に塔之沢福住に逗留していた際、福沢は『足柄新聞』に箱根湯本から塔之沢までの新道開鑿を提言する二編の文章を寄稿して、湯屋連中を動かそうとし、この新道はその後の福住らの尽力で一四年一一月に開通した。また、湯本—小田原間の道路改良についても福住が道路開鑿を出願し、彼の組織した報徳式結社「共同社」の名義で八年七月に着工し、一三年九月人力車が通れるようになった。明治二五年五月二〇日没。〔飯田泰三〕

参考 金原左門『福沢諭吉と福住正兄—世界と地域の視座』吉川弘文館、一九九七年。

福地源一郎《ふくち げんいちろう》

天保一二(一八四一)〜明治三九(一九〇六)年。ジャーナリスト。長崎の医者福地苟庵の長男として生まれる。号は桜痴。安政三(一八五六)年(二年説もある)オランダ大通詞名村八右衛門に蘭学を学び、一時その養子となる。五年江戸に出て、六年森山多吉郎に英書の読法を、中浜万次郎に英会話を学ぶ。福沢諭吉とは森山塾で知り合ったという。同年外国奉行支配通弁御用御雇となる。文久元(一八六一)年一二月には竹内保徳を正使とする遣欧使節団に通弁方として随行。慶応元(一八六五)年五月には外国奉行柴田剛中一行に従い渡仏。同年外国奉行支配調役並格通弁御用頭取に昇進。

慶応四年閏四月江戸で『江湖新聞』を発刊したが、新政府の忌諱に触れて五月逮捕された。翌年釈放後、湯島天神下に福沢のアドバイスを容れて日新舎を開き、福地は英学を、塾頭の中江兆民は仏学を担当したが、まもなく閉塾。明治三(一八七〇)年大蔵省雇いとなり、貨幣制度調査のため伊藤博文に従って渡米、四年には一等書記官として岩倉使節団に加わり、米欧を歴訪。七年一二月、『東京日日新聞』の主筆として招かれ、「太政官記事印行御用」を掲げ、政府擁護の立場から社説を書き続けた。一一年東京府会議員に当選、議長となる。一五年には立憲帝政党を組織したが、名声次第に衰え、二一年東京日日新聞社を退社した。三七年衆議院議員に当選するも、三九年一月四日没。東京上野の谷中墓地に葬られる。著書に『幕府衰亡論』(一八九三)、『懐往事談』(一八九七)、『幕末政治家』(一九一二)などがある。〔髙木不二〕

参考 柳田泉『福地桜痴』吉川弘文館、人物叢書、一九八四年。小山文雄『明治の異才福地桜痴』中公新書、一九八四年。

藤田茂吉　ふじた　もきち

嘉永五（一八五二）～明治二五（一八九二）年。ジャーナリスト、政治家。豊後国（現大分県）佐伯《さいき》藩士林平四郎の三男として生まれる。のち藤田家養子。号鳴鶴、聞天楼主人、翠嵐生、九皐山人。楠豹蔵（文蔚）の漢学塾、藩校四教堂に学ぶ。明治四（一八七一）年一一月同郷の先輩矢野文雄の勧めで慶応義塾に入学、七年一二月に卒業した。八年三月に三田演説会に参加。

在塾中より、編集長栗本鋤雲の要請を受けた福沢諭吉の推薦で牛場卓蔵、箕浦勝人と共に『郵便報知新聞』に寄稿を始め、八年三月に論説記者として入社した。同年五月主筆となり、その手始めに三田演説会の演説筆記を掲載するために紙幅を拡大した。一二年七月二八日より連載された社説「国会論」は福沢の与えた草稿を藤田、箕浦両名の名で発表したもの。

福沢は「藤田は達者に書くが如何にも気短の男で」、三日分の論説として話してやっても自分流の筆法で一日分に書いてしまい、「惜しい種を粗末にするのが彼の癖である」と述べたという。一四年五月二〇日より「私考憲法草案」を連載。政治小説『済民偉業録』（一八八七）を執筆した。一方では都市民権派の論客として豈好《がいこう》同盟、東洋議政会、明治政談演説会などの演壇にも立っている。

一三年一月発足の交詢社では常議員に選出され、一四年四月日本橋区選出の府会議員となった。一五年四月の立憲改進党結成に参画、帝国議会開設後は第一回、二回総選挙に当選を果たした。

一七年九月刊行の『文明東漸史』はヨーロッパ文明東漸の流れの中に日本の近世史を論じ、蛮社の獄に注目して渡辺崋山、高野長英らの事績を顕彰し、合わせて崋山「慎機論」、長英「戊戌夢物語」などを収録して評価が高く、一九年までに三版が出版された。議員在任中の二五年八月一九日没。

〔松崎欣一〕

参考 大田原在文『十大先覚記者伝』大阪毎日新聞社、一九二六年。野村秋生『駆け抜ける茂吉―「先覚記者」藤田鳴鶴評伝』沖積舎、二〇〇一年。『伝』四―四六編。

藤野善蔵　ふじの　ぜんぞう

弘化三（一八四六）ヵ～明治一八（一八八五）年。慶応義塾長。明治初期に長岡から慶応義塾に入学した学生の中心的存在。塾長を務めるとともに、慶応義塾ともかかわりのあるいくつかの学校に教員

として赴任し、活躍した。

　長岡藩士の家に生まれる。慶応年間に江戸に出て、箕作秋坪《みつくりしゅうへい》の塾および開成所で英学を学び、慶応三(一八六七)年に開成所教員となるが、北越戦争で長岡に戻り従軍。藩が輸入した兵器の仕様書を翻訳したのは藤野であったと伝えられる。敗戦後再び上京して、明治二(一八六九)年五月に慶応義塾に入学。義塾で教鞭をとった後、五年一一月長岡洋学校が開設されると、三島億二郎の招きで月給一二五円の英学教授として赴任し、学校内に住み、学生たちに大きな感化を及ぼした。六年一一月に帰京、再び慶応義塾に復帰し、大阪慶応義塾に赴任した荘田平五郎の後を受けて、塾長に就任した。大阪にいる荘田に宛てた福沢書簡には、「本塾はこの節藤野君引受、相替事《あいかわる》なし」(七年二月二三日付)とあり、塾長として順調に仕事をしている様子がうかがえる。藤野は九年に東京師範学校中学師範学科が開設された際に教員として赴任する頃まで、その任を務めたと推測される。中学師範学科は、開設に福沢諭吉がかかわったこともあり、小幡篤次郎などの古くからの福沢の弟子が赴任しているが、藤野もその人びとと同じように福沢に遇されていたと考えられる。

　一一年には再び長岡洋学校の後身である長岡学校に赴任するが、健康上の理由により四か月で退職。その後、一四年には短期間ではあるが三菱商業学校長も勤めた。一六年末の徴兵令改正の際には、官立学校と同じ特典を得るために、小泉信吉《のぶきち》、門野幾之進と共に委員となり、政府関係者に対して交渉を行った。一八年三月二日病没。

〔米山光儀〕

参考「城泉太郎が語る　初期慶応義塾と福沢諭吉、藤野善蔵」『手帖』(九三号)一九九七年。長岡市編『長岡市史』資料編四、一九九三年。山下重一・小林宏編『城泉太郎著作集』長岡市史双書三七、一九九八年。

藤野近昌 ふじの ちかまさ

嘉永四(一八五一)～昭和二(一九二七)年。栃木県官吏、北海道庁官吏、北海道炭礦鉄道会社役員。上野国《こうずけ》(現群馬県)館林藩士の家に生まれる。一八歳で会津征討軍館林藩一番隊として従軍し、七〇〇人の隊士中四番手の功を挙げ、顕彰される。その顚末は著書『戊辰之役館林藩一番隊奥羽戦記』(一九一七)に詳しい。

　明治一一(一八七八)年慶応義塾に入学、「勤惰表」では一二年九月まで在籍が確認できる。一四年に鹿児島県警部として赴任するかたわら、鎌田栄吉、市来七之助らと共に鹿児島英学校にも出講している(一四年九月一九日付鎌田ほか宛書簡)。その後、一八～二〇年に栃木県庁官吏、二一、二二年に北海道庁官吏を経て、二二年北海道炭礦鉄道会社の設立にかかわり、役員として社長堀基を助けた。在職中には北海道流寓中であった朝鮮開化派指導者の金玉均《キムオッキュン》の面倒をみている。また、同社に入社した福沢桃介や、北海道を旅行した中村貞吉の世話をし、その他福沢門下生の就職の便宜も図っている。二五年三月に堀基が社長の任を解かれるのに伴って辞職したが、福沢の斡旋もあり二七年には復職した。その後、『交詢社員姓名録』によれば二九年には東京に戻っている。著書に『政党否認論』（一九一八）、『西日本開闢略志』（一九二一）など。昭和二年二月二五日没。

〔小泉貴史〕

参考 『書簡集』七、ひと13。『戊辰之役館林藩一番隊奥羽戦記』（復刻版）群馬出版センター、一九九五年。

藤本寿吉（寿之助）
ふじもと じゅきち（じゅのすけ）

安政二（一八五五）～明治二三（一八九〇）年。建築家。福沢諭吉の従兄藤本元岱（箭山）の二男。明治二（一八六九）年一〇月に慶応義塾入学。入学時の記録では寿之助、のち寿吉。工部大学校に移り、一三年同校建築科を卒業、工部省営繕局の技手となり、文部省庁舎の設計および現場主任を務めた。その後、明治会堂（一四年竣工）の設計や第十五国立銀行社屋（一八年完成）の改築を担当、後者は華族たちの出資による大銀行であり、それを何の躊躇もなく引き受けた藤本の自信の強さに驚いたと、後年建築学会名誉会長を務めた曾弥達蔵は語っている。

一八年には宮内省の技師格として、箱根堂ヶ崎の離宮を設計し、造営所で監督を務めるかたわら、福沢の求めに応じ慶応義塾構内の ヒルコッテージも設計した。一九年一一月には一〇〇円の月給を得ていた宮内省から、一五〇円を約束された三菱へ移り、二〇年八月には再び福沢から木造平屋校舎の設計も依頼された。その後結核にかかり、医師の勧めに従って、神戸へ転地療養したが叶わず、二三年七月一七日没。

〔西澤直子〕

参考 曾弥達蔵「故藤本寿吉氏の想出」『評論』（四八〇号）一九三七年。『書簡集』一・六・九。

藤山雷太
ふじやま らいた

文久三（一八六三）～昭和一三（一九三八）年。実業家。肥前国西松浦《にしまつら》郡二里村大里（現佐賀県伊万里市大里）の大庄屋藤山覚左衛門の四男に生まれ、明治一七（一八八四）年伊吹家に入籍、二四年藤山に復籍した。一七年九月に慶応義塾に入学。卒業後、三田学術演説会、三田演説会の

講師を務めた。福沢諭吉の紹介でオランダ人医師シモンズ(D. B. Simmons)に師事し、シモンズの論文を翻訳して『時事新報』に投稿した。

長崎県会議員を経たのち、福沢の推薦で三井銀行に入社、中上川彦次郎に抜擢され、抵当係長として田中工場を引き取り芝浦製作所と改称して主任・支配人に就任した。さらに王子製紙の支配権を獲得して専務取締役に就任、三井財閥傘下の企業形成に大きな役割を果たし、実業界に君臨した。この間、福沢から、子どもの芝浦製作所工場見学を案内した礼に西洋料理に招待され、卒業生の王子製紙への就職斡旋などを依頼された。このほか、東京市街鉄道、駿豆電気、東京印刷、歌舞伎座などの取締役を歴任。四二年、疑獄事件を起こした大日本製糖の社長に就任して再建に当たり、同社を基盤に藤山コンツェルンを形成した。日本工業倶楽部理事、東京商工会議所会頭、貴族院勅選議員、日本庭園協会会長なども務めた。昭和二(一九二七)年に設立した藤山工業図書館は、没後、慶応義塾に寄附された。『南洋叢談』(一九二七)、『満鮮遊記』(一九三五)、『熱海閑談録』(一九三七)などの著書がある。昭和一三年一二月一九日没。長男は外務大臣を務めた藤山愛一郎。〔川崎勝〕

参考 西原雄次郎編『藤山雷太伝』藤山愛一郎、一九三九年。

ホア、アリス・エリナ Hoar, Alice Eleanor

一八四五〜一九二二年。英国国教会宣教師。ロンドンのThe Home and Colonial School Society(師範学校)で学び、明治八(一八七五)年一一月、国教会の女性宣教本部Ladies' Association (The Society for the Propagation of the Gospelの系統)から最初に日本へ派遣された宣教師として東京に来た。

ホアの願いは日本の少女たちと寝食を共にして彼女たちを文明化、キリスト教化することであったが、外国人が居留地外に住むには公的な許可が必要であったため、福沢家の隣に住んで福沢諭吉の子どもたちを教えていた国教会の宣教師ショー(A. C. Shaw)に相談。ショーの仲介で九年二月から福沢家の二階に住み、そこで念願の塾を開くことができた(最初の生徒の一人に福沢の姪、朝吹澄がいる)。宣教本部宛のホアの報告書によれば、彼女は福沢から家具を借りて少女たちに英語、裁縫、編物、賛美歌などを教え、裁縫を習いたい大人の女性も集めてほしいと福沢に頼んでいる。報告書には、福沢家の二階の間取りや「ミスタ・フクザワ自身はクリスチャンではありませんが、キリスト教に好意的なのは確かです」という記述などもあるが、福沢がホアについて書いた言葉は残っていない。ホアが福沢とその家族のために毎朝祈ったこと、福沢がホアの熱心さに感心したことなどが、『福沢諭吉伝』にのみ記されている。
　福沢はホアを九年三月より三年間雇うという届出を東京府に提出しているが、彼女は生活上、信仰上のためか、芝に転居したショー家の敷地に住宅を得て、一〇年八月に福沢家を去った。その後の福沢との接点は不明。ショーが創立した聖アンデレ教会を中心に多くの女性信徒、女性伝道師を育てながら農村伝道にも力を入れ、三〇年、病のため日本における二一年間の宣教生活を終えて帰英した。女性の地位向上を願っていた福沢は、一年半にわたり住まわせたホアの活動と使命感の強さを見て、西洋の女性を見習うべしと考えたようである。一九二二年一月一三日、ロンドンのHammersmithで没。

［白井堯子］

参考 白井堯子『福沢諭吉と宣教師たち』未来社、一九九九年。西沢直子「慶応義塾における女子教育」『研究』(二四巻)二〇〇八年。

芳蓮院　ほうれんいん

文化八(一八一一)〜明治一九(一八八六)年。中津藩主奥平昌暢《まさのぶ》正室。一橋徳川斉敦《なりあつ》五女、栄姫。のち国子。生母は中川氏。文政一二(一八二九)年に奥平昌暢と結婚し、四月から江戸高輪にあった中津藩下屋敷に入る。天保二(一八三一)年に女子を出産。翌年一二月に昌暢が没し、以後芳蓮院と称す。文久二(一八六二)年の幕制改革により大名家の女性も領国に住むことが可能になったが、芳蓮院は江戸に留まり、明治元(一八六八)年一〇月に初めて中津へ入った。
　『福翁自伝』には、芳蓮院が福沢諭吉の説く一夫一婦論に心を動かされたことがきっかけで、福沢と奥平家が親しく交流するようになったと書かれている。五年七月に昌服をはじめ他の奥平家の人びとと共に上京し、慶応義塾内の一角に住んだ。やがて八年頃、奥平家の人びとは高輪の下屋敷跡の邸宅に移り住んだが、芳蓮院は慶応義塾内が気に入り、おそらくすぐに戻ってきて、結局亡くなるまでいた。芳蓮院は福沢家を気遣い、福沢は芳蓮院に対し手厚く接したことが、侍女の染井に宛てた無沙汰を詫びる手紙や土産物を届ける手紙、琴の演奏会に招く手紙などからうかがえる。福沢には「奉芳蓮院太夫人」と題する漢詩があり、昌暢の後の昌猷《まさみち》、昌服《まさもと》、昌邁《まさゆき》、昌恭《まさやす》の四代にわたる奥平家当主から「母儀」(母の模範)として尊ばれている美しい女性を讃えている。一九年大流行したインフルエンザにかかり、九月二四日没。墓所は東京都品川区の清光院。

［西澤直子］

参考 辻達也編『新稿一橋徳川家記』徳川宗敬、一九八三年。黒屋直房『中津藩史』碧雲荘、一九四〇年。

穂積寅九郎　ほづみ　とらくろう

嘉永三(一八五〇)〜大正一三(一九二四)年。実業家。三河国吉田(現愛知県豊橋市)に生まれる。洋学者穂積清軒の弟。

明治三(一八七〇)年一月一七歳で慶応義塾に入学、「勤惰表」では五年一一月まで在籍が確認できる。同藩士で兄の友人である中村道太と行動を共にし、丸屋商社に参加、丸家銀行の世話人となり、また真利宝会の役員を務めた。丸家銀行の倒産後は小真木鉱山の開発に従事し、杉本正徳が社長をした三有鉱業会社員となる。明治二〇年代中頃以降、朝鮮に渡り商業に従事したが、三〇年代末には帰国し、愛知県知多で紡績業やガス事業を経営した。大正一三年一月一八日没。

［坂井達朗］

堀省三 ほり しょうぞう

天保一四(一八四三)～明治二四(一八九一)年。新聞記者。小田原藩士堀秀盛の長男に生まれる。幼名源治。藩校集成館助教授を務めたのち、慶応三(一八六七)年八月、藩の留学生として、小野毎太郎と共に慶応義塾に入学した。このときすでに二四歳。その後、省三と改名。戊辰戦争時に小田原に帰るが、そのとき福沢諭吉は、晩学の堀が学問を中途で放棄しそうになるのを「軍《いく》サは軍サ、書生は書生とこそ存候処、軍サの序《ついで》に書生之執行もおやめに相成候哉。とんだことに御座候」と惜しんでいる。維新後再び上京して発足時の交詢社役員を務めた。その後『三重日報』社員、また『時事新報』創刊当時は会計を担当した。さらに『伊勢新聞』社員、三重県県官を勤めたのち、郷里の小田原に帰った。明治二四年一月八日、流行のコレラにかかり死亡。

［坂井達朗］

参考 慶応四年七月六日付堀宛福沢書簡。

堀越角次郎 ほりこし かくじろう

初代堀越角次郎

幕末から明治にかけて江戸・東京で活躍した上州出身の豪商。角次郎はその世襲名。福沢諭吉とは三代にわたって親交があった。

初代角次郎は旧名田島安平。文化三(一八〇六)～明治一八(一八八五)年。上野《こうずけ》国群馬郡藤塚村(現高崎市藤塚町)に生まれ、前半生を不遇無頼のうちに過ごした。生家を追われて江戸に出、公事師《くじし》(他人の訴訟の世話をしたり、それを請け負うことを職業とした人)、古着商などを営むうちに、同郷旧知のマル文堀越文右衛門の知るところとなり、その援助を得て天保一四(一八四三)年日本橋本船町に反物店を開き、堀越角次郎を名乗った。のち通旅篭町に移り、開港後の横浜に支店を設け、舶来の織物の取引に参加して巨富を築いた。攘夷浪人の脅しにも屈しない剛毅の人柄であり、正規の教育は受けていなかったが洋学者の説に耳を傾け、また彼らの資金を預かり利殖を図って生計を助けたといわれる。福沢も貯蓄金千両余を彼に預けていた。明治一二(一八七九)年隠居して再び安平と称し、翌年には横浜正金銀行の設立に寄与している。一八年八月二五日没。福沢が墓誌を書いている。

　二代目角次郎は堀越文右衛門の二男。幼名茂三郎。天保一〇(一八三九)〜明治二八年。上野国多胡郡吉井村(現群馬県多野郡吉井町)に生まれる。嘉永四(一八五一)年江戸に出て家業(マル文大伝馬町店)に従事し、元治元(一八六四)年堀越角次郎の養子となり、明治一二年二代目角次郎を継承した。後年福沢が書いた弔文によれば、福沢とは少壮の時期から面識があったという。明治元年一一月三日たまたまマル文に止宿した近江商人小杉元蔵は、福沢が大伝馬町店を訪れ、茂三郎に西洋の事情について語るのを傍聴し、夜分に茂三郎から『西洋事情』初編を借りてその「政治」の項を筆写したことを日記に記している。二五年には福沢の著書『民間経済録』を私費で再版した。明治二八年七月三一日没。商才に富むと同時に西洋の学説を好み、独立不羈の精神を生涯重んじ、慶応義塾だけでなく日本橋区の学校教育にも助成を惜しまない人柄であったと福沢は墓誌に記している。

　三代目角次郎は二代目の長男。幼名直次郎。明治四〜二九年。一九年一一月慶応義塾幼稚舎入学。二〇歳で学窓を離れ家業に従事し、東京モスリンなどの経営に当たっていたが、二九年九月七日、二五歳で夭折。

〔西川俊作〕

参考 佐藤誠朗『幕末維新の民衆世界』岩波新書、一九九四年。『風雪　堀越家のあゆみ』丸文株式会社(私家版)、一九七〇年。『伝』四―四一編。『全集』一九。

ま行

益田英次　ますだ えいじ

安政三(一八五六)〜明治四一(一九〇八)年。教育者、慶応義塾塾監。長門国阿武《あぶ》郡須佐村(現山口県萩市)に生まれる。旧姓石津。明治五(一八七二)年一一月慶応義塾に入学し、一〇年七月に本科を卒業。一四年より慶応義塾教員となった。一九年三月以降は塾監として在塾生の取締りに当たり、大学部設置に向けての二〇年の制度改正後も、塾監を引き

継いだ。二一年に起こった試験制度改革反対を掲げた学生の同盟休校事件に対しては、一歩も引かない強硬な態度で臨み、三二年七月まで塾監を勤めた。二三年および二八年八月から三三年四月までは会計主任も勤めた。福沢諭吉は二〇年の制度改正の際の挨拶で「小泉〔信吉〕君の温良剛毅」「浜野〔定四郎〕君の精確深識」「門野〔幾之進〕君の文才穎敏」と並んで、「益田君の友愛活発」をもって学生を指導すれば、「人の子弟を誤ることなき」と述べている。福沢が益田に宛てた書簡は三八通残っており、女学校設立の費用概算を依頼するなど、特に慶応義塾の運営面において厚い信頼を寄せていたことが分かる。

義塾退職後は商業に従事し、『交詢社員姓名録』によれば三三年からは丸三商会の支配人。商用で香港に滞在中病にかかり、帰国して静養を続けたが、明治四一年八月五日没。

参考『書簡集』四。『百年史』中巻前。　〔西澤直子〕

増田宋太郎　ますだ そうたろう

嘉永二(一八四九)〜明治一〇(一八七七)年。福沢諭吉の一三、四歳年下の再従《またいと》弟《こ》。豊前国中津(現大分県中津市)の中津藩士増田久行の嫡男に生まれる。渡辺重石丸《いかりまる》の道生館で国学を学んだ、いわゆる尊攘家であった。明治三(一八七〇)年に福沢が母を東京に迎えるため中津に帰省したとき、増田(当時二二歳)とその一党が福沢の暗殺を企てたが間一髪のところで危機を逃れたことは、『福翁自伝』に詳しい。また、『福沢諭吉伝』が引く朝吹英二の後年の告白によれば、その中津への帰省の途次、福沢が大坂の藤本箭山(元岱)のもとに中上川彦次郎と海老名晋を引き連れて滞在したとき、箭山のもとで下僕をしていた朝吹が増田と連絡しつつ暗殺を企て、これも間一髪で果たせなかったことがあったという。増田はその後みずから悟るところあって福沢の説を聞き、感服して慶応義塾に入学、洋学を学び、在京中は福沢の家に寄寓していたという。その後、中津の『田舎新聞』の社長になり、民権自由の説を主張した。明治一〇年の西南の役に中津藩士族を率いて西郷軍に呼応、中津支庁、大分県庁などを襲撃したのち、薩軍に合流して転戦の末、九月二四日鹿児島城山で戦死した。

参考『伝』一―一六編。　〔飯田泰三〕

松田晋斎　まつだ しんさい

生年未詳〜明治三二(一八九九)年頃。教育者。伊予国松山(現愛媛県松山市)に生まれる。

慶応元(一八六五)年四月福沢諭吉の塾に入門。明治二(一八六九)年、松田訳、

福沢諭吉閲としてアロー戦争について解説する『清英交際始末』が刊行されている。同書は松田の著作の体裁となっているが、明治三一年刊行の『福沢全集』に福沢著として収録されており、実際は福沢の執筆と考えられる。この頃の慶応義塾の日課表によれば、松田は万国歴史会読や窮理書素読を担当している。四年、藩費でアメリカへ留学し、旧中津藩主奥平昌邁《まさゆき》や、福沢の高弟小幡甚三郎らと同時期にブルックリンにあるポリテクニック・インスティテュート(Polytechnic Institute)に学ぶ。六年松山英学舎教諭。七～九年頃工部省に出仕。一一～一四年鳥取中学教諭兼監事を務め、その後長崎の教育界にその名がみえる。さらに二一～二三年秋田尋常中学校長となるなど、一貫して教育者の道を進んだ。

特に英語教育に尽力し、著書に『五十韻応用　英語読法如何』『簡明英文典』『中等応用会話』『初等応用会話』(いずれも一八九二)などがある。また、二五年頃英語教育に関する雑誌『みゅーぜあむ雑誌』主幹も務めた。明治三二年頃没。

［都倉武之］

参考 和田博徳「福沢諭吉の「清英交際始末」とアロー戦争・太平天国」『史学』(四〇巻二・三号)一九六七年。『鳥取西高百年史』一九七三年。

松平慶永(春嶽)　まつだいら よしなが(しゅんがく)

文政一一(一八二八)～明治二三(一八九〇)年。幕末の越前福井藩主、政治家。江戸城田安門内田安邸に徳川斉匡《なりまさ》の八男として誕生。天保九(一八三八)年越前松平家に入り第一六代越前福井藩主に就く。嘉永六(一八五三)年ペリー来航に際しては、対外戦争もやむなしとする強硬論を主張する一方で、国内体制強化のために親藩・外様の有志大名と共に、将軍継嗣に一橋慶喜を擁立する動きを押し進める。安政四(一八五七)年末には積極開国論に転じ、将軍継嗣運動を本格化するが、譜代大名の反発を招き、井伊直弼が大老に就任するや、五年七月には隠居・急度《きっと》慎《つつし》みを命じられた。慶永は春嶽と改名し、福井藩主には糸魚川《いといがわ》から松平茂昭が入った。しかし万延元(一八六〇)年九月には急度慎み御免となり、文久二(一八六二)年七月には政事総裁職に就任し、参勤交代制の緩和など幕府文久改革を主導した。同三年三月政事総裁職御免、逼塞を命じられるが、八月一八日の政変後復権し、一二月京都において朝廷参預を命じられた。翌四年二月京都守護職に就くが、四月にはこれを辞して帰国。この間、安政期には橋本左内や中根靫負《ゆきえ》を、文久期には三岡八郎や肥後から招いた横井小楠を抜擢・重用し、藩政改革を押し進めた。慶応三(一八六七)年一二月の王政復古政変に際しては朝廷側につき同月

議定、四年一月には内国事務総督となる。閏四月あらためて議定職を命じられ、明治二(一八六九)年七月には民部卿に就任した。八月大蔵卿を兼任するも、同月本官・兼官を免じられ、大学別当兼侍読となる。三年七月免官、麝香間伺候を許された。以後文筆生活に入り、『逸事史補』(一八七九)、『幕儀参考』(一八七九~八〇)などを著す。二三年六月二日東京小石川関口台町邸で死去、品川区南品川五丁目曹洞宗海晏寺に葬られる。

福沢は春嶽が大学別当兼侍読であった時期に、春嶽の近習であった門下生の門野隼雄に『世界国尽』の偽版取り締まりを春嶽に依頼できないか打診している(明治二年一二月二三日付書簡)。二人の間に直接の往来がみられるようになるのは、一〇年に孫の信次郎が慶応義塾幼稚舎に入学して以降のことのようである。福沢邸には春嶽が贈った「百世師天下法」の額が掲げられていた。　〔髙木不二〕

参考 福田源三郎編『越前人物史』玉雪堂、一九一〇年。伴五十嗣郎編『松平春嶽未公刊書簡集』福井市立郷土歴史博物館、一九九一年。高木不二『横井小楠と松平春嶽』幕末維新の個性2、吉川弘文館、二〇〇五年。『書簡集』一。

松本福昌　まつもと ふくしょう

安政四(一八五七)~大正四(一九一五)年。実業家、自由民権運動家。小田原藩士松本福孝の長男として生まれる。明治九(一八七六)年四月に慶応義塾入学、一一年一二月に卒業した。以後、竹田簿記学校に学んで横浜で事業に従事し、民権運動にも尽力した。一三年六月七日、相模国九郡二万三、五五五名の総代一三名が元老院に「国会開設の儀に付建言」を提出したが、その筆頭に松本の名がある。本文は松本の依頼を受けた福沢諭吉が執筆したもので、弱肉強食の国際社会で独立を維持するには国債発行による国防力の強化が必要であり、そのためには政府が人民から信頼されている必要があるとしたうえで、今日の状態では「日本ハ政府ノ日本ニシテ未ダ人民ノ日本ニアラズ」と述べ、人民がみずから国難に当たる方策として、参政権の付与と国会開設が必要だと論じた。建白書は新聞各紙に転載され、国会開設運動や政府に強い衝撃を与えたといわれている。福沢自身は六月一八日付の酒井良明宛書簡において、建白書の周旋に当たったのはもっぱら松本福昌であると述べ、松本は「近日誠に大モテにて好男児」と記したが、当時から起草者が福沢であることは広く知られていたようである。

金融業にも取り組んだ松本は、長期にわたって福沢と金銭の貸借関係にあった。交遊は親密だったようで、一七年に松本の父が病没した際には丁重な弔辞を贈っている。以後、実業畑を歩み続け、大正三(一九一四)年の『日本紳士録』(第一八版)には、「日本改良豆粕株式会社取締役、横浜電気株式会社、長崎鉄道株式会社各監査役」とある。大正四年一〇月一〇日没。〔小川原正道〕

参考 『全集』二〇。金原左門「福沢諭吉と相州自由民権家」『年鑑』(二二)一九九五年。『小田原有信会沿革』小田原有信会、一九三一年。

松山棟庵 まつやま とうあん

天保一〇(一八三九)～大正八(一九一九)年。医学者、慶応義塾医学所校長、医療事業の開拓者。紀伊国那賀郡荒川庄神田《こうだ》村(現和歌山県紀の川市桃山町)に蘭方医荘太夫俊茂の子として生まれる。

安政元(一八五四)年新宮凉民に入門、蘭方医学を学ぶ。慶応二(一八六六)年一一月慶応義塾に入学、かたわら横浜でアメリカ人医師ヘボン(James Curtis Hepburn)に学ぶ。同四年八月、前年に福沢諭吉がアメリカから招来した多数の原書の中の、フリントの内科書の熱病編を翻訳し、福沢の資金援助を受けて、『窒扶斯《チフス》新論』として出版。ほかに『地学事始』(一八七〇)、『傑氏万邦史略』(一八七三)、『初学人身窮理』(一八七四)などの翻訳がある。新銭座時代の慶応義塾では「コヲミング氏人身窮理書会読」を担当している。

明治二(一八六九)年一〇月帰郷して開業、また浜口梧陵と共に藩の洋学校共立学舎の開設にかかわる。四年正月、大学東校に出仕し、一一月まで勤めた。同年八月には早矢仕有的《はやしゆうてき》に協力して横浜に共立病院を開設し、米医シモンズ(D. B. Simmons)を招聘。一二月には小幡篤次郎と共に中津市学校に教鞭をとり、また市民の診療に当たる。六年一〇月慶応義塾医学所の校長となる。八年四月松本順、佐藤尚中らと共に東京医学会社を創立。また三田に診察所尊生舎を開設し、ついで一〇年には開業医の団結を目的とした東京開業医師集会を創立した。

一四年五月高木兼寛らと成医会を創設し、附属の有志共立東京病院(のちの慈恵会医科大学、慈恵病院)を開設した。一七年七月には芝私立衛生会を起こす。福沢家の家庭医を務めるなど、終生医師として診療に当たる一方で、近代的医療事業の確立に尽力した。

松山には義太夫を語る趣味があり、福沢もしばしばその会に出かけている。「贈松山太夫」と題して「殿々《でんでん》孤ならず必ず隣りあり」と詠む漢詩を添えた明治二八年一二月二八日付の福沢書簡が残されている。大正八年一二月一二日没。〔松崎欣一〕

参考 鈴木要吾編『松山棟庵先生伝』松山病院、一九四三年。『伝』一～四編。『書簡集』一・八。

真中直道《まなか なおみち》

生没年未詳。慶応義塾大学部教員。武蔵国川口(現埼玉県川口市)に生まれる。明治八(一八七五)年五月慶応義塾に入学。一一年一二月卒業。横浜で英語を学んだという。一五年から一七年は横浜・東京の駅逓局属官、一九年から二〇年は在英日本公使館勤務、二〇年一二月から二三年は法制局参事官、農商務省書記官。二一年に「兵役令ニ関スル意見書」を起草した。

帰国したのち「社会論」を執筆して福沢諭吉に送り、福沢が若干の手入れをして『時事新報』に署名論文として掲載する旨を伝えていたが、その掲載記事は見出されない。二六年から二九年に、福沢から三度にわたって金銭貸与がなされた。これは小栗栖《おぐるす》香平《こうへい》と共に罫紙の一種を発明して特許を得、二五年に特許罫紙商会を設立して小栗栖が支配人になったことと関係するものか。二二年の慶応義塾大学部設立に当たって、資金募集委員となった。さらに、門野幾之進、福沢一太郎らと共に大学課程編纂委員を務め、開設以前から教員となり、開設時には経済学を担当した。三〇年、大学部拡張に伴う慶応義塾基本金募集の常務委員となり、三一年から発行された『慶応義塾学報』の印刷人にもなった。〔川崎勝〕

参考『百年史』中巻前。

美沢進《みさわ すすむ》

嘉永二(一八四九)～大正一二(一九二三)年。教育者、横浜商法学校(現横浜商業高校、通称Y校)校長。備中国川上郡三沢村(現岡山県高梁《たかはし》市)に生まれ、阪谷朗盧《ろうろ》の興譲館に学んだのち、明治五(一八七二)年に上京。箕作《みつくり》秋坪《しゅうへい》の三叉《さんさ》学舎を経て、八年一月慶応義塾に入った。「入社帳」記載の名前は「進」で、上京後に進助または進一郎と称していたが、名を改めたといわれている。一〇年七月本科卒業。三菱商業学校長森下岩楠に招かれ、一一年五月から一四年六月まで同校に勤務。

一五年三月横浜商法学校が設立されると、福沢諭吉の推挙で校長として赴任し、以後四二年間、学校経営に尽力した。当初生徒はわずか四人で、ある教員が辞職を希望すると、美沢は自分は生徒が最後の一人になるまで続けると強い決意を語ったという。また理論より実務を重視する商業教育を打ち出し、Y校卒業生は「役に立つとの信用」を得ることになった。

同校は二一年横浜商業学校と改称し、二八年には夜学部が独立して横浜商業補習学校が設立され、校長を兼任した。女子教育の必要性も感じ、四一年五月に日本最初の女子夜学校である横浜女子商業補習学校を設立し顧問となった。

福沢が三四年に新世紀を迎えるに当たって墨書した「独立自尊迎新世紀」の書幅を、一月三日の交詢社新年宴会のくじ引きで当て、裏書・箱書きをして大切に所蔵していた。現在は、子孫から慶応義塾に寄贈されている。フロックコートに山高帽がトレードマークで、座右の銘は「真面目《しんめんぼく》」であった。大正一二(一九二三)年九月一六日没。〔西澤直子〕

参考 Y校同窓会『美沢先生』一九三七年。『書簡集』四。

三島億二郎 みしま おくじろう

文政八(一八二五)~明治二五(一八九二)年。長岡藩大参事、実業家。越後国(現

新潟県)長岡藩士伊丹市左衛門の二男として生まれ、天保一五(一八四四)年、同藩士川島徳兵衛の養子となった。嘉永二(一八四九)年に牧野忠恭の小姓役となって江戸に上り、同藩目付役に任じられた。

江戸在勤中は古賀謹一郎、佐久間象山などのもとで学び、ペリー来航の折には米国艦の測量を見て憤慨、藩政につき意見書を提出した。これが身分をわきまえない行為として罰せられて目付格を解任、帰藩を命ぜられ、長岡で学塾を開いて蘭学などを教授した。

幕末の北越戦争に際しては、家老河井継之助に非戦論を説いたが容れられず、死生を共にすると覚悟して戦線に立った。降伏後は、灰燼に帰した郷里の再興を期して京に上り、新政府に窮民救済を嘆願するなど奔走した。以後も長岡の復興に尽力し、明治二(一八六九)年には東京で福沢諭吉と面会して窮乏打開について議論したという。同年長岡藩大参事に任じられ、窮民への救助米提供や教育・産業の振興、軍備強化などに努めた。

福沢との交際は親密で、二年には福沢のもとを訪れ、主君牧野鋭橘の慶応義塾入学を請願し、許可されている。翌年の日記には福沢の発病を聞き、心配でたまらないと記している。

三年に柏崎県の大参事に転じたが、翌年辞任、以後も長岡の発展に尽力し、五年には慶応義塾から藤野善蔵を教師として招聘して長岡洋学校を設立した。翌年には長岡会社病院を立ち上げ、また銀行設立にも奔走した。一二年には古志郡長となったが、辞任後は長岡の貧民救済策として北海道開拓に関心を抱き、五回に及ぶ北海道視察を行い、移住事業に取り組んだ。初視察の前には福沢と会い、北海道行きについて語り合っている。

二四年、北海道滞在中に病気入院し、一度は回復をみせて長岡に帰ったが、翌年三月二五日に自宅で死去した。

［小川原正道］

参考 今泉省三『三島億二郎伝』覚張書店、一九五七年。長岡市史編さん室編『三島億二郎日記（一）（二）』長岡市、一九九六・九七年。小川原正道「初期慶応義塾における旧藩主」『年鑑』（三〇）二〇〇三年。

箕作秋坪 みつくり しゅうへい

文政八（一八二五）～明治一九（一八八六）年。漢学に優れた洋学者、啓蒙家。美作国《みまさか》（現岡山県）津山藩の儒者菊池士郎の二男として生まれる。一九歳で江戸へ出て藩医で蘭学者の箕作阮甫に学び、さらに大坂の緒方洪庵にも蘭学を学んだ。嘉永三（一八五〇）年に箕作家の養子となり、二女と結婚した。六年のペリー来航を機に、幕府の外交文書の翻訳方・蛮書和解御用を命じられ、安政六（一八五九）年には蕃書調所教授手伝に就いて文書の翻訳とともに後進の育成に努めた。文久元（一八六一）年には幕府の遣欧使節団に随行してヨーロッパ各国からロシアを視察して見聞を広げた。

維新後はみずから英学塾三叉《さんさ》学舎を開設して、塾生として大槻文彦、原敬、東郷平八郎などを輩出している。一方で森有礼の呼び掛けに応じて福沢諭吉らと共に、わが国最初の学術結社である明六社の結成に参加した。みずからの学舎運営に励むと同時に明六社への参加に務めた箕作は、漢学の素養をもって洋学を修め、その幅広い学識は知識人、啓蒙家として尊敬された。『明六雑誌』第八号に「教育論」を載せ、一時は森の後継社長として名前が挙げられたことがある。明六社解散後は東京学士会院の会員、さらに高等師範学校の校長を勤めた。明治一九年一二月三日没。長男奎吾は夭折した。二男大麓は、実家の菊池姓を継ぎ、数学者で教育行政に携わり、三男の箕作佳吉は動物学者、四男の箕作元八は歴史学者となった。

［戸沢行夫］

参考 治郎丸憲三『箕作秋坪とその周辺』箕作秋坪伝記刊行会、一九七〇年。『明治文化全集』第五巻、雑誌編、日本評論社、一九五五年。

箕浦勝人 みのうら かつんど

嘉永七（一八五四）～昭和四（一九二九）年。新聞人、政治家。豊後国臼杵（現大

分県臼杵市）の臼杵藩士実相寺愚山の二男として出生、同藩士箕浦篤造の養嗣子となった。九州各地を遊歴して漢学を学んだのち、明治四（一八七一）年一二月、同藩の先輩で、当時すでに慶応義塾の教員をしていた荘田平五郎に勧められて上京し入学、飛び級を繰り返して七年一二月に卒業する。明治六年の政変以降新聞紙上に政治論が高まると、在学中から自説を投書して学資の足しにしていたが、八年藤田茂吉、牛場卓蔵などと共に、郵便報知新聞社に入社する。

　その後福沢諭吉が発行した『家庭叢談』の編集に加わり、同誌廃刊後は、宮城師範学校、神戸および岡山の商法講習所などの教員を歴任した。神戸時代の一三年冬、伊藤博文、井上馨、大隈重信の求めにより福沢が政府系の新聞発行を決意した際には、福沢に呼ばれてその要員に指名されたが、明治一四年の政変でその話が立ち消えになると、再び郵便報知新聞社に帰る。その後、国会開設をひかえて政治生活に入り、第一回総選挙に大分県から出馬し、以後連続一五回の当選を果たす。立憲改進党、立憲同志会、憲政会に所属したが、政党を越えた政界の長老であり、清廉高潔の士として知られ、三六年衆議院議長、大正四（一九一五）年逓信大臣などを務めた。しかし一五年、大阪松島遊廓疑獄に憲政会筆頭総務として関与し、詐欺罪で起訴され衆議院議員を辞任する。この事件には与党である憲政会ばかりでなく野党の政友会も関与し、事件当時は内務大臣であった、時の内閣総理大臣若槻礼次郎までが偽証罪で告発される大事件に発展した。裁判の結果、箕浦も若槻も無罪になったが、箕浦はその後揮《ふる》わなくなり、昭和四年八月三〇日、不遇のうちに東京で没した。〔坂井達朗〕

参考 大島美津子「松島遊廓移転事件」（我妻栄他編『日本政府裁判史録』昭和・前、第一法規）一九七一年。坂井達朗「箕浦勝人　懐旧談草稿」『研究』（一八巻）二〇〇一年。

三宅豹三　みやけ ひょうぞう

文久二（一八六二）～大正一五（一九二六）年。時事新報社員、後藤象二郎秘書、実業家。備後国（現広島県）深津郡坪生村に生まれる。明治一四（一八八一）年九月慶応義塾に入学。飯田三治が証人。一時桑田姓を名乗ったが、二三年には三宅姓に復した。一九年二月に交詢社役員となり、二〇年に時事新報社に入社、福沢諭吉の提言で設立された広告代理店三成社編集主任を兼務。その直後、『時事新報』が発行停止処分を受けると、外務大臣井上馨の秘書官鮫島武之助に事情を聞きに行かされた。同年、中上川彦次郎の神戸又新《ゆうしん》日報社記者斡旋依頼に対しては福沢に不適当とみなされたが、二一年七月に

は「東京に桑田なくして困る」といわれ、時事新報社の中核をなす一人に成長した。

二四年、福沢の推薦で、渡韓した井上角五郎に代わって後藤象二郎の秘書になり、臨終を看取った。その間も福沢との交際は公私にわたって続き、福沢邸での集会にも毎回招待されていた。福沢は病を得た晩年の後藤の容態を気づかう書簡（三〇年七月七日付）を三宅に送っている。金玉均《キムオッキュン》とも昵懇となり、金の上海行に際して後藤から渡航費用として二、〇〇〇円の餞別を出させ、暗殺された金のために福沢が催した法要にも参列した。後藤の死後、三一年広島から衆議院議員選挙に立候補して落選、翌年に実業界に入った。三八年、歌舞伎座の経営が悪化すると、井上角五郎、藤山雷太、大河内輝剛らに株を買い取らせるなどして、専務取締役に就任した。また日本馬匹改良株式会社取締役、北海道人造肥料株式会社取締役なども勤めた。大正一五年三月四日没。

［川崎勝］

参考 三宅豹三「演劇改良私見」（近世文芸研究叢書刊行会編、近世文芸研究叢書第二期芸能篇7『演劇改良論集』クレス出版）一九九六年。『歌舞伎座百年史』歌舞伎座、一九八八年。

武藤山治　むとう さんじ

慶応三（一八六七）～昭和九（一九三四）年。実業家、政治家。尾張国松名新田村（現愛知県弥富《やとみ》市）に生まれる。美濃国脇田村の佐久間国三郎の長男。

父から聞いた慶応義塾の三田演説館の話に憧れ、明治六（一八七三）年に慶応義塾幼稚舎に転入、一七年慶応義塾本科卒業。翌年に渡米して働きながら学び、二〇年に帰国。武藤家の養子となり改姓。新聞広告取次業三成社、雑誌社を共同経営。ジャパン・ガゼット記者、イリス商会勤務を経て、二六年三井銀行に入社し、翌年鐘淵紡績株式会社に移る。三二年同社支配人となるが、三九年に退社、四一年に復帰して専務、大正一〇（一九二一）年に社長就任。従業員の労働環境改善と福利厚生を重視する温情主義経営で知られた。鐘紡の事業を発展させた一方、八年には大日本実業組合連合会を組織して委員長に就任。一二年には実業同志会を設立して会長を務めるなど、政治活動にも取り組み、一三年に衆議院議員に当選。

昭和五（一九三〇）年、鐘紡社長を辞任。七年の政界引退後、時事新報社相談役となり同社の経営に尽力。九年一月から「「番町会」を暴く」が同紙に連載され、帝人事件追及のきっかけとなったが、同年三月九日、武藤は暴漢に銃撃され翌日死去。義塾においては大正七年から評議員を務めたほか、医学科・化学科設立への出資などにも協力した。

［牛島利明］

参考『武藤山治全集』新樹社、一九六三～六六年。入交好脩『武藤山治』吉川弘文館、人物叢書、一九六四年。鐘紡株式会社社史編纂室編『鐘紡百年史』一九八八年。『評論』(四四〇号)一九三四年。

村井保固　むらい やすかた

嘉永七(一八五四)～昭和一一(一九三六)年。実業家。伊予国(現愛媛県)吉田藩士林虎市の二男として出生。同藩村井林太夫の未亡人光の養嗣子となる。宇和島英学校、松山中学校を経て、明治一〇(一八七七)年六月慶応義塾入学(「入社帳」では邑井)、一一年卒業。森村組に入り、翌年ニューヨーク支店長。渡米に当たって頑固に反対する親を説得する手段として、洋行を勧める手紙を福沢諭吉に書いてもらったという。

米国在住五〇余年に及び、貿易商社森村組の発展に尽力し、日本の陶磁器類の輸出拡大に貢献した。また福沢の依頼を受けて、その子息をはじめ周辺の人物で渡米する人びとを親切に世話している。それに加えて福沢にとってはアメリカ事情の有力な情報源の一つであった。誠実かつ恬淡とした人柄であり、晩年は敬虔なキリスト教徒として、村井保固実業奨励会の設立など、社会事業に力を尽くした。生涯に太平洋を横断すること九〇回に及んだという。昭和一一年二月一一日没。菩提寺は愛媛県宇和島の海蔵寺、ニューヨークにも墓がある。〔坂井達朗〕

参考大西理平『村井保固伝』財団法人村井保固愛郷会、一九四三年。

村上定　むらかみ さだむ

安政四(一八五七)～昭和七(一九三二)年。ジャーナリスト、実業家。備後国加茂郡竹原(現広島県竹原市)出身。明治五(一八七二)年広島師範学校、六年大阪集成中学を経て、七年東京遊学。九年東京英学校入学。一二年五月慶応義塾に入学。入学後、暑中休暇を利用して『甲府日日新聞』に入り、半年後義塾に帰る。一三年四月『熊本新聞』に入り、翌年九州改進党理事となる。一七年『栃木新聞』の主筆となり、一八年下野《しもつけ》英学校を創設。さらに『上野新報』『蚕業週報』を経て、『時事新報』にかかわり、二一年一月には『神戸又新《ゆうしん》日報』の主筆となった。また兵庫県同志会系の政談演説会などに活躍。

二二年中上川彦次郎の推挙により山陽鉄道入社。さらに二五年には三井銀行に転じ、同行の各地の支配人、支店長、本部諸役を勤め、三九年まで在職した。その後、加富登麦酒、玉川電気鉄道、共同生命保険、日本絹糸紡績、南武鉄道など各社の役員を勤めた。村上から長崎のからすみを贈られた福沢諭吉の二九年一一月二〇日付礼状が残されている。また、原則として供花、供物を受けなかった福沢の葬儀の際に、村上が池田成彬《しげあき》ら八名と連名で香典を献じたことが記録されている。『中上川彦次郎君伝記資料』（一九二七）編纂に当たっては資料蒐集委員一七名のうちの幹事役を務めた。昭和七年七月二〇日没。墓所は東京都港区広尾の祥雲寺および竹原市の照蓮寺。［松崎欣一］

参考『村上定自叙伝・諸文集』慶応義塾福沢研究センター資料3、一九八九年。松崎欣一「村上定をめぐって」『三田演説会と慶応義塾系演説会』慶応義塾大学出版会、一九九八年。

村田蔵六（大村益次郎）

むらた ぞうろく（おおむら ますじろう）

文政七（一八二四）～明治二（一八六九）年。幕末・維新期の軍政家。周防《すおう》国吉敷《よしき》郡鋳銭司《すぜんじ》村字大村（現山口市鋳銭司）に医者村田孝益の長男として生まれる。諱《いみな》は永敏、通称宗太郎、のち蔵六。良庵（亮安）と号した。天保一三（一八四二）年防府の梅田幽斎に医学を学び、翌年豊後の広瀬淡窓の門に入り儒学を修める。弘化三（一八四六）年大坂の緒方洪庵の適塾に入り本格的に蘭学を学び、塾頭（塾長）まで進んだ。嘉永三（一八五〇）年帰郷して医業を開いたが、同六年伊予（現愛媛県）宇和島藩に招かれて蘭学・兵学を教授した。

安政三（一八五六）年伊予藩士として江戸に赴き鳩居堂を開塾、また幕府の蕃書調所教授方手伝となり、翌年講武所教授に任ぜられた。同五年福沢諭吉が江戸に入ってまず訪ねたのが緒方塾の先輩である村田であった。万延元（一八六〇）年長州藩雇士となり、文久元（一八六一）年には長州藩の博習堂用掛として蘭学教育を行う。同三年手当防御事務用掛となり、元治元（一八六四）年八月四か国連合艦隊下関砲撃事件に際しては講和交渉に当たり、次いで政務座役事務扱として藩庁に入った。慶応元（一八六五）年藩主の命により大村益次郎と改名。軍政の中枢に身を置き、第二次長州征伐時には、石州口軍事参謀として、大いに幕府軍を破った。四年出兵上京し、二月太政官から軍防事務局判事加勢を命じられ、江戸へ進軍後は、五月江戸府判事を兼任した。上野で彰義隊を討伐、さらに奥羽北越や函館を平定。明治二（一八六九）年七月兵部省が新設されると兵部大輔に任じられ、親兵の設置や兵制の近代化に尽力。同年九月京都木屋町で守旧派浪士に襲われ重傷を負い、一一月五日死去した。墓は山口市

鋳銭司田中山にある。〔高木不二〕

参考 絲屋寿雄『大村益次郎』中公新書、一九七一年。丹潔編『大村益次郎』マツノ書店、一九九九年。

モース、エドワード・シルベスター
Morse, Edward Sylvester

一八三八～一九二五年。アメリカの動物学者。ハーバード大学比較動物学博物館勤務、のちピーボディー科学アカデミーに就職。一八七六年、アメリカ科学振興協会副会長。明治一〇（一八七七）年六月、日本沿海の腕足類の研究のため来日。同七月、二年契約で東京大学に動物学および生理学担当の初代教授として就任。大学での講義のほか、江木学校講談会で進化論の講演をするなどの啓蒙活動にも熱心であった。同年、大森貝塚を発見した。

福沢諭吉とモースがいつ出会ったのかは定かでないが、一一年一二月一八日に福沢は文部大輔田中不二麿宛の書簡で、東京学士会院会員の追加候補者の一人としてモースの名を挙げている。モースも、「福沢氏の有名な学校で講演する招待を受けた。日本で面会した多数の名士中、福沢氏は、私に活動力も知能ももっともしっかりとしている人の一人だという印象を与えた」と述べている。モースの慶応義塾への招待は一二年七月一一日のことで、フェノロサ（E. F. Fenollosa）やメンデンホール（T. C. Mendenhall）も同行していた。モースは演説館で「変進論（エボリューション）」の講演をし、また学生の柔術や剣術の演技を見学している。

一五年六月再来日、翌年二月まで滞在し国内各地を旅行。陶磁器、民具、工芸品、看板などを多数収集し帰国。帰国後、マサチューセッツ工科大学留学中の福沢の二男捨次郎や、かつて福沢のもとに学んだ愈吉濬《ユギルチュン》を世話している。編著に、*Shell Mounds of Omori*（『大森介墟古物編』一八七九）、*Japanese Homes and Their Surroundings*（『日本の住まい 内と外』一八七九）、*Japan Day by Day*（『日本その日その日』一九一七）などがある。一九二五年一二月二〇日没。〔松崎欣一〕

参考 松崎欣一「E・S・モース宛福沢書簡について」『三田演説会と慶応義塾系演説会』慶応義塾大学出版会、一九九八年。「永井好信日記」『百年史』上巻。E・S・モース（石川欣一訳）『日本その日その日』平凡社、東洋文庫、一九七〇年。磯野直秀『モースその日その日』有隣堂、一九八七年。『書簡集』二・四。

本山彦一 もとやま ひこいち

嘉永六（一八五三）～昭和七（一九三二）年。実業家。熊本藩士本山四郎作の長男として生まれる。藩校時習館に学ぶ。明治四（一八七一）年一二月上京、翌年箕作《みつくり》

秋坪《しゅうへい》の三叉《さんさ》学舎に入る。七年租税寮出仕、この頃福沢諭吉に親炙し許されて慶応義塾出版社に止宿、主任朝吹英二の仕事を助けた。一〇年『近事評論』に掲載の「外交論」が注目される。また『民間雑誌』『扶桑新誌』などに寄稿。翌一一年福沢は『民間雑誌』掲載の「巡国紀聞」のための巡遊に立つ本山の送別会を催し、「知己の多きは人間の一大快楽」として、各地の見聞調査上に便宜の知人・門下生の名を列挙した紹介状を与えている。

一二年兵庫県勧業課に入り、学務課長、神戸師範学校長を経て、一五年箕浦勝人の後任として大阪新報社に入社。一六年時事新報社に移り、編輯局総編輯、翌年会計局長に任じた。一九年大阪藤田組に招かれて支配人となる。同年三月一〇日〜四月四日に東海道・京阪地方を福沢一行と巡遊し、『時事新報』紙上に遊行記を連載している。二〇年山陽鉄道の創立にかかわり、翌年取締役に就任。福沢は二〇年二月一三日付で、山陽鉄道株式引受けと中上川彦次郎の同社社長就任の時事新報社への影響につき相談し、「余暇あらば生涯に今一事致度《いたしたき》文学上の道楽も有之《これあり》」と述べる長文の書簡を送っている。二七年藤田組岡山出張所長兼務となり、児島湾干拓事業に当たり関西実業界の実力者となる。

二二年大阪毎日新聞社相談役、三六年同社社長。三九年東京進出を決して『電報新聞』を買収し、『毎日電報』と改題創刊した。また、四四年『東京日日新聞』を『毎日電報』と併合、『東京日日新聞』の題号を継承。大正一一(一九二二)年『サンデー毎日』、翌年『エコノミスト』を創刊、積極的な拡大政策と合理的な経営により、日本の新聞事業の近代化を推進した。昭和五(一九三〇)年貴族院議員に勅選。七年一二月三〇日没。〔松崎欣一〕

参考 『松陰本山彦一翁』大阪毎日新聞社・東京日日新聞社、一九三七年。『書簡集』二・五。

森 有礼 もり ありのり

弘化四(一八四七)〜明治二二(一八八九)年。外交官、政治家。薩摩藩士森喜右衛門五男。五代友厚や林子平『海国兵談』などの影響で洋学に興味を抱き、元治元(一八六四)年藩洋学校開成所に入学、翌年藩派遣の英国留学生に選抜され、沢井鉄馬と変名し渡英、ロンドン大学ユニバーシティ・カレッジの法文学部に学

び、慶応三(一八六七)年渡米して宗教家トーマス・レイク・ハリス(Thomas Lake Harris)の主宰するコロニーで生活、強く影響を受けた。四年、新政府から議事体裁取調御用を命じられ以後要職を勤めたが、明治二(一八六九)年に廃刀案を建議したことで士族層の非難を浴び辞職、鹿児島に戻り英学塾を開いた。翌年九月再び新政府への出仕を命じられ、閏一〇月米国在勤少弁務使となり渡米。外交活動のかたわら、日本の宗教や教育に関する論文を英文で発表した。帰国後の六年七月、西欧思想の紹介と啓蒙活動を目指し明六社を設立。外務少輔、駐清公使、外務大輔を経て一二年一一月駐英公使となり、条約改正交渉に取り組み、かたわらハーバート・スペンサー(Herbert Spencer)ら多くの知識人と交流した。一七年帰国後は一転し文部政策を担当する。一八年一二月、第一次伊藤博文内閣に初代文部大臣として入閣、翌年諸学校令を公布し、教育制度の改革に着手した。憲法発布の二二年二月一一日、森の行動に不敬行為があったとする国粋主義者西野文太郎に刺され翌日死亡。墓所は東京都港区の青山霊園。

福沢諭吉とは明六社を通じ親しくなった。『学問のすゝめ』四編の学者職分論が明六社内でも批判を受けた際、森は不穏なところはあるが近年「上出来」の論説として大久保利通に勧め、また福沢の出版事業のために活版印刷機や活字の入手などにも協力している。八年の森と広瀬常の結婚では、二人の婚姻契約書に福沢が証人として署名、また森の商法講習所(のち東京商業学校、現一橋大学)の設立に協力し、ほかにも通訳や教員を紹介する手紙が残っている。一方で意見の相違もあった。女性論では森の男女同権論争に対し、福沢は一線を画して単純な男女同数論(男女はほぼ同数であるから軽重はない)を説き、また森が西洋流のスピーチは西洋語でなければ無理であるといったことに対して、福沢は僧侶の説教や講釈師、落語家などの例を挙げて反駁している。二〇年の倫理教科書をめぐっても、森に意見を求められた福沢は、教科書は公徳を主としているが本源は私徳にあると考えていること、そして政府が徳教を強いることには服することができないと述べている。　〔西澤直子〕

参考 大久保利謙編『森有礼全集』全三巻、宣文堂書店、一九七二年。上沼八郎・犬塚孝明編／大久保利謙監修『新修森有礼全集』全八巻、文泉堂書店、一九九七～二〇〇五年。犬塚孝明『若き森有礼』KTS鹿児島テレビ、一九八三年。

森下岩楠《もりした いわくす》

嘉永五(一八五二)～大正六(一九一七)年。教育者、官僚、実業家。和歌山藩士長谷元之助の二男に生まれ、同藩士森下

紋左衛門の養嗣子となる。明治三(一八七〇)年二月慶応義塾入学、六年には教員の一人に数えられ、九年九月から一〇年一二月まで塾長を務めた。義塾草創期の有力者の一人で、交詢社の創立や明治会堂の建設など、福沢諭吉の行った事業には準備段階から参画している。岩崎弥太郎に実業人の社会的使命としての教育活動を説いて三菱商業学校を創設させ、みずから校長となる。その後大蔵書記官となったが、明治一四年の政変で辞職。時事新報社員となり、さらに二九年東京興信所を創立、所長となった。著書に『理財雑録　初編』(一八八〇)、『民間簿記学(上・下)』(森島修太郎との共著、一八八四)、『商用文例』(一八九三)などがある。大正六年三月二八日没。［坂井達朗］

盛田命祺　もりた めいき

文化一三(一八一六)～明治二七(一八九四)年。尾張国知多郡小鈴谷村(現愛知県常滑《とこなめ》市小鈴谷)の酒造家。日本酒の醸造法に関する盛田の知識や経験談が、福沢諭吉の『時事小言』執筆の一助となった。

盛田家は慶長年間より酒造業を営み、小鈴谷村の庄屋も勤める家柄で、その当主は代々久左衛門を襲名した。命祺は安政五(一八五八)年に一一代目を継ぎ、日本酒や味噌の醸造法の研究・改良をはじめ、道路や港湾の修築、江戸への航路開拓と港町での酒問屋経営、肥料運搬用の牛車導入、茶や葡萄の栽培など、地元の産業の開発や発展に幅広く力を注いだ。これらの中でも特に日本酒の醸造法の改良は、知多における先駆的なものとなった。

盛田は、明治一四(一八八一)年に第二回内国勧業博覧会見学のため上京した際、三田の福沢を訪問した。この会談で、福沢から日本酒の醸造法を尋ねられた盛田は、幕末の醸造法の改良について説明し、後日さらに書簡でも醸造法の詳細を送付した。これらの内容が『時事小言』第五編において、技術の変革が国民の利益に結びついた一例として取り上げられた。その一方で、福沢は盛田による醸造法の改良を高く評価しながらも、その裏付けとなる科学的な理論の欠如を指摘し、その必要性を主張した。福沢と盛田の交友の端緒は不明だが、尾張藩出身の化学技術者で福沢の親友宇都宮三郎や知多地方の交詢社員の存在が指摘されている。明治二七年四月四日没。［日朝秀宜］

参考 西川俊作「盛田命祺の直話と福沢諭吉の礼状」『評論』(九四六号)一九九三年。坂井達朗・日朝秀宜編『盛田命祺東行日記』慶応義塾福沢研究センター近代日本研究資料6、一九九六年。

森村市太郎（市左衛門）・森村豊

もりむら　いちたろう（いちざえもん）・もりむら　とよ

森村市太郎

天保一〇（一八三九）～大正八（一九一九）年。森村組の創設者。江戸京橋の袋物商の長男として生まれたが、生家は安政の地震大火で破産し、土方や露天商をしながら家業を再建した。その後、馬具、袋物などを商い、その関係で中津藩江戸屋敷に出入りし、福沢諭吉と懇意になり、福沢思想への共鳴者となる。当時、福沢から、国の独立のためには商人が国の中心になり、貿易を盛んにし、国を富まさなければならないことを学んだという。

維新期には洋式馬具の製造納入で新政府の御用商人として成功したが、福沢の影響もあり官需に頼らない「独立自営」の経営に転換し、明治九（一八七六）年、異母弟森村豊（嘉永七〔一八五四〕～明治三二〔一八九九〕年）や義弟大倉孫兵衛（天保一四〔一八四三〕～大正一〇〔一九二一〕年）らと森村組を組織し、陶器などの日本製雑貨の直輸出業に乗り出した。

森村　豊

弟の森村豊は、貿易を担える人材を求めていた兄市太郎の勧めで、明治四年に慶応義塾に入り七年に卒業。義塾教員を経て、九年の森村組設立に際してニューヨークに渡り、イーストマン・ビジネス・カレッジを半年ほどで卒業、同志と共同でニューヨークに日之出商会を設立し、森村組と連携し日本産雑貨の販売を経験した。一一年には、日本で指揮する市太郎と協力して、森村組のニューヨーク支店として森村ブラザーズを設立。日本雑貨の小売業から始め、日本政府からの補助金を受けた半官企業との競争など、多くの苦境を克服し、一八年には事業を軌道に乗せた。三二年七月三〇日、商用で帰国中に急逝。福沢は豊のことを、文明の教養を備えた経営者と評価していた。

一方、市太郎は二七年に六代目市左衛門を襲名。事業を製造業にも展開し、三七年には日本陶器（のちのノリタケ）、大正五（一九一六）年には東洋陶器（のちのＴＯＴＯ）を創設。商業教育や女子教育・女性の独立への支援にも関心が高く、日本女子大学、三輪田学園、高千穂学園を援助し、また明治四三年に森村学園の前身となる幼稚園・小学校を設立した。

福沢の多くの事業にも支援を惜しまず、交詢社の発足時社員であり、丸善や貿易商会の設立や丸家銀行の破綻整理の際にも協力、また、福沢と共に私財を投じ北里柴三郎の伝染病研究所や土筆ヶ丘《つくしがおか》養生園の設立を可能にした。福沢没後にも慶応義塾大講堂の建設費七万円のうち五万円を寄附している。晩年はキリスト教に改宗、大正八年九月一一日に没した。

［小室正紀］

参考 森村市左衛門『積富の実験』大学館、一九一一年。森村市左衛門『独立自営』実業之日本社、一九一二年。若宮卯之助『森村翁言行録』大倉書店、一九二九年。森村市左衛門『儲けんと思わば天に貸せ』社会思想社、一九九九年。小室正紀「書簡に見る福沢人物誌9　森村市太郎・森村豊・村井保固」『評論』（一〇七五号）二〇〇五年。大森一宏『評伝・日本の経済思想　森村市左衛門』日本経済評論社、二〇〇八年。

森村明六・森村開作（市左衛門）

もりむら めいろく・もりむら かいさく（いちざえもん）

森村明六

明六（明治六〔一八七三〕年一〇月～三二〔一八九九〕年）、開作（明治六年一二月～昭和三七〔一九六二〕年）。森村組創業者森村市太郎（六代目市左衛門）の長男と二男。共に明治一六〔一八八三〕年に慶応義塾幼稚舎に入り、二五年に慶応義塾正科を卒業。二人は卒業後ニューヨークへ渡り、イーストマン・ビジネス・カレッジで学んだ後、森村ブラザーズで叔父の森村豊などに小僧の仕事から貿易実務を仕込まれたが、長男明六は呼吸器系疾患のため三二年六月に早世した。

森村開作

明六の死後、二男開作は将来の後継者として森村組諸部門の仕事を担い、大正八〔一九一九〕年、父の死により森村組総長に就任、森村グループを指揮し発展させた。昭和三〔一九二八〕年七代目市左衛門を襲名。富士電力取締役社長、横浜正金銀行取締役、第一生命保険取締役なども歴任した。父が創設した幼稚園・小学校を森村学園に発展させたのを初めとして教育社会事業にも貢献。慶応義塾では、大正一〇年から昭和三七年まで評議員。その間、しばしば理事を務めた。また、義塾のさまざまな事業に寄附を行うとともに、日吉キャンパスの開設のためにも尽力した。昭和三七年七月五日没。

福沢諭吉が在米修行中の明六・開作に宛てた書簡が三通、森村組社員村井保固を介した伝言が一通残っているが、それらの中で福沢は彼らに対して「文明実学の旨を忘れず」「私徳を厳重にして」、活発な経済活動をするように述べており、彼らが次世代の経済人として成長することを期待していた。

［小室正紀］

参考 森村市左衛門『儲けんと思わば天に貸せ』社会思想社、一九九九年。大西理平『村井保固』財団法人村井保固愛郷会、一九四三年。

森山栄之助《もりやま えいのすけ》（多吉郎《たきちろう》）

文政三（一八二〇）～明治四（一八七一）年。幕末に活躍したオランダ通詞。英語にも優れており、幕末外交の中心通訳官であった。

長崎のオランダ通詞森山源左衛門の長男として生まれる。はじめ栄之助、のち多吉郎。茶山と号した。

嘉永元（一八四八）年から翌二年にかけて、利尻に偽装漂着した米国人ラナルド・マクドナルドから同僚通詞と共に英語教授を受ける。同六年長崎に来航したロシア使節プチャーチン（Efimii V. Putyatin）との交渉において通訳を務めたのをはじめとして、嘉永七（一八五四）年アメリカ使節ペリー（Matthew C. Perry）との条約交渉では主任通訳官を務め、さらにアメリカ総領事ハリス（Townsend Harris）の応接通弁にも当たった。

同年大通詞過人から幕臣となり普請役三〇俵三人扶持を給される。万延元（一八六〇）年遣米使節団が携えた将軍よりアメリカ大統領への英文親書は、森山の手に成るものである。

安政年間、公務のかたわら江戸小石川に英学塾を開く。ここには津田仙、福地源一郎、沼《ぬ》間《ま》守一《もりかず》らが学び、福沢諭吉も二、三か月通ったが、森山が多忙なためほとんど指導を受けられなかった。

文久元（一八六一）年開市開港延期交渉のために竹内保徳を正使とする遣欧使節団が出発するが、幕府はイギリス公使オールコック（Sir Rutherford Alcock）のアドバイスを容れて、森山を後便で欧州に派遣している。オールコックは「信頼しうる、英人と情報交換できる人物」として森山を高く評価していたのである。

帰国後、外国奉行支配通弁御用頭取に昇進したが、維新後は下野し、明治四（一八七一）年三月一五日東京で没した。墓は東京都豊島区本妙寺と長崎市筑後町本蓮寺にある。

［髙木不二］

参考 江越弘人『幕末の外交官　森山栄之助』弦書房、二〇〇八年。

や行

矢田績 やだ いさお

万延元（一八六〇）～昭和一五（一九四〇）年。ジャーナリスト、実業家。紀伊国和歌山の医家谷井《やつい》清雄の二男に生まれる。慶応義塾教員谷井保は長兄。明治一一（一八七八）年に旧新宮藩家老矢田市左衛門の養嗣子となる。一三年一月慶応義塾に入学、翌年卒業。郷里の英学校でチトレルの万国史やバックルの文明史を読み、義塾入学後はミルの経済論や代議政体論、スペンサーの社会論や代議政体論などを学ぶ。一四年四月義塾出身者により結成された経世社に参加、演説会活動に従った。また、福沢諭吉の指示で一四年春キリスト教攻撃の演説会を岡崎、豊橋などで行い、夏には高木喜一郎と共に函館に赴き、開拓使官有物払下げ糾弾の演説を行っている。

一五年『時事新報』創刊に際し編集局員として入社、「袖浦外史」の筆名で論説を書いた。一七年『神戸又新《ゆうしん》日報』の創刊に当たり移籍して主筆となる。主筆招聘を受けるか躊躇していた矢田に同年四月一四日付で福沢は、受諾すべきことを説く書簡を送っている。二〇年兵庫県勧業課長。二一年山陽鉄道社長中上川彦次郎の要請により同社運輸課長に就任。二八年三井銀行秘書課主任に転じ、以後同行の京都、横浜などの支店長を歴任。三八年に名古屋支店長就任、その後は名古屋の金融・産業界の重鎮として活躍した。大正四（一九一五）年三井銀行監査役。一四年、私財を投じて財団法人名古屋公衆図書館を設立（現名古屋市立西図書館）。回想録に『懐旧漫話』（一九二二）、『福沢先生と自分』（一九三三）、『懐旧瑣談』（一九三七）がある。昭和一五年三月二五日没。

〔松崎欣一〕

参考 高橋彦二郎「故矢田績翁に就て」『評論』（五一三号）一九四〇年。松崎欣一「経世社演説会」『三田演説会と慶応義塾系演説会』慶応義塾大学出版会、一九九八年。『慶応義塾出身名流列伝』。『書簡集』四。

柳田藤吉 やなぎだ とうきち

天保八（一八三七）～明治四二（一九〇九）年。商人、漁業者、政治家。陸奥国盛岡六日町（現岩手県盛岡市）に生まれ

る。安政三（一八五六）年箱館に渡って小売業を営む。箱館開港後、外国人との交易で頭角を現わし、慶応三（一八六七）年箱館府生産方商法掛を嘱託され、箱館戦争に際しては総督府および諸藩の需要品供給方、米の回送を請け負って活躍。明治二（一八六九）年、場所請負制度廃止後は漁業に従事し、根室を中心に各地に新漁場を開き、海産物商として大をなし、根室開拓の草分けとなる。一六年大日本水産会名誉会員。戊辰戦争時に上げた巨富四万八、〇〇〇両をすべて投げ出し、明治二年に無月謝無束脩で学生三〇〇名を教育した洋学塾・北門社新塾を東京早稲田に開設した。このとき相談を持ち掛けたのが、福沢諭吉との最初の出会いであったと想像される。

一七年以来交詢社員。北海道への開拓者招来に努め、北米への移民周旋も計画。また金融業に進出して根室銀行を設立。政治家としても活躍し、区会議員、道会議員を経て、三六年衆議院議員に当選、立憲政友会に属した。四二年五月一〇日没。

〔坂井達朗〕

参考『早稲田大学百年史』第一巻、一九七八年。鈴江英一「柳田藤吉とカリフォルニア移民」『赤れんが』（五四号）一九七八年（『手帖』（四〇号）一九八四年、に転載）。

矢野文雄（竜渓） やの ふみお（りゅうけい）

嘉永三（一八五〇）～昭和六（一九三一）年。政治家、文学者。豊後国（現大分県）佐伯《さいき》藩士の長男として生まれる。明治三（一八七〇）年父の葛飾県（現千葉県内）知事就任に伴い上京、翌年三月慶応義塾入学。六年卒業と同時に義塾の教壇に立ち、さらに大阪慶応義塾、徳島慶応義塾でも教鞭をとる。帰京後、郵便報知新聞社員。一一年福沢諭吉の推薦で大蔵省に入り、大隈重信のもとで会計部勤務、統計課も兼任。のち統計院権大書記官。明治一四年の政変に伴って牛場卓蔵、犬養毅、尾崎行雄らと連袂《れんべい》辞職。この間、福沢と小幡篤次郎らの発意による交詢社の創設に際しては、一二年の準備段階から参画、小泉信吉《のぶきち》らと共に社則起草委員を務めた。一五年郵便報知新聞社長となり、立憲改進党の設立に加わる。他方、政治小説『経国美談』前後編（一八八三・八四）を発表、世の注目を集める。一七年四月から二年半を世界周遊の旅に過ごして帰国し、その後は外交、内政にかかわる論説を書き、大隈のブレーンを務めた。

二三年一月健康上の理由から政界引退を表明したが、同年一一月宮内省に出仕し、三〇年清国特命全権公使として、日清戦後における清国外債借入れ問題などにかかわった。三五年『新社会』を発表して、一種の社会主義市場経済論を展開。一時的に大きなブームを巻き起こしたがその実現可能性は乏しく、熱狂は早々に終息した。著書としては他に『浮城物語』（一八九〇）、『竜渓随筆』（一九一一）など。三九年九月には大阪毎日新聞本社の出資社員となり、同月相談役に就任、以後大毎株式会社の監査役、取締役、副社長を歴任した。一四年から義塾の理事委員、二二年からは評議員を長く務めている。昭和六年六月一八日没。墓所は東京の多磨霊園。〔西川俊作〕

参考 野田秋生『矢野竜渓』大分県先哲叢書、一九九九年。小栗又一編『竜渓矢野文雄君伝』春陽堂、一九三〇年。

矢野由次郎 やの よしじろう

文久二（一八六二）～昭和四（一九二九）年。速記者。下野国下都賀郡豊田村（現栃木県小山市）に生まれた。長じて郷里近くの佐野町で印刷業を経営し、小雑誌の編集に携わるかたわら自由党の代議士、木村半平衛の知遇を得て自由民権運動にかかわる。明治一七（一八八四）年木村の買収した『栃木新聞』が『下野新聞』と改称して続刊することになり、招かれて入社、記者として活躍した。

二〇年若林玵蔵《かんぞう》の門に入り速記術を学ぶ。若林は、一五年九月一九日付の『時事新報』に「日本傍聴記録法（ジヤパネース・ホノグラフヒー）」を投稿して日本語速記法の創案宣言をした田鎖《たぐさり》綱紀直門の三羽烏の一人であった。矢野は二四年の第二帝国議会の会期に衆議院速記課に臨時雇いとして採用され、第九帝国議会まで勤務した。

二八年時事新報社入社。三二年、東京―大阪間の長距離電話が開通するとただちに大阪三品の相場通信に電話速記を採用するなど、速記主任として活躍した。三〇年秋頃から「福翁自伝」の口述速記に携わった。ほかに「福沢先生浮世談」の速記を担当している。「新女大学」も矢野の速記によって始められたが、速記では意に満たないところがあるとして、あらためて福沢自身が筆を執っている。

三二年一月、慶応義塾商業学校に速記科が設置され講師を兼ねた。同校在任中の三五年九月に『実験速記術』を刊行している。三八年日本囲碁会の設立にかかわる。四二年、雁金準一著／矢野由次郎編『実践虎ノ巻 新式囲碁秘伝』を刊行。大正二（一九一三）年一二月に時事新報社を退職。八年には、渋沢栄一校閲『青淵先生訓言集』を編集し刊行している。昭和四（一九二九）年一月『棋界秘話』を刊行、同年二月二四日没。〔松崎欣一〕

参考 手塚豊「『福翁自伝』の速記者の生涯―矢野由次郎小伝」「福沢先生およびその門下と速記」（『手塚豊著作集』第一〇巻、明治史研究雑纂、慶応通信）一九九四年。福岡隆『日本速記事始―田鎖綱紀の生涯』岩波新書、一九七八年。松崎欣一「岡本貞烋談話「福沢翁と速記術」について」『手帖』（一三九号）二〇〇八年。

山県有朋 やまがた ありとも

天保九（一八三八）～大正一一（一九二二）年。陸軍軍人、政治家。長州萩城下の阿武郡川島村（現山口県萩市川島）に生まれる。号は含雪。松下村塾に学び、第二次長州征伐、戊辰戦争に従軍。維新後は創設期の陸軍で陸軍卿、参謀本部長などを歴任し、軍制や徴兵令などを確立、のち陸軍大将、元帥。内務卿、内務大臣として地方制度や警察制度の確立に尽力。明治二二（一八八九）年には第一次内閣を組織、さらに法相、枢密院議長、陸相を歴任。三一年第二次内閣を組織し、政党勢力を抑圧。日露戦争では参謀総長。官・軍・貴族院などに山県閥を形成し、伊藤博文没後は、最有力の元老として大きな影響力を誇った。

山県と福沢諭吉はしばしば顔を合わせる機会があったらしく、書簡のやりとりもあったが、いつ頃どのように接点を持ったかは定かでなく、またその交際は親密なものではない。福沢にとっては、軍事や宮中に関する事項などで持論とする官民調和を求める際、戦略的に接触する相手であった。残された書簡の文面はいずれも丁重で、慶応義塾への徴兵に関する特典復活を求める懇請（明治一七年）、義塾大学部開設に当たっての下賜金に関する書簡（二三年）などからは、福沢が理を尽くし、また官の立場も十分斟酌して事態を打開する態度で、政府に接触を試みるときに山県に相談したことがうかがえ、政府内での山県の指導力を認めていたと考えられる。二二年、山県が一〇か月以上に及ぶ欧米訪問より帰国したときの『時事新報』社説「山県伯の帰朝」では、山県が条約改正論などの局外にあったことを奇貨として、政府はもとより国内の人心調和に尽力してくれることへの期待を表明している。大正一一年二月一日没。墓所は東京・文京区の護国寺。

参考 高橋義雄『山公遺烈』慶文堂書店、一九二五年。

〔都倉武之〕

山口仙之助 やまぐち せんのすけ

嘉永四（一八五一）～大正四（一九一五）年。実業家、富士屋ホテル創業者。武蔵国橘《たちばな》樹郡神奈川宿青木町（現横浜市）に、漢方医大浪昌随の五男として生まれる。一〇歳のとき山口粂蔵の養子となり、のちにその二女久子と結婚した。一一歳で江戸の小幡漢学塾に学び、明治維新後は横浜の養家で商業に従事した。明治四（一

八七一)年アメリカへ渡航。

帰国後、七年に慶応義塾に入学。福沢諭吉は山口の性質を見抜いて、学問の道より実業界へ進むことを勧めたという。箱根宮ノ下の藤屋旅館を買収し、一一年富士屋ホテルと改称して、主に外国人を顧客とする日本で初めての本格的リゾートホテルを創業する。一六年一二月に火災でホテルは全焼したが、翌年、平屋洋館を新築して復興。以後、次々と建物を増築し規模を拡張させた。二〇年には有志と図って塔之沢―宮ノ下間に有料道路を開通させる。

福沢は三年の発疹チフスの病後に初めて箱根を訪れて以来、箱根の発展のためには道路の整備が不可欠であることを繰り返し主張したが、山口の行動は福沢の提言を実現したものといえる。山口と福沢の親交は長く続き、箱根を旅行するA・M・ナップ(Arthur May Knapp)の夫人と子供の世話を山口に依頼する福沢の書簡(二二年四月二九日付)が残されている。

二二年温泉村村長に就任。二六年、ライバルの奈良屋旅館との間に、富士屋ホテルを外国人専用とする協定を締結し、大正元(一九一二)年まで継続した。四年三月二五日没。 〔平野隆〕

参考 山口由美『箱根富士屋ホテル物語』千早書房、二〇〇七年。『慶応義塾出身名流列伝』。山口堅吉編『富士屋ホテル八十年史』一九五八年。

山口広江 やまぐち ひろえ

文政七(一八二四)～明治三二(一八九九)年。銀行家。中津藩下士の家に生まれる。天保一一(一八四〇)年、中津藩上下士間の内紛を引き起したかどで二年の自宅謹慎を命じられ、期があけて元締方御勘定人に任じられる。理財の才を発揮し、元締小頭、奉行補佐役から奥平家当主昌邁《まさゆき》の用人となり、慶応四(一八六八)年、上士に抜擢された。

維新前は広右衛門を名乗っていたが、維新後は広江と改名し、県大属、少参事として藩政を巧みに処理した。福沢諭吉より一〇歳年長で、兄三之助の友人であり、維新後は諭吉と長く親交を保った。妻伝《でん》は諭吉の従姉に当たる。明治六(一八七三)年上京し、丸善に入社したが、二年足らずで帰郷。中津藩士の秩禄公債を用いて日田新道を開発し、一一年には第七十八国立銀行を設立して頭取となる。二一年同行を安田銀行に売却し、以後隠居して悠々自適の生活を送り、明治三二年六月一八日没。

息子半七は嘉永六(一八五三)年生まれ。明治三年、福沢に連れられて他の若者五人と共に上京し、同年一二月慶応義塾に入学。五年には慶応義塾出版局に入った。その後、実業に携わるが不振。一一年に日田―中津間の道路を開通させ、その後国立七十八銀行の頭取に就任。一五年政界に転じ、県会議員、県議会議長などを務め、二七年には短期間ではあったが衆議院議員となる。その後は地元政界、実業界に重きをなし、三一年設立の

大分農工銀行頭取を務めた。昭和七（一九三二）年六月九日没。　［西川俊作］

参考 山口一夫「諭吉の書翰をめぐって」『手帖』（一号）一九七三年。山崎有信『豊前人物志』一九三九年。

山口良蔵　やまぐち りょうぞう

天保七（一八三六）～明治二〇（一八八七）年。洋学者。大坂の蘭方医山口寛斎の長男に生まれる。幼名鹿之助。父寛斎はシーボルトの弟子高《こう》良斎の超然学塾に学んだのち、大坂江戸堀で医を業とし、かたわら蘭学塾を開いていた。良蔵は安政三（一八五六）年、福沢諭吉に一年遅れて適塾に入門した。慶応二（一八六六）年には鉄砲洲の福沢の塾に滞在していたことがあり、長州再征に関する福沢の建白書の写しを紀州藩の岸嘉一郎に送り届けている。

明治二（一八六九）年二月紀州藩洋学所助教となり三年頃まで洋学者として同藩に出仕し、情報収集や藩士教育に当たった。三年二月兵学寮教授、一〇月兵部省に出仕して兵部助教、四年七月兵部省軍事病院医官、一〇月大阪鎮台医官となる。六年頃一家をあげて東京へ移り住み、当初は慶応義塾構内に居住した。軍医寮に勤務し、さらに代言社の代書人となった。その後、海軍嘱一等判任となり、日耳曼《ゼルマン》軍律や、英国海軍機関科士官用教科書『舶用汽機全書』（一八七七～八三）を訳した。二〇年二月胃病に冒されて大阪に帰り、五月二〇日没。山口から福沢に宛てた書簡は初期の頃に集中して残されており、両者の親しい関係がうかがわれる。　［西川俊作］

参考 西川俊作「山口良蔵覚書」『年鑑』（二七）二〇〇〇年。『書簡集』一。

山田季治　やまだ すえじ

嘉永元（一八四八）～大正五（一九一六）年。教育者、ジャーナリスト。松口鍋吉（福沢諭吉夫人錦《きん》の父土岐太郎八の弟）の三男として出生。幼くして父が出奔する不幸に遭い母子共に伯父に引き取られ、その子弟と共に養育され、土岐の世話で鳥取藩士山田忠右衛門の養子となった。明治一一（一八七八）年発行の『福沢文集』の「蔵版者」であり、一三年の『民間経済録』の「売捌書林」でもあった松口栄蔵は山田の兄と推定される。福沢は山田との関係を、「同人は荊妻従弟の続にて、東京に参れば拙宅を家とする程の間柄」と説明している。六年鳥取県気高《けたか》郡青谷村の小学校の校長となり、八年、吉川泰二郎が校長であった愛知英語学校に転じた。一三年吉川の推薦を得て三菱に入社し、日本郵船会社に二九年まで在職した。

三〇年三月、日本で最初の本格的な英字新聞『ジャパン・タイムス』を創刊し、社長となる。その際、福沢を通じてひそかに資金を提供したのは岩崎弥之助であり(二九年七月二三日付岩崎宛福沢書簡)、またこれに協力したのが、頭本《ずもと》元貞(主筆、のち同社社長)、武信由太郎(副主筆、のち早稲田大学教授)、中西美重蔵(経理担当、山田の姪松口わくの夫)など、いずれも山田のあとを追って青谷小学校から愛知英学校に進学した教え子たちであった。その人となり「高潔廉恥」「赤心を推して人の腹中に置く底《てい》の人物」であり、青谷を愛し、生徒を愛すること終生変らなかったといわれる。大正五年一二月三日没。〔坂井達朗〕

参考 長谷川進一「福沢諭吉―山田季治―その弟子たち」『年鑑』(一〇)一九八三年。同「福沢諭吉とジャパンタイムズ」『手帖』(三三号)一九八二年。同編『The Japan Times ものがたり』ジャパンタイムズ、一九六六年。

山名次郎 やまな じろう

元治元(一八六四)~昭和三二(一九五七)年。日本で最初の「社会教育」の語を冠した書物の著者。薩摩藩士の二男として現在の鹿児島市に生まれる。明治一六(一八八三)年慶応義塾に入学、一八年に卒業。その後は、岐阜県警察六等警部、時事新報記者を経て、二三年に北海道尋常師範学校校長となる。その際に年齢が若いことを理由に反対もあったが福沢諭吉の推薦で就任した、というエピソードもある。二四年には同校を退職し、一時、時事新報社に復帰するがのちに実業界に転じ、日本郵船会社、日本麦酒鉱泉、日本勧業銀行、東京製絨会社、千代田生命保険会社などに勤務した。その後、四五(一九一二)年に慶応義塾嘱託となり、学生の就職の斡旋などに当たり、昭和三二年六月九日没。

山名は、師範学校在職中、『交詢雑誌』第三九号に、さらに『北海道教育会雑誌』第三号に「社会教育」と題する論考を寄稿し、福沢から『時事新報』への掲載を打診されるが、それを断り、明治二五年に単行本『社会教育論』を著した。それ以前に福沢の著作に「社会教育」の語の使用例はあるが、山名は福沢に影響を受けながら、その著書で社会の教育力を認め、学校や家庭の教育を完全にするためには社会教育が必要だと主張した。『社会教育論』はわが国における社会教育論の嚆矢として評価されている。それ以外の著書に『偉人秘話』(一九三七)があるが、その中で「私の今日あるは、一に福沢先生の大徳庇護のお蔭である」と回想している。〔米山光儀〕

参考 宮坂広作『近代日本社会教育史の研究』法政大学出版局、一九六八年。全日本社会教育連合会『社会教育論者の群像』一九八三年。松田武雄『近代日本社会教育の成立』九州大学出版会、二〇〇四年。

山本物次郎 やまもと ものじろう

生年未詳～慶応三(一八六七)年。長崎奉行のもとで陸上の警備を担当した「町使」および「散使《さんし》」を指す長崎両組の地役人(江戸から派遣された役人ではなく、長崎で任用された役人)、砲術家。高島秋帆の門人として砲術を修める。天保年間に高島が幕府から謀反の嫌疑を受けて多くの砲術書を没収された際、その砲術書を引き取って所蔵したと伝えられている。

長崎遊学中の福沢諭吉は、奥平壱岐《いき》の世話により、嘉永七(一八五四)年五、六月頃、光永寺から大井手町(現出来大工町)の山本の家に食客として転居。安政二(一八五五)年二月に長崎を離れるまでこの家に住み、和蘭《オランダ》通詞や蘭方医の所に通ってオランダ語を学んだ。福沢は眼を悪くして書を読めない物次郎に代わって、山本家所蔵の砲術書を砲術修業者に貸したり写させたりして謝礼を得る仕事をした。福沢は物次郎の一八、九歳になる一人息子に漢書を教えたり、家の借金の相談の手紙を代筆したり、さらには井戸の水汲み、家の掃除、飼犬や飼猫の世話など、どんな仕事でも骨身を惜しまず働いた。そのため、物次郎にたいへん気に入られ、山本家の養子になれとたびたび勧められたという。慶応三年一一月六日没、享年六六といわれる。

山本の家は残っていないが、使用していた共同井戸は残っており、昭和一二(一九三七)年に長崎三田会によって建てられた「福沢先生使用之井」の記念碑がある。

〔大塚彰〕

参考 北野孝治『長崎郷土史』長崎市小学校職員会、一九一一年。『伝』一―三編。『考証』上。河北展生『「福翁自伝」の研究』註釈編。古川増寿『長崎県人物伝』長崎県教育会、一九一九年。

兪吉濬 ユギルチュン

一八五六～一九一四年。朝鮮の啓蒙家、政治家。字は聖武、号は矩堂。一八五六年朝鮮漢城(ソウル)桂洞の両班《ヤンバン》の家系に誕生、朴珪寿、劉鴻基(大致)に開化思想を学ぶ。一八八一年朝鮮政府が派遣した紳士遊覧団随員として来日、柳定秀《ユジョンス》と共に慶応義塾に入学した。これは朝鮮初の日本留学生であり、近代日本初の海外留学生受け入れでもあった。在塾中は、福沢諭吉邸に寄留して直接指導を受けるとともに、福沢に朝鮮事情を伝えた。帰国後の八三年二月統理交渉通商事務衙門《がもん》(外衙門)主事に任命され、同年七月渡米、朝鮮初の米国留学生として生物学者E・S・モース(Edward Sylvester Morse)

に師事。八五年に帰国すると、甲申事変関係者として投獄され、軟禁下で漢字・ハングル混合文による『西遊見聞』を執筆。九四年甲午改革に伴い外衙門主事に復し、以後外衙門参議兼軍国機務処会議員、議政府都憲、内閣総書、内務協弁などを歴任。翌年一〇月の乙未事変（閔妃暗殺事件）後、内部大臣になり科挙制度廃止、断髪令などを断行。福沢との親交は続き、義和宮（李堈）日本留学の際は、その監督を依頼した。九六年二月、露館播遷に伴い日本に亡命。一九〇二年、クーデターを企図したとして日本政府により小笠原島、八丈島に配流された。〇七年帰国し、興士団、隆熙学校、漢城府民会などで活動、また朝鮮の実業界発展にも貢献した。著述を通した国民の啓蒙と独立維持にも力を注ぎ、〇九年には文法書『大韓文典』を刊行して、ハングルの普及に努めた。韓国併合後、男爵位授与を拒否したといわれる。一九一四年六月三〇日没。墓所は韓国京畿道河南市。アメリカ、マサチューセッツ州のピーボディー・エセックス博物館に記念展示室がある。

［都倉武之］

参考 兪吉濬全書編纂委員会『兪吉濬全書』全五巻、一潮閣、一九七一年。林鎬根『兪吉濬の西遊見聞の一研究』清文閣。柳永益『日清戦争期の韓国改革運動』法政大学出版局、二〇〇〇年。

吉川泰二郎

よしかわ たいじろう

嘉永四（一八五一）～明治二八（一八九五）年。教育者、実業家。奈良の神官の家に生まれる。慶応二（一八六六）年木下利義の塾に学び、明治二（一八六九）年和歌山の共立学舎で英語を教授。三年慶応義塾入学、草創期義塾の有力な一人となった。弘前藩の東奥義塾教員、愛知県英語学校長、宮城県師範学校長を経て、一一年郵便汽船三菱会社に入り、岩崎弥太郎の命により海上保険法と荷為替金融事業の調査立案を行う。横浜、東京、神戸の支配人を歴任し、共同運輸会社との競争の第一線で活躍。

日本郵船会社の設立と同時に三菱系の職員の筆頭として移籍し、大阪支店兼神戸支店支配人、理事、副社長を経て、二七年三月第二代社長に就任したが、翌二八年一一月一二日没。

福沢諭吉が吉川に託していた大きな期待は明治一八年大阪の水害に際して三菱社の大阪支店長であった吉川が人命救助に活躍した旨の報道に接した喜びを本人に伝える、同年七月一八日付の福沢書簡に如実に表われている。

［坂井達朗］

吉田賢輔　よしだ けんすけ

天保八(一八三七)~明治二六(一八九三)年。儒学者、英学者。江戸下谷で幕府御徒《おかち》の家に生まれる。名は彦信、号は竹里。田辺石庵に儒学を学ぶ。万延元(一八六〇)年、古賀茶渓に抜擢され蕃書調所で蘭英書翻訳に従事。文久二(一八六二)年外国奉行支配書物方、さらに御徒目付となる。慶応三(一八六七)年には古賀の推挙で幕府儒者勤方となった。福沢諭吉とは洋学者仲間として親しかったとみえ、福沢の二度目の渡米の際の日記に「吉賢」と渾名で登場する箇所がある。明治元(一八六八)年一橋家に抱えられ、翌年には儒者兼洋学教授となり、この頃福沢の依頼で慶応義塾でも学問教授に当たった。さらに福沢が出版した『西洋旅案内』(一八六七)を補うものとして、各国の旅客船事情や実用会話をまとめた『西洋旅案内』外編(一八六九)を慶応義塾から出版、また福沢の愛弟子小幡甚三郎の訳書『西洋学校軌範』(一八七〇)にも校正者として名がある。三年、尺振《せきしん》八《ぱち》、須藤時一郎らと共に共立学舎を創立し英学指導に当たる。『物理訓蒙』(一八七三)、『英和字典』(同)などの訳書を次々に出版する一方で、五年には尺らと共に大蔵省翻訳局に出仕。七年には紙幣寮に転じて紙幣史の編纂を任され、『大日本貨幣史』全二三冊(一八七六~八三)を完成させた。一五年より文部省報告局で『日本教育史資料』(一八九〇~九二)の編纂に加わり、一八年退官。二〇年、旧知の荒井郁之助が中央気象台長となると、気象学に関する翻訳に尽力した。福沢との交友は生涯続き、旧幕臣の勝海舟、榎本武揚の維新後の出処進退を批判する「瘠我慢の説」を福沢が執筆した際、当事者以外では木村芥舟、栗本鋤雲らに示したことが知られるが、このとき吉田にも写本が送られたという。明治二六年一〇月一九日没。

〔都倉武之〕

参考 吉田俊男編『吉田竹里・吉田太古遺文集』一九四二年。「故吉田賢輔君の履歴」『東京経済雑誌』(六九八号)一八九三年。由良君美「ある儒者の転身」『国文学』(二一巻一〇号)一九七六年。

ヨングハンス、T・H　Yunghans, T. H.

生没年未詳。ドイツ生まれ。『太政類典』など公的な記録の国籍は米国で、米国経由で来日した可能性も高い。名前はヨングハムス、ヨングハン、ユンハン、ヨンハン、ヤンハン、ヨクワスなどさまざまに表記され、T. H ではなくL. H.、またドイツ語表記でJunghansと綴られている資料もある。経歴は未詳な点が多い。

明治三(一八七〇)年に築地居留地にいて旧佐賀藩主鍋島直正の治療に当たり、その縁で五年三月から一年契約で伊万里県(現佐賀県)の県立好生館病院の「病院教師」に赴任した。六年五月からは三年契約で愛知県に雇われ、名古屋の西本願寺別院に設立された病院で、外来患者や入院患者を診察するとともに、併設された医学講習場で講義も行った。講義のうち「原生学」は翻訳され、九年に『米国雍斡斯氏講義　原生要論』二巻本として発行された。

福沢がヨングハンスに宛てた書簡は、明治二〇年一月三〇日付および六月一日付の二通が残っており、娘婿福沢桃介の米国留学に際して指導を依頼する手紙と感謝する手紙である。すでに一六年六月に長男二男がアメリカへ留学した際、ヨングハンスは最初の留学先ニューヨーク州ポーキプシーにいて、二人の世話をしている。

福沢は息子たちの留学を心配し、在米の知人たちに相談していたが、旧知の医師シモンズ(Duane B. Simmons)の紹介でヨングハンスにも面倒を依頼した。シモンズは特に勉学の進まなかった一太郎にヨングハンスの個人教授を受けることを勧めたが、一太郎はヨングハンスの厳しさに不満をあれこれ訴え、福沢はそれに対し叱責している(二〇年七月一八日付書簡)。桃介の方はヨングハンス宅に寄宿して、二〇年四月からイーストマン・ビジネス・カレッジに通い、同居していたヨングハンスの息子にはむずかしい一面もあったが特にトラブルもなく、八月には卒業してボストンへ向かった。

〔西澤直子〕

参考 加藤詔士「ドクトル・ヨングハンス—福沢諭吉の息子たちの洋行時代の後見人」『評論』(八六四号)一九八五年。『書簡集』四・五。

ら行

ロイド、アーサー　Lloyd, Arthur

一八五二〜一九一一年。慶応義塾で通算一〇年教えた英国国教会宣教師。福沢諭吉が慶応義塾でもっとも長く交流した外国人教師。英語やラテン語を教えただけでなく、日本文学から仏教までも研究した日本研究者。インドに生まれ、ケンブリッジ大学で古典、ドイツでサンスクリット語を学び、牧師となったのち、明治一七(一八八四)年国教会の宣教本部

SPG（The Society for the Propagation of the Gospel）派遣の宣教師として来日。布教活動のかたわら一八年二月より慶応義塾で教え、福沢の要望で英語教育の統轄者としてその充実を図った。

福沢は長男一太郎に宛てた書簡に「（義塾では）英人ロイド氏を除くの外は、真に学者なるものなし」（二〇年四月一三日付）と書いたほどロイドの学識を高く評価し、塾内で課外としてキリスト教を教える自由も与え、ロイドのために建てた塾内の家（のちのヴィッカース・ホール）の一室をチャペルとして使うことさえも認めた。ロイドは福沢の厚遇を喜び、SPG宛報告書の中で福沢のことを「勇気に満ちた革新的な人」「数年前まではキリスト教の大敵でしたが、現在はわれわれの味方です」などと書いている。しかし義塾に大学部が設立されたとき、ロイドはラテン語の教員となったが、福沢の関心がユニテリアニズムに移り、文、理財、法律の三科の主任教師がユニテリアンのアメリカ人になったため落胆し、妻が健康を害したこともあって二三年八月カナダに去った。二六年九月に再び来日して大学部文学科二代目主任教師となり、三一年四月に退職。

その後も立教学院総理、東京帝国大学などの教員を務め、日本文学の紹介や仏教研究などの著作も多数残した。ロイドのSPG宛報告書の多くは雑誌 *Mission Field* に掲載され、その内容には、福沢、義塾の教育、学生についての記述が多い。彼の著書 *Every-day Japan*（1909）は、福沢の伝記や『時事新報』紙のこと、独立自尊の精神などを外国に紹介した書物として興味深い。明治四四年一〇月二七日東京で没。　〔白井堯子〕

参考 白井堯子『福沢諭吉と宣教師たち』未来社、一九九九年。

ロニ、レオン・ド　Rosny, Léon de

一八三七～一九一四年。フランスの日本学者。フランスのノール県リール市近郊のロースに生まれる。父のリュシアン・ド・ロニは考古学者で北米先住民族の研究者。一八六八年パリ東洋語学校日本語科の初代教授に任命され、一九〇七年に定年退職を迎えるまで日本語を教授した。独学で日本語を学び、フランスにおける日本学の創始者になった。正式にはレオン・ルイ・リュシヤン・プリュノル・ド・ロニ（Léon Louis Lucien Prunol de Rosny）と名乗り、漢字では勒温羅尼、囉尼と書いた。

ロニは、一八六二年四月三日にマルセイユに着いた文久遣欧使節団と七日にパリで接触する。福沢諭吉の「西航記」の陰暦三月一九日（陽暦四月一七日）の項に、「仏蘭西の人「ロニ」なる者あり。

支那語を学び又よく日本語を言う。時に旅館に来《きた》り談話時を移す」と記され、ロニが足繁く使節団の投宿所に通い、福沢や松木弘安、箕作秋坪《みつくりしゅうへい》らと親しく交遊した跡が記されている。その後ロニは、各地を歴訪する使節団を追いハーグやレニングラードにまで出掛け、福沢は「西航記」の陰暦七月二二日（陽暦八月一七日）の項に、「巴里の羅尼《ロニ》来る。…唯余輩を見ん為めに来る。欧羅巴《ヨーロッパ》の一奇士と云うべし」と記している。在欧時の福沢からロニに宛てた邦文書簡のほか、日本への帰路の途中、リスボンとセイロンからロニに宛てた福沢の英文書簡も数通残っている。

ロニは、文久遣欧使節と接触した翌年から日本語を教え始め、その教科書として『カタカナ伊呂波誦習』『日本文集』などを刊行し、また慶応三（一八六七）年にはパリで『世のうはさ』と題した日本語の新聞を出した。ロニの日本語講座は、慶応四（一八六八）年にパリ東洋語学校（現国立東洋語東洋文明学院、INALCO）における一〇番目の正規の講座として認められ、今日に至っている。セーヌ県フォントネ・オ・ローズで一九一四年八月二八日、七八年の生涯を閉じる。［岩谷十郎］

参考 松原秀一「レオン・ド・ロニ略伝」『研究』（三巻）一九八六年。シュザンヌ・エスマン（松原秀一訳）「十九世紀中葉の和書コレクション、ロニ文庫」『年鑑』（一五）一九八八年。

わ行

和田豊治　わだ　とよじ

文久元（一八六一）～大正一三（一九二四）年。実業家。豊前国中津（現大分県中津市）に下級武士の長男として生まれる。漢学を学んだのち中津中学校に進み、在学中に医師村上田長の書生となる。明治一五（一八八二）年一月、小幡篤次郎を保証人として慶応義塾に入学。旧中津藩主らの出資による育英機関である中津開運社から学費援助を受けた。一七年義塾卒

業。一八年に武藤山治らと渡米、タバコ製造所、甲斐商店サンフランシスコ支店などで働く。二四年帰国、日本郵船に入社。二五年、中上川彦次郎の勧誘により三井銀行に入る。翌年、鐘淵紡績の東京本店支配人になるが、兵庫支店支配人だった武藤との確執により、三三年に同社を去る。三四年、富士紡績専務取締役に迎えられ、経営危機に陥っていた同社の再建を果たす。大正五（一九一六）年に富士瓦斯紡績（明治三九年に富士紡績と東京瓦斯紡績の合併により成立）の社長に就任。東洋製鉄、第一生命保険をはじめ数多くの企業の役員を兼任。さらに、日本工業倶楽部の創立に尽力し、東京商業会議所（現商工会議所）、日本経済連盟会の役員、さまざまな政府調査会の委員を務めるなど、大正期の財界世話役として活躍した。大正一三年三月四日没。中津の生誕の地は現在、和田公園として残されている。〔平野隆〕

参考 喜田貞吉編『和田豊治伝』一九二六年。野依秀一編『近世の巨人・正しき成功者 和田豊治を語る』実業之世界社、一九二九年。松村敏・阿部武司「和田豊治と富士瓦斯紡績会社」『研究』（一〇巻）一九九三年。

和田義郎 わだ よしろう

天保一一（一八四〇）～明治二五（一八九二）年。慶応義塾幼稚舎初代舎長。父は和歌山藩士和田与惣右衛門正甫。慶応二（一八六六）年、鎌田栄吉らと共に藩の留学生として築地鉄砲洲の福沢諭吉の塾に入塾した。一時帰省したが、明治二（一八六九）年に再び上京、四年まで慶応義塾に学び、その後義塾の英語教師となる。訳書に『英吉利史略』（一八七三）がある。

和田と妻さきには子がなく、五年頃より幼い生徒を預かり世話をした。七年、福沢の要望もあって和田は子どものための塾をつくり和田塾と称する。一三年頃より幼稚舎と改称し、死去するまで舎長を務めた。福沢は和田を「性質極めて温和、大勢の幼稚生を実子のように優しく取扱い、生徒も亦《また》舎長夫婦を実の父母のように思うと云う程の人物」（『福翁自伝』雑記）と評している。また、和田は関口流の柔術にも長じており生徒を指導した。

和田は幼い生徒の世話をするかたわら、七年三田演説会の創設に参加し、また、一三年交詢社の設立にもかかわり、二二年から死去するまで常議員を務めるなど、福沢の事業をよく支えた。二五年一月一五日没。死去に際し福沢は、幼稚舎の生徒に向かい三〇年来の親友を失った深い悲しみを述べ、その死を悼んでいる（『時事新報』一月二五日付）。〔後藤新〕

参考 慶応義塾幼稚舎編『稿本慶応義塾幼稚舎史』一九六五年。吉田小五郎『幼稚舎の歴史』慶応義塾幼稚舎、一九八四年。渡辺徳三郎「和田義郎」『手帖』(三一号)一九八一年。

渡辺修 わたなべ おさむ

安政六(一八五九)~昭和七(一九三二)年。官僚、政治家、実業家。伊予国宇和郡岩谷村(現愛媛県北宇和郡鬼北《きほく》町)に生まれる。幼児期にゆえあって全家財を没収され、一家離散の憂き目を体験し、親類に丁稚《でっち》奉公して成長した。宇和島鶴島学校、中津市学校を経て、明治一二(一八七九)年一〇月慶応義塾入学。一四年本科卒業。交詢社組織委員として各地を巡遊。一五年一〇月官吏となり、以後農商務省、外務省、太政官、逓信省に勤務し、参事官、書記官、各地の郵便・電信局長、愛媛・香川両県の内務部長を歴任。三五年、愛媛県から立候補して衆議院議員に当選。その後、政友会から連続七期当選。三九年実業界に転じて、西日本を中心に、主として電気関係のいくつかの会社の役員や日本電気協会会長などを務めた。

福沢諭吉との交流は従来あまり問題とされてこなかったが、生前の福沢には常に動静を報告し、また上京の折には食事に招かれるなど、交際は親密であった。「資性温良率直。粉飾なく人と交るに更に障壁を置かず。天真爛々稚気満々、恰《あたか》も小児に類する。衆人に愛好せられ又成功したる所以《ゆえん》蓋《けだ》しここに存す」という人生であった。昭和七年一〇月一五日没。

〔坂井達朗〕

参考 渡辺家編『渡辺修翁略伝』私家版、一九三二年。坂井達朗「朝鮮問題に関する二通の福沢書簡について」『研究』(一二巻)一九九五年。

渡辺治(台水) わたなべ おさむ(たいすい)

元治元(一八六四)~明治二六(一八九三)年。新聞記者、政治家。常陸国(現茨城県)水戸に生まれる。明治一四(一八八一)年九月、福沢諭吉の依頼を受けた茨城師範学校長松木直己の紹介により、井坂直幹、石河幹明に続いて、高橋義雄と同時に慶応義塾入学。福沢が発刊を依頼されていた政府系の新聞のための要員の一人であった。一五年卒業と同時に時事新報社に入社、同紙草創期の少壮記者の一人となった。

甲申事変ののち、清国との交渉に赴いた伊藤博文に特派員として同行するなど活躍したが、生来政治に関心が強く、国会開設が近づくにつれて政治的情熱が高まり、それが時事新報の不偏不党の主義と抵触するようになった。そこで福沢はやむを得ず「毎日社に出勤する事を断り」、「社説でも出来て、紙上に登ぼすべきものあらば採用すべし」（二二年一月二三日付中上川彦次郎宛書簡）と申し渡して解雇した。

その後渡辺は『都新聞』を主催、また招かれて『大阪毎日新聞』主筆、同社長、朝野新聞社社長などを歴任し、二三年第一回衆議院選挙には年齢を偽って茨城県から当選したが、二五年の第二回総選挙には落選し、新聞の発展に努力中、二六年一〇月一五日、三〇歳で夭逝した。著訳書に『政法哲学』（一八八四）、『政海の情波』（一八八六〜八七）、『欧州戦国策』（一八八七）、『鉄血政略　ビスマルク伝』（一八八七〜八八）、『警世私言』（一八九〇）などがある。

〔坂井達朗〕

渡部久馬八《わたなべ くまはち》

弘化四（一八四七）〜大正三（一九一四）年。教育者、慶応義塾塾監。越後（現新潟県）長岡藩士槙家に生まれ、のち同藩の渡部家の養子となり、晩年は旧姓槙に復した。慶応四（一八六八）年一月慶応義塾入学。一時帰郷して戊辰戦争に参加、戦後復学した。明治六（一八七三）年より一四年四月頃まで、塾監として義塾の事務をとり仕切った。平常は低声だが、演壇に立つと迫力に富み堂々としたものがあり、六尺豊かな体軀と、戦場で負傷し独眼となった風貌は、粗野な気風の残る維新期の塾生を扱うにふさわしい人物であったという。一二年に入学した小松緑は渡部について、英学校の役員にはふさわしくない、どちらかといえば人相の悪い、頭の毛も髭も伸びるに任せて、眼は片方潰れ、黒木綿紋付の着物に兵児帯《へこおび》をだらしなく締めた男であった、と回想している。

一四年五月には帰郷しているが、一五年に仙台の師範学校に赴任した模様で、明治一六年版から二一年版までの『交詢社員姓名録』には仙台宮城中学の教員ないし役員と記されている。一五年九月一六日付福沢書簡の封筒の宛先住所は「宮城県仙台師範学校にて」である。明治三九年版から四一年版までの『慶応義塾塾員名簿』では青森県六か所村を居所として、農業、または開墾放牧とある。また同名簿の四三年版では京城日報記者とあり、四四年版では槙農場と記されている。甥の哲（明治二三年四月入学）の支援で朝鮮へ渡り、リンゴの栽培を試みたが失敗したという。大正三年一月一四日没。

〔飯田泰三〕

参考 宮川次郎『塩糖の槙哲』一九三九年。小松緑「福沢先生と渡部久馬八氏」『評論』（四六一号）一九三六年。

渡辺洪基 わたなべ こうき

弘化四（一八四七）〜明治三四（一九〇一）年。教育者、初代帝国大学総長、東京府知事、衆議院・貴族院議員。号は浩堂。越前国府中善光寺通り（現福井県越前市）に福井藩士で医者の渡辺静庵の長男として生まれる。家系は代々医業を営み、幼少より漢学、蘭学、医学を修め、開成所や慶応義塾で英語を学び、慶応三（一八六七）年幕府の西洋医学所の句読師となる。戊辰戦争に際しては松本良順に従って会津・米沢に赴き、かたわら英学校も開いた。明治二（一八六九）年大学少助教となり、翌年外務大録に転じ、四年岩倉使節団に随行、さらに外務書記官としてイタリア、オーストリアに赴任する。九年に帰国し、外務省、法務局にかかわりながら、一二年には学習院次長として改革に努めた。翌年太政官法制部主事として集会条例を起案した後、一四年外務省での『外交志稿』の完成を機に官を退き、全国巡遊に出る。一八年東京府知事、一九年帝国大学の創設とともに初代総長に就任。その後、二三年特命全権公使としてウィーンに駐在、二五年に帰国して衆議院議員に当選、三〇年には貴族院議員に勅選される。二八年慶応義塾評議員。

さらに、地理研究を目的とする地学協会をはじめ三六団体の会長を歴任、立憲政友会の創立委員としても尽力し、両毛鉄道社長や大倉商業学校督長などを勤めるなど、その活動は多岐にわたる。府知事時代には東京府マークの制定を提案し、帝大総長時には角帽五つボタンの制服も導入した。終始官界に身を置いたが、福沢との交友は続き、東京府知事時代には義塾を訪れた渡辺を福沢が「知事様を見ておけ」と塾生に紹介したことがあった。義塾同窓会にも多く出席したが集会条例の立案者として同窓に非難されたこともあったという。三四年五月二四日没、墓所は東京港区の長谷寺。〔米山光儀〕

参考 文殊谷康之『渡辺洪基伝—明治国家のプランナー』幻冬舎ルネッサンス、二〇〇六年。『慶応義塾出身名流列伝』。『評論』（四一号）一九〇一年。

Ⅲ

著作

増訂華英通語 ぞうていかえいつうご

清国人の子卿《しけい》が著した『華英通語』という英中対訳の単語・会話集に、英語の発音と中国語の訳語の日本語読みとを片仮名でつけた出版物である。

原書は福沢が万延元(一八六〇)年初めて渡米した際に、サンフランシスコの中国人商人から購入したものという(現存せず)。

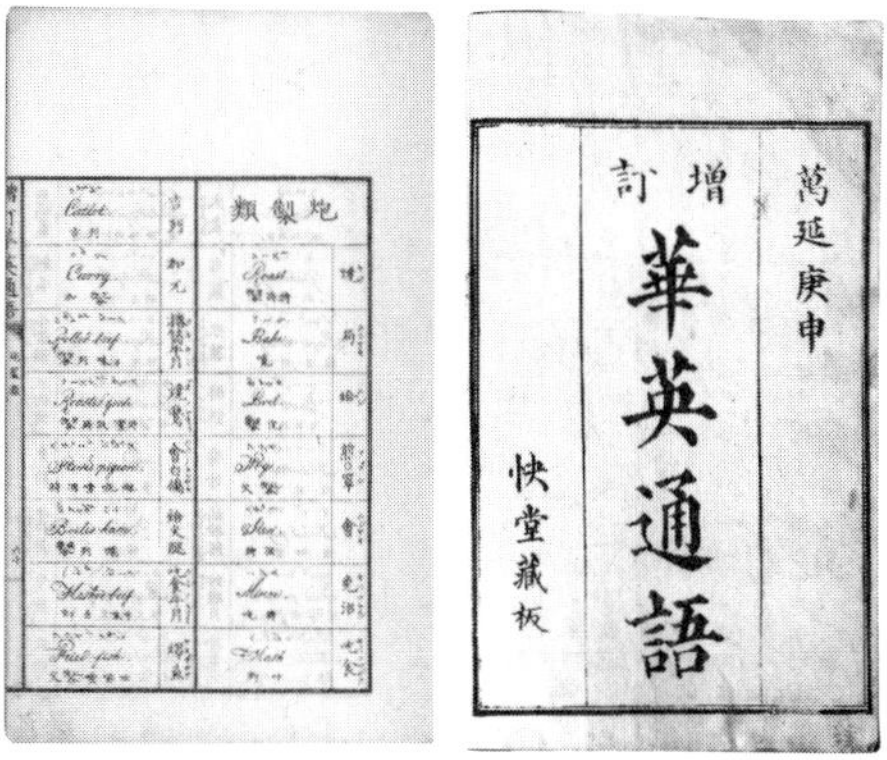

◉見返しと本文

なお原書の中国語は、北京官話ではなく、広東語であるとの考証が、中国語学者から報告されている。

『増訂華英通語』には美濃判二冊本と半紙判一冊本の二種類の版本がある。美濃判の初刷では、福沢の訳語や発音表記が未確定で版木が彫られていないため黒くなっている部分がある。のちにその部分を彫り起こしたもの、あるいは削除したものもある。半紙判になるとさらに美濃判の誤りを訂正した部分があるので、美濃判の二冊本が最初につくられ、のちに半紙判の一冊本にまとめられたと考えられる。見返しには共に「万延庚申／増訂華英通語／快堂蔵版」(版元の「快堂」は木村芥舟の号)と記されている。

〔髙木不二〕

▼アメリカ・ハワイ訪問 ▼万国政表 ▼『増訂華英通語』の刊行

参考 和田博徳「福沢先生の処女出版『増訂華英通語』の原本」『三色旗』(一六九号)一九六二年。『福沢全集緒言』。『書誌』。

西洋事情 せいようじじょう

西洋文明社会の特質と西洋各国の歴史、政治、軍備、財政について解説した著作。『学問のすゝめ』『文明論之概略』『福翁自伝』などと並ぶ福沢諭吉の代表作。

木版半紙判、初編三冊、外編三冊、二編四冊の計一〇冊より成る。初編の口絵表半丁は、上部に「蒸汽済人電気伝信」の文字を掲げ、中央に北極をやや上部にした世界地図を配した地球を示し、その周囲を取り巻く電線上を洋服姿の飛脚が走るという図柄を置き、下部には尖塔の見えるヨーロッパ都市の遠景、気球、汽船と汽車を描いている。また裏半丁は、上部に「四海一家五族兄弟」の文字を掲げ、世界の五人種の顔を描き、さらに地球儀、望遠鏡、洋書、巻紙を配した図柄である。

初編巻之一の「小引」に本書編纂の意図と構成が次のように説明されている。わが国の「文明の治」を助け「武備の闕《けつ》」を補うためには、第一にこれまでのような窮理、地理、兵法、航海術などの

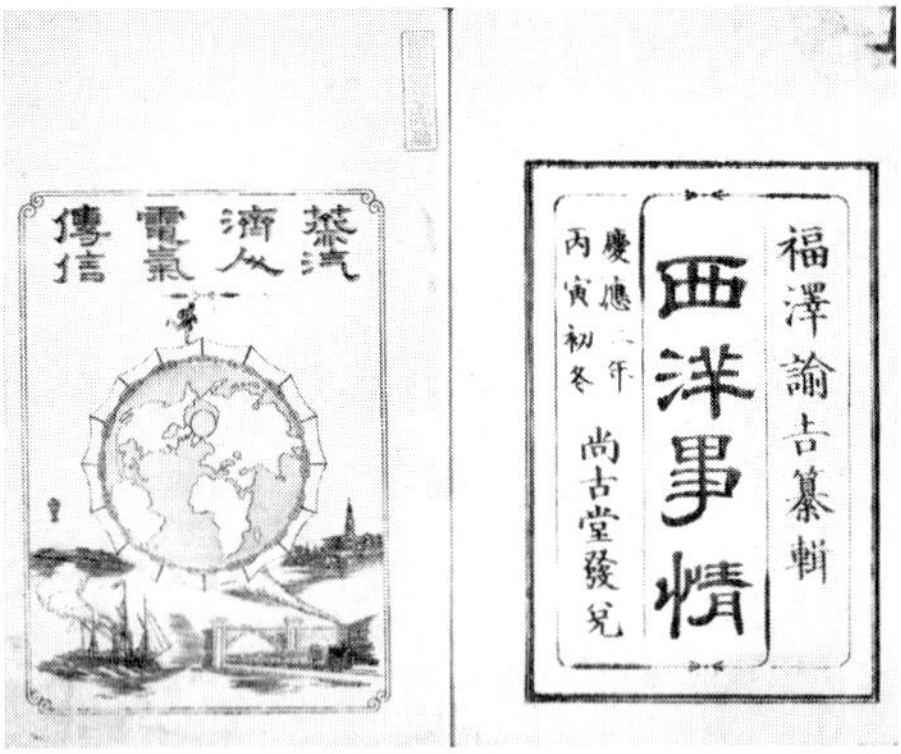

◉初編の見返し

洋書の翻訳に留まらず、さらに「各国の政治風俗」の実情を知ることが肝要であり、第二に各国個別の理解のみでなく、わが国とは異なる「西洋一般普通の制度風俗」のあること、すなわち西洋文明社会の特質を知ることが重要である。したがって、まずイギリス、アメリカで刊行された「歴史地理誌数本」を抄訳し、西洋各国について「史記」「政治」「海陸軍」「銭貨出納」の四項目のもとにまとめるとしている。国別の記述に取り上げられたのは、アメリカ合衆国、オランダ、イギリス（初編巻之二、三）、ロシア（二編巻之二）、フランス（二編巻之三、四）の五か国で、当初の構想ではポルトガル、ゼルマン、プロシャも予定されていたが刊行に至らなかった。第二の点については、初編巻之一の「備考」、外編、二編巻之一の「備考」にそれぞれまとめられている。

初編の「備考」では、文久遣欧使節団の一員としての福沢の見聞の記録をもとに、英文の経済論などの諸書を参考にして、政治、収税法、国債、紙幣、商人会社、外国交際、兵制、文学技術、学校、新聞紙、文庫、病院、貧院、唖院、盲院、癲院、痴児院、博物館、博覧会、蒸気機関、蒸気船、蒸気車、伝信機、瓦斯灯の二四項目が取り上げられ、例えば「政治」の項では「立君モナルキ」「貴族合議アリストカラシ」「共和政治レポブリック」の三形態があることを説明するなど、西洋文明社会の文物、諸制度の一般的な解説がなされている。

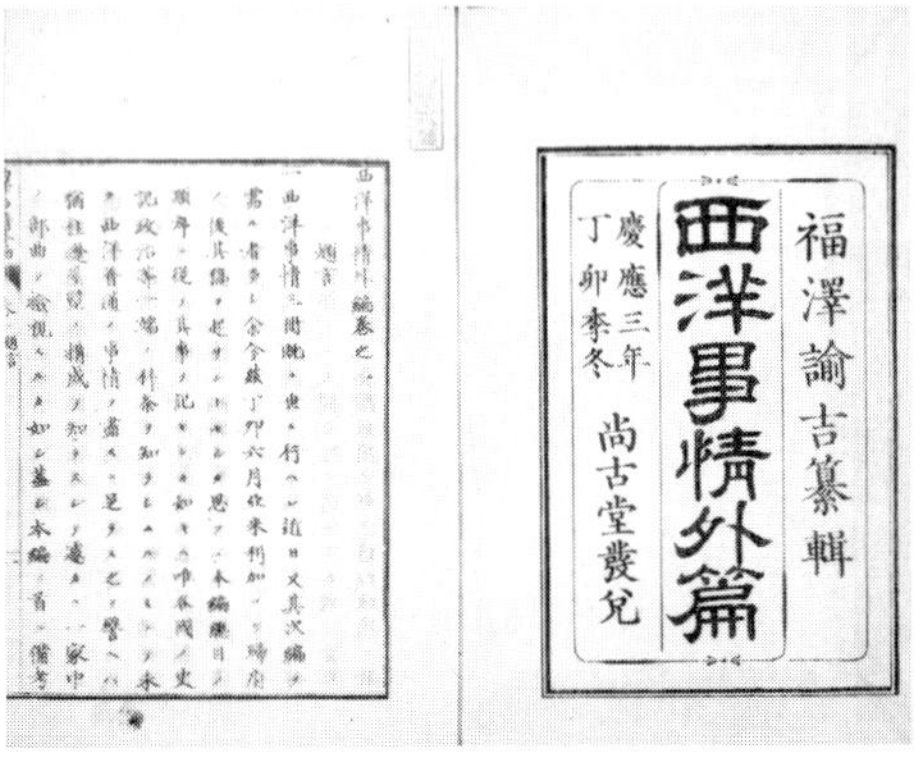

◉外編の見返し

外編三冊は、二編として国別の記述を進める当初の予定を変更して、「英人チャンブル氏所撰の経済書」の翻訳を軸とし、合わせて諸書を抄訳して以下の諸事項を説明している。

人間、家族、人生の通義およびその職分、世の文明開化、貴賤貧富の別、世人相励み相競う事（「ワット」の伝、「ステフェンソン」の伝）、人民の各国に分るるを論ず、各国交際、政府の本（質）を論ず（以上巻之一）、政府の種類、国法および風俗、政府の職分（以上巻之二）、人民の教育、経済の総論、私有の本（質）を論ず（勤労に別あり功験に異同あるを論ず、発明の免許、蔵版の免許）、私有を保護する事、私有の利を保護する事（以上巻之三）

「英人チャンブル氏」とは、チェンバーズ教育叢書（*Chambers, Educational Course*）を刊行したチェンバーズ兄弟社の名であり、原著はジョン・ヒル・バートンの政治経済学読本（John Hill Burton, *Political Economy for use in Schools and for Private Instruction*）であった。本書はsocial economyとpolitical economyの二部から成るが、福沢の訳したのは前者である。

二編の「備考」は、「英版ブラックストーン氏の英律」（ブラックストーンの英法講義 William Blackstone, *Commentaries on Laws of England*）によって基本的人権の理念を解説した「人間の通義」と、「亜版ヱーランド氏の経済書」（ウェーランドの経済書 Francis Wayland, *The Elements of Political Economy*）によってまとめた「収税論」から成っている。前者では、「英国人民の自由、一身を安穏に保するの通義、一身を自由にするの通義、私有を保つの通義」についてそれぞれ解説し、これらの「通義を達する所以の安心」を論じて結びとしている。「通義」は英語rightの訳語である。後者では、「一国の公費を給するの法、公費を給する二法、収税の主意、一国の財を費すべき公務」について論じている。

各編の刊記に、初編「慶応二年丙寅初冬」、外編「慶応三年丁卯季冬」、二編「明治三年庚午初冬」とあるが、初編の刊行以前に福沢は原稿がある程度まとまるに従い人に示したことがあったようで、いくつかの簡略な写本が伝えられている。また、外編の実際の刊行は慶応四（一八六八）年五月から八月までの間であったと推定されている。各編いずれも「尚古堂発兌」とある。尚古堂は芝神明前の書物問屋岡田屋嘉七である。〔松崎欣一〕

▼西航手帳 ▼西航記 ▼チェンバーズ経済書 ▼『西洋事情』の執筆 ▼『西洋事情』の流布

参考 『全集』一・一九、後記。『書誌』。Albert M. Craig, John Hill Burton and Fukuzawa Yukichi,『研究』（一巻）一九八四年。アルバート・M・クレイグ（西川俊作訳）「ジョン・ヒル・バートンと福沢諭吉—『西洋事情外編』の原著は誰が書いたか」『年鑑』（一一）一九八四年。

雷銃操法《らいじゅうそうほう》

ライフル銃（ミニー銃）の扱い方、およびその教授・訓練法を書いた英書の翻訳本である。

原書は一八六二年にイギリスで出版されたハンス・バスク（Hans Busk）が著した*The Rifle: and How to Use it*である。『福沢全集緒言』によれば、慶応二（一八六六）

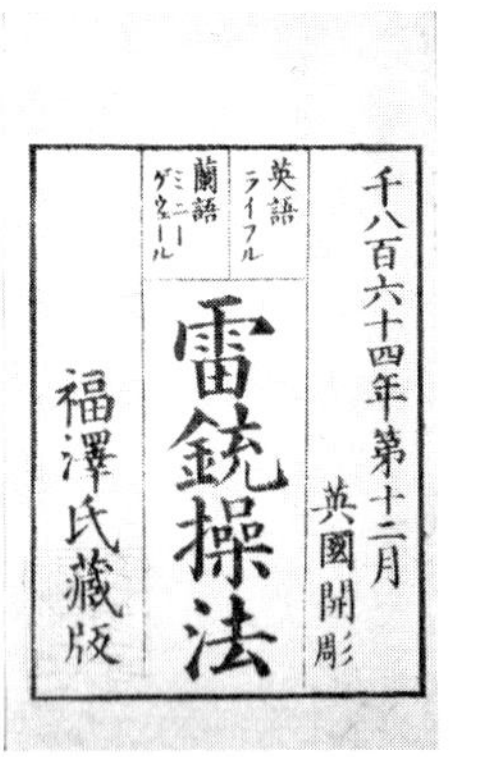

◉見返し

年第二次長州征討の際、幕府軍が長州軍に敗れたのは「椎の実丸」のライフル銃の威力によると聞き、和泉屋善兵衛という書肆で偶然手に入れた施条ライフル銃に関する原書を翻訳したものという。福沢諭吉はそれまで鉄砲に触れたこともなく、ライフルに至っては見たこともなかったため、妻の実弟土岐謙之助が江川太郎左衛門のもとでライフルの撃ち方を学んでいると聞き、その銃を持ってこさせて、原書に従って指示を出し、分解・組立をさせてみて、初めてその構造を理解したという。

本書は、当時類書がなく時宜に適い好調な売れ行きをみせ、明治前期に陸軍の正式銃となった村田銃の創始者村田経芳も刊行当時にこれを読み、福沢を訪ねて書中の不明なところを質問し、福沢から実地の細かいことは分からないといわれた、というエピソードも伝えられている。

この書は木版の小型三冊本で、表紙の見返しの右側には「千八百六十四年第十二月　英国開彫」、中央に「英語ライフル／蘭語ミニーゲウェール」と角書きした下に「雷銃操法」と大書し、左側に「福沢氏蔵版」と記し、これにかぶせて「Copyright of 福沢氏」と彫った長方形の朱印が押してある。また巻之二の冒頭には、巻之一は一八六四年の原書を訳したものだが、その後一八六七年の第二版を得たのでその訳に切り替えた、と記されている。

巻之一は、目録・訳例・本文あわせて五〇丁。挿入付図三枚、裏表紙の内側に「慶応三年丁卯暮春／東都書林／和泉屋善兵衛発兌」と記した奥付が貼ってある。巻之二は五二丁、挿入付図二面、奥付は巻之一に同じだが、実際の刊行年は慶応四（一八六八）年夏以降と推定されている。巻之三は三八丁、奥付は「明治二年己巳十二月／官許／禁偽版　慶応義塾蔵版」と記して、裏表紙の見返しに貼ってある。この書は一冊ずつ順次発売され、明治三（一八七〇）年閏一〇月刊の『西洋事情』二編の巻末に付した慶応義塾蔵版目録に、「雷銃操法」全三巻の書名が初めて掲げられている。偽版もあったようであるが確認できない。

〔高木不二〕

参考『福沢全集緒言』。『書誌』。竹内力雄「福沢諭吉の『雷銃操法』原本、熊本に存在」『年鑑』（三四）二〇〇七年。

西洋旅案内《せいようたびあんない》

欧米に旅行する人向けに書かれた旅行の手引書である。巻之上は船旅に必要な手続きや世界地理・経由地に関する簡単な紹介、巻之下は主要経由地に関する詳しい地誌紹介、付録には商人が欧米商人と取引をする際に必要な商法上の知識が載せられている。序文に、万延元（一八六〇）年から慶応三（一八六七）年まで福沢諭吉が三度の外遊で得た知識をもとに、これから外国に行く日本人の便宜を考えて書かれたものであることが述べられている。

福沢は慶応三年幕府の軍艦受取委員に随行して二度目の渡米をした際、旅行中の不従順な行為がとがめられ、帰国後に謹慎を命じられたが、その謹慎中に執筆されたのがこの書である。

本書の付録は外国為替や保険のことについて触れたわが国最初の文献として知られる。例えば保険については、当時「保険」という訳語がなかったため、福沢は「災難請合」という訳語を用い、生命保険、火災保険、海上保険について説明を行っている。また外国為替については、福沢の二度目の渡米の際、公用で持参する為替を頼もうと横浜ウォールスフォール会社（ウォルシュ・ホール商会）に出向きその説明を受けたが、子細が分からず、一問一答およそ二時間ほど費やしてようやく仕組みが理解できたという体験が背景にあったと、『福沢全集緒言』の中で語っている。

この書は、木版半紙判二冊本で、見返しには、「福沢諭吉著／西洋旅案内／付録万国商法／慶応三年丁卯初冬　尚古堂発兌」と記してある。上巻は三四丁、下巻は三七丁で、下巻末尾に「毎部以此印為蔵版之証」と印刷した下に「Copyright of 福沢氏」と彫った長方形の朱印が押されている。この書については、時宜を得て需要が多かったためか、偽版がおびただしく出されている。なお、福沢の友人で慶応義塾において一時教鞭をとった吉田賢輔が、本書の続編として旅行会話集『西洋旅案内』外編（一八六八）を刊行している。

〔髙木不二〕

▼幕府軍艦受取委員　▼アメリカ再訪　▼明治生命保険会社

参考『福沢全集緒言』。『書誌』。

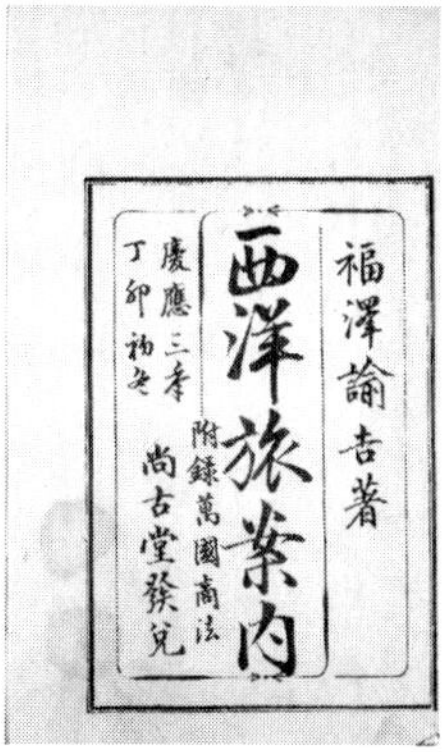

●見返し

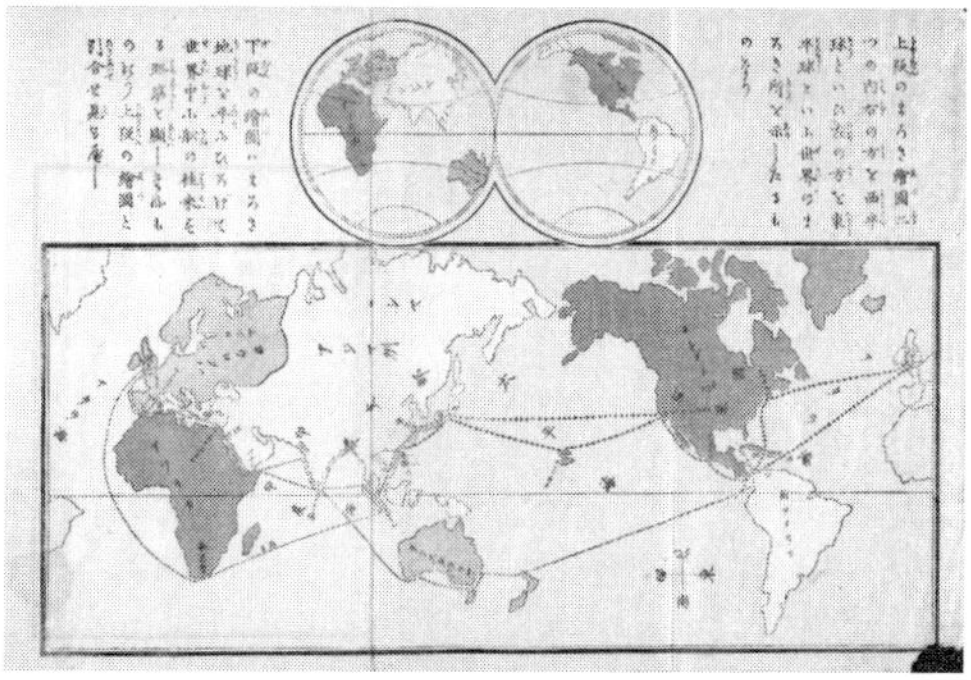

●本書所載の世界地図

条約十一国記《じょうやくじゅういっこくき》

安政五（一八五八）年から慶応三（一八六七）年までにわが国と条約を結んだ一一か国、アメリカ・オランダ・イギリス・ロシア・フランス・ポルトガル・プロシャ・スイス・ベルギー・イタリア・デンマークの各国について、地理や歴史、国柄の特徴などを簡潔に紹介した小冊子である。

前書きに、条約締結後外国人が交易地に居住するようになったが、庶民が彼らを「唐人」と一括していうのみで、それぞれいかなる国から来て、本国はいかなる国かを知らないのは不都合であると思い書いたものである、と記されており、開港後の国際化の時代に合わせた、庶民啓蒙のための書であることが分かる。そのため文章は平易であり、例えば「条約」について、「約束ということにて、此《この》国と彼国《あのくに》と永代睦《むつま》じく付合《つきあい》、その国の産物をも互に売買すべしとの趣を固く取極《とりきめ》たるものなり」と説明しており、その表現も簡潔にして的確である。

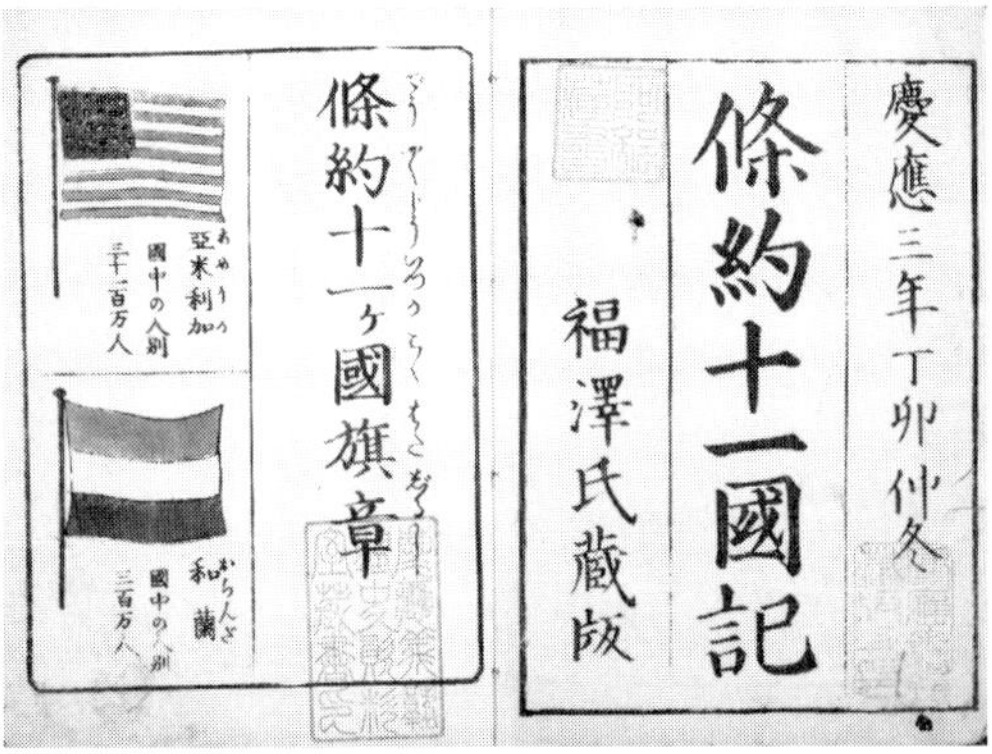

◉見返し

木版和紙小型一冊本で、表紙には書名の下にアメリカ合衆国とデンマークの国旗が描かれている。見返しには「慶応三年丁卯仲冬／条約十一国記／福沢氏蔵版」とあり、これによれば慶応三年冬の刊行ということになる。なおこの書には、京都の醍醐家で出版した偽版がある。

［髙木不二］

参考『福沢全集緒言』。『書誌』。

西洋衣食住《せいよういしょくじゅう》

西洋人の基本的な生活様式である衣服の種類や着方、食器の種類や食事のマナー、寝室の家具や調度品など、衣食住について分かりやすく絵入りで紹介した著作。加えて最後に、懐中時計の図と共に、時刻の読み方に関する解説もある。明治改元の直前の慶応三（一八六七）年一二月に出版された。

題言の終わりに「慶応三年丁卯季冬片山淳之助誌」とあることから、この書の著者は片山淳之助になっているが、実際には片山の名を借りて福沢諭吉が著したものである。『福沢全集緒言』の末尾には、事情があって他名で刊行した著作もあると述べているくだりがあることから、本書もそれらの一つといえる。片山淳之助は慶応元（一八六五）年の入門で、入門帳には淳之介と記し、のちに淳吉と改めている。後期新銭座時代の慶応義塾教員として片山淳之助の名が見える。自然科学系統を中心に著訳書も多い。

題言には、近来洋服を用いる者が増えたが、使用法を心得ずに「暑中に棉入《わたいれ》を着、襦《じゅ》ばんの代りに羽織を用ゆる」ような間違いが少なくないとして、本書執筆の動機を明らかにしている。経験的、実用的な知識をも決して軽んじることのなかった洋学者福沢の姿勢をよく示している冊子といえよう。

木版刷り和紙の小型一冊本。仕上がり寸法は数種あるが、本文版面はいずれも一二・六×九・二cm。見返しには、子持ち罫の枠の中を縦三つに割り、中央に「西洋衣食住」、右に「慶応三年丁卯季冬」、左に「片山氏蔵版」の文字を記してある。

◉見返し

なお、版本の第一四丁、簞笥の上に鏡のある図の説明文が、明治版全集のみまったく別の文章になっている。［大澤輝嘉］

参考 『全集』二、後記。▼片山淳之助

兵士懐中便覧　へいしかいちゅうびんらん

野戦における兵士の心得となるべき箇条を図入りで説明したポケット版の書。戊辰戦争に際し仙台藩が福沢諭吉に翻訳させたもので、福沢の著訳書中の稀覯本である。

原典については、一八六四年に開版されたアメリカ監軍「スコット」氏の兵学韻府、ならびに同国の「カピタンレンチ」氏の用兵論を抄訳したもの、と凡例に記されている。

明治版全集には収録されていない。『明治文化全集』の軍事篇に収められて初めて世に知られ、昭和九(一九三四)年七月刊の『続福沢全集』第七巻にも収められたが、いずれも尾佐竹猛所蔵本をテキス

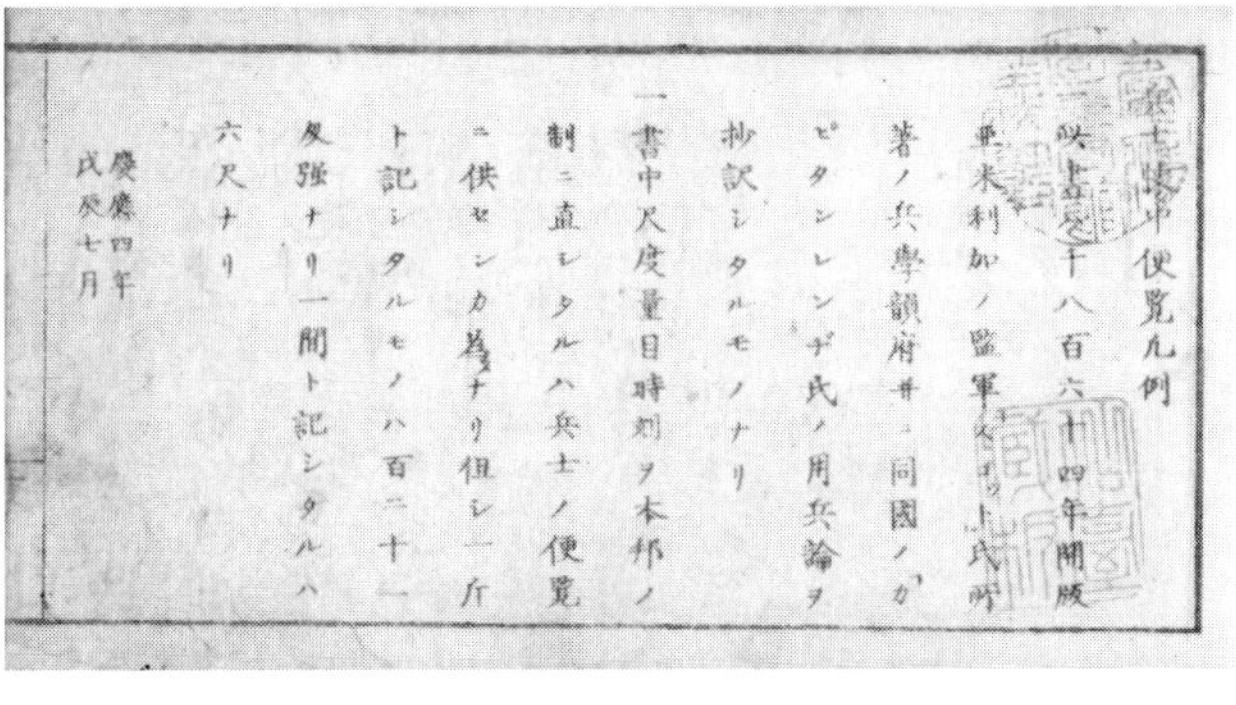
兵士懐中便覧凡例
此書ハ千八百六十四年開版
亜米利加ノ監軍スコット氏所
著ノ兵學韻府并ニ同國ノカ
ピタンレンチ氏ノ用兵論ヲ
抄訳シタルモノナリ
一書中尺度量目時刻ヲ本邦ノ
制ニ直シタルハ兵士ノ便覧
ニ供センカ為ナリ但シ一斤
ト記シタルモノハ百二十一
匁強ナリ一間ト記シタルハ
六尺ナリ
慶應四年
戊辰七月

◉本書の凡例

トとしている。その後慶応義塾の図書館でも一冊を架蔵したが、尾佐竹本は戦災で消失した。現在慶応義塾に二冊所蔵されている。木版和紙、横長の小型本。表紙には「兵士懐中便覧　全」と記し、見返し・奥付もない。凡例・目録・本文合わせて二五丁。

正確な刊行年月も刊行者も明らかではないが、凡例の末尾に「慶応四年戊辰七月」とあり、また凡例の頁に「仙台蔵版」と朱印が押捺してあり、慶応四(一八六八)年に仙台藩の出版物として世に出たものと推定できる。福沢は幕末に仙台藩にお出入りを仰せ付けられていたという事実があるから、江戸留守居役の大童信《おおわらしん》太夫《だゆう》に頼まれてこの書を訳述したのであろう。福沢の自筆原稿が残されている。

〔髙木不二〕

▼大童信太夫

参考『書誌』。

訓蒙窮理図解　きんもうきゅうりずかい

子どもや初学者を対象として、平易な言葉で自然現象を解説した三巻から成る自然科学入門書。木版の小型本で、表紙見返しには「明治元年戊辰初秋」とあり、明治元(一八六八)年の九月から一二月の間に出版されたと考えられる。凡例に「英版『チェンバー』窮理書　千八百六十五年」(Chambers's educational course, *Natural Philosophy, for use in schools, and for private instruction*, London & Edinburgh)や「米版『クワッケンボス』窮理書　千八百六十六年」(G.P.Quackenbos, *A Natural Philosophy*, New York)など七冊の洋書が参考文献として挙げられており、この書が福沢諭吉のオリジナルではないことを明示している。ただし、この書は単なる翻訳ではなく、『福沢全集緒言』で述べられているように、例えば物の柔らかさを表現するのに、原文のバターではなく味噌とするなど、当時の日本人が理解できるようにする工夫がなされている。図版も多く用いられているが、参考にした洋書とは異なるものがほとんどで、身近な日本のものとなっている。なお、このような自然科学の啓蒙書とは別に、福沢は同じ頃に「窮理全書」としてクワッケンボスの著書を訳しているが、未完であり、出版されなかった。

◉見返し

巻の一は温気(熱)と空気、巻の二は水、風、雲雨、雹雪露霜氷、巻の三は引力、昼夜、四季がテーマとして取り上げられ、物理・化学・地学にかかわる身近な自然現象を科学的に説明している。ただし、同年に出版された小幡篤次郎の『天変地異』に詳しい、地震、雷、虹、彗星については、意識的に省略したと本文中に書かれており、『天変地異』との関係が深いことが分かる。この当時、福沢だけでなく、慶応義塾の人びとが協力して自然科学の知識の普及を目指して活動をしていたことが分かる。

『天変地異』や『訓蒙窮理図解』は当時広く普及した書物であり、一般に読まれただけでなく、学制期（明治五～一二年）の小学校のカリキュラムが示されている「小学教則」に、両書ともその名があり、教科書としても用いられた。

なお、『訓蒙窮理図解』は、四年六月再版が、六年六月に改正再版が出されているが、改正再版も大きな変更はみられない。 〔米山光儀〕

▼窮理全書訳稿

参考 海後宗臣・石川謙・石川松太郎編『日本教科書大系』近代編第二一巻、講談社、一九六五年。谷口真也「福沢諭吉の理科絵本『窮理図解』の面白さ―科学的な考え方を身近に」『評論』（一一〇三号）二〇〇七年。『全集』七。

洋兵明鑑《ようへいめいかん》

西洋における戦略・戦術・用兵などについて、古今の戦例を掲げつつ、図入りで解説した翻訳書。原典は一八六三年アメリカで出版されたイミル・スカーク（Emil Schalk）著の*Summery of the art of war*の第二版であるが、ヘンリー・スコット（Henry L. Scott）が著した兵学辞書（*Military dictionary*, 1864）と英米諸書の抄訳一巻を最後に付録としてつけた五巻本である。

熊本藩の依頼によって、小幡篤次郎・小幡甚三郎の兄弟と分担して共訳した。なおスカークとスコットの原書は、現在慶応義塾に現存し、スカーク本には福沢諭吉の手沢の跡も残されている。

本書刊行の意図については、序文に「兵の凶事」を勧めるものではなく、わが日本をして、「殺伐残忍なる古来軍法の余習」を除き、「人を殺すことを少」なくするという、兵法本来のあり方を目指すものであるとしている。特徴としてはナポレオンの戦術が多く取り上げられており、わが国におけるナポレオンの戦術紹介書の嚆矢ともいわれる。『福沢全集緒言』には、この書を依頼主の熊本藩に何百部かを納めて代金六〇〇両を受け取り、その金で慶応義塾に二階建ての塾舎一棟を新築し、ようやく急増する入学者を収容することができたという。

木版半紙判五冊本。見返しの右側には「福沢諭吉／小幡篤次郎／小幡甚三郎合訳」と訳者三名を並記し、その下に「慶応義塾蔵版之印」の朱印を押し、中央に「洋兵明鑑」と書名を大書し、左側には「明治二年／己巳初春　尚古堂発兌」と記し

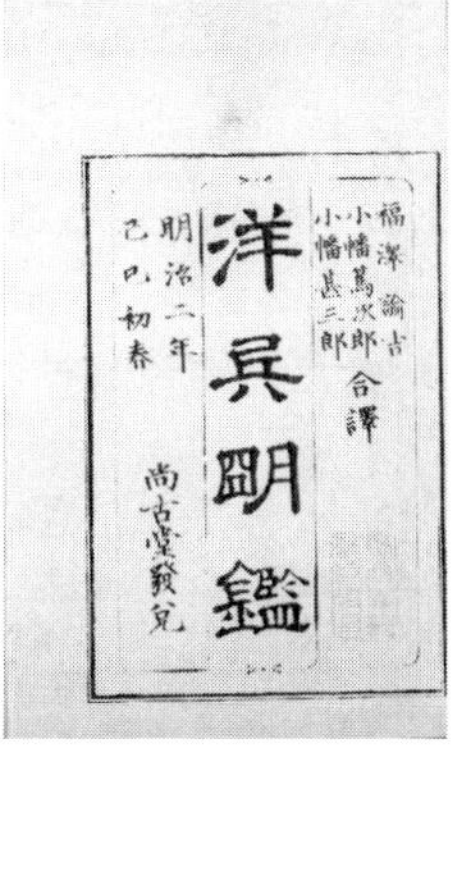

●見返し

てある。また巻之一の序文末尾には「明治元年晩冬、慶応義塾同社誌」と記されており、これによれば明治元(一八六八)年の晩冬に脱稿し、二年の初春に出版したものと思われる。巻之一は四七丁、巻之二は五二丁、巻之三は五〇丁、巻之四は四二丁、巻之五は四四丁となっており、かなり大部な訳書である。巻之一と巻之二を一包みにした包み紙の表右側には「止戈為武」と刻された丸い印が押捺され、裏側には「製本売捌所/慶応義塾蔵版/岡田屋嘉七」と刻んだ長方形の印が押してある。

〔髙木不二〕

▼小幡甚三郎　▼小幡篤次郎

参考『福沢全集緒言』。『書誌』。太田臨一郎「『洋兵明鑑』と『英国議事院談』の原拠本」『全集』一九、付録。

掌中万国一覧《しょうちゅうばんこくいちらん》

世界の地理・文明・言語、欧米の国ぐにの面積・人口・首府・国王・太子・貨幣、欧米各国の鉄道の長さ、世界の金銀銅鉄の産地・産出高、欧米と日本の大都会の経緯度などを記した小型本。明治二(一八六九)年一月刊行。福沢諭吉には、欧米諸国の事情について詳しく記した『西洋事情』や、安政五(一八五八)年以降日本と条約を結んだ欧米一一か国の事情について記した『条約十一国記』、世界地理の教本として著した『世界国尽』などの啓蒙的著作が複数あるが、その中でこの著作は、携帯しやすいサイズ(縦六×横一三cm)と、必要なときにすぐに調べられるように工夫された目次と簡潔な叙述に特徴がある。

世界の陸地を五大州、海を五大洋に分け、世界の人民を五つの人種に分け、また、世界の文明を混沌、蛮野、未開、開化文明の四つに分けて説明している。「万国一覧」という表題ではあるが、実際には国別の説明においては欧米諸国だけを取り上げており、一九の国について、面積、人口、首府、国王名、太子名、貨幣について箇条書きで説明している。その中で特にヨーロッパ五大国——イギリス、フランス、オーストリア、プロシャ、ロシア——とアメリカ合衆国の六か国については、さらに貿易高、軍艦数、陸兵数まで記している。

〔大塚彰〕

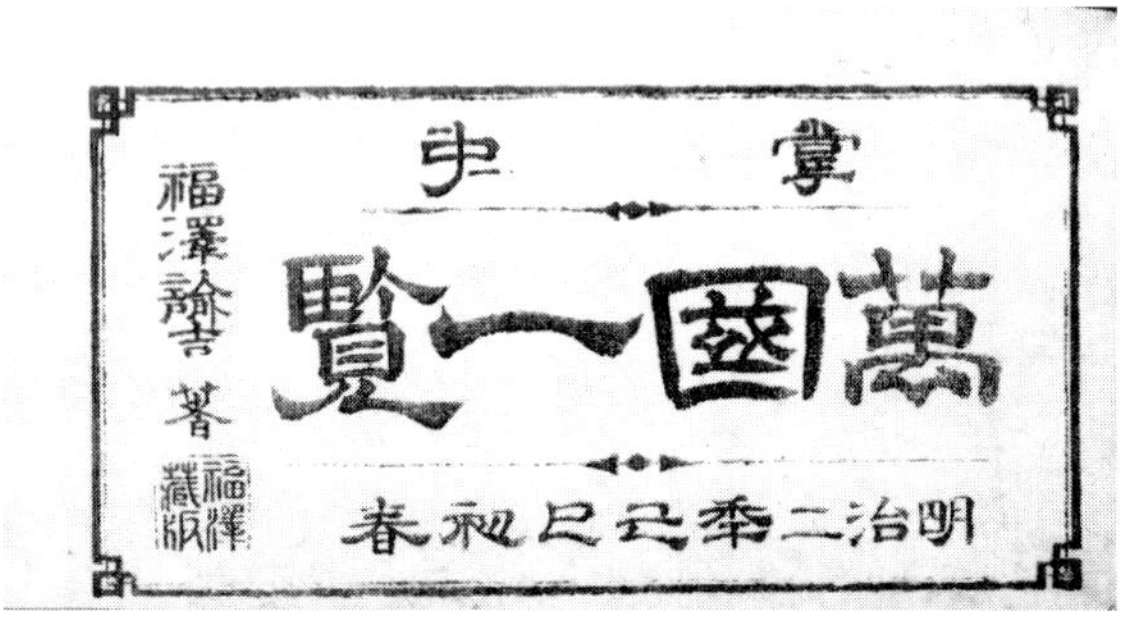

●見返し

参考 進藤咲子「福沢諭吉の著作と著者の想定した読者層—『西洋旅案内』から『通俗国権論』まで」『年鑑』(九)一九八二年。アルバート・M・クレイグ『文明と啓蒙—初期福沢諭吉の思想』慶応義塾大学出版会、二〇〇九年。

英国議事院談　えいこくぎじいんだん

イギリス議会のあらましを解説した著訳書。五箇条の誓文にいう、広く会議を興し万機公論に決すべしの趣旨を制度化した試みとして、明治二(一八六九)年三月に開設された公議所に公議人として参加した和歌山藩執政の伊達五郎(宗興)から、国事を評議する仕組みを知りたいとの要請を受けてまとめられた。諸書を翻訳、編集してただちに版下に回し、出版までに要した日数はわずか「三十七日」であったという(『福沢全集緒言』)。

巻之一の「例言」に、「英人ブランド氏所著の学術韻府中、議事院の部を訳述し」、その箇条に基づき、かたわら「ブラッキストーン氏の英律」「ビール氏の英国誌」などを「撮訳」したとある。ブランド氏の著述とは、William Thomas Brand, *A Dictionary of Science, Literature and Art* のことである。口絵として「竜《ロン》動《ドン》議事院之図」のほか、図版として「下院評議之図」「テイムストンネル之図」「議事院平面之図」が挿入され、イギリス議会の歴史、国王と議会の関係、上下両院の構成と権限、議員の選挙法、議会の召集手続、評議の方法などが詳細に解説されている。巻末の「竜動府議事院の所見」の項では、議会所在地としてのロンドンの地誌を概観し、合わせて議会内部の構成と、議会の見学や傍聴の手続きについて説明している。

木版半紙判二冊本。別に異装本として布装帙入り二冊本がある。表紙見返しに「明治二年己巳仲春　尚古堂発兌」とあるが、実際の刊行は三月になったと推定される(同年二月二〇日付山口良蔵宛福沢書簡)。福沢自筆の本文草稿が慶応義塾に所蔵されている。

[松崎欣一]

▼ヨーロッパ歴訪

参考『全集』二、後記。『書誌』。竹田行之「『英国議事院談』出版前後—福沢諭吉、陸奥宗光、伊達宗興　その二」『手帖』(一二三号)二〇〇七年。浅井清『明治立憲思想史におけるイギリス国会制度の影響』有信堂、一九六九年。

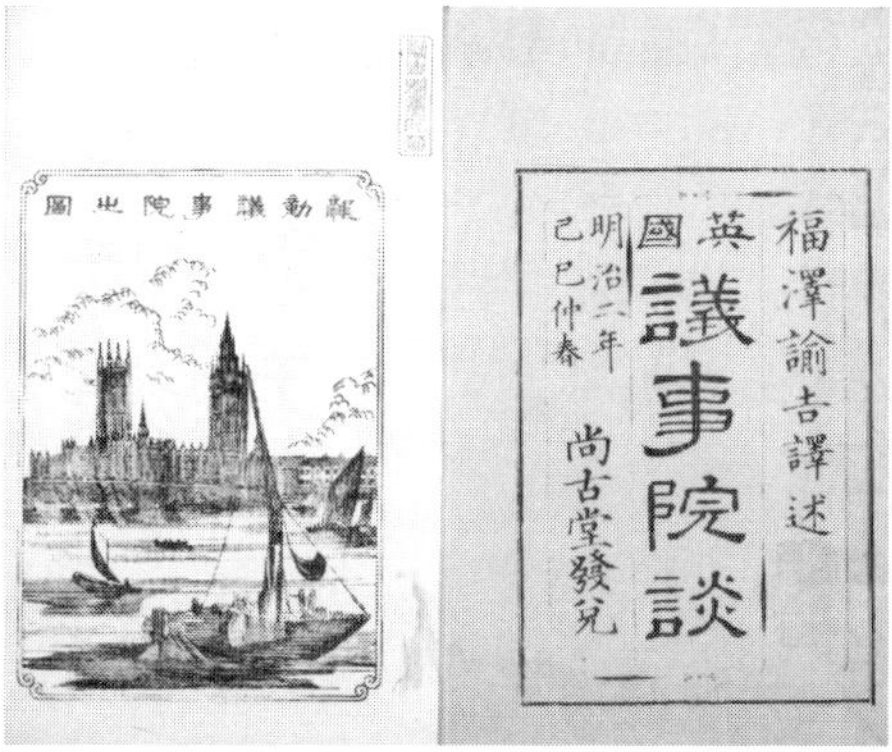

◉見返し

清英交際始末《しんえいこうさいしまつ》

清と英（および仏）との間のアロー戦争（一八五六～六〇年）の経緯と、その戦争にかかわる清英間の条約の訳文とから成る著作。明治二（一八六九）年刊行。上下二冊本で、上巻「両国和戦の紀事」では、一七世紀から一九世紀の阿片戦争および南京条約（一八四二年）に至るまでの清英交渉史の概略についての簡潔な叙述に続いて、アロー戦争の開始から終結までの経緯が詳しく記されている。下巻「両国条約書」では、同戦争にかかわる条約として「本条約」（天津条約、一八五八年）、「続増条約」（北京条約、一八六〇年）、「附録」（上海税率協定、一八五八年）の訳文が掲載されている。

阿片戦争について論じた日本人の著作は当時いくつもあり、福沢諭吉自身も「唐人往来」や『西洋事情』などの著作ですでにこの戦争に言及しているが、アロー戦争について論じた日本人の著作はそれまであまりなかった。序文には、清英交際はわれわれに関係がないようにみえるが、すぐ隣の清国でこのような出来事があったことを知っておかなくてはいけない、と書かれており、西洋列強による中国侵略の事実に福沢が深い関心を抱いていたことが分かる。

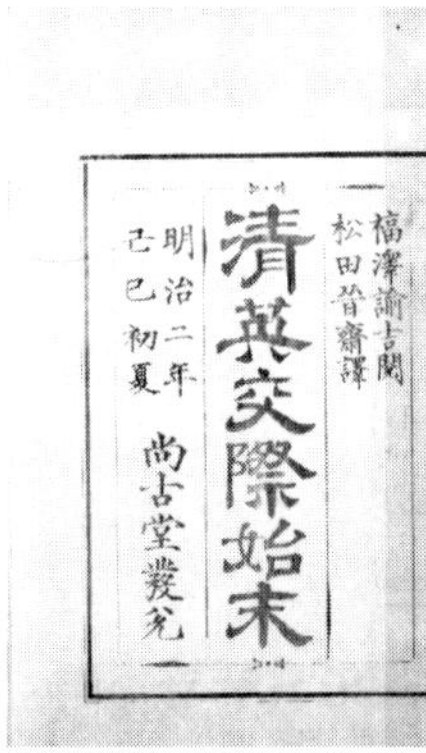

◉見返し

表紙の見返しには「福沢諭吉閲／松田晋斎訳」と記されており、松田は福沢門下であるが、実際は福沢の単独の著訳書であり、明治版『福沢全集』では「福沢諭吉訳」と表記が代わっている。

〔大塚彰〕

▼松田晋斎

参考 和田博徳「福沢諭吉の「清英交際始末」とアロー戦争・太平天国」『史学』（四〇巻二・三号）一九六七年。

世界国尽《せかいくにづくし》

世界地理の知識を身につけることを目的として刊行された著作。

江戸時代の寺子屋には、江戸の町の方角や地名、東海道五十三次などを調子のよい七五調で面白く書き綴り、その文句を暗唱することによって地理を覚え、さらに習字の手本にもなる版本がいくつか存在した。福沢諭吉はそこに着目して、『江戸方角』『都路』を購入して熟読暗唱し、それらの七五調にならって世界地理の内容をまとめたものが『頭書大全世界国尽』で、明治二（一八六九）年に刊行された。上下二段の構成で、上段には頭書として補足的な説明のほかに豊富な挿絵が刷り込まれ、下段には大きく草書で本文が記されて習字の手本としても利用できる。全六巻の構成で、順にアジア、アフリカ、ヨーロッパ、北アメリカ、南アメリカ・オセアニア、付録の順となっている。付録では地理学の総論として、天体としての地球のあらまし、地球上の海陸山川の形状、文明の四段階と政治の三政体について述べている。

文章は通俗的で、むずかしい文字を用いず、一貫して寺子屋流の体裁をとった。外国の地名は中国の漢字表記ではなく、福沢独自の日本語読みで原音に近い表記へ変えている。

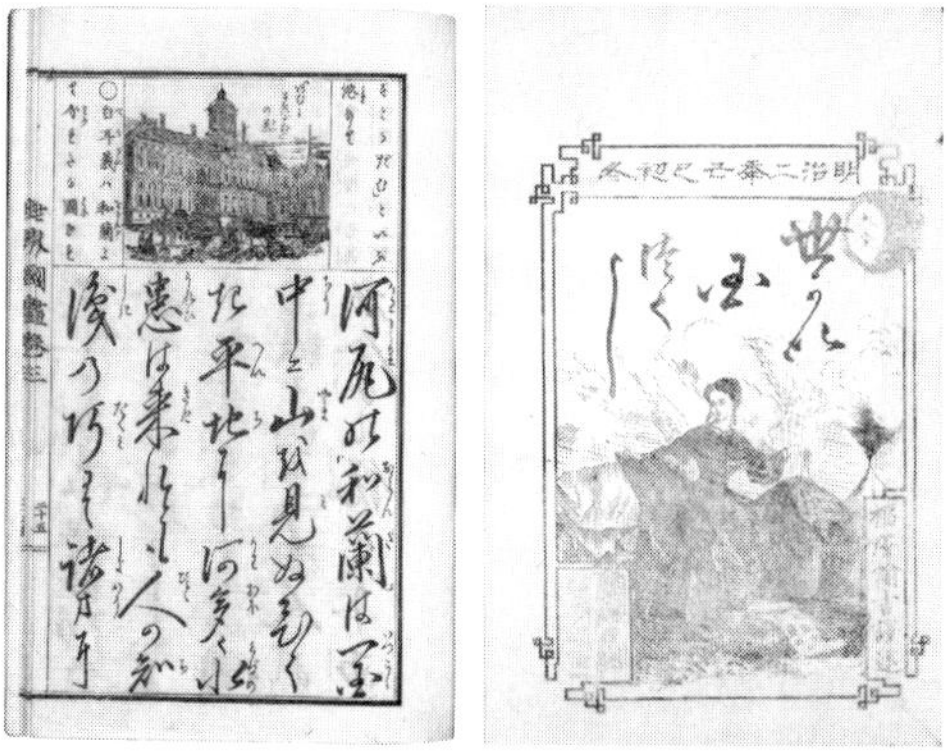

◉見返しと本文

その一方で世間の儒学者や洋学者から嘲笑されるのを避けるため、米国の教育家・説教師であるワルブランクの一文を訳したものを序文に掲げた。そのため、見返しの右下には「福沢諭吉訳述」と記されている。

四年に再版が刊行され、初版と同じ六冊本と、二冊ずつ合綴した三冊本がある。五年の学制発布によって全国に小学校が開校すると教科書として採用され、全国の児童が歩きながら暗唱して世界地理の知識を一般に普及させるのに非常に効果があったという。

同年に『素本世界国尽』が刊行された。これは小型の三冊本で、『頭書大全世界国尽』の本文のみを習字手本風に大書きしたものである。八年には一冊本の『真字素本世界国尽』が刊行された。これは『頭書大全世界国尽』の本文のみを楷書にしたものである。

字句やいい回しを変えた偽版や、さまざまな題材を七五調で綴った類書も数多く刊行された。このような『世界国尽』による口誦本の流行と、後年の明治新体詩誕生との関連性も指摘されている。亜細亜州から大洋州に入ったところまでは、初稿と思われる自筆原稿が残っている。

〔日朝秀宜〕

参考 田村勝正「『世界国尽』考」『国学院高等学校紀要』(一九号)一九八四年。源昌久「福沢諭吉『世界国尽』に関する一研究」『空間・社会・地理思想』(二号)一九九七年。『著作集』二、解説(中川真弥)。『福沢全集緒言』。『伝』二―一九編。『考証』上。

啓蒙手習之文 けいもうてならいのふみ

子ども用の習字手本として、明治四(一八七一)年に刊行された。上下二巻の構成で、平仮名、片仮名、数字、十干、十二支、国名などが、福沢諭吉の門下生で書に秀でていた内田晋斎による大きな文字で記されている。

◉見返し

序文では本書の対象年齢を「五、六歳の童児」と設定し、内容をはじめ字体・配列にまでなるべく分かりやすいようにする配慮がなされている。また本書を使用して初等教育を始めれば、学校教育にかかわる費用節減の一助となろう、という見通しも述べられている。刊行に際しては、福沢から内田に対して細かい注文がいろいろとつけられていたことが明治四年二月の内田宛福沢書簡から読み取れる。

本書の内容は単なる習字手本ではなく、「窮理問答の文」では手紙のやりとりのかたちを借りて物事の諸原理や自然現象を説明するようになっていて、自然科学の知識を吸収しながら同時に手紙の書き方も身につくような工夫が凝らされている。さらに「洋学の科目」では、読本、地理書、数学、窮理学、歴史、経済学、修心学の諸学について、それぞれの概要を解説している。

明治五年の学制発布によって全国に小学校が開校すると、教科書として採用され広く使用された。

「啓蒙手習之文」下巻をそのまま復刻した『啓蒙手習之文　全』と題する一冊本の偽版が存在する。〔日朝秀宜〕

▼子どもの教育　▼内田晋斎

参考 安藤隆弘「福沢諭吉と内田晋斎」『手帖』（六八号）一九九一年。

学問のすゝめ《がくもんのすすめ》

福沢諭吉が明治五（一八七二）年二月から九年一一月にわたって断続して出版した一七を数える小冊子から成り、一三年七月に福沢みずからが合本して、一冊の書籍として出版した。したがって、最初から全体の展望をもって著述したものではなく、「読書の余暇随時に記すところ」（「合本学問之勧序」）を次々と発表したものであり、福沢自身「前後の論脈相通ぜざるに似たるものを覚」（同）えると述べている。だが一七の各編のテーマは、相互に響き合う関係にあった。

明治四年福沢は、旧藩主奥平家および旧藩士らに郷里の中津に英学校を開くことを勧め、同年一一月に中津市学校が開設された。『学問のすゝめ』は、福沢がこの市学校に学ぶ青年に向けて新しい学問のあり方を説いたものであったが、好評を博したので当初、大量印刷に不向きな活版印刷（紙型による鉛版印刷が未発達であった）であったものを木版印刷に変えるとともに、続編の執筆も進められた。この最初の冊子は、約二年後の六年一一月の「二編」の登場以後は「初編」と呼称されるようになる。なお、「初編」の巻頭巻末には福沢と小幡篤次郎の連名で同書が著されたことが明記されるが、これは市学校の初代校長として赴任する小幡を迎える、中津の人びとへの配慮であったと理解される。

なお、五年二月の初編出版以降は、二編・三編―六年一一月～一二月、四・五編―七年一月、六編～一一編―同年二月～七月に毎月一編、一二・一三編―同年一二月、一四編―八年三月、一五編―九年七月、一六編―同年八月、一七編―同年一一月に刊行されている。

「初編」冒頭に掲げられる、「天は人の上に人を造らず人の下に人を造らずと云えり」との名句は、福沢がアメリカの独立宣言やバートンの *Political Economy*（チェンバーズ経済書）を経由して学んだ

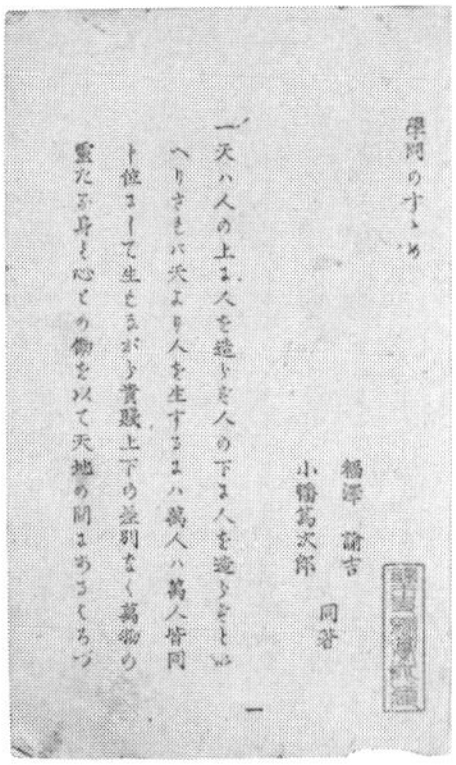
學問のすゝめ

福澤 諭吉
小幡篤次郎 同著

一 天ハ人の上ニ人を造らす人の下ニ人を造らすと云へりされハ天より人を生するにハ萬人ハ萬人皆同し位にして生なからの貴賤上下の差別なく萬物の靈たる身と心との働を以て天地の間にあるよろつ

◉初編の冒頭頁

「天賦人権」の思想を表明している。

本書の成立にとって見逃せないのは外国書の影響という事実であろう。実際に福沢は、「八編」にウェーランドの『修身論』を、「一五編」にミルの『女性の解放』をそれぞれ引用しており、このほかバックルに学んだ箇所もあるという。また、二、三、六、七の各編ではウェーランドを下地にした叙述も少なからず見受けられるが、本書には訳述書的な色彩はまったくみられない。福沢はそれらを十分に咀嚼し消化して著述に臨んだのである。

上述の「初編」で宣言された、人は生まれながらにして「同等」であるとする「天賦人権」の考えは「二編」では、「その同等とは有様の等しきを云うに非ず、権理通義の等しきを云うなり」と再定義される。「通義」とは福沢による right の翻訳語であったから、現代語的にいい換えれば、それは「人びとは生活状況（＝有様）における等しさではなく、権利（＝通義）において等しく扱われるべきである」という意味になる。階級、門地、職業、性に生まれながらにして拘束されていた人びとは、この福沢の宣言によって旧体制的軛《くびき》、身分社会的鎖の内から解放されるが、今度は独立した主権国家の創出を担う近代的な自我に目覚めた「個人」として把握し直される（「三編」）。この「個人」の独立に至る方法が学問《サイヤンス》＝実学であり、ここに福沢は「人民独立の気力」の醸成と「文明の精神」の発現を期し、その先導役を「私立＝民間」の精神に貫かれた洋学者に委ねた（「四編」）。もっとも、洋学者がなぜ官途にあってはならないのかという福沢の「学者職分論」が『明六雑誌』に掲載され、世上を賑わせることもあった。

『学問のすゝめ』は、「有様」の多義的で多様な現実社会を生きる個人が、不断に立ち返らなくてはならないあるべき「通義」、すなわち「天の道理」の規範的な性質とその所在とを冒頭で確認し、各編でこの有様と通義とを緊張をはらんだ関係のもとに描き込んでいる。例えば「八

編」では、「人たる者は他人の権義（＝権理通義）を妨げざれば自由自在に己が身体を用《もちい》るの理あり」との道理のもとに、当時世間でいわれた女性の「三従の道」や「七去の制」がいかに「上下貴賤の名分」に発する悪弊であるかを厳しく論難している。

　また御恩と奉公から成る封建的な主従関係は福沢においては一掃され、平等な個人相互間での契約関係がこれにとって代わる。政府と人民の関係もこの契約として把握され、人民は統治される客体に留まらずその主体にもなり、この治者・被治者の同一性を前提に、国法への自発的遵守の姿勢が導かれる（「六編」「七編」）。ただし福沢は、その論証においていわゆる「赤穂不義士論」や、さらに「楠公権助論」と世評に受け取られかねない刺激的な叙述を展開したことから、一時世上からの激しい批判の的となり、「慶応義塾五九楼仙万」の変名を用いた弁明文「学問のすゝめの評」（明治七年一一月七日付）を記さざるを得なくなった。いかに福沢の言説が当時の社会に反響大きく迎えられたかが分かろう。

　なお『学問のすゝめ』は、明治一三年時の福沢の試算では「凡そ七十万冊」が発刊されたとし、「初編」だけでも偽版本も含めれば「二十二万冊」を数えたというが、これは人口三、五〇〇万人で、かつ読書人数が今日ほどには多くない当時においては、驚異的なベストセラーといえる。平易で達意な福沢の文体は多くの読者を獲得したが、現代においても種々の版が重ねられ再読の機会が失われず、また現代語訳版なども出されている。第六～一〇編および一三編の一部についての自筆原稿、一五編の他筆浄書への福沢加筆原稿が残っている。　［岩谷十郎］

▼学者職分論　▼赤穂不義士論　▼楠公権助論
▼慶応義塾五九楼仙万「学問のすゝめの評」

参考『学問のすゝめ』（小泉信三解説）岩波文庫、一九七八年。『学問のすゝめ』（伊藤正雄解説）講談社、二〇〇六年。『著作集』三、解説（西川俊作）。『学問のすゝめ』（坂井達朗解説）角川書店、二〇〇六年。

童蒙教草　どうもうおしえぐさ

イギリスのチェンバーズ社刊 *The Moral Class-book* を翻訳して、西洋道徳の子ども向け例話集としたもので、明治五（一八七二）年の夏から秋にかけて、尚古堂より初編三冊と二編二冊が二回に分けて刊行された。全五冊二九章百七か条から成り、章ごとに徳目を挙げて、その趣意を説明したうえで具体例として寓話や逸話を箇条で記している。イソップ童話が含まれ、近代の日本で最初にイソップ童話が紹介された本といわれる。

　西洋に対する侮蔑意識や迷信を払拭するのに大いに役立つ著作とされ、同年の学制発布によって全国に小学校が開校すると、修身の教科書として広く採用された。

　一三年に再版し、初版の本文が漢字平仮名交じりで総振り仮名つきであったのに対し、再版では漢字片仮名交じりにして振り仮名をなくした。初編、二編共に自筆原稿が残っている。　［日朝秀宜］

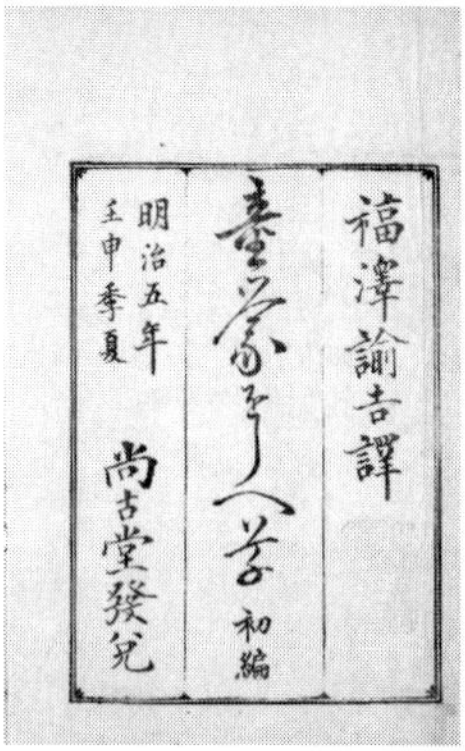

◉見返し

参考 谷口巌「福沢諭吉とイソップ物語」『愛知教育大学研究報告　人文科学・社会科学』(二三号)一九七四年。桑原三郎「『童蒙教草』の原本(上)」『手帖』(五四号)一九八七年。『著作集』二、解説(中川真弥)。

かたわ娘　かたわむすめ

既婚女性が眉毛を剃り歯を黒く染める因習を戒める目的で、明治五(一八七二)年に刊行された。福沢諭吉の著訳書中、唯一の戯作風の筆致による寓話となっている。話の内容は、生まれつき眉毛がなく歯の黒い娘が近所の噂となり両親を悩ませたが、世間一般の既婚女性は皆、眉毛を剃り歯を黒く染めるので、この娘も結婚後は何の問題もなくなったというもの。

明治四、五年頃、京都の公卿の中にはいまでもまだ鉄漿《おはぐろ》をしている者がいるという噂を聞きつけた福沢は、明治維新から四、五年たってもまだ古い習慣にとらわれている公卿に対して、大いに驚くとともに不満に思った。この気の毒な公卿を文明に導いて活発な男性にするには、まず彼らの習慣である婦人のような鉄漿をやめさせようと思って起草した。ところがその過程で、公卿が婦人の真似をすることはもちろんおかしいが、そもそも婦人が天然の白い歯をわざわざ黒く染めるのもまたおかしなことで、京都にいる少数の公卿よりも全国にいる大多数の婦人の歯を白くして、天然の美を保つほうが先と考えた。婦人が鉄漿をやめれば、京都の公卿もまたみずからを恥じて鉄漿の習慣を改め、一挙両得になると思い、当初の文案を変更し、婦人に向けて鉄漿や眉毛を剃ることの利害をおもしろおかしく諷刺する本書が執筆された。自筆原稿が残っている。

表紙には、振袖姿の婦人の坐像を描き、「福沢諭吉寓言　かたわ娘　明治五年／壬申五月」の文字を配し、右下に「慶応義塾蔵版之印」が捺されている。

「かたわ息子」と題した模倣書も刊行された。　〔日朝秀宜〕

参考 谷口巌「福沢諭吉とイソップ物語」『愛知教育大学研究報告　人文科学・社会科学』(二三号)一九七四年。『福沢全集緒言』。

◉扉

改暦弁　かいれきべん

明治五（一八七二）年一一月九日の太政官布告と詔書により、従来の太陰太陽暦を太陽暦に変更して同年一二月三日を明治六年一月一日とする改暦が断行された際、その改暦の理由・目的・内容などを説明するため、六年一月に刊行された。

新旧暦の比較を中心に、独楽《こま》と行灯《あんどん》を例にして地球の自転と公転の仕組みを述べ、曜日や月の英語名も記されている。福沢諭吉は改暦自体には大賛成であったが、当時の政府による説明では簡単すぎて国民は理解できず、改暦に支障を来たすことを憂慮して、政府の事業を助けようと執筆を思い立った。起草した日はあいにく風邪を引いていたため床の上で執筆し、およそ六時間で脱稿したという。本書では改暦による便利を理解せずに反対する者を「馬鹿者」と批判している。

また巻末には時計の図を示して、時計の見方についても説明されている。これは幕末に、高価な金時計を持ちながらもその見方を理解している者が少なかったという福沢の経験から、維新後も同様の人が多かろうと付したものである。

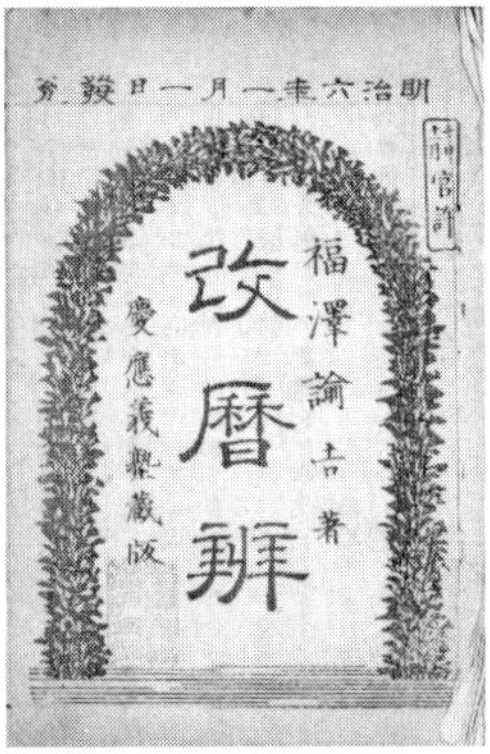

◉表紙

改暦の太政官布告と詔書を掲載した『東京日日新聞』は二万五、〇〇〇部以上を売り上げたが、『改暦弁』は明治一二年の福沢の回顧によると一〇万部以上も売れた。一例として浜松県令の林厚徳は、五〇〇〇部を取り寄せて県下の村々へ配布したという。

［日朝秀宜］

参考 荒川秀俊「『改暦弁』と日本の暦法」『評論』（七二五号）一九七三年。明治一二年三月四日付松田道之宛福沢書簡。『福沢全集緒言』。

帳合之法　ちょうあいのほう

日本に初めて西洋式簿記を紹介した福沢諭吉の翻訳書。原書はアメリカの商業学校の簿記教科書 Bryant and Stratton's book-keeping Series 中の一冊で、ブライアント（H. B. Bryant）、ストラットン（H. D. Stratton）、パッカード（S. S. Packard）による *Bryant and Stratton's common school book-keeping*, 1871。初編二冊（明治六（一八七三）年六月刊）、二編二冊（七年六月刊）の計四冊が慶応義塾出版局より刊行された。初編が単式、二編が複式簿記を扱っている。

福沢が実業を重視する姿勢を貫いたことはよく知られているが、この『帳合之法』の翻訳も、「商売を貴き学問と思わざりし心得違」い（巻之一凡例）を正し、簿記を日本に普及させる目的で翻訳された。福沢自身が「余が著訳書中最も面倒にして最も筆を労したるもの」（『福沢全集緒言』）と書いているように、翻訳に当たっては数々の簿記用語の邦訳を考案したほか、原書の横書きアラビア数字に替えて、漢数字と○（ゼロ）を併用した十進表記による縦書き帳簿を考案するなど、日本での実用を強く意識した工夫が施されている。初編二編共に自筆原稿が残っている。

　出版された『帳合之法』は、一二年に福沢が設立した簿記講習所や、明治前期に各地に設立された商業講習所などで教科書として利用されたことが知られている。また、福沢自身が携わった簿記書の翻訳は『帳合之法』のみであるが、慶応義塾出身の小林小太郎が『馬耳蘇《マルシュ》氏記簿法』（八～九年）を翻訳出版したほか、ブライアント、ストラットンの簿記叢書を基礎とする簿記教科書の翻訳と出版は門弟に引き継がれ、森下岩楠・森島修太郎『簿記学階梯』（一一年）、竹田等『商用簿記論』（一五年）として刊行された。［牛島利明］

◉初編の見返し

▶商法講習所　▶家計

参考 西川孝治郎『日本簿記史上における福沢諭吉』（福沢記念選書10）慶応義塾大学、一九七三年。西川俊作「『帳合之法』と簿記の日」『評論』（一〇八九号）二〇〇六年、「小林小太郎」『義塾史辞典』。

日本地図草紙　にほんちずぞうし

　小学校における授業用の掛図として作成された一枚ものの日本と世界の略図で、明治六（一八七三）年七月に刊行された。左上に福沢諭吉署名入りの説明文が記されていて、児童がおおまかな内容を理解するための地図なので実用的な地理案内ではなく、『啓蒙手習之文』に付属するものと述べられている。上段中央に小さな世界地図、その下に大きな日本地図が描かれている。日本地図には旧国名と国境のみが記されていて、その他の表示はすべて割愛されている。北海道は南端の箱館のみ図示され、箱館以北は千島や樺太も含めて主な地名のみ記されている。南西諸島は種子島、屋久島、永良部島まで、伊豆諸島は八丈島まで図示されているが、沖縄や小笠原諸島は記されていない。

　同年一一月には福沢の甥で門下生の中上川彦次郎により、七五調で日本地理の概要を説く『日本地図草紙の文』も刊行された。［日朝秀宜］

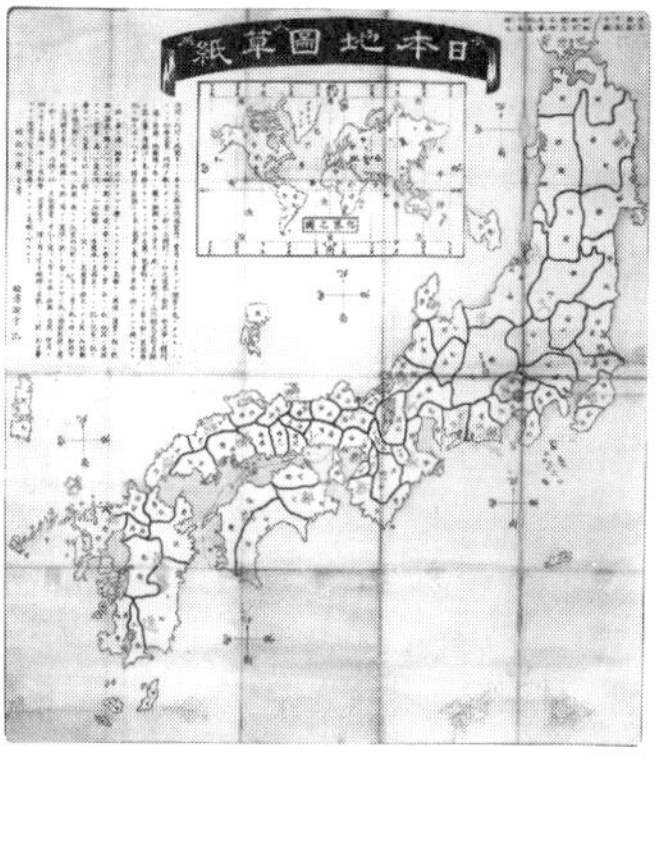

文字之教 もじのおしえ

子ども向けに、文字を教えながら文章を書く練習をさせることを目的として、明治六(一八七三)年一一月に刊行された。三冊本で、『第一文字之教』『第二文字之教』『文字之教附録』から構成される。福沢諭吉は自分の子どもに日本文を学ばせようと思って世間の書物を取り寄せたところ、良書がなかったのでみずから執筆して出版した。

『第一文字之教』『第二文字之教』は楷書片仮名交じりで記され、漢字と文章の読み書きの習得を目的としている。『第一文字之教』の端書では、むずかしい漢籍の素読《そどく》よりもやさしい漢字の意味を習得して、実用的な文章の読み書きを訓練することの大切さが主張されている。

本書の使用方法については、まず大人が子どもに大きな文字で記された題字を読んでやりその意味を教えたうえで、子どもに細字の例文を読ませて意味を考えさせる、また学校では教師一人がこの本を使用して、生徒には筆と紙だけを渡して、黒板に文字を書いて教えてもよいと説明されている。さらに、購入者の経済的な負担を考慮して、なるべく廉価ですむように紙数を少なくしてあるので、教える大人が不足を感じた際には適宜補うように指示している。

◉見返し

『文字之教附録』は草書平仮名交じりで記され、候文の手紙の読み書きの習得を目的としている。手紙の文例は、挨拶、お礼、お断り、郷里への手紙、借金の申し込み、日常の悩みの問答など、実用的なものが並べられている。さらには、漢学・儒学流の誇大な表現を多用する文章を悪文として楷書片仮名交じりで例示し、それを簡潔明瞭な草書平仮名交じりの文章に書き直したものを並べて比較している。各例文には随所に福沢による工夫が凝らされ、滑稽な表現も散見され親しみやすい。

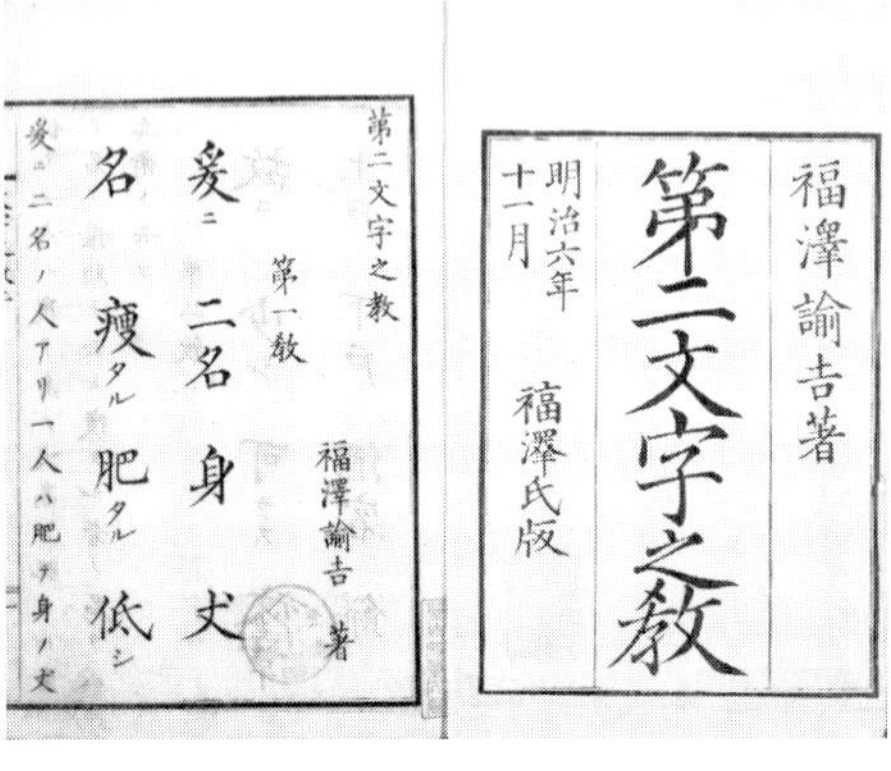

◉第二文字之教の見返しと本文冒頭

明治九年に再版が刊行され、一二年末あるいは一三年頃に三版が刊行された。『第一文字之教』『第二文字之教』共に福沢自筆の素案が残っている。

［日朝秀宜］

参考 『伝』二―一二編。『著作集』二、解説（中川真弥）。伊藤正雄「『文字之教』について」『評論』（七二五号）一九七三年。

会議弁《かいぎべん》

「学者の議論」「商売の相談」「政府の評議」「市在の申合せ」（町や村の相談）など、社会のさまざまなレベルで行われているこれまでのわが国の集会はその実をあげていないとし、集会を意義あるものとするためには、集会の招集手続き、役員の任務と選任方法、集会の進め方などの「集会談話の体裁」を知らねばならないとして、それらを具体的に解説した著作。「集会を起す手続」として、ある村の道路に人力車の通行を可能にするための補修工事を行うことの実際や、費用分担について相談する集会が開かれるという設定で、その様子がつぶさに叙述されている。合わせて慶応義塾内で開始されていた三田演説会の規則全文を収録し、演説、討論、会議の意義について実際に即して説明している。

◉表紙

本書は木版小型一冊本、題簽「福沢諭吉／小幡篤次郎／小泉信吉　合著　完」とある。刊記がないが『福沢全集緒言』に、「明治六年春夏の頃」に小泉信吉《のぶきち》が福沢のもとにもたらした「英版原書の小冊子」を抄訳して本書が成ったとあり、文部省刊行の明治七（一八七四）年九月分の「准刻書目」中に「会議弁」の名がある。同年同月に「版権免許」を受け、翌一〇月中旬には刊行されていることが確認できる。「集会を起す手続」の部分は、道普請のための村寄合いの設定、福沢諭吉、腰野抜太など虚実取り混ぜた名の人物を登場させるなどの卓抜な構成で、原書からかなり離れた翻案であろうと長らく推測されてきたが、ex-member of the Philadelphia bar とのみ記された匿名の著作、*The Young Debater and Chairman's Assistant* の第一部第一 Of Public Meeting について、議題を選挙準備のため民主党の会合を開くことから「道普請」へと変えたほかは、議事の進行をほぼ忠実に辿る翻訳となっている。三田演説会の規則は James N. McElligott, *The American debater*, 1855 を典拠としていることが明らかにされている。〔松崎欣一〕

参考 村上幸子『会議法の移入と発展』渓水社、一九九三年。宮村治雄「『御誓文』と『会議弁』の間―維新の精神をめぐって」『みすず』（三四四号）一九八八年（宮村『開国経験の思想史』東京大学出版会、一九九六年、収録）。宮村治雄「『会議弁』を読む―「士民の集会」と「兵士の調練」序論」『年鑑』（二八）二〇〇一年。大野秀樹「日本におけるディベートの適応―『会議弁』を中心としたディベート関連書の分析」*Speech communication education*（16）二〇〇三年。藤元直樹「公共性のレッスン—原書と読む『会議弁』」『年鑑』（三四）二〇〇七年。

文明論之概略《ぶんめいろんのがいりゃく》

福沢諭吉の代表的著作であり、近代日本の古典ともいうべき東西文明論。全巻を通じて体系的に一つのテーマを論じた福沢の著作としては、もっとも大部のもの。初版は、明治八（一八七五）年に木版和綴の六冊本として一括して刊行された。ほかに福沢生前における単行本としては、一〇年に洋紙活版刷一冊本がある。『福沢全集緒言』によれば、本書の発行は「何万部の大数に達し」、西郷隆盛も通読し少年子弟に本書を勧めたというが、木版本、洋紙活版本とも、どの程度の重版があったかは明らかでない。「何万部」という表現からして、それなりに好評は博したものの、各編合わせて七〇万冊の発売と推計されている『学問のすゝめ』ほどのベストセラーではなかったと考えられる。

構成は、巻頭の緒言に続いて、第一章 議論の本意を定る事、第二章 西洋の文明を目的とする事、第三章 文明の本旨を論ず、第四章 一国人民の智徳を論ず、第五章 前号の続、第六章 智徳の弁、第七章 智徳の行わるべき時代と場所を論ず、第八章 西洋文明の由来、第九章 日本文明の由来、第一〇章 自国の独立を論ず、の一〇章から成る。

本書の特色は、第一には西洋文明を当面の文明のモデルと考え、それを目的であると同時に手段としている点である。文明は人類の進歩をうながすものとして、それ自体が目的である。新時代の価値として文明を説こうとする福沢の情熱は、とりわけ緒論、二章、三章などの行間にあふれている。しかし他方で、第一〇章におけるように、欧米勢力の脅威のもとで日本の独立を維持する手段としても文明が位置づけられている。本書ではこの両者が、かならずしも二律背反のものではなく、文明は目的であると同時に、一国の独立という緊急課題の手段ともなり得るものと考えられている。

第二の特色は、文明を、軍事力、工業力、社会・政治制度、教育制度などの外形的なものではなく、「天下衆人の精神」あるいは社会の「智徳」が発達してゆく状態と考えている点である。発達してゆく状態ということは、文明を「進歩の有様」という動態概念として考えているということでもあり、この点も本書の特色となっている。

第三の特色としては、このように西洋文明を課題としながらも、けっして実態としての西洋を理想化しているわけではない点にも注意しなければならない。福沢は、西洋文明が東洋文明より人びとの精神を発達させてゆくものであるとするならば、その相違の本質はどこにあるのかを、実態としてではなく理念的に考えることを課題としている。

第四の特色は、文明を妨げる決定的な障害として、「権力の偏重」を挙げている点である。社会に多くの活動・事業が発生することと、盛んに異説争論が興り自由な気風が満ち精神や智力が発達することが、相互に原因結果となり文明は進歩する。この状態を妨げるものが、諸説の並立を許さない権力の集中、すなわち「権力の偏重」である。西洋史と日本史を比較しつつ、日本社会の過去と現状における「権力の偏重」を批判する福沢の筆致は、切実にして厳しいものとなっている。

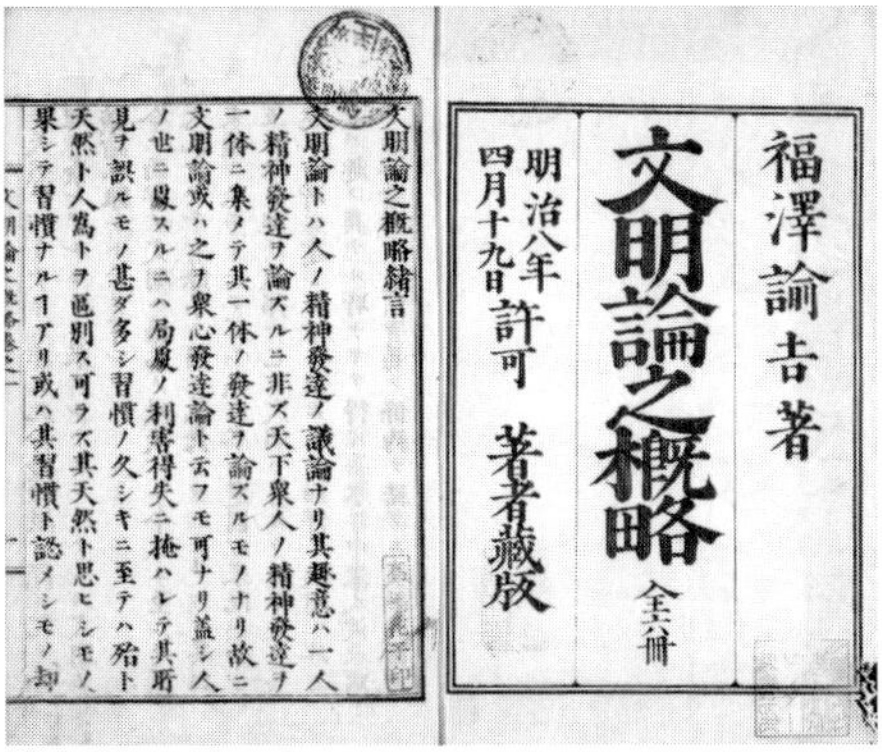
福澤諭吉著
文明論之概略 全六冊
明治八年四月十九日許可 著者藏版

文明論之概略緒言
文明論トハ人ノ精神發達ノ議論ナリ其趣意ハ一人ノ精神發達ヲ論スルニ非ス天下衆人ノ精神發達ヲ一体ニ集メテ其一体ノ發達ヲ論スルモノナリ故ニ文明論或ハ之ヲ衆心發達論ト云フモ可ナリ蓋シ人ノ世ニ處スルニハ局處ノ利害得失ニ掩ハレテ其所見ヲ誤ルモノ甚ダ多シ習慣ノ久シキニ至テハ殆ト天然ト人爲トヲ區別ス可ラス其天然ト思ヒシモノ果シテ習慣ナルコアリ或ハ其習慣ト認メシモノ却
文明論之概略卷之一 一

◉見返しと緒言冒頭

第五には、『福沢全集緒言』でも述べているように、本書は、「儒教流の故老」をして、この文明論に賛同させることを目的としており、個人的な道徳すなわち「私徳」をもっぱら重視する儒学への批判に多くの紙幅を割いている。特に第六章では、「私徳」を人間社会にとって必要条件にしかすぎないものと位置づけ、社会的に意義のある「公智」「公徳」を発展させるには「聡明叡智」の力こそが必要であると説く。この点で、本書は儒教流の道徳論に対峙して明確に主知的な立場を示したものといえる。

本書は、バックル(Henry Thomas Buckle)の『英国文明史』、ギゾー(François Guizot)の『ヨーロッパ文明史』、ミル(John Stuart Mill)の『代議政体論』『自由論』『経済学原理』などの諸書を参考にして書かれており、とりわけ西洋文明史を紹介した第八章などは、ギゾーの著書に多くを負っている。しかし、本書全体としては、緒言でみずから述べているように、これらの諸書を食物として消化したうえで、それを参考としながら福沢自身の思想を展開したものとみるべきである。

本書は、福沢の終生変わらない文明観の確立を示すものであると同時に、維新期の啓蒙思想を代表する歴史的著作であり、かつ異文化受容の思想的営為という点では時代と国を越える普遍的な力を備えた思想書ともいえる。

福沢自筆あるいは加筆の原稿やメモがまとまって残っており、それらに対する研究成果も数多く報告されている。

［小室正紀］

▼『文明論之概略』の執筆　▼『文明論之概略』講義の広告

参考 丸山真男『「文明論之概略」を読む』上・中・下、岩波新書、一九八六年。松沢弘陽『近代日本の形成と西洋経験』岩波書店、一九九三年。

学者安心論　がくしゃあんしんろん

文明の発達のため、学者は政府の政策や地位にばかり関心を寄せるのではなく、民間に身を置いて学芸や言論に従事すべきだ、と提言した著作。「政」は政府のみが担うわけではなく、民間もまた担うべきであり、両者がその役割を果たし、支え合うことで文明が発達すると主張する。なお、ここにいう「学者」とは、学校での教育、著述、演説などを「領分」とする人びとのことを指している。当時、福沢諭吉が記していたメモ（「覚書」）には、「学者安心論。明治九年二月十四日夜起稿、二月十九日夜十時脱稿。丁度六日の仕事なり」と記されており、執筆期間が判明する。

政府が裁判や軍事、徴税などに取り組む一方で、民間も貿易や流通、開墾や運輸などを通して「政」に参加し、両者が適切に運用され、支え合うことによって「一国の文明」が進歩すると述べる福沢は、学者が読書、著述、新聞、演説などを発展させることで文明の進歩が実現すると主張する。その立場から、現在の学者は政府の政事にばかり関心があり、みずからの役割には目を向けておらず、民権論者は政府に不平を述べているばかりだ、と問題提起し、両者は「改進」という方向性において一致すべきだと説いた。そのうえで福沢は、政府の政策や地位にばかり関心を持つのではなく、民の立場からみずからの役割を果たし、政府も学者からは距離を置いて間接的に相互補完することが「改進」につながる、と結論している。そこには、「外国の交際は至難」という現状にあって、「改進」に向かうべき政府と学者が仲違いを起こすべきではない、という危機感が反映されていた。

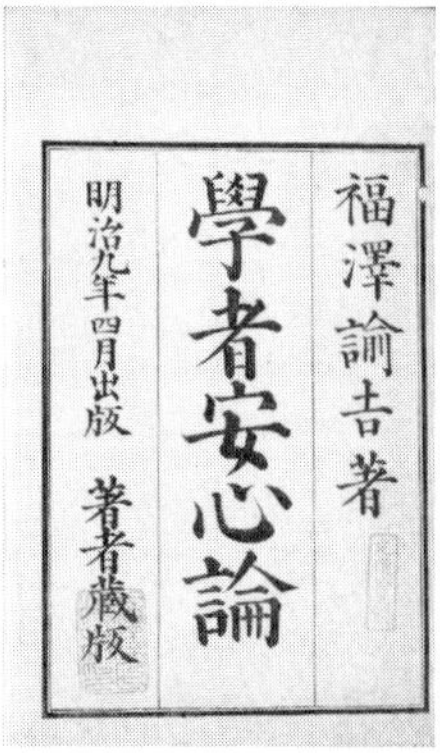

◉見返し

福沢は三月四日に出版願を提出し、すぐ許可が下りなかったため、一八日に大久保利通内務卿に草稿を提出して許可方を督促、翌日、出版許可が下りた。他人に浄書させたものに、福沢が加筆した原稿（一部は全面的に改稿）が残っている。

〔小川原正道〕

▼学者職分論　▼士人処世論

参考『全集』四。「覚書」『全集』七。『書誌』。

分権論　ぶんけんろん

「政権」を「国権」と「治権」に分け、前者は中央政府が一元的に担い、後者は地方に分権することを提案した著作。わが国における最初の本格的地方自治論とされる。福沢諭吉は明治九（一八七六）年一一月二〇日付の山口広江宛書簡において、「一ヶ月の労」を傾けて分権論を記したが、「何分条令《（ママ）》に触るるの恐ある」

として出版は見送り、写本を作成するつもりだと書いている。出版条例や讒謗律などに違反することを懸念して写本にしたが、翌年一〇月には版権免許を得て一一月に出版された。右の書簡で福沢は、分権論は士族の「利用」を目的として書いたと述べているが、起筆の前月には神風連の乱、萩の乱、秋月の乱といった士族反乱が続発しており、こうした士族を力で撲滅するのではなく、利用する方策として提示したのがこの著作であった。

福沢はまず、士族を維新政府の役人、在野の開化派(民権家)、守旧派の三者に分類し、この相互対立によって反乱が起きているとしたうえで、これを力によって撲滅するより、士族の「方向」を一《いっ》にし、これを「変形」して「改進」に導くべきだと主張した。この「変形」の方策として提示されたのが地方分権であり、福沢は、「国権」を「政権」(立法、軍事、外交、徴税、貨幣鋳造など)と「治権」(警察、道路・橋梁・堤防の営繕、学校・社寺、衛生など)に分け、前者を中央に集権させ、後者を地方ごとの事情に応じて実施すべきだとする。その際に参照されたのが、トクヴィルの『アメリカのデモクラシー』などであった。福沢は中央の政府が政権を、地方の人民が治権をとり、相互に助け合ってこそ国家の安定が維持できると述べているが、こうした地方自治や中央・地方関係が良好な国として英米を念頭に置いており、西欧の自治都市にみられるミドル・クラスに該当する存在として期待したのが、士族であった。士族の力や気性に期待する声は、すでに政府内部や新聞界からも挙がっていた。［小川原正道］

◉表紙

参考 安西敏三『福沢諭吉と自由主義―個人・自治・国体』慶応義塾大学出版会、二〇〇七年。石川一三夫「福沢諭吉の地方自治論」(安西敏三・岩谷十郎・森征一編著『福沢諭吉の法思想』慶応義塾大学出版会)二〇〇二年。松田宏一郎『江戸の知識から明治の政治へ』ぺりかん社、二〇〇八年。『全集』四。

民間経済録　みんかんけいざいろく

古典派経済学を基礎とした経済学教科書。明治一〇(一八七七)年一二月刊行の『民間経済録』(以下、かりに「初編」と呼ぶ)と一三年八月刊行の『民間経済録二編』から成り、いずれも慶応義塾出版社より出版された。木版本初編の題簽は「民間経済録 全」となっており、初編執筆時点では、それのみで完結することを想定していたことを示している。しかし、当時は初学者のための入門的な経済学書がほとんどなかったため、「十五、六歳の児童」を対象とした同書は非常な好評を博した。二編は、この需要にこたえ、や

◉初編の見返し

や上級の「十八、九歳の男女」に向けた続編として執筆・出版されたものである。内容は、『西洋事情』外編に訳出したジョン・ヒル・バートン（John Hill Burton）の政治経済学読本（*Political Economy for use in Schools and Private Instructions*）や慶応義塾で教科書として使用したフランシス・ウェーランド（Francis Wayland）の経済学書（*The Elements of Political Economy*）などの、いわゆる「俗流古典派経済学」が基礎となっているが、福沢は、それらをよく咀嚼し、みずからの文章と言葉で身近な事例を引きながら、当時の日本人読者に分かりやすいように執筆している。頭注部分に内容に関する設問が細かく置かれているのも、教科書として理解を助ける工夫といえる。また、初編では「居家の経済」を扱ったのに対して、二編では「処世の経済」すなわち国民経済をテーマとしており、現在の経済学でいえば、ミクロ経済学的概念とマクロ経済学的概念に分かれる構成となっている。

『福沢全集緒言』によれば、本書は学校用として五万部ないし八万部が流布したというが、明治一四年以降、政府の教育統制により他の福沢の著作と共に文部省によって使用が許可されなくなった。このため刊行が途絶えたが、二五年に福沢に親炙していた輸入織物商堀越角次郎が、郷里の群馬県の学校に寄附するために、私費を投じて初編・二編の合冊本二、五〇〇部を印刷・出版している。初編二編共、福沢自筆の原稿が残っている。

〔小室正紀〕

▼英氏経済論　▼堀越角次郎　▼西洋事情

参考『選集』（旧）三、解題（野村兼太郎）。

福沢文集　ふくざわぶんしゅう

慶応義塾から出版された雑誌『家庭叢談』（明治九〔一八七六〕年九月～一〇年三月発行）および『民間雑誌』（『家庭叢談』を改題、一〇年四月～一一年五月発行、第一八九号で廃刊）に掲載された短い文章を中心に集められた文集。初編上・下、二編一・二の四巻本。初編上巻に一三、下巻に九、二編巻一に一七、巻二に九、計四八の文章が収められている。初編下巻の「死富の論」までは『家庭叢談』に掲載された文章、次の「自力社会設立の記」から二編巻二の「小学教育の事四」までは『民間雑誌』に掲載された文章、「報知新聞紙開業第六周年の祝文」「外人日本の事情に暗きの説」「明治十二年一月二十五日　慶応義塾新年発会の記」は『郵便報知新聞』に掲載された文章である。

内容は多岐にわたるが、全四八の文章のうち表題に「教育」という語を含む文章が一〇あり、それ以外の文章も教育および学問を主題にしたものが多い。例えば「中村栗園先生の書簡」で中村が小学校で孝悌の道よりも技芸が優先して教えられていることを批判するのに対して、福沢諭吉は「中村栗園先生に答書」で、道徳を教えることのできる品行の高尚な教員が少ないのが現状であると答え、また、「小学教育の事　四」では、儒教的な孝悌忠信だけでは道徳の教えとして不十分であるとしたうえで、古来日本は「徳余《あまり》ありて智足らざる」状態であり、「勉めて智の不足を足して既に余ある徳の量に等しからしめ、以て文明の度を一層の高きに置かんと欲するなり」と述べている。「故大槻磐水先生五十回追遠の文」では、前野良沢、杉田玄白、大槻玄沢（磐水）らの洋学者について「名の為に非ず、利の為に非ず、正に独一個人の精神を発達せんが為に勉強刻苦する者にして、始《はじめ》て之《これ》を不羈独立の士と称すべきなり」と称揚している。

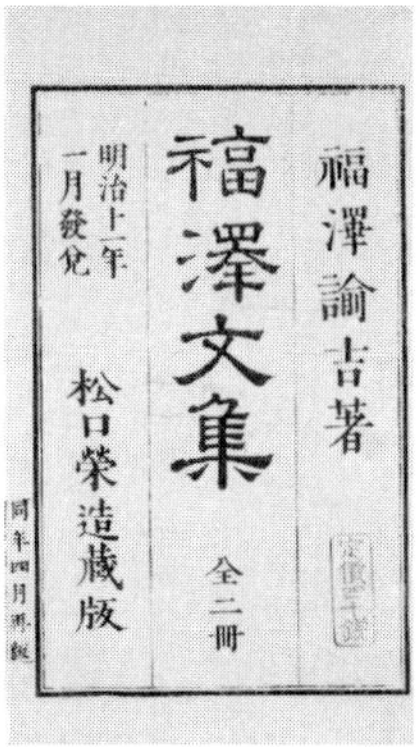

◉初編の見返し

『福沢文集』初編は一一年一月刊行。これが好評であったため翌一二年八月に『福沢文集』二編が刊行された。したがって初編の表題には「初編」の文字はない。初編二編共に部分的に自筆原稿が残っている。〔大塚彰〕

▼民間雑誌　▼家庭叢談

参考 前坊洋「『郵便報知新聞』による福沢諭吉関係年譜」『年鑑』（一六）一九八九年。『全集』四。

通貨論　つうかろん

明治一〇年代初頭の経済情勢の中で、金貨銀貨などの貴金属貨幣を用いることを非文明の徴とみなし、紙幣が先進的で便利な通貨であることを主張した書。明治一一（一八七八）年五月に慶応義塾出版社より単行本として刊行。初版は四六判洋紙七〇頁。冒頭の一節のみは、「通貨通用論」と題して同年三月二日に『民間雑誌』に発表したものだが、その他は書き下ろし。当時は、九年の国立銀行条例改訂により、国立銀行券が実質上不換紙幣化し、殖産興業などの積極財政とあいまって紙幣の発行量が急増していた。さらに、一〇年には西南戦争が起こり、その戦費を賄うために発行量はいっそう増大し、インフレーションの傾向が強まるとともに紙幣の信用が下落しつつあった。本書は、このような紙幣発行に対す

◉扉

る不信と批判が兆している状況の中で、基本的には紙幣を文明社会におけるもっとも優れた通貨として擁護する立場をとっている。もちろん金銀正貨と紙幣との相場が大きく乖離しないように政府が発行量を適正に管理する必要性は指摘するものの、乖離を招かぬ限り正貨の準備金は必要最低限でよいとしている。通貨についての論説を書くことは、同年二月二八日の大蔵卿大隈重信宛の手紙で予告しており、同書簡の内容を勘案すると、本書は、紙幣主義という点で大隈と意を同じくしながら、当時の状況の中で紙幣信用を回復することを目的として執筆されたものと考えられる。自筆原稿が残っている。

　なお福沢は、別に「通貨論」と題する社説を、一五年三月一三日から四回に分けて『時事新報』紙上に発表しているが、この社説では、インフレーションのいっそうの昂進が経済に深刻な影響を与えていた一五年当時の状況をふまえ、単行本『通貨論』とは論説の重点をずらして紙幣処分による貨幣価値の回復を強く求めている。その後さらに福沢は、『通貨論』の主張を変えて、兌換制を必要と論じるようになるが、その方策については当時の大蔵卿松方正義の政策とは異なり、外債を起こすことによる不換紙幣の整理を唱えている。

［小室正紀］

▼紙幣整理論

参考『選集』(旧)三、解題(野村兼太郎)。

通俗民権論　つうぞくみんけんろん

真の民権論者であることを自負する福沢諭吉が独自の立場から「民権」を論じた著作。明治一一(一八七八)年四月一八日に起稿し、六月一八日に脱稿したが、刊行されたのは九月であった。刊行が遅れたのは、民権と国権を共に重視する立場から、『通俗国権論』の脱稿を待ち、同時刊行を思い立ったからである。

　福沢は、民権論者であることを自負し、人民が民権の拡張に努め、これを国権に及ぼし、独立国の体面が保たれることを期待していたが、民撰議院設立建白書以降の自由民権論には批判的であった。政権獲得にのみ興味を示し、民権そのものの拡張に不熱心な民権論が蔓延することを危惧した福沢は、自由民権運動家の民権論とは一線を画し、あらためて「通俗向け」の民権論を書いて、直接民衆を啓蒙する必要性を痛感し、執筆したのが本書であった。

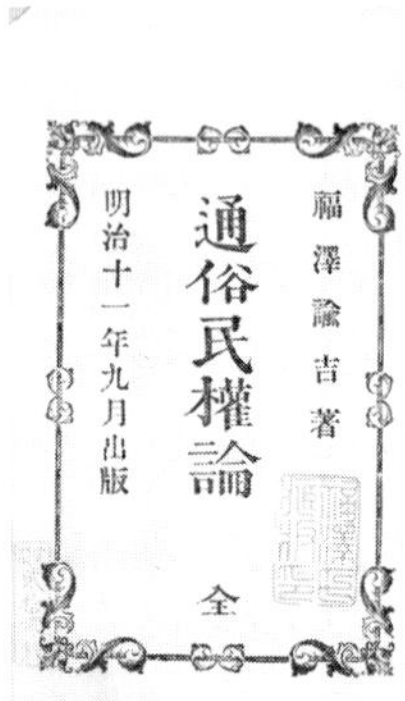

◉扉

　福沢の民権論は、私権を拡張し、いやしくも人民の領分である地方の治権が政府に侵されないようにするため、もっぱら人民の気力の充実や、人民の心がけを説くもので、国会開設問題には直接言及していない。

具体的には、職分をわきまえること、労を惜しまず刻苦勉励すべきこと、知識見聞を広めること、家産を修めること、品行を修めること、身体を健康にすることなど、どちらかといえば当時の自由民権運動家の主張に欠ける諸点の大切なことを説き、合わせて「人民たる者の本分を遂げて、所謂民権を張り之《これ》を国権に及ぼして、永く独立国の体面」を保つためには、智力、財力、徳力、腕力を兼備し、しかも「諸力平均」した人材が必要と力説している。

福沢の自筆原稿が残っている。原稿は、第二編(未完)もあり、明治一二年に続編に取り掛かり、途中でやめたと思われる。〔寺崎修〕

▼『通俗民権論』と『通俗国権論』

参考 寺崎修編『福沢諭吉の思想と近代化構想』慶応義塾大学出版会、二〇〇八年。

通俗国権論 つうぞくこっけんろん

明治一一(一八七八)年九月に『通俗民権論』と同時刊行された著作。民権と国権を同時に論じる必要性を思い立ち、『通俗民権論』脱稿後、急遽執筆された。表紙の標題の下に「全」という文字があるので完結のつもりであったようだが、翌一二年三月に続編である『通俗国権論』二編が刊行されている。

執筆の動機は、わが国が外国との交際を急速に深めていく中にあって、人民もまた外国交際のむずかしさと厳しさを知っておく必要があるという観点から、外国交際の現実を説くことにあった。福沢諭吉にしてみれば、「一身独立して一国独立する」といっても、国際認識をまったく持たない民権論ばかりが蔓延することは本意でなかったし、危険とすら思ったのである。福沢は外国交際の進展とともに人びとはいったい、どのような点を注意すればよいのか、どのような心がけで外国あるいは外国人に対応すればよいのかという問題を提起する。まず「官」のみならず「民」もまた独立国の大義を忘れず国権を重んじて行動すべきことを説き、次いで外国人との約束は、のちに争いとならぬよう慎重にすべきこと、内外の事情を詳らかに理解し、いやしくも文明開化の風潮に心酔しないこと、みずからのために積極的に働いて財をつくり、ひいては国を富ますべきことなどを説く。さらに最終章の第七章では、「外戦止むを得ざる事」と題する表題のもとに、やむを得ない場合は戦争をも覚悟すべきことを提言する。この章で福沢は、国際社会がいまだ文明の段階に到達しておらず、現実には「道理」が無力なこと

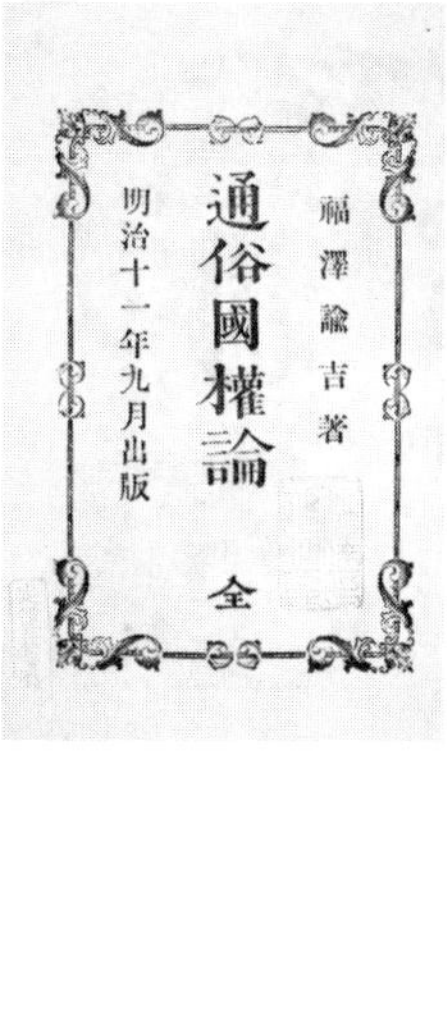

◉初編の扉

を説く。すなわち「百巻の万国公法は数門の大砲に若かず、幾冊の和親条約は一筐《きょう》の弾薬に若《し》かず。…各国交際の道二つ、滅ぼすと滅ぼさるるのみと云《いい》て可なり。西洋各国対立の風、斯《かく》の如し」と。

あまりにも激しい言葉が並んでいるため、これが福沢の『通俗国権論』の中核と誤解する向きもあるが、もちろんこれは文脈上からみても、「西洋各国対立の風」を福沢なりに観察し、表現したものであって、福沢自身の立場や主義主張を述べたものではない。福沢は、むしろそのような理不尽な国際社会の現実の中で、みずからの主張としては、「平和の道を求《もと》むるは当然のことなり。国に外務省あるも専らこの平和を維持せんとするの方便」と述べ、外国交際における交渉力を重視、また交渉力の後ろ楯としては何よりも「人民の気力」が不可欠であり、「人民最後の覚悟は必戦と定め」ることによって始めて「交際の権を全《まっと》う」する、というのが彼の主張であった。

福沢は『通俗国権論』脱稿後、その心境を吐露した漢詩をつくり、各方面に揮毫しており、この著作にかける期待は大きかった。両編共、福沢の自筆原稿が残っている。

［寺崎修］

▼『通俗民権論』と『通俗国権論』

参考 寺崎修編『福沢諭吉の思想と近代化構想』慶応義塾大学出版会、二〇〇八年。西村稔『福沢諭吉―国家理性と文明の道徳』名古屋大学出版会、二〇〇六年。

民情一新 みんじょういっしん

福沢諭吉が独自の文明観、技術史観のうえに、議院内閣制度の必要性を論じた書。明治一二(一八七九)年八月、慶応義塾出版社から刊行。現存する草稿から、同年五月末に書き始め、七月初旬に脱稿したことが分かる。知人への手紙では、病気と偽って時間をつくって執筆したと述べており、それほどに力を注いだ一書であった。また、のちの一七年にはアメリカ留学中の息子たちに本書を送り、アメリカで翻訳して新聞に投稿し、さらに出版することを勧めており、その時点でも福沢にとって自信作の一つであったと考えられる。

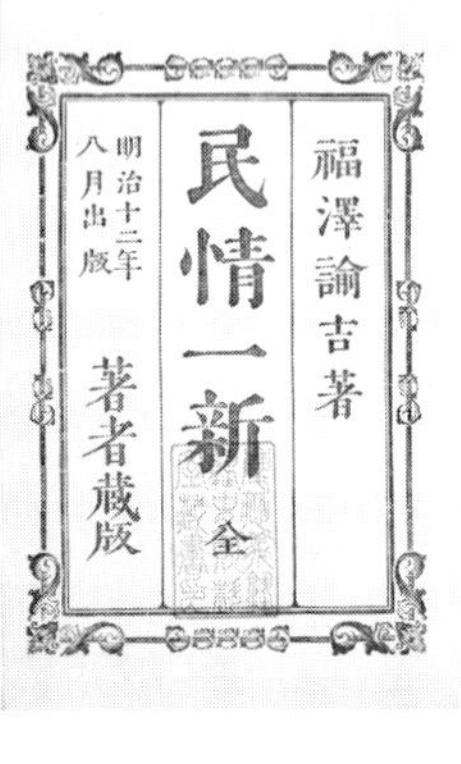

◉扉

本書で福沢は、一九世紀の文明を「人間世界を覆したる」ほどに画期的なものとし、それをもたらした大本を蒸気の力であると捉えた。そのエネルギーに支えられた蒸気船、鉄道、電信、郵便、印刷という一九世紀における交通・情報手段の発達が、交通量や情報の伝達量を飛躍的に増進させ、それが人びとの間に活発進取の気風を養成し、民情を一新し文明開化をもたらしたと考えた。このように、交通・情報手段の発達を文明開化の鍵とする考え方は、すでに明治八年の『文明論之概略』で示されているが、本書の特色は、さらに進んで、このような文明開化がもたらす新たな政治状況の問題を議論している点である。交通・情報の発達により人民は智見を急進させ、次第に政府を蔑視するようになり、それが官と民との間の騒擾を引き起こす。その具体例としてロシアの騒擾が詳しく述べられているが、この種の騒擾を避け政権を安定させるには、英国型の議院政党内閣制による政権交代で人民の不平を吸収する以外にないというのが、本書の結論である。本書脱稿の直後に門下生の名前で発表された「国会論」でも、国会開設の必要性を説く論拠として本書は引用されている。「国会論」と並んで国会開設運動を促進させた著作でもある。

第五章前半までの自筆原稿が残っている。 ［小室正紀］

▼『国会論』と『民情一新』

参考 松沢弘陽「『民情一新』覚書—官民調和論との関係について」『アジア文化研究』(別冊七号）一九九七年。

国会論《こっかいろん》

福沢諭吉みずからが書いた早期国会開設論を門下生の藤田茂吉と箕浦勝人の両名の名前で『郵便報知新聞』紙上に発表させ(明治一二〈一八七九〉年七月二九日から八月一四日まで一〇回連載)、まもなく福沢著として単行本となった著作。福沢の執筆と分からないように、藤田と箕浦によって文章表現に変更が加えられている。また福沢生前に刊行された『福沢全集』には収録されず、大正版全集から初めて収録された。

早期国会開設に消極的だった福沢も、一二年に入ると、自由民権運動の潮流に合わせるかのように、早期国会開設論に傾斜し、同年七月『民情一新』の脱稿直後、本書が執筆された。『民情一新』は、イギリス流の議院内閣制を導入し、二大政党間で政権交代を行うべきことを提言する重要著作であるが、福沢はこの著作の発表を前に、とりあえず「国会論」を新聞紙上で発表し、世上の反響を確かめようとしたのではないかと考えられる。

福沢はこの本の中で、「国会を起すの一事は日本全国人心の帰向する所にして、その思考は既に熟したるものと云わざるを得ず」と述べ、国会開設の時期が到来したことを力説する一方、当時まだ根強かった時期尚早論の論拠をことごとく批判し、まだ刊行前であった『民情一新』を引用しながら、イギリスモデルの議院内閣制の早期導入を提唱する。福沢の論は、植木枝盛など自由民権家の論と比較すると、表向きは平穏な論にみえる

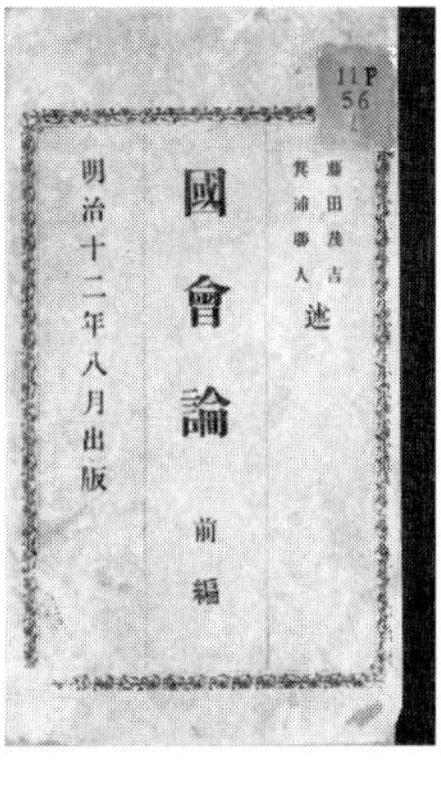

◉表紙

が、内容的には、選挙の結果次第で国会の権限も内閣の権限も同時に獲得できるという構想であり、政権の座に長く居座ろうとする者にとっては、危険極まりないものであった。政府官僚であった井上毅が終始福沢をもっとも危険な人物として敵視し、また二〇年に至っても警視総監三島通庸《みちつね》が保安条例により福沢を東京から追放しようとしたのは、このためである。

内容はともかく、反響の大きさからいえば、『国会論』の影響は、『民情一新』の比ではなかった。のちに福沢自身が「図《はか》らずも天下の大騒ぎ」になって、「恰《あたか》も秋の枯野に自分が火を付けて自分で当惑するようなものだと、少し怖くなりました」(『福翁自伝』老余の半生)と回想しているように、それは新聞雑誌を通じて広く全国各地に喧伝され、まさに国会開設運動に「火を付け」る役割を果たした。

[寺崎修]

▼『国会論』と『民情一新』 ▼藤田茂吉 ▼箕浦勝人

参考 寺崎修編『福沢諭吉の思想と近代化構想』慶応義塾大学出版会、二〇〇八年。

時事小言 じじしょうげん

福沢諭吉が前年来書き溜めていた時事問題についての所感をまとめたもので、明治一四(一八八一)年一〇月に刊行された。一二年八月刊行の『国会論』の続編として起稿し、脱稿直後、天皇に献呈することを申請して聞き届けられたという。

本文は六編から構成されており、第一編「内安外競之事」では、力に頼らざるを得ない厳しい国際社会の現状を理解したうえで、国内秩序の安寧を保持することが「我輩の主義」である、とされている。第二、第三編では、「内安外競」のためには政治権力、国庫、殖産の強化が必要だが、民権派は権力や民心の奪取に汲々としていると批判し、民心は国会開設による政権交代によって実現すべきだとして、政府みずから国会開設に踏み切るよう要請した。それは「圧制」とは異なる「厳正」な政治を実現するためであった。第四編では、外国との交際は「情」ではなく「腕力」によって規定されるとしたうえで、軍事力の強化が等閑視されていると問題提起する。西洋諸国が東洋に接近する様子を「火の蔓延」と表現する福沢は、中国や朝鮮が「遅鈍」で抵抗できない以上、日本はみずからのため、武による保護と文による誘導によって文明化をうながし、やむを得ない場合は「力を以《もっ》てその進歩を脅迫するも可なり」と主張した。第五編は、政権、国権の強化を支える日本の財政力はきわめて脆弱であるとして、国会開設によって参政権を

◉扉

得た場合、紙幣や国債発行に伴う負担を国民自身が負わなければならず、そのために体力向上や実学発展によって殖産に力を入れなければならないと述べる。第六編では、「内安外競」のためには国民の気力も必要であり、そのためにキリスト教の蔓延を防ぎ、士族の気力を維持保護するよう求めた。

表紙には明治一四年九月刊とあるが、実際の刊行は一〇月だと考えられている。実際、一〇月一日には刊行が間に合わないとして、明治天皇の東北巡幸に供奉していた大隈重信に「仮綴」が届けられた。起筆は一三年暮れ、脱稿は一四年七月二九日だが、これは、福沢が大隈、伊藤博文、井上馨から政府機関紙の発行要請を受け、彼らが国会開設に積極的になったと見込んで協力する姿勢をとっていた時期に当たる。大隈は一〇月一〇日に帰京すると、まもなく明治一四年の政変で福沢門下の官僚と共に罷免され、新聞発行計画も頓挫することになる。福沢は、新聞発行が立ち消えになったことを伊藤、井上に詰問する一〇月一四日付書簡の中で、本書をぜひ読んでほしい、そうすれば「伊井二君と主義を同《おなじ》うする者なり」と判明するであろうと述べ、本書の内容が気に入らなければ「最早是れ切り」だと述べている。福沢が自信をもって朝野に問うた政策提言であった。

第三編、第四編など抜けているところはあるが、自筆原稿や写させたものへの加筆原稿が残っている。〔小川原正道〕

参考『全集』五。『選集』五、解説(鳥海靖)。『書誌』。

時事大勢論　じじたいせいろん

自由民権運動が活性化する中、これを抑圧しようとする明治政府を批判し、その態度の再考をうながした論説。官民調和論の立場から政府と人民との衝突を懸念し、民権論が高揚している背景を整理したうえで、両者間の調和を求めた。

明治一五(一八八二)年四月五日から一四日まで、『時事新報』社説として掲載され、同月中に単行本として刊行された。冒頭の「緒言」によると、社説として連載して以降も、読者から掲載号の注文が相次いだため、ここに一冊にまとめたとされている。

福沢諭吉はまず、財産・生命・栄誉を全うするのが人の権利、すなわち人権であり、政府はこれを保護するために生まれたと述べ、この保護こそ「政事」であり、これに国民が参与する権利を参政権と設定した。さらに近年「人民参政論」が高揚している背景として、府県会の開設によって人民が政治参加の「味」を知ったこと、廃藩置県や地租改正で農民の生活

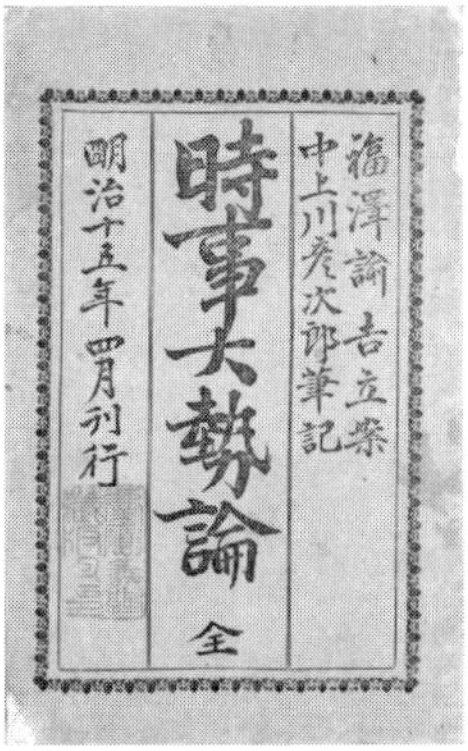

●表紙

が豊かになり、政治参加を考える余裕が生まれたこと、学校教育が進展したこと、の三点を挙げている。そのうえで、国会開設の勅諭が渙発された今日、民間の議論は平穏に、政府の姿勢も寛大となるべきはずだが、実際には政府批判は高まり、言論弾圧は強化されている、と指摘し、このように「官民の背馳」が甚だしいままでは国会開設は実現せず、実現したとしても問題が起きると予測する。

官民調和の立場に立つ福沢は、政府が武力によって「人民を圧倒」することは不可能であり、むしろ反発を強め衝突を強めるだけだと警戒し、あくまで「全国を一家の如くに調和」するよう求めた。

表紙に「福沢諭吉立案／中上川彦次郎筆記」とあるが、全文福沢の執筆と推定される。〔小川原正道〕

参考『全集』五。『選集』六、解説(石田雄)。『書誌』。

帝室論　ていしつろん

立憲帝政党の結成を契機として発表された福沢諭吉の天皇・皇室論。現実政治と帝室とを分離し、後者を前者の上位に位置づけることによって、帝室に政治的中立性や社会秩序維持機能、精神的統合機能を期待した。

明治一五(一八八二)年四月二六日から五月一一日まで一二回にわたって『時事新報』の社説として掲載され、五月に単行本として刊行された。冒頭で福沢は、「帝室は政治社外のものなり」と記し、政治にかかわる者は「帝室の尊厳とその神聖」を濫用してはならないと述べた。

念頭にあったのは福地源一郎らが結成した立憲帝政党である。二大政党制の導入を期待していた福沢は、政権交代のたびに与党の帝室に対する態度が変わり、帝室が政権交代の「塵」に巻き込まれ、その「神聖」に傷がつくことを懸念した。そうなれば「国の為に憂慮すべき」ことであり、一方、帝室を尊崇するあまり、政治行政のすべてを委ねることになれば、行きすぎとなる。万世一系たる帝室によって「人民の安寧を維持する」とみる福沢は、帝室は現実政治に関与せず、しかし社会秩序の維持のため、「政治の上」に地位を保つべきだと考え、独立性、中立性、尊厳を保つよう求めた。

◉扉

福沢は、国会開設後も精神的統合のためには帝室への崇敬心が不可欠であるとして、社会秩序維持の核として帝室に期待を込めるとともに、帝室が率先して「国民の徳風を維持」すること、そして学術・技芸などの奨励に当たるよう求めた。

刊行後本書は、帝室を政治から分離するという内容から、尊王論者から帝室を軽んじるものとして非難を受け、また井上毅《こわし》はこれを「君臨すれども統治せず」という英国流の議院内閣制に帰するものだと警戒した。現在では、天皇の政府不関与や、その文化的役割、国民の統合機能などを含む象徴天皇制の先駆的主張として位置づけられている。

なお、二一年に刊行される『尊王論』と本書とを合わせ、「帝室論／尊王論」と併記した合本や、表題を『日本皇室論』として両書を収めたものなどが、のちに時事新報社から刊行された。

表紙に「福沢諭吉立案／中上川彦次郎筆記」とあるが、全文福沢の執筆と推定される。

〔小川原正道〕

▼天皇・皇室論　▼尊王論

参考『全集』五。『著作集』九、解説（坂本多加雄）。『書誌』。『天皇と華族』日本近代思想大系2、岩波書店、一九八八年、解説（遠山茂樹）。松本三之介『明治思想における伝統と近代』東京大学出版会、一九九六年。武田清子「福沢諭吉と天皇制」『手帖』（七一号）一九九一年。

兵論　へいろん

朝鮮の壬午事変を受け日本を取り巻く国際情勢が急を告げる中、軍備充実が不可欠であることを訴える福沢諭吉の著作。明治一五（一八八二）年九月九日から一〇月一八日まで全一八回で『時事新報』社説として掲載され、一一月に単行本として出版された。

本書は、国際政治の世界が、大義名分の正しさではなく、武力の強弱によって決まってしまい、時に平和のために武力が必要である現実を冷静に見据え、「百年の謀《はかりごと》」ではない軍事については、国内における官民の政治的対立とは区別して、すみやかに増強に着手すべきであると論じ、西洋諸国や清国に比して日本の軍備の遅れに注意を喚起する。増強のために必要な租税増徴や人員の増強について具体的に数値を示して、賛同を求める一方で、軍事力の増強がさまざまな弊害をもたらすことをも指摘する。

さらに極端な軍備増強反対論を戒め、「百年の大計」としての国のあり方を論じていく準備として、官と民の非生産的な対立を解消する「官民調和」の必要を強調している。

そして、その方法は、政府が門戸を開いて民間の人物を登用し官民対話を促進し、他方で民間の事業も政府が奨励していっそう活発にすることであると説く。

本書は、朝鮮における壬午事変の直後に発表されており、東アジア情勢をめぐる日本の地位に関する危機感を背景としつつ、他方で国会開設に向けた国内政治状況の成熟を期待したものといえる。当時の『時事新報』は、創刊から日も浅く、官民双方からの評価が定まっておらず、

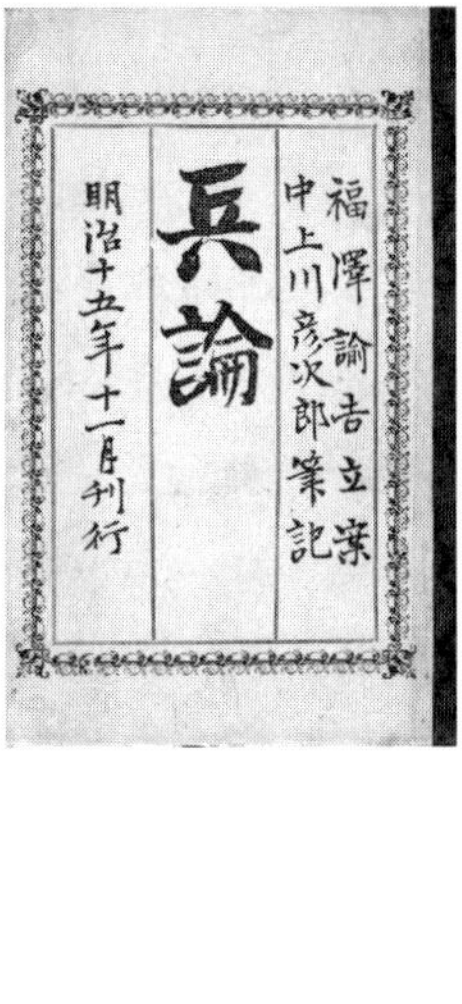

◉表紙

慎重に議論が進められている。

　表紙に「福沢諭吉立案／中上川彦次郎筆記」とあるが、全文福沢の執筆と推定される。

〔都倉武之〕

▼官民調和論　▼壬午事変

参考『全集』五。

徳育如何《とくいくいかん》

　明治一〇年代中頃に台頭してきた儒教に基づく復古的な教育を批判し、「自主独立」の「公議輿論」に基づく教育を主張した書。一五（一八八二）年一〇月二一日から二五日まで四回にわたり「学校教育」という題で『時事新報』社説として掲載され、その後『徳育如何』と改題され同年一一月に刊行された。全二六頁。表紙には、この当時刊行された他の『時事新報』社説の単行本と同じく、「福沢諭吉立案／中上川彦次郎筆記」とあるが、全文福沢の執筆と推定される。

　一二年夏に明治天皇によって出された「教学聖旨」以降、学校教育は儒教に基づく徳育を中心に行われるべきとの論が徐々に強くなり、一三年の改正教育令では修身が筆頭科目となり、時間数が増加するとともに、その内容もかつてのような啓蒙主義的なものではなく、儒教主義的なものへと変化していった。

　それに対して福沢諭吉は、知徳の根本は「祖先遺伝の能力」「生育の家風」「社会の公議輿論」といい、開国以来「公議輿論」は一変し、儒教主義がそれに適わなくなっていると断ずる。その儒教主義を学校教育に持ち込んでも効果はなく、「公議輿論」に適した徳教を行うことこそが必要だと主張する。そして、現在の動かすことができない「公議輿論」は「自主独立」であり、その主義に従って教育を変じていくことこそが、「学校の教育を順に帰せしむること」であると結論づける。

　ここで福沢は、「公議輿論」は変化するものであることを指摘し、不易の道徳に基づく教育を批判した。福沢のこの考えは晩年まで貫かれているが、徳育の基準をめぐってはさまざまな論争がなされることになる。

　『徳育如何』刊行後、一五年一〇月二〇、二一日の『時事新報』に、その続編ともいうべき「徳育余論」が掲載されている。

〔米山光儀〕

●表紙

▼儒教主義批判　▼教育勅語

参考 小泉仰「福沢諭吉の徳育思想の展開」『研究』（二四巻）二〇〇七年。景山昇「明治一〇年代前半期の徳育施策と福沢諭吉の徳育論」『愛媛大学教育学部紀要（第一部教育科学）』（二一号）一九七五年。

学問之独立《がくもんのどくりつ》

学問を政治から独立させることを主張した著作。明治一六（一八八三）年一月二〇日から二月五日まで八回にわたって『時事新報』に連載された「学問と政治と分離すべし」を改題し、同年二月に刊行された。

学問と政治は一国の幸福の増進を目的としているという点では共通しているが、学問は社会の「摂生法」を授けるもの、沈深にして静なるものであるのに対して、政治は「治療法」を授けるもの、活発にして動くものであり、両者の役割は異なるとして、学問と政治とを分離させるべきであると述べる。

◉表紙

具体的には、文部省および工部省直轄の官立学校を本省から切り離し、帝室による資金的保護のもと、共同私有の私立学校に換えることによって、学問、学者、学校に対する政治、政治家、政府の影響を排除することを提言している。

また、才徳ある人物を集めて、学問社会の中央局として学事会を設立し、教育内容、教育方法など学事いっさいについては政府の干渉を許さずにこの学事会に任せて、文部省は就学適齢人員の調査や学校の監督報告などの俗事のみを担うべきである、と主張している。これにより教員は官吏ではなくなるが、報酬に関しては、俸給は以前と変えず、栄誉に関しては、位階勲章など官吏と同等の栄誉を与えるべきであるとしている。

さらに帝室が私立学校の保護者として、篤志ある学者を選んで年金を与えて学問に専念できる地位を保証すれば、日本の学問は大いに発展し、そのことが国民一般に政治の思想を広めることにつながり、結果として政治に対して大きな便益を与える、と論じている。

表紙に「福沢諭吉立案／中上川彦次郎筆記」とあるが、全文福沢の執筆と推定される。〔大塚彰〕

参考『全集』五。『選集』三、解説（山住正己）。

全国徴兵論《ぜんこくちょうへいろん》

徴兵令の不公平や免役・猶予規定の是正について論じた『時事新報』社説をまとめた単行本。前半は明治一六（一八八三）年四月五日から七日まで三回にわたって連載した社説「全国兵は字義の如く全国なるべし」、後半は同年一二月発布の改正徴兵令の全文を掲載したうえで、翌年一月四日から七日まで三回連載の社説「改正徴兵令」を収録したものである。

前半は、徴兵令を真の「全国徴兵」へと改正するよううながす内容。免役規定が多い現状では、いわゆる徴兵遁《のが》れが続発、結局財産もなく日々の労働に追われ

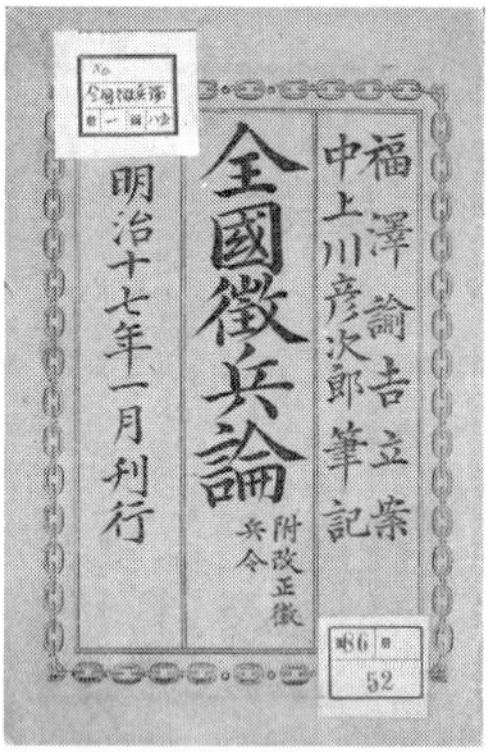

◉表紙

る人びとが徴集されている実態を指摘し、だれもが嫌である兵役を平等に担当する制度へと整備する必要を主張する。

具体案として、男子全員が例外なく兵役を負うこととし、従来の免役料を廃して兵役税を新設、それを納めて訓練のみを受け常備軍役に就くことを免除してもらうか、兵役税でまかなう給与金の支給を受けつつ三年間の常備軍役につくかを選択できるようにすることを提案している。

この社説掲載の九か月後に行われた徴兵令改正を受けて執筆された後半は、今回の改正によって、前述の提案がすべて容れられたわけではないが、徴集対象を広げ国民が平等に兵役を担当する趣旨がより明瞭になったとして評価する。国民の義務が「苛酷」になったとする批判には丁寧に反論し、福沢の典型的な官民調和的言説の特徴がみられる。一方で、兵役が「貧賤の子」がつく卑しい役務のように見下されていることを是正するため、「上流の子弟」が進んで兵役に服することを要望、また教育界では官公立学校のみを対象としている徴集猶予の規定を強く批判し、政府が私立学校を調査して、官公立学校同等に猶予を拡大することを主張している。表紙に「福沢諭吉立案／中上川彦次郎筆記」とあるが、全文(条文部分を除く)福沢自筆の原稿が現存する。明治一七年一月刊行。　［都倉武之］

▼私学圧迫政策と慶応義塾

参考『全集』五。『書誌』。

通俗外交論　つうぞくがいこうろん

西洋諸国との条約に定められた治外法権がさまざまな弊害をもたらしていることを日本人が理解し、一致して撤廃に向けた行動を起こしていく重要性を平易に訴えた社説として、明治一七(一八八四)年六月一一日から一七日まで六回にわたり『時事新報』に連載され、同月中に単行本として刊行された。

◉表紙

前年には鹿鳴館が開館し、井上馨外務卿のもとで条約改正の可能性が模索され始めた中にあって、不平等条約改正の必要性を国民が認識し、広く当事者として問題意識を共有することをねらった著作といえる。

本書では、治外法権という語の意味から書き起こし、それが幕末の諸条約に組み込まれたいきさつを日本と諸外国の双方の事情から説明、次いで現在治外法権の存在がもたらしている国内の不都合を、さまざまな例を示しながら説き、最後に撤廃に向けた具体的な方策を訴える。

また、今後撤廃を目指すために必要なのは、日本人が外国人に対しても同じ人間として情を通わせる努力であるとし、内地雑居や雑婚も認めて交際を広げ、日本の津々浦々の人びとに至るまでその撤廃の必要を認め、行動を起こすことを呼び掛けている。

この本では、日本中で幅広く読んでもらうことに特段の注意が払われており、当初『時事新報』紙上に掲載された際、全文に漢字平仮名文が採用された。社説での平仮名文使用は創刊以来初めてで、連載終了後の社説は元の片仮名文に復したものの、翌年「日本婦人論後編」で再び平仮名文が採用され、以後いっさいの社説が平仮名文へと変更されるに至った（単行本としても、『時事新報』社説をまとめた最初の書『時事大勢論』以降で初の平仮名文）。ルビも理解しやすいよう工夫が凝らされている。表紙に「福沢諭吉立案／中上川彦次郎筆記」とあるが、全文福沢自筆の原稿が現存する。

［都倉武之］

▼井上条約改正案　▼文章

参考 岩谷十郎「福沢における条約改正論」『著作集』八。

日本婦人論後編　にほんふじんろんこうへん

女性の地位や夫婦のあり方について体系的にまとめた最初の単行本。男女の違いは体のつくりだけで、男子にできて女子にできないことはなく、男女は「平等一様」であると主張し、儒者が理由なく女性は劣っていると思い込んでいる点を指摘した。夫婦間は相互に親愛し尊敬し、相手の気持ちになって思いやる「恕《じょ》」の気持ちを持つべきであると説く。家のみならず国もまた男女共有寄合で成り立つものであるから、女性の地位の向上は一家、そして一国の力を倍増する。明治以降になって、もともとは武士層にあった女性蔑視の傾向が一般に広まっていることを危惧し、女性の地位を引き上げ、男女共に国の政事の相談相手となしていくべきであることを述べる。

明治一八（一八八五）年七月七日から一七日まで一〇回にわたり『時事新報』に発表され、翌月単行本となった。「福沢諭吉立案／中上川彦次郎筆記」となっているが、福沢の自筆原稿が残っている。また「後編」の意味は、序文にもあるように一か月ほど前に連載した「日本婦人

●表紙

論」をより広い読者に問うために、分かりやすい文章に書き直したもので、女訓書として知られていた「女大学」などを利用し明快な例示を多用している。福沢は社説掲載後の反響に手応えを感じ、アメリカ留学中の長男に、昨今の日本人の心を動かしていると書き送っている（一八年一〇月二日付書簡）。

なお、先に掲載された「日本婦人論」は、福沢の女性論として最初のまとまった論説。日本女性の心を活発にし身体を壮健にするための人種改良論に始まり、女性に責任と財産を持たせること、特に財産の有無が権利の有無と関係することを説く。家族の「本」は夫婦にあると述べ、結婚後は夫の姓でも妻の姓でもなく新しい姓を創造すべき、と提案するのもこの論説である。「人間世界の自由快楽は男女共有」であり、女性を解放すべきだと結んでいる。

一八年六月四日から一二日までの八回にわたり『時事新報』に社説として掲載され、福沢の自筆原稿が残されている。単行本にはせず、福沢存命中の三一年に出版された『福沢全集』に収録された。

〔西澤直子〕

▼中津留別之書　▼『女大学評論・新女大学』の執筆・刊行

参考『著作集』一〇、解説（西沢直子）。『書簡集』五、ことに「福沢の女性論」。『選集』九、解題（鹿野政直）。

士人処世論《しじんしょせいろん》

官吏ばかりが尊ばれる日本の官尊民卑の風潮を強く批判し、「商売工業」の事業に従事して「私立独行」することがいかに利益が多く、価値のあることかを子細に説く福沢諭吉の著作。明治一八（一八八五）年九月二八日から一〇月五日まで六回にわたって『時事新報』に掲載された同題の社説と、同年一〇月二四日から二九日まで五回にわたって書き継がれた「士人処世論続」をまとめて一二月に刊行された。

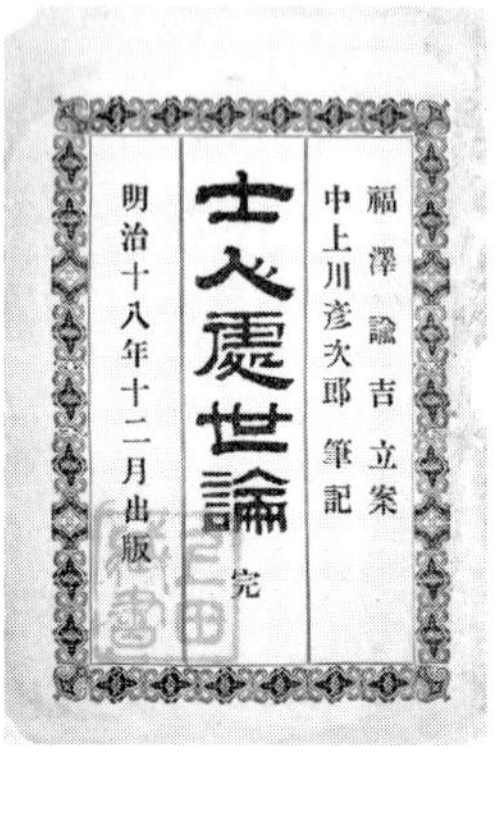

◉表紙

本書では、だれもがこぞって官吏になろうとする風潮を憂い、収入面においても、安定的な生活のためにも、官吏がいかに割に合わない職業であるかを数字を示しながら詳述し、国民の租税に依頼して生きる官吏という職に対する幻想を徹底的に論駁して、若者たちに官吏志望を思い留まるよう強くうながしている。

その一方で、商売工業に乗り出して独立して生きることを奨励、そのさまざまな利点を挙げ、また巷間の誤解に対して丹念に弁解を加え、商工に進む決断をするよう呼びかける。なかでも地方出身者が都会で官界の小地位を得て満足するのではなく、郷里に戻り家業や新事業に尽力することの重要性を強調し、それがひいては国を富ます、と説く。

　その論旨は、「尚商立国論」をはじめとする福沢の実業奨励論と共通する部分が多いが、官途に就かないことを強く勧める主張に多くの紙幅が割かれている点で異色である。表紙などに「福沢諭吉立案／中上川彦次郎筆記」とあるが、全文福沢の執筆と推定される。　［都倉武之］

▼尚商立国論　▼実業論

参考『書誌』。『全集』五。

品行論　ひんこうろん

　日本人男性の女性に対する不品行を是正すべく著わされた書。

　その内容は、国の軽重はその国の人びとの軽重で決まるが、日本では個々人の私的な行動におけるモラルが軽んじられている。妾を囲うことを何とも思わず、女性を軽蔑し同等に扱わない、これは儒教主義の罪である。しかしこうした不品行を実際になくすのは困難で、まずは隠して表面を装うことから始め、のちに品行を正すように至らしめる。隠すことが美醜の差であり禽獣と人間の差である。それにもかかわらず、売春行為に対して人びとは無頓着である。娼妓の利害は論じられることが少ないが、社会変化で独身者が増える中、性犯罪を防ぐ効力があり、必要悪とも考えられる。ゆえに現実世界を考えると隠させることが必要で、売買春の行為に不自由を強いることによって行動を改めさせ、また売春を業とする者を人間社会の外に排斥すれば売春婦は下等婦人だけになり、男性も遠ざけ、不品行を犯しても秘密にして外見を装うようになる。日本の売春婦の地位を西洋の同業者と同様にすることを希望する、というものである。

　明治一八(一八八五)年一一月二〇日から一二月一日まで一〇回にわたり『時事新報』に掲載され、すぐに単行本にまとめられた。表紙には「福沢諭吉立案／中上川彦次郎筆記」とあるが、一一月一〇日付で米国留学中の福沢一太郎に、男性の不品行を責め「頂門の一針」とすべく一〇〇頁ばかりの品行論を二週間かけて執筆した、と書き送っている。

　ここで福沢が、蓄妾や買春をなくすのではなく隠せと主張したことは、『女学雑誌』第一〇号(一二月発行)が、売春婦の立場を考えていないと批判した(「時事新報の娼妓論」)のをはじめ、当時から現在に至るまで強く非難されている。福沢自身も批判が起こることは想定しており、文中で「諒察」を求める部分が散見される。福沢の意図は人びとに自覚をうながすところにあった。社会のどのような階層も相応に労働して相応に収入を得

◉扉

られるのなら売春行為も買春もなくなるが、現実は社会全体がそれを妨げている、とも述べている。『品行論』は執筆メモが現存する。［西澤直子］

▼集会論　▼日本男子論　▼福沢先生浮世談

男女交際論《だんじょこうさいろん》

交際は人間が存在する必須条件であり、男女間においても幅広く交際して互いに学び合い、知見を増し徳義を進めることが大切であると説いたもの。男女間は電極のSN極のようにひかれ合うもので、その関係は貞実か婬乱かの二者択一ではなく、二者の間に無限の「妙処」がある。また情感の交(情交)と肉体の交(肉交)の二種類があり、その二者に軽重はないが、肉交にばかりとらわれる従来の見方を批判。幅広い情交を勧め、女性を交際の外に置くのではなく、男性と同様に一国の「事務」を負担し、共に国を維持するためにも男女が協力し合う「文明男女の交際」の必要性を説いている。

明治一九(一八八六)年五月二六日から六月三日までの八回にわたり『時事新報』に掲載された。六月中には時事新報社から四六判洋紙活版印刷で単行本化され、その表紙はこの時期の他の著作同様「福沢諭吉立案／中上川彦次郎筆記」となっている。自筆原稿は残っていないが、生前に刊行された『福沢全集』にも収録されており、福沢自身による著作であることに間違いはない。

「男女交際論」に次いで六月二三日から二六日までの四回にわたり、「男女交際余論」を『時事新報』に発表。交際を進める際の実際にとるべき行動について論じ、また女性が職業や私有財産によって経済力を得ることが、権利獲得や地位向上につながると述べる。

「男女交際論」は世間の反響を呼び、巌本善治が主宰する『女学雑誌』が社説で男女交際について論じたほか、多くの新聞や雑誌で取り上げられた。二〇年代半ばになっても、『女学雑誌』はその論旨を危険視し(二七六号)、同誌のほかにも強硬な批判的意見が多くみられる。人目をひくタイトルゆえか、少なくとも四種類計六版(三香堂、岡本直蔵、精文堂、干城社)の類版や偽版が確認できる。一九年当時はまだ新聞雑誌記事の著作権が確立しておらず、当初は合法的に出版されたともいえるが、法改正後も続いたようである。類版や偽版は販売促進のため、挿絵にパーティーの様子を描いたり通俗小説を併載するなどの工夫がなされている。［西澤直子］

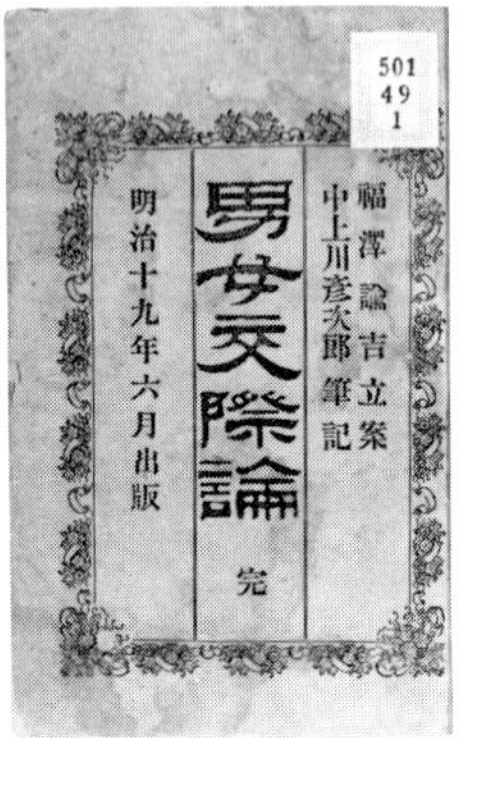

◉表紙

▼集会論　▼家族についての付託　▼集会　▼ホームパーティー

参考 浅岡邦雄「「版権条例」「版権法」における

雑誌の権利」『中京国文学』(二七号)二〇〇八年。『著作集』一〇、解説(西沢直子)。

日本男子論 にほんだんしろん

男女の地位を平均化するためには、女性の地位を引き上げると同時に、高すぎる男性の頭をおさえることが必要であるとし、その品行のあるべき姿を説いた男性論。人生の道徳は夫婦の間に始まるとし、孝徳は第二と位置づける。一夫婦の関係も数百年千年を経る間に一国一社会をなすと述べ、公徳はまず私徳を修めるところから発達すると説く。国の本は「家」にあるとし、良家が集まるところは良国である。夫婦間は愛だけではなく、互いに相手を大事にし「恕《ゆる》」すことが大切で、一夫一婦であること、そしてみずから信じみずから重んずるところ、すなわち「ヂグニチー」(dignity)の重要性を説く。私権は公権に優先し、その私権維持には私徳を修めなければならず、その根源は一夫一婦制にあると主張している。

◉表紙

明治二一(一八八八)年一月一三日から二四日までの一〇回にわたり『時事新報』に掲載され、三月に単行本になった。表紙には「福沢諭吉立案／手塚源太郎筆記」とあり、自筆原稿も残っていないが、福沢存命中の『福沢全集』には収録され、この時期の他の著作同様、福沢の著作であることに間違いない。

福沢は一八年には、日本男子の不品行を咎めるために『品行論』も著していたが、女性論とは異なり、男性論はすぐに受け入れられるとは考えていなかったようである。二一年一月一五日付の手紙では、「日本男子論」について、男性を叩いたところで効果は望めず「無益の殺生」だが今後のためを考えて攻撃する、と書いている。

［西澤直子］

▼集会論 ▼手塚源太郎 ▼品行論

参考『著作集』一〇、解説(西沢直子)。『書簡集』五、こと「福沢の女性論」。『選集』九、解説(鹿野政直)。黒川みどり「男性の自己変革への模索」(『男性史Ⅰ 男性たちの近代』日本経済評論社)二〇〇六年。

尊王論 そんのうろん

帝国議会の開会を控えた明治二一(一八八八)年に発表された、福沢諭吉の天皇・皇室論。一五年に刊行された『帝室論』の趣旨を改めて論じたもので、特に皇室の持つ歴史的伝統に着目し、その伝統をふまえた政治的中立性・超越性の保持、精神的統合機能の発揮を求めた。

二一年九月二六日から一〇月六日まで、九回にわたって『時事新報』社説と

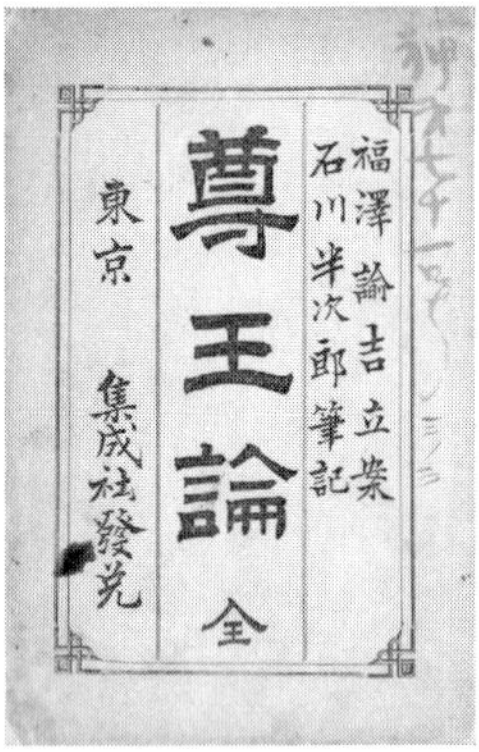

◉表紙

して掲載され、一〇月に単行本として刊行された。福沢はここで、日本の帝室が尊崇されるゆえんについて論じ、とりわけその家系の歴史が日本国内でもっとも古いという点を重視して、「日本国民にして誰れかこの帝室の古を尚《たっと》んでその旧を懐《おも》わざる者あらんや」と問いかけた。政治権力の担い手は時と共に変遷する「一時」的なものであるのに対し、帝室が「最古最旧、皇統連綿として」きた歴史に着目する福沢は、帝室はあくまで「神聖は政治社外の高処に止《とど》」まるべきだと述べる。国会開設を目前に控えていた当時、今後国会が次第にその体裁を整えていく中で、福沢は政権交代が現実のものになると予想し、「政府の改まるは毎々のこと」になる以上、「万年の帝室にして斯《かか》る不定の政府と密着するの理あらんや」と警戒した。帝室は現実政治から「独立」し、「無偏無党」の立場を維持すべきであると力説する福沢は、維新以来二〇年を経て、尊王精神の強い「封建の遺民は死に去り」、帝室を尊崇しない世代が生まれ、批判的にさえなる可能性があるとして、未来の日本社会の安寧を願うものは「尊厳神聖を我国の至宝として」、これを政治利用しないよう求めた。

単行本の出版元は東京府神田区小川町の集成社で、同社は当時、尾崎行雄や徳富蘇峰の著作、シェークスピア、ローレンツ・フォン・シュタインの翻訳などを手がけていたが、『尊王論』は発行部数が少なかったようで、現在では稀覯本となっている。なお、本書には上装本があり、藍色のクロースを用いた厚表紙に書名を金箔押しした豪華版で、だれかに献呈するために作成されたものと推測されている。

［小川原正道］

参考『全集』六。『書誌』。松本三之介『明治思想における伝統と近代』東京大学出版会、一九九六年。

国会の前途・国会難局の由来・治安小言・地租論

こっかいのぜんと・こっかいなんきょくのゆらい・ちあんしょうげん・ちそろん

開設後まもない帝国議会のあり方を論じた『時事新報』論説四編をまとめた単行本。いずれの論説も国会の混乱を憂え、官民調和、内安外競の見地から記されたものである。明治二五（一八九二）年六月刊行。表紙には「福沢諭吉立案／男一太郎捨次郎筆記」とあるが、全文福沢の執筆と推定され、「治安小言」の『時事新報』掲載二日分を除き自筆原稿が現存する（「地租論」の冒頭引用部分は他筆）。

「国会の前途」は、二三年一二月一〇～二〇日まで、一二回にわたり『時事新報』に掲載された。同年の国会開設の精神は明治維新で誕生したと説き、それが誕生し得たのは、国民自治の伝統が素因であって、素地のない土地に速成の立憲政体は根づかないとの西洋人の疑念に、反論を試みている。

福沢諭吉は、鎌倉時代以降の日本は「純然たる専制の治風」あるいは「東洋風の専制」とはまったく異なり「権力平均」が発達し、特に徳川時代は、政治の分野だけでなく民間の細事に至るまで国中一人も「大得意」でなく「大不平」でもなく、「中庸の地位」を保つことが徹底されたとする。

その結果、太平の中に学問や文化が競争で発達し、人民自治の伝統も築かれたと評価。明治維新とは「封建君主の暗弱」を知り、専制を嫌いながら、古来の習慣を破れずにいた士族が、開国を契機に「平生の志」を伸張したもので、幕府に反旗を翻したのではなく「立君専制」を敵としたものであると捉え、維新後の廃藩などの果断な政策はその結果であるとした。国会開設はその「維新の精神」に形を与えたにすぎず、日本に古来定着していた地方自治が発揮される場となるので、諸外国の疑念は当たらない、と結論する。

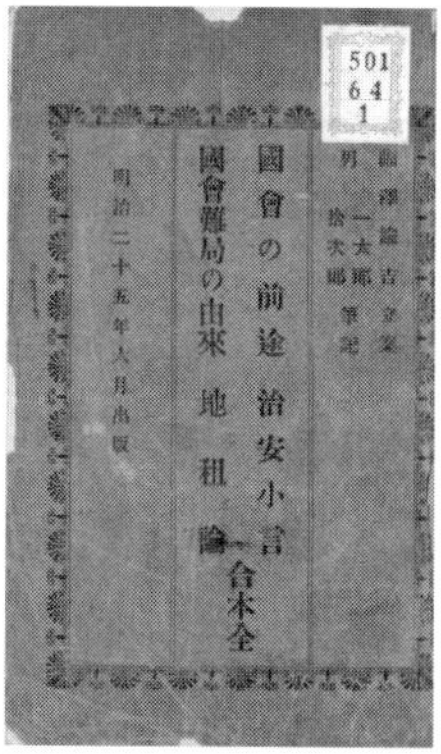

◉表紙

その一方で、現在の明治政府が自治の領域に干渉すること甚だしく、官尊民卑の風を改めるどころか、むしろいっそう根深いものにしつつあることを強く批判、同時に民権家が政府の非を挙げるばかりで建設的な議論をなさないことをも戒め、一国の利害を見据えて円満を期することを求める官民調和論を展開して締めくくる。

「国会難局の由来」は、明治二五年一月二八日～二月五日まで八回にわたり連載された。民党勢力が多数を占める議会において、政府予算案が大幅に削減されたことに対抗して前年一二月に議会が解散され、選挙大干渉で有名な第二回総選挙が実施される直前のことである。

議会解散という混乱を生じた根本原因は、政府が一四年に国会開設を約してから一向に官民調和を心がけず、むしろその正反対の方針を取り続けたことであるとし、具体例として文部省による偏狭な道徳教育と私学の冷遇、集会条例や不敬罪による言論統制、繁雑な役所事務、民力不相応なインフラ整備、拙速な欧化政策、豪壮奢侈を極める官宅や位階爵位を弄しての官尊民卑の拡大、果ては保安条例の発布などを次々に挙げて、政府の責任の大なることを追及している。しかし同時に、諸分野で見るべき成果も多いと讃え、分別なくやみくもに反対し続ける議会の姿勢を「弁解の辞なし」と酷評し、反省をうながす。そして、混乱が長期化して武断政治が出現することのないよう、政府関係者には民党をうまく籠絡するほどの「愛嬌」を、民党には拙速な空論で実害をもたらさない努力を求める、官民調和論を改めて展開している。

「治安小言」は、明治二五年二月二八日〜三月四日まで五回にわたり連載された。二月一五日に行われた第二回衆議院議員総選挙において選挙大干渉が発生し、第三議会の召集を前に、日本の議会政治そのもののあり方が問われていた時期であった。

この論説では、「専制の政」から「自由の風」への変遷の時ともいうべき国難に当たり、自由、改進両党の首領も含めた維新の功臣諸老たちが、協同一致して政府に結集することを提案する。そもそも明治政府の「宿痾《しゅくあ》」(持病)は、維新の功臣が内に団結せず、外に向かってわれ先にと自負心や功名心を燃やし明治政府を四分五裂させていることであって、「自から建てて自から毀《こぼ》つものに異ならず。智に似て愚なり」と断じ、彼らが我慢と抑制の中で、政府に結集し同一の方針につくことが重要であると説く。一方で、民心を和することも喫緊の課題であるとし、人びとに羨望の念を抱かせ、また衆議院の軽視をもたらしている爵位や位階を即刻廃止することを要求する。

「地租論」は、明治二五年四月二九日〜五月八日まで九回にわたり連載された。当時民党勢力が主張してやまなかった地租軽減、地価修正がまったく理に合わないものであるとして、反対論を展開したものである。福沢は、日本の土地制度の歴史を辿ったうえで、人びとの意識や土地所有の実情が地租改正以来大きく変動していることを指摘し、徳川時代に四公六民、五公五民などといわれた重い年貢が、いまは半分以下の地租となっている中での地方の疲弊は政府の経済政策の失敗が原因である、と説いて現在の地租が重いとはいえないと主張する。そして、地価修正論に対し全国民の納得する修正は不可能であると批判、地租軽減論については、そもそも地租が軽減されても小作料は軽減されず、自作農さえも小作人に転じて地主の土地買収の速度が増すだけの結果を生むと分析し、何ら困窮の農民に資するところがないと断じた。そのうえで、地租軽減を主張する民党政治家は、これを餌に国民の歓心を買い党勢を張ろうとしているだけであると口を極めて批判し、いま主張すべきは、しなくていいことを増やすばかりの官界の人員削減と冗費の節約にあると提案する。末尾では「政客は一時の政客にして国家は万年の国家なり」として、「満天下の政客」を敵に回すことも躊躇しないと見得を切り、大局を見据えた現実的な議論がなされるべきことを主張している。

〔都倉武之〕

▼官民調和論 ▼国会開設 ▼旧時代の制度・慣習 ▼地租軽減反対論

参考『全集』六。

実業論 じつぎょうろん

経済論に特化した単行本としては、福沢諭吉の最後の著作。特に経済の担い手の問題を重点的に論じている。初出は、明治二六(一八九三)年三月三〇日から四月一五日まで一五回にわたり『時事新報』

に発表された社説で、それらをまとめて同年五月に博文館より出版された。

当時、日本の資本主義は二〇年代前半の恐慌から回復し産業革命に向かって進み始めていた。また、世界に目を転じれば、電力の登場などを要因として、本書にいう「実業革命」が起ころうとしていた。このような時代背景の中で福沢は、日本の実業が発展する可能性を実証しつつも、現実の進歩は遅々たるものであるとして、その原因を指摘している。第一には、新たな教育を受けかつ人品高尚な「士流学者」が、依然として実業を蔑視して官界や法曹・教育・言論界を目指し、結果として最上の知識が実業社会に応用されていないことを問題としている。また第二には、「実業革命」を理解できない政府が、旧態依然たる意識で不要な保護干渉を繰り返していることは有害無益であり、実業の発達を妨げていると主張する。福沢によれば、経済の成長とともに政府の保護介入は縮小してゆくべきものであり、それにもかかわらず政府が経済の問題にかかわり続けることは、かえって民間における実業の担い手の成長を妨げることであった。福沢は、その時々に時事的な経済問題を論じてきたが、その中で一貫して考え続けられていることは、近代的な経済に適した担い手の問題であった。本書は、晩年の福沢が日本と世界の新たな経済状況をふまえながら、政府の役割を含めて、再度、経済の担い手の問題を正面から論じた著作である。

◉表紙

表紙に「福沢諭吉立案」とあるが自筆原稿が現存する。 ［小室正紀］

参考 『選集』(旧)三、解題(野村兼太郎)。千種義人『福沢諭吉の経済思想―その現代的意義』同文館、一九九四年。

福翁百話《ふくおうひゃくわ》

福沢諭吉晩年のエッセイ百編をまとめたものである。明治二八(一八九五)年に脱稿、二九年二月一五日に「序言」を書き、三月一日から三〇年七月四日まで、一週に二、三回ずつ『時事新報』に掲載された。福沢自身が編集して生前に刊行した『福沢全集』には収録されておらず、三〇年七月中に単行本として刊行されると大きな人気をもって迎えられ、発刊一〇か月後には、「初版以来既に拾余万部を売尽し今回第八版を発行す」る状況であった(『修業立志編』巻末の広告)。大正期に刊行された『福沢全集』に収められるまでに七、八十版を重ねたといわれている。

本書に付された福沢の序言から分かるように、この書の内容は、文明の本質である「智徳の発達」に関連して、福沢がそれまで来客に話した事柄であり、おそらくその実態は、客から質問がなされ、それに福沢が答えるというかたちの問答

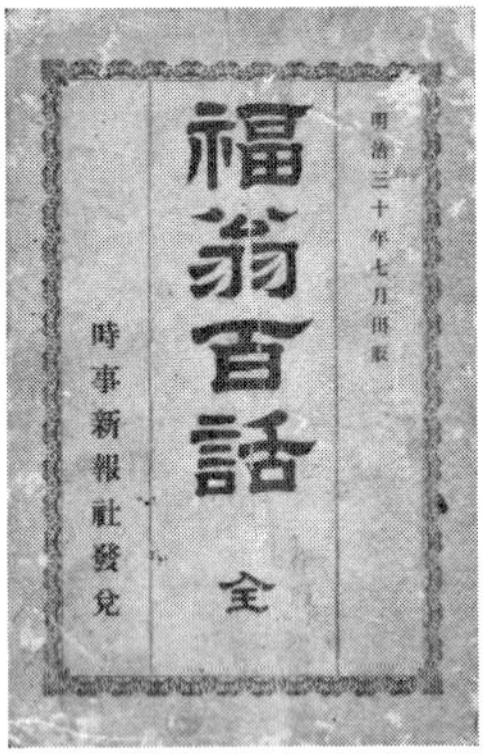

●表紙

であったと考えられる。福沢の演説を聴き論文や社説を読んだ客が発した質問に答えるのであるから、それは当然演説や論文では説明されていない、福沢の心の奥にある考え方や、思想の原点を明らかにするものになるはずである。

本書は「平常実学的で説得的な論議を展開する「福沢の正面像」」に対する「裏面像」と理解することもできるが、それは演説や論文では触れられていない、福沢の思想の原点を明らかにしていると考えることも可能である。

晩年の福沢が強い関心を持った道徳論や女性論が多く取り上げられ、また「天道」や「宇宙」といった、それまでほとんど触れられなかったが、人間としての福沢の意識の底辺にはかならず存在したはずの問題が主題になっているのが興味深い。また同一の主題が連続して取り上げられるとともに、何回か間を置いてまたその主題に戻っている様子が明らかにみてとれ、執筆の過程が福沢の言葉どおり「嘗《かつ》て人に語りしその話を記憶のまま夫れ是れと取集め」たものであったことを示している。福沢の子どもたちがこの書の原稿を分け合って記念として保存したのは、他の著書からは知り得ない父親の心底にあるものを知り得ると考えたからであろう。〔坂井達朗〕

▼『福翁百話』『福翁百余話』の執筆

参考 小泉仰『福沢諭吉の宗教観』慶応義塾大学出版会、二〇〇二年。

福沢全集緒言　ふくざわぜんしゅうしょげん

『福沢全集』収録の諸著作の解題として執筆した著作。前文で翻訳、著述に対する福沢諭吉の姿勢について説き、合わせて未刊であった処女著作「唐人往来」の全文を翻刻し、さらに全集収録の著作、『増訂華英通語』(万延元〔一八六〇〕年刊)から『実業論』(明治二六〔一八九三〕年刊)までの全四六編のうち二二編を取り上げ、それぞれの執筆意図、刊行時の事情などについて解説している。

明治三一年一月刊行の『福沢全集』第一巻の冒頭に収録する以前に、『時事新報』紙上において三〇年一一月二日から二五日まで二一回にわたって連載され、同年一二月に時事新報社より単行本として刊行された。福沢自筆の原稿「一」〜「四」のうち、前文を記したと推定される「一」を欠くが、諸著作を個別に解説した「二」以下が現存する。

福沢は本書で維新の変革期について、日本が「旧物破壊、新物輸入の大活劇」を演じた時代であったといい、福沢著作はその変革の「筋書」「台本」の役割を果たしたと述べている。それは広く一般の人びとに、西洋文明社会の骨格とそれを支える文明の思想を具体的に示し、またそれを目標とすべきことを理解させるための著述であったことを意味する。このことについて福沢は、いたずらに難解な漢文体ではなく、つとめて俗文に徹し、俗文に不足するところは遠慮なく漢語をも使用して平易にしてかつ読みやすい文体による執筆に努め「雅俗めちゃめちゃ」に混合した文体を創出したと述べているが、その姿勢は恩師緒方洪庵の翻訳の仕方にならい、また蓮如の筆法に学んだ結果でもあった。

個別に取り上げられた著作は『福沢全集』収録著作の約半数であるが、『西洋事情』や『雷銃操法』について述べるところが多い。また添えられた参考資料をも合わせると『学問のすゝめ』や『会議弁』、また『改暦弁』についての解説が詳しくなっている。これらに比して『文明論之概略』についての解説は比較的簡潔である。また、明治一〇年代前半刊行の『分権論』『通俗民権論』『通俗国権論』『時事小言』についても四書一括しての簡潔な解説となっている。

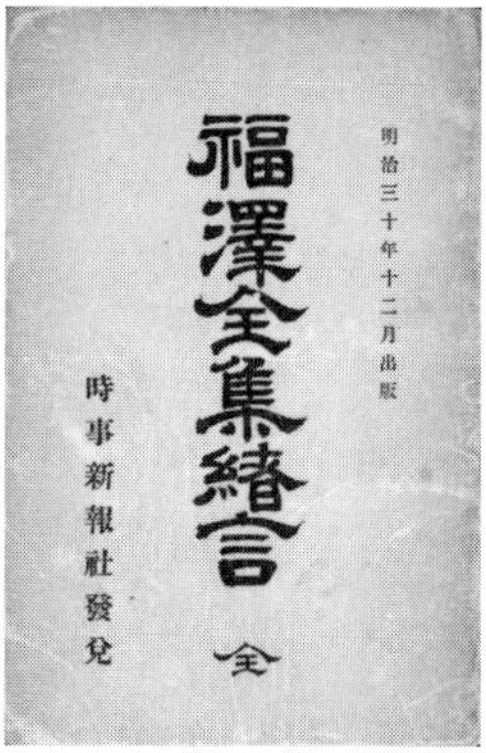

◉表紙

『時事新報』創刊以後の著作についての解説はない。前半期の著作に重点を置いた自著の選択的な回顧は、晩年の福沢が年来の主張であった文明の主義がなおかならずしも世間に浸透しておらず現実の日本社会に根づいていないことを痛感し、あらためて原点に立ち帰ることの必要を認識したことにあると思われる。

なお『福翁自伝』には、福沢が生涯でもっとも骨を折ったのは「著書翻訳の事業」で、その次第は福沢全集の緒言に述べたので省く、とある。 ［松崎欣一］

▼『福沢全集』の編纂・刊行

参考 『著作集』一二、解説（松崎欣一）。

福沢先生浮世談　ふくざわせんせいうきよだん

男性の不行状や女性の置かれている現状など、福沢諭吉が友人に話した男女交際に関する四方八方《よもやま》話を筆記したもの。

口語体の洒脱な文章で、内容は、男女が共に国を支え家を保つために女子教育の必要性が説かれているが、特に西洋と比較して急務であるのは一夫一婦制の確立である。これは簡単ではなく、西洋でも内実は一夫一妻とは異なるが、日本との大きな違いは、隠されていることである。多妻が外国人から軽蔑される恥ずかしい習慣であることを知り、まずは隠すこと、そして宴会、集会のやり方を変えること、女性たちが侍るような酒宴から変えるべきことを主張する。女性は少しでも活動的だと非難されるが、女性も男性と同じ普通《あたりまえ》の人間である、という。

明治三一（一八九八）年一月五日より一一日まで六回にわたり『時事新報』に連載され、三月に単行本化された。序文に『福翁自伝』と同じ速記者矢野由次郎に

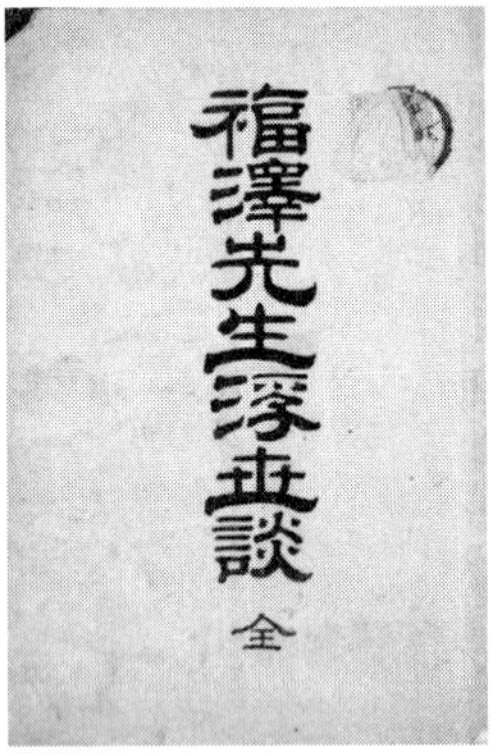

◉表紙

よる速記とあり、原稿は残っていない。
この中で福沢が妾の存在を否定せず、隠せとしていることが当時から非難されてきた。ただ福沢自身はその目的を、例えば禁酒しろといってもいきなりできるものではなく、まずそれが悪いことと認識し徐々に酒量を減らしていく方法と同様、まず認識を改めさせることだ、としている。

［西澤直子］

▼集会論　▼『福沢先生浮世談』の刊行　▼集会

参考『著作集』一〇。

修業立志編　しゅぎょうりっしへん

明治三一（一八九八）年五月慶応義塾が学制改革を行った際のカリキュラムの再検討に当たって編纂された「読本」、すなわち国語の教科書である。福沢諭吉の演説筆記などを中心にして、四二編の比較的短い文章を収録している。

巻頭に付された「明治三十一年三月二日　福沢諭吉識」とした「修業立志編緒言」では、今回の学事改良（カリキュラムの改正）に当たり、最近の日本語の文体で書かれた教科書が必要であると感じたが、一般に刊行されているものには適当な書物が少ないので、福沢がこれまでに演説会で行った演説や『時事新報』に載せた演説などの中から、少年を対象とした文章を集めて編纂したものであることが説明されている。

この文章が書かれたのと同日付けで当時義塾教員であった菅学応に宛てた福沢書簡が残っており、それによってこの「緒言」は菅が下書きをし、それを福沢自身が「少々刪正《さんせい》」したものであること、また題名を福沢は「少年修業立身編」と考えていたが、それに固執するつもりはなく、「塾中諸彦《しょげん》」と相談のうえ決定するように依頼していたことが分かる。

◉表紙

この書を『福沢諭吉全集』に単行本のかたちでは採録しなかった理由を、全集の編者は「中には二、三の福沢以外の人の執筆したものも混っており、且つ福沢執筆の社説はすべて「時事論集」中に採録してあるので」と説明している。

［坂井達朗］

▼一貫教育制度の成立　▼菅学応

参考『全集』一八。

福翁自伝《ふくおうじでん》

福沢諭吉が速記者矢野由次郎を前にしてその生涯を回顧して語った速記原稿に、福沢自身がきわめて綿密な加除修正の筆を加え、さらにストーリーの展開に沿った小見出しを付して完成した著作。

「幼少の時」に始まり、終章「老余の半生」まで全一五章から成る。第一〇章「王政維新」まではほぼ生涯の時系列に沿って叙述が進み、明治四(一八七一)年の慶応義塾の三田移転のことに及んでいる。続く「暗殺の心配」「雑記」の章も明治初年までの話題であり、これを含めれば全体の八割に近い紙幅が明治四、五年頃までの叙述となる。かならずしも恵まれた環境にあったとはいえない中津藩下級士族の二男坊として生まれた福沢が、たくましく成長していく中で「門閥制度は親の敵」(幼少の時)との信念を胸に秘めて、やがて蘭学の世界に開眼し、長崎を経て大坂の緒方洪庵に出会う。「大阪修行」および「緒方の塾風」の二章にわたる緒方塾時代の回想は、自伝全体の中でももっともいきいきと描写されている。続いて、江戸藩邸内の蘭学塾の指導者となり、さらに蘭学から英学への展開を果たして、三度の欧米旅行の機会を得る。この間の叙述も数々の異文化体験の実際を面白く紹介しながら精彩に富むものとなっている。やがてこの過程で、「西洋流の一手販売、特別エゼント」(王政維新)としての役割をみずからに課し、翻訳、著述、教育の仕事に邁進していくさまが語られ、同時に福沢を取り巻く幕末維新期の政治状況、社会風俗の状況が鮮明に描き出される。

終章では、まず「仕官を嫌う由縁」を述べ生涯を貫く福沢の生き方が示される。そして明治一四年政変の経緯、時事新報の経営、慶応義塾のこと、自身の健康のことに及び、一身の独立ばかりか一国の独立を果たした日本の姿をも見ることのできた生涯を夢のごとしと振り返り、最後に三か条の老余の願いを記して筆を擱《お》いている。こうして、維新変革期の時間軸に交差して福沢の生きた空間が次々に拡大していく中に、福沢のその時々の心情や福沢を取り巻く周囲の状況が冷静でしかもユーモアにあふれる筆致で活写された『福翁自伝』は、単に個人史として優れたものであるばかりでなく、幕末・明治期の貴重な同時代史としての意義をも有している。

自伝の口述は明治三〇年の一一月頃から始まり、一区切りごとに速記清書原稿に福沢が筆を入れることを繰り返して三一年五月一一日に脱稿した。同年七月一日から三二年二月一六日まで六七回にわたって『時事新報』に連載され、同年六

◉表紙

月、時事新報社から単行本として刊行された。速記清書原稿に福沢が加除修正をした原稿が現存する。

〔松崎欣一〕

▼『福翁自伝』の口述・刊行　▼『福翁自伝』最終章

参考『「福翁自伝」の研究』。『著作集』一二、解説(松崎欣一)。

女大学評論・新女大学
おんなだいがくひょうろん・しんおんなだいがく

　貝原益軒の著作として世間に流布していた「女大学」に対する論評と、それに代わる新しい「女大学」を提唱したもの。「女大学」とは、儒教の陰陽の考えに基づき、男性より劣った存在として生まれてくる女性は、父・夫・息子に従う「三従」や子なきは去るといった「七去」(離縁される七条件)を守り、いかに生きるべきかを箇条書きにした女訓書である。福沢諭吉は、かりに正しいことが含まれていても女性だけに強要される理由はなく、女性たちをそのような目に見えない規範から解放するため「女大学評論」を執筆した。「女大学」の各条の男女を入れ替えて考えてみることを提示するなど、「旧儒教流」の男尊女卑に基づく差別理論を徹底的に批判攻撃し、むしろ「男大学」が必要である、と述べている。

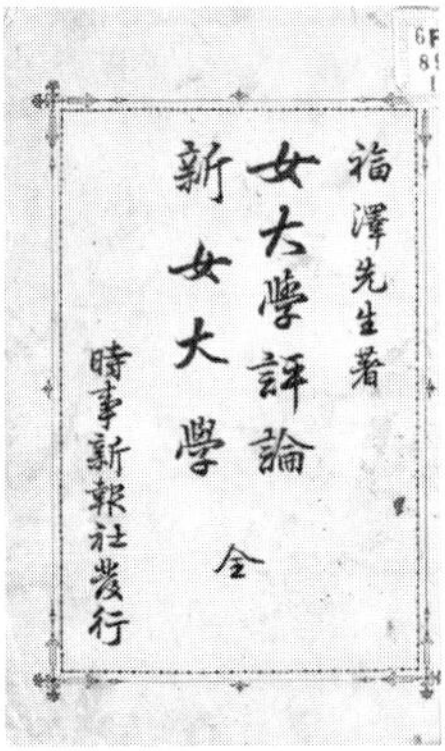

◉表紙

　続いて執筆された「新女大学」では、経済や法律を学んでそれを「文明女子の懐剣」とするような新しい女子教育のあり方や男女平等・不軽不重の原則に基づき、世間体を気にする「勇気なき痴漢《ばかもの》」にはならない男女関係、「徳教は耳より入らずして目より入る」ため父母がよい手本を示し団欒を大切にする家族関係、あるいは互いに独立した嫁姑関係のあり方などを論じた。「女大学評論」「新女大学」は「女大学」引用部分を省き、すべて自筆原稿が残っており、それを見ると「新女大学」というタイトルは最後につけられている。執筆をしている間に、評論に留まらず「新女大学主義」を主張する思いを強くしたことが分かる。

　明治三一(一八九八)年八月から九月中旬にかけて執筆されたが、直後の二六日に脳溢血を発症し、『時事新報』への掲載は三二年四月一日からとなった。「女大学評論」が五月二八日までに一八回、「新女大学」がその後七月二三日までに一六回に分けて掲載された。連日ではなく週に二、三回の掲載で、合間には他者による女性論や関連記事が掲載され、読者の反応もすぐに記事になった。背景には民法の全面施行があり、この機に前近代的な規範ではなく法に沿った人びとの意識の改革を目指すキャンペーンを張ったと受け取ることができる。

　一一月に単行本となり、福沢の著作としては珍しく、贈答用と目される上製本が出版された。福沢は「新女大学主義」

が早く広く浸透することを願って、「男子亦《また》この書を読むべし」と記し他人に贈呈している。 [西澤直子]

▼『福沢先生浮世談』の刊行 ▼『女大学評論・新女大学』の執筆・刊行 ▼日本婦人論後編

参考 「福沢先生の女学論発表の次第」『時事新報』明治三二年四月一四日付。『著作集』一〇、解説(西沢直子)。『書簡集』五、こと「福沢の女性論」。西沢直子「福沢諭吉の『女大学』批判」(『女大学資料集成』別巻、大空社)二〇〇六年。

福翁百余話 ふくおうひゃくよわ

『福翁百話』の執筆後、明治三〇(一八九七)年三月から七月にかけて、その続編として執筆された一九編のエッセイである。三〇年九月から三三年二月にかけて断続的に『時事新報』に掲載され、福沢諭吉没後の三四年四月単行本として刊行された。一九編と短く、また区切りの悪い数になっているのは、執筆の途中で『福翁自伝』『女大学評論・新女大学』の著述を思い立ち、起稿を一時中断、その後脳溢血を発症したためであろう。

前編である『百話』と比較すると『百余話』は内容的にはひと味違っている。『百話』と同様、福沢が客へ話した内容を思い出して書いたものであるが、来客からの質問に対して、福沢が自分自身の処世修身の原則から助言を与える、という形式のものが多かったためと考えられる。一九編のうち約三分の一に当たる七編の表題に「独立」の文字が含まれているのは、福沢が「主義として守る所のもの」であった「独立自尊の本心は百行の源泉にして、源泉滾々《こんこん》到らざる所なし」(「智徳の独立(八)」)という命題が、一九編全体の中心主題を成していることを示している。『百話』で述べられたさまざまな内容が、この命題に収斂していく過程が『百余話』であるといえよう。

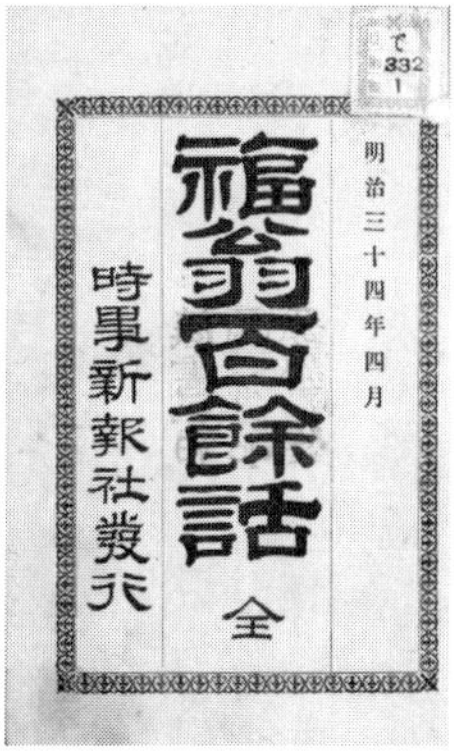

◉扉

発病の一年後、福沢は慶応義塾の関係者に示す道徳の趣意書を編むことを思い立ち、その重鎮に依頼してまとめられた文章が「独立自尊」の四字熟語を中心概念とする「修身要領」二九か条である。それは「『百余話』の延長線上にある」といえよう。 [坂井達朗]

▼『福翁百話』『福翁百余話』の執筆 ▼修身要領の編纂経緯

参考 『著作集』一一、解題(服部禮次郎)。『全集』六。

明治十年丁丑公論・瘠我慢の説 めいじじゅうねんていちゅうこうろん・やせがまんのせつ

西南戦争における西郷隆盛の決起を「抵抗の精神」という観点から積極的に評価した「丁丑公論」と、明治維新の際の勝海舟と榎本武揚の出処進退を批判した「瘠我慢の説」の合本。

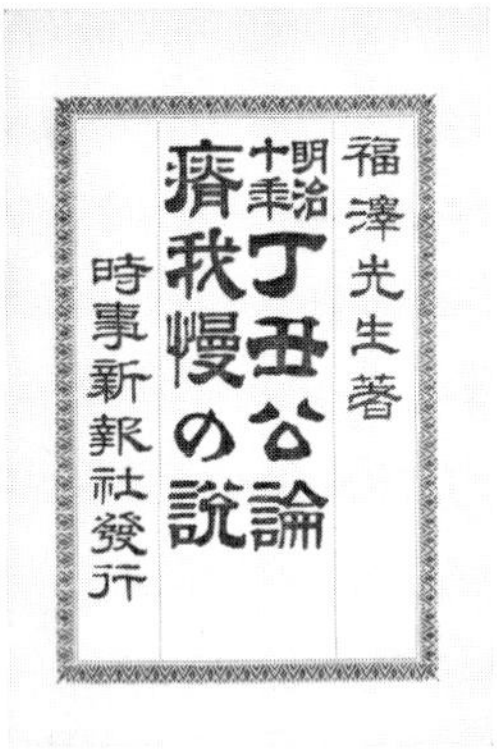

◉表紙

「丁丑公論」は、明治一〇（一八七七）年の西南戦争終結後すぐに執筆されたもので、かつて維新の元勲として賞賛していた西郷を賊として扱う新聞雑誌を不満とし、西郷が示した「抵抗の精神」を専制政治に抵抗する精神として、また西郷の人格を士族の気風や「文明の精神」を宿したものとして、高く評価した。

福沢諭吉は、鹿児島士族の割拠を許して貧窮に追い込み、みずからは奢侈を極めてきた明治政府にこそ反乱勃発の責任があると指弾する。一方、西郷も地方自治に力を入れて言論や学問、産業によって抵抗すべきであったと指摘した。ここでいう抵抗とは権力の偏重に修正をうながすものであり、福沢が好んで使った「独立」「私立」と同義であったといえる。

「瘠我慢の説」では、自国が壊滅する際には、勝算がなくても最後まで粘って和を求めるか、死を決するのが「立国の公道」であるとして、戊辰戦争に際して江戸城の無血開城を行った勝を批判した。福沢は、勝が「立国の要素たる瘠我慢の士風」を傷つけたと批判し、さらに勝が維新後に「敵国の士人」と並んで明治政府の高官についたことを強く非難した。榎本についても、維新後に政府高官としての富貴を求めたことに戦死者が地下で不平を鳴らすであろう、と批判した。

「丁丑公論」は執筆後長く公にされなかったが、西南戦争から二〇年余りを経て時事新報記者の石河幹明が福沢の自宅で稿本を発見し、福沢の許可を得て明治三四年二月一日から一〇日まで八回にわたって『時事新報』に掲載した。「瘠我慢の説」は明治二四年に脱稿して勝、榎本、木村芥舟、栗本鋤雲などに写本を送り、公表はしなかったが、栗本らから外部に内容が漏れ、『奥羽日日新聞』や『日本人』に掲載された。福沢は、周囲からの勧めを受ける格好で『時事新報』に掲載することを認め、三四年一月一日から三日まで連載した。両書は合本として三四年五月に刊行されたが、「丁丑公論」連載中に福沢が没したため、掲載の事情を記した石河の序文が掲載され、勝、榎本からの答書なども収録された。なお、徳富蘇峰は勝の行動を日本の破滅を防ぐための措置だと弁護したが、これに対する福沢の反駁を石河がまとめた文章「瘠我慢の説に対する評論に就て」も付録として収められている。「瘠我慢の説」は自筆原稿が現存する。

〔小川原正道〕

参考『全集』六。『書誌』。『著作集』九、解説（坂本多加雄）。萩原延寿・藤田省三『瘠我慢の精神』朝日新聞出版、二〇〇八年。松本三之介『明治思想における伝統と近代』東京大学出版会、一九九六年。

著作単行書一覧

凡例▼

一、本表は、『全集』に掲載されている福沢著作のうち、福沢没年までに刊行された単行著作を初版の刊行年順に配列し、その書誌的事項をまとめたものである。ただし『修業立志編』は全集において著作の形で収録されていないが、ここでは著作の一つとして扱った。

二、同題でも版が異なる場合、同じ版でも内容や表題が異なる場合は、別項目とした。ただし、字形の違い、奥付の追加は区別していない。活字本は初版のみ扱った。

【書名】 和装本の場合、表紙題簽(外題)、見返し(内題)の表記を記載し、両者が相違する場合は、見返しの表記による。「全」「完」の表記、巻数や冊数は省略した。〔 〕は柱題(版心の表記)より補った。洋装本は、表紙、扉の表記による。

【著訳者名】 表紙、見返し、扉に記載された著訳者の表示をそのまま記載した。〔 〕は序文、本文冒頭、巻末のいずれかより補った場合である。

【出版者】 出版、蔵版、発兌、発行、発売などに関する表記を記載した。表紙、見返し、扉への表記を主とし、〔 〕は奥付で補った。ただし奥付は、記載法に変化があるため、出版に関する事項をそのまま記載し、また著者とは別に編纂や編輯の表記があれば、ここに加えた。売捌所(書林)などは省いた。押印は( )で刻字を示した。*は巻末、それ以外は表紙、見返し、扉または巻頭で、異なる押印が知られる場合は／で列挙する。〔 〕は注記である。

【刊行年月】 表紙、見返し、扉記載の年月表記をそのまま記載した。奥付から補った場合は〔 〕で記載し、( )は凡例から補った。

【印刷技法】 木版、活版印刷の別を記載した。

【形態】 以下の四項目を一字空きで列挙した。ただし『子供必要日本地図草紙』は一枚刷のため、寸法のみ示す。

○冊数 分冊数を表す。異装本が知られるものには*を付した。

○丁数(丁付)・頁数 丁数、頁数は本文について記載した。分冊の場合「／」で区切り列挙した。和装本で、丁付が冊子をまたいで通番となっている場合は、範囲を示した。本文に準ずる部分については〔 〕で示す。

○装丁 和装本、洋装本の別を示す。なお、上製本の知られるものがあるがここでは示していない。

○判型 書籍の大きさを示す。

和装本の区別は以下の通りである。〔大本〕美濃本。縦二七㎝前後。〔半紙本〕縦二三㎝前後。〔中本〕大本の半分。縦一八㎝前後。〔小本〕半紙本の半分。縦一五㎝前後。〔大本三つ切〕大本を横に三つ切りした大きさ。縦八㎝前後。〔中本三つ切〕中本を横に三つ切りした大きさ。縦六㎝前後。

洋装本の区別は以下の通りである。〔菊判〕縦二二㎝前後。〔四六判〕縦一九㎝前後。

三、記述にあたっては全集各巻の後記のほか、以下の図書を参考にした。

富田正文『福沢諭吉書誌』(大塚巧芸社、一九六四年)

慶応義塾福沢研究センター編『マイクロフィルム版「福沢関係文書」収録文書目録』(雄松堂出版、一九九七年)

四、各著作は、福沢生前の版全頁がインターネット上で閲覧できる(初版とは限らない)。デジタルで読む福沢諭吉 http://project.lib.keio.ac.jp/dg_kul/fukuzawa_about.html

No	書名	著訳者名	出版者	刊行年月	印刷技法	形態
1	増訂華英通語	〔福沢範子囲訳〕	快堂蔵版	万延庚申	木版	二冊　一―四九／五〇―九九丁　和装　大本
	増訂華英通語	〔福沢範子囲訳〕	快堂蔵版	万延庚申	木版	一冊　（一―九九丁）　和装　半紙本
2	西洋事情	福沢諭吉纂輯	尚古堂発兌〔福沢氏蔵梓〕（福沢氏図書記*）	慶応二年丙寅初冬	木版	三冊*　五六／五一／五〇丁　和装　半紙本
	西洋事情	福沢諭吉纂輯	尚古堂発兌〔慶応義塾蔵版之印〕	明治三年庚午再刻	木版	三冊　五六／五一／五〇丁　和装　半紙本
	西洋事情初編	福沢諭吉纂輯	慶応義塾出版局〔慶応義塾蔵版之印〕	明治六年三月再々刻	木版	三冊　五六／五一／五〇丁　和装　半紙本
	西洋事情外編	福沢諭吉纂輯	尚古堂発兌〔慶応義塾蔵梓〕（慶応義塾蔵版之印［印影印刷］*）	慶応三年丁卯季冬	木版	三冊　五二／五四／五三丁　和装　半紙本
	西洋事情外編	福沢諭吉纂輯	尚古堂発兌〔慶応義塾蔵版之印〕	明治五壬申再刻	木版	三冊*　五二／五四／五三丁　和装　半紙本
	西洋事情外編	福沢諭吉纂輯	慶応義塾出版局〔慶応義塾蔵版之印〕	明治六年三月再々刻	木版	三冊*　五二／五四／五三丁　和装　半紙本
	西洋事情二編	福沢諭吉纂輯	尚古堂発兌〔慶応義塾蔵版／岡田屋嘉七売弘〕〔慶応義塾蔵版之印〕	明治三年庚午初冬	木版	四冊*　五六／五二／五〇／三七丁　和装　半紙本
	西洋事情二編	福沢諭吉纂輯	慶応義塾出版局〔慶応義塾蔵版之印〕	明治六年三月再刻	木版	四冊*　五六／五二／五〇／三七丁　和装　半紙本
3	雷銃操法〔巻之一〕	〔福沢諭吉訳〕	福沢氏蔵版〔東都書林　和泉屋善兵衛発兌〕（Copyright of 福沢氏）	〔慶応三年丁卯暮春〕	木版	一冊　五〇丁　和装　中本
	雷銃操法〔巻之二〕	〔福沢諭吉訳〕	福沢氏蔵版〔東都書林　和泉屋善兵衛発兌〕（Copyright of 福沢氏）	〔慶応三年丁卯暮春〕	木版	一冊　五二丁　和装　中本
	雷銃操法〔巻之三〕	〔福沢諭吉訳〕	福沢氏蔵版〔慶応義塾蔵版〕（Copyright of 福沢氏）	〔明治二年己巳十二月〕	木版	一冊　三八丁　和装　中本

番号	書名	著訳者	発行・蔵版	刊行年	版式	形態
4	西洋旅案内　附録　万国商法	福沢諭吉著	尚古堂発兌(Copyright of 福沢氏／同*／慶応義塾蔵版之印)	慶応三年丁卯初冬	木版	二冊　一―三六／三七―七四丁　和装　半紙本
	西洋旅案内　附録　万国商法	福沢諭吉著	慶応義塾出版局(慶応義塾蔵版之印)	明治六年五月再刻	木版	二冊　一―三六／三七―七四丁　和装　半紙本
5	条約十一国記	〔福沢諭吉著〕	福沢氏蔵版(福沢氏図書記／慶応義塾蔵版之印)	慶応三年丁卯仲冬	木版	一冊　二四丁　和装　小本
6	西洋衣食住	〔片山淳之介〕	片山氏蔵版	慶応三年丁卯季冬	木版	一冊　一九丁　和装　中本
	西洋衣食住	〔片山淳之介〕	(慶応義塾蔵版之印)	慶応三年丁卯季冬	木版	一冊　一九丁　和装　小本
7	兵士懐中便覧	〔福沢諭吉訳〕	(仙台蔵版)	(慶応四年戊辰七月)	木版	一冊　二四丁　和装　大本三つ切
8	訓蒙窮理図解	福沢諭吉著	(慶応義塾蔵版之印)	明治元季戊辰初秋	木版	三冊　一八／二二／一八丁　和装　中本
	訓蒙窮理図解	福沢諭吉著	(慶応義塾蔵版之印)	明治四年辛未六月再刻	木版	三冊　一八／二二／一八丁　和装　中本
	訓蒙窮理図解	福沢諭吉著	(慶応義塾蔵版之印)	明治六年六月改正再刻	木版	三冊　一八／二二／一八丁　和装　中本
9	洋兵明鑑	福沢諭吉・小幡篤次郎・小幡甚三郎合訳	尚古堂発兌(慶応義塾蔵版之印)	明治二季己巳初春	木版	三冊　四〇／五二／五〇／四二／四四丁　和装　半紙本
10	掌中万国一覧	福沢諭吉著	(福沢蔵版[印影印刷])	明治二季己巳初春	木版	三冊　四六丁　和装　中本三つ切
11	英国議事院談	福沢諭吉訳述	尚古堂発兌(慶応義塾蔵版之印)	明治二季己巳仲春	木版	三冊　三三／三五丁　和装　半紙本
12	清英交際始末	福沢諭吉閲・松田晋斎訳	尚古堂発兌	明治二年己巳初夏	木版	三冊　一―一七／一八―五二丁　和装　半紙本
13	頭書大全世かい国つくし	福沢諭吉訳述	(慶応義塾蔵版／岡田屋嘉七売弘)(慶応義塾蔵版之印)	明治二季己巳初冬	木版	三冊　一七／一六／三三／二四／一九／二二丁　和装　半紙本
	頭書大全世かい国つくし	福沢諭吉訳述	(慶応義塾蔵版／岡田屋嘉七売弘)(慶応義塾蔵版之印)	明治四季辛未十二月再刻	木版	三冊　一七／一六／三三／二四／一九／二二丁　和装　半紙本
	素本世界国尽	福沢諭吉著〔内田晋斎書〕	福沢諭吉売弘(慶応義塾蔵版之印)	明治五年壬申初冬	木版	三冊　三七／三七／五〇丁　和装　中本

No	書名	著訳者名	出版者	刊行年月	印刷技法	形態
13	真字素本世界国尽	福沢諭吉著	福沢氏版〔福沢氏蔵版印〕	明治八年三月新刻	木版	三冊　二五丁　和装　半紙本
14	啓蒙手習の文	福沢諭吉編〔内田晋斎書〕	慶応義塾出版／尚古堂発兌〔慶応義塾蔵版之印〕	明治四年辛未初夏	木版	二冊　五四／三五丁　和装　半紙本
	再版増補改正啓蒙手習の文	福沢諭吉編〔内田晋斎書〕	福沢諭吉版〔慶応義塾蔵版之印／福沢氏蔵版印〕	明治六年五月	木版	二冊　五六／三五丁　和装　半紙本
15	学問のすゝめ	〔福沢諭吉・小幡篤次郎同著〕	—	〔明治四年未十二月〕	活版	一冊　二三頁　洋装　四六判
	学問のすゝめ	〔福沢諭吉・小幡篤次郎同著〕	〔慶応義塾蔵版之印*〕	明治五年六月木版ニ改	木版	一冊　一二丁　和装　小本
	学問ノス、メ	〔福沢諭吉・小幡篤次郎同著〕	〔慶応義塾蔵版之印*〕	明治六年四月真片仮名再刻	木版	一冊　一二丁　和装　中本
	学問ノス、メ初編	〔福沢諭吉・小幡篤次郎同著〕	〔慶応義塾蔵版之印*〕	明治六年四月真片仮名再刻	木版	一冊　一二丁　和装　中本
	学問ノス、メ二編	〔福沢諭吉著〕	〔福沢氏蔵版印*〕	〔明治六年十一月官許出版〕	木版	一冊　九丁　和装　中本
	学問ノス、メ三編	〔福沢諭吉著〕	〔福沢氏蔵版印*〕	〔明治六年十二月官許出版〕	木版	一冊　九丁　和装　中本
	学問ノス、メ四編	〔福沢諭吉著〕	〔福沢氏蔵版印*〕	〔明治七年一月出版〕	活版	一冊　一一丁　和装　中本
	学問ノス、メ五編	〔福沢諭吉著〕	〔福沢氏蔵版印*〕	〔明治七年一月官許出版〕	活版	一冊　九丁　和装　中本
	学問ノス、メ六編	〔福沢諭吉著〕	〔福沢氏蔵版印*〕	〔明治七年二月官許出版〕	活版	一冊　一一丁　和装　中本
	学問ノス、メ六編	〔福沢諭吉著〕	〔福沢氏蔵版印*〕	〔官許出版明治七年二月〕	木版	一冊　一〇丁　和装　中本
	学問ノス、メ七編	〔福沢諭吉著〕	〔福沢氏蔵版印*〕	〔明治七年三月官	活版	一冊　一二丁　和装　中本

No.	書名	著訳者	版元・蔵版	刊行年月	版式	体裁
				許出版〕		
	学問ノスヽメ七編	〔福沢諭吉著〕	〔福沢氏蔵版印*〕	〔明治七年三月官許出版〕	木版	一冊　一〇丁　和装　中本
	学問ノスヽメ八編	〔福沢諭吉著〕	〔福沢氏蔵版印*〕	〔官許明治七年四月出版〕	活版	一冊　一一丁　和装　中本
	学問ノスヽメ九編	〔福沢諭吉著〕	〔福沢氏蔵版印*〕	〔官許明治七年五月出版〕	活版	一冊　九丁　和装　中本
	学問ノスヽメ十編	〔福沢諭吉著〕	〔福沢氏蔵版印*〕	〔官許明治七年六月出版〕	木版	一冊　九丁　和装　中本
	学問ノスヽメ十一編	〔福沢諭吉著〕	〔福沢氏蔵版印*〕	〔官許明治七年七月出版〕	活版	一冊　九丁　和装　中本
	学問ノスヽメ十二編	〔福沢諭吉著〕	〔福沢氏蔵版印*〕	〔明治七年十二月出版〕	木版	一冊　一〇丁　和装　中本
	学問ノスヽメ十三編	〔福沢諭吉著〕	〔福沢氏蔵版印*〕	〔明治七年十二月出版〕	木版	一冊　一〇丁　和装　中本
	学問ノスヽメ十四編	〔福沢諭吉著〕	〔福沢氏蔵版印*〕	〔明治八年三月廿八日許可〕	木版	一冊　一一丁　和装　中本
	学問ノスヽメ十五編	〔福沢諭吉著〕	〔福沢諭吉〕〔福沢氏蔵版印*〕	〔明治九年七月出版〕	木版	一冊　一〇丁　和装　中本
	学問ノスヽメ十六編	〔福沢諭吉著〕	〔福沢諭吉〕〔福沢氏蔵版印*〕	〔明治九年八月出版〕	木版	一冊　一〇丁　和装　中本
	学問ノスヽメ十七編	〔福沢諭吉著〕	〔著者兼出版人福沢諭吉〕〔福沢氏蔵版印*〕	〔明治九年十一月十六日版権免許〕	活版	一冊　一〇丁　和装　中本
	学問のすゝめ　自第一篇／至第十七篇	福沢諭吉著	著者蔵版〔著述出版人福沢諭吉〕〔福沢氏蔵版印〕	明治十三年七月再版	活版	一冊　三一〇頁　洋装　四六判
16	童蒙をしへ草初編	福沢諭吉訳	尚古堂発兌〔慶応義塾蔵版之印〕	明治五年壬申季夏	木版	三冊　四九／四六／四八丁　和装　中本、小本
	童蒙をしへ草第二編	福沢諭吉訳	尚古堂発兌〔慶応義塾蔵版之印〕	明治五年壬申季秋	木版	二冊　五〇／二五丁　和装　中本
	童蒙教草初編	福沢諭吉訳	福沢氏蔵版〔訳者出版人福	明治十三年三月再	木版	三冊　四九／四六／四八丁　和装　中本

No	書名	著訳者名	出版者	刊行年月	印刷技法	形態
			沢諭吉〕（福沢氏蔵版印）	板		
	童蒙教草二編	福沢諭吉訳	福沢氏蔵版〔訳者出版人福沢諭吉〕（福沢氏蔵版印）	明治十三年三月再板	木版	二冊　五〇／二五丁　和装　中本
17	かたわ娘	福沢諭吉寓言	（慶応義塾蔵版之印）	明治五年壬申九月	木版	一冊　五丁　和装　半紙本
18	改暦弁	福沢諭吉著	慶応義塾蔵版（慶応義塾蔵版之印）	明治六年一月一日発兌	木版	一冊　一一丁　和装　半紙本
19	帳合之法初編	福沢諭吉訳	慶応義塾出版局（福沢氏蔵版印／慶応義塾蔵版之印）	明治六年六月	木版	二冊　五九／六五丁　和装　半紙本
	帳合之法二編	福沢諭吉訳	慶応義塾出版局（福沢氏蔵版印／慶応義塾蔵版之印）	明治七年六月	木版	二冊　四八／四七丁　和装　半紙本
20	子供必要日本地図草紙	福沢諭吉記	—	明治六年七月	木版	一枚、一〇一〇mm×八九五mm
21	第一文字之教	福沢諭吉著	福沢氏版（福沢氏蔵版印）	明治六年十一月	木版	一冊　二四丁　和装　半紙本
	第二文字之教	福沢諭吉著	福沢氏版（福沢氏蔵版印）	明治六年十一月	木版	一冊　三〇丁　和装　半紙本
	文字之教附録　手紙之文	福沢諭吉著	福沢氏版（福沢氏蔵版印）	明治六年十一月	木版	一冊　三〇丁　和装　半紙本
22	会議弁	福沢諭吉・小幡篤次郎・小泉信吉合著	（慶応義塾蔵版之印*）	—	木版	一冊　一七、〔三田演説会之序〕一〇丁　和装中本
23	文明論之概略	福沢諭吉著	著者蔵版（福沢氏蔵版印）	明治八年四月十九日許可	木版	六冊　八〇／五五／五七／五一／六八／五三丁　和装　四六判
	文明論之概略	福沢諭吉著	〔福沢諭吉〕（福沢氏蔵版印）	明治八年四月十九日許可（明治十年九月二十八日製本換御届）	活版	一冊　四一四頁　洋装　四六判
24	学者安心論	福沢諭吉著	著者蔵版（福沢氏蔵版印）	明治九年四月出版	木版	一冊　二六丁　和装　半紙本
25	分権論	福沢諭吉著	〔著述出版人福沢諭吉〕（福	明治十年十一月出	活版	一冊　一二三頁　洋装　四六判

			沢氏蔵版印）	版		
26	民間経済録	福沢諭吉著	福沢氏版〔著述出版人福沢諭吉〕（福沢氏蔵版印）	明治十年十二月新刻	木版	一冊　四九丁　和装　半紙本
	民間経済録	福沢諭吉著	福沢氏版〔著述出版人福沢諭吉〕（福沢氏蔵版印）	明治十三年八月第三刻	木版	一冊　四九丁　和装　半紙本
	民間経済録	福沢諭吉著	福沢氏版〔著述出版人福沢諭吉〕（中島精一*）	明治十四年七月新刻	木版	一冊　四九丁　和装　半紙本
	民間経済録	福沢諭吉著	福沢氏版〔著述出版人福沢諭吉〕（福沢氏蔵版印）	明治十四年八月四刻	木版	一冊　四九丁　和装　半紙本
	民間経済録二篇	福沢諭吉著	福沢氏版〔著者出板人福沢諭吉〕（福沢氏蔵版印）	明治十三年八月新刻	木版	一冊　六〇丁　和装　半紙本
	民間経済録	福沢諭吉著	〔発行者堀越角次郎〕	〔明治二十五年四月十一日出版〕	活版	一冊　六四／八〇丁　洋装　菊判
27	福沢文集	福沢諭吉著	松口栄造蔵版（常保堂蔵版印）	明治十一年一月発兌	活版	二冊　五四／三三丁　和装　中本
	福沢文集	福沢諭吉著	松口栄造蔵版〔出版蔵版人松口栄造〕（常保堂蔵版印／慶応義塾蔵版之印*）	明治十一年一月発兌／同年四月再版	木版	二冊　一―五四／五五―八七丁　和装　中本
	福沢文集二編	福沢諭吉著	中島氏蔵版〔出板人中島精一〕（中島氏版）	明治十二年八月新刻	木版	二冊　六〇／五三丁　和装　半紙本
28	通貨論	福沢諭吉著	〔著述出版人福沢諭吉〕（福沢氏蔵版印）	明治十一年五月出版	活版	一冊　七〇頁　洋装　四六判
29	通俗民権論	福沢諭吉著	〔著述出版人福沢諭吉〕（福沢氏蔵版印）	明治十一年九月出版	活版	一冊　七二頁　洋装　四六判
30	通俗国権論	福沢諭吉著	〔著述出版人福沢諭吉〕（福沢氏蔵版印）	明治十一年九月出版	活版	一冊　一一九頁　洋装　四六判
	通俗国権論二編	福沢諭吉著	〔著述出版人福沢諭吉〕（福沢氏蔵版印）	明治十二年三月出版	活版	一冊　七三頁　洋装　四六判
31	民情一新	福沢諭吉著	著者蔵版〔著述出版人福沢	明治十二年八月出	活版	一冊　一六〇頁　洋装　四六判

No	書名	著訳者名	出版者	刊行年月	印刷技法	形態
			諭吉〕（福沢氏蔵版印）	版		
32	国会論前編	藤田茂吉・箕浦勝人述	〔編輯兼出版人藤田茂吉・箕浦勝人／発兌書肆報知社支店・丸屋善七〕	明治十二年八月出版	活版	一冊　七九頁　洋装　四六判
33	時事小言	福沢諭吉著	著者蔵版〔著述出版人福沢諭吉〕（福沢氏蔵版印）	明治十四年九月出版	活版	一冊　三二〇頁　洋装　四六判
34	時事大勢論	福沢諭吉立案／中上川彦次郎筆記	〔編輯兼出版人飯田平作〕（慶応義塾蔵版之印）	明治十五年四月刊行	活版	一冊　三九頁　洋装　四六判
35	帝室論	福沢諭吉立案／中上川彦次郎筆記	〔編輯兼出版人飯田平作〕（慶応義塾蔵版之印）	明治十五年五月刊行	活版	一冊　六八頁　洋装　四六判
36	兵論	福沢諭吉立案／中上川彦次郎筆記	〔編輯兼出版人飯田平作〕（慶応義塾蔵版之印）	明治十五年十一月刊行	活版	一冊　一〇九頁　洋装　四六判
37	徳育如何	福沢諭吉立案／中上川彦次郎筆記	〔編輯兼出版人飯田平作〕（慶応義塾蔵版之印）	明治十五年十一月刊行	活版	一冊　二四頁　洋装　四六判
38	学問之独立	福沢諭吉立案／中上川彦次郎筆記	〔編輯兼出版人飯田平作〕（慶応義塾蔵版之印）	明治十六年二月刊行	活版	一冊　四七頁　洋装　四六判
39	全国徴兵論　附改正徴兵令	福沢諭吉立案／中上川彦次郎筆記	〔抜粋兼出版人飯田平作〕	明治十七年一月刊行	活版	一冊　五一頁　洋装　四六判
40	通俗外交論	福沢諭吉立案／中上川彦次郎筆記	〔纂著兼出版人飯田平作〕	明治十七年六月出版	活版	一冊　四三頁　洋装　四六判
41	日本婦人論後編	福沢諭吉立案／中上川彦次郎筆記	〔抜粋兼出版人石川半次郎〕	明治十八年八月出版	活版	一冊　六三頁　洋装　四六判
42	士人処世論	福沢諭吉立案／中上川彦次郎筆記	〔抜粋兼出版人石川半次郎〕	明治十八年十二月出版	活版	一冊　六八頁　洋装　四六判
43	品行論	福沢諭吉立案／中上川彦次郎筆記	〔抜粋兼出版人石川半次郎〕	明治十八年十二月出版	活版	一冊　六五頁　洋装　四六判

44	男女交際論	福沢諭吉立案／中上川彦次郎筆記	〔抜粋兼出版人石川半次郎〕	明治十九年六月出版	活版	一冊 四九頁 洋装 四六判
45	日本男子論	福沢諭吉立案／手塚源太郎筆記	〔編纂兼発行者手塚源太郎〕	明治二十一年三月出版	活版	一冊 六五頁 洋装 四六判
46	尊王論	福沢諭吉立案／石川半次郎筆記	集成社発兌〔編纂兼発行者石川半次郎〕	〔明治二十一年十月二十三日出版〕	活版	一冊 五四頁 洋装 四六判
47	国会の前途 国会難局の由来 治安小言 地租論	福沢諭吉立案／男一太郎・捨次郎筆記	〔編纂兼発行者石川半次郎〕	明治二十五年六月出版	活版	一冊 二二一頁 洋装 四六判
48	実業論	福沢諭吉立案	博文館蔵版〔編纂者石川半次郎／発行者大橋新太郎〕	明治二十六年五月	活版	一冊 一〇一頁 洋装 四六判
49	福翁百話	〔福沢諭吉著〕	時事新報社発兌〔編輯兼発行者時事新報社〕	明治三十年七月	活版	一冊 三五八頁 洋装 四六判
50	福沢全集緒言	〔福沢諭吉〕	時事新報社発兌〔編輯兼発行者時事新報社〕	明治三十年十二月	活版	一冊 一三〇頁 洋装 四六判
51	福沢先生浮世談	〔福沢諭吉口述／矢野由次郎速記〕	〔発行者時事新報社〕	〔明治三十一年三月一日発行〕	活版	一冊 四四頁 洋装 四六判
52	修業立志編	福沢先生著	時事新報社発行〔編纂者私立慶応義塾〕	明治三十一年四月十六日発行	活版	一冊 二六四頁 洋装 四六判
53	福翁自伝	福沢諭吉口述／矢野由次郎速記	時事新報社発行	明治三十二年六月	活版	一冊 五四九頁 洋装 四六判
54	女大学評論 新女大学	福沢先生著	時事新報社発行	〔明治三十二年十一月二十四日発行〕	活版	一冊 六四、四六頁 洋装 菊判
55	福翁百余話	〔福沢諭吉〕	時事新報社発行	明治三十四年四月	活版	一冊 九八頁 洋装 四六判
56	明治十年丁丑公論 瘠我慢の説	福沢先生著	時事新報社発行	〔明治三十四年五月二日発行〕	活版	一冊 四〇、二九、〔附記二五、一五〕頁 洋装 四六判

幕末外交文書訳稿一覧

凡例▼

一、福沢諭吉が外国方に出仕して翻訳した外交文書のうち、『全集』第二〇巻に外務省引継文書として収録されている分と、小野修三「『福沢諭吉全集』（一九六三年刊）未収録幕末外交文書訳稿十三篇」『近代日本研究』第二三巻（二〇〇六年）で報告されている一三篇について、文書の表題を掲げた。

二、『全集』同様原文書の作成年月日を和暦に直し年代順に配した。西暦については（　）内に表示した。同じ年や月が続く場合には、表記を省略している。

三、表題は一部原題のある文書もあるが、大部分は『全集』で付したものである。小野論文掲載分については、『全集』に準じて編集委員会で付した。漢字および仮名づかいは本事典の基準に従った。

和暦	月	日付・外交文書名
万延元	一一	二一日（一八六一年一月一日）「外国人居留地所規則の変革の件」。
	一二	二日（一八六一年一月一二日）「プロシャ及びベルギーとの条約の件」、八日（一八日）「条約の蘭文本書の督促」「外国事務宰相の新任に関する挨拶」、（九日（一九日）「摂政公子の書翰の渡し方の件」、一六日（二六日）「ヒュースケン事件に付フランス公使館を横浜に移すに当っての抗議文」「ヒュースケン事件に付諸外国公館の江戸引払いに当っての幕府への勧告」、二一日（三一日）「通弁官周旋依頼」、二五日（二月四日）「両都両港開市開港延期交渉の書翰の形式の件」。
文久元	二	四日（一八六一年三月一四日）「外国使臣館建設候補地の件」、五日（一五日）「外国人の犯罪取締の件」、六日（一六日）「ドルの引換への件」、一二日（二二日）「通詞又兵衛の転任の件」、一五日（二五日）「輸入品再輸出の場合税銀払戻し方の件」、二二日〈三月四日？〉（四月一日〈四月一三日？〉）「魯国士官殺害犯人探索方の特赦の件」、二二日（一日）「暹羅国と条約締結の意図の有無問合せ」、二九日（八日）「日本人使丁を香港に召連れる件」。
	三	一四日（一八六一年四月二三日）「鉱山技師周旋依頼」、一六日（二五日）「鉱山技師周旋依頼」、二四日（五月三日）「面会申入れの受諾」、二九日（八日）「ドルの引換への件」。
	四	九日（一八六一年五月一八日）「英艦の乗組員に対する不法処置への抗議」、二八日（六月六日）「領事就任の挨拶」「英艦の本邦沿岸の測量の件」。
	五	七日（一八六一年六月一四日）「会談の申入れ」、一〇日

文久元		（一七日）「蘭人シーボルト出府に関する照会」、二四日（七月一日）「貨幣引換額に関する問合せ」「書翰伝達の報告」、二八日（五日）「鉱山技師周旋の依頼に就いて」「面会の都合問合せ」、三〇日（七日）「高輪東禅寺のイギリス公使館を浪士の襲撃したる事件に就いて」。
	六	三日（一八六一年七月一〇日）「シーボルトの江戸滞在の件」、六日（一三日）「オランダ政府の貸金の支払の件」「日本語教師派遣の要請」、九日（一六日）「イギリス公使館襲撃に就いてフランス公使よりの忠告」、一〇日（一七日）「神奈川役人の権限の件」、一一日（一八日）「彫刻文字贈進の件」「前便に対する回答の催促」、一六日（二三日）「遣欧使節の旅程の件」、一九日（二六日）「イギリス公使館襲撃事件に関する会談申込」、二四日（三一日）「イギリス公使館襲撃事件に関する告諭案文の件」。
	七	一日（一八六一年八月六日）「イギリス公使館襲撃一件に関し警衛士に礼謝を表するの件」、五日（一〇日）「暫時の居留所貸与の件」、一三日（一八日）「シーボルトの在留の件」「書翰に対する回答の催促」、二五日（三〇日）「ハワイ島王へ送届品の件」。
	八	一〇日（一八六一年九月一四日）「シーボルト横浜より江戸に帰任の届出」、一一日（一五日）「近海測量図の請求」、一三日（一七日）「洋銀引換への件」、一四日（一八日）「死体船積のための棺の註文」、一八日（二二日）「前便書翰への回答の催促」、一九日（二三日）「文久元年八月十九日蘭人シーボルトより外国奉行へ清国咸豊帝七月十七日崩ずるの新聞を得たりと報ずる書附英字新聞訳」、二三日（二七日）「御殿山イギリス公使館建造の費用の件」。
	九	二日（一八六一年一〇月五日）「ハワイ島王へ送届品の件」
文久元		「ロシヤとプロシャ宛の書翰の件」、四日（七日）「対馬に不法碇泊せるロシヤ船の件」、一六日（一九日）「対馬に不法碇泊せるロシヤ船の件」、一七日（二〇日）「高輪イギリス公使館襲撃犯人自殺の件」、二一日（二四日）「地代の換算率の件」、二四日（二七日）「シーボルト一身上の希望の件」、三〇日（一一月二日）「ロレロと掛塚屋との金銭貸借の件」「船図及び目録返却方請求の件」。
	一〇	一日（一八六一年一一月三日）「文久元年十月朔日蘭人シーボルトより外国奉行へ伝習を止むる理由の書記を再請求する書翰」、七日（九日）「公使館予定地の境界の件」「附添として両騎を求むるの件」、一四日（一六日）「ドルの引換への件」、一七日（一九日）「遣欧使節の旅程の件」、一八日（二〇日）「シーボルト俸金渡し方の件」、一九日（二一日）「ドルの引換への件」、二一日（二三日）「会談の申入れ」、二八日（三〇日）「シーボルトの長崎へ帰る海陸の便の件」。
	一一	四日（一八六一年一二月五日）「蚕卵紙の禁輸に関する抗議」、一三日（一四日）「ドルの引換への件」「ヒュースケン弔慰金の受領及び預りの報告」、一六日（一七日）「ロレロと掛塚屋との貸借の件」。
	一二	一日（一八六一年一二月三一日）「オージン号水夫殺害犯人の処刑の件」「外国使臣高官に対する礼砲の件」「日本商人の詐欺的取引の件」、二日（一八六二年一月一日）「イギリス政府高官の名称と職掌」「外交文書直訳の例」「イギリスの自由貿易の効果」「洋銀兌換申入れ」「緊急便書翰の遅延に関する抗議」。
文久二	一	二八日（一八六二年二月一六日）「通詞の件に関する回報の催促」「螺旋釘その他の建築資材の件」。

和暦	月	日付・外交文書名
文久三	一	四日（一八六三年二月二一日）「プロシャ商人パトウの告訴の件」、二〇日（三月九日）「蒸汽船買入の件」、二一日（一〇日）「蒸汽船買入の件」、二七日（一六日）「遣欧使節に対する待遇の件」、二八日（一七日）「長崎プロシャ人居留地の件」。
	二	三日（一八六三年三月二一日）「アメリカ人鉱山技師帰国の挨拶」、一一日（二九日）「蒸気船買入の件」、一九日（四月六日）「生麦事件に関する賠償要求」、二三日（一〇日）「スイスとの条約締結の使節渡来の件」。
	三	三日（一八六三年四月二〇日）「オランダ領事出府に付警衛及び会見申入れの件」、四日（二一日）「生麦事件に関するフランス公使の申入れ」、八日（二五日）「生麦事件に関するイギリス公使の申入れの件」、九日（二六日）「アメリカ公使館に一室増築の件」、一五日（五月二日）「品物の贈呈及び註文の件」「生麦事件に関する英仏両公使の申入れ」、二一日（八日）「イギリス人所有物保護の件」。
	四	九日（一八六三年五月二六日）「アメリカ公使の宿所の件」、一四日（三一日）「イギリス人に対する暴行の件」、一五日（六月一日）「横浜へ退去を求められたるに対する抗議」、一六日（二日）「横浜へ退去を求められたるに対する抗議」。
	六	三日（一八六三年七月一八日）「アメリカ難破船救助に対する感謝の挨拶」、一三日（二八日）「印刻師及び語学教師を求むる件」、一四日（二九日）「繭輸出差止に関する領事より公使への報告書」「繭輸出差止に関する抗議」「長州藩の外国船艦砲撃に関する抗議」、一五日（三〇日）「書翰の署名形式の件」「アメリカ商人に対する暴行の件」、一六日（三一日）「アメリカ使臣館へ放火の件」「総領事任命の通告」、一七日（八月一日）「長州藩の外国船砲撃の件」、一八日（二日）「横浜のオランダ総領事江戸出府の件」、一九日（三日）「将軍の帰府を祝す」「スイスとの条約締結談判開始の件」「生麦事件に関し英艦隊鹿児島行の件」、二七日（一一日）「約束の履行を要求する件」。
	七	三日（一八六三年八月一六日）「酒井雅楽頭大老就任の祝詞」、五日（一八日）「スイスの美術学校よりの贈物の件」、七日（二〇日）「軍艦及び製鉄所に関する談判の件」「アメリカ公使館設営の件」、二五日（九月七日）「スイス条約締結の件」「公文書に対する回答の催促」。
	八	一三日（一八六三年九月二五日）「鎖港攘夷通告書に対する抗議」、二八日（一〇月一〇日）「日本画帖を贈られたるを謝す」。
	九	二日（一八六三年一〇月一四日）「東禅寺イギリス公使館襲撃事件の際防戦したる日本警衛武士に対し謝意を表する件」、三日（一五日）「江戸に於ける使臣館設営の件」、九日（二一日）「薩英戦争の談判の件」、一一日（二三日）「御老中と面会の形式の件」、一二日（二四日）「面会承諾の件」、二三日（一一月四日）「オランダ総領事及び領事就任の挨拶」、二五日（六日）「横浜弁天岬へ砲台築造に関する異議」、二六日（七日）「公文書に対する回答の催促」、二九日（一〇日）「鎖港攘夷通告書取戻の件」。
	一〇	二日（一八六三年一一月一二日）「鎖港攘夷通告書取戻の件」、六日（一六日）「鎖港攘夷通告書取戻の件」、一八日（二八日）「書記官更迭の通知」翻訳、二四日（一二月四日）「フランス士官殺害事件の報告を求む」、二七日（七日）

文久三	一〇	「横浜にスイス国産品展観場設置の件」、三〇日(一〇日)「アメリカ人ブラウン及びバラに地所貸渡の件」。
	一一	四日(一八六三年一二月一四日)「アメリカ人ブラウン及びバラに地所貸渡の件」、八日(一八日)「上海行便船到着の報告」、一一日(二一日)「アメリカ公使館焼失及びアメリカ商人に対する暴行の件」、一四日(二四日)「日本人の錫買取違約の件」、一八日(二八日)「江戸城焼失の見舞」、二二日(一八六四年一月一日)「年賀あいさつ」、二三日(二日)「スイス国と条約締結の遅延の件」。
	一二	三日(一八六四年一月一一日)「公文書に対する回答の催促」、一〇日(一八日)「スイス国との条約締結の件」、一二日(二〇日)「箱館に於ける貿易制限の件」「外交文書の文言の訂正申入れ」「アメリカ商人に対する暴行に付償金請求の件」、一三日(二一日)「遣欧使節の用金の件」「長州藩の外国船艦砲撃事件の処置の件」、一七日(二五日)「遣欧使節乗船に関する打合せの件」、二四日(二月一日)「江戸出府の通告」、二七日(四日)「アメリカ公使館再造営の件」、二八日(五日)「長州藩の外国船艦砲撃事件の償金の件」、二九日(六日)「減税品目の書落しの件」。
文久四	一	四日(一八六四年二月一一日)「将軍の京都へ出発したるに付挨拶」、五日(一二日)「日本人に発砲負傷せしめたるイギリス人に対する領事裁判の報告」「遊猟地区設置申請の件」「スイス総領事就任及び領事任命の通告」、六日(一三日)「減税品目の書落しの件」、一七日(二四日)「生糸貿易の差支の件」、二六日(三月四日)「長崎にて日本人イギリス人を殺害したる件」。
元治元	二	三日(一八六四年三月一〇日)「ハンザ同盟より条約締結

元治元		希望の件」、五日(一二日)「フランス水師提督支那へ出発の件」、七日(一四日)「プロシャ人長崎居留地取極の件」、一五日(二二日)「談判のため会見申入れ」、二一日(二八日)「浮船渠その他諸品の図を日本政府へ贈呈の件」、二二日(二九日)「浮船渠の図と雛形とを供覧の件」、二六日(四月二日)「横浜プロシャ人墓地に対する暴行の件」。
	六	二二日(一八六四年七月二五日)「日本へ送れる商品の件」。
	七	一五日(一八六四年八月一六日)「面談申入れの件」、二八日(二九日)「長州藩の外国船砲撃事件の処分の件」。
	八	二七日(一八六四年九月二七日)「公文書に英文訳を添付するの件」、二八日(二八日)「イギリス兵営設置の件」。
	九	八日(一八六四年一〇月八日)「絹糸未着の件」、九日(九日)「絹糸輸出禁止に関する抗議」、二〇日(二〇日)「アメリカ商人への暴行に関する償金の件」。
	一〇	二〇日(一八六四年一一月一九日)「肥田浜五郎のため周旋の件」、二二日(二一日)「出発前に諸懸案解決の件」。
	一一	五日(一八六四年一二月三日)「開たる諸港にて以来地所を配分することに附ての書留」、二四日(二二日)「イギリス士官殺害事件の処分の件」、二五日(二三日)「横浜の外国人居留地附近の土木工事の件」。
	一二	五日(一八六五年一月二日)「難破船救助に対する謝礼の件」「長崎外人居留地に競馬場設営の件」、八日(五日)「メキシコドルの流通の件」、一一日(八日)「横浜に於けるスイス国人居留地の件」、一二日(九日)「長州征伐の方針の件」、一三日(一〇日)「イギリス船の難破救助に対する感謝」、一六日(一三日)「貨幣引換への振合及びスイス国人居留地の件」、二五日(二二日)「スイス国人居留地の件」、二八日(二五日)「スイス国人居留地及び貨幣引換への件」。

和暦	月	日付・外交文書名
元治二	一	一日(一八六五年一月二七日)「年賀あいさつ」二件、六日(二月一日)「イギリス難破船救助に対する謝礼贈呈の件」、一一日(二月六日)「奉行下役人の不正行為に対する抗議」、一四日(二月九日)「未開港地下ノ関に碇泊せるアメリカ船の件」。
	二	七日(一八六五年三月四日)「軍艦建造資金預り高現在証明」、一一日(八日)「器械輸送費用の領収書」、二一日(一八日)「箱館のイギリス及びロシヤ領事館焼失の件」、二三日(二〇日)「横浜にライフル砲試射場設営の件」、二四日(二一日)「箱館のイギリス及びロシヤ領事館焼失の件」「米穀密売の日本人死罪処分に関する減刑歎願」、二七日(二四日)「鎌倉に於けるイギリス人殺傷犯人処刑の件」、二八日(二五日)「長崎に於けるプロシャ人居留地の件」。
	三	三日(一八六五年三月二九日)「貿易上或る一国のみに特別取扱を為すに就いての抗議」、四日(三〇日)「面会申入れの件」「アメリカ公使の江戸宿所の件」、七日(四月二日)「貿易上或る一国のみに特別取扱を為すに就いての抗議」、一一日(六日)「無条約国の人民の日本在留取締の件」、一二日(七日)「イギリス女王の議会への報告書の件」「面会日の打合せの件」「外国使臣の江戸居住の件」、一九日(一四日)「器械の図及び蘭文訳贈呈の件」。
	四	五日(一八六五年四月二九日)「横浜地税の規定を長崎に適用するの件」、八日(五月二日)「オランダ留学生内田恒次郎へ金子支払方の件」「日本人の錫買取違約の件」、一五日(九日)「江戸湾と長崎とに船修覆場取立の件」、一六日(一〇日)「イギリス士官殺害事件の処分の件」、二三日(一七日)「横浜居留地に関するプロシャの主張の件」。
慶応元	五	七日(一八六五年五月三一日)「柴田日向守英仏派遣の件」、一二日(六月五日)「条約文中の大麦小麦の別の件」「箱館に於ける外国人への暴行の件」、二二日(一五日)「オランダより買入れたる器械類の代金の件」「イタリーと条約締結に関する件」「柴田日向守英仏派遣の件」。
	閏五	二日(一八六五年六月二四日)「外国軍艦の下ノ関近傍を故意に往来する件」、九日(七月一日)「アメリカ人医師のため仮住居請求の件」、二三日(一五日)「江戸に於て面談の日時の件」、二七日(一九日)「長崎駐在アメリカ領事就任の件」。
	六	二日(一八六五年七月二四日)「オランダ人の元召使の死罪赦免願の件」、三日(二五日)「医学伝習生をオランダへ留学せしむる勧告」、五日(二七日)「横浜より江戸へ帰任の件」、九日(三一日)「オランダへ註文の軍艦の写真贈呈の件」、一四日(八月五日)「長州海岸へ密貿易取締のため幕府軍艦派遣の件」「長州海岸へ密貿易取締のため幕府軍艦派遣に付在留アメリカ人へ布告の件」、二五日(一六日)「未条約国の臣民日本在留の件」。
	七	四日(一八六五年八月二四日)「長崎のイギリス領事館員の使用人捕縛の件」「海陸軍兵士の入れ替への件」、一三日(九月二日)「蚕卵紙輸出の不自由取除の件」、二〇日(九日)「イギリス公使を襲わんとしたる日本人の件」。
	八	五日(一八六五年九月二四日)「日本商人のオランダ商人より錫買取違約の件」、二〇日(一〇月九日)「イギリス仮公使館造営工事遅滞の件」、二三日(一二日)「箱館のプロシャ領事館敷地請求の件」「領事館用地を商社用に譲渡す

慶応元		るの件」、二四日(一三日)「学校用地として返還せる地所を転用する計画の件」。
	九	四日(一八六五年一〇月二三日)「金沢近傍に浮船渠建造願出の件」。
	一〇	四日(一八六五年一一月二一日)「難破船救助費用の件」。
	一一	六日(一八六五年一二月二三日)「オランダ人通弁官の詐偽取財の始末の件」、九日(二六日)「オランダへ註文せる軍艦開陽丸落成の件」、一二日(二九日)「長崎のプロシャ人居留地の件」、一七日(一八六六年一月三日)「箱館プロシャ領事就任の件」。
	一二	四日(一八六六年一月二〇日)「税則改正委員の任命を求むる件」、二七日(二月一二日)「神奈川オランダ臨時領事任命の件」「オランダへ註文せる汽船の写真贈呈の件」。
慶応二	一	一日(一八六六年二月一五日)「年賀あいさつ」四件、二日(一六日)「罪人の出牢願の件」、三日(一七日)「横浜ロシヤ領事館建築用地の件」「機械器具類の註文を求むる件」、二一日(三月七日)「イギリス公使館造営準備遅延の件」。
	二	五日(一八六六年三月二一日)「横浜にアメリカ海軍病院用地請求の件」、九日(二五日)「談判のため面会申入れの件」「柴田日向守イギリス視察の件」、一〇日(二六日)「デンマーク及びハンザ同盟と条約の件」、二四日(四月九日)「長崎に於ける外国人傷害犯人の件」「イギリス人のアイヌ人墳墓発掘の件」「交易せずして持帰る品物の輸入税の件」「亜墨利加合衆国大統領よりの触書」、二五日(一〇日)「アメリカ人に対する日本人犯罪の処罰の件」、二八日(一三日)「神奈川プロシャ領事就任の件」、二九日(一四日)「難破船救助の謝意の件」。
	三	一二日(一八六六年四月二六日)「ロシヤとの副条約の写

慶応二		しを請求するの件」、一七日(五月一日)「面会の都合問合せ」、二三日(七日)「書翰に添えたる絵の件」、二四日(八日)「日本産銅の取扱商人問合せの件」、三〇日(一四日)「税則取極委員病気の件」。
	四	九日(一八六六年五月二三日)「江戸に於て老中へ面会希望の件」、一二日(二六日)「外国奉行へ面談申入れの件」、一七日(三一日)「ベルギーとの条約締結の件」「ベルギー国王王書授受の件」、一八日(六月一日)「ロシヤと日本との約条書の写しの件」「海外旅行手形制定の件」、二八日(一一日)「日本使節のための金子信用状の件」。
	五	五日(一八六六年六月一七日)「約条書並に運上目録の件」、一四日(二六日)「貸蔵約定の件」、一八日(三〇日)「アメリカ公使館手狭に付別場所を求むる件」「プロシャ在留民の条約上の権益の件」、二〇日(七月二日)「ドンクルキュルチュスの転職の件」、日未詳「貸納屋規則書訳文の儀に付申上候書付」。
	六	四日(一八六六年七月一五日)「新約条書及び運上目録の蘭英訳本請求の件」「新約条書及び運上目録を瑪港へ送致の件」、二四日(八月四日)「防長海岸に接近禁止の布告の件」、二七日(七日)「防長海岸に接近禁止の布告」、二八日(八日)「防長海岸に接近禁止の布告」「防長海岸へ接近禁止の手配緩慢の責任の件」。
	七	四日(一八六六年八月一三日)「蒸気船買入註文の件」「パークス公使帰任の挨拶」「プロシャ・オーストリヤ戦争の状況報告」、九日(一八日)「アメリカとの新約条書の日本文二通請求の件」「ジャパン・ヘラルド新聞記事の翻訳」「デンマーク国王の委任状の写し提出の件」、一四日(二三日)「蒸気船買入註文に対する回答」「新約条書及び

和暦	月	日付・外交文書名
慶応二		新税目録の日本文請求の件」、一六日(二五日)「日本の草花の種子及び土壌を請求するの件」、一八日(二七日)「ベルギーとの新約条取極の件」、一九日(二八日)「イギリス公使の薩摩宇和島訪問の件」、二七日(九月五日)「尺振八をアメリカ公使館に逗留せしむる件」、二八日(六日)「防長海岸へ接近禁止の手配の件」「英国汽船ケストレル号に対し小倉の台場より砲撃の件」、二九日(七日)「ヒョーゴ号出帆日繰上げによる不都合の件」。
	八	四日(一八六六年九月一二日)「いさらご坂道普請の件」「鶴見橋の前の段の道普請の件」「新鋭武器の売込の件」「浜御殿見物許可御礼」、五日(一三日)「ボードウインの書翰を呈するの件」「内田恒次郎のため金子立替の件」、二七日(一〇月五日)「品物を贈られしを謝す」、三〇日(八日)「オランダ公使館落成に付工事関係者へ贈物の件」「ボードゥイン任期満了の挨拶の件」。
	九	一日(一八六六年一〇月九日)「尺振八横浜行の件」、三日(一一日)「徳川家茂弔喪一件」、四日(一二日)「ハワイ国との条約取結の件」「兵庫港にて英艦へ燃料を与えざりし件」、一四日(二二日)「アメリカ公使の姓名の誤綴の件」、二八日(一一月五日)「書翰渡し方失念を謝す」「シーボルトその他の外人の暴行の件」。
	一〇	六日(一八六六年一一月一二日)「外国米輸入の件」、一五日(二一日)「イタリーとの条約の写しを請求するの件」「アメリカ公使臨時代理の件」、一六日(二二日)「大山及び高雄山遊覧希望の件」、一七日(二三日)「万屋利平番頭与平の出牢の件」「イギリス船の難破救助を謝す」、二一日(二七日)「前スイス領事所有地に関する件」。
	一二	二五日(一八六七年一月三〇日)「イギリス公使に対する暴行の件」。
慶応三	一	一日(一八六七年二月五日)「書翰届方依頼の件」「イギリス留学生の動静報告の件」、一二日(一六日)「イギリス公使に対する暴行者処罰の件」「横浜の埋立地所配分の件」「江戸約書の承認通知の件」。
	一一	一日(一八六七年一一月二六日)「江戸外国人居留地規則の件」、五日(三〇日)「江戸新潟の開市開港延期布告の件」、一一日(一二月六日)「書翰を得たるを謝し今後の報告を依頼す」「オランダ公使館造営費の件」「事件の本国への報告の件」、一五日(一〇日)「公文書にドイツ語使用の件」、二四日(一九日)「居留地取締規則談判の件」「外国人への暴行者の処罰の件」、二五日(二〇日)「ドクトル・リンドーの地所所有の件」「江戸出府の都合を報ず」「ドイツ語学校設立及びドイツへ留学生派遣の件」。
	一二	一日(一八六七年一二月二六日)「貿易通用銀貨の件」「川勝近江守談判委員任命通告受領の件」。
慶応四	一	四日(一八六八年一月二八日)「日本政府に告知する為に備えたる蒸気キュガホガ船の明細書」「日本政府へ告知する為に備たる蒸気ケオーミー船の明細書」、一一日(二月四日)「百七十番地所の件」、一三日(六日)「書翰の旨により江戸へ赴くの件」、一四日(七日)「休職に際し勤仕中の厚誼を謝す」「文通の宛名変更の件」「書翰に対する回答の件」、一五日(八日)「今後の外交交渉の当局者の件」、二九日(二二日)「ハワイ王国との条約調印の件」「アメリカ人に対する日本人の暴行の件」。

IV

漢詩

福沢諭吉の漢詩は、『福沢諭吉全集』第二〇巻の「詩集」に一三六首が収録されている。うち五言律詩、七言律詩、七言古詩が各一首、五言絶句が一一首、残りの一二二首はすべて七言絶句である。また製作時期は、文久二(一八六二)年の欧州旅行中に、ペテルブルク、イスパニア沖でつくった二首(前者は『福翁自伝』に引かれている)以外は、すべて明治一一(一八七八)年から三一年、四四歳から六四歳の間につくられたものである。「詩集」における詩の排列は、製作時期の分かる作品は原則として年代順にならべ、製作時期不明のものは、最後に一括して置いてある。

漢学嫌いで知られる福沢が、明治一一年に突然、漢詩をつくり始めた理由について、福沢自身は、「詩集」冒頭の同年一〇月一九日付の序文で、次のように述べる。

二十歳ノトキ長崎ニ行《いき》テ蘭書ヲ読ミ、是《これ》ヨリ全ク漢学ヲ廃シテ四十四歳ニ至ルマデ二十五年間、著作ノ引用等要用ニ非《あら》ザレバ漢書ヲ目ニ触レタルコトモナシ。今年夏偶然旧ヲ思出《おもいだ》シテ新《あらた》ニ詩韻含英一部ヲ購《あがな》イ、詩作ヲ試ミタルニ、韻字平仄《ひょうそく》等モ未ダ全ク忘却セズ、老後ノ楽《たのしみ》トテソノ得タルモノヲ左ニ記シ置ク。

ただし「老後の楽」と彼がいう背景には、四四歳で死んだ亡父、福沢百助の年齢を越え、心境に変化を来したこと、この時期、社会一般に一種の漢詩ブームが起こったこと、特に漢詩愛好家として知られる中村正直や伊藤博文との交際、さらには門弟、知人から揮毫を求められる機会が増えたことなど、さまざまな事実が考えられよう。「詩集」におさめられた詩の来源は、写本に記録されたものと揮毫による遺墨に大別される。うち写本には、自筆初稿本、序文を伴うその清書本、詩稿断片、および長男一太郎の筆になると思える別の写本が存在するが、それら写本に収録された詩は三八首にすぎず、残りはすべて遺墨から採られたものである。

福沢の漢詩には押韻や平仄、語法に間々誤りがみられ、漢詩としては素人の域を出ないが、そのことは福沢自身も十分承知していたと思われる。彼が門弟、親しい知人への揮毫、書簡以外に、その詩を示した形跡がないことは、そのことを物語る。しかしその詩には福沢らしいユーモア、機知が随所にみられ、著作からはうかがえない、福沢の人間性、あるいはその時々の心境を知る絶好の材料であるといえよう。ここでは全詩作から、揮毫などに用いられることの多い四四首を選び、その訓読と文字の異同、訳および簡単な注釈、解説を加えることにする。排列は前記「詩集」の順序に従った。

〔参考文献〕富田正文『福沢諭吉の漢詩三十五講』福沢諭吉協会、一九九四年。金文京「福沢諭吉の漢詩」『手帖』（一三七号）二〇〇八年、以降連載中。

［金文京］

福沢諭吉は、二、六〇〇通を越える書簡を書いているが、そのなかには文章に添えて漢詩を書き送ったものがある。つぎに掲げるのは、ここで取り上げた漢詩が書かれている書簡のリストである。番号は各漢詩冒頭に付された番号を示し、漢詩の起句、その漢詩が書かれている書簡の発信年月日、宛先を挙げた。

	漢詩の起句	年(明治)月日	受信者
(一〇)	四海昇平歌舞天	一二・七・二〇	野手一郎
		一二・八・一五	猪飼麻次郎
		一二・八・二五	原時行
(一二)	小窓揮汗稿初成	一四・八・九	松木直己
		一四・八・一六	白木為直
		一四・九・一九	鎌田栄吉等三名
		一四・一〇・四	田中信吾
(一三)	白頭自笑苦辛頻	一六・二・二四	平賀敏
(一五)	父母生吾妻輔吾	二四・八・二	高田源次郎
		二八・未詳	吉川泰二郎
(一六)	努力太郎兼次郎	一六・七・一	井上角五郎
		一六・八・一七	村井保固
(一七)	月色水声遶夢辺	一六・七・一	井上角五郎
		一六・七・四	福沢一太郎・捨次郎
(一九)	遊説王公非吾事	一九・四・二二	福沢一太郎
(二〇)	地無走獣天飛鳥	一九・七・三一	猪飼麻次郎
(二一)	誰道名優伎絶倫	二〇・三・二八	猪飼麻次郎
		二〇・四・二一	伊東要蔵
		二〇・七・二〇	猪飼麻次郎
(二三)	浴泉万客漫遊酣	二〇・八・一〇	浜野定四郎
(二五)	昨夜炉辺談笑親	二二・一・一二	福沢捨次郎
		二二・一・二五	白洲退蔵
		二三・一・一九	山口広江
(二八)	吾是十方世界身	二八・一二・二五	釈宗演
(三〇)	道楽発端称有志	二七・二・五	中川横太郎
(三一)	中外風光与歳遷	二八・一・一七	猪飼麻次郎
		二八・二・四	森村明六
		二八・二・九	依田繁太
(三二)	亦是書生物外情	二八・一・一七	猪飼麻次郎
		二八・二・四	森村明六
(三三)	適々豈唯風月耳	二八・六・六	中村道太
		二八・八・四	西原真月
(三四)	児戯々来六十年	二八・一二・二五	釈宗演
		二八・一二・二五	西原真月
		二九・一・二一	森村明六
(三六)	成家三十七回春	三〇・一・六	飯田広助
		三〇・一・一〇	小田部礼・服部鐘
(三九)	一点寒鐘声遠伝	三〇・一〇・二四	牛場卓蔵
(四〇)	所思不可言	二五・一一・二二	大童信太夫

一 購銅製観音仏長五尺於芝骨董店。蓋仏像既落于骨董之手、将近日附金工而鎔之者也。

休道仏恩能済人。
人間済仏亦前因。
光明赫奕金円徳、
贖得観音墜落身。

読み下し 銅製の観音仏、長さ五尺なるを芝の骨董店において購《あがな》う。けだし仏像すでに骨董の手に落つれば、まさに近日に金工《かなく》に附されてこれを鎔《とか》さんとする者なり。

道《い》うなかれ仏恩はよく人を済《すく》うと。人間、仏を済うもまた前因。光明赫奕《こうみょうかくえき》たり金円《きんえん》の徳。贖《あがな》い得たり観音墜落の身。（韻は人・因・身、上平真韻）

異文 ○「仏像」（仏体）、「于」（於）、「鎔之」（鎔解）、また題を「購古銅仏」、「買古仏像」とするものあり。○「休道」（休説、誰道）○「前因」（縁因、因縁）、「因縁」は韻が合わない。○「赫奕」（遍照、偏照、赫灼）、「金円」（黄金）○「贖得」（購得、摂取）○「墜落」（堕落）

語注 ◎人間―漢語としては、人の間、世間の意味。それを人と同じ意味に使うのは日本での用法。◎金円―金本位制の円通貨を意味する和製漢語、金銭に同じ。『文明論之概略』に「全国の男児は終歳馳駆《ちく》して金円を逐《お》い」とある。◎観音―実は地蔵像であったらしく、塾員で天草円教寺の住職、葦原雅亮は、この詩の横に、「先生無学、観音と地蔵の別を知らず」と書いたという。

訳 芝の骨董屋で長さ五尺の銅製の観音像を買った。思うにこの仏像は骨董屋の手中に落ちた以上、近いうちに金属工に渡されて、溶かされるところであったろう。

仏の恩はよく人間を済度するなどというでない。このたびは人間であるわたしがこの仏を救ったが、これも前世の因縁であろう。ピカピカに輝くお金のおかげで、観音の落ちぶれた身を買うことができたのだ。

解説 明治一一年、当時、廃仏毀釈のため増上寺の仏像が芝の骨董店に流出したのを購入したときの作。福沢一流のユーモアと皮肉の中に、のちの文化財保護についての主張につながる考えがうかがえる。高橋誠一郎「福沢諭吉と文化財保護」（『大和文華』三七号、一九六二年）参照。

二 題団扇之画　品川夜景

品海水清夜四更。
孤舟欲睡々難成。
杜鵑一蹶掠波去、
御殿山頭月有声。

読み下し 団扇《うちわ》の画に題す、品川の夜景

品海《ひんかい》の水は清く夜は四更《しこう》。孤舟に睡《ねむ》らんとして睡り成り難し。杜鵑一蹶《とけんいっけつ》して波を掠《かす》めて去れば、御殿山頭《ごてんさんとう》　月に声あり。（韻は更・成・声、下平庚韻）

異文 ○題（「題画」）○「杜鵑」（子規）○「一蹶」（一蹴）

語注 ◎四更―午前一時から三時の間。◎御殿

山―江戸時代に花見の名所として知られた品川の地名。

訳 団扇の絵に題する、品川の夜景。真夜中の品川の海、月に照らされた清い水面にぽつんと一艘だけ浮かんだ小舟、舟の上の人はなかなか寝つけずにいるらしい。そのときホトトギスが波を蹴るように水面から飛び去り、御殿山の上で一声鳴いたが、それはあたかも御殿山にかかった月が鳴いたかのように聞こえた。

解説 明治一一年の作。後半は「百人一首」の「ほととぎす鳴きつる方をながむればただ有明の月ぞ残れる」（後徳大寺左大臣）に基づく江戸時代の端唄《はうた》、「ひとこえは月がないたか時鳥《ほととぎす》」を使っている。孤舟に一人眠れぬ思いを抱く姿は、当時の福沢の心象風景であろう。

三 明治十一年十月六日通俗国権論第二編脱稿、戯記於巻末。

閣毫莞爾笑我拙、
夫子自醒奈世眠。
数百千言国権論、
不如硝鉄一声煙。

読み下し 明治一一年一〇月六日に通俗国権論第二編を脱稿し、戯《たわむ》れに巻末に記す。
毫《ふで》を閣《お》き莞爾《かんじ》として我が拙《せつ》なるを笑う。夫子《ふうし》は自ら醒《さ》めるも世の眠るを奈《いかん》せん。数百千言の国権論、硝鉄《しょうてつ》一声の煙にしかず。（韻は眠・煙、上平先韻）

異文 ○題（「国権論脱稿」）○「我」（吾）○「自」（独）○「如」（若）

語注 ◎閣毫―「閣」は「擱」と同じで置く。「毫」は筆先の毛。「擱筆」と同じく書き終えること。◎莞爾―にっこり笑う。◎夫子―学者に対する尊称、ここは自分のこと。◎硝鉄―火薬と鉄、大砲と弾薬。

訳 明治一一年一〇月六日に『通俗国権論』第二編を書き終え、戯れに巻末に記す。書き終わって筆を置き、自分の著作の拙《まず》さをみずから笑う。著者の先生は時代に対して醒めた認識を持っているが、世の中は眠っているも同然、それを醒ますために、長々と国権論を書いたのだが、それも詮《せん》ないこと。それよりも一発大砲をぶっぱなして、煙りがあがれば、世人も目が醒めるであろう。

解説 『通俗国権論』は、『通俗民権論』と対をなす著作で、初編はこの年九月、二編は翌一二年三月に出版された。

四 学書

五十自嗤学字遅。
米庵未識矧羲之。
休言小技得容易、
小技漫煩老大知。

読み下し 書を学ぶ。
五十にして自ら嗤《わら》う字を学ぶことの遅きを。米庵だにいまだ識《し》らず いわんや羲《ぎ》之《し》をや。言うなかれ小技の得ること容易なりと。小技も漫煩《まんはん》たるを老大にして知

る。（韻は遅・之・知、上平支韻）

異文 ○得容易—写本では「容易得（容易に得る）」に訂正してあり、こちらを本文として採るべきであるが、「容易得」では平仄が合わなくなる。

語注 ◎嗤—わらう。◎米庵—市河米庵（一七七九—一八五八）、江戸後期の著名な書家。◎羲之—王羲之（三〇三—三六一）、中国、東晋時代の書家、書聖と称された。

訳 書道を学ぶ。

五〇にもなって、ようやく手習いをするのを自分でもおかしく思う。あの有名な市河米庵さえ知らない有様で、いわんや中国の王羲之など知るはずもない、この私が、である。書道など小手先の技術であるから、容易に習得できるなどというでない。この小手先の技術もなかなかややこしいということが、老人になってようやく分かった。

解説 明治一一年作、この年、甥の中上川彦次郎の勧めにより習字を始め、その後の字は肉太でのびのびした、「天真爛漫なる一種達筆の書風」に変化したという。

五 贈友人

巖牆下可立、巖牆上可奔。
世事固無監、人生須有痕。
衆鴻徒相従、孤鶴独高翻。
輿論不堪聴、任他喋々喧。

読み下し 友人に贈る。

巖牆《がんしょう》の下《もと》にも立つべし、巖牆の上をも奔《はし》るべし。世事には固《もと》より監《かがみ》なく、人生は須《すべか》らく痕《あと》有るべし。衆鴻《しゅうこう》は徒《いたず》らに相《あ》い従うも、孤鶴《こかく》は独《ひと》り高く翻《ひるがえ》る。輿論《よろん》は聴くに堪《た》えず、喋々《ちょうちょう》たる喧《かまびす》しきに任他《まか》せん。

（韻は奔・痕・翻・喧、上平元韻）

異文 初稿は前半の四句のみ。また清書本では、後三句をはじめ「孤鶴独離群。志士期高遠、詎忘失其先。」（孤鶴は独り群を離れる。志士は高遠を期し、なんぞその先を失うを忘れんや）とし、それを抹消して本文のように改めている。

語注 ◎巖牆—『孟子』「尽心上」に「命を知る者は巖牆の下に立たず」とある。「巖牆」は、くずれそうな塀、危険な場所の喩え。◎監—「鑑」と同じ、かがみ、手本。◎任他—二字で「まかせる」の意味。

訳 友人に贈る。

孟子は、運命を知る者は、くずれそうな塀のような危ない場所に身を置くべきではないといっているが、事と次第によっては、くずれそうな塀の下に立つこともあり得る、さらにその上を走ることさえ辞すべきでない。世の中のことには、もとより決まった手本はないのだから、人として生まれた以上、危険をも顧みず、思う存分はたらいて、生きていた痕跡をこの世に残すべきだ。群れをなす鴻《おおとり》は、ただいたずらに徒党を組んでいるだけで、何もできはしない。群れを離れた鶴は、ひとり大空高く羽ばたくのだ。世論などは耳を傾けるに足りぬ、わいわいと勝手に騒ぎたてるままにしておけばよい。

解説 明治一一年作。この年一月一七日、福沢は慶応義塾教職員を自宅に招いて開いた新年会で、「人生の目的も唯この社会にその生の痕跡を遺すに在るのみ」（「明治十一年一月十七日集会の記」『全集』四）

と述べている。なおこの詩を贈った友人は、板垣退助である可能性がある。

六 贈友人

交人如乗馬、御法在吾存。
得失常無定、是非那足論。

読み下し 友人に贈る。
人に交わるは馬にのるが如く、御する法は吾れに在って存す。得失は常に定めなく、是非なんぞ論ずるに足らん。（韻は存・論、上平元韻）

異文 ○題（贈人）○常（元、素）○那（何）

訳 友人に贈る。
人とつきあうのは馬に乗るのと同じで、相手をうまく制御できるかどうかは、自分のやり方次第である。うまくいくかどうかは、やってみなければ分からないのが常であり、やりかたのよしあしを論じても始まらぬことである。

七 己卯春日旧社員小集有感

光陰如矢十余春。
誰識当年風雨辛。
今夜小堂相会友、
弾丸煙裏読書人。

読み下し 己卯（明治一二年）春の日の旧社員小集にて感有り。
光陰矢の如し十余春。誰か識らん当年風雨の辛《つら》らさを。今夜小堂に相会《あいかい》するの友は、弾丸煙裏《だんがんえんり》に書を読みし人。（韻は春・辛・人、上平真韻）

異文 ○題（会旧社友、社員小集）

訳 明治一二年の春のある日、昔の社員が集まったときの感想。
月日のたつのは早いもので、あれからもう一〇余年が経った。当時の混乱の中で勉強していたわれわれの苦しさを今だれが知っているであろうか。今夜こうして小さな家に集まっている友人は、あのころ砲弾の煙の立つ戦争の最中、共に書物を読んだ仲間である。

解説 明治一二年三月二一日、深川の平清楼で開かれた、中津市学校の校長に赴任する猪飼麻次郎の送別会での作。「弾丸煙裏」は、慶応四年五月、上野の戦争の最中、ウェーランド経済書を講義したことを指す。

八 浴後

鄙事多能年少春。
立身自笑却壊身。
浴余閑坐肌全浄、
曾是綿糸縫瘃人。

諭吉少小事母而執家事、灌園採薪、凡百力役、無所不為。冬日或有手足生皸瘃、不堪疼痛、則綿糸縫瘃裂之創口、而灌以熱油、創亦輒癒。当時身体之屈強可知。今則不然、頃日浴後偶記感。

読み下し 浴後。
鄙事に多能なりき年少の春。立身して自

ら笑う却って身をやぶるを。浴余しずかに坐せば肌は全くきよし、かつて是れ綿糸もて瘃《あかぎれ》を縫いし人。（韻は春・身・人、上平真韻）

諭吉は少小《しょうしょう》にして母につかえて家事を執り、園《はたけ》に灌《そそ》ぎ薪《たきぎ》を採り、凡百《ぼんぴゃく》の力役、なさざる所なし。冬の日にあるいは手足に皸瘃《あかぎれ》を生ずる有り、疼痛《とうつう》に堪えざれば、則ち綿糸《めんし》もて瘃裂《あかぎれ》の創口《きずぐち》を縫い、灌ぐに熱油を以てす。創《きず》もまたすなわち癒《い》ゆ。当時身体の屈強《くっきょう》なりしこと知るべし。今は則ち然らず。頃日《けいじつ》浴後に偶《たま》ま感を記す。

異文 ○題（浴余記感）○年少春（少年日）○閑坐（安坐）○全浄（全滑）

語注 ◎鄙事多能―『論語』「子罕篇」に孔子の言葉として、「吾わかくして賤しかりき、故に鄙事に多能なり」とある。◎春―ここでは「年」と同じ。

訳 風呂あがり。

わたしは子どもの頃、家が貧乏であったため、つまらぬ雑事を器用にこなせるようになり、体も頑強であった。ところが一人前の身分になってみると、われながらおかしいことに、かえって健康に故障が出てきた。風呂からあがって、ゆったりとすわってみると、肌はすべすべとまったく清らかである。これがそのむかし、木綿糸であかぎれの傷口を縫った人間なのである。

諭吉は子どものとき母につかえて家のしごとに精を出し、畑しごとも山しごとも、ありとあらゆる力しごとは、何でもやりこなしたものである。冬の日には手足にしもやけやあかぎれができて、痛くてたまらないと、木綿糸でそのきず口を縫い合わせて、そこへ煮え油をそそぐ。すると傷はけろりとなおってしまった。あのころ体が丈夫であったことは、これでも分かる。ところが今はそうではない。この頃、風呂あがりにこんなことを思ったので、感じたままを書き留めておく。

解説 明治一二年作。『福翁自伝』の「手端器用なり」参照。

九 除夜

蠟燭煌々門未関。
簿書案頭堆如山。
塵事忙中語文事、
身艱未除憂世艱。
迎新人祝又如故、
送旧吾祈去不還。
一年三百六十日、
斯生未得半日閑。
君不見宇宙快楽在不知、
人生知字是憂患。

読み下し 除夜

蠟燭《ろうそく》煌々《こうこう》として門いまだ関《とざ》さず。簿書《ぼしょ》は案頭《あんとう》に堆《うずたか》きこと山の如し。塵事《じんじ》の忙中に文事《ぶんじ》を語り、身艱《しんかん》いまだ除かざるに世艱《せかん》を憂《うれ》う。新を迎えて人はまた故の如きを祝すも、旧を送りて吾は去りて還《かえ》らざるを祈る。一年三百六十日、斯《こ》の生いまだ半日の閑を得ず。君見ずや宇宙の快楽は知らざるにあり、人生字を知るは是れ憂患なるを。（韻は関・山・艱・還・閑、上平刪

韻。患は去声で踏みはずし)

異文 ○未得(不得)○人生(真成)

語注 ◎人生知字―宋の蘇軾「石蒼舒酔墨堂」詩に、「人生字を識るは憂患の始め」とある。

訳 除夜。

大晦日の夜、蠟燭の灯があかあかとして門もまだ閉めていない。机の上には帳簿のたぐいが山のように積まれている。俗事に忙しい中でも学問のことを口にし、わが身の難儀も払えないのに世の中の困難を心配しているのが、わたしの生活だ。年が新たになるといって世間の人はもとのとおりに変わりのないことを祝うが、去り行く年を送るに当たってわたしはこんな年はもう二度と戻ってもらいたくないものだと祈りたい気分だ。一年三百六十日、半日のんびり過ごすことができたというためしはないのだ。見たまえ、昔から今までこの世の快楽はすべて無知に由来するもので、人間というものは文字を知ることがすなわち悩みの始まりなのである。

解説 作中唯一の古詩で、全一〇句、もっとも長い詩である。

(一〇) 民情一新稿成

四海昇平歌舞天。
先生憂苦有誰憐。
三旬余日幽窓下、
僅草民情論一篇。

読み下し 『民情一新』の稿成る。

四海昇平《しかいしょうへい》歌舞の天。先生の憂苦《ゆうく》誰れ有りて憐まん。三旬余日《さんじゅんよじつ》幽窓《ゆうそう》の下、僅《わず》かに草《そう》す民情論の一篇。(韻は天・憐・篇、下平先韻)

異文 ○題の上に「己卯七月八日」、「七月八日」を「七月初旬」、「七月初八」としたものあり。○先生(杞人)○憂苦(辛苦)○僅草(纔記)

訳 『民情一新』を脱稿して。

今や天下泰平の世の中で、わたしの心配事、苦しみなどだれひとり気の毒に思ってくれる者もあるまい。三〇数日の間、ひっそりとした窓の下で執筆し、やっと『民情一新』という著書を一冊書き上げたところだ。

解説 『民情一新』の執筆には、明治一二年五月二八日から七月三日まで三七日間を要した。

(一一) 八月十二日韓使入京

異客相逢何足驚。
今吾独怪故吾情。
西遊想起廿年夢、
帯剣横行倫動城。

読み下し 八月十二日韓使《かんし》京に入る。

異客《いきゃく》相逢《あいあ》うも何ぞ驚くに足らん。今吾《こんご》独《ひと》り怪しむ故吾《こご》の情。西遊想い起こす廿年の夢、剣を帯びて横行す倫動城《ロンドン》。(韻は驚・情・城、下平庚韻)

異文 ○題(明治十三年庚辰八月朝鮮使節渡来、庚辰八月観朝鮮信使之入京)○何足驚(君莫驚)○独怪(独笑、自笑)○想起(記

得)○倫動(竜動)

訳 八月一二日に朝鮮の使節が東京に来る。

外国人の異様な風体をみても驚くには及ぶまい。われわれだって昔の自分のことを思えばわれながらおかしいようなものだ。二〇年前、西洋諸国を旅したときのことは、いまでは夢のようである、大小をたばさんでロンドンの町中をのし歩いていたのだから。

解説 明治一三年八月、朝鮮修信使の金弘集一行が東京に来て、その行列が銀座を練り歩き、市民の好奇心を誘った。「西遊」は文久二(一八六二)年、幕府使節に随行してヨーロッパを巡遊したときのこと。

(二二) 時事小言稿成

小窓揮汗稿初成。
十万言中無限情。
定論元期闔棺後、
是非今日任人評。

読み下し 『時事小言』稿成る。

小窓に汗を揮って稿初めて成る。十万言中無限の情。定論は元より期す棺を闔《おお》うの後、是非は今日人の評に任さん。(韻は成・情・評、下平庚韻)

異文 ○題(辛巳夏日時事小言稿成)○無限(多少)○元期(唯期)○第三句(議論千年有人識)○人評(時評)

語注 ◎闔棺―いわゆる「棺を蓋《おお》いて論定まる」、人の評価はその死後に定まるという意味。

訳 『時事小言』を脱稿す。

小さな窓べで汗をたらしながら、やっと原稿ができ上がった。この十万言の著書には私の無限の思いがこめられている。私に対する世間の評価が定まるのは、もとより死後を待つしかないのであるから、この本の是非もまた今日のところは人さまの批評に任せておくよりしかたがない。

解説 『時事小言』の執筆は明治一三年暮れから一四年七月まで、刊行は一〇月。二首あるうちの第一首。

(二三) 壬午初秋題写真

白頭自笑苦辛頻。
方寸紙中写得真。
五十年齢正虧一、
今茲尚未識非人。

読み下し 壬午(明治一五年)初秋に写真に題す。

白頭自ら笑う苦辛の頻《しき》りなるを。方寸《ほうすん》の紙中に写し得て真なり。五十の年齢正に一を虧《か》く。今茲《ここ》に尚おいまだ非を識《し》らざるの人。(韻は頻・真・人、上平真韻)

異文 ○題(写真)

語注 ◎写真―元来は肖像画のことだが、ここは今と同じく写真のこと。◎未識非―春秋時代の籧伯玉《きょはくぎょく》が、「年五十にして四十九年の非を知る」と言った故事をふまえる。

訳 明治一五年の初秋、自分の写真の上に書く。

あくせくと忙しい日々のうちに髪も白くなってしまった自分の姿がわれながらおかしい。そのわたしの姿がこの小さな紙の中にそのまま写っている。五〇にはちょうど一年足りない年だが、まだ自分の過ちを悟るには至らない人間である。

一四 癸未元旦

無所思還有所思。
半生心事笑吾非。
兎烏五十等閑去、
天命如何尚不知。

読み下し 癸未（明治一六年）の元旦。
思う所なく還《ま》た思う所あり。半生の心事わが非を笑う。兎烏《とう》五十等閑《とうかん》に去りて、天命の如何《いかん》は尚お知らず。（韻は思・非・知、上平支韻）

語注 ◎兎烏—月に住む兎と太陽の中の烏、月日の流れが速いことの喩え。◎五十—『論語』「為政篇」に「五十にして天命を知る」とある。

訳 明治一六年の元旦。
元旦の朝、思うところが有るような無いような心もちだが、半生の心の在りかたをかえりみると、不行き届きだらけで苦笑するほかない。五〇年の歳月をうかうかと過ごしてしまって、孔子さまが天命を知ったというこの年になっても、天命とはどのようなものかがまだ分からないでいる。

解説 二首あるうちの第一首。

一五 題手用之米臼

父母生吾妻輔吾。
満門子女常相娯。
乃翁別有保身法、
三十余年与汝倶。

読み下し 手用の米臼に題す。
父母吾を生み妻吾を輔《たす》く。満門の子女常に相娯《たの》しむ。乃翁《だいおう》別に身を保つの法あり、三十余年汝と倶《とも》にす。（韻は吾・娯・倶、上平虞韻）

異文 〇三十余年（少小至今）

語注 ◎乃翁—自分を尊大にいう言葉、おれさま。◎汝—米臼を指す。

訳 愛用の米臼に題す。
両親は私を生み育て、妻は私を助けて家を成し、家中の子どもたちはいつも楽しく過ごし、家庭的にはまことに恵まれた生活をしている。ただし私には別にまた米搗《こめつ》きという健康法があって、三〇何年というもの、お前さんといっしょに過ごしてきたのだ。

解説 福沢は自家用の飯米は手ずから搗いて白米とし、それを健康法としていた。慶応義塾所蔵の米臼には、胴の部分に自筆でこの詩が書かれている。また生涯で四個の臼を潰すほど元気で米搗きをしたという詩もある。

一六 餞二子洋行

努力太郎兼次郎。

双々伸翼任高翔。
一言猶是餞行意、
自国自身唯莫忘。

読み下し 二子の洋行を餞《せん》す。努力せよ太郎また次郎。双々《そうそう》翼を伸べて高く翔《と》ぶに任す。一言なお是れ行に餞するの意は、自国と自身ただ忘るる莫《な》かれ。(韻は郎・翔・忘、下平陽韻)

異文 ○伸翼(展翼)

訳 二人の息子の洋行への餞別。一太郎よ、捨次郎よ、しっかりやって来るがよい。二人とも翼を思いっきり伸ばして飛べる限り高く飛ぶがよい。ただひとこと別れに贈る言葉は、自分の国と自分の身とを忘れないようにと、これだけである。

解説 長男一太郎と二男捨次郎が明治一六年、アメリカに留学に発ったときの作。

一七 憶二子航米国在太平洋上

月色水声遶夢辺。
起看窓外夜凄然。
煙波万里孤舟裡、
二子今宵眠不眠。

読み下し 二子の米国に航して太平洋上に在るを憶う。月色水声夢辺を遶《めぐ》る。起きて窓外を看れば夜は凄然《せいぜん》たり。煙波《えんぱ》万里孤舟の裡《うち》に、二子は今宵《こよい》眠るや眠らざるや。(韻は辺・然・眠、下平先韻)

訳 アメリカに航海中、太平洋上にいる二人の子を思う。夢の中で月の光が射し込んで水の音がするように思って目がさめた。起きて窓の外をみれば夜がしんしんと更《ふ》けてゆくばかり。万里のかなた煙る大海の波の上にぽつんと行く舟の中で、二人の子どもは、今夜果して眠っているか、あるいは眠れずにいるだろうか。

一八 自題写真像

亦是先生得意中。
喫来炒豆罵英雄。
自嗤粗卒多如許、
遺却床頭一老翁。

読み下し 自ら写真の像に題す。またこれ先生得意の中。炒豆《いりまめ》を喫《きっ》し来って英雄を罵《ののし》る。自ら嗤《わら》う粗卒《そそつ》なること多くはかくの如きを、遺却《いきゃく》す床頭《しょうとう》の一老翁。(韻は中・雄・翁、上平東韻)

異文 ○題(自題小照、自題照像)○亦(正)○喫(嚙)○罵(詆)○嗤(咲)○第三句(無端自笑品評粗)○遺却床頭(独忘壁頭)

語注 ◎炒豆—江戸時代の儒者、荻生徂徠は、炒豆を嚙《かじ》りながら古今の英雄を罵るのを趣味としたという。◎粗卒—粗忽と同じ。

訳 自分の写真の上に題す。またもや先生は得意になって、炒豆《いりまめ》をかじりながら古今の英雄を罵《ののし》っているが、ふと気がつくと、あまりにそそっかしいのが、われながらおかしい。寝床にいる老人にすぎない自分のことは忘れているのだから。

解説 明治一六年の作。自分のことは棚にあげて、他人を批判する自分を冷静に見ている。

一九 丙戌春地方漫遊

遊説王公非吾事、
只欣随処故人多。
無端却被孟軻笑、
伝食四方車上過。

読み下し 丙戌（明治一九年）の春、地方を漫遊す。
王公に遊説《ゆうぜい》するは吾が事に非ず、ただ随処に故人の多きを欣《よろこ》ぶ。端《はし》なくも却《かえ》って孟軻《もうか》に笑わる、四方に伝食《でんしょく》して車上に過ぐるを。（韻は多・過、下平歌韻）

異文 ○遊説（行説）○吾（我）○只欣（唯看）○被（見）○車上（清宴）

語注 ◎孟軻―孟子のこと。諸国を遊歴して、自分の政治上の主張を国王に説いた。◎伝食―あちこちで寄食すること。『孟子』「滕文公下」に、「後車数十乗、従者数百人、以て諸侯に伝食す」とある。

訳 明治一九年の春、各地を漫遊する。
私が諸国を漫遊するのは、孔子や孟子のように王公に遊説しようなどというのではなく、ただ至るところで、昔なじみの友人に会えるのがうれしいだけである。ところが車でほうぼうを渡り歩き、行くさきざきで御馳走になってしまい、ゆくりなくも孟子に笑われそうな格好になってしまった。

解説 明治一九年の三月一〇日から四月四日まで、東海道を通って大阪に旅行し、各地で歓迎を受けたときの作。

二〇 明治十九年七月、慶応義塾試験、用弥児先生之文戯訳其文意

地無走獣天飛鳥、
率土之浜人又人。
多福初知是非福、
生児容易育児辛。

読み下し 明治十九年七月、慶応義塾の試験、弥児《ミル》先生の文を用いて戯れにその文意を訳す。
地に走獣《そうじゅう》なく天に飛鳥なし。率土《そっと》の浜《ひん》は人また人。多福初めて知る是れ福に非ざるを、児を生むは容易にして児を育つるは辛《つら》し。（韻は人・辛、上平真韻）

異文 ○題（丙戌七月慶応義塾卒業試験用弥児氏之文席上戯訳文意、明治十九年七月二十三日慶応義塾試験）○人又人（人面人）○育児（養児）

語注 ◎弥児―ミルと読む。イギリスの経済学者、ジョン・スチュアート・ミル（一八〇六〜七三）。◎率土之浜―河や海に接する限りの陸地、世界中。

訳 明治一九年の七月、慶応義塾の試験で、ミルの著作から戯《たわむ》れにその文意を訳して試験問題とした。
今日の人口増殖をそのままにしておく

と、地上は人間でいっぱいになって、地を走る獣も空を飛ぶ鳥もなくなってしまうだろう。そうなると子どもを生むのは簡単だが、これを育てるのは容易ではなくなり、子どもの多いことは決して幸福なことではないことになろう。

解説 ミルの文章とは、その『経済学原理』に紹介されたマルサスの「人口論」を指すと考えられる。

(二) 明治二十年初観演劇

誰道名優伎絶倫。
先生遊戯事尤新。
春風五十独醒客、
却作梨園一酔人。

読み下し 明治二十年初めて演劇を観る。誰か道《い》う名優の伎は絶倫なりと。先生の遊戯は事もっとも新たなり。春風五十独り醒めたる客、却って梨園の一酔人となる。(韻は倫・新・人、上平真韻)

異文 ○題(丁亥春日初観演劇、丁亥春初観演劇)○伎(技)

語注 ◎独醒客―屈原の「漁父辞」に「衆人みな酔えるに吾独り醒めたり」とある。◎梨園―歌舞伎の劇場。

訳 明治二〇年初めて芝居を見る。

だれが名優の演伎はほかに比べるものがないというのか。わたしの生涯の演伎は、それよりずっと斬新なものである。と思っていたが、今日まで五〇年、民衆が太平に酔っている中、ひとり目ざめて警鐘を鳴らし続けていたつもりが、いま劇場で舞台上の演技にすっかり心酔する身となってしまった。

解説 明治二〇年三月二一日、家族と新富座で歌舞伎を初めて見たあとの感想。

(三) 丁亥夏日於塔沢

浴泉万客漫遊酣。
誰識先生多苦甘。
身在深山幽谷裡、
筆書浮世俗塵談。

読み下し 丁亥(明治二〇年)夏日、塔沢《とうのさわ》に於いて。

浴泉の万客漫遊酣《たけなわ》なり。誰か識《し》らん先生の苦甘の多きを。身は深山幽谷の裡《うち》に在れども、筆は浮世俗塵の談を書す。(韻は酣・甘・談、下平覃韻)

訳 明治二〇年の夏、塔之沢において。

温泉場の遊山客はいまが真盛りであるが、その中にはわたしの心中の苦楽など知っている者はいないであろう。この深山幽谷の仙境に身を置きながら、書いていることといえば浮世の塵にまみれた俗事の話ばかりである。

解説 明治二〇年八月五日から一八日まで、家族と箱根塔之沢温泉に滞在、宿で『時事新報』社説を執筆していたときの作。

二三 戊子夏日遊于鎌倉

曾是将軍建業城。
群雄狂夢幾回驚。
遊人不問千年跡、
只愛水声山色清。

読み下し 戊子（明治二一年）夏日、鎌倉に遊ぶ。

曾《かつ》て是れ将軍建業の城。群雄の狂夢《きょうむ》いくたびか驚く。遊人《ゆうじん》は問わず千年の跡《あと》を、ただ愛す水声山色の清きを。（韻は城・驚・清、下平庚韻）

異文 ○建業（開業）○跡（事）○只（唯）

訳 明治二一年の夏、鎌倉に遊ぶ。

ここはそのむかし将軍、源頼朝が幕府を建てた城があった場所である。この場所で幾多の英雄が狂おしい夢を結び、驚き目覚めたことであろう。いまこの地に遊びにやって来たわれわれは、千年のむかしの英雄たちの夢の跡などは知らぬ顔に、ただ山水の景色のすがすがしいのを愛するだけである。

解説 明治二一年七月二三日から八月一三日まで、家族と共に鎌倉に海水浴に行ったときの作。

二四 己丑九月与家人遊上国、臨発会大風雨、東海道汽車不通

江戸美人心匠清。
軽装探勝洛陽城。
却逢東海竜王怒、
妬雨嫉風妨此行。

読み下し 己丑（明治二二年）九月、家人と上国に遊ばんとす、発つに臨んで会《たまた》ま大いに風雨あり、東海道の汽車通ぜず。

江戸の美人は心匠《しんしょう》清らかなり。軽装にて勝《しょう》を探らんとす洛陽城《らくようじょう》。却って東海竜王の怒りに逢い、妬《と》雨と嫉風《しっぷう》この行を妨ぐ。（韻は清・城・行、下平庚韻）

異文 ○与家人（挙家）○却逢（乍逢）

語注 ◎上国―かみがた。関西地方。◎心匠―心の用い方、用意。◎洛陽―京都。

訳 明治二二年九月、家族と関西見物に行こうとしたが、出発するときにたまたま風雨が激しく、東海道の汽車が不通になった。

江戸の美人たちの用意はあっさりしたもので、身軽ないでたちで京都のよい景色を尋ねようとしたのだが、それが東の海の竜神さまのご機嫌をそこねたとみえて、やきもちの大風雨をもってこの旅行の邪魔をしているらしい。

解説 明治二二年九月一六日から一〇月五日まで、家族と下男下女、総勢二〇余名で、神戸、大阪、京都などを見物したときの作、行きは汽船、帰りは汽車であった。二首のうち第二首。

二五 己丑十月長女罹急性病

昨夜炉辺談笑親。
病床今日看酸辛。
家門多福君休道、
吾羨世間無子人。

読み下し 己丑（明治二二年）十月、長女急性の病に罹《かか》れり。

昨夜は炉辺《ろへん》に談笑親しかりし。病床に今日は酸辛《しんさん》を看る。家門多福なりと君いうを休《や》めよ。吾は羨《うらや》む世間の子なき人を。

（韻は親・辛・人、上平真韻）

異文 ○十月（十一月）○病床今日（今朝病床）

訳 明治二二年一〇月、長女が急性の病にかかる。

昨夜までは炉ばたで親しく談笑していたのに、今日は病床でひどい苦しみようを見なければならぬとは。子どもたちが大勢で幸せなどというてくれるな、世間の子のない人が羨ましい。

解説 関西旅行から帰ってほどなく、長女の里《さと》が腸チフスにかかったが、一一月末には全快した。

（二六）失題

言是扶桑冠海東。
国光須与旭光同。
他山之石取無尽、
莫惜十分攻玉功。

読み下し 題を失す。

言う是れ扶桑《ふそう》は海東《かいとう》に冠《かん》たりと。国光《こっこう》は須《すべか》らく旭光《きょくこう》と同じかるべし。他山の石は取れども尽くるなし、惜しむなかれ十分に玉を攻《おさ》むるの功を。（韻は東・同・功、上平東韻）

語注 ◎扶桑―日本のこと。◎他山之石―『詩経』「小雅・鶴鳴」に、「他山の石は以て玉を攻《おさ》むべし」とある。

訳 題を失す。

扶桑の国、日本は東の海の中ではもっとも優れた国であるといわれているが、国の光も旭日《あさひ》の光と同じように輝いていなければならない。かの山の石はいくら取っても尽きることはないのであるから、遠慮なくその石を取って、わが玉を立派に磨き上げるのに骨惜しみをしないようにせよ。

解説 明治二三年、塾員の安場末喜が製紙技術を学ぶためアメリカに行くときに与えた詩であるという。

（二七）得村正之刀、銘有長曾我部盛親帯之之八字

曾是英雄手裏軽。
南洋風雨幾回驚。
士魂空寄宝刀去、
三尺寒泉今尚清。

読み下し 村正《むらまさ》の刀を得たるに、銘に「長曾《ちょうそ》我部盛親之《かべもりちかこれ》を帯びる」の八字あり。

曾《かつ》て是れ英雄の手裏《しゅり》に軽し。南洋の風雨幾回《いくたび》か驚く。士魂空しく宝刀に寄せ去りて、三尺の寒泉今尚お清し。（韻は軽・驚・清、下平庚韻）

異文 ○幾回驚（義多情）

語注 ◎村正—伊勢の刀工、またその刀。◎長曾我部盛親—土佐の長曾我部氏最後の領主、大坂夏の陣で捕らえられ殺された。

訳 村正の刀を手に入れたが、その銘に「長曾我部盛親之を帯びる」の八字があった。

この刀はその昔、英雄の手の中で軽がると振り舞わされ、南の海（土佐）は戦乱のたびごとに幾たびとなくこの刀によって驚かされたことであろう。武士の魂は空しくこの宝刀に寄せて去り、清く冷たい三尺の剣は、いまもなお清々しい光を放っている。

解説 明治二四年三月、三女の俊が大病にかかり、浜田玄達の執刀で全快した。浜田は刀剣愛好家であったので、この詩と共に刀を贈ったという。

二八 癸巳一月年六十戯賦

吾是十方世界身。
由来到処物相親。
人言聞去皆称善、
耳順何期六十春。

読み下し 癸巳（明治二六年）一月に年六十たり、戯れに賦す。

吾れは是れ十方世界の身。由来到る処に物と相親しむ。人言《じんげん》聞き去って皆善と称す、耳順《じじゅん》何ぞ期せん六十の春。（韻は身・親・春、上平真韻）

異文 ○題（年六十戯賦）

語注 十方世界—宇宙のすべて。◎耳順—『論語』「為政篇」に、「六十にして耳順う」。

訳 明治二六年一月、六〇歳になり戯《たわむ》れに作る。

わたしは元来、宇宙に遍《あまね》く満ちている精神の持ち主で、天地間のどこに居てもあらゆるものと親しい関係を保っている。だから人のいうことを聞けば、すべてよしよしいうので、耳の順《したが》うことは、孔子のように六〇の年まで待つには及ばないのである。

二九 慶応義塾学生就実業者多

行路何須避世譁。
書生到処計輙佳。
紅塵市上営々苦、
正是泥中君子花。

読み下し 慶応義塾の学生は実業に就く者多し。

行路《こうろ》何ぞ須《もち》いん世の譁《かまびす》しきを避くることを。書生到る処《ところ》計はすなわち佳なり。紅塵《こうじん》市上営々の苦、正に是れ泥中《でいちゅう》君子の花。（韻は譁・佳・花、下平麻韻）

異文 ○題（学生就実業）○佳（嘉）

語注 ◎君子花—蓮のこと、泥中の蓮は、世俗にいながら悟りを開く喩え。

訳 慶応義塾の学生は実業界に就職する者が多い。

人生の道を行くのに浮世の喧噪を避ける必要はない。青年学徒たるもの、どんなところでも立派な計画が立てられるはずだ。世俗の雑沓《ざっとう》汚濁の中であくせく働いて苦しんでいるその姿は、まさに泥の中にすっきりと咲いている蓮の花そのものである。

三〇　田舎議員　負竜軒主人題

道楽発端称有志、
阿房頂上為議員。
売飛累代田畑去、
貰得一年八百円。

読み下し　田舎の議員　負竜軒《ふりょうけん》主人題す。
道楽の発端　有志と称し、阿房《あほう》の頂上に議員と為る。累代《るいだい》の田畑を売り飛ばし去って、貰《もら》い得たり一年八百円。（韻は員・円、上平文韻）

異文　○題（詠田舎議員）

語注　◎負竜軒―不料簡と音通、福沢の戯号。◎八百円―当時の衆議院議員の歳費。

訳　田舎者の議員、負竜軒主人題す。
政治道楽のそもそもの起こりは有志者と称して、いっぱしの名士気どり、たわけのてっぺんが国会議員である。先祖代々の田地田畑を売り飛ばして、その揚句にもらえるのは八百円の歳費である。

解説　明治二三年、第一回衆議院選挙が行われたときに作られた狂詩。

三一　乙未元旦

中外風光与歳遷。
往時回顧渺無辺。
屠蘇先祝乃翁寿、
六十二年如万年。

読み下し　乙未（明治二八年）の元旦。
中外の風光　歳とともに遷《うつ》る。往時を回顧すれば渺《びょう》として辺《かぎ》りなし　屠蘇《とそ》先ずは祝す乃翁《だいおう》の寿、六十二年は万年の如し。（韻は遷・辺・年、下平先韻）

語注　◎中外風光―当時、日清戦争が日本に有利に展開、四月に講和条約が結ばれる。◎乃翁―自分のことを尊大に言ったもの。

訳　明治二八年の元旦。
国の内外の有様は、歳のうつるとともに変化してゆく。昔のことを思うと、まことに際限もなくはるかなことに思われる。屠蘇の杯を挙げてまず祝うのはわたしの長寿であるが、六二年を顧みれば、まるで万年を過ごしたように思える。

三二　一月二日踰箱根山

亦是書生物外情。
屠蘇乗酔出京城。
踏来八里函山雪、
占得一年行楽清。

読み下し　一月二日に箱根山を踰《こ》える。
またこれ書生物外《ぶつがい》の情。屠蘇の酔いに乗じて京城《けいじょう》を出ず。踏み来る八里函山《かんさん》の雪、占《うらな》い得たり一年行楽の清きを。（韻は情・城・清、下平庚韻）

異文　○題（乙未元旦遊箱根）○亦（自）○乗酔（酔裡）○雪（険）○占（卜）いい方。

語注　◎函山―箱根を中国の函谷関《かんこくかん》に喩えた

訳 一月二日に箱根を越える。

これもまた浮世ばなれした書生気質というもので、正月の屠蘇機嫌で都を出立して、箱根八里の雪を踏みわけて山ごえをした。これで今年のわれわれの遊び歩きも、まずこのように清らかなものになるということを、うらなうことができたというわけだ。

解説 明治二八年の元旦、年賀の客と語り合ううちに急に箱根に行くことになり、翌日、箱根の旧街道を徒歩で越え、沼津から汽車で帰った。随行した者は疲労困憊して発病する者もいたという。

（三三） 偶成

適々豈唯風月耳、
渺茫塵界亦天真。
世情休説不如意、
無意人乃如意人。

読み下し 偶《たま》ま成る。

適々《てきてき》は豈《あ》に唯《た》だ風月のみならんや、渺茫《びょうぼう》たる塵界《じんかい》も亦《ま》た天真なり。世情 説くを休《や》めよ意の如くならずと、無意の人はすなわち如意の人なり。（韻は真・人、上平真韻）

異文 ○適々（適意）○亦（自）

語注 適々―適を適す、自分の心に適《かな》うところを楽しむこと。

訳 たまたま出来た詩。

自分の心に適うところを楽しむというのは、なにも隠遁者が美しい風景を楽しむことだけをいうのではない。この際限もない俗世間もまた自然のありのままのすがたである。世間の有様について、思うようにゆかぬなどと嘆くではない、世の中に対してなんの註文もつけるつもりのない人間こそ、世間を自分の思うままにできる人間なのである。

解説 明治二八年二月二二日に、福沢家の家庭医であった印東玄得に、また同年八月に旧門下の僧侶、西原真月にこの詩を書きあたえている。

（三四） 還暦自嘲

児戯々来六十年。
一身苦楽附天然。
痴心自笑尚難去、
枉学摂生祈瓦全。

読み下し 還暦に自ら嘲《あざけ》る。

児戯《じぎ》 戯れ来る六十年。一身の苦楽天然に附す。痴心《ちしん》自ら笑う尚お去り難きを、枉《ま》げて摂生《せっせい》を学んで瓦全《がぜん》を祈る。（韻は年・然・全、下平先韻）

異文 ○題（還暦）

語注 ◎摂生―養生法。◎瓦全―不満足な状態でも生涯を全うすること、玉砕の反対。

訳 還暦をむかえ自分のことを嘲る。

子どもの戯れのようにうかうかと月日を過ごしているうちに、六〇年が過ぎてしまった。自分一人の苦しみも楽しみも天然の成り行きまかせにしてきたが、それでも愚劣な自分のことだから、ばかげた考えがつきまとって、しいて養生のまねをして、命の長らえるのを祈るようなことをしているのである。

解説 還暦は本来、明治二七年であったが、日清戦争の最中であったため遠慮し、翌二八年一二月一二日に芝の紅葉館で寿宴が開かれた。この詩はそのときの作。

三五 丙申十一月一日慶応義塾之旧友会於紅葉館

日新風景日愈新。
正是手栽花発春。
培養当年誰最苦、
白頭相見座中人。

読み下し 丙申（明治二九年）の十一月一日、慶応義塾の旧友紅葉館に会す。
日新の風景　日に愈《いよい》よ新たなり。正に是れ手もて栽《う》え花発《ひら》くの春。培養に当年誰か最も苦しめる、白頭相見る座中の人。
（韻は新・春・人、上平真韻）

訳 明治二九年の一一月一日、慶応義塾の古くからの仲間が紅葉館に集まった。
世の中の様子は一日一日いよいよ新しくなってゆくが、これはまるで自分が手ずから栽培した草木が花開いた春のようである。その草木をいつくしみ育てるのにもっとも骨を折ったのは誰であろうか、互いに顔を見合わせている一座の人びとは今や皆、白髪の老人になってしまった。

解説 明治二九年一一月一日、芝の紅葉館で開かれた義塾旧友会での作。この日の演説で、「気品の泉源、智徳の模範」が説かれた。

三六 丁酉元旦

成家三十七回春。
九子九孫献寿人。
歳酒不妨挙杯晩、
却誇老健一番新。

読み下し 丁酉（明治三〇年）の元旦。
家を成してより三十七回の春。九子九孫寿を献ずるの人。歳酒妨げず杯を挙ぐることの晩《おそ》きを、却って誇る老健の一番新たなるを。（韻は春・人・新、上平真韻）

訳 明治三〇年の元旦。
一家を構えてから三七回目の新年を迎えることになった。いまでは子どもが九人、孫が九人になり、それがそろって年始のお祝いにやって来る。できたての新酒の杯をあげるのはゆっくりでかまわない。若い連中を目の前にして、この老人が一番ぴんぴんしているのを自慢してやろうと思うのだ。

解説 福沢夫妻の結婚は文久元（一八六一）年の冬で、明治三〇年まで足かけ三七年になる。このときまでに四男五女と九人の孫に恵まれた。

三七 揮毫戯作

揮毫約束催促忙。
主人善忘客不忘。
今宵渋々執禿筆、

向紙無奈尚面堂。

読み下し 揮毫、戯れに作る。
揮毫《きごう》の約束に催促忙し。主人は善く忘るるも客は忘れず。今宵《こよい》しぶしぶ禿筆《とくひつ》を執りて、紙に向かえど奈《いかん》ともする無し尚お面堂《めんどう》なるを。（韻は忙・忘・堂、下平陽韻）

異文 ○今宵（今夜）

語注 ◎面堂―面倒の宛て字。

訳 揮毫の際、たわむれに作る。
揮毫の約束があり頻《しき》りに催促される。こっちは忘れっぽいが頼んだほうは忘れてくれない。今夜はしぶしぶちびた筆を執り上げたが、紙に向っても面倒くさい気持ちはどうにもならないものだ。

解説 詩の後に、「丁酉春三田茶話会主人記」と書いたものがあり、明治三〇年の作と分かる。

三八 題福翁百話巻首

一面真相一面空。
人間万事邈無窮。
多言話去君休笑、
亦是先生百戯中。

読み下し 『福翁百話』の巻首に題す。
一面は真相一面は空。人間万事邈《ばく》として窮《きわま》りなし。多言話し去るも君笑うを休《や》めよ、また是れ先生百戯の中。（韻は空・窮・中、上平東韻）

異文 題（福翁百話書中之詩）

訳 『福翁百話』の巻頭に題す。
人間の在りかたは、一方からみると本当のすがたのようだが、一方からみると虚無のようで、すべてぼんやりして取りとめのないものである。このような著述をして余計なおしゃべりをするからといって笑わないでもらいたい。これもまた人生をしゃれのめして過ごす戯れの一つなのだから。

解説 『福翁百話』は、明治二九年三月一日から翌年七月四日まで『時事新報』に連載され、七月二〇日に単行本として刊行された。

三九 早起与学生諸氏散歩郊外

一点寒鐘声遠伝。
半輪残月影尚鮮。
草鞋竹策払秋暁、
歩自三光渡古川。

読み下し 早く起き学生諸氏とともに郊外を散歩す。
一点の寒鐘《かんしょう》 声は遠くに伝わる。半輪の残月は影尚お鮮やかなり。草鞋《わらじ》と竹策《ちくさく》にて秋暁《しゅうぎょう》を払い、歩みて三光《さんこう》より古川《ふるかわ》を渡る。（韻は伝・鮮・川、下平先韻）

異文 ○題（早起与学生諸子散歩、早起与諸子散歩）○草鞋竹策（短衣長策）○払（侵）

訳 早起きして学生諸君と郊外を散歩する。
寒空に響く鐘の音が一つ遠くまで聞こえ

てくる。残りの片われ月が、まだくっきり光っている。草鞋ばきで竹の杖をついて秋の夜明けの空気を払いながら、白金《しろがね》三光町《さんこうちょう》あたりから古川《ふるかわ》を渡って散歩するのである。

解説 詩の後に、「福翁自伝書中之一古詩、今日尚記早朝之事実」と書いたものがある。

四〇 偶成

所思不可言、所言不可為。
人間安心法、唯在無所思。

読み下し 偶《たま》ま成る。

思うところは言うべからず、言うところ為すべからず。人間安心の法は、ただ思うところ無きに在り。（韻は為と思、上平支韻）

訳 たまたま出来た詩。

思ったことをすべて言うことはできない。言ったことをすべて実行することもできない。この世の中を安心して暮らす方法は、何も思わないことだ。

四一 偶成

積財如上山。散財如下山。
熱界人多少、誰能上下山。

読み下し 偶《たま》ま成る。

財を積むは山に上るが如し。財を散ずるは山を下るが如し。熱界《ねっかい》に人は多少《いくばく》かありや、誰か能く山を上下せん。（韻は山・山・山、上平刪韻）

異文 如下山（似下山）〇熱界（世間）

訳 たまたま出来た詩。

財産をたくわえるのは山にのぼるようなもので骨が折れ時間もかかるが、これを使い散らすのは山を下るようなもので、たちまちのうちに無くなってしまう。世間にはどれほど多くの人が金もうけに熱中しているであろうか、しかしその中で、いったい誰がじょうずに財産をつくってこれを使いこなすことができるであろう。

四二 謝人之需字

徒激漢流三十春。文園門外苦辛身。
莫将蛇蚓煩衰朽、読字人非書字人。

読み下し 人の字を需《もと》むるを謝す。

徒《いたず》らに漢流を激すこと三十春。文園《ぶんえん》門外苦辛の身。蛇蚓《じゃいん》を将《も》って衰朽《すいきゅう》を煩《わずら》わす莫《な》かれ、字を読む人は字を書く人に非ず。（韻は春・身・人、上平真韻）

語注 ◎蛇蚓―蛇とミミズ、下手な字の喩え。あるいは蚯蚓《みみず》の誤記か。

訳 字を書いてくれという求めを断る。

漢学者の流に逆らって波風を立てて三〇年もたってしまった。文人墨客《ぼっかく》の仲間はずれになって苦労を重ねているこの身である。下手な文字を書かせようとしてこの老いぼれを煩わせないでほしい。私は文字を読む読書家ではあるが文字を書く書家ではない。

解説 明治二九年、柳田藤吉宛の書簡には、「老生への書の所望は福島正則へ茶の湯を命ずるに異ならず、流儀違い」とある。

四三 贈医

無限輸贏天又人。
医師休道自然臣。
離婁明視麻姑手、
手段達辺唯是真。

読み下し 医に贈る。
無限の輸贏《しゅえい》は天また人。医師は道《い》うを休《や》めよ自然の臣なりと。離婁《りろう》の明視と麻姑《まこ》の手と、手段の達するの辺　唯《た》だ是れ真なり。（韻は人・臣・真、上平真韻）

異文 ○休道（莫道）

語注 ◎輸贏—勝負。◎離婁—中国古代の伝説上の人で、目がよく見えた。◎麻姑—中国の仙女、かゆいところに届くほど爪が長かった。

訳 医者に贈る。
医学は自然のはたらきと人間の知恵との限りない勝ち負けの争いである。医師は、自分は自然の臣下にすぎないなどと言ってはいけない。離婁のように病巣を見ぬく鋭い眼力と、麻姑の手がかゆいところに届くような懇切な手当で、ありとあらゆる手だてを尽して病と闘うところに医術の真骨頂があるのだ。

解説 『福翁百話』一七「造化と争う」に同じ趣旨のことが述べられている。

四四 偶成

春宵一刻宝千金。
浮世三分五厘塵。
為宝為塵亦何論、
漫然三十一谷人。

読み下し 偶《たま》ま成る。
春宵《しゅんしょう》の一刻は宝千金。浮世は三分五厘《さんぶごり》の塵なり。宝と為り塵と為るもまた何をか論ぜん、漫然たり三十一谷人。（韻は塵・人、上平真韻。第一句の金は侵韻だが、韻字のつもりであったかもしれない）

語注 ◎春宵一刻—蘇軾の「春夜」詩に、「春宵一刻値千金」とある。◎三分五厘—分と厘は江戸時代の貨幣単位、わずかな銭。◎三十一谷人—世俗の二字を分解したもの、福沢の戯号。

訳 たまたま出来た詩。
春の夜は一刻が千金の宝のように珍重されるかと思えば、とかく浮世は三分五厘などと塵あくたのようにみられる。宝であろうが塵になろうが、どうでもよいことだ。とりとめのないことを言っているのは三十一谷人、すなわち世俗の人であるこのわたしである。

解説 福沢の揮毫したものの多くには「三十一谷人」の印が押してある。

［金文京］

V

ことば

一、ここでは、福沢諭吉の思想を表すことばを紹介し、解説する。対象とすることばは、福沢の造語、福沢執筆であることが明らかな文章を主とするが、その思想と密接に関連する周辺のことば、たとえば門下生や学者仲間の造語、『時事新報』社説からの引用も一部含み、それらは本文や出典に明示してある。

二、ことばの選択に当たっては、公刊されている語録集などで、一般に福沢のことばとして頻繁に引用される語を中心に採集し、あわせて福沢の思想を理解する上で助けとなるものを新たに選択した。特に参考とした文献には以下のものがある。

伊藤正雄『福沢諭吉入門』毎日新聞社、一九五八年

富田正文『福沢諭吉名言集』ポプラ社、一九六七年

西川俊作「福沢ことば辞典」その1～23『三田評論』二〇〇一年二月～二〇〇三年二月

大久保忠宗「現代に生きる福沢諭吉のことば」その1～『三田評論』二〇〇六年四月～

三、ことばは内容にしたがって分類し、それぞれ簡単な解説を付すとともに、その出典を引用し、見出しとした箇所は太字で示した。ただし見出しは表記の便宜上、文末などを改めている場合がある。見出し語と関連することばや、同じ思想の他の表現などがあれば、その主なものを示した。

四、ことばの配列は、解説の便宜に従うもので、必ずしも出典の年代などに依っていない。引用文の配列についても同様である。

五、出典は以下のように表示してある。

1　単行著作　単行著作の表題を示し（ただし『修業立志編』を除く）、必要に応じて編および巻の別も示した。異なる表題の論説が合冊として刊行されているもの（例『女大学評論・新女大学』）は、それぞれの表題を一重カギカッコで示す（例「女大学評論」、「新女大学」）。『福翁百話』『福翁自伝』については、引用部分を明確にするため小見出しも表記した。

2　演説　『時事新報』に社説として掲載されたものを含め、すべて『全集』の収録巻を表示し、表題も全集によった。

3　『時事新報』社説　単行著作となっていない『時事新報』社説は、掲載年を示した。詳細な月日はⅧ『時事新報』社説・漫言一覧を参照されたい。

4　書簡　年月日および宛先を明示した。

5　その他の資料　『全集』に収録されている資料は、収録巻数と表題および年代を示す。その他の文献による場合は、表題と年代を表記した。

六、そのことばについて解説する文献や、由来を示す資料がある場合は、「参考」として掲げた。

七、本文中、明治年間については、西暦の併記を省略した。

福沢は言葉の使い方にきわめて自覚的であった。「著述の要は読者の心事を推量しその知見の深浅を測りその智愚の有様を察して、正にその人の為に便利ならんことを勉《つとむ》るに在《あ》り」(「著述の説」『民間雑誌』一〇三号)と記したように、文章の読み手を具体的に想定し、その読み手に受け入れさせたい主張を、受け入れさせるための工夫を凝らして文章化した。換言すれば言葉の実用に強い意識を有していたのである。学問とは縁遠い一般人を読み手として想定し、当時として型破りな平明さで記す姿勢は、「俗文主義」とも呼ばれた。その結果、今日通常用いられている熟語、用語法などに福沢が案出したものが少なくないのである。その執筆姿勢は、形式を重視し虚飾の多い漢文調の難文ほど優れているとされたそれまでの文章法への痛烈な批判であった。

また福沢の文章は将来にわたって通用する普遍的な原理を説く姿勢ではなく、常に現実に存在する問題に対し、具体的な変化を期待する読み手に向けられた留保つきの文章であったことには注意を要する。文脈や時代状況に十分な注意を払わなければ、その言葉を発した当時の福沢の意図を読み解くことは困難なのである。しかし、その明瞭で端的な表現は、今日でもさまざまな場面で引用、援用され、本来の文脈を離れて人口に膾炙している。それもまた、人びとの注意を喚起し、関心を持たせようとする福沢の術中にあるということもできる。

ここではその留保を前提としながら、福沢の思想を読み解くうえで参考となることばを取り上げ、その意味するところを概観する。

[都倉武之]

ことば一覧

1 人間

人間

●今日の人文盛大に至りしは野心情慾の賜なり

福沢諭吉は、人間がまずあるがままに存在することを出発点と理解して、世の中に向き合った。そのため、人間の自然な欲求を肯定的に捉え、人類のあらゆる進歩の根源とみていた。

▽人間の衣食足りて既に安心の場合に至りし上にも、尚《な》お欲する所のものなきを得ず。衣食以《もっ》て飢寒《きかん》を免《まぬ》かるれば又随《したがっ》てその衣食を美にせんことを欲するが如《ごと》く、一を得て二を求め、二に達して三に進み、上々際限あることなし。之《これ》を熱界の野心情慾と云《い》う。一見甚《はなは》だ厭《いと》うべきが如くなれども、その実は決して然《しか》らず。人の天性にこの野心情慾あればこそ所謂《いわゆる》文明の進歩も見るべきことなれ。開闢《かいびゃく》以来**今日の人文盛大に至りしは野心情慾の賜《たまもの》なり**と明言して可なり。（『福翁百余話』一二「思想の中庸」）

▽若《も》しも社会の人々が寡欲にして、衣食足れば則《すなわ》ち可なりとて、誰《だ》れも彼《か》れも小成に安んじ、大《おおい》に労して大に利するの心なかりせば、迚《とて》も今日の進歩は見るべからず。（『福翁百話』二八「衣食足りて尚お足らず」）

●怨望は恰も衆悪の母の如く、人間の悪事、これに由て生ずべからざるものなし

福沢は、情欲を社会の進歩の根源と見つつ、「怨望」の心を「絶対の不徳」とした。この心が、他人をおとしめようとする負の方向にのみ働き、社会の幸福にいっさい繋がらない心理であると指摘、その心は自由の抑圧の中に生まれ出ずるものであると捉えた。『学問のすゝめ』一三編は、「怨望の人間に害あるを論ず」と題してこのことを論じ、その議論にはJ・S・ミルの『女性の隷従』『自由論』の影響が指摘される。

▽**怨望《えんぼう》は恰《あたか》も衆悪の母の如《ごと》く、人間の悪事、これに由《より》て生ずべからざるものなし。**疑猜《ぎさい》、嫉妬、恐怖、卑怯の類は、皆怨望より生ずるものにて、その内形に見《あら》わるる所は、私語、密話、内談、秘計、その外形に破裂する所は、徒党、暗殺、一揆、内乱、秋毫《しゅうごう》も国に益することなくして、禍《わざわい》の全国に波及するに至《いたっ》っては、主客共に免《まぬ》かるることを得ず。（『学問のすゝめ』一三編）

参考 苅部直「福沢諭吉の「怨望」論」『思想』（一〇三三号）二〇一〇年。

●人間の三種三等

福沢は『福翁百話』の中で人間を三種に分類し、それをよく学んで世に処すべきであると説く。その区別は貧富貴賤に関係せず、屈強の身体を有しながら、他人の厄介になるばかりで時に他を害して欲を逞しくする者を「最下等」、「この世に有りて大に益するに非ず、無くて大に不自由を覚ゆるに非ず」というべき者を「中等」、活発に働き、家にも世にも処し、「公私両様の為めに力を尽すもの」を「最上等」としている。

▽例えば一町村、一郡一県に人の死亡することあらんに、之《これ》を伝聞してその不幸を悲しむは人情の常なれども、そのこれを悲しむと同時に又窃《ひそか》に私語し、何某《なにがし》の病死誠に気の毒なれども、実は地方遠近の為《た》めに好《よ》き厄介払《やっかいばら》いなり、彼の親類身寄《みより》にても先ずまず安心ならんなど云《い》わるる者は下等なり。病死の報知に接して会葬はしたれども、不幸の沙汰はその日限りにして、翌日より之《これ》を語る者もなきは、中等の人物なり。死亡の新聞に驚くは勿論《もちろん》、病中より様々の噂にて心配の折柄《おりから》、いよいよ不幸を聞《きき》て地方の人々先ず之を悲しみ、次《つい》で之を惜しみ、この人に去られては云々《うんぬん》とて泣く者あり狼狽《ろうばい》する者あり、数年の久しき尚《な》お人の口の端《は》に残りて消滅せざる者は上等なり。（『福翁百話』六七「人間の三種三等」）

◉人も己も同じく人間界の人なり

福沢は、人間一人一人をあらゆる価値観の外に置いて客観視することからすべてが始まるという人間観を持ち、日本人であれ、外国人であれ、同じ世界に生をうけた同じ人間と捉えた。現実社会の国際情勢、政治状況などをふまえた具体論はあくまでその上に語られる、権道であった。時にみずからさえ物外に置く客観的で冷徹な視点はこの思考を出発点としている。

▽己《おのれ》と異なるものは即《すなわ》ち他人なり。他人と己とは全く別物なりと、区別は区別したれども、**人も己も同じく人間界の人なるを忘るる者なり**。（「極端主義」『時事新報』明治一五年）

◉健康

オランダ語gezondheidの訳語。福沢の師である蘭学医の緒方洪庵によるオランダの病理学書の翻訳『病学通論』（嘉永二〔一八四九〕年）において用いられ、これがのちに英語healthの訳語へと応用され定着した。洪庵は、「疾病《しっぺい》」と「健康」が相対的なものであることを説明するために、完全な健康を「十全健康」（volkomen gezondheid）とするならば、世の中の人は悉皆病者になってしまうが、世のいわゆる健康な人は、「帯患健康」（betrekkelijk gezondheid）というべきものである、と説明している。福沢が『文明論之概略』の中で、完全な文明国は存在せず、世界中どこの国も多くの欠点を抱えており、文明国か否かという議論は、国と国を比較したときの相対的な評価であることを「十全健康」と「帯患健康」の語を用いて説明しているのは、明らかに洪庵の同書を援用したものである。また「健康」という語の定着は、福沢が著作中でしばしば用いた結果であると考えられている。なお「疾病」という語も洪庵による訳語とされる。

参考 芝哲夫『適塾の謎』大阪大学出版会、二〇〇五年。

男女

●男も人なり女も人なり

福沢諭吉のあらゆる考え方の原点には、まずあるがままに物事を把握する視点が存在し、それが実学の精神と呼ばれる実証的で科学的な思考へと繋がる。従って、男女についても、どちらを上、どちらを下とする前提や予断のない状態から出発することを明言するのである。

▽抑《そもそ》も世に生れたる者は、**男も人なり女も人なり**。（『学問のすゝめ』八編）

●情交・肉交

福沢は男女の交際には「肉体の交」（肉交）と「情感の交」（情交）の二つがあると説いている。肉交とは「両生の肉体直接の交にして、人間快楽の中にても頗る重きもの」（『男女交際論』）であるとするが、従来日本では肉交一辺倒であるため、文明社会の個人として、情交も大切にすべきことを強調した。そのため肉交に偏した日本社会の現状を「畜生の真似」（『福沢先生浮世談』）といい、その家は「大廈高楼《たいかこうろう》とは云いながら、その実は豚小屋と同じ事だ」（同）とまで痛罵するなど、男女間の交際がより高尚な域に達することを強く求めた。

▽**肉交**の働《はたらき》は劇にして狭《せば》く、**情交**の働は寛にして広く、而《しこう》して人間社会の幸福快楽を根本として両様の軽重如何《いかん》を問う者あらば、我輩はその孰《いず》れを重しとし孰れを軽《かろ》しとして容易に答《こた》ること能《あた》わず、唯《ただ》両様ともに至大至重にしてその一を欠くべからずと答えんのみ。（『男女交際論』）

▽双方の言語挙動、相互に情に感じ、同生の間なれば何の風《ふ》情《ぜい》もなき事にても、唯《ただ》異生なるがために之《これ》を聞見《ぶんけん》して快く、一顰一笑《いっぴんいっしょう》の細《さい》に至る迄《まで》も互《たがい》に之に触れば千鈞の重きを覚えて、言うべからざるの中《うち》に無限の情を催《もよ》うすその趣《おもむき》を形容すれば、心匠巧《たくみ》なる画工が山水の景勝に遇うて感動し、一片の落葉、一塊の頑石も、その微妙の風韻は他人の得て知らざる処に在《あり》て存するものの如《ごと》し（同）

▽双方の情を通じ、親《したし》んで流れず、近づいて汚れず、和楽洋々《からくようよう》名状すべからざるの際に無限の妙味あるもの、之《これ》を**情交**の発達と云《い》う。（同）

●女は男に学び、男は女に教えられ

福沢は、男女間の交わりの重要性は、肉体的な関係（肉交）よりも精神的な関係（情交）にあると強調する。社会が人と人の対等な交際の中に生まれていくのと同様、相互に学び合い、教え合って高められていく存在が男女の関係であると説いている。

▽相互《あいたがい》に親近するその際には双方の情感自《おのず》から相通じて、知らず識らずの際に**女は男に学び男は女に教えられ**て、有形に知見を増し無形に徳義を進め、居家《きょか》処世の百事、予期せざ

る処に大利益あるべきは又た疑いを容れざる所なり。(『男女交際論』)

▽苟《いやしく》も礼を知り道を弁《わきま》えて人情ある者ならば、家事を取扱うの権力は夫婦平等に分配して尊卑の別なく、財産もこれを共有にするか、又はその私有の分限を約束するか、模様次第に従い兎《と》に角《かく》に家はその時に当る夫婦の家として、相互《あいたがい》に親愛し相互に尊敬するこそ人間の本分なるべし。(『日本婦人論後編』)

◉男尊女卑

女性は男性よりも劣っているとする考えを批判する語。『列子』天瑞に男女の所与の有様としてこの表現があるが、これを女性蔑視を批判する四字熟語として用いたのは福沢門下生で時事新報記者であった高橋義雄である。明治一八年五月二〇日付『時事新報』社説「我国には男尊女卑の風習あり」が初出。福沢の本格的女性論の最初「日本婦人論」連載開始直前の時期に当たる。やみくもな西洋崇拝を批判する趣旨で「西尊東卑」という語もつくったが、こちらは定着しなかったという。この語が『時事新報』によって定着したことが示すように、独立した個人として男も女も対等に尊重されるべきことを繰り返し説いた『時事新報』紙上の女性論キャンペーンは大いに人目を引き、社会に反響を及ぼした。

▽桃介夫婦の間は**男尊女卑**の旧弊を払い、貴婦人紳士の資格を維持し、相互に礼を尽して、以て一家の美を致すのみならず、広く世間の模範たるよう可致《いたすべき》事。(「福沢桃介養子縁組に関する覚書」明治一九年、『全集』二〇)

参考 高橋義雄『箒のあと』秋豊園、一九三三年。

◉男子の口にも婦人の口にも芥子は辛くして砂糖は甘し

女ばかりが一方的に男に支配される理不尽さを説くうえで、男女が同じ感性を持つ人間であることに注意をうながした言葉。福沢は男女は共に対等な人間であり、本来軽重はないということをさまざまなかたちで説いている。その延長として福沢は、父たる者は「時を偸《ぬす》んで小児の養育に助力し、暫くにしても妻を休息せしむべし」とも書き、もし世間体を気にしてそれを怠るようであれば「勇気なき痴漢《ばかもの》と云うべし」(「新女大学」)と極言している。また、学問も男同様に修めるべきで、自然科学を基礎として経済法律まで学ぶべきであり、それは「文明女子の懐剣」というべきものだとも説いた(「新女大学」)。

▽**男子の口にも婦人の口にも芥子《からし》は辛くして砂糖は甘し**。(「日本婦人論後編」)

▽妻が内の家事を治むるは内務大臣の如《ごと》く、夫が戸外の経営に当るは外務大臣の如し。両大臣は共に一国の国事経営を負担する者にして、その官名に内外の別こそあれ、身分には軽重を見ず。(「女大学評論」)

●**男大学と申ものを著し、男子を責候様いたし度**

当時女性だれもが読み、理想的な妻の姿とされた女訓書『女大学』の女性像の男尊女卑的内容を批判し、逆に『男大学』をつくって男を責めたいと説いた手紙の一節。福沢の女性論は、男性論と対に説かれており、女性の地位向上のためには女性の意識改革のみならず、男性に染みついた封建道徳の打破が重要であることにも注意が向けられていた。

▽世間に女大学と申書有之《もうすこれあり》、婦人のみを罪人のように視做《みな》し、これを責《せめ》ること甚しけれども、私の考《かんがえ》には婦人え対しあまり気の毒に御座候《ございそうろう》。何卒《なにとぞ》**男大学と申ものを著し、男子を責候様《せめそうろうよう》いたし度《たし》**。（明治三年二月一五日付九鬼隆義宛書簡）

●**女曰く士曰く一言最も重し**

「女曰士曰一言最重」。『詩経』にある男女が結婚を誓う詩の一節から福沢が着想し、しばしば書した語。脳溢血より回復後のある日、福沢は慶応義塾の漢学教師馬場丈太郎に命じて、和漢古来の熟語の中から男女が同等に扱われている一節を探させた。困り果てた馬場は、やむなく男女相愛の語を選んだところ、福沢はその中にあった『詩経』の「女曰鶏鳴士曰昧旦」を採り、この語は男尊女卑の思想が色濃い漢籍の中で、男より女が先に口を聞いている、ということを喜びこの語をつくったという。福沢は晩年に女性論を多く著したが、その熱意が死の直前まで衰えなかったことを示す。

参考『伝』四―四八編。

家庭

●**人倫の大本は夫婦なり**

福沢諭吉は独立した個人の存在を社会の出発点とし、その独立した個人である男と女が一対一で夫婦となって家をなすと考えた。その男女間に軽重はなく、対等であり、子どもはまた新たな家をなすものであった。

▽**人倫の大本は夫婦なり**。夫婦ありて後《のち》に、親子あり、兄弟姉妹あり。天の人を生ずるや、開闢《かいびゃく》の始《はじめ》、一男一女なるべし。数千万年の久しきを経るもその割合は同じからざるを得ず。又男といい女といい、等しく天地間の一人にて軽重の別あるべき理なし。（「中津留別之書」明治三年、『全集』二〇）

●**文明の家庭は親友の集合なり**

福沢の家族論においては、父と母に上下がなく、子も尊重され、隠し事もない団欒のある家庭が理想とされ、そのあり様は「親友」という言葉で表されている。父親が厳しく、母親が慈しむという考え方も男尊女卑の産物であり、相互を尊重する「文明の家庭」では行われ得ないと説かれた。

▽家の美風、その箇条は様々なる中にも、最も大切なるは家族団欒、相互に隠すことなきの一事なり。（「新女大学」）

▽子に対して父母の権力は正しく同一様にして秋毫《しゅうごう》の軽重を見ず、之《これ》に対して慈なりと云えば父母共に慈なるべし、厳なりと云《い》えば父母共に厳なるべし。（『福翁百余話』七「**文明の家庭は親友の集合なり**」）

▽彼の父厳母慈《ちちげんははじ》の主義は、男尊女卑の社会に生じたる陋習《ろうしゅう》にして、固《もと》より文明の家庭に行わるべからず。（同）

▽世間にて子の孝ならざるを咎《とがめ》て父母の慈《じ》ならざるを罪する者稀《まれ》なり。人の父母たる者、その子に対して我生《うみ》たる子と唱え、手もて造り金もて買いし道具などの如《ごと》く思うは大なる心得違《こころえちがい》なり。天より人に授かりたる賜《たまもの》なれば、これを大切に思わざるべからず。子生《うまる》れば父母力を合せてこれを教育し、一人前の人間に仕立ること、父母の役目なり、天に対しての奉公なり。（「中津留別之書」明治三年、『全集』二〇）

◉凡そ世間に人情の厚くして交の睦きは家族に若くものなし

家族とは相争う心がないもっとも情の厚い関係であり、相互に支え合う睦まじい存在である。福沢が文明の名にふさわしい家族に求めた豊かな家族像を表している。『日本男子論』においては、このことを、夫婦は敬・愛・恕の心によって結びつくものであり、「形体《からだ》こそ二個《ふたり》に分れたれどもその実は一身同体と心得て、始めて夫婦の人倫を全うするを得べし」と説いている。

▽人間の交際は家族を以て本《もと》とす。男女室に居るは人の大倫なり。子生れて弱冠に至るまで、父母の膝下《しっか》に居てその養育を受《うく》るも亦《また》普通の大法なり。斯《かく》の如く夫婦親子団欒一家に居るものを家族と云う。**凡そ世間に人情の厚くして交《まじわり》の睦《むつまじ》きは家族に若《し》くものなし**。（『西洋事情』外編）

▽情愛は競争の反対なり。情愛の極度は争うの心なき極度なり。譬《たと》えば家族親子の間柄の如《ごと》し。（「覚書」『全集』七）

◉スウィートホーム

福沢は、家族には他人にはわからない「至楽」である「団欒」があり、家族を持つことは苦楽を「人の苦楽」から「家の苦楽」にすることであると説いている。そのことを説明するために福沢は『福翁百話』において「スウィートホーム」という語を用いている。

▽貧富共に家族団欒の至楽は、他人の得て知らざる所に存して唯自《ただみずか》ら享《うく》るのみ、人に語るべからざるものなり。西洋の語に之を**スウィートホーム**と云う。（『福翁百話』二二「家族団欒」）

▽他の美を見れば我《わが》美なるが如く、我不愉快は他も亦《また》これを共にし、同一様の遊戯幾度《いくた》び繰返しても倦《う》むことなく、古き物語も再三聞《きき》て新らしきが如く、子女談笑の声は自《おのず》から一種の音楽にして、その間の大間違いは唯一笑に附するのみ。炉辺の渋茶は甘露の如く、手製の団子は無上の美味を呈し、

満門の一挙一動、一事一物都《すべ》て快楽の資たらざるものなし。(同)

▽目下の政熱に熱して奔走するが如きは徒労のみならず、往々祖先伝来の産を空《むなし》うするものさえなきにあらず。最も取らざる所なり。就《つい》ては富豪第一務は、先《ま》ず家を治めて家族団欒のホームを成し、ホーム既に成る上は、進んでその地方民を教《おしう》るに在り。(明治二五年一〇月一六日付福島作次郎宛書簡)

◉新家族の苗字は、中間一種の新苗字を創造して至当ならん

対等な個人である一人の男と一人の女が家族を形作るのであれば、それを名実共に実現するためには、結婚とともにいずれかの姓を名乗ることは理に添わないという主張。対等な男女の結婚を示すためには、姓の一字ずつをとって新しい姓をつくり出して名乗るくらいの覚悟が必要であり実を示すことになると主張する。福沢の本格的女性論の最初「日本婦人論」の一節で、続けて「例えば畠山の女と梶原の男と婚したらば山原なる新家族と為り、その山原の男が伊東の女と婚すれば山東と為る」と例示しており、男女の記述順にも福沢の意図が明瞭に現れている。

▽人の血統を尋ねて誰《た》れの子孫と称するに、男祖を挙げて女祖を言わざるは、理に戻《もと》るものの如《ごと》し。また新婚以《もっ》て新家族を作ること、数理の当然なりとして争うべからざるものならば、その新家族の族名即《すなわ》ち苗字《みょうじ》は、男子の族名のみを名乗るべからず、女子の族名のみを取るべからず。**中間一種の新苗字を創造して至当ならん。**(「日本婦人論」『時事新報』明治一八年)

◉多妻法の禽獣世界を脱けて、一夫一婦の人間界に還るは、人獣分け目の堺だ

福沢は、対等な男女の結婚によって成立する一家が、文明社会の構成要素であると考え、みずから一夫一婦を徹底して実践、女性関係に清潔であっただけでなく、当時の有力者たちが妾を囲うなど、一夫多妻制である現実を痛烈に批判した。その矛先は、政官界の有力者のみならず、実業界に進んだ自分の門下生などにも遠慮なく向けられた。口述筆記の『福沢先生浮世談』では、一夫一婦の確立に向けた強い言葉が書き残されている。

▽**多妻法の禽獣《きんじゅう》世界を脱《ぬ》けて、一夫一婦の人間界に還《かえ》るは、人獣分け目の堺《さかい》だ。**御多分に従《したがっ》て禽獣の方に附きますと云《い》う馬鹿者もなかろう。私は構うことはない、生涯有らん限りミシミシ遣付《やっつ》けて遣《や》る。夫《そ》れに返す言葉があるなら反駁《はんばく》して見ろ。日本国中の者を相手にして、私が独《ひと》りで返答してはね飛ばして見せよう。(『福沢先生浮世談』)

▽抑《そ》も一夫一婦、家に居て偕老同穴《かいろうどうけつ》は結婚の契約なるに、その夫婦の一方が契約を無視し、敢《あえ》て淫乱不品行を恣《ほしいまま》にし、他の一方を疎外するが如《ごと》きは、即《すなわ》ち之《これ》を虐待し之を侮辱することにして、破約加害の大なるものなれば、被害者たる婦人が

正々堂々の議論以《もっ》てその罪を責《せ》むるは、契約の権利を譲るの法にして、固《もと》より嫉妬の痴情に駆らるるものに非《あら》ず。(「女大学評論」)

◉国の本は家に在り

「一身独立して一国独立す」という福沢の思想の端的な表現は、「一家独立」を挟んで書かれることが少なくなかったが、福沢の発想では、独立した個人が単に存在しても社会もなく、国も成り立たず、そこに国の基となるべき独立した個人と個人の結びついた家が必要であった。特に家は私徳を担保する存在であり、福沢が徳育における家庭教育を重視したのもそのためである。

▽**国の本は家に在り。**良家の集《あつま》る者は良国にして、国力の由《よっ》て以《もっ》て発生する源は、単に家に在《あり》て存すること更に疑うべきに非ず。(『日本男子論』)

◉家の本は婦人に在り、天下の本は民間に在り

一家を支えているのは実は妻であり、世の中を支えているのは民である、という意。男性偏重の社会で、あえて女性の存在を強調して意表を突く、福沢が得意な表現方法である。

▽**家の本《もと》は婦人に在り、天下の本は民間に在り。**この言果《はた》して事実に証して疑《うたがい》なくば、国の富強も文明も先《ま》ず婦人と民間とに相談せずしては叶《かな》わぬことならん。(『通俗国権論』)

▽一家の本は婦人に在り、一国の本は民に在り。今世間の家族を一見すれば、家の権柄は主人の手に在りて婦人は唯《ただ》その差図《さしず》にのみ従うが如《ごと》くに見ゆれども、こは唯表向《おもてむき》の有様にして、その内実は婦人の勢力甚《はなは》だ強きものなり。(同)

◉一家は習慣の学校なり、父母は習慣の教師なり

福沢は、習慣としての道徳を身につける教育は、学校教育では十分行えないものであり、家庭が担うべきものと考えた。そして、道徳は口で説いて教えるものではなく、行動で手本を見せることによって自ずと習得されるものであるとした。

▽**一家は習慣の学校なり、父母は習慣の教師なり。**而《しか》してこの習慣の学校は教授の学校よりも更に有力にして、実効を奏すること極《きわめ》て切実なるものなり。今この教師たる父母が子供と共に一家内に眠食して果して恥《はじ》るものなきか、余輩これを保証すること能《あた》わず。(「教育の事」『福沢文集』)

▽一家の主人その妻を軽蔑すれば、その子これに倣《ならい》て母を侮《あなど》りその教《おしえ》を重んぜず。母の教を重んぜざれば、母はあれどもなきが如《ごと》し。孤子《みなしご》に異ならざるなり。況《いわん》や男子は外を勤《つとめ》て家に居ること稀なれば、誰かその子を教育する者あらん。(「中津留別之書」明治三年、『全集』二〇)

2 文明

文明

◉文明とは人の身を安楽にして心を高尚にするを云うなり

『文明論之概略』で、議論の前提として繰り返し述べられている文明の定義。福沢諭吉にとって文明とは、物質的なものではなく「人の智徳の進歩」という精神の発達に重きを置くものであり、「至大至重」のものであった。その進歩していく状態が「文明」であり、その進歩に伴って人びとは気品ある高尚な人格を形成していき、社会がそういった高尚な人びとの集合となっていくことで人びとの幸福が増していくと考えたのである。

▽文明とは人間交際の次第に改《あらたま》りて良き方に赴く有様を形容したる語にて、野蛮無法の独立に反し一国の体裁を成すと云《い》う義なり。文明の物たるや至大至重、人間万事皆この文明を目的とせざるものなし。（『文明論之概略』巻之一）

▽**文明とは人の身を安楽にして心を高尚にするを云うなり**、衣食を饒《ゆたか》にして人品を貴くするを云うなり。（同）

▽文明とは人の安楽と品位との進歩を云うなり。又この人の安楽と品位とを得せしむるものは人の智徳なるが故に、文明とは結局、人の智徳の進歩と云《いい》て可なり。（同）

◉智徳

智恵(intellect)と徳義(moral)。人間の精神を形づくる要素。『文明論之概略』では、それを「天下衆人の精神」ともいいかえ、その発達を目指していく状態が文明であると説かれる。福沢は、智は将来にわたって無限の進歩を遂げるものであるが、徳は古今東西で基本的に一定の、智の基盤ともいうべきものと位置づけた。さらに、智・徳それぞれを公・私に分けて四分類し、従来日本では「私徳」ばかりが重視されているが非常に範囲の狭いものであり、獲得に「聡明叡慮の働」が必要である「公智」をもっとも高尚なものと捉えた。この議論にはバックルの『英国文明史』の強い影響が指摘される。

▽**智恵と徳義**とは恰《あたか》も人の心を両断して各《おのおの》その一方を支配するものなれば、孰《いず》れを重しと為《な》し孰れを軽《かろ》しと為すの理なし。二者を兼備するに非ざれば之《これ》を十全の人類と云《い》うべからず。（『文明論之概略』巻之三）

▽古来学者の論ずる所を見れば、十に八、九は徳義の一方を主張して事実を誤り、その誤《あやまり》の大なるに至《いたり》ては全く智恵の事を無用なりとする者なきに非《あら》ず。（同）

▽私徳の功能は狭く智恵の働《はたらき》は広し。徳義は智恵の働に従《したがっ》てその領分を弘《ひろ》めその光を発するものなり。（同）

▽徳は智に依《よ》り、智は徳に依り、無智の徳義は無徳に均しきなり」（同）

●気品

智徳を備えた人物が自ずと持ち合わせる高尚な人格のこと。character の意。特に門下生たちに福沢が求めた君子としての気風。福沢は明治二九年の懐旧会における演説で「口以て言うべからず、指以て示すべからず」「以心伝心の微妙」「団体中に充満する空気とも称すべきもの」と形容し、先進後進の間での感化によりこの気風が継承されていくことを願った。

▽幸いにして我《わが》慶応義塾はこの辺に於《おい》て聊《いささ》か他に異なる所のものを存して、鉄砲洲以来今日に至るまで固有の**気品**を維持して、凡俗卑屈の譏《そしり》を免かれたることなれども、元来無形の談にして、口以《もっ》て言うべからず、指以て示すべからず、仏者の語を借用すれば以心伝心の微妙、義塾を一団体とすればその団体中に充満する空気とも称すべきものにして、畢竟《ひっきょう》するに先進後進相《あい》接して無形の間に伝播する感化に外《ほか》ならず。(「気品の泉源、智徳の模範」明治二九年、『全集』一五)

●文明論とは人の精神発達の議論なり

世界の文明を比較するとき、その指標となるものは「人の智徳の進歩」すなわち「精神発達」であるとしても、それはある特定の個人の進歩ではなく、できる限り広く多くの人、すなわち天下衆人の智徳の進歩であった。福沢はその発達すべきものを「文明の精神」と呼び、その受け皿として、特に時代と共に変遷していく人びとの智徳の総体を「時勢」という言葉で表した。したがって登場したときには「異端妄説」扱いされる考え方も、時勢の変遷によって広く受容されていくと理解される。

▽**文明論とは人の精神発達の議論なり**。その趣意は一人の精神発達を論ずるに非《あら》ず、天下衆人の精神発達を一体に集めて、その一体の発達を論ずるものなり。故に文明論、或《あるい》は之《これ》を衆心発達論と云《い》うも可なり。(『文明論之概略』緒言)

▽一国人民の気風と云《い》うと雖《いえ》ども、時に就《つい》て云うときはこれを時勢と名《なづ》け、人に就ては人心と名け、国に就ては国俗又は国論と名く。所謂文明の精神とは即《すなわ》ちこの物なり。(『文明論之概略』巻之一)

●正成は尊氏と戦て死したるに非ず、時勢に敵して敗したるものなり

楠木正成が湊川で討ち死にしたのは、足利尊氏と戦って敗れたからではなく、「時勢」が伴わなかったためである。「時勢」は『文明論之概略』で多用されている語で、ある時の人びとの気風をすべて合わせた全体の状態のこと。人びとの智徳が成熟し、時勢が変遷していく状態を文明と呼ぶので、どれほどすぐれた一人物が現れても、時勢が伴わなければ一国の文明とは無縁であると理解される。そのため、歴史上の人物でいえば、孔子孟子が周の諸侯に任用されず、後醍醐天皇が楠木正成の献策に従わなかったのは、諸侯や後醍醐天皇の責任ではなく、時勢が伴わなかったためであると説明されている。ここで孔孟や楠公が例示されているのは、同書が本来福沢の議論にもっとも批判的である漢学者などの保守的な論者を読者に想定したもので、彼らを「敵にせずして今は却て之を味方にせんとの腹案を以て著した」(『福沢全集緒言』)ことに由来する。

▽孔孟の用いられざるは諸侯の罪に非《あら》ず、その時代の勢《いきおい》に妨げられたるものなり。(『文明論之概略』巻之二)

▽正成《まさしげ》の死は後醍醐天皇の不明に因《よ》るに非ず、時の勢に因るものなり。**正成は尊氏《たかうじ》と戦《たたか》て死したるに非ず、時勢に敵して敗したるものなり。**(同)

参考 小泉信三『福沢諭吉』岩波新書、一九六六年。

●野蛮・半開・文明

福沢は、西洋にならい文明の程度をその国の状況によって分類する方法をしばしば説いている。すなわち『掌中万国一覧』、『世界国尽』附録、『文明論之概略』にそれぞれ挙げられているものであり、前二者では蛮野と文明に分けたうえで、渾沌・蛮野・未開(半開)・開化文明に分けている。『文明論之概略』では、野蛮・半開・文明に三分類し、その別を衣食住や智徳の面から詳述している。ただし、各国の分類は現状に鑑みた相対的なものに過ぎず、各国における智徳の進歩に伴って、またおのずと変じるものであるとも説かれている。

▽第一　居に常処なく食に常品なし。便利を逐うて群を成せども、便利尽くれば忽《たちま》ち散じて痕《あと》を見ず。或《あるい》は処を定めて農漁を勤め、衣食足らざるに非《あら》ずと雖《いえ》ども器械の工夫を知らず、文字なきには非ざれども文学なるものなし。天然の力を恐れ、人為の恩威に依頼し、偶然の禍福《かふく》を待つのみにて、身躬《みみず》から工夫を運《めぐ》らす者なし。これを**野蛮**と名《なづ》く。文明を去ること遠しと云うべし。

第二　農業の道大に開けて衣食具《そな》わらざるに非ず。家を建て都邑《とゆう》を設け、その外形は現に一国なれども、その内実を探れば不足するもの甚だ多し。文学盛《さかん》なれども実学を勤《つとむ》る者少く、人間交際に就《つい》ては猜疑嫉妬《さいぎしっと》の心深しと雖ども、事物の理を談ずるときには疑を発して不審を質《ただ》すの勇なし。摸擬の細工は巧なれども新に物を造るの工夫に乏しく、旧を脩《おさむ》るを知て旧を改るを知らず。人間の交際に規則なきに非ざれども、習慣に圧倒せられて規則の体を成さず。これを**半開**と名く。未だ文明に達せざるなり。

第三　天地間の事物を規則の内に籠絡《ろうらく》すれども、その内に在《あり》て自から活動を逞《たくまし》うし、人の気風快発にして旧慣に惑溺《わくでき》せず、身躬《みみず》からその身を支配して他の恩威に依頼せず、躬《みず》から徳を修め躬から智を研き、古を慕《した》わず今を足れりとせず、小安に安んぜずして未来の大成を謀《はか》り、進て退かず達して止まらず、学問の道は虚ならずして発明の基を開き、工商の業は日に盛にして幸福の源を深くし、人智は既に今日に用いてその幾分を余し、以て後日の謀《はかりごと》を為すものの如し。こ

れを今の**文明**と云う。野蛮半開の有様を去ること遠しと云うべし。(『文明論之概略』巻之一)

▽欧羅巴《ヨーロッパ》諸国並《ならび》に亜米利加《アメリカ》の合衆国を以て最上の文明国と為し、土耳古《トルコ》、支那、日本等、亜細亜の諸国を以て半開の国と称し、阿非利加《アフリカ》及び墺太利亜《オーストラリア》等を目《もく》して野蛮の国と云《い》い、この名称を以《もっ》て世界の通論となし、西洋諸国の人民独《ひと》り自《みず》から文明を誇るのみならず、彼《か》の半開野蛮の人民も、自からこの名称の誣《し》いざるに服し、自から半開野蛮の名に安んじて、敢《あえ》て自国の有様を誇り西洋諸国の右に出《いず》ると思う者なし。(同)

▽未《いま》だ文明を見ざるの間は半開を以て最上とするも妨《さまたげ》あることなし。この文明も半開に対すればこそ文明なれども、半開と雖《いえ》どもこれを野蛮に対すれば亦《また》これを文明と云わざるを得ず。(同)

●西洋の文明は、決して十全なるものに非ず

福沢は世界各国の情勢を見渡すと、当時の西洋がもっとも進歩していると理解したが、それは相対的な文明の評価であり、西洋の現状にも欠点は多々あり、絶対視しないことにも強く注意をうながした。それは世の健康な人物も「帯患健康」ともいうべく、なにがしかのわずらいを抱えて完全無欠な健康を誇る人物がいないのと同様であり、逆に日本のほうが勝っている点もあるのであって、その分別を持つべきことを強調した。福沢は西洋を全面的に是とした人物のように受け取られがちであり、同時代人から現在に至るまでこの点への誤解に基づく批判を受けることが多い。

▽西洋の文明は我国の右に出《いず》ること必ず数等ならんと雖《いえ》ども、**決して文明の十全なるものに非**《あら》**ず**。その欠典《(点)》を計《かぞう》れば枚挙に遑《いとま》あらず。彼《か》の風俗、悉《ことごと》く美にして信ずべきに非ず、我の習慣、悉く醜にして疑うべきに非ず。(『学問のすゝめ』一五編)

▽今の世界に向《むか》て文明の極度を促すは、これを譬えば世に十全健康の人を求《もとむ》るが如《ごと》し。世界の蒼生多しと雖《いえ》ども、身に一点の所患なく、生れて死に至るまで些少の病《やまい》にも罹《かか》らざる者あるべきや。決してあるべからず。病理を以《もっ》て論ずれば、今世の人は仮令《たと》い健康に似たるものあるも、これを帯患健康と云《い》わざるを得ず。国も亦猶《またなお》この人の如し。仮令い文明と称すと雖ども、必ず許多の欠典《(点)》なかるべからざるなり。(『文明論之概略』巻之一)

▽少しく内外の事情を詮索することあらば、西洋諸国必ずしも自由完全の郷里にあらざるを発明すべし。(『通俗国権論』)

▽近日、世上の有様を見るに、苟《いやしく》も中人以上の改革者流、或《あるい》は開化先生と称する輩《やから》は、口を開けば西洋文明の美を称し、一人これを唱《となう》れば万人これに和し、凡《およ》そ智識道徳の教より、治国、経済、衣食住の細事に至るまでも、悉皆《しっかい》西洋の風《ふう》を慕う

て之《これ》に倣《なら》わんとせざるものなし。或は未だ西洋の事情に就《つ》き、その一班〔斑〕をも知らざる者にても、只管《ひたすら》旧物を廃棄して、唯《ただ》新を是《こ》れ求《もとむ》るものの如《ごと》し。何ぞ夫《そ》れ事物を信ずるの軽々《けいけい》にして、又これを疑うの疎忽《そこつ》なるや。（『学問のすゝめ』一五編）

◉文明の事を行う者は私立の人民

文明とは「智徳の進歩」であり、進歩すべきものは人びとの智徳の総体であるとの福沢の理解に立てば、その担い手は政府とは離れて主体的に物事を判断できる「私立」の人びとであるべきであった。『学問のすゝめ』五編においては、日本の文明をリードすべき為政者でも労働者でもない、民間私立の人物を、特に「ミッヅルカラッス」(middle class)と呼び、「国の執政に非ず、亦《また》力役の小民に非ず、正に国人の中等に位し、智力を以て一世を指揮」する者と説明している。「今我国に於て彼の「ミッヅルカラッス」の地位に居り、文明を首唱して国の独立を維持すべき者は、唯一種の学者のみ」でありながら、学者がこぞって官を目指す不見識を嘆き、民間私立の役割に対する自覚を強く求めている。

▽**文明の事を行う者は私立の人民**にして、その文明を護する者は政府なり。（『学問のすゝめ』五編）

▽国の文明は上《かみ》政府より起るべからず、下《しも》小民より生ずべからず、必ずその中間より興《おこり》て衆庶の向う所を示し、政府と並《ならび》立《たち》て始《はじめ》て成功を期すべきなり。（同）

◉国の独立は目的なり、今の我文明はこの目的に達するの術なり

『文明論之概略』では、至大至重とされ、それ自体を目的とされていた「文明」が、最終章において突如、国の独立を達成するための手段であると論じられている。福沢は慎重にこれに留保をつけ、「今の我文明」とは、これまで論じてきた人類が目的とすべき「文明の本旨」ではなく、とりあえず到達すべき中間目標をかりに文明と呼ぶものであって、それを達成するためにわざと議論の範囲を狭くし、独立を当面の目標として掲げるのであるとする。そして、「先《ま》ず事の初歩として自国の独立を謀《はか》り、その他は之を第二歩に遺して、他日為《な》す所あらんとするの趣意なり」と断っている。すなわち福沢は、人類が文明自体を目的とすべきことを十分認めながら、あくまで当時の日本とそれをとりまく世界情勢下では、まず国の独立の達成を第一とすることを目的と定めて文明へ向かっていくべきであると留保つきで議論しているのである。

▽今の日本国人を文明に進《すすむ》るはこの国の独立を保たんがためのみ。故に**国の独立は目的なり、国民の文明はこの目的に達するの術なり**。（『文明論之概略』巻之六）

▽人間智徳の極度に至《いたり》ては、その期する所、固《もと》より高遠にして、一国独立等の細事に介々《かいかい》たるべからず。僅《わずか》に他国の軽侮を免かるるを見て、直《ただち》に之《これ》を文明と名《なづ》くべからざるは論を俟《ま》たずと雖《いえ》ども、今の世界の有様に於《おい》て、国と国との交際には未《いま》だこの高遠の事を談ずべからず、若《も》し之を談ずる者

あれば之を迂闊空遠《うかつくうえん》と云《い》わざるを得ず。（同）

▽目下日本の景況を察すれば、益《ますます》事の急なるを覚え又他を顧るに遑《いとま》あらず。先《ま》ず日本の国と日本の人民とを存してこそ、然《しか》る後《のち》に爰《ここ》に文明の事をも語るべけれ。国なく人なければ之を我日本の文明と云うべからず。是即《これすなわ》ち余輩が理論の域を狭くして、単に自国の独立を以て文明の目的と為《な》すの議論を唱《とな》る由縁《ゆえん》なり。故にこの議論は今の世界の有様を察して、今の日本のためを謀《はか》り、今の日本の急に応じて説き出したるものなれば、固より永遠微妙の奥蘊《おううん》に非《あら》ず。（同）

◉文明開化

福沢によるcivilizationの訳語。福沢が、チェンバース社の*Political Economy*（バートン著）を翻訳して『西洋事情』外編（慶応三〔一八六七〕年）を著した際用いたのが初出とされる。同書では「世の文明開化」なる節を設け、文明を求めることこそが「天然」に従うことであると説かれる。

なお、これに先立ち慶応二年一一月七日付の福沢英之助宛書簡に、すでに「文明開化」の文字がみえている。

参考『西洋事情』外編。

独立

◉不羈独立・独立不羈

何事にも束縛されず、みずからの信ずるところを正しい分別をもって行うさま。文明の精神を獲得した人物のあり方や、特に慶応義塾の精神を指す語として、福沢が長く好んで用いた。『時事新報』においては、社説執筆の根本態度として「独立不羈《ふき》」の語が「無偏無党」（不偏不党）の語と共に頻繁に使用されている。最晩年に福沢の精神を象徴する語が「独立自尊」に一元化されるまで、もっとも多く用いられたのはこれらの語であった。

▽今の学者たる者は決して尋常学校の教育を以て満足すべからず、その志を高遠にして学術の真面目《しんめんもく》に達し、**不羈独立**、以て他人に依頼せず、或《あるい》は同志の朋友なくば一人にてこの日本国を維持するの気力を養い、以て世のために尽《つく》さざるべからず。（『学問のすゝめ』一〇編）

▽抑《そもそ》も我慶応義塾の本色は…唯《ただ》人を教えて近時文明の主義を知らしむるに在るのみ。即ち生徒入社の初《はじめ》より卒業の時に至るまでその訓導の責に任ずるのみにして爾後《じご》は全く関係なきものなれども、講堂有形の教授を離れて社中別に自から一種の気風なきを得ず、所謂《いわゆる》無形の精神にして、**独立不羈**の一義、即是《すなわちこれ》なり。（「本紙発兌之趣旨」『時事新報』明治一五年）

◉独立自尊

福沢諭吉の思想をもっとも端的に表現する語。明治三二年末より「修身要領」が編纂された際、福沢の思想を集約する語として、門下生たちと福沢が協議して決定された。「修身要領」ではさまざまな角度から「独立自尊」たる人のあり方を列挙しており、慶応義塾において長く行動規範として尊重された。「修身要領」が編纂された際、福沢はすでに大病後で本格的な執筆はせず、三四年二月には没しているため、実際にこの語を福沢自身が用いた例は多くない。しかし書幅は多く残されており、「独立自尊」の四字のほかに「独立自尊是修身」「独立自尊迎新世紀」と書したものがよく知られている。また、慶応義塾幼稚舎の生徒がこの語の意味を誤解することのないように、「今日子供たる身の独立自尊法は唯父母の教訓に従て進退すべきのみ」と書し、徳育における家庭教育の重要性を強調したものがある。

「修身要領」以前の使用例として、明治二三年『時事新報』に掲載された「尚商立国論」において、近世日本における経済蔑視の風潮が払拭されず、実業が軽視され実業家が卑屈になっている様を「独立自尊の境界を去ること遠し」と表現し、「尚商の風」を日本に根づかせる必要が説かれているものがもっとも古いとされる。明治三一年九月に福沢が倒れ、一時生命を絶望視されたとき、小幡篤次郎によって選ばれていた法名（戒名）は「大観院独立自尊居士」で、三四年二月没するとこれが改めて採用された。

―▽心身の独立を全《まっと》うし、自からその身を尊重して人たるの品位を辱《はずかし》めざるもの、之《これ》を**独立自尊**の人と云《い》う（「修身要領」第二条、『百年史』中巻前）

▽独立自尊の本心は百行《ひゃっこう》の源泉にして、源泉滾々《こんこん》到らざる所なし。是れぞ智徳の基礎の堅固なるものにして、君子の言行は他動に非《あら》ず都《すべ》て自発なりと知るべし。（『福翁百余話』八「智徳の独立」）

◉一身独立して一国独立す

近代日本最大の課題であった一国の独立維持は、個人の独立から発するとする語。『学問のすゝめ』三編が初出。滅私奉公といった発想とはまったく逆であり、福沢の思想が社会の最小単位である個人を出発点とすることを、もっとも端的に示す語としてよく知られる。福沢にとって文明が、ある個人の智徳の進歩ではなく、「天下衆人の精神」の進歩と理解されることと、共鳴する。

『学問のすゝめ』以前には一身、一家、一国、天下の順で説明しており、この語が『大学』の「修身斉家治国平天下」を意識したものであることが分かる。

▽我日本国人も今より学問に志し、気力を慥《たしか》にして、先《ま》ず一身の独立を謀り、随《したがっ》て一国の富強を致すことあらば、何ぞ西洋人の力を恐るるに足らん。道理あるものはこれに交り、道理なきものはこれを打払わんのみ。**一身独立して一国独立する**とはこの事なり。（『学問のすゝめ』三編）

▽一身独立して一家独立し、一家独立して一国独立し、一国独立して天下も独立すべし。（「中津留別之書」明治三年、『全集』二〇）

▽その一身を売奴の如《ごと》く処しながら、何としてその国を独立せしむべきや、何として天下の独立を謀《はか》るべきや。小生敢《あえ》て云《い》う、一身独立して一家独立、一家独立一国独立天下独立と。その一身を独立せしむるは、他なし、先ず智識を開くなり。（明治二年二月二〇日付松山棟庵宛書簡）

●独立の気力なき者は、国を思うこと深切ならず

個人の独立が結局は国のあり方に連動していく。国の将来に対する個人の責任の自覚を強く訴える語。これに続いて「他人の智恵に依らざる独立」（精神的独立）、そして「他人の財に依らざる独立」（経済的独立）によって一国の独立も維持されるという考えが続いており、「一身独立して一国独立す」の語や、福沢の文明理解などとも密接に関連している。

▽**独立の気力なき者は、国を思うこと深切《しんせつ》ならず**。独立とは、自分にて自分の身を支配し、他に依《よ》りすがる心なきを云《い》う。自《みず》から物事の理非を弁別して処置を誤ることなき者は、他人の智恵に依らざる独立なり。自から心身を労して私立の活計を為《な》す者は、他人の財に依らざる独立なり。人々この独立の心なくして、唯《ただ》他人の力に依りすがらんとのみせば、全国の人は皆依りすがる人のみにて、これを引受《ひきうけ》る者はなかるべし。（『学問のすゝめ』三編）

●独立して孤立せず

独立という語には、おのずと相互に助け合うことが含まれ、けっして孤立を意味しないこと。特に福沢やその門下生が世間から白眼視されても、それにとらわれず、しかし世間と遊離することもなく、協力して活動したことを語る際に用いている。明治二九年の演説でも慶応義塾の活動を振り返り、世人が「孤立と云うも、我れは自負して独立と称し」（「気品の泉源、智徳の模範」『全集』一五）という表現がみられる。

▽益相親《ますますあいしたし》み益相助けて、互《たがい》にその善を成し互にその悪を警《いま》しめ、世に阿《おもね》ることなく世を恐るることなく、**独立して孤立せず**、以《もっ》て大《おおい》に為《な》すあらんこと、諸君と共に願う所なり。（「明治十二年一月二十五日慶応義塾新年発会の記」『福沢文集』二編）

自由・平等

●自由

freedom（精神的自由）およびliberty（政治的自由）の訳語。福沢著作では『西洋事情』（慶応二年）が初出。このときは「自主任意」と「自由」の語が用いられ、「未だ的当の訳字あらず」とも記しており、「我儘放盪《ほうとう》にて国法をも恐れずとの義に非《あ》らず。総《すべ》てその国に居り、人と交《まじわり》て気兼ね遠慮なく、自力丈《だ》け存分のことをなすべしとの趣意なり」と断っている。「自由」の語はそれ以前より存在し、道理を無視した勝手な振舞いなどの否定的意味で用いられることも少なくなかったことから、語意の解説に特段の注意が向けられている。また訳語としての使用例も福沢以前に存在が知られているが、定着は福沢の『西洋事情』での採用によると考えられる。

さらに『西洋事情』二編（明治三年）でも「原意を尽すに足らず」としながら、「自由とは、一身の好むままに事を為して窮屈なる思なきを云う」として「政事の自由」（参政権）、「開版の自由」（出版の自由）、「宗旨の自由」（信教の自由）が列挙されている。

「自由」は福沢の「独立」の思想の前提をなすが、その概念を日本人に説くことには特に苦労した形跡がみえる。

◉自由と我儘との界は他人の妨を為すと為さざるとの間にあり

自由とは他人を妨げない範囲のもので、勝手気ままに振舞うことではない、と「自由」の語義に注意をうながす語。従来日本人が用いていた「自由」という語は、かならずしも負の意味の語ではないながらも、好き勝手に振舞う場面で用いられることが少なくなかった。そのため、訳語としての「自由」の意味が誤解されないよう、福沢はたびたび注意をうながしている。特にこのフレーズが登場する『学問のすゝめ』初編が著名。

▽**自由と我儘との界《さかい》は他人の妨《さまたげ》を為すと為さざるとの間にあり。**（『学問のすゝめ』初編）

▽決して我儘放蕩の趣意に非《あ》らず。他を害して私を利するの義にも非らず。唯《ただ》心身の働を逞《たくましう》して、人々互《たがい》に相妨げず、以《もっ》て一身の幸福を致すを云《い》うなり。自由と我儘とは動《やや》もすればその義を誤り易《やす》し。学者宜しくこれを審《つまびらか》にすべし。（『西洋事情』二編）

◉自由は不自由の中に在り

「自由在不自由中」。自由は他人を妨げないという一定の不自由を当然に内包している。すなわち完全なる自由は、他人の自由を認めない絶対君主のような者にしかなく、万人の自由は相互の不自由の上にしか成立しないという市民社会における自由の本質を説いた語。福沢がしばしば書を頼まれると揮毫した。また書の右肩に押す関防印にもこの語を刻んだものがある。

▽抑《そもそ》も文明の自由は他の自由を費して買うべきものに非ず。諸《もろもろ》の権義を許し諸の利益を得せしめ、諸の意見を容れ諸の力を逞《たくまし》うせしめ、彼我平均の間に存するのみ。或《あるい》は**自由は不自由の際に生ず**と云うも可なり。（『文明論之概略』巻之五）

◉天は人の上に人を造らず、人の下に人を造らずと云えり

『学問のすゝめ』初編の冒頭を飾る語。天賦人権の思想を端的に表現し、福沢著作中もっとも人口に膾炙した語といえる。植木枝盛作の「民権田舎歌」（明治一二年）に「人の上には人はなく、人の下にも人はない」という表現がみられるように、当時日本中に広く知れわたり、また第二次大戦後、民主主義国家としての再出発の精神を先取りした語として再び脚光を浴びた。

語末に「云えり」とあることから、長年その出典が議論となったが、ジェファソンが草したアメリカ独立宣言のAll men are created equalの意訳であるとの理解が一般的であり、そのほかにミルトンの詩などに出典を求める見解もある。また当時の日本人がだれでも学んでいた『中庸』の冒頭句を意識し、朱子学の語彙としての「天」を再解釈しているという見解もある。

▽**天は人の上に人を造らず、人の下に人を造らずと云えり。**（『学問のすゝめ』初編）

▽等しく八文の銭を払うて湯屋の湯に入り、身辺《みのまわり》一物なくして丸の裸体《はだか》なるに、何故に士族は旦那と呼ばれて威張り、平民は貴様と軽蔑せられて恐縮するか。（「私権論」『時事新報』明治二〇年）

参考 高木八尺「人の上に人を造らず」『全集』五、付録。木村毅『文明開化』至文堂、一九五四年。伊藤正雄『学問のすゝめ講説』風間書房、一九六八年。笹川孝一「『学問のすすめ』のリテラシー論的再解釈（1）」『キャリアデザイン学部紀要』二〇〇六年。

◉多事争論

世の中のさまざまな事柄について、だれもが自由に議論し合うこと。『文明論之概略』において、古代中国の例を引き、始皇帝が「異説争論」を禁じたのは、そこに専制を脅かす自由の端緒が潜んでいるからであると喝破し、単一の説のもとでは、たとえその説が「純情善良」であっても自由の気風が生まれ育つことがないことを説く一節に登場する語。テレビの報道番組のコーナー名として用いられ、特に広く知られるようになった。

▽秦皇が特に当時の異説争論を悪《にくみ》て之《これ》を禁じたるは何ぞや。その衆口の喧しくして特に己《おの》が専制を害するを以てなり。専制を害するものとあれば他に非《あら》ず、この異説争論の間に生じたるものは必ず自由の元素たりしこと明《あきらか》に証すべし。故に単一の説を守れば、その説の性質は仮令《たと》い純精善良なるも、之《これ》に由《より》て決して自由の気を生ずべからず。自由の気風は唯《ただ》**多事争論**の間に在《あり》て存するものと知るべし。（『文明論之概略』巻之一）

◉爵位の如き唯是れ飼犬の首輪に異らず

福沢は、位階、爵位、勲章のような栄典を好まなかった。それは、政治が社会のあらゆる事物中の優位に位置づけられ、政治社会の人びとが全社会の人びとを順序づけるという意味での官尊民卑や、虚栄による権威主義の源であると理解したからであり、みずから受けないだけでなくそれらが官民の調和を妨げているとして、しばしば厳しい言葉で批判した。この表現を含む一節は時局柄不適切として削除されたことがある（改造文庫版『福翁百話・百余話』、一九四一年）。

▽政府の名は平等と唱《とな》えながら、官尊民卑の実は封建の時代に異ならず、爵位族称の児戯を新《あらた》にして既に人心を失う。（「国会の前途」）

▽少しく心を冷《ひやや》かにして考うれば、**爵位の如き唯是《ただこ》れ飼犬の首輪に異《ことな》らず**。人間の首に金《かね》の輪を附けられて却《かえっ》て赤面なりと雖《いえど》も、滔々《とうとう》たる俗界は之《これ》に赤面せざるのみか、之を得んが為《た》めに周旋奔走、熱《あつく》して面を赤くする者こそ多けれ。（『福翁百話』九四「政論」）

●通義・権理通義・権義・権理

right の福沢による訳語。「自由」同様に福沢が適切な訳語を得られず苦労し、工夫を重ねたが、結局定着しなかった。

初出は「通義」で、『西洋事情』初編（慶応二年）においてアメリカの独立宣言を紹介する部分に登場する。『西洋事情』二編（明治二年）では、本来この語は「正理に従て人間の職分を勤め邪曲なきの趣意なり」としたうえで、それより派生した語意として「求むべき理」「事を為すべき権」「当然に所持する筈のこと」の三点から詳細に解説している。

その後『学問のすゝめ』二編（明治六年）において「権理通義」とし、さらに三編（同年）では「権義」と短縮しているが定着せず、これらの語は著作では『文明論之概略』以降用いられていない。

「権理」という語は、『通俗民権論』（明治一一年）が初出。同書冒頭で、権利、権限、権力、権理、国権、民権の語を列挙して、近来の訳語がいたずらに人びとを混乱させている状態を「歎かわしき次第」とし、改めてその意味を整理解説している。以後は「権理」を多く用い、「権利」を主に財産権を指して用いているが、やがて「権利」の語に淘汰された。

▽天の人を生ずるは億兆皆同一轍《どういってつ》にて、之《これ》に附与するに動かすべからざるの**通義**を以《もっ》てす。即《すなわ》ち通義とは人の自《みずか》ら生命を保し自由を求め幸福を祈るの類《たぐい》にて、他より之を如何《いかん》ともすべからざるものなり。（『西洋事情』初編）

▽**権理通義**とは、人々その命を重んじ、その身代所持の物を守り、その面目名誉を大切にするの大義なり。天の人を生ずるや、これに体と心との働《はたらき》を与えて、人々をしてこの通義を遂《と》げしむるの仕掛《しかけ》を設けたるものなれば、何等《なんら》の事あるも人力を以てこれを害すべからず。（『学問のすゝめ』二編）

▽人たる者の分限を誤らずして世を渡るときは、人に咎めらるることもなく、天に罪せらるることもなかるべし。これを人間の**権義**と云《い》うなり。（『学問のすゝめ』八編）

▽抑《そもそ》も権とは、権威などの熟語に用いて強き者が弱き者を無理無体に威《おど》し付けて乱暴を働くの義に非《あら》ず、又弱き者が大勢寄集《よりあつま》りて無理無法なることを唱立《となえた》て、その勢《いきおい》にて乱暴を働くの義にも非ず。その真の意味を通俗に和解するは迚《とて》も

むずかしきことなれども、先《ま》ず権とは分と云《い》う義に読《よみ》て可ならん。(『通俗民権論』)

▽一人に**権理**あれば一村一町にも権理あり、一郡一県にも権理あり、郡県集りて一国となれば又一国の権理あり。(同)

▽財産生命栄誉を全《まっと》うするは人の**権理**なり、道理なくしては一毫《いちごう》も相《あい》害するを許さず。之《これ》を人権と云《い》う。(『時事大勢論』)

参考 岩谷十郎「デジタルで紡ぐ福沢諭吉の法のことば」『MediaNet』(一五号)二〇〇八年。

3 社会

交際

◉交際

福沢は人間一人一人の自由で対等な交際が社会を高める重要な営みであると理解し、どのような身分、社会的地位の人とも幅広く交わることを勧め、みずからもそれを実践した。

福沢の語意はきわめて広範にわたり、あるものとあるものが広く交わることを指す。またsocietyの訳語としても用いられる。人と人の交流はもちろん、家族や君臣間、またその摩擦、あるいは交通、貿易、外交などにも及ぶ。『文明論之概略』に「交際は、或《あるい》は商売にても又は学問にても、甚《はなは》しきは遊芸酒宴、或は公《く》事訴訟喧嘩戦争にても、唯《ただ》人と人と相接してその心に思う所を言行に発露するの機会となる者あれば、大《おおい》に双方の人情を和《や》らげ、所謂《いわゆる》両眼を開《ひらき》て他の所長を見るを得べし」(巻之一)とあるように、福沢には交わることによって視野が開け、よりよいあり方が見出される契機になると理解されている。

▽人の世に在《あ》る、往来交際せざるべからず。往来交際せざれば社会存すべからず、社会存せざれば人間無きなり。往来交際の重要事たる、又多言を要せざるなり。(『男女交際論』序)

◉人間交際

福沢によるsocietyの訳語。独立自由な個人によって形成される成熟した近代社会のこと。初出は『西洋事情』外編(慶応四年)。同書には「人間《じんかん》交際の大本」は「自由不羈《ふき》の人民相集《あつまり》て、力を労し、各々その功に従《したがっ》てその報を得、世間一般の為めに設けし制度を守ることなり」とあり、この訳語においては、社会の前に人間一人一人が存在し、その営みの中に社会が成立することが意識されている。当時の日本には「社会」に当たる概念がなかったことから、同書では文脈に合わせて、「交際」「交《まじわり》」「世人」といった語も用いられている。その後、福地源一郎により「社会」という訳語が生まれ、福沢はしばらく「社会」と「人間交際」を併用したが、「人間交際」は次第に用いられなくなった。

参考 柳父章『翻訳語成立事情』岩波新書、一九八二年。

◉世の中に最も大切なるものは人と人との交り付合なり。是即ち一の学問なり

福沢は、あらゆる人があらゆる人と、どこまでも広く交際することは、社会がよりよい方向性を見出し、向上する一つの契機と考え重視していた。社会のさまざまな分野で活動する人びとがつどい、ざっくばらんに交際し、情報や知識を交換し合い、高め合う機会を持つことを企図して交詢社を設立したのもそのためであり、その名称も「知識を交換し、世務を諮詢す」（「交詢社発会の演説」明治一三年、『全集』一九）の短縮である。福沢が小宴や集会を頻繁に開いたことも、交際の実践の一環であった。

▽人の天性互《たがい》に交《まじわ》れば以《もっ》て睦《むつま》じくなるべく、交らざれば以て敵対の心を生ずべし。世の人々、その生《うま》れし土地を良としその慣れたることを好み、嘗《かつ》て見聞せざる遠方の事をば格別心に留めず、甚《はなは》だしきに至《いた》ては他国の人を悪《にく》みその人の為《な》したる事を嫌う者あり。是亦《これまた》人間天然の性質とも云《い》うべきか。故に**世の中に最も大切なるものは人と人との交り付合なり**。**是即《すなわ》ち一の学問なり**。（「豊前豊後道普請の説」明治七年、『全集』二〇）

◉人にして人を毛嫌いする勿れ

『学問のすゝめ』一七編の大尾にある一文。同編は「人望論」と題し、人の交際のあり方を中心に論じられている。たとえ直接的に自分の仕事や関心、生活に縁のない人でも選り好みをせず広くつき合うことを勧め、学問、商売、書画、碁・将棋などはもちろん、会食、喫茶、腕相撲、足相撲などによる交流でもよいと例示している。これは儒教教育の影響によりいたずらに交際を疎んじたり、無愛想を決め込んだりすることをよしとする風潮の打破を意識した内容で、直接役に立つこともあるし、何よりその営みを「人間交際」としての「社会」の進歩のために重視したのである。晩年、『福翁百話』第九八話において「大人の人見知り」を戒めているのも同趣旨といえる。

▽人望栄名なぞの話は姑《しばら》く擱《さしお》き、今日世間に知己朋友の多きは差向《さしむ》きの便利に非《あら》ずや。先年宮の渡しに同船したる人を、今日銀座の往来に見掛けて双方図《はか》らず便利を得ることあり。今年出入《でいり》の八百屋が、来年奥州街道の旅籠屋《はたごや》にて、腹痛の介抱して呉《く》れることもあらん。人類多しと雖《いえ》ども鬼にも非ず蛇にも非ず、殊更《ことさら》に我を害せんとする悪敵はなきものなり。恐れ憚《はばか》る所なく、心事を丸出《まるだし》にして颯々《さっさ》と応接すべし。（『学問のすゝめ』一七編）

▽世界の土地は広く、人間の交際は繁多《はんた》にして、三、五尾の鮒《ふな》が井中《せいちゅう》に日月を消するとは少しく趣《おもむき》を異《こと》にするものなり。**人にして人を毛嫌いする勿《なか》れ**。（同）

●物事の相談に伝言文通にて整わざるものも、直談にて円く治ることとあり

福沢は暗殺を「私裁の最も甚《はなは》しくして、政《まつりごと》を害するの最も大なるものは暗殺なり」（『学問のすゝめ』六編）と考え、仇討ちはもとより、「天誅」や「憂国」に名を借りた暗殺も非難してやまなかったが、暗殺者と被害者も、交際の道が開かれれば案外に直談によって無二の朋友になることもある、と社会の交際が活発になることの効能を指摘した。大久保利通暗殺の例を引いて、刺客の島田一郎が大久保と親しく語り合うことがあったら、むしろ大久保を護る人物になったかもしれない、と語ったこともあったという。

▽**物事の相談に伝言文通にて整わざるものも、直談《じきだん》にて円く治《おさま》ることとあり**。又人の常の言に、実は斯《か》くの訳《わけ》なれども面と向《むかっ》ては左様《さよう》にも、と云《い》うことあり。即《すなわち》是《こ》れ人類の至情にて、堪忍《かんにん》の心の在る所なり。既《すで》に堪忍の心を生ずるときは、情実互《たがい》に相通じて怨望嫉妬の念は忽《たちま》ち消散せざるを得ず。古今に暗殺の例少なからずと雖《いえ》ども、余、常に云《い》えることあり、若《も》し好機会ありてその殺すものと殺さるる者とをして数日の間同処に置き、互に隠《か》くす所なくしてその実の心情を吐かしむることあらば、如何《いか》なる讐敵にても必ず相和《あいわ》するのみならず、或《あるい》は無二の朋友たることもあるべしと。（『学問のすゝめ』一三編）

▽当時記者は窃《ひそか》に人に語《かたり》て云《いわ》く、惜《おし》い哉《かな》、事の表裏を見ずして斯《かか》る大変に及びたり、若《も》しも偶然の事機に由《よ》り、一郎をして大久保家の食客たること一両月ならしめ、一夜書斎の閑話に侍《はべ》り、一夕《いっせき》庭園の散歩を共にしたることもあらば、一郎は必ず内務卿の裏面を詳《つまびらか》にしてその敵意を解くのみならず、却《かえっ》て無二の親友と為《な》りて、或《あるい》は人の卿を害せんとする者を防禦して死力を尽《つく》したることならんに、惜い哉、悔《く》ゆと雖《いえ》ども追うべからず。（「藩閥寡人政府論」『時事新報』明治一五年）

●知己の多きは人間の一大快楽、音信を絶つは亦一大不快なり

各地の景況を視察する門下生に、立ち寄るべき各地の知人を紹介した福沢書簡の一節。同書簡ではさらに、福沢と何か接点のあったという人がいたら名前と住所を書き止めてほしいと書いている。福沢は、社会の向上に直接的に役立たなくとも、交際それ自体の広がりがやがて世の時勢を改めていくと考え、広い交際それ自体に重要な価値を認めていたのである。晩年の早朝の散歩における乞食との交流のエピソードなどは福沢の交際論の極端な実践例といえる。

▽小生も生れて十九年旧里中津を去り、長崎大坂に遊び、東京に住する既に十九年。当年四十三歳なり。その間幾千万の人に交《まじわ》りたるか、殆《ほとん》ど数を知るべからず。**知己の多きは人間の一大快楽**。**その人を知て之と音信を絶つは、亦《また》一大不快なり**。何卒詳《つまびらか》に友朋の有様を承り、永く情誼を交通いた

し度事に御座候。（明治一一年一月一三日付本山彦一宛書簡）

◉人の顔色は猶家の門戸の如し

人と人の交際の接点となる顔を穏やかにすることが、人づき合いの出発点であることを説く譬え。その点に注意せず、寄りつきがたい人を、門前に骸骨をぶら下げたり、棺桶を置くことに譬え、積極的な交際を勧めている。

▽奇物変人、無言無情、笑うことも知らず、泣くことも知らざる木の切れの如《ごと》き男を崇《あが》めて、奥ゆかしき先生なぞと称するに至りしは、人間世界の一奇談なり。（『学問のすゝめ』一七編）

▽顔色容貌の活発愉快なるは、人の徳義の一箇条にして、人間交際に於《おい》て最も大切なるものなり。**人の顔色は猶《なお》家の門戸の如《ごと》し**、広く人に交《まじわり》て客来を自由にせんには、先《ま》ず門戸を開《ひらき》て入口を洒掃《さいそう》し、兎《と》に角《かく》に寄附《よりつ》きを好くすること緊要なれ。然《しか》るに今、人に交《まじわ》らんとして顔色を和するに意を用いざるのみならず、却《かえっ》て偽君子《ぎくんし》を学《まなん》で殊更《ことさら》に渋き風を示すは、戸の入口に骸骨をぶら下げて、門の前に棺桶を安置するが如し。誰か之《これ》に近づく者あらんや。（同）

◉水清ければ魚なし、人智明なれば友なし

晩年の著書『福翁百話』に説かれる交際法。「察々の明は交際の法にあらず」と題し、相手の否を追及してやまないような態度ではなく、気長に相手を許す度量をもってつき合う重要性を説く。ほかにも同書では、「智恵は小出しにすべし」との金言を引いた後に「交際も亦《また》小出しにすべし」と題して、日頃から息長く交流を続けることの大切さを説いている。

▽士君子の交際、磊々落々《らいらいらくらく》、時としては放言漫語、罵詈叱咤《ばりしった》も妨げずと雖《いえど》も、その放漫罵詈は都《すべ》て空砲にして実弾を装うべからず、語中苟《いやしく》も実弾を込め、察々の明を以《もっ》て他の身の弱点を狙撃すれば、霰弾《さんだん》の小なるも苦痛を与うること大なるが故に、仮令《たと》いその弱点の所在を知るも之を改めしむるは別の手段として、気長に恕《じょ》する所なかるべからず。**水清ければ魚なし、人智明なれば友なし。**朋友を容るるの度量は広くして聊《いささ》か漠然たることを要す。（『福翁百話』五九「察々の明は交際の法にあらず」）

◉演説

福沢によるspeechの訳語。明治七年頃、福沢は小幡篤次郎、小泉信吉と共に『会議弁』を翻訳するに当たってspeechの語に行き詰まり、「談論」「講談」「弁説」「問答」などを候補として検討したが、いずれも納得がいかなかった中で、中津で藩士が「願」でも「届」でもない書を提出する際「演舌書」なるものを呈することを思い出し、その「演舌」の「舌」は俗に過ぎるので、同音の「説」に改めてつくり出した語という。当時の知識人の中には、日本

語は演説に向かないとして英語の導入を主張する説もあったが、福沢は「今の日本人は、今の日本語を巧《たくみ》に用いて、弁舌の上達せんことを勉《つと》むべきなり」（『学問のすゝめ』一七編）と、日本人が日本語を使いこなし、演説を手段として活発に議論することの重要性を訴えた。

参考『福沢全集緒言』。「慶応義塾紀事」『全集』一九。

◉討論

福沢によるdebateの訳語。「演説」同様に『会議弁』の翻訳に当たって考案された。この書では元来演説討論の習慣のなかった日本に、それまで存在しない概念を伝えることに苦労し、secondは「賛成」の訳語を知らず片仮名で「セカンド」としてあるなど、万全でない箇所も少なくない。また直接『会議弁』には登場しないが、「可決」「否決」の語も、この前後に三田演説会で生まれたとされる。

参考『福沢全集緒言』。「慶応義塾紀事」『全集』一九。

◉会社

company, society, associationなどの訳語。福沢の造語ではないが、幕末から明治初期にかけて頻りに用いた語。現在より語義が広く、志や目的を同じくする民間人による組織のこと。慶応義塾や明六社なども創立時は「会社」という言葉で表現され、当初の文献には「慶応義塾会社」などの表現がみられる。社の同志を「社中」と称するのもそのため。今日の一般的な語義である商行為、営利行為のための法人は、『西洋事情』初編に「商人会社」とされ、「西洋の風俗にて大商売を為《な》すに、一商人の力に及ばざれば、五人或《あるい》は十人仲間を結んでその事を共にす」とあるように、本来は「会社」の中の一形態として捉えられたが、徐々にその意味が有力となった。

参考 馬場宏二『会社という言葉』大東文化大学経管研究所、二〇〇一年。

徳教

◉徳義

福沢は儒教を基礎とする教育を強く批判したが、高尚で気品のある人格の形成には深く関心を寄せた。人間の徳義については、一人の心の内に存する受け身の徳を私徳、外物に接して人間の交際上に現れる徳を公徳と名づけると『文明論之概略』に説く。古来日本で説かれる徳義は範囲が狭く、一心に留まる私徳ばかり重視されるが、聡明叡智の働きがなければ獲得できない公徳がより重要であり、さらに智と徳をバランスよく身につけることが「気品」ある文明の人士の姿と考え、軽視されがちな智を重視する議論を積極的に展開した。

しかし晩年には、日本人の私徳欠如に失望し、その問題意識が「修身要領」の普及活動などに繋がっていった。さらにそこでは

「徳教は人文の進歩と共に変化する」という道徳進化説の立場がとられている。

▽徳とは**徳義**と云《い》うことにて、西洋の語にて「モラル」と云う。「モラル」とは心の行儀と云うことなり。一人の心の内に慊《こころよ》くして屋漏《おくろう》に愧《は》じざるものなり。（『文明論之概略』巻之三）

▽余輩の所見は私徳を人生の細行《さいこう》として顧ざるには非《あら》ざれども、古来我国人の心に感ずる如《ごと》く、唯《ただ》この一方に偏して議論の本位を定《さだむ》るを好まざるなり。私徳を無用なりとして棄《すつ》るには非《あら》ざれども、之《これ》を勤《つとむ》るの外《ほか》に又大切なる智徳の働あるとの事を示さんと欲するのみ。（同）

●士君子

智徳を修め、他の模範となる高尚な人格を有する人物のこと。福沢は社会を率いるべき人を「学者士君子」と表現することが多い。そう呼ぶにふさわしいさまを「ヂグニチー」(dignity)といい換えた例がある。

▽社会全体の品位を高くして智徳の程度を進むるには自《おのず》からその標準なかるべからずと云う。学者**士君子**こそその任に当るものにして、内心深き処に常に本性を存し、何かの機会に触れては凡俗の先導たらんこと我輩の願う所なり。（『福翁百話』九五「自得自省」）

▽私徳の盛んにして所謂屋漏《いわゆるおくろう》に恥じざるの一義は最も恃《たの》むべきものにして、能《よ》くその徳義を脩めて家内に恥《はず》ることなく戸外に憚《はばか》る所なき者は、貧富、才不才に論なくその身の重きを知《しり》て自《みず》から信ぜざるはなし。之を君子の身の位《くらい》と云う。洋語に云うヂグニチーなるもの是《こ》れなり。（『日本男子論』）

●偽君子

偽善者。道徳上の建前が重視されることで、実は裏面ではまったく本心を異にする偽善者が多く生み出されることを『学問のすゝめ』一一編で詳述しており、また『文明論之概略』では、智恵については客観的な事実が伴うため偽智者は存在しにくいが、道徳では表面だけをとり繕うことが可能であり偽君子が生じやすいと論じ、韓愈（韓退之）をその例に挙げているように、福沢の儒教批判や智徳の議論と密接に関連する語である。

▽**偽君子**の甚《はなはだ》しきに至《いたり》ては、啻《ただ》に徳義の事を聞てその意味を解するのみならず、自分にて徳義の説を主張し、或《あるい》は経書の註解を著し、或は天道宗教の事を論じ、その議論如何《いか》にも純精無雑にして、その著書のみを取て之《これ》を読めば後世又一の聖人を出現したるが如《ごと》きものあれども、退《しりぞい》てその人の私に就《つい》て之を見れば言行の齟齬《そご》すること実に驚くべし、心匠の愚なること実に笑うべし。（『文明論之概略』巻之三）

▽古今支那にも日本にも西洋にも韓退之の手下なきに非《あら》ず。巧言令色、銭を貪る者は論語を講ずる人の内に在り。無智を欺き小弱を嚇《おど》し名利を併《むさぼ》せて両《ふたつ》ながら之を取らんとする者は、耶蘇《ヤソ》の正教を奉ずる西洋人の内に在り。（同）

●修身

moral scienceの訳語として維新前後の慶応義塾で用いられるようになった語。『大学』に「修身斉家治国平天下」とあるように元は古くから知られた熟語である。明治二年の慶応義塾の日課表に、フランシス・ウェーランドの著作*The Elements of Moral Science*を福沢が講述する「脩心論講義」がすでにみえている。福沢門下の阿部泰蔵が明治五年に同書を『修身論』の名で訳述し、広く全国の学校で教科書として使用され、この語も広まった。ウェーランドは倫理学者として知られるように、本来は西洋の市民道徳を指す意味での訳語であり、合理的な学問として道徳を把握しようとする意図がこめられている。この語は道徳教育の教科名として定着、戦時下ではこの教科が軍国主義の一翼を担ったとみなされたため、戦後教科名称としては学校教育で使用されなくなった。

参考『福沢全集緒言』。〔気品の泉源、智徳の模範〕明治二九年、『全集』一五。

●精神の奴隷（メンタルスレーヴ）

福沢が『文明論之概略』において儒教主義教育の弊害を評した語。福沢の儒教批判は、古人の説を既定のものとして学ぶことによって、人びとが一定の枠の中でしか思考できなくなることに向けられている。予断なく客観的合理的に事物を把握することを根本とする西洋の学問姿勢（実学の精神）の普及を目指す福沢にとって、儒教が抱える問題点の本質が「奴隷」という痛烈な言葉で表現されている。

▽古《いにしえ》を信じ古を慕うて毫《ごう》も自己の工夫を交えず、所謂《いわゆる》**精神の奴隷（メンタルスレーヴ）**とて、己《おの》が精神をば挙《あげ》て之《これ》を古の道に捧げ、今の世に居て古人の支配を受け、その支配を又伝えて今の世の中を支配し、洽《あま》ねく人間の交際に停滞不流の元素を吸入せしめたるものは、之を儒学の罪と云《い》うべきなり。（『文明論之概略』巻之五）

●物ありて然る後に倫あるなり、倫ありて然る後に物を生ずるに非ず

儒教と西洋の学問の本質的差異を指摘する語。まず世の中の事象が先に存在して、それに基づきそれを把握する「倫」が形づくられる西洋の学問姿勢に対し、まず世の中を説明する「倫」があって、それに事象を当てはめる発想である儒教を批判する。

晩年の著作『福翁百話』においては、儒教において尊ばれる忠臣孝子の逸話を一般化して子弟に教えることを批判、忠臣はかならず乱世か暴君のもとに現れ、孝子は極貧か悪父母のもとに生まれるものであり、そのような例を一般化することは「大間違いの沙汰」であると記している。

▽**物ありて然《しか》る後に倫あるなり、倫ありて然る後に物を生ずるに非《あら》ず**。臆断を以て先《ま》ず物の倫を説き、その倫に由《よっ》て物理を害する勿《なか》れ。君臣の論も猶斯《なおかく》の如《ごと》し。（『文明論之概略』

巻之一）

▽所謂《いわゆる》忠臣は必ず乱世にあらざれば暴君の下に現われ、孝子《こうし》は多くは極貧の家に生るるか又は悪父母に事《つか》うるの例にして、社会全体の為《た》めには甚《はなは》だ目出度《めでた》からず。その当局の忠臣孝子は如何《いか》にも感心の次第なれども、凡《およ》そ人間世界の沿革を平均するときは、乱世よりも治世は永く、暴君も亦《また》代々続くべきに非《あら》ず。又彼の二十四孝の如《ごと》き不仕合《ふしあわせ》なる場合も先《ま》ず以て稀有《けう》と云《い》うべし。左《さ》れば道徳論者の常に心酔する忠臣孝子の辛苦も、人生絶無の事にはあらざれども、之《これ》を居家処世《きょかしょせい》の標準として子弟に教うるは大間違《おおまちがい》の沙汰《さた》なり。（『福翁百話』五四「嘉言善行の説」）

◉巧言令色も亦是礼

「巧言令色亦是礼」。論語の「巧言令色鮮矣仁」（巧言令色鮮《すくな》し仁）をもじった語。巧言令色も円滑な交際のための礼になるとの意。儒教においてももっとも著名な語の一つを大胆に使ったきわめて挑発的な語といえ、また硬直した原理原則の主張のみならず、現実に即した実践による社会の改良を目指した福沢の姿勢をよく示す。慶応義塾に学んだ池田成彬《しげあき》によると、福沢は三田演説会においても同様の趣旨を論じたことがあり、池田をはじめ塾生の中にも反発する者があったという。この語に「温良恭倹奈人侮」（温良恭倹人の侮りをいかんせん）と続ける双幅が知られている。

参考 池田成彬『故人今人』世界の日本社、一九四九年。

◉其心を伯夷にして其行を柳下恵にせよ

「伯夷其心而柳下恵其行」。儒教において聖人とされている伯《はく》夷《い》と柳下恵《りゅうかけい》を、平常の心構えの範とするよう説く語。福沢が好んで揮毫した。儒教において伯夷は、仁孝の道をたがえ武力により周を建国した武王に仕えることをよしとせず餓死した清廉潔白な人物の代表。柳下恵は、どんな悪君のもとやどんな役職であっても惜しみなく仕えた寛容な人物の代表。福沢は儒教主義教育を徹底批判したが、旧来の儒教教育によって日本人に担保された道徳心に対して一定の評価も与えており、この語もその姿勢を示す。

▽君子の身を脩《おさ》むるは単に自身の為《た》めのみに非《あら》ずして、自《おのず》から他の標準と為《な》りて世を益するものと云《い》うも可なり。我輩の常に云う**心を伯夷にして行《おこない》を柳下恵にする**とは是等《これら》の意味なり。（『福翁百話』九八「大人の人見知り」）

◉徳育の一点に至りては、学校教授のよく左右すべきものに非ず

福沢は、人間の智徳の進歩をもっとも重視したが、教育において智育と徳育を明確に区別し、私塾などでの師弟間の精神の感化などによって徳義が育まれる例外的な場合を除いて、数理を学ぶ智育の場である学校においては、徳育の功を挙げられないと主張した。特に画一的で均一な教育を目的とする公教育の現

場に徳育はそぐわないと考え、この発想が徳育論争や「教育勅語」に対する批判的な姿勢にもつながった。福沢は徳育を担うべきは家庭であると考え、家庭において父母が実践して示す徳育の重要性を強調した。

▽近日世上の教育論者が徳教の厚からざるを憂《うれ》い、天下の士人は次第に不徳に陥るべきの恐ありとて、頻《しき》りに学校の教育法を改革せんとする者多しと雖《いえ》ども、**徳育の一点に至りては、学校教授のよく左右すべきものに非《あら》ず**。家塾又は小私塾にてその塾生が直《ただち》に生徒に接して教場の教《おしえ》の外《ほか》に一種名状《めいじょう》すべからざるの精神を伝うる者は例外として、一般に公立の公学校に於《おい》て、公共の資格を持する教官が、公席に於て私徳の事を語り、以《もっ》て徳育の実効を奏したるものは、古来今に至るまで曾《かつ》てその例を見ず。（「徳育余論」『時事新報』明治一五年）

●徳教は耳より入らずして目より入る

「徳教は目より入りて耳より入らず」とも。福沢が好んで用いた語。徳育は、智育における数理の教育のように口で説いて伝わるものではなく、他が実践している姿を通して身につくものである、という意。福沢が徳育について、学校教育ではなく家庭教育を重視したのもこの考え方に由来する。明治一七年の『時事新報』社説「通俗道徳論」においては、このことを「似我《じが》の主義」と呼んで、智育との比較を明瞭に論じている。

▽道徳の教は、書籍に依《よ》るべからず、器械を用ゆべからず、又教師の才能を頼むべからず。その教場固《もと》より書籍を用いてその書の種類をも吟味するとは雖《いえ》ども、書籍の功用は誠に微々たるのみならず、同様の書籍にてもその功用は様々に働くもの多し。故にその教授法の極意《ごくい》は似我《じが》の主義に存するものにして、教師が夫《か》れ是《こ》れと教授の方法を工風《くふう》して、書籍を択《えら》び講義の法を巧《たくみ》にするも、詰《つま》る所は我れに似よと云《い》うに過ぎず。（「通俗道徳論」『時事新報』明治一七年）

▽我輩の常に云《い》う如《ごと》く、**徳教は耳より入らずして目より入る**ものなれば、子弟の徳心を養成せんとするには、教師の講義も未《いま》だ以《もっ》て恃《たの》むに足らず、父兄の訓誡も左《さ》まで甲斐《かい》なくして、唯《ただ》これを教ゆる者が即身徳行者となりて実践躬行《きゅうこう》、以て子弟の目にその手本を示すより大切なるはあるべからず。而《しこう》して幼時にありて最も目に触れ身に近きは何《いず》れの辺にもあらず、唯家庭に外《ほか》ならざれば、満門の和気よく道徳の真味を得て、歓娯の間に礼楽の本相を現わすときは、之《これ》を見る者は成長の後にも教えずして矩《のり》を越えざるの妙に至るべし。（「徳教は目より入りて耳より入らず」『時事新報』明治二二年）

参考 西村稔『福沢諭吉 国家理性と文明の道徳』名古屋大学出版会、二〇〇六年。

●宗教は経世の要具なり

宗教は世を治めていくために必要な道具であるという『時事新報』社説の主張。福沢はいずれの宗教が正しいかという議論は常に避けながらも、宗教によって民間道徳が維持されている現実的な有益性を認め、これからいっそう増すであろう社会のあらゆる摩擦を緩和するための功利主義的な観点から宗教の必要を、しばしば公言してはばからなかった。

福沢の宗教論は時期によって変化が大きく、その議論がなされた時期の政治状況などとの関連をふまえなければ真意を理解しがたい。迷信的な信仰には常に懐疑的であったが、国権維持の観点から当初キリスト教布教を批判していた立場は、西洋諸国のアジア進出が現実的脅威に感じられると、突如「保護色」としての受容論に転じ、また晩年には日本人の一般的な道徳心の低下を嘆き、宗教の積極的な活用論を展開した。また、福沢自身は家の宗旨である真宗を忌避することもなく、年忌などの法要を当たり前にこなしつつ、信心はまったくないと公言していた。こういった矛盾や、功利主義的な宗教論は、特にキリスト教関係者の激しい反発を招き、内村鑑三による反論は有名。

▽余輩は自《みず》から今の宗教を度外視すれども、人の為には之《これ》を度外視せざるものなり。(『通俗国権論』)

▽宗教とは、人間以上に畏《おそ》るべく敬すべき者を想像して之《これ》を本尊と定め、種々の教理儀式を割出《わりだ》して人に善を勧め悪を避けしむるの具なり。深く学問上より吟味すれば必ずしも動《うごか》すべからざる根拠あるに非《あら》ず。或《あるい》は人間一種の迷《まよい》なるやも知るべからざれども、然《しか》れども衆生済度《しゅじょうさいど》の為《た》めには必要欠くべからざるものにして、経世家の大《おおい》に注意すべき所のものなり。(「**宗教は経世の要具なり**」『時事新報』明治三〇年)

▽今この理窟張たる民情を緩和し、骨に柔なる肉を生じ、肉に滑なる皮膚を着て、衝突を防ぐに有力なるものは、独《ひと》り宗教あるのみ。宗教の力、能《よ》くこの世を化して直《ただち》に黄金世界たらしむる能《あた》わざるも、その感化の功徳は医術の病《やまい》に於《お》けるが如《ごと》し。人間世界に病根を絶つは医師の敢《あえ》て望む所に非《あら》ざれども、誰《だ》れか医薬の必要を抹殺する者あらんや。(同)

●ゴッド

Godのこと。ゴットとも。造物者、天。西洋の自然権思想に基づく世の普遍的法則の抽象的主体を指す語として用いる場合があり、キリスト教的な神としてよりも、natureに近い字義である。西洋思想の導入に急であった明治初期の福沢の文章にみられるが、後年には訳語が分化し、引用などのかたち以外では用例がみられない。

▽世の中に父母ほどよきものはなし、父母よりもしんせつなるものはなし。父母のながくいきてじょうぶなるは子供のねがうところなれども、きょうはいきてあすはしぬるもわからず、父母のいきしには、**ゴッド**の心にあり。ゴッドは父母をこしらえ、ゴッドは父母をいかし、また父母をしなせる

こともあるべし。天地万物なにもかもゴッドのつくらざるものなし。子供のときよりゴッドのありがたきをしり、ゴッドのこころにしたがうべきなり。（「ひゞのをしへ」明治四年、『全集』二〇）

◉俗界のモラルスタンドアルドの高からざること、終生の遺憾

晩年の福沢が、日本の一般的な道徳水準（moral standard）が低いことを嘆く書簡の一節。有形の文明のみが重視される風潮を憂えた福沢が、明治二九年『時事新報』紙上で「福翁百話」を連載し、無形の文明の重要性を説いた際、もっとも信頼する門下生の一人である日原《ひのはら》昌造に、その真意を書き送ったもの。福沢のいう智徳の進歩は、特に無形の精神において満足に達成されたとはいいがたく、最晩年の福沢は、『文明論之概略』などでは楽観視していた私徳にも深い関心を寄せていった。

▽老生の心事は千緒万端なるも、就中《なかんずく》**俗界のモラルスタンドアルドの高からざること、終生の遺憾**。何とかして之《これ》を高きに導くの方便もがなと存じ候《そうらい》て、暇《いと》まさえあれば走筆したることにて、思付《おもいつき》次第の書流しなれば、時としては高きに過ぎ、時としては突出の立言《りゅうげん》、必ず世間の気に叶わざること多からんと、覚悟致し居《おり》候。（明治二九年三月三一日付日原昌造宛書簡）

◉福沢心訓（偽作）

福沢が人間のあり方を記した教訓として流布しているが、福沢の作ではない。「世の中で一番楽しく立派な事は、一生涯を貫く仕事を持つという事です」に始まり、七か条から成る。福沢自身がこれにいっさい触れておらず、門下生などもだれも言及していないこと、文体が明治期のものではないことなど、明らかな偽作であり、福沢の文章の抜粋でもない。昭和三〇年代から出回っており、今日では額入りの商品などが頒布され、広く知られるに至っている。

この他に「商人の道」と題し「農民は連帯感に生きる」に始まる一文もあるが、同様に福沢作ではない。

4 学問

実学

◉東洋になきものは、有形において数理学と、無形において独立心

福沢が生涯を通し日本に普及を目指したものとして「数理学」と「独立心」を挙げている『福翁自伝』の一節。前者は、もっとも端的には「実学」という語で説かれる。世の中を実証的合理的に把握する眼差しこそが、この社会で生きるうえでのもっとも基本的で重要な立脚点であるとの強い信念を示し、それとあいまって一身の独立が図られると理解された。

▽古来東洋西洋…双方共々に道徳の教《おしえ》もあり、経済の議論もあり、文に武におのおの長所短所ありながら、扨《さて》国勢の大体より見れば富国強兵、最大多数、最大幸福の一段に至れば、東洋国は西洋国の下に居らねばならぬ。国勢の如何《いかん》は果して国民の教育より来るものとすれば、双方の教育法に相違がなくてはならぬ。ソコで東洋の儒教主義と西洋の文明主義と比較して見るに、**東洋になきものは、有形に於《おい》て数理学と、無形に於て独立心**と、この二点である。（『福翁自伝』「教育の方針は数理と独立」）

▽近く論ずれば今の所謂《いわゆる》立国の有らん限り、遠く思えば人類のあらん限り、人間万事、数理の外《ほか》に逸《いっ》することは叶わず、独立の外に依《よ》る所なしと云うべきこの大切なる一義を、我日本国に於ては軽《かる》く視《み》て居る。（『福翁自伝』「教育の方針は数理と独立」）

◉智恵

文明とは「智徳の進歩」であると考えた福沢は、徳が古今東西で変化しない一定のものと捉えられるのに対し、智は将来にわたって無限の進歩を続けるものであり、その進歩に向け絶え間ない努力を重ねるところに、徳を兼ね備えた高尚なる人格が生まれ、それこそが学問を求める者の理想であると理解した。

さらに『文明論之概略』では、智・徳それぞれを私・公に二分して議論した。「私智」は「物の理を究めて之に応ずるの働」、すなわち世の中の物の性質に応じてさまざまに工夫する智恵のことであり、「公智」は「人事の軽重大小を分別し軽小を後にして重大を先にしその時節と場所とを察するの働」、すなわち時と場所に応じて「私智」を使いこなすことができる智恵のことと理解され、「聡明叡智の働」がなければ獲得できない「公智」こそもっとも重要なものとされた。

▽智とは**智恵**と云《い》うことにて、西洋の語にて「インテレクト」と云う。事物を考え事物を解し事物を合点《がてん》する働《はたらき》なり。（『文明論之概略』巻之三）

▽譬《たと》えば囲碁、闘牌《カルタ》、弄椀珠《しなだま》等の技芸も人の工夫なり、窮理器械等の術も亦《また》人の工夫にして、等しく精神を労するの事なれども、その事柄の軽重大小を察して重大の方に従事し以《もっ》て世間に益すれば、その智恵の働く所、稍《やや》大なりと云《い》うべし。或《あるい》は又自《みずか》らその事に手を下《くだ》さざるも、事物の利害得失を察すること「アダム・スミス」が経済の法を論ずるが如《ごと》くして、自《おのず》から天下の人心を導き一般に富有の源を深くすることあるは、智恵の働《はたらき》の最も至れるものと云うべし。（同）

▽今智徳の功用を示して智恵の等閑にすべからざるを論ずるは、不養生なる菜食家に向《むかい》て肉食を勧《すすむ》るに異ならず。肉食

を勧るには必ず肉の功能を説《とき》て菜穀の弊害を述べ、菜肉共に用いて両《ふたつ》ながら相戻《もと》らざるの理を明《あきらか》にせざるべからず。（同）

●実学

科学実証主義に基づく学問のこと。同じ意味で「数理学」「物理学」の語を用いる場合もあり、実学に「サイヤンス」（science）と振り仮名をつけている例もみられる（「慶応義塾紀事」『全集』一九）。また単に「学問」と書いて「サイヤンス」と振り仮名のある例もある（『福沢文集』二編「小学教育の事二」）。福沢の理解では、旧来の儒教主義の学問は硬直した価値判断からすべての事象を解釈する思考方法であり、虚なる学問というべきものであったのに対し、実学はその対概念ともいうべきもので、独立した個人が自由な立場で客観的に事象と向き合う西洋の科学実証主義の考え方のことである。福沢はこの実学をすべての学問の基礎に据えた。

また、福沢は近代化を進める日本に当面必要な実用の学問、すなわち今日的意味での「実学」という語法も用いている。特に『学問のす、め』は、封建社会においてあまり実用的でない和漢の書を読む「記誦の学」ばかり行われていたことを批判し、実用の学問を普及することを急務として強調している。この部分を捉えて、一般に福沢の実学の意味は実用一辺倒と誤解されがちであるが、この用法においても「一科一学も実事を押え、その事に就《つ》きその物に従い、近く物事の道理を求めて、今日の用を達すべきなり」とあくまで前者の科学主義を前提としている。

▽人間万事経営の大本は何処《いずこ》の辺に在るやと自問すれば、天然の真理原則に在りと自答せざるを得ず。而《しこう》して物理学はこの真理原則を教うるものにして、人間万事を包羅《ほうら》する学問なれば、後進の学生おのおの志す所あるべし（『福翁百余話』一七「物理学」）

●信の世界に偽詐多く、疑の世界に真理多し

無条件に物事を信じる社会には偽りが横行し、疑問を自由に持てる社会には真理が発達する、という意。学問を身につけた見地からは、物事の真理を見極めて取捨選択することが必要であることを論じる『学問のす、め』一五編の書き出し。同編では、軽信とともに軽疑をも戒め、事物の真理をみずからの学識を信じて選択することの必要を、多くの例示によって軽妙に説く。

▽**信の世界に偽詐《ぎさ》多く、疑《ぎ》の世界に真理多し**。（『学問のす、め』一五編）

▽事物の軽々《けいけい》信ずべからざること果して是《ぜ》ならば、亦《また》これを軽々疑うべからず。この信疑の際に就《つ》き、必ず取捨の明《めい》なかるべからず。蓋《けだ》し学問の要はこの明智を明《あきらか》にするに在るものならん。（同）

▽異説争論の際に事物の真理を求《もとむ》るは、猶《なお》逆風に向《むかい》て舟を行《や》るが如し。その舟路《ふなじ》を右にし、又これを左にし、浪に激し

風に逆《さから》い、数十百里の海を経過するも、その直達の路を計れば、進むこと僅《わずか》に三、五里に過ぎず。航海には屢《しばしば》順風の便ありと雖《いえ》ども、人事に於《おい》ては決して是《こ》れなし。人事の進歩して真理に達するの路は、唯《ただ》異説争論の際にまぎるの一法あるのみ。而《しこう》してその説論の生ずる源は、疑の一点に在《あり》て存するものなり。(同)

◉之を思うは、之を学ぶに若《し》かず

何を信じ何を捨てるべきか分かりにくいこの世の中では、あれこれ考えているだけではなく、みずから解明に踏み出す勇気が必要である、という意。踏み出せばそこには疑問があふれ、その疑問はさらに求めれば氷解するのであるから、学問を身につけていく人は踏み出す責任がある、と奮起をうながしている『学問のすゝめ』一五編の末尾の一節である。

▽議論上に於《おい》て明《あきらか》に見込あればこれを試みざるべからず、未《いま》だ試みずして先《ま》ずその成否を疑う者はこれを勇者と云《い》うべからず。(『学問のすゝめ』四編)

▽**之《これ》を思うは之を学ぶに若《し》かず**、幾多の書を読み幾多の事物に接し、虚心平気、活眼を開き、以て真実の在る所を求めなば、信疑忽《たちま》ち処《ところ》を異にして、昨日の所信は今日の疑団と為《な》り、今日の所疑は明日氷解することもあらん。学者勉めざるべからざるなり。(『学問のすゝめ』一五編)

◉惑溺

既存の考え方や価値観に固執し、客観的合理的な判断を欠く状態のこと。特に『文明論之概略』において、「智力発生の道に於て第一着の急須は、古習の惑溺《わくでき》を一掃して西洋に行わるる文明の精神を取るに在り」とあるように、日本人が打破すべき状態を指す語として頻出している。福沢のいう惑溺は、主に儒教主義に恋々としてその硬直した考え方の範疇にある状態であり、そういった学者を「腐儒」と呼び、その学説を「腐儒の腐説」などと痛罵してやまなかった。逆に西洋文明の本質を学ぼうとせず、やみくもにこれを模倣し崇拝する学者なども同様に批判対象であり、「開化先生」と呼んで嘲笑している。

参考 丸山真男「福沢における『惑溺』」『年鑑』(一三)一九八六年。

◉化翁と境を争う

「与化翁争境」。万物を作り出した神(化翁《けおう》、造化《ぞうか》)と境界を争う。すなわち世のあらゆる理を人間の知性の進歩によって明らかにし、未知の領域を減らしていこうという意。同様の意味で福沢が揮毫を求められるとしばしば書した語に「束縛化翁是開明」(化翁を束縛す是れ開明)がある。

福沢は学問の将来に対して非常に楽観的であり、無限の進歩の可能性を信じてやまない人であった。

▽万物の霊、地球上の至尊と称する人間は、天の意地悪きに驚かずして之《これ》に当るの工風《くふう》を運《めぐ》らし、その秘密をあばき出し

て我物と為し、一歩一歩人間の領分を広くして浮世の快楽を大にするこそ肝要なれ。（『福翁百話』一七「造化と争う」）

▽天然は人の宝を匿《かく》すものなり、その匿したるものを発出して人間の用に供するものは人力なり、文明開化は人を以《もっ》て天を制するにあり。（『民間経済録』二編）

◉天道人に可なり

自然の理が人間と対立し、進歩を妨げるもののように映っても、実は人智がいまだ発達途上であるがゆえに計り知れないだけであり、かならずいつの日か解明されて人間と調和するものとなり得る、という意。人智はこれより何百年、何千年と止めどなく進歩を遂げるという無限の可能性を信じて現在の人間の営みを相対化する姿勢を示す。

▽今日の吾々は開闢匆々《かいびゃくそうそう》のこの地球に生れ、人間界は恰《あたか》も無智不徳の巣窟《そうくつ》にして万事意の如《ごと》くならずと雖《いえど》も、その不如意は天命に非《あら》ず人の罪なり。左《さ》るにても人に善を好むの本心あり、進歩改良の智識あり、この本来の素質を研《みが》くときは遂《つい》に円満の境遇に達すべきや万々疑《ばんばんうたがい》を容れず。（『福翁百話』三「天道人に可なり」）

▽天道人に可なり、天道万物に適す。即《すなわ》ち天道の天道たる所以《ゆえん》にして、特殊の私恩に非《あら》ず。天道若《も》し人に可ならずして物に不適当ならんには、この地球面に今の人間万物は存在すべからず、否《い》な、地球その物も現在の有様に在るべからざる筈《はず》なり。左《さ》れば天道可なるが故に物の存在するあるのみ。物の存在するが故にとて天道特に可なるにあらず。（『福翁百話』六「謝恩の一念発起すべきや否や」）

◉活用なき学問は無学に等し

実用の学問としての「実学」の重要性を説いた『学問のすゝめ』の一節。福沢が重要性を説き続けた「実学」は、世の中の真理を解き明かす実証科学のことであるが、実用の学としての「実学」の重要性も説いている。特に『学問のすゝめ』初編では、従来盛んに行われていた実用性のない嗜みとしての教養を後回しにし、まずは日用の学問を身につけるべきであると強調した。しかし、この場合も「一科一学も実事を押え、その事に就きその物に従い、近く物事の道理を求《もとめ》て、今日の用を達すべきなり」と続き、科学的認識が背後に存在してこその実用であることに注意をうながしている。

▽学問とはただむずかしき字を知り、解し難《がた》き古文を読み、和歌を楽《たのし》み、詩を作るなど、世上に実のなき文学を云《い》うにあらず。（『学問のすゝめ』初編）

▽専《もっぱ》ら勤むべきは、人間普通日用に近き実学なり。（同）

▽読書は学問の術なり、学問は事をなすの術なり。実地に接して事に慣るるに非《あら》ざれば、決して勇力を生ずべからず。（『学問のすゝめ』五編）

▽学問の本趣意は読書のみに非ずして精神の働《はたらき》に在り。この

働を活用して実地に施すには、様々の工夫なかるべからず。
（『学問のすゝめ』一二編）

▽学問の要は活用に在るのみ。**活用なき学問は無学に等し**。
（同）

●**学問は米を搗きながらも出来るものなり**

広く世に貢献していく場を見定めていくために、生涯勉強する心を失わないよう励ます語。学問に終わりはないのだから、目先の利益に捉われて拙速に学問に区切りをつけることなく、粗衣粗食に甘んじても一歩でも二歩でも文明のことを学ぶべきである、と郷里中津の青年に向けて呼び掛けた『学問のすゝめ』一〇編の一節である。

▽学問に入らば大《おおい》に学問すべし。農たらば大農と為《な》れ、商たらば大商と為れ。学者小安に安んずる勿《なか》れ。粗衣粗食、寒暑を憚《はばか》らず、米も搗《つ》くべし、薪《まき》も割るべし。**学問は米を搗きながらも出来るものなり**。人間の食物は西洋料理に限らず、麦飯を喰《く》い、味噌汁を啜《すす》り、以《もっ》て文明の事を学ぶべきなり。
（『学問のすゝめ』一〇編）

●**政表・スタチスチック**

オランダ語statistiek（統計、英語のstatistics）の訳語。『万国政表』（一八六〇年刊）が初出。この本は、江戸に出てまもない福沢が、世界の統計表を翻訳し始めていたところ、咸臨丸での渡米が決まったため、それを岡本周吉が引き継ぎ刊行したものである。明治四年、日本の統計調査を進めるために太政官に設置された部署は「政表課」（現在の総務省統計局）であり、その牽引役となったのは杉亨二である。杉は明治九年に「表記学社」をつくり、明治一一年には福沢と図って福沢門下の小幡篤次郎らと共に「製表社」（のちの統計協会）を結成した。その後も統計にかかわった官吏や学者には、福沢の知友や門下生が少なくない。

福沢自身は「スタチスチ（ッ）ク」と表記していることが多く、これに「統計」の語を宛てたのは柳川春三であるといわれる。福沢は文明を天下衆人の智徳の進歩という動的なものとして把握したので、社会の状態を合理的に把握する方法として統計を重視した。この発想にはバックルの『英国文明史』の強い影響が指摘される。また、遺伝に関心の深かった福沢は『時事小言』で統計を用いたガルトンの『遺伝的天才』を援用して議論している。後年はもっぱら「統計」の語を用いた。

▽理財の事を吟味《ぎんみ》するには、先ず統計表の詳《つまびらか》なるものなかるべからず。即ち西洋に所謂《いわゆる》「**スタチスチック**」是《これ》なり。（『分権論』）

参考 西川俊作「スタチスチク〔ス〕」『評論』（一〇四四号）二〇〇二年。

学者

◉学者

現在は学問研究を職業とする者を指す語であるが、福沢の用法は語義が広く、学問を身につけた者を指すことが多い。特に実証的合理的な西洋の実証科学（実学）を学び、一身独立を実践する人士のこと。例えば『学問のすゝめ』四編の「学者職分論」というときの「学者」はこの学者であることに注意を要する。このことは、当時の社会で、高等教育を受けた者が稀であったことを反映しているといえよう。

◉腐儒

儒学者を揶揄する語。すなわち福沢の批判する古風恋々たる硬直した学問としての儒教に固執している者。福沢が口を極めて儒教主義や、儒教的な硬直した思考を批判する際用いた。転じて、単に硬直した分別のない議論に固執する学者を指すことがあり、「西洋の腐儒」という用例もみられる。

▽私は唯《ただ》漢学が不信仰で、漢学に重きを置かぬ計《ばか》りでない、一歩を進めて所謂《いわゆる》**腐儒**の腐説を一掃して遣《や》ろうと若い時から心掛けました。（『福翁自伝』「教育の方針は数理と独立」）

▽野蛮の人民は決して文明の人を嫌うものに非ず。彼の西洋の学者が常に東洋諸国の人を評して、嫉妬《しっと》の念深くして外国の人を忌《い》むなど云うは、未だ事実の詳《つまびらか》にする能わざる**腐儒**の論なり。（〔頭書〕西洋の**腐儒**は事の近因に眼を奪われたるものなり。）野蛮の者が外国人を嫌うは実に然《しか》りと雖《いえ》ども、その然る所以の原因は、野人に在《あ》らずして文明と称する外人に在り。（「覚書」『全集』二〇）

◉開化先生

西洋を盲信し、すべて西洋を模倣すればよいと主張する無分別な西洋崇拝者を指す語。ここにいう「先生」には揶揄的なニュアンスが含まれている。福沢はともすると西洋にすべて追従する論者のように捉えられがちであり、それは福沢の同時代においてもそうであったが、福沢は西洋と東洋を比較して、採るべきを採り、捨てるべきを捨てられる判断能力を持つことが実学の精神であると考えていた。

▽**開化先生**と称する輩《やから》は、口を開けば西洋文明の美を称し、一人これを唱《とな》うれば万人これに和し、凡《およ》そ智識道徳の教《おしえ》より、治国、経済、衣食住の細事に至るまでも、悉皆《しっかい》西洋の風を慕うて之に倣《なら》わんとせざるものなし。或《あるい》は未だ西洋の事情に就《つ》き、その一斑をも知らざる者にても、只管《ひたすら》旧物を廃棄して、唯《ただ》新を是れ求《もと》むるものの如《ごと》し。何ぞ夫れ事物を信ずるの軽々《けいけい》にして、又これを疑うの疎忽《そこつ》なるや。（『学問のすゝめ』一五編）

●学者は国の奴雁なり

学問を修得した者は、餌をついばむ雁の群れにかならず一羽いる見張り役「奴雁」（雁奴）のように、時流に流されず、大局から世の中を見据えて議論をすべきである、という意。たとえその議論が「虚誕妄説」といわれても、審判は後世が下すものであると、学者の本分を説き、その自覚をうながす。

▽語に云《いわ》く、**学者は国の奴雁《どがん》なり**と。奴雁とは、群雁野に在《あり》て、餌を啄《ついば》むとき、その内に必ず一羽は首を揚《あ》げて四方の様子を窺《うかが》い、不意の難に番をする者あり、之《これ》を奴雁と云《い》う。学者も亦《また》斯《かく》の如《ごと》し。天下の人、夢中になりて、時勢と共に変遷するその中に、独《ひと》り前後を顧み、今世の有様に注意して、以て後日の得失を論ずるものなり。故に学者の議論は現在その時に当《あたり》ては効用少なく、多くは後日の利害に関《かかわ》るものなり。（「人の説を咎む可らざるの論」『全集』一九）

●試に見よ、古来文明の進歩、その初は皆所謂異端妄説に起らざるものなし

現在常識となっていることでも、その説はかつて「異端妄説」視されたものであり、学者は時流に流されて同時代人の耳に親しむことをいうのではなく、大局を見据えて信じることを唱えるべきことを説く『文明論之概略』の一節。福沢の著作中では、しばしば同様の表現がみえる。

▽**試《こころみ》に見よ、古来文明の進歩、その初《はじめ》は皆所謂《いわゆる》異端妄説に起らざるものなし**。「アダムスミス」が始《はじめ》て経済の論を説きしときは世人皆これを妄説として駁《ばく》したるに非《あら》ずや。「ガリレヲ」が地動の論を唱えしときは異端と称して罪せられたるに非ずや。異説争論年又年を重ね、世間通常の群民は恰《あたか》も智者の鞭韃《べんたつ》を受《うけ》て知らず識《し》らずその範囲に入り、今日の文明に至《いたっ》ては学校の童子と雖《いえど》も経済地動の論を怪《あやし》む者なし。啻《ただ》にこれを怪まざるのみならず、この議論の定則を疑うものあれば却《かえっ》てこれを愚人として世間に歯《よわ》いせしめざるの勢《いきおい》に及べり。（『文明論之概略』巻之一）

▽今日の虚誕妄説《きょたんもうせつ》も亦《また》後年の通論たることあらん。然《しか》るに今の識者、世の議論をして強《し》いて時勢に合わしめんとするは、その望む所蓋《けだ》し世間に学者なきを欲するものの如《ごと》し。世人西に走れば学者も亦西の説を唱え、世人東に向えば学者も亦東を誉《ほ》め、学者の著書は恰《あたか》も俗間流行の仕事を吹聴《ふいちょう》する引札《ひきふだ》に異ならず。斯《かく》の如《ごと》くしては学者も無用の長物、あれどもなきが如し。（「人の説を咎む可らざるの論」『全集』二〇）

●学者にして政治家に尾するが如き、老生抔の思寄らぬ所に御座候

学問と政治は役割を異にするものであって、学問は政治の下に位置づけられるべきものではない、という意。大槻文彦により日本初の近代的国語辞書『言海』が完成されたときの祝宴において、伊藤博文の祝辞が福沢を含む学者たちの祝辞よりも上位に置かれていることに不快感を表明した、富田鉄之助宛書簡の一節。福沢は日常の些細な行動の中に、官尊民卑の発想が潜んでいると考え、このときも政治家を無意識にもっとも上位に置いていることの不条理を指摘した。福沢は、政治を眼前の傷を治すための外科治療に譬え、学問は病気を起こさないための養生法のようなものとし、両者に上下はなく、共に社会に欠かすことのできないものであると説いたこともあった。

▽学問教育の社会と政治社会とは全く別のものなり。学問に縁なき政治家と学事に伍を成す、既に間違なり。況《いわ》んや**学者にして政治家に尾《び》するが如《ごと》き、老生抔《など》の思寄《おもいよ》らぬ所に御《ご》座《ざ》候。**（明治二四年六月二一日付富田鉄之助宛書簡）

▽政府の働《はたらき》は猶《なお》外科の術の如《ごと》く、学者の論は猶《なお》養生の法の如し。その功用に遅速緩急の別ありと雖《いえど》も、共に人身のためには欠くべからざるものなり。（『文明論之概略』巻之二）

▽学問もその目的を尋《たずぬ》れば共に一国の幸福を増進せんとするものより外《ほか》ならずと雖《いえ》ども、学問は政治に非《あら》ずして学者は政治家に異なり。蓋《けだ》しその異なる所以《ゆえん》は何ぞや。学者の事は社会今日の実際に遠くして、政治家の働《はたらき》は日常人事の衝《しょう》に当るものなればなり。之《これ》を譬《たと》えば一国は猶《なお》一人の身体の如くにして、学者と政治家と相共に之《これ》を守り、政治家は病《やまい》に当《あたり》て治療に力を用い、学者は平生の摂生法を授《さずく》る者の如し。（『学問之独立』）

●博識は雅俗共に博識なるべし

君子は聖人を気取って高貴な世界だけを知るのではなく、俗世界もくまなく知っておくべきであるという意。福沢は、君子が徳を勧めるだけでなく、「不徳不品行に傾きて既に深入したる者を救い出して矯正せんとする」ときには、花柳世界でも勝負事の世界でも知り尽くしたうえでこそ、その者を変えていくこともできると考えていた。またみずからがさまざまな悪事を知ってもそれに染まらないさまを、『福翁自伝』で「血に交わりて赤くならず」という語で表現している。

▽博識とは知識見聞の博《ひろ》きことにして、必ずしも善《よ》き事のみを知るに非《あら》ず、悪《あ》しき事をも知り尽《つく》して之《これ》を行うの方法をも弁《わきま》えながら、君子は敢《あえ》て之を行わざるのみ。之を知りて之を行う者は小人にして、之を行わざる者は君子なり。（『福翁百余話』二「博識は雅俗共に博識なるべし」）

▽大学の学問も亦是《またこ》れ一芸なれば、之《これ》を修めて業を卒《おわ》りたらば、深く之を内に蔵《おさ》めて、外は活発に世務に当り、天下無数の俗物と雑居して俗事を行い、互《たがい》に相触れ相摩擦するの際に、自然にその俗をして正《まさ》に帰せしめ、以て我学問の区域を拡むる事を謀《はか》るべし。（「学問に凝る勿れ」明治二三年、『全集』一二）

●学問に凝る勿れ

学問は手段であり、それ自体を目的化して耽り、本来の目的を忘れるようなことがあってはならない、という意。特に、学問を身につけた人びとが、世の中で率先して実業分野などで活躍することをうながす意味で語られている。後掲の「慶応義塾は学者の種紙製造所なり」も同様の趣旨である。

▽学問は人生の目的にあらず。学問を学び得て大学者に為《な》りたりとて、その学問を人事に活用して自身自家の生計を豊《ゆたか》にし、又随《したがっ》て自然に国を富ますの基と為るに非《あら》ざれば、学問も亦唯《またただ》一種の遊芸にして、人事忙《せ》わしき世の中には、先《ま》ず以て無益の沙汰《さた》なりと云《い》うべし。(「学問の所得を活用するは何れの地位に於てすべきや」『時事新報』明治一九年)

▽老生は学を好むこと甚《はなは》だしく、畢生《ひっせい》の快楽は唯《ただ》学問に在るのみなれども、之《これ》を好むと同時に学問に対して重きを置かず、唯人生の一芸として視《み》るのみ。(「学問に凝る勿れ」明治二三年、『全集』一二)

▽老生が常に云《い》う学問に重きを置くべからずとは、之《これ》を無益なりと云うに非《あら》ず、否《い》な、人生の必要、大切至極《しごく》なれども、之を唯一無二の人事と思い、他を顧《かえり》みずして一に凝《こ》り固まる勿《なか》れとの微意のみ。(同)

●文字の問屋・飯を喰う字引

学問を修めてもみずから独立した社会生活を営めない者は、真の意味で学問を修得できておらず、文字を右から左へ仲介する問屋、あるいは情報を引き出すためだけに便利な飯を食う辞書ともいうべきものだ、という福沢の比喩。実社会と無関係な和漢の学が盛んであったことに対して、「実学」を社会に応用することを勧める趣旨である。

▽数年の辛苦を嘗《な》め、数百の執行金《しゅぎょうきん》を費して、洋学は成業《せいぎょう》したれども、尚《なお》も一個私立の活計を為《な》し得ざる者は、時勢の学問に疎《うと》き人なり。是等の人物は唯《ただ》これを**文字の問屋**と云《い》うべきのみ。その功能は**飯を喰《く》う字引**に異ならず。国のためには無用の長物、経済を妨《さまたぐ》る食客《しょっかく》と云うて可なり。故に世帯も学問なり。帳合も学問なり。時勢を察するも亦《また》学問なり。(『学問のすゝめ』二編)

●学者を誉めるなら豆腐屋も誉めろ

人間がそれぞれ社会で担っている役割には軽重がないことを説いた比喩。明治維新後、福沢の業績に対して明治政府が何らかのかたちで顕彰するという話が出たときにいい放ったと『福翁自伝』で振り返っている。

▽誉めるの誉められぬのと全体ソリャ何の事だ、人間が人間当前《あたりまえ》の仕事をして居るに何も不思議はない、車屋は車を挽《ひ》き豆腐屋は豆腐を拵《こしら》えて書生は書を読むと云うのは人間当前《あたりまえ》の仕事として居るのだ、その仕事をして居るのを政府が誉めると云うなら、先《ま》ず隣の豆腐屋から誉めて貰わなければならぬ、ソンな事は一切止《よ》しなさいと云て断《ことわっ》たことがある。(『福翁自伝』「学者を誉めるなら豆腐屋も誉めろ」)

●学者飼い殺しの説

世の実利とは一見遠い学問上の研究に従事する学者に、生活の心配をさせずに好きなだけ研究をさせてみたい、という福沢晩年の希望。学者飼い放しの説とも。明治二六年一一月一一日の慶応義塾における演説「人生の楽事」で語った内容である。政府や民間有志がお金を給するといっても、往々にして実利を求めたりするので、それでは意味がなく、できるだけ実社会と離れているようなものにこそお金をかけ、具体的に五、六名から一〇名程度を養う研究所をつくりたいと表明している。同様の希望は『福翁自伝』の末尾にもみられる。

▽今の不学なる俗政府の俸給などに衣食し、俗物に交わり、俗言を聞き、甚《はなは》だしきはその俗物の干渉を被《こうむ》り、催促を受けながら、学事を研究せんとするが如《ごと》き、その無益たるは云《い》うまでもなく、仮令《たと》い或《あるい》は世間有志者の発意を以《もっ》て私《ひそか》に資金を給せんとする者あるも、そのこれを給するや公共の為《た》めにも私の為めにも近く実利益を期するが如き胸算にては、本来の目的に齟齬《そご》するものなり。老生が真実の目的を申せば、爰《ここ》に一種の研究所を設けて、凡《およ》そ五、六名乃至《ないし》十名の学者を撰び、之《これ》に生涯安心の生計を授けて学事の外《ほか》に顧慮する所なからしめ、且《かつ》その学問上に研究する事柄もその方法も本人の思うがままに一任して傍《かたわら》より喙《くちばし》を容れず、その成績の果《はた》して能《よ》く人を利するか利せざるかを問わざるのみか、寧《むし》ろ今の世に云う実利益に遠きものを択《えら》んでその理を究《きわ》め、之を究めて之に達せざるも可なり、之が為めに金を費して全く無益に属するも可なり、その人の一生涯に成らざれば半途にして第二世に遺《のこ》すも可なり、或はその人が病気の時に休息するは勿論《もちろん》、無病にても気分に進まざる時は業を中止すべし、勤《つとむ》るも怠るも都《すべ》て勝手次第にして、俗に云えば**学者を飼放《かいはな》し又飼殺《かいごろ》しする**ことなり。（「人生の楽事」明治二六年、『全集』一四）

俗文

●俗文主義

福沢の通俗平易な文章法に対する俗称。福沢は、日本の隅ずみにまで文明の新思想を普及するためには、だれもが内容を理解しうる平易な文章を用いることが必要と考え、みずから著作において通俗な文体を用いることを心がけた。俗文は、難解な文章による権威主義や、漢学偏重の風潮、情報の偏在による官尊民卑などを打破し、多事争論をうながすことに繋がり、福沢の独立や実学の思想と密接に関連している。

その姿勢は、緒方洪庵のオランダ語翻訳法や、蓮如《れんにょ》の『御文章《おふみさま》』の平易な文体から学んだと『福沢全集緒言』に記されている。福沢門下生の尾崎行雄は、文章は「猿に見せる積もりで書け」といわれたと回想している（『咢堂漫話』ほか）。

▽当時余は人に語りて云《いわ》く、是等《これら》の書は教育なき百姓町人輩に分《わか》るのみならず、山出《やまだし》の下女をして障子越《ごし》に聞かしむるもその何の書たるを知る位《くらい》にあらざれば余が本意に非《あら》ずとて、文を草して漢学者などの校正を求めざるは勿論《もちろん》、殊更《ことさ》らに文字に乏しき家の婦人子供等へ命じて必ず一度は草稿を読ませ、その分らぬと訴《うったう》る処《ところ》に必ず漢語の六《むつ》かしきものあるを発見して之《これ》を改めたること多し。(『福沢全集緒言』)

▽著述とは、何事にても、その事に就《つき》て知見博《ひろ》き者が、その所知所見を書に著わし述べて、知見狭き者へ告げ知らすることなれば、毫《ごう》も自《みず》から為《ため》にするに非《あら》ず。全く人の為にする者なり。…人は主にして我《われ》は客なり、或《あるい》は人は旦那にして我は従者と云《い》うも可なり。(「著述の説」『全集』一九)

▽都《すべ》て文字の趣意を解くには、学者の定めたる字義に拘《かか》わらずして天下衆人の心を察し、その衆心に思う所の意味を取るを最も確実なりとす。(『文明論之概略』巻之三)

●つまらぬ事もむずかしく書くべし、大切なる事も易く書くべし

本の読み手に対して、文章の表面上の難易に騙されず、内容の審美眼を備えるよう激励する『文字之教』附録の一文。同書附録は語彙を増やしながら手紙の書き方を学ぶ教科書であるが、末尾では難解で意味のない悪文の例を挙げ、それがいかに無意味なものであるかを具体的に示して、平易な文章を勧めている。

一▽都《すべ》て文章はむずかしくして学者の作に似たるも、事柄は至《し》極《ごく》馬鹿らしくして笑うべきものあり。元来文章と事柄とは全く別ものにて、**つまらぬ事もむずかしく書くべし、大切なる事も易《やす》く書くべし。**難《かた》き字を用《もちう》る人は、文章の上手なるに非《あら》ず。内実は下手なるゆえ、ことさらに難き字を用い、人の目をくらまして、その下手を飾らんとするか、または文章を飾るのみならず、事柄の馬鹿らしくして見苦しき様を飾らんとする者なり。(『文字之教』附録)

▽少年の輩《やから》、必ずその難文に欺《あざむ》かれざるよう用心すべし。その文を恐るる勿《なか》れ。その人を恐るる勿れ。気力を慥《たしか》にして、易き文章を学ぶべきなり。(同)

●今の文明世界に、漢字を詮索するがごとき閑日月はあるべからず

福沢は従来の日本語が多くの仮名、漢字を用い、あまりに煩雑であることを指摘し、同訓で似た意味でありながら学者が複雑に使い分ける漢字をわざと無頓着に用いるなど、従来の表記法に固執せず、分かりやすさを第一とする姿勢を示した。彼は漢字廃止論者やかな書き論者とはいえないが、「今より次第に漢字を廃するの用意専一なるべし。その用意とは、文章を書くに、むずかしき漢字をば成《な》る丈《た》け用いざるよう心掛《こころがく》ることなり」(『文字之教』端書)と書いたように、用いる漢字は平易なものを中心とし、日常むやみに難解な漢字を用いないようにすることも、日本人に広く速やかに智徳の進歩をうながし、日本を文明に導く方法の一つと考えていた。

▽例えば恐《きょう》の字と懼《く》の字と漢文には必ずその区別を明《あきらか》にすれども、和訓には二字共にオソルと読むゆえ、先《ま》ず世間普通の例に倣《なら》うて恐の字ばかりを用いたり。この外《ほか》、余が著訳書中には漢文流の字義を誤りたるもの甚《はなは》だ多し。実は自分にもその大概を知らざるに非《あら》ざれども、兎《と》に角《かく》に通俗に分りさえすれば夫《そ》れにて宜《よろ》しとして態《わざ》と無頓着に附し去り、要は世間の洋学者を磊落《らいらく》放胆に導き漢学を蔑視せしめんとしたる臨機一時の方便なりと知るべし。（『福沢全集緒言』）

▽全体君等が西洋の原書を翻訳するに四角張った文字ばかり用うるは何の為《た》めなるや、詰《つま》る所は漢学流の機嫌を取る積りならんなれども、**今の文明世界に漢字を詮索するが如《ごと》き閑日月《かんじつげつ》はあるべからず**、御同前に眼中漢学者なしと度胸を定めて、唯《ただ》新知識の伝播を勉むべきのみ…。（同）

◉罪もなき赤子に妙な名を付けて成長の後に困ることあらしむべからざるなり

名前は人と人を区別するための一種の記号にすぎず、むやみに凝ってはかえって子どもが将来迷惑する、という意。出典は『福沢文集』所収の「姓名之事」。文章は通俗平易であるべきとの福沢の主張は日常至るところに及び、例えば子どもの命名において、いたずらに凝って難解すぎたり、上品すぎる名前をつけて子どもを苦しめないよう心がけるべきと主張した。このことを福沢は自分の子どもの命名に実践している。この論説は、福沢の合理主義や現実主義を表すとともに、また趣旨を理解させるために示す多様な例がきわめて巧妙であり、福沢の俗文主義を端的に示す例でもある。

▽子に名を付《つ》くるに必ずしも下品なるを撰ぶにも及ばぬことなれども、余り上品に過ぎてはその子の成長の後、大《おおい》に困ることあるべし。人の身代の浮沈とその心の智愚は預《あらかじ》め測《はか》るべきものに非《あら》ず、千金の子も裏店《うらだな》に零落し、大学者の孫も無一文字のポンツクなることあるべし。（「姓名之事」『福沢文集』）

▽名は人々の符牒迄《まで》のことなれば之《これ》が為《た》め、いらざる不都合を生ずる勿《なか》れ。人にも云《い》われぬ先《さ》きの先きまでを案ずるこそ父母の情愛なれ。**罪もなき赤子に妙な名を付けて成長の後に困ることあらしむべからざるなり**。（同）

工夫

◉ヴ

英語のVの発音を表すために福沢が発案した表記。万延元（一八六〇）年刊の『増訂華英通語』において採用されており、その凡例において、ブバの間の音と解説している。他にワの濁音や、小さい「ト」「ル」なども用いるなど、従来の片仮名の表記法にこだわらず、より正確な英語の発音を伝えるための独自の工夫が凝らされている。そのうち「ヴ」のみが、今日では通常の片仮名表記法の一つとして定着するに至った。

緒方洪庵は『病学通論』の中でオランダ語のGの発音をガギグゲゴと表記し、同様の表記が福沢の「ペル築城書」にもみえる。ヴという表記の着想はこの洪庵の工夫にならったものであろう。

◉弗《ドル》

米国通貨のドル（dollar）のあて字。$と形が似ていることから発案され定着した。発案者は福沢ではなく、『福沢全集緒言』に、名は忘れたが「或る学友」の思いつきと記されており、洋学者仲間で発案されたものかと考えられる。

参考 広田栄太郎『近代訳語考』東京堂出版、一九六九年。

◉汽《き》

スチーム（steam）の訳語。従来「蒸気」と訳したところを、一字に工夫するため辞書を繰って「汽」の字に行き当たって採用し、以後定着した、と福沢は『福沢全集緒言』に記している。しかし『西洋事情』（慶応二年）の扉に「蒸汽」という表記がある以外、古い使用例は福沢著作に見当たらず、それ以前の使用例も日本の文献にみられることから、福沢の使用を元祖とすることには疑問が残り、あるいは学者仲間や慶応義塾の門下生らの使用についで記したものかと思われる。

参考 〔気品の泉源智徳の模範〕『全集』一五。『福沢全集緒言』。広田栄太郎『近代訳語考』東京堂出版、一九六九年。

◉漢数字表記の合理化

漢数字を表記する際、「一千二百三十四円五十六銭」を「一二三四、五六」というごとくに十百千万などの単位を省いて数字のみを並べる方法は、『帳合之法』において福沢が考案したものである。帳簿などで数字を書き並べるとき「、」を小数点として用い、横に位を揃え、帳簿の計算の便を図ることができるための工夫であった。『帳合之法』の凡例には「一より九までの数字を用い、その数字の位《くらい》を見て金高を知ること恰《あたか》も算盤《そろばん》の桁を見るが如《ごと》し」とある。福沢は、初学者にはむずかしいようであるが四、五日にて熟練できるとして、この新工夫の普及を図り、今日では会計のみならず、あらゆる場面の漢数字表記で用いられるに至っている。

5 教育

教育

●教育の要は人生の本来に無きものを造りて之に授るに非ず、唯有るものを悉皆発生せしめて遺すなきことに在るのみ

教育とは、本来ないものを無から製造するものではなく、本来持っている能力をすべて残らず発するよううながすことである。ないところに教え込むのではなく、本来あるものを発せしむるという意味で、教育ではなく「発育」という語を用いることもあった。福沢は当時流行したガルトンの遺伝学説に強く関心を寄せており、その影響を受けている点は、注意を要する。

▽**教育の要は人生の本来に無きものを造りて之《これ》に授《さずく》るに非《あら》ず、唯《ただ》有るものを悉皆《しっかい》発生せしめて遺《のこ》すことなきに在るのみ。**（『福翁百話』七一「教育の力は唯人の天賦を発達せしむるのみ」）

▽教育は譬《たと》えば植木屋の仕事の如《ごと》し。庭の松も牡丹《ぼたん》もその天然のままに捨置くときは次第に枝振りを悪《あし》くして、牡丹の花も紅白の粧《よそおい》を失い、時に或《あるい》は虫に害せられて枯れ凋《しぼ》むべき処《ところ》を、植木屋の手を以《もっ》て枝を矯《た》め根に培《つちか》い四時《しいじ》の注意怠らざれば、生気充満して光沢流るるが如く、之《これ》を他の野生のものに比較すれば色香《いろか》の相違殆《ほと》んど同種類の物とは思われざる程に至るべし。（『福翁百話』七一）

●自身の所業は決して等閑にすべからず

福沢は座学のみを教育と思う世の父母に、バランスのとれた人格の形成には自らの「身の挙動」により、あるべき姿を示すことが重要であると説いている。これは、徳教について家庭教育を重視したことに通じる。福沢の主張は常に言葉と行動の両面に関心が払われていた。

▽父母たるものが、教育と云《い》えば、唯《ただ》字を教え、読み書きの稽古をのみするものと心得《こころえ》、その事をさえ程能《ほどよ》く教え込むときは、立派な人間になるべしと思い、自身の挙動《ふるまい》には左程《さほど》心を用いざるものの如《ごと》し。されども少しく考え見るときは、身の挙動にて教《おしう》ることは、書を読《よみ》て教るよりも深く心の底に染《し》み込むものにて、却《かえっ》て大切なる教育なれば、**自身の所業は決して等閑《とうかん》にすべからず。**（「家庭習慣の教えを論ず」『全集』一九）

●まず獣身を成し而してのち人心を養う

福沢は、「身体は人間第一の宝なりと心得、如何なる事情あるも精神を過労せしめて体育の妨を為すべからず」（『福翁百話』三一「身体の発育こそ大切なれ」）と、社会の基本である個人にとって肉体が何よりも重要であると考え、まずその肉体を丈夫に成長させ、そのうえで精神発達を心がけるべきであると考えた。この語はそれを端的に示したもので、「先成獣身(而)後養人心」というかたちで揮毫することもあった。また同趣旨で、「身体健康精神活発」との書も残されている。元来日本では文武両道というように、この発想がなかったわけではないが、精神論に傾斜しがちであり、福沢は科学的な観点から合理的に身体を成長させ、健康を維持する発想に重点を置いた。

明治初期には、諸学問の勃興とともに幼時より智育を重視するあまりに、健康を害して早世したり精神を害する学生も多く、福沢は自身の二子が東京大学予備門で健康を害したことを挙げて官学の教授法を批判し、「東京大学は少年の健康屠殺場」(『福翁自伝』「体育を先にす」)と述べたこともあった。

▽仮《かり》に養生の法を二種に分《わか》ち、身を護るを消極の法と為《な》し、外物を犯してその刺衝《ししょう》に慣るるを積極の法とすれば、今の開化者流は積極の養生法を知らずして消極の内に居り、腕力の進歩なきのみか祖先遺伝の健康をも失い尽《つく》すに至るべし。活発なる精神は薄弱なる身体に住《じゅう》すべからず。心身の頼むべきものなくして何を以《もっ》て世に事を成《な》すべきや。身体の健康養わざるべからざるなり。(『通俗民権論』)

▽子供の教育法に就《つい》ては、私は専ら身体の方を大事にして、幼少の時から、強《し》いて読書などさせない。**先《ま》ず獣身を成してのちに人心を養う**と云うのが私の主義である。(『福翁自伝』「体育を先にす」)

▽先《ま》ず第一に子の産《い》れ出でたるときは、人間の子も亦《また》一種の動物なりと観念して、その智愚如何《いかん》は捨てて問わず、唯《ただ》その身体の発育を重んずること牛馬犬猫の子を養うと同様の心得を以《もっ》てして、衣服飲食の加減、空気光線の注意、身体の運動、耳目《じもく》の習養等、一切動物の飼養法に倣《なら》うて発育成長を促し、獣体の根本既《すで》に見込みを得たる上にて徐々に精神の教育に及ぶべし。(『福翁百話』三一「身体の発育こそ大切なれ」)

◉ジムナスチック

gymnastic(体育)のこと。福沢は西洋の学校教育視察を通して、智育に加えて体育の必要性を認め、それをいち早く教育内容に取り入れた。「慶応義塾之記」(明治二年版)に、「午後晩食後は、木のぼり、玉遊等、「ジムナスチック」の法に従い種々の戯いたし、勉《つとめ》て身体を運動すべし」とある。芝新銭座の慶応義塾にはすでにブランコなどの遊具があったと伝わる。これは、運動によって健康を合理的に管理するという発想に基づいていた。福沢が晩年まで居合、米搗《つ》き、散歩などの日課を欠かさなかったことも、この教育方針との関連で捉えることができる。

一方で、世に体育が定着し、逆に体育一辺倒の学生が本来の目的を忘れる傾向が生じると、それを戒め、手段と目的を誤らぬよう主張したこともあった。

―▽遊戯運動の法は最も国々の古習旧俗に従《したが》て行わるべきもの

なれば、日本は日本の流儀に従い、古来人の慣れたる剣術、柔術、角力《すもう》、遠足、遊猟、泳水、競馬、競舟等、各地方の風俗に由《よ》て兎《と》にも角《かく》にも専ら荒々しき運動を勉《つと》むべし。或《あるい》は家貧《ひん》にして遊戯の暇《いとま》なくば、米を搗《つ》くも可なり、薪《まき》を割り水を汲むも可なり。少なくも毎日一、二時間は必ず全身に汗する程に働かんことを要す。所謂《いわゆる》新鮮の空気を呼吸して戸外に散歩するが如《ごと》きは運動の箇条に入るべからざるものなり。（『通俗民権論』）

▽体育は人をして不羈《ふき》独立の生活を得せしむるの手段なればこそ之《これ》を忽《ゆるがせ》にすべからざることなり。（「体育の目的を忘るる勿れ」『時事新報』明治二六年）

▽書生の輩《やから》が体育を口実として漫《みだり》に遊戯に耽《ふけ》り学業を怠り、剰《あまつ》さえ肉体の強壮なるに任せて有りとあらゆる不養生を行い、不品行を働き、独《ひと》り得々《とくとく》たるが如《ごと》きに至《いたり》ては、実に言語道断の次第と云《い》わざるを得ず。（同）

義塾

●義塾

志を同じくする者が共同で運営する結社である学校。福沢がこの語を初めて用いた「慶応義塾之記」（慶応四〔一八六八〕年）には英国のパブリック・スクールを指して「彼《か》の共立学校の制に倣《なら》い」とあり、その訳語が「義塾」であるとされる。文久二（一八六二）年、幕府遣欧使節の一行に加わって各地を視察した福沢は、英国のパブリック・スクールの機構や運営方法に大いに感銘を受けたとされ、ロンドン滞在中に購入した英清辞書では「public school」に「義学、学校」の訳が充てられていることから、この訳を参考に日本の学塾風に「義塾」の語を用いたと推測する見解もある。この学校は、語意が現在よりも広かった「会社」という語で把握され、学生、卒業生、教職員あるいは学外の共鳴者などこの義塾を共同で運営する関係者一同を「社中」と呼んだ。

慶応義塾の命名は、福沢の学塾が芝新銭座の自前の塾舎に移転し、中津藩から地理的にも金銭的にも独立したときであり、関係者が労力や金銭、時間などを互いに提供して共同で維持していくところが、一般の私塾や藩校、官学と本質的に異なる仕組みとして意識されていた。

なお、福沢以前における「義塾」の語の使用例は日本において皆無ではないが、慶応義塾の名によって明治初期に全国に普及し、確認されているだけでこの時期に三五〇以上の学塾が「〇〇義塾」と名乗り、ベトナムにおける三例（玉川義塾、東京《トンキン》義塾、梅林義塾）も知られている。

▽今爰《ここ》に会社を立《たて》て**義塾**を創《はじ》め、同志諸子相共《あいとも》に講究切磋《せっさ》し、以《もっ》て洋学に従事するや、事本《こともと》私にあらず、広く之《これ》を世に公《おおやけ》にし、士民を問わず苟《いやしく》も志あるものをして来学せしめんを欲するなり。（「慶応義塾之記」慶応四年、『全集』一九）

▽吾党《わが》の士相与《あいとも》に謀《はかり》て、私に彼《か》の共立学校の制に倣《なら》い一小区の学舎を設け、これを創立の年号を取《とり》て仮《かり》に慶応義塾と名《なづ》く。（同）

●社中

志を同じくする民間人による事業としての「会社」の構成員のこと。特に福沢にとってこの考え方を実践する場となった慶応義塾において、その関係者（学生、卒業生、教職員、その他共鳴者）全体のこと。「社中」の人びとは同じ目的意識を持つ対等な関係であり、福沢はその中の代表者という位置づけであった。明治四年の「慶応義塾社中之約束」に「師弟の分を定めず、教る者も学ぶ者も、概してこれを社中と唱うるなり」とあるように、当初は義塾の在学生、教員の総称として意識されたが、やがて卒業して諸分野に活動する出身者が増えるに伴い、その範囲は卒業生や関係者にまでおのずと広がった。

この理念は明治一三年の「慶応義塾維持法案」立案などにみられるように、在学生だけでなく、卒業後の関係者も終生同志意識を維持し、社中の一員として義塾の維持のために協力し合う姿勢を生んだ。

▽抑《そもそ》も我慶応義塾の今日に至りし由縁《ゆえん》は、時運の然《しか》らしむるものとは雖《いえ》ども、之《これ》を要するに**社中**の協力と云《い》わざるを得ず。その協力とは何ぞや。相《あい》助くることなり。創立以来の沿革を見るに、社中恰《あたか》も骨肉の兄弟の如《ごと》くにして、互《たがい》に義塾の名を保護し、或《あるい》は労力を以《もっ》て助《たすく》るあり、或は金を以て助るあり、或は時間を以て助け、或は注意を以て助け、命令する者なくして全体の挙動を一にし、奨励する者なくして衆員の喜憂を共にし、一種特別の気風あればこそ今日までを維持したることなれ。（「明治十二年一月廿五日慶応義塾新年発会の記」『福沢文集』二編）

▽老生の志願を申せば、この塾を寺院の如《ごと》き姿に致し、方今《ほうこん》は老生住職なれども、迚《とて》も豚児《とんじ》へ譲るべからざるは明白なるに付《つき》、生前に後住の者を選《えらん》で之《こ》れに渡し、後住は又第三者へ譲り、その維持の法は同志者即《すなわ》ち檀家の力に依頼して百年の後にも伝え候得《そうらえ》ばこの上もなき仕合《しあわせ》なり。（明治一六年三月一九日付笠原文平宛書簡）

●僕は学校の先生にあらず、生徒は僕の門人にあらず

福沢が慶応義塾における「社中」の理念を表現した書簡中の語。藩や国が維持する学校ではなく、また個人が自力で経営する塾でもなく、世の中を切り開いていくという同じ志を持つ対等な個人が集まり、その人びとが共同で維持する学校（「会社」）であることを、このように表現した。福沢は「社頭」と呼ばれ尊重されたが、彼もまた「社中」の一員とされ、便宜上先に学んだ者が後の者を教え（「半学半教」）、新しい学問分野を共に切り開いていく対等な同志であるという意識が、義塾の特徴となった。

▽この塾小なりと雖《いえ》ども、開成所を除くときは江戸第一等な

り。然《しから》ば則《すなわち》日本第一等か。校の大小美悪を以《もっ》て論ずれば、敢《あえ》て人に誇るべきにあらざれども、小は則小にして規則正しく、普請《ふしん》の粗末なるは則粗末にして掃除行届《ゆきとど》けり。**僕は学校の先生にあらず、生徒は僕の門人にあらず**。之《これ》を総称して一社中と名《なづ》け、僕は社頭の職掌相勤《あいつとめ》、読書は勿論《もちろん》眠食の世話、塵芥《じんかい》の始末まで周旋、その余の社中にも各《おのおの》その職分あり。（慶応四年閏四月一〇日付山口良蔵宛書簡）

●半学半教

学生の身分でありながら、教師も兼ねる教育形態。明治四年の「慶応義塾社中之約束」に「此《この》学科を学びて、彼《か》の学科を教る者は、一方より見れば生徒にして、一方より見れば教授方なり」とあるように、本来は十分開拓されていない学問分野を、教えるがごとく学ぶがごとくに修得していた時代の名残であり、福沢が学んだ緒方洪庵の適塾もこの形態であった。慶応義塾においても開塾以来この形態がとられ、それは学生が教員として教えることで学費を補うという意味でも有効な仕組みであった。その後、同志が上下の区別なく協力していく「社中」という考え方と結びつき、教員が増え設備が整ってからも、学問に完成はなく、学生も教員も卒業生も生涯共に学び共に教える関係にあるとの考え方へと発展した。

▽次第に学問は六《む》ッかしくなるものにて、真に成学したる者とては慶応義塾中一人もなし。恐らくば日本国中にも洋学既《すで》に成れりという人物はあるまじく、唯《ただ》深浅の別あるのみ。（「慶応義塾新議」明治二年、『全集』一九）

▽社中教る者を教授の員或《あるい》は教授方と唱え、学ぶ者を生徒と唱う。故に一名の人にて此《この》学科を学びて、彼《か》の学科を教る者は、一方より見れば生徒にして、一方より見れば教授方なり。（「慶応義塾社中之約束」明治四年、『百年史』上巻）

▽社中素《もと》より学費に乏しければ、少しく読書に上達したる者は**半学半教**の法を以《もっ》て今日に至るまで勉強したることなり。この法は資本なき学塾に於《おい》て今後も尚《なお》存すべきなり。（「慶応義塾改革の議案」明治九年、『全集』一九）

●自我作古

我《われ》自《よ》り古《いにしえ》を作《な》す。みずからが新しい分野の開拓者となることを意味する語。『宋史』礼志にみえる。慶応四（一八六八）年、福沢が学塾を「慶応義塾」と命名し、「慶応義塾之記」を発表した際、前野良沢、桂川甫周、杉田玄白など蘭学を切り開いた人たちの努力に触れ、「只管《ひたすら》自我作古の業にのみ心を委《ゆだ》ね」たと彼らの研鑽を評し、慶応義塾が洋学を継いでいく使命を示している。古くは福沢が出版に尽力した杉田玄白『蘭学事始』（文化一二〔一八一五〕年稿）にもみられ、大槻玄沢も『蘭学階梯』（天明八〔一七八八〕年刊）で先人の苦労を記す件りで用いており、それらが背景となって福沢が「慶応義塾之記」で用いたものと考えられる。

▽宝暦・明和の頃、青木昆陽、命を奉じてその学を首唱し、又前野蘭化、桂川甫周、杉田鷧斎等起り、専精して以《もっ》て和蘭《オランダ》の学に志し、相与《あいとも》に切磋《せっさ》し、各《おのおの》得る所ありと雖《いえど》も、洋学草昧《そうまい》の世なれば書籍甚《はなは》だ乏しく、且之《かつこれ》を学ぶに師友なければ、遠く長崎の訳官に就《つき》てその疑を叩《た》たき、偶々《たまたま》和蘭人に逢《あえ》ばその実を質《ただ》せり。蓋《けだし》この人々孰《いず》れも英邁《えいまい》卓絶の士なれば、只管《ひたすら》**自我作古**の業にのみ心を委《ゆだ》ね、日夜研精し寝食を忘るるに至れり。(「慶応義塾之記」慶応四年、『全集』一九)

▽進歩改新の任に当《あた》る者は後進の文明学者にこそあれば、その責任決して軽からず、漫《みだり》に古《いにしえ》を慕《した》うて之《これ》に心酔するを止《や》め、眼中古人を見ずして有《あ》らゆる新案を廻《めぐ》らし、日新又日新、以て自《みず》から古人たらんことを勉《つと》むべきものなり。(『福翁百話』六二「国は唯前進すべきのみ」)

●慶応義塾は学者の種紙製造所なり

養蚕家は生糸をつくることが目的であって、種紙をつくることが本当の目的ではないが種紙をつくり続ける。それと同じように、慶応義塾は学者を育てることを目的としているのではないが学者を育て続け、その学者たちには社会で活躍することが期待されていることを説く、書簡の一節。種紙とは蚕の卵が産みつけられた紙で、養蚕家はこれを孵化させ蚕を育てる。慶応義塾の真の目的は学問を身に備えた人材を輩出し、彼らが独立して社会でそれぞれの役割を果たしていくことであり、学者の輩出は方便にすぎないと福沢は考え、学問そのものに凝り、手段が目的化することを常に戒めた。同様の表現が福沢の演説中にみえる例がある。

▽学問は唯《ただ》人生行路の方便のみ。学問して学理を談じ、又はその学問を人に教《おしえ》て第二の学者を作り、第二第三際限もなく学者ばかりを製造して、その学者は何を致すかと尋《たずぬ》れば、不相替《あいかわらず》学門《〔ママ〕》を勉強して、衣食は他人の厄介になると申《もうし》ては、学問も亦《また》無益なる哉《かな》。老生曾《かつ》て言えることあり。学者が学者を作りて際限なきは、養蚕家が種紙を作りて、その種紙より又種紙を作り、遂《つい》に生糸を作り得ざる者に異ならず。本来養蚕の目的は絹糸を得るに在《あ》り。種紙は唯方便のみ。然《しか》るにその種紙の製造に熱心して、却《かえっ》て絹糸収獲の目的を忘るる者多きは遺憾なり云々《うんぬん》と。されば**慶応義塾は学者の種紙製造所なり**。塾の業を卒《おえ》ればとて、決して人生の目的を達したるにあらず(明治二一年一〇月七日付矢田績宛書簡)

▽今の儘《まま》の方向に進みたらんには、国中ますます教師を生ずるのみにして、実業に就《つ》く者なく、初《はじめ》に云える如く蚕を養うて蚕卵を生じ、その卵を孵化して又卵を生じ、遂《つい》に養蚕の目的たる糸を見ざるに等しきの奇観を呈することあるべし。(「慶応義塾学生諸氏に告ぐ」明治一九年、『全集』一〇)

●気品の泉源、智徳の模範

慶応義塾の役割を述べた明治二九年一一月の演説の一節で、

義塾が目的とするあるべき姿のこと。智徳を円満に修め、文明・独立の精神を獲得し、おのずと気品を伴った卒業生を送り出すことこそ慶応義塾の目的であるとされ、このような全人格的教育は民間私立の学校であればこそよくなしうるものであり、それを実践をもって世に広めていかねばならない、との使命感を明らかにしている。

▽慶応義塾は単に一所の学塾として自から甘んずるを得ず、その目的は我日本国中に於ける**気品の泉源智徳の模範**たらんことを期し、之を実際にしては居家処世立国の本旨を明《あきらか》にして之を口に言うのみにあらず、躬行実践以て全社会の先導者たらんことを欲するものなり。(「語」『全集』二〇)

6 実業

実業

●**自活の道を知らざる者は独立の男子に非ず**

みずからお金を稼ぎ家計を維持することは人間の独立の根本である、という意。福沢は、「一身独立して一国独立す」と説いたように、日本の独立と個人の独立は密接不可分のものと理解し、さらに個人の独立にとって、精神的独立と共に経済的独立を重視した。実業分野を重視し、その発展に努め担い手となる人材の育成に傾注したのはそのためである。

日本には江戸時代までの身分意識により、商業そのものに対する蔑視感情が根強く、福沢はその意識を根底から改めようと運動し、しばしば議論を巻き起こした。

▽世の人皆《みな》、武士役人の商売を貴く思い、物を売買し物を製作する商売を賤《いや》しく思うは何故《なにゆえ》ぞ。畢竟《ひっきょう》商売を貴き学問と思わざりし心得違《こころえちがい》なり。(『帳合之法』巻之一)

▽天下を治《おさむ》るを知《しり》て身を脩《おさむ》るを知らざる者は、隣家の帳合に助言して自家に盗賊の入るを知らざるが如《ごと》し。(『学問のすゝめ』一四編)

▽自《みず》から心身を労して私立の活計を為す者は、他人の財に依《よ》らざる独立なり。(『学問のすゝめ』三編)

▽抑《そもそ》も天地の間に生々する人類にして、自《みず》から労して自から衣食し、一毫《こう》も取らず一毫も与えず、自からその適する所に従て心身の快楽を致し以《もっ》て死すべし。人間の正道なり。(『時事小言』)

▽文明の士人は封建の主君に養われずして自から養う者なり、苟も**自活の道を知らざる者は独立の男子に非ず**。(『福翁百話』六四「言論尚お自由ならざるものあり」)

●学て富み、富て学び

地方学校で教壇に立つ甥の中上川彦次郎に書き送った書簡の一節。学問を修めた人物がただ勉強に耽るのではなく、実業にも目を開いて、学問を重ねることにより、同時にその方面でも成功して豊かになり、その姿を示すことで「天下の人心」を「一変」させたいと述べている。しかし実際にそれを行い得る人物はいまだ乏しく、共にその歩を踏み出してみようと呼び掛けており、福沢が、学問一方にも、商売一方にも偏することなく、双方をバランスよく身に備えた人物を社会の担い手として育てようとした意図が読み取れる。

▽私の説は、今の学者読書に耽《ふけ》る勿《なか》れ、書に耽るも酒食に耽るもその罪は同じ。唯《ただ》有眼の人物にして、始《はじめ》て読書中に商売を為《な》し、商売中に書を読み、**学《まなび》て富《とみ》み富て学び**、学者と金持と両様の地位を占め、以《もっ》て天下の人心を一変するを得べきなり。（明治六年七月二〇日付中上川彦次郎宛書簡）

●文明世界の立国はその要素多き中にも、国民の富美は要中の至要なり

国民の豊かさは文明の要素の中でももっとも重要である。商業一般を軽視する当時の日本人の風潮に対して、福沢は経済的な営利活動こそが文明世界で「至要」のものと強調する。こういった明瞭な表現によって、求めて議論をまき起こそうとすることがあった。

▽**文明世界の立国はその要素多き中にも、国民の富実は要中の至要なり**。而《しこう》して今の開国たる我日本に於《おい》て、国を富ますの法は商工殖産の道に依《よ》るの外《ほか》なし。（「尚商立国論」『時事新報』明治二三年）

▽今の強国とは富国の謂《い》いにして、富国とは強国の謂いなりと知るべきなり。（「国を富強するは貿易を盛大にするに在り」『時事新報』明治一七年）

▽内外人の交際に、最も大切にして利害の関すること最も重きものは、商売の一事にして、この重大事項に就《つい》ては、特に意を用《もち》る所のものなかるべからざるなり。（「国民の外交」『時事新報』明治一八年）

●経済

political economyあるいはeconomy, economicsなどの訳語。福沢は明治二九年の演説で、この語はpolitical economyの翻訳として同窓の間で工夫した訳語であると述べている。慶応二年『西洋事情』初編の小引で「経済論等の諸書」を参照した、という記述が福沢著作中では初出。さらに翌年、チェンバース社刊*Political Economy*（バートン著）の訳書『西洋事情』外編ではこの語が多用されている。同年にはこれに先立ち、福沢の学友神田孝平《たかひら》が日本における最初の本格的な経済学書の翻訳とされる『経済小学』を上梓している。しかし、日本には経世済民（経国済民）に由来する「経済」の語が従来より用いられており、『西洋事情』以前にも訳語としての用例がみられ、この語が今日に至るeconomyの訳語として定着することへの福沢の影響はかならずしも定かでない。福沢は「理財」という語を使うことも多く、福沢生前に慶応義塾大学部に設置された学科には「理財科」（経済学部の前身）の名称が冠された。

参考〈気品の泉源智徳の模範〉『全集』一五。

●競争

competitionの訳語。『福翁自伝』には幕末、チェンバーズ社の*Political Economy*（バートン著）に関心を示した幕府御勘定方の有力者にこの本の目次の翻訳を示すためにcompetitionの訳語としてこの語を案出したが、老中たちに見せるには「争」の字が穏やかでなく不都合と指摘され抹消した話がある。慶応三年に刊行された同書の福沢による訳書『西洋事情』外編には「世人相励み相競う事」という章があり、これが「競争」の語を避けた箇所と考えられる。その後の「競争」の語の定着と福沢の関連については未詳。

参考『福翁自伝』。

●尚商立国

商業あるいは経済人を尚《とうと》ぶ気風を盛んにして日本の繁栄を目指すという福沢の議論。「尚商」の語は、武事を重んじる「尚武」をもじったもので、明治二三年八月から連載された時事新報社説「尚商立国論」が初出。福沢は、封建社会の経済道徳が抜けきらず、金銭を卑しみ、経済人を蔑視する日本社会一般の風潮を打破することを主張、立ち遅れた日本経済を繁栄させるためには、官尊民卑をやめ、経済人を尊ぶ「尚商の風」を成すべきだと主張している。以後「尚商立国論」という語は、世間で福沢の実業奨励論の代名詞のようにも使われた。

▽昔年《せきねん》鎖国の時代には武の一方を以《もっ》て国を立てたれども、今日はその武を張るにも先《ま》ず金を要することにして、その金の由《よっ》て来《きた》る所は商工に在るが故に、古《いにしえ》の尚武の語を借用して尚商の新文字を作り、商売を以て国を富まし、その富を以て国事を経営し、政事に、武事に、文事に、外国の交際に、都《すべ》て意の如《ごと》くなるの日を期すべし。（「**尚商立国論**」『時事新報』明治二三年）

●拝金宗

almighty dollar（金力）の語から時事新報記者高橋義雄が思いついた造語。高橋が福沢の『時事新報』における実業奨励論に呼応して発刊した著作の標題で、初編（明治一九年刊）では米国の例を引いて企業や投機などを平易に論じ、第二編（明治二〇年刊）では商人向けに心得などが論じられている。中上川彦次郎（当時時事新報社長）による初編序文に「遠く千載の後を期せず、着眼近く時弊を矯正する」のが本書の目的とあるように、福沢の論説同様、あえて極端を主張して世論に示唆を与えようという意図の強い著作であるだけに、大きな反響を呼んだ。しかし皮肉なことに、以後福沢の実業奨励論や慶応義塾出身者による実業界での積極的な活動を批判する語として、「拝金宗」の語が定着することとなった。

参考 高橋義雄『箒のあと』秋豊園、一九三三年。

◉思想の深遠なるは哲学者の如く、心術の高尚正直なるは元禄武士の如く

実業社会に生きる心構えとして、精神は高尚に、行いは正直にあるべきことを説いた語。多少の異同があるが、福沢の著作や論説にしばしば同様の表現がみられる。福沢は、日本の実業界がようやく発展へと向かい企業勃興の兆しがみえると、その担い手のあり方に関心を移し、高尚な気風を持ち合わせることを強く望んだ。ただしそれに加えて「小俗吏の才能」や「土百姓の身体」を求めた例があるように、殿様商売ではなく経営の状況を把握し、みずから労して利潤を求める本来の目的を見失わないことこそが「実業」であることにも注意をうながしている。

▽紳商たる者の要訣は、その周旋奔走の働《はたらき》を小吏の如《ごと》くして、その義心の凛然《りんぜん》たること、元禄武士の如くすべし（「社会の形勢学者の方向、慶応義塾学生に告ぐ」明治二〇年、『全集』一一）

▽**思想の深遠なるは哲学者の如《ごと》く心術の高尚正直なるは元禄武士の如く**にして、之《これ》に加うるに小俗吏の才能を以《もっ》てし之に加うるに土百姓の身体を以てして、始めて実業社会の大人たるべし。（「縁の下の力持」『時事新報』明治二五年）

◉士流学者

士族学者とも。十分な学識を備え、なおかつ武士に由来する高尚な人格を有する人物。福沢が日本の実業界発展の担い手となることを希望した。

この語は、『実業論』（明治二六年）において多用されており、精神は高尚で、開国によって視野を広げ文明の精神を獲得した学者たちが、実社会での活動、特に実業界に対しては冷淡で顧みることがなく、依然鎖国といってもよい状態であることを指摘、彼らが奮起し、実業に文明の精神を注入し、経済立国を目指すことを主張した。福沢は、日本の近代化が急務である中、しばしば士族に引き継がれた学識や能力を有効利用すべきであると主張した。

▽苟《いやしく》も実業の真の発達を見るはその社会の人を悉皆《しっかい》士化せしめたる後の事と知るべし。蓋《けだ》し実業は貴重にして栄誉の事なり。その事にして斯《かく》の如《ごと》くなれば、之《これ》に当る人も亦《また》斯の如くならざるべからず。人品高尚にして廉恥《れんち》を知る人にして始めて可なり。（『実業論』）

▽整々の陣、堂々の旗を押立てて商工の戦場に向《むか》い、能《よ》く之を指揮し又能くその指揮に従《したがっ》て運動する者は、唯《ただ》近時の教育を経たる学者あるのみ。我輩は之に依頼して我実業の発達

を期する者なり。文明世界の実業を進めんとならば、必ず教育を経たる**士流学者**に依頼せざるべからず。（同）

参考 西川俊作「士流学者」『評論』（一〇五一号）二〇〇二年。

◉何卒私徳を厳重にして、商業に活発ならんことを

森村組の村井保固に宛て、同組の次世代を担う森村明六、開作へ伝えるよう託した言葉。実業界での活躍とともに、私徳を厳重にすることを望む。福沢の門下生を含む世の実業家たちがかならずしも高尚な気風を持たず、金力を誇るような振舞いを深めることを憂慮した福沢は、特に晩年、実業家のモラルについての発言を強めた。これは実業界のみならず社会全般の気風に向けられた憂慮でもあり、こういった背景が「修身要領」の編纂へとつながる。

▽日本は一般に大景気、種々の会社並《ならびに》鉄道、銀行の設計にて、人心狂するが如し。…明六君、開作君は勉強の事ならん。**何卒《なにとぞ》私徳を厳重にして、商業の活発ならんことを**祈るのみ。御序《ごついで》の節宜敷《よろしく》御致意奉願《ねがいたてまつり》候。（明治二九年六月一四日付村井保固宛書簡）

金銭

◉理を棄て禄を取ること能わず

帰農によって奥平家の家来の身分を離れた福沢に再び名跡を戻すとの申し出があったことに対して、それを断ることを明言する書簡の一節。「奥平様を怨むにあらず。唯《ただ》世禄を嫌うのみ。功なくして空しく給料を貪る者を悪《にく》むのみ」とあり、一身の経済的独立の主張をみずから実践して示す行動の一環であったといえる。また、福沢の実業論の根幹には、彼自身の金銭に対する極度の潔癖さがある。

▽利禄は人の欲する所、小生と雖《いえ》どもその禄はほしく思い候。独《ひと》り如何《いかん》せん一片の天理。仮令《たと》い　君公一万石の禄を半《なかば》にして、五千石を給せらるるとも、**理を棄て禄を取ること能《あた》わず**。（明治二年八月二四日付服部五郎兵衛宛書簡）

◉日本を銭の国と為すこと最も切要なるべし

「日本を銭の国に為す」という非常に挑発的な表現で、実業奨励を主張する時事新報社説の一節。金銭について口にすることさえ卑しいとする倫理観が依然残っていた日本において、あえて目につく主張をして議論を巻き起こすことに意図があり、そのとおり多くの議論が巻き起こった。時事新報記者高橋義雄がこれと連動して『拝金宗』と題する本を刊行したことにより、福沢およびその門下生は「拝金宗」であるという非難が巻き起こったのもこの時期であった。

▽凡《およ》そ一国の事は国人の尊《たっと》ぶ所に従《したがっ》て興《おこ》るを常とす。在昔《ざいせき》日本国人が武を尚《とうと》びたるが故《ゆえ》に日本は武国と為《な》りたり。今や国を立《たつ》るには唯《ただ》武の一遍に依頼すべからず、銭も亦甚《またはなは》だ大切なるのみか、銭即《すなわ》ち武の本とも云《い》うべき時節なれば、この時に当《あたり》ては大《おおい》に銭を尚びて、**日本を銭の国と為すこと最も切要なるべし**。（「日本をして銭の国たらしむに法あり」『時事新報』明治一八年）

▽西洋諸国は今正《まさ》に銭の世の中にして、その社会の人心は唯《ただ》銭の一方に熱し、苟《いやしく》も正理の範囲内にさえ在れば自利の外に余念なきが故《ゆえ》に、殖産の道興《おこ》るなからんと欲するも得《う》べからず。その殖産の事たるや、特に国のためにする者とては一人もあることなし。徹頭徹尾、自《みず》から私のためにして自から利するの目的なれども、一国の公は国民の私の集《あつま》りたるものなれば、私利集りて公利と為《な》り、家財積《つみ》て国財と為り、以て今日その国々の富強を致したるものなり。之《これ》を彼《か》の東洋国人が数千年前の旧教育に耽《ふけ》り、利を後にし銭を軽ろんずるの夢を夢みて、独《ひと》り自から得々《とくとく》たる者に比すれば、同年の談に非《あら》ざるなり。（「西洋の文明開化は銭に在り」『時事新報』明治一八年）

●権は財に由て生じ財は権の源

財産を左右できることが、世の中で力を持つことに直結するということ。「日本婦人論」において、女性に財産権がないことが男尊女卑の原因であることを指摘する一節である。福沢はしばしば財と権力が表裏の関係にあることを指摘し、女性に財産権を与えることが、女性の地位向上に不可欠であることを主張した。なお、明治三一年施行の民法において、妻（戸主を除く）は行為無能力者とされ、財産の処分権を有しなかった。

この問題意識は、女性論に限らず、福沢における経済的独立の主張と直結していた。

▽凡《およ》そ人間社会に有力なるものは財にして、**権は財に由《より》て生じ財は権の源**にして、西洋の女子は財を有するもの多し、その権力あるも亦《また》偶然に非《あら》ず。既に権力あらばその財を処するも亦自由にして、内に居るも外に交わるも自《おのず》から独立の姿をなして他の寄宿生に非ず。世々《せいせい》の相伝以《もっ》て一般の習慣となり、婦人が家に居て主人の虐待を免《まぬ》かるるのみならず、夫婦正《まさ》しく匹偶《ひつぐう》の実を失わざれば、凡《およ》そ男子の為す所のことにして婦人の為すを禁ずるものなし。（「日本婦人論」『時事新報』明治一八年）

●銭を費やさざるには勇気を要す

二男捨次郎に結婚に当たっての心構えを書き送った書簡の一節。その前に「貴様は居所も定まりたるにあらず。馬鹿なものを買うて、外見を張るが如きは無用なり」とあるように、世間体を気にして見栄を張るような買い物を慎むよう注意をうながす意図で記されたもので、一見お金を思い切って使うことのほうが勇気が必要に思われがちな発想を逆転し、使わない勇断を求めている。真の意味で独立した個人には、金銭の出入を適正に管理し得る能力も必要であることを説いている。

▽**銭を費《ついや》さざるには勇気を要す**。天下の人を目下に見下して、我思うままに倹約すべし、又散財すべし。（明治二四年一月七日付福沢捨次郎宛書簡）

▽余輩が人に勧《すすむ》る倹約の旨《むね》は、爪に火を灯《とも》して金銭を積み、之を目に見て快楽とするに非《あら》ず。金銭の権を我れに握《にぎり》て独立快活の精神を逞《たくまし》うせんが為なり。（『民間経済録』初編）

◉富豪は随時に私財を散じて、人言を静かにするの工夫なかるべからず

資本家たちに向く社会的不満の解消のためには、慈善公共事業などに積極的に私財を投じるべきであるとの主張。慈善には金銭を惜しみ私的には酒池肉林ともいうべき醜態に金を惜しまない富豪たちの所業について、福沢は厳しく非難しており、社会の摩擦を緩和する現実的な視線からこのような議論をなした。また実業界に多かった時事新報の読者層を意識した議論でもある。

▽**富豪は随時に私財を散じて、人言を静かにするの工夫なかるべからず**。（「貧富論」『時事新報』明治二四年）

▽慈善公共の事には銭を吝《お》しみ、学校教育の寄附金など促《うな》がさるれば、尻込みして之《これ》を避け、守銭奴の本体を現わしながら、一身の肉楽を貪《むさぼ》るの一段に至れば、恰《あたか》も餓虎の食をあさると一般にして、前後忘却、大《おおい》に金を散じ、所謂《いわゆる》千金一擲をその字義のままに演じて、自《みず》から得々《とくとく》たるものの如《ごと》し。（「富豪家自から慎しむべし」『時事新報』明治三一年）

◉帳合

福沢によるbook-keepingの訳語。明治六年、福沢はアメリカで出版されていた簿記の教科書を翻訳し、江戸時代の庶民の記帳方法を指す「帳合」という語を当て、『帳合之法』として出版した。しかしやがて「簿記」という語に淘汰され、定着しなかった。福沢自身が「余り俗に過ぎたる故か今日世に行わるるを見ず」と『福沢全集緒言』で述べている。また『帳合之法』では、debitを「借方」、creditを「貸方」と訳し、これが今日でも簿記法に引き継がれていることが知られる。『福沢全集緒言』には定着しなかった福沢の訳語の例として、ほかに『西洋事情』で用いたpost officeの「飛脚場」、postageの「飛脚印」の二つがあげられている。

◉版権

福沢によるcopyrightの訳語。西洋の著作権概念を知ってい

た福沢は、日本にその意識が薄く、偽版が続々と出版されることに業を煮やし、偽版の取締りを政府に願い出るなど、積極的な運動を展開した。慶応三年の著作『雷銃操法』や『西洋旅案内』には偽造防止を意図して「Copyright of 福沢氏」という印が押されている。福沢が版権確立に向けた行動を見せた最初であろう。また同年の『西洋事情』外編では、「蔵版の免許（コピライト）」として西洋諸国における保護の状況を詳述している。「版権」という語は明治六年七月の偽版取締りに関する願書に記されているのが初出で、その後出版条例（明治八年）において法文に採用された。

▽偽版の義は西洋各国にても厳禁にて、コピライト抔申《などもうす》法律有之《これある》義。然《しか》るに上方には少しも差構なく、野鄙《やひ》の輩《やから》、唯《ただ》利是《これ》求《もとめ》、己れ逸《いっ》して人の簪《かんざし》を奪い、己れ無知にして人の知識を盗む。斯《かか》る形勢にては、小生も著述の商売は先《ま》ず見合《みあわせ》、他に活計の道を求可申《もうすべし》と覚悟いたし居《おり》候。この一事は小生壱人の迷惑のみならず、天下の著述家尽《ことごと》く心を動《うご》かし、各々筆を閣し、文運の一大却歩可相成《あいなるべし》と窃《ひそか》に歎息致候事《いたしそうろうこと》に御座《ござ》候。（慶応四年閏四月一〇日付山口良蔵宛書簡）

▽「コピライト」は従来出版官許と訳したれどもこの訳字よろしからず。…著述者が書を著わし之を写し之を版にして当人《ひと》独り之を自由に取扱い、他人をして偽するを得せしめざる権なり。この権を得たる者を「コピライト」を得たる人と云う。故に「コピライト」の原語は出版の特権、或《あるい》は略して版権抔《など》と訳して可ならん。日本人の考うる如く、この書を著《あらわ》すも差支《さしつかえ》なし、この事を記すも忌諱に触るる事なし抔とて、政府よりその出版を許すの趣意にあらず。書を著わし事を記すは人々の見込にて勝手次第、他人の著述を盗むにあらざれば毫《ごう》も差支あることなし。唯《ただ》政府の職分は約束の如く偽版を防ぐの一事のみ。（偽版に関する訴訟書類）明治六年、『全集』一九）

参考 〔気品の泉源智徳の模範〕『全集』一五。『福沢全集緒言』。

7 立国

国民

●この人民ありて、この政治あるなり

政府の状態は国民の状態を表すものである、という意。愚民の上には厳しい政府が、良民の上には良政府ができるものであり、現政府の良否は結局国民次第である、ということを説く。

▽西洋の諺《ことわざ》に、愚民の上に苛《から》き政府ありとはこの事なり。こは政府の苛きにあらず、愚民の自《みず》から招く災なり。愚民の上に苛き政府あれば、良民の上には良き政府あるの理なり。

故に今、我日本国においても**この人民ありて、この政治あるなり。**(『学問のすゝめ』初編)

●日本には唯政府ありて未だ国民あらずと云うも可なり

日本には政府があっても、国の真の担い手である国民がいない、という意。学問を修め民間私立の立場で活動し、政府と共に国をつくっていく担い手こそが国民であるにもかかわらず、学問を修めた人物はこぞって官吏を目指し、民間で活動するものがないことを嘆く「学者職分論」の一節。

▽**日本には唯《ただ》政府ありて、未だ国民あらずと云うも可なり。**(『学問のすゝめ』四編)

▽固《もと》より国の政を為《な》す者は政府にて、その支配を受《うく》る者は人民なれども、こは唯《ただ》便利のために双方の持場を分ちたるのみ。一国全体の面目に拘《かか》わることに至《いたり》ては、人民の職分として政府のみに国を預け置き、傍《かたわら》よりこれを見物するの理あらんや。(『学問のすゝめ』三編)

●日本国の人心は動もすれば一方に凝るの弊あり

日本人は一つのことに凝《こ》り固まり、また変化するときは一気に他方に変じ、融通がきかないものである。慶応義塾の学生に向けた演説の一節。技芸や職業を例に挙げつつ、あらゆる物事に通ずる傾向であると指摘し、「生涯の行路、全て事物に凝ることなく、何事を執り、何者に熱心するも、常に余力を貯えて、変通流暢の資に供する」ことを勧める。「心思を百方に馳《は》せ、苟《いやしく》も判断の明を失う勿《なか》れ」、これが「文明の大主義」であると戒める。

▽**日本国の人心は動《やや》もすれば一方に凝《こ》るの弊ありと云《いい》て可ならんか。**その好む所に劇《はげ》しく偏頗《へんぱ》し、その嫌う所に劇しく反対し、熱心の熱度甚《はなは》だ高くして久しきに堪《た》えず、一向の方向直に直線にして忽《たちま》ち中絶し、前後左右に些少の余裕をも許さずして変通流暢の妙用に乏しきものの如《ごと》し。(「社会の形勢学者の方向、慶応義塾学生に告ぐ」明治二〇年、『全集』一一)

●暗殺を以てよく事を成し世間の幸福を増したるものは未だ曾てこれあらざるなり

暗殺が無益で筋違いであることを論じる『学問のすゝめ』六編中の一文。仇討《あだう》ちや赤穂義士を私裁の例として挙げ、これらが近代法治国家では認められず、国民の職分を越え政府の権を犯すものと説く中で、私裁の最たるものとして暗殺を挙げる。福沢自身が維新前後に刺客に怯え続けたことはよく知られており、同書の刊行された前月の明治七年一月には岩倉具視が襲撃されたばかりであった。

▽私裁の最も甚《はなはだ》しくして、政を害するの最も大なるものは暗殺なり。(『学問のすゝめ』六編)

▽若《も》し国の政事に付《つき》、不平の箇条を見出し、国を害する人物ありと思わば、静《しずか》にこれを政府へ訴うべき筈なるに、政府を差

置き自《みず》から天に代りて事を為すとは、商売違いも亦《また》甚しきものと云うべし。畢竟《ひっきょう》この類の人は、性質律儀なれども物事の理に暗く、国を患《うれ》うるを知《しり》て国を患うる所以の道を知らざる者なり。試《こころみ》に見よ、天下古今の実験に、**暗殺を以てよく事を成し世間の幸福を増したるものは未《いま》だ曾《かつ》てこれあらざるなり。**（同）

◉**仮令い親の敵は目の前に徘徊するも私にこれを殺すの理なし**

たとえ親を殺した犯人が目の前にいても、これを自分で殺すことは道理を違うものである。犯罪者をみずから裁く「私裁」は、明治六年まで仇討ちとして許され、武士の美徳とも思われていたが、国民の「総名代」として政府が国民に代わって犯罪人を裁く世の中である以上、それに従うのは当然である、と説く『学問のすゝめ』六編の一節。それに続いて赤穂浪士の例を出し、これは私裁というほかないと批判、「義士」と呼ぶのは大間違いであると主張して議論をまき起こした。

▽我親を殺したる者は、即ちその国にて一人の人を殺したる公の罪なり。この罪人を捕《とらえ》て刑に処するは政府に限りたる職分にて、平人の関《かかわ》る所に非《あら》ず。然《しか》るにその殺されたる者の子なればとて、政府に代りて私にこの公の罪人を殺すの理あらんや。差出《さしで》がましき挙動と云うべきのみならず、国民たるの職分を誤り、政府の約束に背《そむ》くものと云うべし。若《も》しこの事に付《つき》、政府の処置宜しからずして、罪人を贔屓《ひいき》する等のことあらば、その不筋なる次第を政府に訴うべきのみ。何等の事故あるも決して自から手を出すべからず。**仮令《たと》い親の敵《かたき》は目の前に徘徊するも私にこれを殺すの理なし。**（『学問のすゝめ』六編）

▽昔徳川の時代に、浅野家の家来、主人の敵討とて吉良上野介を殺したることあり。世にこれを赤穂の義士と唱えり。大《おおい》なる間違ならずや。（同）

◉**桃太郎は、ぬすびとともいうべき、わるものなり**

世間一般に勧善懲悪の典型のようにいわれる桃太郎を「わるもの」と断罪し、近代法治国家のあり方を象徴的に教える一文。桃太郎は鬼の私財を奪った盗人というべきものと説く。福沢が幼少の長男一太郎、二男捨次郎に与えた「ひゞのをしへ」に記された一節である。

▽ももたろうが、おにがしまにゆきしは、たからをとりにゆくといへり。けしからぬことならずや。たからは、おにのだいじにして、しまいおきしものにて、たからのぬしはおになり。ぬしのあるたからを、わけもなく、とりにゆくとは、**ももたろうは、ぬすびとともいうべき、わるものなり。**（「ひゞのをしへ」明治四年、『全集』二〇）

◉**人の貴きにあらず、国法の貴きなり**

官吏を尊重すべきなのは、その人が尊いからではなく、国民の

「総名代」ともいうべき政府が定めた法律に従って仕事をするからである。「政府のなす事は則ち国民のなす事にて、国民は必ず政府の法に従わざるべからず。これまた国民と政府との約束なり」（『学問のすゝめ』六編）という社会契約説に則った考え方を説いた『学問のすゝめ』初編の一節。同書の六編では立ち小便をしたことを警察官にとがめられたとき、警察官に不運にも出会ってしまったから罰せられるのではなく、みずから定めたともいうべき法を破ったがゆえに罰せられるのであるという例で同様の趣旨を説き、卑近な例から、法と向き合う国民の姿勢を改めるよう説く。

▽政府の官吏を粗略にせざるは当然の事なれども、こはその人の身の貴きにあらず、その人の才徳を以てその役義を勤め、国民のために貴き国法を取扱うがゆえ、これを貴ぶのみ。人の貴きにあらず、国法の貴きなり。（『学問のすゝめ』初編）

▽今往来に小便するは政府の禁制なり。然《しか》るに人民皆この禁令の貴きを知らずして唯《ただ》邏卒《らそつ》を恐るるのみ。或《あるい》は日暮など、邏卒の在らざるを窺《うかがい》て法を破らんとし、図《はか》らずも見咎《みとが》めらるることあればその罪に伏《ふく》すと雖《いえ》ども、本人の心中には貴き国法を犯したるが故に罰せらるるとは思わずして、唯恐ろしき邏卒に逢いしをその日の不幸と思うのみ。（『学問のすゝめ』六編）

◉職分

『西洋事情』外編に「人生の通義及びその職分」の節があるように、「通義」（right）と対でdutyの訳語として用いられ、義務、役割などの意で用いられた。その後の福沢の思索に伴って語意も深まり、所与の領分としての権利を意味することもある。福沢の「職分」の議論は、人間一人一人がその役割を主体的に把握することを求める主張であり、福沢のもっとも基本的な関心であった。国民としての「職分」の自覚をうながす議論は、民間独立の価値を主張する福沢の生涯においてもっとも重要な活動であった。学問を修めたものがこぞって官界に道を求めるのではなく、民間独立に活動することを求める『学問のすゝめ』四編のいわゆる「学者職分論」は、ことに有名。

▽学問とは広き言葉にて、無形の学問もあり、有形の学問もあり。心学、神学、理学等は形なき学問なり。天文、地理、窮《きゅう》理《り》、化学等は形ある学問なり。何《いず》れにても皆、智識見聞の領分を広くして、物事の道理を弁《わきま》え、人たる者の**職分**を知ることなり。（『学問のすゝめ』二編）

▽今日に至《いたり》ては文明の事物大《おおい》に見るべきものありと雖《いえど》も、これを以《もっ》て今人の面目と為《な》し、今人は古人に優《まさ》るとて誇るの理なし。古人は古《いにしえ》に在《あり》て古の事を為したる者なり。今人は今に在て今の事を為す者なり。共に之《これ》を人類の**職分**と云《い》わざるを得ず。（『福沢全集緒言』）

●客分

客としての立場のこと。福沢の議論中では、国民のうち、政府内にいて国のことを司る側の者を「主人」とするならば、それ以外の受け身で自覚のない者のこと。「一身独立して一国独立す」という語によって個人を出発点として国の独立を論じたように、福沢の議論は主人と客分が同化することに関心が向けられている。

▽この国の人民、主客の二様に分れ、主人たる者は千人の智者にて、よきように国を支配し、その余の者は悉皆《しっかい》何も知らざる**客分**なり。既《すで》に客分とあれば固《もと》より心配も少なく、唯《ただ》主人にのみ依《よ》りすがりて身に引受《ひきうく》ることなきゆえ、国を患《うれ》うることも主人の如《ごと》くならざるは必然、実に水くさき有様《ありさま》なり。国内の事なれば兎《と》も角《かく》もなれども、一旦《いったん》外国と戦争などの事あらば、その不都合なること思い見るべし。無智無力の小民等、戈《ほこ》を倒《さかしま》にすることも無かるべけれども、我々は客分のことなるゆえ、一命を棄《す》つるは過分なりとて逃げ走る者多かるべし。(『学問のすゝめ』三編)

●マルチルドム

martyrdom(殉教)。『学問のすゝめ』七編に登場する語で、天理を守るために身を捨てること。同書では、政府の暴政に対抗する手段を三つ挙げ、その第三として、「天の道理を信じて疑わず、如何《いか》なる暴政の下《もと》に居て、如何なる苛酷の法に窘《くるし》めらるるも、その苦痛を忍《しのび》て我志《こころざし》を挫《くじ》くことなく、一寸の兵器を携《たずさ》えず、片手の力を用いず、唯《ただ》正理を唱《となえ》て政府に迫ること」としている。そして、日本には古来忠臣義士と呼ばれる者が多いが、それらは世の正理を守るために戦ったのではなく、単に封建社会の義理を通しただけであって益がなく、唯一「佐倉宗五郎」だけがそれを貫いたといい得るとする。忠臣義士を否定した箇所は、「赤穂不義士論」あるいは「楠公権助論」の一部として世の中に議論を巻き起こす部分である。

▽世を患《うれえ》て身を苦しめ、或《あるい》は命を落すものを、西洋の語にて「**マルチルドム**」と云《い》う。失う所のものは唯《ただ》一人の身なれども、その功能は千万人を殺し、千万両を費したる内乱の師《いくさ》よりも遥《はるか》に優《まさ》れり。(『学問のすゝめ』七編)

▽余輩の聞く所にて、人民の権義を主張し、正理を唱《となえ》て政府に迫り、その命を棄てて終《おわり》をよくし、世界中に対して恥《はず》ることなかるべき者は、古来唯《ただ》一名の佐倉宗五郎《さくらそうごろう》あるのみ。(同)

●義士も権助も共に命の棄所を知らざる者と云て可なり

いわゆる「楠公権助《なんこうごんすけ》論」。「両主政権を争うの師《いくさ》に関係する者」という表現からの連想で、一般に「義士」は楠木正成を指すと理解された。そのため楠木正成が湊川で死を遂げたのも、使いに出た下男(権助)が預かった金をなくしたから申し訳ないと首をくくるのも、その死が文明に益することがない点では一緒である、という主張と捉えられ、激しい議論を巻き起こした。福沢は

「慶応義塾五九楼仙万」の筆名で一文を新聞に投じ、楠公の活動の意味が、元弘正平の当時と明治年間では異なるとして釈明しなければならなかった。

▽古来日本にて、討死《うちじに》せし者も多く、切腹せし者も多し、何《いず》れも忠臣義士とて評判は高しと雖《いえ》ども、その身を棄てる由縁《ゆえん》を尋《たず》ぬるに、多くは両主政権を争うの師《いくさ》に関係する者か、又は主人の敵討《かたきうち》等に由《より》て、花々しく一命を抛《なげう》ちたる者のみ、その形は美に似たれどもその実は世に益《えき》することなし。(『学問のすゝめ』七編)

▽彼《か》の忠臣義士が一万の敵を殺して討死するも、この権助が一両の金を失うて首を縊《くく》るも、その死を以て文明を益することなきに至ては、正《まさ》しく同様の訳《わけ》にて、何《いず》れを軽《かろ》しとし何れを重しとすべからざれば、**義士も権助も共に命の棄所《すてどころ》を知らざる者と云《いい》て可なり。**(同)

◉抵抗の精神

政府の人間が自分の思うことを実現しようとする専制の心を抑制するために、国民に必要な精神。明治維新の功労者として敬愛されていた西郷隆盛が西南戦争を起こすと、手のひらを返したように西郷批難の世論一色となったことに対して、福沢は、政府の「専制」に対する「抵抗の精神」を体現したという観点から西郷を擁護する「丁丑公論」を執筆した。抵抗に武力を用いた点では意見を異にするとしながらも、西郷の行動に同時代人が批難一方ではなかったことを歴史に刻むため、「今日の実況を知らしめ、以て日本国民抵抗の精神を保存して、その気脈を絶つことなからしめんと欲する」、と「丁丑公論」緒言に記している。

▽政府の専制咎《とが》むべからずと雖《いえど》も、之《これ》を放頓すれば際限あることなし。又これを防がざるべからず。今これを防ぐの術《すべ》は、唯《ただ》これに抵抗するの一法あるのみ。世界に専制の行わるる間は、之に対するに**抵抗の精神**を要す。その趣《おもむき》は天地の間に火のあらん限りは水の入用なるが如《ごと》し。(「丁丑公論」)

▽近来日本の景況を察するに、文明の虚説に欺《あざむ》かれて**抵抗の精神**は次第に衰頽するが如し。苟《いやしく》も憂国の士は之《これ》を救うの術を求めざるべからず。抵抗の法一様ならず、或《あるい》は文を以てし、或は武を以てし、又或は金を以てする者あり。今、西郷氏は政府に抗するに武力を用いたる者にて、余輩の考とは少しく趣を殊《こと》にする所あれども、結局その精神に至《いたり》ては間然《かんぜん》すべきものなし。(同)

◉払下、買上の上下の文字は如何なる意味か

日本人の官尊民卑の気風を日常の言葉の中から指摘し、意識改革をうながす例。「払下」「買上」という語など官辺を重しとする日常の言葉に、官尊民卑の端緒が潜んでいることを指摘し、それをやめることを提案する。特に国会開設を契機として同様の提案を繰り返しており、日清戦争の軍資金募金を呼び掛けた

際、「献金」の語を避け「醵金」と称したのもこの発想による。

▽**官より物を売るには払下《はらいさげ》と云《い》い、物を買うときは買上《かいあげ》と称す。この上下の文字は如何《いか》なる意味か。**政府は天辺に位《くらい》して人民は地下に在るの義なるべし。このままにて来年に至り、国会の用物を買い又不用物を売るなどのこともあらば、矢張り買上払下と云うべきか。人民の名代人がその本人に対して斯《かか》る無礼も不都合なるべし。(「国会準備の実手段」『時事新報』明治二二年)

▽従前人民一般の習慣として政府の筋に対し乍恐奉願上候《おそれながらねがいあげたてまつりそうろう》云々《うんぬん》の文体語法を以て、市町村会国会に訴えんとするもその会は正《まさ》しく人民自家の代理者にして、人民は主人の地位に在る者なれば、主人が平身低頭して代理者に恐入《おそれい》るも不都合ならん。又その代理者が政府の筋を気取り、主人に対してその方《ほう》と云《い》い、汝《なんじ》と称し、願《ねがい》の趣難聞届《おもむききことどけがたく》、難受理《じゅりしがたく》、此段及通達候也《このだんつうたつにおよびそうろうなり》、何月何日当会へ出頭可致《いたすべき》もの也など、漫《みだり》に威張るも不都合なれば、会に於《お》いては何か新《あらた》に文書言語の法を工風《くふう》することとなるべし。(「官尊民卑売言葉に買言葉」『時事新報』明治二二年)

▽政府の権を取縮《とりちじむ》るには、先《ま》ず御の字なぞを止《やむ》る方、近き手掛りならん。(「覚書」『全集』七)

◉大臣の称を改めて番頭と呼ぶべし

「払下」「買上」の用語同様に、官職の肩書きに官尊民卑や官吏の特権意識、世の中の中心が政治であるかのような誤った風潮をつくり出す端緒があることを指摘した例。「大臣」を「番頭」とせよという主張は、とうてい受け入れられるものだったとは思われないが、福沢の意図は問題意識の喚起にあると考えられる。また、政党の名称についても、同様の主張をしている。

▽書記官の官の字は之を止《や》めて、単に書記とするか、或《あるい》は支配人、手代などの名に改めて、民間に在る同職の者と称呼を同様にし、尊卑を平等にする方、穏当《おんとう》なるべし。(「尚商立国論」『時事新報』、明治二三年)

▽我国の政党はその党名のいかめしきが為《た》めに、政治を偏重するの弊風を助け、又党派の間柄《あいだがら》を殺風景ならしむる等、一として嘉《よみ》すべきことなければ、今より趣向を一変してめ組にてもろ組にても苦しからず。或は一歩風流を追うて桜花党、梅花党なども亦《また》妙ならんか。(「党名一新」『時事新報』明治二四年)

▽我輩曾《かつ》て説をなして曰《いわ》く、今日の弊は政治を偏重するより甚《はなは》だしきはなし、この弊風を矯《た》めんとするには先《ま》ず政府の光明を薄くするより先《せん》なるはなし、その光明を薄くするの実手段は種々ある中にも、**大臣の称を改めて番頭と呼び**、書記官を改めて書記又は手代《てだい》となす等、名称より延《ひ》いて実際に及ぼすべし。(同)

立国

◉立国は私なり、公に非ざるなり

「瘠我慢の説」の冒頭を飾る句。普遍的な世の理や地球規模の「公」を考えたとき、立国というものは私的な小団体の私心にすぎないということ。福沢が国のあり方や諸外国との交際を論じる際、根本に抱いている国家観を端的に示す一文。

▽国は国人の私心に依《より》て立つものと云《いい》て可なり。（『通俗国権論』二編）

▽**立国は私なり、公に非《あら》ざるなり**。（「瘠我慢の説」）

◉試験の世の中

国のあり方は常に「試験」を重ねているようなものであり、完全なものは存在しない、という比喩。共和制や立憲君主制などを論ずるうえで、国のあり方に完全を求め、議論が硬直することを戒め、すべてが模索中のものであり、いずれかを選択しなければならない以上、いまの国情に合わせ「便利」に従って選ぶだけであると『文明論之概略』では説いている。「人事に絶対の美なし」の語とも通ずる趣旨といえる。

▽凡《およ》そ世の事物は試みざれば進むものなし。仮令《たとい》試《こころみ》てよく進むも未《いま》だその極度に達したるものあるを聞かず。開闢《かいびゃく》の初《はじめ》より今日に至るまで或《あるい》は之《これ》を**試験の世の中**と云《いい》て可なり。諸国の政治も今正《まさ》にその試験中なれば遽《にわか》にその良否を定むべからざるは固《もと》より論を俟《ま》たず。唯《ただ》その文明に益《えき》すること多きものを良政府と名《なづ》け、之に益すること少なきか、又は之を害するものを名けて悪政府と云《い》うのみ。（『文明論之概略』巻之一）

▽都《すべ》て世の政府は唯《ただ》便利のために設けたるものなり。国の文明に便利なるものなれば、政府の体裁《ていさい》は立君にても共和にてもその名を問わずしてその実を取るべし。開闢の時より今日に至るまで、世界にて試《こころみ》たる政府の体裁には、立君独裁あり、立君定律あり、貴族合議あり、民庶合議あれども、唯その体裁のみを見て何《いず》れを便と為《な》し何れを不便と為すべからず。唯一方に偏せざるを緊要とするのみ。立君も必ず不便ならず、共和政治も必ず良ならず。（『文明論之概略』巻之二）

▽立君定憲の制度も共和の政体も、共に一時の方便に出《いで》たる治風《ちふう》にして、今正《まさ》に文明進歩の途中にこそ在るものなれば、両様の利害容易に断ずべからず。国民安心の点をも問わずして軽々《けいけい》に決断し、却《かえっ》て大《おおい》に失うことあるべし。（『福翁百話』九四「政論」）

◉政府は唯人事の一小部分たり

政府は世の中の一部分を担っているにすぎない、という意。政治の舵取りをめぐって政府内が躍起になり、民間では民権論が喧しい中で、それがあたかも世の中のすべてであるかのように血眼になっている姿を冷ややかに見ていた福沢の視点を示す。『文明論之概略』中で「政治は独《ひと》り文明の源に非《あら》ず」と表現しているのも同様の趣旨で、福沢にとって政府偏重の世の中は官尊民卑の姿であった。

▽君主専制家にもせよ、共和政治家にもせよ、皇統連綿《れんめん》を唱うる旧神道の神主より仏蘭西《フランス》流のレッドレパブリカンに至るまで、その主張する所の説こそ異なれ、一国の政府を極《きわめ》て有力なるものと思い、政府を改革すれば国の有様《ありさま》は思《おもい》のままに進歩するものと心得《こころえ》、事物を信ずるの度に過《す》ぐるは此《これ》も彼《かれ》も同一様にして、何《いず》れも**政府は唯《ただ》人事の一小部分たり**との義を知らざるものなり。今の内閣の小児共が乙に守旧抔《など》と唱えて世の中を制せんとし、在野の青書生等が民権とか何とか云立《いいた》てて騒ぐこそ可笑《おかし》けれ。(「覚書」『全集』七)

▽立君の政治も共和の政治も、良なりと云《い》えば共に良なり、不良なりと云えば共に不良なり。且《かつ》政治は独《ひと》り文明の源《みなもと》に非《あら》ず。(『文明論之概略』巻之一)

●日本国の歴史はなくして日本政府の歴史あるのみ

日本の歴史として語られるものは、「唯《ただ》王室の系図を詮索するものか、或《あるい》は君相有司の得失を論ずるものか、或は戦争勝敗の話を記して講釈師の軍談に類するもの」、すなわち治者と被治者のうち治者の政治や争いの歴史だけであり、国民の生活に関する歴史が存在しない、ということ。「政府は唯人事の一小部分たり」と考え、民間私立の国民が社会を担うべきとする福沢にとって、当時の日本の状態は「日本には政府ありて国民(ネーション)なし」というべき状態であり、それは歴史を振り返ってもまさにそのとおりであった。特にギゾーやバックルなどの新しい歴史学の動きを目にしていた福沢には、日本史のこの欠点が明瞭に思われたのである。

▽概《がい》して云《い》えば**日本国の歴史はなくして日本政府の歴史あるのみ**。学者の不注意にして国の一大欠典《けってん》と云うべし。(『文明論之概略』巻之五)

●権力の偏重

日本社会に存在する強者と弱者の不均衡のこと。『文明論之概略』において、西洋の文明では相互に拮抗する諸勢力の対立の中に自由を生じたが、日本では強者と弱者が固定化してしまったことが文明を阻害したと説き、その是正がこれからの日本には不可欠であると訴えた。一方で明治二三年の「国会の前途」では、日本では徳川時代に「権力の平均」が発達し、それが国会開設の素地になったという議論を展開している。

▽日本にて**権力の偏重**なるは、洽《あま》ねくその人間交際の中に浸潤して至らざる所なし。(『文明論之概略』巻之五)

▽日本国中に千百の天秤《てんびん》を掛け、その天秤大となく小となく、悉《ことごと》く皆一方に偏して平均を失うが如《ごと》く、或《あるい》は又三角四面の結晶物を砕《くだき》て、千分と為《な》し万分と為し遂に細粉と為すも、そ

の一分子は尚《なお》三角四面の本色を失わず、又この砕粉を合して一小片と為し又合して一塊と為すも、その物は依然として三角四面の形を保つが如し。権力偏重の一般に洽《あま》ねくして事々物々微細緻密の極にまで通達する有様は斯《かく》の如しと雖《いえ》ども、学者の特に之《これ》に注意せざるは何ぞや。（同）

◉報国心と偏頗心は名を異にして実を同うするものと云わざるを得ず

「自国の権義を伸ばし、自国の民を富まし、自国の智徳を修め、自国の名誉を耀かさんとして勉強する」心である報国心は、地球規模で考えたならば、一派閥がその派の利益を考えて持つ私心にすぎず、偏頗心と称すべきものと福沢は理解した。天理正道などというべきものに比すればまったく相容れないもので、「他国に対して自他の差別を作り、仮令《たと》い他を害するの意なきも、自から厚くして他を薄く」するものであるが、それあるがゆえに「自国は自国にて自から独立せんとする」心が生じるとも理解でき、すなわちそれが立国の精神の源とも理解された。「立国は私なり、公にあらざるなり」の語もその延長にある。

▽報国心は一人の身に私するには非《あら》ざれども、一国に私《わたくし》するの心なり。即《すなわ》ちこの地球を幾個に区分してその区内に党与を結び、その党与の便利を謀《はか》て自《みず》から私する偏頗《へんぱ》の心なり。**報国心と偏頗心とは名を異にして実を同《おなじ》うするものと云《い》わざるを得ず**。この一段に至《いたり》て、一視同仁《いっしどうじん》四海兄弟の大義と報国尽忠建国独立の大義とは、互《たがい》に相戻《あいもとり》て相容《あいい》れざるを覚《さと》るなり。（『文明論之概略』巻之六）

▽人民立国の精神は外に対して私心なれども、内に在《あり》ては則ち公義なり。（『通俗国権論』二編）

◉瘠我慢

一弱小国が強国と相対したとき「弱者の地位」を保つ精神のこと。平時であれ戦時であれ、大国が居並ぶ中で小国がその独立を保とうとする「私情」。福沢が「瘠我慢の説」の中で主題としている精神である。同書中では勝海舟が江戸城の無血開城を行ったこと、また勝と榎本武揚が江戸幕府の最期を看取った立場にありながら、その後敵方であった薩長の人びとと肩を並べ、爵位を得て要職に就くなど「名利の地位」にあることを、国民の中に存する「我日本武士の気風」、すなわち瘠我慢の精神を損なったと論じている。

▽自国の衰頽に際し、敵に対して固《もと》より勝算なき場合にても、千辛万苦、力のあらん限りを尽《つく》し、いよいよ勝敗の極に至りて始めて和を講ずるか若《もし》くは死を決するは立国の公道にして、国民が国に報ずるの義務と称すべきものなり。即《すなわ》ち俗に云《い》う**瘠《やせ》我慢《がまん》**なれども、強弱相対して苟《いやしく》も弱者の地位を保つものは、単にこの瘠我慢に依《よ》らざるはなし。啻《ただ》に戦争の勝敗のみに限らず、平生の国交際に於《おい》ても瘠我慢の一義は決して之《これ》を忘《わす》るべからず。欧洲にて和蘭《オランダ》、白耳義《ベルギー》の如《ごと》き

小国が、仏独の間に介在して小政府を維持するよりも、大国に合併するこそ安楽なるべけれども、尚《な》おその独立を張《はり》て動かざるは小国の瘠我慢にして、我慢能《よ》く国の栄誉を保つものと云うべし。(「瘠我慢の説」)

▽勝氏は予《あらかじ》め必敗を期し、その未だ実際に敗《やぶ》れざるに先《さき》んじて自《みずか》ら自家の大権を投棄し、只管《ひたすら》平和を買わんとて勉《つと》めたる者なれば、兵乱の為めに人を殺し財を散ずるの禍《わざわい》をば軽くしたりと雖《いえど》も、立国の要素たる**瘠我慢**の士風を傷《そこな》うたるの責《せめ》は免《まぬか》るべからず。殺人散財は一時の禍にして、士風の維持は万世の要《かなめ》なり。此《これ》を典して彼《かれ》を買う、その功罪相償《あいつぐな》うや否《いな》や、容易に断定すべき問題に非《あら》ざるなり。(同)

◉帝室は政治社外のものなり

『帝室論』の冒頭を飾る句。『文明論之概略』において福沢は、「鎌倉以来人民の王室を知らざること殆ど七百年に近し」とし、王政復古以降の皇室と日本国民の関係は「唯政治上の関係のみ。その交情に至ては決して遽《にわか》に造るべきものに非ず」として、国民の精神を統合するためにいたずらに復古的な政策が主張される風潮を批判し、皇室と国民の交情は容易に育まれないと見ていたが、その後世論は福沢の考えとは異なり、急速に皇室の存在を受け入れた。福沢はそれに即応して説を変え、皇室の権威を利用して政界が混乱することを危険視し、皇室を政界とは離れた存在として仰ぐべきと主張する立場に転じた。

▽**帝室は政治社外のものなり**。苟《いやしく》も日本国に居て政治を談じ政治に関する者は、その主義に於《おい》て帝室の尊厳とその神聖とを濫用《らんよう》すべからずとの事は、我輩の持論…。(『帝室論』)

▽如何《いか》なる事情に迫るも帝室にして時の政府と譏誉《きよ》を与《とも》にするが如《ごと》きは、我輩の断じて取らざる所なり。如何《いかん》となれば、帝室は純然たる恩沢功徳《くどく》の涌源《ゆうげん》にして、不平怨望の府にあらざればなり。帝室は政治塵外に独立して無偏無党、円満無量の人望を収むべきものなればなり。(『尊王論』)

◉帝室は独り万年の春

『帝室論』で皇室のあり方を表現した比喩。政界がどれだけ混乱しても、それを「緩和」する存在が皇室であり、政界が盛夏や厳冬を迎えても、皇室を見ればだれもが「悠然として和気を催うす」ような「万年の春」であるべきとする。

▽我帝室は日本人民の精神を収攬《しゅうらん》するの中心なり。その功徳至大なりと云《い》うべし。国会の政府は二様の政党相争《あいあらそ》うて、火の如《ごと》く水の如く、盛夏の如く厳冬の如くならんと雖《いえ》ども、**帝室は独《ひと》り万年の春**にして、人民これを仰《あお》げば悠然として和気を催うすべし。国会の政府より頒布《はんぷ》する法令は、その冷なること水の如く、その情の薄きこと紙の如くなりと雖ども、帝室の恩徳はその甘きこと飴《あめ》の如くして、人民これを仰げば以てその慍《いかり》を解くべし。何《いず》れも皆政治社外に在るに非《あら》ざれば行わるべからざる事なり。西洋の一学士、帝王の

尊厳威力を論じて之《これ》を一国の緩和力と評したるものあり。意味深遠なるが如し。我国の皇学者流も又民権者流もよくこの意味を解し得るや否《いな》や。(『帝室論』)

●今の文明国に君主を戴くは国民の智愚を平均してその標準尚お未だ高からざるが故なり

文明という観点からいえば、君主を置くのは国民の智恵がまだ高くないからである。すなわち、国民の「公心」を集める中心に具体的な対象として君主を置かなければならないのは、国民の智恵が高くないからであり、しかし国民の状態を見てその便利に従って決めるべきものが政体であるから、安易に共和制を主張する立場にも与しない、という主張が続く。福沢の文明理解に基づく原則論と官民調和の観点に立つ現実論とが、皇室論に複雑に交差していることが分かる。『福翁百話』のこの箇所は、時局に照らし不適切として、削除されたことがある(改造文庫版『福翁百話・百余話』、一九四一年)。

▽今の文明国に君主を戴《いただ》くは、国民の智愚を平均してその標準尚《な》お未《いま》だ高からざるが故《ゆえ》なり。その政治上の安心尚お低くして公心集合の点を無形の間に観ずること能《あた》わざるが故なり、彼《か》の政客輩が一向に共和説を唱うるは、身躬《みずか》ら多数の愚民と雑居して共にその愚を与《とも》にするの事実を忘れたるが故なりと、断言して憚《はばか》らざる者なり。(『福翁百話』九四「政論」)

●本来政府の性は善ならずして、注意すべきは、只その悪さ加減の如何に在り

政府が国民のために働く「万能の府」であるというのは誤りであり、国民のだれもが満足する完璧な働きをすることはあり得ない。その本質は国民にとって不都合な悪いものであり、政権選択とは結局「悪さ加減」を選択するにすぎないことを説く『時事新報』社説の一節。当時の内閣は第二次伊藤博文内閣で、国会における民党と与党の対立激しく、この後同内閣で二度の衆院解散が行われた。

▽今の一般の人民は、専制時の慣習を脱せずして、政府を万能の府と認め、之に望むに非常の事を以《もっ》てして意の如《ごと》くならず、政府の当局者も亦《また》これを以て自《みず》から任じ、種々の手段を試みて、意の如くならず、双方共に不如意の淵に迷う。その迷《まよい》こそ即ち不平の種にして、現在の政府に不平なると同時に、未来の善政府を想像することなれども、一旦更迭《いったんこうてつ》を催《もよ》おして、新政府を見るも、その不平は依然として、想像を実にするを得ず。更に再び更迭するも亦然《またしか》り。再三再四、何《いず》れも同一様にして、万能の善政府は、遂《つい》に見るべからず。是に於《お》いてか、**本来政府の性《さが》は善ならずして、注意すべきは、只その悪さ加減の如何《いかん》に在《あ》る**の事実を始めて発明することならん。(「政府の更迭自から利益なきに非ず」『時事新報』明治二六年)

◉**私立**

個々人や個々の団体が、他に頼らず独立している様を表す。現在のように公立、私立の別を指す語ではなく、「私立の活計」「私立の会社」などというように、民間に自立することが近代社会の基本であることを象徴する語である。

▽今我より**私立**の実例を示し、人間の事業は独《ひと》り政府の任にあらず、学者は学者にて私《わたくし》に事を行うべし、町人は町人にて私に事を為《な》すべし、政府も日本の政府なり、人民も日本の人民なり、政府は恐るべからず、近づくべし、疑うべからず、親《した》しむべし、との趣《おもむき》を知らしめなば、人民漸《ようや》く向《むか》う所を明《あきらか》にし、上下固有の気風も次第に消滅して、始めて真の日本国民を生じ、政府の玩具たらずして政府の刺衝《ししょう》と為《な》り、学術以下三者も自《おのず》からその所有に帰して、国民の力と政府の力と互いに相平均し、以て全国の独立を維持すべきなり。（『学問のすゝめ』四編）

◉**掃除破壊と建置経営**

明治維新後の福沢の言論姿勢を示す語。福沢が『時事新報』創刊時に用意したと思われる未発表原稿内の語であるが、福沢自身がみずからの言論姿勢を明瞭に要約した語として知られる。維新後明治八、九年頃までは、それまでの儒教主義を徹底的に覆し、独立の思想を盛んに吹聴した時期として「掃除破壊」と表現され、この時期の福沢の論調は原則的、総論的な傾向がある一方で、その後の時期は、破壊した更地の上に建物を建てて経営するように、「常に人事の前途に眼を注ぎ、時に随《したが》てこの流行を矯正し又或《あるい》は新《あらた》に流行を始造するの工風《くふう》」をなして、現実的、各論的な議論をなすべきとする。『学問のすゝめ』『文明論之概略』は「掃除破壊」の傾向の顕著な議論であり、逆に『時事小言』や『時事新報』社説の議論、特に官民調和論は「建置経営」の議論とみることができる。『福沢全集緒言』において、著作を一冊ずつ解説しているにもかかわらず、明治一〇年刊行の『分権論』以下を一括して論じているのも、このこととの関連で理解できる。

▽この十五年の間を顧《かえりみ》るに、我輩の思想に於《おい》てその方向を二段に分《わけ》て見るべきものあり。蓋《けだ》し初段は**掃除破壊**の主義にして、第二段は**建置経営**の主義なり。（「掃除破壊と建置経営」明治一五年頃、『全集』二〇）

民権・国権

◉**天然の自由民権論は正道にして、人為の国権論は権道なり**

自由民権の主張は人間が生まれながらに当然与えられる普遍的な理の議論であり、国家が地球上で勢力を張り合う国権論は人間の私心に基づく権道にすぎない。福沢の国権論や外交論には、常に「正道」と「権道」の使い分けが存在する。

▽**天然の自由民権論は正道にして、人為の国権論は権道なり。**

或《あるい》は甲は公にして、乙は私なりと云《い》うも可なり。(『時事小言』)

◉官民調和

官と民の対立を調和して国権の安定を図り、そのうえで諸外国にも処していくという福沢の議論。破壊的あるいは非生産的な政府批判ではなく、文明に向かうための建設的な政府批判あるいは民論批判を意図するところに特徴がある。明治一〇年代以降の福沢の議論の特徴をなし、特に明治一五年の『時事新報』創刊以降、その傾向は顕著となった。

福沢は、特定の政党や勢力からは独立した立場からこの主張をなすことが重要であると考えた。『時事新報』創刊号の社説「本紙発兌之趣旨」で独立不羈の立場を宣言し、その立場に注意し続けたのもそのためである。しかしこの議論の趣旨は、官民双方よりかならずしも理解されず、十分な成果を上げたとはいえなかった。また、この主張が福沢の歴史的評価に関する議論を複雑にしている。

▽双方共に一得一失、何《いず》れを是とし何れを非とすべきに非《あら》ざれども、左《さ》りとてこのままに捨置くときは国家の不利これより大なるはなしと、独《ひと》り心に感じたるは凡《およ》そ明治十年以来のことにして、之《これ》を医するの法は唯《ただ》官民を調和せしむるの外《ほか》に手段なきを信じて、或《あるい》は地方分権の要を説き、或は民権の真面目を論じ、又或は国権の大切なるを論して官民の目的を外に向《むか》わしめんとし、是等の為《た》めには国会の開設も妙ならんなど論じ…。(『福沢全集緒言』)

◉千七百年代の人民は芋蠋にして、八百年代の人は胡蝶なり

産業革命前後の人間に関する『民情一新』中の譬え。産業革命以前は人びとの情報の伝達、物流などは実に芋虫のごとき歩みであったが、産業革命以後はそれが蝶のごとく自由に、一瞬のうちに世界を飛び交うようになったことを表現する。その結果として民情が一変し、「思想通達の利器」を得た人びとは官との軋轢を深め、それに対して官は専制を強め、今後いっそう世情が混迷する可能性を指摘する。

▽千七百年代の人民は芋蠋《いもむし》にして、八百年代の人は胡蝶《こちょう》なり。芋蠋を御《ぎょ》するの制度習慣を以て胡蝶を制せんとするは亦難《またかた》からずや。故に云《いわ》く、今の世界の諸政府が次第に専制に赴《おもむ》くは自《おのず》から止むを得ざるの事情なれども、到底その功を奏するの望《のぞみ》はあるべからざるなり。(『民情一新』)

◉不平も三、四年なり、得意も三、四年なり

イギリスの議院内閣制を説明する『民情一新』の一節。与党と野党が主張を争い、選挙によって政権交代が頻繁に起こるイギリス議会制度では、政治家たちの「栄辱の念、自から淡泊」になり、人びとに余裕が生じると説く。産業革命以降、世界各地で顕在化している官民の軋轢が上手に緩和される優れた制度である

と解説し、日本もイギリスを手本とした議院内閣制の導入が適切であると提案する。

▽英の政府は数年の間に必ず顚覆《てんぷく》する者と云《い》うも可なり。唯《ただ》兵力を用いざるのみ。機転滑《なめらか》なりとは即《すなわ》ち是《こ》の謂《いい》なり。(『民情一新』)

▽旧政府に代《かわり》て新政府を開くも、その持続すると否《いな》とは自家の力のみに在らずして他に任することなれば、深く之《これ》を栄とするに足らず。一進一退その持続する時限五年以上なる者は甚《はなは》だ稀にして、平均三、四年に過ぎず。**不平も三、四年なり、得意も三、四年なり**、栄辱の念自《おのず》から淡白にして胸中に余裕を存すべし。(同)

◉人に交わるは馬に乗るが如く、御法は御者に在て存す

国民は馬、政府はそれに乗る御者のようなもので、どんな馬であってもそれを乗りこなすところに御者の力量が問われる。官尊民卑の弊風を改める必要性を理解するならば、国民が歩み寄るのを待つのではなく、政府の側が歩み寄る努力をしなければならない、という文脈で記されている。現実にそぐわない空理空論ではなく、現実を見据えてそれを改めていく現実主義を表現する。

▽**人に交わるは馬に乗るが如《ごと》く、御法は御者《ぎょしゃ》に在《あり》て存す**。今日の勢より見て、政府は御者の如《ごと》く人民は馬の如し。苟《いやしく》も御者の身としてこの馬は御すべからずと云《い》うは、馬の罪に非《あら》ず、その実は御法の拙なるのみ。(「尚商立国論」『時事新報』明治二三年)

◉阿房の頂上、議員と為る

「阿房《あほう》頂上為議員」。国会開設に当たりいわゆる地方名望家たちが、経済的独立や地方の近代化など、みずからがなすべき役割を忘れて政治に熱中する様を酷評した福沢の漢詩の一節。福沢のこの姿勢は一部の門下生の政治熱を冷却することに力があった。浜松在住の門下生伊東要蔵は、地元からの推挙があっても容易に出馬せず、逆に福沢が出馬を説得したほどであった。

▽道楽発端称有志　阿房頂上為議員　売飛累代田畑去　貰得一年八百円。(「詩集」『全集』二〇)

◉経世・権道・方便

福沢の政治論に多用される語彙。福沢は、普遍的な道理に基づく自由平等といった議論とは異なり、現実に即応して巧妙に舵をとらねばならない現実社会に向き合うに当たっては、やむを得ず対処療法的な施策が必要であると理解し、特に『時事新報』紙上ではしばしばそのような観点から政治論を展開した。これが「建置経営」という語で表される姿勢である。その際、差し当たって行うことについて、これらの語を使って説明した。

▽近年、各国にて次第に新奇の武器を工夫し、又常備の兵員を増すことも日一日より多し。誠に無益の事にして誠に愚な

りと雖《いえ》ども、他人愚を働けば我も亦《また》愚を以て之《これ》に応ぜざるを得ず。他人暴なれば我亦暴なり。他人権謀術数《けんぼうじゅつすう》を用《もちう》れば我亦これを用ゆ。愚なり暴なり又権謀術数なり、力を尽《つく》して之を行い、復《ま》た正論を顧《かえりみ》るに遑《いとま》あらず。蓋《けだ》し編首に云《い》える人為の国権論は**権道**なりとは是の謂《いい》にして、我輩は権道に従う者なり。(『時事小言』)

▽**経世**の要は社会の人をして不平怨望の極に至らしめず、又満足得意の極にも登らしめずして、正《まさ》にその中間の地位を授け、苦薬喜憂相半《あいなかば》して極端に超逸せしめざるに在るのみ。(『尊王論』)

▽人間の目的は唯《ただ》文明に達するの一事あるのみ。之《これ》に達せんとするには様々の**方便**なかるべからず。随《したがっ》て之を試み随て之を改め、千百の試験を経てその際に多少の進歩を為すべきものなれば、人の思想は一方に偏すべからず。綽々然として余裕あらんことを要するなり。(『文明論之概略』巻之一)

●**人民は恰も政府と名くる大家に嫁入して、無数の舅姑に事え、又小舅姑に交わるが如し**

役所仕事の煩雑さを批判する譬え。福沢は官吏に冗員が多く、しなくてよい仕事をむやみに増やし、国民が煩雑なお役所仕事にわずらわされる「繁文の弊」に苦しめられていることを、しばしば批判した。冗費の節約に取り組み、さらにできるだけ冗員を削減し、国民の無用な反感や羨望を緩和することから取り組むよう政府に提案している。特に「地租論」では、政府の冗員による無用な仕事を揶揄する譬えが多く挙げられている。

▽明治政府の官途に冗員の多くして冗費の大なるは事実に掩《おお》うべからず。その冗員を養うの銭は即《すなわ》ち冗費にして、尚《な》おその上に冗員は唯《ただ》官途に衣食して安んずる者にあらず、銘々に官職の名あればその名に従《したがい》て頻《しき》りに新工風《くふう》を運《めぐ》らし、頻りに新法新規則を製作し、又新事業を起さんとして果ては政治に縁もなき事にまで手を出し、無益に政費を費《ついや》して唯徒《ただいたずら》に人民の煩累《はんるい》を為す。その事情を喩《たと》えて云《い》えば、家の要用もなくして数多の裁縫師又は大工左官を雇入れ、之《これ》に無益の給料を払う上に、職人等も無事居食《いぐい》にては体面宜《よろ》しからざるが為めに、頻りに仕事を工風して家人に不用なる衣裳を作り、既に手広き家作の外《ほか》に又普請《ふしん》するが如《ごと》し。家計膨脹せざらんと欲するも得《う》べからず、即ち冗員は冗費を要し冗費は以て民を煩《わずら》わすの資と為《な》る、繁文の由《より》て生ずる事情窺《うかが》い見るべし。(「地租論」)

▽手数の面倒にして且《かつ》心配の多きこと、**人民は恰《あたか》も政府と名《なづ》くる大家に嫁入《よめいり》して無数の舅姑《きゅうこ》に事《つか》え又小舅姑に交わるが如し**。舅姑の心或《あるい》は深切ならんと雖《いえど》も、嫁の身と為りては実に辛抱も出来兼《かね》る次第なり。法を以て民を煩わすの弊極《きわま》ると云うべし。(同)

●政権・治権

福沢は『分権論』において、国権をgovernment（政権）とadministration（治権）に分けて論じている。中央政府が担うべき政権には、立法、軍事、租税、外交、造幣などが含まれ、地方に分権すべき治権には警察、道路、学校、社寺、衛生、区入費などの権限が含まれるとする。この区別を明瞭にせず、むやみに中央政府の権限を地方に分けようとする議論や、逆にすべての権限を中央に集めようとする議論を強く批判し、区別を明らかにして地方分権を進めることを主張した。この議論はトクヴィルの『アメリカのデモクラシー』の影響が指摘される。

▽抑《そもそ》も国権に二様の別あり。一を**政権**と云う。西洋の語、これを「ガーウルメント」と称す。一を**治権**と云う。即《すなわ》ち西洋に所謂「アドミニストレーション」なるものなり。（『分権論』）

▽**政権**は中央の政府に集合せざるべからず、**治権**は全国の各地に分《わか》たざるべからず、二権を併して集むべからず、又これを併して散ずべからず。（同）

●駄民権

福沢が世の自由民権運動を揶揄した語。明治一四年の政変により大隈重信が参議を罷免された直後、伊藤博文・井上馨に政府広報紙発行計画が反故となった経緯の説明を求めた書簡中にみえる。福沢はもとより明治政府の専制に対して民権論を主張する者であったが、現に世で行われている自由民権運動に対しては、真の意味で民権を求めるのではなく、「政府の権を分かちて共に弄ばんと欲する」ものにすぎないと批判的に眺めた。民権運動の興隆の中であえて『通俗民権論』と『通俗国権論』を同時刊行し、国権の軽視を戒めるなど、世の自由民権運動とは一定の距離をとる立場を鮮明にしたのはそのためである。

▽老生の本意は、元来新聞紙発兌を以て名を得るにも非《あら》ず、金を取るにも非ず。唯《ただ》その発兌の主義の公明正大なるを悦び、この一発を以て、天下の**駄民権**論も圧倒し、政府真誠の美意を貫通せしめんとするの丹心…。（明治一四年一〇月一四日付伊藤博文・井上馨宛書簡）

▽今の民撰議院論は、人民の領分を広めんとするに非ずして、政府の権を分《わかち》て共に弄《もてあそ》ばんと欲するに過ぎず。（「覚書」『全集』七）

●公平の論は不平の人より出ず

「公平論出不平人」。公平を求める声は公平無私の見地からではなく、ごく身近で私的な不平を抱いた人から生ずるのが常である。福沢が揮毫を求められるとしばしば書した語。「国会難局の由来」においては、政府の官吏が国民から羨望を受けるような生活をすることが官民の摩擦を助長すると指摘して、官吏に自制を求める文脈において、同様の表現が用いられている。

▽政治論に熱する輩《やから》は、青雲の外《ほか》に他事なき者なれば、在朝の

人の得意なるほどに自《おのず》から失意を感じて、羨望の情、禁じて禁ずべからず。発して新聞紙の論説と為《な》り、演説会の詭言《きげん》と為りて、動《やや》もすれば政府の弱点に中《あた》るもの多し。然《し》かのみならず凡《およ》そ人間社会の情態に於《おい》て、**公平の論は不平の人より生ずる**の常にして、彼の演説、新聞の言論も大抵皆公平無私の如《ごと》くに聞《きこ》ゆるが故《ゆえ》に、之《これ》が為めには政府の人も大《おおい》に困却したることならん。(「国会難局の由来」)

●空樽は能く鳴る

「空樽能鳴」。西洋の諺(An empty barrel makes the most noise)の訳。智恵の浅い者ほど、浅はかに声高にさまざまな主張をなすという意味。『福翁百話』や「女大学評論」にも「空樽を叩けば声高し」などと登場する。福沢は書を求められたときこの語を書することがあったという。同様の意味で時に揮毫した語に「馬鹿不平多《ばかふへいおおし》」なる語がある。

▽我輩は忠孝の声言喋々《ちょうちょう》として空樽《あきだる》の如《ごと》くならんよりも、黙して忠孝の実あらんことを所望する者なり。(『福翁百話』五四「嘉言善行の説」)

外国交際

●理のためにはアフリカの黒奴にも恐入り、道のためには英吉利亜米利加の軍艦をも恐れず

相手が何国人であっても正しい道理は恐れずに主張し、こちらの誤りは素直に謝罪するのが筋である。地球上の人間は皆同じ日月の下、同じ環境に住む同等の人であり、相互に親善を深めるとともに、侮ったり卑屈になったりすることもないという例として挙げられている。『学問のすゝめ』刊行当時は依然として攘夷の風潮が残っており、一方では西洋をやみくもに模倣する傾向もあったため、双方を排したうえでの原則論である。

▽日本とても西洋諸国とても同じ天地の間にありて、同じ日輪に照らされ、同じ月を眺め、海を共にし、空気を共にし、情合《あい》相同じき人民なれば、ここに余るものは彼に渡し、彼に余るものは我に取り、互《たがい》に相教え互に相学び、恥《はじ》ることもなく誇ることもなく、互に便利を達し、互にその幸を祈り、天理人道に従《したがい》て互の交《まじわり》を結び、**理のためにはアフリカの黒奴にも恐入《おそれい》り、道のためには英吉利亜米利加《イギリスアメリカ》の軍艦をも恐れず**、国の恥辱とありては日本国中の人民一人も残らず命を棄てて国の威光を落さざるこそ、一国の自由独立と申すべきなり。(『学問のすゝめ』初編)

▽千辛万苦たえしのび、学びすすめば限《かぎり》なき、万《よろず》の物の理を窮《きわ》

め、理非黒白《りひこくびゃく》をわきまえて、徳義を修め智を開き、天に亜《つ》ぐべき人の勇、勇は強きに恐怖せず、仁は弱きを侮《あなど》らず、西洋人もおなじ人、亜非利加《アフリカ》人もおなじたみ、稚《おさな》きときに学ぶこそ、国の富強の基《もとい》なれ。（『啓蒙手習之文』下）

◉人智愈開れば交際愈広く、交際愈広ければ人情愈和らぎ、万国公法の説に権を得て、戦争を起すこと軽率ならず

人間の智恵が高尚の域に達し、交際も開けるに従い、おのずと人の感情は穏やかになり、国際法の権威が増し、戦争も軽率に起こされなくなっている、という意。福沢は、人智や交際の拡大によって世界各国の軋轢も緩和されていくという世界観を持っていた。

▽西洋諸国日新の勢《いきおい》を見るに、電信、蒸気、百般の器械、随《したがっ》て出《いず》れば〔随て〕面目を改め、日に月に新奇ならざるはなし。啻《ただ》に有形の器械のみ新奇なるに非ず、**人智愈開《いよいよひらけ》れば交際愈広く、交際愈広ければ人情愈和《やわ》らぎ、万国公法の説に権を得て、戦争を起すこと軽卒〔率〕ならず**、経済の議論盛《さかん》にして政治商売の風を一変し、学校の制度、著書の体裁、政府の商議、議院の政談、愈改れば愈高く、その至る所の極を期すべからず。（『学問のすゝめ』九編）

◉百巻の万国公法は数門の大砲に若かず、幾冊の和親条約は一筐の弾薬に若かず

大部の国際法も大砲数門の前には無力であり、和親条約を何冊結んでも、弾薬一つの前には効力をなさない、という意味。「理のためにはアフリカの黒奴にも恐入り、道のためには英吉利亜米利加の軍艦をも恐れず」といっていた『学問のすゝめ』初編の言葉が一国独立の原則的精神を示したものであるのに対して、この言葉は当時の国際社会の現実を示して警告したものである。

▽**百巻の万国公法は数門の大砲に若《し》かず、幾冊の和親条約は一筐の弾薬に若かず**。大砲弾薬は以て有る道理を主張するの備に非《あら》ずして無き道理を造るの器械なり。（『通俗国権論』）

▽一視同仁など之を口にするも迂闊《うかつ》の談にして、今は生存競争の四字を以て立国の格言と定めたり。畢竟《ひっきょう》人文未開の然《しか》らしむる所にして、個人の罪に非《あら》ず、獣界の戯と云《い》うも可なり。既に禽獣の世界に居て互に生存を争わんとするには、その手段の醜美は択《えら》ぶに遑《いとま》あらず、或《あるい》は権利義務と云い、或は同盟義侠と云い、所謂《いわゆる》万国公法の許す限りに外面を装《よそお》うて、その内実は唯《ただ》自国の利益を謀《はか》るべきのみ。（『福翁百余話』一二「立国」）

●戦を主張して戦を好まず、戦を好まずして戦を忘れざるのみ

戦争を欲して戦争を議論するのではなく、戦争を欲しないがゆえにそれを論じ、常に戦争の可能性を忘れないのである。みずからが戦争を欲するものではないことを強調しつつ、戦争を度外視してそれを議論しないことはかえって国を危うくするという議論。福沢は時期に応じて当時も不人気の軍備増強を唱えるなど、政治論には現実主義的立場が色濃いが、その姿勢の前提を明瞭に示す一節である。

▽余輩は外戦の論を主張すと雖《いえど》も、外交無事の時に際して今月今日、戦を挑むと云《い》うに非《あら》ず。今月ならず、今年ならず、又来年ならず、或《あるい》は永年外戦の機会なきを期すべからず。斯《かく》の如《ごと》きは則ち憂《うれ》うべきに非ず、祝すべきなり。之《これ》を要するに余輩の主義とする所は、**戦を主張して戦を好まず、戦を好まずして戦を忘れざるのみ**。(『通俗国権論』)

▽仮令《たと》い口に生存競争の要を論じ、又実際に之を実行するも、内心深き処には病人の世界に止《や》むを得ざるの薬品なりと独《ひと》り自《みず》から観念して、兎《と》にも角《かく》にも思想の幅を広くせんこと我輩の祈る所なり。(『福翁百余話』一一「立国」)

●内安外競

官民の調和を図って国内情勢をできるだけ穏やかにしつつ文明化を進め、国の総力を挙げて諸外国と競うことを意味する語。「官民調和」を外交論についていい換えた語と位置づけられる。『時事新報』の外交論の基調をなす発想である。

▽外の艱難を知《しり》て内の安寧を維持し、内に安寧にして外に競争す。**内安外競**、我輩の主義、唯《ただ》この四字に在るのみ。内既に安し、然《しかれ》ば則ち消極を去《さり》て積極に向い、外に競争する所以《ゆえん》の用意なかるべからず。(『時事小言』)

▽都《すべ》て物事には軽重大小の区別あるものなれば、よくその区別を弁じ、成るべきだけ堪忍して、軽小なることをば捨てて顧《かえりみ》ることなかるべし。今一国内の人間交際は内の事なり、外国交際は外の事なり。内の交際は軽小にして外の交際は重大なり。内は忍ぶべし。外は忍ぶべからず。(「内は忍ぶ可し外は忍ぶ可らず」『全集』一九)

●脱亜

「亜細亜流の政教風俗」を脱して西洋文明を採用すること。明治一八年三月一六日付『時事新報』社説「脱亜論」で使われた語。ここでは明治維新以後、日本が朝野の別なく一致して文明の導入に努め、旧套を脱しようとした方針を脱亜の二字で表している。これに対して清国と朝鮮が世界の潮流を察することなく、古来のアジア流の思想に恋々として文明への道を歩もうとしないことを厳しく批判する。続けて、西洋諸国が日本をアジアの一国と一括りにし、清や朝鮮と日本を同一視することは迷惑であり、甲申事変により当面文明に進む道を放棄した以上、朝鮮とその背後にいる清が文明へと進むことを待っている余裕はないので、二国とは今後、アジアの隣国としてではなく、西洋諸国と同様に接するべきである、と論ずる。この社説の論題および文中で一度使用された以外では、福沢の生涯で使用例はみられない。また「脱亜入欧」という語彙を用いた例はない。

▽我日本の士人は国を重しとし政府を軽しとするの大義に基《もとづ》き、又幸《さいわい》に帝室の神聖尊厳に依頼して、断じて旧政府を倒して新政府を立て、国中朝野の別なく一切万事、西洋近時の文明を採り、独《ひと》り日本の旧套を脱したるのみならず、亜細亜《アジア》全洲の中に在《あり》て新《あらた》に一機軸を出し、主義とする所は唯《ただ》**脱亜**の二字に在るのみ。（「脱亜論」『時事新報』明治一八年）

◉近くは国人が漫に外戦に熱して始末に困ることあるべし。遠くはコンムニズムとレパブリックの漫論を生ずることとなり

日清戦争後の日本の国内情勢について晩年の福沢が記した書簡中の言葉。日本人が戦争の勝利に熱狂するあまり国力を見誤り慢心を生じていること、また西洋諸国に共産主義と共和主義の議論が台頭し、その風潮が日本に及んでむやみに国内の対立をあおる可能性を憂える。この書簡では続けて、これからも多難と予想される日本のために、経営が苦しくとも慶応義塾の維持を希望することが記されている。

▽世の中を見れば随分患《うれ》うべきもの少なからず。**近くは国人が漫《みだり》に外戦に熱して始末に困ることあるべし。遠くはコンムニズムとレパブリックの漫論を生ずることとなり**。是れは恐るべきことにして、唯《ただ》今より何とか人心の方向を転ずるの工風なかるべからず。政府などには迚《とて》もこんな事を杞憂する者あるべからず。（明治三〇年八月六日付日原昌造宛書簡）

8 処世

人生

◉人生蛆虫論

人間の営みは広大無辺な宇宙の中ではとるに足らない蛆虫ともいうべき存在であるが、その蛆虫なりに誇り高く生きるべきと説く福沢諭吉の人生観。晩年の著作『福翁百話』に説かれている。福沢は日頃より「児戯」「小児の戯」「本来無一物」などといった表現を著作や書簡に多用して、人生を客観視する姿勢を垣間見せているが、そのような視点から単に諦念や無常観に完結せず、それを転じてより活発で誇り高く生きる安心法を説く点に福沢の思想の特徴がある。

▽宇宙無辺の考を以《もっ》て独《ひと》り自《みず》から観ずれば、日月も小なり地球も微なり。況《ま》して人間の如き、無智無力見る影もなき蛆《うじ》

虫《むし》同様の小動物にして、石火電光の瞬間、偶然この世に呼吸眠食し、喜怒哀楽の一夢中、忽《たちま》ち消えて痕《あと》なきのみ（『福翁百話』七「人間の安心」）

▽人生本来戯《たわむれ》と知りながら、この一場の戯を戯とせずして恰《あたか》も真面目に勤め、貧苦を去て富楽に志し、同類の邪魔せずして自から安楽を求め、五十、七十の寿命も永きものと思うて、父母に事《つか》え夫婦相親《あいした》しみ、子孫の計《はかりごと》を為《な》し又戸外の公益を謀《はか》り、生涯一点の過失なからんことに心掛《こころがく》るこそ蛆虫の本分なれ。否《い》な蛆虫の事に非ず、万物の霊として人間の独り誇る所のものなり。（『福翁百話』七）

●事物を軽く視て始めて活発なるを得べし

人生蛆虫論の他の表現。この世の中を軽く見ることによって、かえって世の中に真剣に全力をもって向き合うことができることを説く『福翁百話』中の一話の表題。

▽浮世を軽く視《み》るは心の本体なり。軽く視るその浮世を渡るに活発なるは心の働《はたらき》なり。内心の底に之《これ》を軽く視るが故に、能《よ》く決断して能く活発なるを得べし。棄《す》つるは取るの法なりと云《い》う。学者の宜《よろ》しく考《かんが》うべき所のものなり。（『福翁百話』一三「**事物を軽く視て始めて活発なるを得べし**」）

▽浮世を棄るは即《すなわ》ち浮世を活発に渡るの根本なり（同）

▽本来無一物とは云いながら無物の辺には自《おのず》から勢力の大なるを見るべし。（「語」『全集』二〇）

▽浮世は茶番狂言の如《ごと》し、楽屋は則《すなわ》ち虚無に在り、真相仮相能《よ》く味《あじわ》うて得る所あるべし。（同）

●人生須く痕有るべし

「人生　須《すべからく》　有痕」。人間の生涯にはそれぞれなすべきことがある、という意。友人に書き与えた漢詩の一節である。「人生須有為」という語を含む漢詩もあり、同様の趣旨は福沢が慶応義塾校舎の月波楼と呼ばれた楼屋から窓外にみえる品川の海に浮かぶ船の航跡を指さしながら、門下生に語ったと伝わる。

▽抑《そもそ》も人の生は生れて死に至るまで眠食の数のみを以《もっ》て計るべからず、一日に三度の食を喰《くら》い、一夜に一度《た》び寝に就き、この食とこの寝との数を以てすれば人生の長短は計るべしと雖《いえ》ども、その生の大小軽重は以て計《はか》るべからず、余輩の生に於《おい》て目的とする所は、蓋《けだ》しその長短に在《あら》ずして大小軽重に在り。之《これ》を譬《たと》えば船の如《ごと》し。船を造《つくり》て水に浮《うか》ぶれば、船は則《すなわち》船なれども、未《いま》だ以て船とするに足らず、よく風浪を冒《おか》して大海を渡り、海面に浪を破りたる痕跡を遺して、始《はじめ》て船の船たるを見るべきなり。之を要するに人生の目的も、唯《ただ》この社会にその生の痕跡を遺すに在るのみ。（「明治十一年一月十七日集会の記」『福沢文集』二編）

●人事に絶対の美なし

人間のなすことには限界があり、絶対の到達点には辿り着けない、という意。『福翁百話』の第一〇〇話ではこの語を標題に、完全はあり得ないという達観によって物事への拘泥から自由になり、かえって活発に物事に取り組むことができると記している。書簡には同様の趣旨で「ママヨ浮世は三分五厘」と記したものがある。

▽文明の円満は百千万年の後を期して今日に見るべからず、今日の人事は唯《ただ》その進歩中の一節にして固《もと》より絶対の美あるべきに非《あら》ず、唯人力のあらん限りを尽して智徳を上進せしめ、曲りなりにも安寧を維持して遙《はるか》に大成を望むのみのことなれば、苟《いやしく》も人として今世に在らん者はこの進歩の妨《さまたげ》を為《な》すべからず。特に我輩《わがはい》が社会先達の士人に向《むか》て望む所は、その人々が凡俗に雑居して共に俗事を与《とも》にしながら、心事は則ち一段の高処に構えて独《ひと》り俗界を離れ、等しく浮世の戯《たわむれ》を戯るる中にも時に自《みず》から醒覚《せいかく》して戯の戯たるを悟るの一事なり。(『福翁百話』九五「自得自省」)

◉戯去り戯来る

「戯去戯来」。人生は本来すべてが戯れにすぎない、という達観を示す語。福沢は晩年揮毫を求められるとしばしばこの語を書している。「戯」の境地の真意は、「この一場の戯を戯とせずして恰《あたか》も真面目に勤め、貧苦を去て富楽に志し、同類の邪魔せずして自から安楽を求め、五十七十の寿命も永きものと思うて、父母に事《つか》え夫婦相親しみ、子孫の 計《はかりごと》を為し又戸外の公益を謀り、生涯一点の過失なからんことに心掛《こころがく》る」べきものであると述べている(『福翁百話』七「人間の安心」)。その意味で「戯去戯来自有真」(――自《おの》ずから真有り)と記すこともあった。

◉我他彼此無し

「無我他彼此《がたぴし》」(「語」『全集』二〇)。あらゆるものが分け隔なく円満に存在するさま。福沢がよく用いた関防印にこれを刻んだものがある。「我他彼此」は仏教語で、我と他、彼と此を対立的にみるように、あらゆるものが互いに依存しているという根元的な同一性を見失っていること。転じて機械・装置などが円滑に動かないさまをも表す。長沼村民に「一村安全無我他彼此」と書き与えた書がある。

◉大幸は無幸に似たり

「大幸似無幸」。世に対して大きな幸福をもたらす行いは、一面から見るとまったく無価値に思われるものである、という意。福沢がしばしば書した語。また書に押した関防印に「大幸無幸」と刻むものがある。『通俗国権論』二編において宗教の社会的役割を論じるに当たり、「日本の士人は一種の気風を有し、よく宗教の外に逍遙して自からその品行を維持する」例として、信仰心とは無関係に寺社の行事をこなすことによって社会全体の品行を維持し、幸福をもたらしていることについて、この言葉を用いている。

▽悠々として強いて争うものもなく、よくその心身を安んじてその品行を維持し、識《し》らず知らずの際に社会の幸福を致す、人生の美事これより大なるはなし。是即ち余輩の所謂宗教の外に逍遥するものなり。蓋《けだ》し美味は美ならざるが如《ごと》く、**大幸は無幸に似たり**。日本の士人は大幸を得るものと云《い》うべし。(『通俗国権論』二編)

処世

◉今吾は古吾に非ず

「古吾」を「故吾」とする場合もある。いまの自分はかつての自分のままではない、人間は常に成長している、という意。人間は進歩するものであるから、いまの自分が将来の自分を予測できないように、かつての自分に拘泥せずに進み、また現在の自分に自信を持つことにも向けられた語。文中に同様の表現をしばしば用い、漢詩でも用いている例がある。

▽人の心の働《はたらき》は千緒万端、朝は夕に異なり、夜は昼に同じからず。今日の君子は明日の小人と為《な》るべし、今年の敵は明年の朋友と為るべし。その機変愈出《いよいよいず》れば愈奇なり。…所謂**今《こん》吾《ご》は古吾に非ず**とは即《すなわち》是れなり。(『文明論之概略』巻之二)

▽一身の品行を維持して自暴自棄の境界に陥る莫《なか》らんとするの要は、前途の望を養うに在り。前途の望を養うとは、日に吾《わが》身の有様を良き方に進め、今吾は古吾を愍笑《びんしょう》し、明年の吾は今年の吾を恥《はじ》るの目的を定め、啻《ただ》に肉体衣食住の有様を改良するのみならず、無形の心事をも日一日に進めて止《や》まざるを云《い》うなり。(「三田玉鳳寺開講の文」『福沢文集』二編)

▽今吾と古吾とを比較して昔日の失策を回想しなば、渾身汗を流すも啻《ただ》ならざること多し。然《しか》れば則ち妄《みだり》に今の同時の他人を評すべからず。(「覚書」『全集』七)

▽今吾古吾恰《あたか》も二人の如《ごと》くなるこそ世事の進歩なれ。(同)

◉真成の武人は終身刀を抜かず、抜けば即ち必ず敵を切て誤らず

学識は深く持ちながらも、それをむやみに振り回さず、本当に必要なときに的確に使いこなすべきである、という意味の譬え。明治一八年九月に行われた英吉利《イギリス》法律学校(現中央大学)の開校式での演説の一節。法律を学ぶといっても、その専門職に就く人は少ないかもしれないが、法律は「人間生々必須の学」であり、「知見を百般の事業に適用して、以て一身を護り一家を護り、屹然《きつぜん》たる独立の男子たらんこと」を希望、その最後にこの語を使い、学識深く、常に黙して法理をいわず、口にするときは冷静かつ適切に用いる人物となるよう述べている。

▽在昔封建武士の時代に、佩刀《はいとう》を抜いて犬を切る者は必ず近来剣を学《まなん》で未熟なる若武者に限ると云《い》う。蓋《けだ》し**真成の武人は終身刀を抜かず、抜けば即ち必ず敵を切《きり》て誤らず**。武辺の奥意なり。故に今の諸子もこの真成の武人を学び、法律

を以《もっ》て犬を切る勿《なか》れ。常に黙して法理を言わず、言えば則ち必ず法敵を斃《たお》して自家の権利栄誉を護るべきなり。（「英吉利法律学校開校式の演説」明治一八年、『全集』一〇）

●古人必ずしも絶倫ならず

世の人はあらゆる物事について古人のほうが優っていたと考えがちだが、それは優れたものだけが淘汰されずに残った結果にすぎない、と説く『福翁百話』中の一話の表題。詩歌を例に、今日まで伝わらない歌がかつて無数に詠まれたはずだが、「多数の拙は忘れられて少数の巧のみ存す」る結果、古人が優れていたようにみえるのであり、いまの人びとは卑屈になる必要はないと激励する。

▽平均数より見れば古人必ずしも妙を得たるに非《あら》ず、明治年代の作にても、今より千年の後《のち》に伝わるものは、必ず絶妙にしてその時代の人を感服せしむることならん。（『福翁百話』八八「古人必ずしも絶倫ならず」）

●思う所は言うべからず、言う所は行うべからず

学問のある者は、どんなに思索に耽って考えたことでも、それを安易に口にするのではなく、時機が熟したと見れば口にすべきであり、その口にしたことも安易に行動に移さず、じっくりと時期を見て行うべきである。『福翁百話』の中で、人間社会の進歩はそのような中に生まれるものである、と説かれている。すなわち、時勢の進歩を伴って空想が現実となることを説いたものであり、明治維新さえもそうであると説く。この語を詠み込んだ漢詩もつくられている。

▽**思う所は言うべからず、言う所は行うべからず。**…文明の学者として世に処するの法は、常に凡俗の思い到らざる所に心を馳《は》せて、種々無量の想像を逞《たくまし》うし、百千の新按を案じて之《これ》を胸裡に貯え、機を見て言に発し又実際に実行するその趣《おもむき》は、新調の楽器を懐《ふところ》にして容易に音を発せず、周囲の情勢を視察して時機の漸《ようや》く可なるを窺《うかが》い、思切《おもいき》って発音して天下の耳を驚かすものの如《ごと》くなるべし。（『福翁百話』六三「空想は実行の原素なり」）

▽所思不可言　所言不可為　人間安心法　唯在無所思。（「詩集」『全集』二〇）

●愈究めて愈遠し

「愈究（而）愈遠」（「語」『全集』二〇）。世の中の事物は究めれば究めるほどなお深奥で、際限なく広がるものであり完成はないということ。無限に広がる人生の可能性や、怠りなく努力を続けることを願う意味で、福沢が揮毫を求められるとしばしば書した語。文明は智徳の無限の進歩であると捉える思想にも通じる。慶応義塾の塾歌（富田正文作詞・信時潔作曲）には「究めていよいよ遠くとも」と、この語が織り込まれている。

◉蟻の門人

人間は経済的に独立して衣食住を満たすことだけをもって人生の目的としてはならないことを説く、『学問のすゝめ』九編に登場する例。経済的独立だけを達成して、手柄を立てたように得々としている人は、先を見越して冬の準備をする蟻にも及ばない「蟻の門人」であると酷評し、社会の発達に尽くしてこそ人間であるので、衣食足りたうえでなお智徳の向上に努力を続けることの大切さを説く。

▽固《もと》より独立の活計は人間の一大事、汝の額《ひたい》の汗を以て汝の食を喰えとは古人の教《おしえ》なれども…この教は僅《わずか》に人をして禽獣に劣ること莫《なか》らしむるのみ。試《こころみ》に見よ。禽獣魚虫、自《みず》から食を得ざるものなし。啻《ただ》にこれを得て一時の満足を取るのみならず、蟻の如きは遙《はるか》に未来を図り、穴を掘《ほり》て居処を作り、冬日の用意に食料を貯《たくわう》るに非ずや。(『学問のすゝめ』九編)

▽兎《と》にも角《かく》にも一軒の家を守る者あれば、自から独立の活計を得たりとて得意の色を為し、世の人もこれを目して不覊《ふき》独立の人物と云《い》い、過分の働《はたらき》を為したる手柄もののように称すれども、その実は大なる間違《まちがい》ならずや。この人は唯《ただ》**蟻の門人**と云うべきのみ。生涯の事業は蟻の右に出るを得ず。(同)

▽人生の目的は衣食のみに非ず。若《も》し衣食のみを以《もっ》て目的とせば、人間は唯《ただ》蟻の如《ごと》きのみ、又蜜蜂の如きのみ。これを天の約束と云うべからず。(『文明論之概略』巻之一)

◉馬鹿者と雑居すれば、独り悟りを開く訳けにも参らず

ひとり世の中を達観して、冷淡に見つめても社会は良くならないので、世俗に雑居し、その一員の視点で『時事新報』を執筆する、との本音を綴った門下生宛書簡の一節。福沢の現実主義的言論や、俗文主義と呼ばれた文章の外形の由来として把握できる。

▽政治の話は頻《しき》りにして、新聞紙も忙しき次第、実に小児の戯《たわむれ》、馬鹿々々しき事なれども、**馬鹿者と雑居すれば、独《ひと》り悟りを開く訳《わ》けにも参《まい》らず**、時事新報にも毎度つまらぬ事を記し候事なり。(明治二三年八月三〇日付清岡邦之助宛書簡)

▽馬鹿者の世界に独《ひと》り智能を耀《かがや》かさんとして人に厭《いと》わるるは、亦《また》是れ一種の馬鹿者たるを発明するに足《た》るべし。(『福翁百話』六二「不行届も亦愛嬌の一端なり」)

◉蔭弁慶の筆こそ無責任の空論

新聞執筆に当たっての福沢の心得。人を新聞で評論するときにはその人の面前でいえることを限度に書き、本人を目の前にしたら逃げ回るような態度は「蔭弁慶の筆」というべきものであると、強く戒めている。

昭和二一(一九四六)年、日本新聞協会初代理事長となった『時

事新報』出身の伊藤正徳によって、この趣旨が旧「新聞倫理綱領」に盛り込まれ、「第二　報道、評論の限界」に「人に関する批評は、その人の面前において直接語りうる限度にとどむべきである」と定められた。

▽編輯《へんしゅう》の方に就《つい》て申せば、私の持論に、執筆者は勇を鼓《こ》して自由自在に書くべし、他人の事を論じ他人の身を評するには、自分とその人と両々相対して直接に語られるような事に限りて、其《それ》以外に逸すべからず、如何《いか》なる劇論、如何なる大言壮語も苦しからねど、新聞紙に之を記すのみにて、扨《さて》その相手の人に面会したとき自分の良心に愧《は》じて率直に述べることの叶わぬ事を書いて居ながら、遠方から知らぬ風をして恰《あたか》も逃げて廻《ま》わるようなものは、**これを名づけて蔭弁慶《かげべんけい》の筆と云う、その蔭弁慶こそ無責任の空論**と為《な》り、罵詈《ばり》讒謗《ざんぼう》の毒筆と為る、君子の愧ずべき所なりと常に警《いまし》めて居ます。（『福翁自伝』『時事新報』）

◉外交の事を記し、又これを論ずるに当りては、自から外務大臣たるの心得を以てすべし

新聞が外交を論じるに当たっては、外務大臣のつもりで書くべきである、と説く時事新報社説の一節。軽々に世論の喜ぶことを書くのではなく、発言が内外に与える影響を十分考慮して「大に論ずべきの時か、将《はたま》た全く黙すべきの時か、苟《いやく》も国家の利害を思うものならんには自から考えて自から悟るべし」と主張している。福沢が民間独立に身をおきつつ、国際社会に向けて日本の立場を発信することの重要性を認識し、英字新聞の発行に早くより関心を持ったのはこの発想によるものといえる。

▽外交の事態いよいよ切迫すれば、新聞紙の筆はいよいよ鈍るの常にして、我輩の如《ごと》き、身その局に在らずと雖《いえど》も、**外交の事を記し、又これを論ずるに当《あた》りては、自《みず》から外務大臣たるの心得を以《もっ》てする**が故に、一身の私に於《おい》ては世間の人気に投ずべき壮快の説なきに非《あら》ざれども、紙に臨めば自から筆の不自由を感じて自から躊躇《ちゅうちょ》するものなり。（「新聞紙の外交論」『時事新報』明治三〇年）

生涯

◉恰も一身にして二生を経るが如く、一人にして両身あるが如し

江戸時代、「純然たる日本の文明」に浴していた学者が、開国以来自分の経験を直接西洋文明と比較することができるという「便利」を得る希有な機会にめぐり会ったさまを表現した一文。『文明論之概略』において、同書を執筆した動機について記す部分にあり、日本と西洋を比較し、取捨を適切に判断できる時代を生きていることを利用して本書をしたためたと記す。

この語を記したとき福沢はまだ四〇歳であったが、その後明治三四年に没し、明治維新を折り返し地点に前後三三年ずつ六六年を生きたため、期せずしてこの語のとおりの生涯となった。

▽試《こころみ》に見よ、方今我国の洋学者流、その前年は悉皆《しっかい》漢書生ならざるはなし、悉皆神仏者ならざるはなし。封建の士族に非《あら》ざれば封建の民なり。**恰《あたか》も一身にして二生を経《ふ》るが如《ごと》く、一人にして両身あるが如し**。二生相比し両身相較し、その前生前身に得たるものを以て之《これ》を今生今身に得たる西洋の文明に照らして、その形影の互に反射するを見《み》ば果して何の観を為《な》すべきや。その議論必ず確実ならざるを得ざるなり。（『文明論之概略』巻之一）

●門閥制度は親の敵で御座る

封建の世で思うように人生を送れない中にもわが子である諭吉を思い、無念のうちにこの世を去った父百助を思って晩年の福沢が発した言葉。成長したらこの子を僧侶にしようといっていた父の真意が、身分にかかわらず立身の道が開かれているところにあったと気づいたことに続いて、この言葉が登場する。父百助は、福沢が一歳半のとき大坂で没しており、直接の記憶はなかった。しかし、母の口を通して語られる父の姿や、郷里中津で一家がなかなか周囲の人となじめなかったことなどもあいまって、封建社会の束縛に対する憎悪は実体験以上に福沢の中で増幅され、また父の姿が極度に理想化され、それらが福沢の生涯の活動の原動力になっていたと考えられる。

▽父の生涯、四十五年のその間、封建制度に束縛せられて何事も出来ず、空しく不平を呑んで世を去りたるこそ遺憾なれ。又初生児の行末《ゆくすえ》を謀《はか》り、之を坊主にしても名を成さしめんとまでに決心したるその心中の苦しさ、その愛情の深さ、私は毎度この事を思出し、封建の門閥制度を憤ると共に、亡父の心事を察して独《ひと》り泣くことがあります。私の為めに**門閥制度は親の敵《かたき》で御座《ござ》る**。（『福翁自伝』「門閥制度は親の敵」）

●父は死んでも生きてるような者です

父百助が亡くなり中津に戻ってから、母の口を通して生前の父の姿が子どもたちに語られ、あたかも生きているかのごとくに福沢家の家風が伝えられたことを表現する、『福翁自伝』の一節。ひとかどの漢学者として藩内に聞こえた百助の影響により、儒教流の身の処し方や、折り目正しい風紀がおのずと形成されたことを、このように表現している。

▽何でも大変喧《やか》ましい人物であったことは推察が出来る。その書遺《かきのこ》したものなどを見れば真実正銘《しょうみょう》の漢儒で、殊に堀河の伊藤東涯先生が大信心で、誠意誠心、屋漏《おくろう》に愧《は》じずということ許《ばか》り心掛たものと思われるから、その遺風は自《おのず》から私の家には存して居なければならぬ。一母五子、他人を交えず世間の附合《つきあい》は少なく、明《あけ》ても暮れても唯《ただ》母の話を聞く許《ばか》り、**父は死んでも生きてるような者です**。（『福翁自伝』「儒教主義の教育」）

▽先考の言行は家慈在世の時固《もと》より之を聞て詳《つまびらか》にせざるはなし。その品行端厳方正にして、然《しか》も文才の活発なりしは生深く欽慕し厚く信じて疑わず、先生も幸に之を許すことならん。先生にして家厳在世の時経義を講習し文章を作為するの意を以て孝悌の道を行わんと欲する者とするか、生は即ち孝悌を行わんと欲する者の子にして、深くその言行を信ずる者なり。（「中村栗園先生に答書」『福沢文集』二編）

●先人の言行果して儒ならば、生は即ち儒の道を信じて疑わざる者なり

父の親友であった中村栗園との書簡のやりとりの中に記された福沢の言葉。父百助（先人）の生き方が「儒」であるならば、自分は「儒の道」を信じて疑わないと記す。まったく記憶のない父百助の存在が、福沢にとっては道徳的支柱として彼の生き方を律する存在であったこと、そしてまた福沢が儒教主義を徹底的に批判しながら、一方で父が信じた儒教に対して思いを寄せ、みずからはそのあり方に身を律する気持ちがあった側面を知ることができ、福沢の複雑な思想形成の片鱗をうかがうことができる。

▽先生又謂《いえ》らく、生若《も》し孝悌の道を以て狭隘行うに足らずとせんか、家厳在世の意と背馳すべしとて、責《せむ》るに不孝の罪を以てす。生は不孝の名を聞くも戦慄啻《ただ》ならざるなり。（「中村栗園先生に答書」『福沢文集』二編）

▽生は弱冠にして洋学に入り、嘗《かつ》て儒の奥を窺《うかが》うを得ず、加うるに識浅く才粗にして未だ道の何物たるを知らずと雖《いえ》ども、**先人の言行果して儒ならば、生は即ち儒の道を信じて疑わざる者なり**。（同）

●鄙事多能は私の独得

福沢は、下士の出身であることの屈辱感を記す一方で、そのおかげでつまらない日常のことでも器用にこなす「鄙事《ひじ》多能」な人間として成長したことを生涯みずからのアイデンティティーとした。卑屈にならず好き嫌いもせずに何でもこなした若き日は、独立を説く福沢の原点となっていた。

晩年、入浴後に傷もないきれいな体をみて、「鄙事多能」で何でもこなし、あかぎれの絶えなかった幼少期を思い出す漢詩もある。

▽**鄙事《ひじ》多能は私の独得**、長崎に居る間は山本先生の家に食客生と為《な》り、無暗《むやみ》に勉強して蘭学も漸《ようや》く方角の分るようになるその片手に、有らん限り先生家《か》の家事を勤めて、上中下の仕事なんでも引請けて、是《こ》れは出来ない、其《そ》れは忌《いや》だと云《いっ》たことはない。（『福翁自伝』「長崎遊学中の逸事」）

▽中津に居る間は漢学修業の傍《かたわら》に内職のような事をして多少でも家の活計を助け、畑もすれば米も搗《つ》き飯も炊き、鄙事多能、あらん限りの辛苦して貧小士族の家に居り、年二十一のとき始めて長崎に行《いっ》て、勿論《もちろん》学費のあろう訳《わ》けもない（『福

翁自伝』「金がなければ出来る時まで待つ」）

▽今を去る殆《ほとん》ど三十年に近きか、留守居町井口の細工部屋にて毎度御目に掛《かか》り…その節様々の手細工を心得、刀剣の小道具に金銀銅鉄の性質を知り、自宅にては下駄の内職抔《など》いたし、家用桶の輪替《がえ》、雪駄《せった》の直しまで甲斐々々しく働《はたらき》たるは、生涯の一大所得に御座《ござ》候。（明治一三年一一月二〇日付福見常白宛書簡）

●目的なしの勉強

大坂適塾での学問修行の日々を振り返った『福翁自伝』中の語。福沢は生涯、文明の基盤として実学（実証科学）の修得の重要性を説いたが、その主張の背後には、みずからが青春を謳歌した適塾での経験があった。当時は学問の修得が何らかの直接的利益につながらなかったにもかかわらず、それに熱中したからこそかえって高尚な学問を求めることができ、その後の活動の基盤たり得たことを、『福翁自伝』でこう表現している。

▽当時緒方の書生は十中の七、八、目的なしに苦学した者であるが、その目的のなかったのが却《かえっ》て仕合《しあわせ》で、江戸の書生よりも能《よ》く勉強が出来たのであろう。それから考えて見ると、今日の書生にしても、余り学問を勉強すると同時に始終我身の行先ばかり考えて居るようでは、修業は出来なかろうと思う。（『福翁自伝』「**目的なしの勉強**」）

●富国強兵の本は人物を養育すること専務に存候

幕府遣欧使節団の一員として渡欧していた福沢が、中津藩の有力者に向けて送った書簡の一節。西洋の実情を目にし、「富国強兵」の必要を痛感し、何よりもその基盤となる人材育成の必要を記す。福沢は帰国すると中津藩による教育機関の設立を進言するが容れられず、みずから主宰する学塾の経営確立に専念する道へと進んでいくこととなる。

▽当今の急務は富国強兵に御坐《ござ》候。**富国強兵の本《もと》は人物を養育すること専務に存候《ぞんじそうろう》**。（文久二（一八六二）年四月一一日付島津祐太郎宛書簡）

●大君のモナルキに無之候ては、唯々大名同士のカジリヤイ

幕臣としての福沢が幕府の改革について記した書簡の一節。これ以前福沢は「幕府の一手持は六《むつ》かしい」（文久二（一八六二）年の書簡）として大名同盟論のような主張をしたこともあったが、やがて大名同盟の説が行われた場合は内戦に帰着すると考え、むしろ中央政府に強大な権力を持たせ、その権力によって日本を文明開化に強く導くこと以外に道はないと考え、それを慶応二（一八六六）年の書簡では「大君のモナルキ」と称している。しかし幕府の維持は到底かなわないとみると、福沢は絶望の中、政治の世界を離れ、後進の指導に専念する道を選ぶこととなった。

▽**大君のモナルキに無之《これなく》候ては、唯々《ただただ》大名同士のカジリヤイ**

にて、我国の文明開化は進み不申《もうさず》。今日の世に出て大名同盟の説を唱《とな》え候者は、一国の文明開化を妨げ候者にて、即《すなわ》ち世界中の罪人、万国公法の許さざる所なり。（慶応二年一一月七日付福沢英之助宛書簡）

●この塾のあらん限り大日本は世界の文明国

慶応四（一八六八）年五月一五日、上野で彰義隊と官軍が衝突したときも、時間割どおりに授業を行っていた慶応義塾において、受講中の門下生に福沢が語った言葉。日本中でだれも学問を顧みる余裕のなかったときに、慶応義塾だけは将来を見据えて学問を続けていたからこそ、日本では一貫して断絶なく学問を続けてきたといい得るのだという自負をもって後年振り返ったもので、福沢はしばしばこのときのことに言及し、同様の表現をしている。

▽慶応義塾は一日も休業したことはない、**この塾のあらん限り大日本は世界の文明国**である。世間に頓着《とんじゃく》するな（『福翁自伝』「日本国中唯慶応義塾のみ」）

▽抑《そもそ》も慶応、明治の際兵馬騒擾《そうじょう》…天下武を知《しり》て文を脩《おさむ》るに暇《いとま》あらざるなり。旧物既に廃して新政未《いま》だ行われず、大学未だ立たず、文部未だ設けず。恰《あたか》も文物暗黒のその時に当り、独《ひと》り数十名の学士を集めて、安んじて書を読み、弾丸雨中咿《い》唔《ご》の声を絶《たた》ざりしものは、唯《ただ》慶応義塾のみならん。言《げん》少しく自負に亘り憚《たん》多く候得共《そうらえども》、当時日本国中文学の命脈を一日も維持したるものは我《わが》義塾なりとて、旧社中の輩《やから》は今日に至るまでも窃《ひそか》に得意の顔あるが如《ごと》くして、世上或《あるい》は之《これ》を許す者もあらん。（明治一一年一一月二九日付大隈重信宛書簡同封別紙）

●読書渡世の一小民

明治維新前後の福沢の心境を示す友人宛書簡の一節。みずからが一時は身を置き、改革の方策も思案した幕府が瓦解したこと、また「古臭い攘夷政府を造《つくっ》て馬鹿な事を働いて居る諸藩の分らず屋は、国を亡ぼし兼ねぬ奴等じゃ」（『福翁自伝』「学者を誉めるなら豆腐屋も誉めろ」）と見ていたことなどから、福沢は当初新政府を非常に低く評価し、日本の将来を不安視していた。その一方で慶応四（一八六八）年の彰義隊の戦いのさなかにも、学問の火を絶やさなかったという強い自負を持ち、以後は翻訳や著作、教育で生きて行けるし、生きていくべきだという積極的姿勢をも持っていた。この書簡では今後独立して生きていくみずからの決意を込めて、自分を「一小民」と呼んでいる。なお、明治一四年に明治生命の生命保険に加入した際、福沢は職業欄に「読書」と記している。

▽徳川家え御奉公いたし、不計《はからず》も今日の形勢に相成《あいなり》、最早《もはや》武家奉公も沢山に御座《ござ》候。この後《のち》は双刀を投棄し**読書渡世《とせい》の一小民**と相成候積《あいなりそうろうつもり》、左様《さよう》御承知可被下《くださるべく》候。（慶応四年六月七日付山口良蔵宛書簡）

●独立の手本を示さんとす

「文明独立」の意味を世の中に浸透させていくためには、みずからが社会の中に分け入って「手本」をみせることで、一人でも多くを独立に導き、それがやがて一国の独立につながる、という強い信念を示す『福翁自伝』の一節。福沢は、慶応義塾の目的として「気品の泉源、智徳の模範」を挙げたときも、理想を「口に云《い》うのみにあらず、躬行《きゅうこう》実践、以《もっ》て全社会の先導者たらんことを欲す」と結んでいるように、文明の精神を言葉で説くだけでなく、それを広く普及させるために実際の行動で示すことにも強く関心を持ち、それが活動の広がりを生んだ。

▽抑《そもそ》も事を為《な》すにこれを命ずるはこれを諭《さと》すに若《し》かず、これを諭すは我よりその実の例を示すに若かず。然《しか》り而《しこう》して政府は唯《ただ》命ずるの権あるのみ、これを諭して実の例を示すは私の事なれば、我輩先《ま》ず私立の地位を占め、或《あるい》は学術を講じ、或は商売に従事し、或は法律を議し、或は書を著し、或は新聞紙を出版する等、凡《およ》そ国民たるの分限に越えざる事は忌諱《きき》を憚《はばか》らずしてこれを行い、固く法を守《まもり》て正しく事を処し、或は政令信ならずして曲を被《こうむ》ることあらば、我《わが》地位を屈せずしてこれを論じ、恰《あたか》も政府の頂門に一釘を加え、旧弊を除《のぞき》て民権を恢復《かいふく》せんこと方今《ほうこん》至急の要務なるべし。(『学問のすゝめ』四編)

▽今この迷《まよい》を醒《さ》まして文明独立の本義を知らせようとするには、天下一人《いちにん》でもその真実の手本を見せたい、亦自《またおのず》からその方針に向《むか》う者もあるだろう、一国の独立は国民の独立心から湧《わい》て出てることだ、国中を挙げて古風の奴隷根性では迚《とて》も国が持てない、出来ることか出来ないことかソンな事に躊躇せず、自分がその手本になって見よう(『福翁自伝』「**独立の手本を示さんとす**」)

●雪池・三十一谷人

福沢が雅号のように用いた語。「雪池」は「諭吉」をもじったもので、築地に住んでいた桂川甫周が「月池」と号したのを真似たものといわれる。「三十一谷人」の「三十」は「卅」とも書かれ、これに「一」を加えた「丗」は「世」の異体字。また「谷」と「人」を並べると「俗」となり、合わせて「世俗」の意となる。いずれも高貴を気取る従来の学者のあり方への批判が込められており、特に後者は、俗文あるいは在野への強い自覚を示す。

●マインドの騒動は今尚止まず

ロンドンに留学中の馬場辰猪に書き送った書簡の一節。明治維新後、民心の動揺がいまなお落ち着かない中、これを好機として世上の「惑溺」を一掃して新しい文明の要素を注入し、「民心の改革」を行っていく必要性を打ち明ける。「我輩の目的は、我邦《わがくに》のナショナリチを保護するの赤心のみ」ともあり、「民心の改革は政府独《ひと》りの任にあらず。苟《いやしく》も智見を有する者は、その任を分《わかち》て自から担当せざるべからず」という強い責任感を伝え、馬場にも帰国後の活躍を期待することを書き送っている。

▽**マインドの騒動は今尚《なお》止まず。** この後も益《ますます》持続すべきの勢あり。古来未曾有のこの好機会に乗じ、旧習の惑溺《わくでき》を一掃して新らしきエレメントを誘導し、民心の改革をいたし度《たく》、迚《とて》も今の有様にては、外国交際の刺衝に堪不申《たえもうさず》。(明治七年一〇月一二日付馬場辰猪宛書簡)

●我ネーションのデスチニーを御担当被成度、万々奉祈候也

同じく馬場辰猪に対して書き送った書簡の一節。日本に横たわる深刻な困難を記し、それを打開するために共に努力し、「我ネーションのデスチニー」すなわち日本の運命を担当する人物となることを期待している。福沢がこれほど率直に日本の現状を訴え、期待の言葉を門下生に寄せていることは例がなく、馬場に対する強い期待と信頼を見て取ることができる。

▽外交の平均を得んとするには、内の平均を為《な》さざるを得ず。内の平均を為さんとするには、内の妄誕《もうたん》を払わざるを得ず。内を先にすれば外の間に合わず。外に立向《たちむか》わんとすれば内のヤクザが袖を引き、これを顧み彼を思えば、何事も出来ず。されども、事の難《かた》きを恐れて行わざるの理なし。幾重にも祈る所は、身体を健康にし、精神を豁如《かつじょ》ならしめ、飽《あく》まで御勉強の上御帰国、**我ネーションのデスチニーを御担当被成度《なられたく》、万々奉祈候也《ばんばんいのりたてまつりそうろう》。**(明治七年一〇月一二日付馬場辰猪宛書簡)

●岩崎弥太郎は海の船士を作り、福沢諭吉は陸の学士を作る

資金難に陥った慶応義塾が政府に維持資金の借用を求めても応じず、一方で三菱会社の商船学校には政府の補助金が無償で提供されていることを例示して、その不公平を指摘し、再検討を依頼する書簡の一節。福沢は、岩崎の学校も福沢の学校もそれぞれ日本に有為の人材を育成しており、軽重はないと訴えたが、政府内を賛成にまとめることはできず、結局この借用依頼は成就しなかった。この結果として福沢は慶応義塾の廃塾さえ決意したが、門下生たちの共同出資により義塾を維持していく制度が整備され、恒常的に維持される方向性が見出されていくこととなる。

▽教育に付《つき》官より保護の至当にして、その適例を挙げんとならば、三菱会社商船学校の如《ごと》き、最も著しき者と云《い》うべし。該校には毎年壱万五千円の補助あり。他なし、国に商船の航海者を作るの趣意ならん。**岩崎弥太郎は船士を作り、福沢諭吉は学士を作る。**海の船士と陸の学士と、固《もと》より軽重あるべからず。(明治一二年二月一〇日付井上馨宛書簡)

●日清戦争など官民一致の勝利、愉快とも難有いとも云いようがない

日清戦争の勝利に対する福沢の感想。福沢は近代日本における最初の対外戦争である日清戦争に対し、東洋流の儒教主義の清国と西洋流の文明主義を採用した日本との思想の戦争という見方も合わせ持ちながら見つめ、官民が一体となってこの戦争に勝利するため、積極的に運動した。したがってその勝利は、単に軍事上の勝利としてのみならず、文明主義の勝利としていっそう大きく「難有《ありがた》い」ものと映じたのである。

▽世の中を見れば堪《た》え難《がた》いことも多いようだが、一国全体の大勢は改進々歩の一方で、次第々々に上進して、数年の後その形に顕《あら》われたるは、**日清戦争など官民一致の勝利、愉快とも難有《ありがた》いとも云《い》いようがない**。命あればこそコンな事を見聞するのだ、前《さき》に死んだ同志の朋友が不幸だ、アア見せて遣《や》りたいと、毎度私は泣きました。(『福翁自伝』「行路変化多し」)

◉今日進歩の快楽中、亦自から無限の苦痛あり

明治二九年一一月、慶応義塾の古老懐旧会において行われた福沢の演説中の一節。みずからが門下生と共に歩んできた道のりを自負とともに振り返ったうえで、そこに共有されてきた精神が今後維持されるかどうかについての不安を「無限の苦痛」という厳しい言葉で表明した。

▽人の死するは薪の尽《つき》るが如く、その死後の余徳は火の尽きざるが如しと云うと雖《いえど》も、薪と火と共に消滅するの虞《おそれ》なきに非ず。…壮年の活発、能《よ》く吾々長老の遺志を継ぐべしと信ずれども、全体の気品を維持して固有の面目を全《まっと》うせしむるの一事は、特に吾々先輩の責任にして、死に至るまで之を勤《つとむ》るも尚《な》お足らざるを恐るる所のものなり。吾々の生前果して能くこの責任を尽《つく》し了《おわ》りて、第二世の長老を見るべきや否や。之を思えば**今日進歩の快楽中、亦自《またみず》から無限の苦痛あり**。(『気品の泉源、智徳の模範』明治二九年、『全集』一五)

◉私の生涯の中に出来して見たいと思う所

最晩年の福沢は、生涯を振り返りまだやり残していることを『福翁自伝』で三つ挙げている。第一に日本人の気品を高尚に導く活動、第二に民心を和らげる活動、第三は高尚な学問研究を奨励する活動であり、この思いのうち第一が最晩年の「修身要領」普及運動へとつながった。また第三は「学者飼い殺しの説」と同旨である。交詢社大会での最後の演説においては、世界がいっそう活発に交流し、文明が進歩していくことを願っている。

▽**私の生涯の中に出来《でか》して見たいと思う所**は、全国男女《なんにょ》の気品を次第々々に高尚に導いて、真実文明の名に愧《はず》かしくないようにする事と、仏法にても耶蘇《やそ》教にても孰《いず》れにても宜《よろ》しい、之を引立てて多数の民心を和《やわ》らげるようにする事と、大《おお》に金を投じて有形無形、高尚なる学理を研究させるようにする事と、凡《およ》そこの三ヶ条です。(『福翁自伝』「人間の慾に際限なし」)

▽貴方がたは命の長い話であるから、何卒《なにとぞ》してこの人間世界、世界は率《い》ざ知らず、日本世界をもっとわいわいとアヂテー

ションをさせて、そうして進歩するように致したいと思う。それが私の道楽、死ぬまでの道楽。何卒皆さんも御同意下さるように。（「交詢社大会席上に於ける演説」明治三一年、『全集』一六）

◉法螺をふくざわ、嘘をいうきち

福沢を揶揄する言葉。福沢の議論が大言壮語に聞こえたり、ある日の議論とまたある日の議論が、正反対の主張のようにもみえるというような特有の言論姿勢を皮肉ったもの。同時代人が福沢を批判する際、しばしば用いたといわれ、福沢に批判的な新聞記事にも同様の表現がみえる例がある。『福沢諭吉伝』によれば、「楠公権助論」などで福沢非難が喧しかった頃には、福沢の似顔絵にこの言葉を記したものが絵草子屋に売られていたこともあり、慶応義塾で普段教壇に立つことがなくなると、塾生の中でもこのような言葉が囁かれていたらしい。

福沢はそれを逆手にとったものか、還暦の祝賀会において人生を振り返り、これまで自分の担ってきた役割は「法螺《ほら》を吹きたるものなり」といい、幕末の洋学者仲間との議論を思えば、法螺を「吹当てたる者」であり、現実は往事の法螺を通り越しており、吹く法螺が足らなかったことを赤面するほどの時代であることを愉快に思うと述べている。

他に同時代人が福沢を揶揄した呼び方には、才能が乏しいという意味で「猪口才《ちょくざい》諭吉」というものもあった。

参考『伝』四―四八編。〔還暦寿莚の演説〕『全集』一五。

◉先生・さん

福沢は、同時代に賛否両論さまざまな議論を巻き起こし、その主張が採用されたか否かはともかくとして、総じて明治日本全体の先生格であると認識され、一般に「福沢先生」と呼ばれることが多かった。また慶応義塾においては、「社中」「半学半教」といった考え方から、教員を先生と呼ぶ習慣がなく、皆「さん」づけで呼び合ったが、福沢だけは「先生」と呼ぶべき存在として、姓を冠さなくとも単に「先生」といえば、福沢のことを指したという。福沢没後もこの習慣は長く残った。

草創期の慶応義塾では、福沢を「マストル」（master）と呼んだり「福沢さん」と呼んでいたらしく、明治七年に慶応義塾を卒業した波多野承五郎は『福沢諭吉伝』で、「師弟というよりは寧ろ同じ仲間の偉い人というくらい」の気兼ねしない関係であり「先生も社中の一人、私も社中の一人」という気持ちであったことを強調し、むやみに崇拝するような姿勢を批判している。福沢自身は他者を社会的地位で呼び分けることを嫌い、老若男女を問わず「あなた」または「○○さん」と呼び、その徹底ぶりは当時の人びとに奇異に映ることもあった。ただし『時事新報』で自分の記事を書くときは自分で「福沢先生」と書いたという。

参考『伝』四―四八編。『福沢先生哀悼録』（『慶應義塾学報』臨時増刊）一九〇一年。水上滝太郎「先生」『水上滝太郎全集』第一巻、岩波書店、一九四一年。

◉**我輩**

『時事新報』社説の主語として用いられた語。他紙の「吾曹」(『東京日日新聞』)、「余輩」(『郵便報知新聞』『東京横浜毎日新聞』)、「吾輩」(『朝野新聞』)などのように「我々」の意味であったが、徐々に複数の意味が薄れ、自分個人を指す語のようにも使われるようになった。『時事新報』創刊以前の福沢著作にもしばしば用いられ、同じ目的意識を持つ同志、特に慶応義塾の関係者を指す用法が多く、「余輩」「吾党」などの表現もみられる。

参考 伊藤正雄『福沢諭吉論考』吉川弘文館、一九六九年。

◉**老生**

福沢は明治一二年初旬から書簡の一人称に「老生」という語を用いるようになり、やがてもっぱら「老生」と称するようになっている。福沢はこのとき満四四歳、父百助は四〇代半ばに没しており、この頃から老境を自覚したものと推測される。しかし以後も交詢社の設立、『時事新報』の創刊などいっそう精力的に活動を続け、私生活でも子供二人を儲けており、この変化は「掃除破壊」から「建置経営」へと変化する福沢の姿勢とも密接に関連していると考えられる。なお、それ以前の書簡では「生」「小生」「私」「僕」などを用い、著作では「余」という語が多く用いられた。会話では終始「私」といったようだ。

〔都倉武之〕

VI

表象

写真

海外での写真

●万延元年遣米使節

初めて海外を訪れた福沢諭吉は、サンフランシスコで三種類の写真を残している。これらが、福沢の初めて被写体になった写真であったと考えられる。単身の肖像と少女との写真は福沢家に伝えられたもので、技法はアンブロタイプ（ガラス湿板に画像を焼き付け、裏面に黒ニスを塗るなどして画像を浮き上がらせる技法）である。

アメリカ・サンフランシスコ
羽織袴姿で小刀だけを差した肖像。これと全く同じ画像で、腰までのものも残されており、同じ写真館の箱に収められているが、アンブロタイプは焼き増しができないため、制作方法に疑問が残る。W. Shew 撮影。

アメリカ・サンフランシスコ
咸臨丸乗組員たちの集合写真。左から根津鉄次郎、浜口与右衛門、小永井五八郎、肥田浜五郎、岡田井蔵、福沢。原写真は在サンフランシスコ日本領事館に伝えられ、福沢は明治30年にこの複写を入手した。原写真は今日伝わらない。上の単身像と同じ時に W. Shew 撮影と推定される。

アメリカ・サンフランシスコ
右頁の写真より後に福沢が現地の少女と一緒に写した写真。福沢は着流しで大小の刀を差していない。少女は写真屋の娘シオドーラ・アリスと推定され、その頬と福沢の唇には薄く彩色がほどこされている。福沢は帰国の船中、この写真を仲間たちに自慢して悔しがらせたと『福翁自伝』で楽しげに語っている。W. Shew 撮影。

◉文久遣欧使節　文久二年

幕府使節団の一員としておよそ一年をかけてヨーロッパ各国を訪問した福沢は、たくさんの写真を残している。しかし福沢が手元に置いていたものは少なく、一体どこで何枚撮影されたかは明らかでない。平成二〇年にも、知られていなかった写真がオランダにおいて新たに四枚発見された。ここには、代表的なものを掲げる。

イギリス・ロンドン
大刀を差さず右手を台に置き、左手を腰に当てた立像。ベルリンでの撮影と推定されていたが、近年ロンドンでの写真と判明した。福沢遺品として伝わった鶏卵紙写真。L. Caldesi撮影。

オランダ・ハーグ
椅子に座り机に肘をつく福沢の座像。このようなポーズは当時ヨーロッパで流行していたという。昭和4年オランダに留学中の幸田成友（慶応義塾大学文学部教授）が王立図書館で発見し、複写が日本にもたらされた。福沢が木村摂津守に贈ったものも現存する。R. Severin 撮影。

オランダ・ハーグ
使節の随員4人が椅子に座り、机を囲んでいる。左から福田作太郎、太田源三郎、福沢、柴田貞太郎。蘭学に慣れ親しんでいた福沢ら通詞は、オランダでとてもくつろぐことができたというが、写真にもその雰囲気がよく表れている。右写真と同じく幸田成友が最初に報告した写真。R. Severin 撮影。

オランダ・ユトレヒト
大刀の柄頭に手を置いた立像。刀でぶれを防止していると考えられる。懐が膨らんでいるのは荷物を入れているものか。下端の記名は他筆。平成20年谷昭佳（東京大学史料編纂所）がユトレヒトの貨幣博物館で発見した。足許の様子から屋外と推定され、他にも背景のある単独の立像2枚がある。F. Kayser 撮影。

オランダ・ユトレヒト
屋外で写された使節団随員4人の立像。左より高島祐啓、福沢、岡崎藤左衛門、太田源三郎。福沢だけこなれた様子のすました表情でぶれていないのが面白い。同じく平成20年、谷昭佳（東京大学史料編纂所）がユトレヒトの貨幣博物館で発見。文久2年6月19日（1862年7月15日）使節団歓迎祝宴前の撮影と推測され、福沢の単独写真も同じ時であろう。F. Kayser 撮影。

プロシャ・ベルリン
椅子に手をかけた立像。円形に切り、台紙に貼り付けられていたようだが写真のみ現存し、福沢家に伝わった。同じ時の背景の異なる写真や、椅子に座った写真もあるが、福沢の手許には残されていなかった。Meltzer 撮影。

プロシャ・ベルリン
小刀を差した半身像。彩色が施されているが当初のものかは不明。ほぼ無着色の同じ写真とともに福沢家に伝わった。E. Biegner 撮影。

プロシャ・ベルリン
使節団の随員10人による集合写真。前列左より山田八郎、岡崎藤左衛門、高島祐啓、古川渡、福地源一郎。後列左より川崎道民、上田友輔、福沢、斎藤大之進、太田源三郎。写真館未詳。この写真は後年複写が慶応義塾にもたらされた。

ロシア・サンクトペテルブルク
ロシアの同じ写真館で撮影された単身立像。これは帰国後、学者仲間の桂川甫周に贈られたもの(早稲田大学図書館蔵)。

ロシア・サンクトペテルブルク
明治18年駐露公使花房義質がロシア海軍軍人より贈られた写真帖の１枚。台紙には福沢自筆の漢字署名がある。福沢家には伝わらず、大正13年、雑誌『史学』に初めて掲載された。Robillard 撮影。

フランス・パリ
福沢の上半身を正面、斜め、真横から写した3枚の写真。扇子を膝に立てている。福沢の精悍な顔つきを伝える写真としてよく知られるが、もとはパリ人類学博物館が日本人のサンプルとして撮影し、展示していた。他の随員にも同様の写真が現存する者がいる。Potteau 撮影。

◉幕府軍艦受取委員　慶応三年

福沢は、軍艦受取委員の一員として二度目の渡米を果たした際には、公務のほか、教科書を大量に購入して帰るなど多忙を極めた。そのためか、この渡米の際の写真は、今日までに一枚しか知られていない。

アメリカ・ワシントン D.C.
受取委員一行の集合写真。左から神野新之丞、石川杏庵、小笠原賢蔵、津田仙、小野友五郎(正使)、岩田平作、松本寿太夫(副使)、尺振八、福沢。この写真は福沢家には伝わらず、石川の子孫に伝えられ、明治32年に複写が慶応義塾に寄贈されている。

さまざまな肖像写真

福沢は同時代人の中でも飛び抜けて多くの写真を残している。容姿に多少自信があったことがうかがわれ、また明治期には名刺代わりに写真を贈りあうことが一般的であったため、幅広い交際のための道具としても活用したのであろう。ここに掲げるものは、実物や複写写真によって今日までに知られる写真の一部である。

明治維新前後
家屋を背後に、髷を結い着流しの丸腰で写った立像。同じ時に写したと見られる背景の異なる立像もあるが、いずれも複写写真のみ伝わる。撮影者未詳。

明治3年冬
同年夏、福沢が発疹チフスにかかり、ようやく快癒した直後。やつれた様子はそのためであろう。病後に親友の宇都宮三郎が髷を切ったと伝わる。福沢家に伝わった手札版鶏卵紙写真が現存。撮影者未詳。

明治7年10月8日
右の半身像と同じ時に撮られた全身像。乗馬用の身なりをしており、同日門下生5人と一緒に写した写真もある。福沢家伝来品。内田九一撮影。

明治7年10月8日
大きめの蝶ネクタイをした洋装胸像。下端に「トウケイ(東京)福沢諭吉君」とあり、当時土産物として売られていたもの。この頃、著名人の写真が同様の体裁で売られていた。内田九一撮影。

明治5年頃
背広に蝶ネクタイの洋装胸像。同じ服装で2人の息子と写した写真がある。これは土産物として売られたもののようで、慶応義塾に学んだ翻訳家として知られる森田思軒の旧蔵品。内田九一撮影。

明治9年5月1日
同じ日に撮影された胸像と半身像。台紙やぼかしが異なる写真とともに福沢家や子孫に伝えられたもの。撮影者未詳。

明治15年9月13日
『時事新報』を創刊して間もない壮年期の福沢の胸像。この頃から、裏面に署名して門下生などによく与えたようだ。反対向きもあり、緒方洪庵の妻八重に贈ったもの(上)もある。福沢はこれらの写真を見て、白髪が増えてなおあくせく働く自分を笑う「壬午初秋題写真」と題する漢詩を詠んでいる。丸木利陽撮影。

年代未詳
ややうつむき加減の胸像。福沢は別人にみえることがあるほど表情によって印象が変わったといわれるが、写真でも顔の印象がかなり異なり、年代の推定が困難である。江崎礼二撮影。

明治20年
洋服姿の胸像。反対向きもある。肌が多少修正されている。同時代に石版画や本の挿絵などになって比較的多く出回った風貌である。丸木利陽撮影。

明治17、8年頃か
和服の半身像。紐の形状や表情が若干異なるものがある。田中武撮影。

明治28年頃
ややうつむき気味の胸像。『福翁百話』上製本(明治30年刊)の口絵に、文久2年ベルリンで撮影した写真と共に「最近撮影」として掲載されている。鈴木真一撮影。

明治24年頃
和服姿の半身像。福沢没後に最も一般的に流布した写真で、現在の一万円札の肖像作成にあたり参考にされたことから今日も広く知られた風貌である。写真館で販売された際、目などに若干の修正が加えられたが、これは原写真の複写である。羽織だけを後に紋付に改めた写真(右)もある。江木写真館撮影。

明治31年
病前最後の面影を伝える半身像。紋付きの羽織姿。後掲の川村清雄の油絵の元になった写真と同時に撮影されたものかと思われる。川村に肖像制作を仲介したといわれる小川一真撮影か。

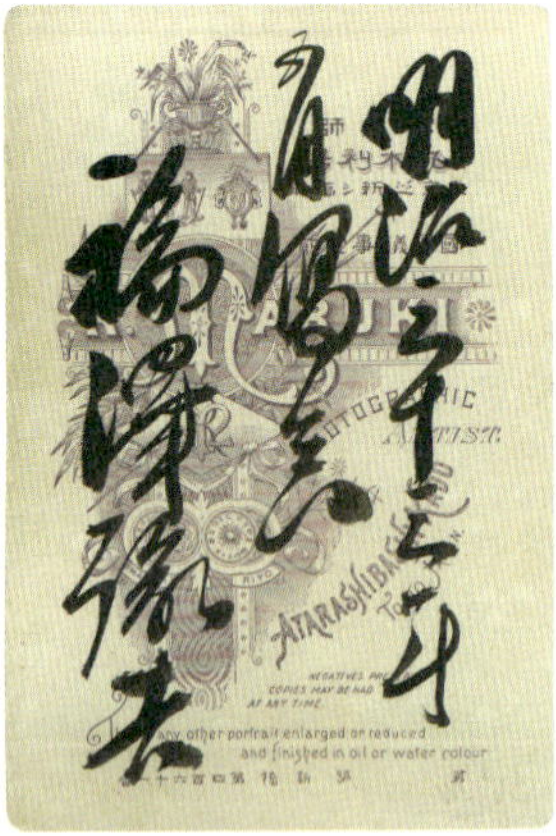

明治33年5月
病後唯一の個人写真で、生涯最後の肖像。着流しに羽織を身につけた半身像で、同じ時に妻錦との写真を2種類撮影している。裏面に「明治三十三年五月写真」と記し署名して配られたものがある。丸木利陽撮影。

集合写真

福沢を囲む集合写真は、慶応義塾の門下生や学生たちとのものをはじめ、非常に多く残されている。

福沢諭吉と門下生たち　明治7年10月8日
左から朝吹英二、福沢、中上川彦次郎、小幡篤次郎、荘田平五郎、草郷清四郎。草郷は福沢の乗馬を指導したといわれ、福沢と共に乗馬服姿である。内田九一の撮影で、同日の福沢の全身像や胸像もある。

慶応義塾本科卒業生集合写真　明治16年12月
中列中央に洋服姿の福沢、他の多くは和服着流し姿。福沢の右へ順に教員の門野幾之進、浜野定四郎(塾長)、鎌田栄吉。

時事新報社員集合写真　明治20年4月22日
社長中上川彦次郎の退任に伴う集合写真。前列中央に福沢、その右に中上川。当時の主要記者たちの顔も見え、中列左より石河幹明(薄色背広)、井坂直幹、一人おいて高橋義雄、中列右より2人目渡辺治(薄色背広)。二見朝隈撮影。

慶応義塾大学部文学科卒業写真　明治29年12月
大学部が不振を極めた時期で卒業生は5人。前列左より3人目ロイド、福沢、小幡篤次郎、門野幾之進、森林太郎(鷗外)。江崎礼二撮影。

慶応義塾同窓会集合写真　明治28年5月5日
この日は、初期の門下生から現役の学生まであらゆる立場の同窓が120人余り集い、「一同皆官位も脱ぎ身分も捨てて昔しの書生に立戻り洒々落々些の隔壁を設けず」語り合ったという(『時事新報』同月8日付)。場所は芝紅葉館。鎌田栄吉旧蔵。撮影者未詳。

上掲写真の福沢付近の拡大。中央和服姿の福沢のすぐ前には山本達雄(髭を生やす)、その左下に朝吹英二(顔が少し隠れている)。福沢の左には渡辺洪基(洋服腕組)、浜野定四郎(白髪)、福沢の右には鎌田栄吉(髭)、小幡篤次郎。福沢の真後ろに中上川彦次郎(眼鏡)、さらに奥に門野幾之進(髭)がみえるなど、門下生が一堂に会する珍しい写真。ほかにもさまざまな門下生の顔がある。

朝鮮留学生卒業写真　明治29年3月
朝鮮国費留学生の慶応義塾普通科第2回卒業生。前列左より4人目小幡篤次郎、福沢、山崎英夫(朝鮮語教師)。留学生たちは短髪にし、そろいの学生服を着ているが、年齢にかなりの幅があったことが分かる。背後は慶応義塾煉瓦講堂。

慶應義塾体育会剣道部員集合写真　明治33年
夏らしい服装で帽子を手にした福沢を、胴着姿の剣道部員が囲む。福沢は明治31年9月の大病から回復後も、しばしば学生らの写真に加わっている。慶応義塾煉瓦講堂前。

散歩中の福沢諭吉と学生ら
明治32年5月9日
明治31年の大病後の散歩姿。前列右が福沢、後列右は志立鉄次郎(四女滝の夫)。他は学生と福沢家護衛。広尾の福沢家別邸庭園にて。慶応義塾の学生山下親純撮影。

散歩姿の福沢諭吉　明治33年頃
杖を片手に、鳥打ち帽、尻端折に股引姿で散歩する福沢。福沢はこの格好で散歩することを好んだという。左は慶応義塾の学生、右は福沢家の護衛。福沢の身長が当時としては非常に高かったことがよく分かる。背後は三田演説館であろう。

散歩中の福沢諭吉と学生ら
明治32年5月9日
散歩中の福沢の姿を写した写真。福沢の生涯唯一と思われるスナップ。場所は渋谷昌福寺境内と伝わる。

福沢家の人々

福沢は文久元年中津藩上士階級の娘土岐錦と結婚し、四男五女をもうけた。非常に子煩悩で一家団欒を心がけた父親であった。ここに掲げるのは、福沢の実子とその配偶者で福沢の生前に結婚した者たちの写真である。

妻　錦　明治20年代頃
錦の半身像。時期の異なる同様の写真がほかにも数種類知られている。丸木利陽撮影。

妻　錦　明治7年秋
椅子に腰掛けた錦の全身像。同時に撮られた立像もある。撮影者未詳。

妻　(林)菊
外交官林董の長女。

二男　捨次郎
明治16～21年のアメリカ留学中の写真。ボストン近郊のHolland写真館撮影。

妻　(大沢)糸
福沢の親友で化学者の宇都宮三郎の妻の妹。

長男　一太郎
明治16～21年のアメリカ留学中の写真。コーネル大学在学中、ニューヨーク州イサカ近郊のW. V. Ranger写真館撮影。

夫　福沢（岩崎）桃介
福沢の婿養子。実業家として活躍。

二女　房
年代および撮影者未詳。

夫　中村貞吉
慶応義塾および工部大学校に学んだ化学者。

長女　里
明治44年、丸木利陽撮影。

夫　志立鉄次郎
日本興業銀行総裁を務めた実業家。

四女　滝
明治22年、鈴木真一撮影。

夫　清岡邦之助
慶応義塾出身の実業家。

三女　俊
明治26年、山本讃七郎撮影。

四男　大四郎
年代未詳、江木写真店撮影。結婚は福沢没後。

三男　三八
明治43、4年頃の写真。結婚は福沢没後。

夫　潮田伝五郎
芝浦製作所の技師。

五女　光
年代および撮影者未詳。

家族集合写真

家族全員のそろった写真は知られていないが、さまざまな集合写真が残っている。

息子たちと孫　明治21、2年頃
前列左から三八、大四郎、孫の中村愛作、後列捨次郎、光。孫の愛作は、末子大四郎の一つ年下。丸木利陽撮影。

福沢と一太郎、捨次郎　明治5年頃
814頁の福沢の単身像と同じ時と考えられる。右に一太郎、左に捨次郎を抱える。

5人の娘たち　明治15、6年頃
福沢の娘5人がそろって和装で写る。左から俊、滝、房、光、里。

息子や孫、学生たちと福沢　明治28年2月
福沢家には日頃より多くの学生が出入りし、寄留もしていた。前列右より孫の中村愛作、福沢、孫中村壮吉。福沢の右後ろに大四郎、最後列左に三八。他は学生たちだが、左から2人目手前に見える縦縞の着流し姿の少年は日清戦争で孤児となった清国人少年という。大磯招仙閣にて。

遺品

老眼鏡と眼鏡入れ
晩年の福沢が使用した眼鏡。使ったまま置き忘れて探すことが多く、ついにはたくさん買って家中に配置したという。

机と文房具
脚がはめ込み式の常用の小机。晩年の福沢は書斎を定めず、気の向いたところに小机を運び、執筆したという。高価な文房具は一つもなく、実用本位の簡粗な品である。擂った墨をジャーに貯めておき、必要なだけスプーンで硯に注いで使った。どんぶりは筆洗い。

名刺と名刺入
名刺は自筆で、肩書がないのはこの当時さほど珍しいことではなかった。妻錦の名刺も現存し「Mrs.YUKICHI FUKUZAWA」とある。

将棋盤
福沢は将棋を好み、当時の名人小野五平に一手一手解説してもらい研究に余念がなかった。門下生の松山棟庵、小幡篤次郎らと指し、福沢の方が「角一枚だけ」強かった。

煙管と煙管入
政治家や実業家は嗜好品に贅を尽くしたが、福沢のものは至って質素な品。たいていは刻み煙草を長煙管で吸った。

煙草盆
煙管・灰吹・刻み煙草など、喫煙に関する品一式を収める。福沢は来客が多く、あちこちの部屋で待っている客に順々に会っていくため、「千客万来、千客万来」と口にしながら、煙草盆を携えて廊下を早足に歩きまわっていたという。

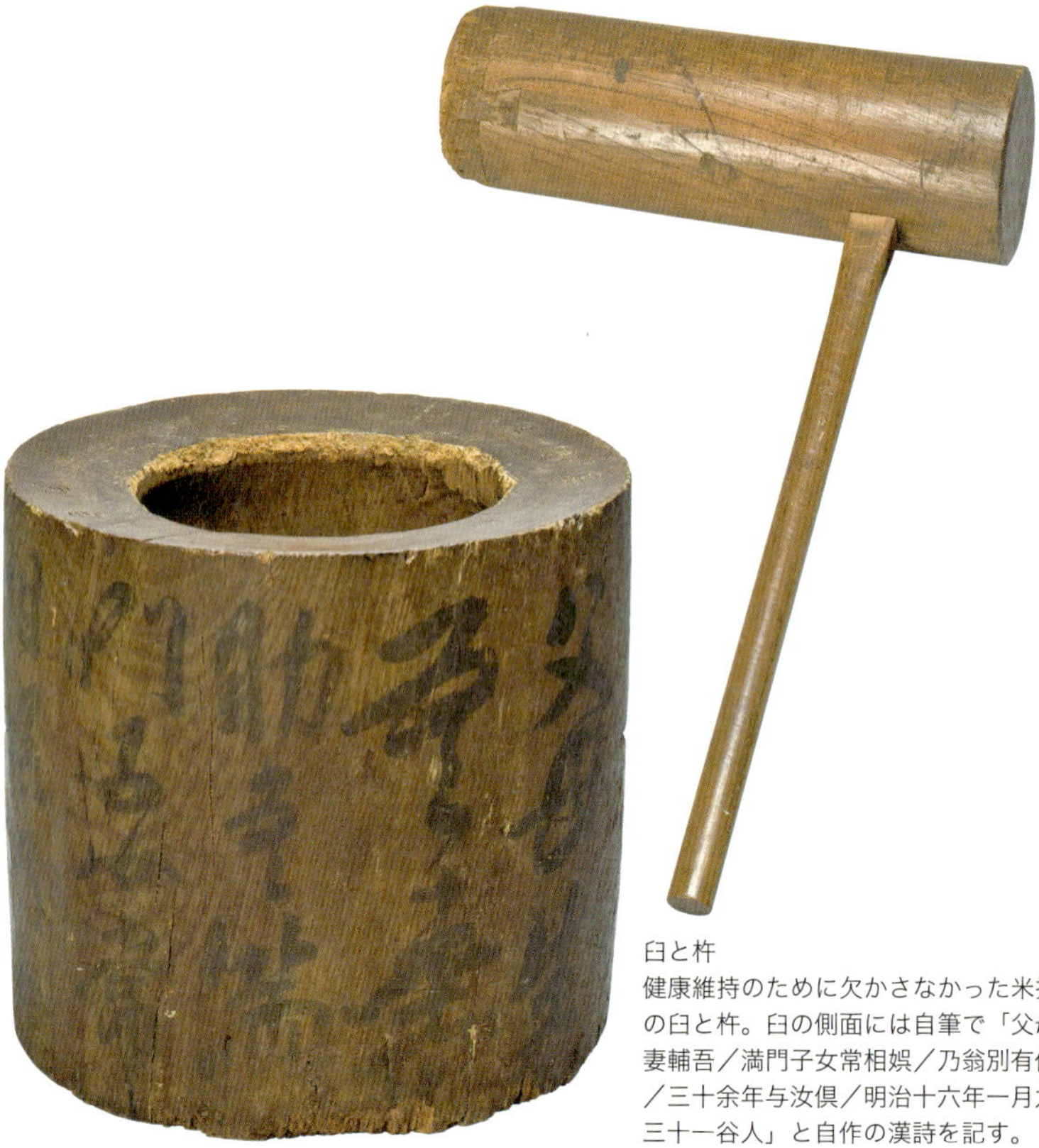

臼と杵
健康維持のために欠かさなかった米搗き用の臼と杵。臼の側面には自筆で「父母生吾妻輔吾／満門子女常相娯／乃翁別有保身法／三十余年与汝俱／明治十六年一月九日／三十一谷人」と自作の漢詩を記す。

居合刀
福沢が用いた居合刀。機能性に優れているという。研ぎ減り具合からみて、かなり使い込まれている。

股引
常用の股引。福沢は維新後日常生活で股引姿を好んだ。着物の裾をまくり上げて帯のところでとめ（尻端折《しりっぱしょり》）、この股引を穿き、鳥打帽に杖という姿で散歩をした。

黒塗膳
常用の膳と食器。福沢は健啖家でかつ健康に気を使っていたため十分に咀嚼し、驚くほどゆっくり時間をかけて食事をしたという。

羽織
福沢がひいきにしていた出入りの大工の棟梁金杉大五郎に与えたもの。

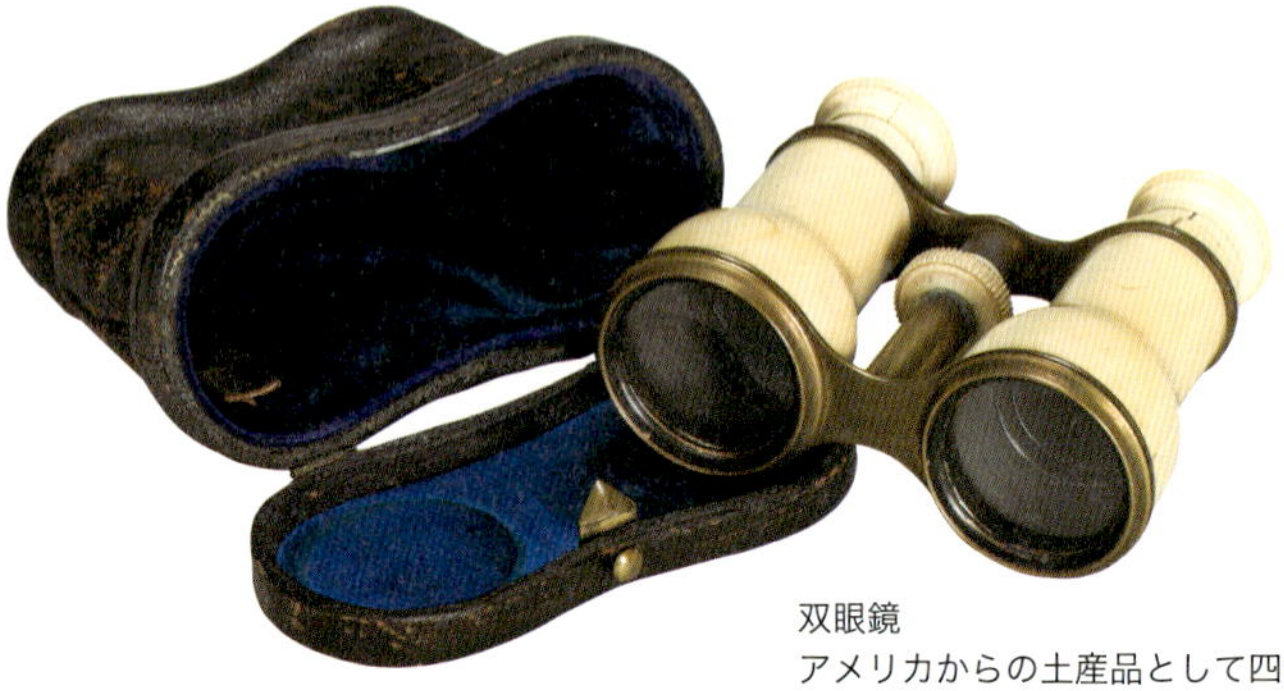

双眼鏡
アメリカからの土産品として四女滝の家に伝わったもの。

内裏雛
福沢家のひな人形。中津藩主奥平昌暢に一橋家より嫁した正室芳蓮院が婚姻の際持参したものを福沢に贈ったともいわれる。

乳母車
慶応３年、２度目の渡米の際、すでに生まれていた長男、二男のために購入してきた。

墨跡

書幅

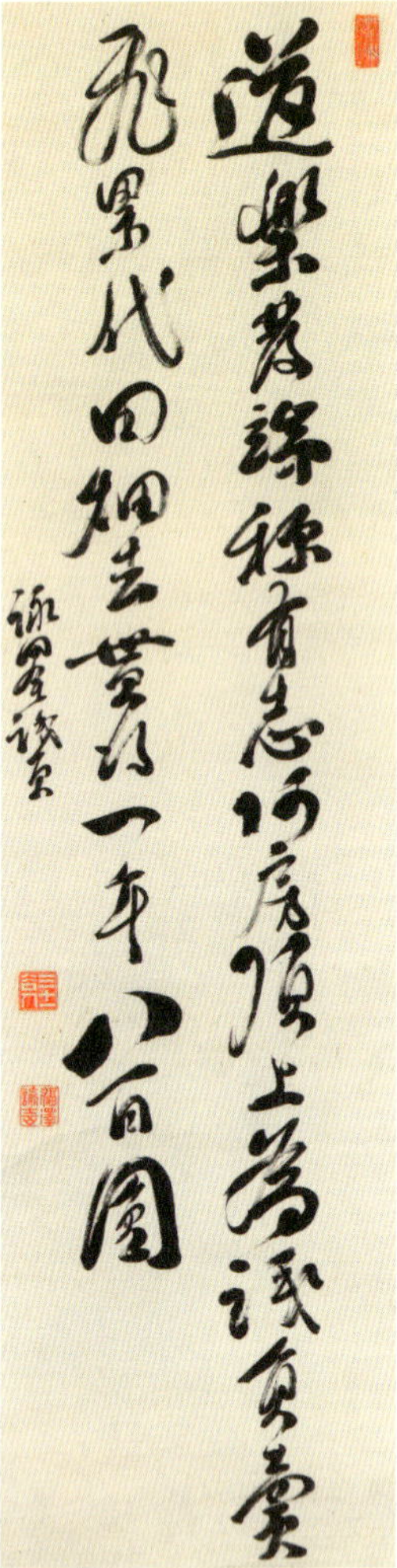

漢詩　詠田舎議員
道楽発端称有志／阿房頂上為議員／売飛累代田畑去／買得一年八百円
先祖代々の田畑を売り払って政治に熱しているような田舎者の議員を「あほうの頂上」と皮肉る漢詩。明治27年頃の作。文字の大きさが一様で端正な趣の壮年時代の字。

一行書　戯去戯来自有真
大病から回復して以後の明治32、3年頃の書。晩年の人生観を表す。濃淡が激しい闊達な最晩年の書風。

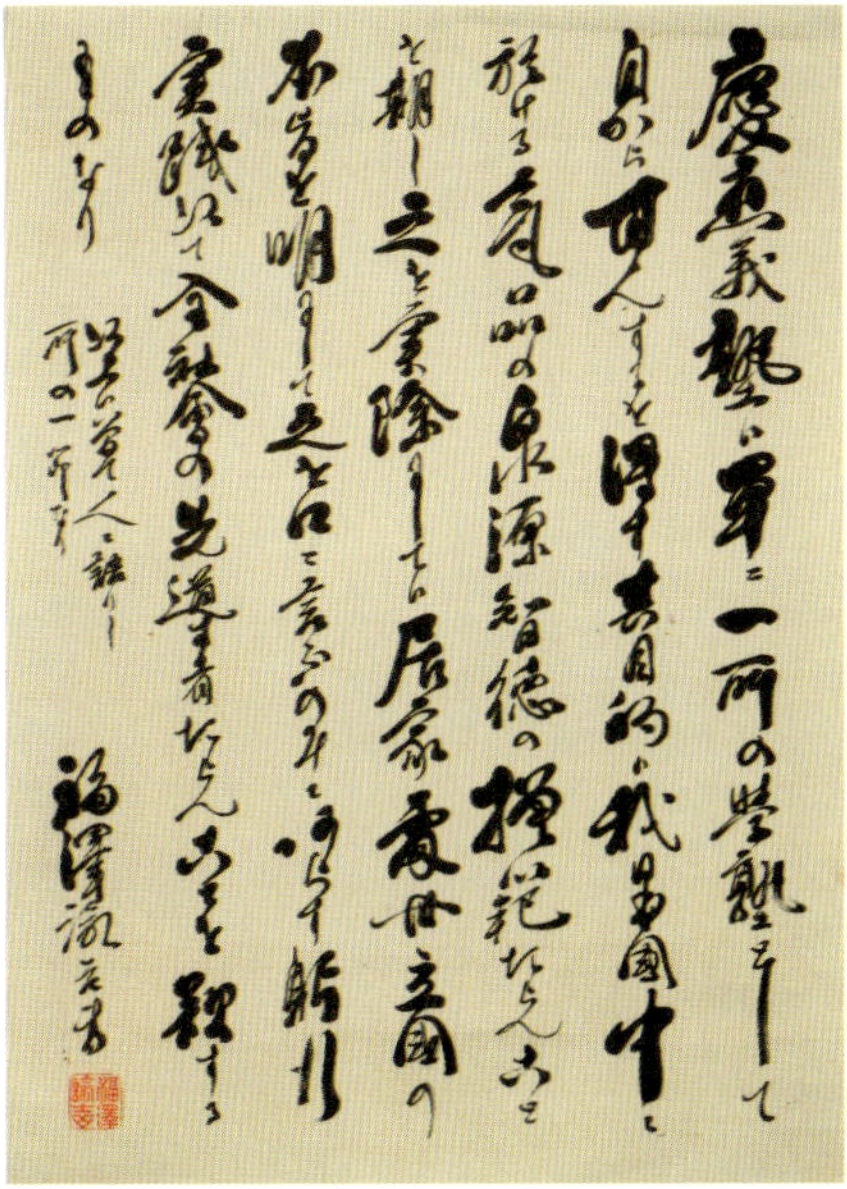

慶応義塾の目的
明治29年11月に開催された慶応義塾の懐旧会での演説の一節を書いた大型の書。福沢が慶応義塾に求めた理想が端的に集約されている。また濃淡のある福沢の書風をよく示す代表的な書でもある。

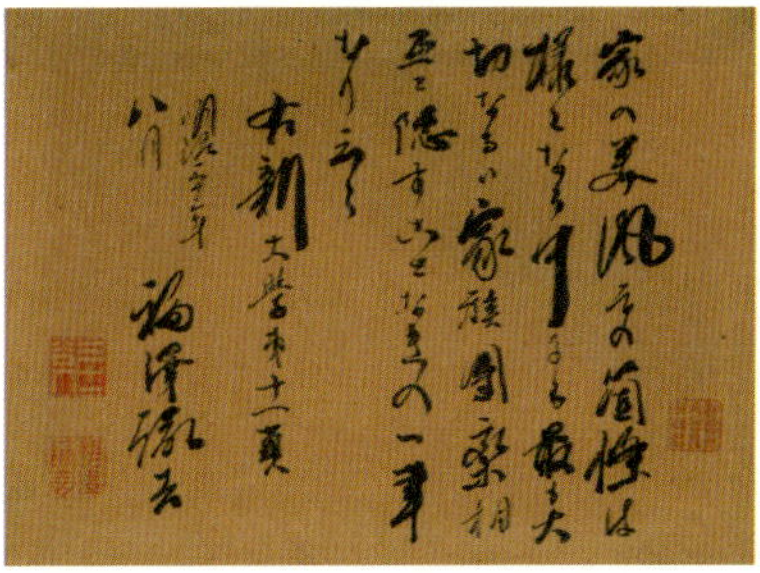

家の美風その箇条は…
「家の美風その箇条は様々なる中にも最も大切なるは家族団欒相互に隠すことなきの一事なり云々」と「新女大学」の一節を記した書。茶掛け用の小さな書は少ない。

独立自尊
門下生たちと共に編纂し、明治33年に発表された「修身要領」において最も基本的な精神として位置づけられている語であり、今日では福沢の思想を集約した語として知られる。

関防印

書幅の書き出し部分に押される印。福沢が使用したものとして三種が知られ、いずれの印顆(印章の石)も福沢家に伝わり現存する。

無我他彼此
「がたぴしなし」と読み、あらゆるものが円満に存在するさまを表す。福沢諭吉(陽刻)・三十一谷人(陰刻)との組み合わせで最も多く用いられた。

自由在不自由之中
「自由は不自由の中にあり」と読む。使用例は多くなく、明治20年代半ば頃からは使用例があまり見られない。

大幸無幸
大幸もある側面から見れば実は無幸であるという、世を達観する見地を表した語。小型の茶掛けなどにしばしば用いられ、小型の福沢諭吉(陰刻)・雪池(陽刻)との組み合わせも見られる。

落款印

書幅の作者を示すために押す印。いずれの印顆も福沢家に伝わり現存する。

福沢諭吉(陰刻)
雪池(陽刻)
最も大型で、印顆の両端に刻まれた一対の印。明治17年浜野定四郎の弟から福沢に贈られたものであるが、あまり用いられなかったようである。

福沢諭吉(陽刻)
三十一谷人(陰刻)
最も多く用いられた2つの印の組み合わせ。印顆は別れており、それぞれ単独でも使用された。「三十一谷人」は「世俗」の二字を分解したもので、この語を雅号のように書すこともあった。

※印影は実寸ではない。

蔵書印

福沢氏図書記
この印は福沢の個人蔵書ではなく、慶応義塾と名が付く前の塾蔵書に押されたと考えられ、上から重ねて「慶応義塾之印」が押されている例が多く見られる。また蔵版印として用いられている例もある。印顆は伝わらない。

福沢氏所蔵書籍之印
非常に大型の方印。維新後『学問のすゝめ』『文明論之概略』など重要な著作をまとめる上で参考にされた洋書などに多く見られる。印顆は伝わらない。

福沢氏印
明治維新前後の福沢の蔵書にごくわずかに見られる。印顆は伝わらない。

その他の印

咸印
咸は福沢の父百助の実名で、この印も元は父の使用品と思われる。福沢はこれを実印として登録し、また銀行印などとしても使用していた。印顆は伝わらない。

Copyright of 福沢氏
偽版に悩まされた福沢が偽造防止のために『西洋旅案内』などに押した蔵版印である。蔵版印にはほかに「福沢氏蔵版印」などがある。

福沢諭吉(陰刻)
雪池(陽刻)
小型の印顆の両端に彫られた対の印。小型の書幅に「大幸無幸」の関防印と組み合わせて用いることがあり、それぞれ単独でも用いられた。現存する印顆の「雪池」は破損しており、用いないこととして自ら削り取ったとも考えられるが、明治30年まで使用例が見られる。

明治卅弐季後之福翁
「明治三十二年後の福翁」と読み、福沢宅に寄宿していた葦原雅亮が刻んだもの。前年の大病から復帰して以後の書を区別しようとの意図から用いた。最晩年の書の右下に押されることが多く、単独で落款に用いた例もある。

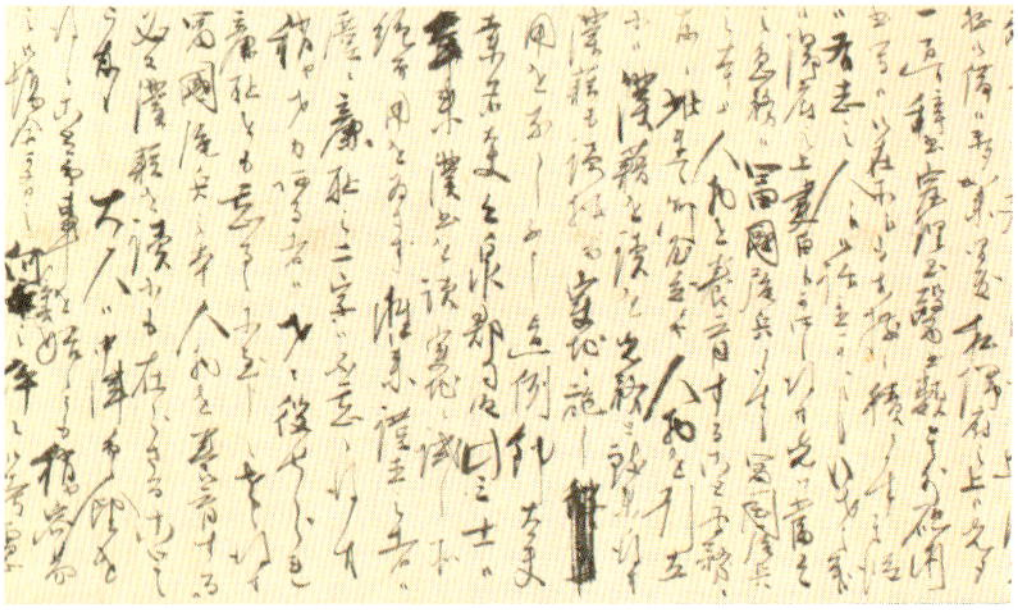

島津祐太郎宛書簡　文久2年4月11日(1862年5月9日)付
ロンドンから中津藩の有力者に送られた書簡。富国強兵のためには人材育成が専一であると説く。若い頃の福沢の筆跡は細い筆遣いで鋭い印象のものである。

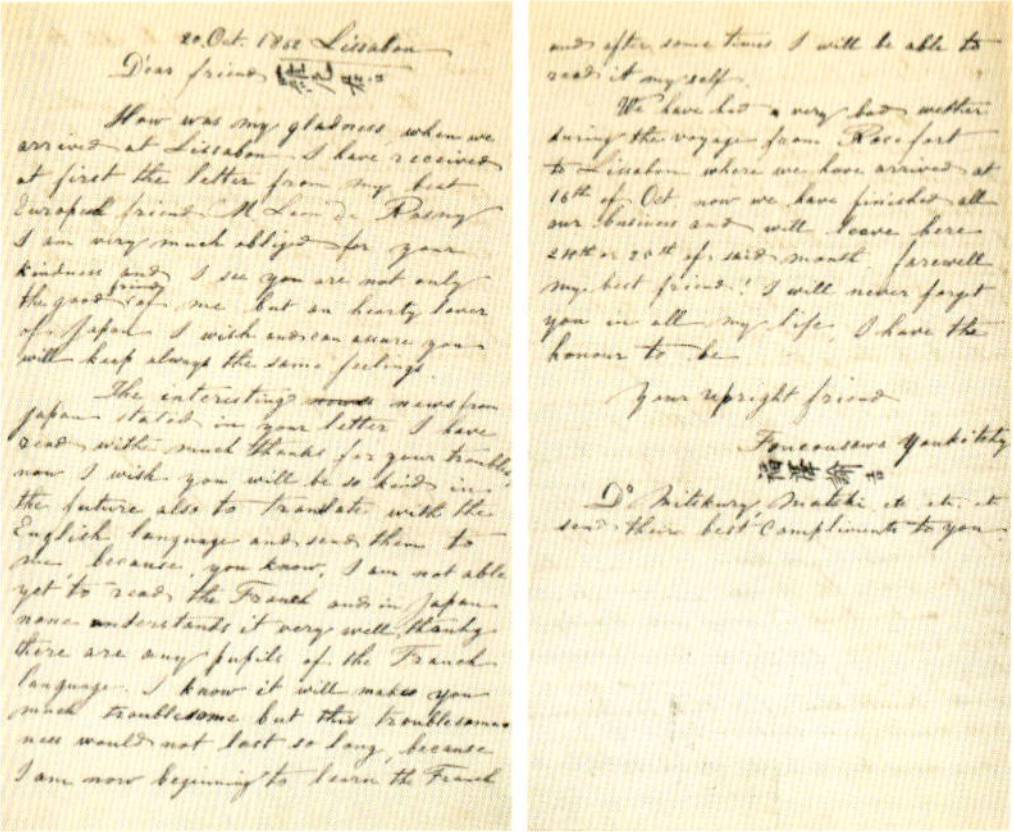

20 Oct. 1862 Lissabon
Dear friend 福沢 様

How was my gladness when we arrived at Lissabon. I have received at first the letter from my best European friend M. Leon de Rosny. I am very much obliged for your kindness and I see you are not only the good friend of me but an hearty lover of Japan. I wish and can assure you will keep always the same feelings.

The interesting ~~words~~ news from Japan stated in your letter I have read with much thanks for your trouble. now I wish you will be so kind in the future also to translate with the English language and send them to me because, you know, I am not able yet to read the French and in Japan none understands it very well, thanky there are any pupils of the French language. I know it will makes you much troublesome but this troublesomeness would not last so long, because I am now beginning to learn the French and after some times I will be able to read it my self.

We have had a very bad wether during the voyage from Rochefort to Lissabon where we have arrived at 16th of Oct. now we have finished all our business and will leave here 24th or 25th of said month. farewell my best friend! I will never forget you in all my life. I have the honour to be

Your upright friend

Foucousawa Youkitchy
福沢諭吉

Dr. Mitskury, Matsuki etc. etc. etc. send their best Compliments to you.

ロニ宛書簡
1862年10月20日付
フランス人の日本研究者に宛てた英文書簡。福沢の自筆英文書簡はわずかしか残されていない。

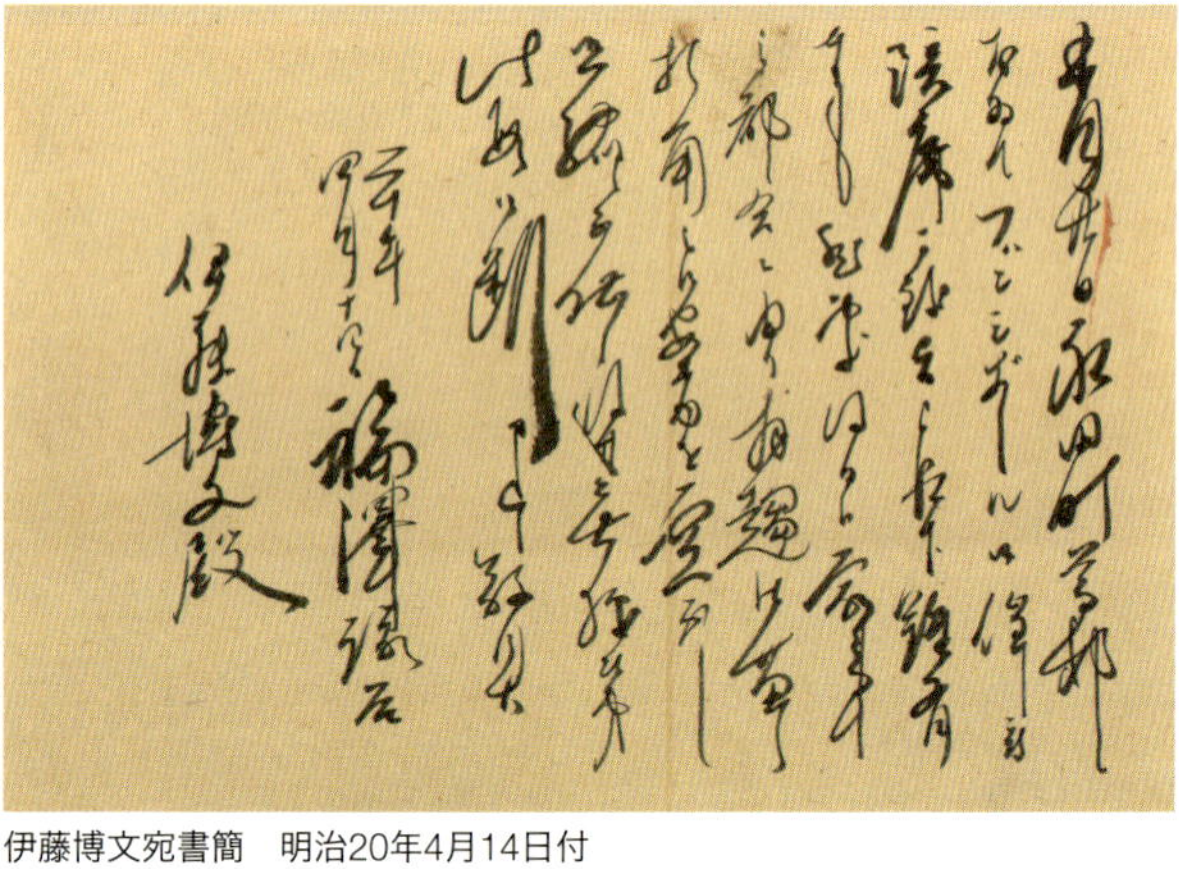

伊藤博文宛書簡　明治20年4月14日付
明治10年代半ばより福沢の書風は徐々に変化し、濃淡の激しい字となる。ファンシーボール(仮装舞踏会)の誘いを断るこの簡潔な書簡では本文最終行で「断」の一字がことさら大きく記されている。

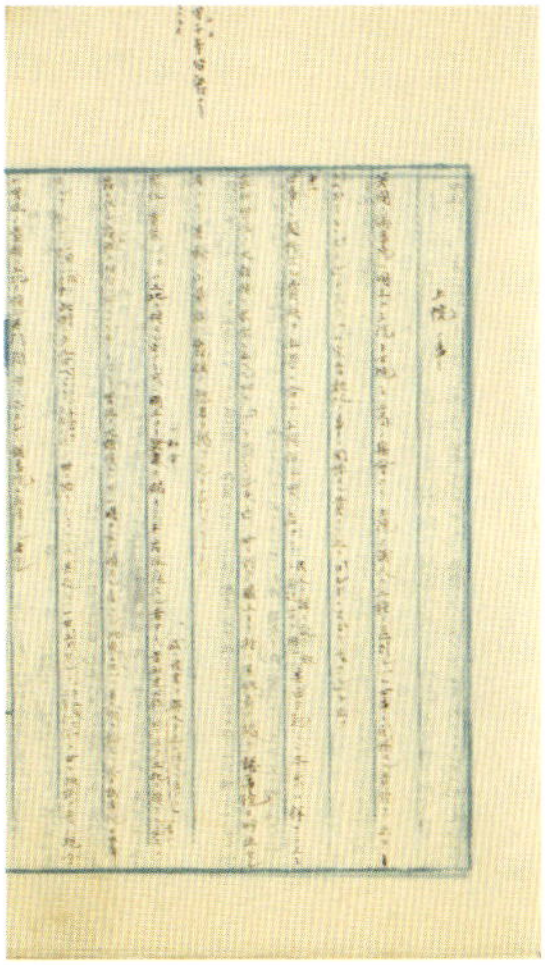

『英国議事院談』原稿
同書は明治2年刊。初期の福沢の原稿は、非常に細く硬質な字でびっしりと原稿用紙を埋めている。

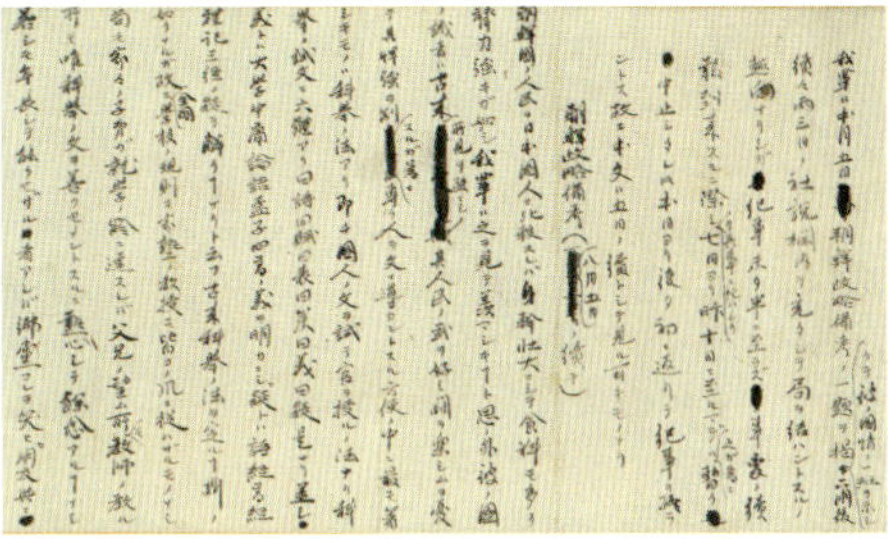

時事新報社説「朝鮮政略備考」原稿
創刊間もない明治15年8月に掲載された社説の原稿。当初は罫線なしの紙に漢字カタカナ混じり文で記され、次第にひらがなが使われるようになる。

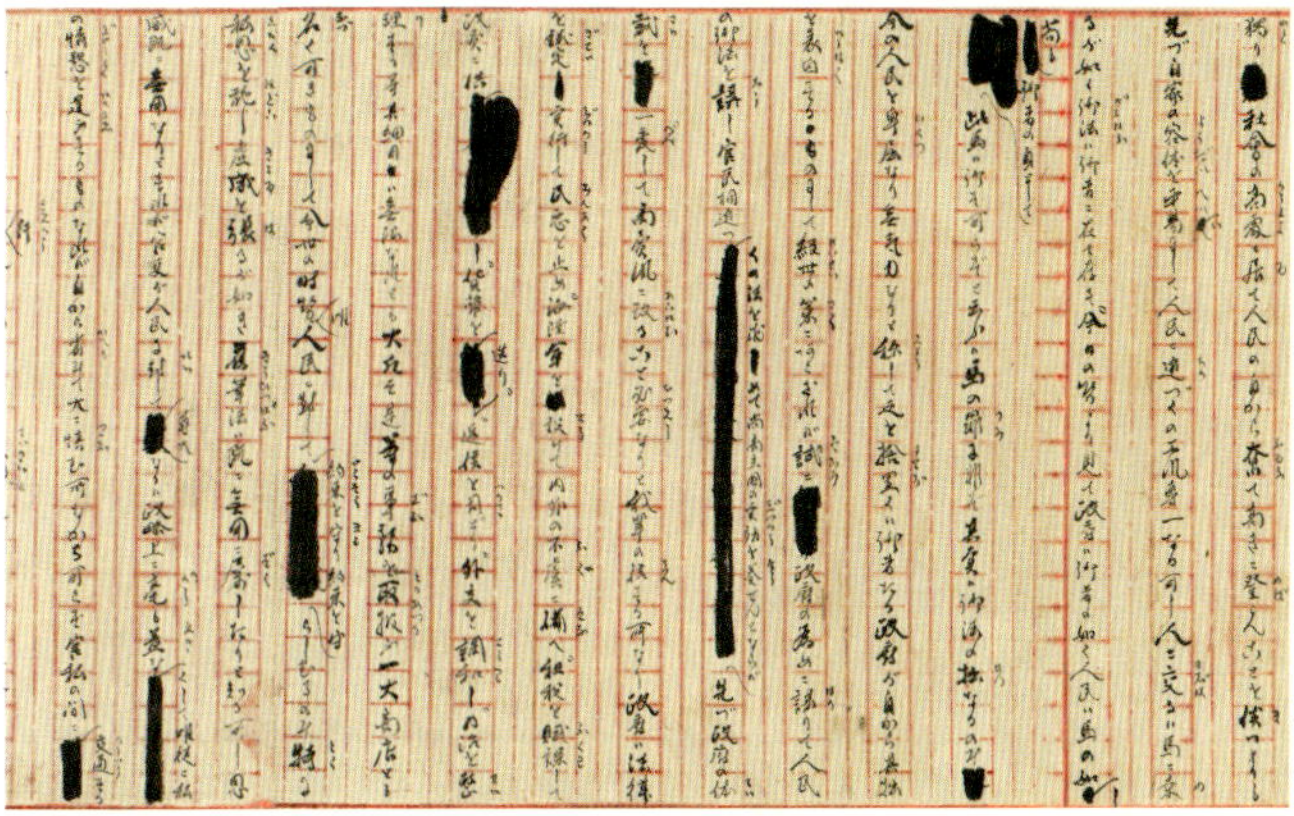

時事新報社説「尚商立国論」原稿
明治23年8月に掲載された社説原稿。校正用の余白に工夫がある時事新報独自の原稿用紙に記され、書き改めた箇所は黒々と塗りつぶされている。

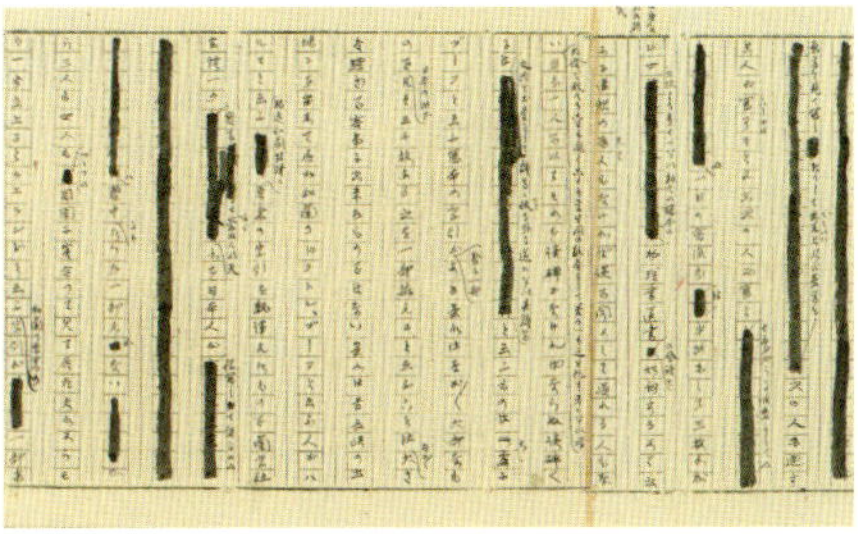

『福翁自伝』原稿
口述筆記による他筆草稿に福沢が丹念に筆を加えている。他者が起筆した時事新報社説に筆を入れる場合も同様に入念な加筆がなされた。

住居とその周辺

三田福沢邸玄関
明治末頃
福沢は建物の改良を好み、頻繁に増改築を繰り返した。橋のような渡り廊下で繋がった離れなどもあり、外国人教師や多くの学生が入れ替わり立ち替わり住み込んでいた。

丘の下より見た福沢邸
明治24年頃
福沢邸を南東側の丘の下から見た風景。広大な和館と共に、木造や煉瓦造の洋館も見える。

三田より品川の海を望む
明治30年頃、三田の丘の上から品川方面を望む。はるかに海を一望でき、お台場がみえる。当時の眺望の様子が分かる写真である。

慶応義塾校舎「月波楼」
明治24年頃
旧島原藩邸の南西隅の三階部分。幕末には江戸を一望できる名所であったという。老朽化が激しく、支柱が建てられている。

広尾福沢別邸　明治37年
福沢が明治11、2年頃購入し、静養や園遊会で使用した庭園付き別邸。建物は戦後首都高速道路建設に伴い取り壊されて現存しない。

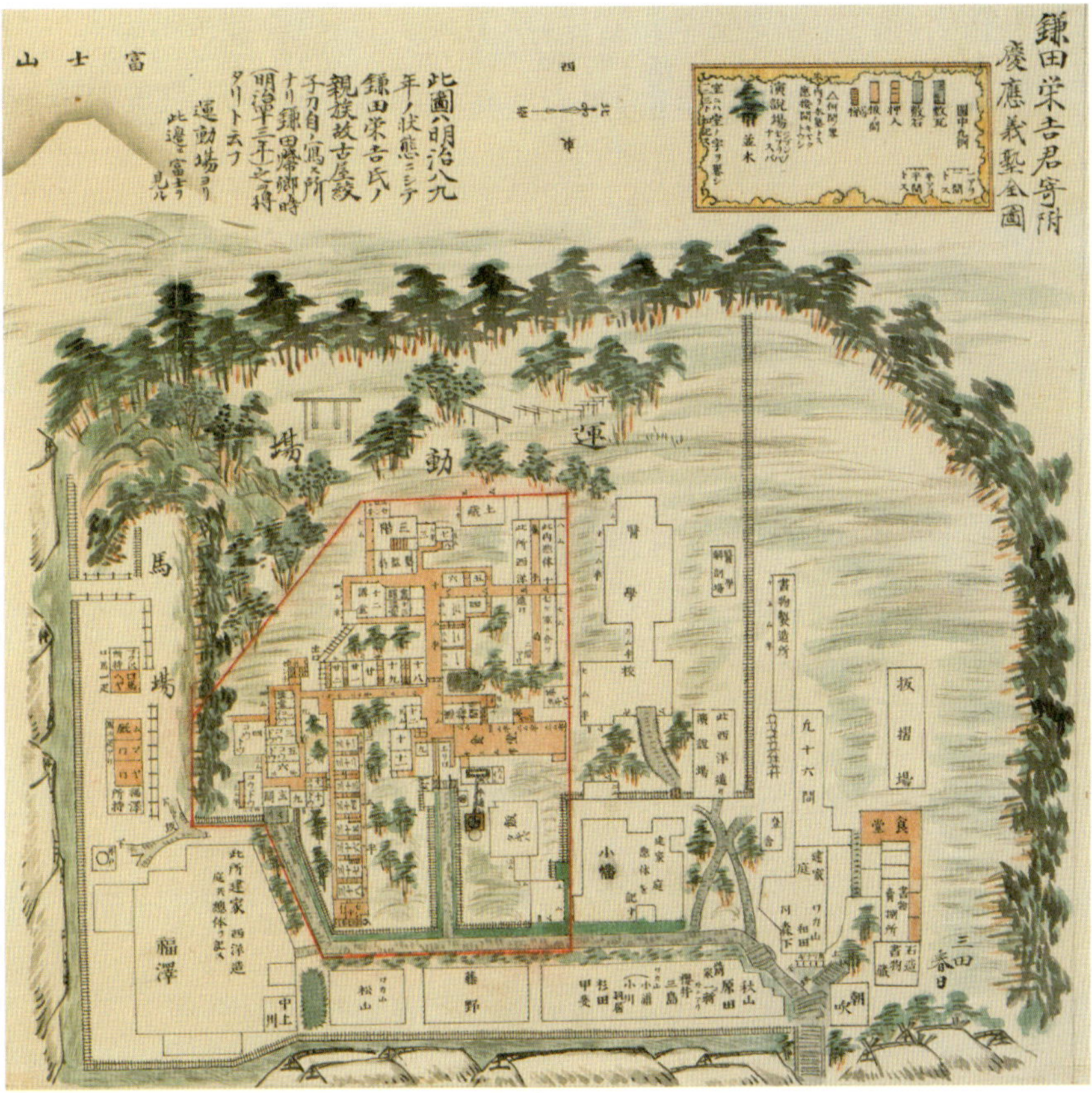

慶応義塾全図　明治8、9年頃
福沢が暮らしていた三田の邸宅周辺の様子を伝える図。赤線で囲われた部分が旧島原藩邸を転用した慶応義塾の校舎。右側中央には医学所、その右下には演説館や出版関係の建物がみえ、周辺には教員らの住居がある。福沢邸は左下に見える。

描かれた福沢諭吉

福沢の生前、世の著名人を諷刺する列伝類や錦絵、双六などに、しばしば福沢が描かれた。没後も、教育用の絵や漫画、映画など、さまざまな表現方法で描かれた福沢像があり、中でも紙幣の顔となっていることは、福沢の高い知名度につながっている。

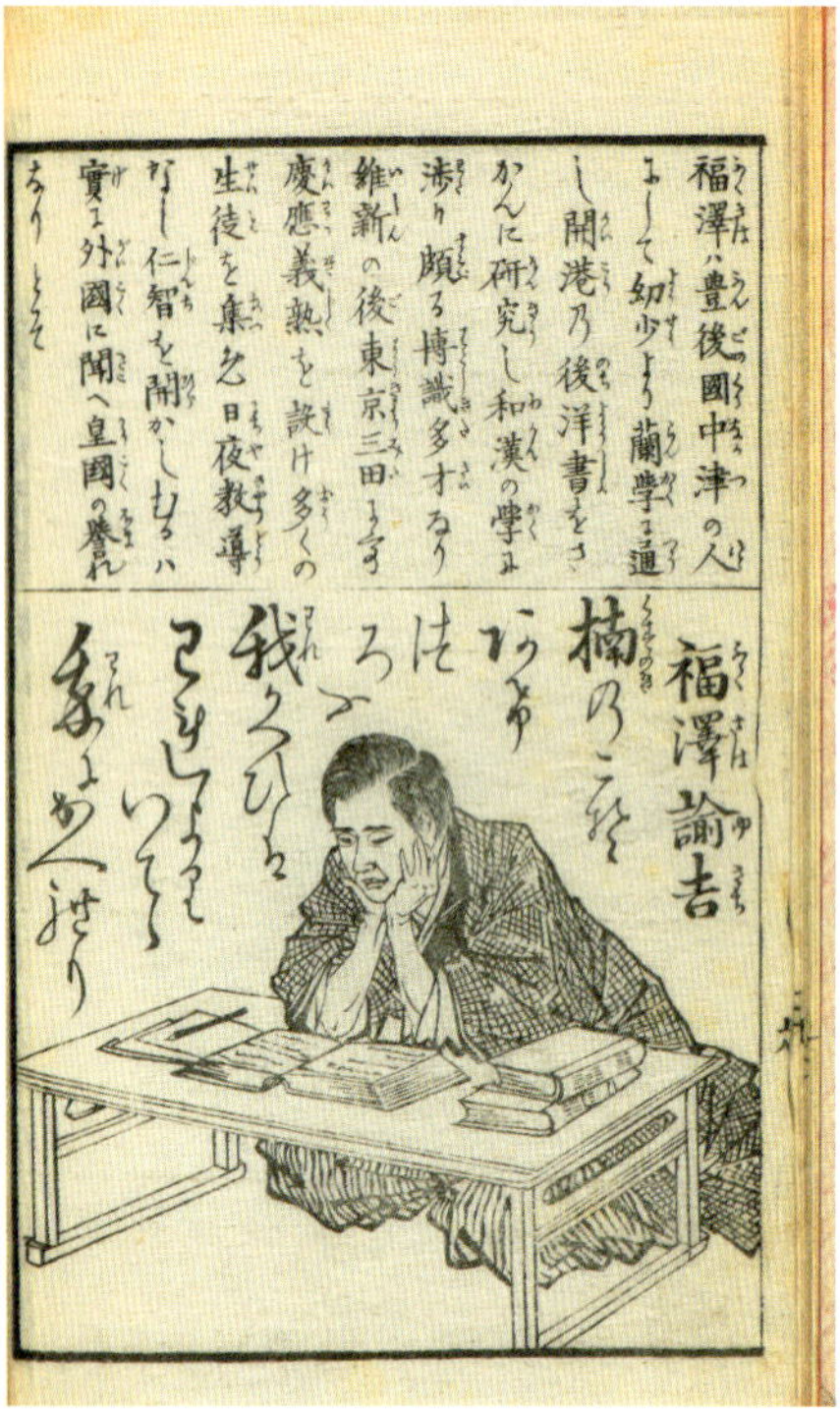

『現今英名百首』　明治13年
鮮斎永濯画、沼尻絓一郎編。他の挿絵に比して風貌にも意を払った形跡がある。添えられた和歌は、楠公権助論を皮肉る。

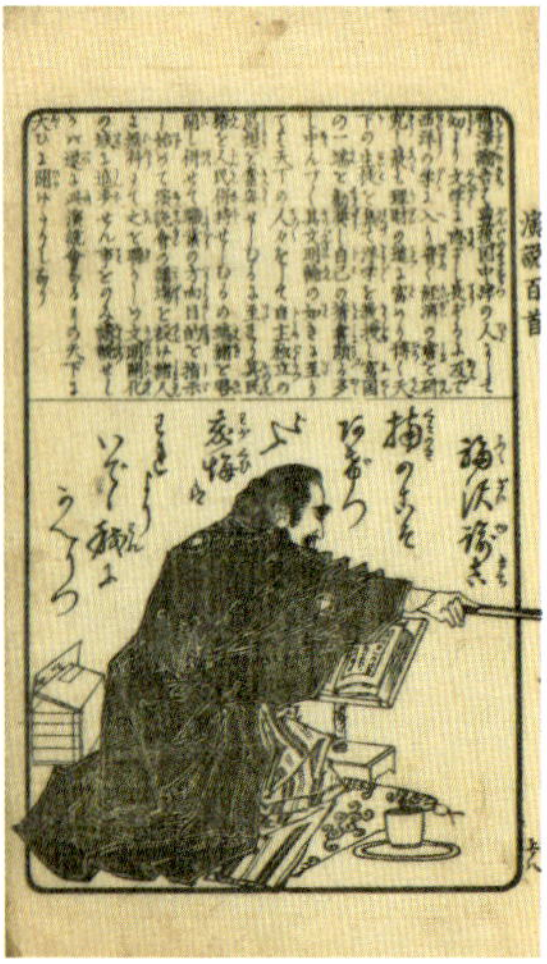

『演説百首』
明治15年
観月樵夫識。演説普及の功績のほか、経済を世に説いたことも記す。和歌は『現今英名百首』とほぼ同じ。

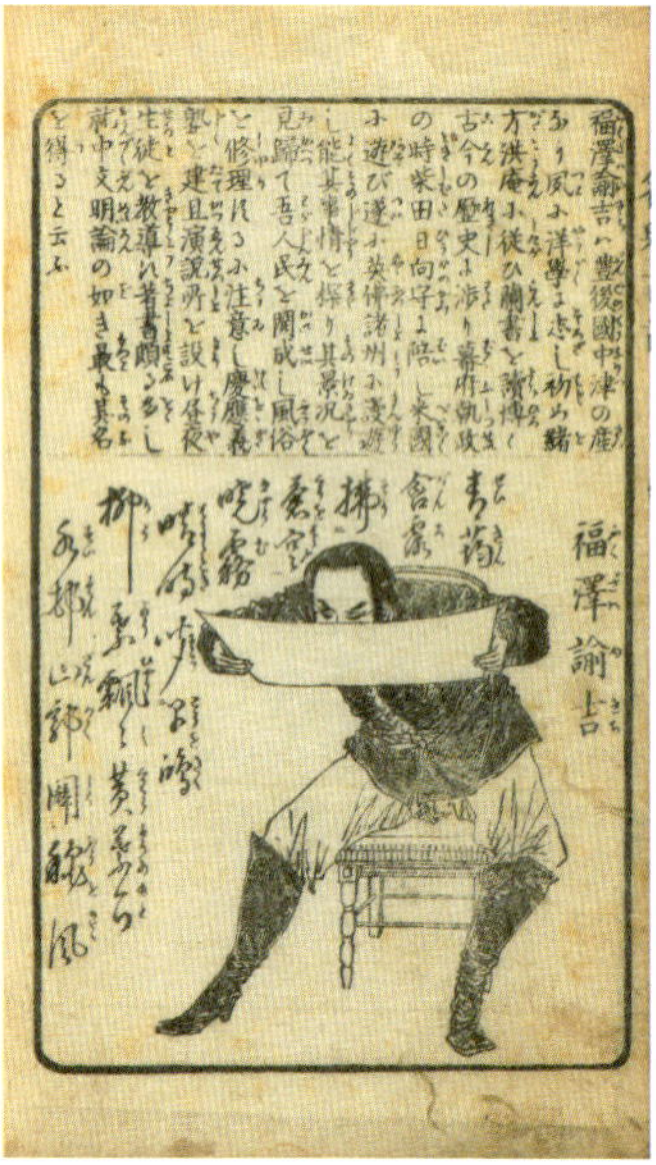

『近世文武名誉百首』　明治14年
歌川豊宣画、谷壮太郎編。小伝の部分では、演説や文明論に触れている。

「古今英雄一覧」　明治9年
早川松山画。徳川家康、豊臣秀吉、徳川慶喜、勝安芳、榎本武揚、高杉晋作などさまざまな人物が描かれる中、福沢は右から5人目、木戸孝允の隣に描かれている。

「廿三年の未来記」　明治16年
尾形月耕画。国会開設の予想図。自由党系論客を右側、政府系を左側、正面奥に改進党系を描き、福沢もそこに列している(右から6人目)。左後方には、矢野文雄、藤田茂吉、馬場辰猪ら、福沢門下の若手論客もいる。
早稲田大学大学史資料センター蔵。

「東京持丸長者競」　明治16年
蜂須賀国明画。七福神の上に、当時長者とされていた人々を番付風に列挙する。左側前頭に福沢の名前がある（左から5人目）。

「近世義勇忠臣双六」　明治26年
幕末以来の偉人の「義勇」の場面をマスとした双六。福沢は左から2列目、下から2つ目に北里柴三郎を支援する場面が描かれている。

「福沢先生の運動」　明治35年
小林習古画。学校教育用の絵。福沢の米搗きが、世間でよく知られていたことを示すが、まさか臼と杵で搗いているとは思われなかったらしく、足踏み式で描かれている。二宮尊徳のように、読書もしているのが教育画らしい。

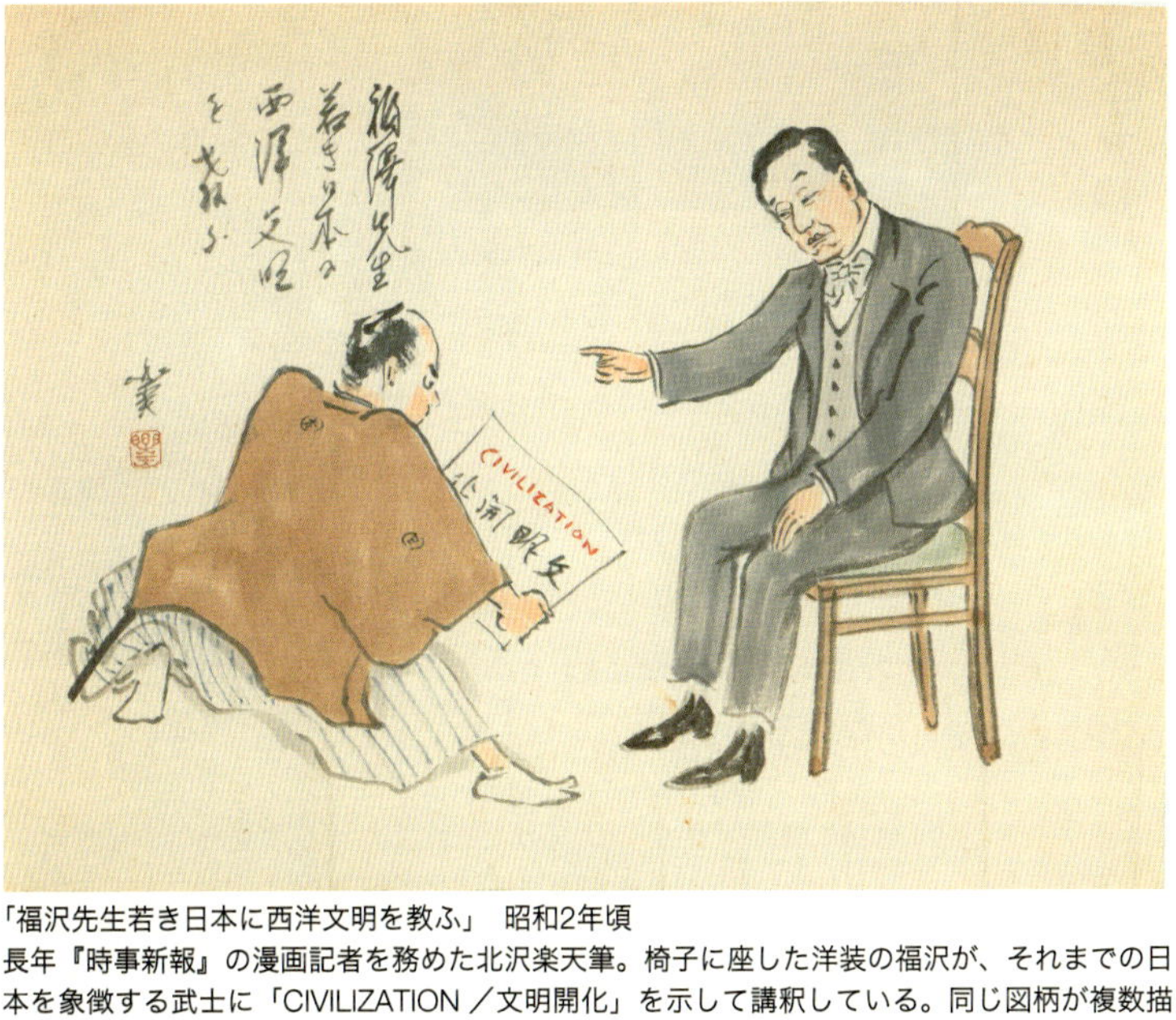

「福沢先生若き日本に西洋文明を教ふ」　昭和2年頃
長年『時事新報』の漫画記者を務めた北沢楽天筆。椅子に座した洋装の福沢が、それまでの日本を象徴する武士に「CIVILIZATION ／文明開化」を示して講釈している。同じ図柄が複数描かれたらしく、肉筆画が多く現存する。

「晩年の福沢先生」
昭和6年
北沢楽天画。同年3月8日付、時事新報日曜附録『時事漫画』掲載。楽天が実際に接した明治32年頃の福沢の印象を描く。福沢の存在感の大きさが強調されている。

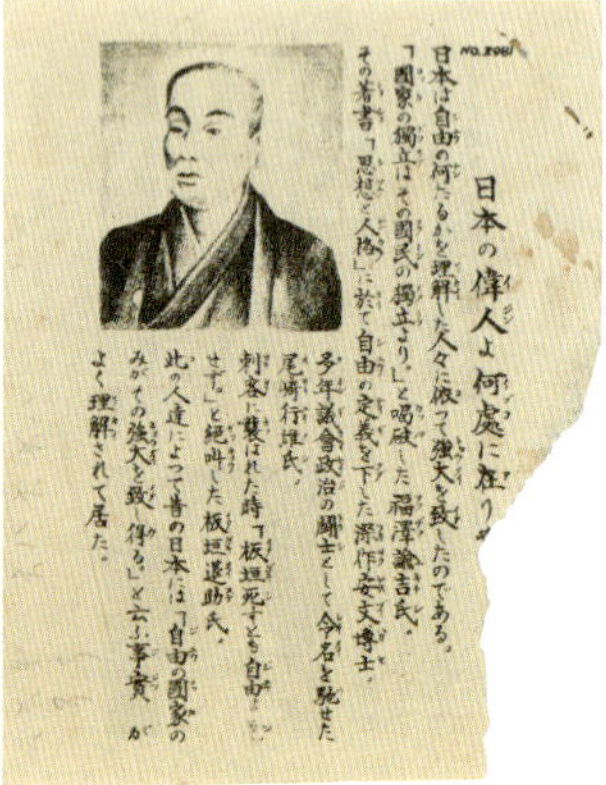

日本の偉人よ何處に在り

日本は自由の何たるかを理解した人々に依つて強大を致したのである。

「國家の獨立はその國民の獨立より。」と喝破した福澤諭吉氏。

その著書「思想と人格」に於て自由の定義を下した深作安文博士。

多年議會政治の闘士として令名を馳せた尾崎行雄氏。

刺客に襲はれた時「板垣死すとも自由は死せず」と絶叫した板垣退助氏。

此の人達によつて昔の日本は「自由の國家のみがその強大を致し得る」と云ふ事實がよく理解されて居た。

「日本の偉人よ何処に在りや」
昭和20年
太平洋戦争末期、米軍が日本上空で散布した伝単(謀略ビラ)。福沢の肖像を描き、「自由の何たるかを理解した人」の筆頭として福沢の名を挙げている。作成には日系人や捕虜となった日本兵がかかわったとみられる。このビラは福沢の孫清岡暎一が保管していたもの。

映画「かくて自由の鐘は鳴る」 昭和29年(写真提供　東宝)
熊谷久虎監督作品。幕末の混乱の中慶応義塾で講義する福沢を演じる尾上九朗右衛門。福沢は、真山青果作「福沢諭吉」、池田弥三郎作「慶応戊辰年」などの歌舞伎をはじめ、舞台や映画、テレビドラマとしてもしばしば取り上げられている。

手塚治虫『陽だまりの樹』
昭和56-61年
手塚治虫が自分の曽祖父である蘭方医手塚良庵(良仙)を主人公に、幕末の動乱期を創作を交えながら描く長編漫画の一コマ。左が福沢で、右は良庵。良庵は『福翁自伝』に登場する適塾の同窓で、この漫画では『自伝』の逸話を織り込みつつ、適塾生の様子が丹念に活き活きと描かれている。福沢は良庵の人生と要所要所で交錯しながら、異なった道を歩む人物として登場する。

キヨッソーネ　福沢諭吉肖像
年代未詳
日本の紙幣や切手の版画を多く手がけたイタリア人銅版画家キヨッソーネ（Edoardo Chiossone）が彫った福沢の銅版画。いつ、いかなる経緯で制作されたかは未詳。

一万円札Ｄ号券　昭和59年
福沢は、聖徳太子の後を継いで日本の最高額紙幣の顔となった。夏目漱石（千円札）、新渡戸稲造（五千円札）とともに文化人として採用されたもので、平成16年の改刷後も福沢は引き続き肖像として使われている。これは最初の発行の際慶応義塾に寄贈された2号券である。今日最も一般的な福沢のイメージは紙幣によるものであろう。

福沢諭吉8円切手
昭和25年
原画は木村勝作、原版彫刻は渡部文雄。文化人切手の1つとして発行された福沢肖像の切手。3000万枚が発行された。

安田靫彦　福沢諭吉ウェーランド経済書講述図　明治43年頃
慶応4年5月15日、彰義隊と新政府軍が上野で衝突し、江戸中が大混乱となった中でも、慶應義塾において時間割どおりに土曜日朝10時からの福沢によるウェーランド経済書の講義が行われた故事を描く作品。安田が健康を害し静養中に、新たな画風を模索する中で慶應義塾関係者の依頼により描かれた作品という。

川村清雄　福沢諭吉肖像
明治33年頃
元幕臣で勝海舟とも関係の深い川村によって、写真を元に書き起こされ、生前の福沢を前にして仕上げられたと伝わる油彩画。川村は徐々に筆が進まなくなり、左手部分などは未完で終わったともいわれる。福沢の三女俊の夫清岡邦之助の依頼により制作され、のち慶応義塾に寄贈された。

松村菊麿模写（和田英作原画）
福沢諭吉演説像　昭和12年
原画は、洋画家和田英作が慶応義塾出身の実業家成瀬正行の依頼により制作した演説中の福沢の全身像（大正9年作）。実際に福沢の演説を見た洋画家夏井潔のスケッチを元に制作されたという。慶応義塾大講堂に掲げられたが、昭和20年の空襲で焼失してしまった。幸い和田の弟子である松村のこの模写が神戸に残されていたため、これが慶応義塾に寄贈され、現在では三田演説館の壇上に掲げられている。

大熊氏広　福沢諭吉像
明治26年
生前の福沢をモデルとした唯一の彫刻。作者は靖国神社の大村益次郎像などの制作で知られる。福沢は自らの偶像化を好まなかったが、この作品は慶応義塾の記念物として制作を許可し協力した。完成後は義塾煉瓦講堂2階大広間に飾られたが、福沢はやはり自分の姿が人目にさらされるのを好まず、土蔵にしまい込んでしまい、その後ほとんど人目に触れなかった。親族間では、後頭部以外は似ていないと評されたというが、顔のホクロや手の皺、袴の織り目まで繊細に仕上げられている。現在は慶応義塾志木高等学校に設置されている。

柴田佳石　福沢諭吉像
昭和29年
慶応義塾三田キャンパス内に建つ福沢の胸像。当時存命中だった福沢の四女滝、四男大四郎の助言を得ながら制作され、最もよく福沢の面影を伝えているとされる作品。義塾においては福沢の日頃の考え方に反するとして、没後長らく銅像が制作されず、この胸像制作にも反対の声が上がったほどであった。原型の同じ像が交詢社、慶応義塾大学病院、中津の福沢記念館にも設置されている。

山名常人　福沢諭吉像
昭和60年
慶応義塾日吉キャンパス内に建つ福沢の胸像。福沢生誕150年を機として制作された。同じ原型による像が同湘南藤沢キャンパスにもある。

和田嘉平治　福沢諭吉像　昭和22年
大分県中津市の福沢記念館前に建つ。和田は深く福沢を敬愛し、誰に依頼されたわけでもなく昭和5年に福沢像を制作、これが中津の現在地に設置された（写真右）が、戦時中の金属供出により失われた。そのため、戦後同じ台座の上に改めて制作されたものである。このほか、JR 中津駅前には腕組みをした福沢の全身像がある。

太平洋

旅行地図

海外編

福沢諭吉は、明治維新以前に三度海外を訪れている。まだ自由な渡航は許されないなかで、福沢はまず幕臣木村摂津守喜毅の私的な従者の身分で、次には自らが幕臣となって計三回の渡航チャンスを得た。公式に派遣される一団の一員であったから旅行とはいえないかもしれないが、与えられた職務をこなしながらも、写真館に足を運び土産品を選び、見知らぬ土地での見聞を楽しみもしたようである。明治維新後は、著述活動や学校運営などに忙しく、ついに海外の地を踏むことはなかった。

凡例▼

一、地図上の・・・線は海路を示し、|線は陸路を示す。ただし、正確な航路や行程を示すものではない。緯度経度の関係も同様である。

二、陸路は、ほとんどが汽車での移動である。

三、出発到着は和暦西暦を併記し、途中は西暦のみを表記した。アメリカへ行く際には、日付変更線を通過するが、福沢は考慮していないので福沢の日記では西暦との対応関係にずれが生じている。

◉咸臨丸によるアメリカ渡航

安政七年、日米修好通商条約批准書交換のための使節団の護衛艦として派遣されることになった咸臨丸に、軍艦奉行の従者として乗り込み、初めて海外の地を踏んだ。サンフランシスコとメーア島に滞在し、帰路ホノルルではカメハメハ大王に謁見している。

アジア

西航手帳
ヨーロッパ滞在中のさまざまな見聞を書きとめた手帳。ラベルから、パリのフォルタン文房具店で購入されたと考証されている。

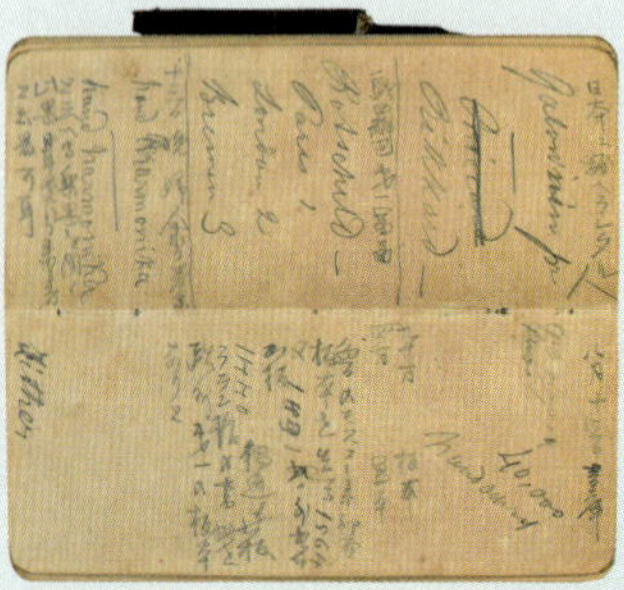

◉遣欧使節団随行

アメリカから帰国後幕臣にもなった福沢は、文久二年に開港開市延期および樺太との国境確定交渉のために派遣される使節団の一員となって、約一年をかけ、フランス・イギリス・オランダ・プロシャ・ロシア・ポルトガルのヨーロッパ各国を訪問した。

ヨーロッパ

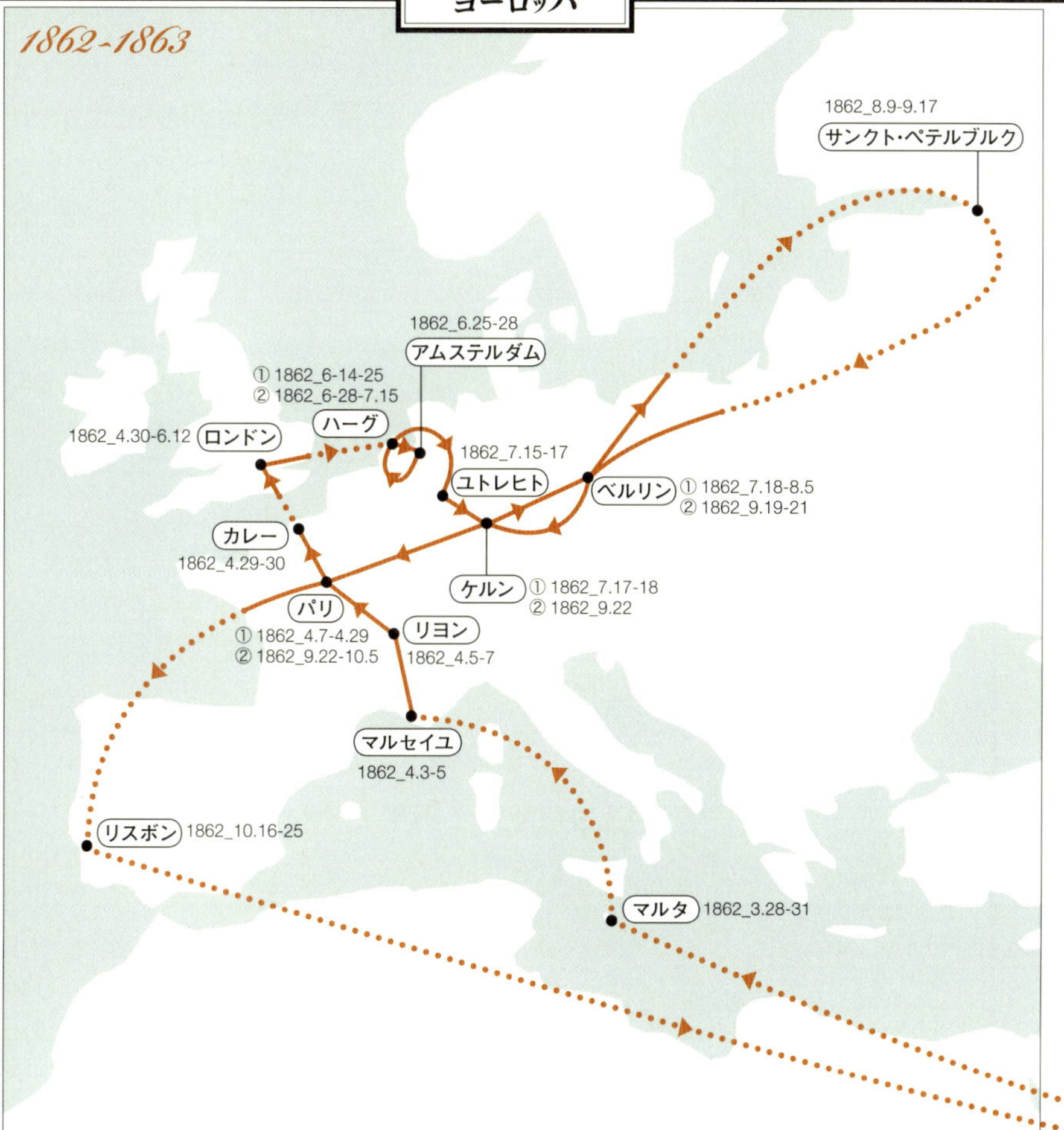

オランダ土産の茶碗
福沢家にオランダで購入したと伝えられていた茶碗で、制作地はイギリスと推定される。『福翁自伝』には、ヨーロッパ訪問中に最も対応がこまやかであったのはオランダとある。言葉の壁もなく、福沢も一番安心して楽しむことができたのであろう。

北アメリカ

慶応三年日記
この旅には日付だけ印刷されている日記帳を持参した。詳細な記述は少ないが、表紙裏にはホワイトハウスの見取図も描かれている。

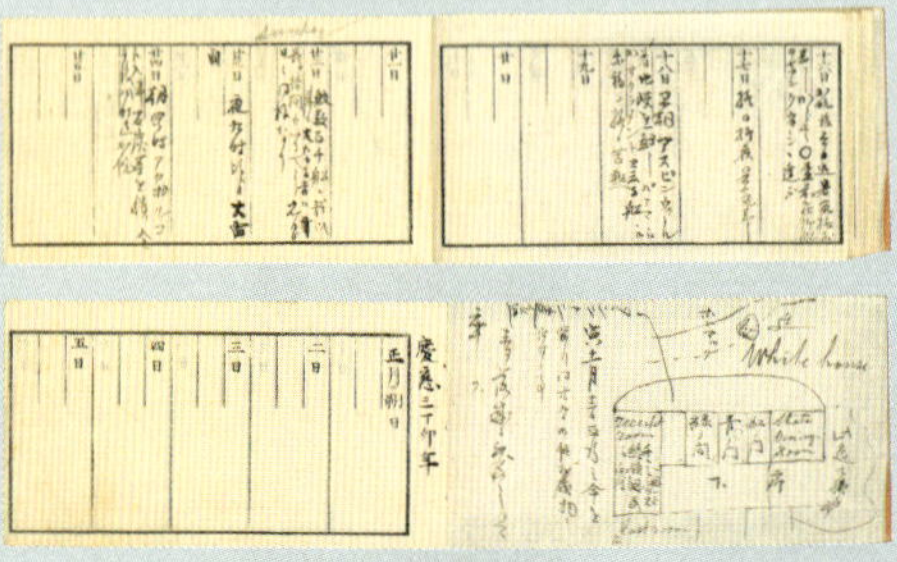

●第二回アメリカ渡航

慶応三年、幕府が購入した軍艦の受取をめぐってアメリカと交渉の必要が生じ、使節が派遣されることになった。福沢は翻訳方として参加し、今回は東海岸まで出かけた。

南関東

地名	年	月	名所旧跡
神奈川 (2)	明治19	3	
	明治21	1	
横浜 (10)	明治3	10	
	明治5	4	
	明治9	5～6	
	明治16	6	
	明治19	4	
	明治21	11	
	明治22	2～9	
	明治23	1	
	明治27	2	
	明治27	12	
浦賀			米国へ咸臨丸出航
鎌倉 (5)	明治3	10	江ノ島、金沢八景
	明治4	?	江ノ島
	明治10頃	12	
	明治20	9	
	明治21	7～8	由比ガ浜
藤沢 (1)	明治4	6	
大磯 (5)	明治26	2	
	明治27	6	
	明治28	2	
大磯 (5)	明治29	11	
	明治30	?	
国府津 (1)	明治29	2	
酒匂 (3)	明治24	4	
	明治24	5	
	明治25	7	
箱根 (17)	明治3	10	湯本
	明治6	4	
	明治7	3	塔之沢
	明治11	4	
	明治13	5～8	塔之沢
	明治18	4～5	塔之沢
	明治19	3	
	明治20	8	塔之沢
	明治23	6	湯本、宮ノ下、木賀
	明治24	5	湯本
	明治26	5	宮ノ下
	明治26	8	湯本、宮ノ下
	明治28	1	湯本、三島大社
	明治28	8	塔之沢
	明治29	5	
	明治29	8	
	明治30	4	湯本

国内編

凡例▼

一、福沢諭吉が明治以降、国内旅行で訪れた土地を、その回数と共に地図および一覧表で示した。回数は、表では( )を付して示している。

二、家族や門下生たちとの旅行の主なものを対象とし、明治以前に学問修業などで訪れた土地については、特に期間の長かったものや思い出深い場所を、ゆかりの地として掲げた。日帰りの旅行などは省き、上野、品川など汽車、汽船の乗車、乗船地も省いた。

三、地図の県名は現在の行政区分によっている。地図、一覧表とも地方で分け、原則として地名は県ごとに東から順に並べてあるが、分かりやすさを優先し訪問順になっている場合もある。また一部過去の地名・通称なども併記するかたちで利用した。

四、旅行の詳細については、I-7日常と家庭の「国内旅行」および年譜を参照されたい。

北関東

地名	年	月	名所旧跡
水戸 (1)	明治19	5	弘道館、常磐神社、偕楽園
土浦 (1)	明治19	5	
日光 (1)	明治8	4	中禅寺湖、華厳の滝

信越

地名	年	月	名所旧跡
高田 (1)	明治29	11	
直江津 (1)	明治29	11	
野沢温泉 (1)	明治29	11	
長野 (新町) (1)	明治29	11	善光寺

中部・東海

地名	年	月	名所旧跡
熱海 (2)	明治3	9	
	明治17	6	
三島 (1)	明治19	3	
沼津 (4)	明治27	9	静浦
	明治28	1	
	明治30	7	静浦
	明治33	7	静浦
静岡 (6)	明治19	3	安倍川、宇津の谷隧道、小夜の中山
	明治22	10	駿府城
	明治23	11	三保の松原、久能山、清見寺
	明治28	4	
	明治29	4	久能山
静岡 (6)	明治30	11	
浜松 (3)	明治19	3	
	明治24	2	
	明治29	4	
豊橋 (1)	明治19	3	
岡崎 (1)	明治19	3	岡崎城
半田 (1)	明治19	3	
熱田 (1)	明治19	3	
名古屋 (7)	明治19	4	
	明治22	10	名古屋城、熱田神宮
	明治24	2	
	明治25	4	
	明治27	3	
	明治29	4	
	明治30	11	

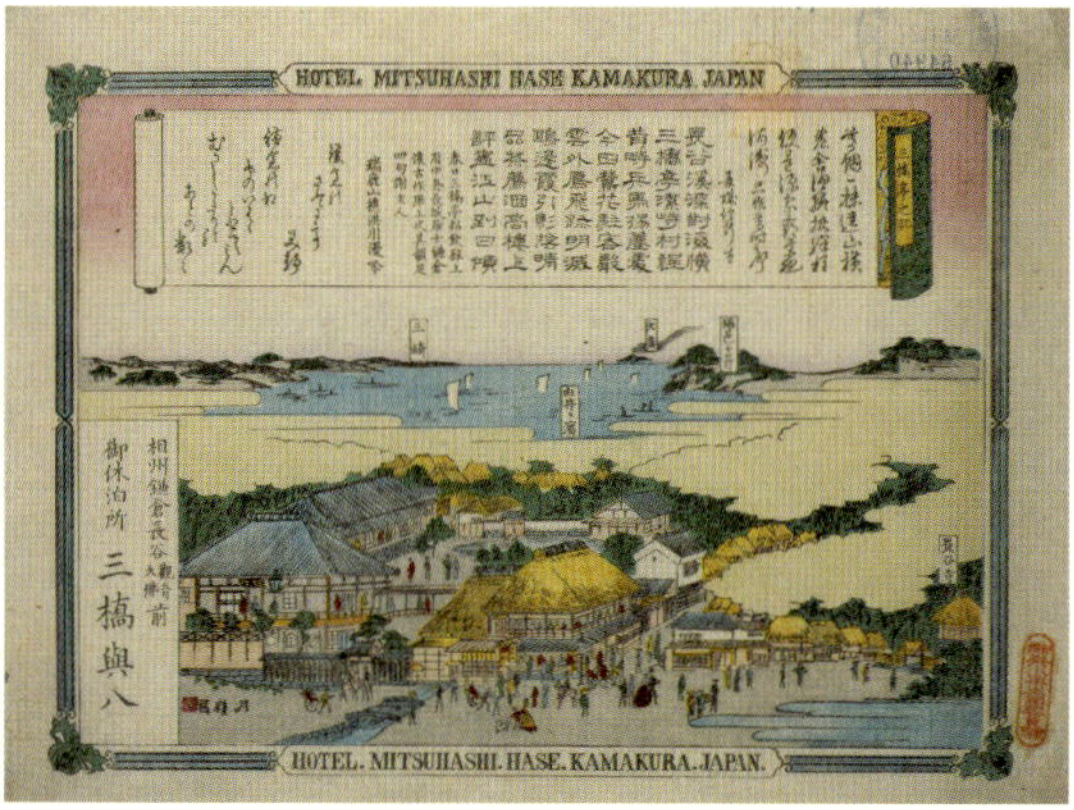

鎌倉御休泊所三橋与八引札
福沢諭吉が鎌倉を訪れたときに宿泊した長谷寺そばの旅館の広告。文化年間以前の創業。神奈川県立図書館蔵。

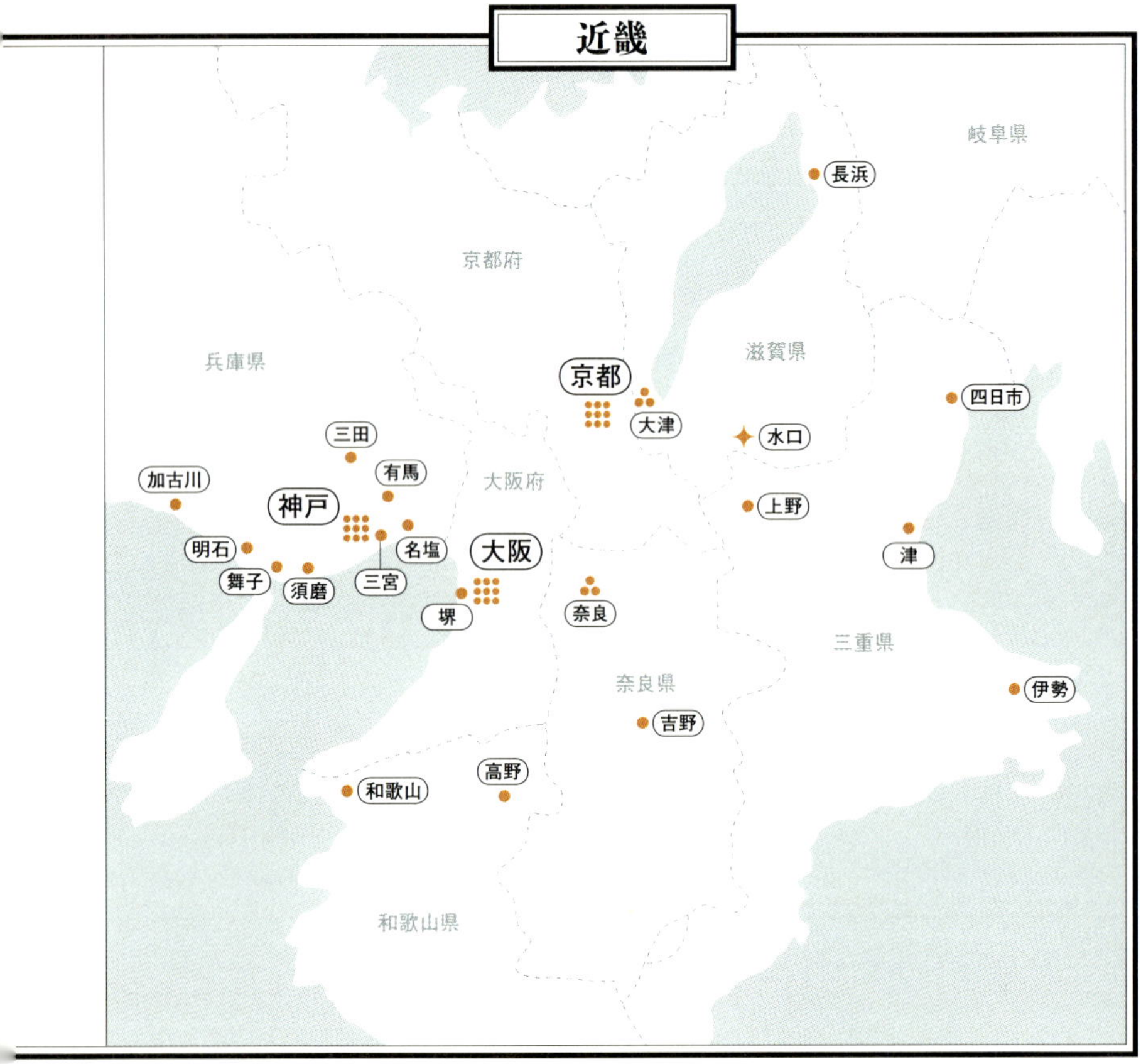

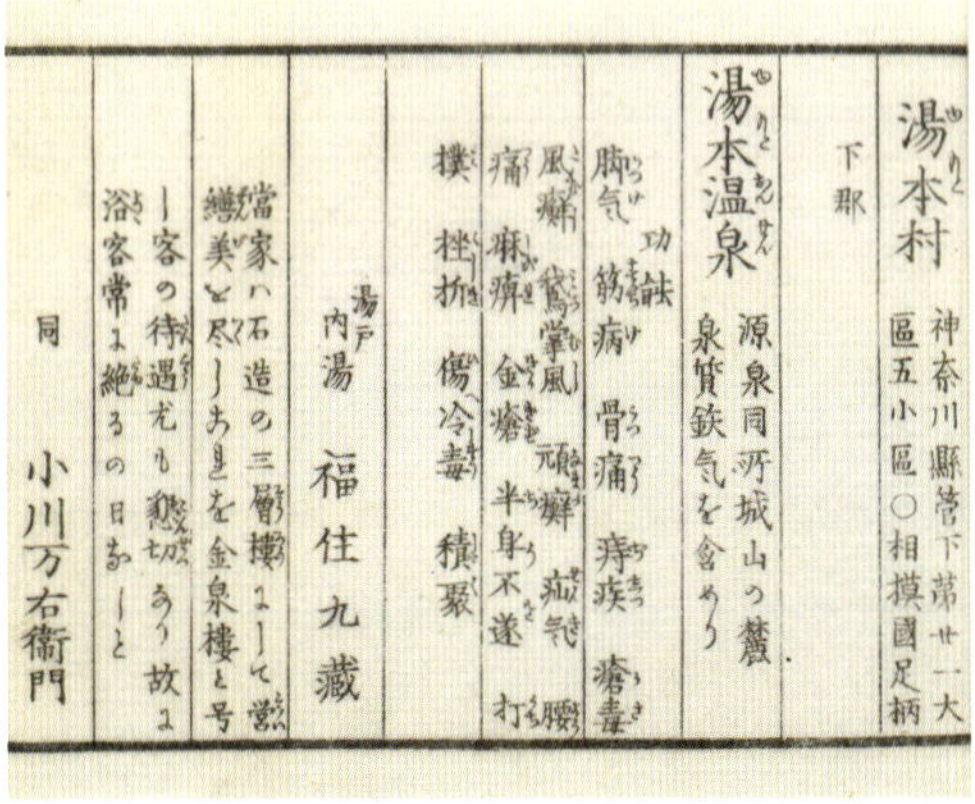

『箱根熱海温泉道案内』
明治10(1877)年9月2日発行。福沢諭吉が箱根の定宿としていた湯本の福住旅館の案内。当主福住九蔵は二宮尊徳の高弟のひとり福住正兄。10代目九蔵を襲名し、経営に尽力した。この案内では、腰痛、冷え症に効くといった功能とともに、旅館は金泉楼と呼ばれる石造り三階建てで、懇切な待遇で客足が絶えないと書かれている。

地名	年	月	名所旧跡
四日市 (2)	明治19	3〜4	
	明治29	4	
津 (1)	明治19	3	阿漕の浦
伊勢 (宇治山田) (1)	明治29	4	外宮、内宮、二見ガ浦
上野 (伊賀上野) (1)	明治19	3	
長浜 (1)	明治19	3	
水口 (近江水口)			中村栗園居住地
大津(3)	明治9	6カ	
	明治19	3	三井寺
	明治22	9	三井寺、唐崎一つ松、石山寺
吉野 (1)	明治25	4	六田村柳の渡し
奈良 (4)	明治9	6カ	
	明治19	3	法隆寺、竜田神社
	明治22	9	法隆寺、春日神社、三笠山、東大寺 (三月堂・大仏殿・二月堂)
	明治30	11	
京都 (7)	明治5	5	
	明治9	6カ	
	明治19	3	
	明治22	9〜10	平等院、黄檗山、伏見稲荷、真如堂、銀閣寺、永観堂、南禅寺、知恩院、広大寺、清水寺、東福寺、三十三間堂、豊国神社・大仏、東西本願寺、嵐山、北野天満宮、賀茂神社、大徳寺、金閣寺、西陣
	明治24	2	
	明治25	4〜5	
	明治30	11	御所、各離宮
大阪 (7)	明治3	11〜12	
	明治5	4〜5	
	明治9	5	
	明治19	3	
	明治22	9	天満宮、大阪城、生玉神社、高津神社、住吉神社、天王寺
	明治25	4〜5	
	明治30	11	梅田、大阪城、箕面の紅葉
堺 (2)	明治9	6カ	
	明治22	9	妙国寺の蘇鉄
高野 (1)	明治30	11	高野山
和歌山 (1)	明治19	3	和歌の浦、玉津島弁天、紀三井寺
名塩 (西宮) (1)	明治5	4	
有馬 (1)	明治5	4	
三宮 (2)	明治19	3	
	明治22	9	
三田 (1)	明治5	4	
神戸 (6)	明治3	11〜12	
	明治5	4〜7	
	明治9	5〜6カ	
	明治22	9	湊川神社、布引の滝、生田神社、和田神社
	明治24	2	
	明治27	2〜3	
須磨 (1)	明治22	9	須磨寺
舞子 (1)	明治25	5	舞子の浜の松
明石 (2)	明治9	5	
	明治22	9	人麻呂神社
加古川 (1)	明治22	9	尾上神社、曾根の松

塔之沢福住旅館
福住旅館は、箱根の湯本と塔之沢の2か所にあった。福沢は塔之沢の方の湯を好んだといわれ、明治12年6月に火災にあった際、福沢は融資交渉などで手助けしている。晩年は交通の便か、湯本に出かけている方が多い。2階から「ふくずみ」の看板が掛かっている。

中国・四国

地名	年	月	名所旧跡
岡山 (1)	明治30	11	
多度津 (1)	明治25	5	金比羅
尾道 (1)	明治25	5	
福山 (1)	明治3	12	鞆津
広島 (3)	明治25	5	
	明治28	3	
広島 (3)	明治30	11	
宮島 (2)	明治25	5	
	明治30	11	厳島神社
岩国 (1)	明治30	11	
下関 (2)	明治5	7	
	明治27	3	門司

九州

地名	年	月	名所旧跡
臼杵			百助蔵書を臼杵藩に売却
大分 (1)	明治5	初夏	
中津 (3)	明治3	冬	
中津 (3)	明治5	6	
	明治27	3	耶馬渓
宇島 (1)	明治3	12	
行橋 (1)	明治27	3	
長崎			蘭学修業の地

Ⅶ

書簡宛名一覧

凡例▼

一、平成二二年三月までに判明し公開されている福沢諭吉差出の書簡について、宛先を五〇音順に並べ、その発信年月日の古い順に並べた。年月日が未詳のものは末尾に掲げたが、時期が特定できるものや前後関係が判明しているものは、そのことが分かるように配置した。ゆえに年未詳の場合必ずしも末尾とは限らず、月日が前後することもある。・印は二つの年のいずれかであることを示す。

　なおそれぞれの書簡の本文は、慶応義塾編『福沢諭吉書簡集』全九巻(岩波書店、二〇〇一〜〇三年)、書簡集刊行後に新たに発見されたものは『近代日本研究』第二一巻(二〇〇四年)から二六巻(二〇〇九年)に掲載されている。

　明治二七年『時事新報』『日本』に掲載された不特定の宛先の書簡は、それぞれ華族・富豪家・有力家宛、および賛成員一同宛で配列した。

二、別姓のある人物については、原則として多く使われている方の姓にデータをまとめ、別姓の方には参照の案内を入れた。個人名と組織名を使い分けているような場合は、別々に掲げ双方に参照の案内を入れている。また宛名は連名の場合もあるが、特に表記はせず、名宛人それぞれに加えてある。

三、姓名に変更のある場合は(　)で別姓や別名を掲げた。通常よく使われるものを主とし、(　)内の方が古い、もしくは新しいとは限らない。

四、同じ年に発信されている場合は、年の表記は省いた。また年の表記で元号が省略されているものはすべて明治である。月までの表示は、日付の記入欄がない印刷物であることを示す。

五、同じ年月日が続くときは、同じ日に別々に複数通の書簡を発信していることを示す。

六、『福沢諭吉書簡集』では、宛名に「カ」を付し疑問が残ることを示しているものもあるが、ここでは特に区別をしなかった。

七、断簡および本文が失われて封筒のみが残存している場合は、発信年月日のあとに(断簡)(封筒のみ)と表示した。

八、福沢諭吉宛書簡は、現在のところわずか八九通が確認されるのみである。詳細は慶応義塾福沢研究センター資料(10)『福沢諭吉書簡総目録』(二〇〇五年)を参照されたい。

あ

相島佐兵衛　一九年七月三一日

青木達四郎　二〇年一〇月二日

秋葉静　年未詳一〇月一一日

秋山恒太郎　年未詳八月二三日

浅岡（豊島）満俊　一六年六月二六日、一七年四月二五日、一八年三月三日、四月一六日、二二年八月二一日

朝吹英二　一三年六月三〇日、一六年九月一一日、一〇月二八日、一一月二四日、一二月一三日、一二月一四日、一二月二〇日、年未詳四月一〇日

葦原雅亮　三一年六、七月頃（封筒のみ）、八月六日

足立荘　二七年八月二日

安達（本庄）泰睦　二三年四月一三日

熱海貞爾　二年一〇月二八日、三年閏一〇月一〇日

阿原左金吾　一八年一〇月一五日、一九年七月三一日、二〇年八月二日（封筒のみ）

安孫子寛之助　二一年一二月一九日

阿部元三郎　二三年四月一三日

阿部泰蔵　三年一〇月二二日、一二年七月三一日、一五年九月二八日、一六年二月七日、二月一二日、二月一四日、二月二二日、二月二七日、三月六日、四月二日、二〇年一月二六日、六月一六日、二一年一月二五日、二三年？一二月一八日、二四年一月一二日、八月二三日、二五年三月一九日、二六年一一月三〇日、年未詳一月一二日、年未詳二月二七日、年未詳一二月二四日

阿部吉助　二七年四月一三日

雨宮中平　一一年一一月三〇日

雨山達也　一五年七月二三日

新井田三六　二三年四月一三日

荒川政　二九年五月四日、三〇年六月二一日

安藤正胤　一二、一三年頃六月五日、二〇年九月一五日

い

飯田さと子　二九年九月七日

飯田三治（笹部三二）　一四年月未詳三日、一七年四月一七日、五月二四日、六月一日、一九年三月二三日、二〇年八月七日、二一年一月四日、六月一四日、二一、二二年頃一二月一〇日、二六年四月二九日、五月一六日、二八年三月三〇日、四月二日、四月一一日、七月五日、一〇月一五日、二九年一月一七日、一月二九日、五月四日、九月七日、三〇年一二月二〇日

飯田広助　二九年一月一六日、三〇年一月六日

飯田平作　一二年六月六日、一六年？八月？一九日、一六年？八月二九日、一八年八月一一日、一九年五月四日

庵地保　一三年？九月一二日

猪飼麻次郎　一一年三月二七日、一二年五月八日、八月一五日、一二月二二日、一三年？三月一四日、一九年七月三一日、二〇年三月二八日、七月二〇日、二一年五月一一日、二二年八月一二日、二三年三月二三日、一一月八日、二四年八月一八日、一〇月二日、二六年八月二五日、二八年一月一七日、二九年？六月八日

五十嵐芳松　二三年四月一三日

池善平　七年？九月一四日

池田富太郎　二七年六月三日

石井甲子五郎　二九年二月六日
石井謙道（信義）　四年一〇月二七日
石上実三　一三年八月一二日
石亀福寿　▼寺田福寿・真浄寺をみよ
石河幹明　二一年一〇月二九日、二二年一月六日、三月五日、二三年一二月四日、二五年三月一九日、九月二七日、二九年二月一八日、二月二二日、三月六日、三月二五日、四月一四日、三〇年二月一〇日、三月一一日、四月二五日、六月二四日、七月二一日、一一月九日、一二月二五日、三一年一月三日、三月八日、六月一〇日、年未詳五月？一〇日、年未詳八月三〇日、年月未詳一九日、年月未詳一九日、年月未詳二九日
石川七財　一二年一一月五日、一三年五月一五日、一四年一月一六日
石川信（原口信太郎）　二五年四月一一日
石黒磐　一三年？七月一一日
石黒重熙遺族　二九年四月二八日
石坂専之助　一四年一一月二三日
石田友吉　二八年一二月二七日
石津英次　▼益田英次をみよ
伊集院兼寛　一四年一〇月九日
板垣退助　一〇年一月四日、一一年二月八日
市来七之助（野村政明）　一二年一月二〇日、三月一〇日、一四年九月一九日、一八年九月二五日、二〇年月日未詳（断簡）、年未詳三月二九日、年月日未詳（封筒のみ）
一ノ瀬常次郎　▼釈宗演をみよ
井手佐太郎（佐三郎）　▼野田佐三郎をみよ
伊藤（工藤）宜七　二三年七月二七日
伊藤薫蔵（薫三）　三一年四月三〇日
伊藤作左衛門（薛斎）　三一年三月一日
伊藤助右衛門　一九年四月九日
伊藤博文　一一年五月一六日、一二年二月一〇日、四月三日、四月八日、一四年一〇月一四日（自筆控）、一〇月三〇日、二〇年四月一四日
伊藤某　二九年七月二五日
伊東茂右衛門　年未詳八月二一日、年未詳九月三〇日
伊東（山田）要蔵　一六年一二月一日、一七年九月二四日、一九年四月六日、四月九日、七月五日、九月八日、二〇年一月三一日、三月、四月二一日、二一年三月一三日、三一年二月二五日
稲毛毎次郎　▼奥平毎次郎をみよ
犬養毅　一四年一二月九日、三〇年四月七日
井上円了　二四年月未詳一六日（封筒のみ）、年未詳三月二日
井上馨　一二年二月一〇日、一三年二月二二日、一四年一〇月一四日（自筆控）、一〇月一五日（自筆控）、一〇月三〇日、一一月二五日、一六年五月一三日（自筆控）、二五年八月二四日、一〇月一四日、二六年一一月一五日、二八年四月一三日、四月一九日
井上角五郎　一六年七月一日、一一月二一日、一二月一五日、一八年四月一八日、二六年五月三一日、一一月一五日、一一月一六日、一一月二四日、二九年一月二二日、二九年？六月一三日
井上従吾右衛門　慶応三年一〇月二六日
井原市次郎　二八年四月一一日
伊吹雷太　▼藤山雷太をみよ

今井喜治郎　二九年六月八日
今井謙七　二三年四月一三日
今井雄七　二三年四月一三日
今泉（奥平）郡司　文久二年五月八日〔一八六二年六月五日〕
今岡義一郎　三一年二月一七日
岩井諦　一三年三月一七日
岩倉具視　一二年二月七日、二月一一日、一五年八月六日
岩崎育太郎　二〇年一二月一四日、二一年二月九日、三一年八月二五日
岩崎育太郎留守宅　二一年一月一八日
岩崎紀一　二〇年二月二日、三月九日、三月日未詳（封筒のみ）、四月七日、八月四日
岩崎紀博　二一年二月九日、二月日未詳（封筒のみ）
岩崎久弥　二七年八月一日、二八年六月一日
岩崎桃介　▼福沢桃介をみよ
岩崎弥太郎　一二年一〇月二九日、一三年五月一四日、七月六日、七月一〇日、九月七日
岩崎弥之助　一三年五月七日、六月五日、六月一九日、六月二四日、七月六日、七月七日、二四年一二月六日、二九年七月二三日、三〇年四月一七日、年未詳九月二六日
岩橋謹次郎　一二年一〇月七日、一三年一月一七日、一四年二月一四日、一五年一〇月二九日、一六年四月二日、一八年三月一一日、一九年八月二五日、二一年一一月六日
岩谷彦三郎　一六年二月五日、二〇年二月二〇日（断簡）
印東玄得　一五年四月一六日、一二月二五日、一九年一二月一七日、二一年？四月四日、二一年一一月一六日、一一月一九日、一一月二三日、一一月三〇日、二二年一〇月二一日、一一月九日、一二月二日、二四年三月二六日、三月二八日、四月一五日、四月二七日、五月一八日、五月二二日、五月二二日、二五年七月二五日、八月三日、二七年一〇月二日、年未詳七月一日、年未詳七月一三日、年未詳七月一八日、年未詳七月二五日、年未詳一一月二三日

う

上野景範　七年二月一五日、一一年一一月一六日、一四年六月一八日？
宇佐美祐次　一九年四月九日
潮田伝五郎　二九年？九月一六日、三〇年二月一〇日
牛場卓蔵　一二年一月二九日、一五年？三月二五日、一七年一一月一日、一八年六月二〇日、二〇年六月三〇日、七月二四日、二一年六月二六日、二三年三月四日、二六年一一月三〇日、二八年四月一一日、七月一七日（電報文案）、二九年八月一五日、三〇年一〇月二四日、一一月二二日？、年未詳四月四日、年未詳八月二三日、年月日未詳（封筒のみ、六通）
薄衣光親　一一年四月二二日
内田晋斎（嘉一）　四年二月一三日、四年？二月二三日
内田全作　一七年？四月二四日
宇都宮（神谷）三郎　一〇年九月一八日、二三年？一一月二九日
宇都宮貞　二三年？一一月二九日
廏原〔名未詳〕　三年一二月二六日
梅木泰造　年未詳五月一八日
梅田才三郎　二七年四月一三日、八月八日
梅田又八　二八年四月一一日、五月二七日

海野孝三郎　一九年四月六日

え

江口高邦　一三年四月一二日、年未詳三月八日
江口高寛（正人）　一三年六月一八日
江連堯則　二年九月二日
江南哲夫　二〇年八月二二日
榎本武揚　一八年二月二五日、二五年一月二七日、二月五日
蝦子源三郎　二三年四月一三日
海老名晋　五年二月一〇日

お

鷗雨楼諸先生（中村道太ほか）　一四年？二月一六日
小浦鉡三郎　一六年四月三日、年未詳四月五日
大石勉吉　一二年一〇月一一日
大江秋濤　一九年四月六日
大江卓　一三年六月一七日
大木喬任　五年四月七日
大久保一翁　一一年四月一二日、六月一日
大久保文輔　二八年一一月三日
大隈重信　一一年二月二八日、三月三日、三月一九日、五月五日、六月二一日、五、六月？二七日、七月八日、一一月二九日、一二月二日、一二月一二日、一二月二二日、一二年一月一二日、一月三一日、二月一〇日、二月一六日、二月二七日、二月？日未詳（断簡）、三月一日、三月一五日、一二年？六月一七日、一二年八月二日、九月一二日、一〇月五日、一〇月一三日、一〇月二四日、一二年？月日未詳（断簡）、一三年三月一六日、一一月二四日、一四年三月一〇日、三月一九日、五月一〇日、一〇月一日、一五年一二月二六日、一六年？一月一〇日、二一年三月一六日、二九年一一月一六日、三〇年五月二二日、三一年五月九日、年未詳二月一日、年未詳四月四日
大洲鉄然　二五年五月一二日
大谷光尊（明如）　一二年四月一五日、一八年一〇月二六日
大塚荘平　一五年四月二六日
大槻磐渓　文久三年四月一日、七年一一月六日
大槻文彦　二四年六月一三日
大野粛章　九年一二月二日
大橋栄次　文久二年八月二一日（一八六二年九月一四日）、慶応三年九月五日
大童信太夫（黒川剛）　慶応元年四月一〇日、閏五月一三日、閏五月二七日、九月二九日、一〇月二四日、一二月二日、一二月六日、慶応元年？月日未詳（断簡）、慶応二年三月一二日、四月四日、一一月二三日、一二月二六日、慶応三年六月二九日、九月五日、慶応四年三月六日、閏四月二九日、閏四月？日未詳、五月一六日、二年一〇月二八日、三年閏一〇月一四日、六年八月三一日、一一年一一月二〇日、一四年三月二五日、九月一九日、二五年一一月二二日
岡道亮　一二年九月二七日
岡田平太郎　二七年五月一四日、年未詳四月二八日、年未詳六月一三日
緒方拙斎　三〇年一二月二二日

岡部喜作 二八年六月一日

岡本貞烋(徳太郎) 一二年一月二九日、一二月一四日、一三年二月八日、一三年?四月二二日、一三年月日未詳、一三・一四年二月二一日、一八年頃二月七日、一八年一一月三日、一九年七月一八日、九月一〇日、二〇年五月一二日、八月一〇日、八月一五日、二四年一一月六日、二七年六月三日、二九年一月一五日、三〇年一二月五日、年未詳一月一六日、年未詳四月一六日、年未詳七月一一日、年未詳八月一九日、年未詳七月三〇日

岡本七太郎 安政六年一一月五日

岡本武次 二八年九月九日

岡本柳之助(東光) 二七年八月二一日

小川徳槌 二三年四月一三日

小川駒橘・其外 二七年一二月九日

小川武平 八年九月二〇日、一四年八月三一日、一六年二月七日

奥田竹松 三〇年八月二六日、九月三日、九月一〇日、九月一〇日、九月一一日

奥平郡司 ▼今泉郡司をみよ

奥平毎次郎(稲毛毎次郎) 一二年八月二八日、一〇月二四日、一三年一一月四日

奥平昌服 年未詳四月四日、年未詳三月一五日、年未詳五月一四日、年未詳六月一八日、年未詳一〇月?八日、年未詳一一月一六日、年未詳一二月四日

奥平昌恭(九八郎) 二一年五月一四日、二四年一月二八日

小熊東園 一五年一二月五日

奥村伊栄門 一八年二月四日

尾崎行雄 一三年八月二五日

小田仏乗 二五年五月一二日

小田部菊市 二八年一二月一七日、三〇年一月一七日、六月五日、六月一四日(電報)、八月四日(封筒のみ)、三一年一月六日、三二年一月八日(封筒のみ・代筆)

小田部武(武右衛門) 七年三月二〇日、一七年六月二一日、一八年四月八日、四月一六日、一八年?六月二二日、一八年六月二七日、一〇月九日、一九年一月一八日、一九年?四月二四日、一九年五月一四日、九月二六日、一二月二九日、二〇年五月一二日、二一年一月一八日、一一月二〇日、二二年一月七日、二三年一月一九日、九月二二日、二四年一月七日、二五年三月二八日、二六年一〇月二三日、二七年七月八日(断簡)、二八年一月五日、一月一七日、七月二七日、一一月七日、一二月一七日、三〇年一月一五日(封筒のみ)、年月日未詳(断簡)、年月日未詳(断簡)

小田部礼 一九年四月二四日、二一年五月一四日、二二年五月二一日、一二月九日、一二月九日?、二三年五月九日、二四年二月一〇日、一〇月三〇日、一二月一二日、二七年一二月一四日、二九年五月二五日、九月二一日、三〇年一月一〇日、一月二二日

小田部礼蔵 三一年一月六日

小野清 一三年一月八日、一月二二日、四月一二日

小野恒剛(太十郎、毎太郎、多十郎) 一八年七月二七日

小野友次郎 二六年一一月一日(封筒のみ)、二七年五月一三日、三〇年九月五日、年未詳二月一日

小幡英之助 三〇年?一一月二七日

小幡玄厚(弥六、弥) 慶応二年?五月九日

小幡篤次郎 五年?六月四日、一二年八月二八日、一二月一六日、

一二月一九日、一三年二月二八日、一三年?九月三〇日、一四年九月一三日、一五年?二、三月?一七日、一六年二月六日、一七年四月一二日、一二月三〇日、二九年三月二〇日、四月二三日、年月未詳一九日、年未詳三月一日、年未詳三月五日、年未詳七月三日、年未詳七月六日、年未詳八月五日、年未詳一二月一六日

小柳津要人（要吉） 一五年四月一六日、六月二四日

か

香川真一 一一年二月八日、四月一二日、一〇月九日、一二年五月八日、八月一三日、一三年二月八日

笠原克太郎 一六年四月二日

笠原文平 一六年三月一九日

笠原恵 一一年一〇月三日、一〇月三一日、一五年?二月一三日、一五年四月一六日、一六年三月四日、四月二日、七月三一日、一二月一五日、二一年一一月一七日、二八年九月一〇日、一一月二一日、二九年一月一二日、一一月一四日、三〇年三月七日、一二月二六日、三一年一月一〇日、三二年一〇月二七日、三三年六月六日、一一月一二日、年未詳六月二日

鹿島秀磨 一三年一二月二四日、一四年一月一七日、二四年一一月一二日、二七年六月二日、年未詳九月七日

柏木忠俊（摠蔵） 二年三月八日、二年?六月二六日、二年一二月二五日、四年一二月二日、五年三月二七日、六年一一月一日、七年三月二〇日、年月日未詳（封筒のみ、三通）

柏木忠俊遺族 一一年一一月三〇日

柏村信 二五年二月一五日

柏本太門 一八年一二月一一日

梶原〔名未詳〕 三〇年三月二五日

粕川守平 一七年四月一三日

華族・富豪家・有力家 二七年七月三〇日

勝海舟（安房、麟太郎） 一一年六月一日、一三年五月二九日

桂川甫周（国興） 文久元年?月日未詳、六年頃月日未詳（封筒のみ）

加藤幸三郎（六蔵） 一二年一一月六日、一四年五月三一日、二四年一一月一二日

加藤弘之 年未詳一〇月二九日

加藤政之助 一二年四月二四日

角川久太郎 二三年四月一三日

門田三郎兵衛 一三年六月五日、二〇年二月五日

門野幾之進 二〇年頃三月一四日、二一年八月一八日、二四年一一月一六日、二五年一一月一二日、二七年六月三日、二九年一〇月二六日、三一年四月八日、四月一〇日、年未詳四月二一日

門野隼雄 二年一二月二三日

金井又二 一七年三月一二日、一九年七月五日

金杉大五郎 二四年四月二日、四月八日、一一月四日、一一月二〇日、二五年一月九日、六月四日、一一月三〇日、二六年四月一四日、四月一九日、一〇月二〇日、二七年一月二三日、三月二四日、二九年四月一九日、二九年?九月八日、二九年?九月九日

金森吉次郎 二四年一一月二二日、二五年一月一五日、二六年一一月一五日

金森鶴吉 二三年四月一三日

金子弥平 一一年六月一三日、九月一二日、一六年四月二日、五

月五日、五月八日、一七年四月二五日、五月四日、一一月一五日、二一年七月九日、三〇年一二月八日、年未詳五月二三日

鏑木誠(誠安) 二七年一〇月五日、二八年九月二九日

鎌田栄吉 一三年二月二二日、一四年九月一九日、九月二二日、二三年一月一四日、二八年八月二三日、二九年?・三月一日、二九年三月六日、三一年?・六月七日、年未詳四月二日、年未詳四月二二日

神谷三郎 ▼宇都宮三郎をみよ

萱生奉三 年未詳四月一二日

川勝貞吉 三〇年一月一三日、年月日未詳(封筒のみ)

川北元立 一四年一一月二〇日

川口忠太郎 二三年四月一三日

川路太郎 慶応三年一月七日

川しまや 一八年一月一九日、一九年八月二七日、九月七日、九月八日、二一年七月三〇日、二三年?・一〇月二一日
▼平野理平もみよ

河瀬秀治 二一年一月一三日

川田小一郎 一三年一二月七日

川野如矢 ▼清田如矢をみよ

川村惇 一八年二月一一日

川村純義 一二年四月四日、一六年?・五月二二日、一六年六月二五日、一八年一月二一日

き

気賀敬太郎 三〇年二月八日

菊池武徳 二一年一月一五日

北川礼弼 三〇年頃一一月五日、三一年三月八日

北里柴三郎 二六年四月一日、五月一六日、七月一四日、二七、二八年?・五月二二日、年未詳一二月二八日

北原直次郎 二〇年一一月一八日

北辺田村有志 二一、二三年?・三月一八日

木下立安 二四年?・九月三日

木原寅吉 年月日未詳

木村浩吉 一二年七月一七日、二七年一〇月五日、二九年三月一三日、年未詳七月一八日

木村庄太郎 ▼黒川正をみよ

木村喜毅(芥舟) 四年六月一四日、一四年九月二六日、二一年七月六日、二四年一月六日、一〇月一六日、二六年七月三〇日、二八年三月二三日、三〇年七月二日、年未詳一月二〇日、年未詳二月一二日、年未詳一二月三一日

木村利右衛門 二一年六月八日

木本国美 二三年四月一三日

清岡邦之助 二一年一月一五日、二三年六月一一日、六月二九日、七月一八日、八月二六日、八月三〇日、九月二五日、一〇月一四日、一一月二一日、二四年一月二四日、三月七日、三月一七日、三月二五日、五月二三日、六月六日、八月一八日、九月二九日、一二月一七日、一二月一八日、二五年一月一七日、三月二五日、四月五日、六月二六日、一〇月八日、一一月二八日、一二月二一日、一二月二八日、二六年三月二八日、七月二五日、八月九日、二七年?四月五日、二七年八月二一日、一〇月二六日、一一月二〇日、二八年一月四日、一月二二日、二月二五日、三月二三日、四月一三日、四月頃日未詳(断簡)、四月一五日、四月二〇日、四月二八日、七月

一七日(電報文案)、七月一八日、七月二七日、一〇月一三日、一二月一七日、一二月二七日、二八年月日未詳、三〇年五月六日、三一年五月九日、年月未詳一九日

清岡(福沢)俊　二四、二五年頃月未詳一七日、二六年?二月七日、二八年四月二八日、五月一〇日、五月二二日、五月二三日、一二月二七日

清田(川野)如矢　一三年一〇月一九日

清野与三郎　▼竹越与三郎をみよ

吉良(矢野)亨　一一年二月一日、一四年一月一七日、二四年二月九日

桐原捨三　▼河野捨三をみよ

金原明善　年未詳九月一四日

く

九鬼隆義　二年一一月六日、三年一月二二日、二月一五日、二月二〇日、四月二五日、一〇月一四日、一一月二日、一一月二日、一二月一三日、四年一月二九日、五年二月一五日、四月三日、四月一八日、六年八月二一日、一〇月一一日、一一月一日、七、八年?五月二一日、一一年?一月八日、一三年一月二二日

九鬼隆一　一一年一〇月一五日

草間時福　一一年?九月二五日、一二年一一月一六日

楠本武俊　二六年?六月一〇日

楠本正隆　一二年五月一一日、六月二〇日、八月二日

工藤宣七　▼伊藤宣七をみよ

工藤精造　二三年四月一三日

国友式右衛門　慶応元年八月二八日

久保扶桑　一五年?四月二八日、一七年三月七日

隈川宗悦　文久三年月日未詳、慶応元年一〇月一九日、慶応二年一二月七日

神代村次郎　三〇年一二月二九日、三一年一月一三日

久米恵得(弘行)　一六年四月二日、一六・一七年一〇月一四日、一八年三月一一日

栗林勝太郎　一三年一月二六日

栗林源六　一二年一二月六日

栗本鋤雲　二五年二月七日

黒川剛　▼大童信太夫をみよ

黒川正(木村庄太郎)　一三年一一月二日、一九年四月六日?、二一年一二月二一日

黒田清隆　一二年四月四日

桑田豹三　▼三宅豹三をみよ

け

慶応義塾教員　一一年一月一五日、年未詳四月二七日

慶応義塾塾監局
(慶応義塾本部)　七年?五月一日、二一年?一一月一〇日、年月未詳一〇日、年未詳五月一六日、年未詳八月一八日

慶応義塾塾監局新聞屋　八、九年頃月未詳一九日

慶応義塾出版社
(出版局)　一二年九月二日、一四年一二月三日、一二月四日、年未詳六月六日、年月未詳三〇日

こ

小泉ちか　二九年九月七日

小泉信吉　一一年九月一六日、一二年一二月三一日、一四年六月

一七日、七月八日、一六年六月二六日、六月二九日、二〇年？一二月六日、二〇年？一二月一三日、二一年一月一九日、二一年？二月二日、二二年頃一月九日、二二年三月一日、四月一二日、九月三日、二四年一〇月一日、一一月一六日、二六年？四月八日、二六年一〇月三一日、二七年二月一日、六月三日、年未詳一月二〇日、年未詳一二月二九日

小出収　二九年八月一〇日

光永寺　▼萱了法をみよ

甲賀信郎（秀之進）　一七年一月二二日

交詢社　二九年九月八日

交詢社会計局　年未詳八月一二日

神津吉助　一一年四月二一日、一四年一二月一二日

神津国助　一三年一月一〇日、一五年六月七日、一六年一二月二六日、一七年五月一九日、二一年三月一三日、一一月二〇日、二二年三月一二日、五月一六日、二四年七月二五日、二六年五月一四日、二八年四月一四日、二九年一一月一七日、三〇年四月三日、四月六日

神津邦太郎　二八年一二月一五日、二九年三月一〇日、九月二八日

神津慎吉　一三年？二月五日、一三年？七月一六日、一三年？七月二三日、一三年一二月九日、一四年五月三日、年未詳二月七日

河野（桐原）捨三　一一年五月三一日、一四年一月一七日

幸野仲二郎　二三年四月一三日

高力衛門　五年三月二三日、一三、一四年？・五月二日

木暮武太夫（篤太郎、篤）　一三年八月一二日、一五年六月二六日、八月六日、三〇年三月一八日

小島政亨　三〇年六月二二日

五代友厚　一二年八月八日

児玉淳一郎　一二年三月一八日、一一月一八日

小寺泰次郎　二二年五月二二日

後藤象二郎　一二年？三月一八日、一六年一〇月二九日、二六年三月二九日、二七年八月二一日、八月二八日、九月一日、年未詳九月一九日

後藤牧太　一七年二月二八日、三月六日、三月一二日

小林（鈴木）梅四郎（呑天）　二三年一月七日、七月三日、一二月三一日、二三年一月八日、二月一四日

小林利三郎　二三年四月一三日

小松彰　一六年一二月二〇日、一二月二九日

小松屋新助　年未詳五月二八日

小山完吾　二九年一二月二三日、三一年八月六日

小山禎三　二九年一二月二三日

小山正武　一五年一二月一五日

是恒真楫　一五年一二月二五日

近藤耕太　年未詳五月二七日

近藤良薫　一二年七月一〇日、一六年六月二九日、二二年一一月七日、一一月一一日、一一月一二日、一一月一五日、一二月一三日、一二月二二日、二三年一月二五日、三月三一日、四月一五日、四月一八日、年未詳六月一九日

金場小平次　二〇年三月二二日

さ

西郷従道　一二年四月三日

西蓮寺　▼白山謙致をみよ

嵯峨(藤野)浦二郎　一九年四月一八日

酒井良明　一二年五月一八日、一一月一三日、一三年六月一八日、七月一六日、一二月二一日、一四年一月二二日、一五年一二月一八日、年未詳一〇月一〇日

坂田実　一六年七月三〇日、二三年六月二五日、二六年二月二〇日、六月二八日、二七年六月四日、二九年三月三日、二九年?一〇月八日、二九、三〇年?七月一八日、年未詳一〇月一七日

桜井恒次郎　七年五月二日、一六年一二月一五日、一二月三〇日、一九年六月二〇日、二六年一月三〇日、二七年一二月一九日

佐々木正造　二三年四月一三日

笹部三二　▼飯田三治をみよ

佐藤敏郎　一六年?二月五日

佐藤弥六　一八年六月二八日、二六年一月一八日、二九年一〇月二一日

佐野常民　年未詳一〇月一九日

佐野藤作　二八年八月五日、二九年八月一二日、三一年七月三〇日?

沢茂吉(活哉)　二九年一月二五日

賛成員一同　二七年八月一六日

山東直砥　一二年八月一五日、一三年?三月一日、一三年四月一〇日、一四、一五年頃四月一二日

し

市学校(市校)　▼中津市学校をみよ

重野安繹寿讌事務所　三一年二月二一日

時事新報社　一九年一二月一日、三〇年七月二八日

時事新報編輯局　二五年一〇月二二日、三〇年八月二九日

静浦字志下村若者　二七年九月八日

品川弥二郎　二三年七月一八日、二八年?九月一一日

篠原万次郎　一八年?一月二六日

柴林宗太郎　二五年四月一八日、二六年一一月四日

柴原和　七年一二月二五日、八年八月二六日、一一年二月一〇日

渋江保　一五年四月二〇日

渋沢栄一　一一年?一二月五日、一二年八月二九日、二六年一〇月三一日

島田桂蔵　一四年三月一六日

島津祐太郎(復生)　文久二年四月一一日(一八六二年五月九日)、慶応二年二月六日、四年一〇月二七日、五年一一月七日、六年四月一五日、五月二五日、八年四月二四日、一〇年一月一日、六月二日、一一月二六日、一一年一月三日

島津万次郎　一一年七月一四日、一二年一月一九日、二月一四日、三月二五日、一二、一三年?四月二三日、一二、一三年?六月七日、一三年八月九日(封筒のみ)、一三・一四年三月一四日、一四年一二月二六日、一五年二月一四日、一六年二月二二日、九月二八日、一八年一一月一二日(封筒のみ)、年未詳七月一日

清水広博　一七年四月一五日

下里貞吉　一九年四月一三日

下村善右衛門　二三年三月一三日、三月一三日、二七年九月二七日

下村忠兵衛　一九年一月二〇日

釈宗演(一之瀬常次郎)　二八年一二月二五日

荘田田鶴　二一年一一月一七日、二九年九月七日

荘田平五郎 五年二月一〇日、七年一月四日、二月二三日、四月四日、一一年六月二九日、一二年一〇月七日、一〇月一〇日、一三年四月三〇日、六月二九日、七月九日、一一月八日、一一月二六日、一四年一月二〇日、一一月九日、一五年一月二四日、一月二九日、四月一六日、五月三日、七月三一日、一一月二七日、一六年二月一日、三月一六日、一七年三月六日、六月八日、七月一日、八月二日、八月二四日、八月二五日、一〇月四日、一二月九日、一二月二九日、一八年三月一一日、一八年?三月一七日、一八年六月一六日、九月一八日、一二月二六日、一九年四月一八日、四月二五日、二〇年三月二五日、六月一六日、二一年四月一八日、一一月一七日、二二年一二月二五日、二四年二月一日、一二月六日、一二月一〇日、二四年頃一二月二三日、二五年三月二七日、一一月二五日、二六年一一月一五日、一一月三〇日、一二月七日、二七年一月二二日、六月二日、八月一日、九月二六日、一二月三日、一二月二八日、二八年六月一日、七月一〇日、二九年九月七日、一〇月一〇日、一〇月二三日、三〇年六月二五日、年未詳三月二三日、年未詳五月二九日、年未詳一〇月一六日、年未詳一一月一八日、年未詳一二月八日、年未詳一二月二一日

白石広造 二九年七月三日

白木為直 一四年八月一六日

白洲退蔵 六年八月二一日、一〇月一一日、一〇年一一月二六日、一三年?七月一四日、一三年一〇月二四日、一五年七月一五日、一六年七月三日、一七年一月二二日、一八年一一月二九日、一九年四月九日、二〇年六月二九日、二三年一一月二五日、一二月三一日

白山謙致(西蓮寺) 二八年八月一八日、二九年五月六日

真浄寺 一六年一二月一三日、一七年九月二五日、一八年七月一日、七月二〇日、一九年四月一〇日、五月二日、一〇月一日、一一月一四日、一一月一五日、二〇年二月一三日、六月二日、二一年?九月一六日、二二年一一月一日、二三年二月一〇日、六月一五日、二四年一一月三〇日、二五年三月一二日、二六年三月一八日、一一月七日、一一月一九日、一一月二一日、二七年四月一三日、四月一九日、年未詳六月二七日、年未詳一〇月二八日 ▼寺田福寿もみよ

進藤隆之助 二五年八月二九日、八月三〇日、二九年五月二七日、年未詳二月一九日

榛葉元三郎 一九年四月一七日、八月二五日、二〇年七月一〇日、二一年一一月二〇日

す

末松謙澄 一九年四月二〇日

菅学応 二八年七月一二日、二九年一二月一五日、三一年三月二日

菅友輔 一三年一一月二七日、二九年九月一八日、年未詳三月一〇日

菅了法(光永寺) 二四年?八月一七日、二八年一月六日、年未詳三月二一日

菅沼新 一二年六月一一日

菅野宏一 一九年四月六日

菅治兵衛　一三年一一月二五日、一二月一五日、一九年一〇月二九日、二四年八月一四日、九月一日、九月一七日、一〇月二二日、二六年五月二一日、二七年二月五日、二九年一月一二日、五月一〇日、九月二九日、年未詳一一月三日

杉亨二　一〇年七月二日

杉孫七郎　六年七月三〇日、一一年二月九日

杉浦福太郎　二七年九月二五日

杉本正徳　一三年九月四日、一四年?五月三日、一五年九月二五日、九月二八日、一二月一六日、一二月一六日、一六年三月一日、一七年九月一四日、九月二一日、一八年?一月二二日、一八年三月一一日、一九年一一月一八日（封筒のみ）、二二年二月一〇日、二月一二日、二四年一月二九日、六月二日、七月二六日、二五年四月二五日、七月一四日、七月一六日、一一月一四日、二六年?四月一二日、二七年二月二七日、二八年一〇月五日、一〇月六日、年未詳一〇月三一日、年未詳五月三一日、年月日未詳（封筒のみ、二通）

杉本恒吉　一六年五月二四日

杉山新十郎　四年二月日未詳

鈴木梅四郎（呑天）　▼小林梅四郎をみよ

鈴木閒雲（力兵衛、閑雲）　慶応元年?一二月二〇日、二年八月四日、一〇年六月二日、一四年九月二五日、一六年三月三〇日、九月二八日、一〇月三日、一一月二日

鈴木菊枝　二九年九月七日

鈴木千巻　二二年一〇月八日?、二二年一〇月八日（封筒のみ）

鈴木長蔵　一二年九月一八日

鈴木峯吉　一三年四月一三日

須田辰次郎　一八年一〇月二四日、一九年一月三〇日、四月二二日、七月三一日、年未詳一二月一六日

角利助　一四年一一月一〇日、一二月四日、一九年四月六日

そ

草郷清四郎　一六年七月一九日、一九年七月一四日、二一年九月一日、一一月六日、年未詳一月一〇日、年未詳一月三〇日

曾木円治　二七年四月四日、八月九日、九月一三日

染井　一六年六月五日、一七年一二月二六日、一九年四月一一日、年未詳一月二六日、年未詳五月三一日

た

第七十八国立銀行　一六年二月六日、二七年三、四月頃日未詳

第百十九国立銀行　二八年九月一三日

第六国立銀行　一三年九月二二日、二三年五月八日

第六国立銀行支店　二二年六月二九日、二三年八月七日

高木喜一郎　一一年一〇月一一日、一二年五月六日（封筒のみ）、一七年?四月二九日、二一年一一月五日、二二年一月二六日、一〇月八日?、二五年二月七日、二月二九日、三〇年四月一二日、三一年一月日未詳、年未詳七月三〇日、年月未詳二二日、年未詳九月三日、年未詳一二月二二日

高木三郎　八年九月八日

高崎五六　二二年六月一〇日、六月一五日

高田源次郎　二三年一月一五日、二四年八月二日

高橋岩路　五年一一月二四日、七年五月一六日、七年?六月二一

日、一〇年？四月七日、一二年七月七日、一六年二月二二日、六月九日、一〇月一二日、一七年三月一日、三月二一日、一八年三月一一日、一九年五月二日、二一年一一月一七日、二三年？五月一五日、二五年五月二〇日、二九年三月一日、二九年？三月二九日、三〇年頃七月一三日、三〇年八月一〇日、年未詳一〇月一八日、年未詳一二月二七日

高橋達 二三年五月一九日、二六年一一月四日、年未詳六月一四日

高橋忠太郎 二三年？四月八日

高橋正信 一五年一二月一三日

高橋義雄（箒庵） 二〇年一一月二九日、二一年七月二五日

高見亀 二八年一月二八日、四月一三日、四月一九日、七月五日、一〇月一八日、二九年八月二五日、九月二七日

滝口吉良 一九年一一月一八日、二二年一月二三日、二八年一月二〇日、三〇年九月一二日

滝沢直作 二三年三月二九日、二三年？五月二一日、三〇年？二月二五日、年未詳九月一八日、年未詳九月二〇日

竹越（清野）与三郎 二九年四月一一日、七月一日、二九年？八月一日、二九年一二月二日

竹下権次郎 年未詳五月一八日

武田正規 一三年？四月八日、一三年一〇月九日

武田勇二郎 二九年八月二一日

武富平作 二三年四月一三日

武部直松 一六年四月二一日、四月二一日

武部兵治 一六年九月一九日

竹谷俊一 一二年九月二八日、一三年一月二〇日、八月一二日

多田平次 慶応元年七月一四日

田中一貞 二八年一二月二四日

田中信吾 一三年九月一二日、九月一二日、一四年一〇月四日、一五年八月三〇日

田中秀作 一一年四月二二日、五月三一日

田中不二麿（不二麻呂） 一〇年？一〇月一九日、一一年二月一五日、一二月一八日、一二年？一月八日、一二年九月二日、一一月九日、一三、一四年頃一月二八日、一三年五月二八日、一四年五月一四日、一〇月三日、一八年四月二八日、二一年八月二四日、二二年一月二四日、一〇月一五日、二四年四月一〇日、年未詳三月一四日、年未詳一一月一日、年未詳一二月一五日

田中米作 一一年一二月二四日、一二年一〇月一二日、一三年二月四日、三月一七日、一四年三月一八日、一四年？五月一九日、一五年五月二九日、一六年八月二二日、二三年一月二二日、三〇年三月一一日

棚橋新策 二七年八月二六日

谷山成章 年未詳四月二八日

田端重晟 二三年七月三日、二六年五月一八日、二六年？一一月一一日、二七年九月二八日、一一月三日、二八年七月一七日、七月二八日、二九年一〇月一五日、三〇年二月八日、二月一六日？、三〇年頃七月一三日、三〇年八月一〇日、三〇年頃八月一五日、三〇年一二月二七日、一二月二八日、三一年九月二三日、年未詳一二月二七日、年月日未詳

玉江東五郎 二七年三月二〇日

筑前岩太郎 二三年四月一三日

ち

千曲屋(土屋茂兵衛)　五年七月一九日
知識五郎(七二郎)　一三年一月二二日

つ

塚田七郎二　一三年一二月二一日
東原熊次郎　八年四月一八日
塚本定右衛門(定次)〔二代目〕　一二年一一月一一日、二一年一二月一九日、二五年一二月九日、二六年一一月二七日、三〇年九月九日、年未詳八月七日
辻寛　一七年八月一三日、一九年四月一三日
辻利八　一七年二月一六日、二月一六日
対馬健之助　三二・三三年七月二一日
津田興二　二七年一〇月一九日
津田初　二二、二三年?・五月五日
土持高　一三年四月二四日
土屋元作　三一年六月二七日
鶴見信平　一九年四月六日

て

手島春司　一一年八月三〇日、一一、一二年頃九月九日
寺崎常五郎　二〇年一月二五日
寺島宗則(松木弘安)　一〇年四月五日、一一年三月六日、一二年三月二八日、四月一四日、七月二四日、一五年三月一四日、九月二五日、一六年五月二五日、二一年三月一五日(草稿・断簡)、一一月一七日、年未詳九月四日
寺田(石亀)福寿　一五年一一月一日、年未詳四月九日　▼真浄寺もみよ
伝染病研究所　二八年二月二七日、三一年八月七日

と

土居準平　三一年六月二八日
東京地学協会　二一年五月一九日
東条軍平　一七年七月一九日
東条伝　▼山口伝をみよ
東条利八　二年二月二二日、三年一二月二八日、四年一月二八日、一二月一三日、一一年一月三日
土岐寿橘　一三年一月二二日
土岐太郎八　安政七年三月九日〔一八六〇年三月三〇日〕
土宜法竜　一二年一月九日、一七年七月三一日
徳田しほ　一六年四月二四日
戸田春三　二七年八月二六日
富田鉄之助　八年四月二九日、八月三一日、一一月二二日、九年三月三日、七月八日、一一年九月二五日、一七年五月六日、七月一日、七月四日、一一月三日、二四年六月二一日、六月二一日、二六年四月七日、四月七日
富田〔名未詳〕　七年?一一月二四日

な

那珂通世　一一年一月一一日、八月三〇日、一二年一一月一一日
中井芳楠　二〇年三月二〇日、二一年九月一日、二三年一〇月二五日、二四年八月一八日、九月二九日、二五年一一

月八日、三〇年八月二四日

永井謙造(丹治) 一四年一月一六日

永井好信 一三年一〇月一二日、一一月一九日、一四年八月一九日、一六年八月二一日、一八年九月二一日、一九年九月二五日、一一月二一日、二一年一一月一七日、二二年八月五日、二三年五月六日、三二年一〇月二七日、年未詳四月二〇日

中川横太郎 一一年四月六日、一三年?六月一日、二三年一月二二日、二七年二月五日、二九年一月二二日、三〇年四月一二日、三一年三月二日、五月二三日、三二年二月二二日、一二月一五日

中沢周蔵(豊前屋) 年未詳八月二四日、年未詳一一月一八日、年月未詳三〇日

長沢理三郎(久右衛門) 一二年一〇月一〇日、一三年?一月一四日

長沢理三郎父 一三年頃月日未詳(断簡)

中島精一 九年九月五日、一二年六月六日、八月二二日、一〇月二四日、一三年五月二日、一四年三月二日、六月三日、一六年?四月六日、一六年?八月二日、年未詳三月二四日、年未詳六月一七日、年未詳八月一四日、年未詳八月三一日、年未詳九月三日、年未詳一二月二二日、年未詳一二月二七日

中島永元 一二年七月一五日

長島芳次郎 一二年?一〇月一三日

永田一二 一一年二月一日

永田健助 三〇年五月一三日、七月一日、七月二日

中津市学校(市校) 一〇年一月一日、一四年三月二五日

中津親睦会 二四年五月一日

中西美恵蔵 三〇年一〇月五日

長沼村民 一〇年一一月一日、一四年一一月三〇日

中野松三郎 一二年三月七日、一三年八月二九日、一四年二月二日

中上川彦次郎 六年七月二〇日、一一年九月一六日、二〇年四月二三日、六月二四日、六月二五日、六月三〇日、七月一日、七月二日、七月一一日、七月二七日、八月四日、八月一五日、八月二一日、八月二六日、九月一五日、九月一七日、九月一八日(電報)、九月二一日、九月二六日、九月二七日、一〇月一日、一二月一一日、二一年二月二七日、五月三一日、七月一日、八月二七日、一〇月二二日、一〇月二四日、一一月五日、一二月二日、二二年一月七日、一月二三日、一月二六日、一月三〇日、四月二四日、六月二一日、七月一七日、八月一日、二三年一月八日、四月二〇日、七月一八日、二四年一月七日、一月二七日、二月二日、六月二四日、二五年九月二〇日、二七年四月一八日、一一月一五日、二八年一月一九日、二月二六日

中村英吉 一八年四月一八日

中村恭三郎 年未詳五月二三日、年未詳三月一九日、年未詳九月二五日

中村堯太郎 二三年四月一三日

中村源吾 九年?六月一五日

中村五郎左衛門 一五年五月一一日

中村貞吉 二三年六月二三日、二六年二月二日

中村裳吉 一三年八月二五日、一五年一二月一四日

中村半二郎 二三年四月一三日

中村正雄 一四年六月二三日

中村正直(敬宇、敬輔) 慶応三年一月七日、一二年一月二七日、二〇年五月二二日

中村道太　六年六月一二日、一〇年八月二八日、一二年一一月一〇日、一四年?・三月二二日、一四年一〇月六日、一二月一五日、一五年二月一六日、二月二二日、三月一日、三月五日、三月七日、三月三一日、五月三〇日、七月九日、一五、一六年?・二月二四日、一五、一六年頃三月五日、一五、一六年頃一一月二日、一七年四月八日、一七年?・四月一二日、一八年四月二五日、一一月一〇日、一一月一四日、一九年二月二七日、三月九日、三月二二日、六月一三日、一九年?・七月二九日、一九年八月一日、八月八日、八月一五日、九月二六日、二〇年二月二日、二月?・二三日、三月一日、五月三〇日、七月一五日、九月一二日、二〇年?・一〇月七日、二〇年?・一〇月二一日、二〇年?・一一月二三日、二〇年頃一二月二八日、二一年一月四日、二月二四日、五月二九日、一一月一四日、二二年三月二四日、一二月一五日、二三年四月二一日、九月一四日、一〇月九日、一一月一八日、二四年一月一一日、二四年?・一月一三日、二四年一月一四日、一月二四日、三月一一日、二五年七月二二日、二八年一月二一日、一月二九日、二月一日、六月六日、二九年一月五日、三一年一月一五日、年未詳八月四日、年未詳八月五日、年未詳四月二九日、年未詳三月二一日、年未詳一一月二六日、年未詳一〇月二〇日、年未詳三月二三日、年未詳六月一六日、年未詳一二月一八日、年未詳八月三〇日

▼鴎雨楼諸先生もみよ

中村栗園　一一年一月二一日

長屋喜弥太　一九年四月九日

中山平吉　一四年六月二三日

長与専斎　二三年四月一日、四月一日、二六年?・四月二三日、年未詳九月三〇日、年未詳一二月一日

名越時孝　一八年九月二日

名児耶六都　七年一月四日

夏井潔　二三年四月一三日、三〇年六月二五日

並木和一　二九年一一月一七日

成島柳北　一二年一月二三日

成瀬岩太郎　一九年五月二七日、二〇年一月一六日、二一年一二月一八日、二三年七月一三日、年未詳八月五日

成瀬正恭　二七年一〇月一〇日、二九年八月一三日

南条公健　文久三年月日未詳、慶応元年八月一六日

に

仁尾惟茂　二九年二月二六日、三月三〇日、四月七日、四月一一日、五月三日、五月八日

西周　一一年一二月二一日、一三年二月二七日、一二月四日

西野恵之助　三〇年一一月二二日

西原真月　二八年八月四日、一二月二五日、三〇年五月二七日

西松常三郎(喬)　一九年八月二八日、二六年一一月九日

西村茂樹　七年?・九月四日

日本郵船会社　二七年三月二三日、三月二四日

の

野口孝治　二九年一一月二二日

野田佐三郎　一七年一〇月三日

(井手佐太郎、佐三郎)

野田鷹雄　一三年八月二〇日

野田鶴男　二三年四月一三日

野手一郎　一二年七月二〇日（断簡）

野村新八郎　三〇年三月三〇日

野村彦四郎　一五年六月一三日、七月七日

野村政明　▼市来七之助をみよ

は

橋本塩巌　一一年一月三日、一三年一月日未詳

長谷川数衛　二九年八月一六日、八月二七日

長谷川善太郎　二八年四月一一日

秦勤有　二七年九月二六日

服部一三　一二年六月九日

服部鐘　一九年一一月一五日、一一月?日未詳、二〇年一月二五日、一〇月一四日、二一年五月一四日、二二年五月二一日、一二月九日、一二月九日?、二四年二月一〇日、一〇月三〇日、二五年九月一日、九月七日、九月一一日、九月一三日、一二月一二日、二六年三月四日、四月二一日、二九年五月二五日、七月二八日、一二月一二日、三〇年一月一〇日、一月二二日、六月一九日、六月二一日、一二月一六日、三一年七月二〇日?、三二年八月三日、三三年一〇月一四日、年月日未詳（断簡）

服部五郎兵衛　二年八月二四日

服部順　二五年九月一二日（封筒のみ）、二六年三月四日（封筒のみ）

服部復城　一七年一二月一六日

服部元治　三一年四月二五日

花井万吉　二五年三月一九日

花房義質　二一年一一月一七日、三一年三月一二日

馬場氏連　八年九月一三日

馬場辰猪　七年一〇月一二日、一三年六月二九日、一七年五月二九日、一九年七月三一日

浜口儀兵衛（梧陵）　二年二月二〇日、七月九日、一三年四月八日

浜田玄達　二四年四月七日

浜野定四郎　一〇年六月四、六日、一一年二月七日、三月一六日、四月一日、一〇月二六日、一三年?一月一六日、一三年?一月二五日、一三年?二月八日、一三年?三月三日、一二、一三年?七月八日、一三年八月一四日、一三年?八月二九日、一三年一〇月二四日、一一月二五日、一四年四月二九日、一五年?九月八日、一六年?一月二一日、一六年二月八日、五月三一日、六月一一日、六月二三日、六月二七日、一七年六月一五日、一八年四月二日、九月三〇日、月未詳二八日、一九年三月一九日、三月二一日、二〇年三月三日、二〇年頃三月一四日、二〇年八月一〇日、二一年頃八月一九日、二三年一月一四日、九月二五日、九月二六日、二四年一月一七日、一一月一六日、二七年六月三日、九月二八日、年未詳二月七日、年未詳二月八日、年未詳七月二九日、年未詳七月三〇日、年未詳七月三一日、年未詳一〇月二五日、年未詳一一月六日、年未詳一一月一〇日、年未詳一二月二五日、年月未詳五日、年月未詳二〇日

早川政太郎　二五年六月二四日

林金兵衛　一一年一〇月一五日、一二年三月三日、九月七日、

一〇月一一日、一〇月一五日、一一月一〇日、一三年三月六日、八月一二日

林董 二四年二月一五日、二八年六月三日

林釟蔵 二八年一〇月二五日、一〇月二九日、一一月一〇日

早矢仕有的（丸屋善蔵） 四年六月二六日、五年四月一五日、五年?六月二九日、五年七月一二日（断簡）、五年?一一月七日、六年六月一二日、一〇年三月二二日、四月二日、八月二八日、一一年三月一八日、一二年四月九日、一三年?一一月一七日、一四年?九月四日、一五年八月日未詳（封筒のみ）、一五年一〇月二日、一六年一月五日、一月一四日、三月一四日、三月二〇日、一五、一六年?一〇月二六日、一七年?七月二日、一七年?九月五日、一七年一二月八日、一二月二八日、年未詳八月三〇日、年月未詳一五日、年未詳六月一三日（断簡）、年未詳九月一九日、年月未詳二九日、年月未詳一四日、年未詳一一月一四日

原時行 一二年一月七日、八月二五日、九月二二日、一〇月八日、一九年九月八日、二一年一月一五日

原口信太郎 ▼石川信をみよ

ひ

土方金之丞 二一年八月一三日

肥田昭作（玄次郎、鉉次郎） 五年五月一一日、八年一一月六日、一三年八月三一日、九月七日、一七年一二月三〇日、一九年頃四月二〇日、二〇年六月一六日、二二年三月一四日、二三年四月八日、四月九日、四月一八日、五月二一日、二三年?六月六日、二三年六月一五日、六月二二日、二三年?七月一日、二三年七月一五日、九月一日、九月四日、一一月一一日、二四年二月一日、二月二日、三月一一日、六月一七日、一二月六日、二五年七月一九日、年未詳三月二日、年未詳六月二八日

日原昌造 一四年六月一七日、七月八日、一七年一一月一九日、二〇年九月一日、一〇月一三日、二一年三月二三日、八月一七日、二二年二月二日、三月一〇日、二六年八月二四日、二七年三月一八日、一二月六日、二九年三月三一日、九月四日、三〇年八月六日、三一年三月七日、年月日未詳（封筒のみ）

平賀敏 一六年二月二四日

平野富二 一四年?一月一四日

平野履信 二九年五月二五日

平野理平 一九年五月二六日、一二月七日、一二月八日（封筒のみ）、一二月九日、二〇年七月日未詳（封筒のみ）、一一月五日、一一月一一日、二一年五月一九日、二三年?四月一七日、二三年四月二五日、二三年?五月一七日、年未詳三月一八日、年未詳三月日未詳、年未詳六月一八日、年未詳九月九日、年未詳一〇月一〇日、年月日未詳（封筒裏のみ）

平野理平 ▼川しまやもみよ

平山良斎（京藤良斎、布川末三郎） 六年七月二四日、一六年八月一日

広沢安任 一二年一月二三日、一四年一月三日

ふ

布川末三郎 ▼平山良斎をみよ

福井秀吉

二七年一二月五日

福沢一太郎

一六年六月一九日、七月四日、七月一九日、八月一七日、八月二七日、九月七日、九月二一日、一〇月一七日、一〇月二一日、一一月四日、一一月二四日、一二月四日、一二月一一日(断簡)、一二月一二日、一二月二二日、一七年一月四日、一月一六日、二月一日、二月一二日(断簡)、二月二二日、三月七日、三月一一日、三月二六日、四月八日、四月二四日、五月一二日、五月一二日、五月二七日、六月六日、六月一九日、七月七日、七月二〇日、七月二九日、一七年?・八月一五日、一七年九月八日、一一月四日、一二月二一日、一二月三一日、一八年一月一二日、二月六日、三月三〇日、四月一〇日、四月一四日、四月二五日、六月四日、八月二九日、一〇月二日、一〇月二日、一〇月一二日、一〇月二二日、一一月一〇日、一二月一日、一九年一月三一日、四月九日、四月二二日、五月二日、五月一二日、六月一日、七月一日、七月三一日、九月一日、一〇月二五日、一一月一一日、二〇年一月六日、一月一六日、二月一日、二月九日、三月七日、三月一六日、四月一日、四月一三日、四月一四日、四月二八日、五月二一日、六月二九日、六月日未詳(断簡)、七月九日、七月一八日、七月二九日、九月一日、九月一四日、一〇月八日、一〇月一三日、一一月九日、一一月一八日、一一月二九日、一二月七日、一二月一九日、二一年一月六日、一月一六日、一月二三日、一月二九日、二月二一日、三月二日、三月二三日、四月二五日、五月九日、五月一九日、二四年二月一二日、五月九日(断簡)、二五年四月二六日、四月二七日(封筒のみ)、四月二八日、五月二日、五月三日、五月五日、五月一〇日、二六年八月二二日

福沢英之助

慶応二年一一月七日、慶応三年一二月一六日、慶応四年八月一三日、八月頃日未詳(断簡)、元年九月二五日、二年?・五月一五日、五年二月二〇日、四月二八日、五月一一日、七月七日、一一年一月二二日、一五年?四月一八日、一六年五月二六日、七月二四日(電報)、七月二四日、七月二五日、一六年七月二五日(封筒のみ)、七月二六日、八月二四日、八月三〇日、一〇月五日、一一月八日、一一月一〇日、一二月四日、一二月二五日、一七年一月二五日、二月一日、二月二日、一九年二月二一日、二月二三日、二月二四日、八月一七日、一〇月一七日、一二月二五日、二〇年一月五日、三月一五日、六月三日、六月六日、一〇月一日、一〇月三日、二三年一月一四日、四月一九日、二四年一月二四日、二五年一二月二一日、二八年五月二七日、三〇年頃一一月二七日、年未詳四月二〇日、年未詳一二月一九日

福沢錦

一九年三月一七日(断簡)、三月二一日(断簡)、三月二八日、四月一日(断簡)

福沢俊

▼清岡俊をみよ

福沢捨次郎

一六年六月一九日、七月四日、七月一九日、八月一七日、八月二七日、九月七日、九月二一日、一〇月一七日、一〇月二一日、一一月四日、一一月二四日、一二月四日、一二月一一日(断簡)、一二月二二日、一七年一月四日、一月一六日、二月一日、二月一二日(断簡)、二月二二日、三月七日、三月一一日、三月二六日、四月八日、六月一九日、一八年六月四日、八月二九日、一〇

月一日、一九年七月一日、九月一日、一〇月二五日、一八、一九年?一一月二二日、二〇年三月一六日、五月一二日、五月二一日、六月二九日、七月九日、九月一四日(断簡)、一〇月八日、一〇月二八日、一一月九日、一一月二九日、一二月七日、一二月一九日、二一年一月一六日、一月一六日、一月二三日、一月二九日、二月二一日、三月二日、三月一二日、三月二三日、五月九日、二二年七月五日、七月一九日、八月一〇日、九月七日、一〇月一五日、一〇月二三日、一〇月二五日、一〇月二七日、一〇月二七日、一〇月二八日、一一月九日、一一月一二日、一一月二五日、二三年一月一九日、二三年?三月四日、二三年三月六日、四月二〇日、五月五日(封筒のみ)、六月一〇日、六月一九日、六月二九日、七月一九日、八月二六日、八月三〇日、九月一一日、一〇月二四日、一一月四日、一一月一八日、二四年一月七日、一月一四日、一月二一日、一月二四日、二月三日、四月二三日、五月一五日、五月二二日、五月二四日、五月二九日、六月二四日、二六年八月二二日、二七年六月二九日、二八年九月四日、二九年九月一七日、二八・二九年一二月二九日、三〇年三月七日、一一月九日、三一年九月四日(封筒のみ)、年未詳六月二七日

福沢園 三三年一〇月一四日

福沢房 二三年五月六日、五月八日、五月一一日、五月一九日、六月二四日、七月三日、七月二四日、八月一日、八月二六日

福沢(岩崎)桃介 二〇年二月九日、四月二八日、一〇月八日、一二月七日、二一年一月二九日、二月九日、三月二日、五月九日、七月九日、七月一八日、八月一七日、八月二七日、一一月二六日、一二月六日、二二年一月七日、二月二〇日、三月一八日、三月一九日、三月二九日、三月三一日、四月二四日、五月二日、五月一八日、五月二七日、二三年五月六日、五月八日、五月一一日、五月一九日、七月三日、七月二四日、八月一日、八月二六日、二四年五月六日、二六年八月一三日

福沢諭吉留守宅 年未詳三月一五日

福島作次郎 二五年一〇月一六日、三〇年二月一〇日

福住正兄(九蔵) 六年四月二日

福原正平 二三年四月一三日

福見常白 一三年一一月二〇日

藤井栄四郎 二九年一二月七日

藤井清 一三年?八月二九日、一三年一〇月三一日、一九年七月三一日

藤井倉太郎 二四年八月一四日

藤井平五郎 三〇年七月一日

藤野浦二郎 ▼嵯峨浦二郎をみよ

藤野善蔵 三年五月七日、一一年七月一六日、一二年二月四日

藤野近昌 一四年九月一九日、二二年一〇月一八日、一二月三一日、二三年四月一六日、二四年頃五月二日、二四年八月二二日、九月二七日、二六年一一月九日

藤本菅太郎 一〇年一一月二九日、一二年?二月七日、一二年一〇月二四日、二九年五月四日、五月四日

藤本元岱(玄岱、箭山) 二年一月二二日、四月一七日、一一月五日、四年一月二日

藤本寿吉 一八年一〇月七日、一〇月二一日、二三年一二月一二日、年未詳一二月一七日

藤山（伊吹）雷太　二〇年六月一一日、七月二〇日、七月二八日、八月五日、八月二六日、八月二七日、八月三一日、八月三一日、八月三一日、一〇月五日、三一年八月二五日、年未詳七月二日

豊前屋　▼中沢周蔵をみよ

二木政佑　一一年八月六日、一三年二月二四日

船本竜之助　一九年四月九日

古田権次郎　文久二年五月八日〔一八六二年六月五日〕、文久三年一月？日未詳（断簡）

へ

逸見蘭畹　一六年一〇月三日

ほ

星野康斎　三年二月五日、二月九日、年未詳六月一二日、年未詳七月一三日

細貝順吉　二八年九月二五日

堀田瑞松　一八、一九年？二月一九日、一八、一九年？六月七日

穂積寅九郎　一二年？一一月九日、一三年一一月二六日、年未詳五月七日、年未詳一〇月一日、年未詳一〇月三日

堀省三（源治）　慶応四年七月六日、一二年一〇月二四日、一二、一三年頃六月四日、一四、一五年頃一〇月一日、一六年四月二日、一七年四月六日、二〇年八月一七日

堀竜太　年未詳六月八日

堀井卯之助　二九年八月一三日

堀尾重興　一一年一月二二日

堀越角次郎〔二代目〕　二一年七月二三日、二四年六月二三日、七月一五日、二四年？九月二六日、二四年一一月五日、一一月九日、二六年？四月一一日、二六年七月九日、八月二六日、二七年八月一三日、九月二五日、年未詳三月一四日、年未詳四月一三日、年未詳四月二四日、年未詳四月三〇日、年未詳五月一九日、年未詳七月三日、年月日未詳

本庄泰睦　▼安達泰睦をみよ

本多孫四郎　年月未詳三一日

ま

前島密　一一年一一月一七日、一二年二月二一日

前田助作　一七年四月一五日

前田兵蔵　五年四月一五日

槇久馬八　▼渡部久馬八をみよ

槇村正直　五年七月一二日、六年一月二七日、一一年五月二七日、一四年三月三一日

益田（石津）英次　二〇年頃三月一四日、二一年頃八月一九日、二一年一〇月三一日、二二年九月二六日、二二、二三年頃四月二一日、二二、二三年頃五月二日、二二、二三年頃五月七日、二二、二三年頃五月三一日、二二、二三年頃六月一日、二二、二三年頃七月二日、二二、二三年頃七月一八日、二二、二三年頃七月一九日、二二、二三年頃七月二六日、二三年八月三日、一〇月八日、二四年一一月一六日、二五年一二月一二日、二六年？五月二六日、二七年二月二六日、四月二四日、六月三日、二八年四月頃日未詳、二八年？八月一九日、二八年一二月六

日、一二月六日、二九年七月一日、一〇月二六日、一二月二七日、三〇年?三月一三日、三〇年?六月二五日、三一年一月二二日、三二年一〇月二七日、年未詳二月二六日、年未詳五月五日、年未詳五月七日、年未詳七月一三日、年未詳八月四日、年未詳一二月四日、年月日未詳（封筒のみ）

増田幸助　安政四年一二月二二日

俣野景明　一三年?一一月二日、一四年一一月二一日、一五年?二月三日、一四、一五年頃一二月一〇日

俣野景次　一八年七月二一日

松岡文吉　一三年九月一七日、一四年一月一九日、一六年八月二一日、一八年八月七日、二一年一一月二〇日

松岡勇記　一四年一〇月二三日、二六年七月二日

松方正義　一〇年一〇月一〇日

松木弘安　▼寺島宗則をみよ

松木直己　一一年五月一〇日、一二年八月六日、一四年一月一三日、八月九日

松倉恂（良助、亘）　一一年一月一〇日、一三年一月九日、二月八日

松島廉作　二七年六月二日

松田道之　六年一一月六日、一二年三月四日、七月三〇日

松田道之遺族　一五年七月七日

松平春嶽　一九年九月二六日

松平忠敬　一二年九月五日

松村禄次郎　一七年四月二三日、一一月四日

松本福昌　一五年一月三〇日、一〇月一六日、一七年四月二三日

松本福孝　年未詳九月二一日

松本平之丞　五年四月一五日

松山棟庵　二年二月二〇日、二一年?四月一二日、二三年?一二月八日、二四年三月二三日、三月二八日、四月二日、四月六日、四月八日?、一一月二日、一二月六日、二六年三月一五日、五月二九日、二七年四月一三日、二八年一二月二八日、二九年九月一〇日、一〇月二〇日、三〇年一月二三日、五月四日、五月二九日、三一年?一月一八日、年未詳一月三日、年未詳六月一六日、年未詳六月二六日、年未詳八月二八日、年未詳八月二九日、年未詳九月三日、年未詳一〇月三〇日、年未詳一一月一四日、年月未詳二日

真中直道　二〇年八月一四日、八月一四日、二四年一二月三一日、二六年六月二三日、二七年二月五日、二月二七日、八月二〇日、九月二一日、九月二六日、二九年四月一〇日、三〇年六月七日

間野遺秉　二五年四月四日

真野かね　二九年九月七日

間淵俊次郎　二三年五月二四日、二六年三月二七日、四月二二日

丸善　年未詳六月五日

丸善仕立局（丸善仕立店）　一〇年一月三〇日、一二年六月二八日（封筒のみ）、一三年一二月二三日

丸善書店　一四年一〇月九日、一六年一一月八日、一八年一月七日

丸屋（丸家）銀行　一七年一一月二日、一七年一一月一六日、一八年三月二五日

丸屋善蔵　▼早矢仕有的をみよ

み

三浦休太郎（安）　七年九月二一日、九年七月二〇日、一〇年二月三日、

二月二三日
三浦梧楼　二二年二月二一日
美沢進　一七年一一月一四日、一八年三月一一日、二四年六月一六日、三〇年三月七日、年未詳八月二九日
三島億二郎　二〇年一月二一日
三島徳蔵　一八年七月一〇日、一九年一月一六日、二五年三月二八日
水谷六郎　二五年四月二八日、二七年一月二三日、一二月二八日、二九年四月八日
溝部惟幾　二〇年一二月一〇日
箕作秋坪　二年一〇月二八日
三菱為替店　一七年一二月二五日、一八年三月三一日、七月二一日、年未詳一月二二日
湊直江　二二年九月二九日
南貞助　七年八月七日
箕浦勝人　一四年一月一七日
箕輪五助　二九年一一月一七日
三宅（桑田）豹三　二七年七月二七日（封筒のみ・代筆）、九月二六日、二九年九月七日、三〇年五月二九日、六月九日、六月一九日、六月二五日、七月七日、一〇月一五日、年未詳三月一四日、年未詳五月二七日
三宅道子　二九年九月七日
宮崎蘇庵　一七年一二月二四日
宮崎大三郎　二三年四月一三日
三輪光五郎　年未詳五月五日、年未詳五月六日
民間雑誌編輯課　一一年一月一五日

む

向野勘三　二七年四月一三日
向野新造　二七年四月一三日
村井保固　一二年五月二二日、一三年九月三日、一〇月二日、一六年五月一七日、六月一九日、七月四日、八月一七日、八月二七日、一〇月二一日、一七年二月一二日、五月二七日、九月一一日、二〇年八月二六日、二一年五月二八日、一一月六日、二七年五月二八日、二八年一一月四日、二九年一月一一日、六月一四日、年未詳三月三一日、年未詳四月五日、年月日未詳（封筒のみ）
村上定　二九年一一月二〇日
村上守倫　二九年一月一三日

め

明治生命保険会社　一八年二月四日

も

物集女清久　一五年九月二八日、一六年四月二日
望月小太郎　二九年三月一〇日
茂木吉治　一四年一月三一日（断簡）
本野盛亨　二二、二三年？三月一五日
本山彦一　一一年一月一三日、一四年一月一七日、一五年二月二一日、六月一九日、一七年八月二九日、一九年一二月一日、二〇年一月二五日、二月一三日、二二年一〇月九日、二三年二月一二日？、二六年一〇月五日、

二七年一二月一九日、三一年一月九日

森有礼 七年二月一五日、一二年四月一六日、八月二八日、二〇年五月、二〇年?・五月二七日

森春吉 一二年一〇月一二日、一三年一月一四日、六月六日、六月一二日、一三年?・一〇月二五日、一四年三月二九日、四月一日、一六年五月二七日、一七年八月九日、一〇月九日

森常樹 一九年八月二五日

森下岩楠 一二年七月三一日、一三年?・三月五日、一三年六月二九日、年月日未詳

森田文蔵(思軒) 二一年一一月一七日

盛田命祺 一四年八月一七日、一〇月一〇日

森村市左衛門(市太郎)〔六代目〕 二七年八月一三日、二八年三月一二日、四月一九日、六月一日

森村開作 二九年二月二五日

森村明六 二八年二月四日、二九年一月一一日、二月二五日

森村豊(豊吉) 一六年七月四日、一〇月二一日、二二年一一月六日

森村組支店 二八年四月五日

や

安永義章 一六年一二月二六日、一七年一月七日

安場末喜 一一年一二月六日、二三年二月二〇日

安場保和 三一年一月二七日

矢田績 一七年四月一四日、一八年?・七月一四日、一八年七月一七日、一九年四月一八日、二一年一〇月七日、年月日未詳(封筒のみ)

矢田部良吉 一五年六月一六日

谷井保 一七年三月一二日、一〇月一四日、一八年七月一七日、二九年五月一七日

簗紀平 二年六月一九日

簗弟三郎 三一年一月六日

柳荘太郎 二九年一一月二二日

柳琢蔵 二四年三月二八日

柳田藤吉 一六年四月二日、一八年三月一六日、二〇年一二月二八日、二九年三月二七日

矢野亭 ▼吉良亭をみよ

矢野文雄(竜渓) 二四年二月九日

山岡茂松 二九年二月一一日

山県有朋 一五年一一月八日、一七年一月二九日、二三年七月一八日

山口寛斎 元年九月一一日、三年一一月二日

山口喜十郎 二七年一二月一五日

山口仙之助 二二年四月二九日

山口(東条)伝 三〇年五月二七日

山口広江(広右衛門) 九年一二月二〇日、一〇年一月一日、五月三日、一三年一一月四日、一五年六月二四日、一六年一〇月三日、一七年三月四日、五月一八日、一八年一月一四日、四月一四日、四月一六日、五月五日、八月一五日、一二月二九日、一九年二月八日、五月一四日、二一年四月五日、二〇・二一年一〇月一日、二三年一月一九日、一月一九日(断簡?)、三月二三日、七月八日、二四年一月二八日、一〇月三〇日、二五年三月二五日、二六年一〇月二三日、二七年三月一六日、二八年一月一七日

山口良蔵(良哉、良斎) 慶応元年四月二八日、慶応三年九月七日、慶応四年閏四月一〇日、六月七日、元年一一月八日、二年二月

二〇日、四月四日、五月二三日、二年？一〇月一四日、二年頃月日未詳、三年一〇月日未詳、一一月二日、四年一月三〇日、六月一六日、四年月日未詳、五年七月一二日、六年一一月一日、六、七年頃月日未詳（封筒のみ）、七年？二月六日、七年四月六日、七年？一〇月四日、年未詳四月一九日、年月日未詳（断簡）

山口良蔵遺族 二〇年五月二四日

山崎永春 ▼朴泳孝をみよ

山崎新太郎 一九年四月二三日

山崎英夫 二八年九月二二日、二八年？一一月二八日、二八年一二月二〇日

山崎兵次郎 二三年四月一三日

山田鑇馬 一二年？七月五日

山田季治 一三年四月二一日、一九年九月一七日、二三年四月一三日、四月一九日（封筒のみ）、四月二七日

山田季治留守宅 二一年六月三日

山田要蔵 ▼伊東要蔵をみよ

山名キワ 二九年九月七日

山名次郎 二三年七月三日、八月一日、二七年五月一六日、二九年九月七日

山根文策 三〇年一月三〇日、八月六日

山本拙太郎 五年八月六日、八月一一日

山本達雄 二九年五月二六日

山本立蔵 一七年二月七日、一九年四月六日

ゆ

弓削俊澄 二五年一一月二日

由利公正 年未詳三月一日

よ

養生園会計局 二八年一二月二八日

横尾東作 慶応二年六月一六日

横瀬文彦 九年六月一四日

横山彦三 三年一二月二六日、四年二月二九日

吉岡密乗 一〇年六月一二日

吉川泰二郎 一三年七月二日、一八年七月一八日、二〇年一〇月二三日、二八年？月日未詳

吉原金三郎 三〇年二月二四日

好本錬吾 一二年八月一四日

依田繁太 二八年二月九日

わ

若松英太 二三年四月一三日

和久正辰（喜佐雄） 一三年一月九日

和田耕月 三〇年九月八日

和田義郎 一一年一〇月一〇日？、一二年？四月三〇日、一二、一三年頃九月五日、一三年一〇月一四日、一二、一三年頃一一月一九日、一六年四月二〇日、一九年一一月一五日、二三年六月三日、二四年？六月三日、年未詳一二月三〇日、年未詳一二月七日

渡辺一郎 二九年九月八日

渡辺治（台水） 二二年一〇月八日？

渡辺修 一九年八月三一日、二四年五月二二日、二六年一一月

一日、二九年四月一七日

渡部（楨）久馬八 一一年三月二七日、一三年？一月一六日、一三年？一月二五日、一三年二月一四日、二月二三日、一三年？八月二九日、一四年五月二三日、一五年九月一六日、一七年一月二二日、年未詳四月二二日、年月未詳二八日

渡辺洪基 一一年一〇月一九日、一二月一二日

渡辺祝造 二七年八月二六日

渡辺晋三 三〇年一一月一七日

渡辺長 二三年四月一三日

渡辺文三 二五年四月一八日

渡辺弥一 二年二月二二日

外国人

Batchelor, G. 二八年一〇月二六日

Eastlake, F.W. 一八年四月一日

Eliot, C. W. 二二年四月日未詳、三一年一月二六日、六月九日

Griffis, W. E. 三三年一二月三一日

Morse,E. S. 一七年八月一三日

Rosny, L. 文久二年五月二一日〔一八六二年六月一八日〕、七月八日〔一八六二年八月三日〕、七月二一日〔一八六二年八月一六日〕、八月三〇日〔一八六二年九月二三日〕、閏八月二七日〔一八六二年一〇月二〇日〕、一〇月二七日〔一八六二年一二月一八日〕

Simmons, D. B. 一六年一〇月二〇日、一七年一一月三日、一九年七月一五日

Stein, L. 一五年六月三日

Yunghans, T. H. 二〇年一月三〇日、六月一日

趙秉稷 三〇年一一月二七日

朴泳孝（山崎永春） 一九年五月七日

兪吉濬 二九年二月四日、一二月四日

宛名未詳
安政五年一一月二二日
二、三年頃九月二九日
一一年四月一〇日
一二年二月八日
一二年三月一一日
一二年三月一四日
一二年三月一九日
一二年三月二一日
一三年一月二二日（封筒のみ）
一三年六月二九日
一三年一一月一六日
一七・一八年月未詳一三日
年未詳一月二六日
年未詳一二月二三日
年月未詳二二日
年月日未詳（断簡）

案文

朝鮮国宮内府大臣 三〇年五月二〇日（案文）

女義太夫の会案内状 年月日未詳（案文）

招待状案文 年月日未詳（断簡）

Ⅷ

『時事新報』社説・漫言一覧

凡例▼

一、明治一五(一八八二)年三月一日創刊以降、明治三四年二月三日までの福沢諭吉存命中に『時事新報』に掲載された社説および漫言の論題の一覧である。

二、原則として社説は「時事新報」と表題のある欄(当初はこの欄に社説が掲げられた)および「社説」欄(明治二九年四月七日以降)、漫言は「漫言」欄に掲載されているものを掲げ、同欄がない日については社説や漫言の掲載なしと判断した。但し、上記の欄に掲載されていない場合でも、明らかに続編であるものや見出しの誤植であるとわかるもの、また掲載後に単行本として刊行されたものについてはこの一覧に加えた。

三、表記は次の基準にしたがった。

1　漢字および仮名づかいは、本事典の基準に拠っている。

2　濁点やカタカナなどの使用法が統一されていないため、読みやすさを考慮し、原則として平仮名の新仮名づかいに改めたが促音の表記は原文のままである。

3　明らかに誤字、脱字、誤植と思われるものは訂正した。脱落その他には〔　〕を付して情報を加えた。連載途中で論題が意味なく異なっている場合は誤植と同様に判断した。■は原文のまま、▮▮は活字がつぶれて読めない箇所である。

4　連載された場合は、掲載初日に続編の掲載状況を記載した。連日掲載の場合は終了日と掲載回数、休刊日を、隔日掲載の場合は掲載日と掲載回数を、また論題に第一、第二といった回数の表記があるものは、掲載日の後ろに各回数を示している。

5　副題は省いた。

6　漫言は末尾に〔漫〕を付した。同日に社説と漫言の双方が掲載されている場合には、掲載順にかかわらず最初に社説を示した。

7　同日に複数の社説または漫言が掲載されている場合には、いずれの欄も／で区切って示している。

8　演説内容や外国紙の翻訳が社説として掲載されている場合には、紙面記名欄にその旨を明記した。

9　文頭に付された説明文から補った情報には〔　〕を付した。

四、『時事新報』の社説や漫言は、原則として無署名である。

1　「全集」欄は、慶応義塾編纂『福沢諭吉全集』(岩波書店、一九六九〜七一年〈再版〉)への当該の社説もしくは漫言の収録状況を示す。〇は収録、×は収録されていないことを示す。また◎は単行本として収録されている。

2　福沢諭吉自筆、もしくは他人の起草によるが福沢諭吉が加筆している原稿が、現物もしくは写真版で残っているもの、および『福沢諭吉全集』各巻後記や『福沢諭吉年鑑』(福沢諭吉協会、一九七四年〜)で原稿の存在が記されているものについては、論題の最後に＊を付した。＊(加)は加筆原稿を示す。残存状況はかならずしも全文ではなく、欠損がある場合も含んでいる。

3　紙面に執筆者、演説者、投稿者などの記載がある場合には、原則として紙面記載のままを「紙面記名」欄に記した。字のあきなどは適宜処理し、外国人名は一部表記の統一やアルファベットによる書き換えを行った。

4　『時事新報』の社説について、詳しくはⅠ－5②民権と国権の「社説の執筆」の項目を参照されたい。

五、『時事新報』の休刊日は以下の通りである。

明治一五年三月一日(一号)〜一七年一二月三日(八二九号)　日曜・祝日・年末・年始

一七年一二月四日(八三〇号)〜二〇年一〇月三一日(一七二八号)日曜

二〇年一一月一日(一七二九号)〜二四年七月一五日(三〇八一号)無休

二四年七月一六日(三〇八二号)〜三一年一二月三一日(五四一七号)月曜

三二年一月一日(五四一八号)〜〔三四年二月三日(六一八一号)〕無休

また発行停止を受けた期間については、Ⅰ－5②民権と国権の「時事新報の発行停止」の項目を参照されたい。

年	月	日	時事・社説・漫言	紙面記名	全集
明治15／1882	3	1	本紙発兌之趣旨		○
		2	伊藤参議を餞す		○
		3	政府何ぞ奮て大に進まざるや／商況金融		○／×
		4	治国要論一／妾の功能〔漫〕		×／○
		6	一種変則の譏言／一利一害〔漫〕		○／○
		7	条約改正		○
		8	解惑		×
		9	朝鮮国の変乱		×
		10	英国女皇の変報		○
		11	朝鮮の交際を論ず		○
		13	通貨論　第一（一四日第二、一五日第三、一六日第四）／僧侶論	／福沢諭吉演説	○／○
		15	公開の劇場〔漫〕	八面山人〔漫〕	○
		17	地方の些事／孰れか貴し孰れか賤し〔漫〕		×／○
		18	国会開設の準備		×
		20	独逸国帝之勅書		×
		22	物理学之要用／異類同居亦難からず〔漫〕	福沢諭吉演説／	○／○
		23	経世の学亦講究す可し	福沢諭吉演説	○
		24	露国東洋の兵備を論ず		×
		25	遺伝之能力　第一（二七日第二）		○
		28	圧制も亦愉快なる哉		○
		29	言論自由之説		×
		30	陸軍食費改正（四月四日計二回）／白頭朱圏〔漫〕		×／○
明治15／1882	3	31	立憲帝政党を論ず　第一（四月一日第二）＊		○
	4	1	茶番新聞〔漫〕＊		○
		4	逆櫓之船〔漫〕		○
		5	時事大勢論　第一（六日第二、七日第三、一〇日第四、一三日第五、一四日第六）		◎
		8	立憲帝政党の組織を論ず／板垣退助君の変報		×／×
		11	板垣君変事の成跡如何		×
		12	立憲帝政党に望む		×
		14	不老不死の神丹〔漫〕		○
		15	政府は自家の言論を自由にすべし（一七日まで計二回、一六日休刊）／南無妙法連陀仏党〔漫〕		×／○
		17	花房公使は何故に渡韓せざるや／惑溺は酒色のみに非ず〔漫〕		×／○
		18	急漸論		×
		19	神官の職務		○
		20	花房公使赴任		×
		21	天下怯者より恐る可きは無し		×
		22	国立銀行の準備金		×
		24	文部省第三号の達を読む		×
		25	朝鮮元山津の変報		○
		26	帝室論　緒言第一（二七日第二、二八日第三、二九日第四、五月一日第五、三日第六、四日第七、五日第八、		◎／○

年	月	日	時事・社説・漫言	紙面記名	全集
明治15／1882	4		六日第九、九日第十、一〇日第十一、一一日第十二）／兄弟喧嘩〔漫〕		
		28	日本極る〔漫〕		○
		29	言おう歟言うまい歟〔漫〕		○
	5	2	府県債を論ず／低声党の妙説〔漫〕		×／×
		5	国会の佳境は半開の時に在り〔漫〕		○
		6	空砲論〔漫〕		○
		8	朝鮮国元山津の近況／内証部屋の密議〔漫〕		×／×
		9	弁士の秘伝〔漫〕		○
		11	扨々大変〔漫〕		○
		12	朝鮮政府へ要求す可し（一五日、二四日、二六日計四回）／十露盤の玉違〔漫〕		○／×
		13	一友亜国より帰る		×
		15	脳病は稀にして胃病は多し〔漫〕		○
		16	各地の通信坊間の評論を聞く／隣家の疝気〔漫〕		×／×
		17	藩閥寡人政府論　第一（一八日第二、二二日第三、二三日第四、二五日第五、二七日第六、二九日第七、三一日第八、六月一日第九、二日第十、六日第十一、七日第十二、八日第十三、一四日第十四、一五日第十五、　一六日第十六、一七日第十七）／代りを御呉れ〔漫〕		○／×

年	月	日	時事・社説・漫言	紙面記名	全集
明治15／1882	5	19	中央銀行		×
		20	福島県会		×
		22	馳せ登りたり〔漫〕		○
		23	四問会〔漫〕		○
		25	読第二十五号布告		×
		27	騎犬の勢〔漫〕		○
		29	三伏の日寒中見舞〔漫〕		○
		30	新聞発行停止／新刀流と一刀流〔漫〕		×／○
	6	1	〔孟子の訴状〕〔漫〕	孟軻子輿〔漫〕	○
		3	中央銀行／演説遣い〔漫〕		×／○
		5	米艦朝鮮に入る／治安新策〔漫〕	／痴嚢老人〔漫〕	×／○
		7	何れも困る〔漫〕		○
		8	連類はなきや〔漫〕		○
		13	時事新報発行解停／再び悔悟の趣意を草せらるる哉〔漫〕		○／×
		15	神下し〔漫〕		○
		17	親を売るは朋友を売るに若かず〔漫〕		○
		19	〔上海クーリヤ新聞記事の抄訳〕／学校停止〔漫〕		×／○
		20	郡区長公撰（二一日まで計二回）／金の世の中〔漫〕		×／○
		22	天険論一策以て漫言翁に質す〔漫〕	窮志田作太〔漫〕	○
		23	時勢問答　第一（二四日第二、二八日第三、七月四日第四、五日第五、六日第六、七日第七、八日第八）／官の為に鳴き私の為に鳴く〔漫〕		○／○

明治15／1882

月	日	題名	署名	判定
6	24	復古の御代〔漫〕		○
	26	国安妨害／読書のくちなおし〔漫〕		×／○
	27	皇居御造営に就き太政官の建築を望む／此心を以て富強たる可し〔漫〕		○／×
	29	日本銀行条例（七月三日まで計四回、七月二日休刊）／握り詰る勿れ〔漫〕		×／○
	30	交情妨げられて愈密なり〔漫〕		○
7	1	新聞紙の撮食〔漫〕		○
	3	裏を掻く〔漫〕		○
	4	鼠に告ぐ〔漫〕		○
	5	力瘤願下之事〔漫〕		○
	7	松田東京府知事死去／何処迄行てもペイペイだ〔漫〕	／無閥小吏〔漫〕	×／○
	8	今一年の気根競らべ〔漫〕		○
	10	生糸荷作の説（一一日まで計二回）／神授の妙策〔漫〕	／平安　古風老人〔漫〕	×／○
	12	運輸交通論（一三日、一七日、一八日計四回）／泣く子と地頭〔漫〕		×／○
	13	焼くか焼かぬか〔漫〕		○
	14	埃及国の変報		×
	15	亜国より来輸日本雑貨之説／天機漏らす可らず〔漫〕		×／○
	17	コレラ祭り〔漫〕		○
	18	県令に男子なし〔漫〕		○
	19	局外窺見　緒言第一章（二〇日・二一日・二五日第二章、二六日・二七日・二八日・二九日第三章）＊／籠鳥尚羨むに堪えたり〔漫〕		○／○
	20	太平の民草〔漫〕	平安　古風老人〔漫〕	○
	21	虎列刺病魔の密会議〔漫〕		×
	22	地方の学校		×
	24	「ドクトル、コック」氏の発明		×
	25	監視官の食料夜具蒲団〔漫〕	東京　安房の冠者〔漫〕	○
	26	在職百五十年〔漫〕		×
	27	そう旨くはだまされないぞ〔漫〕		○
	28	石地蔵〔漫〕	平安　古風翁〔漫〕	○
	29	夫婦暮しに五升炊の釜〔漫〕		×
	31	朝鮮の変事（八月一日まで計二回）／■点たること勿れ〔漫〕		○／×
8	1	異物同称のコレラ病〔漫〕		○
	2	朝鮮政略（四日まで計三回）／喉笛に喰付け〔漫〕		○／○
	3	コレラ除の御祈禱〔漫〕	加茂国麿〔漫〕	○
	5	朝鮮政略備考（一一日、一二日、一四日計四回）＊／奥様の下紐拝借〔漫〕		○／○
	7	朝鮮事変続報／豚が怖くて行かれませぬ〔漫〕		×／○
	8	朝鮮事変続報余論第一（九日第二、一〇日第三）／西国順礼の道しるべ〔漫〕		○／×
	9	朝鮮国へ宮使の派遣を祈る／油断		×／○

年	月	日	時事・社説・漫言	紙面記名	全集
明治15／1882	8		大敵〔漫〕		
		10	止むを得ざるの歎〔漫〕		×
		11	欲張の隊長〔漫〕	東洋居士〔漫〕	×
		12	元山の小変事		×
		14	懸直論を恐る＊／どうも不審〔漫〕		×／×
		15	大院君の政略（一六日まで計二回）＊／飼犬も亦時としては〔漫〕		○／○
		16	一髪に繋く千鈞の保護〔漫〕		×
		17	人和論／嗚呼是非もなき次第なる哉〔漫〕	／麹屋酛一郎〔漫〕	×／×
		18	出兵の要＊／千松新聞〔漫〕		○／○
		19	朝鮮の事に関して新聞紙を論ず＊		○
		21	日支韓三国の関係（二三日、二四日、二五日計四回）／保護必ずしも金に非ず〔漫〕		○／×
		22	花房公使入京の電報		×
		23	脳弱病〔漫〕		○
		24	旨い物喰って油断をするな〔漫〕		○
		25	蹇に踏まるる勿れ〔漫〕	奈賀代次生〔漫〕	○
		26	兵を用るは強大にして速なるを貴ぶ＊／敵を見て矢を作ぐべし〔漫〕		×／○
		28	竹添大書記官帰京／芝罘より出たる軍艦はチヤーフーなり〔漫〕＊		×／○
		29	支那国論に質問す（九月一日まで計四回）／ならぬ堪忍〔漫〕＊		○／○
		31	文王武王の争論（九月二日まで計		○

年	月	日	時事・社説・漫言	紙面記名	全集
明治15／1882	8		三回）〔漫〕		
	9	2	偶感		×
		4	朝鮮事件談判の結果		○
		5	馬建忠大院君を以して帰る		×
		6	朝鮮新約の実行／虱が移る〔漫〕		○／○
		7	朝鮮交際の多事に処するの政略如何		×
		8	朝鮮の償金五十万円		○
		9	兵論　第一（一一日第二、一二日第三、一三日第四、一四日第五、一五日第六、一六日第七、一〇月三日第八、四日第九、五日第十、六日第十一、七日第十二、一一日第十三、一二日第十四、一四日第十五、一六日第十六、一八日第十七、一九日第十八）		◎
		11	聾者疑念深し〔漫〕		○
		13	鴉片戒〔漫〕		○
		15	災難の原因〔漫〕		○
		18	朝鮮談判後急施を要するの件々／いろは加留多も御存じないか〔漫〕		×／○
		19	支那政府の挙動／豊公論　第一（二〇日第二、二一日第三）		×／×
		20	帝室費／女らしさ〔漫〕		×／×
		21	石川県会の紛議を論す／倦まざらしむべし〔漫〕		×／○
		22	鉄道論　第一（二五日第二）		○
		25	一ト思案すべし〔漫〕		○
		26	不愉快なる地位／其小なること小		×／○

明治15／1882

9		指の如し〔漫〕		
	27	朝鮮滞在の兵員		×
	28	花房弁理公使朝鮮より帰る		×
	29	極端主義（三〇日まで計二回）		○
10	2	韓地死傷者の扶助／妻妾区別の説〔漫〕		×／○
	4	「グヅリ」新聞〔漫〕		×
	9	郵便法改良（一〇日まで計二回）		×
	12	賞功の法〔漫〕	八面山人〔漫〕	×
	13	後藤板垣二君の洋行を餞す／仁義礼智孝悌忠信〔漫〕		×／○
	20	真宗の運命久しからず		×
	21	学校教育（二五日まで計四回、二三休刊）／朝鮮国存亡〔漫〕		◎／×
	24	大坂電報		×
	26	俗宗旨俗僧侶	浅草　藤谷空然	×
	27	政治の名分（二八日まで計二回）		○
	28	通俗論法〔漫〕		×
	30	太政官第五十一号布告		○
	31	地方長官の新陳交代		×
11	1	駅逓電信事務		×
	2	駅逓電信廉価通信法		×
	4	守成は創業に異なり（六日まで計二回、五日休刊）／売薬税論／道理で〔漫〕		○／×／○
	6	絵画共進会賛評〔漫〕（七日、一〇日、一三日、一五日、一六日、一七日、一八日計八回、二〇日余論）		×

明治15／1882

11	7	外交官の責		×
	8	鉄道布設／重ねて売薬論		×／×
	9	養老金の制を設く可し／新聞新聞〔漫〕		×／○
	10	地方長官諮問会		×
	11	天下憂う可きもの二あり（一三日まで計二回、一二日休刊）／学と不学との分析〔漫〕		○／○
	13	真言秘密は以て夫婦喧嘩を和するに足らず〔漫〕		○
	14	士族授産（一五日まで計二回）／胎内の孝行は難し〔漫〕	／慶応義塾生〔漫〕	×／○
	15	太郎の大酒〔漫〕		○
	16	極端論＊／狡兎死して良狗は何とするや〔漫〕		○／○
	17	重ねて郵税増加の非を論ず		×
	18	郵税増加を非とする最後の言葉		×
	20	廃県論（二一日、二四日計三回）		○
	22	銀行の鎖店／水中の牛溲〔漫〕	／山石生〔漫〕	×／×
	25	天下自省す可きものあり〔第一〕（二七日第二、二八日第三、二十九日第四）		○
	28	差料の刀を以て自殺する者は誰ぞ〔漫〕		○
	30	北海道の遺利惜しむべし／去年の夢旧連官〔漫〕		○／○
12	1	日本支那の関係／弁才天女の前身〔漫〕		×／○

年	月	日	時事・社説・漫言	紙面記名	全集
明治15／1882	12		中正の判断	袖浦外史	×
		4	日本人布哇国移住（五日まで計二回）		×
		6	尚自省せざる者あり＊		○
		7	東洋の政略果して如何せん（一二日まで計五回、一〇日休刊）＊／営業毀損〔漫〕		○／○
		8	若殿様の御相撲〔漫〕		○
		11	主義の食傷〔漫〕		○
		13	造船の事業奨励せざる可らず／大精進は難い哉〔漫〕		○／○
		14	朝鮮開国の先鞭者は誰ぞ		×
		15	肉食せざるべからず（一六日まで計二回）／潔癖の主義達するに難し〔漫〕		○／○
		18	急変論（一九日まで計二回）		○
		19	医者の不養生〔漫〕		○
		20	徳育余論（二一日まで計二回）		○
		22	朝鮮の独立覚束なし		×
		23	郵便条例		×
		25	為替手形約束手形条例を読て感あり／私塾謝り証文之事〔漫〕	／八百芸者に代て板勘兵衛〔漫〕	×／○
		26	官舎焼たり		×
		27	牛場高橋井上三氏の渡韓を送るの文	袖浦外史	×
		28	政治社会の多事		×
		29	時事新報の本色		○
明治16／1883	1	4	明治十六年前途之望（六日、八日、九日、一五日、一六日計六回）		○
		8	空念仏講〔漫〕		○
		10	参議長を置くの風説		×
		11	牛場卓蔵君朝鮮に行く（一三日まで計三回）／牛にひかれて善光寺参り〔漫〕		○／○
		17	支那朝鮮の関係（一九日まで計三回）		○
		18	儒教豈唯道徳のみならんや〔漫〕		○
		20	学問と政治と分離す可し（二二日、二三日、二四日、二月一日、二日、三日、五日計八回）／主義の伝染は病の伝染に異なり〔漫〕		◎／○
		25	米国我馬関償金を返す		○
		26	売薬論（二七日、三一日計三回）／つがもない〔漫〕		○／○
		29	漢学に熱心して汝の生涯を誤る勿れ		×
	2	6	日本帝国の海軍（七日、八日、一〇日、一三日、一六日、一七日、一九日計八回）／機投必ずしも空米のみならず〔漫〕		×／○
		8	新聞記者の敗北〔漫〕		○
		9	雪之説		○
		12	未来の支那	袖浦外史	×
		13	又も喧嘩の買出しに来たり〔漫〕		○
		14	開国論 一（一五日二、三月二二日三、二三日四、二四日五）		○
		15	朝鮮来状〔漫〕		○

明治16／1883

2	17	府県会の小歴史〔漫〕	黙々黙人〔漫〕	○
	20	米国叢談（二二日、二三日、二四日計四回）	〔村井保固談話〕	×
	21	国体の志想／養子養子たらず〔漫〕	袖浦外史	×／○
	26	宮中に洋学の盛んなるを希望す		×
	27	正直は芸にあらず		○
	28	政談の危険は人に存して事に在らず		×
3	1	時事新報の一周年日		○
	2	日本亦富国たるを得べし（七日計二回）		○
	3	合本会社の用を審かにす可し（六日まで計三回、四日休刊）		×
	6	田舎演説喝采博取の秘訣〔漫〕	黙々黙人〔漫〕	×
	8	漢学の主義其無効なるを知らざる乎＊		○
	9	富豪の進歩を妨る勿れ（一〇日まで計二回）		○
	10	日本商人は皆相場師となれ〔漫〕	黙々黙人〔漫〕	×
	12	国立銀行の貸付法を論ず	天外迂史	×
	13	朝鮮国を如何すべきや		○
	14	仁川の定期航海速に開かざる可〔か〕らず		×
	15	時事新報売薬論の敗訴		×
	16	文明の道草	袖浦外史	×
	17	自由言論の区域を論ず／時候の挨拶亦其由縁あり〔漫〕	山中道正／	×／○
	19	外国貿易見るに忍びざるの惨状を呈す（二〇日まで計二回）		×

明治16／1883

3	26	石油の試験小事に非ず（二八日まで計三回）		×
	27	儒教の主義は私の著書に及ばず〔漫〕	文化老人〔漫〕	○
	29	天下太平如何して得べきや　第一（三〇日第二、三一日第三、四月二日第四、四日第五）		×
4	2	外国の侵略を禦ぐの方案　第一（四日第二）〔漫〕		×
	5	全国兵は字義の如く全国なる可し（七日まで計三回）＊／堂に昇て室に入る勿れ〔漫〕		◎／○
	7	御儀式の生捕〔漫〕		○
	9	米国政府下の関償金の元金を返ず		○
	10	日本人民の政治の思想		×
	11	本年の生糸商売は如何なる可きや／ソリヤ又来たぞ〔漫〕		×／○
	12	全国一般の不景気商況の変機如何（一三日まで計二回）／三田の女髪結〔漫〕		×／○
	14	商工農論		×
	16	西洋諸国の文明は其実物に就て之を見よ／探訪通信も亦難い哉〔漫〕		○／○
	17	文明開化の進歩は次第に其速力を増す		○
	18	読新聞紙条例		×
	19	人事は有形の文明に由て左右す可し／漢学の中日和〔漫〕	／文化老人〔漫〕	○／○

年	月	日	時事・社説・漫言	紙面記名	全集
明治16／1883	4	20	文明の利器果して廃す可きや＊		○
		21	政治の熱心を誘導する其法なきに非ず		○
		23	永遠無窮人後に瞠若たらんとするか／世話の種類も亦多し〔漫〕		×／○
		24	工業を論ず		×
		25	日本には船なかるべからず		○
		26	人為の法則は万古不易たるの約束なし		○
		27	鉄道敷設の資金を得ること難きに非ず／年齢の平均は難い哉〔漫〕		×／○
		28	慶応義塾紀事		×
		30	破壊極りて破壊を止むるの日ある可し（攻防論第一）（五月一五日第二、一六日第三、一七日第四、一八日第五、一九日第六）＊		○
	5	1	農業を論ず（二日まで計二回）		○
		2	ワイヨミン砲台を築くべし〔漫〕	相模太郎〔漫〕	○
		3	士族の授産宜しく其精神を養う可し／〔無題〕〔漫〕	／東洋貿易商〔漫〕	×／×
		4	人間の権力は一二人の専有にあらず		○
		5	文明の交通法は必ずしも高尚ならず		×
		7	国立銀行条例の改正加除（九日まで計三回）		×
		10	道徳の議論は軽躁に判断す可らず		○
		11	読士族就産論	松野小蔭	×

年	月	日	時事・社説・漫言	紙面記名	全集
明治16／1883	5	12	支那人の挙動益怪しむ可し		○
		14	支那人の朝鮮策略果して如何		×
		21	東京の中央市区を定むべし／買物に法あり〔漫〕		×／○
		22	日本帝国の京城を改造するの決心あるか		×
		23	北海道物産税則の改正を希望す第一（二四日第二）		×
		25	支那果して東京を争うの決意あるか		×
		26	儒教主義の成跡甚だ恐る可し		○
		28	日本人は果して朝鮮の誘導者たるか／変わるに困る〔漫〕	／文化老人〔漫〕	×／○
		29	首府改造（三〇日まで計二回）		×
		31	社会の秩序紊乱の中に却て燦然たるものを見る可し		○
	6	1	朝鮮政略の急は我資金を彼に移用するに在り＊		○
		2	日本の資金を朝鮮に移用するも危険あることなし＊		○
		4	支那仏蘭西開戦の機熟す		×
		5	朝鮮国に資本を移用すれば我を利すること大なり		○
		6	北京駐在新任英国公使		×
		7	首府改造と皇居御造営と（八日まで計二回）		○
		9	安南の風雨我日本に影響すること如何		○
		11	安南の戦報		×

明治16／1883

月	日	題名	筆者・備考	
6	12	支那人民の前途甚だ多事なり（一三日まで計二回）／誠に目出度し〔漫〕		○／○
	14	伊太利政府紙幣引換を実行す		×
	15	調和の急は正に今日に在り		○
	16	紙幣引換を急ぐべし（一九日計二回）		○
	18	不虞に備予するの大義忘る可らず＊		○
	20	国財論（二二日、二三日、二五日、二六日、七月二日計七回）＊		○
	21	敵の勝つべきを恃まず〔漫〕	曇床頓子〔漫〕	○
	27	外債を起して急に紙幣を兌換するの可否に付東京日々新聞の惑を解く（三〇日まで計四回）		○
7	2	腰の物検査〔漫〕	文政 老士〔漫〕	○
	3	国財余論（四日まで計二回）＊		○
	5	〔青年輩の失敗〕	〔福沢諭吉演説〕渡辺治筆記	○
	6	清仏の談判如何／原被連帯片造の詞訟〔漫〕		×／○
	7	仁川居留貿易商人の地位		×
	9	酒造家の情況（一一日計二回）		×
	10	清仏の和戦如何		×
	12	造酒業を保護すべし（一三日まで計二回）		×
	14	監獄署の出火		×
	16	江越鉄道敷設に就ての問題		×
	17	万国漁業博覧会		×
	18	商売上の契約を慎む可し		×

明治16／1883

月	日	題名	筆者・備考	
7	19	外交の思想養成せざる可からず		○
	20	支那行を奨励すべし		○
	21	前右大臣岩倉具視公薨去す		×
	23	文明の風を導くには取捨する所あるを要す＊		○
	24	清仏の関係は何等の状態に推移るべきや		×
	25	清国は果して安南を争うの意なきか		×
	26	朝野新聞に答う		○
	27	人を容るること甚だ易し		×
	28	世態論時事新報に呈す（三一日まで計三回、二九日休刊）＊	五九楼仙蛮	○
8	1	蟄居主義を廃すべし／チヨン髷ばかりは〔漫〕		×／○
	2	日本人は今の日本に満足せんとするか（三日まで計二回）		○
	4	伊藤参議の帰朝近きに在り		○
	6	文明の進路を遮ることなかれ		×
	7	日本の貿易は不相応に幼稚なり		×
	8	高等法院の福島事件公判		○
	9	朝鮮開国の名誉米国人に帰せんとす		×
	10	天下大に急にすべきものあり（一一日まで計二回）		○
	13	公債証書の騰貴		×
	14	金満家奮えよや		○
	15	李鴻章の辞職		×
	16	沖縄想像論		○
	17	人事停滞の毒恐るべし（一八日ま		○

年	月	日	時事・社説・漫言	紙面記名	全集
明治16／1883			で計二回）		
	8	20	政治社会の風説		×
		21	我文明は退歩するものには非ずや（二二日まで計二回）		○
		23	外国巡察使を派出すべし		×
		24	政談の熱畏るるに足らず（二五日まで計二回）		○
		27	支那の両政党		×
		28	国権拡張		×
		29	伊藤参議の心中喜憂孰れが大なるや		×
		30	外国巡察使を派遣するの方法		×
		31	保守の文字は復古の義に解す可らず		○
	9	1	英国公使「パークス」氏の答詞		○
		3	支那は能く為すことなきなり		×
		4	支那との交際に処するの法如何（五日まで計二回）		○
		6	同気相制す可し		×
		7	文明の主義を知らんと欲する者は洋書を読む可し		○
		8	洋学の地位高尚なるを要す		○
		10	通俗医術論（一一日まで計二回）／〔清国北京よりの来状〕〔漫〕	／芽倉　仙人〔漫〕	○／×
		12	米国の義声天下に振う		×
		13	士族の授産は養蚕製糸を第一とす（一七日まで計四回、一六日休刊）／広東の一揆		○／×

年	月	日	時事・社説・漫言	紙面記名	全集
明治16／1883	9	18	文明を致して文明に致さるること勿れ（一九日まで計二回）		×
		20	在東京の清仏両軍開戦す		×
		21	朝鮮政務監理の派遣如何		×
		22	清仏交渉の跡を鑑みて感あり	豊浜漁夫	×
		24	沖縄県よりの来翰	沖縄県　一老生	×
		25	政治家の秘訣		○
		26	東京府政の方向		×
		27	連合商工業会		×
		28	時事新報の敗訴天下の為に賀す		○
		29	外交論　一（一〇月一日二、二日三、三日四、四日五）＊／投書遂に来らず〔漫〕		○／×
	10	5	内閣諸公の洋行を望む		×
		6	学者の議論		○
		8	婦女孝行論		○
		9	金融の変動米価の下落（一〇日まで計二回）		×
		11	米国来信抜萃（鉄道と仮名の事）＊〔加〕		×
		12	世務の多端益喜ぶべし		×
		13	思想精密にして鄙事に多能なる可し		○
		15	憂世家の手段／百に三升賀す可きや弔ず可きや〔漫〕		○／○
		16	商人に告るの文＊	〔時事新報商事編輯主任員〕	○
		18	婦女孝行余論		○
		19	米の輸出正に緊要なり		×
		20	株式取引所並に米商会所		×

明治16／1883

月	日			
10	22	安南朝鮮地を換えば如何なりし歟		○
	23	朝鮮国に於て日本人民貿易の規則並に税則（二五日まで計三回）		×
	26	医師規則の布告を読む（二九日まで計三回、二八日休刊）		○
	29	一挙して日本の商権を握るの伝授〔漫〕		○
	30	日本の用終れり／国債の抵当乏しからず〔漫〕		○／○
	31	西洋人の日本を疎外するは内外両因あり		○
11	7	時事新報解停		○
	8	学者と政治家との区分		○
	9	日耳曼の東洋政略（一〇日まで計二回）／大演説〔漫〕		○／○
	12	広告の事に付商人某氏よりの来状	〔商人某〕	×
	13	地理上の離隔は恃むに足らず（一四日まで計二回）＊〔加〕		×
	15	身体を大切にすべし		○
	16	文明進歩の速力は思議すべからず		○
	17	日本生糸の下落／氷の刃を懐にして〔漫〕		×／○
	19	儒教主義（二一日まで計三回）		○
	21	生徒の敗北〔漫〕		×
	22	徳教之説（二九日まで計六回、二三日、二五日休刊）＊		○
	26	武家奉公御構い〔漫〕	文化老人〔漫〕	○
	29	誠に面白し〔漫〕		○

明治16／1883

月	日			
11	30	東京大阪間の鉄道連絡		×
12	1	大に鉄道を布設するの好時節（四日まで計三回、二日休刊）		○
	4	時運逆行株式取引所の衰盛〔漫〕＊		○
	5	似我主義		×
	6	百聞は一見に若かず		×
	7	政事と教育と分離す可し（八日まで計二回）＊		○
	10	呉服物は日本製に限ることを得る歟／大儲け大儲け〔漫〕	呉服商　某／	×／○
	11	朝鮮国との貿易手続		×
	12	文部省直轄の学校をして独立せしめんことを祈る（一四日まで計三回）		○
	13	院省長官の転換		×
	15	饑饉の用意（一七日まで計二回、一六日休刊）／支那人を入るるの妙案〔漫〕	／〔孔糞子〕	○／×
	18	学生処世の方向（一九日まで計二回）	福沢諭吉	○
	20	英独両国の朝鮮条約は我日本人民に何等の関係あるか		×
	21	文明の進退は人心に於て見ざる可らず	豊浜漁夫寄投	×
	22	反動論		×
	24	支那と仏蘭西との喧嘩		×
	25	只管西洋の文を学ぶ可し／挽いて転ぶも弾いて転ぶ勿れ〔漫〕		×／○

年	月	日	時事・社説・漫言	紙面記名	全集
明治16／1883	12	26	我国普通の洋学は英語に帰す可し（二八日まで計三回）		○
		27	短気は損気なり鉄道は気長に布設すべし〔漫〕		○
		29	明治十六年歳晩の感／年始の御祝儀〔漫〕＊		×／○
明治17／1884	1	4	改正徴兵令（七日まで計二回、五日、六日休刊）＊		◎
		8	中山道鉄道公債証書条例并に金札引換無記名公債証書条例（九日まで計二回）		×
		9	又金儲けの新工風〔漫〕		○
		10	西洋の新文明支那に侵入するの影響		×
		11	数学を以て和歌を製造す可し（一二日まで計二回）		×
		14	清仏葛藤の終局如何（一五日まで計二回）	〔D・B・シモンズ〕	×
		16	国を富強するは貿易を盛大にするに在り		○
		17	日本の貿易を助け長ずるの工風を為すべし		○
		18	徴兵令に関して公私学校の区別（一九日まで計二回）		×
		21	大日本帝国内外貿易の中心市場		○
		22	米国来翰		×
		23	東京に築港すべし		○

年	月	日	時事・社説・漫言	紙面記名	全集
明治17／1884	1	24	東京に新港を築くの方法／中山道鉄道公債証書発行手続		○／×
		25	紙幣兌換遅疑するに及ばず（二六日まで計二回）		○
		28	〔衛生上の注意〕＊	〔福沢諭吉演説〕	○
		29	新港成就して東京内外貿易の中心市場と為る		○
		31	言論禁停の方法（二月一日まで計二回）		×
	2	2	海外御巡幸（六日まで計四回、三日休刊）		○
		6	雪中の談話〔漫〕		○
		7	私立学校廃す可らず（八日まで計二回）＊		○
		8	一ト雪三十万円〔漫〕		○
		9	英語英文を知らざれば貿易を営むこと能わず		×
		12	外国の事態を知るの必要（一三日まで計二回）		×
		14	火の燃えざるを恃まず家の焼くべからざるを恃め／夜鷹相場〔漫〕		×／○
		15	木の東京を改めて石の東京とすべし		×
		16	国内興すべき事業ありこれに供すべき努力もあれども相伴うべき資本金なし		×
		18	文明の道は近より進む可し		×
		19	官私の学校共に不安心ならんことを祈る		×

明治17／1884

2	20	内地雑居の喜憂(二一日まで計二回)／新訳白骨の御文章〔漫〕		○／○
	22	外国債恐るるに足らず		×
	23	明治十七年首欧洲列国の形勢	〔英国倫敦　友人某〕	×
	25	民事訴訟用印紙規則		×
	26	仏法の運命如何(二七日まで計二回)＊		×
	28	外国の資本を借来りて鉄道を興し以て内国の富源を深くすべし		×
	29	日本形船製造の禁止を望む		×
3	1	何故に東海道鉄道を布設せざるや		×
	3	大に鉄道を布設するも商業顛滅の来る気遣いなし		×
	4	仏国は支那の恩人なり		○
	5	日本は支那の為に蔽われざるを期すべし		○
	6	蒸気機関の事を記して併せて三菱共同運輸両会社に論及す　第一(七日第二、八日第三、一〇日第四、一一日第五、一二日第六、一三日第七)／都会の花〔漫〕		○／○
	14	租税徴収法を論ず		×
	15	東京並に埃及事件に関する英仏両国の交際	〔英国　特別通信者〕	×
	17	仏軍北寧を陥れたり		×
	18	日本と米国とは隣国同士なり		×
	19	地租条例／此機会失うべからず		×／×
	21	日本と米国との貿易の偏重ならざ		○

明治17／1884

3		るを望む		
	22	国の栄辱は必ずしも大事件のみに在らず		×
	24	宮内卿の更迭		×
	25	米国は志士の棲処なり		○
	26	血統論	福沢諭吉〔口述〕	○
	27	交際論／東洋にビスマークなしと云うこと勿れ〔漫〕	橋本武／	×／○
	28	新発明の未だ起らざるに先ちて旧工夫の恩に浴す可し(二九日まで計二回)		○
	31	男児志を立てて郷関を出ずべし		○
4	1	不景気に狼狽する勿れ＊		×
	2	商況の不景気回復の道あり		×
	4	公債証書騰貴の弁		×
	5	其結果をして東京を失うに止まらしめば大幸なり		×
	7	帝国支那政府是より将さに多事ならんとす		×
	8	公使皆其任所に在らず		×
	9	往け往けと云わずして来れ来れと云え		×
	10	仏人サルタレル氏の書簡		×
	11	文明世界の競争は人の油断を許さず		×
	12	移住論の弁		○
	14	支那政府軍機大臣の更迭		×
	15	人を容るること甚だ易し		○
	16	富を作るの地を択む可し		○

年	月	日	時事・社説・漫言	紙面記名	全集
明治17／1884	4	17	政府は既成の鉄道を人民に売渡し其代金を以て別に新線路を敷設すべし		×
		18	海外に日本品売弘の説＊		×
		19	外国人に公債証書を所持せしめて安心ならば会社の株券を所持せしめても安心ならん		×
		21	支那貿易を拡張すること甚だ緊要なり		×
		22	眼を朝鮮に注ぐべし		○
		23	未来の鉄道事業		×
		24	経世に高尚論は無用なり		○
		25	日本東京万国大博覧会（二六日まで計二回）		○
		26	第二回絵画共進会漫評〔漫〕（二九日、五月一〇日、二〇日、二一日計五回）		×
		28	商況回復の機少しく見る可きが如し		×
		29	鉄道株券と公債証書（三〇日まで計二回）		×
	5	1	商売を以て我国特有の所長と為す可し		○
		2	現行日本電信法の改正を望む		×
		3	戸主の徴集猶予を廃すべし否らざれば戸税を課すべし		×
		5	雑婚論（七日まで計三回）		×

年	月	日	時事・社説・漫言	紙面記名	全集
明治17／1884	5	8	証券印税規則の改正		×
		9	支那政府の更迭並に安南事件		×
		10	仏国公使将に北京に入らんとす		×
		12	名を以て実を誤る勿れ（一三日まで計二回）／日本人民は馬鹿なり〔漫〕		○／○
		14	中山道鉄道公債第二回の発行／日本の資本を外国に下すべし〔漫〕	／崎賀毛年〔漫〕	×／×
		15	醤油輸出案		×
		16	仏蘭西支那両国間の和約成る		×
		17	支那是より多事ならん／英米の外道〔漫〕		×／○
		19	開鎖論　一（二〇日二、二一日三、二二日四）		○
		20	絵画共進会漫評〔漫〕（二一日計二回）		×
		23	条約改正論（二九日まで計六回 二五日休刊）		○
		24	金融の方案は様々あり〔漫〕	東海道中より南都与勘平〔漫〕	×
		30	奮て故郷を去れ／全国の富を専有すること甚だ易し〔漫〕		○／○
		31	著書、新聞紙及び政府の効力		×
	6	2	外国宣教師は何の目的を以て日本に在るか／脇寄れ脇寄れ御馬が通るぞ〔漫〕	／東京麹町区果瀬鷲内〔漫〕	×／×
		3	公債の騰貴を喜ばずして地価の下落を憂えよ		×

明治17／1884

月	日	題名	備考	
6	4	収税法は整頓したり租税の収入は如何		×
	5	到る処の青山我骨を埋むべし		×
	6	宗教も亦西洋風に従わざるを得ず（七日まで計二回）		○
	9	商標条例		×
	10	外国人旅行規程の制限は厳守せざる可らず／日耳曼風万々歳〔漫〕		×／○
	11	通俗外交論 一（一二日二、一三日三、一四日四、一六日五、一七日六）＊		◎
	18	日本教法の前途如何（二〇日まで計三回）		×
	21	爆裂薬は欧米社会の難問題なり		×
	23	英韓条約は日本人に直接の関係あり		×
	24	朝鮮国人は英韓条約を何と心得るや		×
	25	東京高崎間の鉄道開業式		×
	26	税法の未来を想像して今日を警しむ可し		×
	27	治外法権撤去の直訴		×
	28	法の嫌疑を防ぐべし		×
	30	三菱郵便汽船香港の航路を止む	〔香港 日本人某〕	○
7	1	尚早し既に晩し／富貴功名は親譲りの国に限らず〔漫〕		○／○
	2	中山道鉄道公債証書		×
	3	支那帝国海軍の将来如何（五日まで計三回）		×
	4	泥の海〔漫〕		○

明治17／1884

月	日	題名	備考	
7	7	支那政府の失敗支那人民の幸福		○
	8	公侯伯子男		×
	9	支那の鉄道		×
	10	西洋人と支那人と射利の勝敗如何（一一日まで計二回）／不幸長命にして死せず〔漫〕		○／○
	12	歴史教授の新案		×
	14	清仏両国の葛藤再び起る		×
	15	清仏両国の和戦如何		×
	16	法律のみに依頼して外国人を制す可らず		○
	17	紙幣交換の機正に熟せり		×
	18	米国商家の気風／氏素姓は拙者存ぜず〔漫〕	／お玉杓子〔漫〕	×／○
	19	娼妓の増減は道徳の進退に関せず		×
	21	英国の「ダイナマイト」党		×
	22	鉄道工事捗取らず		×
	23	何を以て地方の人民を富まさん		×
	24	余り長きに過ぐることなかれ		×
	25	仏国の要求		×
	26	華族の資格如何		○
	28	華族の資産如何す可きや		○
	29	郎松事件は清仏葛藤の大団円に非ず		×
	30	兵役遁れしむ可らず＊		○
	31	事の難易を問うに遑あらば		×
8	1	法律法官必ずしも故障の要点ならず		×
	2	小学生徒をして英語を学ばしむべし		×
	4	乗馬飼養令		○

年	月	日	時事・社説・漫言	紙面記名	全集
明治17／1884	8	5	人民一般に世界万国の思想を養うこと緊要なり＊		×
		6	日本に鉄道は無用なり（七日まで計二回）	〔シモンズ〕	×
		8	清仏の談判破裂したり		×
		9	朝鮮に在る日本の利害は決して軽少ならず／雲上人のお行列〔漫〕		○／○
		11	仏国戦を台湾に開く		○
		12	教導職を廃す／華族乗馬の質問〔漫〕	／馬喰　某〔漫〕	×／×
		13	支那外交官の苦心／宗教の熱は二百十二度以下に在るべし〔漫〕		×／○
		14	国力の平均恃むに足らず		×
		15	脈既に上れり		○
		16	条約改正直に兵力に縁なし		○
		18	腐敗正に極まる		×
		19	外交には自から順序手続あるものなり／御近方まで参りたるに付〔漫〕	／重井槍梨〔漫〕	○／○
		20	支那国の運命		×
		21	遂に破裂したり		×
		22	英国は親むべし疎んずべからず	〔英国倫敦　通信者〕	×
		23	和を斥■■〔けて〕戦を取りたり		×
		25	我国の局外中立／火事場の銭儲け〔漫〕		×／○

年	月	日	時事・社説・漫言	紙面記名	全集
明治17／1884	8	26	仏蘭西と支那と戦争の訳柄		×
		27	仏清事件憶測論（一）（二八日二）＊		×
		29	甚だ怪むべし		×
		30	機会空うす可らず		×
	9	1	欲念の程度如何／更に一歩を進む／田舎の因果〔漫〕		×／×／○
		2	局外中立は極めて中正不偏なるを要す		×
		3	攻防の軍略		×
		4	輔車唇歯の古諺恃むに足らず		○
		5	独立防禦の法		×
		6	東洋国		×
		8	清朝の秦檜胡澹庵		○
		9	進むか退くか		×
		10	黒船打払い		×
		11	清廷の忠臣は君命に違う可らず		×
		12	以て人を生かす可く以て人を殺す可し／嘉言善行の儀に付時事新報社へ御相談〔漫〕	／陳糞子〔漫〕	×／○
		13	仏軍の強には敵すべし自国民の愚には敵すべからず		×
		15	夜叉か菩薩か		×
		16	満清政府を滅ぼすものは西洋日新の文明ならん／将門様の御立腹〔漫〕		×／○
		17	攻むる者防ぐ者（一八日まで計二回）／大祭大風〔漫〕		×／○
		19	仏清事件は欧洲の政治論に関係あり		×
		20	宣戦の利と不利		×

明治17／1884

月	日	題名	署名	全集
9	22	三色旗黄竜旗福州の野に戦う／大蔵省証券		×／×
	24	支那を滅ぼして欧洲平なり（二五日まで計二回）		○
	26	仏清孰れが是耶非耶／旨い銭儲け〔漫〕		×／×
	27	支那風擯斥す可し		○
	29	俎上の肉		×
	30	舟山島		×
10	1	虎豹餌食を争う		×
	2	宗旨宣布の方便（三日まで計二回）／気取らっしゃるな〔漫〕		○／○
	4	必ずしも愛親覚羅氏の祀を絶たず		×
	6	沖縄県は指呼の間に在り		×
	7	墓地及埋葬取締規則／これは福州これは台湾〔漫〕		○／×
	8	先ず台湾を占領せざるべからず		×
	9	拷問の説		○
	10	満世界に信を失えり		×
	11	国の名声に関しては些末の事をも捨つべからず		○
	13	人の己れを知らざるを憂う／唐嘉言唐善行〔漫〕	〔英国倫敦 通信員〕／天保山人〔漫〕	×／○
	14	黴毒の蔓延を防止すべし		×
	15	東洋の波蘭（一六日まで計二回）		○
	16	讎敵討〔漫〕	〔外国 友人某〕	×
	18	東隣の大統領		×

明治17／1884

月	日	題名	署名	全集
10	20	外情を知らざるの弊害恐る可し		×
	21	国と政府との区別	〔英国倫敦 通信員〕	×
	22	開国の準備遅々すべからず		×
	23	民間の窮迫憂うべし		×
	24	貧富論 一（二五日二、二七日三、二八日四、二九日五、三〇日六）＊		○
	28	巻煙草は必ずしも乗馬に伴うを要せず〔漫〕		○
	31	商機一刻価千金		×
11	1	耶蘇教国	英国倫敦 某	×
	4	米の直段		○
	5	後進生に望む		○
	6	立憲国の国会	〔英国〕 豊浦生	×
	7	布哇に行かず米国に行け		×
	8	政治は其性質を見て是非を断ず可らず		×
	10	独逸が「キユバ」島を占領して其影響如何		×
	11	日本は東洋国たるべからず（一三日、一四日計三回）	〔英国〕 豊浦生	×
	12	米国大統領の交代、日本貿易の変動		×
	15	善く勉めて善く楽しむは開明の事なり		×
	17	其利を享る者に其費用を均分すべし／大祭日とて新聞の種には差支えず〔漫〕		×／×
	18	淡水亦陥りたり／偽孝行と偽学問		×／○

年	月	日	時事・社説・漫言	紙面記名	全集
明治17／1884	11		〔漫〕		
		19	英国政府の地位	〔英国〕豊浦生	×
		20	英米遊歴者親睦会／横蔵の剛談〔漫〕		×／×
		21	暴動の害を除くには其本を務むべし		×
		22	全国の不景気は人力を以て挽回し得べし		×
		24	日本人種改良（二五日まで計二回）	〔英国〕豊浦生	×
		26	新聞記者は政論の責を負担す		×
		27	二千五百万の金惜むべし		×
		28	古記古物保存す可し用ゆ可らず／責任を負担せざれば気楽なり〔漫〕＊		○／×
		29	伊太利王室の地位	〔英国〕豊浦生	×
	12	1	通俗道徳論　一（二日二、三日三、四日四、五日五、六日六）		○
		6	虫喰節の出殻〔漫〕		○
		8	海軍拡張（九日まで計二回）	〔英国〕豊浦生	×
		10	朝鮮の貿易		×
		11	百事都て西洋風たるを要す／時事新報記者の来世は営業馬車の馬になるべし〔漫〕	／始手　倆作〔漫〕	×／×
		12	埃及国の処分	〔英国〕豊浦生	×
		13	米国の前途如何ん		○
		15	朝鮮事変		○
		16	何は差し置き保護せざるべからず		×
		17	朝鮮国に日本党なし		○

年	月	日	時事・社説・漫言	紙面記名	全集
明治17／1884	12	18	我日本国に不敬損害を加えたる者あり		○
		22	朝鮮革命政府の計画		×
		23	朝鮮事変の処分法		○
		24	支那兵士の事は遁辞を設るに由なし		○
		25	人に敬畏せられざれば国重からず		×
		26	軍費支弁の用意大早計ならず		○
		27	戦争となれば必勝の算あり		○
		29	栄辱の決する所此一挙に在り		×
		30	国民の私に軍費を醵集するの説（三一日まで計二回）＊		○
		31	疫はらいましよ御疫はらいましよ〔漫〕		○
明治18／1885	1	1	過去漫に想う勿れ現在未来こそ大切なれ		○
		2	前途春如海／お宝お宝〔漫〕		○／○
		3	敵国外患を知る者は国亡びず		○
		5	談判は有形の実物を以て結了すること緊要なり		×
		6	和戦共に支那を侮る可らず		×
		7	日本を諛い日本を瞞着す		×
		8	御親征の準備如何		○
		9	国交際に外陪臣あるの筈なし		×
		10	二度の朝鮮事変		×
		12	日本男児は人に倚りて事を為さず		×
		13	吉松某の遭難／朝鮮丈けは片付きたり		×／○
		14	尚未だ万歳を唱るの日に非ず		○

明治18／1885

月	日	題名	備考	
1	15	遣清特派全権大使		○
	16	支那の暴兵は片時も朝鮮の地に留む可らず		×
	20	支那の談判は速ならんことを祈る＊		×
	21	世界の景況		×
	22	兵商不岐		×
	23	京城駐在日支の兵は如何す可きや		×
	24	国民の利害一処に帰着す		○
	26	仏国と同盟の疎密		○
	27	天下の大勢		×
	28	主戦非戦の別		×
	29	非軍備拡張論者今如何／礼儀正しく理屈正し〔漫〕		○／○
	30	外交政治社会の日月		×
	31	官報再読す可し		○
2	2	国権拡張は政府の基礎たり		×
	3	ふうと公使来る／二人三分六厘〔漫〕		×／×
	4	支那との談判		×
	5	求る所は唯国権拡張の一点のみ		○
	6	共和党勝て米国の党閥破れんとす		×
	7	我輩の所望空しからざるを知る		○
	9	日清事件と仏清事件		×
	10	在京城支那兵の撤回		×
	11	正当防禦怠るべからず		×
	12	日本を知らざるの罪なり		×
	13	朝鮮に行く日本公使の人撰		×
	14	未だ安心す可からず		×
	16	朝鮮使節来る		×

明治18／1885

月	日	題名	備考	
2	17	支那談判に付き文明諸国人は必ず我意見を賛成す可し		×
	18	尚お恃むべきものあり		○
	19	我れを恃み又人を恃む		○
	20	英国は永久支那を庇蔭するものに非ず		×
	21	留めんか遣らんか		×
	23	朝鮮独立党の処刑（二六日計二回）		○
	24	遣清大使		×
	25	北京の談判		×
	27	東洋の礼西洋の理	〔英国倫敦〕豊浦生	×
	28	要求の程度は害辱の量に準ず		×
3	2	曲彼れに在り直我れに在り		○
	3	外交事情報道の必要		×
	4	京城の支那兵は如何して引く可きや		×
	5	人心の集点		○
	6	投機商たらざるを得ず		○
	7	条約改正と北京の談判		×
	9	国交際の主義は修身論に異なり		○
	10	日清談判、英国の喜憂		×
	12	五千万円		×
	13	不換紙幣		×
	14	三年に三十里		×
	16	脱亜論		○
	17	仏清事件の奇効		×
	18	支那帝国に禍するものは儒教主義なり		×

年	月	日	時事・社説・漫言	紙面記名	全集
明治18／1885	3	19	朝鮮国		×
		20	亜細亜の東辺今より多事ならん		×
		21	仏国未来の成算果して如何（二三日まで計二回　二二日休刊）		×
		24	朝鮮の近状		×
		25	ぱあくす公使死去せり		×
		26	兵備拡張論の根拠（二七日まで計二回）／節情会（漫）		○／○
		28	富源を深くすべし		×
		30	誰れか英国を東洋に意なしと謂う		×
		31	朝鮮変乱の禍源		×
	4	1	富国策		○
		2	朝鮮国の独立		×
		3	仏国内閣の更迭其影響如何		×
		4	欧州政治上の形勢	F.W.E.	×
		6	仏国内閣の更迭		×
		7	明治十八年四月四日梅里杉田成卿先生の祭典に付演説	福沢諭吉演説	○
		8	仏国の共和政治		×
		9	御発輦近きに在り		×
		10	支那将官の罪		×
		11	朝鮮国の始末も亦心配なる哉		○
		13	英露の挙動、掛念なき能わず		○
		14	英国と魯国		×
		15	仏清の和議、支那の幸不幸		×
		16	二大会社の競争		○
明治18／1885	4	17	日本の海運は如何なる可きや		○
		18	天津の談判落着したり		○
		20	仏旗の三色漸く褪る		×
		21	仏清の媾和は以て仏蘭西を軽重するに足らず		×
		22	天津条約		○
		23	政治上の移住民（二四日まで計二回）		×
		25	日本兵去て在朝鮮日本人の安危如何		○
		27	此不景気を如何せん		×
		28	敬畏せられざるべからず		×
		29	西洋の文明開化は銭に在り		○
		30	英露開戦せば如何		×
	5	1	日本は尚未だ銭の国に非ず		○
		2	日本をして銭の国たらしむるに法あり		○
		4	米国の信義		×
		5	日本人の外国行は其利害如何		×
		6	第三回の仏清紛議		×
		7	不景気の原因		×
		8	電信条例		×
		9	騎兵を養成すべし		×
		11	政治の思想一方に偏す可らず		○
		12	天下の人心を政治の一方に奔らしむる者は封建士族の遺風なり		○
		13	今日の国是は如何（一五日計二回）		×
		14	阿富汗事件の落着		×
		16	日本の税法は農民に偏重ならず		×
		18	秩序紊乱の中に秩序あり／日本の		○／×

明治18／1885

月	日	題名	備考	評価
5		税法		
	19	栄誉なき事業は終に興らず		×
	20	A 我国には男尊女卑の風習あり		×
	21	B 男尊女卑の風習破らざる可らず		×
	22	古学の専門は果して何等の用を為すや		×
	23	支那の版図広大に過ぐるが如し		×
	25	不景気の救治策		×
	26	転地作富の習俗も亦大切なり		×
	27	経済法自然の運行は不景気を救うに足らず（二八日まで計二回）／何故に車夫代は慥に請取申し難きや〔漫〕		×／○
	29	独逸国の着実極まるは如何ん		×
	30	青年志士国を去るの秋		×
6	1	改革と滅亡と択む所を知れ（二日まで計二回）		○
	3	外国貿易上の所知を広くす可し		×
	4	日本婦人論　一（五日二、六日三、八日四、九日五、一〇日六、一一日七、一二日八）＊		◎
	9	貧富貴賤起臥の時刻（竜動新聞抄訳）〔漫〕		×
	13	英国内閣の辞職		×
	15	支那貿易に関係する日本の商民と商船		×
	16	仏清新天津条約		○
	17	不景気救済策（一八日まで計二回）		×

明治18／1885

月	日	題名	備考	評価
6	19	老壮論（二〇日まで計二回）		○
	22	支那の貿易望み無きに非ず（二三日まで計二回）		○
	24	対馬の事を忘る可らず		○
	25	英国の東方政略（二六日まで計二回）／吾は町人の息子なり〔漫〕		×／×
	27	巨文島に関する朝鮮政府の処置		○
	29	宗教不問の大義を忘る可らず		×
	30	九州までの鉄道		×
7	1	商人の智識最も後れたるが如し		×
	2	商人の知識を進むるに道あり		×
	3	日本の水害は果して不治の病なるべきや（六日まで計三回、五日休刊）		○
	7	日本婦人論後編　一（八日二、九日三、一〇日四、一一日五、一三日六、一四日七、一五日八、一六日九、一七日十）＊		◎
	18	日本商工業者の商標		×
	20	或人の直話		×
	21	経世上に宗教の功徳を論じて併せて布教法の意見を述ぶ	福沢諭吉〔演説〕	○
	22	己れを知らざる者は危し		×
	23	日本帝国の海岸防禦法（三〇日まで計七回、二六日休刊）		○
	31	慶応義塾暑中休業に付き演説＊	福沢諭吉演説	○
8	1	立身論（六日まで計五回、二日休刊）	宇宙生	○
	7	利の付く金は遊ばせ置くべからず（八日まで計二回）		×

年	月	日	時事・社説・漫言	紙面記名	全集
明治18／1885	8	10	人間交際の礼		○
		11	国民の外交		○
		12	養蚕の業漸く盛なるに随て蚕病の予防甚だ大切なり		×
		13	朝鮮人民のために其国の滅亡を賀す		○
		14	金融逼迫(二四日計二回)		×
		22	時事新報解停の命を得たり		○
		25	日本国の工芸		×
		26	鉄道の賃銭割引の事	東京日本橋区一商人	×
		27	小銀貨にて紙幣を交換する事		○
		28	地方倹約の状況	東海道人	×
		29	処世の覚悟		×
		31	支那は果して其大版図を保つ能わざるか(九月一日まで計二回)		○
	9	2	内商外商(三日其二、四日其三、八日其四、九日其五)		○
		5	コレラの用心		○
		7	貴顕の地方巡回		×
		10	農工商人たるは志士の恥辱にあらず		×
		11	其挙動を見て其勢力を知る		×
		12	工商社会に栄誉権力を重んず(一四日まで計二回、一三日休刊)		○
		15	新聞広告の利用		×
		16	英語と支那語		○
		17	教法の盛衰は世の不景気に係わる筈なし(一九日計二回)		○
		18	次の三菱会社	東京日本橋南の一商人	×
		21	東京市中の牛乳改良法		×
		22	英吉利法律学校開校式の演説	福沢諭吉演説	○
		23	東京市区改正の事は中止すべからず		×
		24	大院君の帰国		○
		25	拝借論(二六日まで計二回)		○
		28	士人処世論 一(二九日二、三〇日三、一〇月二日四、三日五、五日六)		◎
	10	1	井上角五郎氏再び朝鮮に赴かんとす		×
		6	日本婦人論を読む	〔米国　社友〕	×
		7	公の商店と私の住居とを分離すべし		×
		8	白人遂に此地球を領す可し	〔英国スペクテートル新聞抜粋〕	×
		9	士族の称を廃すべし	S.H.	×
		10	不景気退散の望あり		×
		12	商家商会に生命保険を利用する事		×
		13	コレラ病鎮圧(一四日まで計二回)		×
		15	明治廿三年の亜細亜博覧会(一六日まで計二回)		×
		17	紙幣交換の為めには外債も憚るに足らず(二一日まで計四回、一八日休刊)		○
		22	開国雑居一日も遅疑すべからず	S.H.	×
		23	営業馬車の取締如何		×
		24	士人処世論続 一(二六日二、二七日三、二八日四、二九日五)		◎

明治18／1885	10	30	朝鮮の大院君帰国したり(三一日まで計二回)		○
	11	2	食物の改良	東京神田 駿台山人	×
		3	万国発明品博覧会の日本出品	〔英国倫敦 某〕	×
		4	優勝劣敗恐るるに足らず		×
		5	貧乏人の苦情	東京神田の一貧人	×
		6	西洋料理		×
		7	日本の新聞紙(一〇日まで計三回、八日休刊)		×
		11	混合写真(コンポゥット ポルツレイト)	米国通信	×
		12	交通に内外の別あるを忘るべからず		×
		13	日本今日の外国交通は未だ十分ならず		×
		14	外国交通を盛にするの法如何		×
		16	人力車夫の取締如何		×
		17	封建の時代に取る可きものあり		○
		18	錦衣何ぞ必ずしも故郷に限らん(一九日まで計二回)		○
		20	品行論 一(二一日二、二三日三、二四日四、二五日五、二六日六、二七日七、二八日八、三〇日九、一二月一日十)		◎
	12	2	日本商人は金銀貨の価を知る事肝要なり		×
		3	外債論(八日まで計五回、六日休刊)		○
		9	日本郵船会社の紛紜		○

明治18／1885	12	10	速に二千万円を使用し尽すべし		×
		11	兵備拡張		○
		12	支那人の挙動		×
		14	報酬なければ事挙らず		○
		15	尾州知多郡の酒造改良		○
		16	日本米国間の貿易		×
		17	華族の子弟に望む所あり		×
		18	朝鮮の多事		○
		19	朝鮮の事		○
		21	生糸商会所を設くべし		×
		22	新聞記者の徳義(二三日まで計二回)		×
		24	内閣の組織		○
		25	伊藤伯の政府		○
		26	売薬営業毀損之訴落着		○
		28	各省事務を整理するの綱領(二九日まで計二回)		×
		30	二千万円を使用するに道あり		×
		31	年既に窮し民亦窮す／厄払いましょ御厄払いましょ〔漫〕		×／×
明治19／1886	1	1	明治十九年一月一日		○
		2	東洋豪傑の嘆		×
		4	日本郵船会社の事情如何(五日まで計二回)		○
		6	朝鮮国小なるも日本との関係は小ならず		×
		7	敵は国外に在り		×
		8	日本工商の前途如何(一二日まで計四回、一〇日休刊)		○

年	月	日	時事・社説・漫言	紙面記名	全集
明治19／1886	1	13	商況回復の機あり		×
		14	請う其次を聞かん		×
		15	責任宰相の和解		○
		16	官尊民卑の弊		×
		18	全国の商況を回復するは鉄道を布設するに在り		×
		19	加藤弘之君日本人種改良論の弁を弁ず（二〇日まで計二回）	高橋義雄	×
		21	支那人の英断		×
		22	節倹論（二六日まで計四回、二四日休刊）／加藤弘之君へ質問〔漫〕		○／○
		27	政府の執務時間改正に就き予め一言	代言士S．S．	×
		28	元利金貨仕払い年七分利付公債		×
		29	北海道庁		×
		30	緬甸の亡国を見て新聞紙の効力を知る		×
	2	1	英国保守党内閣の辞職		×
		2	慶応義塾学生諸氏に告ぐ	福沢諭吉〔演説〕	○
		3	日本と米国との貿易		×
		4	支那招商局と日本郵船会社		×
		5	立国の本は国民の富に在り		×
		6	殖産の機転を促がす		×
		8	徴兵遁れの弊風		×
		9	東京市中の防火法（一一日まで計三回）		×
		12	仁心仁聞ありて沢及ばず		×

年	月	日	時事・社説・漫言	紙面記名	全集
明治19／1886	2	13	教育の成功は旦夕に在らず		×
		15	衣食住の改良		×
		16	逓信事務の改良		×
		17	官立公立の学校と徴兵令		×
		18	成学即身実業の説学生諸氏に告ぐ	福沢諭吉〔演説〕	○
		19	条約改正の必要は独り日本人の為めのみに非ず		×
		20	国役は国民平等に負担すべし（二三日まで計三回、二一日休刊）		○
		24	教育の方向如何＊		○
		25	山県伯沖縄県に出張す		×
		26	正理は腕力に敵す可らず		×
		27	帝室の緩和力（三月一日まで計二回、二八日休刊）		×
	3	2	文明を買うには銭を要す		○
		3	小学校の教育法		×
		4	徳行論	福沢諭吉〔演説〕	○
		5	日本国の海軍略如何		×
		6	朝鮮事情（八日まで計二回、七日休刊）		×
		9	外国に行く者は其往くに任す可し		×
		10	人往かざれば船も亦往く可らず		×
		11	米国と支那との紛議		×
		12	日本国の鉄道事業 一（一三日二、一五日三、一六日四、一八日五、一九日六、二二日七、二三日八、二四日九、二六日十、二七日十一、二九日十二、三〇日十三、四		×

明治19／1886

3		月一日十四、二日十五、三日十六、六日十七、七日十八、八日十九、一二日二十、一三日二十一、一四日二十二、一五日二十三）		
	17	学政改良		×
	20	条約改正何故に成らざるや		×
	25	国会開設の準備は蓄財にあり		×
	31	軍気を振う可し		×
4	5	東京改造の規模は大なる可し		×
	9	東京市民の肉食法		×
	10	帰京後各地の士人に謝す	福沢諭吉	○
	16	米国の鉄道競争を利用すべし		×
	17	今の日本の道路は封建制度の遺物なり		○
	19	南京米の受渡（二〇日まで計二回）		×
	21	全国雑居　一（二二日二）		○
	23	人を以て装飾品と為すの風習		×
	24	肉食を盛んにすること易し（二七日まで計三回、二五日休刊）		×
	28	彼れも人なり我れも人なり		×
	29	支那政府の外交政略		×
	30	活眼を開て商機の乗ずべきを見よ		×
5	1	蚕糸改良の説（三日まで計二回、二日休刊）		×
	4	華族世襲財産法		○
	5	太平洋海底電線（六日まで計二回）		○
	7	東京市区改正の方案		×

明治19／1886

5	8	依然たる封建治下の人民なり		×
	10	家屋改良（一一日まで計二回）		×
	12	日本社会の進歩変化		×
	13	今日は無事にあらずして無人なり		○
	14	立身の道は近きに在り		○
	15	鉄道は必要物と為れり		×
	17	民設鉄道論		×
	18	文明社会の仕組は一騎打の功名を許さず（一九日まで計二回）		○
	20	兵士の食物を改良すべし		×
	21	中山道鉄道工事の進むを見て信州人に告ぐ	東京　信濃の一書生	×
	22	居留外国人は帰化す可し		×
	24	旧藩主華族は其旧領地に帰住す可し		○
	25	商人には政事の心掛なかる可らず		×
	26	男女交際論　一（二七日二、二八日三、二九日四、三一日五、六月一日六、二日七、三日八）		◎
6	4	法必ず信		○
	5	旧藩主華族其旧領地に帰住するの利益		○
	7	華族は不景気の最も濃厚なる処に住す可し		×
	8	国の商売は国交際上に利用すべき者に非ず		×
	9	日本人の海外移住		×
	10	日本人の米国に帰化の事		×
	11	婦人の旅行		×

年	月	日	時事・社説・漫言	紙面記名	全集
明治19／1886	6	12	工事受負に就ての術数		×
		14	婦人の財産		×
		15	婦人の職業		×
		16	日本の稲田は封建の遺制なり		×
		17	農利を高燥の地に求むべし		×
		18	コレラ		×
		19	日本条約改正の影響		×
		21	米麦作を断念す可し（二二日まで計二回）＊		○
		23	男女交際余論 一（二四日二、二五日三、二六日四）		○
		28	金利の説（二九日まで計二回）		×
		30	商売社会の勝敗は正に今日に在り		×
	7	1	劇場改良の説（三日まで計三回）		×
		5	鉄道の賃銭如何（六日まで計二回）		×
		7	日本国人将さに宗教の門に入らんとす		×
		8	士人帰商論	高橋義雄	×
		9	中山東海両道鉄道緩急論（一〇日まで計二回）		×
		12	相場所の一新を望む		○
		13	明治十九年七月十日慶応義塾維持社中の集会にて演説	福沢諭吉演説	○
		14	米は損なり（一六日、一七日計三回）		×
		15	海軍公債募集の好結果は商況の不景気を卜するに足る可し		×

年	月	日	時事・社説・漫言	紙面記名	全集
明治19／1886	7	19	蚕糸相場所の設立を望む		×
		20	東海道鉄道		×
		21	蚕糸相場所は製糸の改良を促すに足〔る〕		×
		22	政府は相場所に課税干渉す可らず		×
		23	秘密は何人にも秘密たるべし		×
		24	日本社会の大変化近きに在り		×
		26	新日本国に入るの準備		×
		27	大勢想像の漫画		×
		28	離婚の弊害		○
		29	離婚の原因		○
		30	離婚を防ぐの法は男女の交際に在り		○
		31	去就進退を決すべし		×
	8	2	米価騰貴せざれば国の経済立ち難し		○
		3	米の輸出は農家を利して商売の機を促がすに足る可し		○
		4	日本酒税		×
		5	米の輸出は永久の策にあらず		○
		6	貧人は中央市外に居らしむべし		×
		7	新聞難		×
		9	芝居の維新		×
		10	演劇改良（一一日、一三日計三回）		×
		11	金玉均氏		○
		14	演劇改良論続（一七日まで計三回、一五日休刊）		×
		18	登記法		×
		19	長崎の支那軍艦		×
		20	支那軍艦を如何せん		○

明治19／1886	8	21	薩摩沖縄間の海底電線		×
		23	目下新聞紙の記事論説は如何して可ならん		×
		24	九州への往来便利迅速なるを要す		○
		25	小笠原島の金玉均氏		○
		26	支那艦をして漫に其処を去らしむ可らず		○
		27	支那外交官に一言		×
		28	先んずれば人を制す		×
		30	英雄功名論		○
		31	改良を要するものは演劇のみならず		×
	9	1	支那人の活発なるは文明の利器に由るものなり		×
		2	今後支那帝国の文明は如何なる可きや		×
		3	男女交際会		×
		4	政策二つ進むと退くとのみ		×
		6	条約改正の愉快は無代価にて得らる可きものに非ず		○
		7	条約改正すれば外国交際も亦一面目を改む可し		○
		8	朝鮮の国難は日本の国難なり		×
		9	直に釜山京城間の電線を架設せしむ可し		×
		10	朝鮮の内憂は日清両国の福に非ず		×
		11	養才論（一三日まで計二回、一二日休刊）		×
		14	北海道の出稼ぎは果して最上の利益なるか		×

明治19／1886	9	15	世界甚だ広し独立の士人不平を鳴らす勿れ		○
		16	官資を歎願するよりも外資を利用す可し		×
		17	太平洋電線は小笠原島を経るを要す		×
		18	師範学校の生徒		×
		20	僧侶を小学教員に用る事		×
		21	宮古八重山を如何せん		○
		22	改良劇場の管理		×
		23	旧藩主華族の東京住居を禁ずべし		×
		24	露国の政略		×
		25	外国の商売は不景気を知らず		×
		27	後進の士人は安心の地位を択ぶ可し		○
		28	結婚年齢制限の事は虚なり非なり		×
		29	学問の所得を活用するは何れの地位に於てす可きや		○
		30	今の学者は商売に適するものなり		○
	10	1	素町人の地位取て代わる可し		○
		2	商況回復の望あり		×
		4	命が物種	日本橋区有髯商人	×
		5	軍国の交通		×
		6	朝鮮人の小計略は日本国の患なり		×
		7	英語の流行		×
		8	支那水兵暴行の談判		×
		9	生産業の保護		×
		11	保護を廃す可し		×
		12	保護を仰ぐ可らず		×

年	月	日	時事・社説・漫言	紙面記名	全集
明治19／1886	10	13	支那の貿易(一四日まで計二回)		×
		15	外交の軽重は実利に在て存す		×
		16	養蚕は国権の根本たる可し		×
		18	整理公債		×
		19	支那の交際亦難い哉		×
		20	株式取引所の頭取		×
		21	整理公債の景気は如何		×
		22	整理公債の募集に逢うて金穴の去就如何		×
		23	共同相場会所設立の噂あり		×
		25	相場所の改革は君子の改革たらんことを祈る		×
		26	外交の要は内外両様の信を重んずるに在り		○
		27	天下の人士覚悟はよき乎		×
		28	米国貿易家の進路(二九日まで計二回)		×
		30	愈々市区改正の必要なるを知る		×
	11	1	日本郵船会社の始末を如何せん(二日まで計二回)		○
		3	相場所の陋風は一掃す可し商売社会の安寧は重んぜざる可らず		×
		4	相場所の改革は機密を要す		×
		5	地方税支出の法如何		×
		6	英船ノルマントン号の沈没		×
		8	内外商人の交際		×

年	月	日	時事・社説・漫言	紙面記名	全集
明治19／1886	11	9	法律慣行の改革は独立独断を以てす可し		○
		10	財産保存増殖の安全法		○
		11	今の新聞紙条例		×
		12	東京百万の府民に運動を勧告す	小林梅四郎	×
		13	親睦会の体裁		×
		15	ノルマントン号沈没事件を如何せん		○
		16	ノルマントンの事変をして日英の交際を妨げしむる勿れ		×
		17	ノルマントン号事件の軽重如何		×
		18	ノルマントンの不幸に付き耶蘇宣教師の意見を問う		○
		19	遷都は無用なり		×
		20	国の面目を重んずる人の注目すべきはノルマントン号の外にも其事あり		×
		22	長崎の事変忘る可らず		×
		23	内地雑居の用意(二九日、三〇日計三回)		○
		24	悲憤して濫す可らず		×
		25	ノルマントン難破事件に関し日本国民の挙動は非難すべき所なし		×
		26	第一回整理公債募集の景況を聞て感あり		×
		27	偉なる哉英国人の挙動		×
	12	1	婚姻早晩論(二日まで計二回)		○
		3	学校用教科書／学問の重きに官私の別なし		×／×

明治19／1886

12	4	支那との交際		×
	6	社会時勢の変化すべきを思え		×
	7	日本の官途は栄誉の源にあらず		○
	8	日本の官途は利益の源にあらず(昨日の続)		○
	9	日本と豪洲との貿易	志賀重昂	×
	10	ノルマントン号事件裁判落着		×
	11	官庁公務の取扱を商売風にする事		×
	13	人事のあらん限りは商売もあり		×
	14	民業の発達を促す可し(一五日まで計二回)		×
	16	止むことなくんば鉄道の事を挙げて外人に任す可し		×
	17	皇族と人民との関係		○
	18	東京府会家屋税の決議		×
	20	日本の商売工業をして自然の行路を進ましむべし		×
	21	外国人は資本を日本内地に投ず可し		×
	22	日本人と支那人		×
	23	独逸の東洋政略如何		×
	24	米国の鉄道建築師を雇う可し		×
	25	伊藤内閣の本色未だ世に露われず		×
	27	養蚕製糸の業		×
	28	東京市中防火の一法		×
	29	居家の治に乱を忘るる勿れ		×
	30	商業主義		×
	31	歳末の一言学者後進生に呈す		○

明治20／1887

1	1	明治二十年一月一日		○
	3	年初の一言学者士君子に呈す		○
	4	欧洲戦乱の風説		×
	5	私立学校及び寺院の家屋税		×
	6	朝鮮は日本の藩屏なり		○
	7	外国との戦争必ずしも危事凶事ならず		○
	8	官尊民卑の弊習漸く将さに其跡を蔵めんとす		×
	10	英国商人に一振を望む		×
	11	内地に学校を設立すると外国に移住するを助ると其利不利如何		○
	12	男児須らく独立すべし		×
	13	日本の鉄道は外国の工師に委托すべし		×
	14	国立の事業		×
	15	社会の形勢学者の方向慶応義塾学生に告ぐ(二四日まで計八回、一六日、二三日休刊)	福沢諭吉〔談話〕	○
	25	言論検束の撤去		×
	26	鉄道を布設するに政府を煩わす勿れ		×
	27	国貧にして饑饉の災難に応ずるの法如何		×
	28	大人ぶる勿れ		×
	29	巨文島抛棄の事如何		×
	31	日本国民の資力		×
2	1	私立鉄道は名の如く私立ならしむべし		×

年	月	日	時事・社説・漫言	紙面記名	全集
明治20／1887	2	2	恐る可きは事の行違いにあり		×
		3	長崎事件、支那の外交官に告ぐ		×
		4	理財上に変動の兆あり		×
		5	東京の繁華は浮雲の如し		×
		7	民業次第に衰るを如何せん		×
		8	言う可くして行わる可らざる乎		×
		9	財政の回復到底望む可らず		○
		10	商売社会の約束は単に法律のみに拠る可らず		○
		11	長崎事件平穏に落着す		○
		12	不平等の保護		×
		14	平等の保護		×
		15	新桑田の租税を免すべし		×
		16	社会改良は殖産興業と伴うを要す		×
		17	時是れ黄金		○
		18	漫に驚駭慌惶する勿れ		○
		19	封建士族の尤めに倣う勿れ		×
		21	日本の生糸		×
		22	所得税論の参考(二三日まで計二回)		×
		24	朝鮮国王退位の風説	井上角五郎	×
		25	現行度量衡の改正は目下の急須なり		×
		26	日本商人の品位	〔米国〕福沢一太郎	×
		28	我士民に海外移住を勧告す		×
	3	1	海外移住に適する者甚だ多し		×

年	月	日	時事・社説・漫言	紙面記名	全集
明治20／1887	3	2	株券狂者に一言を呈す		×
		3	相馬家事件に就ての所感		○
		4	北海道大商社の設立		×
		5	半生の学術何の要をか為す		×
		7	愛国の士人漫に人を愛しむ勿れ		×
		8	封建の遺物猶お存するものあり		×
		9	瘋狂者取扱法の改良		○
		10	文明の事物は文明の銭を以て買う可し		×
		11	移住の気風		×
		12	東京府下の繁栄		×
		14	明治二十年度歳計予算		×
		15	東京繁栄の寿命如何		×
		16	工芸商業の学問漸く将さに流行を成さんとす		×
		17	何を以て万里好来の客に酬いん	石河幹明	×
		18	士人処世の道甚だ易し		×
		19	諸外国人に日本来遊を勧むるの広告	高橋義雄	×
		21	各地方の答書に拠て民間の苦楽を記す		×
		22	鉄道の流行		×
		23	内外の交際揖譲して対等の義を忘る可らず		○
		24	ブールスの騒ぎ／所得税法		×／×
		25	社会活劇の趣向は如何	石河幹明	×
		26	女医学校の必用を論ず		×
		28	洋酒は純精ならざるもの多し 第一(二九日第一、四月六日・七日第二)		×

月	日	題名	筆者	
3	30	外国人を待つの身構は如何	高橋義雄	×
	31	商工社会の維新		×
4	1	商家の心得（二日まで計二回）		×
	4	海防費の下賜		○
	5	唯節減あるのみ		○
	8	ブールスの虚実果して如何		×
	9	北海道改正水産税則		×
	11	献金者へ位階を授くるの説		○
	12	献金の本意／海防費に付て一言	／芝　一書生	×／×
	13	移住は我国に利益ありて弊害なし		×
	14	商売難		×
	15	何ぞ其れ遅きや		×
	16	洋学の前途に望む所あり	小野友次郎	×
	18	〔交詢社の特色〕		○
	19	進歩は必ず改良なる乎		×
	20	日本人と西洋人と内外表裏の別（二三日まで計四回）		○
	25	英学を知らざる者は官吏たる可らず		×
	26	私設鉄道発起者諸君に告ぐ		×
	27	我商法会議所に望む所あり		×
	28	ブールス果して行わる可きか		×
	29	ブールス果して行われて旧相場所の処分は如何		×
	30	強兵の手段は陸海直接の固めにのみ限らず		×
5	2	ドクトルシモンズ氏意見訳文（三日まで計二回）		×
	4	明治二十年四月二十三日慶応義塾	福沢諭吉〔演説〕	○

月	日	題名	筆者	
5		演説館にて学生諸氏に告ぐ		
	5	頌徳の祝宴		○
	6	鉄道線路の説		×
	7	教育費の節減は如何		×
	9	小学の教育を僧侶に任する事		×
	10	税源なきにあらず		×
	11	商家の覚悟	森下岩楠	×
	12	養蚕論（一四日まで計三回）		×
	16	取引所条例		×
	17	官有鉄道を人民に売るの説（一八日まで計二回）		○
	19	京浜間の鉄道丈けは速に民有物と為す可し		×
	20	私設鉄道条例		×
	21	九州鉄道会社に質す		×
	23	僧侶西洋語を稽古すべし		×
	24	道路の事を忘る可らず		×
	25	関泳翊氏復た朝鮮に帰り来らんとす		×
	26	九州鉄道を広軌道にするの説		×
	27	流言亦以て道徳城を堅くするに足る可し		○
	28	日本の華族		○
	30	再読を請う		×
	31	移住論（六月二日まで計三回）		×
6	3	西洋の貴族		×
	4	先ず綿小麦の耕作を廃すべし		×
	6	東洋政治家に一言を呈す		×
	7	旧藩主華族の旧封土に帰るは正に		×

年	月	日	時事・社説・漫言	紙面記名	全集
明治20／1887	6		今日にあり		
		8	生糸需用将来の望み（一〇日まで計三回）		×
		11	新会社発起人諸氏に告ぐ		×
		13	政略公示の挙を望む		×
		14	言論自由の挙を祈る		×
		15	外国商売の事は外交政略の外にす可し／白象人魂を返上す〔漫〕		×／○
		16	祭礼の賑いに商家の気転を促す		○
		17	仏国新内閣の運命		×
		18	節倹と奢侈（二一日まで計三回、一九日休刊）		○
		20	蛸会社〔漫〕		○
		22	開墾地鍬下年期の改正		×
		23	十銭紙幣の交換延期／糞車人力車利害を殊にす〔漫〕＊		×／○
		24	条約改正は事宜に由り中止するも遺憾なし		○
	7	1	時事新報解停／人身の接続法〔漫〕＊		×／○
		2	〔地方有志者の問に答う〕		○
		4	実業教育の第一着／麦藁が丁度よかんべい〔漫〕＊		×／○
		5	兌換銀行券		×
		6	新聞屋の懲罰／席順の通用は何処まで〔漫〕＊		○／○
		7	東京市区改正の計画は如何		×

年	月	日	時事・社説・漫言	紙面記名	全集
明治20／1887	7	8	国民の教育／高輪の小便独仏の境界〔漫〕＊		○／○
		9	改良劇場の経営は如何		×
		11	国に新旧の差別あり		×
		12	社会の事業に対する報酬の平均		×
		13	商人旅行の気習／シーレン酒の製造〔漫〕		×／○
		14	教育の経済（一六日まで計三回）		○
		16	子宮病の声は止めにしたい〔漫〕		○
		18	軍政上の改良は先ず其経済法よりす可し		×
		19	鉄道敷設成功後の力役者／英雄の製造法〔漫〕＊		×／○
		20	支那論（二三日まで計四回）		×
		25	人情は変遷を好むものなり／演劇改良比翼舞台の説〔漫〕		×／○
		26	貴人を中央市場外に移すべし		×
		27	仕進者の範囲資格		×
		28	政事家の進退		×
		29	耶蘇教会女学校の教育法（三〇日まで計二回）／演劇改良説漫言子に質す〔漫〕	／野見九一郎〔漫〕	○／×
	8	1	銀行の保護監督		×
		2	何をか文明と云う／経済の新主義〔漫〕	〔シモンズ原文〕伊吹雷太訳／	×／○
		3	洋行学者の注意		×
		4	条約改正会議延期＊		○
		5	日本の蚕糸家は支那の競争を忘る		○／○

明治20／1887

月	日	題名	筆者等	判定
8		べからず／衛生論〔漫〕＊		
	6	条約改正の談判は取消しにあらず		×
	8	土地相応の事業に従事す可し		×
	9	行政警察の注意		×
	10	都人士と地方人士		×
	11	封建歴史の編纂		×
	12	版権の保護		×
	13	在野の政事家も宜しく其主義を公けにすべし		×
	15	政略（一七日まで計三回）＊		○
	16	衛生論の秘伝漫言子に告ぐ〔漫〕＊	妻利溺内〔漫〕	○
	18	節倹論（二〇日、二二日計三回）		○
	19	日蝕／日蝕の思付〔漫〕		×／○
	20	日蝕に懲りごり〔漫〕		○
	23	資本なきに非ず技師なきなり		×
	24	鉄道営業の利潤は其起工を注意するに在り／横浜メール記者の注意を祈る		×／×
	25	教育を政治の外に置くべし（二六日まで計二回）／蜜蜂心あるに似たり〔漫〕		×／○
	27	支那の新立銀行は日支の貿易に関係あり		×
	29	社会上の問題にも売薬主義を廃す可し＊		×
	30	洋字にて日本新聞紙を発行すべし／無暗から無暗〔漫〕		○／○
	31	埃及事件と東欧事件との関係		×

明治20／1887

月	日	題名	筆者等	判定
9	1	欧亜鉄道計画の三大線路（二日まで計二回）／鉄道の運賃我れは人なり〔漫〕	／南瓜山人〔漫〕	×／○
	3	日本社会論（五日まで計二回、四日休刊）	シモンズ原文 伊吹雷太訳	×
	5	温泉場の経済〔漫〕		○
	6	欧洲列国の大勢（一六日まで計一〇回、一一日休刊）	渡辺 治〔抄訳〕〈チャールス ヂルク氏著作〉	×
	7	横浜メール新聞を読む		×
	17	政変は猶お驟雨の如し		×
	19	内閣員の更迭		○
	20	日本蚕糸業論（二二日まで計三回）		×
	21	官熱往来〔漫〕		○
	23	山師必ずしも山師にあらず		×
	24	支那朝鮮の外国交際		×
	26	人民の豪奢は寧ろ之を勧む可し		○
	27	府県治は人民の快楽に干渉す可らず		○
	28	民間の文明をして却歩せしむる勿れ		○
	29	露国大に商売上の与国たる可し		×
	30	日本支那の貿易／お構い下さるな〔漫〕＊	／慶応義塾一書生〔漫〕	×／○
10	1	北海道の開拓手段		×
	3	地方の盛事を如何せん		×
	4	開拓の功を急ぐ可らず		×
	5	欧洲駐箚の公使並に公使館		×
	6	私権論（八日、一〇日、一一日、一二日計五回）／売居の広告〔漫〕		○／○

年	月	日	時事・社説・漫言	紙面記名	全集
明治20／1887	10	7	総理大臣の訓示を読む		×
		10	横浜メール新聞紙を読む		×
		13	節倹の主義民間に及ぶ可らず		×
		14	有形の進歩を遮る可らず		×
		15	共進会品評会の目的手段		×
		17	二十三年の博覧会		×
		18	法官の正廉を維持するの説（一九日まで計二回）		×
		20	廃府県の説行われ難きに非ず		×
		21	外国士人の直言を望む		×
		22	大名華族は各旧藩地に帰住すべし		×
		24	廃府県後の成跡亦憂うるに足らず		×
		25	国会開設の準備		×
		26	異地変形の説		×
		27	公共墓地の制を廃して之を寺院に托すべし		○
		28	御用商人		○
		29	老壮交代論（一一月一日まで計三回、三〇日休刊）		×
	11	2	生糸製法の改良を望む		×
		3	芝居論		○
		4	華族子弟の教育法		×
		5	朝令暮改咎む可らず／東洋問題		×／×
		7	勅令第五十六号／ブランデーと糞臭〔漫〕		×／○
		8	奢侈の趣を一変すべし		×

年	月	日	時事・社説・漫言	紙面記名	全集
明治20／1887	11	9	華族は其子弟を普通の学校に入らしむ可し		×
		10	郡区長撰任の事		×
		11	府県会の地位		×
		12	新養蚕地の資本家に望む		×
		14	英国東洋の航路（一五日まで計二回）	渡辺生	×
		16	商業教育の法如何		×
		17	米商会所一変して株式取引所に至る可し		×
		18	人心新奇を悦ぶ		×
		19	露国東洋政略の近状（二〇日まで計二回）	〔社有某談話〕	×
		22	ヴンクーヴー汽船航路と日本との関係（二三日まで計二回）	志賀重昂	×
		24	米国よりの輸入を促す可し		×
		25	大坂の繁昌を謀る		×
		26	倫敦タイムスの英国東洋航路論		×
		27	読ヂヤパン メール新聞＊		○
		28	日本鉄道会社の工事		×
		29	中学の独立（三〇日まで計二回）		×
	12	1	大坂川口の入津料は都下の繁昌と両立す可らず		×
		2	鉄道工事の緩慢なる理由は如何ん（三日まで計二回）		×
		4	読横浜ジャツパンメール		×
		5	経済小言（六日、八日、九日計四回）		○
		7	仏国大統領の変更		×
		10	西洋の風を模するには取捨する所	英国　高橋達	×

年	月	日	題名	署名等	評価
明治20／1887	12		あるを要す(一二日まで計三回)		
		13	読ジヤッパンメール新聞		×
		14	僧侶は蚕業の奨励者たるべし		×
		15	読ジヤパン メール新聞		×
		16	機会空うす可らず(一九日まで計三回、一八日掲載なし)		×
		20	時是れ黄金		×
		21	登記法		×
		22	僧侶の余業に医を兼るの説		×
		23	東京市中の防火組織		×
		24	米国商話	〔森下岩楠演説〕	×
		25	読ジヤパンメール		×
		26	官民調和論		○
		27	十州塩田組合紛紜の落着		×
		28	太平洋海底電線工事(二九日、三一日計三回)		×
		30	今後を如何せん		○
明治21／1888	1	1	明治二十一年一月一日の寿		○
		3	改正新聞紙条例(四日まで計二回)		×
		5	施政邇言(九日まで計四回、八日掲載なし)		○
		10	支那近状		×
		11	時事新報に謝す	東京 神田生	×
		12	事の簡易を祈る		×
		13	日本男子論(二四日まで計一〇回、一五日・二一日掲載なし)		◎
		25	米国の政治社会(二六日まで計二回)		×
		27	米価論(三一日まで計四回、三〇日		×

年	月	日	題名	署名等	評価
明治21／1888	1		掲載なし)		
	2	1	支那に関する西洋人の意見(三日まで計二回、二日掲載なし)	シモンズ原文 伊吹雷太翻訳	×
		2	外務大臣更迭		○
		4	鉄道乗車切手の改良を望む(六日まで計二回、五日掲載なし)	横浜本町 一商人	×
		7	外国貿易		×
		8	法律復古の色あり	シモンズ原文 小野友次郎翻訳	×
		9	徳教の主義は各その独立に任す可し		○
		10	徳風の衰えたるは一時の変相たるに過ぎず		○
		11	徳教の要は其実施に在り		○
		13	徳風を正に帰せしむるの法は其実例を示すに在り		○
		14	蚕業に対する豪農小農の進退(一五日まで計二回)		×
		16	地方官諮問会(一七日まで計二回)		×
		18	大坂の商売を進むるは旧物破壊の手段に在り(二〇日まで計二回、一九日掲載なし)	〔渡辺治〕	×
		21	未決囚の処分		×
		22	欧洲列国の形勢タイムス及エコノミストの議論		×
		23	私徳固くして楽事多し		○
		24	東京米商会所＊		○
		25	紡績所の糸を如何せん＊		○
		27	繁文を省くの説		×

年	月	日	時事・社説・漫言	紙面記名	全集
明治21／1888	2	28	製造品の輸出		×
		29	欧米職工の生活如何(三月一日まで計二回)	〔米国人メリウイザー〕	×
	3	2	文明の利器に私なきや(五日まで計三回、四日掲載なし)		○
		6	外国行の日本学生	シモンズ原文〔翻訳〕	×
		7	地方制度の改正		×
		8	米国の鉄道家に望む		×
		9	生命保全会社創立	小林梅四郎	×
		10	東京明渡の結果如何／パナマ運河／欧洲戦争の説	シモンズ原文〔翻訳〕／シモンズ原文〔翻訳〕／シモンズ原文〔翻訳〕	×／×／×
		11	独逸老帝崩御		×
		12	明治二十年中民事訴訟の一般を評す／欧洲治安策〔漫〕＊	／陀女団兵衛〔漫〕	×／○
		13	無用の人を如何にすべきや(一五日まで計三回)		×
		16	会社創立の発起人		×
		17	慶応義塾学生に告ぐ	福沢諭吉〔演説〕	○
		19	英米両国間の平和条約		×
		20	明治二十一年度予算		×
		21	欧洲の不景気は文明の利器の反働なりと云う(二二日まで計二回)		×

年	月	日	時事・社説・漫言	紙面記名	全集
明治21／1888	3	23	米国の養蚕業奨励法		×
		24	職工の賃銀と教育との関係	〔米国新聞紙訳文〕	×
		25	志士を処するの法		○
		26	官立公立学校の利害		○
		28	教育組織の改革を祈る		○
		29	官辺をして羨望の目的たらしむる勿れ		×
		30	兵役税の実行を望む		×
	4	1	登記法の廃止を望む		×
		2	名を好むの熱欲を節す可し		×
		3	真成の政治思想を養成すべし		×
		4	官吏と財産の関係		×
		5	欧洲国際の関係(六日、七日、一一日、一三日、一四日、一六日、一七日、一八日計九回)		×
		6	東京日々新聞に答う		×
		8	仏蘭西商人の言借用す可し		×
		10	大名華族帰住の必要		×
		12	過度の教育	シモンズ原文翻訳	×
		19	文明国の新聞紙配達法		×
		20	国会の準備(二一日まで計二回)		○
		23	日本の美術及び衣服(二五日まで計三回)	シモンズ原文翻訳	×
		26	日本の工商業家に告ぐ(二七日まで計二回)	英国　高橋達	×
		28	営業者の利害を忘る可らず		×
		30	女子教育の気風(五月四日計二回)		×
	5	1	内閣総理大臣の更迭＊		○

明治21／1888

月	日	題名	備考	
5	2	内閣と枢密院と		○
	3	枢密院の功用＊		○
	5	新聞紙取締法		×
	7	後進生に望む		○
	8	教育の経済（一〇日計二回）	シモンズ原文翻訳	×
	9	何を以て独逸を学ぶや		×
	11	日本人民の政治思想（一二日まで計二回）		×
	14	土地売買の気勢（一五日まで計二回）		×
	16	教科書の検定		×
	17	博士会議		○
	18	政府の占有権		×
	19	支那の鉄道と日本の鉄道		×
	21	日本国民は土地保護の大義を忘るべからず		×
	22	国会議員は無給たるべし		×
	23	国会は万能の府にあらず		×
	24	公共の教育（二六日まで計三回）		○
	28	耶蘇教を入るるか仏法を改良するか	〔福沢一太郎原文翻訳〕	×
	29	肥料論		×
	30	病人の用に供するソップの製方	シモンズ原文翻訳	×
	31	仏国共和政治の運命（六月二日まで計三回）		×
6	4	新開地の免税期限		×
	5	六月二日府下三田慶応義塾演説 慶応義塾学生に告ぐ＊	福沢諭吉演説	○

明治21／1888

月	日	題名	備考	
6	6	英国の政党事情（八日まで計三回）		×
	9	演劇演芸の改良		○
	11	独立の精神		×
	12	医説＊		○
	13	今の経済社会の有様は変態にあらざるか		×
	14	人生の快楽何れの辺に在りや		×
	15	日米貿易の不平均		×
	16	今の米国は尚未だ近からず		×
	17	鋳掛久平地獄極楽廻り〔漫〕	散憂亭変調 口演〔漫〕	○
	18	独逸皇帝の崩御		×
	19	日本米国間の航路		○
	20	日米貿易前途の望み		○
	21	宗教の要		×
	22	法令を改むるに勇なり		×
	23	大工事の起るや時節あり		○
	25	土地の説（二六日まで計二回）	シモンズ原文翻訳	×
	27	郵便法の改革に由て生ずる収入は見るに足らず		×
	28	日本鉄道論（二九日、七月一日、二日、三日、六日、七日、九日計八回）	〔社友 某〕	×
7	4	七月四日＊		○
	5	日本婦人の真似洋服	シモンズ原文訳	×
	10	結局を如何す可きや		×
	11	徳育の説		×
	12	政費の増加		×
	13	治者被治者（一四日、一六日計三回）	ボーストン 某生	×

年	月	日	時事・社説・漫言	紙面記名	全集
明治21／1888	7	15	賽日に付府下衛生の為めに一言す		×
		17	米国商売	森下岩楠	×
		18	法は以て民福を造るに足らず	ボーストン　某生	×
		19	金利の説（二〇日まで計二回）		○
		21	美術と宗教		○
		22	磐梯山罹災の救恤		×
		23	凶荒の用意如何（二四日まで計二回）		×
		25	上海事変		×
		26	井上伯の入閣		○
		27	米国大統領の候補定まる	ボーストン　某生	×
		28	世界は広し交通は速なり	ボーストン　某生	×
		30	米国雑説　一（三一日二、八月一日三、二日四、四日五、六日六、七日七、八日八）	英国倫敦　高橋義雄	×
	8	3	兌換銀行券条例改正		×
		9	露国の西比利亜政策		×
		10	繁文の弊		×
		11	官報第千五百三十四号を読む		×
		13	ブーランジエー論（一六日まで計四回）	倫敦　霞岳生	×
		17	政権と貴族（一八日、二一日、二二日、二三日、二四日計六回）		×
		19	炭坑視察*		×
明治21／1888	8	20	東京市区改正委員会		×
		25	支那人拒絶	ボーストン　某生	×
		27	征討費の利子		×
		28	人品論（二九日まで計二回）	ボーストン　某生	×
		30	農商務省		×
		31	条約改正敢て求めず（九月三日まで計三回、二日掲載なし）		○
	9	4	米国政党の内情		×
		5	民育の事（六日まで計二回）	倫敦某	×
		7	建碑の事		×
		8	侮る可からず		×
		10	政略一変せざれば政費を省く可からず		×
		11	開墾地の鍬下年期		×
		12	製造権の疑問		×
		13	帰朝記事（一七日まで計四回、一六日掲載なし）	福沢一太郎氏原文翻訳	×
		18	太平洋の軍港割拠		×
		19	商売人の十露盤		×
		20	英仏独三国の太平洋占略（二一日まで計二回）		×
		22	行政処分		×
		24	国交際は人民の交際なり		×
		25	外国人民は日本人民の親友なり		×
		26	尊王論（二七日、二八日、二九日、一〇月一日、二日、三日、四日、六日		◎

明治21／1888

月	日	題名	筆者	記号
9		計九回）		
10	2	ヘラルド新聞の条約改正論		×
	5	相場所営業の延期＊		○
	8	外に交るには内に省る所ある可し		×
	9	芝居改良の説（一〇日、一三日、一五日計四回）		○
	12	市街撤水の施行方法条項の追加／又もヘラルドの条約改正論		×／×
	16	政事を以て私に殉する勿れ	石河幹明	×
	17	式の流行	菊池武徳	×
	18	地方官の交際	菊池武徳	×
	19	文学の隆盛は経世の為に祝すべきや否や		×
	20	国会は討論会に非ず		×
	22	欧洲に於ける君権民権の運動（二四日まで計三回）		×
	25	警察の方針		×
	26	多数崇拝論	菊池武徳	×
	27	内閣責任の有無如何		○
	29	欧人遂に日本に向て行遊列車を発するの日あるべし		×
	30	宗教不問（三一日まで計二回）		×
11	1	憲法将さに発せんとして集会条例は如何		×
	2	官吏の演説		×
	3	新法令は必ずしも新利を興さず		×
	5	軍器を米国に需むべし		×
	6	国会奇談（七日、八日、一一日計四回）	筑陽生	×

明治21／1888

月	日	題名	筆者	記号
11	8	クレヴランド勝たんか〔漫〕		×
	9	ハリソン氏の政策（一〇日まで計二回）		×
	13	政府に於て国会の準備は如何（一四日、一六日計三回）		○
	15	米商会所税率の改正		×
	17	官庁下馬下乗の制限		○
	19	責任内閣望なきに非ず（二〇日まで計二回）	傲霜生	×
	21	国会の準備（二二日まで計二回）	英国倫敦　高橋義雄	×
	23	在外公館の数		×
	24	米国鉄道の実用		×
	26	山県伯の欧洲行		×
	27	サイベリヤ鉄道は一種の運河鉄道なり		×
	28	政談		○
	29	現政府の地位		○
	30	内閣更迭の先例		○
12	1	立国の脊骨		○
	3	二様の平安策（四日まで計二回）		○
	5	秘密主義	石河幹明	×
	6	我日本は海国なり（八日まで計三回）	ボーストン　某生	×
	10	教育過度		×
	11	人民の外交		×
	12	政談の品格		×
	13	商売の広告法		×
	14	東洋問題（二〇日まで計六回、一六		×

年	月	日	時事・社説・漫言	紙面記名	全集
明治21／1888	12		日掲載なし）		
		17	取締規則〔漫〕		×
		21	各庁経費の取調		×
		22	公立中学校の廃止		×
		24	日本銀行の株券騰貴		×
		25	民間政党の覚悟		×
		26	学校論		
		27	眼中兵なし		×
		28	風俗改良		×
		29	明治十六年度歳計決算		×
		30	政府の人材を如何せん		×
		31	明治二十一年十二月三十一日		○
明治22／1889	1	1	明治二十二年一月一日		○
		2	政談一時間の始末		×
		3	大人拝崇は已むの日ある可し		×
		4	権力平均は消極的たるべし／長寿の法		×／×
		5	心の保養	福沢一太郎 立案	×
		7	朝鮮の独立（一〇日まで計四回）		×
		9	輸出品の免税		×
		11	国会の安産を祈る		×
		12	雇仏人帰国の風説		×
		13	独逸新帝	倫敦エコノミスト抄訳	×
		14	酒茶煙草咖啡の功能（一七日まで計四回）	石河幹明訳〔米国シーヤレ論説〕	×
明治22／1889	1	18	巴奈馬運河会社	岩本述太郎	×
		19	銅買占組合の運命如何		×
		21	宗教家の運動		×
		22	東京府高等女学校		×
		23	徴兵令		×
		24	金銭政府		×
		25	貧民の保険貯蓄（二六日、二八日計三回）		×
		27	相撲の所感／天下何れの処か小錦なからんや〔漫〕		×／○
		29	強硬主義の外交		×
		30	徳教は目より入りて耳より入らず		○
		31	一国の徳風は一身より起る		○
	2	1	土地建物処分規則		×
		2	官吏の政談		×
		4	忠孝論	ボーストン 某生	×
		5	立君政統論	ボーストン 某生	×
		6	内閣更迭の慣例		○
		7	官吏政談の始末如何		×
		8	官吏政談の監督		×
		9	保安条例の廃止		○
		10	繁文省略		×
		11	憲法の発布／憲法発布うわさの区々〔漫〕	／古河の若隠居〔漫〕	×／○
		12	日本国会縁起（一三日、一四日、一五日、一八日、一九日、二〇日、二一日、二二日計九回）／森大臣の負傷		○／×

明治22／1889

2	16	森文部大臣の死去		○
	23	政党論	ボーストン　某生	×
	25	伊藤伯の演説		○
	26	リヴァプールの歳暮（二七日まで計二回）	〔リヴァプール　高橋義雄〕	×
	28	文部大臣の後任		○
3	1	ドクトルセメンズを弔す	福沢諭吉〔演説〕	○
	2	世に無形究理の議論多し		○
	4	幸福の説		×
	5	警察の本色		×
	6	貧富智愚の説（七日まで計二回）		○
	8	教育の犠牲（一三日まで計五回　一〇日掲載なし）	〔シモンズ、F・マキス・ムーレル、エドワード・A・フリーマン、フレデリッグ・ハリソン原文翻訳〕	×
	14	真宗の説教		○
	15	政党以外の内閣		○
	16	政治上には唯主義あるのみ		○
	18	政治の進歩は徐々にす可し急にす可らず		○
	19	政治社会の門閥は今尚お存す		○
	20	旧藩政と英政と		○
	21	官吏登庸規則		×
	22	支那人の来住は条約改正の故障と為らず		×
	23	後藤伯の入閣		○

明治22／1889

3	25	狂言筋書		×
	26	露国政府は果して与り知らざるか		×
	27	時機空うす可らず		×
	28	実業社会（二九日まで計二回）		×
	30	市川団十郎		○
4	1	官吏の議員		×
	2	政党と藩閥		×
	3	国会議員の年齢		×
	4	分財の議論今より講ず可し		○
	5	貴族院		×
	6	読メール新聞		○
	8	保安条例		○
	9	官民の交際		×
	10	法律は掛念するに足らず又恃むに足らず		×
	11	議員の候補者		×
	12	孰れか腐敗に近きや		×
	13	大臣の勲等		×
	15	観花		×
	16	華族と士族		○
	17	政治壇上には利を説く可らず／読メール新聞		×／×
	18	地主党の団結必要なる可し		×
	19	僧侶小学校の教師たらんとす		×
	20	外国政府は思うて他日の計に至らざるか		×
	22	慶応義塾学生に告ぐ（二三日まで計二回）	福沢諭吉演説	○

年	月	日	時事・社説・漫言	紙面記名	全集
明治22／1889	4	24	明治廿二年四月廿一日交詢社大会に於て演説	福沢諭吉演説	○
		25	読メール新聞		×
		26	国会準備の実手段（五月六日まで計九回、四月二八日、五月五日掲載なし）		○
		27	喜多内争談〔漫〕		○
	5	1	読メール新聞		×
		7	一昨五日植半楼に開きし慶応義塾旧友会の席上に於ける福沢先生演説の筆記	福沢諭吉演説	○
		8	大学の独立		×
		9	仏蘭西人　一（一〇日二、一三日三）	英国倫敦　高橋義雄	×
		11	宗旨雑話	〔福沢諭吉雑話〕	○
		14	疑心と惑溺と		○
		15	官邸廃す可し		×
		16	政治上に徳義の声を高からしむ可し		×
		17	板垣伯と相原氏		×
		18	日米の新条約将に成らんとす		×
		19	華族の教育		○
		21	家庭の遊戯		○
		22	巴奈馬地峡開鑿工事の中止を憾む		×
		23	日本国の功労		○
		24	愛嬌が大切なり	衣手生	×
		25	華族に告ぐ		○

年	月	日	時事・社説・漫言	紙面記名	全集
明治22／1889	5	27	関口隆吉氏の遺書		○
		28	官設鉄道売払の風説		×
		29	公園地		×
		30	西洋の万国博覧会（三一日まで計二回）	英国倫敦　高橋義雄	×
	6	1	日本の万国博覧会（三日計二回）	英国倫敦　高橋義雄	×
		2	八岐の大蛇〔漫〕		○
		4	来年の内国博覧会（五日まで計二回）	英国倫敦　高橋義雄	×
		6	法律の二要目／大名華族に限る〔漫〕	／石部金太夫〔漫〕	×／×
		7	鉄道会議開くべし		×
		8	師範学校の紛紜／掘る者あれば埋る者あり〔漫〕		×／○
		9	何か別に意味ある可し〔漫〕		×
		10	集会条例第八条		×
		11	弊極りて弊生ず		×
		12	二十年来教育の結果如何（一三日まで計二回）		○
		14	政治上の徳義と一身上の徳義		×
		15	智と情と		○
		17	条約改正内地雑居の準備		×
		18	児嶋湾の新開		×
		19	日本新聞事業の発達／田分の字解〔漫〕	〔高橋義雄英語演説翻訳〕／	×／○
		20	僧侶の任務（二一日計二回）		×
		21	電話機の架設を急く		×

明治22／1889

月	日	題名	筆者	印
6	24	福沢先生名誉職市参事会員辞職の始末		○
	25	馬子にも衣装		×
	26	官尊民卑売言葉に買言葉		○
	27	僧医の説		×
	28	流行の圧制		×
	29	僧医論重ねて大沢氏に答う		×
7	1	速成医の説		○
	2	養蚕家の注意（三日まで計二回）		×
	4	北海道開墾地の免租		×
	5	寺門をして其本色に還らしむ可し（六日まで計二回）		○
	6	文覚上人〔漫〕		○
	7	探偵論		×
	8	華族の財産／厚勝薄敗の時代〔漫〕		×／○
	9	漫に大望を抱く勿れ		○
	10	富豪維持の説（一五日まで計五回、一四日掲載なし）		○
	16	貸下金の始末は如何		×
	17	条約改正、法典編纂（一八日まで計二回）		○
	19	内閣議長		×
	20	大資本家の要用／汽車の魚類運賃		×／×
	22	墨西哥条約		×
	23	法典編纂の不容易		×
	24	賄賂事件の公判		×
	25	法典編纂の時機		○
	26	北海道鉄道		×

明治22／1889

月	日	題名	筆者	印
7	27	功臣の離合		○
	29	賄賂事件の連累者		×
	30	警察と政党		×
	31	貯蓄の事忽にす可らず		×
8	1	法律の文字		○
	2	条約改正の形勢		○
	3	高等教育／帝国大学の独立		×／×
	5	文明教育論		○
	6	土地収用法		×
	7	特別輸出港規則		×
	8	条約改正の困難		○
	9	条約改正の困難は公論の裏面に在り（一〇日まで計二回）		○
	12	郵便条例の改正		×
	13	今の世論の喧しきを察して将来に注意す可し		×
	14	流行病の予防法		×
	15	退て利を空うする勿れ		×
	16	技師及び技手		×
	17	西尊東卑（二二日まで計五回、一八日掲載なし）	高橋義雄	×
	23	東京三百年祭会／坊主の賭は如何〔漫〕	／重城呵郎〔漫〕	○／○
	24	条約改正に対して英国の意向如何		○
	26	腕力沙汰		×
	27	墺に与せんか露に与せんか		×
	28	諸君何を以てか升平に答えん		×
	29	地価の低減		×

年	月	日	時事・社説・漫言	紙面記名	全集
明治22／1889	8	30	法典発布の利害(三一日まで計二回)		○
	9	2	北海道開拓		×
		3	北海道鉄道		×
		4	北海道移住		×
		5	北海道開放		○
		6	読横浜メール新聞		×
		7	水害を論じて山林に及ぶ(九日まで計二回、八日掲載なし)		×
		10	横浜正金銀行に所望あり		○
		11	実業家の利害は如何		○
		12	実業の利害最も大切なり		×
		13	社稷の臣		○
		14	書状郵税		×
		16	欧洲活劇幕漸く開かんとす		×
		17	国会平和の用心怠る可らず		○
		18	今より早く官吏を減ずべし		×
		19	工業社会の名誉		×
		20	鉱業投機の成行	〔英国倫敦経済雑誌抄訳〕	×
		21	鉄道の利用を吝む勿れ		×
		23	偏する勿れ		×
		24	私行を責むる如何にして可ならん		○
		25	擬国会討議会		×
		26	功名手柄を明にす可らず		○
		27	華族の運動		×
		28	英国学風(一〇月二日計二回)		×

年	月	日	時事・社説・漫言	紙面記名	全集
明治22／1889	9	30	鉄道業に対する政府の機宜		×
	10	1	郵便条例改正の実施		×
		3	山県伯の帰朝		○
		4	信用の虐用		×
		5	官吏の国会議員		×
		7	人種論(一一日まで計五回)	〔仏人グワスタヴァ・ルボン原文翻訳〕	×
		12	日秘鉱山会社		○
		14	日本商工家諸氏に告ぐ(一五日、一六日、一八日、一九日計五回)		×
		16	外交の進歩		×
		17	内閣の方向		×
		19	大隈外務大臣の遭難		×
		20	悪習慣を作る勿れ		×
		21	大隈伯の一身		○
		22	大隈伯の凶変、外国人の感情		×
		23	伊藤伯の辞職		○
		24	政党の機関新聞		×
		25	政海の事情		○
		26	内閣員の辞表に就き		×
		27	三条総理大臣		×
		28	旧内閣の辞職新内閣の組織		×
		29	責任内閣の端緒／内閣辞職の落着		×／×
		30	米国政府の富困		×
		31	社会の風景を殺了する勿れ		×
	11	1	伊藤伯の転任		×
		2	新内閣の方向		○

年	月	日	題名	筆者	区分
明治22／1889	11	3	本日の大典		×
		5	重きを北海道に置くべし(六日まで計二回)		×
		7	社会の交際に流の清濁を分つ可し		×
		8	元勲優遇		○
		9	藩閥政府(一一日まで計二回、一〇日掲載なし)		×
		12	議会並に議員の保護		×
		13	天下太平、策なきにあらず		○
		14	鍬下年期		×
		15	皇族と政治		○
		16	日本社会尚お若し		○
		18	自ら任ずる者は亦自ら省る可し		×
		19	十津川郷士民の移住		×
		20	衛生の進歩		×
		21	人情の変化		×
		22	政府部内の事情		×
		23	政府部内の秩序		×
		25	社会の風儀		×
		26	情実の病根除く可し(二八日まで計三回)		○
		30	横浜の運命		×
	12	2	条約改正始末(七日まで計六回)		○
		9	官辺の交際法		○
		10	井上伯の地位に就て		×
		11	被害地の窮民		×
		12	功臣崇拝(一三日まで計二回)		○
		14	収税法		×

年	月	日	題名	筆者	区分
明治22／1889	12	16	国帽の説		×
		17	自治は政治上に限る可らず		×
		18	工業家油断す可らず		×
		19	帝室の位地(二〇日まで計二回)		×
		21	汽車乗客の便利を謀る可し		×
		23	将来の新華族		×
		24	商工社会に藩閥を作る可らず		×
		25	窮民の活路／クリスマス	／福沢一太郎	×／×
		26	内閣の変動		×
		27	国税滞納処分法		×
		28	内務大臣の訓令		×
		30	警察法		×
		31	明治二十二年大晦日		○
明治23／1890	1	1	明治二十三年一月一日／礼者へ御馳走〔漫〕		○／○
		2	運の説		○
		3	華族の財産		×
		4	壮士の前途		×
		6	度量衡条例		×
		7	帝国議会(八日まで計二回)		○
		9	除隊の兵士		×
		10	政治社会を如何せん(一一日まで計二回)		○
					12
		13	〔実業商売と学問〕		○
		14	汽車は速なるを貴ぶ		×
		15	国会内閣		×
		16	鉄道財産(一八日、二〇日計三回)		○
		17	各大臣の上奏		×

年	月	日	時事・社説・漫言	紙面記名	全集
明治23／1890	1	21	北海道の離宮		○
		22	相場所の所望		○
		23	胸中の余地		×
		24	志士且つ切迫する事を休めよ＊／違約の徳義〔漫〕		×／○
		25	政府且つ切迫することを休めよ＊		×
		26	新島襄氏の卒去		○
		27	利談		×
		28	国家事業		×
		29	学理と実業と密着するの機会あり		×
		30	〔学問に凝る勿れ〕		○
		31	東京府下第百十九国立銀行		×
	2	1	外資吸収を謀る可し（三日まで計二回、二日掲載なし）		×
		4	外資漸く東来せんとす		×
		5	東洋商業上の軽重		×
		6	富籤法の利用（七日まで計二回）＊		○
		8	内国に大資本を要す		×
		10	備荒儲蓄法の改正		×
		11	憲法一週年期		○
		12	朝鮮の防穀事件		×
		13	国会に対する自から方ある可し		×
		14	裁判所構成法（一六日まで計三回）		×
		17	商機眼前に在り／読東京日々新聞 〔漫〕	／片留仁雄鶴 〔漫〕	×／○
		18	公私交際の区別		×

年	月	日	時事・社説・漫言	紙面記名	全集
明治23／1890	2	19	皇居拝観		×
		20	パーネル氏に係る離婚の訴訟に就て		×
		21	貧富不平均を咎むる勿れ		×
		22	富者ますます富むは今日に在り／〔体育のすすめ〕	／〔エドウィン・アーノルド演説〕	×／×
		24	宝物預所		×
		25	重罪控訴予納金規則		×
		26	少壮生の始末を如何せん（二七日、二八日、三月一日、三日計五回）		○
	3	1	兌換銀行券の臨時増発		×
		2	農商務大臣の演説を読む		×
		3	法界奇聞		○
		4	遂に学問の力に勝つこと能わず		×
		5	実業家の学術思想		○
		6	米価をして自然の平準に在らしむ可し		×
		7	明治二十三年度の歳計予算		×
		8	東京市区改正		×
		10	陸海軍連合大演習／警察と商安／外国笑話　用心先生の事〔漫〕		×／×／×
		11	夜会に芝居		×
		12	不具の見世物		×
		13	富国		×
		14	富国強兵		×
		15	金融論（一六日まで計二回）		○
		17	今回の大演習に就て		×
		18	読倫理教科書	福沢諭吉	○
		19	農商務省／改良改良〔漫〕		×／×

明治23／1890

月	日	題名	筆者	評価
3	20	衆議院議長／横浜正金銀行頭取の交迭		×／×
	21	地価修正と議員の被選資格		×
	22	博覧会は賑々しかる可し		×
	23	救急の一策＊／ビスマーク侯の辞職		○／×
	24	世の中を賑かにする事＊		○
	25	軍人と人民		×
	26	博覧会出品の私評／外資輸入		×／×
	27	兵備の足らざるを憾む勿れ		×
	28	鉄道株と整理公債証書		×
	29	軍事奨励の機転		×
	31	各省官制通則の改正		×
4	1	博覧会の紀念物		×
	2	行軍遅速の研究		○
	3	頌徳に訴窮		×
	4	洋学の先人へ贈位		○
	5	広告に絵画		×
	6	農商務省の改革		×
	7	銀行者		×
	8	廃娼論に欧米の例を引く勿れ／手形の先取権		×／×
	9	博覧会の会期／漉水は目下に急なり		×／×
	10	手形先取権の答／身代取調法		×／×
	11	米価騰貴		×
	12	官辺に商売の思想あらんことを望む／手形先取権の再答		×／×
	14	国会議員の交際法／手形先取権の第三答		×／×

明治23／1890

月	日	題名	筆者	評価
4	15	大演習の概評	石河幹明	×
	16	官辺に商売の思想あらんことを望む		×
	17	国会開設前に商法会議所を改良すべし		×
	18	漫に米価の下落を祈る勿れ		○
	19	財政整理、貸下金の処分		×
	21	外債募集の風説は如何／美術の定義は如何		×／×
	22	琵琶湖疏水工事	石河幹明	×
	23	米商論（一五日まで計三回）／悪例を作る勿れ		○／×
	26	博覧会に商売気なし		×
	28	商業家の眼界		×
	29	商権回復の実手段（五月二日、三日計三回）		×
	30	交詢社第十一回大会／明治廿三年四月廿七日交詢社大会	／福沢諭吉（演説）	×／○
5	1	上野秋葉間の鉄道線路		×
	5	政党以外の政党		×
	6	工学会臨時大会		×
	7	火災保険		×
	8	備荒儲蓄金運用の方法		×
	9	米国の生糸市場に注目す可し		×
	10	国会議員に商業思想あらんことを要す		×
	12	商業上の集点、白耳義の事例		×
	13	商業上の国是、英吉利の事例		×
	14	米国直輸出生糸論　一（一五日		×

年	月	日	時事・社説・漫言	紙面記名	全集
明治23／1890			二、一六日三、一七日四）		
	5	18	法律第三十四号／内閣員更任に就き一言		×／×
		19	府県制郡制		×
		20	炭田借区に就き農商務省に所望あり		×
		21	撰挙騒ぎ		×
		22	東京府知事		×
		23	美術工芸の本色		×
		24	地方官の更迭		×
		26	美術工芸の源を養う可し		×
		27	礼儀作法は忽にす可らず		×
		28	国会開設後の内閣		×
		29	財政始末（六月四日まで計六回、六月一日掲載なし）		○
	6	4	朝鮮近海不穏の風説		×
		5	細事も忽にす可らず		×
		6	横浜に生糸相場所を設立す可し（七日まで計二回）		×
		9	法律の始末		×
		10	法律の始末よりブールスに論及す		×
		11	多額納税の貴族院議員／百発百中の奇術〔漫〕		○／×
		12	貧民救助策（一四日まで計三回）		○
		14	蓋ぞ之を内に求めざる		×
		16	大臣大将怪しむに足らず		×
		17	北海道の離宮		×

年	月	日	時事・社説・漫言	紙面記名	全集
明治23／1890	6	18	論争の順序		×
		19	愛国（二一日計二回）		×
		20	日秘鉱業会社の失敗		×
		23	多額納税者互撰の結果		×
		24	農商務省の省是を定む可し（二六日まで計三回）		×
		27	民業保護の方法（二八日まで計二回）		×
		30	米国生糸直輸出は細くも其命脈を繋がざる可らず		×
	7	1	安寧策（八日まで計七回、六日掲載なし）／衆議院議員撰挙の当日に一言		○／×
		2	衆議院議員の撰挙		×
		9	議員撰挙の結果		○
		10	文部の当局者に望む		○
		11	須らく無学なる可し		×
		12	賞勲は国民に遍かる可し		×
		14	政治以外の功労を表彰す可し		×
		15	撰挙の後日		×
		16	博覧会売残品の始末／盆の十六日		×／×
		17	構造的政事		×
		18	林政論		×
		19	勅撰貴族院議員		×
		21	〔学林中の松梅〕／米策〔漫〕	福沢諭吉演説／古賀棚才九郎〔漫〕	○／○
		22	コレラ病の予防		×
		23	内国勧業博覧会出品の始末		×

明治23／1890

月	日	題名	備考	
7	24	コロムブス万国大博覧会		×
	25	独立議員		×
	26	政党以外に超然たる内閣		×
	28	政社間の連結通信		×
	29	芝居も亦談ず可し（三〇日まで計二回）		×
	31	二重の撰挙権／輿論は如何		×／×
8	1	初度の議会に於ける官民の覚悟		×
	2	衆議院の議事		×
	4	議会及び党派の品位		×
	5	日本は政治に因りて重きを為さず／会計法補則		○／×
	6	蚕業の保護		×
	7	貴族院勅撰議員		×
	8	商業会議所論　一（九日二、一二日三）		×
	11	コレラ防ぎの寄附＊		○
	13	東京石炭		×
	14	水道工事は先ず京橋区より着手す可し		×
	15	〔貧民への対策について〕	〔秋田県能代社友某氏〕	×
	16	美術の評に就て一言		×
	18	政治家と実業家（一九日まで計二回）		×
	20	大坂米商会所（二一日まで計二回）		×
	22	ブールス法の存廃		×
	23	先ず主義を一定す可し		×
	25	重ねて大坂米商会所		×

明治23／1890

月	日	題名	備考	
8	26	東京商工会の議題		×
	27	尚商立国論（九月一日まで計五回、三一日掲載なし）＊		○
9	2	神仏を論じて林政に及ぶ（三日まで計二回）		○
	4	元老院議官に所望あり		×
	5	政務調査に材料を与う可し／当世の金儲け〔漫〕		×／○
	6	生糸荷金融策を予定す可し		×
	8	官民大懇親会を開く可し		×
	9	鉄道水害		×
	10	凝る勿れ		×
	11	相場所営業の延期＊		×
	12	人口問題		×
	13	商業会議所条例発布したり		×
	15	在海外日本人の社交法／第一の功名〔漫〕	高橋義雄〔演説〕／	×／○
	16	鉄道政略一新を期す可し（一七日まで計二回）		×
	18	条約改正の風聞		○
	19	露国減兵の一報		×
	20	壮士を如何せん＊		×
	21	義声を天下に振う可し		○
	23	誣いらるる勿れ／土耳其遭難者の送還に付き		×／×
	24	重ねて土耳其遭難者の送還に付き		×
	25	政治家の運動費		×
	26	東京商業会議所発起会		×

年	月	日	時事・社説・漫言	紙面記名	全集
明治23／1890	9	27	国会議員の服装		×
		29	土耳其人送還軍艦発遣に就ての注意		×
		30	土耳其に使節を遣て条約を訂結す可し		×
	10	1	少年の処分／官尊民卑、傍聴牌の色〔漫〕		×／○
		2	重ねて濾水の事に就ての注意		×
		3	民間の政熱退かざるを如何せん		○
		4	国情発表の手段を講ず可し		×
		6	在東京英国宣教師の決議		○
		7	条約改正の功は多人数に分つ可し		○
		8	条約改正の噂		○
		9	小学校令		×
		10	政府委員		×
		11	帝国議会召集の詔勅		×
		14	地方官々制の改正／鉄道汽車の便利		×／×
		15	菓子税則改正の嘆願		×
		16	〔塾政の自治〕		○
		17	往事鑑みる可し		×
		18	地方官々制改正余談／一週間日曜の続きたる節〔漫〕		×／○
		20	男女混合芝居		×
		21	道理に訴るよりも民情を察す可し		×
		22	府県立師範学校長の給料		×
		23	日本工業の危急		×
		24	工業上の便利を与う可し／気球の	／山戸玉四郎	×／○

年	月	日	時事・社説・漫言	紙面記名	全集
明治23／1890	10		乗騰条約面を如何せん〔漫〕	〔漫〕	
		25	外交官及領事官		×
		26	伊藤貴族院議長		○
		27	勤倹政略		×
		28	豊年喜ぶべき乎		×
		29	政略公示の手段		×
		30	十月二十五日慶応義塾演説筆記	福沢諭吉演説	○
		31	紳商の性質(一一月三日計二回)		×
	11	1	諸株式の下落＊		○
		4	仏教銀行に就き一言		×
		5	教育に関する勅語		×
		6	政費節減		×
		7	多額納税者議員に望む		×
		8	窮民の末路を如何せん		×
		10	自由の敵		×
		11	地方団体		×
		12	生糸売るべし		×
		13	製糖会社株式の売買		×
		14	大坂商品陳列所の開場		×
		15	日本工芸家に所望あり		×
		17	十一月八日慶応義塾演説筆記	福沢諭吉	○
		18	日本石炭業の前途		×
		19	〔同窓の旧情〕	福沢諭吉演説	○
		20	小事には冷淡なるべし		×
		21	宜しく政費節減案の第一筆たるべし		×
		22	学生の注意		×
		24	金力		×
		25	外を先にす可し(二六日まで計二回)		○

明治23／1890

月	日	題名	備考	
11	27	衆議院議長		×
	28	政治上相互の言語を謹む可し		×
	29	帝国議会の開院式		×
12	1	十一月二十二日慶応義塾演説	福沢諭吉演説	○
	2	万国博覧会出品の方法		×
	3	地租軽減(五日まで計三回)		○
	6	人望主義		○
	7	総理大臣の演説		×
	8	改正度量衡法議案		×
	9	改正度量衡草案(昨日の続)		×
	10	国会の前途(一一日、一二日、一三日、一五日、一六日、一七日、一八日、一九日、二〇日、二二日、二三日計一二回)*		◎
	13	窮民救助法(一四日まで計二回)		×
	14	賄賂も亦要用なる哉〔漫〕		○
	20	政府委員の一言		○
	21	商法実施の延期		○
	24	商法延期の一事にて可なり		○
	25	歳計予算議案に就て一言		×
	26	新聞紙条例		×
	27	司法大臣の進退		×
	29	予算委員会の議決		×
	30	世界の風潮	〔在英国通信員植村〕	×
	31	明治二十三年		×

明治24／1891

月	日	題名	備考	
1	1	明治二十四年一月一日		×
	2	議会の自重		×
	3	国会の為す所なり		×
	5	政府の歳計		×
	6	法典と条約		○
	7	国会と国情		○
	8	教育の勅語に就て文部大臣の責任		×
	9	射的の術を奨励す可し		○
	10	予算案の成行		×
	13	挙動を謹む可し		×
	14	大功名を謀る可し		×
	15	少年の暴行		×
	16	地租軽減と繁文省略		○
	17	議会の責任		×
	19	政府の友		○
	20	政治家の愛嬌		○
	21	日本鉄道会社命約改正の建議		○
	22	日本郵船会社命達書更正の建議(二三日まで計二回)／新発明貧病治療法〔漫〕		○／○
	24	予算減額の変則		×
	26	国会開設既に晩し／賄賂を用る〔漫〕*		○／○
	27	千載の遺憾／機械の利用、議事の簡法〔漫〕		×／○
	28	国会議院中尚お上下あり		○
	29	予算減額の結末は如何		×
	30	国会の人望		×

年	月	日	時事・社説・漫言	紙面記名	全集
明治24／1891	1	31	生糸相場所		×
	2	2	庶人党		○
		3	国会の一言二百十五万円		×
		4	封建の残夢未だ醒めず		○
		5	農商務省の本色見えず		×
		6	改むるに憚ること勿れ（七日まで計二回）		○
		9	流行感冒と医者		×
		10	今日の米価は相当の相場なるべし		×
		11	願くは農商務省を煩さん		×
		12	政費節減論の一奇		○
		13	士尊商卑（一四日まで計二回）		○
		16	政府の覚悟如何す可きや		×
		17	半夜残夢を悔ゆ		×
		18	予算論の結局を如何せん（一九日まで計二回）		×
		20	ニカラグワ運河　第一　（二五日第二、二六日第三）		○
		21	商安を如何せん（二三日まで計三回）／衆議院の平和		×／×
		22	国会解散請願書〔漫〕		○
		23	二月二十八日午後第四時〔漫〕		×
		25	殿様国〔漫〕		○
		27	ニカラグワ運河余論　一　（二八日二）／大儲け大儲け〔漫〕		×／○
	3	1	予算減額の方法（二日まで計二回）／国会議院焼失の原因〔漫〕		○／○
		3	国勢退縮／乾くか濡れるか〔漫〕		×／○
		5	貴族院に重きを成さしむる勿れ／貴族院の予算審査		○／×
		6	郵船会社に関する議会の質問／予算案に対する貴族院の軽重		×／×
		7	ポピユラリチー		×
		8	帝国議会の閉会／掛直もうるさい直切るもうるさい〔漫〕		×／○
		10	内閣一致		×
		11	政局は猶お舞台の如し		×
		12	松方大蔵大臣の一言		×
		13	政商平均／諸会社救済策〔漫〕		×／○
		14	西洋夫人と日本男子		×
		15	歳入全廃〔漫〕		○
		16	利息引上策は如何／真赤な火を見て火事を知る〔漫〕		×／○
		17	航海業　一　（一八日二、一九日三、二〇日四、二一日五）		○
		20	主客相対して困談頻りなり〔漫〕		○
		22	露国皇太子の来遊／神田の八公何の思う所ぞ〔漫〕＊		×／○
		23	平和的国防		×
		24	数理にあらず感情に在り／払下げは何処から下る〔漫〕		×／○
		25	同情相憐	福沢諭吉	○
		26	六百万円の剰余金		×
		27	超然主義		×

明治24／1891

3	28	貴賓の接待に就き東京市会に望む／政党内閣の準備〔漫〕		×／○
	29	朝鮮国王の廃立		×
	31	株券をして公債証書の地位を得せしめよ		×
4	1	依然たる鎖国攘夷の精神		×
	2	欧洲諸国に於ける賃銀と関税（三日まで計二回）	〔米人メリヴィザー欧洲周遊記抄訳〕	×
	4	収税法の繁文		○
	6	貴賓の来遊に就て商人の機転を促す		×
	7	機を見て先ず自から節減す		×
	8	次官責任の変則は如何		×
	9	須らく新主義を唱う可し		○
	10	北海道の自治／西郷どんの帰来怖くない〔漫〕		×／○
	11	尚商時代		×
	13	地方官の更迭に就き望む所あり		×
	14	文明の偽筆は無筆者の能くする所に非ず		○
	15	贔負の説		○
	16	定説の速ならんことを望む＊		○
	17	移住保護		×
	18	其組織の強硬有力ならんことを望む／寿命の長短に従う可し〔漫〕		○／○
	20	如何にして強有力の内閣を組織す可きや		×
	21	定期売買税の改正を望む		×

明治24／1891

4	22	牧羊業		×
	23	伊藤内閣も亦見る可きものあり		×
	24	ビスマルク侯議員に撰ばる		×
	26	政党内閣の準備		×
	27	貧富論　一　（二八日二、三〇日三、五月一日四、二日五、五日六、六日七、一〇日八、一一日九、一二日十、一六日十一、二〇日十二、二一日十三）		○
	29	勅命を煩わす勿れ		○
5	4	松方内閣		○
	6	国会を中止したらば〔漫〕		○
	7	先ず其手段方法を聞かん		×
	8	今の反対は外に非ずして内に在り		×
	9	松方総理に望む		○
	12	露国皇太子殿下の御遭難		×
	13	暴行者の吟味		×
	14	如何にして其情を慰め奉る可きや		○
	15	国家の大事は国家の長老に謀る可し		○
	17	東京商業会議所		×
	18	特派全権大使		×
	19	露国皇太子の御帰国		×
	22	天皇陛下の還御		○
	23	松方内閣と条約改正		×
	25	景気振作		×
	26	老て益々壮なり		×
	27	移住日本人の評判（三〇日計二回）		×
	28	株式今後の運命は如何		×

年	月	日	時事・社説・漫言	紙面記名	全集
明治24／1891	5	29	暴行者の処刑		○
	6	1	社会復古論（三日、四日、五日、八日、九日計六回）	〔スペンサー著作抄訳〕	×
		2	内閣の小更迭		×
		6	眼中人なし		×
		7	政界の若隠居		○
		10	人気は去り易し／豊筑鉄道と九州炭鉱		○／×
		11	社閣保護と富籤興行（一二日まで計二回）		○
		13	正金銀行記		×
		15	請ふ伊藤伯を労せん		○
		16	通商報告公示の方法を改む可し		×
		17	六百五十万円／大仏の自力自立〔漫〕		×／○
		18	外人を歓迎す可し		○
		19	諸会社の注意を促す		×
		20	党名一新		○
		21	今日の策果して戦に在るか		○
		23	領事（二四日まで計二回）		×
		25	筋書の趣向		×
		26	人心をして戦を思わしむる勿れ		○
		28	世界巡航（二九日まで計二回）		×
		30	富豪の摂生法／又銭儲け〔漫〕		○／○
	7	1	松方内閣と伊藤伯		○
		2	敢て当世の老政治家に望む		○

年	月	日	時事・社説・漫言	紙面記名	全集
明治24／1891	7	3	生糸商の高運を祈る		×
		4	富豪の摂生は今日にあり		×
		5	銀行会社に関する風説		○
		7	内閣の方針		×
		8	政治上のトラストシステムは如何		×
		9	日本の国会	米国　某	×
		10	後進生の家を成すは正に今日に在り		○
		11	壮士に反省を望む（一二日まで計二回）		×
		14	日本製茶会社補助金の返付		×
		15	明治二十四年七月十一日慶応義塾演説大意	福沢諭吉	○
		16	政治社会に長老先輩なし／新聞紙の効力		×／×
		17	士族論／外国笑話	米国　某／	×／×
		18	虚に走りて実を離る／政治家の遊歴		×／×
		19	唯勇なきを惜しむのみ		×
		21	世間憐む可きものあり		○
		22	清国軍艦の来航に就て		○
		23	対外思想（二六日まで計四回）		×
		28	一身独立して主義議論の独立を見る可し		×
		29	官制及び俸給令の改正		×
		30	信任投票と政党内閣		×
		31	刑死者に関する内務省令		×
	8	2	明治二十四年七月二十三日慶応義塾の卒業生に告ぐ＊／難産と繁文と〔漫〕	福沢諭吉〔演説〕／	○／○

明治24／1891

月	日	題名	備考	
8	4	我国海軍の急務		×
	5	艦隊と生糸		×
	6	社費節減／文明の紳士		×／×
	7	心養／政事家と政事		×／×
	8	宮内省の改革		×
	9	政府の機関新聞		×
	11	寺門の患は徳に在て財に在らず		○
	12	文明男子の生計を如何せん		○
	13	紳士流の漫遊旅行狂するが如し		○
	14	旅館の主人も亦狂して窮する者歟		○
	15	私立学校撲滅（一六日まで計二回）		×
	18	官立学校撲滅（一九日まで計二回）／八卦新聞〔漫〕		×／○
	20	文明士人と新聞紙		○
	21	別欄の寄書に答う		×
	23	公費と寄金		×
	25	官権新聞記者		×
	26	商業会議所の諮問に就て		×
	27	我国海軍の造艦方針		×
	28	文部省官制の趣旨を明にす可し		×
	29	地租軽減		×
	30	地価修正		×
9	1	政府新聞の成行如何		×
	2	官立学校独立策は如何		×
	3	連立内閣は如何		×
	4	北海雑説一（五日二、六日三）		×
	8	盛岡青森間鉄道		×
	9	外人日本を知らず		×

明治24／1891

月	日	題名	備考	
9	10	国家教育とは何ぞや		×
	11	子弟教育費		○
	12	冒険心		×
	13	社会の原動力		×
	15	製鉄事業		×
	16	国会議員と撰挙人		×
	17	海外旅行を自由にす可し		×
	18	在外日本人に関する報告		×
	19	砲台建築の方略		×
	20	国防は国民と共に研究す可し		×
	22	公債証書と銀行預金と損得如何＊		×
	23	三菱社＊		○
	24	又三菱社＊		○
	25	兵略と政略		×
	26	軍事経済		×
	27	朝鮮の警報を敏捷ならしむ可し		○
	29	廃県知事論		×
	30	海軍士官養成に就て		×
10	1	内外法律の異同		×
	2	陪審官制の弊（昨日の続）		×
	3	愛国論		×
	4	風俗取締		×
	6	信任投票		×
	7	会計検査院と逓信省		×
	8	余剰金の用法		○
	9	支那に対する各国の談判は其成行如何	〔Chaunoy M.Depew寄稿抄訳〕	×

年	月	日	時事・社説・漫言	紙面記名	全集
明治24／1891	10	10	欧羅巴鉄道の瑕瑾		×
		11	三菱社と山陽鉄道		×
		13	政府を盲信する勿れ		×
		14	海外出稼人に関する政府の干渉		×
		15	支那の交渉事件は我国の好機会なり		○
		16	内閣更迭は頻繁を厭わず		×
		17	近来一種の出版図書		○
		18	北海道は尚お未開地なり		×
		20	明治二十四年十月十日慶応義塾演説筆記	福沢諭吉演説	○
		21	私立銀行始末（二二日まで計二回）＊		○
		23	軍艦の遭難		×
		24	連立内閣組織の手段は如何		×
		25	東京士人の生活		×
		27	東京士人の運動遊戯		×
		28	東京市公債		×
		29	政党内閣遂に止む可らず		×
		30	大地震＊		○
		31	震災の救助法		○
	11	1	地震は建築法の大試験＊		○
		3	震災救助の手段未だ十分ならず		×
		4	松方大臣の帰京を待つ／古着古道具の義捐		×／×
		5	災害地の医薬尚お足らざる可し		×
		6	同胞の感情を表す可し		○
		7	震災善後の法		○

年	月	日	時事・社説・漫言	紙面記名	全集
明治24／1891	11	8	震災の救助は政府の義務にして之を受るは罹災者の権利なり		○
		10	義捐者の姓名／負傷者を東京に護送しては如何／煉瓦家の建築は安あがりを貴ぶ〔漫〕＊		×／×／○
		11	外国人の感情を如何せん		×
		12	官等令を設くるの必要ありや		×
		13	救済の勅令＊		○
		14	大隈枢密顧問官		×
		15	為政の方針と国運の消長		×
		17	海軍大演習の施行／露国海軍の大演習		×／×
		18	義捐金及び物品の分配		○
		19	連立内閣組織の機運切迫したるが如し		×
		20	豪洲（二一日まで計二回）	〔ロンドンタイムス新聞論説大意訳説〕	×
		22	議場の体裁に就て一言す		×
		24	政府の覚悟如何		×
		25	議会の論勢		×
		26	第二期議会の開院式		×
		27	才子的政略／緊急勅令問題		×／×
		28	鉄道買上		×
		29	緊急命令及び予算外支出問題		○
	12	1	松方総理大臣の演説		×
		2	警察官の佩刀に就て		×
		3	政党と新聞紙		×

明治24／1891

月	日	題名	備考	
12	4	米国下院に於ける議事の妨碍	米国下院レパブリカン党議員ロッジユ原文〔翻訳〕	×
	5	第二流政治家		×
	6	国会解散		×
	8	貯蓄の一良方便		×
	9	医薬分業行われ難し＊		○
	10	医薬分離後の悪弊亦思う可し		○
	11	岐阜人民の請願／長助の不平談〔漫〕		○／○
	12	輸出税廃止の利害		×
	13	議会の成行如何		×
	15	消極と消極との撞着		○
	16	超然主義は政府に利あらず		○
	17	再び輸出税廃止の利害に就て		×
	18	議員の信用／議員提出の鉄道拡張案		×／×
	19	鉄道法案に就て		○
	22	新聞紙の徳義		×
	23	再び鉄道案に就て		×
	24	賄賂の沙汰		○
	25	震災地方は今正に災害の最中なり＊		×
	26	金銭談＊／衆議院いよいよ解散せられたり		×／○
	27	国会の解散平穏なり		×
	29	国会解散して政府の方向は如何		○
	30	陸海軍の当局者		×
	31	日本の絹織物		×

明治25／1892

月	日	題名	備考	
1	1	明治二十五年一月一日＊／賄賂法の通則〔漫〕		○／○
	2	不老不死の法		×
	3	恩威と愛嬌		×
	5	自から候補者たる可し		×
	6	民党の戦略甚だ拙し		×
	7	嬰児は猿に似たり／斯民休養第一策〔漫〕（八日第二策、九日第三策）		×／○
	8	震災地の手当は遅々す可らず		○
	9	自から責の帰する所ある可し		×
	10	地方の警察官		×
	12	穀類の相場／禁酒会員と為ること難し〔漫〕	ハッチンソン原文／	×／○
	13	衆議院議員の撰挙		×
	14	政府の運動手段		○
	15	政府は決心を発表す可し		○
	16	商人の地位		×
	17	政府の決心未だ晩からず		○
	19	日本に破壊党なし		×
	20	官海何ぞ不活発なる		×
	21	震災地方民の難渋＊		×
	22	震災地の工事		○
	23	共に往事を忘る可し		×
	24	撰挙演説		×
	26	病家と医者		○
	27	医者と病家		○
	28	国会難局の由来（二月五日まで計八回、二月一日休刊）＊		◎

年	月	日	時事・社説・漫言	紙面記名	全集
明治25／1892	1	30	予戒令		○
	2	6	予戒令に就て		○
		7	民党に反対する者必ずしも政府の味方に非ず		×
		9	予戒令と北海道		○
		10	新議会の形勢如何		×
		11	自由改進両政社の首領告発せらる＊		○
		12	輿論の向背		×
		13	藩閥と党閥		×
		14	人を出すの工風も肝要なり		×
		16	総撰挙に就て		×
		17	撰挙後の処分如何		×
		18	衆目を惹くの工風肝要なり（去る十四日の続稿）		×
		19	政治に熱して政治を重んずる勿れ		○
		20	明治二十五年二月十三日慶応義塾演説筆記	福沢諭吉演説	○
		21	議場外の形勢に注意す可し		×
		23	超然主義は根底より廃す可し		×
		24	新議員に望む		×
		25	皇族の教育		×
		26	撰挙競争に腕力は国辱なり		×
		27	社会の耳目は甚だ聡明なり		×
		28	治安小言（三月四日まで計五回、二九日休刊）＊		◎
	3	5	軍事当局者		×

年	月	日	時事・社説・漫言	紙面記名	全集
明治25／1892	3	6	新政党の風説		×
		8	伊藤伯の進退		×
		9	貴顕紳士の婦人内室		○
		10	借家の説		○
		11	植民省の設置を望む		×
		12	伊藤伯の決心如何／品川内務大臣の辞職／副島内務大臣の就任		×／○／○
		13	伊藤枢密院議長		○
		15	文官試験規則／農商務大臣の交迭		○／○
		16	文官試験規則（地方官に就て）		○
		17	政府党組織の困難		×
		18	明治二十五年三月十二日慶応義塾演説筆記	福沢諭吉演説	○
		19	皇族の財産		×
		20	速断を祈る／新議会の召集		○／×
		22	日暮れて路遠し		○
		23	新議会提出の議案に就て		○
		24	官吏の撰挙干渉		×
		25	激変を恐る可し		×
		26	本年の生糸貿易		×
		27	再び官吏の撰挙干渉に就て		×
		29	炭礦鉄道会社々長		×
		30	山陽鉄道の線路		×
		31	地方官の更迭		×
	4	1	地方団結の必要		×
		2	明治二十五年三月二十六日慶応義塾演説筆記	福沢諭吉演説	○
		3	都て断行す可し		×

明治25／1892

月	日	題名	備考	
4	5	体育を忽にす可らず		×
	6	実業社会と後進生		×
	7	民党の方針如何		×
	8	少年の運動遊戯を妨く可らず		×
	9	米商同盟の結局如何／出雲丸の難船		×／×
	10	船賃と外国貿易		×
	12	水力と電気	〔クレー、マッコーレー演説〕	×
	13	創業の功臣		×
	14	条約改正		○
	15	条約改正案調査委員		×
	16	政治と実業者		×
	17	教育衰退の時機／安閑として火災を免かるるの一案〔漫〕		×／○
	19	山陽鉄道会社（二〇日まで計二回）		○
	21	条約改正も亦難いかな／去った女房こそ恐ろしけれ〔漫〕		○／○
	22	婦人社会の近状		○
	23	大臣の訪問		×
	24	火事と借家／教育よりも現金の方難有し〔漫〕＊		○／○
	26	明治二十五年四月廿四日交詢社第十三回大会に於て演説＊	福沢諭吉演説	○
	27	ブールス法処分の必要は独り株式米穀の為めのみに非ず		×
	28	現相場会所に望む		×
	29	地租論（五月八日まで計九回、五月二日休刊）＊		◎

明治25／1892

月	日	題名	備考	
5	10	人材を網羅す可し／松方総理の演説		×／×
	11	政海の運動尚お足らざるものあり		○
	12	銀行		○
	13	京都の神社仏閣		○
	14	日本国を楽郷として外客を導き来る可し		○
	15	廃娼問題		×
	17	議院の停会		×
	18	停会の後を如何せん＊		○
	19	撰挙干渉の建議（貴族院）		×
	20	製鉄事業		×
	21	鉄道法案		×
	22	敢て望む		○
	24	学生の体育／保安条例の執行		×／×
	25	漢法医開業の請願		×
	26	社会の開進（二八日まで計三回）		×
	27	京都の一千百年祭〔漫〕		○
	29	東京市の水道と監獄費		×
	31	小康策（六月一日、二日、五日計四回）		○
6	3	新法典実施（四日まで計二回）／海軍省所管＊		○／×
	7	副島内務大臣の辞職		×
	8	震災費事後承諾＊		○
	9	海軍省		×
	10	其成行を如何す可きや		×
	11	追加予算案＊		×
	12	漢医復活		○
	14	日本大運動会／政界談〔漫〕		×／○

年	月	日	時事・社説・漫言	紙面記名	全集
明治25／1892	6	15	議会閉会して政府の動静は如何		○
		16	党派政治の極難（二一日まで計五回、二〇日休刊）	〔ゴールドウィン・スミス論文大意翻訳〕	×
		22	医師開業試験規則		×
		23	自家の信用を重んず可し		×
		24	朝鮮の変乱		○
		25	差向の政略如何		×
		26	内閣談		×
		28	外人の来遊		×
		29	来遊者の便利を謀る可し		×
		30	神社仏閣の維持法		×
	7	1	政海の近情		×
		2	政海の前途甚だ多望なり		×
		3	外人に対する強硬策		×
		5	身躬から議会の難局に当る可し		×
		6	国民協会		×
		7	仏法の盛衰は僧侶の心如何に在り		○
		8	政府の威信		○
		9	黒幕の運命		×
		10	医術開業試験		○
		12	決して安んず可らず		×
		13	黒幕会議の結末		×
		14	避暑旅行／日本女子の生活	／福沢たき	×／×
		15	北海道の漫遊		×
		16	名誉と利益		×

年	月	日	時事・社説・漫言	紙面記名	全集
明治25／1892	7	17	老政客は尚お未だ政治上に死せず		×
		19	一大英断を要す（二〇日まで計二回）		○
		20	兼任主義〔漫〕	睦樫嘉郎〔漫〕	○
		21	政府新聞の成行		×
		22	領事裁判権無効の布告に就て／鉄道庁		×／×
		23	民党の方針／人を知らざるを憂う〔漫〕		×／○
		24	弄花事件と終身官		○
		26	日秘鉱業会社事件		○
		27	政争の品位漸く低し		×
		28	内務大臣		×
		29	鉄道株の未来		○
		30	内閣の波瀾対議会の政策		○
		31	松方内閣の運命		○
	8	2	唯決断に在るのみ		○
		3	新内閣の組織に望む所あり		○
		4	世界博覧会に付き日本人の用意		×
		5	内閣策（六日まで計二回）		×
		6	抵当品は択ぶに及ばず〔漫〕		○
		7	大蔵大臣再任の説に就て		○
		9	新内閣組織成る		○
		10	新内閣の方針如何		○
		11	新大蔵大臣に望む		○
		12	新内閣の対議会案		○
		13	新内閣の注意を望む		○
		14	新内閣と官吏登庸法		×
		16	炭礦鉄道の室蘭線開業したり		×

明治25／1892

8	17	国民協会の始末は如何／宿引落胆する勿れ〔漫〕		×／○
	18	内閣組織の円満を望む		○
	19	復職せしむ可し		×
	20	英国新内閣の組織／災難は幸福である〔漫〕		×／○
	21	新聞紙の記事論説		×
	23	国会の責務		×
	24	支那の製糸改良の計画		×
	25	朝鮮政略は他国と共にす可らず		○
	26	所属論は論ぜずして可なり		○
	27	政治家の徳義		×
	28	遊猟場の設置は如何		×
	30	理財法の回復(九月三日まで計五回)		○
9	2	メートルの種類甚だ多し〔漫〕		○
	4	曹洞宗の紛議		○
	6	愛蘭自治問題と自由党／早く勝負せよ〔漫〕		×／○
	7	地方官の処分と法官の始末		×
	8	阪谷学士の理財法論を読む		○
	9	重ねて阪谷学士の寄書に就て		○
	10	又国会の責務		×
	11	内地雑居怖るるに足らず／地価脩正はどうだろう〔漫〕		×／×
	13	独逸新聞の日本条約改正論		×
	14	神社仏閣の維持保存		○
	15	理財法の回復余論(一七日まで計三回)		○

明治25／1892

9	18	地方官の更迭行わざる可らず／関取シッカリシナセイ〔漫〕		×／○
	20	米国に於ける我出稼人の退去		×
	21	労働組の圧制		×
	22	条約改正の方針如何		×
	23	英国の党派政治		×
	24	民党の挙動		×
	25	多を望まず		×
	27	東京日日新聞を読む		○
	28	資本の用法(三〇日まで計三回)＊		○
10	1	先ず天津条約を廃す可し		○
	2	銀／助言の方が面白い〔漫〕		×／○
	4	医術の新発明／滅多に饒舌るな〔漫〕	／音無九四郎〔漫〕	○／○
	5	病素実撿(六日まで計二回)	北里柴三郎	×
	7	極端の愛国論者		○
	8	小学校の授業時間		×
	9	後進の方向		×
	11	天津条約		○
	12	天津条約廃せざる可らず／病気も亦重宝なる哉〔漫〕		○／×
	13	条約改正／東京日々新聞		○／×
	14	超然主義の試験		×
	15	陸軍大演習		×
	16	山林の監督法／殖ても損だ〔漫〕＊		×／○
	18	生糸商売		○
	19	富豪と学問／実業学校		×／×
	20	教育の説＊		×

年	月	日	時事・社説・漫言	紙面記名	全集
明治25／1892	10	21	富豪子弟の教育法		×
		22	生糸商売の実手段		○
		23	条約改正の功名は独りす可らず／政論を静にするの妙法〔漫〕		○／○
		25	御用新聞		×
		26	思うて茲に到るや到らざるや		○
		27	金屏風と愛児		×
		28	明治二十五年十月廿三日慶応義塾演説筆記（二九日まで計二回）＊／人力問答〔漫〕	福沢諭吉演説／	○／○
		30	機密費		×
	11	1	交際の簡易にして頻繁ならんことを祈る		○
		2	難局の責任		×
		3	震災地方工事の風聞に就て		×
		4	其身構を改む可し		○
		5	政治上の一大勢力		×
		6	漢医復活と黴菌学研究費		×
		8	為政の伎倆は親和して始めて用を為す可し		×
		9	民党の前途		×
		10	女子教育		○
		11	クリーヴランド氏の当撰		×
		12	官吏登用規則の結果		×
		13	軍艦の製造と将士の養成		×
		15	明治二十五年十一月五日慶応義塾	福沢諭吉演説	○

年	月	日	時事・社説・漫言	紙面記名	全集
明治25／1892	11		商業倶楽部の演説筆記（一六日まで計二回）		
		17	国会と府県会		×
		18	電気鉄道と汽関車鉄道との比較（一九日まで計二回）	〔独逸工学士ローム、シャテル原文翻訳〕	×
		20	修身書採定の標準		×
		22	自由党の航路拡張案		×
		23	維新功臣の本分		×
		24	明治二十五年十一月十二日慶応義塾演説筆記	福沢諭吉演説	○
		25	政治上の地位は自然に公共のものたる可し		×
		26	盍ぞ一歩を進めざる		×
		27	第四期議会の開会		×
		29	秘密投票		×
		30	教育の方針変化の結果		○
	12	1	商業上の代理者に就て		×
		2	施政の方針		×
		3	施政の方針と政海の変化		×
		4	狩猟規則に就て／多事万歳〔漫〕		×／○
		6	政府の意見何れに在るや		○
		7	撰挙法改正に就き		×
		8	歳入足らざれば如何す可きや		○
		9	工商の実業家は自から謀る所ある可し／他人の犢鼻褌〔漫〕		○／○
		10	伝染病の予防を如何せん（一三日まで計三回、一二日休刊）	〔松山棟庵〕	×

明治25／1892	12	14	難局更に一難を加えたり		×
		15	朝鮮国紙幣の発行		×
		16	富豪の要用（一八日まで計三回）＊		○
		18	自からストップ〔漫〕		×
		20	其非を改むるに吝なる勿れ		○
		21	北里博士の栄誉		○
		22	政府の覚悟如何		×
		23	先ず内に注意す可し		×
		24	軍用鉄道と商用鉄道（二五日まで計二回）	〔社友　某〕	×
		25	お嬢さんの浮気に証文を取られた〔漫〕		○
		27	連立内閣行う可らざる歟		○
		28	日本銀行		×
		29	地価修正と貴族院		○
		30	形勢一変		○
		31	仕込杖の携帯并に販売を禁止す可し		×
明治26／1893	1	1	新年と共に商況の繁昌を賀す／免老液アベコビンの広告〔漫〕＊		○／○
		3	休会中に手段なきか		×
		4	寿命の大小		○
		5	老物淘汰		○
		6	教育社会の不敬事件		×
		7	新聞紙条例と新聞紙		×
		8	内海に特別航則を設く可し		×
		10	外国品購買に就て		×
		11	政略一新		×
		12	軍艦製造費の否決に対する政府の覚悟は如何		○
		13	地価修正案に対する政府の意見何れに在りや		○
		14	北海道	F.M.	×
		15	人なきを患えず		○
		17	朝決暮改／政府の任		×／×
		18	礼儀を忽にす可らず／衆議院の休会		×／×
		19	銀貨下落（二二日まで計四回）＊		○
		20	上奏不可		○
		24	僧侶の免役／十五日間の停会／国会不成立〔漫〕		×／×／○
		25	解散の結果如何		○
		26	今日と為りては致方なし		×
		27	時事新報の官民調和論　第一（二八日第二、二九日第三、三一日第四、二月一日第四の続、二日第五、三日結論、四日結論の続き）		○
	2	5	熟読速断		○
		7	官民の交際に就て		×
		8	上奏案に対する伊藤総理の演説		○
		9	衆議院の挙動		×
		10	民党の過激は掛念するに足らず		×
		11	大詔天賜／富豪と相場		×／×
		12	政治家の町人根性		×
		14	詔勅に就て政府并に議会に望む		×
		15	政治社会の天王山		×
		16	政府と議会との折合		○
		17	政府の譲歩		×

年	月	日	時事・社説・漫言	紙面記名	全集
明治26／1893	2	18	閣員の責任は終始を全うす可し		×
		19	設計は改む可し事業は廃す可らず		×
		21	歳費納金の決議		×
		22	元老奮発す可し		○
		23	官宅売却の好機会		○
		24	人民の覚悟		×
		25	元老の技倆は後の始末を見て知る可し		○
		26	改革予約の精神は何れに在るや		○
		28	民論亦愛す可し		×
	3	1	議会閉会して後の始末は如何		○
		2	政費節減		×
		3	伝染病研究所の補助費		×
		4	郡司大尉の千島行に就き海軍当局者に望む		×
		5	古に鑑みて今を省みよ		×
		7	人心面の如し		×
		8	元老内閣の善後策（九日まで計二回）		×
		10	製艦費献金の許否		○
		11	コレラの評判		×
		12	海軍の改革と大臣の更迭		×
		14	社会の人心は其尚ぶ所に赴く		○
		15	果して此事あり		×
		16	吾は少壮者に与せん		○
		17	地方官の地位を卑うす可し／司法大臣＊		×／○

年	月	日	時事・社説・漫言	紙面記名	全集
明治26／1893	3	18	対議会策の失敗		○
		19	新聞記事の体裁		×
		21	先ず行う可きものあり		×
		22	虚飾贅沢果して止む可らざるか		×
		23	体育の目的を忘るる勿れ		○
		24	行政整理調査委員		×
		25	勅命を煩わし奉る可らず		○
		26	献金に就て		○
		28	冒険と実業		×
		29	宗教的殖民に就き		×
		30	実業論（四月一五日まで計一五回、四月三日、一〇日休刊）＊		◎
	4	16	築港セメントの亀裂		○
		18	朝鮮の政情＊		○
		19	閥族の地位		○
		20	新聞紙上の広告		×
		21	再び新聞紙上の広告に就て		×
		22	文部の当局者に望む		×
		23	徳川史編纂の必要		×
		25	先進と後進		○
		26	富豪家と宗教		×
		27	外国品と日本品		○
		28	新聞紙は贅沢品に非ず		×
		29	東京府知事の進退		×
		30	日本の金利		×
	5	2	明治二十六年四月三十日東京帝国ホテル交詢社大会の演説	福沢諭吉演説	○
		3	教育の流行亦可なり		○

明治26／1893

月	日	題目	備考	
5	4	日本絹織物に禁止税を課するの説		×
	5	目的は則ち同じ		○
	6	政府の地位羨むに足らず		○
	7	委員政治		×
	9	有為の商人国を利すること大なり		×
	10	傭吏の始末		×
	11	器械力と筋力		×
	12	士族の末路		×
	13	水力利用		○
	14	政府の方針知る可きのみ		×
	16	第四博覧会に就ての連合計画		×
	17	防穀事件の談判		○
	18	防穀の談判急にす可し		○
	19	談判の結局如何／事件癲癇〔漫〕		○／○
	20	両国民相接するの機会を開く可し		○
	21	領事の人撰		×
	23	朝鮮談判の落着、大石公使の挙動		○
	24	論より証拠		×
	25	煙草税則に対する意見	〔東京商業会議所員某〕	×
	26	国光を輝すの法は実物を示すに在り		×
	27	世に新事業なきにあらず		×
	28	海軍		×
	30	海陸の運輸交通		×
	31	土耳其貿易（六月二日まで計三回）		×
6	3	実業と政治		×
	4	朝鮮の近情		○
	6	国交際の療法		○

明治26／1893

月	日	題目	備考	
6	7	非内地雑居論者に望む		×
	8	大に対韓の手段を定む可し		×
	9	新旧両主義		○
	10	濠洲に於る銀行の破産	紐育Nation翻訳	×
	11	一覚宿昔青雲夢		○
	13	日本医学の栄誉		×
	14	苦情取るに足らず		×
	15	商店と居宅とを別にす可し		○
	16	南洋の土人学ぶ可し		×
	17	相場所の利用		○
	18	水産の保護		×
	20	米露石油の競争に就て		×
	21	剰余金と対外策		×
	22	築港の必要		×
	23	商売上の徳義		×
	24	城郭の保存		○
	25	海外貿易の進歩と領事の人撰		×
	27	士流の本分を忘る可らず		○
	28	実業家は自衛の謀を為す可し		×
	29	三池炭山（七月一日まで計三回）		×
7	2	印度の銀勢	〔アミール・アリ論文意訳〕	×
	4	官邸一先ず廃す可し		×
	5	伝染病研究所に就て（七日まで計三回）		○
	8	銀勢の変動に際して政府の維持を如何せん		×
	9	金の定期売買を始む可し		×

年	月	日	時事・社説・漫言	紙面記名	全集
明治26／1893	7	11	好機会失う可らず		×
		12	鉄道拡張（一四日まで計三回）		○
		15	山陽鉄道の線路		○
		16	合衆国の金貨濫出		×
		18	シャーマン法と為替相場		×
		19	元老内閣盍ぞ大に奮わざる		○
		20	理財当局者の覚悟は如何		×
		21	文治派と武断派		×
		22	両貨制（西洋諸大家の説に拠るものなり）		×
		23	果して満足す可きや否や		×
		25	委員組織		×
		26	米国目下の銀問題		×
		27	株熱の余症恐る可し		○
		28	米国学生の美風倣うべし		×
		29	銀貨下落の影響		×
		30	輸出の増加		×
	8	1	銀は充溢せず		×
		2	相馬家の謀殺事件		○
		3	一時の虚影に非ず		×
		4	金貨国たる難きに非ず		×
		5	金の騰貴	〔レオナルド・コールトニー論文抜抄意訳〕	×
		6	銀法及び其結果	〔前米国造幣局長リーチュ原文抄訳〕	×
		8	米国の臨時国会に就て		×
		9	株式市場の変動＊		×
		10	仏国と暹羅		×
		11	伝染病研究所の始末（一二日まで計二回）＊		○
		13	秘密投票の制を実行す可し		×
		15	清韓居留民を安からしむ可し		×
		16	飽くまでも銀国たる可し		×
		17	軽々金本位を語る勿れ		○
		18	地租論の起源		○
		19	農民喜ばず実業家苦しむ		○
		20	通論は愚論なり		○
		22	地租減額と三税則の改正		○
		23	方今の対外思想		×
		24	金銭と失行		×
		25	鉄道敷設を妨ること勿れ		×
		26	政技者の時代		×
		27	御巡幸の屢ばならんことを祈る		×
		29	社会好尚の変化		×
		30	箱庭的の趣向		×
		31	米国の臨時国会		×
	9	1	臨時国会と銀問題		×
		2	政党の主領黒幕内に蟄する勿れ		×
		3	相馬事件の被告人		○
		5	支那日本の銀勢		×
		6	有価証券の保険		×
		7	政府の情実除く可きや否や		×

明治26／1893

月	日	題名	備考	評価
9	8	生糸業者の注意を望む		×
	9	行政権甚だ振わざるが如し		×
	10	多策却似総無策		×
	12	文明世界の道路		○
	13	京浜鉄道		×
	14	第十五国立銀行		×
	15	自由党軟化の風説に就て		×
	16	後悔先に立たず		○
	17	日本の鉄道		×
	19	不人望と不信用		○
	20	政府の更迭自から利益なきに非ず		○
	21	利子補給問題		×
	22	青年輩は何ぞ地方に帰らざる		×
	23	非内地雑居論に就て（二四日まで計二回）		○
	26	鉄道の効力		×
	27	近来の一奇		×
	28	鉄道営業は甚だ易からず		×
	29	鉄道の専権		×
	30	鉄道の競争と専有		×
10	1	水道地祭式		×
	3	教育家の挙動に就て		×
	4	近来の弊事		○
	5	会社株式の投機売買		×
	6	無学の弊恐る可し		○
	7	運動者の方針		×
	8	世界中最も早き列車	レールロードガゼット記者プラ	×

明治26／1893

月	日	題名	備考	評価
			ウト原文〔翻訳〕	
10	10	紳商の生活		○
	11	彼を知ること肝要なり		○
	12	其責に任ずるものある可し		○
	13	現内閣の前途		×
	14	鉄道の利益は営業頻繁の間に在り		×
	15	鉄道会社の倹約は遂に危険なきを保証す可らず		×
	17	取引所設立の出願に就て		×
	18	世の教育家に質す／早いか晩いか〔漫〕	山口　石川生	×／○
	19	横浜メール新聞紙を読む		○
	20	地方の事業		×
	21	属僚政治		○
	22	学生の袴は廃すべし／天道の機転〔漫〕		×／○
	24	華族の地位		×
	25	官民の間／関所の番士長日を消す〔漫〕		×／○
	26	華族の身代		○
	27	新旧華族の別／南無阿弥陀仏〔漫〕		×／○
	28	朝鮮政府の防穀令		×
	29	男児志を成す難きに非ず／商法の経義解釈〔漫〕		×／○
	31	非内地雑居に反対の運動は如何／京都の市民は何して居やはる〔漫〕		○／○
11	1	銅像開披に就て	福沢諭吉〔演説〕	○
	2	官制改正の発布		×

年	月	日	時事・社説・漫言	紙面記名	全集
明治26／1893	11	3	技師社会		○
		4	製鋼業と技師		×
		5	漁業法制定の必要／調査や調査〔漫〕	福沢諭吉〔演説〕／	○／○
		7	東京商品取引所		×
		8	宗教と慈善		○
		9	施米の貯蓄		×
		10	海軍将校の技倆如何		×
		11	千島艦事件及び領海問題		×
		12	外政に関する注意／金儲は大袈裟にす可し〔漫〕＊		×／○
		14	人生の楽事	福沢諭吉〔演説〕	○
		15	貨幣制度調査会		×
		16	シャーマン法の廃止に就て		×
		17	中央停車場の敷地を予定す可し		×
		18	関税法の改革	合衆国下院議員マクミリン原文〔翻訳〕	×
		19	雑居尚早論に就て	水戸　某	×
		21	京都の大極殿に就て		×
		22	人心帰一の工風は如何		○
		23	行政改革の反対に処する政府の覚悟は如何		×
		24	対議会の決心		×
		25	第五議会		×
		26	敢て非内地雑居論者に告ぐ		○
		28	尚武の弊		×

年	月	日	時事・社説・漫言	紙面記名	全集
明治26／1893	11	29	人間の名誉と言論の自由		○
		30	欧州諸大国は能く其軍備を維持し得可きや	サー、チヤアレス、ヂルク原文〔翻訳〕	×
	12	1	議長不信任の決議に就て／家事不取締〔漫〕		○／○
		2	政府の提出案に就て／悪縁契り深し〔漫〕		×／○
		3	議院の進退如何		×
		5	官紀振粛／取て代わるの新妙案〔漫〕		○／○
		6	地価修正案に就て		×
		7	衆議院議長の懲罰		×
		8	新聞紙条例の改正		×
		9	米国の関税問題／会紀振粛〔漫〕		×／○
		10	地価修正案提出の魂胆如何		○
		12	非内地雑居論の非を論ず／新曾我の一幕東西東西〔漫〕		×／○
		13	城内の用心肝要なり／手鍋を打転ばして鼎に及ぶ〔漫〕		○／○
		14	官紀振粛と地価修正と孰れか重き		○
		15	星議員除名		○
		16	断じて行う可し		×
		17	地価修正と監獄費国庫支弁／耳豪傑目臆病〔漫〕		×／○
		19	議会の始末如何		×
		20	山県伯の帰京に就て／停会／魂消た魂消た〔漫〕		×／×／○
		21	民党政府亦可なり		×

年	月	日	題名	備考	判定
明治26／1893	12	22	大に反省す可し		×
		23	人生恨事多し		×
		24	航海奨励法案		×
		26	官紀振粛に関する勅語に就て		○
		27	解散或は止むを得ざるに至る可し		○
		28	秘密会議となす可し		×
		29	必罰		○
		30	又もや十四日間の停会＊		○
		31	条約改正の目的は一日も忘る可らず／衆議院の解散		×／×
明治27／1894	1	1	新年		○
		2	撰挙競争の新例を望む		×
		3	電話交換を民業と為す可し		×
		5	自転車		×
		6	当局者の決断如何に在り		○
		7	開国進取の主義		○
		9	第五議会小史		×
		10	本軌鉄道と狭軌鉄道	理学士福沢捨次郎	×
		11	政府の責任いよいよ大なり		○
		12	盍ぞ方針を一定せざる		○
		13	理非を論ずるの時に非ず		○
		14	国会の力、以て大臣を動かす可し		○
		16	日本外交の進歩(一七日まで計二回)		○
		18	新聞紙の勢力		×
		19	宝の持腐れ		○
		20	外人の内地旅行		×
		21	議員人撰の標準		×
		23	農商務大臣の更迭		×

年	月	日	題名	備考	判定
明治27／1894	1	24	新議会の性質如何		×
		25	人望回復		×
		26	人心既に倦めり		○
		27	誕生と葬式		×
		28	御結婚二十五年の御祝儀		×
		30	撰挙競争		×
		31	奢侈の風戒しむ可し		○
	2	1	当座と定期		×
		2	私設鉄道の許可何ぞ遅々たるや		×
		3	英国の撰挙規則厲行		×
		4	林政改革		×
		6	部内の排外論を如何せん		○
		7	合衆国財政困難の由来		×
		8	人心の向う所を察す可し／鋳鉄会社の善後法		×／×
		9	進取と平和		×
		10	内務大臣の訓令に就て		×
		11	政論の穏激		×
		13	目的は好し実行は未だし		○
		14	諸老大に奮う可し		×
		15	善後の決心如何		×
		16	民論の反対を恐るる勿れ		×
		17	名美にして実伴わず		×
		18	破鍋に閉蓋		○
		20	銀価の下落に就て		×
		21	条約改正談		×
		22	条約改正と法律の運動		×
		23	条約改正の結果如何		○

年	月	日	時事・社説・漫言	紙面記名	全集
明治27／1894	2	24	印度の銀問題		×
		25	審査規則廃す可し		×
		27	支那人の内地雑居		○
		28	選挙の結果如何		×
	3	1	維新以来政界の大勢(二日(二)、三日(三)、四日(四)、六日(五)、七日(六)、八日(七)、十日(八)、一一日(九)、一三日(十)、一四日(十一)、一五日(十二))		○
		9	大婚の盛典		×
		16	東京の地面		○
		17	金単本位維持の困難		×
		18	議場の体裁／敵なきに戦う／軽卒、卑怯／自尊、自重		×／×／×／×
		20	功臣大同の機会		○
		21	孟買航路(二二日まで計二回)		×
		23	企業は亜弗利加洲に在り		×
		24	終に二大政党に帰す可し		×
		25	奢侈の風		×
		27	水害補助費の支出(二八日まで計二回)		×
		29	新聞記者に告ぐ		○
		30	銀の前途／金玉均氏		×／○
		31	千島の漁猟		×
	4	1	紡績業の保護		○
		3	第六議会		×

年	月	日	時事・社説・漫言	紙面記名	全集
明治27／1894	4	4	汽車発着時間の改正に就て		×
		5	外国航路の保護		×
		6	海外航路に就ての注意		○
		7	国民の体格、配偶の撰択		○
		8	実業界に人なし		×
		10	条約改正の端緒		×
		11	東京に於ける商品取引所		×
		12	株式米穀取引所の増設		×
		13	金玉均暗殺に付き清韓政府の処置		○
		14	先々の先		×
		15	亜非利加に処するの政略		×
		17	小投機を制するは大投機を行うに在り		○
		18	山陽鉄道の設計門司海峡の架橋		○
		19	韓人の治安妨害		○
		20	日本銀行の金を売る可し		○
		21	国民未だ撥乱の思想を脱せず		×
		22	僧侶の兵役免除		○
		24	明治二十七年四月二十二日交詢社大会にて	福沢諭吉演説	○
		25	税権回復		×
		26	一刀両断、事の結末を告ぐ可し		×
		27	感情を一掃す可し		×
		28	開明主義と保守主義の消長		×
		29	代言的政治		×
	5	1	教育制度の改正		×
		2	養蚕の前途危むに足らず		×
		3	一定の方針なし		○

明治27／1894

月	日	題名	備考	
5	4	他を頼みにして自から安心す可らず		○
	5	僧侶の兵役免除に就て		×
	6	ナイアガラ瀑布制馭の大計画(八日まで計二回、七日休刊)	カルチス　ブラウン	×
	9	新聞紙に対する政府の監督		○
	10	新聞紙記事の手心を忘る可らず		○
	11	公議輿論の名実		○
	12	第六議会		×
	13	議会の挙動如何		×
	15	株式の売買		×
	16	日露両国間の航路		○
	17	議会の排外論		○
	18	守らざれば譲る可し		○
	19	北海南島開放問題		×
	20	当局者自から悔悟の実を表す可し		○
	22	社会の弊習は根底より絶つ可し		○
	23	政府の勢力畏るるに足らず		×
	24	官設鉄道払受の計画		×
	25	私設鉄道自由に許す可し		×
	26	養蚕の奨励		○
	27	ペストの防禦に国力を尽す可し		○
	29	地方事業と資本家		×
	30	朝鮮東学党の騒動に就て		○
	31	ペスト予防費の支出		×
6	1	条約改正		×
	2	上奏案の通過		×
	3	蒸気は圧倒せらる可し／衆議院又々解散＊／政府の防禦		×／○／×

明治27／1894

月	日	題名	備考	
6	5	衆議院の解散に就て／速に出兵す可し		○／○
	6	計画の密ならんよりも着手の迅速を願う＊		○
	7	新聞記事取締の注意		×
	8	朝鮮事件と山陽鉄道		○
	9	内閣の奏議と条約改正／支那人の大風呂敷		×／○
	10	排外論者の矛盾／朝鮮の独立と所属と／提灯唐傘の仕入等閑に附す可らず〔漫〕		×／○／○
	12	京城釜山間の通信を自由ならしむ可し／安心しなせい〔漫〕		○／○
	13	彼等の驚駭想う可し		○
	14	支那兵の進退如何／白どんの犬と黒どんの犬と〔漫〕		○／○
	15	密猟の取締		×
	16	韓廷の策略に誤らるること勿れ		×
	17	朝鮮の文明事業を助長せしむ可し		○
	19	日本兵容易に撤去す可らず		○
	20	ペストの予防に就て／白い歯は見せられぬ〔漫〕		×／○
	21	ペスト病原の発見／支那人の勝利疑なし〔漫〕		×／○
	22	国立銀行＊		○
	23	我兵の操練に就き／疫病神の上陸許す可らず〔漫〕		×／○
	24	支那兵増発の目的如何		×

年	月	日	時事・社説・漫言	紙面記名	全集
明治27／1894	6	26	彼れ果して何を為さんとするか		×
		27	朝鮮問題の関係広し／殿様将棋〔漫〕		×／○
		28	支那人の心算齟齬せざるや否や／浮世床の巻舌談〔漫〕		×／○
		29	外国新聞の記事に注意す可し		○
		30	速に韓廷と相談を遂ぐ可し		○
	7	1	釜山京城間の鉄道速に着手す可し		×
		3	大使を清国に派遣するの必要なし		○
		4	兵力を用るの必要＊		○
		5	土地は併呑す可らず国事は改革す可し＊		○
		6	改革の着手は猶予す可らず＊		○
		7	世界の共有物を私せしむ可らず／郵船会社と孟買航路		○／×
		8	改革の目的を達すること容易ならず／西大陸銀貨国の外債／降参の旗章〔漫〕		○／×／○
		10	彼に勝算ありや否や		○
		11	在韓軍人の糧食に就き		×
		12	朝鮮の改革は支那人と共にするを得ず		○
		13	朝鮮の改革掛念す可きものあり／朝鮮の改革委員		○／×
		14	外国の勧告を拒絶して更に如何せんとするか／薬用食用都て寸伯老の医案に適したり〔漫〕		○／○
明治27／1894	7	15	朝鮮改革の手段		○
		17	支那公使と支那兵の退去		○
		18	故岩倉公の紀念に就て		×
		19	袁世凱を退去せしむること容易ならず／英国の商売社会と銀問題		×／×
		20	牙山の支那兵を一掃す可し		○
		21	改革委員の人物如何／改革論果して拒絶せられたり		○／○
		22	支那政府の長州征伐		○
		24	居留清国人の保護／支那朝鮮両国に向て直に戦を開く可し		○／○
		25	大院君出でたり		○
		26	閔族の処分に就て		○
		27	我に挟む所なし		○
		28	支那人に勧告す		○
		29	日清の戦争は文野の戦争なり／大に軍費を醵出せん＊		○／○
		31	平和を破る者は支那政府なり		×
	8	1	満清政府の滅亡遠きに非ず		○
		2	支那人民		×
		4	宣戦の詔勅		○
		5	直に北京を衝く可し		○
		7	教育の改良最も肝要なり／支那軍艦捕獲の簡便法〔漫〕		○／○
		8	日本人の天職		×
		9	必ずしも北京の占領に限らず		○
		10	改革の結果は多数の幸福なる可し		○
		11	取り敢えず満州の三省を略す可し		○

明治27／1894

8	14	軍資の義捐を祈る＊／私金義捐に就て	／福沢諭吉	○／○
	15	人心の変化図る可らず		○
	16	国民一致の実を表す可し		○
	17	曠日瀰久は寧ろ支那人の為めに患う可し		○
	18	軍費支弁に付き酒税の増加		○
	19	外国の仲裁如何		○
	21	砂糖に課税の利害		○
	22	清国当局者の感如何		×
	23	義金の醵出に就て		○
	24	酒税増課の程度		○
	25	酒税増額の結果は下等人民に及ばず		○
	26	英国人の好意		○
	28	日本臣民の覚悟(二九日まで計二回)／条約改正の公布		○／○
	30	護郷団体の組織		×
	31	奉天府に重きを置く所以		×
9	1	私艦		×
	2	半軍人の妨は半医の害に異ならず		○
	4	臨時総選挙		×
	5	従来の対外思想を一掃すべし		×
	6	平和説発生の機会		○
	7	朝鮮の改革に因循す可らず＊		○
	8	富豪大家何を苦んで商売せざる		○
	9	商売人は私情を忍ばざる可らず		○
	11	外国の仲裁と内国の平和説		×
	12	朝鮮の改革難		×

明治27／1894

9	13	大元帥陛下の御進発		×
	14	大決心いよいよ堅し		×
	15	半途にして請和の機会を得せしむ可らず		○
	16	報国会の目的を如何せん		○
	18	平壌陥りたり		○
	19	馬匹の徴発		×
	20	朝鮮の刑罰／清人の驕気／支那将軍の存命万歳を祈る〔漫〕		×／×／○
	21	陸海の捷報		×
	22	海軍大勝利		×
	23	支那の大なるは恐るるに足らず		○
	25	臨時議会の召集		○
	26	英国新聞の所説		×
	27	税源は清酒に在り		○
	28	清国は遽に和議を請わざる可し		×
	29	朝鮮の独立		○
	30	宗教の効能		○
10	2	横浜の小新聞		○
	3	臨時議会と国民の意思		×
	4	出藍の事実		○
	5	従軍夫卒の救護		×
	6	李鴻章の出陣		○
	7	商工社会の警戒		○
	8	経済の安不安如何		○
	9	文明の要素		×
	11	有志の壮丁を使用す可し		×
	12	時日の遅速を云う勿れ		○

年	月	日	時事・社説・漫言	紙面記名	全集
明治27／1894	10	13	外債募集の風説		×
		14	井上伯の朝鮮行		○
		16	井上伯の渡韓を送る		○
		17	経済の無事を維持して果して無事なるを得るや否や		○
		18	経済上の危険		○
		19	兌換制度を破るなからんと欲せば銀券の濫発を慎む可し		○
		20	内債外債共に紙幣濫発の資に供す可らず		○
		21	新公債の利子は人為を用いずして時勢に任す可し		○
		23	臨時議会の閉会		○
		24	朝鮮改革と井上伯		×
		25	報聘大使の来朝／大鳥公使の帰朝		×／×
		26	英国と日本		×
		27	若しも英国の仲裁談あらば		○
		30	天皇陛下の御聖徳		○
		31	行在所		○
	11	1	海上の運動		×
		2	輸出税の廃止		×
		3	朝鮮国の革新甚だ疑う可し／露国皇帝崩御		○／×
		4	英国人の本色を誤解する勿れ		○
		6	朝鮮の警察組織		×
		7	従軍者の家族扶助法		○

年	月	日	時事・社説・漫言	紙面記名	全集
明治27／1894	11	8	十数年来の戦機		×
		9	朝鮮政府は何が故に朴徐輩を疎外するや		○
		11	朝鮮の改革		○
		14	財政の急要（一五日まで計二回）＊		○
		16	大本営と行在所		○
		17	破壊は建築の手始めなり		○
		20	朝鮮の改革その機会に後るる勿れ		○
		21	黄海戦評（二二日まで計二回）		×
		23	朝鮮国の弊事（二四日、二八日計三回）／軍事公債募集の発令		○／×
		25	旅順口の占領		×
		28	支那人容易に信ず可らず		×
		29	軍事公債募集の首尾如何		×
		30	医術の革新		×
	12	1	日米の条約改正		×
		4	和議と休戦		○
		5	台湾割譲を指命するの理由		○
		7	奴婢の事／内官の事		×／×
		8	軍国の急務		×
		9	全国農事大会の決議		×
		11	好機会を空うする勿れ		○
		12	朝鮮人の教育		×
		13	眼中清国なし		○
		14	旅順の殺戮無稽の流言		○
		15	海員掖済会の補助		×
		16	海員の兵役免除		×
		18	降伏を納るるに必要の一事		×

年	月	日	題名	備考	
明治27／1894	12	19	旅順に海底電信を通ず可し		×
		20	媾和の申出甚だ覚束なし		○
		21	請和の覚悟如何		×
		22	第八議会／占領地に定期航海を開く可し		×／×
		25	軍事費の始末と増税問題		×
		26	軍事費の始末と官有鉄道払下		×
		27	支那の分割、止むを得ざる可し		×
		28	我豈に戦を好まんや		○
		30	我軍隊の挙動に関する外人の批評		○
		31	軍事商事必ず併行す可し		○
明治28／1895	1	1	明治二十八年／明治二十八年の御年玉〔漫〕		×／○
		2	媾和使節渡来の説に就て		×
		3	再び全権使節の渡来に就て		○
		4	改革の勧告果して効を奏するや否や		○
		5	朝鮮の改革に外国の意向を憚る勿れ		○
		6	昨年中の帝国議会と将来の政策		×
		8	兵馬の戦に勝つ者は亦商売の戦に勝つ可し		○
		9	戦勝の大利益		○
		10	新領地を御するの方針如何（第一）（一一日第二、一二日第三、一三日第四）	逸田楼主人	×
		15	朝鮮の公債は我政府之を貸附す可し		○
		16	商界独立の主義を論じて国立銀行の事に及ぶ		○
		17	容易に和す可らず＊		○

年	月	日	題名	備考	
明治28／1895	1	18	外国干渉の説、聞くに足らず		○
		20	軽々しく同盟条約を結ぶ可らず		×
		22	東洋の平和		×
		23	戦勝、偶然ならず		×
		24	福沢先生の演説	福沢諭吉演説	○
		25	外債の外に道あり		○
		26	紙幣の氾濫は工業に影響すること大なり		○
		30	貿易の好況		×
		31	媾和の談判如何		○
	2	1	外戦始末論一（二日二、三日三、五日四、六日五、七日六）		○
		2	国会議員中々以て盲聾に非ず〔漫〕＊		○
		3	媾和の談判唯一度に成る〔漫〕		○
		8	社寺廃す可らず		×
		9	航海事業に関する建議の通過		×
		10	局外国の干渉		×
		12	清廷の意向如何		○
		13	延期の不可なる所以は延期論の中に在り		×
		15	威海衛の全勝		×
		16	支那には敗算もなし		×
		17	英国の干渉		×
		19	日本銀行論（二二日まで計四回）		○
		23	日本人と西洋人		○
		24	清朝の覆滅は日本の意にあらず		○
		26	朝鮮国債に就て		×
		27	内乱の心配も無用なり		×

年	月	日	時事・社説・漫言	紙面記名	全集
明治28／1895	3	1	欧洲諸国の忠告／責、李鴻章にあり		○／○
		3	横字新聞一種の論説は信ずるに足らず		○
		5	武士は相見互		○
		6	使節渡来の実相／遼東方面の戦況		○／×
		8	軍備拡張と外交		○
		10	内戦と外戦と		○
		12	義侠に非ず自利の為めなり／償金は何十億にても苦しからず〔漫〕		○／○
		13	朝鮮の近況		○
		14	朝鮮政府の改革		×
		15	北京進撃		×
		16	奉天霊場の安危如何		○
		19	大総督府の前進		×
		20	李鴻章の渡来、媾和の談判		×
		21	支那人の骨、硬軟如何		○
		22	談判の成行如何		×
		23	支那政府の窮策		×
		24	英国軍艦の挙動		○
		26	兇漢小山六之助		○
		28	帝国議会の閉会／私の小義侠に酔うて公の大事を誤る勿れ		×／○
		29	平和の機会未だ熟せず		○
		30	戦勝後の日本人		○
	4	3	休戦条約の締結		○
		4	休戦と平和とは関係なし		○

年	月	日	時事・社説・漫言	紙面記名	全集
明治28／1895	4	5	非英国感情		○
		6	長崎造船所＊		○
		7	臨時検疫所の設置		×
		9	外国人の評判		○
		10	諾否の二字あるのみ		○
		11	虎列刺病と軍隊		○
		12	太平洋の海底電線		×
		13	器械力の電気伝送		×
		14	戦争の功績と外交の伎倆		×
		16	銀本位を固守す可し		×
		17	平和談判の結局に就て		○
		18	大に民論者を用ゆ可し		○
		19	外国干渉の説は無実なり		×
		20	新領地の処分		○
		21	鉄道会の組織を望む		×
		23	明治二十八年四月二十一日交詢社大会演説大意	福沢諭吉演説	○
		25	京浜間の電気鉄道		×
		29	発行停止		○
		30	外交官の苦辛		○
	5	1	万里の長城		×
		2	台湾殖民会社を設立す可し		×
		3	新領地の移住を自由ならしむ可し		×
		4	言行不一致		○
		5	日本人の覚悟		○
		7	他日を待つ可し		○
		8	外交の虚実		○
		9	東京市中の電気鉄道		×

明治28／1895

月	日	題名	備考	
5	10	清国の為めに悲しむ		×
	11	電気鉄道と地価		×
	12	鉄道会に就て		×
	14	平和条約の発表		○
	15	ニカラガ政府の強硬政略		×
	16	外交の利不利		○
	17	台湾割譲の利益		○
	19	蒸気鉄道と電気鉄道との競争		×
	21	遼東半島の一時占領		×
	22	台湾の処分法		○
	23	凱旋を歓迎すべし		○
	24	避病院の設置に就て		×
	25	在野の元老を入れて事を共にす可し		○
	26	同盟国の必要		○
	28	外交の大方針を定む可し		×
	29	製鋼所設立		○
	30	御還幸を迎え奉る		○
	31	国民の不平		○
6	1	唯堪忍す可し		○
	2	捕虜兵の処分如何		○
	4	遼東半島の人民を救恤す可し		○
	5	英露の親交は到底望む可らず	〔プロフェッサーヴァンベリイ論文抄訳〕	×
	6	日清同盟到底行わる可らず		○
	7	元老内閣は官民調和の手始めなり		○
	8	東洋の平和		×
	9	臨時議会を召集す可し		○

明治28／1895

月	日	題名	備考	
6	11	東洋に於ける英露の軋轢		×
	13	国民の感情		×
	14	朝鮮問題		○
	16	国勢の拡張、増税の必要		○
	18	日本の国力は増税の負担に余りあり		○
	19	所謂増税の説取るに足らず		○
	20	大に清酒税を増す可し		○
	21	日本と英国との同盟		○
	22	今後の酒造業		○
	23	英国と新日本(日英同盟論)	〔W・H・ウィルソン論文の要旨〕	×
	25	酒税の納期と収税吏の人選		○
	26	英政府の更迭		×
	27	日本人民とアングロサクソン人種	〔桑港クロニクル新聞要約、H・ハウェルス、G・S・クラーク〕	×
	28	兵士の恩典		○
	29	兵士をして親しく恩典を拝せしむ可し		○
	30	日英同盟論に就て喜ぶ可き一事		○
7	4	英国新内閣の外交略如何		○
	5	朝鮮の独立ますます扶植す可し		○
	6	明治の一美談を添う可し		○
	7	道徳の進歩		○
	9	道徳の標準		○
	10	忠義の意味		○
	13	在韓日本人の取締を厳にす可し		○

年	月	日	時事・社説・漫言	紙面記名	全集
明治28／1895	7	14	朝鮮の処分如何		○
		16	軍艦製造の目的		○
		17	市内の電気鉄道		×
		18	戦勝の結果を収む可し		×
		19	朝鮮人を教育風化す可し		○
		20	増税の決断		○
		21	台湾に屯田兵の組織は如何		×
		23	干渉事件の報告／責任問題		×／×
		24	軍備の充実		○
		25	支那内地の企業を奨励す可し		○
		26	米国に軍艦を注文す可し		○
		27	日本銀行		○
		28	戦後の経済		○
		30	警戒無用		○
	8	1	軍備計画の調査		×
		2	電気鉄道の計画断行す可し		×
		3	戦後の支那人		×
		4	鉄道事変に就て		○
		6	外交費を増す可し		○
		7	投機活発米価騰貴		○
		8	島民の叛抗		×
		9	文部大臣の教育談		○
		11	台湾永遠の方針		○
		13	気候と殖産		○
		14	厳重に処分す可し		○
		15	再び軍艦の注文に就て		×

年	月	日	時事・社説・漫言	紙面記名	全集
明治28／1895	8	17	各地方貯穀の必要		○
		20	勤倹説を説く勿れ		○
		21	勤倹は中人以上の事に非ず＊		○
		22	台湾の豪族		○
		23	台湾遠征軍		×
		24	電気鉄道の哩数に就て		×
		25	事の着手を速にす可し		×
		27	勲功審査		×
		28	鉄道の敷設を自由にす可し		○
		29	他の運を羨む勿れ		○
		30	軍備拡張に対する政府の覚悟如何		○
	9	1	製鋼所並に銑鉄の貯蓄		○
		3	天寿を全うす可し		×
		5	当局者の進退		○
		6	戦わずして勝つ亦一策なり		×
		8	勇を鼓して進む可し		○
		11	自由渡航と定期航海		×
		12	商戦の用意急にす可し		○
		13	政熱の昇降と世間の景気		○
		14	軍備拡張の真意		×
		15	名優アーヴィングの授爵に就て		×
		17	去年今日		×
		18	朝鮮の商売に注意す可し／支那の事情を知ること肝要なり		×／×
		19	キューバの叛乱		×
		20	台湾を経営するに利益損失の念を離る可らず		×
		21	戦功と藩閥		×

明治28／1895

月	日	題名		
9	22	富豪の自衛法		×
	24	株式取引所		×
	25	軍備回復		○
	26	鉄道と電気		×
	27	事実に於て明白なり		×
	28	国論の一致、調和の好機		×
	29	取引所増設す可し		×
10	1	昨今の政党		×
	2	社寺の保存法等閑にす可らず		○
	3	政党の消長		×
	4	富豪大家大に動く可し		×
	5	海陸軍の軽重		×
	6	商業家の熟考を望む		×
	8	軍事公債募集の時機		×
	9	虚栄の煩悩		○
	10	進取の方針		○
	11	世界周航		×
	12	一国の自衛		○
	13	赤十字社の事業／上海紡績会社		×／×
	15	事の真相を明にす可し		○
	16	新外務大臣の任命を望む		○
	17	支那の外交及び貿易		×
	18	僧侶の品行		○
	19	一日も早く実行す可し		○
	20	大に取る可し		×
	23	朝鮮の独立		○
	24	大に散ず可し		×
	26	三浦公使等の処分		×

明治28／1895

月	日	題名		
10	27	自から国力を知る可し		×
	29	対韓貿易		×
	30	今日に処する国民の心得		○
	31	鉄道営業者の覚悟は如何		×
11	1	南征軍の労を謝す		×
	2	商売と文明士人		×
	3	台湾の阿片		×
	5	変後の朝鮮		×
	6	日本鋳鉄会社の末路／北白川宮殿下の薨去		○／×
	7	製艦費奉還		○
	8	私権の安否		×
	9	私権の保護		×
	10	遼東半島還附		○
	12	責任論		×
	13	辞職勧告		×
	14	戦死者の大祭典を挙行す可し		○
	15	自由党と政府の合体		×
	16	鉄道役員の撰定に注意す可し		×
	17	富国の実を発表す可し		×
	19	外交上の八方美人		○
	20	当局者の心事		×
	21	外交と新聞紙		×
	22	自衛の必要		×
	23	アルミーニヤ問題		×
	24	償金の始末		×
	26	総理大臣の進退		×
	27	技師の徳義		○

年	月	日	時事・社説・漫言	紙面記名	全集
明治28／1895	11	28	技師の信用／朝鮮の近事		○／○
		29	官設鉄道の不便		×
		30	私設鉄道の便利		×
	12	1	伊藤総理と自由党		○
		3	世界の外交に入るの機会		×
		4	市区改正事業の進歩如何		×
		5	世界主義と国粋主義		×
		6	独立自衛の精神		×
		7	二十八日の京城事変		○
		8	政治は無試験にて免許を与うべし		×
		10	税源甚だ豊なり		×
		11	責任内閣の時機		×
		12	欧洲航路の開始		×
		13	中途にして面倒を他に分つ可らず		×
		14	〔還暦寿莚の演説〕	福沢諭吉〔演説〕	○
		15	蓄電池	〔エレキトリカルレヴュー〕	×
		17	百聞一見		×
		18	一見万聞		×
		19	秋田県会		×
		20	台湾経営の第一着		×
		21	土耳古に交る可し		×
		22	死者に厚くす可し		○
		24	八方美人は八方に美ならず		×
		25	第九議会		×
		26	欧洲航路の補助		×

年	月	日	時事・社説・漫言	紙面記名	全集
明治28／1895	12	27	三菱社の美挙		×
		28	製鋼事業		×
		29	打勝つ可らざるの国		×
		31	護国心の消長		×
明治29／1896	1	1	明治二十九年一月一日		○
		2	会堂建築の必要		×
		3	人口の繁殖		○
		4	人民の移植		○
		5	植民地の経略は無用なり		×
		7	日本人は移植に適するや否や		○
		8	台湾の騒動		○
		9	教育費		○
		10	英米の紛議		×
		11	伊藤総理の露国行		×
		12	米国の新勢力		×
		14	葉煙草専売法案		×
		15	台湾善後の方針		○
		16	土耳古政局の真相		×
		17	移民と宗教		○
		18	人民の移住と娼婦の出稼		○
		19	増税法案		○
		21	酒造業は充分に保護せざる可らず		×
		22	半島問題と大陸問題		×
		23	朝鮮政府に金を貸す可し		○
		24	新聞紙の自由		×
		25	移民と航海		○
		26	移民の保護		○
		28	政熱の冷却		×

明治29／1896

月	日	題目		
1	29	港湾修築		×
	30	鉄道改良		×
2	2	議会の所見果して如何		×
	4	小党分立ますます可なり／内務大臣の更迭		×／×
	5	英国の挙動如何		×
	6	航海奨励法案		×
	7	台湾島民の処分		×
	8	台湾総督の権限		×
	9	台湾事業の経営		○
	11	修身教科書に関する貴族院の建議		×
	12	軍備拡張の緩急		×
	13	医師の開業試験を簡易にすべし		×
	14	鉄道改良断行す可し／京城の事変		×／○
	15	朝鮮政府の顚覆		○
	16	都制法案の不始末／議会に望む		×／×
	18	子弟の教育		×
	19	陰気なる政論		×
	20	朝鮮新政府の前途		×
	21	血清療法の将来		○
	22	工業の前途		○
	23	海外の新郷里		×
	25	東京の地面／福翁百話　序言(二六～二九日序言、三月一日(一)、四日(二)、六日(三)、一三日(四)、一八日(五)、二〇日(六)、二五日(七)、二七日(八)、二九日(九)、四月一日(十)、三日(十一)、		×／◎

明治29／1896

月	日	題目		
2		七日(十二)、一〇日(十三)、一二日(十四)、一六日(十五)、一九日(十六)、二二日(十七)、二四日(十八)、二六日(十九)、三〇日(二十)、五月三日(二十一)、六日(二十二)、八日(二十三)、一〇日(二十四)、一五日(二十五)、一七日(二十六)、二一日(二十七)、二四日(二十八)、二八日(二十九)、三一日(三十)、六月四日(三十一)、七日(三十二)、一〇日(三十三)、一二日(三十四)、一四日(三十五)、一八日(三十六)、二一日(三十七)、二六日(三十八)、二八日(三十九)、七月一日(四十)、三日(四十一)、五日(四十二)、九日(四十三)、一二日(四十四)、一六日(四十五)、一九日(四十六)、二三日(四十七)、二六日(四十八)、三〇日(四十九)、八月二日(五十)、六日(五十一)、九日(五十二)、一三日(五十三)、一六日(五十四)、二〇日(五十五)、二三日(五十六)、二七日(五十七)、三〇日(五十八)、九月三日(五十九)、九月六日(六十)、一三日(六十一)、二〇日(六十二)、二七日(六十三)、一〇月四日(六十四)、一一日(六十五)、一八日(六十六)、二五日(六十七)、		

年	月	日	時事・社説・漫言	紙面記名	全集
明治29／1896	2		一一月一日(六十八)、八日(六十九)、一五日(七十)、二二日(七十一)、二九日(七十二)、一二月六日(七十三)、一三日(七十四)、二〇日(七十五)、明治三〇年一月三日(七十六)、一七日(七十七)、二四日(七十八)、三一日(七十九)、二月七日(八十)、一四日(八十一)、二八日(八十二)、三月七日(八十三)、一四日(八十四)、二一日(八十五)、二八日(八十六)、四月四日(八十七)、一一日(八十八)、一八日(八十九)、二五日(九十)、五月二日(九十一)、九日(九十二)、一六日(九十三)、二三日(九十四)、三〇日(九十五)、六月六日(九十六)、一三日(九十七)、二〇日(九十八)、二七日(九十九)、七月四日(百))＊		
		26	朝鮮事変の善後策		○
		27	朝鮮平和の維持策		○
		28	酒と酒精		×
		29	酒精の取締法		×
	3	1	支那の運命		×
		3	対朝鮮の目的		○
		4	国勢拡張は百年の業なり		×
		5	中央亜米利加の移住		×

年	月	日	時事・社説・漫言	紙面記名	全集
明治29／1896	3	7	朝鮮の騒動を如何せん		×
		8	台湾処分の方針		×
		10	断髪令を発すべし		×
		11	露清秘密条約に就て		×
		12	農工銀行及び勧業銀行		×
		13	墓地の旧習を改むべし		×
		14	羊毛も免税す可し		×
		15	欧洲線の初航海		○
		17	日本銀行課税＊		×
		18	伊太利の敗北		×
		19	思切て厚うす可し		○
		21	軍備拡張掛念するに足らず		○
		22	復禄法案		×
		24	断じて阿片を厳禁す可し		×
		25	綿花輸入税の免除案		×
		27	朝鮮国王と露国公使／朝鮮の暴徒を鎮圧す可し		×／×
		28	政府の人才		×
		29	議会の閉会		×
		31	台湾の教育		×
	4	1	国家百年の大害を如何せん		×
		2	錬鉄業の計画		×
		3	宗教家大に振う可し		×
		4	軍事公債の不始末と日本銀行		×
		5	日本中心主義		×
		7	自由党の始末		×
		8	朝鮮人自から考う可し		×
		9	政府と自由党との関係		×

明治29／1896

月	日	題名	備考	
4	10	台湾島民の困難		×
	11	虚礼空文		×
	12	七八年後の台湾を思う可し		×
	14	海陸並行		○
	15	政府の対自由党策		×
	17	海軍の任務		×
	18	軍備と実業		○
	19	横浜外人の奇話		○
	21	板垣伯の入閣に就て		○
	22	台湾に公娼の営業を許す可し		×
	23	海軍々人の俸給		×
	25	公債証書を外国に売る可し		○
	26	公債を外国に売るの利益		○
	28	軍人と国家の経綸		×
	29	公共心の濫用		○
5	1	一国の隆替偶然に非ず		○
	2	台湾の鉄道		×
	3	元老保存		○
	5	一種の鎖国説		×
	6	外戦と外交		○
	7	進むの一方あるのみ		×
	8	何ぞ志の小なるや		×
	9	朝鮮に対する政策		×
	10	日清貿易		×
	12	交遊社会を興す可し		×
	13	新法律と旧道徳		×
	14	種痘発明	〔福沢諭吉演説〕	○
	16	朝鮮の独立に執着す可らず		×

明治29／1896

月	日	題名	備考	
5	17	国勢観察の謬見		×
	19	帝室の財産		○
	20	南方進取		×
	22	富豪と社会事業		×
	23	神官無用ならず		○
	24	社会栄辱の権		×
	26	官吏の俸給		×
	27	パスツールの紀念像に義捐す可し		×
	28	郵便税改正の必要		×
	29	帝室所有の株券も売る可し		○
	30	党員の不平聞くに足らず		×
	31	西伯利鉄道効力の半面		×
6	2	教育普及の実		○
	3	女子教育		○
	4	外務の後任に大隈伯		○
	5	朝鮮駐在の守備隊		×
	6	今日の道徳論者		×
	7	台湾教育の方針	碩果生	×
	9	電信の緩慢		×
	10	医師の渡航を奨励す可し		×
	11	鉱山払下に資格は無用なり		○
	13	撰挙法改正の必要		×
	14	貴族の弊害		○
	16	維新第一の勲功		○
	17	芝罘埋立地事件		×
	18	再び帝室の株券に就て		○
	19	市区改正を急ぐ可し		×
	20	市区改正の法律規則		×

年	月	日	時事・社説・漫言	紙面記名	全集
明治29／1896	6	21	海嘯に就て富豪大家の奮発を望む		○
		24	奨励法は奨励法たる可し		×
		25	断じて非奨励法たらしむ可らず		×
		26	マッキンレー氏の当撰		×
		27	目下の急を救う可し		○
		28	本願寺の授爵		○
		30	航海奨励法		×
	7	2	東京日々新聞の航海奨励法論		×
		4	外交向背の機会／東京日々新聞の窮論		×／×
		5	神社仏閣復活の時機		○
		7	朝鮮の前途／日々新聞		×／×
		8	航海当業者		○
		10	全島の醜氛を一掃す可し		×
		11	戦後の貿易		×
		12	華族の商売		×
		14	私権の考に乏し		×
		15	台湾の経営果して如何		×
		17	台湾の方針一変		○
		18	台湾の航海		×
		19	台湾施政の官吏		○
		21	他を入れざれば自から当る可し		○
		22	海軍思想の普及を謀る可し		×
		24	会社の重役		×
		25	断じて在野の元老を入る可し		○
		26	水道水切に付て当局者に望む		×

年	月	日	時事・社説・漫言	紙面記名	全集
明治29／1896	7	28	会社の風紀		×
		29	先ず大方針を定む可し		○
		31	政令に従わざるものは退去せしむ可し		○
	8	2	台湾経営の大決断		×
		4	台湾の経営費掛念するに足らず		×
		5	官設鉄道の売却		×
		7	私設鉄道の監督		×
		8	台湾島民の処分甚だ容易なり		○
		9	大阪人		○
		11	軍備拡張に官民一致		○
		12	非内地雑居の夢		○
		14	戦死者遺族の扶助		○
		15	歳時の行幸／離宮の経営		○／○
		16	紳士の宴会		○
		18	宴会の醜態		○
		19	集会と飲食		○
		21	集会の趣向		○
		22	所得税金額の達に付き		×
		23	社会の交際		○
		25	日本銀行所有の黄金		×
		26	社会の交際に官尊民卑の陋習		○
		28	海軍士官の俸給		×
		29	内閣変動と自由党		×
	9	1	米国の銀論		×
		2	百年の長計を破るものは誰ぞ		○
		4	党閥情実の弊を禦ぐ可し		×
		5	台湾の警察		×

年	月	日	表題	備考	
明治29／1896	9	8	台湾の港湾砲台		×
		9	地方警察		×
		10	人造絹糸掛念するに足らず		○
		11	人造糸と天然糸		○
		12	風紀取締の厲行		×
		15	製造品課税問題		×
		16	小学校の毛筆画		×
		17	自由製造の一項を削除す可し		×
		18	果して決断の勇あるや否や		○
		19	水害調査の必要／総理の親任		×／×
		23	新内閣の組織		○
		24	文部大臣の後任		○
		25	功名大		○
		29	治水の計画急にす可し		×
		30	漁業改良		×
	10	1	予算増額の説に付き		×
		2	三日天下の覚悟亦悪しからず		○
		3	尚武は日本人固有の性質なり		○
		6	軍備拡張は戦争の用意に非ず		○
		7	軍備は海軍を主とす可し		○
		8	海軍拡張の急要		○
		9	海軍拡張の程度と国力		○
		10	鉄道会社の大小		×
		13	戦時に於ける海軍の効用／新内閣の施政方針		○／×
		14	列国海軍現在の勢力		×
		15	世界列国海軍拡張の現状(一六日まで計二回)		×

年	月	日	表題	備考	
明治29／1896	10	16	台湾新総督		×
		17	外交略の説		×
		18	フイリッピン群島の反乱に就て		×
		20	警察の本職		×
		21	警察の改良		×
		22	列国東洋艦隊の勢力		×
		23	手形の流通を盛にす可し		×
		24	海軍拡張の方針		×
		25	海軍勢力の維持		×
		27	先ず朝鮮より始む可し		×
		28	細功を積て大成を期す可し		×
		29	新内閣は実際責任内閣なる可し		×
		30	軍艦の種類及び用途／日清通商航海条約		×／×
		31	製艦の方針(一一月一日まで計二回)		×
	11	3	演説大意〔気品の泉源智徳の模範〕／＊／京釜鉄道	福沢諭吉演説／	○／×
		4	国民納税力の程度		○
		5	大に清酒税を増す可し		○
		6	米国大統領の撰挙		×
		7	増税の結果掛念するに足らず		○
		8	文明世界に国風の独立を許さず		○
		10	不徳と云わんより寧ろ無智なり		○
		11	昨今の政論／日清両国間議定書		×／×
		12	酒税増加は貧民を苦しめず		○
		13	自家用酒を禁ず可し		○
		14	収税吏に高尚の人物を用う可し		○
		17	酒税の納期を延ばす可し		○

年	月	日	時事・社説・漫言	紙面記名	全集
明治29／1896	11	18	酒税増加の決断如何		○
		19	歳入の前途甚だ多望なり		○
		20	地租は容易に増す可らず		○
		21	宮内大臣論の処分／日独条約公布せらる		×／×
		22	軍港及び要港		×
		24	造船及び造兵（二五日まで計二回）		×
		26	漫に忠不忠を言う可らず		×
		27	宮内大臣の進退		×
		28	海岸防禦（二九日まで計二回）		×
	12	1	政客論客の教育		×
		2	行政整理		×
		3	失策は失策として白状す可し		×
		4	言論の自由不自由		×
		5	海軍々人の養成（八日まで計三回、七日休刊）		×
		9	馬関門司を開く可し		×
		10	武尊商卑		×
		11	駐韓公使		×
		12	海軍軍人の始末		×
		15	私設鉄道の許否		×
		16	鉄道許否の方針		×
		17	海軍軍人の待遇		×
		18	孰れか敵にして孰れか味方か		×
		19	官線売却の方法		×
		20	議会の争点		×

年	月	日	時事・社説・漫言	紙面記名	全集
明治29／1896	12	22	今の政党は何の為めに争うか		×
		23	今の長老政客は何故に和せざるか／都会附近の鉄道		○／×
		24	海軍々人の端艇競漕		×
		25	第十議会／東京市内の電話		×／×
		26	勅令第二百四号の廃止		×
		27	予備巡洋艦		×
		29	新聞紙条例改正案		×
		30	官民茶話会		○
		31	海軍予備員		×
明治30／1897	1	1	学生の帰省を送る＊	福沢諭吉（演説）	○
		2	新年の心算		○
		3	楽天主義		×
		5	民論の勝利		×
		6	帝室と国民		×
		7	古風の人物を用う可らず		×
		8	海軍思想を養う可し		×
		9	海軍拡張の国是を定む可し		×
		10	所謂人権問題		×
		12	新人物の登用		×
		13	皇太后陛下		×
		14	御大葬に就て／政党員の去就		○／×
		15	銀行家と企業家と自から区別す可し		○
		16	監獄費国庫支弁と自家用酒の廃止	（東北地方　社友）	×
		17	造船規程		×
		19	議員の歳費を増す可し		×
		20	資本主と職工		○
		21	大赦特赦に就て		○

明治30／1897

月	日	題名	備考	
1	22	職工条例制定の必要ありや		○
	23	芸人の救恤		○
	26	何ぞ大に人権問題を論ぜざる		○
	27	国民の光栄		×
	28	武辺の心得を奨励す可し		○
	29	空威張を止めて実力を奮う可し		○
	30	航海奨励法改正す可し		×
	31	罪囚の赦免／窮民の救恤		×／×
2	2	ペスト恐るるに足らず		×
	3	廃税の決断如何		×
	4	進歩党の紛議		×
	5	御救恤金の処分		×
	6	放免囚徒の始末		×
	7	威厳必ずしも尊栄の資に非ず		×
	9	重役の人撰	大阪　堀井卯之助	×
	10	放免囚と宗教家		×
	11	海軍の経理法		×
	12	海軍の士気を奮励す可し		○
	13	議員買収		×
	14	外交機密費		×
	16	官業の緩慢		×
	17	内国にて軍艦の製造		○
	18	人材登用		×
	19	船員平素の訓練大切なり		×
	20	政策の公示		×
	21	幣制改革		○
	23	政党の運命		×
	24	政党の主義		×

明治30／1897

月	日	題名	備考	
2	25	軍備縮小説に就て		○
	26	露清韓駐在公使		×
	27	官行事業		×
3	2	金本位案提出		○
	3	日土交際		×
	4	議会は幣制案を如何せん		○
	5	山陽鉄道と阪神間の官線／大儲け〔漫〕		×／○
	6	人心の不平		○
	7	不平破裂の時機		○
	9	政治上の不平を如何す可きや		○
	10	海軍当局の人物		○
	11	世界に於ける金の産出		×
	12	クリート事件の成行如何／金案の衆議院通過		○／×
	13	公債募集と租税増収		○
	14	増税の決断如何		×
	16	増税に堪うるの余力あり／目的と結果の齟齬		×／×
	17	水雷艇員の特待法		○
	18	金論の内幕		×
	19	東本願寺騒動の始末		×
	20	定期航海の特別助成金／希臘果して開戦するや否や		×／×
	21	生糸直輸出の奨励／重要輸出品同業組合法案／欧米航路の特定／英国の挙動		×／×／×／×
	23	射的術の奨励		×

年	月	日	時事・社説・漫言	紙面記名	全集
明治30／1897	3	24	十把一束／製茶販路拡張費の補助		×／×
		25	希臘の挙動、列国の去就／会計検査院の争論		×／×
		26	船舶検査と郵船会社の掃除		×
		27	領事の選任に就て／教科書審査会を廃す可し		×／×
		28	農商務省の大改革／衆議院の奏議		○／×
		30	本願寺騒動の鎮撫策／議会の効能		○／×
		31	米国の関税改正に就て／人材登用		×／×
	4	1	理窟のみを恃む可らず／外務省の機密費		×／×
		2	教科書の編纂検定		○
		3	当業者失望す可らず		×
		4	仏教の革新＊(加)		×
		6	外国人と新聞発行／英語研究の必要		×／×
		7	女子の本位如何		○
		8	鉱毒事件		×
		9	政党員の地方官		○
		10	封金制度を廃す可し		×
		11	布哇移住民拒絶事件		×
		13	内務大臣の鉱毒視察／軍艦を派遣す可し		○／×
		14	郵船会社の改革		×
		15	移住民拒絶は無法なり／希土両国の開戦		×／×
		16	鉱毒調査を束縛す可らず／公園の拡張と道路の改良		×／×
		17	鉄道の公私		×
		18	鉄道の敷設と営業		×
		20	毛織物の製造		×
		21	軍馬の養成／希土いよいよ開戦		×／×
		22	技師の責任に就て		×
		23	戦争の成行如何		×
		24	次は外債募集なる可し		×
		25	移住殖民／銀価下落と支那貿易		×／×
		27	文部省の紛紜／東欧問題の成行如何		×／×
		28	大学の始末／露兵傭聘の議に就て		×／×
		29	新人物の採用を躊躇す可らず		×
		30	近東及び遠東		×
	5	1	台湾の難治		×
		4	演劇改良／台湾の軍政民政を区別す可し		○／○
		5	台湾行政の改良		○
		6	台湾の当局者は注意を密にす可し		×
		7	伊藤博文氏の欧行／列国の去就／変死者の始末		×／×／×
		8	営業税		×
		9	米国の関税案／会計検査院の紛議		×／×
		11	日米の交際／台湾土匪の騒動		○／×
		12	東京市に道路なし		×
		13	万国博覧会の出品に就て		×
		14	盍ぞ自家用酒を全廃せざる		×
		15	市区改正の速成を望む		×
		16	民業保護の精神		×

明治30／1897

月	日	題目	
5	18	京都御滞在／日露協商	×／○
	19	監獄改良と共費用の国庫支弁	×
	20	獄政を司法大臣の管轄に移す可し	×
	21	古弗氏の新ツベルクリン	×
	22	罪悪の責任者	×
	25	果して愚狂の実を見る可し	○
	26	台湾の近況	×
	27	台湾当局者の人選＊(加)	○
	28	足尾銅山鉱毒事件の処分／台湾施政の新報道／戸山学校射的場改良	○／×／×
	29	死者の贈位賜金に付き	○
	30	民力の発達と租税の増徴	○
6	1	税法の改正と租税の増徴	○
	2	学術進歩の賜として見る可し	○
	3	陸軍の射的場／巡査の俸給	×／×
	4	人命重し	×
	5	地方富豪家の責任＊(加)	×
	6	銘々釈迦孔子たる可し	×
	8	盍ぞ外債を募集せざる	×
	9	台湾鉄道の保護／国力の増進を謀る可し	×／×
	10	増税の決断	×
	11	台湾総督の地位権限	×
	12	実業社会の風紀	×
	13	政府に統一の実なし	×
	15	宮中府中の別	×
	16	運輸通信事業の不始末	×
	17	台湾施政の革新	○
	18	日本銀行の個人取引	×
	19	米布合併条約	×
	20	当局者の抱負如何	○
	22	英国女皇陛下即位六十年の祝典	×
	23	拓殖務無用	○
	24	米布合併に付き日本の異議	○
	25	対外前途の困難	○
	26	容易に用兵を談ず可らず	○
	27	郵便電信の改良	×
	29	国を開かば大に開く可し	○
	30	戦勝の虚栄に誇る可らず	○
7	1	腹を切らざれば坊主と為る可し	○
	2	老後の思出でに奮発す可し	○
	3	軍備は無用を目的とす可し	○
	4	台湾を如何せん	○
	6	貴族院の価如何	×
	7	同盟罷業	×
	8	外交の運動費	×
	9	西洋書生の共同力	○
	10	財政の始末を如何せん	○
	11	速に伊藤を召還す可し	○
	13	明年度の予算	×
	14	此道路を如何せん	×
	15	通貨の収縮	×
	16	古物保存の要不要	○
	17	日本の進歩見るに足らず	×
	18	西洋書生油断す可らず＊(加)	○
	20	形勢更らに急なり	○

年	月	日	時事・社説・漫言	紙面記名	全集
明治30／1897	7	21	営業税の改正		×
		22	外患未だ去らず内憂来る		○
		23	台湾の事唯英断を待つ＊(加)		×
		24	宗教は経世の要具なり		○
		25	自から時勢を制す可し		×
		27	議会に弄ばるるのみ		○
		28	教育社会の自尊排外熱		×
		29	保守論の根拠		×
		30	外交に党争を入る可らず		×
		31	活発なる楽を楽む可し＊(加)		×
	8	1	日英同盟の説に就て		○
		3	政府の腐敗明に見る可し		×
		4	自から決せざれば自から倒る可し		○
		5	官吏の俸給を増す可し		×
		6	後藤伯／府下の警察		○／×
		7	奮発すること能わずんば退くべし		×
		8	新聞紙の外交論		○
		10	電灯会社の反省を望む		×
		11	政府の病症如何		○
		12	両国橋の変事		×
		13	政府の破壊も止む可らず		○
		14	伊藤板垣を入閣せしむ可し		○
		15	金貨本位の前途		×
		17	伊藤の帰朝		○
		18	台湾総督府官制改正に就て		×
		19	幣制改革と貿易の不平均		×

明治30／1897	8	20	伊藤の帰朝を待つ可らず		×
		21	外交の危機		○
		22	国民の覚悟		○
		24	増税と行政整理		×
		25	行政整理の実は如何		×
		26	勧業銀行の営業		×
		27	幣制改革と産銀地の経済		×
		28	台湾統治の責任を明にす可し		×
		29	台湾の嫌疑事件／私設鉄道の運賃引上げに就て		×／×
		31	台湾の鉄道		×
	9	1	時事新報第五千号／福翁百余話(一)(一二日(二)、一九日(三)、二六日(四)、一〇月三日(五)、一〇日(六)、一七日(七)、二四日(八)、三一日(九)、一一月五日(十)、一二日(十一)、一九日(十二)、二六日(十三)、明治三一年一月一日(十四)、明治三三年一月一日(十五)、一一日(十六)、二一日(十七)、二月一日(十八)、一一日(十九))＊		○／◎
		2	台湾鉄道の事業		×
		3	工業発達の原因		×
		4	宗教は茶の如し		○
		5	拓殖務廃止は手段のみ		×
		7	政府果して決断するか		○
		8	内地雑居の覚悟		○

明治30／1897

月	日	題名	備考	
9	9	整理と統一		×
	10	外国人の内地旅行に付き警察の取締		○
	11	伊藤の入閣を望む		○
	14	明年度の予算		×
	15	文官任用令の改正		×
	16	工務省設置の説		×
	17	浪速艦の帰航		×
	18	富士艦長を歓迎す可し		×
	19	選挙干渉の程度		○
	21	明治三十年九月十八日慶応義塾演説館にて学事改革の旨を本塾の学生に告ぐ	福沢諭吉〔演説〕	○
	22	宗教論に付外国人の誤解		○
	23	逓信事業を独立せしむ可し		×
	24	元老合同の実を収む可し		○
	25	眼前に事の切迫を如何せん／円銀の引換手続及び其期限		○／×
	26	円銀処分法の改正に就て		×
	28	筆法は終始一貫を要す		×
	29	職工条例は翻訳条例なる可し		○
	30	翻訳条例は断じて思い止まる可し		○
10	1	革新の時機		×
	2	台湾の事急なり		×
	3	外交費		×
	5	開国同化は日本の国体に差支なし		○
	6	今後の幣制問題		×
	7	事実を見る可し		○
	8	単に議会の多数のみを恃む勿れ		×

明治30／1897

月	日	題名	備考	
10	9	人を御する馬を御するが如し		○
	10	開放主義今一歩を進む可し		×
	12	政府の近状		×
	13	武官組織不可なり		×
	14	高等法院長の進退		×
	15	日本銀行の独立		×
	16	現今の金利は自然に非ず		×
	17	私利自から公益を離れず		×
	19	怠慢か無能か		×
	20	信用組合の成立を望む		×
	21	鉄工事業に着手す可し		○
	22	内閣の運命迫る		×
	23	教育流毒の結果を如何す可きや		○
	24	古毒治療の手段如何		○
	26	極印付円銀に関する勅令に就て		×
	27	文明先輩の功労忘る可らず／進歩党要求の成行如何		○／×
	28	増税の難易		×
	29	進歩党の挙動		×
	30	調和の外に道ある可らず		×
	31	富士艦の到着に就て／政府の決答		×／×
11	2	大隈の進退／福沢全集緒言　第一（三日第二、四日第三、五日第四、六日第五、七日第六、九日第七、一〇日第八、一一日第九、一二日第十、一三日第十一、一四日第十二、一六日第十三、一七日第十四、一八日〔第十五〕、一九日〔第		○／◎

年	月	日	時事・社説・漫言	紙面記名	全集
明治30／1897	11		十六〕、二〇日〔第十七〕、二一日〔第十八〕、二三日〔第十九〕、二四日〔第二十〕、二五日〔第二十一〕）＊		
		3	軍人の勢力果して大なるか		×
		4	一時の熱に狂す可らず		×
		5	政界動揺の由来		×
		6	波瀾後の覚悟		×
		7	社寺法無用		×
		9	大隈の辞職		×
		10	政局の変化		×
		11	富豪の事業		×
		12	政府の決断		×
		13	政府の前途		×
		14	実業家の軍備縮少運動に就て		○
		16	政府の立脚地		×
		17	決断の足ざらるを掛念するのみ		○
		18	北越鉄道の爆裂事件		×
		19	行政の威厳		×
		20	独逸の膠州湾占領		×
		21	政界の進歩		○
		23	保証準備の制限に就て		×
		24	独逸の挙動		○
		25	内政外交		×
		26	如何にして恐慌に処せん		×
		27	今の政府に対外の覚悟ありや		○
		28	対外の進退／八島艦の着港		○／×

年	月	日	時事・社説・漫言	紙面記名	全集
明治30／1897	11	30	紡績業の前途		×
	12	1	政界の風儀		×
		2	元老は皆政党に入る可し		×
		3	国家の大事、元老の合同		×
		4	元老の責任		○
		5	本願寺の処分		○
		7	血脈と法脈との分離		○
		8	法運万歳の道なきに非ず		○
		9	郵船会社の臨時総会に就て		×
		10	経済社会の危機		×
		11	実業家の運動に就て		×
		12	保証準備拡張の不必要		×
		14	条約実施と法典		○
		15	外交官の責任		×
		16	恐慌憂う可きか		×
		17	郵船会社重役の責任		×
		18	又も予算不成立か		×
		19	日本の文明未だ誇るに足らず		×
		21	当局者に誠意誠心ありや		○
		22	今日は只対外の一事あるのみ		○
		23	更らに当局者の決断を望む		○
		24	全国一致は政府より始む可し／政局の形勢		×／×
		25	政府の解散		○
		26	外資輸入の時機／議会解散／露国の挙動		×／×／×
		28	外資輸入の方法		×
		29	速に決す可し		○

明治31／1898				
12	30	内閣の更迭		×
	31	日本の政界既に薩長なし		○
1	1	明治三十一年		○
	2	同盟罷工の真相		○
	4	大に外資を入る可し		○
	5	福沢先生浮世談（一一日まで計六回、一〇日休刊）／新内閣組織の第一要義	福沢諭吉口述・矢野由次郎速記／	◎／×
	6	応急の用意		×
	7	貨幣法実施の結果		×
	9	変則の立憲政治		×
	12	十四年前の支那分割論		○
	13	支那分割今更驚くに足らず／新内閣の組織		○／○
	14	支那分割到底免る可らず		○
	15	支那分割後の腕前は如何		○
	16	膠州湾の割譲		×
	18	新内閣の前途		×
	19	外国貿易の前途		×
	20	海軍拡張の外ある可らず		○
	21	二億円吝しむに足らず		○
	22	増税の程度／英露の地位		○／×
	23	納税力の余裕／物価の下落と経済社会		○／×
	25	増税の方略		○
	26	専ら酒税に取る可し		○
	27	何故に酒税増加を断ぜざるか／紡績業の前途		○／×

明治31／1898				
1	28	政策の要領を示す可し／増税と減税		×／○
	29	如何にして二億円を得べきや		○
	30	海軍拡張止む可らず		○
2	1	海軍は平和の保証なり		×
	2	新関税則の実施に就て		×
	3	運輸交通機関の不始末は当局者の責任なり		×
	4	漫に不景気を唱うる勿れ		×
	5	会計の独立か事業の払下か		×
	6	台湾の治績		×
	8	儒教主義の本国を見る可し		×
	9	国力増進の一大原因		×
	10	支那償金の延期を許す可し		○
	11	日本銀行の金利引上げに就て		×
	12	中央銀行の金利に就て		×
	13	地方庁の経費を増す可し		×
	15	輸出陶磁器を改良すべし		×
	16	選挙法の改正		×
	17	官吏任免の標準		×
	18	信書秘密の危険		×
	19	工業の前途		×
	20	経済社会は自然に放任す可し		×
	22	日本の農業		○
	23	日本の米		○
	24	豈に啻、米のみならんや		○
	25	商工立国の外に道なし／大院君薨す		○／○
	26	航海奨励の必要／海軍拡張の必要／一円兌換券の存廃		○／○／×

年	月	日	時事・社説・漫言	紙面記名	全集
明治31／1898	2	27	台湾の幣制を一定す可し／郵便貯金奨励法を断行すべし		×／×
	3	1	外交上の進退		×
		2	紡績業者の覚悟如何		×
		3	日本鉄道会社／東京市の小学教育		×／×
		4	市内交通の不完全		×
		5	老物優遇		×
		6	支那米の輸入を謀る可し		×
		8	同盟罷工に処するの道如何		○
		9	日本鉄道会社の改革を望む		×
		10	金利の引上げに躊躇す可らず		×
		11	内地雑居掛念に堪えず		○
		12	排外思想の系統		○
		13	キューバの運命／排外思想と儒教主義		×／○
		15	儒教主義の害は其腐敗に在り／朝野政客の往来		○／×
		16	儒教復活の責は今の当局者に在り／私立学校認可の方針		○／×
		17	我輩は寧ろ古主義の主張者なり		○
		18	宗教に依頼す可し		×
		19	総選挙了る		×
		20	外資の輸入難きに非ず		×
		22	支那人親しむ可し		○
		23	電信の経費を増す可し		×
		24	支那の近状		×

年	月	日	時事・社説・漫言	紙面記名	全集
明治31／1898	3	25	総支配人を置く可し／日本銀行の銀貨準備		×／×
		26	正貨準備の増減		×
		27	人民銀行を設立す可し		×
		29	政府の責任重し		×
		30	政変		○
		31	官吏任用と諸学校		×
	4	1	教員の任用と官私学校		×
		2	宗教に内外を区別す可らず		○
		3	英国の挙動／今の外交の心得は如何す可きや／清麿朝臣の神託〔漫〕		×／○／○
		5	物価の前途／豊太閤紀念祭〔漫〕＊		×／○
		6	操縦者は政府か政党か／奠都の法事〔漫〕	／神田熊八〔漫〕	×／○
		7	制限外発行税を増課す可し		×
		8	予算の削減		×
		9	財政整理の道如何		×
		10	増税の方法／第二の手段〔漫〕		×／×
		12	外債を募集す可し		×
		13	教育の方針		×
		14	空論の時に非ず		○
		15	支那兵大に用う可し		○
		16	支那人失望す可らず／造船奨励の一法		○／×
		17	外交問題に対する政客の挙動		○
		19	民心を激せしむる勿れ／政府と自由党との提携不調		×／×
		20	支那を存するの道なきか／大声の		×／○

明治31／1898

月	日	題名	備考	評価
4		相談は止して貰いましょう〔漫〕		
	21	富豪家自から慎しむ可し		○
	22	対外の硬軟		○
	23	官民一致／児童の喫煙を禁ず可し		×／×
	24	宗教上に統計の必要／米西両国の開戦		○／○
	26	交詢社大会席上に於ける演説／米西両国開戦の影響	〔福沢諭吉演説〕／	○／×
	27	自から自国の地位を認む可し／支那に対して更らに要求す可きものあり		×／○
	28	対韓の方針／速に支那米輸出の禁令を解かしむ可し		○／×
	29	対韓の方略		○
	30	対清要求の理由		○
5	1	東京株式取引所の改造／止むを得ざれば威力を用う可し		×／○
	3	亡命人を帰国せしむ可し		○
	4	朝鮮独立の根本を養う可し／国民の負担		×／×
	5	朝鮮渡行を自由にす可し／増税の断行に躊躇す可らず		×／○
	6	当局者大に奮発す可し		○
	7	フイリッピンの変坐視す可らず		×
	8	澎湖島の防備を厳にす可し		○
	11	鉄道論は秋天の朝晴暮雨に似たり		×
	12	沙市の暴徒／京釜鉄道は朝鮮文明の先駆なり		×／×

明治31／1898

月	日	題名	備考	評価
5	13	財政の方針と経済社会／沙市暴動の始末		×／×
	14	朝鮮に銀行を設立す可し		×
	15	朝鮮移民に付き僧侶の奮発を望む		○
	17	禍を変じて福と為す可し		×
	18	外交の大要を語る可し		×
	19	増税案の提出		×
	20	所得税は断じて増す可らず		○
	21	外資輸入の制限を解く可し／老偉人グラッドストーン		×／○
	22	選挙法の改正		×
	24	増税案の廃棄		○
	25	日英同盟		×
	26	財政前途の困難		×
	27	東洋政略の方針／鉄道国有論の前途		×／×
	28	威海衛の引揚／公債条例の改正		○／×
	29	外資輸入の道／又も上奏案		○／×
	31	同盟と海軍／航海奨励の一法		×／×
6	1	鉄道国有の理由如何		○
	2	飽くまでも酒税増加／航海奨励法の改正		○／×
	3	税源保護／奨励金の増加を制限す可らず		○／×
	4	清酒の保護		○
	5	収税吏の人選最も肝要なり／開国主義の急要		○／×
	7	増税案は死活問題に非ず		○
	8	隔壁を撤す可し／衆議院の停会		×／×

年	月	日	時事・社説・漫言	紙面記名	全集
明治31／1898	6	9	老壮起伏間一髪／経済社会前途の困難		○／×
		10	密造防遏の方法／地価修正		○／○
		11	償金現送に関する注意／解散後の覚悟如何		×／×
		12	政権の維持は政党に依るの外なし		○
		14	政党内閣の初幕を開く可し		○
		15	革新の時機迫る／諸政党の合同		×／×
		16	三十二年度の財政／官民尊卑の考を脱す可し		×／○
		17	政府党組織の好機会		○
		18	政府党の組織／槇田ノブの犯罪に就て		×／○
		19	貿易業者失望す可らず		×
		21	平均政略の妄想／政府党組織の頓挫		○／×
		22	朝野共に決断す可し		○
		23	商工業者は政党に入る可らず／ノブの控訴に就て		×／○
		24	税源選択の順序／新婦難		○／×
		25	藩閥征伐の成行如何		○
		26	米西戦争及びフィリッピン島の始末／外資輸入の困難		○／×
		27	伊藤総理の辞表		○
		28	民党員注意す可し		○
		29	飽くまでも伊藤氏の決心を望む／新内閣の新色		○／○
明治31／1898	6	30	何故に男女を区別するや		×
	7	1	経済財政の方針／福翁自伝（一）（三日（二）、六日（三）、一〇日（四）、一三日（五）、一七日（六）、二〇日（七）、二四日（八）、二七日（九）、三一日（十）、八月三日（十一）、七日（十二）、一〇日（十三）、一四日（十四）、一七日（十五）、二一日（十六）、二四日（十七）、二八日（十八）、三一日（十九）、九月四日（二十）、七日（廿一）、一一日（廿二）、一四日（廿三）、一八日（廿四）、二一日（廿五）、二五日（廿六）、二八日（廿七）、一〇月二日（廿八）、五日（廿九）、九日（三十）、一二日（三十一）、一六日（三十二）、一九日（三十三）、二三日（三十四）、二六日（三十五）、三〇日（三十六）、一一月三日（三十七）、六日（三十八）、一〇日（三十九）、一三日（四十）、一七日（四十一）、二〇日（四十二）、二四日（四十三）、二七日（四十四）、一二月一日（四十五）、四日（四十六）、八日（四十七）、一一日（四十八）、一五日（四十九）、一八日（五十）、二二日（五十一）、二五日（五十二）、二九日（五十三）、		×／◎

明治31／1898

7		
	明治三二年一月一日〔（五十四）〕、五日〔（五十五）〕、八日〔（五十六）〕、一一日〔（五十七）〕、一五日〔（五十八）〕、一九日〔（五十九）〕、二二日〔（六十）〕、二六日〔（六十一）〕、二九日〔（六十二）〕、二月二日〔（六十三）〕、五日〔（六十四）〕、九日〔（六十五）〕、一二日〔（六十六）〕、一六日〔（六十七）〕）＊	
2	民党政府の前途	×
3	政治商売／官吏の任免／日本銀行の公債買入れに就て	×／×／×
5	財政整理の一法	×
6	朝鮮沿海の漁業	×
7	新政府は自から立脚の地を認む可し／露国皇族の御来遊に付き	○／×
8	内助の功を没す可らず＊(加)	○
9	伊藤氏の心事	○
10	米西戦争の終局	×
12	銀行預金の増減	×
13	行政の威信	×
14	民党政府の長所	×
15	銀準備を廃す可し／東京市長	×／○
16	総選挙に就て	×
17	官吏登用法改造す可し	×
19	独逸はフィリッピンを取らんとするか／前警視総監の演説	×／×
20	大改革を断行す可し	×

明治31／1898

7		
21	司法権の独立を維持す可し	×
22	保守論者安心の道＊(加)	×
23	小銀行の合併を望む	×
24	行政改革	×
26	会社重役の行状	×
27	新政党の組織に就て	×
28	経世家の事を行う可し	○
29	爵位勲章の用不用	○
30	新内閣の内情易からず＊(加)	○
31	後を顧みよ＊(加)	×
8		
2	駐米公使の帰国	×
3	政府の基礎甚だ危険なり	○
4	警視庁を廃す可し	×
5	冗員淘汰	×
6	フィリッピン島の処分	×
7	警視庁を廃す可き理由多し	×
9	公債売出しの方法	×
10	政党の輩自から憚る所を知る可し	○
11	又も償金の繰入れか／裁判所の暑中休暇廃す可し	×／×
12	外資輸入と財政整理	×
13	経費の増減	×
14	党員輩は単に党内のみを見る可らず	○
16	外務大臣問題	○
17	逓信事業の収入	×
18	憲政党員に告ぐ	○
19	速に内を始末して外に向う可し	×
20	政党内閣の試験石	×

年	月	日	時事・社説・漫言	紙面記名	全集
明治31／1898	8	21	官有鉄道論		○
		23	勧業債券の募集		×
		24	自家の台所より始末す可し		○
		25	鉄道買収の方法如何／東京市の電気鉄道		×／×
		26	和合か分離か		×
		27	世間の鉄道論		○
		28	投機者流に欺かるる勿れ		×
		30	鉄道買収如何にして行う可きや／改革の進まざる所以		×／×
		31	官有とす可きもの豈に啻鉄道のみならんや		○
	9	1	鉄道官有は空論なり		×
		2	今の政府に分裂の勇気ありや		×
		3	帝国大学の独立		×
		4	責任内閣の実を明にす可し		○
		6	異論あらば論ず可し		×
		7	砂糖と酒		×
		8	繁文縟礼の最も甚だしきもの		×
		9	人望と威信／官業拡張の弊害		×／×
		10	外交は如何		×
		11	増税計画都て非なり		×
		13	免税の実を行う可し		×
		14	広く人材を求む可し		×
		15	財政当局者の迷信		×
		16	交通機関の改修		×

年	月	日	時事・社説・漫言	紙面記名	全集
明治31／1898	9	17	酒精并に外国酒の輸入		×
		18	制限外兌換券の回収		×
		20	貴族院議員の本分		○
		21	政界の近状		×
		22	支那の改革に就て		○
		23	貴族院の効用		×
		24	一切反対／市街宅地税		○／×
		25	支那の政変		×
		27	市街宅地の増税は商工業いじめなり／売薬税		×／○
		28	支那の政変に就て／憲政党の長短		×／×
		29	新関税則の実施／党員の言排斥す可らず		×／×
		30	北京政変の結果に注目す可し／又		×／×
	10	1	物価は大に下落す可きや		×
		2	公債の据置年限		×
		4	小胆政略		×
		5	支那の政変を傍観す可らず		×
		6	市街宅地税と地方財政		×
		7	宗教干渉は断じて止めにす可し		×
		8	北京政変の余波		×
		9	太平洋海底電線に就て		×
		11	各国の水兵北京に入る／日本銀行と大蔵大臣		×／×
		12	支那政変の成行如何		×
		13	良薬は強いて服せしめざる可らず／日本銀行の金利		×／×
		14	日本銀行総裁の権限		×

明治31／1898

月	日	題名		
10	15	日本銀行総裁の後任		×
	16	監獄教誨師問題に就て		×
	18	支那に対する外交		×
	19	外国人と教育		×
	20	憲政党の紛議／日本銀行総裁の選任		×／×
	21	中央銀行の営業法		×
	22	他は見るに足らず		×
	23	酒税徴収の便利は他に見る可らず		×
	25	改正官制の発表		×
	26	政府の元老に告ぐ		×
	27	対清の大方針／英仏開戦の報あらば如何		×／×
	28	政党の眼中、国の大事ありや否や		×
	29	恰も小供の喧嘩に似たり		×
	30	政府いよいよ分裂		×
11	1	憲政の本色に立返る可し／内閣総辞職		×／×
	2	元老の相談		×
	3	超然内閣亦可なり		×
	4	変遷時代		×
	5	政党の輩も自から責を分たざるを得ず		×
	6	只進歩あるのみ		×
	8	政党の立脚地		×
	9	山県内閣		×
	10	憲政の発達に尽力す可し		×
	11	頻繁なる政変		×
	12	国務の渋滞		×

明治31／1898

月	日	題名		
11	13	当局者の進退		×
	15	英国の戦備		×
	16	日本銀行に望む／ソールズベリー侯の演説と山県総理の談話		×／×
	17	軍人優待		×
	18	同盟の利害		×
	19	後日の覚悟		×
	20	米国のフィリッピン併有		×
	22	紡績夜業の休止		×
	23	鉄道馬車賃銭改正の一案		×
	24	保証準備の拡張は不必要なり		×
	25	提携談の不調		×
	26	内閣改造		×
	27	政党の態度を一変す可し		×
	29	提携成る／増税に関する注意		×／×
	30	日清貿易の金融機関		×
12	1	日本銀行課税法		×
	2	政論の一進歩		×
	3	政府果して地租案を提出するか		×
	4	失火の責任		×
	6	少女の賤業を禁ず可し		×
	7	明年度の予算		×
	8	軍備の独立		×
	9	酒税改正に付き		×
	10	地租案の始末		×
	11	葉煙草専売法の改正		×
	13	酒税の決断		×
	14	東京市民奮発す可し		×

年	月	日	時事・社説・漫言	紙面記名	全集
明治31／1898	12	15	姑息の増税は断じて止めにす可し		×
		16	老少更迭の時機		×
		17	日本銀行納付金		×
		18	政論の調子を高む可し／汽車中の演劇		×／×
		20	政府と日本銀行		×
		21	地租案修正と酒税増加		×
		22	輸入葉煙草の専売		×
		23	財政計画に付き政府の責任		×
		24	屯税実施と港湾改良		×
		25	政府の境遇		×
		27	空威張と恐怖心		×
		28	保証準備拡張の結果		×
		29	医師会法案		×
		30	一円兌換券の存廃		×
		31	鉄道官有と財政整理		×
明治32／1899	1	1	明治三十二年		×
		2	年と共に心事を一新すべし		×
		3	宴会の体裁		×
		4	学者士流自から責任を知る可し		×
		5	外資輸入の機関		×
		6	同志社の紛議		×
		7	監獄費国庫支弁		×
		8	鉄道買収価格の標準		×
		9	選挙法改正の主眼		×
		10	政党員の地方遊説		×
明治32／1899	1	11	鉄道官有して行わる可きや否や		×
		12	銀行営業に関する注意		×
		13	家屋税		×
		14	空言益なし		×
		15	ベレスフオード卿来る		×
		16	新政党組織の困難		×
		17	銀行の支店制度		×
		18	増税の正道		×
		19	航海の保護		×
		20	小学校は道路の如し		×
		21	姑息の増税は断じて排斥す可し／仏国の絹布課税案		×／×
		22	太平洋電線敷設の機迫る		×
		23	交通機関に課税す可らず		×
		24	家屋税法案の欠点／郵便電信の直上げに付き		×／×
		25	再び郵便電信の直上げに付き		×
		26	失策の上塗す可らず		×
		27	婦人の海外出稼を自由にす可し		×
		28	絹布税		×
		29	日本男子の品行を如何せん		×
		30	電信料を減ず可し		×
		31	選挙法改正の争点		×
	2	1	日清銀行の設立		×
		2	政府の保証は妄にす可らず		×
		3	鉄道運賃引上げの結果如何		×
		4	日本婦人社会の惨状	〔寄書の紹介〕	×
		5	台湾銀行法の改正／日本の電信料		×／×

明治32／1899

月	日	題名	筆者	判定
2		果して安きか		
	6	富豪家の楽		×
	7	貿易拡張の方法		×
	8	製鉄所経費の追加		×
	9	商法と鉄道		×
	10	郵便賃の直上		×
	11	紡績会社の配当		×
	12	台湾事業公債		×
	13	鉄道官有に関する政府の決心如何		×
	14	宅地組換に関する注意／議員の歳費増額〔漫〕		×／×
	15	差当り遊廓の始末を如何／災費むしり取り案の説明〔漫言〕	／三百一番議員〔漫〕	○／×
	16	印刷料紙輸入税廃止の理由		×
	17	非文明主義		×
	18	先ず表面の醜態を慎む可し／一つ穴の貉じやあるめえ〔漫〕	／一言奈加郎〔漫〕	○／×
	19	学生の風儀に付き		×
	20	輿論の軽重／仏国大統領の死去		×／×
	21	日本政党界の自新		×
	22	政党の新題目		×
	23	台湾銀行は政府の金融機関なり		×
	24	銭の軽重		○
	25	日本銀行の特権と義務		×
	26	警察の敏活を望む		×
	27	京釜鉄道の速成を望む		×
	28	動産銀行と興業銀行		×
3	1	米国航路に注目す可し		×

明治32／1899

月	日	題名	筆者	判定
3	2	日本銀行重役の職制		×
	3	償金残額の処分法に付き		×
	4	動産銀行法案に対する政府の覚悟		×
	5	福沢先生近著女大学評論及び新女大学の序／又	〔福沢〕一太郎／石河幹明	○／○
	6	支那の門戸		×
	7	鉄道の虐使		×
	8	朝鮮の移民		×
	9	外債募集の注意		×
	10	外交は甚だ微妙なり		×
	11	政党の品位		×
	12	財政の基礎果して鞏固なりや		×
	13	朱引外埋葬の禁止		×
	14	対岸地点の借受を要求す可し		×
	15	韓民子弟の教育		×
	16	外交当局者の奮発を望む		×
	17	外交当局者の無能		×
	18	勧業銀行		×
	19	支那貿易拡張の好時機		×
	20	日本の独立を如何せん		×
	21	鉄道の賃銭引上に対する政府の責任		×
	22	日本の輸出貿易と米国の経済社会		×
	23	内外商人の社交		×
	24	日本婦人は雑居の暁に注意す可し		×
	25	国民生存の基礎		×
	26	巡査の境遇		×
	27	人心振わず外交を如何せん		×
	28	演劇の醜態その儘に差置く可らず		×

年	月	日	時事・社説・漫言	紙面記名	全集
明治32／1899	3	29	政党員の地方遊説		×
		30	鉄道の監督を厲行す可し		×
		31	今の政界		×
	4	1	国有林野の処分／女大学評論（一）（二日（二）、六日（三）、九日（四）、一三日（五）、一六日（六）、二〇日（七）、二三日（八）、二七日（九）、三〇日（十）、五月四日（十一）、七日（十二）、一一日（十三）、一四日（十四）、一八日（十五）、二一日（十六）、二五日（一七）、二八日（一八））＊		×／◎
		2	東西同化		○
		3	政府国の余毒		×
		4	職工の待遇に注意す可し		×
		5	警視庁の世間知らず		×
		6	職工優待の方法		×
		7	表面の体裁より始む可し		○
		8	世論何ぞ冷淡なる		×
		9	日本銀行の公債買入		×
		10	学生の品行		×
		11	日本の真相を外国に知らしむるの必要		×
		12	警察の取扱		×
		13	市会の面目を如何せん		×
		14	日本銀行の支店増設		×
明治32／1899	4	15	外債募集の困難なる理由		×
		16	対清の問題		×
		17	外国人と普通教育		×
		18	非常準備基金の運用法		×
		19	口を外国に藉る可らず		○
		20	小学教育費補助の方法		×
		21	閣外の元老傍観す可らず／生前に思いを運らす可し		×／×
		22	預金利子の引下／世間の親心		×／×
		23	司法官と外国語／原因は上流の男子に在り		×／×
		24	女大学の流毒		○
		25	英露協商に就て／男子征伐		×／×
		26	内外人共同の事業を起す可し		×
		27	女子教育の方法		○
		28	私立学校令の精神／万国婦人大会／新橋の開橋		×／×／×
		29	会社設立の自由／洋学書生警しむ可し		×／×
		30	酒造組合規則に就て		×
	5	1	東京の築港／日本商人の行状		×／×
		2	英露協商成る／醜行官吏の排斥		×／×
		3	私立学校を官立視す可らず／無教育は男子に在り		×／×
		4	勧業債券発行の困難		×
		5	英露協商の結果／縁談の条件		×／×
		6	英露協商と東洋の平和／妾腹の子／婚姻は強う可らず		×／×／×

明治32／1899

月	日	題名		評価
5	7	所得税法改正の影響		×
	8	軍備と外交／家風と国風		×／×
	9	日本経済の前途／家計に秘密ある可らず		×／×
	10	外交上に警しむる所を知る可し		○
	11	正貨保有は愚策なり		×
	12	税源保護の手段に注意す可し／先輩の〓〔顰〕に倣う可らず		○／×
	13	政党運動の方針／人間の交際		×／×
	14	海軍の要素		×
	15	関税収入の増減		×
	16	政党振わず／婦人の懐剣		×／○
	17	日本銀行課税の負担と営業方針／孰れが通にして孰れが野暮		×／×
	18	耶蘇教の不振		×
	19	多年来の苦心尽力を如何せん／家内の平和は如何		×／×
	20	中央銀行前途の困難		×
	21	輸出羽二重に就て		×
	22	社会の品位		○
	23	支那分割は未来の問題に非ず		×
	24	外国貿易の前途／儒毒一洗		×／×
	25	平和的戦争		×
	26	開国進取は果して国是なるか／醍醐家の惨事に就き		×／×
	27	外債募集の条件如何／外聞を憚る可し		×／×
	28	輸入葉煙草の取扱法		×

明治32／1899

月	日	題名		評価
5	29	法典研究の必要		○
	30	国民の体力		○
	31	悪弊改良の手段		×
6	1	外債発行条件の当否如何／新女大学（一）（四日（二）、八日（三）、一一日（四）、一五日（五）、一八日（六）、二二日（七）、二五日（八）、二九日（九）、七月二日（十）、六日（十一）、九日（十二）、十三日（十三）、一六日（十四）、二〇日（十五）、二三日（十六））＊		×／◎
	2	浮世絵をして写実画たらしむる勿れ		×
	3	新外債の発行法		×
	4	華族に告ぐ		×
	5	改選後の市会／難兄難弟		×／×
	6	外債収入の回収法		×
	7	朝鮮の鉄道		×
	8	新政党組織の余地あり		×
	9	内地雑居と権利思想		×
	10	女子と金銭の取扱い		×
	11	外債発行の結果		×
	12	東京市の財政		×
	13	支那人の雑居問題		×
	14	支那人歓迎す可し／日本銀行予備券の紛失		×／×
	15	平和会議の結果如何		×
	16	封金主義／一歩を退く可し		×／○
	17	僧侶輩悟るか悟らざるか		×

年	月	日	時事・社説・漫言	紙面記名	全集
明治32／1899	6	18	工業試験所の経費		×
		19	何ぞ私立学校を設けざる		×
		20	教育に対する政府の本分		×
		21	朝鮮の近状		×
		22	商法実施と生命保険		×
		23	豊国炭坑の惨事		×
		24	外資輸入の標準		×
		25	内安外競		×
		26	ハインリヒ親王殿下の御来遊／図案科の新設に就て		×／×
		27	支那に織物の販路を開く可し		×
		28	外債と外交		×
		29	米国の大統領改選と日米貿易		×
		30	支那人の内地雑居（七月一日、三日計三回）		×
	7	2	北海道拓殖銀行の創立／改正条約実施に関する詔勅并に訓令		×／×
		3	支那人の内地雑居		○
		4	学校の特権		×
		5	日清貿易の金融機関		×
		6	文部大臣の責任		×
		7	新政党いよいよ現わる		×
		8	父兄の心得		×
		9	学校衛生		×
		10	利害必要の如何を見る可きのみ		×
		11	公債整理の方針		×

年	月	日	時事・社説・漫言	紙面記名	全集
明治32／1899	7	12	婦人の生意気は鳥なき里の蝙蝠のみ		○
		13	私立学校令は思い止まる可し		×
		14	私立学校令の精神		×
		15	私立学校令と宗教		×
		16	日本流か西洋流か		○
		17	新条約実施		×
		18	西洋流か日本流か		○
		19	庶子私生児を厚遇す可し		○
		20	国法を励行す可し		○
		21	官立学校の増設		×
		22	炭山保安の必要		×
		23	鉱山監督の責任		×
		24	炭山保安の設備		×
		25	宮内大臣の告諭に就て		○
		26	会社の改革運動		×
		27	幼弱者の保護に注意す可し		○
		28	政党改造の方法如何		×
		29	所謂八年計画の否決		×
		30	政府は民業の競争者に非ず		×
		31	宗教に関する規定		×
	8	1	外人の土地所有は如何		×
		2	小学教育より改むべし	クィーンスランド豪洲生	×
		3	新条約実施に付き		×
		4	羊質虎皮		×
		5	博物館等の拡張を図るべし		×
		6	私家陳列所を開設す可し		×
		7	横浜港設備の改良		×

明治32／1899

月	日	題名		
8	8	日露の関係		×
	9	人の妾たるものも大に考えざる可らず		○
	10	文部省の方針		×
	11	政党事情		×
	12	改革運動と株主の怠慢		×
	13	外交上に於ける人民の心得		×
	14	男子たるものも大に注意す可し		○
	15	横浜の騒動に就て		×
	16	好機逸し易し／米国の槇田ノブ		×／×
	17	横浜の火災と水道		×
	18	市街鉄道の発起に付き		×
	19	東京市の小学教育		×
	20	無益の手数を省く可し／郵便局内の窃盗		×／×
	21	外人の内地雑居		×
	22	提携の趣意		×
	23	富豪家大に奮う可し		×
	24	富豪家大に散ず可し		×
	25	刑法改正案		×
	26	軍人教育と宗教		×
	27	ミラー事件の宣告に付き		×
	28	高等女学校の設立		×
	29	教育の奨励		×
	30	経世の二大事業／厦門暴動事件		×／×
	31	排外主義の一例		×
9	1	小伝次の死去に就て		×
	2	九鉄会社の改革運動		×

明治32／1899

月	日	題名		
9	3	巡査の特典		×
	4	信仰上に取締を要するものあり		×
	5	免囚保護		×
	6	京釜鉄道の計画／妾宅の広告		×／×
	7	東西鉄道の相違		×
	8	人身自由の保障		×
	9	鉄道改良と世論		×
	10	赤痢予防策を講ず可し		×
	11	市街鉄道敷設の条件に就て		×
	12	仏教興隆の説に就て（一三日まで計二回）		×
	14	清僧大に奮発す可し		○
	15	予防法の励行		×
	16	水火の災害		×
	17	トランスヴァール事件		×
	18	予防費支出の途あり		×
	19	電報の遅滞		×
	20	貿易視察官を設置す可し		×
	21	先ず官線より改む可し		×
	22	地主の覚悟如何		○
	23	厦門の人心		×
	24	郵船会社の補助金		×
	25	府県会議員の選挙		×
	26	清僧の旗上げ		×
	27	東京市の財源／充分の監督権を与う可し		×／×
	28	体育奨励		×
	29	市会議員の市有説／陸運の不便		×／×

年	月	日	時事・社説・漫言	紙面記名	全集
明治32／1899	9	30	在野党の挙動		×
	10	1	亜米利加丸事件		×
		2	小供を街路に遊ばしむ可らず		×
		3	鉱山の開放／近来の珍事		×／×
		4	北清航路の拡張		×
		5	外事に注意すべし		×
		6	金融界の前途		×
		7	紳士頂門の一針		×
		8	東西美醜の相違		×
		9	日本鉄道の大変事／警官奨励の方法		×／×
		10	下水の改良		×
		11	会社は死傷者に対して厚く贈与す可し		×
		12	禽獣にも劣れり／警察賞与規則		×／×
		13	世界の好況と我国の商売／公使の更迭		×／×
		14	仏国の前途／身後の工風如何		×／×
		15	商業会議所の軽重／鉛製白粉を禁ず可し		×／×
		16	馬山浦事件		×
		17	庶子の待遇／市街鉄道問題の決定		×／×
		18	各宗の腐敗孰れか最も甚だしきや		○
		19	一刀両断の決議を要す／醜行男子に告ぐ		×／○
		20	八年計画よりも急なるものあり／蓄妾男子尚悟らざるか		×／×

年	月	日	時事・社説・漫言	紙面記名	全集
明治32／1899	10	21	学校系統の不完全		×
		22	今更ら動力調査とは何事ぞや		×
		23	学校系統不完全の事例／火事の用心		×／×
		24	学校系統不完全の一例		×
		25	海外の企業		×
		26	学校系統改正の二要点		×
		27	学校系統の改正		×
		28	救世の本意を覚悟す可し		×
		29	米国目下の政治問題	米国 社友某	×
		30	市民の利害を軽視す可らず		×
		31	共に進む可し		×
	11	1	生糸貿易の変遷		×
		2	平時に於ける軍艦の効用		×
		3	聖徳の広大無窮を祈る		×
		4	レパブリカン党の地位	米国 社友某	×
		5	伝染病取締上の注意		×
		6	贋造薬品の取締を厲行すべし		×
		7	薬品取締法の改正		×
		8	薬品調査委員会設立の必要		×
		9	陸軍の演習と地方人民／銀行会社にも恩給法を設く可し／地球破滅予防法〔漫〕	／／大山法印〔漫〕	×／×／×
		10	仏書の研究よりも急なるものあり		×
		11	トランスヴァール事件と列国の挙動		×
		12	教育制度調査会を設置す可し／僧侶の礼遇／金儲の御相談〔漫〕	／／小河理学士〔漫〕	×／×／×
		13	織物業に注目す可し		×
		14	ペストの発生／東京と大阪／道路	／／左官の辰五	×／×／×

明治32／1899

月	日	題名	筆者	判定
11		民設会社発起の趣意〔漫〕	郎〔漫〕	
	15	英阿事件と世界の経済	米国　社友某	×
	16	鉄道買収は国利民益を犠牲にせざれば行わる可らず		×
	17	京釜鉄道の速成を望む／更らに進一歩す可し		×／×
	18	公認教の運動に就て／市政の統一		×／×
	19	形勢切迫		×
	20	日本国民猛省す可きものあり		×
	21	絹布貿易の障碍		×
	22	全市に大清潔法を断行す可し		×
	23	日印紡績業の相違／日米風俗の相違		×／×
	24	東京市の水道(二五日まで計二回)／各種専門学校の増設		×／×
	26	生糸絹物業者警戒の時期		×
	27	農業の前途		○
	28	仏門革新の時機		×
	29	金貨吸収の競争		×
	30	鉄道の普及と改良		×
12	1	当局者狼狽する勿れ／兌換手数料徴収の説に就て		×／×
	2	鉄道監督難／株式市場の大波瀾		×／×
	3	政党新造		×
	4	米仏互恵条約に対するの処置／兌換代理を復旧す可し		×／×
	5	鉄道に対する政府の無政策		×
	6	日露の関係		×
	7	鉄道の発達は自由競争に在り		×

明治32／1899

月	日	題名	筆者	判定
12	8	選挙法改正／清潔法か不清潔法か		×／×
	9	西洋人所信に忠なり		×
	10	対外難		×
	11	先ず官設鉄道を売却す可し		×
	12	官設鉄道売却の方法		×
	13	紡績業の前途注意を要す可きものあり		×
	14	綿織物の発達に就て		×
	15	宗教法案／狼狽の余症		×／×
	16	貯蓄銀行預金運用に関する法律案／ペスト予防に付き注意を望む		×／×
	17	南阿の発達に注目す可し／原料品の消毒		×／×
	18	支那開導の一策		×
	19	日本の米作は永遠の業に非ず		×
	20	南阿の英軍／盃の献酬を止めにす可し		×／○
	21	米人の気風		×
	22	露国沿岸の漁業規則改正に就て		×
	23	機織業の普及		×
	24	京釜鉄道の補助		×
	25	タイムスの絶東論に付き		×
	26	醜行男子尚お悟らざるか		○
	27	米国の海運問題	米国　社友某	×
	28	鉄道国有論の根を絶つ可し		×
	29	先進織物業者奮発す可し		×
	30	外交機関の整備		×
	31	政局変化の想像		×

年	月	日	時事・社説・漫言	紙面記名	全集
明治33／1900	1	1	明治三十三年		×
		2	宗教上の封建制度を破却すべし		×
		3	対韓方針		×
		4	いよいよ海軍の必要を見る可し		×
		5	遊廓の移転		×
		6	北清航路の補助		×
		7	米国の支那開放主義	在米国　社友某	×
		8	消毒機関の設置		×
		9	東清鉄道と不凍港		×
		10	家庭教育に付き		×
		11	人気の赴く所を見る可し		×
		12	米国鉄道経済の実況（一）（一三日（二）、一四日（三））	米国　社友某	×
		15	経済事情如何		×
		16	富豪家の事業		×
		17	通貨の伸縮を自然にす可し		×
		18	東京市の設備		×
		19	経済病の軽重		×
		20	僧侶の運動		○
		21	親鸞主義の復活		○
		22	仏教界の革命		×
		23	西比利亜の発達に注意す可し／鉄道馬車の運転停止		×／×
		24	欧米経済上の一問題	米国　社友某	×
		25	人か犬か		×
		26	太平洋電線の沈設／清帝廃立の説		×／×
明治33／1900	1	27	京釜鉄道を如何せん／鉄道事変に付き		×／×
		28	日本の女子には身体生命の保証なし／工業教育の奨励		×／×
		29	喫煙禁止法案に就て		×
		30	支那事変／総裁公選		×／×
		31	鉱業条例の改正		×
	2	1	忠孝国の腐敗		×
		2	老壮交代／大元帥陛下の御服装		×／×
		3	海事思想の奨励法		×
		4	鉄道国有案／選挙法の修正		×／×
		5	政府果して鉄道買収を行わんとするか／在布哇日本人民の損害／学生の争闘に付き		×／×／×
		6	政府は鉄道買収の責任を負うの覚悟あるか／再び太平洋電線沈設に付き		×／×
		7	英国戦時の経済	米国　社友某	×
		8	当局者の眼中には鉄道買収の外に重要の国事なきか		×
		9	最も恐る可き弊害は政党の関係に在り／鉄道営業法案		×／×
		10	芝居の時間		×
		11	政府の歴史に一大汚点を遺す可し／支那沿岸及び河湖の航路		×／×
		12	御結婚の御約束に付き／無算無謀		×／×
		13	馬関海峡の交通／肩書の切棄		×／×
		14	鉄道国有及び買収法案／政党と鉄道		×／×

明治33／1900				
2	15	宴席の給仕人／小劇場に廻舞台を許す可し		×／×
	16	鉄道法案は空証文のみ／馬車の昇降		×／×
	17	鉄道買収法は国の大事を誤るものなり／電話使用料は郵便切手を用ゆ可し		×／×
	18	寧ろ無気無力を憐れむのみ／国庫金取扱に関する英米法の比較	／米国　社友某	×／×
	19	演劇の趣向／鉄道馬車の夜中運転		×／×
	20	一円紙幣の払底／論功行賞		×／×
	21	断然否決す可し／商品の排列に注意す可し		×／×
	22	国庫金の運用		×
	23	仏教の根底／トランスヴアールの外交		×／×
	24	議会の腐敗憂うるに足らず		×
	25	トラスト組織の利益を見る可し／英徒戦争の視察に勉む可し／今日の修身処世法を如何す可きや	米国　社友某／／	×／×／×
	26	道徳の進歩		×
	27	独立自尊		×
	28	布哇居留民の損害賠償／紡績業のトラスト／外人と車夫		×／×／×
3	1	自労自活／南阿の戦局		×／×
	2	飽くまでも窮追す可し／地方遊説に就て		×／×
	3	レデースミスの連絡／朝鮮の渡航を自由にす可し／東京市民の損亡		×／×／×

明治33／1900				
3	4	養子の法廃す可し／海外商業の通信機関／芝居の税金	／米国　社友某／	×／×／×
	5	欧米信用制度の基礎／筋書を清潔にす可し	米国　社友某／	×／×
	6	宴会の趣向／富士牧狩大遊猟会		×／×
	7	女子教育の第一着歩／再輸出の束縛を解く可し／南阿の戦況		×／×／×
	8	天皇陛下の御祝電／清韓渡航に関する訓令／市中の汚物掃除法に就て		×／×／×
	9	海上学校／鉄道の轢死		×／×
	10	正貨の流出に就て／市街鉄道問題の速決を望む		×／×
	11	御慶事の奉祝に付き／輸出品の商標		×／×
	12	日本の憲政尚お変則を免かれず／併行線許す可し／ブアーの潰敗		×／×／×
	13	実業学校の設備／予め喫煙禁止を注意す可し		×／×
	14	米国鉄道会社の美風／大阪の兇漢	米国　社友　某／	×／×
	15	英国の苦心は撥乱反正の時に在り／海軍の精神		×／×
	16	御慶事の紀念／市債を起すの外なし		×／×
	17	心身の独立／掏児の跋扈		×／×
	18	自尊自重／馬匹改良の速成を望む／紐育銀行社会の問題	／／米国　社友某	×／×／×
	19	外交と金／小銀行の簇生		×／×
	20	産業組合法の施行／日比谷公園		×／×
	21	東西社交の相違／学制調査会の組織		×／×

年	月	日	時事・社説・漫言	紙面記名	全集
明治33／1900	3	22	英国の公債米国の応募／道路の取締を厳重にす可し		×／×
		23	墓地の膨脹／市内の電話		○／×
		24	爵位の利用		○
		25	米国銀行制度の特色／動物園	米国　社友某／	×／×
		26	地方出身の議員に望む		×
		27	官吏の俸給／街灯を増設す可し		×／×
		28	外交官の俸給／補助貨の欠乏		×／×
		29	朝鮮に対する露国の要求／改良道路の見本を示す可し		×／×
		30	処世の勇気／電話拡張費の繰上		×／×
		31	制限外の発行と金利引上の効用		×
	4	1	日本人の服装／輸出品製造家の注意		×／×
		2	政党員入閣の要求／朝鮮問題の落着／雪掻き料三十二万円		×／×／×
		3	処世の智力		×
		4	戦争と馬匹／遊廓娼妓の広告／回遊列車と速力		×／×／×
		5	華族の取締		×
		6	射的の奨励／郵便為替券を当座預金に受入る可し		×／×
		7	森林の濫伐と石炭の需用／犬殺の取締		×／×
		8	男尊女卑は野蛮の陋習なり／国際金融上の連絡	／米国　社友某	×／×
		9	日本人の品行		○

年	月	日	時事・社説・漫言	紙面記名	全集
明治33／1900	4	10	断じて恕す可らず／支那に於ける学校新聞の経営		○／×
		11	無事平穏／給水の普及		×／×
		12	小学校令の改正／電話交換所の設備		×／×
		13	人口の繁殖多々ますます可なり／鉄道規程の調査に就て		×／×
		14	制限外発行制		×
		15	最後の決戦		×
		16	国家主義と個人主義		×
		17	漢文／外人案内者の取締		×／×
		18	今の宴会は封建時代の陋習なり		○
		19	学校の試験／何故に鉛白を禁ぜざる		×／×
		20	戦争に対する列国の態度		×
		21	富豪家の智徳		×
		22	先ず宴席の順序を改む可し／英国軍事公債募集の結果	／米国　社友某	×／×
		23	所謂勤倹貯蓄の説		○
		24	勤倹貯蓄の人民／電話の売買譲渡の取締		○／×
		25	老論跋扈		○
		26	資本共通の道を講ず可し		×
		27	一種の鎖国論		○
		28	近時の流行／交際の虚礼		○／×
		29	富豪用財の法		×
		30	米国大統領の改選問題	米国　社友某	×
	5	1	学俗交通／巡査の兇行に就て		×／×
		2	今日と為りては如何		×
		3	其醜を見ずして其美を見る可し		×

年	月	日	題目	筆者	印
明治33／1900	5	4	自利利他の道理を忘るる勿れ／再び鉛白の禁止に就て		×／×
		5	寺と檀家との関係		○
		6	目下の不景気恐るるに足らず		
		7	猫の同類たる勿れ		○
		8	トラスト問題に関する日米両国事情の相違	米国　社友某	×
		9	地方に於ける元老の挙動		○
		10	帝室の御慶事		×
		11	米国経済社会の前途と大統領改選運動	米国　社友某	×
		12	御慶事後の政界		×
		13	小学教員の不足		×
		14	女子に自労自活の道を得せしむ可し		×
		15	黄金貴ぶに足らず／小田原電車の破壊		×／×
		16	今回の恩賜に付き福沢先生の所感	石河幹明	○
		17	干渉政略の応報		×
		18	祭礼と醜業婦		×
		19	図書館の設置		×
		20	福沢先生の恩賜に就て	地方　塾員某	×
		21	東京市の工事		×
		22	修身道徳の主義		○
		23	ペストと商業貿易との関係		×
		24	紡績業の流動資本／迷信打破		×／×
		25	速に条約を改正す可し／商業会議所連合会の決議		×／×
		26	元老に望む		○

年	月	日	題目	筆者	印
明治33／1900	5	27	速に土地を開放す可し		×
		28	並行線の不許可／市公債募集の議決		×／×
		29	世界経済の大勢　其一、列国経済の実況并に経済政策の方針	米国　社友某	×
		30	清韓の近事に付き		×
		31	対清の処置		×
	6	1	更らに元老に望む／大日本連合端艇競漕会		○／×
		2	政界の動揺其原因何くに在るや		○
		3	世界経済の大勢　其二、国際間の金融に及ぼしたる影響　其三、国際金融市場の前途	米国　社友某	×
		4	速に特別税を許可す可し		×
		5	官吏の増給に就て／山県総理の決断を望む		×／×
		6	学生の風儀を如何せん		×
		7	元老既に老いたり／極東の事情と政局の動揺		○／×
		8	対清の処置を提議す可し		×
		9	南阿戦争の終局		×
		10	肺病治療法の懸賞／市街鉄道の許可		×／×
		11	図書館設置に付き		×
		12	速に陸兵を送る可し		×
		13	清国出兵と政府の外交		×
		14	宗教家その慎む所を知る可し		×
		15	外交の当局最も大切なり		×
		16	海軍協会の設立を望む／北京天津間の交通		×／×

年	月	日	時事・社説・漫言	紙面記名	全集
明治33／1900	6	17	我国の出兵に就て		×
		18	列国の共同		×
		19	戦端開けたり		×
		20	在北京列国官民の安否如何		×
		21	国の為めに戦死者に謝す／外国負傷兵の治療		○／×
		22	目的は北京に在り／南清居留民の保護		×／×
		23	駐韓公使／北京天津の情報		×／×
		24	衝突を掛念する勿れ／通信の敏活を望む		×／×
		25	朝鮮政府の挙動に注意す可し／我国居留の支那人		×／×
		26	いよいよ大兵派遣の大決断を要す		×
		27	大に出兵す可し		×
		28	文明国の職責		×
		29	避難者救護の手段を尽す可し		×
		30	列国利害の一致		×
	7	1	何は兎もあれ北京に入る可し		×
		2	北清事件と日本の運動		×
		3	清廷の態度／公使の安否		×／×
		4	独逸公使の遭難		×
		5	列国合議は東京に於てす可し		×
		6	事情緩慢を容さず		×
		7	形勢いよいよ急なり		×
		8	日本の出兵		×

年	月	日	時事・社説・漫言	紙面記名	全集
明治33／1900	7	9	日本軍の任務		×
		10	文明の軍隊		×
		11	更らに一歩を進む可し／国際の円滑		×／×
		12	道徳主義の新旧		×
		13	新聞の検閲		×
		14	乱に居て治を忘る可らず		×
		15	出兵と軍費		×
		16	騒乱いよいよ大ならんとす		×
		17	北京進入の目的は変ず可らず		×
		18	保全の外なし		×
		19	速に恩賞を行う可し		×
		20	事局の重大なるを覚悟せざる可らず		×
		21	支那の将来		×
		22	総て西洋文明に同化す可し		×
		23	満州騒乱と朝鮮／支那の良民を救う可し		×／×
		24	漫に一兵をも損す可らず		○
		25	政党改造容易ならず		×
		26	税源を何れに求む可きや		×
		27	繁文の弊		×
		28	国民自衛の覚悟		○
		29	連合軍人を慰問す可し／幼年者の保護		×／×
		30	真実文明軍たる可し		×
		31	出征軍の給養衛生を充分にす可し／北京遂に救う可らざるか		×／×
	8	1	伊国皇帝の御不幸／無益の殺生を戒しむ可し		×／×

明治33／1900

月	日	題名	署名	
8	2	支那人の言容易に聞く可らず		×
	3	商売人失望す可らず		○
	4	政府に責任あり		○
	5	朝鮮の独立		×
	6	南兵の北上		×
	7	朝鮮の運輸交通		×
	8	外国人の俗論		×
	9	善後処分の方針		×
	10	社会の弊風		×
	11	日本兵と外国兵		×
	12	商売人奮て渡航す可し		×
	13	軍夫の渡航		×
	14	新政党		×
	15	平地に波瀾を起す可らず		×
	16	清国事変は必至の勢なり		×
	17	義和団と排外宗		×
	18	新政党の遊説		×
	19	北京占領公使無事		×
	20	日本兵の目的		×
	21	清帝を北京に招迎す可し		×
	22	日本兵は他人の為めに戦わず／仮名遣の改良と漢字の節滅		×／×
	23	開放の利益を収む可し		×
	24	関税改正		×
	25	税源保護		×
	26	新政党の発起に付き		×
	27	出兵の効果		×
	28	支那保全の理由		×

明治33／1900

月	日	題名	署名	
8	29	今後の成行如何		×
	30	日本の鉄道電信		×
	31	善後処分の困難		×
9	1	人心の変化、政党の盛衰		×
	2	今後の方針		×
	3	今後の成行		×
	4	厦門と日本／水兵の上陸と陸兵の派遣		×／×
	5	新小学校令に就て		×
	6	俄に撤兵す可らず		×
	7	更らに一歩を進む可し		×
	8	実業家の奮発		×
	9	撤兵不可／娼妓制度の改正		×／×
	10	醜業の処置		×
	11	梅毒と肺病／乱暴の取締		×／×
	12	未だ満足せず／爵位を吝しむ可らず		×／×
	13	日本の新地位／弊源を塞ぐ可し		×／×
	14	積弊打破		×
	15	露独の挙動／紡績会社合同の時機		×／×
	16	人類の交際	琴浦生	×
	17	官吏の増俸と冗員の淘汰		×
	18	鉄道改良の一手段／醜業者の挙動		×／×
	19	日清貿易の前途		×
	20	花柳界の成行		○
	21	列国の態度／醜業者の集会		×／×
	22	日本婦人／昨今の温度		×／×
	23	朝鮮に於ける企業		×
	24	独逸の提議		×

年	月	日	時事・社説・漫言	紙面記名	全集
明治33／1900	9	25	蚕糸業者の救済運動		×
		26	文明婦人奮発す可し		×
		27	司法警察と治安警察／鉄道の踏切		×／×
		28	山県総理の辞職と其後継者		×
		29	速に起つ可し		×
		30	独立と依頼		×
	10	1	醜業取締		×
		2	政界の変化		×
		3	事情躊躇を容さず		×
		4	博覧会の不景気／巡査の功労		×／×
		5	日本移民の排斥に就て／電灯線工夫の惨死に就て		×／×
		6	日本の水産業		×
		7	政党内閣の障碍		×
		8	器械と労力		×
		9	芸妓の取締／簡便を主とす可し		×／×
		10	再び移民の排斥に就て		×
		11	模範鉄道に模範の実なし		×
		12	農業と水産業		×
		13	幕間長し／歌舞伎座の改良		×／×
		14	国家の慶事		×
		15	隠居の風習		×
		16	党員操縦		×
		17	平和回復の手段／野蛮の吟味法		×／×
		18	銭の用法		×
		19	団菊の後に団菊なきか		○

年	月	日	時事・社説・漫言	紙面記名	全集
明治33／1900	10	20	海陸軍大臣／新内閣成る		×／×
		21	新内閣の外交		×
		22	先ず表面の体裁を繕う可し／豪商の美挙		×／×
		23	再び海陸軍大臣に就て		×
		24	要求の一条件		×
		25	所謂人種論		×
		26	海陸軍大臣の留任／手紙の書方を改む可し		×／×
		27	醜行男子死後の醜態		×
		28	日本の果物		×
		29	鉄道運賃引上げに就て		×
		30	元勲政府と後進内閣		×
		31	精神の養生／市参事会員の辞職		×／×
	11	1	駐清公使の更迭／英国新議会の召集／潜水艇実用試験／手続きを略す可し／精神健全の一例／学理に照す可し／荷車の歯		×／×／×／ ×／×／×／ ×
		2	旧業の改良／富豪の青年		×／×
		3	英独協商の効果／スチーム ローラー／外交事件の公示／病院の建築／英国の新外務大臣		×／×／×／ ×／×
		4	外交と経費／富豪の心掛／昨日の天長節／市街家屋建築制限／車輪改造を便とす／積荷の制限／横浜市街鉄道		×／×／×／ ×／×／×／ ×
		5	品行内外論／英国新内閣の新顔／新内閣とチェームバレン氏／富豪		×／×／×／ ×

明治33／1900

11			
	用財の一例		
6	新通信大臣に望む／潜水々雷艇を造る可し／浦賀の旧跡／新日本文明の由来		×／×／×／×
7	地方の中心／小笠原島の果物／汽車の衝突／乗客の不慣れ／羅馬字にて国語を為す法／通信省の告示		×／×／×／×／×／×
8	支那貿易の成行／北越鉄道の過失／第五回勧業博覧会／大阪道路の改良／市参事会員に対する追訴／広告文の改良		×／×／×／×／×／×
9	帝室に対する敬意／米の帝国主義／帝国議会の召集／東京市教育の統一／政友会の近状／辞職後の大臣／華族富豪の子弟／樹木と健康		×／×／×／×／×／×／×／×
10	重役兼任の弊害／市街鉄道の速成を望む／艦船の事故／器械と人／軍隊慰問		×／×／×／×／×
11	徐々に改む可し／学者の本分／汽車中の不行儀／金杉踏切の危険		○／×／×／×
12	西比利亜貿易		×
13	廃業後の始末を如何す可きや／速に戦功を賞すべし／軽便写真器械の濫用		×／×／×
14	政客の熱心／慢心する勿れ／審査の標準／広告の利用		×／×／×／×
15	梅を見て桃を問わず／踏切りの改築／石炭焼の利益／科学思想の普及を図る可し		○／×／×／×

明治33／1900

11			
16	文明の政と教育の振作		○
17	娼妓問題と婦人／僧侶輩反省す可し／東京の家屋／湯屋の体裁		×／×／×／×
18	自由廃業未だ自由ならず／台南の鉄道／水瓦斯の使用／孤児の盗み食い		×／×／×／×
19	女子の奮発を望む／君子の争／ペスト撲滅に力を尽す可し／建築条例は如何		×／×／×／×
20	生命を重んず可し		×
21	東京市参事会員の醜聞／芝居見物の愚を笑う／市政を怠る可らず／理髪店の消毒		×／×／×／×
22	徳心の養成		×
23	士人の挙動社会の制裁		×
24	婦人は果して嫉妬深きものなるや／王政維新は開化の始めに非ず		×／×
25	西比利亜移住		×
26	自由寛容の気風を養う可し		×
27	政客の醜行／演劇の幕間／何ぞ早く鉛性白粉を禁ぜざる		×／×／×
28	自ら制せざれば他を制するの力なし／兵士の送迎／事務の規律		×／×／×
29	結婚の儀式		×
30	葬儀を重んず可し／大臣の演説／外国郵便の配達		×／×／×
12			
1	演劇は勧善懲悪の具に非ず／ペス		×／×／×／

年	月	日	時事・社説・漫言	紙面記名	全集
明治33／1900	12		トの新発生／役者に倣う勿れ／祭礼の悪弊／橋の架替		×／×
		2	損害賠償金の支給／日本銀行の秘密主義／女子の服装／往来の不潔		×／×／×／×
		3	事局の終了を急ぐ可し／日比谷公園の設計／紳士門前の汚水／汽車の蒸気暖房		×／×／×／×
		4	親の非行その子に報う／人事の取調所を設く可し		○／×
		5	日本の農業／店頭の売品と紙上の広告／兵士送迎の弊害		×／×／×
		6	無用の兵を動かす可らず／第五博覧会とペスト／女子嗜輪会		×／×／×
		7	都会の悪風を学ぶ可らず		×
		8	道徳界の革命止む可らず／東京とバンコック／僧界の乱脈		×／×／×
		9	婦人に対しては特に言動を慎む可し／月島丸／人車鉄道		×／×／×
		10	只その不幸を憐れむのみ／道路通行の取締／風俗壊乱		○／×／×
		11	簡易活発／小供の文章／科学と忠孝／入営を拒まれて家出す		×／×／×／×
		12	変死予防の法を講ず可し／児童の詞遣い／男と女／寛大の気風を貴ぶ可し		×／×／×／×
		13	媾和条件の議了／流行の殿様風／英文と和文		×／×／×
明治33／1900	12	14	東洋の外交と欧洲の事情／人道を設く可し／演説堂を設く可し		×／×／×
		15	昨今の政況／女子の見識		×／×
		16	婦人も亦その責を免かれず／出火報知機を備う可し		○／×
		17	老人内閣の弊を学ぶ可からず／乗客と係員		×／×
		18	進歩党の境遇／建碑者を戒む／贋造薬品の取締		×／×／×
		19	汽車に対して苦情多し／何ぞ鉛白を禁せざるや		×／×
		20	国字改良		×
		21	動物の虐待を戒む可し		×
		22	日本の金満家は多々ますます利すること易し／演説の冒頭／歳の市の死傷／星逓信大臣の辞職		○／×／×／×
		23	西洋富豪の事情は我国に異なり／弱者の保護に無頓着なり		○／×
		24	我国に於ける貧富の衝突は極めて激烈なる可し／仕事師の取締り／学生の風儀		○／×／×
		25	今の富豪家に自衛の覚悟ありや否や／養蚕の改良		○／×
		26	代議の名ありて代議の実なし／手紙の書き方		×／×
		27	市民の責任		×
		28	糧道を断つ可し		×

年	月	日	題名	筆者	区分
明治33／1900	12	29	外国人の企業日本人の弱点／汽車の延着／軽気球		×／×／×
		30	内閣に対する国民の態度		×
		31	大晦日／市中の取締／世紀送迎会		×／×／×
明治34／1901	1	1	瘠我慢の説（三日まで計三回）＊／新世紀を迎う	福沢諭吉／	◎／×
		2	国体の健康		×
		3	人心随歳改		×
		4	名誉生命大に重んず可し		×
		5	不浄場を清潔にす可し		×
		6	更らに大に論ず可きものあり		×
		7	増税計画に付き政府の所見如何／不景気と新聞広告		×／×
		8	姑息の増税断じて不可なり		○
		9	税務官吏の改選を望む	酒造家某	×
		10	公債政略を一変す可し／広告の発達と専門家		×／×
		11	公債募集を中止す可し／瓦斯及び電灯の普及		×／×
		12	麦酒の課税		×
		13	北清事件の今後		×
		14	男女同罪		○
		15	収税吏の人選／牛馬の使役法		×／×
		16	大学増設の計画		×
		17	富豪家に僥倖多し／郵便局員の横風		×／×
		18	石油関税の引上／電灯会社に対する損害要償		×／×
		19	欧洲に行わる人種論の勢力	倫敦　社友某	×

年	月	日	題名	筆者	区分
明治34／1901	1	20	収税官吏の俸給を引上ぐ可し		×
		21	鉱山試掘税		×
		22	税法の改正も必要なり		×
		23	漢文科は名実共に廃止す可し		×
		24	新帰朝者の洋行談／伊藤博士の死去／英国女皇の崩御（第二版社説）		×／×／×
		25	瘠我慢の説に対する評論に就て	碩果生	◎
		26	製鋼所の設立に就て		×
		27	内債募集中止の利益		×
		28	教科書審査会		×
		29	露清密約と露国の行動		×
		30	病院の出火に付き		×
		31	政府は焼死者の遺族を救恤す可し		×
	2	1	明治十年丁丑公論（一〇日まで計九回、五日掲載なし）／移民保護法の改正	福沢諭吉（六日より「福沢先生遺稿」）／	◎／×
		2	快よく賠償の要求に応ず可し／未丁年者禁酒法案		×／×
		3	女皇陛下哀悼の決議／秩禄処分法を廃す可し		×／×

IX

年譜

凡例▼

一、これまでに作成された福沢諭吉の年譜のうち、もっとも詳細であるのは『福沢諭吉全集』第二一巻(岩波書店、一九七一年〔再版〕)所載の「福沢諭吉年譜」である。全集の編纂にあたって福沢家から寄託された資料と、当時すでに二、一三〇通が知られていた書簡を利用して作成された。本年譜は全集版年譜を基本資料に、その後の研究成果や調査結果をもとに作成した。とりわけ、『福沢諭吉書簡集』全九巻(岩波書店、二〇〇一～〇三年)の刊行およびその後の福沢書簡発見によって、書簡の発信年月の考証に変更が生じたものについては、その成果を組込んだ。

二、利用の便宜を考慮して、次のように簡略化した。

1 各事項の典拠については省略した。本事典Ⅰ～Ⅲの関連する項目や全集版年譜を必要に応じ参照されたい。

2 書簡の受発信については省略した。発信書簡の宛先および年月日についてはは本事典の「書簡宛名一覧」に掲げている。

3 『時事新報』の論説の執筆および発表については原則として省略した。本事典の「『時事新報』社説・漫言一覧」に、創刊より福沢が没するまでに掲載された全社説および漫言を一覧で掲げている。

三、同じ日の出来事であっても、前後のはっきりしないものは区別して別欄とした。したがって、同じ日が並んでいる場合必ずしも前が先とは限らない。不明の月日は＊印で示し、もっとも適当と推定される箇所に配した。

四、▽印は福沢の事績の理解に参考となる歴史上の出来事である。

五、明治五年までは和暦の月日に拠った。洋行中も和暦に換算して示している。

六、人名は原則としてもっとも一般的と思われる名称で通した。

月	日	事柄
天保五　一八三四		
一二	一二	一八三五・一・一〇　大坂玉江橋北詰中津藩蔵屋敷内の藩士長屋に父百助、母順の第五子として生まれる。
天保七　一八三六		
六	一八	父百助死去。「福沢諭吉子女之伝」によれば「寿四十五」。死因は諸説あるが、脳卒中か。
	*	江州水口の中村栗園、「哭福沢氏詩以代祭文」と題する五言長詩を手向ける。母順は一兄三姉と共に父の遺骨を奉じて藩地中津に帰る。栗園は、生後一八か月の諭吉を抱いて安治川口まで一行を見送る。
七	六	母順、父百助の遺骨を竜王の浜に葬る。兄三之助、一一歳で家督を相続。
天保八　一八三七～嘉永六　一八五三		
*	*	▽大塩平八郎の乱（天保八年二月）。
		▽緒方洪庵、大坂に蘭学塾を開く（天保九年）。
		幼少のときより叔父中村術平の養子となり、中村姓を名乗る。
		五歳のときから漢書を学び始める（自筆履歴書による）。
		▽アヘン戦争勃発（天保一一年）。
		七歳のとき軽い天然痘にかかる。
		一二、三歳の頃、藩公の名の記された紙を誤って踏み、兄から叱責される。心中ひそかに不審を抱き、種々の迷信や神仏の威力などについてみずからさまざまの実験を試みる。
		一三、四歳の頃、母の代理で頼母子講の掛棄金二朱を大坂屋五郎兵衛方へ返済に行く。
		一四、五歳、この頃ようやく学に志す。二、三度塾を代えたが白石常人に最も長く師事する。
*	*	一五、六歳の頃、江川太郎左衛門が寒中袷一枚で過ごすという話を聞き、一冬を蒲団も敷かずに掻巻一枚で寝る。
		一七、八歳の頃、詩作のための平仄韻字を学ぶ。同じ頃兄の話から蓮如上人が文章家であることを知る。数年後、江戸に出て上人の御文章合本一冊を買い求め、熟読諳記し、平易な仮名文章を学ぶ。
		居合を中村庄兵衛に学ぶ。
		▽ペリー浦賀に来航（嘉永六年六月）。
嘉永七　一八五四		
二	*	兄三之助の勧めにより蘭学を志して長崎に出る。
*	*	はじめ中津藩家老の子息奥平壱岐の止宿する桶屋町光永寺に住み、次いで大井手町の砲術家山本物次郎家の食客となり、家事一切を引き受けて働く。
	*	薩州の医学生松崎鼎甫に初めてオランダ語を学ぶ。次いで和蘭通詞楢林栄七、蘭方医楢林健吉、石川桜所らにつき学ぶ。
三	三	▽一月にペリー再来航、この日日米和親条約締結。
安政二　一八五五		
二	*	長崎を去ることになる。学友岡部同直より日本橋檜物町で医院を開業する同人父への紹介状を得、江戸へ向け出発する。
	*	中津の商人鉄屋惣兵衛と共に長崎を後にし、一五日目に明石に着く。上陸して大坂まで歩き続け、夜一〇時過ぎに中津藩蔵屋敷に辿り着く。
	*	兄三之助に面会し、事情を打ち明け、兄の意見に従い江戸行をやめ、大坂で蘭学の師匠を探す。
三	九	緒方洪庵の適塾に入門。

月	日	事柄
安政三　一八五六		
一	＊	兄三之助、リウマチにかかる。
二	＊	腸チフスにかかった適塾の先輩岸直輔の看病から諭吉も発病し、約一週間人事不省となる。その間、緒方洪庵みずから診察に当たる。
四	＊	平癒し戸外の歩行を始める。
五	下旬	兄三之助のリウマチは恢復せず、任期満了を機に諭吉病後の保養を兼ね、共に中津に帰る。
八	四	砲術修業のため一か年大坂に出ることについて、修業金三両の拝借を藩庁に願い出て許可される。
	初旬	養生を終えて大坂に戻り、中津藩蔵屋敷の空長屋で独居自炊しながら適塾に通学する。
九	三	兄三之助、中津で病死する。
	一〇	兄死去の報に接し中津へ帰る。その後中村術平家から福沢家に復籍し、家督を相続、五〇日の喪に服する。
一〇	＊	再び大坂で学ぶ希望を抱きながら、表面は謹慎を装い、藩士として定められた城門警護の勤番をする。奥平壱岐所蔵のペル『築城書』を借り、二〇日ほどで筆写する。
	＊	母と直談して大坂再遊の許しを得る。家財道具蔵書一切を四〇両で売り払い、家の借財を片づける。
	＊	藩庁に砲術修業の願書を出し、大坂遊学を許可される。
一一	＊	大坂に到着し直ちに緒方洪庵と面会。「ペル築城書」を翻訳するという名目で塾の食客生となることを許可される。
安政四　一八五七		
一二	二三	中津の増田幸助に渡辺鉄次郎（重石丸）のため久留米の蘭方眼科医後藤元意を紹介する。
＊	＊	福岡藩主黒田家所蔵ワンダーベルトの物理書中の電気の一章を、塾生が交代で二日三夜の間に写し取り、最新のファラデーの学説に触れる。
	＊	適塾の塾長になる。
	＊	禁酒を志すが続かず、代わりに覚えた喫煙は生涯の習慣となる。
	＊	緒方洪庵夫人八重子の供をして、夫人の実家億川家に赴く。
安政五　一八五八		
六	一九	▽日米修好通商条約締結。
一〇	＊	藩命により江戸に出府することになり、中津に帰って母と面会した後、船で大坂に戻り、適塾の同窓生岡本周吉（のちの古川節蔵）を伴い、中旬、江戸に着く。
	＊	出府の途中、江州水口に中村栗園を訪ねて一泊する。
	＊	築地鉄砲洲中津藩中屋敷内の藩士長屋を貸し与えられ、蘭学の家塾を開く。慶応義塾の起源。
安政六　一八五九		
二	＊	「ペル築城書」の翻訳、脱稿する。
＊	＊	この年、横浜に遊び外国人に接してオランダ語が実地に役立たないことを知り、英学への転換を決意する。
	＊	森山多吉郎に英語を学ぶため築地鉄砲洲から小石川水道町まで毎日通うが、森山の公務多忙のため二、三か月で断念する。
	＊	辞書をたよりに独学を決心し九段下の蕃書調所に入門するが、辞書の貸出しが許されず一日でやめる。
	＊	英蘭・蘭英対訳辞書二冊を中津藩に買ってもらい、独学自習を始める。
	＊	神田孝平、村田蔵六（大村益次郎）に英語を共に学ぶことを勧誘するが断られ、原田敬策と英語学習を始める。下谷に石川平太郎を訪ねて外国書中の不審点を訊ねるも、解明

月	日	事項
＊		できない。
	＊	日米通商条約批准書交換の使節警護のため、咸臨丸派遣が決定し、軍艦奉行木村摂津守喜毅の姻戚桂川甫周に依頼し紹介状を得、木村の従僕の名義で同行を許される。
安政七 一八六〇		
一	一三	咸臨丸、品川を出発。アメリカに向う。
二	二六	サンフランシスコ到着。
三	三	前日病死した水夫源之助を、公用方吉岡勇平、咸臨丸同船のアメリカ海軍士官ブルックスらと同道しサンフランシスコの墓地に葬る。
	三	▽桜田門外の変。
万延元 一八六〇		
三	一八	▽改元（四・七）。
閏三	一九	咸臨丸、サンフランシスコを出帆する。サンフランシスコ滞在中、清国人子卿著『華英通語』を中国人の店で買い求める。同じく滞在中中浜万次郎と共にウェブスター辞書一冊ずつを買い求める。
四	四	咸臨丸、ホノルルに着く。七日、ホノルルを出帆。
五	五	浦賀に到着。
	＊	「万延元年アメリカハワイ見聞報告書」起草。
七	＊	緒方洪庵に帰国報告の書簡を送る。
八	＊	『増訂華英通語』刊。
一一	中旬	幕府の外国方に雇われ翻訳の仕事に従事する。イギリス、アメリカからの公文書はなるべく原文から直接に翻訳し、不明の箇所のみ添付のオランダ語の訳文を参照するようにして英文研究に努める。
文久元 一八六一		
二	一九	▽改元（三・二九）。
＊	＊	この年の冬、中津藩士島津文三郎夫妻の媒酌により、同藩士江戸定府土岐太郎八の二女錦（一七歳）と結婚。万延元年冬から文久元年冬までに、芝新銭座に家を借り転居する。
一二	二〇	開港開市延期の交渉のため、正使竹内下野守、副使松平石見守、目付京極能登守以下約四〇名のヨーロッパ派遣が決定。福沢に遣欧使節随行の命が下る。出発に際し受け取った手当金四〇〇両のうち、一〇〇両を国許の母に贈る。
	二二	芝田町上陸場よりイギリス軍艦「オーヂン」（Odin）号に乗り組み、翌二三日品川出帆。
	二九	朝、長崎着。山本物次郎を訪ね長与専斎、結城玄東その他知友二〇余名に会う。
文久二 一八六二		
一	一	長崎を出帆する。六日、香港着。
	一五	▽坂下門外の変。
	一九	シンガポール着。
	二九	ポイント・デ・ゴールに着く。
二	一二	アデンに着く。
	二〇	スエズに着く。
	二一	川蒸気船で上陸。生まれて初めて汽車に乗る。カイロ着。
	二八	マルタに着く。
三	五	マルセイユ着。
	七	汽車でリオンに着く。
	九	汽車でパリに着く。
四	一	汽車でカレーに着く。
	二	カレーを発し、ロンドンに着く。
五	一六	テムズ河を下る。
	一七	ハーグに着く。
六	＊	イギリスおよびオランダに滞留中、手当金のすべてを投じ

月	日	事柄
六		て原書を買い求める。
	一九	汽車でハーグを出発。ユトレヒトに着く。
	二一	ユトレヒトを発し、ケルンに着く。
	二二	ブランデンブルクを経て、ベルリン着。
七	一〇	ベルリン発。
	一四	サンクト・ペテルブルクより、国王の命を帯びた儀式係長官が一行を迎えに来る。国王の迎賓館に着く。
八	二一	▽生麦事件。
	二四	サンクト・ペテルブルクを汽車で出発。
	二六	フランクフルトで車中茶を飲み、ベルリン着。
	二八	汽車でベルリン出発。
	二九	ケルン着。列車を乗り換えてパリ到着。
閏八	二	汽車でパリを出発。
	二三	リスボン着。
九	二六	アレクサンドリアに着く。翌日汽車で出発する。
	二八	カイロを経てスエズから乗船。
一〇	七	アデンに着く。一二日出帆。
	二六	セイロン島のゴールに着く。
一一	一	出帆。
	九	シンガポールに着く。
	一八	サンジャクに着く。
	二五	香港に着く。一二月一日出帆する。
	二七	▽勅使三条実美、幕府に攘夷を督促。
一二	一〇	品川に着く。翌一一日上陸。
	一二	▽品川御殿山に建築中の英国公使館焼き打ち。

文久三		**一八六三**
三	二	木村喜毅を訪問。「昨朝中山氏割腹の談」をする。
四	二一	▽幕府、五月一〇日を攘夷期限とする旨を朝廷に返答。
五	九	▽幕府と英国の間で生麦事件賠償に関する談判が妥結。
	一〇	▽長州藩、下関で外国船を砲撃。
六	一〇	緒方洪庵危篤の報に新銭座から下谷まで駆けつける。臨終に間に合わず、その夜は門下生相集まり通夜をする。その席で村田蔵六の攘夷主義に疑問の念を抱く。
	一一	緒方洪庵の柩を駒込高林寺に葬送する。その際、江戸に来て六年目にして初めて上野を見る。
七	二	▽薩英戦争勃発。
八	一三	▽攘夷親征の詔勅発布。
	一八	八月一八日の政変。
	三〇	木村喜毅を訪問し、京都が動揺して開国の議の起こったことを話す。
*	*	秋に鉄砲洲の中津藩中屋敷内に移る。五軒続きの長屋一棟が貸し与えられ、二軒分を自分の住居とし、他は塾生の部屋として使う。
一〇	一二	長男一太郎が中津藩中屋敷内で生まれる。
	二四	木村喜毅を訪問し、遣欧使節の議がある趣を語る。
一一	一	▽薩英戦争の談判が妥結。
一二	七	木村喜毅を訪問し「西航記」を示す。
*	*	この年、神奈川奉行組頭脇屋卯三郎が、些細なことから嫌疑を受け切腹を命ぜられたことを聞き、幕府の外交文書に関する手控えを焼き棄てる。
*	*	攘夷論の最盛期で洋学者の身辺が危険となり、夜間はほとんど外出せず警戒する。

文久四 一八六四		
二	一七	木村喜毅を訪問。一橋慶喜、松平容保、松平慶永、山内豊信、伊達宗城、島津久光が朝議参予を命ぜられたことを語る。
元治元 一八六四		
二	二〇	▽改元(三・二七)。
三	二三	中津へ向って出発。身辺の危険を考え変名で旅行し、江州水口の中村栗園の門前をも素通りする。中津で六年ぶりに母と会う。滞在二か月。小幡篤次郎ら六人の青年を伴い六月二六日江戸に着く。
五	二〇	中津の明蓮寺で学僧七里恒順と会見、海外旅行の見聞のことなどを語る。西福寺玄明、大久保敏、藤本元岱、明蓮寺蘭渓ら同席。七里はこの問答をもとに『梅霖閑談』を著す。
七	一九	▽蛤御門の変(禁門の変)。
*	*	夏か秋、薩摩藩士肥後七左衛門の仲介により松木弘安とひそかに面会し、薩英戦争以来の潜行談を聞く。
八	五	▽蘭・英・仏・米の四か国連合艦隊下関を砲撃する。
	六	夜九時、大横町より出火。木村喜毅の家が危急に瀕し、家財の取り片付けを手伝う。
	一三	▽幕府が中津藩に対し、第一次長州征伐への出兵を命令。
*	*	この頃、中津出身の塾生たちに長州征伐につき帰藩の命令が出るが、帰国を抑止する。
一〇	四	幕府より召出され、外国奉行翻訳方を命ぜられる。一〇〇俵高、勤役中五〇俵増高、暮に金一五両下付される。
一一	二	福沢の召抱えにつき、中津藩主より幕府に対し請書を差出す。
慶応元 一八六五		
四	七	▽改元(五・一)。
	一二	▽幕府、諸藩に長州再征を発令。
閏五	*	「唐人往来」脱稿。
閏五	*	この頃、五、一〇の日のみ公用の当番を勤める。
七	*	「海岸防禦論」の訳稿を仙台藩に提出する。
八	*	八月から翌年八月にかけて、横浜で発行されている英文週刊新聞『ジャパン・ヘラルド』を翻訳する。諸藩の江戸留守役らに訳文を提供し、その報酬を中津より伴って来た青年らを養う費用に充てる。
	*	英蘭兼学で格別出精している福沢と箕作秋坪に対し、一年金五〇両ずつの特別手当を支給されたいと外国奉行らが願い出る。願の通りには計らいかねるが、暮に特別の手当を支給するとの沙汰がある。
九	二一	二男捨次郎生まれる。
	二九	九・二八『横浜新聞』翻訳、大童信太夫に届ける。
	*	ペリー紀行の一部を翻訳して仙台藩の大童信太夫に示す。
	*	中津藩の重臣に「御時勢の儀に付申上候書付」を建言する。
一一	一七	横浜出張のため中断していた英字新聞の翻訳を再開。
慶応二 一八六六		
一	三	▽薩長同盟成立。
二	*	この頃、「或云随筆」を草す。
三	*	この頃、『西洋事情』の執筆に着手したため余り外出せず。
四	一	芝神明町辺より出火、木村喜毅の家に駆けつけて立ち働く。
六	七	▽第二次長州征伐の戦闘開始。
	下旬	『西洋事情』初編脱稿する。
七	二九	木村喜毅を訪問し「長州再征に関する建白書」を示す。
八	二一	▽幕府、将軍家茂死去を理由に征長を停止。
	*	福沢英之助を幕府派遣のイギリス留学生一行に加わらせる。
九	六	京都にて木村喜毅、小笠原壱岐守に会い福沢の「長州再征に関する建白書」を提出する。
	*	この頃、芝口の書肆和泉屋善兵衛方でライフルに関する原

月	日	事柄
九		書を手に入れ翻訳に着手する。
	*	この頃、土岐謙之助に命じてライフルを持参させ、原書に基づき分解組立を試みる。
	*	この頃、門下生三浦清俊に鉄砲の組織構造を質問して『雷銃操法』翻訳の参考にする。
	*	『雷銃操法』の「訳例」を記す。
*	*	秋頃、大小二本を残し、所持の刀剣を芝神明前の刀屋田中重兵衛に売り払う。
一〇	*	『西洋事情』初編巻之一刊。
一一	二二	幕府の軍艦受取委員の一行に加わり、アメリカに行く内命を受ける。
	二九	アメリカ御用につき、金二枚と時服二を拝領する。
	末	(あるいは一二月初め頃か)『雷銃操法』巻之一刊。
一二	六	『西洋事情』初編三冊刊。
	*	この頃、アメリカ行きに先立ち、横浜の商社ウォールスフォール会社で為替手形を組む。
	二三	『西洋事情』などの偽版が横行していることを苦慮、門野隼雄(旧福井藩主松平慶永近習)に対策への協力を要請する。
	*	暮頃から節酒を始め、まず朝酒をやめ、次いで昼酒をやめるように努める。
慶応三　一八六七		
一	九	▽明治天皇践祚。
	九	京都の木村喜毅の手許に『西洋事情』一〇〇部届ける。
	一七	アメリカに向けて江戸出発、塾生一同、鉄砲洲の中津藩中屋敷門前で見送る。
	二三	横浜出帆。

二	一六	サンフランシスコに着く。
三	四	メキシコ領アカプルコに入港し、石炭を積んで出帆する。
	一一	パナマに着き上陸。
	一九	ニューヨークに着く。
	二四	ニューヨークを出発。ワシントンに着く。
四	一	ホワイトハウスのブルールームで大統領に謁見。
五	三	ワシントンを出発する。
	四	ニューヨークに着く。一〇日発。
	一八	アスピンウォール着。地峡を越しパナマへ出る。
六	三	サンフランシスコ着。翌日出帆。二六日横浜着。
	二七	横浜から品川まで駕籠に乗り、品川の宿で塾生一同の出迎えを受ける。師弟同道徒歩で話しながら夕方鉄砲洲に着く。
七	上旬	小野友五郎、松本寿太夫の両人から、福沢のアメリカ御用中の勤め方に不届の所業があったと幕府当局に申立てられる。
	一一	小野の申立てにより福沢の荷物が差押えられたが、水野若狭守より小野に対しその処置につき催促があった。
	一四	謹慎を命ぜられ、この日より自宅に引き籠もる。荷物も差押えられる。
	*	この頃、『西洋旅案内』の著述に着手する。
八	*	『西洋旅案内』を脱稿し、序文を記す。初冬(一〇月)刊。
	*	「小野友五郎松本寿太夫両人の申立に対する弁明書」を提出する。
九	初旬	「慶応三年の備忘録」起筆。
	七	岡田屋文助来訪。豊前屋周蔵方より取り寄せた一〇〇両を、『西洋旅案内』彫刻料として岡田屋に渡す。
	一二	和泉屋より『雷銃操法』二五〇部留版摺り来る。
	一三	牛込藁店の版木師家主徳次郎来訪。『雷銃操法』の彫刻を一丁につき二六匁ずつで請け合う。

九

一五 牛込藁店の版木師得次郎（徳次郎と同人か）来訪。『雷銃操法』二冊目の彫刻を命じ、金六両を渡す。大橋栄次、小野友五郎へ談判の件で来訪する。

一六 藁店版木師得次郎へ『雷銃操法』の版下と金七両を届ける。

一七 和泉屋より、『雷銃操法』二五〇部摺立のうち五〇部持参。蔵版印を押す。

一七 和泉屋善兵衛来訪。『雷銃操法』の総勘定として七両二歩余を受け取り帳面を改める。

一九 母順、服部復城、服部鐘ほかより一封ずつの手紙が届く。母は服部復城方へ同居し、宿許を取り片付けたことを知る。

二四 『雷銃操法』版下を牛込の版木師に届ける。

二七 吉賢（吉田賢輔か）名で拝借していた外国方の書籍を返却。

二七 和泉屋へ『雷銃操法』一五〇部を渡す。

二八 昨年のアメリカ行より本年九月二七日までに中津へ送った金子総額一四〇両と記録する。

＊ この頃、『条約十一国記』を脱稿する。

＊ 小野・松本の申立てに関し、大橋栄次が福沢のため弁護したが不成功に終る。

一〇

四 版木彫刻のことにつき、越中守様内渡辺幸右衛門来訪。『条約十一国記』の彫刻を依頼し、版木代二両を与える。

七 中津へ出立する桜井恒次郎に託して母へ五〇両を送る。アメリカから帰朝後の送金は都合九〇両。同人へ手紙を託す。

一〇 渡辺幸右衛門来訪。『条約十一国記』の彫刻料三両二朱と定め、内払三両を渡す。

一〇 牛込の版木師得次郎来訪。版木半出来とのことで校合摺二五枚持参。彫刻料二六両二朱残らず支払う。

一二 紀州の浜口儀兵衛来訪。この頃か、浜口儀兵衛、松山棟庵らに誘われて築地の料亭青柳亭の奥座敷で晩餐を共にし、時事を談ずる。

一〇

一四 岡田屋へ『西洋事情』三〇部渡す（九月八日以降この日まで通計一二〇部）。

一五 ▽徳川慶喜、大政奉還。

一八 岡田屋より『西洋旅案内』製本三〇部届く。

一九 岡田屋より『西洋旅案内』留版摺来り一〇〇部摺立、計二〇〇部となる。また『西洋旅案内』製本一九部届く。

二二 岡田屋番頭来り『西洋旅案内』の間違の紙を挿し替え、ほかに留板摺都合三〇〇部となる。

二五 岡田屋より『西洋旅案内』製本一〇〇部を届け来る。『西洋事情』五〇部を渡す。

二五 『雷銃操法』版三六枚届く。

二六 松平太郎より城中へ出勤すべしとの達しが来る。

＊ 浦賀奉行与力中島三郎助来訪して福沢の引籠りの事情を聞き、老中稲葉美濃守に説いて福沢の謹慎を解かせる。

二七 幕府へ出勤、差押えられていた荷物引渡しの催促をする。

二八 差押え荷物は小野友五郎へ直接に掛け合うよう申し渡され、小野へ掛合いの手紙を出す。

二九 岡田屋より版摺来り一〇〇部摺る。

＊ 『西洋旅案内』刊。

一一

＊ 『条約十一国記』刊。

一二

一 神奈川に差押え留め置かれていた福沢の荷物は、外国奉行へ引き渡すべしとの命令が下る。

九 ▽朝廷、王政復古を宣言。

二五 新銭座の有馬家（越前丸岡藩）の借地とその隣接地を三五五両で買い取る。

二五 ▽庄内藩兵ら、江戸薩摩藩邸を襲撃。

三〇 木村喜毅、福沢の荷物のことにつき織田和泉守、長井筑前守、

月	日	事柄
一二		古賀筑後守らへ談判、いずれも承知する。
	*	『西洋事情』外編脱稿し、題言を草す。刊行は、慶応四年五月から八月までの間と推定される。
*	*	『西洋衣食住』刊。
*	*	神田孝平訳『経済小学』を読む。
慶応四　一八六八		
一	三	▽鳥羽伏見の戦い開始。
二	一三	木村喜毅を訪問し学校の相談をする。
	中旬	五、六人の塾生と共に新銭座に移転し、みずから塾舎建築工事を監督する。
三	四	この日より塾生数名を木村喜毅の表座敷に止宿させ、木村家を警護させる。
	四	幕府より御使番に任ぜられたが病気と称して出仕せず。
	六	▽新政府軍、江戸城総攻撃命令。
	九	▽鉄砲洲一帯の地が外国人居留地となる。
	一四	▽五箇条の誓文。
	*	江戸市中が新政府軍東下で混乱する中、アメリカ代理公使が公使館通弁官尺振八を通じ、福沢塾の教員塾生のために公使館使用人の身分証明書を提供しようと申し出る。小幡甚三郎、内外の分を論じて謝絶を提案、一同賛成する。
	*	この頃帰国する塾生多く在塾生数一時一八名まで減少。
四	一〇	長女里生まれる。
	一〇	『中外新聞』に『西洋事情』偽版防止の広告を出す。
	一一	▽江戸城開城。
	*	塾を鉄砲洲から芝新銭座に移し、時の年号にちなみ慶応義塾と名づける。
閏四	*	クワッケンボス『窮理全書』の一部を翻訳する。
	*	この頃、上方辺で『西洋事情』『西洋旅案内』『条約十一国記』などの偽版簇出し、著作権確立のために力を尽くす。また、塾舎新築により生じた借財を償うため、『西洋事情』外編の草稿版木共一、〇〇〇両で売り渡そうと買手を探す。
五	一五	▽上野で彰義隊の戦い勃発。砲声を耳にしながらウェーランド経済書の講義を行い、この塾のあらん限り洋学の命脈は断たれないと塾生を励ます。
	一八	『経済全書』巻之一の翻訳起筆。
	*	五月より八月までの間に『西洋事情』外編刊。
六	七	山口良蔵に今後は「読書渡世の一小民」となって翻訳請負の仕事を始める覚悟を述べた書簡を送る。
	八	木村喜毅を訪問し、旧幕府へ御暇願を差し出した旨を語る。
	一〇	木村喜毅を訪問。総督府の命をもって早々上洛を申し渡された旨を語る。
	*	この頃、神田孝平、柳川春三と共に新政府へ出仕の命を受けるが病と称して辞退する。「明治政府の出仕命令を辞する願書」起草。
	一四	木村喜毅より蘭書を贈られる。
*	*	夏以降に『雷銃操法』巻之二刊か。
七	*	「慶応義塾之記」起草。
	*	中津藩大砲隊に属し会津進撃の途中、慶応義塾に立ち寄った浜野定四郎を説諭し、脱隊させて塾内にかくまう。同じ頃、土佐藩士森春吉も福沢に相談して塾に留まる。
八	一九	▽榎本艦隊脱走。制止を聞かず榎本艦隊に加わった古川節蔵の家族を庇護。
	中旬	かねて出願の暇願が許可され、帰農する。
	中旬	『西洋事情』外編約一、五〇〇部を上方へ送る。

年	月	日	事項
明治元 一八六八			
	九	八	▽明治改元。
		*	九月から一二月までの間に『訓蒙窮理図解』刊。
	*	*	秋か冬、『兵士懐中便覧』刊。
	一一	*	明治新政府から再び出仕を命ぜられ、その後もしばしば召命を受けたが固辞。
	一二	*	『訓蒙窮理図解』を紀州侯へ贈呈する。
	*	*	冬に『英国議事院談』の翻訳を思い立つ。
	*	*	小幡篤次郎がウェーランドのモラル・サイエンスの古本を入手する。早速アメリカに六〇部ばかり注文し、「修身論」と題して慶応義塾の教科書に用いる。
	*	*	早矢仕有的、福沢の紹介により芝神明前三島町の書肆岡田屋嘉七のもとに行き、福沢の著訳書の委託販売等を請負う。
明治二 一八六九			
	一	一	福沢の企画勧奨によってできた洋書洋薬の輸入業丸屋商社、横浜新浜町の早矢仕有的の借家で開業。一説には明治元年一一月頃の創始と伝えられる。
		二〇	▽薩長土肥の四藩、版籍奉還を上奏。
		*	「丸屋商社之記」起草。
	*	*	初春に『洋兵明鑑』刊。熊本藩の依頼に応じ小幡篤次郎・甚三郎兄弟と共に翻訳、刊行しその代金六〇〇両ばかりで二階建ての塾舎を建て、入塾生の増加に対応する。
		*	『掌中万国一覧』刊。
	二	*	『清英交際始末』の序文をしたためる。
		二二	叔父中村術平死去の報に接し竜源寺に赴き読経供養を依頼する。中津の東条利八・藤本元岱・渡辺弥一に宛てて香奠一〇両をそえて発信し後事を託す。
	三	六	『英国議事院談』製本成る。
		*	『英国議事院談』刊。起稿から製本までわずか三七日の短期間でこの書二冊の刊行を終わる。
		二〇	この頃、慶応義塾の内塾生一〇〇名余に達し、建物の狭隘から入塾を断るに至る。
	*	*	初夏に『清英交際始末』刊。
	五	八	大阪の山口良蔵に従学していた甥の中上川彦次郎、福沢の勧めにより小幡英之助と共に上京、慶応義塾に入学する。
		一八	▽榎本武揚ら降伏し、戊辰戦争終結。
	八	*	この頃、中津藩から受けていた六人扶持を辞退する。
		*	塾舎手ぜまとなり、汐留の中津藩上屋敷内の空長屋を借り受けて外塾を設ける。
		*	霞ヶ関の糺問所に囚われている古川節蔵を見舞い、衣類食料書物などを差し入れる。
		五	古川節蔵赦免される。
		二四	中津藩で福沢の名跡を立てるとの風聞があり、母も福沢の帰郷を望んでいたが、その可能性がないことを告げる。
		*	三、五年前より節酒に志し、この頃は一日の酒量一合五勺ばかりとなる。
		*	『世界国尽』序文起草。
		*	「慶応義塾新議」起草。
	九	二三	「榎本武揚老母の歎願書案文」を執筆。
	一〇	二五	従兄藤本元岱の子息菅太郎・寿之助（寿吉）兄弟、中津より上京し慶応義塾に入学。寿之助は福沢が自宅で世話を引き受け、代りに中津の母に藤本から二人扶持を贈る約束をする。
		*	東奥義塾設立のため津軽藩の重役ら来訪。永島貞次郎、吉川泰二郎の両名を教師として推薦する。
	*	*	初冬に『世界国尽』刊。

月	日	事柄
一一	＊	福沢屋諭吉の名で書物問屋組合に証文を差し出し、出版業の自営に着手する。
一二	二五	韮山県大参事柏木揔蔵に『世界国尽』一部を贈り、割引率を示して「下民」教育のための販売を要望する。
	二八	京橋元数寄屋町より出火、銀座一帯を焼き木挽町より芝口に及ぶ。汐留の中津藩上屋敷も類焼、邸内の長屋を借りていた慶応義塾外塾は塾生らの働きにより無事に残る。藩務をとる場所として外塾の長屋の明け渡しを要求されたが承服せず、結局階下を藩で階上を義塾で使うことに落着する。
	＊	『雷銃操法』巻之三出版官許。
＊	＊	榎本武揚が五稜郭陥落の直前に新政府軍の参謀黒田清隆に贈った『万国海律全書』（海上国際法の蘭訳原本）の翻訳を依頼される。その序文のみを訳して本文は榎本自身でなければ翻訳できないといい、榎本助命の伏線とする。
明治三	**一八七〇**	
二	五	古川節蔵と小笠原賢蔵に「ボムホフ辞書」を届け、翻訳するよう依頼。
	二七	摂州三田藩九鬼家の注文で納入した『世界国尽』二〇〇部の代金二一二両二歩を同藩江戸屋敷で受け取る。
	＊	ウェーランドの修身論を読み、川本幸民に贈る。貝原益軒「女大学」に疑問を抱き、男大学著述の必要を感ずる。
三	＊	「学校之説」起草。
＊	＊	春夏の頃『雷銃操法』巻之三刊。
四	一七	九鬼隆義注文の外国より取り寄せた書籍器具類を横浜より船便で積み出す。
	二四	汐留の外塾の火災後、奥平家縁故の三田古川端の竜源寺を借り、汐留の塾生ら五〇人余りを引き連れ外塾を開く。
五	五	一太郎、捨次郎を伴い水天宮へ行く。
	＊	慶応義塾の会読・素読の順を定め、福沢も小幡篤次郎も一会ずつを引き受け、全体で四〇組、生徒五〇〇人を引き受け得る体制を整える。
	＊	『西洋事情』二編を脱稿する。
	中旬	発疹チフスを発病。二〇日頃から六月七、八日までの間は人事不省、五月晦日頃は危篤に陥る。伊東玄伯、石井謙道、島村鼎甫、隈川宗悦、早矢仕有的、アメリカ人シモンズ(Simmons,Duane B.)、イギリス人ウィルス(Willis,William)らが診療看護に当たる。二六日はシモンズ来診。小幡甚三郎が横浜に急行してヘボンの来診を求めたが差支えあり、シモンズを紹介された。
	二六	早矢仕有的・近藤良薫による調剤記録「処剤誌」起筆、終筆六月二〇日。
	＊	チフスにかかったことを知り、塾生に貸した金の手控えを焼却。
	＊	病用の氷がなく、松平春嶽から外国製の製氷器械を借り、宇都宮三郎の指導で製氷を試みるが成功せず、横浜の外国商社から徹夜で氷を東京に運ばせる。
＊	＊	病中、築地の牛馬会社から牛乳を取り寄せて用いる。氷を入れた桶に牛乳瓶を漬けて塾生らが新銭座まで運ぶ。
七	二六	二女房生まれる。
九	＊	晩秋の頃「肉食之説」起草。
	＊	病気が快方に向った頃、大童信太夫、松倉良介（恂）の両名が見舞いに来る。藩内の軋轢のため同藩士の追及の手を逃れて東京に潜伏中の事情を知り、仙台藩士の無情残酷を憤って救援の決意を固める。

九	*	病中の厚意を謝し医師と親友を招いて一席の宴を張る。
	*	この頃、横浜に高島学校開設。義塾より教師数名を派遣。
	*	この頃、新銭座の地の低湿を嫌い飯倉に売家を探すが、狭隘となった慶応義塾ごと移転しようとの議が起る。
	一四	病後保養のため、家族ならびに近藤良薫と熱海温泉に出立、二週間滞在。
	二一	岩倉具視より使いあり面会。三田の島原藩邸の借入れにつき尽力を依頼。
一〇	一	湯本、塔之沢などに湯治。箱根、江の島、鎌倉に回り金沢で一泊、横浜に三泊。一〇日帰京。
	*	「洋学私塾を勧奨すべし」起草。
閏一〇	*	大童信太夫と松倉恂の救命に奔走する。
	中旬	『西洋事情』二編刊。
	二八	中津帰省のためアメリカ船で東京を出立する。
*	*	この冬、東京府の依頼により西洋の警察制度を取り調べて報告書「取締の法」を提出する。
一一	二	神戸に到着。ただちに大阪に行き中津藩蔵屋敷内の長屋鮨屋彦兵衛方に宿泊。
	三	山口寛斎・良蔵父子を訪問する。
	三	東京から下阪した岡田屋嘉七の番頭と共に市中の書店で『西洋事情』の偽版本を買い集め、証拠品として訴訟の手続きに及ぶ。
	四	京都府へ偽版取締りの願書を提出する。
	四	船待ちの間に中上川彦次郎、海老名晋を伴い従兄藤本元岱方に止宿。藤本の従僕朝吹英二に初めて会う。この後中津に赴き東京へ戻るまでの間、朝吹英二や増田宋太郎らに何度か命をねらわれる。
一一	一一	大阪を出発して中津に向う。
一一	*	中津に着き母に上京を勧め、同意を得る。
	*	中津に滞在中、藩の重役から藩政に関する意見を求められ、武備の全廃と洋学校の設立とを説く。福沢暗殺をねらう増田宋太郎はある晩、垣根の外に隠れて隙をうかがうが、福沢が服部五郎兵衛と徹夜で酒を汲み交わしたため、目的を果たせずという。
	二七	「中津留別之書」起草。
	*	旅行不在中にかねて島原藩が政府へ上地した三田の旧藩邸の福沢への貸渡しが決定し、東京府より命令書を受ける。建物は代金七六九両二歩一朱で買い受ける。
一二	三	母順、姪の一、今泉釖、その子秀太郎、中村英吉、山口半七らを伴い、中津を出発して東京へ向い、宇島の船宿に泊る。増田宋太郎ら、これを知り船宿に斬り込もうとするが、機を失する。翌日福沢は何事も知らずに宇島を出帆する。
	七	鞆津に着く。福山藩主阿部家を訪ねて数日滞在する。
	一二	鞆津を出帆、神戸に着く。翌日東京の小幡篤次郎から身辺警戒の注意がある。母を伴った京阪見物を中止し、一行を神戸に残して単身大阪へ出る。
	*	大阪で再び中津藩蔵屋敷の藤本元岱方に止宿する。
	一三	朝吹を三晩かかって説き伏せ、上京する一行に加える。
	一九	横浜着。馬車で東京に帰る。
	*	獄中の榎本武揚の依頼により化学の原書を差し入れるも、初学の書として榎本の意に叶わず差し戻される。
*	*	冬頃から病後の運動のため乗馬を始める。
	*	『西洋事情』初編の再版が出る。
	*	「明治政府へ旧幕府海軍士官推薦に関する書類」起草。
	*	「養生の心得」起草。

月	日	事柄
明治四　一八七一		
一	＊	母順、姪の一と三田へ引越す。この頃から慶応義塾の三田移転が少しずつ始まる。
	＊	この頃、暗殺を警戒して夜間は外出せず。やむを得ず他出するときはパッチ麻裏ばきで鳶口などを携える。
	＊	この年の初め頃、「窮理問答の文章稿」起草。
二	＊	横浜の高島嘉右衛門から二子の洋行費提供を条件として洋学校の監督を頼まれるが謝絶するのはこの頃か。
	一三	「啓蒙手習之文」脱稿し版下を内田晋斎に依頼する。
三	二八	福沢宅で慶応義塾について相談するための会合を催す。
	＊	『啓蒙手習之文』序文起草。
	＊	慶応義塾を新銭座より三田に移し、同時に転居する。
四	＊	鹿児島から上京した西郷隆盛の命を受け、市来四郎、ポリスの法につき教えを乞う。
＊	＊	初夏に『啓蒙手習之文』刊。
七	一四	▽廃藩置県。
	＊	この頃より中津市学校の設立に尽力する。
八	＊	府中（当時神奈川県）から東京に転居した直後の木村喜毅を訪問。
八	九	▽散髪脱刀許可。
九	＊	「西洋料理千里軒の開店披露文」起草。
一〇	八	▽岩倉使節団、欧米各国に派遣。
	＊	「ひゞのをしへ」初編起草。
一一	＊	「ひゞのをしへ」二編起草。
	＊	福沢の起案により、旧藩主奥平昌邁の名で中津市学校開設の趣意書を発表する。
一二	＊	『学問のすゝめ』初編端書起草。『世界国尽』再刻成る。
＊	＊	「士族の世禄処分の議」起草。
	＊	旧藩主奥平昌邁アメリカに留学につき、補導監督として小幡甚三郎を随行させる。
	＊	廃藩置県の結果、福山藩と約束した国語辞典編纂企画は自然消滅となる。
明治五　一八七二		
二	＊	『学問のすゝめ』初編刊。
	＊	『童蒙教草』の序文および凡例を起草。
三	＊	「窮理捷径十二月帖序」起草。
	＊	太田資美の支援で、初の外国人教師を雇う。
四	一	上方見物と中津市学校視察のため、横浜を汽船で出発。
	＊	大阪の丸屋商社のための広告文を起草する。
	七	大木喬任に対し、『西洋事情』偽版出版の取締りを依頼。
	一〇	緒方家より駕籠を借りて大阪を出発。途中、旧摂州三田藩主九鬼隆義と面会、逗留する。
	一四	有馬温泉に行き、そふめんやに泊る。
	二七	有馬より神戸へ帰る。
五	一	早矢仕有的と共に京都に赴く。
	六	滞京中、京都府下の小学校を一覧し「京都学校之記」起草。
	一〇	大阪に戻る。一二日、中津に向って出発。
	＊	中津に行き市学校を視察する。
	＊	かねて出願中の三田慶応義塾敷地買受けの手続き完了、福沢の私有地となる。
	一一	『西洋事情』の偽版を入手し、大阪府にその取締りを実施するよう大阪開成所校長肥田玄次郎に依頼。
六	一九	豊後府内傘和町の旅宿塩屋善五郎宅で「箒星の弁解」起草。
	＊	福沢の姪、一の幼な友だちであった中津弓町の浜田鍬太郎

月	日	事項
六		に、「箒星の弁解」の草稿を与える。
＊	＊	晩夏に『童蒙教草』初編刊。
七	六	旧中津藩主奥平一家を奉じて中津を出発する。中上川才蔵一家、服部復城夫妻、簗雅路、荒尾茂も同行。
	一二	京都府参事槇村正直に対し、大分県に発足する学校へ教科書を送付するよう依頼。
	一三	「神戸の大井川」起草。
	一五	アメリカ船で神戸を出帆する。一七か一八日東京に帰る。
八	二	書物問屋行事より福沢の新加入願を東京府へ提出する。この月慶応義塾出版局創設。
	三	▽学制公布。
	四	旧島原藩主松平忠和の家職山本拙太郎来訪。三田の慶応義塾敷地が同藩の旧邸であるため譲り受けたいと交渉を持ち掛けられる。六日、断る。
	二一	慶応義塾構内に慶応義塾衣服仕立局を開業。門下生高橋岩路に担当させる。
	二二	「総勘定」起筆。
	＊	「慶応義塾衣服仕立局開業引札」起草。
九	三	旧福山藩校のため、『学問のすゝめ』を無断出版した学校係杉山新十郎を版権侵害で詰責。元来私利を図る意のないことを諒解し、東京府知事宛に願書を提出して出版を許可する。
	＊	『童蒙教草』二編刊。
	＊	『かたわ娘』刊。
	＊	福沢の筆致があまりに通俗にすぎると非難した石黒忠悳と、著述家の態度について一夜議論を闘わす。
一一	九	▽改暦の発令。来る一二月三日を六年一月一日とする。
	二三	慶応義塾衣服仕立局を丸善社中へ譲渡。高橋岩路も丸屋に入社し、日本橋通三丁目の丸屋善七店内に丸屋仕立局を開く。
一一	＊	「私学明細表」を東京府に提出する。
＊	＊	『西洋事情』外編の再版出る。

明治六　一八七三

月	日	事項
一	一〇	▽徴兵令制定。
	一六	「明治五年家計決算書」起草。
	＊	この頃、来日中のチャールス・ウォルコット・ブルックスを築地の旅館に訪問。西洋簿記書の翻訳について相談し、日本数字を縦に並べる新形式を工夫する。
	＊	『改暦弁』刊。発売部数一〇万。
	二七	京都府参事槇村正直に対し、中上川彦次郎と四屋純三郎の京都の学校視察を依頼。
二	一〇	『帳合之法』の凡例起草。
	一七	文部省へ偽版取締りに関する書面を差し出す。
三	三〇	山口良蔵、『啓蒙天地文』(『啓蒙手習之文』の天地の文だけを一冊合本としたもの)および『手習之文』下巻二一丁の摺紙一枚(飾磨県御布告出版所で摺り立てたもの)を持って来る。
	＊	『西洋事情』全一〇巻全揃新版刊行。
	＊	「慶応義塾教則変更に関する告示」起草。
四	二	小幡篤次郎、江木鰐水を訪ね弟甚三郎がアメリカで客死したことを知り、ただちに箱根入湯中の福沢に知らせる。
	四	山口良蔵持参の偽版二点に添え、東京府へ偽版取締りの書面を提出する。同日の府庁よりの呼出しに代理として出頭した朝吹英二に対し、『学問のすゝめ』『啓蒙手習之文』など偽版の証拠をことごとく提出すべしとの沙汰がある。
	五	前日の東京府の沙汰により、文部省へ提出した大本『学問のすゝめ』を取り返し、『飾磨県手習の文』上巻と共に府庁に提出する。
	一九	『啓蒙手習之文』の偽版『童蒙手習案文』、『学問のすゝめ』の

月	日	事柄
四		偽版、『改暦弁』の偽版の『太陽暦講釈』などに書面を添え東京府へ提出する。
	二三	「小幡仁三郎君記念碑誌稿」起草。
	＊	この頃、愛知県権令井関盛良を訪問して偽版取締りに関する談判をする。
	二八	愛知県権令より代筆にて偽版に関する掛合いの返事が来る。
	二九	前日の返書に対する弁駁の書面を愛知県権令に宛て発信。
＊	＊	春か夏の頃、小泉信吉、スピーチに関する原書を持参。一読して国内に紹介する必要を感じ、数日中にその抄訳を完成させる(『会議弁』)。
五	四	偽版取締りの裁判催促のため東京府知事へ書面を差し出す。
	七	『増補啓蒙手習之文』序文起草。
	一〇	筑摩県、『学問のすゝめ』を管下の人口一〇〇人に一冊の割合で買入れ、各区戸長に命じて配与させる。
	一二	福沢の代人として朝吹英二が東京府庁庶務課に出頭し、大阪府からの返書の趣旨を聞かされる。
	一四	大阪府の返書に対する弁駁の書面を東京府へ提出する。
	二一	東京の丸屋良助に宛て、五月一七日付で、愛知県の偽版者処分の状況を報ずるとともに今後の処置の寛大を願う意味の早矢仕有的(在名古屋)の書状(梅屋治助名義)が届く。
	二三	東京府より愛知県の偽版者処分の通知がある。
六	一二	早矢仕有的と中村道太に対し、丸善の営業資金として三、〇〇〇両を用意することを伝える。
	一五	大阪の久恒某より、古川正雄『智恵のいとくち』の偽版と偽版人福島良助の証書の写しが送られる。
	一九	東京府より呼出しがあり朝吹英二と恩田清次とが出向く。
六		過日願い出た『啓蒙天地文』偽版に関する六月三日付大阪府の回答を示される。さらにこれに対する弁駁書を提出する。
	＊	『帳合之法』初編刊。
	＊	六月～七月頃、井上馨とたびたび面会する。
	＊	この頃、福沢訳『帳合之法』に基づき丸屋商社の勘定書が記載される。その法を普及させるため、丸屋では通三丁目の丸屋善七店で講習を行う。
七	七	古川正雄『智恵のいとくち』偽版の件につき、朝吹英二を代人として東京府へ取締りの願書を持参させるが、すでに大阪府より処置につき掛合いの書面が来ており提出せずに帰る。
	九	麻疹にかかる。二〇日頃平癒。
	一五	「ジョン・ハオウィルス氏法律韻府」(John Bouvier:A Law Dictionary,1872,Philadelphia)第一冊三六三葉「コピライト」の条を訳す。
	一七	朝吹英二、代人として東京府に出頭し「コピライト」の訳文を提出する。
	二八	▽地租改正条例制定。
	三〇	権典子葉室光子懐妊のため、宮内省に召された志本伊篤(シーボルトの娘)を宮内大丞杉孫七郎に紹介し、世話を頼む。
	＊	『日本地図草紙』刊。
	＊	福沢をはじめ、親戚共に新宅に移る。
八	四	三女俊生まれる。
	七	東京府より呼出しがあり、萩友五郎が代人として出頭する。大阪府の偽版の件につき、大阪の裁判所での裁判を希望するならその願い出をするようにとの達しがある。
	八	萩友五郎、代人として東京府に出頭し、大阪府の偽版について、福沢は原告で大阪府は被告であるから、東京の裁判所で裁判を願いたいと申し出る。

月	日	事項
八	二四	東京府より呼出しがあり、朝吹英二が代人として出頭する。大阪府の偽版に関する裁判願を司法省裁判所へ差し出すようにと申し渡される。
	二五	萩友五郎、代人として司法省裁判所へ出頭し、大阪府の偽版に関する裁判願を提出する。
	*	この頃、三谷三九郎の不動産払下げに関する政府の処置に抗議し訴訟に及んだ近藤良薫を、早矢仕有的、中村道太らと共に支援する。
	*	この頃、『文字之教』端書起草。
	二九	『文字之教附録』端書起草。
九	八	広瀬為政なる者が『世界国尽』の文を写し官許を得て出版したことにつき（表題「地球往来」）、東京府へ文部省に掛合いを依頼する願書をしたため、穂積寅九郎に持参させる。
一〇	三	広瀬為政の偽版の件につき、文部省とは別に東京府においても取り糺しを願う旨の書面を提出する。
	九	東京府よりの呼出しに岡本徳太郎が代人として出頭。偽版の件で文部省、司法省から東京府への回答の趣旨を口達され、偽版人の住所姓名をしたためて差出すよう申し渡される。
	一二	東京府に偽版一条明細書を提出する（代人湯川頼次郎）。
	一五	文部省より呼出しあり、桜井恒次郎が代人として出頭する。過日提出の書類を見れば偽版が沢山あるとはいえず、書類の文体も官省を凌辱するに類す云々と厳しく口達がある。
	一七	岡本徳太郎が代人として文部省に出頭、一五日の口達に対し弁駁の書面を提出する。二二日にも弁駁書提出。
	二五	▽征韓論争に敗れ、西郷隆盛が参議辞任、翌日板垣退助以下数名の参議も下野。
	*	大阪に慶応義塾分校を設置し、荘田平五郎、名児耶六都を派遣。また九鬼隆義、白洲退蔵に支援を依頼する。
一〇	*	慶応義塾医学所を開設し、松山棟庵、杉田玄端が担当する。
	*	「丸屋商社之記」上木の際、版主に願い出て文章を追加する。
一一	一	『文字之教』刊。
	六	滋賀県令松田道之より、少年への帳合の法の教授について相談あり、指導者として中村道太を推薦する。
	一三	東京府より呼出しあり、萩友五郎、代人として出頭する。広瀬為政『地球往来』の文は『世界国尽』と往々異なるところもあるから、偽版ともいえないとの見解を口達される。
	一八	草郷清四郎を代人として東京裁判所へ出頭させ、弁駁書を提出。宛名違いのため受理されず。
	二二	東京裁判所より呼出しあり、湯川頼次郎、代人として出頭する。広瀬為政『地球往来』は偽版でないとも言いきれないようなので、何か確証を差し出すようにと口達される。
	二四	湯川頼次郎に託し、国立銀行条例を書き替えた文例を添えた書面を東京裁判所に提出する。
	*	『学問のすゝめ』二編刊。
	*	麻布古川端竜源寺に「福沢氏記念之碑」を建てる。
一二	二五	『東京日日新聞』に一八日の『帳合之法』に関する投書に対する回答を掲載する。
	*	『学問のすゝめ』三編刊。
	*	華族太田資美の尽力により慶応義塾に雇い入れようとしたアメリカ人教師が、正規の免状を所持していないため東京府の許可が得られず、やむなく帰国する。
	*	母順、肝臓病で食事も進まず歩行不自由。
	*	「外人教師雇入れの願書」起草。
	*	大阪府の『啓蒙天地文』偽版事件落着し、同府の官吏一名処罰される。
*	*	『西洋事情』初編三版・外編三版・二編再版。

月	日	事柄
*	*	「内債論」起草はこの頃か。
*	*	暮、明六社の初代社長に推されたが固辞する。
明治七　一八七四		
一	一	慶応義塾の新年集会にて所感を述べる。「明治七年一月一日の詞」。
	二	京都府大参事槇村正直来訪、京都慶応義塾設立につき相談。
	一七	▽後藤象二郎、板垣退助、副島種臣、由利公正ら民撰議院設立建白書を左院に提出する。
		この日午後、福沢は「国法と人民の職分」起草か。
	*	『学問のすゝめ』四編・五編刊。
	*	「民間雑誌緒言」「傑氏万邦史略序」起草。「一身の自由を論ず」もこの頃起草か。
	*	慶応義塾出版局が慶応義塾出版社に改組。
二	二	石井信義の病気見舞に行く。
	八	「文明論プラン」初立案(二月二五日再案)。
	上旬	『帳合之法』二編脱稿。
	一三	荘田平五郎に宛て発信し、もはや翻訳はやめにして読書勉強に専心するつもりと述べる。
	*	『学問のすゝめ』六編刊。
	*	毎月第二日曜日の集会を隔日曜と改め、スピーチの練習を始める。
	*	『民間雑誌』創刊。「民間雑誌緒言」「民間雑誌発端」「農に告るの文」発表。
	*	『世界国尽』の偽版「地球往来」の著者広瀬為政に関する訴訟の判決が下る。
三	一五	箱根入湯に出発。母順、中上川、服部らの家族同勢約三〇人。
	二〇	順の健康が勝れないため、中津の姉小田部礼およびその子百、幸に上京をうながし、旅費として五〇両を送る。
	二九	箱根滞留中、順発病し急ぎ帰京する。
	*	『学問のすゝめ』七編刊。
四	四	京都・大阪の慶応義塾分校の維持につき荘田平五郎と相談。
	一一	石井信義来訪し、順を診察する。
	*	『学問のすゝめ』八編刊。
	*	『学問のすゝめ』四編「学者の職分を論ず」が明六社の同人から批判を受けたのをはじめ、七編の「国民の職分を論ず」が楠公権助論として批難され、『郵便報知新聞』『日新真事誌』などが投書を掲載、世間で盛んに議論された。
五	一	順の病用に横浜の丸善内桜井恒次郎から氷が届く。そのために母もミルクをよく飲む。
	四	▽台湾出兵実施決定。
	八	母順没。
	九	順の葬儀。三田竜源寺に葬る。黄八丈の着物にパッチを穿き、尻端折で一太郎捨次郎の二子を伴い棺の後を徒歩した。石井信義も会葬する。
	*	『学問のすゝめ』九編刊。
	*	「童蒙日課」起草。
	*	死亡請合規則をつくった丸屋商社に一〇〇円を無利息で貸し付ける。
六	七	肥田昭作宅で演説を試みる。
	二七	三田演説会発会。
	*	『学問のすゝめ』一〇編刊。『帳合之法』二編刊。
	*	「旧発明の器械」『民間雑誌』発表。
	*	「人の説を咎む可らざるの論」『民間雑誌』発表。
七	*	『学問のすゝめ』一一編刊。

七	*	七月以降「内は忍ぶ可し外は忍ぶ可らず」起草。
八	七	南貞助の創立した内外用達会社の役員となることを一旦は承諾したが、会社の規則を見て辞任する。
九	*	『会議弁』刊。
一〇	四	富田鉄之助、杉田成卿長女縫と契約結婚を行う。行礼人福沢諭吉、証人森有礼。
	九	石井信義を訪問し、今泉釖の産科修業につき相談し、二五日回答を得る。
	*	三田演説会の「宿題控」起筆。
一一	一	森有礼の商法学校設立に際し、「商学校を建るの主意」起草。
	五	楠公権助論に世上の物論は捨て置きがたく、この日の『郵便報知新聞』紙上に慶応義塾五九楼仙万の匿名で「学問のすゝめの評」と題する反駁文を掲載、同文を七日の『朝野新聞』、九日の『横浜毎日新聞』に掲載する。これより物論ようやく鎮静に赴く。
	*	この頃、明六社で台湾征討に関する演説を試みる。明六社の一部会員に日本語は演説に適しないとの意見があり、実地に行ってみせた。「征台和議の演説」『明六雑誌』二一号発表。
	一七	「豊前豊後道普請の説」『郵便報知新聞』発表。
一二	*	この頃、長沼村民代表小川武平、長沼事件の歎願のため千葉町の宿屋に止宿中、夜店で買い求めた『学問のすゝめ』を読み、福沢に助力を乞うことを考える。
	一五	小川武平が医師栗田胤顕の紹介で来訪する。長沼事件に関係する発端となる。
	一七	小川武平来訪。長沼事件に関する願書を起案して渡す。
	二四	小川武平来訪。福沢起案の願書に対し千葉県庁より何の沙汰もないことを訴える。
	二五	千葉県令柴原和に宛て長沼事件に関して代筆した願書が届いているかを問い合わせる。
一二	*	『学問のすゝめ』一二編・一三編刊。
	*	小幡篤次郎、森村市左衛門を訪問。弟の豊がアメリカで商売を習い日米貿易の基を開くようにとの福沢の意見を伝える。
	*	西村茂樹の「大日本会議上院創立案」を示され、これに従えば華士族の勢力を増し、国家の福にあらずと批評する。
	*	暮、報知新聞社より論説記者を求められ、藤田茂吉、箕浦勝人、牛場卓蔵の三名を推薦する。三名は常に福沢のもとに出入りしてその説を聞き、論説を書く。
	*	この頃、議論家や学者の集会で大隈重信と面談し懇意になる。大隈の紹介で伊藤博文、井上馨とも知り合い、大隈に協力者として矢野文雄、小泉信吉らを推薦する。やがて矢野の紹介で尾崎行雄、犬養毅らも推薦される。
	*	七～八年頃、大久保利通、伊藤博文と会合する。談話が政治のことに及ぶ。
	*	七～八年頃、イギリス人宣教師アレキサンダー・ショー来日、慶応義塾構内に西洋館を建てて住まわせ子息らの英語教授を託し、爾来永く親交を保つ。
	*	七～八年頃、楠公権助論などにより福沢に対する非難攻撃の声が高かった頃、芝日蔭町辺の絵草紙屋で福沢の似顔に「法螺をふく沢うそをいふ吉」と記した漫画のようなものが売り出される。
明治八		**一八七五**
一	*	「未来平均の論」『民間雑誌』発表。
	*	「外国人の内地雑居許す可らざるの論」『民間雑誌』発表。
	*	「内地旅行西先生の説を駁す」『明六雑誌』発表。
二	六	森有礼と広瀬常との契約結婚の証人となる。
	*	前年一二月の長沼事件に関する代筆願書では効果が挙らな

月	日	事柄
二		いので、さらに沼地の見分願を書き与える。
	*	六月までの間に長沼村民のためさらに一通の願書を代筆する。
三	一五	「男女同数論」『明六雑誌』発表。
	二五	『文明論之概略』緒言起草。
	*	『学問のすゝめ』一四編刊。
四	一四	日光見物のため家族を同伴して出発。一八日、中善寺、華厳の滝などを見物し、二二日帰宅。
	一四	▽元老院、大審院、地方官会議を設置。漸次に立憲政体に進むべしとの詔勅。
	一九	鹿沼学校に東原熊次郎を訪問する。
	*	『文明論之概略』脱稿。
	*	この頃、島津復生、『文明論之概略』の稿本を読み所感を寄せる。
	*	「おしゅん誕生の記録」起草。
	*	「福沢夫妻及び長男の生年月日記録」起草。
五	一	三田演説館開館式、小幡篤次郎、朝吹英二、坪井仙次郎、四屋純三郎、藤田茂吉、猪飼麻次郎、森下岩楠、和田義郎、小川駒橘、松山棟庵らと共に祝賀演説を行う。
	一	「明治八年五月一日三田集会所発会の祝詞」起草。
	一	明六社で民撰議院早晩論を闘わす。福沢は尚早論に反対。
六	五	三田演説会にて演説。
	一六	長沼村民のために願書を代筆する。
	一九	三田演説会にて演説。
	二八	▽新聞紙条例・讒謗律制定。
	*	「国権可分の説」『民間雑誌』発表。
七	四	福沢の媒酌により、朝吹英二、中上川澄と結婚。
七	七	長沼村民のために願書を代筆する。
	三一	「案外論」『郵便報知新聞』社説発表。
	*	「翻訳之文」起草。
八	七	末広鉄腸が新聞紙条例違反の廉で投獄されたと聞き、ビール数ダースを贈って見舞う。一〇月六日禁固解除。ただちに来訪し、獄中の見舞いに謝意を表す。
	*	この頃、上京中の千葉県令柴原和を旅宿に訪ね、長沼事件の解決を依頼する。
	二〇	『文明論之概略』刊。三一日、富田鉄之助に同書を贈る。
九	四	「明六雑誌の出版を止るの議案」『郵便報知新聞』発表。
	五	中学師範学科設置につき文部大輔田中不二麿に招かれ、慶応義塾の教員藤野善蔵を伴って茗渓昌平館に赴く。
	七	長沼村民のために願書を代筆する。
	八	サンフランシスコ副領事高木三郎と領事助務チャールス・ウォルコット・ブルックスに『文明論之概略』を贈る。
	一三	雑誌『家庭叢談』発刊、「家庭叢談緒言」発表。
	一八	三田演説会にて演説。
	*	「覚書」起筆。
一〇	七	「亜細亜諸国との和戦は我栄辱に関するなきの説」『郵便報知新聞』社説発表。
	一六	三田演説会にて演説。
一一	六	三田演説会にて演説。
	七	▽徴兵令を改正して全国皆兵の主義を明らかにする。
	一四	木戸孝允を訪問して懇話する。
	二〇	三田演説会にて演説。
	二二	旧岸和田藩主岡部長職のアメリカ留学につき、富田鉄之助に紹介状を出す。
	*	この頃、「国民兵」起草。

月	日	事項
	*	「明治九年一月十七日総勘定」によれば、前年に本宅を普請している。
	*	八〜九年頃、「教育の力」「政府は人民の何を反射するか」「政府は人望を収むるの策を講ず可し」を起草。

明治九　一八七六

月	日	事項
一	八	三田演説会にて演説。
	*	初めて「諸口差引大帳」をつくる。
二	一四	『学者安心論』を書き始める。一九日脱稿。
	二〇	長沼村小川武平の来訪を受ける。小川の持参した牛場卓蔵起案の長沼拝借願の案文の後半を書き改めて払下願の文面とする。牛場も来合わせて両案の可否につき相談し、長沼村民にいずれを採るかを一任する。二三日、小川武平、長沼村に帰り協議の結果、牛場の原案を採ることに決す。この日の日付で願書を提出。
	二六	▽日朝修好条規調印。
	二七	五時、鮫島尚信邸で大久保利通と会見。大久保はそのときの印象を「福沢子入来にて種々談話有之面白く、流石有名に恥ず」と日記に記す。
三	二	四女滝生まれる。
	三	長沼村民のために「訴訟の大意」を代筆する。
	一八	『学者安心論』検閲願を提出する。
	一八	三田演説会のことにつき福沢宅に集まる。
	二五	この日、長沼村のために「沼地拝借願」を代筆したか。
	*	「慶応義塾改革の議案」起草。
四	四	ミル『功利論』を読み始める。
	八	三田演説会にて演説。
	一四	『功利論』読了。二〇日、『功利論』再読了。
	*	『学者安心論』刊。
四	*	東京師範学校中学師範学科開講。小幡篤次郎はこの学校の教頭兼幹事のような職にあり、多くの教員、学生が慶応義塾より移る。
五	一〇	スペンサー『第一原理』を読み始める、六月二三日読了。
	二七	「子供の教育は余り厳ならずしてよき例を示すは則よき教なり」と題した、この日付の演説原稿がある。
	*	五〜六月頃、一太郎と捨次郎を伴い横浜から三菱会社の船で神戸に向かう。金場小平次方に一泊、大阪に出て西横堀の旅宿に泊り、京都、奈良などを見物して神戸に戻る。三菱の船で帰京。
六	一〇	『近事評論』、「福沢氏西京人の入門を拒絶す」と題する福沢非難の記事を掲げる。一四日『近事評論』の記事は事実無根であると抗議し、二四日『近事評論』に福沢の抗議全文が掲載される。
	一五	長沼村で企画された「荷為替」事業が失敗したことについて、現地の中村源吾に注意を喚起する。
七	八	「人意に所有のライトあるを論ず」と題する演説を行う。
	一一	夕刻、慶応義塾構内奥平家仮宅での奥平昌邁結婚式に出席。
		「奥平昌邁結婚式祝文」起草。
	*	『学問のすゝめ』一五編刊。
	*	小川武平来訪。県令からの達を報告する。
八	*	『学問のすゝめ』一六編刊。
九	一三	雑誌『家庭叢談』創刊、「字を知る乞食」発表。
	二三	三田演説会にて演説。
	二八	大槻磐水五〇回追遠会に祭文を読む。
一〇	八	「家庭習慣の教えを論ず」『家庭叢談』発表。
	一四	「女子教育の事」「力のない有力者の説」『家庭叢談』発表。
	二〇	「人の言行は情慾に制せらるることを解す」『家庭叢談』発表。

月	日	事柄
一〇	二四	▽神風連の乱勃発。二七日に秋月の乱、二八日に萩の乱続発。
	二六	「商牌の事」「釣合の事」『家庭叢談』発表。
一一	一	「要知論」「売薬の事」『家庭叢談』発表。
	四	「宗教の必要なるを論ず」「学校資金の内に芸娼妓の寄附を受く可らざるの論」『家庭叢談』発表。
	七	「青物魚類市場の事」「宗教論の弁解」『家庭叢談』発表。
	一〇	「新橋横浜間の鉄道を切売す可きを論ず」『家庭叢談』発表。
	一〇	緒方洪庵先生懐旧集会に出席。
	一三	「「滔々たる天下横着者の遁辞」を読みて感あり」「故緒方洪庵先生懐旧集の文」『家庭叢談』発表。
	二二	「因果応報の妨げらるる由縁を論ず」『家庭叢談』発表。
	二五	三田演説会演説。
	二五	『学問のすゝめ』一七編刊。
	*	「分権論」題言起草。
	*	慶応義塾内に「万来舎」が完成する。
一二	二	「進歩と変化との区別を知らざれば大なる間違を生ずるを論ず」『家庭叢談』発表。
	五	「系統論」『家庭叢談』発表。
	一七	「教育説」『家庭叢談』発表。
	*	一か月ばかり費して「分権論」を脱稿する。
*	*	「討薩論」を草した尾崎行雄を戒める。慶応義塾を放校されようとした尾崎行雄を自主退学に取りなす。
明治一〇	**一八七七**	
一	一	「自力社会」を設立する。
	一	島津復生らに「分権論」草稿の写本を送付。
	二	「明治十年一月一日之文」『家庭叢談』発表。
	四	板垣退助に「分権論」の写本を送付し、世上に広めるよう協力を依頼。
	二六	「貧民教育の文」『家庭叢談』発表。
	二七	三田演説会にて演説。
	二九	「過去現在未来の関係」『家庭叢談』発表。
二	一	「漫りに森林を伐倒すの害」「繁を省くは今の世帯の要事なるを論ず」『家庭叢談』発表。
	四	「学問を勤む」「朝鮮は退歩にあらずして停滞なるの説」『家庭叢談』発表。
	一〇	「雇主と被雇者は利益を一にするの説」『家庭叢談』発表。
	一〇	三田演説会にて演説。
	一四	「死富の論」『家庭叢談』発表。
	一五	▽西南戦争起る。
	一六	「三種人民の長短所を論ず」『家庭叢談』発表。
	一九	「学者の三世相」「国民三種論の二」『家庭叢談』発表。
	二三	「旧紀州藩士の為の義田結社の趣旨」起草、三浦安に原稿を送付。
	二四	三田演説会にて演説。
	二五	「釣合の話」『家庭叢談』発表。
三	三	「考を広くする事」『家庭叢談』発表。
	六	「汝自から之を為よ」『家庭叢談』発表。
	一〇	開成学校講義室の開席に出席。祝辞を述べる。「明治十年三月十日開成学校講義室開席の祝詞」『家庭叢談』発表(四月五日)。
	一〇	三田演説会にて演説。
	二〇	西南戦争に関する都下諸新聞の報道ぶりにつき「覚書」に備考を記す。
	二二	来訪した小川武平を早矢仕有的に紹介し「自力社会」への加

三		入を勧める。
	二四	三田演説会にて演説。
	＊	長沼村のために「長沼渡船の義に付御願」を代筆する。
四	二	西洋料理店三河屋のために引札起草。
	一二	▽東京開成学校、東京医学校を合併して東京大学成立。
	一四	「自他の弁」起草。
	二〇	長沼村のために願書代筆。
	二八	「私の利を営む可き事」『民間雑誌』発表。
	二八	三田演説会演説「三田演説第百回の記」。
	＊	「三田演説会に関するメモ」起草。
五	一二	三田演説会にて演説。
	二六	三田演説会にて演説。
	三〇	「旧藩情」緒言起草。
六	二	「旧藩情」を鈴木閒雲に送付し、中津に残る門閥の残夢を打破するよう要請する。また「旧藩情」を島津復生に送り、「御一覧の上御考案」を求める。
	四	浜野定四郎に中津市学校の教育内容の改善を求めるとともに、「旧藩情」を送付して一読を勧める。
	一二	荒木分兵衛（白石常人塾同窓の吉岡密乗弟）、密乗の書簡を携え来訪。旧師および自分の近況を話し『学問のすゝめ』一揃を贈る。
七	二	『通貨論』執筆のため、内外の通貨に関する統計について杉亨二に質問する。
	二四	「西郷隆盛の処分に関する建白書」起草。
	二五	トクヴィル『アメリカのデモクラシー』上巻読了。
八	一二	「木造建物取崩売捌広告」『民間雑誌』に掲載。
	一三	小幡篤次郎訳「弥児氏宗教三論」緒言起草。
	一五	「明治十年以降の備忘録」起筆。
九	二四	「中津福沢旧宅の図に題す」起草。
	二四	▽西郷隆盛以下城山に自刃し、西南戦争終結。
	＊	西南戦争終了後、数日を費して「丁丑公論」を草す。
一〇	二四	「丁丑公論」緒言起草。
	二七	三田演説会にて演説。
	下旬	数日を費して『民間経済録』を脱稿。
一一	四	「小学維持の事」『民間雑誌』発表。
	一〇	三田演説会演説「空論止む可らず」。
	一九	『民間経済録』序文起草。
	＊	『分権論』刊。
	＊	兵庫県と慶応義塾の合弁で神戸商業講習所を設立。慶応義塾より甲斐織衛、飯田平作、藤井清の三名を教員として派遣。
	＊	「豊橋煙火目録序」を起草。
一二	八	三田演説会にて演説。
	二二	三田演説会にて演説。
	二三	「試験問題」『民間雑誌』発表。
	＊	『民間経済録』初編刊。
	＊	上京した大分県令香川真一と両度面会。中津第七十八国立銀行のことにつき懇談する。
	＊	松倉恂来訪の際、盲暦の件を依頼。
＊	＊	この年、横浜ガス局事件起り、福沢は市民の代表早矢仕有的を支援する。
	＊	「西南戦争の利害得失」起草。
	＊	この頃、一太郎、捨次郎、小幡篤次郎、松平康荘、酒井良明らを伴い鎌倉に遊ぶ。このとき将来飛行機が発明され戦争も変化することを予想する。
	＊	尾崎行雄、福沢を訪問して著述についての意見を聞く。
	＊	「栄辱の念の厚薄」「執筆ノート」「原稿断片」「人事は徐々に

月	日	事柄
		非ざれば進まざる事」「賄賂の公行」などはこの年か、その前後の年の執筆と思われる。
	*	鰹節と煮豆を持って菅了法の宿所を訪ね、自炊勉学は感心の至りであると置手紙を残して帰る。
明治一一		**一八七八**
一	一	三田二丁目一三番地の地所を松山棟庵に貸し渡す。
	四	「著述の説」『民間雑誌』発表。
	四	「接客日時の広告」『民間雑誌』に掲載。
	七	「通快丸進水祝詞」起草。
	一〇	松倉恂に盲暦を贈られたことを謝す。
	一七	慶応義塾教員および『民間雑誌』編輯員を招き、新年始めの会合を開く。
	一九	「門閥論」『民間雑誌』発表。
	二〇	中村栗園の親戚山県悌三郎来訪。中村の近況を報じ、小学教則に関する中村の意見書を渡す。
	二二	「私の利営む可きの説」『民間雑誌』発表。
	二五	中村栗園に小学教則のことにつき答える。
	二六	三田演説会にて演説。
	二七	新年会を催す。
	二八	『近事評論』に福沢の「私の利営む可きの説」を非難する記事が載る。
	*	『福沢文集』刊。
二	一	板垣退助に対し、高知で言論が盛んになっていることをその功績として高く評価し、上京して都会で活躍することを勧める。
	五	「福沢氏古銭配分之記」起草。父百助が蒐集愛蔵した古銭を子女に分与する。
	九	三田演説会にて演説。
	一〇	五か年期限で拝借地となっていた長沼の払下げを千葉県令柴原和に依頼する。
	二〇	宮内省調度課より『民間雑誌』を二部ずつ納入すべき旨、注文を受ける。
	二二	「接客日時変更の広告」『民間雑誌』に掲載。
	二三	三田演説会にて演説。
	二五	三田玉鳳寺の読書講義会開講。祝辞を述べる。
三	一	『民間雑誌』日刊となり、中上川彦次郎編輯長となる。
	三	「報知新聞紙開業第六周年の祝文」起草。
	六	『民間雑誌』を外務省から在外公館に配布する新聞のリストに追加するよう寺島宗則外務卿に依頼。
	七	福島県下に移住の件につき、上方の某氏に発信する。「上国某氏に贈る」『民間雑誌』発表（三月一〇日）。
	九	三田演説会にて演説。
	一六	中津市学校長浜野定四郎宛に教師の派遣も考えるので慶応義塾へ転任するよう強く要請する。
	一九	矢野文雄を大隈重信に紹介する。
	二三	三田演説会にて演説。
	二四	「天理人儀生力建白願」『民間雑誌』発表。
	二九	「明治十一年三月廿七日東京府庁議事堂演説」『民間雑誌』発表。
	*	慶応義塾教師不足につき、福沢もこの月より上等の一課を受け持つ。
	*	この頃、「地方官会議評価の事」起草。
四	二	地租のことにつき、林金兵衛、飯田重蔵、梶田喜左衛門来訪。この頃から春日井事件に関係する。
	四	「婦人養生の事」「薩摩の友人某に与るの書」『民間雑誌』発

月	日	事項
		表。
四	一〇	大久保一翁を訪ね、徳川家より慶応義塾維持資金借用のことにつき相談する。一一日勝海舟を訪れ相談。
	一三	三田演説会にて演説。
	一五	『通貨論』脱稿。緒言を起草する。
	一八	『通俗民権論』の原稿を書き始める。
	二三	塾生一〇名ばかりを伴い箱根に遊ぶ。五月三日帰宅。
五	五	矢野文雄来訪。大隈重信との面接の模様を報告する。
	一一	三田演説会演説「国の装飾の事」。
	一二	演説館のことにつき増田知来訪。
	一四	▽大久保利通暗殺される。
	一四	大久保事件につき臨時に三田演説会を開き、塾生を戒める。
	一五	「内務卿の凶聞」『民間雑誌』発表。
	一六	伊藤博文に対し、政府高官の身辺護衛を厳重にすべきことを進言する。
	一六	「護衛を設るの説」『民間雑誌』発表。
	中旬	『民間雑誌』第一八六号社説「内務卿の凶聞」中の字句が当局の忌諱に触れ、発行名義人が警視庁から譴責を受ける。第一八九号をもって廃刊。
	二五	三田演説会にて演説。
	*	『通貨論』刊。
六	八	三田演説会にて演説。
	一〇	適塾懐旧の集会に出席。
	一七	石川県学校掛沼田悟郎、教師雇入の件で来訪。
	一八	「通俗民権論」脱稿。緒言を起草する。
	二二	三田演説会にて演説。
	二五	松山棟庵と地面貸借につき相談。「地面貸借之証」に記す。
	二七	伊藤猛太郎碑銘のことにつき、古田新六来訪。
六	*	陰陽五行四元素の奇客、筒井千代松来訪。
	*	近江の湖水を越前敦賀まで流す相談のため、多喜静衛、白崎柳北来訪。
*	*	夏に中上川彦次郎、猪飼麻次郎、酒井良明らと共に由利公正と面談。
	*	夏以来、再び漢詩の創作を試みる。「詩集」起筆。
七	一三	三田演説会にて演説。
	二二	『通俗国権論』緒言起草。
	二二	▽郡区町村編成法、府県会規則、地方税規則の三法制定。「民情一変の期限」とみなす。
	*	今泉釖のために「建宮君御遺物の記」を記す。
	二七	三田演説会にて演説。
	*	土佐の立志学舎閉鎖。教員門野幾之進、城泉太郎帰京。
八	*	この頃、坂井次永来訪。広沢安任から頼まれて「開牧五年紀事」に序文を乞う。九日「開牧五年紀事序」起草。
九	一一	▽愛国社再興第一回大会開催。
	一四	三田演説会にて演説。
	二一	両国中村楼で西周、外山正一、藤田茂吉、杉亨二と共に演説。
	二八	三田演説会にて演説。
	三〇	建白一〇か条のことにつき細野信謙来訪。
	*	『通俗民権論』『通俗国権論』刊。
一〇	一	「『文明論之概略』講義の広告」『郵便報知新聞』発表。
	三	笠原恵に『通俗民権論』『通俗国権論』を贈る。
	六	『通俗国権論』二編脱稿、その緒言起草。
	九	大分県令香川真一へ中津市学校の公立化の内談に関し賛意を表す。
	一〇	慶応義塾内の万来舎で午後三時半より「文明論之概略」の講義を始める。以後毎月一〇の日に講義の予定。

月	日	事柄
一〇	＊	初旬より浜野定四郎、猪飼麻次郎、門野幾之進、雨宮達也、本多孫四郎、鎌田栄吉ら、三田演説館で毎週二回洋書の講義を始める。社中社外の聴講者多数。
	一一	長沼村の小川武平ら来訪。
	一二	三田演説会演説「通俗国権論二編」。
	一四	伊東詮一郎、福沢の勧めにより慶応義塾で有志者のため簿記を講ず。高木喜一郎宛書簡によればこの日から、稽古は毎夜二時間。浜野定四郎をはじめ二七、八名が参加。長くは続かなかった。
	二五	浜野定四郎来訪。慶応義塾のことにつき懇談する。
	三一	笠原恵に対し、頸城社につき手紙で意見を述べる。
	三一	中村雪仙、娘と共に来訪。福沢は中村の子息らと白石常人の塾で同窓。学友の近況を知る。
一一	七	春日井郡地租のことにつき、鈴木蓁、西尾為三郎来訪。
	一七	春日井事件の願書却下（一六日）につき、内務少輔前島密に政府部内の実情をただす。
	＊	この頃、「春日井事件に関する願書案文」起草。
	二八	大隈重信を訪ね、慶応義塾維持のため協力を依頼する。
	＊	この頃、「私塾維持ノ為資本拝借之願」を起草。
	二九	文部省に文部大輔田中不二麿、次いで文部卿西郷従道を自宅に訪ね、慶応義塾維持資金借用のことを懇談する。
一二	五	児島禾念に演説のことにつき返書。『通俗国権論』を贈る。
	七	子どもと近郊に遊猟に行く。
	九	文部大輔田中不二麿の自宅に招かれ、西周、加藤弘之、神田孝平、津田真道、中村正直、箕作秋坪らと共に東京学士会院設立に関する諮問を受ける。
	一一	大蔵省書記官河瀬秀治を自宅に訪ね、慶応義塾維持資金借用の件につき懇談する。
	＊	この頃、「製茶輸出に付資本拝借之願」起草。
	一二	学習院次長渡辺洪基に馬場辰猪と大河内輝剛を教員として採用するよう推薦。
	中旬	帰郷する島津万次郎に託して、白石常人に『通俗国権論』一冊および紙幟二箱を贈る。
	二〇	府会議員選挙に際し、東京府知事楠本正隆にあらかじめ私書を呈す。
	二一	伊藤博文を自宅に訪ね、慶応義塾維持資金借用につき依頼。
	二一	西周に塾員吉良亨の兵役に関し内願をする。
	二三	本山彦一、「旧藩情」の読後感を記して福沢に贈る。
	＊	芝区より東京府会議員に選出される。
	＊	「年中行事」起筆。
＊	＊	この冬、ハーバード大学留学より帰国した金子堅太郎、福沢の依頼により慶応義塾を訪れ、教授法を視察する。
	＊	この年の末頃、「私塾維持の為資本拝借の追願」起草か。
	＊	白石常人『通俗国権論』を読み、趣旨に賛成の跋文を草す。
	＊	この年、江戸に出て一四年目にして初めて向島を見る。
	＊	丸善に入社した赤坂亀次郎、荷車を曳いたまま来訪。福沢は大いに賞賛し酒を饗応する。
	＊	中上川彦次郎の勧めで、この頃から余暇に書の稽古をする。

明治一二　一八七九

月	日	事柄
一	八	慶応義塾維持資金借用願を四分利四〇万円に改め東京府経由で提出。
	一一	三田演説会演説「外交論」。
	一三	大蔵省書記官河瀬秀治に製茶輸出資本拝借願の提出見合わせを伝える。

一	一五	文部大輔田中不二麿の名で東京学士会院の会員に推薦する旨、通告を受ける。文部省内の修文館で東京学士会院の第一会開催。初代会長に選出される。
	一六	東京府会議事堂へ出席。副議長に選出される。
	二一	東京府会副議長を辞任する。二二日東京府会に出席。
	二五	慶応義塾で新年の発会を催す。
	二八	東京学士会院第二会に出席。会員の年金辞退を提案するが、反対多く提案を取り下げた。三月二八日にも年金三〇〇円中二五〇円の積立を提案するが、賛否両論あり採用されなかった。
	二八	『近事評論』に「福沢先生も亦た寝言ある乎」と題し、東京府会副議長辞任を非難する記事が出る。
	＊	「己卯新年」と題し「自出郷園廿六年」云々の七絶を作る。
二	三	海軍省賓客として来朝のイギリス人造船監督下院議員サー・エドワード・リード、海軍卿川村純義と共に来塾。出版局、本塾、医学校、文庫などを案内し、和田義郎の柔道場で少年の実技を示す。
	三	『扶桑新誌』に「三田町阿福の奇話」と題する攻撃記事が載る(四月六日、五月二六日の計三回)。
	七	「華族を武辺に導くの説」起草。岩倉具視に贈り、また山県有朋、西郷従道、川村純義の三名にも連名で贈呈する。
	八	三田演説会演説「華族を武に用ゆる説」。
	八	中上川彦次郎より、慶応義塾維持資金借用のことにつき工部卿井上馨の態度が消極的であることが報告される。
	一二	「華族を武辺に導くの説」を華族に示すため印刷してもよいかとの岩倉の問いかけに、写本で示すことは差支えないが印刷は遠慮したいと回答する。
	一二	「伊藤猛太郎氏墓誌」起草。

二	一四	大隈重信を訪問。慶応義塾維持資金借用を依頼する。
	一五	東京学士会院第三会に出席。
	＊	笠原恵の知人長井準平と高野兵三郎、米山水源のことにつき来訪。
	＊	「岡田泰次郎氏墓誌」起草。
三	一	東京学士会院第四会に出席。
	八	三田演説会演説「品行論」。
	一〇	市来七之助に対し、島津家より慶応義塾維持資金の援助を受けられるよう仲介を依頼。
	一三	東京府知事楠本正隆を訪ね、慶応義塾維持資金借用が成らぬならば公然却下の二字を明らかにするよう申し入れる。
	一五	東京学士会院第五会に出席。
	一七	二月以来「教育論」を執筆するが、このあとに執筆日不明の原稿が一枚あるも未完に終わる。
	一九	慶応義塾のことにつき、島津家関係の某有力者へ発信。
	二〇	「道聴途説」への記入が始まる。
	二〇	万来舎で「文明論之概略」の講義を行う。
	二二	三田演説会演説「三田の犬外国新聞論」。
	二七	五女光誕生。
	二八	東京学士会院第六会に出席し、学士会院の趣旨を演説する。
	＊	慶応義塾維持資金を政府から借用する運動が望み薄となったため、この頃から二、三の有力な華族に相談を始める。
	＊	『通俗国権論』二編刊。
四	一	兵部卿西郷従道を訪ね、慶応義塾維持資金借用を依頼する。
	初旬	「慶応義塾壱ヶ年会計の見込」起草。
	二	寺島宗則を訪ねて慶応義塾の収支明細書を示し、維持資金借用を依頼する。

月	日	事柄
四	六	伊藤博文を訪ね、慶応義塾維持資金借用を重ねて依頼する。
	八	慶応義塾維持資金借用のため、再願書を東京府経由で政府に提出する。
	一〇	「在京簿記家名簿」を記す。
	一二	三田演説会演説「宗教の利害」。
	一四	外務卿寺島宗則に、慶応義塾維持資金借用に関する政府内の状況を問い合わせる。
	一五	東京学士会院第七会に出席。
	一五	大谷光尊に写真と『通俗国権論』二編を贈る。
	一六	アメリカのグラント前大統領来日につき、清水竜を通訳として採用するよう森有礼に紹介する。
	一八	東京地学協会に入会。
	二一	「文明論之概略」の講義を行う。
	二六	三田演説会演説「蒸気電信印刷之説」。
	二八	東京学士会院第八会に出席し、「教育論」を演説する。
	二九	『東京経済雑誌』に「福沢諭吉君著通貨論の評論」と題する批判が載る。
五	一〇	三田演説会演説「切棄免許論」。
	一四	「華族を武辺に導くの説」『郵便報知新聞』社説発表。
	二三	『近事評論』に「三田大斧官金二五万円を借入れんとす」と題する攻撃の記事が載る。
	二四	三田演説会演説「外戦不可急」。
	二八	『民情一新』起稿。約一か月間病気と称して執筆に専念する。
六	一四	三田演説会演説「民権論」。
	一四	『大阪日報』に「華族を武辺に導くの説を読む」と題する攻撃の記事が載る。
六	二〇	慶応義塾維持資金借用の願書を楠本正隆東京府知事を通じて取り下げる。
	二八	三田演説会演説「民権論(前回の続)」。
七	七	『民情一新』緒言起草。
	八	「民情一新稿成」と題する七言絶句をつくる。
	一二	三田演説会演説「民情論」。
	二七	「国会論」緒言起草。
	二八	「国会論之緒言」『郵便報知新聞』社説発表。
	二九	「国会論」『郵便報知新聞』社説発表(連載一〇回)。
	*	この頃、「慶応義塾社中集会の趣意書」起草。
八	二	大隈重信へ横浜正金銀行設立に関する下相談の書簡を送る。
	四	自宅に友人数名を招き、社中の集会について下相談をする。交詢社結成の発端。
	一八	「国会論に就いて大方の教を乞う」『郵便報知新聞』社説発表。
	二〇	東京地学協会退会。
	二二	中島精一に『民情一新』の見本借用を依頼。
	二五	原時行に宛て『民情一新』が製本中であることを告げ、でき次第贈呈すると伝える。
	*	『福沢文集』二編刊。
	*	『民情一新』刊。
	*	『国会論』刊。
	*	「倹約示談」を草し、春日井事件の善後策として林金兵衛に与える。
*	*	秋頃、福沢の出資により、竹田等、京橋区南鍋町一丁目四番地に簿記講習所開設。
九	二	福沢をはじめとする社中三〇余名、神田美土代町の三河屋に会合し、交詢社社則起草委員を選出する。

九	二	田中不二麿に発兌したばかりの『民情一新』を贈呈する。
	七	「倹約示談」五〇部を林金兵衛に送る。
	一二	大隈重信へ田尻種香（稲次郎）を大蔵省通弁として推薦し、横浜正金銀行設立の下相談は小泉信吉に取り扱わせると伝える。
	一三	三田演説会演説「門閥論」。
	二〇	簿記講習所で交詢社社則草案審議の第一回会議が行われる。
	二七	三田演説会演説「富豪の子弟教育の事」。
	二九	▽学制廃止、教育令制定。
	三〇	九月二〇日以来四回の審議を重ね、交詢社社則決定する。
	*	尾崎行雄、新潟新聞へ赴任に際し福沢を訪問。福沢は商事思想の注入、県会指導の必要など二、三か条の心得を巻紙にしたためて与える。
一〇	五	横浜正金銀行設立準備のため、中村道太を大隈重信に紹介する。
	一一	三田演説会演説「門閥論」（前々回の続き）。
	一四	「富豪子弟教育の事」『郵便報知新聞』（一五日まで連載二回）発表。
	一五	交詢社の会合に出席しない九鬼隆一に対し、その理由を問いただす。
	二五	小幡篤次郎中津行の送別会を自宅にて開く。
	二五	三田演説会演説「交通論」。
	二九	岩崎弥太郎に後藤象二郎の高島炭鉱の買収を重ねて依頼。
	*	教員会議で義塾維持の困難を公表して給料を従来の三分の一に減ずる。
一一	五	後藤象二郎と面会、岩崎弥太郎との面会について相談。
	八	三田演説会演説「物理学の要」。
	九	田中不二麿に対し、東京女子師範学校長として小杉恒太郎を推薦する。
	二二	三田演説会演説「平民教育の功能」。
一二	一三	三田演説会演説「職業の説」。
	*	この年、「民情一新補遺」起草。
	*	尾崎行雄「尚武論」を書き来訪。「猿に読ませるつもりで書け」とたしなめる。
	*	西本願寺の内紛解決に援助を求められ、事態の収拾のため七里恒順を推挙する。

明治一三　一八八〇

一	一〇	三田演説会演説「支那之説」。
	一五	東京学士会院第一六会に出席。
	二〇	九鬼隆義に対し、第十五銀行からの脱退や土地払下げなどについて意見を伝える。
	二四	『中外広問新報』に「三田の大斧の臂毛を抜く」と題し府会議員のときの行動を攻撃する記事が載る。
	二五	芝愛宕下青松寺で交詢社発会式挙行。常議員長に選ばれ演説。
	二五	三田演説会演説「変動政治安を維持す」。
	二八	東京府会議員を辞任。
二	七	交詢社創立委員、常議員、その他有志の集会（築地、寿美屋）で演説する。
	一五	東京学士会院第一七会に出席し、「高等私立学校に就て試験法を定め学力優等の者は宜しく徴兵を免ずべき議案」を演説。
	*	この頃、「慶応義塾会議講習会規則」起草。
	二二	ドイツ皇孫吹田遊猟事件への政府の対応に関し、外務卿井上馨に痛烈な抗議を申し入れる。
	二六	田代荒次郎、安生順四郎、吉光寺梶郎、矢板武、野沢泰次郎ら、保晃社のことにつき来訪。

月	日	事柄
二	二六	「神津家訴訟事件に関する約束書」起草。
	二八	三田演説会演説「漢学之説」。
	二八	▽横浜正金銀行開業。
	二九	交詢社定期小会（愛宕下、青松寺）に出席し演説する。
三	六	慶応義塾会議講習会第一回開催。
	一六	大隈重信宛に横浜正金銀行の増資の必要を説く。
	一七	岩井諦に「去年はコレラ、今年は交代して国会年ならん」と近況を報告。
	二七	三田演説会演説「貧民自立之説」。
	*	この年、春頃から諸方の壮年書生らがしきりに来訪するもほとんど取り合わない。
四	五	▽集会条例公布。
	一五	東京学士会院第一九会に出席。阪谷素の「学士会院に著書賞格を設くべき議案」に反対意見を述べる。
	二五	交詢社第一回定期大会（両国、中村楼）で演説。
五	七	岩崎弥太郎と会談。岩崎弥之助に高島炭鉱の窮状を報知。
	九	三田演説会演説「貧民自立之説」（前会の続）。
	一四	岩崎弥太郎に対し、高島炭鉱の買収が利益になるとして決断をうながす。
	*	この頃、箱根に遊ぶ。二七日帰宅。
	二九	慶応義塾同窓会（湯島、昌平館）にて演説。
六	七	神奈川県下九郡の人民代表松本福昌の依頼により、元老院に提出する建白書「国会開設の儀に付建言」を代筆する。
	一二	三田演説会演説「保険之説」。
	一五	東京学士会院第二一会に出席。
	一六	幼稚舎生約一〇〇名を自宅に招く。
六	二二	『民間経済録』二編の序文起草。
	二三	大隈重信の自宅で大隈と会談。
	二六	三田演説会演説「運輸交通の説」。
	二九	明治会堂設立に関する相談会を社中の主な者に案内する。
	*	慶応義塾医学所廃止。
七	二	明治会堂設立の相談のため、社中数十名を自宅に招く。
	六	岩崎弥太郎に対し、高島炭鉱買収を決断したことを「近年之一大快事」と称賛。
	六	▽外務卿井上馨、各国に条約改正案交付。
	一〇	三田演説会演説「苦楽の説」。
	二〇	貿易商会開業。支配人朝吹英二の行った「貿易商会開業の演説」は福沢の起草。
	二四	岩倉具視、大木・山県・井上・山田・川村の諸参議に案内して福沢の談話を聴く会を催す。
	二四	三田演説会演説「品行論」。
	三〇	『合本学問の勧』序文起草。同書刊。
	*	明治会堂の敷地について、下谷、鍛冶橋から呉服橋あたり、あるいは銀座などさまざまな候補地から、木挽町の由利公正旧邸に決め、買い取る。
八	三	日常の心得を文書にしたためて一太郎に与える。
	三	『近事評論』、「三田先生は国会開設建白者の陰武者に非ざる耶」と題する攻撃記事掲載。
	一三	『近事評論』、「国会は自然に開くべしと某総代人に答えたる福沢先生の一語は頓智耶遁辞耶」と題する攻撃記事掲載。
	一五	早朝、箱根塔之沢へ向け出発。二四日帰宅。
	二一	『民間経済録』二編中の「運輸交通の事」を『東海経済新報』に発表。
	三一	大阪製紙所長真島襄一良を肥田昭作に紹介する。

八	*	『民間経済録』二編刊。
九	七	明治会堂の建設着工。
	七	岩崎弥太郎に明治会堂への寄附金を受領した旨を伝達。
	一一	三田演説会演説「運輸交通の説」。
	一五	東京学士会院第二二会に出席。学士会院積金の説を提案するも議論沸騰して決定せず。
	二二	第六国立銀行に明治会堂建設費貸出しを依頼。
	二五	三田演説会演説「体育論」。
	二九	『中外広問新報』に「三田の欲張大爺遽かに民権論を擲棄して官権党に変性せしは亦実学士の真面目耶」と題する攻撃の記事が載る。
	*	九月頃よりひそかに慶応義塾の廃止を決意し、存意を小幡篤次郎らに打ち明ける。
*	*	この頃、朝鮮の僧侶李東仁、金玉均の密命を帯び日本に潜入。寺田福寿に依頼して福沢と面会する。
一〇	九	日光東照宮保存のため保晃会を設立する件で、安生順四郎を旧福井藩家老の武田正規に紹介する。
	一一	交詢社常議員会に出席。
	一五	東京学士会院第二三会に出席。前回提案の積金の説につき補足説明。
	一八	第一回交詢社随意談会出席。
	二三	三田演説会演説「漢学の説」。
	二五	慶応義塾存廃の件につき、小幡篤次郎、浜野定四郎らを中心に社中の主な人びと集会を催す。
	三〇	交詢社員の演説会（愛宕下、青松寺）で「交通論」を演説。
一一	三	「慶応義塾出版社に関する会計覚」起草。
	一六	慶応義塾の要人に、維持資金募集に関し寄附を申し込まれても拒むべき場合もあると注意する。

一一	一八	福沢の発意により中津の子女、蚕糸業見習のため富岡製糸所へ赴く途中で慶応義塾内に宿泊。一六年一二月修業を終え帰郷。
	一八	交詢社随意談会出席。
	二三	「慶応義塾維持法案」起草。
	二四	後藤象二郎の高島炭鉱を三菱会社に引き受けさせる下相談を大隈重信にする。
	二七	三田演説会演説「学者出身の法」。
	*	三河国明大寺村天主教徒自葬事件が発生。福沢は翌年東本願寺の依頼により仏教徒を支援。
一二	三	交詢社随意談会出席。
	四	東京学士会院の会員を辞する願書を会長西周に提出する。
	七	川田小一郎に対し、三菱による高島炭鉱買収の噂について対応策を相談。
	一一	三田演説会演説「学者出身の法」（前回の続）。
	一四	山口仙之助来訪。千葉県下の土地買取りの件につき報告する。
	一八	交詢社随意談会出席。
	*	二四、五日頃大隈重信邸で伊藤博文、井上馨と会見、政府の広報紙の引受けを懇請される。
	*	義塾の卒業試験終了後、受験生一同に対し原書の講読を行い、有り合わせの粗筆を走らせて「試験問題試訳」を起草。
	*	この年の末頃、『時事小言』の著述にとり掛かる。
明治一四		**一八八一**
一	六	『扶桑新誌』に「勝安芳君が福沢諭吉氏の評」と題する攻撃の記事が載る。
	八	三田演説会演説「孔孟の教が我日本の文明に如何なる影響を及ぼせし乎」。
	一〇	適塾の同窓会に出席し、松岡勇記、長与専斎らに会う。

月	日	事柄
一	上旬	井上馨邸を訪問。井上より政府に国会開設の意のあることを打ち明けられ、政府広報紙発行に協力を約束する。
	一一	交詢社常議員会出席。
	*	一七、八日頃井上馨来訪。近々熱海で伊藤、大隈に会見する際、政府広報紙を福沢が引き受ける所存であることを話して差支えないかと問う。異議なき旨を伝える。
	*	明治会堂落成。
	二二	酒井良明に三重日報記者として赴任する永田一茂、堀省三を紹介する。
	二二	三田演説会出席。
	二五	交詢社の創立一周年の集会（明治会堂）。
*	*	「慶応義塾出版局活字買入資金融通依頼」起草。
二	五	『東京政談』に「三田のあまのじやく老爺再び民権家の仮面を被らんとす」と題する記事が載る。
	一一	交詢社常議員会出席。
	一二	三田演説会演説「殖産興業」。
	一八	交詢社随意談会出席。
	二六	三田演説会演説「学事の沿革」。
	*	大隈重信を訪問して国会開設に関する内意をただし、井上馨と同説であることを確かめる。
三	一〇	大隈重信に「時事小言」の原稿の一節を示す。
	一一	交詢社常議員会出席。
	一八	交詢社随意談会出席。
	一九	高島炭鉱譲渡につき、大隈重信に三菱への説諭を依頼する。
	二九	森春吉へ捨次郎の大学予備門退学につき挨拶する。
	三一	東本願寺の会計始末のため、京都に赴く中村道太を槙村正直に紹介する。
*	*	大隈重信を訪問し、国会開設のことを語り合う。
四	九	岩崎弥之助来訪。後藤の高島炭鉱を三菱で引き受けることにつき相談する。
	九	三田演説会演説「不自由論」。
	一一	交詢社常議員会出席。
	一八	交詢社随意談会出席。
	二一	『扶桑新誌』に「福沢宗の功徳民間に衰えて官海に振うの原因如何」と題する記事が載る。
	二九	大学予備門を退学した捨次郎を、慶応義塾に入学させたいと浜野定四郎に伝える。
	三〇	経世社学術演説会で「学課分業の説」を演説。
	*	▽三菱会社高島炭鉱を買収。
	*	伊藤博文を訪問し、政府広報紙発行のことを尋ねる。
五	一〇	東本願寺の末寺における天主教徒埋葬をめぐる紛議につき、仏教徒のために尽力するよう大隈重信に依頼する。
	一一	交詢社常議員会出席。
	一四	三田演説会演説「日本の幸福は蘭学の功徳」。
	一八	交詢社随意談会出席。
	二八	三田演説会演説「宗教の説」。
*	*	矢野文雄来訪。大隈・伊藤両参議より国会開設の奏議につきひそかに報告を受ける。
六	三	交詢社随意談会出席。
	上旬	朴定陽、魚允中、洪英植ら来訪。福沢から日本の開国より近時の文明に進んだ経歴談を聞く。兪吉濬と柳定秀は慶応義塾に入学し、福沢家に寄宿して親しく教えを受ける。
	一一	交詢社常議員会出席。
	一八	交詢社随意談会出席。

六	二六	『扶桑新誌』に「我政府官権党新聞の発行を福沢諭吉僧正に託し僧正之を諾したりとは信耶」と題する記事が載る。
	＊	政府広報紙引受けの件につき、小幡篤次郎、阿部泰蔵、矢野文雄らと内々相談しひそかに準備を進める。
七	八	福沢の主唱による明治生命保険会社の発起人会を明治会堂に開く。
	九	三田演説会演説「時勢の変遷」。
	一一	交詢社常議員会出席。
	一四	三男三八生まれる。
	一七	明治生命保険会社に保険を申し込む。
	二九	『時事小言』脱稿し緒言起草。「辛巳夏日時事小言稿成」と題する七言絶句二首をつくる。
	三〇	▽閣議で北海道開拓使払下げ決定。東北北海道御巡幸発輦、大隈重信供奉。
＊	＊	伊勢山田の知人吉田杏祐来訪。二〇余年前に津藩士米村鉄太郎に贈った「ペル築城書」のことを思い出し、米村の現況と築城書の写本と訳稿の所在を探索するよう依頼する。
八	三	交詢社随意談会出席。
	九	茨城県学務係国分行道来訪し、松本直己の茨城県師範学校長退職を慰留するよう訴える。松木にその旨伝える。
	一八	交詢社随意談会出席。
九	一〇	三田演説会演説「足るを知るの説」。
	一一	交詢社常議員会出席。
	一三	「時事小言」の講義を始める。
	一八	交詢社随意談会に出席。また明治会堂における交詢社朋友親睦会に出席して卓上演説を行う。
	二四	三田演説会演説「人力の説」。
	三〇	『時事小言』仮製本できる。表紙には九月とあるが、実際の刊行は一〇月か。
	＊	木村喜毅（芥舟）著『菊窓偶筆』の出版を世話する。
一〇	一	御巡幸供奉中の大隈重信に伊東茂右衛門を使として『時事小言』の仮製本五冊を届け、東京の状況を報告する。
	六	中村道太に対し、三河明大寺村天主教徒自葬事件につき、郷里の地元人民に説諭し、愛知県令にも働きかけるよう要請。
	八	『時事小言』の明治天皇への献本を出願して聞き届けられる。
	八	三田演説会演説「宗教論」。
	一一	交詢社常議員会出席。
	一二	▽明治二三年を期し国会開設の勅諭下る。開拓使官有物払下げの許可取消。参議大隈重信諭旨免官（明治一四年の政変）。大隈配下の福沢門下生も政府から追われる。
	一四	政府広報紙引受けに関する経緯を述べ、井上・伊藤の違約を詰問する書簡をしたためる。
	一五	前日の井上・伊藤宛の詰問書を使者に託して井上宅に届ける。
	一六	『江湖新報』に「官海の風波三田宗門に及ぶは近来の珍説」と題する記事が載る。
	二二	三田演説会演説「宗教論」（第二回）。
	二四	『地方凡例録』を読む。
	二八	「明治辛巳紀事」起草。
	二九	政府広報紙引受けのことにつき、井上・伊藤に対して文書による回答をうながす書簡をしたためる。
	二九	▽自由党結成。
一一	四	「明治辛巳紀事」に追補を草し貼紙する。
	九	荘田平五郎に対し、一二日に小泉信吉の帰国、箕浦勝人の出京祝を自宅で開催するとして招待。
	一四	古田杏祐、川北元立と共に「ペル築城書」を探索し、訳稿六冊

月	日	事柄
一一		原図二面を送り届ける。
	一八	「築城書百爾之記」起草。
	一八	井上馨より、福沢の両度の詰問書に対し来る二一日官宅で面談したいとの申し入れがある。
	一八	三田演説会演説「宗教論」（第三回）。
一二	二	三田演説会演説「宗教論」（第四回）。
	三	交詢社随意談会出席。
	九	犬養毅に対し、明治会堂での演説を一新するよう注意をうながす。
	一一	交詢社常議員会出席。
	一六	三田演説会演説「士族論」。
	二五	門下生の小浦鉾三郎を通じ井上馨より会見を申し込まれたが、臆測説を除外した話でなければ会談も無意味と伝える。
*	*	この年、三河国明大寺村天主教徒自葬事件に関連して仏教徒側を支援し、訴訟に関する案文を起草する。
	*	この年また長沼村のために願書を代筆したか。
	*	帝国大学医科大学の卒業式に招かれ、学長三宅秀の式辞を冗談まじりに戒める。
明治一五　一八八二		
一	一一	交詢社常議員会出席。
	二七	慶応義塾の集会を開き、不偏不党の新聞紙発行の決意を述べる。
	二八	三田演説会演説「利害相半するの説」。
	*	この月、適塾以来の旧友石井信義没。死後の後始末一切を引き受ける。
二	一一	交詢社常議員会出席。
	一一	三田演説会演説「経世学論」。
	一四	大隈重信と面会。
	一六	『時事新報』発行準備として社説論説の用意をする。印刷機械を築地活版所平野富二に注文。
	二〇	『時事新報』発行許可。印刷機械を取り付ける。
	二五	三田演説会演説「遺伝の説」。
三	一	『時事新報』創刊。購読予約一、四二〇に達する。
	六	寺田福寿に伴われた金玉均と初めて会い、滞日中引き続き自宅に泊める。
	一一	三田演説会演説「僧侶論」、僧侶の腐敗堕落を痛撃する。
	一三	大隈重信来訪。
	一四	▽立憲改進党結成。
	一六	『嚶鳴雑誌』に「読福沢君僧侶論」と題する記事が載る。
	一八	交詢社随意談会出席。
	一八	▽立憲帝政党結成。
	二一	慶応義塾内の月例随談会出席。
	二五	三田演説会出席。
四	三	交詢社随意談会出席。
	八	三田演説会出席。
	一五	交詢社常議員会出席。
	二〇	自宅にて非政談の小集を開く。
	二二	交詢社第三回大会（明治会堂）に出席し演説する。
	*	『時事大勢論』刊。
五	三	交詢社随意談会出席。
	一一	交詢社常議員会出席。
	二七	三田演説会演説「雑貨輸入の話並に風俗の話」。
	*	『帝室論』刊。
	*	この頃、ロレンツ・フォン・シュタインよりウィーン大学出版

月	日	事項
五		『理学歴史科割記』を贈られ、自らも『時事小言』を贈呈する。
六	二	『時事小言』の抄訳が『日本毎週メール新聞』に掲載される。
	三	交詢社随意談会出席。
	三	『時事小言』を読んだシュタインからの来簡に礼状を送る。
	*	この頃、京都で講談師尾崎晴海が「福沢先生立案帝室論」を口演し人気を集めている記事が『時事新報』に掲載される。
	三	▽集会条例改正強化。
	九	社説「藩閥寡人政府論」によりこの日から一二日まで、『時事新報』発行停止を命ぜられる。
	一〇	三田演説会演説「緒方洪庵先生のはなし」。
	一一	交詢社常議員会出席。
	一五	この日より講談師松林伯円、日本橋瀬戸物町伊勢本、下谷広小路本牧亭で「帝室論」を口演。
	一六	矢田部良吉に対し、二二日に開催されるE・S・モースの歓迎晩餐会への出席を伝える。
	中旬	『時事新報』発行停止にちなみ「新聞条例莫丸呑」云々の漢詩と「春風や座頭も花の噂して」の句をつくる。
	下旬	岩倉具視と面会。官民調和の必要を説き、長談半日に及ぶ。
七	一	専修学校第二回卒業式に臨み祝辞を述べる。
	二三	▽壬午事変。
八	三	『六合雑誌』に「駁福沢氏耶蘇教論」と題する記事が載る。
	六	壬午事変を受け、右大臣岩倉具視に官民調和の必要を説く意見書を提出。
	三〇	▽済物浦条約調印。
九	一	『扶桑新誌』に「一貴顕三田の老爺の為めに八を喰う」と題する記事が載る。
	三	交詢社随意談会出席。
	一一	交詢社常議員会出席。

月	日	事項
九	一九	『時事新報』仮編輯長大崎(旧姓牧野)鈔人に対し、重禁錮二二日罰金七円の判決。
	二四	『日の出新聞』に福沢攻撃の記事が載る。「太閤秀吉を気取る老爺の話」(二四日)、「鉄道の噺し」(二七日)。
一〇	三	交詢社随意談会出席。
	二一	東京専門学校開校式に小幡篤次郎と共に列席。
	二八	三田演説会演説「学者の名利」。
一一	三	交詢社随意談会出席。
	上旬	一〇月三〇日付の社説「太政官第五一号布告」により、『時事新報』は売薬業者から営業毀損の訴を起され紙上への広告掲載を拒否される。売薬業者を弁護する『朝野新聞』と盛んに論戦。
	上旬	五月頃、福沢に書籍を寄せたウィーン大学教授シュタインが明治政府に招かれる。
	一一	交詢社常議員会出席。
	一一	三田演説会出席。
	一八	交詢社随意談会出席。
	二九	売薬業者との訴訟のため、『時事新報』の編輯責任者が品川の治安裁判所に呼び出される。
	*	『兵論』刊。
	*	『徳育如何』刊。
一二	三	交詢社随意談会出席。
	一一	交詢社常議員会出席。
	一八	自宅に朴泳孝、金玉均、尹雄烈らを招き送別の宴を開く。
明治一六　一八八三		
一	一一	交詢社常議員会出席。
	一三	三田演説会演説「作文の要用」。
	一八	交詢社随意談会出席。

月	日	事柄
一	二四	中津市学校の廃止決定。
	二七	三田演説会演説「政談の燃える所以を説く」。
	三〇	慶応義塾維持社員の春期総会、理事委員選挙あり、一員に選ばれる。
二	三	交詢社随意談会出席。
	六	長女里と中村貞吉との縁談につき、媒酌人阿部泰蔵と面談。
	一〇	三田演説会演説「日本の徳教も西洋の徳教も其根本は正に同一なりとの旨を説く」。
	*	『学問之独立』刊。
三	三	長女里と中村貞吉との婚約ととのい、築地の寿美屋で両家の懇親会を開く。
	三	交詢社随意談会出席。
	三	東京始審裁判所で売薬論訴訟事件の判決下る。時事新報社の敗訴、ただちに控訴の手続きを取る。
	一〇	三田演説会演説「仁義礼智信は猶お寒暖の挨拶の如きを説く」。
	一八	交詢社随意談会出席。
四	三	交詢社随意談会出席。
	八	自宅にて懇親の小集を開く。
	一一	交詢社常議員会出席。
	一四	三田演説会演説「一切万事西洋日新の風に習い之と共に競う可し、漢儒の如きは却て之を害するものなりとの旨を説く」。
	一六	▽新聞紙条例改正強化。
	一八	交詢社随意談会出席。
	二一	交詢社第四回大会（両国、中村楼）に出席演説。
四	二四	『慶応義塾紀事』（慶応義塾二五年史）起草、文久三年より明治一五年までの「慶応義塾入社生徒表」および「慶応義塾入社生徒国分表」を付して刊行する。
五	三	交詢社随意談会出席。
	一一	交詢社常議員会出席。常議員長に選ばれる。
	一六	「パークス公使北京に往かんとす」起草、五月一八日付『時事新報』寄書として発表。
	一八	交詢社随意談会出席。
	二三	三田演説会演説「物理の元則を説く」。
	二五	一太郎、捨次郎のアメリカ留学について、駐米公使の寺島宗則に「学問上の事はいっさい老台に御指図に従い度」と依頼。
六	二	二子のアメリカ留学につき、送別会を演説館で開く。
	三	交詢社随意談会出席。
	九	三田演説会演説「吾人或は支那に学問上の敵を見るの恐れなきか、一日も安閑たる可らざ〔る〕ものとの説を説かる」。
	一〇	二子のためアメリカ留学中の心得書をしたたむ。
	一一	二子出発に先立ち、夜自宅で送別の小宴を開く。翌日出帆。
	一八	交詢社随意談会出席。
	二三	三田演説会にて演説「壮年子弟に向て郵便通信の便を利用す可き旨を説く」。
	三〇	二子の外遊で世話になった人びとを自宅に招く。
	下旬	この頃、後藤象二郎としばしば会う。
	*	慶応義塾に朝鮮人留学生が入学する。
七	二	▽官報発行。
	五	慶応義塾への朝鮮人留学生、さらに着京。
	七	一太郎、捨次郎、ニューヨーク着。
	一一	病気のため交詢社常議員会を欠席。
	一六	「三八避難之針」起草。

七	二四	四男大四郎生まれる。福沢英之助来訪。
	三〇	「文学会員に告ぐ」『文学会雑誌』発表。
八	一	乳母あさ雇入れに際し、「乳母雇入契約請状案文」起草。
	一一	交詢社常議員会出席。
	二五	「南州西郷隆盛翁銅像石碑建設主意」『時事新報』雑報発表。
	三一	「福沢大四郎養育に関する取極書」起草。
九	七	藤本寿吉結婚披露宴（芝、紅葉館）に出席する。
	一一	交詢社常議員会出席。
	二二	三田演説会演説「漢儒流の説を駁して西洋風輸入の須要焦眉の急たる所以を論す」。
	二七	売薬論訴訟事件、東京控訴裁判所においても『時事新報』側の敗訴。大審院に上告。
	*	この月、四男大四郎の養育を福沢英之助に託す。
一〇	三	交詢社随意談会出席。
	四	旧中津藩士族で組織した天保義社の銀行改組をめぐって社員間に紛擾が起ったことを深く案じ、山口半七の名前で意見書を口授する。
	一一	交詢社常議員会出席。
	一三	三田演説会演説「徳育智育の別を説き儒教を駁す」。
	一八	交詢社随意談会出席。
	二七	三田演説会演説「再び儒教の空なるを説く」。
	三一	この日の『時事新報』社説「西洋人の日本を疎外するは内外両因あり」が当局の忌諱に触れ、発行停止処分を受ける。
一一	二	鈴木閒雲に対し、天保義社での中津士族の対立について、奥平家が仲裁に乗り出す旨を伝える。
	三	慶応義塾生三五〇～六〇名の遠足（飛鳥山）に同行する。
	三	天長節を祝し外務省官邸で夜会が催され、列席。
	三	交詢社随意談会出席。
	九	福沢英之助のもとに乳母を一人差し出す。
	一〇	三田演説会演説「西洋学を修むべき次第を説く」。
	一一	交詢社常議員会に出席。
	一四	長女里、中村貞吉と結婚式を挙げる。
	一五	小泉信吉姪津山米栄と横浜商法学校長美沢進の結婚式列席。
	一六	中上川彦次郎妹くにと由利公正子息三岡丈夫の結婚式列席。
	一七	中村貞吉夫妻尾張町一丁目四番地の煉瓦屋に転居。
	一七	寺島宗則と鮫島武之助、米国より帰国。ただちに面会する。
	二一	乳母を雇い入れ、大四郎を福沢英之助の手許から一時引き取る。
	二四	三田演説会演説「宗教家は他の宗教を毀つ可からず」。
	*	井上角五郎、福沢の指導を受け、京城にて朝鮮最初の新聞『漢城旬報』を創刊。
一二	三	交詢社随意談会出席。
	八	長女里と中村貞吉の結婚披露宴を芝公園内紅葉館で開く。
	八	三田演説会演説「英文学ばざる可らず」。
	九	上野―本庄間の鉄道見学のため汽車で熊谷に行く。熊谷寺に詣り有志家の招待を受け演説、汽車で帰京する。
	一一	交詢社常議員会出席。
	一二	一太郎送付の英文を翻訳し、『時事新報』に掲載。
	一五	「融智社の略記」起草。
	一八	自宅にて餅つきを行い、幼稚舎生徒一八〇名に餡餅を供す。
	一八	交詢社随意談会出席。
	二六	神津国助に対し、兄吉助を説得して本分家争いの大審院への上告をやめさせるようを進める。
	二八	▽徴兵令改正公布。
	二九	慶応義塾教員をはじめ後藤牧太、中村貞吉ら七、八〇名を自

月	日	事柄
一二		宅に招き、寿美家の料理で忘年会を開く。
	*	慶応義塾出版局の後始末を朝吹英二、桜井恒二郎、山口半七らに託す。
*	*	「医術の進歩」起草。
	*	「明治十六年政党盛なるとき官吏の情況を云う」起草。
明治一七　一八八四		
一	三	森村豊、米国より帰国し来訪。一太郎、捨次郎へ送る松たけ、あわび、竹の子などの缶詰その他を託す。
	四	改正徴兵令公布を受け、慶応義塾の今後の方針を小泉信吉、藤野善蔵、門野幾之進の三名に討議させる。
	一二	三田演説会演説「雑話」。
	一四	鮫島武之助、渡米につき来訪。
	一六	一太郎、捨次郎に『民情一新』を送り、英訳のうえアメリカでの出版を勧める。
	一八	三田二丁目より出火、全焼二七五戸。罹災者に見舞として金一〇〇円を贈る。
	二一	上京中の九鬼隆義を旅宿に訪ねる。
	二六	木挽町旧明治会堂における大日本私立衛生会の定例会席上で演説。
	二六	三田演説会演説「英語英文を学ばざる可からず」。
	二八	文部卿大木喬任と面会し、慶応義塾生の徴兵猶予を内願。これより以前、内務卿山県有朋にも同様の依頼をする。
	*	『全国徴兵論』刊。
	*	改正徴兵令公布後、慶応義塾の退学者絶えず、一月中に一〇〇余名に及ぶ。
二	二	慶応義塾維持社員の総会席上にて演説。
二	三	交詢社随意談会出席、演説「商工社会に所望あり」。
	九	三田演説会演説「英語を学ぶの要用」。
	一二	ニューヨーク近郊に移った一太郎、捨次郎の世話を村井保固に依頼。
	一八	交詢社随意談会出席。前回に引き続き演説。
	二三	三田演説会演説「婚姻の説」。
三	三	交詢社随意談会出席。
	四	後藤牧太を夕食に招き、慶応義塾で教鞭をとることを勧める。
	八	三田演説会演説「諸生将来立身の方向を説く」。
	九	「中津市学校残余金貸出に関する文書」起草。
	一一	交詢社常議員会出席。
	一三	浜野定四郎、門野幾之進、益田英次、後藤牧太らを自宅に招き、慶応義塾教科目の改正につき協議する。
	一八	交詢社随意談会にて演説「坐して窮する勿れ」。
	二二	三田演説会演説「学者自今の急務は殖産の道を開くに在り」云々の旨を話す。
四	一二	三田演説会出席。
	二六	交詢社第五回大会（両国、中村楼）に出席し演説する。
五	一〇	三田演説会出席。
	一一	交詢社常議員会出席。
	一八	交詢社随意談会出席。
	二四	三田演説会出席。
	下旬	一太郎送付の幻灯到着。毎晩子どもたちに見せる。
六	六	午前零時過ぎ、三田育種場西北隅の長屋より出火、一時過ぎまで奔走。
	一一	交詢社常議員会出席。
	一四	三田演説会演説「学者とならんよりは寧ろ金満家と為れ」。
	一六	妻錦を同伴して熱海へ出掛ける。三〇日帰京。

六	＊	井上角五郎、朝鮮より帰国し福沢宅に寄宿。ほどなく再渡韓。
	＊	『通俗外交論』刊。
七	三	交詢社随意談会出席。
	七	▽華族令制定。
	一二	三田演説会演説「今や日本社会の組織自由なれば立身せざるものは其人の罪なりとの事」。
	一五	交詢社常議員会出席。
	一八	交詢社随意談会出席。
	一九	箕作秋坪を訪ね、子午線会議出席のため渡米する菊池大麓に会う。
八	一一	交詢社常議員会出席。
	一三	モースに捨次郎、兪吉濬の世話について礼を述べる。
	一八	交詢社随意談会出席。
九	三	交詢社随意談会出席。
	上旬	清仏戦争のため新聞忙しく、毎日時事新報社へ出社し、論説を執筆する。
	一三	三田演説会演説「奮て実業を執れ」。
	一四	九鬼隆一、米国公使として赴任。その前、久びさに挨拶に訪ねるも、明治一四年の政変における背信を終生許さず。
	一五	関東一帯大暴風雨に襲われる。福沢宅も高台のため大きな被害を受ける。
	一五	「北京夢枕」と題する『時事新報』雑報記事を執筆する。
	一七	一太郎、コーネル大学（米国ニューヨーク州イサカ）に合格。
	二七	三田演説会演説「宗教宣布の方便」。
一〇	一一	三田演説会演説「殖産を起し貧民の心を慰むるの説」。
	一一	交詢社常議員会出席。
	二五	三田演説会演説「将来の学者に所望あり」。
一一	八	三田演説会演説「宗教と米国来信」。
	一一	交詢社常議員会出席。
	二二	三田演説会演説「三世の話」。
一二	三	交詢社随意談会出席。
	四	▽甲申事変。
	一一	交詢社常議員会出席。
	一三	三田演説会出席。
	一九	慶応義塾幼稚舎生徒に種痘を行う。
	二五	交詢社随意談会出席。
	三〇	本年九月より京城の郵征局に勤務した菅野宏一来訪。甲申事変当日の目撃談を聞く。
	下旬	日本に亡命してきた金玉均、朴泳孝らを庇護する。
＊	＊	冬、小石川の砲兵工廠を見学。村田銃の創始者陸軍少将村田経芳と面談し、村田が砲術を志すに当たり『雷銃操法』を参照していたことを初めて知る。
＊	＊	この年より相馬事件に関係する。
明治一八　一八八五		
一	二	交詢社新年宴会を築地の寿美屋で開く。来会者七〇余名。
	九	▽朝鮮との講和条約（漢城条約）締結。
	一一	交詢社常議員会出席。
	一四	山口広江に対し、第七十八国立銀行の資金斡旋要請に応じて一万円を調達した旨を伝達。
	二〇	甲申事変以来、強硬論を主張してきた『時事新報』に対する取締りが強化され、時々無社説を余儀なくされる。社告でその間の事情を読者に訴える。
	二四	三田演説会演説「商売の方法」。
	二九	小幡甚三郎の一三回忌に当たり、追善会を慶応義塾で開く。
	＊	「支那人をして日韓の交際を妨げしむ可らず」起草。
	＊	「三度目の朝鮮事変」起草。

月	日	事柄
一	*	「世界中諸王の王」起草。
二	一一	交詢社常議員会出席。
	一四	三田演説会演説「商売は学問に先んず」。
	一八	交詢社随意談会出席。
	二五	築地の榎本武揚宅を訪ね、榎本の姉鈴木楽と面談する。
	二八	三田演説会演説「学者の小心」。
三	一四	自宅にて談話会を催し、社中の壮年輩一〇〇名余を招く。
	一四	三田演説会演説「儒教主義」。
	一五	交詢社常議員会出席。
	一八	交詢社随意談会出席。
	二八	三田演説会演説「リテラチュヤを講究す可し」。
四	四	杉田成卿二七回忌追善会(芝、紅葉館)に列席し、演説する。
	五	妻錦が主人役となり懇意の婦人六、七〇名を招く。 杵屋六四郎らを呼ぶ。
	一八	交詢社随意談会出席。
	一八	▽天津条約締結。
	一九	家族一同総勢二〇名ばかりで箱根塔之沢温泉へ行く。
	二四	二五日の交詢社大会出席のため、岡本貞烋の迎えを受けて箱根より帰宅。 二六日再び箱根へ。
	二五	交詢社第六回大会(両国、中村楼)に出席し演説する。
	二八	田中不二麿に対し、財政、税制、教育、甲申事変などに関する見解を伝える。
五	一一	交詢社常議員会出席。
	一六	箱根塔之沢温泉より帰京。
	一八	交詢社随意談会出席。
六	三	交詢社随意談会出席。
	六	自宅にて土曜会を催し、塾生を順次招く。 また「土曜会名簿」を作成する。
	一三	土曜会を自宅にて開く。 同じく二〇日、二六日、七月四日、一〇日、一八日に開く。
	一三	三田演説会演説「日本婦人論」。
	一八	真浄寺住職寺田福寿を招き、亡父百助の五〇回忌法要を営む。
	一八	交詢社随意談会出席。
	二七	三田演説会演説「日本婦人余論」。
七	三	交詢社随意談会出席。
	一一	交詢社常議員会出席。
	一一	三田演説会演説「依頼の精神を去れ」。
	中旬	この頃、東京英和学校にて演説する。「経世上に宗教の功徳を論じ併せて布教法の意見を述ぶ」。
	二五	三田演説会演説「道徳論」。
	三〇	暑中休暇に入るに当たり演説館にて演説。
八	三	交詢社随意談会出席。
	一一	交詢社常議員会出席。
	一四	『時事新報』発行停止を命ぜられる(前日の社説「朝鮮人民のためにその国の滅亡を賀す」による)。
	一八	交詢社随意談会出席。
	二六	肥田昭作妻の葬儀に参列。
	二七	堀越角次郎の葬儀に参列。
	*	『日本婦人論後編』刊。
九	一一	交詢社常議員会出席。
	一二	三田演説会演説「官吏待を止むべし」。
	一九	英吉利法律学校の開校式(両国、中村楼)にて演説する。
	二六	父百助の五〇回忌法要を中津にて営む。 親戚一同竜王墓所に詣り、明蓮寺で読経。

月	日	事項
九	二六	三田演説会演説「寿命論」。
	＊	「福沢諭吉接客の広告」『交詢雑誌』掲載。
一〇	五	「人生の寿命の事」『交詢雑誌』発表。
	一〇	三田演説会演説「官吏たらんとする勿れ」。
	一八	交詢社随意談会出席。
	二四	三田演説会にて演説。
	二六	西本願寺宗主大谷光尊に対し、中津の菩提寺明蓮寺と光善寺との軋轢の仲裁を要請。
一一	一〇	『品行論』の出版願を差し出す。
	一三	小真木鉱山関係者の会合に出席。
	一八	交詢社随意談会出席。
一二	一一	交詢社常議員会出席。
	一二	三田演説会演説「宇都宮三郎君の話」。
	一八	交詢社随意談会出席。
	一八	東京府会議員に芝区より最高点で選出される。
	二二	▽太政官を廃し新たに内閣制度を定める。第一次伊藤内閣成立。
	二三	慶応義塾生褒賞試文披露の席で演説する（演説館）。
	二五	久しく係争中の売薬業者との訴訟事件、大審院で時事新報社側の勝訴となる。
	二八	荘田平五郎宅での忘年会に出席。
	＊	『士人処世論』刊。
	＊	『品行論』刊。
明治一九　一八八六		
一	三	交詢社年始会出席。
	五	「交詢社に新年を賀す」『交詢雑誌』二一〇号発表。
	一一	交詢社常議員会出席。
	一八	交詢社随意談会出席。
	二三	三田演説会演説「本塾徒弟への教訓」。
一	＊	慶応義塾に三階建ての煉瓦校舎を建てる計画を立案する。
二	一一	交詢社常議員会出席。
	一三	三田演説会演説「成学即身実業の説」。
	一八	交詢社随意談会出席。
	二七	三田演説会演説「徳行論」。
三	二	▽帝国大学令公布。
	三	交詢社随意談会出席。
	一〇	全国漫遊を思い立ち、手始めに東海道旅行に出発する。
四	四	静岡、津、奈良、大阪、京都、名古屋などを経て、品川駅到着。多くの人びとの出迎えを受ける。
	五	演説館にて、慶応義塾生に対し今回の旅行中の所見を話す。
	七	交詢社臨時談話会出席（参会者六〇余名）、旅行談話数刻。夜、立食の宴を開く。
	一〇	▽教育令廃止、小学校令、中学校令など公布。
	一〇	三田演説会演説「専門学の説」。
	一八	交詢社随意談会出席。
	二〇	末松謙澄に対し、『時事新報』の取材に応じるよう依頼。
	二二	自宅にて三〇名余の客を招き小宴を開く。
	二四	交詢社第七回大会（両国、中村楼）にて演説。
	＊	「初代堀越角次郎君墓誌」起草。
五	一	妻錦、午後一時より自宅にて婦人の集会を開く。
	一	▽井上馨外相、第一回条約改正会議開催。
	三	茨城地方漫遊。上野を汽車で発つ。
	七	人力車、馬車を乗り継ぎ東京に帰着。
	八	母順の一三回忌法要を自宅にて営む。寺田福寿に読経を頼む。
	一一	交詢社常議員会出席。
	一七	頌栄女学校の開校式にて演説する。

月	日	事柄
五	二〇	石川謙二のアメリカ行につき、その親戚名簿を預かる。
	二二	三田演説会演説「俗物になれ」。
六	四	『男女交際論』序文起草。
	六	慶応義塾遊戯会を開き、妻錦および子女も出席。
	一一	交詢社常議員会出席。
	一二	三田演説会演説「実学説」。
	＊	『男女交際論』刊。
七	一〇	慶応義塾維持社中の集会で塾の近況につき講演。中村道太の寄附による煉瓦講堂の建設着工を報告する。
	一一	交詢社常議員会出席。
	二四	慶応義塾の卒業試験に出席し、狂詩七絶二首をつくる。
八	上旬	この頃、英字新聞 *The Tokyo Independent* の論説者の一人に依頼され、同紙二九号よりThe History of the Dutch Language in Japanと題する論説を連載寄稿する。
	一一	交詢社常議員会出席。
	二三	矢野文雄、アメリカより帰国。一太郎、捨次郎の近況を聞く。
九	一一	交詢社常議員会出席。
一〇	二	芳蓮院葬儀（品川東海寺）に参列する。
	一一	交詢社常議員会出席。
	一八	交詢社随意談会出席。
	二四	▽ノルマントン号事件。
	＊	「慶応義塾督買法」起草。
一一	七	慶応義塾秋季学生競技会に出席する。
	二〇	真宗大谷派の有志僧侶に勧めて、浅草本願寺でノルマントン号遭難者の追弔法会を催させる。
一二	九	「福沢桃介養子縁組に関する覚書」起草。
一二	一五	「演説予告の掲示文」起草。
	一七	岩崎桃介と二女房との養子縁組の結納をとり交わす。
	一八	演説館にて帰省する塾生に対し演説する。
＊	＊	この年、「明治十八年十二月三国風声始末」起草。
明治二〇　一八八七		
一	四	シモンズ来訪、一泊する。
	八	交詢社年始会（築地、寿美屋）にシモンズを伴い出席。参会者一〇〇余名。
	一一	交詢社常議員会出席。
	二二	三田演説会演説「はなし」。
	二七	慶応義塾の全教員を自宅に招く。
	二九	岩崎桃介、福沢家へ養子として入籍。
	＊	二女房、三女俊、四女滝を横浜共立女学校に入学させるが一、二か月で退学させる。
二	二	福沢桃介、アメリカ留学に出発。
	一一	慶応義塾万来舎へ三遊亭円朝を招く。
	一一	交詢社常議員会出席。
	一五	陸軍軍医監を辞職して大阪へ帰る緒方維準の送別会（富士見軒）に出席し、挨拶をする。
三	三	交詢社随意談会出席。
	三	「時事新報関係中上川勘定記録」起草。
	一八	交詢社随意談会出席。
	二一	新富座で初めて本格的な芝居を観る。
	二六	三田演説会演説「東洋人西洋人の差」。
四	三	交詢社随意談会出席。
	九	三田演説会演説「交際の必要、独立の養生」。
	一一	交詢社常議員会出席。
	一六	交詢社第八回大会に出席し演説する。

月	日	事項
四	二三	三田演説会演説「処世の道」。
五	三	交詢社随意談会出席。
	一一	交詢社常議員会出席。
	一八	交詢社随意談会出席。
	三〇	金玉均来訪、井上角五郎も同席し要談する。
六	三	交詢社随意談会出席。
	一一	三田演説会演説「節倹と奢侈」。
	二四	『時事新報』、治安妨害のかどで発行停止処分を受ける。
	三〇	『時事新報』発行停止処分解除。
七	二	慶応義塾社中の男子三〇人ばかりを自宅に招き、懇親会を催す。
	三	交詢社随意談会出席。
	五	婦人三〇名ばかりを自宅に招き懇親会を催す。
	九	三田演説会演説「私立学校の用要」。
	一〇	大隈重信より妻錦、長女里と共に招かれる。
	一一	交詢社常議員会出席。
	一三	慶応義塾出身の故老たちより中村楼へ招かれ家族一同と出席。出席者六〇余名。
	一八	交詢社随意談会出席。
	二二	男子三〇名ばかりを自宅に招き懇親会を催す。
八	五	家族を伴い箱根塔之沢温泉福住へ行く。一八日帰宅。
	一八	交詢社随意談会出席。
九	一	小泉信吉留守宅を訪ねる。
	五	三八と光の二子を伴い鎌倉に赴き、三橋与八方に逗留。東京―鎌倉間を適宜往来して用を弁じる。
	一一	慶応義塾の煉瓦講堂落成。授業を始める。
	一一	交詢社常議員会出席。
	一八	交詢社随意談会出席。
	二一	東京を出立、鎌倉に赴く。
	二四	三田演説会演説「奢り」。
一〇	三	交詢社随意談会出席。
	七	小泉信吉帰京。
	八	三田演説会演説「私権論」。
	一一	交詢社常議員会出席。
	一八	交詢社随意談会出席。
一一	二	小泉信吉の慶応義塾総長選任披露を兼ね、教師・学生を集めて所感を述べる。
	三	交詢社随意談会出席。
	一一	交詢社常議員会出席。
	一八	交詢社随意談会出席。
	一九	慶応義塾遠足会に子どもを伴い参加。池上本門寺へ行く。
	二六	三田演説会出席。
一二	三	小泉信吉の慶応義塾総長就任披露宴（芝、紅葉館）に出席。
	三	交詢社随意談会出席。
	一一	交詢社常議員会出席。
	一四	交詢社随意談会出席。
	二四	三田演説会出席。
	二五	▽保安条例制定、施行。
	二六	慶応義塾卒業生の祝宴および役員教員の慰労懇親会に出席。
明治二一　一八八八		
一	二	米国より帰国した井上角五郎と面談。井上は前年、福沢の立案した移民計画を実行し、三河出身者を率いてカリフォルニアに渡り果樹栽培などに着手していた。
	三	交詢社年始会出席。
	五	婦人子供の集会を催し、福引に趣向を凝らす。
	一三	米国宣教師ナップ夫妻のために自宅にて晩餐会を催す。

月	日	事柄
一	一四	三田演説会出席。
	一五	カルタ会を開催。
	二七	井上角五郎、甲申事変に関する嫌疑で警察に拘引される。福沢も家宅捜索を受ける。
	二九	房、俊、滝娘三人を伴い遠足。午前一〇時徒歩にて出立、蒲田の梅林で昼食。午後五時半頃神奈川に着く。汽車で帰宅。
	三一	「家族の遠足」『時事新報』雑報発表。
二	二	日本経済会の新年宴会（築地、精養軒）に出席、演説する。
	三	交詢社随意談会出席。
	一一	交詢社常議員会出席。
	一七	同盟休校の正科本科二等、三等の二組委員来訪、種々説諭する。
	一八	交詢社随意談会出席。
	一八	二、三等生一同を自宅に呼びさらに説諭を試みる。同盟休校により退塾を命ぜられた者を狸蕎麦の別邸に収容する。
	二〇	予科生で退校届を出した者を呼び、小幡篤次郎と共にそれぞれ説諭する。
	二一	狸蕎麦の別邸に収容した塾生を南台寺に移す。
三	二	三田四国町より出火、約六〇戸を焼く。消火に協力し、被災者を義塾に収容する。
	七	慶応義塾教職員一同と塾生とを演説館に集めて演説し、運動場で園遊会を催す。
	一二	東京始審裁判所より、井上角五郎事件の証人として明一三日出頭を命ぜられる。療養中のため一五日まで猶予を求める。
	一五	井上角五郎事件の証人として東京始審裁判所へ出頭。訊問を受ける。
三	一八	交詢社随意談会出席。
	二〇	この頃、狸蕎麦の隣り太田原の土地二、二〇〇坪ばかりを買い取る。これまでの所有地と合わせると、総計三、三〇〇～三、四〇〇坪となる。
	*	『日本男子論』刊。
四	三	交詢社随意談会出席。
	一一	交詢社常議員会出席。
	一五	交詢社第九回大会（交詢社会堂）に出席し演説。
	二五	「明治二十一年四月十五日交詢社会堂に於ける交詢社第九回大会演説」『交詢雑誌』発表。
五	三	交詢社随意談会出席。
	四	妻錦および娘三人里、房、俊と共にナップ宅に招かれる。
	一一	交詢社常議員会出席。
	一八	交詢社随意談会出席。
	二三	福沢桃介徴兵延期願のための証明書、米国より到着。
六	二	慶応義塾で学生に対し演説する。
	三	交詢社随意談会出席。
	六	一太郎と捨次郎、ニューヨークを出発、英国へ向う。二八日にはロンドンを出発し、欧州大陸へ。
	一一	交詢社常議員会出席。
	三〇	浜野定四郎、田端重晟来訪。
七	三	交詢社随意談会出席。
	一一	交詢社常議員会出席。
	一五	▽磐梯山噴火。
	一五	堀越角次郎の招きを受け、両国の川開きに出向く。
	一七	磐梯山噴火につき、時事新報社より津田興二を特派。
	一八	交詢社随意談会出席。
	二一	磐梯山噴火による罹災者救援のため、時事新報社はじめ

		一五社協同して義捐金募集に着手。
七	二四	福沢家よりの義捐金五一円六〇銭を時事新報社に寄託する。
八	四	田端重晟、石井甲子五郎両名来訪。同宿させる。
	五	由比ガ浜に海水浴に行く。九鬼隆義借用の家に移る。
	六	時事新報用務のため、午後の汽車にて帰京。石井、九鬼同行。
	八	汽車で鎌倉に行く。一二日帰宅。
	一八	交詢社随意談会出席。
	二四	田中不二麿(駐仏公使)に対し、一太郎と捨次郎が世話になったことに礼を述べ、国会開設について「田舎芝居」と論評する。
九	三	交詢社随意談会出席。
	一一	交詢社常議員会出席。
	一八	交詢社随意談会出席。田端重晟、小野里喜右衛門、石井甲子五郎と面談。
一〇	三	交詢社随意談会出席。
	一一	交詢社常議員会出席。
	一八	交詢社随意談会出席。
	二七	三田演説会演説「財産の始末」。
	*	『尊王論』刊。
一一	二	一太郎と捨次郎、仏船アナジヤ号にて神戸港に帰着。
	二	小川駒橘、草郷清四郎、岡本貞烋、伊東茂右衛門、田端重晟ら来訪。二子の帰国を控え、食事を共にする。夜、杵屋六四郎夫妻も加わり三絃に興ずる。漢詩二首をつくる。
	三	交詢社随意談会欠席。
	三	福沢はじめ慶応義塾関係者一〇〇余名、二子の出迎えのため横浜に行く。
	四	二子、横浜着。郵船会社の楼上にて小憩の後、汽車で午後一時帰宅。自宅にて立食の宴を催す。席上来会者の祝辞あり。謝辞を述べる。
	六	前日夜に馬場辰猪死去(一一月一日)の報を受け、草郷清四郎に「憐むべき哉。実に断腸に不堪」と書き送る。
	一一	交詢社常議員会出席。
	一一	二子の帰国を祝し、塾生千余名ばかりを招き校庭で立食の宴を開く。
	一八	交詢社随意談会出席。
	二五	慶応義塾邸内において二子帰国歓迎の園遊会。参会者男女五〇〇名。
一二	二	二子帰国歓迎の宴、友人たちの発起で浅草鷗遊館にて開かれ出席。
	三	交詢社随意談会出席。
	一一	交詢社常議員会出席。
	一八	交詢社随意談会出席。
*	*	この年、「四方の暗雲波間の春雨」起草。
明治二二		**一八八九**
一	三	交詢社年始会出席。
	一一	交詢社常議員会出席。
	一七	「株式仲買店の広告」『時事新報』広告掲載、広告主の依頼により文案を作成する。
	一八	交詢社随意談会出席。
	二四	田中不二麿に対し、憲法発布に際して「書生代言流のおもちゃに不相成様」希望し、国会開設後は「無骨なる武士流」と「利口なる才子事務家流」とが対立すると予想。
	二七	三田演説会演説「学生の父兄に告ぐ」。
二	三	交詢社随意談会出席。
	一〇	「『日本国会縁起』掲載社告」『時事新報』発表。
	一一	交詢社常議員会出席。

月	日	事柄
二	一一	▽大日本帝国憲法発布。
	一八	交詢社随意談会出席。
	二一	三浦梧楼に時事新報記者の菊池武徳を紹介。
	二三	一九日に没したドクトル・シモンズの葬儀が横浜にて行われ、出席する。
	二七	大日本私立衛生会の集会所において開かれたシモンズの追悼会(成医会員主催)に出席、演説する。
	*	一太郎、時事新報社で主に外報を担当して働く。また近藤良薫の仲介により横浜の商人箕田長二郎長女かつとの婚約ととのう。
三	三	資金募集の集会(慶応義塾講堂)を開き演説する。
	一一	交詢社常議員会出席。
	一八	交詢社随意談会出席。
	二四	三田演説会出席。
	二九	西脇悌二郎来訪、両毛鉄道社長に捨次郎を推挙したいとの申し入れを受ける。
	*	ハーバード大学学長エリオットに対し、教授の人選および同大学との提携についての交渉をナップに委任している旨を伝達する。
四	三	交詢社随意談会出席。
	一一	交詢社常議員会出席。
	一四	三田演説会出席。
	一八	一太郎、箕田かつと結婚。
	一八	交詢社随意談会出席。
	一九	▽大隈外相の条約改正案が『ロンドン・タイムス』に発表され、世論沸騰。
四	二一	交詢社第一〇回大会(交詢社会堂)で演説。
	二五	一太郎の結婚披露宴を自宅にて催し、挨拶する。
	二七	三田演説会演説「英語のすゝめ」。
	下旬	捨次郎を両毛鉄道社長に推挙したいとの申し入れを断る。
五	三	交詢社随意談会出席。
	四	「肥田浜五郎君墓誌」『時事新報』発表。肥田浜五郎の葬儀が青山共同墓地にて行われる。玉窓寺に埋葬。
	五	慶応義塾旧友会(向島、植半楼)に子どもと共に招かれ出席、演説する。
	一一	交詢社常議員会出席。
	一八	交詢社随意談会出席。
	二六	三田演説会演説「塾生に一言」。
	*	華族会館で開催された華族同方会で演説「華族の教育」。
	*	小泉信吉、病気を理由に和歌山へ帰郷。
六	三	交詢社随意談会出席。
	八	東京市会名誉職参事会員に選ばれる。一〇日辞退。
	九	東京府知事高崎五六より、市会参事会員に当選したとの公文書を受け取る。
	九	岡本貞烋を谷干城のもとに派遣する。過日、豊川良平を通して慶応義塾大学部設置につき賛同を得たことへの答礼。
	一一	交詢社常議員会出席。
	一二	高崎知事より、名誉職参事会員辞職の件は昨日の市会において否決されたので、承諾の有無を五日以内に申し出られたい、との公文書を受け取る。
	一五	医師の診断書を添え、名誉職参事会員の辞退を重ねて申し出る。
	一八	交詢社随意談会出席。
	二三	三田演説会演説「相撲所感」。

六	＊	捨次郎、山陽鉄道に入社。
	＊	市参事会員辞職につき、「向暑之砌市会開」云々の七絶狂詩を作る。
七	三	交詢社随意談会出席。
	一八	交詢社随意談会出席。
	二八	福沢に対する英国新聞『マンチェスター・ガーディアン』の人物評、『時事新報』に転載される。
八	一八	交詢社随意談会出席。
	＊	慶応義塾規約を定める。
	＊	「乳母の心得の事」起草。
九	三	交詢社随意談会出席。
	一一	交詢社常議員会出席。
	一六	京阪地方旅行のため薩摩丸にて横浜出発。
一〇	五	神戸、大阪、奈良、京都、静岡などを経て、帰京。三週間にわたる旅行を終える。旅行中、大阪で小泉信吉に面会し、帰京を促す。
	一〇	慶応義塾第一回評議員会に出席し、演説する。
	一一	交詢社常議員会出席。
	一八	交詢社随意談会出席。
	一八	▽大隈重信、襲撃される。
	一九	大隈の見舞いのため矢野文雄を訪ねる。
	二二	ナップの周旋により慶応義塾の外国人教師としてリスカム、ドロッパース、ウィグモアの三名到着。
	二六	三田演説会演説。
一一	三	交詢社随意談会出席。
	六	夜、近藤良薫来訪。一太郎夫妻離婚のことにつき内談。
	七	一太郎と離婚問題につき意見を交わす。
	二三	中上川彦次郎、上京し面会。捨次郎の近況などを聞く。
	二四	三田演説会出席。
	下旬	二女房、養子桃介と結婚。
一二	三	交詢社随意談会出席。
	一一	交詢社常議員会出席。
	一八	交詢社随意談会出席。
	二〇	慶応義塾卒業生の祝宴（上野、桜雲台）に出席、演説する。
	二一	三田演説会演説「俗の学問」。
	二五	伊藤博文、岩崎久弥の間で不当な邸地売買が行われたかのごとき『時事新報』雑報記事（「十五万円の買いに十万円の売り」）に対し、荘田平五郎より抗議が寄せられる。福沢は誤報を陳謝し、翌日の紙上で訂正する。

明治二三　一八九〇

一	三	交詢社年始会（築地、寿美屋）に出席。
	一一	横浜慶応義塾同窓会に出席し、演説する。
	一一	交詢社常議員会出席。
	一五	慶応義塾評議員会に出席し、演説する。
	一七	ナップ夫妻および新来の米国人教師を夕食に招く。
	一八	交詢社随意談会出席。
	二六	三田演説会演説「学者の心得」。
	二七	慶応義塾大学部の設置成り、文学・法律・理財の三科を置く。大学部始業式に出席し、演説（「学問に凝る勿れ」）する。
二	三	交詢社随意談会出席。
	一五	交詢社常議員会出席。
	一八	交詢社随意談会出席。
	一九	イギリスの詩人兼ロンドン・デイリー・テレグラフ記者アーノルドと娘来訪。塾内を一覧ののち演説館で演説を行い、福沢宅で晩餐の饗応を受ける。
三	一	「ユニテリアン雑誌に寄す」『ゆにてりあん』発表。

月	日	事柄
三	三	交詢社随意談会出席。
	五	三田同朋町より出火、交詢社にてこの報を聞き急ぎ帰宅、消火に努め危く類焼を免かれる。
	一一	交詢社常議員会出席。
	一四	慶応義塾第六回評議員会。小泉信吉、塾長を辞任し、小幡篤次郎がこれに代る。
	一八	交詢社随意談会出席。
	三一	一太郎、離婚を決意する。
四	一	神田孝平を訪ねる。
	一	「蘭学事始再版の序」起草。
	三	交詢社随意談会出席。
	一一	交詢社常議員会出席。
	一五	北海道へ赴く桃介夫妻の送別会を自宅にて開き、北海道出身の塾生を招く。
	一八	かつの荷物を箕田方へ引き取らせ、一太郎との離婚の手続をすませる。
	一八	交詢社随意談会出席。
	二三	一太郎、宇都宮三郎妻の妹大沢イト（大沢昌督の二女）と再婚。
	二七	交詢社第一一回大会（両国、中村楼）に出席し、演説する。
	＊	三女俊、和田義郎立会にて清岡邦之助と婚約。挙式は清岡の英国留学帰国後とする。
五	三	工学会の臨時大会に招かれるも、大臣の下席につくのを潔しとせず出席を拒む。
	四	桃介・房夫妻、北海道に向け出立。八日、札幌着。
	八	母順の一七回忌、法事は父の命日の六月一八日まで延期。
	上旬	捨次郎、神戸より帰宅。一〇日ばかり滞在の予定。
五	一一	交詢社常議員会出席。
六	三	英国留学に旅立つ清岡邦之助の送別会を自宅にて開く。
	三	交詢社随意談会出席。
	一一	交詢社常議員会出席。
	一八	父の命日に当たるこの日、真浄寺住職寺田福寿を招いて母順の一七回忌の法要を営む。
	一八	交詢社随意談会出席。
	二二	箱根へ家族を同伴して出立、夕方湯本に着き福住へ泊る。
	二八	箱根より一時帰宅。
	二八	「（衆議院議員）投票辞退の広告」起草（三〇日『時事新報』に掲載）。
	＊	「時事新報社員賞与記録」起筆。
七	一〇	箱根より帰京。
	一一	交詢社常議員会出席。
	一八	慶応義塾卒業生の留送別会（浅草蔵前、鷗遊館）に出席し演説する。
	一八	交詢社随意談会出席。
	二五	▽集会及び政社法公布。
	三〇	浅草に芝居を観に行く。
	＊	時事新報社、新たに蒸気機関と印刷機械を購入。普請も行い、七、五〇〇余円を費す。
八	三	交詢社随意談会出席。
	一一	交詢社随意談会出席。
	一八	交詢社常議員会出席。
	下旬	芝御成門近くの土地一、〇〇〇坪の借地権を一、一三〇円で買い取る。
九	一五	慶応義塾評議員会出席。
	一六	▽オスマン帝国の軍艦、紀州沖にて沈没。

月	日	事項
九	一八	交詢社随意談会出席。
	＊	「手許金支出覚」起筆。
一〇	三	交詢社随意談会出席。
	一一	三田演説会演説「三田演説会の由来、学生の自治」。
	一一	交詢社常議員会出席。
	一八	交詢社随意談会出席。
	二五	三田演説会演説「学者病の説」。
	三〇	▽教育勅語発布。
	＊	先月来、『時事新報』で募集したオスマン帝国軍艦義捐金、総計四千何百円に達する。
一一	三	房、朝吹英二、澄らを伴い歌舞伎座に行く。
	三	交詢社随意談会出席。
	七	三、四日前より子女を伴い静岡に行き、久能山に登り三保の松原、清見寺などを見物。夕方帰宅する。
	八	三田演説会演説「慶応義塾約束の解釈及学生の注意」。
	一一	交詢社常議員会に出席。
	一四	自宅にてナップの送別会を開く。
	一七	慶応義塾出身の貴衆両院議員の懇親会（築地、寿美屋）に出席し、演説する。出席議員二六名。
	一八	交詢社随意談会出席。
	二二	三田演説会演説「親孝行の話」。「英文笑話の翻訳」『時事新報』発表。
	二九	▽第一回帝国議会開会。
一二	三	交詢社随意談会出席。
	一一	交詢社常議員会出席。
	一三	三田演説会演説「貧富書生の注意」。
	一八	交詢社随意談会出席。
	二六	インフルエンザにかかり発熱平臥。

明治二四　一八九一

月	日	事項
一	七	捨次郎の結婚の媒酌につき、小川鉡吉より承諾の知らせを受ける。
	五	木村喜毅来訪。前年から罹患しているインフルエンザのため会えず。
	一一	交詢社常議員会出席。
	一八	交詢社随意談会出席。
	二〇	病気療養中のところ、久しぶりに馬車で市中を一里ばかりまわる。
	二三	白洲退蔵宅まで病中をおして九鬼隆義（二一日没）の弔問に赴く。
	＊	歌舞伎座「風船乗評判高閣」上演。劇中、福沢の発案で菊五郎が英語で演説を行い、『時事新報』の引札を撒く。
二	八	神戸での捨次郎結婚式参列のため、妻錦を伴い東京出立。翌日神戸着。
	一〇	捨次郎、小川鉡吉の媒酌により林董の長女菊と結婚。神戸宇治川の常磐楼での披露宴に妻錦と出席。
	一一	林董宅を訪ねる。
	一二	神戸を立ち京都、浜松を経て一四日帰宅。
	一八	交詢社随意談会出席。
三	一	三女俊の大学病院入院に伴い「三女俊入院諸入費控」起筆。
	三	交詢社随意談会出席。
四	一一	交詢社常議員会出席。
	一五	慶応義塾評議員会出席。
	二一	酒匂に行き一泊。翌日帰宅。留守中に林董夫妻来訪。
	二三	林董夫妻を逗留中の旅館に訪ねる。
	二五	林董夫妻を自宅に招き、宇都宮三郎夫妻の相客にて歓談する。
	二六	交詢社第一二回大会（両国、中村楼）に出席し演説する。

月	日	事柄
五	一	家族を伴い箱根湯本に遊ぶ。
	九	湯本より酒匂の松濤園に移る。一五日帰宅。
	一一	▽大津事件。
	一五	交詢社随意談会出席。
	一六	「金銭出入帳」起筆。
	一八	交詢社随意談会出席。
	二一	俊を伴い芝居に行く。
	二一	「接客の広告」『時事新報』広告掲載。
六	一一	交詢社常議員会出席。
	一三	三田演説会演説「徳義に付て」。
	一八	交詢社随意談会出席。
	二三	『言海』出版祝賀会（芝、紅葉館）に祝辞「大槻磐水先生の誡語その子孫を輝かす」を贈るが、伊藤博文の次に祝辞を述べる順序となっているのを知り出席を断り、式次第からの削除も要求する。
	二七	三田演説会演説「名利のはなし」。
七	一	「三女俊の勘定口の記録」起筆。
	三	交詢社随意談会出席。
	一一	三田演説会演説「御はなし」。
	一一	交詢社常議員会出席。
	一八	交詢社随意談会出席。
	二三	慶応義塾の卒業式に臨み演説する。
八	二	『時事新報』、福沢の肖像を付録として読者に配布する。
九	一八	交詢社随意談会出席。
	二六	三田演説会演説「立身に就ての心得」。
一〇	三	交詢社随意談会出席。
一〇	一〇	三田演説会演説「独立のはなし」。
	一一	交詢社常議員会出席。
	一六	木村喜毅妻来訪。木村の著書『三十年史』への序文執筆を依頼され、早速起草する。
	一七	第一回慶応義塾評議員改選開票につき臨席。
	二八	▽濃尾大地震。
	二九	「大地震に付義捐金募集広告」『時事新報』掲載。
一一	三	交詢社随意談会出席。
	一九	自宅にて慶応義塾出身の貴衆両院議員の懇親会を開く。参会者四〇余名。
	中旬	濃尾大地震被災者のため、家族で二子木綿の絆纏を一〇〇枚ばかりつくり贈る。
	二七	「瘠我慢の説」脱稿。
	二八	三田演説会演説「先輩を学ぶの弊」。
一二	二	濃尾大地震救済金募集のため、各宗僧侶、市内を托鉢巡行。四〇人前の昼食を用意する。
	三	交詢社随意談会出席。
	九	「金巻名誉録」起草。
	一一	交詢社常議員会出席。
	一八	交詢社随意談会出席。
明治二五		**一八九二**
一	三	交詢社随意談会出席。
	一一	交詢社常議員会出席。
	一七	和田義郎の葬儀（芝、増上寺）に参列。
	一八	交詢社随意談会出席。
	二四	慶応義塾横浜同窓会（横浜、佐野茂楼）に出席し、演説する。
	二五	慶応義塾幼稚舎で舎長和田義郎の逝去につき教員生徒を集め演説。

一	二七	「瘠我慢の説」の草稿を榎本武揚と勝安芳に示す。
二	七	大阪公演出演の市川左団次のため高木喜一郎に紹介の労をとる。
	七	岩崎弥之助を訪ねる。
	八	井上馨来訪。
	一一	交詢社常議員会出席。
	一三	三田演説会演説「修身のはなし」。
	一四	毛利家家扶柏村信来訪。渡辺洪基のため投票を依頼される。
	一八	交詢社随意談会出席。
	二九	尾上菊五郎からも高木喜一郎に紹介を依頼され労をとる。
三	三	交詢社随意談会出席。
	一二	三田演説会演説「酒と政論の話」。
	二三	自宅にて法事を営む。
	二四	同窓友人の集会に出席する。
	二五	三田演説会演説「徳と政論の話」。
	二六	三田演説会演説「運動の事に付」。
四	四	堀越角次郎が企てた『民間経済録』の再版(二、五〇〇部)に序文を寄せる。堀越はこれを友人知己に配布し、郷里の群馬県吉井(現多野郡吉井町)近辺の学校などに寄贈する。
	一八	交詢社随意談会出席。
	二四	交詢社第一三回大会(帝国ホテル)に出席し、演説する。
	二五	京阪山陽地方への旅行を思い立ち、東京を出立。
五	一六	京都、吉野、厳島、大阪などを経て、京阪山陽旅行より帰宅。
	二八	三田演説会演説「英語の必要」。
	*	「開口笑話序」起草。
六	一一	交詢社常議員会出席。
	一八	交詢社随意談会出席。
	*	『国会の前途・国会難局の由来・治安小言・地租論』刊。

六	*	「和田義郎君墓誌」起草。
七	一八	交詢社随意談会出席。
	下旬	二女房、肋膜炎の病後保養のため酒匂松濤園に行く。福沢も同行し約一か月逗留。八月二九日頃帰京。
九	二〇	中村道太の失脚により損失をこうむったため、中上川彦次郎へ時事新報社の純益金の中から五分の一を分与する約束を今後廃止したいと申し入れる。
	二一	中上川と会い、前日の申し入れに関し了承を得る。
一〇	八	三田演説会演説「処生のはなし」。
	一五	井上馨を麻布山元町の自宅に訪ねる。
	二二	三田演説会演説。
	二三	慶応義塾にて演説。
一一	五	慶応義塾商業倶楽部にて演説。
	一二	三田演説会演説「熱して狂する勿れ」。
	二五	荘田平五郎など旧友一〇余名に発信して、慶応義塾のことにつき相談のため一二月四日の来訪を願う。
	*	北里柴三郎の伝染病研究所設立を援助する。十二月設立。
一二	一四	福沢宅にてウィグモア帰国に際しての送別会を開く。
明治二六	**一八九三**	
一	一八	交詢社随意談会出席。
二	二〇	大磯招仙閣において松本順頌徳の文(「大磯海水浴場の恩人」)を綴り、宿の主人に与える。
三	九	三田演説会演説「実業の奨励」。
	一八	交詢社随意談会出席。
	一八	真浄寺に対し、哲学書院発行『朝家の御為』の発売中止を要求する。
	二二	自宅にて医友の小集を開く。
	二五	三田演説会演説「日本製産に就て」。

月	日	事柄
四	八	三田演説会演説「攘夷、実業に付て」。
	三〇	交詢社第一四回大会（帝国ホテル）に出席し、演説する。
五	三	交詢社随意談会出席。
	上旬	箱根に遊び山口仙之助方に立ち寄る。
	一五	北里柴三郎と養生園設立につき相談する。
	一六	養生園の経営事務を託すため、北海道炭礦鉄道会社より呼び寄せた田端重晟が来訪する。
	一八	交詢社随意談会出席。
	二九	歌舞伎座にて観劇。
	＊	『実業論』刊。
六	三	南洋群島を統轄する部族長の弟サンミと義弟ウイルスを、時事新報社と交詢社に案内する。その後自宅に招き、日本料理を饗す。
	一〇	三田演説会演説「信用のはなし」。
	二四	三田演説会演説「人に成るの法」。
七	一四	北里柴三郎の伝染病研究所長辞任書を試筆する。
	一七	北里柴三郎、福沢の筆になる伝染病研究所長辞任書を大日本私立衛生会副会頭長与専斎へ提出する。
	＊	腸チフスに罹患した木村喜毅を自宅に見舞う。赤十字病院に入院させ、費用一切を引き受ける。
八	一一	芝区有志による伝染病研究所設置反対運動に対し、北里柴三郎名義で『時事新報』に辞任陳情書を発表。世論次第に鎮静し、解決に至る。
	中旬	家族および木村喜毅夫妻と箱根湯本福住に遊ぶ。小泉信吉もしばらく同宿。
九	一六	北里柴三郎に土筆ヶ丘養生園の開設を勧め、会計を田端重晟に託す。
一〇	五	相馬事件の証人として東京地方裁判所に召喚される。
	上旬	赤痢流行と聞き中津行を見合わす。
	一四	三田演説会演説「心を高尚にす可し」。
	二九	慶応義塾における福沢の銅像開披式に臨み演説する。
一一	二	ボストンヘラルド社主ハスキルほか一名を自宅に招く。岩崎弥之助、渋沢栄一、荘田平五郎、小幡篤次郎、中上川彦次郎、林董、森村市太郎、阿部泰蔵、森岡昌純らも同席。
	三	水産伝習所にて演説。
	一一	三田演説会演説「学者を養い殺すべし」。
	一五	丸の内に新しい劇場（のちの帝国劇場）の建設を企画中の手塚猛昌を荘田平五郎に紹介する。
	一七	居合の数抜きを試みる。計一、〇〇〇本に及ぶ。
	一九	堀越角次郎を訪ねる。
	二五	三田演説会演説「独立自営の論」。
	三〇	三女俊、清岡邦之助と結婚。
一二	三	交詢社随意談会出席。
	六	自宅にて五、六名の友人の小集を催す。
	一一	交詢社随意談会出席。
	一八	交詢社随意談会出席。
明治二七　一八九四		
一	一一	交詢社常議員会出席。
	二五	慶応義塾卒業式にて演説する。
	三一	箱根塔之沢に数日滞在し、この日帰宅。
二	二七	展墓のため一太郎、捨次郎を伴い横浜より船で帰郷する。
三	上旬	中津滞在中、風邪で発熱する。また滞在中一日耶馬渓に遊ぶ。競秀峰が売物に出ていると聞き、風致保存のため買収する。
	一二	中津を出立し、行橋で一泊。下関に出て、門司より海路西京

丸で神戸に上陸。
一四 名古屋に泊り、翌日帰宅。
二四 三田演説会演説「体育、道徳」。
二八 ▽金玉均、上海で暗殺。

四
二二 交詢社第一五回大会（帝国ホテル）に出席し、演説する。
二四 金玉均の四七日忌に当り、寺田福寿を自宅に招き法要を営む。
二八 慶応義塾商業学校同窓会（芝浦、見晴亭）に出席し、処世の心得について演説する。

五
一八 交詢社随意談会出席。
二〇 浅草、東本願寺別院にて、友人知己相寄り金玉均の葬儀を営む。
＊ ▽甲午農民戦争。

六
二 沢田俊三来訪。郵船会社の代言人として推挙を乞われ荘田平五郎にその意を伝える。
三 交詢社随意談会出席。
五 自宅にて慶応義塾出身の貴衆両院議員の懇親会を開く。
一八 交詢社随意談会出席。
二九 大磯、松林館に遊ぶ。
＊ 四女滝、志立鉄次郎と結婚。

七
一六 ▽日英通商航海条約調印。
三〇 軍資醸集相談会の案内状を福沢ほか四名の連名にて出す。
＊ 北里柴三郎に同行して香港に出張した青山胤通、石神亨がペストに感染したとの報が内務省に届く。福沢は避暑先の大磯より使を長与専斎のもとへやり、北里を早急に帰国させるよう伝える。

八
一 ▽清国に宣戦布告。
一 銀行集会所において、三井八郎衛門、岩崎久弥、渋沢栄一、東久世通禧らと共に日清戦争の軍資醸集の運動を発起。参集した京浜の有力者一〇〇余名に対し、発起人を代表してその趣旨を説く。五日、「表誠義金募集」『時事新報』掲載。
一四 義捐金募集に金一万円を醵出する。「表誠義金募集社告追加」『時事新報』掲載。
二六 戸田春三、棚橋新策、渡辺祝三に書簡を送り、日清戦争軍資義捐の尽力を謝す。

九
一 後藤象二郎に宛て安岡雄吉からの暗号電報を返却する。
八 二、三日来静浦にある保養館に滞在中、村の青年が毎夜八幡宮に裸足で、戦勝祈願するのをみて感激し、灯明料五円を贈る。
二九 自宅にて談話会を催す。

一〇
五 出征軍人慰問のため木村・鏑木両海軍大尉に佃煮、甘納豆などを贈る。
二〇 前橋で開催された関東蚕糸業大会会場で、病気のため不参との書簡が代読される。
二五 居合の数抜きを試みる。計一、二〇〇本に及ぶ。

一一
一五 『東京日日新聞』が福沢の人身攻撃に及んだことにつき、井上角五郎を介して厳重に抗議する。
一七 深川、岩崎邸の園遊会に招かれて出席する。
一八 目黒辺散歩の途中出会った伊予の人石村兼祐、吉田仁太郎を自宅へ伴い晩食を共にする。住友鉱山をめぐり人民不穏の談を聞く。
二二 ▽旅順陥落。
二六 慶応義塾生、夕方より陥落を祝しカンテラ行列を行う。

一二
三 交詢社随意談会出席。
六 小泉信吉危篤の報に接し、横浜の小泉宅に見舞いに行く。八日、小泉没。
八 三田演説会演説「故小泉信吉君に就て」。
九 「小泉信吉君を弔す」起草。

月	日	事柄
一二	一〇	横浜久保山共同墓地で行われた小泉信吉の葬儀に参列する。
	二五	「養生園貸地証に題す」起草。
＊	＊	この年、「蘭化堂設立の目論見書」起草。
明治二八	**一八九五**	
一	一	午後より門下生数名と共に箱根に遊び、三日帰京。
	三	交詢社年始会出席。
	六	菅了法に対して、西本願寺が軍夫病院建設に前向きな様子を歓迎し、これを後押しする書簡を送る。
	一八	交詢社随意談会出席。
	二〇	慶応義塾出身の貴衆両院議員の懇親会（芝、紅葉館）に招かれ演説する。
	二五	慶応義塾卒業式にて演説する。
二	三	交詢社随意談会出席。
	二五	一週間ばかり大磯に遊び、この日帰宅。
	二七	伝染病研究所に林殷明への医薬品提供などを依頼する。
三	九	三田演説会演説「武士らしく有れ」。
	一一	交詢社常議員会出席。
	一三	妻と共に俊を夫の清岡邦之助（日本郵船広島支店在勤）のもとへ送り届けるため出立、合わせて京阪広島地方を遊歴する。
	二八	金玉均の一周忌法要を自宅で営む。
四	五	静岡に向け東京出立。
	六	静岡の慶応義塾同窓会に出席。県知事小松原英太郎と面談する。八日、静岡より帰宅。
	一一	病気療養中の吉川泰二郎を向島の私宅に見舞う。交詢社常議員会出席。
	一二	「朝鮮人へ貸金の記憶書」起草。
四	一三	午後、馬車と人力車に分乗、子どもと山王に花見に行く。
	一三	三田演説会演説「処世の話」。
	一七	▽日清講和条約調印。
	二一	交詢社第一六回大会（帝国ホテル）に出席し演説する。
	二三	▽三国干渉起る。
	二五	『時事新報』、発行停止処分を受ける。二五日紙上に、神戸碇泊の露国軍艦三隻がいつでも出発できるよう用意すべしとの命令を受け取ったとの神戸電報を掲載したのが、当時絶対秘密に付せられていた三国干渉の機微に触れたとの理由による。
五	三	交詢社随意談会出席。
	五	慶応義塾同窓会（芝、紅葉館）に出席し、演説する。
	一〇	▽遼東半島還付の詔勅。
	一一	交詢社常議員会出席。
	一一	三田演説会演説「昔話」。
六	三	交詢社随意談会出席。
	七	『ニューヨーク・ヘラルド』記者コッケリル、元大蔵省御雇外国人ゼネラル・ウィリアム来朝につき、自宅にて懇親会を開く。渋沢栄一、岩崎久弥、荘田平五郎、中上川彦次郎、阿部泰蔵、森村市左衛門、森岡昌純ら三〇名ばかり出席する。
	八	三田演説会演説「志想を高尚にすべし」。
	一一	交詢社常議員会出席。
	一五	三田社交倶楽部の集会に出席し、演説する。
	二九	三田演説会演説「今後の形勢と昔物語に就て」。
七	五	金玉均遺族の窮状を聞き、当時京城にいた高見亀を通じて見舞金一〇〇円を贈る。
	一七	養生園の六角堂を検分し、亡命中の朴泳孝をかくまう準備をする。

七	一八	交詢社随意談会出席。
	二一	中村貞吉の葬儀が麻布善福寺にて行われる。上大崎の本願寺墓地に埋葬。
	二二	中村貞吉初七日供養法要の案内状を代筆し、孫の中村愛作・壮吉両名の名で出す。
	二三	自宅にて中村貞吉初七日の法要を営む。
	*	この頃、中村貞吉の遺族里、愛作、壮吉の親子三人を自宅に引き取る。
八	三	交詢社随意談会出席。
	四	「二世堀越角次郎君を弔す」起草。
	四	堀越角次郎の葬儀に列し、弔詞を読む。
	上旬	箱根へ行く。一六日帰宅。
	一八	交詢社随意談会出席。
	二〇	三田西蓮寺住職白山謙致を自宅に招き、中村貞吉三五日忌の法要を営む。
九	三	交詢社随意談会出席。
	一八	交詢社随意談会出席。
	二八	三田演説会出席。
一〇	三	交詢社随意談会出席。
	八	▽閔妃(明成皇后)殺害事件。
	一一	交詢社常議員会出席。
	一二	三田演説会演説「Life」。
	一八	交詢社随意談会出席。
	二〇	朝鮮大使李載純に慶応義塾構内を案内し、昼食を共にする。
	中旬	三田社交倶楽部の集会に出席し演説する。
	二八	閔妃殺害事件に対する米国の世論を鎮めるため、井上角五郎にその経緯を英文で記して新聞に投書するよう勧める。
一一	四	自宅に朝鮮の皇族義和宮および随員を招く。

一一	一八	交詢社随意談会出席。
	中旬	三田社交倶楽部の集会に出席し、演説する。
	二二	芝、紅葉館で開かれた旧友会に出席する。
	二六	慶応義塾評議員会開催。昨年戦争のため延期した還暦祝賀会を一二月一二日(福沢六二回目の誕生日)に催すことを決める。
一二	一二	還暦の寿宴が慶応義塾内と芝公園内の紅葉館とで開かれ、それぞれ一場の挨拶を述べる。来会者塾内で約一、〇〇〇名、紅葉館で約四五〇名に及ぶ。
	一八	交詢社随意談会出席。
	三一	居合の数抜きを試みる。一、〇〇〇本を抜く。
*	*	この年、「福翁百話」脱稿。

明治二九　一八九六

一	三	交詢社新年宴会(帝国ホテル)に出席する。
	九	二女房、病気のため養生園より看護婦一名を呼ぶ。北里柴三郎来訪。
	一二	山崎英夫来訪。岡本貞烋と面談し一八日の帝国ホテルでの集会の打合せなどをする。
	一五	一八日の帝国ホテルでの集会に、九鬼隆一を招待した事務上の手落ちを厳しく叱責する。
	一八	帝国ホテルで饗宴を催し、知友三〇〇余名を招く。
	一九	『ニューヨーク・ヘラルド』記者に閔妃在世中の事実を記した投書原稿を渡す。
	二一	明治座に芝居を観に行く。
	二四	慶応義塾幼稚舎卒業式に出席し演説する。
	二八	田端重晟来訪。癩病院設立の件、近接地所買入れのこと、血清製造所のことなどの話を聞く。
	*	朝鮮国王より留学中の義和宮の監督を委嘱される。

月	日	事柄
二	三	交詢社随意談会出席。
	二一	養生園に行き北里、田端、木原と会う。養生園隣接地買入れにつき、地主の渡辺善太郎に福沢より直接手付金を渡すこと、癩病院敷地として渋谷氷川神社近くの畑地を買うことなどを決める。それより田端、木原を伴い広尾病院脇の売地を見分に行く。
	一四	渡辺の地所の登記につき委任状を書き、木原に渡す。
	一五	「福翁百話序言」起草。
	一六	養生園に行き、娯楽会を観る。
	中旬	国府津に遊ぶ。
三	三	交詢社随意談会出席。
	六	旧紀州藩主の嗣子徳川頼倫に、鎌田栄吉を通じて「瘠我慢の説」写本を送る。
	二一	三田演説会に出席。
	二八	三田社交倶楽部の集会に出席し演説する。
	二九	桃介夫妻を同伴して養生園に行き、娯楽会を観る。
	三一	日原昌造より「福翁百話」の原稿を所望される。子どもたちに頒ち与える約束となっていたので、別に第六編「謝恩の一念発起すべきや否や」の一編を清書して贈る。のちに原稿を一〇巻に分ち、一太郎の家に第一巻と第一〇巻を、捨次郎、里、房、俊、滝、光、三八、大四郎には第二巻から第九巻までを長幼順で頒ち与える。
四	三	交詢社随意談会出席。
	九	養生園に行き、田端重晟より血清研究所地所につき説明を聞く。
	一一	養生園に行く。北里柴三郎と血清研究所敷地、痘苗の研究などにつき懇談。
	一一	井上馨邸の観桜会に出席。
	一一	三田演説会演説「改革に就て」。
	一八	交詢社随意談会出席。
	二一	伊勢参宮のため東京を出立。二九日帰京。
五	三	交詢社随意談会出席。仁尾惟茂に対し、朝鮮亡命政客に生活費一二〇円を提供した旨を伝達。
	八	自宅にて母順の二三回忌法要を営む。
	九	三田演説会出席。
	一一	沼津・箱根方面に向け出立。養生園より配達された牛乳ビンに汚れがあると電話で注意する。
	一四	ジェンナー一〇〇年祭（上野公園）に長与専斎の依頼で演説を予定するが、プログラムに大勢の役人の演説のあることを知り欠席する。
	一五	箱根より帰京。山本達雄・園田孝吉両名の渡英歓送会（芝、紅葉館）に出席する。
	一七	養生園に行き、隣地所を見分する。
	一八	「二世堀越角次郎君墓誌」起草。
	一八	交詢社随意談会出席。
	三〇	田端重晟来訪。痘苗用牛飼育のため、旧和田義郎地所の借用を希望。承諾し、田端と共に養生園の近所を一巡する。
六	三	交詢社随意談会出席。
	一三	三田演説会演説「英語の必用」。
	一四	慶応義塾同窓会（芝、紅葉館）に出席し、所感を述べる。
	一五	▽三陸大津波。
	一八	交詢社随意談会出席。養生園に行く。その後、渋谷辺地所を一覧。
	一九	養生園隣邸にて田端重晟と面談する。

月	日	事項
六	中旬	三陸津波の救済に金六〇円を出す。
	二七	三田演説会出席。
	二八	朴泳孝、今後国事を改革する際にはかならず福沢に相談して日本人を採用すべき旨の契約書を残して帰国する。
七	二	七月二日に芝の三緑亭で催す禹範善らとの会合に竹越与三郎を誘う。
	三	交詢社随意談会出席。
	一八	田端重晟来訪、渡辺善太郎死去を知る。養生園のことを相談。
	二二	田端重晟来訪、長与専斎からの胃腸病院事務長就任要請を辞退したいとの内意を聞く。その後長与と面談し、田端の意向を告げる。
	二三	田端重晟来訪。前日の長与との話の概要を語る。
	二三	岩崎弥之助に『ジャパン・タイムズ』創刊の資金や社屋などについて相談する。
	二四	五女光、潮田伝五郎と結婚。
	三〇	この日に桂太郎来訪か。
八	一四	幼稚舎教員長谷川数衛に宛て、夏期学校で発熱し途中帰宅した三八への世話を謝し経過を報告する。
	一八	交詢社随意談会出席。
	二六	三田演説会出席。養生園に行き、田端重晟と面談。
九	三	交詢社随意談会出席。
	六	「茶話会案内状案文」起草。
	一三	自宅にて茶話会を催す。
	一八	交詢社随意談会出席。
	*	「新聞に関する臨時費其他記事」起筆。
一〇	三	交詢社随意談会出席。
	一〇	三田演説会出席。

月	日	事項
一〇	一五	養生園の牛乳ビンの消毒が不完全なことを厳しく戒める。夕方田端重晟来訪。牛乳ビンの件につき不行届を詫びる。
	一六	北里柴三郎、牛乳ビンの件につき謝罪に来訪。三時間にわたり懇々と注意する。
	一八	交詢社随意談会出席。
	二四	三田演説会演説「人間の気品」。
	二六	午後五時より、自宅にて慶応義塾のことにつき相談会を催す。
一一	一	慶応義塾懐旧会（芝、紅葉館）において、「慶応義塾は単に一処の学塾として甘んずるを得ず。その目的は我日本国中に於ける気品の泉源、智徳の模範たらんことを期」すと演説。
	二	馬場辰猪の八周年祭（谷中、天王寺）に参列。犬養毅が追弔詞（「馬場辰猪君八周年祭追弔詞」）を代読。
	三	交詢社随意談会出席。
	六	家族（妻錦、一太郎、三八、中村里）と小山完吾、北川礼弼を伴い、信越上州旅行に赴く。一一日帰京。
	一四	慶応義塾の柔術会に出席する。
	一四	三田演説会演説「養生説」。
	一七	自宅にて金玉均供養の法要を営む。
	二四	家族を伴い大磯に赴く。四、五日逗留の予定。
	*	この頃、朝食前に小山完吾ら七、八名を伴い、毎日一里か一里半を歩く。
一二	五	散歩の途次、麻布四の橋付近で乞食のおかま之助の描いた絵を持ち帰る。
	一二	三田演説会出席。
明治三〇		**一八九七**
一	一	年頭吟「成家三十七回春」云々の漢詩および「禍を申年過ぎて福を酉の一声春は来にけり」の狂歌をつくる。
	三	交詢社年始会（芝、紅葉館）に出席する。

月	日	事柄
一	五	養生園の関係者を自宅に招き馳走する。
	一八	交詢社随意談会出席。
	二二	姉、中上川婉没。
	二四	中上川家に弔問に赴く。留守中、田端重晟来訪。
二	三	交詢社随意談会出席。
	九	田端重晟来訪。前日依頼した各地方の「チンチンモガモガ」の称呼を五〇余種集め来る。
	一一	子どもを連れ観梅に行く。
三	六	養生園に行き、料理人雇入れの件を田端重晟に依頼する。
	一四	自宅にて茶話会を開く。
	一九	朝、林毅陸のために揮毫する。慶応義塾出身の貴衆両院議員の懇親会（芝、紅葉館）に出席する。
	二七	三田演説会演説「健康及小説に就て」。
四	三	養生園に行き、翌日の明治座の芝居に田端重晟を誘う。
	四	妻錦、俊、田端らと共に明治座で芝居を観る。
	一八	交詢社第一八回大会（帝国ホテル）に出席し演説する。
	下旬	箱根湯本福住に遊ぶ。
	＊	「山形県北村山郡山口村開田記念碑誌」起草。
五	一	向島での慶応義塾同窓会に出席する。参会者約二〇〇名。
	二	俊を伴い歌舞伎座で芝居を観る。田端重晟に会う。
	一三	交詢社に行く。田端重晟に会う。
	二〇	監督を託されていた義和宮が、福沢の了解を求めずにアメリカに赴くことになったことを詰問する。
	二二	大隈重信に対し、義和宮に関する朝鮮宮内府大臣宛書簡を公使館を通じて伝達するよう依頼。
六	一八	交詢社随意談会出席。
六	一九	姉、小田部礼没。
	一九	三田演説会演説「人の独立自尊」。
	二三	午後四時より、自宅にて小田部礼供養の法要を営む。
	＊	「新聞社員賞与録」起筆。
七	三	交詢社随意談会出席。
	五	養生園に行き北里柴三郎、田端重晟と要談。広尾別邸に回り、日暮馬車にて帰る。
	一四	田端重晟来訪。養生園の今期損益表を一覧する。
	一八	交詢社随意談会出席。
	二〇	『福翁百話』刊。
	二二	静浦に遊び保養館に泊る。
八	三	交詢社随意談会出席。
	三	桃介を伴い養生園の娯楽会を観に行く。
	六	『福翁百話』上製本を養生園の北里柴三郎、山根文策、田端重晟に贈る。夕方、田端その礼に来訪。
	七	『福翁百話』並製本を養生園職員一同に贈る。午後、養生園に講談師真竜斎貞水来演につき家族を伴い聴きに行く。
	八	田端重晟を夕食に招き、貞水らの招聘につき斡旋を依頼する。金杉大五郎も来訪。
	一〇	広尾別邸にて二〇人ばかりの小集を催す。貞水、伴二郎、南柳の座興あり。
	一五	秋山某のため養生園宛紹介状をしたため、赤痢流行の甲州へ帰省する可否を問い合わせる。
	一六	慶応義塾長小幡篤次郎、辞表提出する（一三日付）。評議員会は辞任を認め、塾長欠員中、当分の間福沢みずから塾務をみることとなる。
	一八	交詢社随意談会に出席。
	一九	当分の間、福沢が塾務をとることを評議員会の名で全塾員

月	日	事項
		に通知する。
八	二五	「福沢全集緒言」執筆のため、「学問のすゝめの評」を掲載した『朝野新聞』(明治七年一一月七日付)を苦心して探し出す。
	＊	七島源治来訪、『福翁百話』を贈る。
九	一	「時事新報第五千号」『時事新報』社説発表。
	九	早朝より暴風雨。田端重晟来訪して、養生園の被害状況を報ずる。養生園に見舞いに行く。
	一〇	「福沢全集緒言」脱稿。
	一一	慶応義塾教員一同を招き、意見を交わす。
	一八	三田演説会演説「慶応義塾学制改革に就て、又英語英学の外に学問なし」。
	二五	ドイツ留学の北島多一、北里柴三郎に伴われ来訪。
	＊	「福沢家系図」新装。
一〇	九	三田演説会出席。
	一五	園遊会案内状発信。
	一五	「福沢全集緒言の掲載」起草。
	一七	「福沢全集の刊行、全集緒言の掲載」『時事新報』発表。
	二〇	養生園に行く。
	二四	広尾別邸において前日雨天のため順延した園遊会を催す。
	二七	「金子弥平宛書翰集序」起草。
	三〇	三田演説会出席。
一一	二	家族を伴い京阪山陽方面旅行に出発。
	一八	「明治三十年十一月十四日京都懇親会に於ける演説筆記」『時事新報』発表。
	一八	京都を出立。静岡に泊る。一九日帰京。
	二二	三田演説会演説「畿内山陽漫遊の話」。
	二七	三田演説会演説「忠孝の話」。
	二七	趙秉稷に対し、物価高騰による学資不足のため、韓国政府留学生に月末限りで帰国を命じた旨を伝達。
一二	三	交詢社随意談会出席。
	六	散歩の途中、田端重晟に会い芝居に誘う。妻錦、田端を伴い市村座に山口一座の壮士芝居を観に行く。
	一〇	田端重晟来訪。養生園本年度下半期利益金の報告を受ける。
	一三	三田演説会に出席。
	二二	養生園に行き、田端重晟と面談する。
	二三	真竜斎貞水一座、養生園来演につき家族を伴い行く。
	二八	朝、田端重晟来訪。午後養生園に行く。
	＊	『福沢全集緒言』刊。
＊	＊	「慶応義塾の教育の趣旨」起草。
	＊	「各地チンチンモガモガの称呼」起草。
	＊	「官民の差別主義」起草。

明治三一　一八九八

月	日	事項
一	一	田端重晟、朝吹英二、野村正明ら年賀に来訪。
	一	『福沢全集』巻一刊。
	三	交詢社随意談会出席。
	三	養生園関係者を自宅に招く。
	一〇	署名した『福翁百話』と『福沢全集緒言』を、ジャパンタイムス社の山田季治に託し、長崎光永寺の住職正木現諦(通称タカサン)に贈る。
	一五	三田演説会出席。
	一八	交詢社随意談会出席。池田成彬来訪。
	一九	妻錦、里、房、光、高橋岩路、田端重晟らを伴い、明治座に芝居を観に行く。
	二六	ハーバード大学学長エリオットに大学部英文学主任教師の選任を依頼。
	二八	三田演説会にて演説。

月	日	事柄
一	二九	慶応義塾教職員三〇余名を大広間に集め、塾制学務の改革について協議。
二	五	『福沢全集』巻二刊。
	一一	広尾別邸にて雪見をする。田端重晟来訪。妻錦を伴い養生園に牛込連中の手踊りを観に行く。夕方より別邸に踊方連中を招き饗応する。
	一四	交詢社常議員会出席。
	二六	三田演説会出席。
三	一	『福沢先生浮世談』刊。
	二	「少年修業立志編緒言」起草。
	三	交詢社随意談会出席。
	五	『福沢全集』巻三刊。
	七	『慶応義塾学報』創刊。
	一一	丸山古墳の発掘物を見物する。
	一二	三田演説会にて演説。
	二五	捨次郎、田端重晟らを伴い歌舞伎座に芝居を観に行く。
	二六	三田演説会出席。
四	四	慶応義塾評議員会において慶応義塾規約を改定する。小幡篤次郎を副社頭とし、塾長には鎌田栄吉を選ぶ。
	五	門野幾之進外遊送別会（芝、紅葉館）に出席し、所感を述べる。
	八	『福沢全集』巻四刊。
	一〇	広尾別邸にて門野幾之進のため送別の小集を催す。
	一八	交詢社随意談会出席。
	二三	広尾別邸に慶応義塾関係の人びとを招き茶話会を催す。
	二四	交詢社第一九回大会（帝国ホテル）に出席し演説する。
	*	『修業立志編』刊。
五	一	広尾別邸にて家族の茶話会を催す。
	三	交詢社随意談会出席。
	八	捨次郎、益田英次、田端重晟、真中直道ら来訪し、一六日の園遊会につき相談する。
	一〇	「門野幾之進氏を送る」『慶応義塾学報』発表。
	一〇	園遊会の下検分のため、田端重晟と共に広尾別邸へ行く。
	一一	『福翁自伝』脱稿。
	一三	『福沢全集』巻五刊。
	一四	三田演説会演説「バクテリアの説」。
	一六	午後二時より広尾別邸において鎌田栄吉の慶応義塾長就任披露と米国文学者ペリー（水師提督ペリーの従孫）の来朝歓迎を兼ねて園遊会を催す。参会者約三〇〇名。伊藤博文も出席し、明治一四年の政変以来初めて顔を合わせる。
	一八	交詢社随意談会出席。
六	三	交詢社随意談会出席。
	一〇	「バクテリアの説」『慶応義塾学報』発表。
	一〇	広尾別邸にて『時事新報』関係の園遊会を催す。来会者一三〇余名。
	一一	三田演説会演説「着眼を遠大にすべし」。
	一二	「福翁自伝掲載社告」起草。
	一七	強盗逮捕のため負傷した芝警察署管内豊岡町派出所巡査に、見舞金を贈る。
	二三	妻錦、田端重晟、高橋岩路を伴い浅草宮古座に行く。
	二四	六月一八日および二三日の『時事新報』に掲載した槙田ノブに関する社説が、公判未決中の被告人を庇護する文書に該当したため、この日東京地方裁判所より起訴される。
	二四	芝警察署長より巡査への見舞金に対する感謝状を贈られる。
	二五	三田演説会演説「田舎大尽の気にくわぬ事」。

月	日	事項
七	九	三田演説会出席。
	九	田端重晟来訪、養生園上半期利益表を見る。
	一〇	「地方の富豪」『慶応義塾学報』発表。
	一八	交詢社随意談会出席。
	一八	養生園に行き田端重晟と会う。午後、広尾別邸にて翌日の会合の打合せをする。
	一九	広尾別邸にて八〇人ばかりの客を招く。
	二五	養生園演芸会に家族と共に行く。夜、演芸会に出演した貞水、小勝らを自宅に招く。
	二六	北里柴三郎・渡辺洪基の連名にて岸小三郎を衆議院議員候補に推薦するとの葉書を受け取る。養生園に電話をかけ田端重晟に質すが、北里の関知せぬところだという。北里に電話するも不在。
	二七	田端重晟来訪。北里の葉書につき新聞へ出す弁明の広告案を見る。
	二八	『時事新報』に、「衆議院議員選挙運動に関し近頃拙者の名義を利用する者ある由聞知候得共拙者は右等政治上には一切関係致さず候に付為念此段広告致置候」との北里の弁明書が掲載される。
	二九	朝、北里柴三郎来訪。
八	三	交詢社随意談会出席。
	八	養生園に行く。
	一〇	「狂犬」『時事新報』雑報発表。
	一六	妻錦、里、飯田三治、田端重晟らを伴い歌舞伎座に行く。
	一八	交詢社随意談会出席。
九	二	「桃介勘定の覚」起筆。
	三	交詢社随意談会出席。
	一〇	交詢社随意談会出席。
九	一五	養生園に行き落語、義太夫を聞く。
	中旬	「女大学評論」「新女大学」脱稿。
	二二	妻錦、里、房、田端重晟らを伴い歌舞伎座に行く。
	二四	捨次郎腹痛起る。北里柴三郎の診察を受け真症赤痢と判明、ただちに伝染病研究所へ入院させる。
	二四	三田演説会演説「法律に就て」。
	二五	伝染病研究所より電話でしばしば捨次郎の容体を伝えてくる。
	二六	北里柴三郎来訪。捨次郎の病状を聞く。妻錦および里見舞に行く。昼食後一時間ばかりの頃、「次男捨次郎赤痢病状記録」を執筆中に、左方のこめかみの辺に疼痛を感じ、筆を投じて臥床したがそのまま脳溢血症を発する。医師松山棟庵、山根文策来診。翌日三浦謹之助、ベルツ来診。
	二八	長与専斎の還暦祝賀会（芝、紅葉館）に祝辞を贈る。金杉英五郎代読。
	二八	第二回目の水蛭貼用法を施す。スープ、牛乳を少量嚥下、やや小康を保つも依然昏睡続く。大隈重信、尾崎行雄ら見舞客多数。
	二九	意識やや回復の兆しがみえる。発病以来この日までの見舞客、数百名に及ぶ。
	三〇	前日に比べ醒覚の時間長くなり、何事かを訴えようとするも言語はまだ明瞭を欠く。夜、水蛭貼用法を施す。
一〇	一	病状変化なし。医師橋本綱常も来診。見舞客二〇〇余名。
	二	病気見舞いとして天皇より葡萄酒二箱、皇后より菓子一折を下賜される。病状変らず。食事量やや進む。
	五	危篤状態に陥る。皇太子より見舞いとして菓子一折を下賜される。六日も危篤状態が続く。
	九	やや回復に向う。中旬から病状次第に回復の兆しをみせ始

月	日	事柄
		める。
一〇	一〇	「法律と時勢」『慶応義塾学報』発表。
	二〇	「一般教育に就て」『雄弁名家新編演説』所収。
	二四	快方に向う。医師の徹夜の看護をやめ、時を定めて診察するだけとなる。
一一	九	田端重晟、病中治療に当たった医師（北里柴三郎、三浦謹之助、山根文策、松山棟庵、芥川信由、松本順、ベルツら）への謝礼につき北里と相談する。
	一四	病後初めて戸外に出て慶応義塾の構内を歩行する。
一二	八	病中特に世話になった人びと五〇人ばかりを自宅に招く。
	一二	慶応義塾同窓会の主催になる病気快癒祝賀会（芝、紅葉館）に出席する。第六五回目の誕生日（旧暦）。
	二八	田端重晟来訪。共に散歩に行く。
明治三二　一八九九		
二	二六	菅学応、林毅陸来訪。『解体新書』と『蘭学事始』を貸す。
三	一五	広尾別邸において「慶応義塾生徒隊旗」と自署した隊旗を生徒隊に授与する。
	二一	徒歩で時事新報社に行き、社員と雑談。再び徒歩で帰宅。
	二五	慶応義塾構内で開かれた弓術部射割金的大会に出席する。
	二八	広尾別邸に慶応義塾教員を招く。
	＊	この頃より再び揮毫の筆をとる。病後の揮毫には葦原雅亮の彫刻した「明治卅二季後之福翁」の落款を用いる。
四	五	四月一日から連載を開始した「女大学評論」の反響大きく、時事新報社へ数十通の投書が寄せられる。
	二三	交詢社第二〇回大会（帝国ホテル）に欠席のため伝言を送る。

月	日	事柄
五	二	散歩の途中、林毅陸のもとに立ち寄る。
	一八	一太郎、捨次郎、小幡篤次郎、手塚猛昌を伴い、人力車にて宮内大臣田中光顕を官邸に訪問。両陛下よりの病中の御見舞いに対し御礼言上を依頼する。徒歩にて帰宅。
	一九	前日と同じく四名を伴い中山東宮太夫を官邸に訪ね、皇太子殿下よりの病中の御見舞いに対し御礼言上を依頼する。交詢社にてしばらく休憩の後、人力車にて帰宅。
六	一五	『福翁自伝』刊。
七	下旬	慶応義塾派遣海外留学生を広尾別邸に招き、送別の小宴を催す。
九	一五	散歩の途中、慶応義塾幼稚舎に立ち寄り、舎長森常樹に対して一場の児童教育談を試みる。
一〇	一六	家族を伴い歌舞伎座に行く。
	一八	交詢社随意談会出席。
一一	三	交詢社随意談会出席。
	一一	広尾別邸にて園遊会を開く。参会者六～七〇〇名に及ぶ。
	二四	『女大学評論・新女大学』刊。
	＊	この頃より「修身要領」の編纂に着手する。
一二	九	三田演説館において開催された三田演説会第四〇〇回祝賀会に出席する。
	一三	「修身要領」編纂のため、日原昌造の上京をうながす。
	二二	一太郎、捨次郎を伴い、慶応義塾旧友会（日本橋檜物町倉田屋）に出席する。
	＊	鈴木千巻に託し、七里恒順に『女大学評論・新女大学』を自署して贈る。
明治三三　一九〇〇		
一	一	捨次郎に時事新報社の資産を贈与する約束書を与える。
	九	「修身要領」編纂のため日原の帰郷希望を強く引き留める。

一	一七	自宅にて「修身要領」についての会合を行う。
	一八	交詢社随意談会出席。
	二七	慶応義塾の懸賞演説会が三田演説館で開かれる。午後六時半頃より出席し、九時頃まで傍聴する。
二	一一	「修身要領」発表。
	一七	「修身要領」の起草者、慶応義塾の教職員学生の有志者三〇余名を自宅に招き、内輪の披露を行う。
	二四	三田演説館において「修身要領」発表式を行う。参会者四〇〇余名。
三	三	三田演説館で開かれた慶応義塾大学部卒業式に出席する。
	一〇	三田演説館で開かれた第二回懸賞演説会に出席する。
	*	「修身要領」発表後、『中外商業新報』『二六新報』『人民新聞』『東京日日新聞』『万朝報』『東京朝日新聞』などが論評を加える。
四	一四	慶応義塾同窓会（芝、紅葉館）に出席する。
	中旬	「修身要領」の趣旨を広く社会に伝えるため、一太郎、小幡篤次郎、鎌田栄吉、門野幾之進、北川礼弼らを信越・関東・東海各地方に派遣し、巡回講演させる。
	二八	交詢社第二一回大会（帝国ホテル）に出席する。
五	一	雑誌『太陽』誌上において井上哲次郎が「道徳主義としての独立自尊」と題して「修身要領」に批判を加える。
	八	宮内大臣より福沢に対し、明九日午前一一時出頭されたしとの通達がある。
	九	福沢の代理として、一太郎、小幡篤次郎宮内省に赴く。多年著訳教育を通じ社会に貢献した功により、御沙汰書と金五万円を下賜される。ただちにこれを慶応義塾基本金中に寄附する。
	一〇	皇太子嘉仁親王（大正天皇）の御成婚に際し、慶応義塾は「修身要領」を献納して祝意を表する。
五	一八	交詢社随意談会出席。
	二〇	慶応義塾、福沢に対する恩賜金下賜とその基本金への寄附を記念し、午後六時より塾内新講堂において祝賀会を開く。
六	一〇	広尾別邸にて花菖蒲観賞の茶話会を開く。
	*	「修身要領」の全文をみずから揮毫する。
七	一三	慶応義塾幼稚舎に赴き、「今日子供たる身の独立自尊法は唯父母の教訓に従て進退すべきのみ。明治三三年七月一三日、幼稚舎に示す」としたためて教員生徒に示す。
八	八	突然人事不省に陥るも一時間ばかりで回復する。
九	一五	▽立憲政友会発会。
	二五	「修身要領」に関係した人びとを夕食に招く。参会者二〇余名。
一〇	一四	現在判明している最後の自筆書簡は、この日に発信した福沢園宛服部鐘宛の二通である。
	二八	慶応義塾構内で開かれた弓術部競射会を参観する。
	*	「海上公法の序」、『同文会誌』に掲載される。
一一	一八	自宅にて茶話会を開く。参会者百数十名。
	二四	アメリカ海軍ビヤズリー少将夫妻来訪、演説館にて学生に対し所感を述べ塾内を一覧。福沢と昼食を共にする。
	二五	上野精養軒におけるビヤズリー少将歓迎会の席上、福沢の演説原文を一太郎が代読する。
	二六	この頃、夫の放埒に苦しむ一婦人より手紙が寄せられる。
一二	二〇	「瘠我慢の説」が福沢の手による発表に先立ち雑誌『日本人』に掲載される（明治二七年頃、『奥羽日日新聞』に掲載されたものがそのまま転載されたものである）。
	二三	小幡篤次郎、慶応義塾の存廃に関する福沢の苦慮を日原昌造に報じ、上京をうながす。
	二七	鎌田栄吉、慶応義塾存廃に関する福沢の意向について相談するため、日原昌造の上京を求める。

月	日	事柄
一二	三一	慶応義塾世紀送迎会に臨む。「独立自尊迎新世紀」の語を大書する。
明治三四	**一九〇一**	
一	三	交詢社新年宴会（芝、紅葉館）に出席する。
	一三	徳富蘇峰、『国民新聞』に「瘠我慢の説を読む」と題する評論を掲載する。
	二五	『国民新聞』掲載の徳富蘇峰の評論に対して、「瘠我慢の説に対する評論に就て」と題する駁論を石河幹明に口述し、碩果生の名をもって『時事新報』に掲載する。
	二五	木村喜毅来訪。
	二五	広尾別邸まで散歩し帰宅。夕食後塾生二、三名と談話、八時頃便所に入り、出るとき左足に麻痺を覚え脳溢血症を再発。ほとんど人事不省に陥る。松山棟庵ただちに来診、翌日から昏睡状態続く。松山と山根文策主治医となり芥川信由付添う。北里柴三郎、三浦謹之助も来診。
	三一	天皇、皇后より御見舞の御沙汰書と菓子一折を下賜。
二	一	「丁丑公論」『時事新報』社説発表（一〇日まで連載八回）。
	二	皇太子、同妃より御沙汰書と菓子一折を下賜。病状は楽観を許さず、栄養物の経口摂取は不可能になり知覚麻痺が悪化する。
	三	午後六時より各種皮下注射を行うが、刻々危篤症状が進む。午後一〇時五〇分死去。
	四	葬儀の次第が定まる（麻布山善福寺、埋葬地白金大崎村本願寺）。
	五	一太郎・捨次郎の連名にて『時事新報』に死亡広告を掲載。小幡篤次郎・鎌田栄吉の名で慶応義塾社中に対し、遺志として生花造花香奠その他いっさいの贈物を固辞する旨広告する。
	六	宮内省より祭粢料として金一、〇〇〇円を下賜。
	七	衆議院、福沢逝去につき満場一致哀悼を決議する。
	八	三田自宅を出棺。普通部・幼稚舎・商業学校・大学部学生、榼、導師、香炉、位牌、銘旗、柩、喪主、柩台、外国人教師・各宗僧侶・塾員、一般会葬者、車馬の順に四列となって進む。その数一万五、〇〇〇名に及ぶ。午後二時麻布善福寺に到着、導師麻布超海以下僧侶の読経に次いで会葬者の焼香あり。三時過ぎ終了。それより白金大崎村本願寺の墓地に埋葬する。葬儀は遺志を体し、いっさいの虚礼虚飾を廃して行われた。
	九	慶応義塾同窓の追悼会を新講堂で開く。席上塾長鎌田栄吉は、毎年二月三日をもって慶応義塾の休日となすこと、および各地同窓会、慶応義塾に関係せる集会は毎月三日の日を記念して成るべくこの日を選ぶことを提案し同意を得る。
	二三	福沢の三七忌日に当たり、慶応義塾学生の発起になる追悼会が義塾運動場で行われる。
三	二三	麻布善福寺にて七七忌日の法要を営む。
四	*	『福翁百余話』刊。
五	*	『明治十年丁丑公論・瘠我慢の説』刊。

X 基本文献

凡例▼

福沢諭吉および福沢の著作を知るための手引きとなるテキストの書誌情報を掲げた。配列は原則として出版年代順を基本としている。

一　著作テキスト　▽著作の基本的なテキスト。全集や選集については網羅的に掲載した。複製本についても、一九六〇年代以降のものは網羅できるよう努力した。一方単行本、文庫本は出版数が多く、また近年は図書館やインターネットを利用しての検索も容易であるため割愛した。叢書類や現代語訳はやはり紙幅の都合上多くを割愛せざるを得ず、幅広い世代を想定して、比較的理解しやすく入手しやすいと思われるものを掲げた。外国語訳は厳密な対訳とはいえないものも含んでいる。

福沢没年までに刊行された単行著作については、本事典「Ⅲ　著作」を参照されたい。

1—1　全集
1—2　選集、著作集
1—3　著作複製本
1—4　福沢著作を収録した叢書など
1—5　現代語訳された著作
1—6　外国語訳された著作

二　書簡集　▽福沢の書簡を収録し、解説を付した単行書。

三　マイクロフィルム版『福沢関係文書』　▽慶応義塾所蔵資料を中心に、福沢研究センターが編纂した福沢の原稿その他関係資料集。

四　遺墨集・原稿　▽福沢自筆の書などを収めた刊行物。

五　回想録・言行録　▽門下生を中心に同時代人や家族が語る福沢の思い出や福沢の言葉などを収録したもの。

六　図録　▽福沢に関する展覧会などの図録や写真集。＊は展覧会の会場を示す。

七　福沢著作注解・評釈書

八　伝記・評伝　▽福沢の生涯を通した伝記・評伝を収めた。図書の一部に収録されている文献、雑誌・新聞記事、教科書などに掲載された文献、児童、青少年向けの伝記は割愛した。また、福沢に関する研究書は膨大な数となるため、ここでは割愛した。福沢に関する研究文献については、次の文献目録に掲げた個々の書誌を参照されたい。

九　文献目録　▽福沢の著書や雑誌を探すうえで有効な目録、書誌類。図書や機関誌の一部として収録されたものも含む。

一〇　関係機関逐次刊行物　▽福沢諭吉に関わる研究、調査などを行う機関とその機関が刊行する福沢研究に関連する逐次刊行物。

一　著作テキスト

1―1　全集

○**時事新報社編『福沢全集』時事新報社、一八九八年**　［全五巻］

［第一巻］　福沢全集緒言／華英通語／西洋事情／雷銃操法／西洋旅案内／条約十一ヶ国記／西洋衣食住／訓蒙窮理図解／洋兵明鑑／掌中万国一覧／清英交際始末／英国議事院談／世界国尽／啓蒙手習之文

［第二巻］　学問のすゝめ／童蒙教草／かたわ娘／改暦弁

［第三巻］　帳合之法／文字之教／会議弁／文明論之概略／学者安心論／分権論

［第四巻］　民間経済録／福沢文集／通貨論／通俗民権論／通俗国権論／民情一新／時事小言／時事大勢論

［第五巻］　帝室論／徳育如何／兵論／学問之独立／全国徴兵論／通俗外交論／日本婦人論（前編）／日本婦人論（後編）／品行論／士人処世論／男女交際論／日本男子論／尊王論／国会の前途／国会難局の由来／治安小言／地租論／実業論

○**時事新報社編『福沢全集』国民図書、一九二五〜一九二六年**　［全一〇巻］

［第一巻］　緒言／華英通語／西洋事情

［第二巻］　雷銃操法／西洋旅案内／条約十一国記／西洋衣食住／訓蒙窮理図解／洋兵明鑑／掌中万国一覧／清英交際始末／英国議事院談／世界国尽／啓蒙手習之文

［第三巻］　学問のすゝめ／童蒙教草／寓言かたわ娘／改暦弁／帳合之法／文字之教／文字之教附録／会議弁

［第四巻］　文明論之概略／学者安心論／分権論／民間経済録／福沢文集

［第五巻］　通貨論／通俗民権論／通俗国権論／民情一新／時事小言／時事大勢論／帝室論／徳育如何／兵論／学問之独立／全国徴兵論／通俗外交論

［第六巻］　日本婦人論／日本婦人論（後編）／品行論／士人処世論／男女交際論／日本男子論／尊王論／国会の前途／国会難局の由来／治安小言／地租論／実業論／明治十年丁丑公論／瘠我慢の説／女大学評論／新女大学／福沢先生浮世談／旧藩情

［第七巻］　福翁百話／福翁百余話／福翁自伝

［第八巻］　時事論集第一巻　政治篇／外交篇／軍事篇

［第九巻］　時事論集第二巻　経済篇／教育篇／道徳篇／品行篇／宗教篇／教訓篇

［第一〇巻］　時事論集第三巻　学術篇／処世篇／社会篇／雑説篇／漫言

○**慶応義塾編『続福沢全集』岩波書店、一九三三〜一九三四年**　［全七巻］

［第一巻］　時事論集　明治一五年篇／明治一六年篇／明治一七年篇

［第二巻］　時事論集　明治一八年篇／明治一九年篇／明治二〇年篇／明治二一年篇／明治二二年篇

［第三巻］　時事論集　明治二三年篇／明治二四年篇／明治二五年篇／明治二六年篇

［第四巻］　時事論集　明治二七年篇／明治二八年篇／明治二九年篇

［第五巻］　時事論集　明治三〇年篇／明治三一年篇／先生病後篇／追加の部／附記

［第六巻］　書翰集

［第七巻］　諸文集／書翰集補遺

○**慶応義塾編『福沢諭吉全集』岩波書店、一九五八～一九六四年　［全二一巻］**

＊編纂・校訂は富田正文・土橋俊一、監修は小泉信三。

＊各巻の巻末に後記が付き、収録著作・資料についての文献学的解説が記されている。

［第一巻］　福沢全集緒言／増訂華英通語／西洋事情

―（付録）「福沢諭吉全集新版の刊行について」／小泉信三「日本の近代化とアジア」／高橋誠一郎「チェンバーズ経済書」／浦上五郎「福沢誕生地附近」／中山一義「福沢先生の見た父百助」／編纂室より

［第二巻］　雷銃操法／西洋旅案内／条約十一国記／西洋衣食住／兵士懐中便覧／訓蒙窮理図解／洋兵明鑑／掌中万国一覧／英国議事院談／清英交際始末／世界国尽

―（付録）阿部隆一「福沢百助の学風（上）」／今永正樹「白石照山先生のこと」／古門富太「中津の福沢旧邸に就て」

［第三巻］　啓蒙手習之文／学問のすゝめ／童蒙教草／かたわ娘／改暦弁／帳合之法／日本地図草紙／文字之教／会議弁

―（付録）阿部隆一「福沢百助の学風（下）」／渡辺庫輔「福沢先生の長崎留学」／西川孝治郎「「帳合之法」の原本について」／近盛晴嘉「陰弁慶の筆」／富田正文「「世界国尽」こぼればなし」

［第四巻］　文明論之概略／学者安心論／分権論／民間経済録／福沢文集／通貨論／通俗民権論／通俗国権論

―（付録）板倉卓造「「学問のすゝめ」とウェーランドの「修身論」」／緒方富雄「緒方洪庵のこと」／藤直幹「適塾について」

［第五巻］　民情一新／国会論／時事小言／時事大勢論／帝室論／兵論／徳育如何／学問之独立／全国徴兵論／通俗外交論／日本婦人論／日本婦人論後編／士人処世論／品行論／男女交際論／日本男子論

―（付録）高木八尺「人の上に人を造らず」／有馬成甫「木村摂津守」／木村毅「消滅した鉄砲洲」／富田正文「鶏肋」

［第六巻］　尊王論／国会の前途／国会難局の由来／治安小言／地租論／実業論／福翁百話／福翁百余話／福沢先生浮世談／女大学評論　新女大学／明治十年丁丑公論／瘠我慢の説

―（付録）松本芳夫「福沢史学について」／武田勝蔵「芝新銭座とその附近」／富田正文「鶏肋（その二）」

［第七巻］　福翁自伝／旧藩情／ペル築城書／外国諸書翻訳草稿／海岸防禦論／幕末英字新聞訳稿／窮理全書訳稿／覚書

―（付録）松本信広「フランスの民族学と福沢諭吉」／奈良本辰也「勝海舟」／三辺清一郎「ウェーランド経済書」

［第八巻］　時事新報論集一　明治一五年（三～一二月）／明治一六年（一～五月）

―（付録）野村兼太郎「三田購入と島原藩」／大矢真一「明治初年の理学啓蒙書と『窮理図解』」

［第九巻］　時事新報論集二　明治一六年（六～一二月）／明治一七年（一～七月）

―（付録）高垣寅次郎「福沢先生の三つの書翰」／大木忠造「福沢先生と長沼事件」／大久保利謙「「万国海律全書」と福沢諭吉」／富田正文「鶏肋（その三）」

［第一〇巻］　時事新報論集三　明治一七年（八～一二月）／明治一八年（一～一二月）／明治一九年（一～三月）

―（付録）板沢武雄「箕作秋坪と福沢諭吉」／伊藤正雄「赤穂不義士論と楠公権助論の由来について」／都田恒太郎「福沢諭吉と聖書」／昆野和七「三田演説館」

［第一一巻］　時事新報論集四　明治一九年（四～一二月）／明治二〇年（一～一二月）／明治二一年（一～一二月）

―（付録）潮田江次「福沢諭吉の政治思想を考えるに就て」／西田長寿「『時事新報』創刊時の地位」

［第一二巻］　時事新報論集五　明治二二年（一～一二月）／明治二三年（一

〜一二月）／明治二四年（一〜一二月）

―（付録）加田哲二「神田孝平のこと」／清岡暎一「感臨丸とブルック日誌」／富田正文「福沢諭吉告発に関する文書」

［第一三巻］　時事新報論集六　明治二四年（三〜一二月）／明治二五年（一〜一二月）／明治二六年（一〜二月）

―（付録）家永三郎「福沢諭吉と共和主義」／小沢栄一「文明史と福沢諭吉」／吉田小五郎「福沢諭吉、和田義郎、幼稚舎」

［第一四巻］　時事新報論集七　明治二六年（三〜一二月）／明治二七年（一〜一二月）

―（付録）嘉治隆一「抵抗の倫理」／石井良助「福沢諭吉の自由論」／河北展生「活字本「西洋事情」」／富田正文「鶏肋（その四）」

［第一五巻］　時事新報論集八　明治二八年（一〜一二月）／明治二九年（一〜一二月）／明治三〇年（一〜五月）

―（付録）三枝博音「重荷がかかりすぎた福沢諭吉について」／大久保利謙「東京学士会院と福沢諭吉」／中村菊男「福沢門下の政治家たち」／富田正文「鶏肋（その五）」

［第一六巻］　時事新報論集九　明治三〇年（六〜一二月）／明治三一年（一〜九月）／明治三二年（一〜一二月）／明治三三年（一〜一二月）／明治三四年（一〜一一月）

―（付録）土屋喬雄「福沢門下の財界人について」／鈴木安蔵「交詢社私擬憲法草案について」／青山なを「婦人論の生命」

［第一七巻］　書翰集一　自安政六年至明治一八年

―（付録）内山孝一「福沢諭吉と蘭学事始」／昆野義平「福沢諭吉と生命保険事業」／会田倉吉「福沢先生をめぐる外国人たち」

［第一八巻］　書翰集二　自明治一九年至明治三三年、年月日未詳、補遺

―（付録）小泉信三「日原昌造と小泉信吉」／吉田小五郎「岡村竹四郎・政子夫妻のこと」／清岡暎一「福沢先生の乳母車」

［第一九巻］　諸文集一　内外旅行記録／著訳書関係文書並に遺稿類／備忘録／慶応義塾関係文書／偽版取締関係文書／長沼事件に関する願書文案／民間雑誌／明六雑誌／家庭叢談／再刊「民間雑誌」／交詢雑誌／演説／序文跋文／碑文弔詞／広告文

―（付録）和田博徳「中国における福沢諭吉の影響」／太田臨一郎「「洋兵明鑑」と「英国議事院談」の原拠本」

［第二〇巻］　諸文集二　雑纂（長州再征に関する建白書・肉食之説・中津留別の書・ひゞのをしえ・京都学校之記・華族を武辺に導くの説・国会開設の儀に付建言・明治辛巳紀事　ほか）／詩・歌・語／幕末外交文書訳稿

―（付録）柳田泉「福沢諭吉全集第十七・十八巻『書簡集』について」／大鳥蘭三郎「福沢諭吉と北里柴三郎」／富田正文「鶏肋（その六）」

［第二一巻］　福沢家金銭関係諸記録／時事新報金銭関係諸記録／参考資料／補遺・書翰集補遺／年譜・索引

―（付録）「福沢諭吉全集の完結にあたって」／エドウィン・O・ライシャワー「福沢諭吉とその時代」　／グレグ・M・シンクレーヤ「我観福沢諭吉」／カーメン・ブラッカー「一人のphilosophe」／富田正文「鶏肋（その七）」

○『福沢諭吉全集』（再版）岩波書店、一九六九〜一九七一年　［全二一巻＋別巻一］

＊編纂、校訂は富田正文・土橋俊一、監修は小泉信三。

＊各巻の巻末に後記が付き、収録著作・資料についての文献学的な解説が記されている。

＊付録については、第一二巻の加田哲二「神田孝平のこと」が削除され、代わって土橋俊一「小幡甚三郎のこと」が掲載された。

＊再版では、全体にわたり誤記・誤植が訂正された。初版刊行以後に発見された新資料を追加収録した別巻が新たに加えられた。

［別巻］　『福沢諭吉全集』初版の刊行以後に発見された新資料を収録。時事新報論集拾遺／書翰集拾遺／諸文集拾遺／福沢家金銭関係記録拾

遺／参考資料／年譜追加・索引拾遺

1—2　選集、著作集

○富田正文・宮崎友愛共編『福沢文選』慶応義塾出版局、一九四一年（増訂四版）

第一章　修身要領（修身要領／Fukuzawa's Moral Code）
第二章　慶応義塾（慶応義塾之記／気品の泉源智徳の模範／社中の協力／人生の楽事／時事新報発兌之趣旨　ほか）
第三章　慶応義塾の学生（塾政の自治／学者の種紙／志を大にすべし／体育の目的を忘るる勿れ　ほか）
第四章　処世訓（学問のすゝめ／血に交わりて赤くならぬ／福沢氏古銭配分の記／学者の品位／独立の大義／独立自由／智徳の独立／極端主義／中津留別の書／人望論　ほか）
第五章　社会国家観（国法の貴きを論ず／国民の職分を論ず／学問のすゝめの評／丁丑公論／日本臣民の覚悟／学問之独立／旧藩情　ほか）
第六章　道徳観（宇宙／天工／天道人に可なり／儒教主義／徳教の本は私徳に在り／中村栗園先生に答う／瘠我慢の説　ほか）
附録（福沢先生略伝／福沢先生年譜／福沢先生関係参考書目録）

○『福沢選集』慶応出版社、一九四三年

＊全一二巻刊行の予定であったが、実際に刊行されたのは第四巻のみ。
[第四巻]『福沢諭吉経済論集』〈高橋誠一郎編〉
唐人往来／内地旅行西先生の説を駁す／外国人の内地雑居許す可らざるの論／商法講習所設立趣意書／民間経済録／民間経済録二編／通貨論／通貨論／紙幣引換を急ぐべし／外債を起して急に紙幣を兌換するの可否に付東京日々新聞の惑を解く／紙幣兌換遅疑するに及ばず／国を富強するは貿易を盛大にするに在り／紙幣交換の為めには外債も憚るに足らず／実業論／幣制改革／銀貨下落／金本位案提出／地租論／富豪の要用
＊当時刊行を予定していた全一二巻の各巻の構成
第一巻『政治論集』／第二巻『国権論集』／第三巻『国防論集』／第四巻『経済論集』／第五巻『社会論集』／第六巻『教育論集』／第七巻『人生論集』／第八巻『西洋事情』／第九巻『文明論之概略』／第一〇巻『福翁自伝（附・福沢全集緒言）』／第一一巻『福翁百話・百余話』／第一二巻『書翰随筆集（附・選集総索引）』

○福沢諭吉著作編纂会編『福沢諭吉選集』岩波書店、一九五一～一九五二年［全八巻］

＊編纂、校訂は、富田正文、土橋俊一、田中綾、監修は小泉信三。
＊各巻の巻末に福沢の人物・思想・業績に関する分析解釈を主とした解題を付し、各巻収録のテキストとその関係資料に関する考証を主とした後記が付いている。
[第一巻]〈解題・小泉信三〉
福沢全集緒言／学問のすゝめ／覚書／学者安心論／学問之独立／時事論集
―（付録）刊行の言葉／嘉治隆一「啓蒙思想家としての福沢先生」／豊田四郎「学問のすゝめ」の遺稿について／小泉信三「福沢諭吉と福沢先生」／福沢大四郎「幼児の思い出」
[第二巻]〈解題・津田左右吉〉
文明論之概略／民情一新
―（付録）大内兵衛「日本資本主義の父としての福沢諭吉」／まつしまえい

いち「諭吉初期の啓蒙的著述における国際性」／志賀潔「福沢先生と北里先生」／富田正文「日本最初の簿記学書」

［第三巻］〈解題・野村兼太郎〉
民間経済録／通貨論／地租論／実業論／時事論集
―（付録）長谷川如是閑「文化移動と福沢諭吉の貢献」／遠山茂樹「福沢の歴史観」／川合貞一「余の接したる福沢先生」／谷口吉郎「演説館の建築」

［第四巻］〈解題・丸山真男〉
旧藩情／通俗民権論／通俗国権論／国会論／時事小言／時事論集／漫言
―（付録）塩田良平「近代文学と福沢の役割」／獅子文六「福沢全集」／清岡暎一「英訳『福翁自伝』の海外に於ける反響」

［第五巻］〈解題・高橋誠一郎〉
日本婦人論／日本婦人論後編／品行論／男女交際論／日本男子論／福沢先生浮世談／女大学評論・新女大学／時事論集
―（付録）宇野浩二「福沢諭吉断片」／福沢三八「父と漢学」／富田正文「婚姻契約の嚆矢」

［第六巻］〈解題・富田正文〉
福翁自伝
―（付録）海後宗臣「徳育は如何にあるべきか」／亀井勝一郎「民族変貌期の精神能力」／松永安左エ門「福沢先生を斯く見る」

［第七巻］〈解題・家永三郎〉
福翁百話／福翁百余話／明治十年丁丑公論／瘠我慢の説
―（付録）岡義武「福沢諭吉と民族の独立」／犬養健「福沢先生と亡父」／カーメン・ブラッカー「私は何故福沢研究を志したか」

［第八巻］〈解題・小泉信三〉
書翰集／福沢諭吉年譜
―（付録）小泉信三「福沢選集の完成」／板倉卓造「福沢著作を読む人」／小山完吾「散歩党の思い出」／富田正文「未発表書翰中の逸品」

○富田正文、土橋俊一編『福沢諭吉選集』岩波書店、一九八〇～一九八一年［全一四巻］

＊各巻の巻末に解題および後記が付いている。

［第一巻］〈解説・松沢弘陽〉
万延元年アメリカハワイ見聞報告書／西航記／唐人往来／建白書（御時務の儀に付申上候書付・長州再征に関する建白書）／西洋事情初編［抄］／西洋事情外編

［第二巻］〈解説・芳賀徹〉
西洋旅案内［抄］／条約十一国記［抄］／訓蒙窮理図解／掌中万国一覧［抄］／世界国尽／増補啓蒙手習之文／改暦弁／帳合之法 凡例／文字之教［抄］

［第三巻］〈解説・山住正己〉
或云随筆／慶応義塾関係文書（慶応義塾之記・中元祝酒之記・慶応義塾新議・学校之説）／ひゞのをしへ／京都学校の記／学問のすゝめ／学者安心論／学問之独立／徳育如何／時事新報論集／教育の目的／修身要領

［第四巻］〈解説・神山四郎〉
文明論之概略／民情一新

［第五巻］〈解説・鳥海靖〉
分権論／通俗民権論／国会論／時事小言

［第六巻］〈解説・石田雄〉
時事大勢論／帝室論／藩閥寡人政府論／尊王論／国会の前途／国会難局の由来／治安小言／小康策／維新以来政界の大勢

［第七巻］〈解説・坂野潤治〉
外国人の内地雑居許す可らざるの論／通俗国権論／通俗国権論二編／通俗外交論／時事新報論集（圧制も亦愉快なる哉／東洋の政略果して如何せん／外交論／脱亜論／条約改正始末　ほか）

［第八巻］〈解説・飯田鼎〉
民間経済録／民間経済録二編／通貨論［第一］／時事新報論集（通貨論［第

二〕・貧富論〔第一〕・貧富論〔第二〕〕／地租論／実業論
〔第九巻〕〈解説・鹿野政直〉
中津留別の書／日本婦人論／日本婦人論後編／品行論／男女交際論／男女交際余論／婚姻早晩論／日本男子論／福沢先生浮世談／女大学評論・新女大学
〔第一〇巻〕〈解説・萩原延寿〉
福翁自伝／福沢氏古銭配分の記／福沢諭吉子女之伝
〔第一一巻〕〈解説・小泉仰〉
福翁百話／福翁百余話
〔第一二巻〕〈解説・松本三之介〉
覚書／旧藩情／福沢文集〔抄〕／時事新報発兌之趣旨／福沢全集緒言／明治十年丁丑公論／瘠我慢の説
〔第一三巻〕〈解説・土橋俊一〉
書簡集一　安政五年より明治一四年まで
〔第一四巻〕〈解説・富田正文〉
書簡集二　明治一五年より明治三三年まで／年未詳

○『**福沢諭吉著作集**』**慶応義塾大学出版会、二〇〇二〜二〇〇三年**〔**全一二巻**〕
〔第一巻〕　西洋事情　〈解説・マリオン・ソシエ／西川俊作〉
西洋事情初編〔抄〕／西洋事情外編／西洋事情二編〔抄〕
〔第二巻〕　世界国尽　窮理図解　〈解説・中川真弥〉
訓蒙窮理図解／世界国尽／童蒙教草〔抄〕／文字之教
〔第三巻〕　学問のすゝめ　〈解説・西川俊作〉
学問のすゝめ／学問のすゝめの評／学問のすゝめ初編〔初版本・影印〕
〔第四巻〕　文明論之概略　〈解説・戸沢行夫〉
文明論之概略
〔第五巻〕　学問之独立　慶応義塾之記　〈解説・山内慶太〉
慶応義塾之記／中元祝酒之記／学者安心論／学問之独立／徳育如何　ほか
〔第六巻〕　民間経済録　実業論　〈解説・小室正紀〉
民情一新／民間経済録／民間経済録二編／通貨論／実業論　ほか
〔第七巻〕　通俗民権論　通俗国権論　〈解説・寺崎修〉
分権論／通俗民権論／通俗国権論／通俗国権論二編／国会論　ほか
〔第八巻〕　時事小言　通俗外交論　〈解説・西川俊作／岩谷十郎〉
時事小言／脱亜論／通俗外交論　ほか
〔第九巻〕　丁丑公論　瘠我慢の説　〈解説・坂本多加雄〉
旧藩情／明治十年丁丑公論／瘠我慢の説／帝室論／尊王論／華族を武辺に導くの説　ほか
〔第一〇巻〕　日本婦人論　日本男子論　〈解説・西沢直子〉
日本婦人論／日本婦人論後編／日本男子論／福沢先生浮世談／女大学評論　新女大学　ほか
〔第一一巻〕　福翁百話　〈解説・服部禮次郎〉
福翁百話／福翁百余話
〔第一二巻〕　福翁自伝　福沢全集緒言　〈解説・松崎欣一〉
福翁自伝／福沢全集緒言

○**その他の著作集**
・小泉信三解説『福沢撰集』岩波書店、一九二八年（岩波文庫）
・山住正己編『福沢諭吉教育論集』岩波書店、一九九一年（岩波文庫）
・中村敏子編『福沢諭吉家族論集』岩波書店、一九九九年（岩波文庫）

1—3 著作複製本

・『増訂華英通語』上下二冊　慶応義塾、一九八三年　＊慶応義塾創立一二五年記念出版
・『西洋衣食住　完』慶応義塾福沢研究センター、慶応義塾中等部、一九九四年
・『世界国尽』全六巻　日本近代文学館、一九六八年（名著復刻全集）
・『学問のすゝめ』初編　慶応義塾、一九六〇年
・『学問のすゝめ』初編　日本近代文学館、一九六八年（名著復刻全集）
・『学問のすゝめ』初編復刻　日本近代文学館、一九七〇年（新選名著復刻全集）
・『学問のすゝめ』初編　福沢旧邸保存会、一九九九年
・『文字之教　復刻版』全三巻　流通経済大学出版会、二〇〇〇年
・『改暦弁（慶応義塾蔵版）　時計詳説（三木福輔蔵版）』セイコー・ライブラリー、一九七八年（セイコー・ライブラリー叢書三）
・『会議弁』慶応義塾、一九七五年　＊三田演説館開館一〇〇年記念復刻
・『文明論之概略』全六巻　慶応義塾、一九八三年　＊慶応義塾創立一二五年記念出版
・『学者安心論』Illinois Wesleyan Univ., 二〇〇一年　＊田中記念財団一〇周年記念再版
・『福翁百話』慶応義塾、一九八五年　＊福沢諭吉先生生誕一五〇年記念

1—4 福沢著作を収録した叢書など

・加田哲二解題『福沢諭吉・神田孝平集』誠文堂新光社、一九三六年（近世社会経済学説大系）
・小泉信三ほか解題『福沢諭吉・内村鑑三・岡倉天心集』筑摩書房、一九五八年（現代日本文学全集五一）
・家永三郎編集・解説『福沢諭吉』筑摩書房、一九六三年（現代日本思想大系二）
・富田正文編『福沢諭吉集』筑摩書房、一九六六年（明治文学全集八）
・『福沢諭吉・中江兆民・岡倉天心・徳富蘇峰・三宅雪嶺集』講談社、一九六九年（日本現代文学全集二）
・永井道雄編『福沢諭吉』中央公論社、一九六九年（日本の名著）
・石田雄編集『福沢諭吉集』筑摩書房、一九七五年（近代日本思想大系二）
・上沼八郎編『福沢諭吉教育論集』明治図書出版、一九八一年（世界教育学選集九九）

1—5 現代語訳された著作

○訓蒙窮理図解

・桜井邦朋『福沢諭吉の「科学のススメ」　日本で最初の科学入門書「訓蒙窮理図解」を読む』祥伝社、二〇〇五年

○学問のすゝめ

・白井喬二『学問のすゝめ』淡海堂、一九四七年
　＊一〜八編までを収録

・伊藤正雄訳『学問のすすめ 現代語訳』社会思想社、一九七七年（現代教養文庫）
・桧谷昭彦訳・解説『学問のすゝめ 現代語で読む』三笠書房、一九八三年
　＊文庫本『学問のすゝめ 現代語で読む人生の最高名著』三笠書房、一九八九年（知的生きかた文庫）
　＊同新装版『学問のすゝめ』二〇〇二年
・佐藤きむ訳／坂井達朗解説『学問のすすめ ビギナーズ日本の思想』角川学芸出版、二〇〇六年（角川ソフィア文庫）
・斎藤孝訳『学問のすすめ 現代語訳』筑摩書房、二〇〇九年（ちくま新書）

○**童蒙教草**
・岩崎弘訳・解説『現代語訳 童蒙おしえ草 ひびのおしえ』慶應義塾大学出版会、二〇〇六年

○**帳合之法**
・水野昭彦訳『帳合之法 全四巻 現代語訳』二〇〇九年

○**文明論之概略**
・伊藤正雄訳『口訳評注 文明論之概略』慶応通信、一九七二年
　＊復刊『現代語訳 文明論之概略』（解題・安西敏三）慶應義塾大学出版会、二〇一〇年

○**帝室論・尊皇論**
・池田一貴訳『福沢諭吉の日本皇室論 現代語訳（原文総ルビ付き）』島津書房、二〇〇八年

○**福翁百話**
・清水龍瑩解説『福翁百話』日本経営合理化協会出版局、二〇〇一年（監修 福沢武）
　＊『福翁百話』および『福翁百余話』に収録された一一九話の中から百話を選択し、現代語に訳し、配列を変えたもの。
・岩松研吉郎現代語訳『福翁百話』三笠書房、二〇〇二年
・佐藤きむ現代語訳『福翁百話 現代語訳』角川学芸出版、二〇一〇年（角川ソフィア文庫）

1—6 外国語訳された著作

○**西洋衣食住**
・*Kleidung, Speisen und Wohnen im Westen*, Berlin, Mori-Ogai-Gedenkstaette der Humboldt-Universität zu Berlin, 2008.〔ドイツ語〕

○**訓蒙窮理図解**
・『訓蒙窮理図解』台湾総督府民政部学務課訳（台北）、一九〇〇〔中国語〕

○**学問のすゝめ**
・*Encouragement of learning : the first essay 1872* (tr. by Eiichi Kiyooka), Tokyo:Keio University, 1957.〔英語〕
・*An Encouragement of learning* (tr. with an introd. by David A. Dilworth and Umeyo Hirano), Tokyo: Sophia University, c1969. (A Monumenta Nipponica monograph)〔英語〕
・*L'Appel à l'étude de Fukuzawa Yukichi* (ed. par Yves-Marie Allioux, tr.par Christian Galan), Marseille, 1996.（Cent ans de pensée au Japon t.2 /éd Philippe Pucquier）〔フランス語〕
　＊『学問のすすめ』初編
・*L'Appel à l'étude : livre2*, (tr. par Christian Galan), Toulouse, 1997.

(DARUMA, Revue d'études japonaises ,Numéro 2) 〔フランス語〕

＊『学問のすすめ』二編

・『劝学篇』群力訳、商務印書館(北京)、一九五八 〔中国語〕
・『劝学篇』群力译、东尔校、商务印书馆(北京)、一九八四 〔汉译世界学术名著丛书〕〔中国語〕
・『勧学』（聯合訳叢三一、聯合文学）（黄玉燕）、聯合文学出版社有限公司(台北)、二〇〇三〔中国語〕
・『젊은이여、지금은 공부할 때다』林宗元訳、시사일본어사、一九九四 〔韓国語〕
・『학문의 향기』양문송訳、일송미디어、二〇〇〇 〔韓国語〕
・『학문의 권장』남상영・笹川孝一共訳、小花、二〇〇三 （翰林新書 七〇）〔韓国語〕
・『학문을 권함 학문의 생명은 활용에 있다』 양문송訳、일송미디어、二〇〇四 〔韓国語〕
・『(후쿠자와 유키치(福沢諭吉)의) 가쿠몬노스스메』임종원訳、홍익출판사、二〇〇七 〔韓国語〕

＊他にタイ語(一九八二年)、インドネシア語(一九八五年)、モンゴル語(二〇〇四年)の翻訳書が出版されている。

○**文明論之概略**

・*An outline of a theory of civilization* (tr.by David A. Dilworth and G. Cameron Hurst), Tokyo:Sophia University,1973. (A Monumenta Nipponica monograph) 〔英語〕
・*An outline of a theory of civilization* (tr.by David A. Dilworth, G. Cameron Hurst , Ⅲ, (The Thought of Fukuzawa,1),Tokyo:Keio University Press, 2008. 〔英語〕
・『文明论概略』北京编译社、商務印書館(北京)、一九五九 （日本丛书）〔中国語、鉛印本〕
・『文明论概略』北京编译社译、商務印書館、一九八二 （汉译世界学术名著丛书）〔中国語〕
・『文明论概略』北京编译社、一九九二 〔中国語〕
・『文明論의 概略』정명환訳、弘盛社、一九八七(日本思想叢書一)〔韓国語〕
・『文明論의 概略』정명환訳、광일출판사、一九八九 （日本思想叢書一） 〔韓国語〕

＊他にペルシャ語(一九九〇年)、インドネシア語(一九九三年)、チベット語(年末詳)の翻訳書が出版されている。

○**福翁百話**

・*Fuku-o Hyakuwa : selections*(tr. by Koji Sakamoto,Gayle K.Fujita Sato), Keio University, 1991.『慶応義塾大学日吉紀要 英語英米文学』No.16）〔英語〕
・『福翁百话 福泽谕吉随笔集』（猫头鹰文库、第五辑） 唐沄 [et al.]译、唐沄校、三联书店(上海)、一九九三 （世界贤哲名著选译） 〔中国語〕

○**福沢全集緒言**

・*Preface to the collected works of Fukuzawa* (tr. by Eiichi Kiyooka),Fukuzawa Yukichi Society, Hokuseido Press (Tokyo), 1980. (The Library of Fukuzawa Yukichi Society publications in foreign languages 2) 〔英語〕
・*Plaidoyer pour la modernité introduction aux œuvres complètes* (texte traduit,présenté et annoté par Marion Saucier), CNRS éditions, c2008. 〔フランス語〕

○**福翁自伝**

・*The Autobiography of Fukuzawa Yukichi* (tr. by Eiichi Kiyooka, with an introd. by Shinzo Koizumi), Tokyo:Hokuseido press, 1934. 〔英語〕
・*Fukuzawa and Jordan : two representative autobiographies of East and West*

(ed. by Yasunosuke Fukukita), 1940.〔英語〕

＊『福翁自伝』の要約版

・*The Autobiography of Fukuzawa Yukichi*, revised ed. (tr. By Eiichi Kiyooka, with an introd. By Shinzo Koizumi), Tokyo:Hokuseido press, c1960.〔英語〕

・*The Autobiography of Yukichi Fukuzawa*, revised (tr. by Eiichi Kiyooka, with a foreword by Carmen Blacker), New York:Columbia University Press, 1966.〔英語〕

＊このアメリカ版は、北星堂版の本文を写真印刷したもの

・*The Autobiography of Yukichi Fukuzawa*, revised (by Eiichi Kiyooka. with a foreword by Carmen Blacker), New York:Schocken Books, 1972.〔英語〕

・*The Autobiography of Fukuzawa Yukichi, with preface to the collected works of Fukuzawa* (tr. by Eiichi Kiyoo'ka, with an introd. by Shinzo Koizumi),Tokyo:Hokuseido, 1981.〔英語〕

・*The Autobiography of Fukuzawa Yukichi* , revised ed. (revised tr. by Eiichi Kiyooka, with a preface and afterword by Albert Craig), Lanham: Madison Books, 1992.(The Library of Japan)〔英語〕

・*The Autobiography of Yukichi Fukuzawa* (rev.tr.by Eiichi Kiyooka, with a foreword by Albert Craig),New York:Columbia University Press, 2007.〔英語〕

・*La Vie du vieux Fukuzawa racontée par lui-même* (traduit par Marie-Françoise Tellier), Paris:Albin Michel, c2007.〔フランス語〕

・*Fukuzawa Yukichi: eine autobiographische Lebensschilderung* (übersetzt von Gerhard Linzbichler in Gemeinschaftsarbeit mit Hidenao Arai u.a.), Tokyo: Keio-Gijuku Universität, 1971.〔ドイツ語〕

・*De poorten gaan open autobiografie* (vertaald uit het Engels van Eiichi Kiyoöka door Rob van Baarle Amsterdam) Meulenhoff, 1978. (Japanese litratuur bij Meulenoff)〔オランダ語〕

・*De poorten gaan open autobiografie* (vertaald uit het Engels van Eiichi Koyoöka door Rob van Baarle), 2.druk, Amsterdam:Meulenhoff, 1983.〔オランダ語〕

・*De poorten gaan open autobiografie*, (vertaald uit het Engels van Eiichi Koyooka door Rob van Baarle), 3.druk, Amsterdam: Meulenhoff, 2000.〔オランダ語〕

・『福泽谕吉自传』马斌译、商务印书馆(北京)、一九八〇〔中国語〕

＊岩波文庫、一九七八年、富田正文校訂新版の翻訳

＊再版、一九九二(世界名人传记丛书)

・『福沢諭吉自伝』楊永良訳、商周出版(台北市)、二〇〇五(和風文庫三)〔中国語〕

・『후쿠옹자전』임종원訳、제이앤씨、二〇〇六〔韓国語〕

・『후쿠자와 유키치 자서전』(이산의책 四二) 허호訳、이산、二〇〇六〔韓国語〕

＊他にタガログ語(一九九一年)、アラビア語(二〇〇一年)、ベトナム語(二〇〇五年)、トルコ語(二〇〇六年)の翻訳書が出されている。

○修身要領

・*Moral Code*, Tokyo : Keio University, 1923.〔英語〕

＊再版　一九五七年。

・『国民道徳談』朱宗莱訳、中国図書公司(上海)、一九〇九〔中国語〕

・『燕塵』第三年第二号(二六号)、北京燕塵会、一九一〇〔中国語〕

・『人格修養法　独立自尊　合冊』(再版)鄒徳謹、蒋正陸編訳、商務印書館(上海)、一九一七(通俗教育叢書)〔中国語〕

○旧藩情

・*Kyūhanjō* (tr. by Carmen Blacker), Tokyo:Sophia University, 1953.（日

本文化誌叢書Vol. 9, No.1/2）〔英語〕

○脱亜論

・*On departure from Asia:Datuaron*(tr. by Sinh Vinh), 福沢諭吉協会、一九八四年（『福沢諭吉年鑑』一一）

・*Good-bye Asia (1885) Japan a documentary history,* (ed.by David J. Lu), New York: Armonk,1997. 〔英語〕

○瘠我慢の説

・*Yasegaman no setsu on fighting to the bitter end* (tr.by M.William Steele), 国際基督教大学アジア文化研究所(三鷹)、二〇〇二 (Asian cultural studies. Special issue 『アジア文化研究別冊』一一）〔英語〕

○演説集ほか

・*A critical edition of selected speeches of Fukuzawa Yukichi dealing with the modernization of Japan* (tr. from the Japanese with an introd. and notes by Wayne Hemphill Oxford, with an introduction and notes), UMI,1969. 〔英語〕

＊福沢諭吉著作の編訳註解。学位論文

・*The Speeches of Fukuzawa : a translation and critical study* (by Wayne H. Oxford, assisted in translation by Eiichi Kiyooka ; foreword by Kurakichi Aida), Tokyo: Hokuseido, 1973. 〔英語〕

・*A History of Keio Gijuku through the writings of Fukuzawa, 1, The first quarter century* (by Eiichi Kiyooka, under the guidance of Kazuyoshi Nakayama),Tokyo:Published for Fukuzawa Yukichi Society by Hokuseido Press, 1979. (Library of Fukuzawa Yukichi Society publications in foreign languages, no. 1) 〔英語〕

・*Fukuzawa Yukichi on Education selected works* (tr. and ed. by Eiichi Kiyooka, introd. by Kazuyosoi Nakayama) Tokyo:University of Tokyo Press, c1985. 〔英語〕

・*Fukuzawa Yukichi on Japanese women : selected works* (tr. and ed. by Eiichi Kiyooka , introduction by Keiko Fujiwara), Tokyo:University of Tokyo Press, c1988. 〔英語〕

・『福沢諭吉談叢』馮霈訳、広智書局（上海）、一九〇三（光緒二九）〔中国語〕

・『福泽谕吉教育论著选』馮霈、王桂主译、陈榴校、人民教育出版社（北京）、一九九一（外国教育名著丛书）〔中国語〕

＊他にベトナム語（一九九五年）の翻訳書が出版されている。

二　書簡集

・鈴木梅四郎編『修養実訓福沢先生の手紙』晩成社、一九一八年

・鈴木梅四郎編『書簡を通して見た福沢諭吉先生』森山書店、一九三四年

・小泉信三編著『福沢諭吉の人と書翰』慶友社、一九四八年

＊一九五二年に創元文庫、一九五五年に新潮文庫に再録。

・『愛児への手紙』岩波書店、一九五三年

・桑原三二編著『福沢諭吉　留学した息子たちへの手紙』はまの出版、一九八九年

＊なお、福沢が発・受信した全書簡の名宛人、差出人、年月日などを一覧にした慶応義塾福沢研究センター編『福沢諭吉書簡総目録』（二〇〇五年、慶応義塾福沢研究センター資料10）がある。

○慶応義塾編『福沢諭吉書簡集』岩波書店、二〇〇一～二〇〇三年〔全九巻〕

［第一巻］　安政四年一二月～明治九年一二月（書簡番号　一―一九六）

―（月報一）服部禮次郎「福沢書簡の楽しみ」／西田毅「明治初期の摂州三田と福沢諭吉・新島襄」／小泉仰「福沢諭吉の女性論における「怨望」とJ・S・ミル」

［第二巻］　明治一〇年一月～明治一三年六月（書簡番号　一九七―四八八）

―（月報二）内山秀夫「私記・慶応義塾福沢研究センター」／松本健一「象山山脈と福沢人脈」／坂井達朗「福沢書簡の「巻封」について（一）」

［第三巻］　明治一三年七月～明治一六年八月（書簡番号　四八九―七八〇）

―（月報三）石坂巌「明治期、地方における福沢門下」／井田進也「兆民全集から福沢全集への応援歌」／坂井達朗「福沢書簡の「巻封」について（二）」／竹田行之「『年鑑』『手帖』小史」

［第四巻］　明治一六年九月～明治一八年一二月（書簡番号　七八一―一〇〇二）

―（月報四）進藤咲子「『文明論之概略』の草稿のこと」／松原秀一「ロニーの『貼込み帖』」／原徳三「高島炭鉱をめぐる福沢諭吉の書簡」／金原左門「〝福沢ビリーヴァー〟はいかに輩出したか」

［第五巻］　明治一九年一月～明治二一年三月（書簡番号　一〇〇三―一二八六）

―（月報五）山下重一「福沢門下の英学」／安西敏三「「独一個人の気象」考」／佐志伝「草創期の交詢社・『交詢雑誌』」

［第六巻］　明治二一年四月～明治二三年一二月（書簡番号　一二八七―一五五九）

―（月報六）小林宏「瘠我慢」をつらぬいた男、三島億二郎」／玉置紀夫「起業家福沢諭吉研究資料としての福沢書簡」／菊池功「三つの世紀の「福沢窮理学」」

［第七巻］　明治二四年一月～明治二七年一二月（書簡番号　一五六〇―一九〇一）

―（月報七）宮村治雄「「書」と「書簡」の間」／山内慶太「ロンドンの精神病院での新資料」／久納孝彦「福沢の実学と一貫教育」

［第八巻］　明治二八年一月～明治三〇年一二月（書簡番号　一九〇二―二二二〇）

―（月報八）芳賀徹「諭吉青年の英文書簡」／杉山伸也「いつでもどこでも福沢諭吉」／平石直昭「いわゆる「慶応義塾官有案」について」

［第九巻］　明治三一年一月以降および年未詳書簡（書簡番号　二二二一―二五六四）

―（月報九）區建英「民権と国権―同時的課題の難儀」／坂井達朗「福沢書簡を解読して」／松崎欣一「福沢書簡翻刻余話―墨継ぎと筆使いと」／西沢直子「封筒一夕話」

・慶応義塾編『福沢諭吉の手紙』岩波書店、二〇〇四年（岩波文庫）

三　マイクロフィルム版『福沢関係文書』

・慶応義塾福沢研究センター編『マイクロフィルム版福沢関係文書　福沢諭吉と慶応義塾』雄松堂出版、一九八九～一九九八年（全二四〇リール）

【収録資料分類表　福沢諭吉関係資料】

F1―遺墨（A詩、B歌句、C語、Dその他）
F2―遺品（A遺品、B写真、C肖像）
F3―蔵書（A和書、B洋書）
F4―書簡（A福沢諭吉発信、B福沢諭吉受信）
F5―草稿（A版本、B訳稿、C論説、Dその他）
F6―覚書（A年度別のもの、Bその他、C雑）
F7―著書（A単行本、B雑誌、C新聞、D碑文、E序文・再録文献その他）
F8―記録類（A旅行記録、B姓名備忘録、C金銭出納関係、D還暦祝賀

関係、E病気関係、F葬儀関係、G不動産関係、Hその他)

F9―関連資料(A家族、B出版、C交詢社、D師・友・郷里関係、E長沼事件、Fその他)

F10―評伝(A単行本、B雑誌、C新聞、Dその他)、補遺

【収録資料分類表　慶応義塾関係資料】

K1―基本資料(A基礎資料、B学校設立・廃止関係資料、C規則改正関係資料、D開申報告関係書類、E土地・建物関係、F人事・経理関係、G規約、H関連資料)

K2―入社帳(A本塾、B大阪・徳島、C医学所、D法律学校、E新入社、F再入社、G大学部、H幼稚舎、J関連資料、K商業学校)

K3―社中之約束(A社中之約束、B関連資料その一、C関連資料その二)

K4―学業勤惰表(A慶応義塾学業勤惰表、B慶応義塾大試業席順、C幼年局学業勤惰表、D大学部学業勤惰表)

K5―名簿類(A卒業生名簿、B卒業生履歴、C在学生名簿、D幼稚舎優等生名簿)

K6―評議員会記録(A評議員会議事録)

K7―学事及会計報告・学報(A学事及会計報告、B慶応義塾学報)

K8―学則・規則・便覧(A学則・規則、B規則摘要、C便覧・総覧、D一覧・学校紹介等)

K9―幼稚舎資料(A教務関係、B庶務関係、C会計関係、D関連資料)

K10―学校行事(A式典、B運動会・カンテラ行列、C旅行、D学会・研究活動)

K11―募金関係(A維持資金借用願、B維持法案、C大学部資金、D基本金募集、E維持会、F図書館建設、Gその他)

K12―三田演説会(A三田演説会、B議事演習会)

K13―学生生活(A道聴途説、B雑誌・三田評論(学生発行)、C寄宿舎、D学生団体、E学生納付金、F卒業生諸団体)

K14―出版活動等(A版権・出版関係、B民間雑誌、C家庭叢談、D再刊民間雑誌、E初期入社生著訳書、F教科書類、Gその他)

K15―関連学校資料(A中津市学校、B横浜町学校、C京都学校、D大分県学校取立仕組、E大分県人民へ布告文、F商業校を建るの主意、G神戸商業講習所)

K16―修身要領(A草稿、B浄書、C講演原稿、Dその他)

K17―学生個人資料(A卒業証書、B卒業写真、C在学生・卒業生日記、D講義ノート、E学校評判記、Fその他)、補遺

【収録文書目録(全八冊　編集・佐志伝)】

福沢諭吉関係資料

・一(第二分冊)草稿、覚書、著書　F5~F7A

・二(第四分冊)著書、記録類、関連資料、評伝　F7B~F10C

・三(第七分冊)遺墨、遺品、蔵書、書翰、補遺　F1~F4B　補遺

慶応義塾関係資料

・一(第一分冊)基本資料、入社帳、社中之約束　K1~K3

・二(第三分冊)学業勤惰表、名簿類、評議員会記録、学事及会計報告・学報　K4~K7

・(第五分冊)学則・規則・便覧、幼稚舎資料　K8~K9

・四(第六分冊)学校行事、募金関係、三田演説会、学生生活、出版活動等　K10~K14D

・五(第八分冊)出版活動等、関連学校資料、修身要領、学生個人資料、補遺　K14E~K17・補遺

四　遺墨集・原稿

・慶応義塾図書館編『伝記完成記念福沢先生遺墨集』審美書院、一九三二

年
・富田正文編『福沢諭吉の遺風』時事新報社、一九五四年
・土橋俊一編集・解説『福沢諭吉百通の手紙』中央公論美術出版、一九八四年

○手稿の複製

・太田正孝解説「箒星の弁解」福沢先生の会、一九五一年
・福沢諭吉協会編纂、富田正文監修『草稿福翁自伝』東出版、一九八〇年（全五冊）＊（別冊）自伝の翻刻、（付録）解題
・土橋俊一解説「ひゞのをしへ」初編・二編　福沢旧邸保存会、〔一九八二〕年
　＊再版、二〇〇八年
・富田正文・長尾政憲解読・解説『西航手帳』福沢諭吉協会、〔一九八四〕年
・土橋俊一解題『中津留別の書』福沢旧邸保存会、一九八五年
　＊新装版、一九九九年。改訂版、二〇〇八年（西沢直子解題）

五　回想録・言行録

・慶応義塾編『福沢先生哀悼録（慶応義塾学報臨時増刊第三九号）』慶応義塾学報発行所、一九〇一年
　＊復刻版　みすず書房、一九八七年（みすずリプリント1）。付録として土橋俊一「福沢諭吉の著訳書遍歴―全集と選集の刊行を中心に」が付加された。
・土屋元作『余が見たる福沢先生』三和印刷店、一九〇三年
・藤田長江編『福沢翁言行録』橋本書店、一九〇八年
・高橋淡水編『福沢諭吉言行録』内外出版協会、一九〇九年
・三田商業研究会編『福翁訓話』実業之世界社、一九〇九年
・岡本貞烋『恩師先輩訓話随録』実業之日本社、一九一四年
・福沢先生研究会『我が福沢先生』丸善、一九三一年
・高橋義雄『箒のあと』上・下　秋豊園、一九三三年
・矢田績『福沢先生と自分』名古屋公衆図書館、一九三三年
・高橋義雄編『福沢先生を語る　諸名士の直話』岩波書店、一九三四年
・矢田績『懐旧瑣談』名古屋公衆図書館、一九三七年
・水木京太編『福沢諭吉人生読本』第一書房、一九四〇年
・川合貞一『福沢諭吉先生を語る』目黒書店、一九四一年（東洋文化叢書二）
・藤原銀次郎『福沢先生の言葉』実業之日本社、一九五五年
　＊復刊『福沢諭吉　人生の言葉』実業之日本社、二〇〇八年
・伊藤正雄『福沢諭吉入門　その言葉と解説』毎日新聞社、一九五八年
・富田正文『福沢諭吉名言集』ポプラ社、一九六七年（世界名言集一〇）
・近代思想研究会『福沢諭吉のことば』芳賀書店、一九六八年
・『大隈重信は語る　古今東西人物評論』早稲田大学出版部、一九六九年（大隈重信叢書第一巻）
・福沢先生研究会編『父諭吉を語る』（慶応通信発売）一九五八年
・福沢大四郎『父・福沢諭吉』東京書房、一九五九年
・松永安左エ門『人間福沢諭吉』実業之日本社、一九六四年　（実日新書）
　＊復刊『人間福沢諭吉』実業之日本社、二〇〇八年
・高橋誠一郎『随筆慶応義塾―エピメーテウス抄』慶応通信、一九七〇年
　＊復刊『新編随筆慶応義塾』慶応義塾大学出版会、二〇〇九年
・高橋誠一郎『随筆慶応義塾　続』慶応通信、一九八三年
・小泉信三『私の福沢諭吉』講談社、一九九一年　（講談社学術文庫）
・西川俊作・西沢直子編『ふだん着の福沢諭吉』慶応義塾大学出版会、一九九八年　（Keio Up選書）
・西川俊作・松崎欣一編『福沢諭吉論の百年』慶応義塾大学出版会、一九九九年　（Keio Up選書）

・中村仙一郎著／中村文夫編『聞き書き・福沢諭吉の思い出―長女・里が語った、父の一面』近代文芸社、二〇〇六年

六　図録

・『福沢先生伝記完成記念展覧会出品目録』慶応義塾図書館、一九三一年　＊慶応義塾図書館
・『福沢諭吉先生遺品遺墨展覧会出品目録』時事新報社、一九三二年　＊日本橋三越
・『福沢諭吉先生誕生一百年記念展覧会目録』京阪神慶応倶楽部、一九三四年　＊大阪三越
・『福沢先生資料展覧会出品目録』慶応義塾図書館、一九四三年
・『要説福沢諭吉　福沢諭吉偉業展開催記念』毎日新聞社、一九五〇年
・『福沢諭吉』岩波書店、一九五五年（岩波写真文庫一三五）
・『図説・慶応義塾百年小史　一八五八～一九五八』慶応義塾、一九五八年
・『慶応義塾創立百年記念福沢諭吉展』慶応義塾、一九五八年　＊日本橋三越・大阪三越
・『福沢諭吉全集完成記念　福沢先生展覧会出品目録』慶応義塾塾史編纂所、一九六四年　＊慶応義塾図書館記念室
・『三田演説館開館九十周年記念展覧会目録』慶応義塾塾史編纂所、一九六五年　＊三田第二研究室野口ルーム
・『福沢諭吉展図録』博物館明治村、一九六八年　＊博物館明治村
・『福沢諭吉と演説事始展　三田演説館開館一〇〇年記念』慶応義塾、一九七五年　＊日本橋三越
・鹿野政直『福沢諭吉　西欧化日本の出発』平凡社、一九七九年（日本を創った人びと二五）
・『義塾に学んだ人々展』（四冊）慶応義塾塾史資料室・三田情報センター、一九七五～七九年　＊慶応義塾図書館記念室・小閲覧室A
・『慶応義塾創立一二五年記念展覧会』慶応義塾図書館、一九八三年
・『慶応義塾一二五年』（図録）慶応義塾、一九八三年
・『生誕一五〇年記念福沢諭吉展　黒船来航から独立自尊まで』福沢諭吉展委員会（慶応義塾）、一九八四～八五年　＊日本橋三越・大阪三越・横浜三越
・『慶応義塾所蔵名品展　慶応義塾大学文学部開設百年記念』慶応義塾大学文学美学美術史学研究室、一九九〇年　＊久米美術館
・『咸臨丸太平洋を渡る　遣米使節一四〇周年』横浜開港資料館、二〇〇〇年　＊横浜開港資料館企画展示室
・『世紀をつらぬく福沢諭吉　没後一〇〇年記念』鷲見洋一・前田富士男・相木麻里編（慶応義塾）、二〇〇一年　＊和光ホール・阪急百貨店大阪うめだ店
・『写真集　慶応義塾一五〇年』（二冊）　慶応義塾、二〇〇八年
・『未来をひらく福沢諭吉展　慶応義塾創立一五〇年記念』慶応義塾・東京国立博物館・福岡市美術館・大阪市立美術館・産経新聞社、二〇〇九年　＊東京国立博物館・福岡市美術館・大阪市立美術館
・『特別展福沢諭吉と神奈川　すべては横浜にはじまる』慶応義塾・神奈川県立歴史博物館、二〇〇九年　＊神奈川県立歴史博物館

七　福沢著作注解・評釈書

・伊藤正雄『「学問のすゝめ」講説　福沢諭吉の骨格を語る』風間書房、一九六八年
・丸山真男『「文明論之概略」を読む』上中下　岩波書店、一九八六年（岩波

新書）
＊『丸山真男集』岩波書店、一九九六年刊の第一三・一四巻に再録
・富田正文『福沢諭吉の漢詩三十五講』福沢諭吉協会、一九九四年（福沢諭吉協会叢書）
・進藤咲子『『文明論之概略』草稿の考察』福沢諭吉協会、二〇〇〇年
・子安宣邦『福沢諭吉『文明論之概略』精読』岩波書店、二〇〇五年（岩波現代文庫）
・河北展生・佐志伝『「福翁自伝」の研究』（本文編・註釈編）慶応義塾大学出版会、二〇〇六年
・萩原延寿・藤田省三『瘠我慢の精神　福沢諭吉「丁丑公論」「瘠我慢の説」を読む』朝日新聞出版、二〇〇八年（朝日文庫）
＊なお、注釈書ではないが、テキスト全文を対象に解析し索引化したものに進藤咲子編『学問ノス、メ　本文と索引』（笠間書院・一九九二年）および大駒誠一編『学問のすゝめ・文明論之概略・福翁自伝　総文節索引』（慶応義塾福沢研究センター資料6、一九九八年）がある。

八　伝記・評伝

・石河幹明『福沢諭吉伝』（全四巻）岩波書店、慶応義塾蔵版、一九三二年
・高橋誠一郎『福沢先生伝』改造社、一九三三年（偉人伝全集九）
・和田日出吉『福沢諭吉と弟子達』千倉書房、一九三四年
・石河幹明『福沢諭吉』岩波書店、一九三五年
・太田正孝『町人諭吉』宝文館、一九二七年
＊改版　新世界文化社、一九四八年
・伏見猛弥、阿部仁三『福沢諭吉』北海出版社、一九三七年（日本教育家文庫七）
・川辺真蔵『報道の先駆者福沢諭吉』三省堂、一九四二年
・小林澄兄『福沢諭吉』文教書院、一九四三年（日本教育先哲叢書一七）
・高橋誠一郎『福沢諭吉』実業之日本社、一九四四年（日本の経済学者　人と学説）
＊復刊　実業之日本社、一九四七年　＊再刊　長崎出版、一九七九年
・高石真五郎『福沢諭吉』社会教育協会、一九五〇年
・小泉信三『福沢諭吉』岩波書店、一九六六年（岩波新書　青版五九〇）
＊特装版　一九九四年（岩波新書評伝選）
・河野健二『福沢諭吉　生きつづける思想家』講談社、一九六七年（講談社現代新書一一〇）
・鹿野政直『福沢諭吉』清水書院、一九六七年（センチュリーブックス　人と思想二一）
・伊藤正雄『福沢諭吉論考』吉川弘文館、一九六九年
・遠山茂樹『福沢諭吉　思想と政治との関連』東京大学出版会、一九七〇年（UP選書五八）
＊新装版　東京大学出版会、二〇〇七年（近代日本の思想家一）
・会田倉吉『福沢諭吉』吉川弘文館、一九七四年（人物叢書）
＊新装版　一九八五年刊行
・ひろたまさき『福沢諭吉』朝日新聞社、一九七六年（朝日評伝選一二）
・高橋昌郎『福沢諭吉　明治知識人の理想と現実』清水書院、一九七八年（センチュリーブックス　人と歴史　日本編三一）
＊新書版　清水書院、一九八四年（清水新書〇五一）
・飯田鼎『福沢諭吉　国民国家論の創始者』中央公論社、一九八四年（中公新書七二二）
・桑原三郎『福沢先生百話』福沢諭吉協会、一九八八年（福沢諭吉協会叢書）
・横松宗『福沢諭吉　中津からの出発』朝日新聞社、一九九一年（朝日選書四三二）
・桑原三郎『福沢諭吉　その重層的人間観と人間愛』丸善、一九九二年（丸

善ライブラリー〇四八）
・富田正文『考証福沢諭吉』（上・下）岩波書店、一九九二年
・狭間久『福沢諭吉の世界』大分合同新聞社、一九九五年
・三重野勝人著／西川俊作監修『福沢諭吉』大分県教育委員会、一九九九年（大分県先哲叢書）
・北岡伸一『独立自尊　福沢諭吉の挑戦』講談社、二〇〇二年
・玉置紀夫『起業家福沢諭吉の生涯　学で富み富て学び』有斐閣、二〇〇二年
・平山洋『福沢諭吉　文明の政治には六つの要訣あり』ミネルヴァ書房、二〇〇八年（ミネルヴァ日本評伝選）

九　文献目録

・今宮新編「福沢先生関係文献目録稿」（『史学』一三巻三号）一九三四年
・昆野和七「福沢諭吉関係文献総目録　福沢生前より現在に至る」（『史学』二四巻二・三号）一九五〇年
・富田正文編「福沢先生著訳書解題」（『三色旗』四九〜八五号）一九五二〜五五年
・会田倉吉編「福沢先生関係文献目録稿」（『塾友』一九五五年三月号、一九五六年三月号、一九五七年四月号、一九五八年五月号、一九五九年一一・一二月号、一九六二年九月号）
・渡辺徳三郎編『福沢諭吉教育関係文献索引』慶応義塾、一九五五年
＊改訂増補、一九八一年
・昭和女子大学編「福沢諭吉資料年表」『近代文学研究叢書』第五巻）一九五七年
・丸山信編「福沢諭吉先生研究参考文献稿」（『塾友』一九六一年一〇月号）
・富田正文編「参考文献」（『明治文学全集八　福沢諭吉集』筑摩書房）一九六六年
・「福沢諭吉関係文献目録」（『福沢諭吉年鑑』福沢諭吉協会）一九七四年〜一一〜一三（昆野和七）／一四〜二一（丸山信）／二二から「研究文献案内」（竹田行之）／二三・二四（山田博雄・渡辺弘道・竹田行之）／二五・二六（山田博雄・渡辺弘道）／二七〜（山田博雄）
・丸山信編『福沢諭吉とその門下書誌』慶応通信、一九七〇年
・丸山信編『福沢諭吉門下』日外アソシエーツ、一九九五年（人物書誌体系三〇）
・丸山信編「福沢諭吉研究文献年表（稿）」（『上田女子短期大学紀要』一九〜二二号）一九九六〜九九年
・丸山信編「福沢諭吉研究文献年表「外国語文献の部」」（『学海』一六号）上田女子短期大学国語国文学会、二〇〇〇年

一〇　関係機関逐次刊行物

○慶応義塾

［定期刊行物］

『三田評論』慶応義塾、二一〇（一九一五年）〜（月刊）

＊『慶応義塾学報』として一八九八年に創刊、二一〇号（一九一五年）より『三田評論』と変更。福沢諭吉研究あるいは慶応義塾史研究をテーマとした連載があり、また両研究に関連する講演録や座談会なども掲載される。

『三田評論　総目次　創刊八〇年記念出版　一八九八〜一九七八年』慶応義塾、一九八〇年

『三田評論　総索引　一八九八〜一九九八　CD-ROM版』慶応義

塾、一九九九年

[慶応義塾史に関する刊行物]

・『慶応義塾五十年史』一九〇七年
・『慶応義塾七十五年史』一九三二年
・『慶応義塾百年史』全六巻、一九五八〜一九六九年
・『慶応義塾豆百科』一九九六年
・『慶応義塾史事典』二〇〇八年

慶応義塾福沢研究センター

＊福沢諭吉および慶応義塾に関する資料の調査・収集と研究を行い、それをふまえて近代日本についての研究と教育を行う研究所。その目的は、英文機関名(Fukuzawa Memorial Center for Modern Japanese Studies)によく表されている。一九六九年四月に発足した塾史資料室(一九五一年より一九六九年まで『慶応義塾百年史』を編纂した塾史編纂所の後継組織)を全面的に改組し、慶応義塾創立一二五年記念事業の一つとして、一九八三年四月一日に図書館旧館内に開設された。活動は、創設以来、福沢と慶応義塾史に関する資料の収集・整理・保管を行うとともに、講演会・セミナーの開催、刊行物の発行、小展示会などを行っている。二〇〇四年に規程を改訂し、専任の教授・准教授などが置かれ、二〇〇五年からは、全学部に開かれた福沢研究センター設置講座を開講している。

[定期刊行物]

『近代日本研究』第一巻(一九八四年)〜　(年刊)
『センター通信』第一号(二〇〇四年)〜　(年二回刊行)

[資料シリーズ]

『福沢研究センター資料』(不定期刊)
一．松崎欣一解題『森田勝之助日誌』一九八五年
二．佐志伝解題・解説『慶応義塾社中之約束』一九八六年
三．松崎欣一解説『村上定自叙伝・諸文集』一九八九年
四．松崎欣一編集・解説『三田演説会資料』一九九一年　＊改訂版二〇〇三年
五．千種義人訳・解説『チェンバーズ版「経済学」(後半)』一九九五年
六．大駒誠一編集『学問のすゝめ・文明論之概略・福翁自伝総文節索引』一九九八年
七．福沢研究センター編『福沢一太郎蔵書目録(付　福沢宗家寄贈洋書)』一九九八年
八．福沢研究センター編『富田正文氏旧蔵書籍目録(通称　富田文庫)(付　逐次刊行書目録)』二〇〇二年
九．米山光儀解題『慶応義塾社中之約束　影印版』二〇〇四年
一〇．福沢研究センター編『福沢諭吉書簡総目録』二〇〇五年
一一．白井厚編『アジア太平洋戦争における慶応義塾関係戦没者名簿』二〇〇七年
一二．坂井達朗編集『奥山春枝「日本作文」答案』二〇一〇年

『近代日本研究資料』(不定期刊)
一．内山秀夫解題『嗚呼二月二十六日(鈴木梅四郎著)』一九八七年
二．西田毅解説『人民読本(竹越与三郎著)』一九八八年
三．小松隆二解説『『庚寅新誌』総目次および若干の資料—創刊一〇〇年を記念して』一九九〇年
四．昆野和七解説『石河幹明論説目録について—主幹就任後(明治三二年八月〜大正九年一二月)』一九九二年
五．内山秀夫解題『復刻『藩閥之将来　附教育之大計』[外山正一著]』一九九四年
六．坂井達朗・日朝秀宜解説『盛田命祺東行日記』一九九六年
七．福沢研究センター編集『橋川文三氏旧蔵書籍目録(通称橋川文庫)』一九九七年

八．内山秀夫解題『復刻　薩長土肥［小林雄七郎著］』二〇〇一年

九．竹田行之校訂・注解『小泉信三書簡　岩波茂雄・小林勇宛全百十四点』二〇一〇年

［叢書］

『福沢研究センター叢書』（不定期刊）

・松崎欣一『三田演説会と慶応義塾系演説会』慶応義塾大学出版会、一九九八年

・白井堯子『福沢諭吉と宣教師たち　知られざる明治期の日英関係』未来社、一九九九年

・坂井達朗『評伝　奥山春枝　近代企業家の誕生とその生涯』慶応義塾大学出版会、二〇一〇年

○社団法人福沢諭吉協会

＊福沢諭吉の思想・業績の研究と紹介普及を目的とし、一九七三年に設立された。『福沢諭吉全集』編纂校訂のために一九五一年に作られた社団法人福沢諭吉著作編纂会が前身である。主な活動として講演会や読書会、史跡見学会などを開催している。

［定期刊行物］

『福沢諭吉年鑑』第一号（一九七三年）～　（年刊）

『福沢手帖』（一九七四年）～　（季刊）

○財団法人福沢諭吉旧邸保存会

＊大分県中津市にある福沢諭吉旧邸の保存のために、一九六八年に設立された機関。主な活動は、旧邸および隣接して建つ福沢諭吉関係資料を展示した福沢記念館の管理運営。

○大分県立先哲史料館

＊郷土の先哲をはじめ歴史文化に関する調査研究のため、一九九五年に設立された。展示や閲覧希望者への対応、先哲叢書の刊行などの活動を行っている。

［定期刊行物］

『史料館研究紀要』第一号（一九九六年）～　（年刊）

［叢書］

『大分県先哲叢書』

三重野勝人著／西川俊作監修『福沢諭吉』一九九九年

野田秋生著／松尾尊兊監修『矢野文雄』一九九九年

編集後記

慶応義塾福沢研究センター内に設置された慶応義塾一五〇年史資料集編纂委員会のもとに、福沢諭吉事典編集委員会が発足したのは、二〇〇六年三月であった。『福沢諭吉全集』所収の福沢年譜や『時事新報』の社説論題を整理するなどの準備作業はすでに前年四月頃から始まっていたから、本事典は今日まで五年半余りの時日を要してようやく公刊にこぎ着けたことになる。この間、編集委員会メンバーの多くと福沢研究センターのスタッフは慶応義塾創立一五〇年記念・福澤諭吉展の準備作業と、同記念出版『慶応義塾史事典』の編纂作業に忙殺されて、当委員会は開店休業の期間が半年余に及んだが、月例の委員会は、四回の泊まり込みの合宿を含めて三七回開催され、議論と作業に取り組んできた。

編集委員会としての第一の課題は、事典に盛り込むべき内容と構成を具体的にどのように設定したらよいかであった。それは近代日本の特定個人の名を冠した事典という、あまり類書を見ない中で、文字通り無から有を生み出す過程であったといえるように思う。読者対象をどこに設定するか、福沢諭吉という人物の生涯と事績をどのように捉え、それを事典全体としてどんなかたちで表現するか。関係事項すべてを五十音順に配列した「引く（調べる）」だけの機能の事典とするか、個々の項目は小項目あるいは大項目いずれにするか、項目をどのように選定するかなど、どれを取っても容易に結論が出るものではなかった。サンプル原稿を書き、討論を重ねるという試行錯誤を繰り返しながら、おおよその枠組みができあがるまでにおよそ一年が経過していた。そのあらましを記せば次のとおりである。
一、福沢に関心をもつ一般読者、学生、研究者など、多くの人びとを対象として福沢についての基礎的な知識を提供するとともに、さらに今後の研究課題の所在とその展開を図る手掛かりとなる諸情報を示すことを念頭において事典の全体を構成し、また個々の項目を記述する。
二、福沢の生涯を時系列にしたがって六区分し、これに生涯全般に関わる事項「日常と家庭」を合わせて「Ⅰ 生涯」とし、福沢の生涯の閲歴とその思想を展望することを事典の主軸とする。これに福沢人脈、著作、ことば等の関連する諸事項を交差させる構成とすることによって、幕末・明治の激動の時代を生き、近代日本を先導した福沢の全体像を明らかにする。
三、福沢が生涯に関わった人物を個々に取り上げ、「Ⅱ 人びと」として多様な福沢人脈を示す。一般の人物事典的解説に留まらずに、福沢と当該人物の関わりを重視した記述とする。
四、福沢の著書、論説のうち、重要なものについては、「Ⅰ 生涯」のしかるべき個所でその執筆事情、時代背景、反響などを記述し、福沢没年までに刊行された単行書五六点については、その内容を別途それぞれに概観して「Ⅲ 著作」とする。
五、「Ⅳ 漢詩」として福沢の漢詩作品を取り上げ、そこに詠み込まれた折々の福沢の思索の跡を辿る。
六、「Ⅴ ことば」として福沢の思索や行動を理解する鍵となる語句やフレーズを、著書、論説、あるいは折にふれて処世観などを述べた文章、また福沢の揮毫などから集め、その意義を解説する。
七、諸資料として、福沢書簡の宛名一覧、福沢在世中の『時事新報』社説・漫言の論題一覧、年譜、福沢著作のテキストを中心とした基本文献一覧を付す。

このような枠組みのもとで、最終的に小項目を選定したが、その作業も必ずしも容易ではなかった。編集の最終段階まで検討が重ねられ、小項目の加除修正、また配列の変更などが繰り返し行われた。『福翁自伝』、石河幹明『福沢諭吉伝』、会田倉吉『福沢諭吉』、富田正文『考証福沢諭吉』などを主な手掛かりとしながら作業を進めたが、とりわけ明治一〇年前後以後、「I 生涯」の「5 建置経営」、「6 晩年」では従来あまり取り上げられることのなかった事項の記述に力を入れた。

本事典の刊行には、巻頭に掲げた執筆者、編集協力者をはじめとして多くの方々のご支援、ご協力を賜った。心から御礼を申し上げたい。また、『慶応義塾史事典』に続き、慶応義塾大学出版会からは長期にわたり並々ならぬご尽力をいただいた。とくに編集の最終段階の三か月余りは休日を返上しての作業が続いたが、田谷良一、前島康樹、飯田建、沢株正始、鈴木康之の各氏は終始緻密な編集作業に取り組まれ、編集委員会を支えていただいたことに感謝申し上げたい。また、装丁・レイアウトを担当された中垣デザイン事務所の中垣信夫、西川圭、只野綾沙子の各氏にも御礼を申し上げる。さらには、福沢研究センター事務局スタッフによる熱心な支援も欠かすことのできないものであった。

このように多くの方々に支えられながら編集委員会としては全力を尽くして事典の完成を期したが、主に紙幅の制約などから今後に残した課題も少なからずある。また、構成上の改善すべき点、思わぬ過誤を残しているところもあるかと思われる。お気づきの点については、当委員会の残務を引き継ぐ福沢研究センターへお知らせくださるようお願いしたい。

平成二二年一一月八日

福沢諭吉事典編集委員会

福沢諭吉事典　慶應義塾150年史資料集 別巻2

An Encyclopedia of Yukichi Fukuzawa

2010年12月25日発行

編集…………福沢諭吉事典編集委員会

発行…………慶應義塾

〒108-8345 東京都港区三田2-15-45

TEL 03-3453-4511（代）

制作・販売……慶應義塾大学出版会株式会社

デザイン……中垣信夫＋西川 圭＋只野綾沙子［中垣デザイン事務所］

印刷・製本……港北出版印刷株式会社

Printed in Japan ISBN 978-4-7664-1800-2

索引

◉本索引はⅠ（生涯）、Ⅱ（人びと）、Ⅲ（著作）を対象とし（ただし▼「関連項目」と**参考**「参考文献」は除外）、事項および人名をそれぞれ現代かなづかいによる五〇音順で採録した。数字は掲載頁を示し、見出し語は太字で示している。→は「をみよ」あるいは「もみよ」の意。

◉事項索引の掲出語句はすべてを網羅せず、見出し語を中心に、特に重要と思われるもののみを選んだ。

◉人名索引の配列は姓・名別に五〇音順とし、読み方の判然としないものは通例の読みを採用した。朝鮮人名については現地音読みに従った（読み方は索引末尾の一覧を参照）。

◉掲出語句の別表記は（　）内に示し、必要に応じて注記を〔　〕内に施した。文献・新聞名には『　』を、論説・資料名などには「　」を用いた。

◉「慶応義塾」「時事新報」「福沢諭吉」は頻出するため、単独の語句としては採録していない。

事項索引

あ行

か行

さ行

た行

な行

は行

ま行

わ行

人名索引

あ行

か行

さ行

た行

な行

は行

ま行

や行

ら行

わ行

＊朝鮮人名の現地音読み。配列は日本語読みの五〇音順

尹致昊	ユンチホ
義和宮	ウィファクン
魚允中	オユンジュン
金允植	キムユンシク
金玉均	キムオッキュン
金弘集	キムホンジプ
呉慶錫	オキョンソク
洪英植	ホンヨンシク
洪鐘宇	ホンジョンウ
高宗	コジョン
徐光範	ソグァンボム
徐載弼	ソジェピル
世宗	セジョン
大院君	テウォンクン
哲宗	チョルジョン
朴泳孝	パクヨンヒョ
朴珪寿	パクケス
閔妃	ミンピ
閔泳翊	ミンヨンイク
兪吉濬	ユギルチュン
李堈（義和宮）	イカン
李垠	イウン
李拓	イチョク
李東仁	イトンジン
劉鴻基（大致）	リュホンキ（テチ）
柳定秀	ユジョンス